4., vollständig überarbeitete Auflage

Caroline Michel,
Andrea und Mark Markand

ISLAND

Inhalt

Routenplaner 6

Travelinfos von A bis Z 38

Land und Leute 84

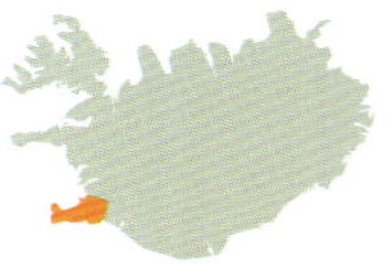

Reykjavík und Reykjanes 124

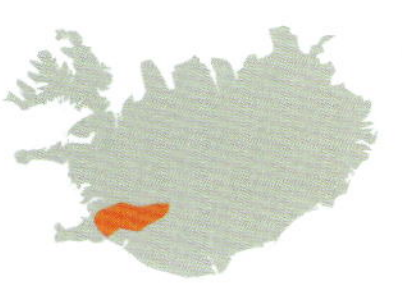

Der Golden Circle 190

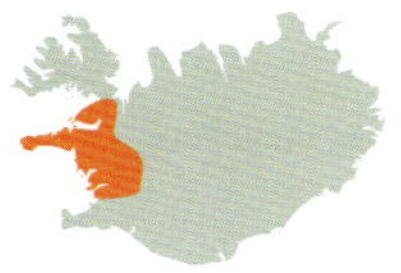

Snæfellsnes und der Westen 220

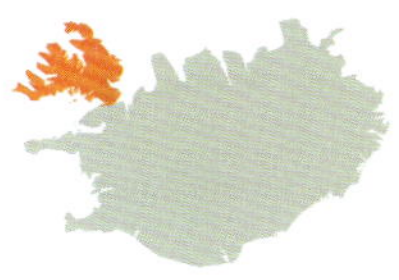

Die Westfjorde 280

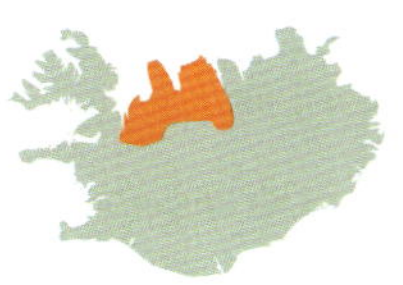

Der Nordwesten und Akureyri ... 328

Der Nordosten und Diamond Circle ... 394

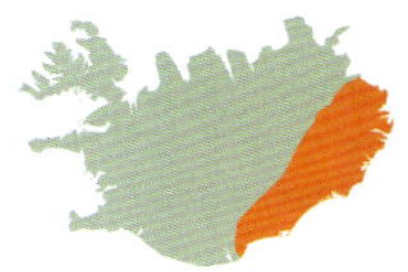

Der Osten ... 444

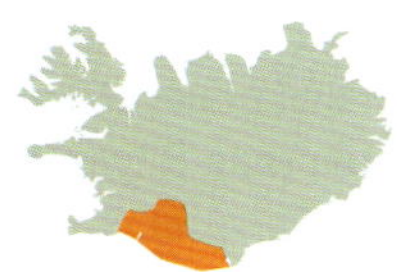

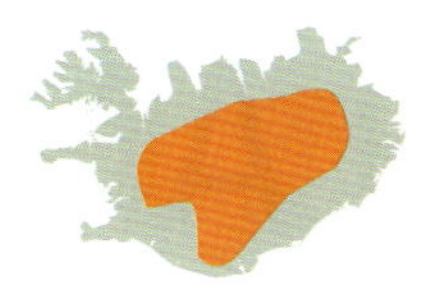

ISLAND
Die Highlights

Island, gern als „Insel aus Feuer und Eis“ bezeichnet, hat auch farblich mehr zu bieten als heiß-rote Vulkane, graue Schlammquellen und blau schimmernde Gletscher. Giftgrüne Moose, grün-braun-golden schimmernde Rhyolithberge, türkisfarbene Bergseen und farbenfrohe Holzhäuser zum Beispiel.

1

1 REYKJAVÍKS ZENTRUM

Jeder zweite Bewohner Reykjavíks ist Künstler, was die nördlichste Hauptstadt Europas zu einem der angesagtesten Hotspots macht. Die Stadt ist klein und niedlich genug, um liebevoll gepflegt und ausgefallen dekoriert zu werden, und gleichzeitig so modern und weltoffen, dass sie in der Kreativ- und Künstlerszene als Kulturhochburg gilt. Wo sonst hätte ein Punk Bürgermeister werden können? S. 130

2 **ÞINGVELLIR** Die Wiege der isländischen Demokratie ist zugleich der Ort, an dem die Kontinentalplatten deutlich sichtbar auseinanderdriften. Jedes Jahr wird die Spalte, die Europa und Amerika trennt, breiter. S. 194

3 **GEYSIR UND GULLFOSS** Während der Geysir Strokkur zur Freude der Besucher verlässlich etwa 20 m hohe heiße Fontänen ausspuckt, schlummert der Geysir, der dem Naturphänomen seinen Namen gab, stumm daneben. Laut wird es hingegen am beeindruckenden Gullfoss, der tosend in zwei Kaskaden in die Tiefe stürzt. S. 204

3

4

4

4 NATIONALPARK SNÆFELLSJÖKULL Jules Vernes war sich sicher: In diesem Gletschervulkan verbirgt sich der Eingang zum Mittelpunkt der Erde. Geologie zum Anfassen! S. 253

5 LÁTRABJARG Sie sind die Maskottchen Islands und die putzigsten Bewohner der Insel: Papageitaucher brüten an der Steilküste in den westlichen Westfjorden besonders zahlreich. S. 292

6 REITEN IN VARMAHLÍÐ Schon mal auf dem Pferderücken einen Fluss durchquert? Aber auch kleine Wasserfälle und unzugängliche Schluchten bleiben unvergessen, wenn sie im Tölt oder Galopp angeritten werden. S. 342

6

7

8

7 AKUREYRI Die Stadt mit Herz macht Lust zu flanieren. Mit ihrer bunten, auffälligen Architektur und einer Reihe einzigartiger Museen beweist sie ihre Weltoffenheit, die seit Langem Künstler, Dichter und Denker anzieht. S. 380

8 HÚSAVÍK An Islands Küsten tummeln sich Buckel-, Mink- und sogar Blauwale. Mit dem Boot geht es hinaus auf hohe See – gemütlich und sicher eingemummelt in dicke, wasserfeste Kleidung. In Islands „Wal-Hauptstadt" heißt es schon lange: „Meet us, don't eat us". S. 405

9

9 ÁSBYRGI UND DETTIFOSS Auf den Spuren der Götter – oder entlang der Fußabdrücke ihrer Pferde – geht es von der Ásbyrgi-Schlucht bis zum Dettifoss. Ob der Regenbogen, der sich bei Sonnenschein über den Wasserfall spannt, die Brücke zu den Göttern ist? S. 410

10 MÝVATN Friedlich liegt der große See zwischen Kratern und Lavafeldern. Besonders sehenswert ist der Vulkan Krafla mit seinen spektakulär dampfenden und blubbernden Hochtemperaturgebieten. S. 416

11

11 JÖKULSÁRLÓN Blau schimmernde Eisberge auf ihrem Weg ins Meer. Hier kommt man dem Naturwunder ganz nah. S. 487

12 SKAFTAFELL Die einen zieht es aufs Eis, während die anderen dicht an die Gletscherzungen heran wandern. S. 494

13 REYNISFJARA Schwarzer Sand und raue See – ein wunderbarer Anblick. S. 508

14 ÞÓRSMÖRK Eingerahmt von gleich drei Gletschern, ist das grüne Tal mit reißenden Flüssen und spektakulären Schluchten ein Eldorado für Trekker. S. 520

13

14

15
16

15 WESTMÄNNERINSELN

Auf den spektakulären Klippen fühlen sich neben Vögeln auch Kletterfreaks wohl, und einer der jüngsten Berge der Welt, entstanden erst beim Vulkanausbruch von 1973, versetzt nicht nur Geologen in Erstaunen. S. 527

16 LANDMANNALAUGAR

Hierher kommt eigentlich jeder, der gerne wandert. Die Landschaft und die tolle Stimmung machen diesen Ort zu einem besonders schönen Platz. Egal, ob die Wanderung hier startet oder endet. S. 569

17

17 KERLINGARFJÖLL Wer die Kjölur-Route fährt, sollte unbedingt den Abstecher zu den „Altweiberbergen“ unternehmen. Schon allein das Farbenspiel der Berge ist atemberaubend – vom Geruch der Schwefelquellen ganz zu schweigen. S. 585

18 ÖSKJULEIÐ (F88) Die Piste über die Herðubreið zur Askja ist für viele die schönste Strecke im Hochland: mal grau oder braun, mal steinig, mal sandig – und plötzlich durch einen tiefen Fluss, enge Pässe und unendliche Weiten. Das isländische Hochland ist zwar nur im Sommer und nur mit Allradfahrzeug befahrbar – aber wer hier eine Tour einplanen kann, der erlebt etwas ganz Besonderes. S. 592

Reiseziele und Routen

Island ist kein normales Reiseland – Island ist ein Gefühl. Das sagen jedenfalls die, die seit Jahren immer wieder kommen. Die für ihre nächste Reise sparen und sich die Zeit bis dahin mit dem Bearbeiten ihrer Urlaubsfotos und dem Schreiben von Reiseberichten vertreiben. Islandvirus eben. Aber: Was ist denn eigentlich das wirklich Einzigartige an der „Insel aus Feuer und Eis"? Ein Geysir, der seine Fontänen 20 m in die Höhe spuckt? Bizarre Lavalandschaften, die einem surrealistischen Gemälde entsprungen zu sein scheinen? Die unzähligen kleinen und großen Wasserfälle? Die zahlreichen einsamen Fjorde, einer fotogener als der andere? Der größte Gletscher Europas, der Vatnajökull? Sicher, das sind unbeschreiblich schöne Naturspektakel.

Aber der eigentliche Reiz ist ein anderer: Die Insel ist lebendig. Sie ist die jüngste Europas und entwickelt sich vor unseren Augen ständig weiter. Gut, dass sie sich genau auf der Plattengrenze befindet, die Amerika und Europa jährlich 2 cm voneinander weg bewegt, davon merkt man nicht viel. Wohl aber davon, dass man auf einem „Hot Spot" steht (einem Erdmantelstrom am Ozeanboden), der ständig heißes Magma nach oben transportiert. All das, was sich sonst in 3000 m Tiefe ereignet, passiert hier oberhalb der Erdoberfläche, für jeden sicht- und spürbar. Vor allem die Krater und Vulkanspalten der Ausbrüche in Reykjanes von 2021, 2022 und 2023 waren für Wanderer bequem zu erreichen – und sogar von Reykjavík aus konnte man rotglühende Lavafontänen beobachten.

In Island hat man gelernt, diese Naturgewalten und die sie bergenden Gefahren hinzunehmen, aber Urlauber, die gewohnt sind, dass gefährliche Stellen abgesichert oder wenigstens mit Warnschildern versehen werden, reiben sich oft die Augen: Keine Zäune trennen uns von kochend heißen Quellen oder bröseligen Steilküsten. Keine Schilder weisen darauf hin, dass der Vulkan neben uns jederzeit ausbrechen kann. Auch wenn manche Landstriche mit lieblichen Bächen und grünen Wiesen unterm Regenbogen eher an ein Auenland erinnern, in dem glückliche Hobbits das unbeschwerte Leben führen, das wir im Alltag oft vermissen, ist die Gefahr stets präsent. Mal mehr, mal weniger spürbar.

„Þetta er allt að koma", sagen die Isländer: Es wird schon gutgehen. Was sollen sie auch sonst tun? Ihre Vorfahren haben sich einst dafür entschieden, auf diesem unwirtlichen und unberechenbaren Stück Land ihr Lager aufzuschlagen, und dieser trotzige Kampf- und Überlebenswille ist den Isländern bis heute erhalten geblieben. Wer die Insel bereist, darf für eine begrenzte Zeit daran teilhaben.

Reiseziele

Eigentlich müsste in jedem Island-Reiseführer vorne ein großer Warnhinweis stehen: „Achtung – Eine Reise nach Island kann süchtig machen!" Ist das so, weil die Insel so unglaublich viel zu bieten hat, und weil ein- und dieselbe Stelle an verschiedenen Tagen völlig unterschiedlich aussehen kann? Weil man nach dem ersten Besuch feststellt: „Oh, dies und das und jenes habe ich ja gar nicht gesehen, da muss ich unbedingt noch mal hin ..." Oder vielleicht einfach, weil es so ein spezieller Ort ist, den es auf der Welt kein zweites Mal gibt?

Auf relativ kleinem Raum ist viel zu sehen: Glitzernde Gletscher, tosende Wasserfälle, vogelreiche Steilküsten, tiefe Fjorde, karge Hochlandweiten. Wanderwege führen durch spektakuläre Landschaften, und Radfahrer fühlen sich wie im Paradies.

? Fragen und Antworten

In den Monaten April und September ist die Wahrscheinlichkeit am größten, **Caroline Michel** irgendwo in Island anzutreffen. Meist allein und neben irgendwelchen namenlosen Wasserfällen, auf kleineren Hügeln oder in der Nähe verlassener Farmen. „Eigentlich bin ich ein geselliger Mensch, aber in Island habe ich gelernt, auch die Einsamkeit zu lieben. Es ist toll, einfach spontan irgendwo aus dem Auto steigen zu können und loszulaufen, in meinem Tempo und ohne zu irgendeiner Zeit irgendwo sein zu müssen. Allerdings muss ich dann auch ganz allein entscheiden, ob z. B. eine Furt noch zu schaffen ist oder ob ich vielleicht doch besser umdrehe. Da ich meist auf Nummer Sicher gehe, habe ich die waghalsigen Abschnitte der Hochlandtouren auch meinen Kollegen Andrea und Mark Markand überlassen."

■ Wie viel Zeit muss ich einplanen?

Das kommt darauf an, was man alles sehen und erleben will – und wie intensiv. Reykjavík kann man zur Not in einem Tag abhaken, den Golden Circle ebenfalls. Und „einmal rum" kommt man im Sommer in gut vier Tagen. Das heißt dann aber: keine kleinen Sträßchen abfahren, keine verborgenen Wasserfälle suchen, keine Berge besteigen, kein Bad nehmen, nicht mit Einheimischen quatschen, so gut wie gar nicht zu Fuß gehen – und vor allem: keine Zeit haben, schlechtes Wetter auszusitzen. Meine Art zu reisen ist das nicht.

■ Welche ist die beste Jahreszeit für eine Reise nach Island?

Die meisten Optionen hat man im Sommer, alleine schon transporttechnisch (z. B. sind die Hochlandpisten nur wenige Wochen im Jahr offen). Aber auch die anderen Jahreszeiten haben ihren Reiz (s. S. 34, Reisezeit). Meine Lieblingsjahreszeit ist der Herbst. Dann sind die Wiesen noch grün, aber das Laub der Beerensträucher ist schon bunt. Und abends kann es schon Nordlichter geben.

■ Ist das Wetter wirklich so unberechenbar?

Ist es. Ein Freund von mir hat die Insel einmal per Rad im Uhrzeigersinn umrundet. Im Flugzeug lernte er einen anderen Radfahrer kennen, der sich für die entgegengesetzte Reiserichtung entschieden hatte. Zum Rückflug trafen sie sich zufällig wieder. Mein Freund hatte keinen einzigen Regentag, der andere Radfahrer drei Wochen Dauerregen. Das ist aber selten. Grundsätzlich ist derjenige im Vorteil, der ein festes Domizil hat und von dort aus flexibel Tagesausflüge unternehmen kann. Ich z. B. stelle mich morgens auf einen Hügel und schaue, in welcher Himmelsrichtung das Wetter am besten ist und da fahre ich dann hin.

■ Mit welchen Unwägbarkeiten muss ich unterwegs rechnen?

Eigentlich mit allem: Mit Unwettern, mit schlechter Sicht durch Nebel und Regen, mit Steinschlag und selbst im Sommer kann es im Norden und im Hochland passieren, dass Pässe verschneit sind. Straßen können immer wieder gesperrt werden, selbst die Ringstraße.

■ Wie lange im Voraus sollte ich Mietwagen und Unterkunft buchen?

Bei Mietwagen gilt: Je eher ich buche, desto günstiger ist mein Wunsch-Auto zu haben. Viele buchen weit über ein Jahr im Voraus. Genauso sieht es mit den günstigen Schlafsaalplätzen in den Jugendherbergen aus: Dort sind die Kapazitäten äußerst begrenzt. Wer in der Hochsaison abends nass und müde aufschlägt, erlebt meist eine unangenehme Überraschung: Wenn überhaupt, sind nur noch normale Doppelzimmer frei, die auch nicht günstiger sind als die in den umliegenden Gästehäusern. Ich persönlich buche meine Unterkünfte trotzdem immer nur maximal 1–2 Tage im Voraus. Damit ich nach dem Blick auf die Wetterkarte entscheiden kann, wann ich wo sein will. Mit Ausnahme des Südostens – wo oft alles ausgebucht oder horrend teuer ist – hab ich noch immer irgendwo was Bezahlbares gefunden. Schon allein, weil es doch immer wieder Menschen gibt, die kurzfristig stornieren bzw. absagen müssen. So hab ich einmal vier Nächte in Grundarfjörður verbracht – in drei verschiedenen Gästehäusern.

■ Brauche ich einen Jeep?

Für die Reise auf der Ringstraße im Sommer und für die meisten Schotterstraßen nicht. Ich fahre fast immer einen Kleinwagen und investiere das gesparte Geld in längere Aufenthalte. Das heißt: Ich nehme mir pro Tag weniger Sehenswürdigkeiten vor, parke mein Auto, wo die Asphaltstraße endet und laufe den Rest vom Weg. Denn für mich ist es ein viel schöneres Gefühl, am Ende eines 5 km langen Marsches um eine Ecke zu biegen und endlich den ersehnten Wasserfall zu sehen, als einfach mit dem Auto hinzufahren. Fürs Hochland hingegen ist mit Ausnahme weniger Straßen ein Jeep nicht nur empfehlenswert, sondern sogar vorgeschrieben. Außerdem schließen die meisten Autovermietungen auch Straßen für „normale Autos" aus, die mit diesen eigentlich befahrbar wären, etwa die Kjölur-Route und die nördliche Straße nach Landmannalaugar. Diese beiden Straßen sind allerdings oft sowieso so schlecht, dass das stundenlange Gerüttel selbst mit einem Jeep ein zweifelhaftes Vergnügen ist.

■ Kann ich Island auch mit dem Bus erkunden?

Ja, aber das ist dann eine ganz andere Art des Reisens. Die öffentlichen Busse von Strætó sind nämlich nicht auf Touristenbedürfnisse ausgerichtet, sondern Mittel, um von A nach B zu kommen. D. h. sie halten an Orten, nicht an Sehenswürdigkeiten. Und das auch nicht zwingend täglich. Einige wenige private Anbieter haben „die Pandemie" einigermaßen überstanden (andere nicht), aber flexible Rund-um-die-Insel-Angebote gibt es leider nicht mehr. Nach Landmannalaugar und Þórsmörk fahre ich allerdings immer mit dem Bus (s. S. 522), schon aus Sicherheitsgründen.

■ Lässt sich Island auch günstig bereisen?

Vielleicht sagen wir „relativ günstig". Es gibt immer wieder günstige – sogar billige – Flüge, und in der Nebensaison sinken die Preise auf der Insel. Ansonsten hängt es davon ab, inwieweit man (z. B. bei Unterkünften und Essen) zu Verzicht bereit ist (siehe bei Reisekosten). Aber ganz ehrlich? Ich sitze bei Mistwetter lieber in einem schönen Gästehauszimmer als zusammengekrümmt im Zelt oder auf dem Fahrersitz eines Campers. Ich kann gut auf warmes Restaurant-Essen verzichten, aber nicht auf Kuchen, Waffeln und Schwimmbadbesuche. Wenn ich irgendwo ein Mini-Museum sehe, gehe ich rein, dafür kenne ich die Blaue Lagune nur von der Aussichtsterrasse aus. Aber worauf man in den Ferien verzichten mag und worauf nicht, das muss jede/r selbst wissen …

■ An vielen Hauptattraktionen zahlt man teils heftige Parkgebühren. Ist das gerechtfertigt?

Ich finde schon. Viele tolle Wasserfälle und Schluchten liegen auf Privatland. Das heißt: Die Eigentümer müssen Müll entsorgen, Zäune reparieren und auf eigene Kosten Toiletten aufstellen. Und die anderen möglichen Varianten gefallen mir bei weitem weniger. Eine Art Touristen-Maut benachteiligt Reisende, die die Hauptattraktionen gar nicht besuchen, weil sie z. B. eine Reittour machen. Um Eintrittsgelder zu kassieren, müsste man massig Zäune errichten, was ich viel schlimmer fände als Parkgebühren. Außerdem können bei der derzeitigen Regelung Menschen, die ohne Auto unterwegs sind – Reiter, Wanderer, Radfahrer, Tramper und Busreisende – alles noch kostenfrei erleben. Und wer umweltschonend in Fahrgemeinschaft reist, zahlt weniger als jemand, der als Einzelreisender im Auto unterwegs ist.

Noch Fragen? 💻 www.stefan-loose.de/globetrotter-forum

Wer sich z. B. für **Vulkane** interessiert, der ist im Süden gut aufgehoben. Eyjafjallajökull, Hekla, Katla, Fagradalsfjall und weitere schlummernde Drachen grummeln immer wieder vernehmbar. **Tierfreunde** zieht es in die Westfjorde oder in den Nordosten, wo die putzigen Papageitaucher entzücken. Seehunde sonnen sich am liebsten im Nordwesten. **Kunst und Kultur** gibt es vor allem im Großraum Reykjavík. Musikliebhaber sollten eines der vielen Festivals (S. 50) besuchen. **Museen** gibt es im ganzen Land; darunter skurrile Sammlungen. Welches andere Land hat schon ein Tuberkulose-, Punk- oder Seeungeheuer-Museum?

Die schauerlichsten Sagas und größten Helden

Die Freunde Gunnar und Njáll, der wagemutige Egill, Grettir der Starke und Gísli der Verbannte: Wer sich für die Geschichten rund um die Sagenhelden interessiert, besucht die tollen Ausstellungen in **Hvolsvöllur** (S. 535) im Süden und **Borgarnes** (S. 231) im Westen. Außerdem kann man sich selbst auf die Suche nach den Originalschauplätzen machen und z. B. bei **Mosfell** (S. 193) nach dem Silberschatz suchen, den der schrullige Egill kurz vor seinem Ableben hier versteckt haben soll. Gísli trieb sich in den Westfjorden rum, Grettir im Nordwesten. Hier gibt es mehrere „Grettislaugs", also nach Grettir benannte Badestellen. Jene nördlich von **Sauðárkrókur** (S. 349) soll auch heute noch Badenden übermenschliche Kräfte verleihen.

Die schönsten heißen Pötte

Mitten in der Natur im warmen Wasser sitzen und dabei königliche Aussicht genießen: Die meisten und schönsten der frei zugänglichen Hot Pots und Schwimmbecken locken in den Westfjorden, z. B. im Ort **Drangsnes** (S. 324), bei Bíldudalur (**Reykjarfjarðarlaug**, s. Kasten und S. 299), in **Heydalur** (S. 319) und entlang der Südküste bei **Flókalundur** (S. 285). Weitere tolle Badestellen: das historische Schwimmbad **Seljavallalaug** (S. 517) im Süden, **Landmannalaugar** (S. 569) und **Hveravellir** (S. 586) im Hochland, **Grettislaug** (S. 351) im grünen Nordwesten (s. o.) und **Hoffell** (S. 486) im eisigen Südosten.

Die schönsten Wasserfälle

„Boah, schon wieder einer ..." Wer auf seiner Islandreise an jedem Wasserfall anhalten will, braucht sehr, sehr viel Urlaub. Vor allem zur Schneeschmelze im Frühjahr rauscht, sprudelt und plätschert es überall. Wer möglichst viele unterschiedliche „Fosse" (korrekter Plural „Fossar") sehen will, fährt am besten in den Süden. Sowohl rund um den bekannten **Seljalandsfoss** (S. 518) als auch oberhalb des **Skógafoss** (S. 515) befinden sich zahlreiche weitere Wasserfälle. Hingucker im Süden sind außerdem **Gullfoss** (S. 205), **Hjálparfoss** (S. 547), **Háifoss** (S. 547), **Þjófafoss** (S. 544) und **Svartifoss** (S. 497), im Westen sind **Kirkjufoss** (S. 263) und **Dynjandi** (S. 299) die großen Namen, im Norden **Goðafoss** (S. 401), **Aldeyjarfoss** (S. 401) und **Dettifoss** (S. 411). Auch der **Hengifoss** (S. 455) im Osten schafft es locker in die Bestenliste.

Auge in Auge mit den Feuerbergen

Alle paar Jahre bricht in Island ein Vulkan aus. Aktuell stehen die riesigen **Fagradalshraun**-Lavafelder im Süden von Reykjanes ganz oben auf der Liste der Vulkanfreunde, aber das kann sich schnell ändern. Und es kann auch gefährlich bis verheerend werden. Auf der Liste der überfälligen Kandidaten stehen nämlich große Namen, u. a. auch **Katla** (S. 577), **Öræfajökull** (S. 494), **Bárðarbunga** (S. 595), **Grímsvötn** und **Hekla** (S. 548) Auch **Askja** (S. 593) steht wieder unter Beobachtung. Die meisten sind unter dickem Eis verborgen, aber z. B. die Hekla in Südisland kann man besuchen. Besteigen aber besser nicht, denn irgendwo unter der nie schmelzenden Schneekappe muss sich die Ausbruchsspalte befinden ... schon etwas gruselig,

Abseits des Massentourismus

Schon „vor Corona" wurde Island vor allem im Sommer förmlich „überrannt" von Touristen. „Danach" sind es nochmal mehr – zu allen Jahreszeiten.

Grund genug, die ausgetretenen Pfade mal zu verlassen und unbekanntere, aber nicht minder reizvolle Regionen zu entdecken (nicht alle mit normalem Pkw erreichbar), oft ganz in der Nähe der Highlights:

Viele Reisende haben Húsafell und die Hraunfossar auf ihrer Liste stehen, doch deutlich weniger besuchen das riesige, benachbarte Lavafeld **Hallmundarhraun** (S. 243), unter dem sich wundervolle Höhlen erstrecken.

Am Leuchtturm **Svörtuloftaviti** (S. 256) ganz im Westen der Halbinsel **Snæfellsnes** kann man die spektakuläre Steilküste fast für sich alleine genießen.

In den **Westfjorden** finden sich noch viele nicht überlaufene Orte: Im Flusstal **Þingmannadalur** (S. 286) bei Flókalundur kann jeder seinen Lieblings-Foss" unter den malerischen Wasserfällen küren. Jede Menge kreative Energie, wenn auch eine der schrägeren Art, verströmen Samúel Jónssons Kunstwerke im schön gelegenen **Selárdalur** (S. 296) bei Bíldudalur. Das kostenlose **Reykjarfjarðarlaug** (S. 299) zwischen Bíldudalur und Dynjandi lädt mit Hot Pots direkt am Fjord zum Bad ein. Weiter nördlich locken eine tolle Küstenwanderung zum **Möngufoss** (S. 321) und eine spektakuläre Mehrtagestour in **Hornstrandir** (S. 314).

Die Halbinsel **Heggstaðanes** (S. 334) findet trotz ihrer schönen Küste mit Vogelkolonien und Seehunden wenig Beachtung.

Während der Goðafoss ein Pflichtabstecher ist, sieht der weiter südlich gelegene „Basalt-Wasserfall" **Aldeyjarfoss** (S. 401) seltener Besucher, obwohl er, von äußerst fotogenen Gesteinsformationen umgeben, zu den schönsten des Landes zählt.

Der Nordosten (s. Route S. 33) wird von den meisten Touristen links liegengelassen. Dabei präsentiert sich Island nirgendwo authentischer, etwa in Orten wie **Bakkafjörður** (S. 438), wo sich von der Küste aus manchmal Wale beobachten lassen.

Beim „Namensvetter" **Bakkagerði/Borgarfjörður eystri** (S. 457) in den Ostfjorden zeigt die Natur ein anderes Gesicht, nämlich das bunte, clownsartige von Papageitauchern (im Sommer). Sogar eine Elfenkönigin soll in dieser mythenumrankten Region herrschen.

Am nordöstlichen Rand des Hochlandes lockt **Möðrudalur** (S. 426) mit „Hobbit-Ambiente" (niedliche Torfhäuschen) und fantastischem Blick über die weite Ebene auf die Berge. Ein wunderbarer Platz!

Selbst auf der „Sehenswürdigkeiten-Rennstrecke" im Südosten lassen sich noch einsamere Orte finden, etwa die Gletscherlagunen des **Hoffellsjökull** oder **Heinabergsjökull** (S. 486).

Die von Moosen überzogenen **Laki-Krater** (S. 578) am Rande des Hochlandes muten wie eine Urzeit- und Fantasy-Landschaft an.

Auch in **Þakgil** (S. 511), wo die Gletscherzungen fast an die grünen Schluchten heranreichen, inszeniert Mutter Natur ein Spektakel. **Fljótshlíð** (S. 536) ist mit seiner wunderschönen Jugendherberge am Südrand des Hochlands und tollen Wanderoptionen in der einsamen Umgebung eine Oase der Erholung vom „Ringstraßenrummel".

Mysteriös und etwas *spooky* ist die Ausstrahlung des Küstenortes **Stokkseyri** (S. 556), vor allem am unheimlichen Friedhof direkt am Meer. Eine Stimmung wie im Fernsehkrimi!

aber auch faszinierend. Wer mehr über die Entstehung der Insel und die Macht der Vulkane erfahren will, besucht das **Lava Centre** (S. 535) in Hvolsvöllur, wer echten Lavafluss im Museum bewundern will, schaut sich die **Lava Show** in Vík (S. 508) oder Reykjavík (S. 140) an, und Wanderfreudige erkunden die Lavafelder der Ausbrüche von 2021-23 in Reykjanes (S. 179).

Auf den Westmännerinseln kann man im **Pompeji des Nordens** (S. 530) verschüttete Häuser besichtigen und den **Eldfell** (S. 530), einen erst 1973 neu entstandenen Vulkanberg, besteigen. Auch das Lavafeld nahe der **Krafla** (S. 418) bei Mývatn geht auf einen „jüngeren" Ausbruch (von 1984) zurück. Ganz in der Nähe von Reykjavík lockt die Fahrt mit einem Aufzug in einen Schlot (Þríhnúkagígur, S.189).

Die Isländer und ihre Vorliebe für Museen

Die Hauptstadt wartet mit dem **Reykjavík Art Museum** (S. 139) und der **Nationalgalerie** (S. 139) mit zwei Hochkarätern im Kunstbereich auf, in erster Linie ist Island aber ein Eldorado für Fans schräger Museen. Hier wird alles ausgestellt, was irgendwie ausstellungswürdig erscheinen könnte, und entsprechend groß ist die Anzahl der Museen. Nur: mit Museen, wie wir sie kennen, haben die isländischen Ausstellungszentren oft nicht viel gemein. So findet man in der Hauptstadt ein **Punk-Museum** (S. 133) und ein **Penismuseum** (S. 138) und in Keflavík ein **Rock'n'Roll-Museum** (S. 168).

Die besten Wanderrouten

Stimmungsvolle schwarze bis rote Lavafelder, schroffe Canyons, bunte Berge, dampfende und blubbernde Quellen, grüne Täler, in die z. T. Gletscher „hineinzüngeln", mit Moosen gesprenkelte Wunderlandschaften, mächtige Wasserfälle, steile Küsten voller Vögel und sogar ein paar Wälder – bei einer Wanderung kommt man dem Naturwunder Island besonders nahe. Hier eine Auswahl (Wanderwege markiert, sofern nicht anders erwähnt. Trotzdem nie alleine gehen, immer warme wetterfeste Kleidung mitnehmen und die Sicherheitshinweise auf 💻 www.safetravel.is beachten).

Leichte bis mittelschwere Kurztouren

- **Reykjanes**: mondartige Lavalandschaften oberhalb von **Seltún** (S. 183, nur teilweise markiert), Küstenwanderungen rund um die Vogel-Steilküste **Krýsuvíkurbjarg** (S. 184).
- **Þingvellir** (S. 194): geschichtsträchtiger Ort mit Pfaden durch Lavafelder und kleine Schluchten.
- Hengill-Gebiet zwischen **Hveragerði** (S. 560) und **Þingvallavatn** (S. 219): Badestelle, Solfataren.
- Tour zum **Glymur** (S. 226): kleine Wäldchen, eine Höhle, beeindruckende Schluchten, Islands zweithöchster Wasserfall, abenteuerliche Flussüberquerung.
- **Húsafell** (S. 242): dichtes Wegenetz, großer Birkenwald, eindrucksvolle Schluchten, schöne Ausblicke. Nur teilweise markiert.
- **Dalvík** (S. 366): Wanderparadies auf Tröllaskagi mit grünen Tälern und Wiesen, malerischem Fjord und verwunschenem Bergsee. Viel „Hobbit-Flair".
- **Hraunsvatn** (S. 376): von Bergen flankierter See in Ringstraßennähe, tolle Ausblicke.
- **Mývatn**: Wanderoptionen ohne Ende: durch die düster-romantischen Lavaformationen **Dimmuborgir** (S. 421), an den surrealistischen Pseudokratern von **Skútustaðir** (S. 417), beim bunten Solfatarenfeld **Hveraröndr** (S. 418) und durch die ausgedehnten Lavafelder rund um die Vulkane **Krafla** und **Leirhnjúkur** (S. 418). Nur teilweise markiert.
- **Hallormsstaðaskógur** (S. 453): Wege führen durchs größte Waldgebiet der Insel und ans Ufer des isländischen „Nessie"-Sees.
- **Fossárdalur** (S. 476): Parade kleiner Wasserfälle entlang eines pittoresken Tales. Kaum markiert.
- **Skaftafell** (S. 494): Wald, fotogene Wasserfälle und eisige Gletscherzungen (Gletschertouren, nur mit Führer).

Bjarnahöfn auf Snæfellsnes wartet mit einem **Gammelhai-Museum** (S. 268) auf. Die Westfjorde überraschen mit einem **Seemonstermuseum** (S. 296) in Bíldudalur, einem **Alte-Buchhandlung-Museum** (S. 303) in Flateyri, einem **Museum für Alltagsgegenstände** (S. 307) in Ísafjörður und einem **Hexereimuseum** (S. 324) in Hólmavík. In Skagaströnd versetzen ein **Wahrsagermuseum** (S. 341) und in Dalvík ein **Devotionalien-Zimmer für den größten Mann der Welt** (S. 366) in Erstaunen. Südlich von Akureyri erweckt das **Museum der tausend Kleinigkeiten** (S. 391) Aufmerksamkeit, und bizarrer als im **Anführerschafmuseum** (S. 436) in Svalbarð im Nordosten kann es eigentlich kaum noch werden.

Wer es weniger freakig mag, schaut in **Petras Steinemuseum** (S. 473) in Stöðvarfjörður vorbei, wo unzählige farbenprächtige Mineralien einen Garten zieren. Oder er besucht eine der zahlreichen Saga- und Besiedlungsgeschichten-Ausstellungen, das **Nordlichtmuseum** in Reykjavík (S. 139), das **Walmuseum** in Húsavík (S. 406), ein Museum für alte Autos oder für alte Flugzeuge (beides an zahlreichen Orten in diversen Varianten). Oder er macht selbst eins auf …

Das Hochland

Es gibt Reisende, für die nur das Hochland das „richtige" Island ist – das Land aus Feuer und Eis, aus Vulkanen und Gletschern. Das ist nicht so ganz richtig: Gletscher und ewiges Eis gibt es auch im Westen und Nordwesten, Vulkanismus

- **Þakgil** (S. 511): durch Schluchten und Tundrenlandschaft bis ans Eis der Gletscherriesen.
- **Skógar** (S. 515): an einer wundervollen grünen Schlucht entlang, vorbei an zahlreichen Wasserfällen, einer schöner als der andere.
- **Þórsmörk** (S. 520): idyllische Wälder und Wiesen, schroffe kontrastreiche Schluchten, fantastische Aussichtspunkte – das Wandergebiet schlechthin! Nicht alle Wege markiert (Karte kaufen).
- **Landmannalaugar** (S. 569): bunte Berge, spektakuläre Aussichtpunkte, heiße Quellen, ein Hot Pot, verwunschene Lavafelder, malerische Seen – einfach traumhaft. Nicht alle Wege sind markiert (unbedingt Karte kaufen).
- **Kerlingarfjöll** (S. 585): Hochtemperaturgebiet mit bunten Bergen und Hot Pot. Nicht alle Wege markiert (Karte kaufen).

Anspruchsvolle Mehrtagestouren

Alle Touren sollten nur mit guter Karte und Ausrüstung gemacht werden.

- **Hornstrandir** (S. 314): vom Veiðileysufjörður bis Hesteyri (sechs Tage) geht es durch einsame Wildnis, in der sich mehr Polarfüchse als Wanderer tummeln. Landschaftlich ist von schroffen Klippen und Bergpässen, überwältigenden Fjordpanoramen, grünen Tälern mit fischreichen Flüssen und wundervollen Stränden alles dabei. Ein echtes Abenteuer!
- **Jökulsárgljúfur** (S. 410): Zwischen Ásbyrgi und Dettifoss (zwei Tage) erstreckt sich entlang des breiten Flusscanyons ein toller Mix aus skurrilen Basaltformationen, roten Vulkanhängen, von kleinen Birken durchsetzter Heidelandschaft und Wasserfällen. Auch kürzere Teilabschnitte möglich.
- **Fimmvörðuháls** (S. 522): Abenteuerliche Tour von Þórsmörk nach Skógar (zwei Tage), vorbei an schroffen Canyons, Lava- und Schneefeldern, der Ausbruchsstelle eines berühmten Vulkanes, über einen steilen Pass und entlang einer traumhaften grünen Schlucht voller Wasserfälle.
- **Laugavegur** (S. 575): Die populärste Langstreckentour (vier Tage) führt von Landmannalaugar nach Þórsmörk, vorbei an Hochtemperaturgebieten, farbenprächtigen Rhyolith-Bergen, schwarzen Lavafeldern mit neongrünem Moos, Schluchten, wunderschönen Seen, Steinwüsten und fantastischen Aussichtspunkten. Ein Naturspektakel!

„zum Anfassen" im Westen und Südwesten, Gletscherlagunen im Südosten ... Doch wer mal auf eigene Faust im Geländewagen im Hochland unterwegs war, versteht die Faszination: karge Mondlandschaften, Wüsten, Lavafelder, kleine Bäche, die sich durch schwarzes Gestein winden, gesäumt von surreal neongrün leuchtenden Moosen; reißende Flüsse, die mit dem Auto zu durchqueren eines der letzten großen Abenteuer auf vier Rädern versprechen; heiße Quellen und stinkende Schlammtöpfe – der faulige Atem unseres lebendigen Planeten. Doch meist: frische, klare Polarluft, die den Kopf freimacht, und Stille, die selbst die eigenen Gedanken verstummen lässt.

Ein Besuch in Island ist unvollständig ohne einen Trip ins Hochland – und sei es nur ein kurzer Ausflug an einen der leichter erreichbaren Orte in den Randgebieten: **Landmannalaugar** (S. 569) z. B. lockt mit einer fantastischen Landschaft, was sich allerdings längst herumgesprochen hat. Schon ruhiger wird es im Gebiet der **Askja** (S. 593); ebenfalls per Hochlandbus erreichbar. Wer aber wirklich allein sein will, muss von diesen Hauptzielen aus selbst weiterfahren, weiterwandern oder weiterreiten – zweifellos sind das Abenteuer, und zwar unvergessliche.

Reiserouten

Island hat so viel zu bieten, dass die Wahl der Reiseroute nicht leicht fällt. In erster Linie ist das abhängig vom Zeitbudget. Die Insel lässt sich sowohl im Kleinen (z. B. auf den Halbinseln Reykjanes und Snæfellsness oder auf dem Golden Circle) als auch auf großen Touren erkunden: Der Klassiker ist hier die Ringstraßenumrundung. Diese beliebte „Einsteigerroute" lässt sich auf einer Asphaltstraße bereisen und bietet relativ gute Busverbindungen (auch Abstecher ins Hochland sind möglich), eine gute touristische Versorgung und vor allem eine spektakuläre Sehenswürdigkeit nach der anderen.

Jeden, der nicht nur die lebendige Hauptstadt Reykjavík, den mächtigen Gullfoss und den Geysir Strokkur erleben und das obligatorische Foto vom Kirkjufell auf Snæfellsnes knipsen möchte, zieht es irgendwann auf Islands wichtigste Straße, schon wegen der teilweise großen Distanzen zwischen den Hauptattraktionen. Schon bis zu den Eisbergen auf der Lagune Jökulsárlón sind es von Reykjavík aus fast 400 km. Stehen dann noch „Hochkaräter" wie der Dettifoss, Mývatn und Akureyri im Norden auf der Wunschliste, ist klar: Auf geht's auf die ungefähr 1350 km lange Ringstraßenrunde (S. 30, Island klassisch). Und leider auch auf den massentouristischen „Highway". Aber keine Sorge: Unterwegs lassen sich vor allem für Motorisierte immer wieder leicht Abstecher in weniger besuchte Regionen einbauen.

Game of Thrones-Schauplätze

Okay, die Serie ist jetzt nicht mehr brandneu. Aber die Szenen, die in Island gedreht wurden, haben mächtig Eindruck hinterlassen. Vor allem die Frage, wo sich „die Mauer" befindet, die durch die Nachtwache geschützt die Menschen in der Serie vor der Armee der Toten schützt, beschäftigt nicht nur Islandkenner. Um es vorweg zu sagen: Das weiß niemand so genau – außer einigen wenigen Fahrern und dem Filmteam. „Irgendwo beim Vatnajökull" eben. Viele andere Originalschauplätze dagegen sind bekannt und gut zugänglich:

Die Szenen „hinter der Mauer" z. B. wurden am **Svinafellsjökull** (S. 494) bei Skaftafell, in der Schlucht **Þakgil** (S. 511), bei Vík und am **Kirkjufell** (S. 263) auf Snæfellsnes gedreht. Die Grotte **Grjótagjá** (S. 417), Schauplatz der Liebesszene zwischen John Schnee und Ygritte, liegt im Norden beim Mývatn. Die Szenen zum Lager der Wildlinge wurden nebenan in **Dimmuborgir** (S. 421) gedreht. Leicht erreichbar ist auch **Þingvellir** (S. 194), wo Arya und Sandor Clegane die Spalte durchquerten, die Europa und Amerika trennt. Oder das Tal **Þjórsárdalur**, wo im Freilichtmuseum **Þjóðveldisbærinn** (S. 547) die hübschen Grassodenhäuser stehen, die den Wildlingen Schutz boten.

Diese *Game of Thrones*-Drehorte im Süden werden auch auf einer **Tagestour** von Reykjavík aus angesteuert, z. B. mit Gray Line oder Arctic Adventures, ab 15 000 ISK.

Island kompakt

■ 3–10 Tage

Wer nur wenig Zeit hat, sollte sich auf die Regionen in der Nähe der Hauptstadt beschränken. Jede einzelne der folgenden vier Routen lässt sich gemächlich in drei bis fünf Tagen bereisen. Wer möglichst viel sehen will, kann bei etwas schnellerem Reisetempo auch zwei (eine Woche) bis drei (zehn Tage) der Routen miteinander kombinieren.

Reykjanes-Rundfahrt

■ 200 km

So nahe an der Hauptstadt und doch Vulkanlandschaft pur: Die Halbinsel Reykjanes besticht durch schroffe Steilküsten, bunte Klippen, dampfende Quellen, einen tiefblauen See und Täler, die an eine Mondlandschaft erinnern. Bereits ganz in der Nähe des Flughafens sind die entspannten Küstenorte **Garður** (S. 173) und **Sandgerði** (S. 175) genau richtig zum Runterkommen. An der Südküste liegen der bedeutende Fischerhafen **Grindavík** (S. 178) mit der **Blauen Lagune** (S. 179), Hochtemperaturgebiet **Gunnuhver** (S. 177), die frischen Lavafelder (S. 110), die heißen Quellen bei **Seltún** (S. 183) und das Hinterland, in dessen karger Lavalandschaft für die Mondlandung trainiert wurde. Hier raucht, brodelt und bebt es – man kann der Insel „live" beim Entstehen zugucken und die Gegend durchstreifen. Ganz in der Nähe brüten seltene Seevögel, etwa an der fotogenen Steilküste **Krýsuvíkurbjarg** (S. 184). Die **Strandarkirkja** (S. 185) beeindruckt mit sagenhafter Geschichte und reizvoller Küstenlandschaft, die sich bis **Þorlákshöfn** (S. 185) erstreckt. Über den Pass **Þrengsli** mit der Lavahöhle **Raufarhólshellir** (S. 187) geht es nach **Reykjavík** (S. 127).

Golden Circle

■ 260 km

Islands populärste Tour hält, was der Name verspricht: Die geschichtsträchtigsten und imposantesten Orte der Insel liegen hier dicht beieinander und lassen sich in einer schönen, kleinen Runde abklappern. Als tektonisch besonders aktive Zone und „Geburtsort" des Parlaments ist **Þingvellir** (S. 194) von großer Bedeutung. Am **Geysir** (S. 204) und beim **Gullfoss** (S. 205) zeigt sich Island von seiner wilden Seite. **Skálholt** (S. 212) ist die bedeutendste historisch-religiöse Stätte, und am Kratersee **Kerið** (S. 215) treibt es die Natur besonders bunt. Vom See **Úlfljótsvatn** (beim Þingvallavatn, S. 219) aus bietet sich noch ein Wanderabstecher ins Hengill-Gebirge an, ehe es zurück nach **Reykjavík** (S. 127) geht.

Das Beste der Südküste

- 380 km (eine Strecke)

Die Reihenfolge der Stopps sollte man entsprechend der Wettervorhersage ausrichten. Nicht weit von **Reykjavík** (S. 127) lockt **Hveragerði** (S. 560) mit einem warmen Fluss und reizvollen Wanderwegen. **Hvolsvöllur** (S. 535) ist mit dem Saga Centre und dem Lava Centre, zwei der besten Museen des Landes, ideal für eine Pause auf der langen Fahrt, ebenso wie die Wasserfälle **Seljalandsfoss** (S. 518) und **Skógafoss** (S. 515). In **Vík** (S. 508) wartet eine Küstenlandschaft von magischer Schönheit, übertroffen noch von der eisigen Pracht der Gletscherlagune **Jökulsárlón** (S. 487). Auf dem Rückweg (gleiche Strecke) kann man in **Skaftafell** (S. 494) noch tiefer in die Gletscherwelten eintauchen.

Island en Miniature: Snæfellsnes

- 530 km

Wer nicht den Großteil seiner Ferien im Auto verbringen möchte, besucht die Halbinsel **Snæfellsnes**. Denn hier gibt es auf engem Raum fast alles, was Island ausmacht: schwarzrote und weiße Strände, Steilküsten, Basaltsäulen und Mineralquellen, verwunschene Bergpässe, Wasserfälle, Höhlen, Hot Pots (wenige) und einen tollen Gletscher. Von Borgarnes geht es über die beeindruckenden Lava-Krater-Felder bei **Eldborg** (S. 246) in die schönsten Orte **Arnarstapi** (S. 250) und **Hellnar** (S. 251) – beide verbunden durch einen tollen Küstenpfad. Um die Ecke ist der durch Jules Verne berühmt gewordene Gletscher **Snæfellsjökull** (S. 253) ein Blickfang. An der Nordküste liegen der verschlafene Walbeobachtungsort **Ólafsvík** (S. 261), **Grundarfjörður** mit dem Berg **Kirkjufell** (S. 263) und **Stykkishólmur** (S. 267) mit dem schönen Hafen und den interessanten Museen. Über die relativ wenig befahrene Passstraße 60 geht es zurück nach Bifröst an der Ringstraße.

Island klassisch

Inselumrundung auf der Ringstraße

- 2–3 Wochen
- 1345 km

Die Route für Island-Einsteiger. Man umrundet die Insel auf der asphaltierten Ringstraße, vorbei an zahlreichen Hauptattraktionen, die hier

Island steht für sensationelle Landschaften, wie hier in Landmannalaugar im Hochland.

© DIRK KRÜGER

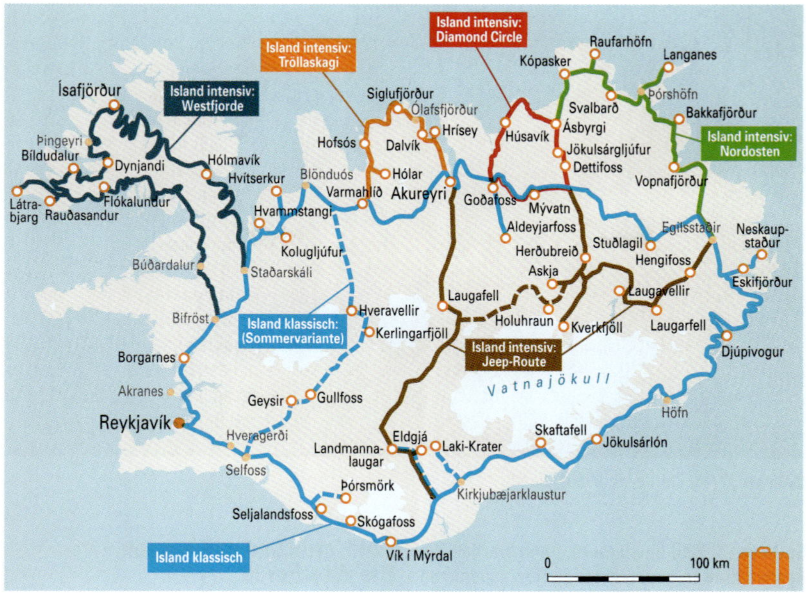

wie an einer Perlenschnur aufgereiht sind. Aber die straßennahe Lage der Sehenswürdigkeiten ist gleichzeitig auch das Manko dieser Route, gilt hier doch das Motto: „Aussteigen, Fotos machen, weiterfahren". Von **Reykjavík** (S. 127) geht es im Uhrzeigersinn gen Norden, vorbei an der „Saga-Stadt" **Borgarnes** (S. 231), den Seehundkolonien bei **Hvammstangi** (S. 335), dem skurrilen Basaltfelsen **Hvítserkur** (S. 336), der „Trollfrauenschlucht" **Kolugljúfur** (S. 337) und der Reit- und Rafting-Hochburg **Varmahlíð** (S. 342).

Die „Nord-Metropole" **Akureyri** (S. 380) lockt mit viel Kultur und schmucker Innenstadt. Der **Goðafoss** (S. 401) ist nicht nur ein Hingucker, sondern auch ein bedeutender historisch-religiöser Ort, und der ebenso schöne **Aldeyjarfoss** (S. 401) lohnt in jedem Fall einen Abstecher. Rund um den **Mývatn-See** (S. 421) begeistert die Natur mit einer breiten Palette von Kraterlandschaften über Fumarolen bis hin zu Lavafeldern. Auch der **Dettifoss** (S. 411), ebenso wie der Canyon **Stuðlagil** (S. 429).

Schöne Einblicke in die malerischen Ostfjorde bekommt man in **Eskifjörður** (S. 467), **Neskaupstaður** (S. 469) oder **Djúpivogur** (S. 476). Ein Wunderland aus Eis lässt sich an der Gletscherlagune **Jökulsárlón** (S. 487) und bei **Skaftafell** (Gletscherwanderung s. S. 496) bestaunen. Über **Vík** (S. 508) mit seinen schwarzen Stränden und die beiden wunderschönen Wasserfälle **Skógafoss** (S. 515) und **Seljalandsfoss** (S. 518) geht es zurück in die Hauptstadt.

Sommer-Variante: mit dem Allradfahrzeug über die Kjölur-Piste

- 2 Wochen
- 1300 km, davon 140 km Hochlandpiste, weiter auf der Ringstraße

Die Hochland-Piste, die von Süd nach Nord quasi mitten durch die Insel führt, ist nur im Sommer für den Verkehr geöffnet, meist von Anfang/Mitte Juni bis Mitte/Ende September (je nach Wetter). Wer vorsichtig fährt, kann sie bei gutem Wetter theoretisch auch mit einem normalen Auto schaffen, die Mietwagenfirmen verbieten aber das Befahren für Autos ohne Vierradantrieb.

Nach dem Start in Reykjavík folgen die Highlights Schlag auf Schlag: Schnell in **Geysir** (S. 204) dem Strokkur beim Fontänenpusten zuschauen, danach den Goldenen Wasserfall

© CAROLINE MICHEL

Mehr als 77 000 Pferde leben auf Island.

Gullfoss (S. 205) bewundern, dann werden die Asphaltstraßen gegen holprige Hochlandpisten eingetauscht. Schon nach wenigen Stunden locken die unwirklich bunten Berge **Kerlingarfjöll** (S. 585), auf denen auch im Sommer ein Rest Schnee liegen bleibt. Oder ein Bad im heißen Pool von **Hveravellir** (S. 586). Weiter geht's von der fast vegetationslose Hochland-Wüste in den fruchtbaren Nordwesten Islands, dann folgt man wieder der **Ringstraße** Richtung Osten. Wer einen Jeep (keinen SUV) hat, kann von hier aus einen Abstecher nach **Landmannalaugar** (S. 569) oder zu den verwunschenen **Laki-Kratern** (S. 578) machen. Ein Bus-Ausflug ins Wanderparadies **Þórsmörk** (S. 520) rundet die abwechslungsreiche Rundtour stilecht ab. Schon für einen ersten Eindruck sollte man mindestens eine Woche einplanen, aber zwei Wochen sind noch besser.

Island intensiv

■ ab 3 Wochen

Wer mehr als zwei Wochen auf der Insel unterwegs ist, kann von der klassischen Ringstraßenroute problemlos noch einen oder mehrere Abstecher einbauen.

Wild, grün und unwegsam: Die Westfjorde

■ 4–10 Tage, 890 km (Umweg zur Ringstraßenstrecke 830 km)

Achtung: Hier schmilzt erst Mitte Mai der letzte Schnee. Straßensperrungen sind auch im Frühling und im Herbst nicht selten, weshalb der Sommer für Anfänger oder Reisende mit straffem Zeitplan definitiv die Reisezeit der Wahl ist. Rund um **Flókalundur** (S. 285) laden Wasserfälle und Hot Pots zum Stopp ein. Der rotgelbe Strand **Rauðasandur** (S. 289) und die **Látrabjarg-Steilküste** (S. 292), an der sich im Sommer unzählige Papageitaucher tummeln, sind die mühsame Anreise auf Holperpisten mehr als wert. In **Bíldudalur** (S. 296) findet man eines der zahlreichen skurrilen Museen Islands. Der riesige Wasserfall **Dynjandi** (S. 299) ist kein Geheimtipp, dafür aber das Schwimmbad **Reykjarfjarðarlaug** (S. 299) am Meer. Die „Hauptstadt" **Ísafjörður** (S. 305) bildet einen krassen Gegensatz zu den beschaulichen Dörfern: hier weiß man zu feiern, vor allem beim legendären Musikfestival zu Ostern. Die Küstenregion Strandir im Osten mit dem „Hexer-Ort" **Hólmavík** (S. 332) bildet einen stimmungsvollen Abschluss, ehe man bei Staðarskáli wieder auf die Ringstraße trifft.

Geschichtsträchtig: Tröllaskagi

■ 1–3 Tage, 205 km (Umweg zur Ringstraßenstrecke 110 km)

Der ehemalige Bischofssitz **Hólar** (S. 354), der alte Handelsplatz **Hofsós** (S. 358), die frühere „Welthauptstadt der Heringe" **Siglufjörður** (S. 361) und das Wanderparadies **Dalvík** (S. 366): Eigentlich ist es zu schade, durch die ruhige und einsame Tröllaskagi-Halbinsel mit ihrer beeindruckenden Steilküstenstraße in einem Rutsch durchzusausen. Wir empfehlen, mindestens noch einen zusätzlichen Tag für den Ausflug zur Vogelinsel **Hrísey** (S. 374) einzuplanen, von der eine geheimnisvolle, magische Energie ausgehen soll.

Diamond Circle

■ 2–6 Tage, 265 km

Zwei der gewaltigsten und fotogensten Wasserfälle Islands (**Goðafoss**, S. 401, und **Dettifoss**, S. 411), die lange Schlucht **Jökulsárgljúfur** (S. 410) mit ihren roten Bergen und Echofelsen, der „Hufabdruck" von Odins Ross Sleipnir bei **Ásbyrgi** (S. 410), die Lavaburgen Dimmuborgir, das Vulkangebiet um und bei Krafla am **Mývatn** (S. 421) – und der Walbeobachtungs-Hotspot **Húsavík** (S. 405): Auf dieser Route schimmert wirklich ein „Diamant" nach dem anderen.

Sommer-Abenteurer-Route mit dem Jeep

■ 3–7 Tage

Zu den berühmtesten Hochland-Straßen zählt die **Sprengisandur-Route (F26)**, einst eine wichtige Nord-Süd-Handelsverbindung, die zu Pferde nur unter großen Mühen zu bezwingen war. Richtige Abenteurer zieht es aber tiefer ins Hochland, z. B. entlang der **Öskjuleið (F88)** am majestätischen Tafelvulkan **Herðubreið** (S. 592) vorbei zum Vulkangebiet **Askja** (S. 593) und von dort weiter in die Nähe des 2014/2015 entstandenen Lavafeldes **Holuhraun** (S. 595). Lohnend ist auch die Tour zu den **Kverkfjöll**-Bergen (S. 595) am Rand des Vatnajökull. Hier locken tolle Gletscherwanderungen unter kundiger Führung (und niemals ohne!).

Wer seinen (entsprechend ausgerüsteten) Wagen gut beherrscht, kann weitere Erlebnisse im westlichen Abschnitt der **F910** sammeln – eine Piste, die an manchen Stellen kaum als solche zu erkennen und nur im Schritttempo befahrbar ist. Interessant ist auch der östliche Abschnitt; eine selten gefahrene „Abkürzung" aus dem Hochland nach Ostisland zum „Monstersee" Lagarfljót mit dem pittoresken **Hengifoss** (S. 455), vorbei an lohnenden Abstechern wie den Hot-Pot-Oasen **Laugavellir** (S. 597) und **Laugarfell** (S. 589).

Eine weitere Alternativroute zu den „ausgetretenen Pfaden" (so wirklich voll ist es im Hochland allerdings nun auch wieder nicht) führt als **F821** von der F26 ab nach Akureyri, vorbei an einem weiteren tollen Hot Pot: **Laugafell** (S. 589). Im Süden ist die **F208** ein Klassiker: Auch hier gibt es einige Flüsse zu queren, die Landschaft ist allerdings grüner als im zentralen Hochland. Im nördlichen Abschnitt lohnen Stopps im Wanderparadies **Landmannalaugar** (S. 569) und an der Vulkanspalte **Eldgjá** (S. 577).

Alle Hochlandpisten sind nur zwischen Ende Juni und Anfang September befahrbar. Wobei die Daten je nach Strecke und Witterung variieren.

Bei den klugen Schafen: der unterschätzte Osten

■ 2–4 Tage, 330 km (Umweg zur Ringstraßenstrecke 205 km)

Das, was früher „die einsamen Westfjorde" waren, ist heute „der einsame Nordosten": Kaum Touristen, kaum Einwohner. Aber diejenigen, die bleiben, liefern das wahrscheinlich authentischste Island-Erlebnis überhaupt. Über den Künstlerort **Kópasker** (S. 430) geht es nach **Raufarhöfn** (S. 432) mit seinem archaischen Steinmonument und dem nördlichsten Leuchtturm Islands. Wer denkt, Schafe seien dumm, wird in **Svalbarð** (S. 436) eines Besseren belehrt. Die Basstölpelkolonie auf der Halbinsel **Langanes** lohnt einen Abstecher (S. 435, Jeep erforderlich), ebenso wie das Örtchen **Bakkafjörður** (S. 438) mit seinem maroden Charme.

Auch in **Vopnafjörður** (S. 440) lassen sich viele liebenswerte Details entdecken. Über die reizvolle Straße 917 geht es zur Ringstraße nach Egilsstaðir. Um Irritationen vorzubeugen: Seit 2019 gibt es den „**Arctic Coast Way**". Er ist aber (zum Glück) keine neu gebaute Straße, sondern eine Werbemaßnahme für die strukturschwächeren Dörfer entlang der Nordküste. Er verbindet 21 Orte, von Hvammstangi bis Bakkafjörður.

Klima und Reisezeit

„If you don't like the weather in Iceland: Just wait 5 minutes", steht auf so manchem Touristen-Shirt. Ja, es ist etwas Wahres dran: Das Wetter in Island ist wirklich unberechenbar.

Klima

Es ist möglich, innerhalb einer Stunde „alle Wetter" zu haben: Sonne, Nebel, Regen, Schnee, Hagel ... Doch nicht immer ist auf die Fünf-Minuten-Regel Verlass. Manchmal bleibt es wochenlang schön, manchmal aber auch wochenlang schlecht. Allerdings gibt es fast immer irgendeine Gegend, wo es zum Ausgleich gut ist. Man kann oft auch einfach dahin fahren, wo das Wetter gut ist. Auf Isländisch heißt das „að elta veðrið" – „das Wetter verfolgen (oder jagen)", gerne im Bezug darauf, wohin man zum Zelten fährt.

Durch den Einfluss des Golfstroms ist das Klima an der Küste selbst im Winter noch milder, als man bei der Lage erwarten würde (im Süden meist um 0 °C, im Norden um -5 °C). Doch sind Islands Sommer kurz (Ende Juni–Ende Aug) und die **Winter** lang (Nov–April). 2021 überraschte ein plötzlicher Wintereinbruch bereits Anfang September die Bevölkerung. Straßen waren unpassierbar, Schafe erfroren. 2023 dagegen gab es im Mai starke Stürme und winterliche Straßenverhältnisse, und im Hochland hat es sogar Anfang Juli noch geschneit. In anderen Jahren erfreuten April und September Einheimische und Reisende aber auch mit Sonnenschein satt. Im **Sommer** liegen die **Temperaturen** zumeist zwischen 10 und 15 °C (im Hochland niedriger), können aber auch mal Höchstwerte von knapp über 20 °C erreichen (Wettervorhersage s. 💻 www.vedur.is).

Entscheidender dafür, ob man friert oder nicht, ist aber der **Wind**, und den gibt es reichlich. Selbst wenn die Sonne scheint und sich kein Wölkchen am Himmel zeigt, ist es oft sehr windig. Die geringe Baumbedeckung verschärft das Problem noch. In exponierter Lage wurde schon so manches schlechte Zelt „vom Winde verweht". Doch lernt man mit der Zeit, Windrichtung und Sonneneinstrahlung so einzuschätzen, dass es ein Kinderspiel ist, das nächste windgeschützte Sonnenfleckchen zu finden: Hinter einem Felsen oder in den kleinen Senken.

Reisezeit

Island lässt sich ganzjährig bereisen, und jede Jahreszeit hat ihre Vor- und Nachteile.

In der **sommerlichen Hauptsaison** von Juni bis August wird das Land von Touristen überrannt, so gut wie alles sollte vorreserviert werden. Dafür entschädigen die langen Tage (erst ab Mitternacht setzt eine leichte Dämmerung ein) und die relativ guten Busverbindungen. Und wer das Hochland sehen will, muss im Sommer kommen, denn die meisten Hochlandrouten sind nur von Mitte Juni (je nach Wetter auch erst Anfang Juli) bis Ende August geöffnet. Auch mit den Straßen, die ans Hochland angrenzen, kann man im Frühling und Herbst Pech haben. Und im Winter sind die Reisemöglichkeiten sowieso nur sehr beschränkt. Vor allem im Norden und Osten kann es passieren, dass Pässe gesperrt werden und es kein Durchkommen gibt. Wer es also gern maximal planbar hat, der wählt auf jeden Fall den Sommer. Wer zelten will, auch. Alle anderen wählen ihre Reisezeit nach ihren Prioritäten.

Papageitaucher sind nur zwischen Ende April und Anfang September zu Gast. Gut beobachten kann man sie nur in der Brutzeit (Ende Juni bis Anfang August). **Wale** sieht man zwar das ganze Jahr, aber nicht alle Arten überwintern rund um Island.

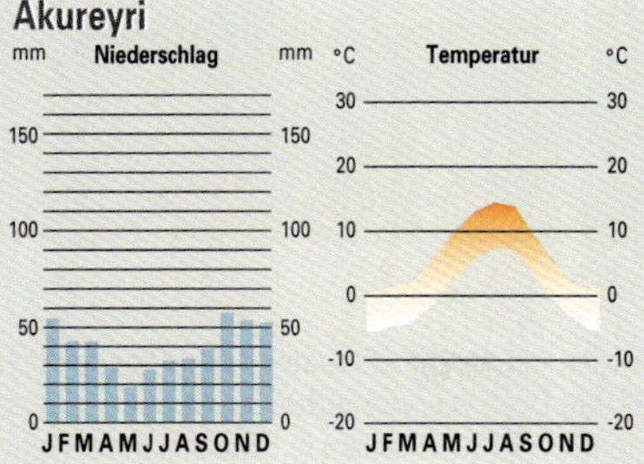

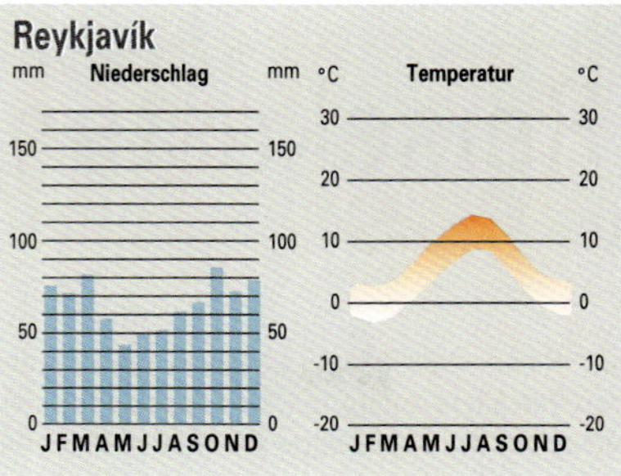

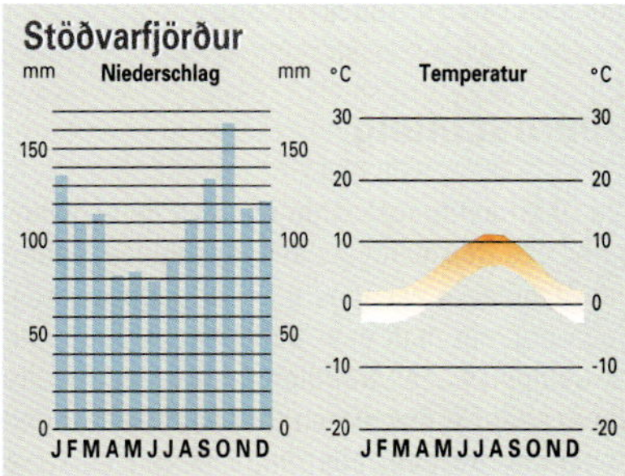

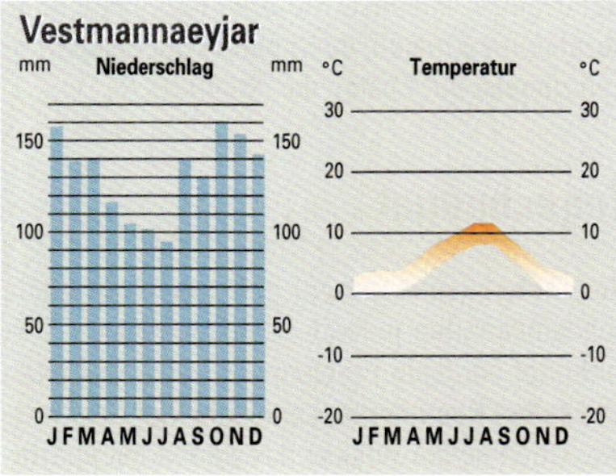

Gletschertouren werden ganzjährig angeboten. Längere Reittouren finden nur im Sommer statt, kürzere **Ausritte** auch im Frühling und Herbst und je nach Region sogar im Winter.

Der **Frühling** setzt spät ein. Im April sind die meisten Wiesen noch braun, und es kann noch schneien. Und vor allem nachts ist es noch empfindlich kalt. Tagsüber aber hat die Sonne schon erstaunlich viel Kraft (Sonnenbrandgefahr!). Viele Straßen sind nach der Schneeschmelze noch weich und es besteht die Gefahr, einzusinken und/oder sich festzufahren.

Viele Freunde vor allem unter den Wanderern hat der **Herbst** (Sep/Okt): Überall gibt es Blau- und Krähenbeeren, es ist noch lange hell, Sträucher und Gräser locken mit beeindruckend intensiven Herbstfarben, manche Unterkünfte und Veranstalter gewähren schon Rabatte und der Touristenstrom ist bereits abgeebbt. Der Herbst ist die Reisezeit, in der es möglich ist, tagsüber Wale und abends Nordlichter zu sehen. Auch bekommt man Anfang September mit dem Schafabtrieb (Réttir) gute Einblicke in die Landeskultur. Allerdings fahren deutlich weniger Busse und einige Campingplätze haben schon geschlossen.

Die **Nordlichtsaison** beginnt ab Ende August, doch muss man dann wie auch im April viel Glück haben und lange aufbleiben. Die besten Sichtungschancen hat man von September bis März. Auch sonst spricht trotz der kurzen Tage (in Reykjavík oft nur vier bis fünf Stunden, im Norden manchmal gar kein Sonnenlicht) einiges für den **Winter**: Es locken vereiste Wasserfälle, traumhafte Sonnenauf- und -untergänge und romantische Weihnachtsmarktbummel vor von Nordlichtern erleuchteter Bergkulisse.

Reisekosten

Eine Reise nach Island ist kein Low-Budget-Trip. Vor allem komfortablere Unterkünfte, Essen gehen und organisierte Touren reißen große Löcher in die Reisekasse, doch zumindest die Natur gibt's umsonst. Generell ist es machbar, bezahlbar zu reisen, doch gehen die Einsparungen zumeist auf Kosten des Komforts.

Tagesbudget

Die Tagesausgaben sind generell recht hoch, schwanken aber je nach Reisestil. Wer viel Zeit mitbringt und kein Problem mit Trampen, Zelten und selbst Kochen hat, kann sehr viel Geld sparen. Doch selbst Rucksackreisende mit spartanischen Ansprüchen sollten Tagesausgaben von mindestens 4000–5000 ISK (30–35 €) einplanen. Wer wenigstens den „Komfort" einer Jugendherberge sucht, ab und zu mal essen gehen oder einzelne Strecken mit dem Bus oder einem einfachen Kleinwagen fahren möchte, landet schnell bei den doppelten Kosten. Wenn man sich dann noch die eine oder andere nette Pension gönnen möchte, steigt das Tagesbudget auf das Drei- bis Vierfache. Nach oben gibt es eigentlich keine Grenzen … Und zumindest eine Gletscherwanderung oder Walbeobachtungstour sollte sich eh jeder leisten.

© CAROLINE MICHEL

Übernachtung

Die Übernachtungskosten machen den Löwenanteil des Reisebudgets aus. Ausnahme: **Zelten** (im Sommer, etwa 15 € p. P.) ist sehr günstig, doch braucht man gute Schlafsäcke und Zelte (s. Campen S. 79). Deutlich teurer sind bereits die Schlafsäle der Hütten (nur im Sommer) und **Jugendherbergen**, allerdings bieten Letztere Vergünstigungen in der Nebensaison. Vor allem Pensionen und Hotelzimmer gehen richtig ins Geld. Und die wenigen Einzelzimmer sind leider kaum günstiger als Doppelzimmer.

Essen und Trinken

Restaurantbesuche gehen schnell ins Geld. Auch ein einfaches Essen ist nicht unbedingt günstig: Ein Hamburger kostet schon mal um die 20 €, eine Pizza 25 €. Wenn möglich, sollte man **Mittagsangebote** nutzen, denn dann ist es deutlich günstiger als abends. In Kneipen sind die extrem hohen Preise für Drinks zumindest bei vereinzelten **Happy Hour**-Angeboten (in Reykjavík) erträglich. Einkaufen im Discounter Bónus oder im günstigen Krónan und **Selbstkochen** ist die günstigste Option (viele Campingplätze, Hütten, Jugendherbergen und einige Gästehäuser haben eine kleine Küche). Eine Tasse Kaffee ist v. a. an den Imbissen der Tankstellen und in Schwimmbädern, Supermärkten und Museumscafés relativ günstig, mitunter sogar gratis (oft gibt es auch *free refill*). Kofferweise Lebens-

Mit Kranavatn gegen die Plastikflut

Man muss nicht Isländisch können, um zu verstehen: „Kranavatn" heißt Kranenwasser (d. h. Wasserhahnwasser). Und das ist in Island von bester Qualität. Man munkelt sogar, das im Supermarkt verkaufte Wasser sei das gleiche wie das, was frisch aus der Leitung kommt. Kranavatn gibt es überall und umsonst und in Reykjavík sprudelt es sogar aus öffentlichen Trinkbrunnen. Eigentlich haben Touristen nur zwei Gründe, Plastikflaschenwasser zu kaufen. Erstens: Man braucht eine (einzige) Flasche, die man wieder auffüllen kann. Zweitens: Es gibt einige wenige Campingplätze, auf denen kein kaltes, klares Wasser aus der Leitung kommt, sondern nur das warme, schweflige. Wirklich schädlich soll es nicht sein, das zu trinken, aber ein Genuss ist es wirklich nicht.

mittel von zuhause mitzuschleppen, lohnt sich übrigens kaum. Grundnahrungsmittel sind in den großen Supermärkten nur wenig teurer als in Deutschland.

Transport

Trampen (s. auch S. 74) funktioniert in Nicht-Pandemiezeiten recht gut und gilt als sicher. Internetplattformen vermitteln außerdem preiswerte **Mitfahrgelegenheiten** (S. 74).

Miet-Kleinwagen sind gar nicht mal so teuer, mit etwa 50 € pro Tag ist man schon dabei. Flexibel und einigermaßen komfortabel reist es sich mit **Wohnmobilen** oder Campern, deren Preise je nach Saison und Ausstattung deutlich schwanken (s. S. 79). Die **Benzinpreise** sind etwas (aber nicht viel) höher als in Deutschland.

Busfahren ist generell relativ teuer: So kostet die einfache Fahrt von Reykjavík nach Akureyri über die Ringstraße (ca. 8 Std.) 12 540 ISK, also um die 90 € p. P.

Ermäßigungen

Ermäßigungen gibt es für Studenten mit internationalem Ausweis, Kinder, Jugendliche und Senioren, u. a. bei Linienbussen, Museen etc. Außerdem durch einige „Karten". Mit der **Campingkarte** (s. Kasten S. 80) kann eine Familie 28x auf mehr als 30 Campingplätzen in ganz Island nächtigen, mit der **Reykjavík City Card** (s. Kasten S. 159) kann man Museen besuchen und den öffentlichen Nahverkehr nutzen, und auch der internationale **Jugendherbergsausweis** ermöglicht Ermäßigungen bis zu 20 % in Restaurants und Museen. In der **Nebensaison** (Jan–April und Okt/Nov) sind Mietwagen und Unterkünfte deutlich günstiger.

Was kostet wie viel

Camping (pro Person und Nacht)	1500–2500 ISK
Bett im Hostel	5000–10 000 ISK
B&B (DZ)	15 000–30 000 ISK
Frühstück	1500–2500 ISK
Mittagessen	2500–5000 ISK
Abendessen	3500–8000 ISK
Fast Food	ab 1500 ISK
Tasse Kaffee	450–800 ISK
Bier (0,5 l)	1000–1500 ISK
Mietwagen (je nach Anbieter, Saison, Versicherung)	
Pkw (Woche)	300–700 €
SUV (Woche)	650–1300 €
Jeep (Woche)	680–2500 €
Campermobil (Woche)	1000–3000 €
1 l Benzin	300 ISK
Eintritt Museum	1000–3500 ISK
Organisierte Tagesausflüge	10 000–40 000 ISK
Reitausflug	1 1/2 Std. um die 15 000 ISK
Gletscherwanderung	14 000–18 000 ISK
Walbeobachtungstour	12 000–20 000 ISK

Travelinfos von A bis Z

„Þetta reddast", was übersetzt etwa „Wird schon gutgehen" oder „Das wird!" heißt, ist eine der Lieblingsredewendungen der Isländer. Und meistens geht wirklich alles gut. Die Isländer sind es gewohnt, flexibel zu bleiben und ihre Pläne kurzfristig den aktuellen Gegebenheiten anzupassen. Für planungsfreudige Deutsche ist das gewöhnungsbedürftig. Doch natürlich gilt auch für eine Islandreise: Je gründlicher die Vorbereitung, desto weniger Unvorhersehbares wird einen überraschen.

AKUREYRIS FREUNDLICHE AMPELN; © MARK MARKAND

Kurz und knapp

Zeitverschiebung GMT (MEZ -1 Std.)

Geld Wer auf eigene Faust reist, sollte unbedingt eine Kreditkarte besitzen.

Handynetz/WLAN Gute Netzabdeckung, oft auch an abgelegenen Orten.

Updates und eure **Kommentare** zu diesem Kapitel auf www.stefan-loose.de unter **eXTra [11090]**

Inhalt

Anreise

Die meisten Island-Besucher reisen auf dem Luftweg über Keflavík ganz im Südwesten der Insel ein. Für alle, die länger bleiben wollen, lohnt die Anreise mit dem eigenen Auto/Wohnmobil, denn die Kosten für die Fähre sind schnell wieder drin, wenn man keine Mietwagen und Hotels bezahlen muss.

Mit dem Flugzeug

Den internationalen **Flughafen Keflavík** (KEF) erreicht man von Deutschland aus in etwa 3 1/2 Stunden. Man sollte versuchen, auf dem Hinweg einen Fensterplatz auf der rechten Flugzeugseite zu buchen, auf dem Rückweg auf der linken. Denn bei guter Sicht lockt ein erster (bzw. letzter) spektakulärer Blick auf die Küstenlinie und den Gletscher Vatnajökull.

Das ganze Jahr über gibt es Direktflüge von verschiedenen deutschen Großstädten aus. In der Hauptsaison (Juni–Aug) steigen die Preise (bei geringer Nachfrage purzeln sie allerdings rasant für Last-Minute-Flüge). Im Oktober sind die Tickets am billigsten.

Eurowings fliegt von Hamburg, Düsseldorf, München, Stuttgart, Berlin und weiteren Orten nach Island. 💻 www.eurowings.com
Icelandair fliegt von Berlin, Hamburg, Frankfurt und München nach Keflavík. 💻 www.icelandair.com
Lufthansa bedient von zahlreichen deutschen Flughäfen die Strecke nach Island. 💻 www.lufthansa.com/de/de/fluege/land/island
Wizzair fliegt zwischen Wien und Island. 💻 https://wizzair.com
Play Air fliegt ab Berlin, Düsseldorf und Frankfurt. 💻 https://flyplay.com

Am Flughafen

Wenn Isländer aus dem Ausland anreisen, gehen sie fast nie direkt zu den Gepäckbändern. Sie nutzen die Wartezeit, um im **Duty-free-Shop** einzukaufen, der hier auch für ankommende Gäste zugänglich ist. Die Paletten von Bierdosen, die herausgeschleppt werden, zeigen: Alkohol und Zigaretten sind in Island sehr teuer. Eine gute Flasche Wein ist daher ein nettes Mitbringsel für isländische Gastgeber und Fremdenführer.

Im Ankunftsbereich gibt es dann **Bankautomaten** und **Wechselschalter**, den **Kartenverkauf für die Transferbusse** und Schalter der größeren **Autovermieter**. Kleinere Vermieter schicken für tagsüber ankommende Kunden Abgesandte, die Pappschilder hochhalten und die Fluggäste dann mit Kleinbussen zu den Büros bringen. Für weitere Hinweise siehe den Kasten „Angekommen – und jetzt?" auf S. 128.

Tipp für den Rückflug: Man sollte unbedingt genügend Zeit einplanen! Es ist zwar üblich, online oder am Automaten einzuchecken und am Schalter nur noch das Gepäck aufzugeben, aber das heißt nicht, dass das Einchecken schnell geht. Die Warteschlangen beim Check-in sind oft lang und die Sicherheitskontrollen werden ernst genommen.

Fliegen in Zeiten des Klimawandels

Der Klimawandel ist wohl das dringlichste Thema unserer Zeit. Und Reisende sind Klimasünder, denn wer unterwegs ist, verursacht einfach mehr CO_2. Ein Flug von Frankfurt nach Keflavík und zurück pustet etwa 1218 kg CO_2 pro Person in die Luft. Dieses Extra an Fußabdruck lässt sich kompensieren (und immer mehr Menschen tun das), indem man ökologische Projekte unterstützt. Bekannt ist etwa der Anbieter atmosfair, auf dessen Webseite, 💻 www.atmosfair.de/de/kompensieren/flug, ein Ausgleich 29 € kostet. Die Klima-Kollekte, 💻 www.klima-kollekte.de, berechnet 0,99 t CO_2 und würde den Ausstoß mit knapp 25 € ausgleichen. Teurer wird es, wenn man auch soziale Folgekosten einberechnet, wie es bei Climate Fair, 💻 www.climatefair.de, Grundlage ist. Hier beträgt die Kompensationszahlung 175 € für die sozioökologischen Folgekosten (es wird mit 780 kg CO_2-Ausstoß gerechnet). Wo und wie die einzelnen Organisationen das verbrauchte CO_2 kompensieren, erfährt man auf deren Webseiten.

Flüge kommen leider oft nachts an, und es ist nicht erlaubt (und wird auch durchgesetzt), sich im Flughafengebäude schlafen zu legen.

Flughafentransfer

Der internationale Flughafen Keflavík liegt fast 50 km südwestlich von Reykjavík. Man erreicht die Hauptstadt in rund 40 Minuten über die gut ausgebaute Straße 41. Hier gibt es oft Tempokontrollen, Tipps für Selbstfahrer s. S. 66.

Pendelbusse nach Reykjavík fahren mehr oder weniger direkt nach jeder Ankunft und vor jedem Abflug. Details zu den Haltestellen und Preisen der einzelnen Gesellschaften im Kasten „Angekommen – und jetzt?" auf S. 128.

Die meisten Hotels und einige Gästehäuser in Flughafennähe bieten **kostenlosen** oder **günstigen Transfer**.

Mit der Fähre

Autofähre

Die Fähre *Norröna* von **Smyril Line**, ✆ 0431-200 886 (Büro in Kiel), 💻 www.smyrilline.de, verkehrt Mitte März bis Anfang Dezember zwischen Seyðisfjörður (s. auch S. 76), Tórshavn (Färöer) und Hirtshals (Dänemark) – mit Stopp auf den Färöer-Inseln. Im Sommer starten zwei Fähren pro Woche, in der Nebensaison eine. Die Fahrt dauert in der Hochsaison zwei Tage, in der Nebensaison einen halben Tag länger (mehrstündiger Zwischenstopp auf den Färöern). Die Fahrten sind schnell ausgebucht – daher früh buchen. Wer im Sommer los will, sollte bereits zum Jahreswechsel ein Ticket haben.

Kosten

Am günstigsten ist die Fährfahrt im Winter in einer Vierer-Innenkabine. Im Frühjahr, im Herbst und im Sommer gibt es (zum gleichen Preis) zusätzlich auch noch Liegen in Sechser-Abteilen unterhalb des Autodecks. Teurer sind je nach Ausstattung die Zweierkabinen mit Tageslichtfenstern. Die Kosten für Wohnmobile, Autos und Motorräder hängen von deren Höhe und Länge ab; die Maße sind bei der Buchung anzugeben. Deutlich günstiger ist der Transport von Fahrrädern.

Seekrank – Vorbeugung ist wichtig

Wer dazu neigt, seekrank zu werden, nimmt (ausreichend!) Reisetabletten oder -kaugummis mit – besser noch die (rezeptpflichtigen) kleinen Pflaster zum Hinters-Ohr-Kleben. Auf der Fähre sind solche Mittel nicht zu bekommen. Es lohnt sich auch, Zwieback, trockene Brötchen und Traubenzucker einzupacken.

Ausstattung

An Bord gibt es ein Café und relativ teure Restaurants. Wer Verpflegung beim Ticketkauf mit bucht, isst etwas günstiger als spontan à la carte. Zum Zeitvertreib locken ein kleiner Pool und eine Sauna (ohne Extrakosten). Computerspielefans zocken im schiffseigenen Gaming Center. Auch der Hot Pot an Deck (für 6 Pers.) und das Bord-Kino sind beliebt, kosten aber extra. Als Zahlungsmittel auf der Fähre dient die **Dänische Krone**.

WLAN

An Bord gibt es kostenpflichtiges WLAN für 4/19/36/55 Std. oder direkt 7 Tage (am besten online buchen). Bezahlt wird nicht für die real genutzte Zeit, sondern für ein Zeitfenster.

Containerschiff

Auch per Containerschiff reisen Autos und Motorräder nach Island, z. B. ab Bremerhaven, Cuxhaven oder Rotterdam. Das erfordert aber einiges an Organisation. Die Verschiffung der Fahrzeuge per Containerschiff vermitteln z. B. die Agenturen **Kriatours**, 💻 www.kria-tours.de, oder **Islandspezialisten** (mit Büro bei Düsseldorf), 💻 www.islandspezialisten.de.

Einreisebestimmungen

Ein **Personalausweis** reicht für EU- und EFTA-Bürger. Im Land gelten alle deutschen Ausweise.

Wer länger als sechs Monate im Land bleibt und/oder arbeiten will, muss sich anmelden. Die zehnstellige persönliche Identifikationsnummer *(kennitala)* bekommt man i. d. R. problemlos beim **Nationalen Register** *(þjóðskrá) Islands*, 💻 www.skra.is. Sie ist Kranken- und Autoversicherungs-, Steuer- und oft auch Mitgliedsnummer im Sportstudio.

Haustiere

Hund und Katz mit nach Island zu nehmen, ist keine gute Idee: Es besteht eine **Quarantänepflicht** von bis zu vier Monaten. Wer Hunde, Katzen, Vögel und sonstige Kleintiere trotzdem einführen will, braucht eine offizielle Einfuhrgenehmigung (Anträge gibt es bei **Matvælastofnun** (MAST, 💻 www.mast.is). Nötig sind zudem ein Heimtierausweis und eine Bescheinigung der letzten Tollwutimpfung.

Angel- und Reitausrüstung

Wer einen Reiturlaub plant, muss gut überlegen, ob er seine eigene Ausrüstung mitbringen möchte. Denn Reitkleidung (und alles, was mit Pferden in Berührung gekommen sein könnte) muss entweder neu, noch verpackt oder nachweisbar desinfiziert sein. Dasselbe gilt auch für Angelausrüstung. Was bei desinfiziertem Material zu beachten ist und was als Nachweis vorgelegt werden muss, weiß die isländische Veterinärbehörde, 💻 www.mast.is. Alles, was nicht desinfiziert wurde, wird auf Kosten der Besitzer in Island dieser Prozedur unterzogen.

Barrierefreies Reisen

Spazierwege, die auch mit dem Rollstuhl befahrbar sind, findet man in der Hauptstadtregion. Auch die Hauptsehenswürdigkeiten des Golden Circle (Þingvellir, Geysir und Gullfoss) sind über Bohlen- oder Asphaltwege erreichbar. Vorsicht bei Regen: Es wird schnell rutschig.

Alle Stadtbusse im Hauptstadtgebiet sind Niederflurbusse mit Rollstuhlrampe und Stellplatz im Bus. Inlandsflüge und Fahrten mit der Fähre *Herjólfur* sind ebenfalls machbar. Überlandbusse sind dagegen nicht rollstuhlgerecht.

Behindertengerechte Zimmer sind nicht immer als solche ausgeschrieben, aber wer nachfragt, findet oft rollstuhlgerechte Zimmer im ganzen Land. Informationen gibt es bei 💻 www.obi.is und auf zahlreichen Blogs mit wertvollen Erfahrungsberichten.

Barrierefreie Rund- und Gruppenreisen organisiert **Iceland Unlimited Travel Service** (s. Reiseveranstalter), 💻 https://icelandunlimited.is/accessible-travel-iceland.

Botschaften und Konsulate

Die deutsche Botschaft ist für Bundesbürger, Niederländer und Luxemburger zuständig. Die Isländer nehmen es mit den Ausreisepapieren zwar nicht so genau (selbst wer seinen Pass verliert, kann i. d. R. trotzdem nach Hause fliegen), aber wer sichergehen will, kann bei der Botschaft ein Ersatzdokument beantragen.

Ausländische Vertretungen in Island s. „Reykjavík" S. 158.

Einkaufen

Das Shopping-Angebot in Reykjavík ist umfassend; nur teurer als in Deutschland – in etwa auf dem Preisniveau der Schweiz. Im Rest der Insel bekommt man, abgesehen von Lebensmitteln und mancherorts ein paar Souvenirs, (fast) gar nichts. In Akureyri, Egilsstaðir und Selfoss finden sich mit Glück eine Jacke, ein Badeanzug oder Wanderschuhe, und es gibt auch einen Technikladen und/oder Baumarkt, aber ansonsten gilt: Wer unterwegs z. B. merkt, dass unbedingt ein neuer Schlafsack nötig ist, muss zurück nach Reykjavík.

Trotzdem sind einige Dinge nicht so verbreitet. Wer z. B. auf Ohropax nicht verzichten will, der bringe sie am besten von zu Hause mit. Zum Bummeln und Schauen eignet sich am besten die Gegend um den Laugavegur in Reykjavík.

Bücher

Isländische Buchhandlungen bieten viel mehr als nur Bücher. Hier kauft man nicht schnell ein, hier hält man sich länger auf, trinkt einen Kaffee, isst ein Stück Kuchen und surft im Netz. Während Isländer sich vor allem mit Romanen die Zeit vertreiben, besorgen sich Touristen Bücher und Bildbände über Island. Einige gibt es auch auf Deutsch. Auch Land- und Wanderkarten sind beliebt.

Kleidung und Wolle

Die Reykjavíker sind sehr modebewusst. Es locken kleine **Boutiquen**, deren Ware sich wohltuend vom Massensortiment der klassischen Ketten absetzt. Wer auf schicke **Outdoorklamotten** schwört, findet in Reykjavík und Akureyri die Marken 66 North und Icewear. Die Isländer tragen meist Wollsachen, wenn sie raus gehen. Und das nicht ohne Grund, denn die in aller Welt bekannten gestrickten **Islandpullover** (*Lopi* oder *Lopapeysas*) sind einfach unschlagbar im Nutzen. Es gibt sie in verschiedenen Dickegraden aus reiner, leicht fettiger Wolle, die Regen besser abhält als so manche Hightech-Kunstfaser. Aber Achtung: Die Pullis sind weniger gemütlich, als sie aussehen, denn sie kratzen und jucken, wenn sie auf Haut treffen. Und billig sind sie auch nicht. Am besten kauft man sie auf Reykjavíks Flohmarkt (S. 157) oder bei den Strickerinnen selbst, dann stimmen Qualität und Preis. In vielen Gästehausfluren oder Cafés hängen schöne Exemplare, die die Dame des Hauses oder deren Oma in langen Winternächten angefertigt hat.

Lebensmittel

Bekommt man in Island alles, was man aus deutschen Supermärkten kennt? Im Prinzip ja. Allerdings nicht überall. Nur das Angebot in Reykjavík ist mit dem einer deutschen Großstadt vergleichbar. Am günstigsten kauft man bei **Bónus** (zu erkennen an einem rosafarbenen Schwein auf gelbem Grund), aber auch die Ketten **Krónan** und **Nétto** bieten eine große Auswahl zu erträglichen Preisen.

In jedem etwas größeren Ort gibt es zumindest einen kleinen Supermarkt oder eine Tankstelle mit angeschlossenem Shop. Ansonsten gilt: Je kleiner der Supermarkt und je abgelegener der Ort, desto kleiner die Auswahl und desto höher die Preise.

Frisches **Obst und Gemüse** bekommt man oft im Selbstbedienungs-Direktverkauf bei den Gewächshäusern. Zu finden sind diese an Orten mit heißen Quellen, also im Süden und in der Gegend um den Golden Circle. Bargeld ist nötig, denn das Geld wird einfach nur in eine Spardose geworfen.

In Island sind viele Lebensmittel-Geschäfte auch am Wochenende geöffnet. Auch große Supermarktketten. Dafür öffnen die Geschäfte i. d. R. nicht vor 10 Uhr und schließen bereits gegen 19 Uhr.

Souvenirs

Wer Plüsch-Papageitaucher made in Asien und **T-Shirts** mit „witzigen" Sprüchen mag, wird vor allem in der Innenstadt von Reykjavík und an Touristen-Hotspots wie dem Gullfoss schnell fündig. Ausgefalleneres muss man länger suchen,aber auch in kleineren Orten findet man niedliche Handwerksläden, in denen fantasievoll bemalte Steinmännchen und **Strickwaren** angeboten werden. Mützenfans aufgepasst: Es gibt viele bunte Varianten, doch trotz Inlay jucken sie mitunter ziemlich stark an der Stirn.

Gern gekaufte Mitbringsel sind **Thermalwasserprodukte** (Blue Lagoon und andere), die schön machen und gegen Neurodermitis helfen sollen. Typisch isländisch ist auch das mithilfe von Geothermalenergie gewonnene **Meersalz**, z. B. als Lava-, Gewürz- oder sogar Lakritzsalz. Im Ort Reykjanes in den Westfjorden kann man den Arbeitern der Firma Saltverk bei ihrem salzigen Geschäft über die Schulter schauen (S. 319).

Wem das nicht speziell genug ist, der kauft ein Plastikpöttchen mit **Hákarl**, dem isländischen Gammelhai (S. 268). In gut sortierten Supermärkten ist diese Köstlichkeit neben dem frischen Fisch in der Kühltheke (nicht in der Gefriertruhe) zu finden.

Achtung: Das Ausführen von **Lava**, **Steinen** und **Mineralien** ist verboten – es sei denn, man hat sie z. B. in einem Souvenirshop oder Kunsthandwerksladen erworben.

Technik

Der Technikmarkt **Tölvulistinn**, vergleichbar mit Saturn oder Media Markt, hat Geschäfte in Reykjavík, Akureyri, Egilsstaðir, Reykjanesbær und Selfoss (Standorte und aktuelle Öffnungszeiten auf 💻 www.tl.is/page/verslanir). Ein **Apple Store** (Macland) findet sich im Shoppingcenter Kringlan in Reykjavík, 💻 www.macland.is, 🕒 Mo–Fr 10–18.30, Sa 11–18 und So 12–17 Uhr. (S. 157).

Essen und Trinken

Die karge Landschaft und das raue Klima lassen keine besonders abwechslungsreiche Küche erwarten, und obwohl sich in den letzten Jahrzehnten wirklich eine Menge getan hat: Ein Paradies für Feinschmecker ist Island noch lange nicht. Eine Ausnahme ist Reykjavík; hier wird erfolgreich mit Fusion-Küche experimentiert. Diese Kreationen sind dann allerdings sehr hochpreisig.

Islands Ess-Traditionen sind geprägt von Verzicht und der Notwendigkeit alles zu essen, was da schwimmt und fliegt. Heimische Gewürze gibt es nicht und auch die Auswahl inseleigener Gemüsesorten ist eingeschränkt. Zwar werden bereits seit der 1. Hälfte des 20. Jhs. Gemüse und Kräuter in Gewächshäusern angebaut, doch die Ausbeute reicht nicht für den Bedarf aller. Zudem fehlt dem Gemüse vielfach einfach die echte Sonne. Also wird viel Gemüse importiert und ist entsprechend teuer. Auch auf Island geht der Trend von einer fleischessenden Gesellschaft immer mehr Richtung nachhaltige und vegetarische Ernährung (s. Kasten) – was hier aufgrund der klimatischen Verhältnisse aber schwieriger zu organisieren ist.

Auswärts essen ist teuer, selbst an Imbissständen kostet ein kleiner Snack schnell über 15 €. Dann sind die Portionen aber meist relativ groß und machen für länger satt.

Richtig teuer wird es, wenn man zu den Gerichten auch noch Getränke bestellt, wie man es aus Deutschland gewohnt ist. Da es in den Restaurants aber immer Wasser kostenlos zum Essen dazu gibt, muss man nicht dürsten und kann die Reisekasse schonen. Wer Bier zum Essen trinken will, sollte unbedingt in eine der Brauereien – z. B. in Reykjavík (S. 149), Vík (S. 512), Árskógssandur (S. 367), Siglufjörður (S. 364), Egilsstaðir (S. 449) und Breiðdalsvík (S. 476) – gehen: Hier sind die Bier-Preise oft moderater (und das Bier allemal interessanter als Importware), und Essen gibt es i. d. R. auch. Auch eine Essenstour in Reykjavík (Kasten S. 145) garantiert ein tolles kulinarisches Erlebnis.

Vegetarier und Veganer

Auch in Island ist der Trend zu weniger bis kein Fleisch angekommen. Salate, Nudelgerichte und Gemüsesuppen gibt es in fast allen Restaurants. Vegetarier kommen also gut zurecht. Veganer hingegen haben es außerhalb von Reykjavík noch schwer. Auch auf den Frühstückstischen der meisten Gästehäuser und Hotels fehlen vegane Brotaufstriche und Milchersatzprodukte. Wer ohne nicht leben mag, findet sie in vielen Supermärkten – überall im Land.

Frühstück

Wer in Gästehäusern oder Hotels schläft, bekommt als Frühstück meist hartgekochte Eier, Käse, Aufschnitt, Müsli, Skyr, Orangensaft und Toastbrot; immer öfter auch mit selbst gebackenem Brot, selbst eingemachter Marmelade, Waffeln und einer kleinen Auswahl an Fisch. Spiegeleier mit Speck oder frisches Obst gibt es nur selten. Manchmal ist das Frühstück im Zimmerpreis enthalten, manchmal zahlt man dafür um die 10–15 € extra.

Fastfood

Isländer lieben Fastfood. Ein Restaurantbesuch kommt für sie eigentlich nur abends in Frage. Mittags geht's schnell an die Imbissbude. Hotdogs, Pizza, Pommes und Burger sind quasi an jeder Ecke zu haben. Mittlerweile bieten einige Restaurants eine Mittagskarte für Touristen. Manchmal gibt es Buffets, die im Vergleich zum Dinner-Buffet dann meist günstiger sind.

Außerhalb der Städte stehen auch an einigen touristisch stark frequentierten Orten kleine Restaurants und Imbisswagen, an denen die hungrigen Massen mit Kuchen und Sandwiches versorgt werden.

Die Ketten von Subway, Kentucky Fried Chicken und Domino's sind ebenfalls vertreten. McDonald's hat es dagegen nicht geschafft, sich in Island zu etablieren. China-, Thai- und India-Restaurants findet man in den größeren Städten, aber auch in einigen Dörfern, wo man sie gar nicht erwartet. Im kleinen Flúðir z. B. steht an einem Parkplatz am Ortsausgang das äthiopische Restaurant Minilik (S. 210).

Fisch, Lamm und Pferd

Traditionell isst man in Island entweder **Fisch** oder **Lammfleisch**, manchmal auch **Pferd**, gern mit **Kartoffeln** und grünem **Salat**, **Gurken** und **Tomaten** aus einem der zahlreichen Gewächshäuser. Es locken Aufläufe, Eintöpfe und die beliebten Fischfrikadellen **Fiskibollur**.

Der traditionelle „Stampf-Fisch" **Plokkfiskur** sieht zwar nicht besonders attraktiv aus, ist aber lecker. Das ursprüngliche Reste-Essen hat es daher auf die Speisekarten der Restaurants geschafft. Je nach Rezept kommen zerkleinerte Fischstücke, gekochte Kartoffeln, Zwiebeln und Milch in einen Topf, wo alles zu einer festen Masse eingekocht und dann im Ofen mit Käse überbacken wird.

Für **Kjötsúpa** kommt Lammfleisch in den Kochtopf, bis eine klare Brühe entsteht und anschließend mit Rüben, Kartoffeln, Haferflocken, Weißkohl und Lauch angereichert. Ein nahrhaftes Winteressen, das auch im Sommer wärmt und kräftigt.

Die meisten Restaurants haben parallel zum isländischen ein italienisches (Pizza) und amerikanisches (Burger) Angebot.

Der Tradition folgend essen Isländer auch heute noch gerne Trockenfisch. Um **Harðfiskur** nach der alten Methode haltbar zu machen, wird der frische Fisch in Holzverschlägen aufgehängt und im kalten Wind getrocknet. Dieser Trockenfisch, den es in jedem Supermarkt gibt, ist auch ein bei Wanderern als proteinreicher und leicht zu tragender Proviant beliebt. Auch das über Schafsdung geräucherte Lammfleisch, **Hangikjöt** genannt, hat viele Fans.

Ausgefallene Spezialitäten

Not macht erfinderisch. Und wenn es ums Überleben geht, isst man schon mal Sachen, um die jeder sonst einen großen Bogen machen würde. In Island war die Not oft groß und so aßen die Menschen sauer eingelegte **Schafshoden** *(hrútspungar)*, **Schafsköpfe** *(svið)* und **fermentierten Hai** *(hákarl)* (dazu gab/gibt es Kartoffelschnaps, der den aussagekräftigen Namen Schwarzer Tod trägt). Heute kommen solche ausgefallenen Gerichte oft nur noch zum **traditionellen Þorrablót**

Essen an Karneval: Bolludagur, Sprengidagur, Öskudagur

Am Morgen des **Bolludagur** (unserem Rosenmontag) wecken die Kinder ihre Eltern, indem sie sie mit kleinen verzierten Stöckchen „verhauen" und dazu „Bolla! Bolla! Bolla!" rufen. Zum Waffenstillstand gibt es dann Süßes für alle, und zwar die süßen und fettigen *bolludagursbollur*, kurz *bolla* genannt. Die Leckereien sind mit Sahne oder Marmelade gefüllt. Oder mit beidem.
Am nächsten Tag ist **Sprengidagur**, der Tag, an dem die Gürtel „gesprengt" werden, also ein weiterer Fresstag. Traditionell isst man Saltkjöt, gesalzenes Schaf, und eine Art Zwiebel-Rüben-Karotten-Erbsen-Gemüse, das man sogar fertig im Supermarkt kaufen kann.
Mit dem **Öskudagur**, dem Aschentag (also Aschermittwoch), ist dann alles vorbei. Zumindest für die Eltern. Die Kinder schmeißen sich in gruselige Kostüme und gehen singend von Haus zu Haus, um sich noch einmal Süßigkeiten zu verdienen. Anschließend beginnt die Fastenzeit, zumindest theoretisch.

Meet us – don't eat us

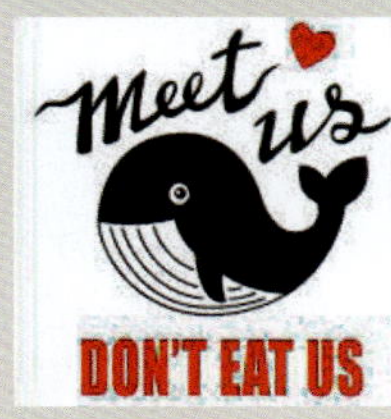

Es ist ein großes Missverständnis, das der kommerzielle **Walfang** in Island eine lange Tradition hätte: Denn er begann erst 1939. Auch Walfleisch gehörte in der Vergangenheit sicherlich auf einige Speisepläne, doch diese Zeiten sind schon länger vorbei. Heute lehnen die meisten Isländer den Verzehr von Walfleisch ab. Umfragen zeigen: 84 % von ihnen haben niemals Walfleisch gegessen, nur 2 % tun dies regelmäßig. Es ist also eine aussterbende Tradition, der man keine Träne nachweinen muss. Mehr zum Thema Walfang steht im Kapitel Land und Leute auf S. 110.

Seit 2011 wirbt ein Gemeinschaftsprojekt von IFAW und der IceWhale (isländische Whale Watching Association) mit dem Slogan „Meet us – don't eat us". Und die Kampagne hat Erfolg. Bereits 50 % weniger Touristen als früher probieren mittlerweile Walfleisch. Mehr Informationen zur Kampagne und den Walen rund um Island 💻 www.ifaw.is/about-the-campaign.

auf den Tisch, einer Opferfeier, die Ende Januar für die Götter ausgerichtet wird.

In allen Ländern außer Island und den Färöer-Inseln ist die Jagd auf die putzigen Papageitaucher und das Sammeln ihrer Eier verboten. Doch auf der Insel werden sie bereits seit Jahrhunderten gegessen und gelten einigen bis heute als Delikatesse.

Brot

Schlechte Nachrichten für Reisende, die nichts lieber essen als Sauerteigbrot und knusprige (Vollkorn-) Brötchen: Obwohl einige gut sortierte Bäckereien Leckeres aus der Backstube anbieten (hauptsächlich in Reykjavík), ist das Angebot nie mit dem in deutschen Bäckereien vergleichbar. Selbst isländische Vollkornbrote haben nicht so wirklich Biss. Das **Heilsubrauð** („Gesundheitsbrot") etwa ist weich und leicht süßlich.

Auf dem Land beschränkt sich die Auswahl an Brot und Brötchenwaren auf das Angebot im Supermarkt. Auch auf den Frühstückstischen landet meist eher pappiges **Toastbrot**.

Eine isländische Spezialität und wirklich lecker ist das leicht süße, klebrig-schwere **Rúgbrauð**: Ein Roggenbrot, das manchmal auch „Rauchbrot" genannt wird, weil es nicht gebacken, sondern nach alter Tradition mit Erdwärme langsam gegart wird. Früher wurde der Teig im warmen Boden der Hochtemperaturgebiete eingegraben. Heute kommt das Wasser meist aus der Fabrik. Am Mývatn (S. 416) oder auf den Westmännerinseln (S. 527) trifft man auch heute noch einige Menschen, die diese alte Methode beherrschen.

Süßigkeiten

Die Isländer lieben Süßes – und zwar richtig Süßes! Und wenn es dazu noch fettig ist, ist's noch besser. Etwa das **Vínabrauð**, ein langes Stück Blätterteig, gefüllt mit Vanillepudding und an den Außenseiten mit Schokolade, weißer oder rosafarbener Zuckerglasur und manchmal noch mit Mandeln verfeinert. Die Cafés sind oft gut besucht und locken mit Kuchen und Torten, Muffins und mehr.

Im Supermarkt dominiert **Lakritze** die Regale. Und zwar in vielen Variationen, gerne kombiniert mit Vollmilchschokolade. Wer es ganz ausgefallen mag, probiert Marzipan oder Salz mit Lakritzgeschmack.

Skyr

Nicht Quark, nicht Joghurt, sondern irgendwas dazwischen: Echt isländischer Skyr ist eine fettarme und eiweißreiche Delikatesse, die in Deutschland bisher nur unzureichend kopiert

© ANDREA MARKAND

Für Kaffee-Liebhaber: Vor allem in Reykjavík gibt es zahlreiche Cafés mit eigenen Röstereien.

wird. Die feste und gleichzeitig cremige Masse, hergestellt aus mit Bakterien versetzter Kuhmilch, eignet sich als Dessert, aber auch als Backtriebmittel. Beliebt sind die Geschmacksrichtungen Banane/Erdbeere, Blaubeere und Vanille.

Richtig satt macht Skyr-Kuchen – oft eine weiße Creme auf dunklem Boden und mit Blaubeerschicht obendrauf.

Getränke

Alkoholfreie Getränke

Trinkwasser kommt aus der Leitung (s. auch Kasten „Kranavatn", S. 37) bzw. einfach aus Flüssen und Bächen. Es empfiehlt sich, eine Trinkflasche mitzubringen oder eine große stabile 1-Liter-Wasserflasche zu kaufen und diese dann immer wieder aufzufüllen. Wer essen geht, bekommt eigentlich immer Wasser kostenlos gereicht.

Tee gibt es auch, aber in Island trinkt jeder immer und überall **Kaffee**. Sehr stark, sehr schwarz, meist zum Nachfüllen und manchmal (noch) umsonst. Immer angesagter wird Kaffee mit Milchschaum. Trendige Cafés mit einer stetig zunehmenden Auswahl von Kaffeekreationen haben in Reykjavík Hochkonjunktur.

Nescafé und Filterkaffee gibt's im Supermarkt. Da in Deutschland dank hoher Steuern Kaffee so teuer ist, kommt er einem hier fast günstig vor.

Alkoholische Getränke

Das Angebot an alkoholischen Getränken gleicht dem bei uns, allerdings ist alles um ein Vielfaches teurer. Der Staat greift hier ordentlich zu und erhebt sehr hohe Steuern. Je nach Prozenten im Glas wird es entsprechend teuer. Bei Wodka sind es ganze 94 %. Verkauft werden darf alles mit Prozenten nur in den **Vínbúðin**; gut zu erkennen an drei roten Kreisen (symbolisch für rote Trauben). Teure Lizenzen erlauben es auch Restaurants und Bars, Alkohol auszuschenken – allerdings entsprechend hochpreisig. Kleinere Läden verzichten ganz auf Alkoholausschank.

Anfang des 20. Jhs. verboten sich die Isländer per Volksentscheid selbst den Alkohol. Wein und Hochprozentiges gab es aber relativ schnell wieder zu kaufen – beides galt vielen auch irgendwie als medizinisch wertvoll. Nur Bier war daher bis 1989 noch verboten. Seitdem auch dieses Verbot aufgehoben wurde, entstehen immer mehr kleine Brauereien. Einige sind sehr erfolgreich, etwa die Biere der Kaldí-Brauerei. Wer dieses Bier nicht nur trinken will, kann sogar drin baden, denn die Brauereibesitzerin Agnes Anna Sigurðardóttir betreibt das bisher einzige Bier-Spa Islands, S. 367. Craft-Biere werden zu Recht immer populärer und es lohnt sich, in die hauseigenen Kneipen der Brauer einzukehren. Die Rückkehr des legalen Bieres wird übrigens alljährlich am 1. März mit dem „Bjórdagurinn" (dem Tag des Bieres) gefeiert.

Bis zur Gesetzesänderung gab es nur **Leicht-Bier** und dies ist immer noch sehr beliebt. Alles was im Supermarkt gekauft werden kann, hat nach wie vor so gut wie keine Promille (2 % sind allerdings schon mal drin).

Fair und grün reisen

Der erste Schritt für eine nachhaltige Reise ist es, den CO_2-Ausstoß durch den Flug zu kompensieren – Tipps und Zahlen dazu s. Kasten. Und auch vor Ort kann man eine Menge tun – vor allem nicht zu viel falsch machen. Was in heimischer Umgebung kein Problem darstellt, kann in Island große Auswirkungen haben, denn die **Natur** ist hier sehr empfindlich. Frei zelten darf man nur auf Wanderschaft, wenn kein Campingplatz in der Nähe ist. Doch sein Zelt darf man nicht einfach so überall aufschlagen (s. auch Kasten S. 81).

Fußabdrücke (oder gar Zeltabdrücke) im Moos z. B. bleiben oft jahrelang sichtbar. Deshalb nicht auf Moosteppichen herumlaufen und auch kein Moos entfernen, etwa um ein Zelt aufzustellen. Für Freiflächen ohne Vegetation gilt:

Be a good Traveller

In Island gibt es einen Verhaltenskodex für Reisende: den Icelandic Pledge, https://de.visiticeland.com/pledge.
Doch ob nun online unterzeichnet oder nicht, jeder sollte sich nach den folgenden **Regeln** verhalten.

- Camping-, Picknick- und alle anderen Plätze sind so zu verlassen, wie man sie selbst aufzufinden wünscht. Müll immer mitnehmen, es sei denn, die Müllcontainer sind noch nicht überfüllt.
- Es ist strikt verboten, offenes Feuer zu machen. Auf Campingplätzen darf gegrillt werden (ebenfalls auf privatem Land, wenn vom Besitzer erlaubt). Campingkocher immer sicher aufstellen und beim Kochen immer dabeibleiben.
- Keine Steine mitnehmen – bei der Menge an Touristen wären ganze Lavaberge auf diese Weise schnell abgebaut.
- Steinpyramiden bauen ist verboten (Ausnahme ist der Parkplatz auf S. 503)
- Wasser sauber halten. Vor allem in oder nahe an Hot Pots und Quellen niemals die Notdurft verrichten oder Geschirr abwaschen. Sich vor dem Bad duschen. Ein Hot Pot ist keine Badewanne.
- Lasst die Natur unbeschädigt. Kein Moos umschichten oder ähnliches.
- Auch das Tierleben gilt es ungestört leben zu lassen. Fische fangen ist nur an ausgewiesenen Orten erlaubt.
- Beschädige keine geologischen Formationen, d. h. auch: Bleibe auf den markierten Wegen und mache keine neuen.
- Offroadfahren ist streng verboten!
- Außerhalb der Städte keinen Lärm machen (besser: innerhalb auch nicht).

Fair und grün – gewusst wo

Einrichtungen, die sich durch besonders umweltfreundliches oder sozial verträgliches Verhalten auszeichnen, sind in diesem Buch mit einem Baum gekennzeichnet. Sie recyceln ihren Müll, verwenden Bioprodukte, investieren ihre Gewinne in soziale Projekte, propagieren einen nachhaltigen Tourismus oder stellen Besuchern Informationen für umweltverträgliches Verhalten bereit. Weitere Informationen zum Thema auch auf unserer Website: www.stefan-loose.de/fair-gruen.

Was keine bleibenden Spuren hinterlässt, ist okay. Nichts spricht z. B. dagegen, ein Lavafeld zu Fuß zu erkunden. Fahrzeuge sind abseits der Straßen absolut tabu – egal, ob Reifenabdrücke zurückbleiben oder nicht. Bei Verstößen werden für Isländer wie Touristen hohe Geldstrafen fällig.

Es spricht nichts dagegen, etwa fremden Müll stillschweigend einzusammeln und im nächsten Ort im Müllcontainer zu entsorgen. Der Lohn ist ein gutes Gefühl – und Sehenswürdigkeiten, die auch weiterhin für alle zugänglich bleiben.

Restmüll (graue Tonne) wird in Island grundsätzlich einfach nur deponiert. An einigen Orten kann Stahlschrott maschinell abgetrennt werden. In Reykjavík fängt man bei der Verrottung entstehendes Methan auf und nutzt es als Treibstoff. Für **Getränkedosen und -flaschen** stehen vielerorts Sammelcontainer bereit. Das Pfandgeld von 16 ISK unterstützt dann z. B. die Arbeit der Pfadfinder. Die Pfand-Auszahlung ist nur an wenigen Recyclingstationen und nur auf Kreditkarte möglich. Die Dosen wandern ins Metallrecycling; Glasflaschen werden zerkleinert und zusammen mit Bauschutt deponiert (Mehrwegflaschen gibt es nicht). Plastikflaschen kommen geschreddert zum Kunststoffmüll.

Plastikverpackungen wandern stellenweise ebenfalls in extra aufgestellte Mülleimer/Container. Alles Plastik verschiffen die Isländer dann nach Schweden (dort recyceln sie es durch Verbrennung energetisch).

Altpapier wird recycelt; in die blaue Tonne gehören auch ausgespülte Milch-Tetra-Paks inkl. Verschluss etc. (Verbundverpackungen aus überwiegend Kunststoff kommen dagegen in den Plastik- oder Restmüll).

An einigen wenigen Orten sammeln die Menschen biologische Abfälle für die **Kompostierung**.

Müll weiterer Kategorien sammelt sich in den Recyclinghöfen größerer Orte (Batterien, Sondermüll, Reifen etc.).

Plastiktüten im Supermarkt sind seit dem Jahr 2021 verboten. Eingeschweißtes Gemüse, das weite Wege zurückgelegt hat, gibt es aber nach wie vor.

Feste und Feiertage

Die Isländer feiern oft und gerne. Es gelten die christlichen Feiertage, aber auch einige andere, die auf Unwissende oft völlig überraschend hereinbrechen. Der erste Sommertag (immer am ersten Donnerstag nach dem 18. April) zum Beispiel oder das lange Bank-Wochenende (auch Kaufmannswochenende genannt) Anfang August, an dem überall Remmidemmi ist. Alle Isländer scheinen an diesem Wochenende zu verreisen: Die aus dem Norden fahren in den Süden, die aus dem Süden in den Osten usw. Die Folge: rappelvolle Campingplätze, hoher Lärmpegel durch unangekündigte Konzerte in den Restaurants und Staus auf sonst leeren Straßen.

Eine isländische Besonderheit sind die langen **Schulferien** von Juni bis August. Überall sieht man eifrige Schüler, die sich durch Mülleinsammeln, Wegemarkieren oder das Auffrischen der Farbe der Fahrbahnmarkierungen Geld dazu verdienen. In dieser Zeit kann man in den verwaisten Schulen, Hochschulen usw. übernachten.

Feiertage

Behörden, Banken, die Post und viele Geschäfte bleiben an folgenden Tagen geschlossen: Neujahr, Gründonnerstag, Karfreitag, Ostersonntag, Ostermontag (Supermärkte haben Gründonnerstag, Karfreitag und Ostermontag einige Stunden auf), Erster Sommertag, 1. Mai (Tag der Arbeit, aber auch internationaler Tag des isländischen Pferdes mit zahlreichen Paraden), Himmelfahrt, Pfingstsonntag, Pfingstmontag, Nationalfeiertag am 17. Juni (Tag der Republikgründung 1944), Bankfeiertag am 1. Montag im August, Weihnachten (Heiligabend ab mittags, 1. und 2. Feiertag), Silvester (ab mittags).

Weihnachten in Island

In Island ist es nicht der Weihnachtsmann, der die Geschenke bringt und die Geschichten rund ums Fest sind auch eher beängstigend als erfreulich und beseelt. In Island sind 13 Weihnachtsgesellen, die sogenannten **Jólasveinar**, unterwegs und sie sind alles andere als nett (s. auch Kasten S. 423). Zu ihnen gehört die hinterhältige Weihnachtskatze **Jólakötturinn** und die Mutter der Gesellen (namens **Grýla**). Beide sollen Kinder fressen, wenn diese sich falsch verhalten haben. Wie in Märchen überall auf der Welt waren auch diese Geschichten in Warnungen verpackte Erziehungshinweise für die isländischen Kinder und Jugendlichen, da diese zu früheren Zeiten vor allem in der kalten Jahreszeit sehr viel besser auf sich aufpassen musste als heute.

Auch in Island gibt esheute wieder **Weihnachtsbäume**. Lange Zeit wurden Holzgestelle an ihrer Stelle geschmückt, doch seit Island erfolgreich aufforstet, kommen wieder echte Tannen zum Einsatz. Fast in jeder größeren Stadt steht zudem ein öffentlicher Weihnachtsbaum, der ab dem 1. Advent hell leuchtet und so etwas Licht in die dunkle Zeit bringt. Geschmückt wird ein traditioneller Baum u. a. mit verziertem **Laufabrauð** („Laubbrot") . Die hauchdünnen Fladenbrote essen die Isländer zudem besonders gerne: mit Butter als Snack oder ergänzend zur Mahlzeit gehören sie unbedingt auf den Speiseplan in dieser Jahreszeit.

Das Fest

Los geht es, wenn am 12. Dezember die 13 Gesellen aus den Bergen in die Städte und zu den Höfen ausschwärmen.

Alle, die am 23. Dezember in Island sind, werden Zeuge der uralten Tradition **Þorláksmessa**, bei der man den Namenstag von Islands Schutzheiligem **St. Þorlákur** feiert. Dazu gehört das (nur an Weihnachten übliche) Verspeisen von Gammelrochen *(kæst skata)*. Vor allem in Reykjavík ist an diesem Tag viel los. Alle nutzen die Chance, in den bis 23 Uhr offenen Geschäften die letzten Geschenke zu kaufen und sich mit Freunden in Restaurants oder Bars oder auf Konzerten zu treffen.

Das Weihnachtsfest selbst feiern die Isländer am 24. Dezember. Um 18 Uhr trifft sich die Familie in der Kirche oder lauscht der Predigt im Radio. Dann folgen die Bescherung und das Festmahl aus geräuchertem Lammfleisch *(hangikjöt)* oder Fleisch von Rentier, Ente, Gans oder Schneehuhn beendet den Abend. Am 25. und 26. Dezember ist Ruhe angesagt. Dann kehren die ersten Weihnachtsgesellen zurück ins Hochland. Täglich verschwindet einer von ihnen – am 6. Januar ist der Spuk dann vorbei. Heute bringen die Weihnachtsgesellen übrigens kleine Geschenke – zumindest sofern die Kinder brav gewesen sind.

Als Tourist vor Ort

Winterlich wundervoll ist es, wenn man sich **Schlittschuhe** leiht und auf dem Ingólfstorg (S. 138) im Zentrum von Reykjavík auf der Eisbahn zwischen 12–22 Uhr seine Runden dreht. Schön ist auch ein Besuch des Weihnachtsdorfes im Laugardalur.

Ein guter Ort für außergewöhnliche Geschenke sind verschiedene Weihnachtsmärkte in Island. So gibt es den kleinen Weihnachtsmarkt an der Eisbahn der Hauptstadt, im Zentrum von Hafnarfjörður (S. 161), den Kunstgewerbemarkt im Naherholungsgebiet Heiðmörk im Südosten Reykjavíks und das Weihnachtshaus Jólahúsið bei Akureyri (S. 390), in dem das ganze Jahr über Glöckchen und Kassen läuten.

Vor Reykjavíks **Litla Jólabúðin** (S. 157), einem Geschäft mit Weihnachtsartikeln, befindet sich ein Briefkasten für Post an die Jólasveinar. Eine Rückantwort ist garantiert, wenn man den Briefkasten bis zum 30. November nutzt.

Das **Isländische Nationalmuseum** (S. 132) und das **Norræna Húsið** (Nordische Haus, S. 132) in Reykjavík oder das **Freilichtmuseum Árbær** (S. 155) bieten zur Weihnachtszeit besondere Ausstellungen und Veranstaltungen.

Festivals

Die meisten Festivals werden in Reykjavík gefeiert und sind deshalb auch dort gelistet (S. 153). Besondere Erwähnung verdienen das große **Airwaves-Musikfestival** im November und das viertägige **Winterlights-Festival** Anfang Februar. Dann finden zahlreiche Aktionen rund ums Thema „Licht und Dunkel" statt, außerdem ziehen viele Besucher der Northern Lights Run und ein Sportfest im Bláfjöll-Skigebiet an. Am Samstag des zweiten August-Wochenendes erstrahlt Reykjavík in Regenbogenfarben, wenn viele Tausend Menschen zur **Reykjavík Pride Parade** kommen oder im besten Umzug selbst mitlaufen.

Aber auch außerhalb der Hauptstadt wird gern und oft gefeiert. Das bekannteste Musikfestival in den Westfjorden ist **Aldrei fór ég suður** („Nie fuhr ich in den Süden", S. 311) am Osterwochenende. Im Osten wird's beim **Eistnaflug** in Neskaupstaður (S. 471) hardrockig, während beim **Bræðslan** in Bakkagerði (S. 460) Fans der Independent-Szene auf ihre Kosten kommen.

Auf Straßenfesten mit Gratiskonzerten treffen sich die Menschen in vielen Orten und Städten am **Nationalfeiertag** (17. Juni), am **Seemannsfeiertag** (Sjómannadagurinn, am 1. oder 2. Junisonntag) und am sogenannten Verslunarmannahelgi Anfang August. Dieses **Kaufmannswochenende** verdankt seinen Namen der Tatsache, dass die Läden geschlossen bleiben, die Kaufleute also frei haben. Der erste Montag im August ist der eigentliche Verslunarmannadagur (auf Englisch „bank holiday", also Bankfeiertag). Das ganze verlängerte Wochenende wird als Verslunarmannahelgi bezeichnet, an dem gerne kollektiv gefeiert und gezeltet wird. Supermärkte aben am Samstag und Sonntag aber meist trotzdem auf; nur am Montag sind viele, aber nicht alle, geschlossen.

Das große Pferdefestival **Landsmót** findet alle zwei Jahre statt, immer in einem anderen Landesteil (Kasten S. 355).

Marathons und Volksläufe gibt es in Reykjavík (S. 156), in der Schlucht Jökulsárgljúfur beim Dettifoss (S. 425), in den Westfjorden und an vielen anderen Orten.

Fotografieren und Filmen

Wie überall in Europa gilt: Wer Menschen fotografiert und diese Bilder später öffentlich stellt (das gilt auch für einen öffentlich zugänglichen Blog), muss sich dies schriftlich genehmigen lassen. Das Wichtigste aber ist: Passt auf euch auf, denn beim Blick durch den Sucher vergisst man oft die nahe Umgebung. Die Klippe ist manchmal näher als gedacht und ein Abhang steiler als es auf den ersten Blick aussieht. Und auch auf der Jagd nach einem guten Insta-Bild ist schon einiges schiefgelaufen.

Drohnen

Die Landschaft Islands bekommt aus der Luft gesehen noch einmal einen besonderen Reiz. Ein Wasserfall etwa oder die Berge aus Eis sehen aus der Vogelperspektive wirklich beeindruckend aus. Kein Wunder also, dass viele eine Drohne mit auf die Reise nehmen.

Man versieht seine Drohne mit einem feuerfesten Schild mit Name, Anschrift und Telefonnummer. Eine extra Haftpflicht ist in Island zwar nicht Pflicht (erst wenn eine Drohne 20 kg wiegt, muss sie versichert sein), aber wer sie hat, wird bei einem Unfall sicher nicht traurig darüber sein (die normale Haftpflicht deckt solche Schäden meist nicht oder nur unzureichend). Seit Anfang 2023 benötigen Drohnenpiloten in der EU (und auch auf Island) offiziell einen Kompetenznachweis (für Drohnen zwischen 250–500 g Gewicht). Die dafür nötige „Prüfung" kann man online ablegen.

Da das Filmen mit der Drohne überhandnahm, gelten neben den üblichen Ausnahmen – Militäranlagen, Flughäfen, private Wohnhäuser, öffentliche Gebäude, bewohnte Gebiete und Menschenmengen – auch ein paar islandspezifische Verbote: Niemals darf in **Nationalparks** geflogen werden und auch der Großraum **Reykjavík** ist für Drohen tabu. Ebenso die **meisten touristischen Attraktionen** wie Geysir/Gullfos, Kirkjufellsfoss, Seljalands- und Skógafoss, Reynisfjara-

Von nachdenklichen Papageitauchern

© MARK MARKAND

Tapptapptapp geht's vom Parkplatz aus auf dem Trampelpfad bergan. Nach etwa fünf bis zehn Minuten sieht man die ersten Papageitaucher. Einer sitzt ganz still, blickt aufs Meer. Gedankenverloren. Was mag wohl in seinem Kopf vorgehen? Ein Mann, ausgerüstet mit einem riesigen Teleobjektiv, legt sich flach auf den Bauch, robbt immer weiter an den Steilhang heran, das Auge an der Linse, den Vogel im Blick – den Rest vergessen? Der Papageitaucher guckt sich um, legt den Kopf schräg. Sekundenlang schauen sie sich in die Augen. Jetzt sieht man, was der Vogel denkt: Er fragt sich ganz offensichtlich, ob dieser Mensch dort weiß, was er tut. Weiß er, dass es unter ihm ganz steil bergab geht? Hmm. Er blickt zurück aufs Meer, überlegt kurz, wackelt dann los, um nachzusehen, ob er dem Mann Bescheid sagen kann, dass Steilküsten wie diese für Vögel zwar super, für Menschen aber eher nicht so gut sind. Hmm, der Typ bekommt nicht genug, robbt noch näher heran. Da plustert Mr. Puffin sich auf ... Nicht aus Angst, nein, er hat genug von so viel Dummheit. Ein letzter mitfühlender Blick und er fliegt davon. Etwas unbeholfen zwar, aber doch in jedem Fall besser ausgestattet für diese Aufgabe, als der Mann es je wäre.
Immer dran denken: Die Papageitaucher kommen aufs Gras, sie haben keine Scheu vor Menschen, sind neugierig und lassen sich gern fotografieren. Es ist daher absolut unnötig, sich nah an den Abgrund vorzuwagen.

Strand, Kap Dyrhólaey und Kerið. Wichtig ist auch die Höhe, denn über 120 m ist Schluss und man muss die Drohne immer im Sichtkontakt fliegen. Dass man keine Schafe, Pferde oder brütenden Vögel stört, versteht sich von selbst.

Drohnen mit einem Gesamtgewicht über 5 kg und alle, die gewerblich zum Einsatz kommen, brauchen eine Genehmigung. Ansprechpartner ist hier die ITA (Icelandic Transport Authority, 💻 www.icetra.is). Auch spezielle Fluggenehmigungen – etwa im Nationalpark – kann man hier beantragen. Registrationen für Gewerbetreibende unter 💻 https://eydublod.samgongustofa.is.

Fotografieren von Polarlichtern

Polarlichter gehören wohl zu den faszinierendsten Naturerlebnissen auf Island und jeder der sie sieht, möchte davon gute Bilder mit nach

Geisterhafte Polarlichter: ein Anblick, den man nie vergisst

Hause bringen. Man sieht sie am besten bei sternenklaren Nächten ab Mitte September bis Anfang April. Um das Phänomen im Bild festzuhalten, braucht es vor allem eines: Zeit und gutes Equipment. Lichtstarke Weitwinkelobjektive sind eine gute Wahl. Mit Handy oder Kompaktkameras bekommt man nur sehr selten ein gutes Ergebnis. Die Verwendung eines Statives ist für die mehrsekündigen Belichtungszeiten (mit offener Blende) daher unbedingt nötig. Um Verwackelungen zu vermeiden, löst man am besten mittels Fern- oder Selbstauslöser aus.

Erfahrene Fotografen fotografieren mit Blendenwerten um 2,8 (oder kleiner) und Belichtungszeiten von zwei bis zwanzig Sekunden. Experte Jens Klettenheimer, der auch Workshops zu Polarlicht-Fotografie anbietet, 💻 https://schieflicht.de, rät: „Bei Weitwinkelaufnahmen mit großem Blickfeld bietet es sich an, manuell auf einen hellen Stern (oder ein anderes helles Licht in ausreichender Entfernung) zu fokussieren. Besonders interessant werden Aufnahmen der Polarlichter, wenn man ein bildgestaltendes Vordergrundmotiv findet, z. B. eine einsame Hütte, einen markanten Bergzug oder auch einen See, in dem sich das Polarlicht spiegelt. Mondlicht von hinten, das den Vordergrund aufhellt, macht das Bild perfekt!" Wer die Wolkenbedeckungsvorhersage zu deuten weiß, kann ahnen, wann wo Polarlichter zu sehen sind. Klettenheimer greift dazu auf die Daten der Seite 💻 https://en.vedur.is/weather/forecasts/aurora zurück. „Bei ruhiger Sonne (kp-Wert 0-2) gibt es allenfalls mal einen schwachen Schimmer. Ab kp-Wert 3 und mehr sind eindrucksvolle Polarlichter zu erwarten. Eine Garantie gibt es aber nicht."

Frauen unterwegs

Island scheint *das* Land der allein reisenden Frauen zu sein: Man trifft nicht nur jede Menge jugendliche „Pferdemädels", die in den Sommermonaten auf den vielen Reiterhöfen arbeiten, sondern auch reisende, wandernde und fahrende Frauen jeden Alters und das überall. Island ist ein sicheres Reiseland, man kommt mit Englisch zurecht, trifft auf äußerst hilfsbereite Einheimische und findet – sofern man denn will – schnell Anschluss. Bei speziellen Fragen hilft die Facebook-Gruppe „Frauen reisen nach Island".

Geld

Währung

Mal eben Hunderttausend auf den Kopf hauen? In Island kein Problem. Banknoten mit ganz vielen Nullen drauf bekommt man gegen Vorlage einer Kredit- oder Giro-Karte bei der Bank (meist Mo–Fr 9–16 Uhr) oder an den zahlreichen Geldautomaten, die in allen größeren Orten und an den Flughäfen stehen. **Währungseinheit** ist die *króna* (Krone).

Geldtransfer per **Western Union** wird in einigen Postfilialen angeboten: 💻 www.westernunion.com/de/de/vertriebsstandort-suchen.html.

Bargeld

Es lohnt nicht, sich schon in Deutschland mit isländischer Währung einzudecken: Euros lassen sich vor Ort einfach in isländische Kronen tauschen (etwa am Flughafen oder auf der Fähre). Besser ist der Umtauschkurs bei Abhebungen am Geldautomaten (mit Kreditkarte und GiroCard möglich). Ein solcher findet sich z. B. bereits direkt in der Ankunftshalle am Flughafen. Wichtig: Sowohl die deutschen als auch isländischen Banken erheben (meist) Gebühren. Bei der isländischen Bank sind die Fixpreise (um die 5 €) pro Abhebung. Es lohnt also, einen höheren Betrag abzuheben.

Die Nutzung von Bargeld ist in Island unüblich – aber dennoch oft möglich. In jedem Fall braucht man Bargeld in Bussen (es sei denn man nutzt die App, S. 70), an den Duschautomaten einiger Campingplätze und in einigen kleineren Gästehäusern. Hier werden oft auch Euroscheine akzeptiert und zum Tageskurs umgerechnet.

Wechselkurs

1 €	=	146 ISK	100 ISK	=	0,67 €
1 sFr	=	160 ISK	100 ISK	=	0,63 sFr

Aktuelle Wechselkurse unter 💻 www.oanda.com

Kreditkarte weg?

Die meisten Karten lassen sich über den allgemeinen Sperrnotruf ☎ +49 116 116 sperren. Ansonsten die kartenherausgebende Bank kontaktieren.
Weitere Infos auf den Websites der Kreditkartenfirmen **MasterCard**, 💻 www.mastercard.com/de, und **Visa**, 💻 www.visa.de.

Kreditkarten und Girokarten

In Island wird in der Regel mit **Kreditkarte** bezahlt – und sei der Betrag noch so niedrig. Die gängigsten sind Europay/Mastercard und Visa. Girokarten werden nicht überall akzeptiert. Auch hier erheben die Banken oftmals pro Einsatz Gebühren. Die Geheimnummer (4-stellige PIN) ist in Island immer nötig, auch bei Kreditkartenzahlungen beim Tanken oder im Hotel. Wer sich entscheiden kann, ob die Abrechnung in ISK oder in Euro geschehen soll, der wähle ISK. Die Kurse sind dann meist besser.

Es lohnt, sich vorab bei der Heimatbank bzw. Kreditkartenfirma über Gebühren und „Auslandsentgelte" zu informieren, denn die Unterschiede sind enorm. Das bei Reisenden beliebte Konto der DKB etwa ermöglicht kostenlose Abhebungen und Zahlungen mit der Kreditkarte auch in Island.

Mobile Pay hat sich bisher noch nicht flächendeckend durchgesetzt, aber es ist zu erwarten, dass Island hier dem Vorreiter Dänemark nacheifern wird und man demnächst problemlos schnell mit der Handy-App nahezu überall bezahlen kann.

Gepäck und Ausrüstung

Das Schlagwort beim Thema Kleidung lautet: Zwiebelprinzip! Kaum zeigt sich die Sonne, steigen die Temperaturen spürbar an und man schwitzt. Doch schon hinter der nächsten Ecke weht ein eisiger Wind: Man friert. Fleece-Jacken mit Reißverschluss haben sich „für drunter" bestens bewährt (außerdem kann man die schnell mal auswaschen); „für drüber" eignen sich moderne Funktionsjacken, die unbedingt regen- und winddicht sein sollten. Für Isländer ist der Lopi-Wollpullover (der klassische „Islandpulli") nach wie vor das Kleidungsstück der Wahl. Reiter schwören auf die orangefarbenen Wachskombinationen aus Jacke und Hose, die es für ca. 120–160 € in jedem gut sortierten Baumarkt gibt. Überhaupt ist der **Baumarkt** der Tipp für Reisende, die wichtige Ausrüstung vergessen haben.

Auf die Island-**Packliste** gehören: Badekleidung, Mütze, Schal, Handschuhe (wegen des Windes auch im Sommer), Badelatschen oder Wat-Schuhe für Flussdurchquerungen, aber auch kleine Dinge, die gerne vergessen und dann schmerzlich vermisst werden: eine Trinkflasche, die unterwegs aufgefüllt werden kann, einen Beutel für Müll und Taschentücher, Regenschutz für Kamera und Handy, ausreichend Haargummis oder -bänder für Langhaarige, Teebeutel und für Raucher einen Taschenaschenbecher. Weniger naheliegend, aber äußerst komfortabel ist es, eine Schlafbrille (im Sommer) und eine Wärmflasche (warmes Wasser gibt es fast überall) dabeizuhaben. Außerdem ist eine Taschenlampe für Höhlenerkundungen nützlich und ein kleines Alukissen hält bei Pausen auch bei sitzender Rast den Allerwertesten schön trocken und warm. Ganz oben auf der Liste der „Must-have" steht **Mückenschutz**, denn vor allem im Westen und Süden treiben kleine Mücken (Gnitzen) ihr Unwesen, die fies stechen.

Für die Kamera mindestens einen **Ersatz-Akku** mitnehmen, vor allem, wenn man zeltet. Denn die Aufenthaltsräume auf den Campingplätzen sind im Sommer oft brechend voll. Und alle wollen ihre Geräte aufladen, sodass die Steckdosen nicht ausreichen und man oft länger warten muss.

Wer nur kurz aus dem Auto oder Bus aussteigt, kann das meist in Turnschuhen tun. Für alle weiteren Wege sind **Wanderschuhe** unumgänglich, und zwar am besten sehr stabile mit dicker Sohle. Andere sind nach wenigen Kilometern über die scharfkantige Lava schnell hinüber.

Wäsche waschen

Wäsche waschen ist in Island tatsächlich nicht so leicht wie erhofft. Nur in Reykjavík finden sich Möglichkeiten, im öffentlichen Raum zu waschen. Die meisten Hotels und Jugendherbergen haben noch keinen Wäscheservice (das Angebot nimmt jedoch zu). In einigen Apartments hingegen gibt es Waschmaschinen. In den kleineren familiär geführten Gästehäusern kann man nachfragen, ob man die Waschmaschine der Gastgeber benutzen darf, aber Usus ist das nicht.

Einfacher ist es für Campingfans, denn viele Campingplätze bieten meist mit Münzen betriebene Waschmaschinen und Trockner.

Gesundheit

Die medizinische Versorgung in Reykjavík ist sehr gut, doch wer keinen Termin hat, muss u. U. mit langen Wartezeiten rechnen. Außerhalb des Hauptstadtgebietes ist der Weg zum nächsten Arzt manchmal sehr weit oder das Zeitfenster eng (wenn die Praxis etwa nur 2x die Woche für ein paar Stunden geöffnet hat).

Grundsätzlich gilt: Bei kleineren Verletzungen und Problemen sucht man am besten ein Gesundheitszentrum *(heilsugæsla)* auf. Diese gibt es in allen Orten ab ca. 200 Einwohnern und sie sichern die Grundversorgung mit einem Allgemeinarzt oder einer Krankenschwester. Öffnungszeiten sind nur an Werktagen, manchmal auch nur stundenweise. Zahnärzte *(tannlæknir)*, Fachärzte und Krankenhäuser *(sjúkrahús)* mit Notaufnahme gibt es nur in den größten Orten in jedem Landesteil.

Im Notfall ✆ **112** wählen.

In weniger dringenden Fällen *Læknavaktin* anrufen, den ärztlichen **Bereitschaftsdienst**, ✆ 1770. Dort erhält man rund um die Uhr telefonische Beratung durch Krankenschwestern/Ärzte, die auch darüber informieren, wo man das nächste Gesundheitszentrum/Arzt/Zahnarzt/Krankenhaus erreicht, und dies in ganz Island.

Abends und am Wochenende kann man *Læknavaktin* in Reykjavík auch persönlich aufsuchen. Die Notaufnahme im Landspítali Fossvogur ist nur für akute Notfälle, Adressen und Öffnungszeiten S. 158.

Eine Übersicht über die Gesundheitszentren und Krankenhäuser in den unterschiedlichen Regionen auf www.hsn.is (Norden), www.hsa.is (Osten), www.hve.is (Westen), www.hss.is (Reykjanes), www.hsu.is (Süden) und www.hvest.is (Westfjorde).

Die deutsche **Gesundheitskarte** ist gültig. Sollte das Krankenhaus auf eine Europäische Krankenversicherungskarte (European Health Insurance Card – EHIC) bestehen: der Vermerk EHIC befindet sich auf der Rückseite der nationalen Krankenversicherungskarte (eGK). Wichtig: auch wer Anspruch auf Behandlung hat, muss ggf. – vor allem bei Bagatellfällen – in Vorleistung gehen. Oft wird etwa die Behandlungsgebühr (ab 5000 ISK) von der Kreditkarte abgebucht (später aber auf Antrag von der Krankenversicherung rückerstattet). Wer bei einem Unfall oder einer Erkrankung unbedingt in Deutschland behandelt werden will, kann über eine private Auslandskrankenversicherung nachdenken, da diese ggf. den Krankenrücktransport übernimmt.

Es gibt mehrere **Apotheken**-Ketten, die größten sind Lyfja, Lyf og heilsa und Apótek, deren Angebot sich nicht groß unterscheidet und die meistens am Wochenende geschlossen haben. Steht „Heilsuhúsið" auf dem Schild, ist man in einer Mischung aus Reformhaus und Drogerie gelandet. Die meisten Apotheken führen die gängigen Reisemedikamente – lediglich im Homöopathiebereich ist die Versorgung eher schlecht und oft teuer. In sehr kleinen Orten gibt es u. U. einige Medikamente auf Nachfrage im lokalen Laden.

Ohne geht's nicht

Es gibt zwei Informationsseiten, ohne die in Island gar nichts geht. Denn das Wetter ist unberechenbar. Auf der **Wetterseite** www.vedur.is (auch als App) wird vor Sand- oder normalen Stürmen, Schneeverwehungen und Starkregen gewarnt und über Ort und Stärke aktueller Erdbeben informiert. Und auch über möglicherweise bevorstehende Vulkanausbrüche. Wetterwarnungen für einzelne Landesteile werden farblich hervorgehoben. Gelb bedeutet „Vorsicht", Orange „kein Reisewetter" und Rot „unbedingt im Haus bleiben". Auf der Unterseite zur Nordlichtvorhersage sieht man die Stärke der Nordlichter und die Art und Höhe der Wolken.

Auf der **Straßenseite** https://umferdin.is/en wird man sehr detailliert und zeitnah über Straßenzustände und Sperrungen unterrichtet. Telefonische Auskünfte zum **Straßenzustand** unter 522 1100 oder 1777.

Nicht nur wegen dieser Informationen sollte man immer ein **eingeschaltetes und ausreichend aufgeladenes Handy** dabeihaben. Tritt nämlich ein Notfall ein, z. B. ein drohender Vulkanausbruch, wird automatisch eine Warn-SMS an alle in dieser und den benachbarten Funkzellen eingeloggten Mobiltelefone verschickt.

Informationen

Die Isländer sind sehr internetaffin. Für alles gibt es **Websites und Apps**, die in der Regel selbsterklärend sind und gut funktionieren. Die meisten lassen sich auf Englisch umschalten, einige sogar auf Deutsch. Touren und Übernachtungen bucht man am besten online (vieles geht gar nicht telefonisch, weil man ja seine Kreditkartennummer hinterlassen muss). Eine gute Kontaktmöglichkeit sind auch die Facebookseiten der Unternehmen.

Wer gern Papier in der Hand hat, kann sich Flyer, Folder und Wanderkarten in den **Touristeninformationen** vor Ort besorgen. Besonders empfehlenswert sind die in Keflavík (im Duushús), Grundarfjörður, Ísafjörður, Akureyri (Hof) und in Egilsstaðir am Campingplatz.

Informationen im Internet

Mehr und mehr regionale Touristeninformationen schließen ihre Pforten. Auch in Reykjavík gibt es keine staatliche Touristeninformation mehr.

Einen guten Überblick bekommt man im Netz auf 🖳 https://de.visiticeland.com und auf den Tourismusseiten der Regionen: 🖳 www.west.is, 🖳 www.westfjords.is, 🖳 www.northiceland.is, 🖳 www.east.is, 🖳 www.south.is, 🖳 www.visitreykjanes.is und 🖳 www.visitreykjavik.is.

Nachrichten

Iceland Magazine, 🖳 http://icelandmag.is, Nachrichtenseite mit Fun Facts, Promi-News und allem, was Touristen möglicherweise interessieren könnte (auf Englisch).
Iceland Monitor, 🖳 www.icelandmonitor.mbl.is, englischsprachige Nachrichtenseite vom Herausgeber der Zeitung *Morgunblað*.
Iceland Review, 🖳 www.icelandreview.com, englische Seite mit spannenden Artikeln rund um Island; die deutsche Fassung ist etwas abgespeckt: 🖳 www.icelandreview.com/de.
Rúv, 🖳 www.ruv.is/english, Nachrichtenseite des Fernseh- und Radiosenders ruv.
The Reykjavik Grapevine, 🖳 www.grapevine.is, Artikel aus Island und aller Welt.

Reiseinformationen

Epic, 🖳 https://epiciceland.net. Übersichtlich gestaltete Webseite mit vielen Inspirationen. Besonders beeindruckend die Karte mit über 1500 Zielen in Island.
Guide to Iceland, 🖳 www.guidetoiceland.is/de, viele Infos zu allen Orten des Landes und zahlreiche Angebote für Touren.
Iceland.de, 🖳 www.iceland.de, hat einen ganz besonderen Reiseleiter: Mit dem Audioguide, der GPS-gesteuert genau weiß, wo man unterwegs ist, gibt es die passgenauen Infos direkt aufs Ohr. Hier geht's zum Download: 🖳 www.iceland.de/audioguides.
Nordic Adventure Travel, 🖳 www.nat.is, übersichtliche und umfassende Seite für Individualtouristen. Viele hilfreiche Tipps vor allem für Wanderer.

Landkarten und Stadtpläne

Fast jede kleine Touristeninfo gibt (meist kostenlos) eigene **Flyer und Folder** heraus, mit mehr oder weniger detaillierten Karten der Umgebung und Stadtplänen. Wanderkarten der Region gibt es auch fast immer, manche kostenlos.

Kostenlose Übersichts-**Autokarten** bekommt man überall (oft mit Werbung). Meist liegen sie schon im Mietwagen. Besser sind die kostenpflichtigen, z. B. die *National Geographic Adventure Map Iceland*.

Eine gute Wahl für eine Rundreise ist der detaillierte **Straßenatlas** *Kórtabók* (Spiralbindung, Maßstab 1:300 000) von Mál og menning (aktuelle Ausgabe 2020–2023). Empfehlenswert sind auch die Regional-Karten der Landkarten-Serien **Atlaskórt** und **Sérkort**, in den Maßstäben 1:300 000 (rote Karten), 1:200 000 (braune Karten) und 1:100 000 (grüne Karten). Im Angebot sind zudem Karten für spezielle Hobbies, etwa mit dem Schwerpunkt Vogelbeobachtungen. Karten und Bücher dieses isländischen Verlages mit guter eigener Buchhandlung in Reykjavík (S. 156), gibt es online bestellt auch in Deutschland.

Die besten **Online-Landkarten** sind 🖳 www.ja.is und 🖳 www.map.is (mit zahlreichen Wanderwegen). Google Maps ist oft (noch) ungenau oder schon wieder veraltet und auch maps.me stößt an seine Grenzen – funktioniert als Navigation für Standard-Routen aber durchaus gut.

Jobben

Arbeiten gegen Kost und Logis ist in Island für Ausländer ohne dauerhafte Aufenthalts- und Arbeitsberechtigung streng verboten. Wer regulär arbeiten möchte, benötigt eine *kennitala* (S. 40) und muss angemessen bezahlt werden. Wird das beachtet, kann man auf Bauern- oder Pferdehöfen oder in Gästehäusern aushelfen. Für die Tätigkeit als Reiseleiter braucht man eine Lizenz.

Hilfreich sind die Facebook-Gruppen „Work away“ und „Farm and au pair jobs in Iceland“, außerdem die Firma **Nínukot**, Síðumúli 13, Reykjavík, 🖳 www.ninukot.is, die Jobs auf Farmen und als Au-pair vermittelt.

Ein Ansprechpartner für Freiwillige, die sich für Umweltschutz und soziale Themen interessieren, ist die Organisation **Seeds – Voluntee-**

ring in Iceland, 💻 www.seeds.is. Hier werden mehrwöchige Work-Camps ausgeschrieben, aber auch mehrmonatige Praktika.

Kinder

Island ist ein sehr kinderfreundliches Land: Kinder haben Narrenfreiheit und dürfen eigentlich alles. Das gilt auch für Gästekinder. Isländische Kinder sind Besuchern gegenüber sehr offen und neugierig. Deshalb: Nicht wundern, wenn die Kinder Kontakt suchen. Familien freut das, denn schnell lassen sich Freundschaften schließen und besser können die eigenen Kids das Land eigentlich nicht kennenlernen.

Wohnen ist als Familie nicht ganz billig. Zelten oder im Camper schlafen sind daher die beliebtesten Reiseformen. Bei der Campingkarte (Kasten S. 80) sind vier Kinder bis 16 J. immer inklusive. Wer mit fast-erwachsenem Anhang reist, muss etwas dazu zahlen. Kinder finden Camping meist besonders aufregend – und näher kann man der Natur kaum kommen. Auf den meisten Campingplätzen kommen die jungen Reisenden schnell mit isländischen Kindern in Kontakt (Isländer reisen gerne mit Campinganhänger und sind am Wochenende viel im eigenen Land unterwegs). Und da man auf dem Campingplatz kochen kann, reduzieren sich auch die Ausgaben fürs Essen.

Kinder bis 14 J. zahlen oft kaum oder viel weniger **Eintritt**, unter sechs Jahren meist gar nichts, zumindest nicht im Hotel und auf Walbeobachtung.

Spielplätze bei Kindergärten und Schulen sind abends, am Wochenende und in den Ferien öffentlich zugänglich. Also einfach das Tor öffnen und schaukeln, buddeln oder mit anderen Kindern spielen.

Eine beliebte Beschäftigung ist das **Baden** und Rutschen im Freibad. Doch Vorsicht: ein nasser Kopf, ein eiskalter Wind, und schon ist die Erkältung da. Auch die warmen Hot Pots sind nicht für jeden Kinderkreislauf im ersten Versuch angenehm. Man sollte sich langsam herantasten. Einen sehr schönen Tag kann man in den wenigen Hallenbädern verbringen.

Wer nett fragt, kann **Toiletten** in Restaurants etc. auch als Nicht-Gast nutzen, gerade mit Kindern; Toiletten in Tankstellen ebenfalls (Wickeltische gibt es fast immer).

Vorsicht an **Klippen, Felsen und Wasserfällen**. Da auch viele Erwachsene hier sehr leichtsinnig sind, ist es umso wichtiger, die Kinder auf Gefahren hinzuweisen.

Bevor man Gletschertouren und andere **Abenteuer** bucht, unbedingt mit den Betreibern sprechen und genau klären, wie anstrengend es ist. Auch die eigenen Grenzen immer gut überdenken. Denn nicht jeder Weg ist sicher, nicht jeder Krater mit Kind auf dem Arm mal eben so einfach zu meistern. Island ist ein Abenteuerspielplatz – was Erwachsene wie Kinder genießen – jedoch einer ohne Netz und doppelten Boden. Wer Vorsicht und Umsicht walten lässt, wird aber ganz sicher eine wunderbare Zeit haben.

Essen mit Kindern ist unproblematisch, zumindest, wenn es okay ist, auch mal täglich Fast-Food zu essen: Pommes, Burger, Hotdogs – die meisten Kinder lieben es.

LGBTQ+

Bereits seit 1940 ist Homosexualität legalisiert. Eingetragene Partnerschaften gibt es seit 1996 und seit 2010 können Paare auch heiraten (sogar mit dem Segen der lutherischen Staatskirche). Die Toleranz für andere Lebensformen ist groß in Island und so ist es nicht verwunderlich, dass der Welt erste Regierungschefin, die ihre Homosexualität offen zeigte, aus Island kommt. Jóhanna Sigurðardóttir (Premierministerin von 2009–2013) war dann auch die erste, die sich den staatlichen Ehestatus geben ließ. Auch queer zu sein ist in Island leichter als anderswo.

Die Szene lebt vornehmlich in Reykjavík. Hier geht es auch alljährlich im August anlässlich des Christopher Street Days hoch her. Während der **Gay Pride** heißt es dann sechs Tage lang feiern, in Clubs und Bars, bei Galerieeröffnungen und vor allem auf und nach der Parade. Infos aus der Community: 💻 www.gayice.is und 💻 www.gayiceland.is.

Maße und Elektrizität

Die Stromversorgung ist überall gewährleistet, die Spannung beträgt 230 Volt. Die Steckdosen entsprechen denen in Deutschland. Island verwendet das metrische Maßsystem. Windstärken werden immer in m/s angegeben.

Nationalparks

Island ist ein einziges großes Naturparadies (mit wirklich sehr wenig Industrie). In den drei Nationalparks gibt es ein gut ausgebautes Netz an Wanderwegen und Karten, in denen sie verzeichnet sind.

Der **Nationalpark Þingvellir**, 💻 www.thingvellir.is/en, ist der älteste (1930) und seit 2004 Unesco-Weltkulturerbe. Er umschließt das Tal und die Bergkette im Westen.

Vatnajökull, 💻 www.vatnajokulsthjodgardur.is/en, ist bisher mit 14 000 km² der größte Nationalpark. Seit 2012 umfasst er mehrere Schutzgebiete, von denen einige vorher eigenständige Nationalparks waren. Dazu gehören der Skaftafell-Park (1967), der Jökulsárgljúfur-Park rund um Dettifoss und Ásbyrgi (1973), die Laki-Krater, die Gletscherlagune Jökulsárlón, die Gegend um den Berg Snæfell und der gewaltige Vatnajökull selbst. Große Teile des Parks sind seit 2019 ebenfalls als Unesco-Weltkulturerbe gelistet.

Der **Snæfellsjökull**, 💻 https://ust.is/english/visiting-iceland/snaefellsjokull-national-park, hat die eindeutigsten Grenzen. Er nimmt 185 km² rund um die Westspitze der Halbinsel Snæfellsnes ein, auf der der sagenumwobene Gletscher liegt. Der 2001 eingerichtete Park grenzt an drei Seiten ans Meer.

Es wird darüber debattiert, auch das **Naturschutzgebiet Hornstrandir**, 💻 https://ust.is/english/visiting-iceland/protected-areas/westfjords/hornstrandir, zum Nationalpark zu erklären, ebenso das gesamte **Hochland**, 💻 https://halendid.is. Für Letzteres liegt die Gesetzesvorlage seit Ende 2020 vor, es ist also nur noch eine Frage der Zeit, dann könnte das Hochland mit 40 000 km² der größte Nationalpark des Landes sein.

Seit Mitte 2023 steht die Halbinsel Bessastaðanes im Faxaflói unter Naturschutz. Das bedeutet weitere Erholung für Mensch und Natur, keine großen Häuser und Hotels und kein Flugplatz (wie er einige Jahre lang mal im Gespräch war).

Post

Postämter sind meist Mo–Fr von 9–16.30 Uhr geöffnet, in Reykjavík manchmal auch länger und am Wochenende. **Briefmarken** gibt es immer auch da, wo man Ansichtskarten kauft. **Pakete** nach Deutschland schicken die wenigsten, denn sie sind teuer und lange unterwegs. Außerdem muss ein aufwendiges Zollformular ausgefüllt werden.

Das **Porto** für eine Postkarte oder einen Brief (bis 50 g) nach Europa beträgt 320 ISK. Die Zustellung dauert meist länger als 14 Tage. Infos zum Porto 💻 https://posturinn.is/en/individuals/info/rates/.

Reise- und Tourveranstalter

Reiseveranstalter

Zahlreiche Anbieter von Reit-, Wander-, Rad- und Busrundreisen buhlen um Kunden; einige vor Ort, andere in Deutschland.

In Island

Siehe Karte S. 134/135 und S. 136/137

Erlingsson Naturreisen, Skólavörðustígur 3, Reykjavík, ✆ 551 9700, 💻 www.naturreisen.is.

Hey Iceland, Síðumúli 2, Reykjavík, ✆ 570 2700, 💻 www.heyiceland.is.

Iceland Unlimited Travel Service, Skógarhlið 12, Reykjavík, ✆ 415 0600, 💻 www.icelandunlimited.is.

Öffnungszeiten

Banken sind i. d. R. Mo–Fr von 9–16 Uhr geöffnet. Die meisten **Geschäfte** haben meist Mo–Fr von 9–18 und Sa von 10–14 oder 10–16 Uhr geöffnet. In Reykjavík hat man bei Buchhandlungen und Andenkenläden oft auch später Glück. **Supermärkte** haben meistens länger auf (auch am Wochenende), die der Kette 10–11 sogar rund um die Uhr.
Die Öffnungszeiten der **Schwimmbäder** sind sehr unterschiedlich. Viele haben im Winter länger auf als im Sommer. Die Bäder schließen an den Wochenenden oft deutlich früher als in der Woche, manchmal schon um 16 Uhr.

In Deutschland

In Kooperation mit dem Forum anders reisen bieten u. a. zwei empfehlenswerte Agenturen faire und nachhaltige Reisen:
Contrastravel, Bahnhofstr. 44, 24582 Bordesholm, ✆ 04322-889 000, 💻 www.contrastravel.com. Der Schwerpunkt liegt neben Island auf den Färöer-Inseln. Angeboten werden Individual- und Aktivtouren. Alle Flüge werden (ohne Aufpreis) zu 100 % CO_2-kompensiert.
Travel to Life, Schreiberstr. 32, 70199 Stuttgart, ✆ 0711-6583 8080, und Eleonorenstr. 18, 30449 Hannover, ✆ 0511-3539 3256, 💻 www.travel tolife.de. Der alternative Reiseveranstalter ist für seine guten Wander- und Zeltreisen bekannt. In kleinen Gruppen von maximal 12 Personen geht es entweder einmal um die Insel herum oder durchs Hochland.

Weitere Anbieter

IPT ISLAND PROTRAVEL, Theodorstr. 41a, 22761 Hamburg, ✆ 040-286 6870, 💻 www.islandpro travel.de.
ISLAND Erlebnisreisen GmbH, Heinrich-Schacht-Str. 58, 22880 Wedel bei Hamburg, ✆ 04103-900 0770, 💻 www.islanderlebnis.de.
ISLAND-REISEN, Rita Duppler, Kurfürstendamm 125a, 10711 Berlin, ✆ 030-823 1435, 💻 www.island-reisen.de.
Katla Travel GmbH, Seitzstr. 19, 80538 München, ✆ 089-242 1120, 💻 www.katla-travel.is.
set geo-aktiv reisen GmbH, Holzbacher Str. 11, 94081 Fürstenzell, ✆ 08502-917 1780, 💻 www.set-geo-aktiv.de.

Tourveranstalter

Das Angebot an Bustouren ist groß, besonders Tagesausflüge ab Reykjavík sind beliebt. Den Golden Circle etwa fahren täglich Dutzende Busse. Die Programme variieren: Einige Anbieter lassen den Tag im Schwimmbad Secret Lagoon ausklingen, andere in einem Gewächshaus und wieder andere machen einfach längere Stopps an den einzelnen Sehenswürdigkeiten. Ein Transfer ab/zu den größeren Hotels, Gästehäusern und zum Campingplatz ist meist möglich. Es lohnt, sich verschiedene Programme anzuschauen.

Die großen Reiseveranstalter vermitteln auch Aktiv-Touren: Bootsfahrten, Reiten, Wandern, Tauchen und vieles mehr. Die bekanntesten Anbieter und Agenturen sind alle in Reykjavík angesiedelt, viele vermitteln auch Angebote kleinerer Firmen. Eine der wohl größten Webseiten, die das Angebot zahlreicher Agenturen bündeln, ist: **Guide to Iceland**, 💻 https://guidetoiceland.is/de.

In Reykjavík

Eine Auswahl empfehlenswerter Veranstalter findet sich auf S. 151.

Andernorts

Glacier Adventures, Hali, Höfn, ✆ 571 4577, 💻 https://glacieradventure.is. Spezialist für Touren ins Eis: Höhlentouren und Eisklettern. 🕒 tgl. 9–17 Uhr.
Ice Guide, 780 Hornafjörður, Höfn, ✆ 661 0900, 💻 www.iceguide.is. Spezialisten für Touren ins, ans und aufs Eis – auch mit dem Kajak möglich.
Superjeep.is, Litlikriki 28, Mosfellsbær, ✆ 660 1499, 💻 www.superjeep.is. Machen fast alles möglich, was Abenteurer mit wohlgefüllten Portemonnaies sich wünschen, z. B. eine Golden-Circle-Tagestour ab Gullfoss mit dem Super-Jeep durch das Hochland bis zum Langjökull.

Sicherheit

Island ist nach wie vor das friedlichste Land der Welt, doch auch in Reykjavík schließt man mittlerweile Haus und Auto ab. Vereinzelt kommt es zu Diebstählen – aber nur selten. Die größten Gefahren gehen nicht von Betrügern oder Dieben aus, sondern vom Leichtsinn der Reisenden. Immer wieder gehen Wanderer verloren, manche verunglücken oder bleiben für immer vermisst. Hier ist die geeignete **Wanderausrüstung** das A und O, außerdem die Information über **Wetter- und Straßenverhältnisse** (Kasten S. 55). Wer auf Nummer sicher gehen will oder in abgelegenen Regionen wandert, registriert sich auf 💻 www.safetravel.is und hinterlässt dort seinen Reiseplan.

Bis vor wenigen Jahren war die **Kriminalität** außerhalb von Reykjavík gleich null. Die Leute waren es gewohnt, weder ihre Autos noch ihre Häuser abzuschließen und viele machen das bis heute nicht. Reisende müssen sich also auf Gästezimmer ohne Zimmerschlüssel und auf ein paar Schwimmbäder ohne Schließfächer (vor allem in kleinen Dörfern) einstellen. Dann bleibt als einzige sichere Aufbewahrungsmöglichkeit für Laptop und Fotoausrüstung das Auto. Wer keins hat, muss letzten Endes auf die Ehrlichkeit seiner Mitmenschen vertrauen.

Im Notfall

Polizei, Rettungsdienst, Feuerwehr ☎ 112
Das Präsidium der Polizei (isl. Lögreglan) in Reykjavík befindet sich in der Hverfisgata 113 beim Busbahnhof Hlemmur, ☎ 444 1000, 💻 www.police.is, 🕒 Mo–Fr 8–16 Uhr.

Sport und Aktivitäten

Angeln

Im offenen Meer ist Angeln meist kein Problem. Für Flüsse und Seen braucht man hingegen eine Lizenz. Forellenangeln ist recht günstig, Lachsfischen kann dagegen mehr als 1000 € kosten. Die Fangzeiten sind beschränkt (für Lachs nur Mitte Juni bis Ende August) und wer sich nicht daran hält, muss mit Strafen rechnen.

Eine weitere Option ist eine Angellizenz (9900 ISK) für insgesamt mehr als 30 Angelseen (einige sind ganzjährig, andere nur von Mai–Sep offen). Diesen Angelschein, auch **Fishing Card** genannt, gibt's bei allen N1- und Ólís-Tankstellen, in vielen Postämtern, in Läden für Anglerbedarf sowie online bei 💻 https://vefverslun.veidikortid.is/product/veidikortid.

Mitgebrachte Angelsachen aus Deutschland müssen vor der Einreise aufwendig desinfiziert werden. Auskünfte gibt der **Angel-Club**, 💻 www.svfr.is.

Angeltouren und -reisen werden z. B. von **Go Fishing**, Hraunbraut 17, Kópavogur, ☎ 866 9354 und 551 2016, 💻 www.gofishing.is, angeboten.

Eishöhlen- und Gletschertouren

Gletscherwanderungen

Mit Eisaxt und Steigeisen auf einer eisigen Gletscherzunge herum zu kraxeln ist sehr beliebt. Am besten eignen sich dazu die eisigen Ausläufer zwischen Skaftafell und Höfn. Wer nicht so weit in den Osten fahren will, hat in Südisland eine Chance. Die Touren dauern meist 2–3 Stunden. Ein Erfahrungsbericht steht auf S. 492.

Eishöhlen

Neben Gletscherwanderungen sind Höhlentouren die beliebteste Art, das Eis Islands hautnah zu erleben. Lavahöhlen sind vor allem im Winter spannend, wenn sie durch faszinierende Eisskulpturen begeistern. Es gibt auch Höhlen, die sich immer wieder neu bilden, um dann wieder zu verschwinden: natürliche Gletschereishöhlen. Und auch vom Menschen gebaute Eishöhlen locken ins Innere. Während die Höhle im Gletscher Langjökull (S. 242) noch irgendwie echter ist, wandelt man im Perlan (S. 142) in einer komplett künstlichen Eiswelt.

Wer eine echte Eishöhle sehen will, muss im Winter kommen. Ab November bis maximal Ende März kann man dann mit Guide ins Eis.

© MARK MARKAND

Mit dem Boot durch das Eis der Gletscherlagune

Gestellt werden Helm, Stirnlampe und Steigeisen. Warme Klamotten und gute Wanderschuhe muss jeder selbst mitbringen.

Mit Super-Jeeps und erfahrenen Guides gelangt man zu den schwer zugänglichen Gletschereishöhlen. Meist fahren Gäste dafür an die Südküste zu einer der Gletscherzungen des **Vatnajökull**. Eine Gletschertour ist nicht ungefährlich und darf nicht allein unternommen werden. Profis suchen jedes Jahr zum Beginn des Winters neue Höhlen und beobachten sie ständig. Kontakte s. Tourveranstalter, S. 58.

Fahrrad fahren

Wer plant, mit dem Rad über die Insel zu fahren, bringt i. d. R. sein eigenes Gerät mit. Für kürzere Touren in die Umgebung kann man sich auch vor Ort Räder leihen, in Reykjavík auch spontan per App. So bieten Gästehäuser und Hotels oftmals **Leihräder** an. Größere Verleihstationen befinden sich am Campingplatz (S. 145) und am Hafen von Reykjavík (S. 151). Immer öfter sind auch E-Bikes zu haben.

Wer eine geführte Tour machen will, findet gute Angebote bei **Reykjavík Bike Tours** (S.152).

Detaillierte Infos für Radfahrer unter Transport auf S. 70.

Golf

Golfen ist in Island beliebt. Es gibt mehr als 65 Golfplätze. Einige davon sehen so künstlich aus, wie man sie aus Deutschland kennt (z. B. der auf Heimaey), aber oft spielt man auch auf naturbelassenen Wiesen – weniger elitär und weniger teuer. Auf einigen Plätzen können auch Anfänger ihr Glück probieren. Infos z. B. auf 💻 www.leadingcourses.com/de/region/europa+island.

Kajak und SUP

In Fjorden, auf Seen, nahe der Wasserfälle – die Natur auf dem SUP erleben ist eine ganz besondere Erfahrung. Je nach Wetter geht es an der Küste oder auf ruhigeren Seen aufs Wasser. Touren gibt es bei den Arctic Surfers, S. 63.

Mit dem Kajak ganz nah an die Eisschollen an den Lagunen von Jökulsárlón und Heinabergslón: Die Touren dauern etwa 2 Std. und eignen sich für alle Wassersportfans ab 14 Jahren. Trips organisieren die Ice Guides, S. 59.

Rafting

Raften erfordert keine speziellen Fähigkeiten – jedenfalls, wenn man auf eine geführte Tour zurückgreift. Warm einpacken, festhalten, kreischen, fertig!

Mit dem Schlauchboot durch einen fotogenen Canyon sausen geht am besten bei Varmahlíð auf den Flüssen **Austari-Jökulsá** und **Vestari-Jökulsá** (Víking und Bakkaflöt Rafting, S. 345) und in Gullfoss-Nähe auf der **Hvítá** (S. 208).

Reiten

Reitende Männer sind in Deutschland deutlich in der Minderheit. In Island aber gehören riesige Männer, die hoch aufgerichtet auf den vergleichsweise kleinen Islandpferdchen thronen, zum Alltagsbild. Und auch, wer sich als männlicher Begleiter einer deutschen Reiterin erstmals auf den Pferderücken wagt, muss nicht befürchten, viel Aufmerksamkeit zu erregen.

Anfängertouren werden fast in jedem Dorf bzw. in der ländlichen Umgebung angeboten. **Tages- oder Wochentouren**, die meist im Norden der Insel stattfinden, sind dagegen nur etwas für trainierte, erfahrene Pferdeleute.

Besonders empfehlenswerte Anbieter sind in den entsprechenden Kapiteln gelistet. Ausführliche Infos zu den unterschiedlichen Varianten stehen im Abschnitt Skagafjörður auf S. 342 und im Kasten „Zu Pferde durch Island“; mehr zu Islandpferden erzählt der Kasten „Sag niemals Pony“, S. 94.

Schwimmen und Baden

Das Wichtigste zuerst: In Island wäscht man sich, *bevor* man ins Wasser geht, ohne Badesachen und mit Seife. Das Wasser im Schwimmbad ist weitaus weniger gechlort als anderswo, und so freut sich jeder Badegast über saubere Gleichgesinnte.

Island ist ein wahres Paradies für Reiter.

Schwimmbäder

Jeder kleine Ort hat sein eigenes Schwimmbad (*sundlaug* oder *sundhöll*), siehe 💻 https://sundlaugar.is/en. Die Eintrittspreise sind mit um die 1300 ISK relativ günstig, wobei das teuerste Bad nicht das Beste sein muss: Der Eintritt ins Design-Becken in Hofsós (S. 358) ist genauso hoch wie der des Schulschwimmbads (mit echtem Turnhallenflair) in Varmahlíð (S. 348).

Isländische Badeanstalten sind meist angenehm beheizte Freibäder, einige haben auch einen Innenpool mit mindestens einem Hot Pot (um die 40 °C). Nirgends ist die Aufenthaltsdauer begrenzt.

Die Schuhe stellt man schon vor der Rezeption in ein Regal, Jacken und andere Kleidungsstücke werden oft einfach in kleine „Einkaufskörbe" gelegt, die in der Umkleide unbewacht stehen bleiben. In moderneren Einrichtungen gibt es Spinde oder zumindest kleine abschließbare Fächer für Wertsachen. Das Handtuch nimmt man mit zur Dusche und verstaut es dort in einem Regal, damit man sich nach dem Bad dort abtrocknen kann und nicht lauter Pfützen im Umkleidebereich hinterlässt.

Achtung: Anders als in Deutschland haben die Schwimmbäder werktags oft bis spät in den Abend geöffnet, freitags und am Wochenende *(helgar)* öffnen sie später und schließen oft schon gegen 16 oder 17 Uhr.

Hot Pots und Strände

Natürliche **Hot Pots**, in denen das warme Wasser eines Bachs oder einer Quelle aufgestaut wird, sind vor allem bei Touristen äußerst beliebt. Jeder will mitten auf einer einsamen Wiese in so einem Pot hocken und das Erinnerungsfoto mit nach Hause nehmen. Viele dieser Quellen liegen auf Privatland und daher sind nicht alle frei zugänglich; zu oft blieb Müll liegen oder Autos parkten den Besitzern die Wege zu. Im Buch sind ein paar dieser Hot Pots gelistet, aber längst nicht alle.

Wer nett fragt, bekommt mit hoher Wahrscheinlichkeit von Einheimischen gute Tipps, wo sich der nächste Pot befindet. Weniger kommunikative Menschen kaufen das Buch *Hot Pots in Iceland* (in jeder isländischen Buchhandlung) oder schauen auf diese Karte: 💻 https://hotpot-iceland.com/de. Auch hier sind nicht alle verzeichnet, aber viele.

Ein ganz besonderes Erlebnis ist auch das Bad im angewärmten Meer an Reykjavíks **Stadtstrand Nauthólsvík** (S. 152).

Surfen und Kiten

Wassersport unter extremen Bedingungen wird auch in Island immer beliebter, Kiten und Surfen zum Beispiel. Gesurft wird da, wo die spektakulärsten Wellen sind. Und da sind meistens auch die gefährlichsten Klippen nicht weit. Die besten Surfspots findet man in Reykjanes (Garður, Hafnir, Sandvík, Grindavík und Þorlákshöfn) und in den Westfjorden. Für Könner gibt es Tagestouren und auch eine fünftägige Abenteuertour. Auch Surfkurse werden angeboten.

Arctic Surfers, Eyjaslóð 3, Reykjavík, 📞 551 2555, 💻 www.arcticsurfers.com.

Tauchen und Schnorcheln

Die bekannteste und wahrscheinlich schönste Tauch-Location Islands ist die **Silfra-Spalte** im See **Þingvallavatn**. 30–40 Min. Sehr tief runter geht's im **Kleifarvatn** auf Reykjanes. Die dritte Top-Destination ist **Strýtan** im Eyjafjörður, ein 50 m hoher Schlot, aus dem heißes Wasser austritt. Neben Tauchausflügen gibt es auch Tauchkurse (ab 17 J.).

Veranstalter sind Dive.is, 💻 www.dive.is und Strýtan DiveCenter, 💻 www.strytan.is.

Tierbeobachtung

Eine Karte zu den besten Plätzen, um verschiedenen Tierarten Auge in Auge zu begegnen, findet sich auf S. 96.

Papageitaucher und andere Vögel

Die putzigen Vögel sind von Ende April bis Anfang September in Island zu Gast. Im Flug sind sie leicht an ihrem schnellen Flügelschlag zu erkennen. Die tollsten Fotos entstehen in der Nähe der Bruthöhlen, denn hier harren die lustigen Kerlchen oft stundenlang aus, ohne sich groß zu bewegen. Die beste Zeit für Beobachtungen ist der frühe Abend, die besten Orte sind auf Heimaey (Kasten S. 530), bei Vík (S. 508), auf den kleinen Inselchen bei Reykjavík, in Bakkagerði (S. 457) und bei Látrabjarg in den Westfjorden (S. 291).

Auf der Landzunge Langanes im Nordosten bei Þórshöfn kann man Tür an Tür mit den Papageitauchern auch Islands größte **Basstölpelkolonie** bestaunen (S. 435). **Seeadler** trifft man am ehesten in den Westfjorden, z. B. über dem Breiðafjörður. Ein gut zugängliches Schutzgebiet für **Enten und Watvögel** befindet sich am Mývatn (S. 416) und in der Nähe von Eyrarbakki (Kasten S. 559).

Wale

Die großen Meeressäuger schwimmen überall herum, und wer die Augen offenhält, hat gute Chancen, die großen Meeressäuger vom Land aus zu sehen. Dichter ran geht es mit Whale-Watching-Touren. Mit Abstand am beliebtesten sind die Touren in **Húsavík** (S. 405), denn von dort aus ist man schnell auf dem offenen Meer – allerdings bei oft hohem Seegang. Wer schnell seekrank wird, sollte besser auf Touren im geschützten Eyjafjörður setzen, z. B. von **Akureyri** (S. 388) oder **Dalvík** (S. 370) aus. Die Empfehlung für den Winter/Frühling geht an die Nordküste der Halbinsel **Snæfellsnes** (S. 245). Hier sieht man mit der größten Wahrscheinlichkeit Orcas. Im Sommer sind auch Fahrten ab **Hólmavík** (S. 323) und **Ísafjörður** (S. 311) in den Westfjorden toll, schon allein wegen der Aussicht. Ganzjährig werden Touren ab **Reykjavík** (S. 153) angeboten.

Trekking und Wandern

Island ist ein Wanderparadies. Allerdings hielt man es lange nicht für nötig, Wanderwege zu markieren und auf Karten zu verzeichnen. Eine gute Orientierung bietet die **Internetkarte** 💻 www.map.is. Aber wo darf man langgehen? Grundsätzlich überall, wo es nicht ausdrücklich verboten ist. Als „isländisch abgesperrt" gelten Pfade z. B., wenn eine Kordel über den Weg gespannt ist. Diese Warnung bitte unbedingt beachten, denn oft werden so Wege als erdrutschgefährdet gekennzeichnet. Infos zu **Langstreckenwanderungen** s. Kasten S. 26. Infos zu Wanderkarten S. 56.

Wintersport

Es gibt einige Skigebiete im Norden (z. B. in Akureyri, Ólafsfjörður und Oddsskarð in den Ostfjorden) und bei Ísafjörður. Hier kann man im Flutlicht Ski laufen. Eine gute Reisezeit ist März, wenn in Deutschland die Saison dem Ende zugeht. In Island ist es um diese Zeit bereits wieder länger hell, sodass man auch etwas von der schönen Aussicht hat. Aber Achtung: Weil es ja keine Bäume und deshalb keinen Windschutz gibt, sind die Pisten oft gesperrt.

Für spontane Skiabenteuer bietet sich das **Bláfjöll-Skigebiet** 30 km südöstlich von Reykjavík an. Details in den jeweiligen Regionalkapiteln.

Telefon

Die Abschaffung der Roaming-Gebühren bei kurzen Auslandsaufenthalten innerhalb der EU greift auch für Island. Seither gilt: Jeder kann seinen Handytarif nutzen, wie er auch zuhause gilt. Vorsicht: Wer bei mobilen Daten ein beschränktes Datenvolumen gebucht hat, sollte bei Navigations-Apps lieber auf Offlineversionen bauen oder sein Datenpaket aufstocken.

Gespräche von Deutschland nach Island kosten nach wie vor mehr als Inlandsgespräche. In eine Kostenfalle kann außerdem tappen, wer auf See (also z. B. auf der Fähre) telefoniert. Das offene Meer zählt aus Anbietersicht oft nicht zum „EU-Telefon-Raum".

Zum isländischen Telefonsystem: Die erste Ziffer der 7-stelligen isländischen **Telefonnummer** kann ein Hinweis darauf sein, um welche Art von Anschluss es sich handelt. Nummern, die mit 4 oder 5 beginnen, sind meistens Festnetznummern. Handynummern fangen mit 8 oder 6 an.

Internationale Vorwahlen

Island	✆ 00354
Deutschland	✆ 0049
Österreich	✆ 0043
Schweiz	✆ 0041

Bei internationalen Gesprächen entfällt die Null der jeweiligen Ortsvorwahl.
Das gilt nicht für Island: Dort braucht es keine Null bei Wegfall der Landes-Vorwahl.

Das isländische **Mobilfunknetz** ist gut, oft besser als in Deutschland. Mit Funklöchern ist trotzdem zu rechnen.

Transport

Inlandsflüge

Wer mit einem Flug vom Festland auf dem internationalen Flughafen in Kevlavík ankommt und mit einem Inlandsflug weiterwill, muss in Reykjavík den Flughafen wechseln. Denn Inlandsflüge starten am Stadtflughafen (RKV, S. 161).

Fluganbindungen gibt es von **Reykjavík** nach Akureyri (AEY), Bíldudalur (BIU), Egilsstaðir (EGS), Ísafjörður (ISJ), Gjögur (GJR, Höfn (HFN) und Vestmannaeyjar (VEY).

Von **Akureyri** geht es nach Grímsey (GRY), Reykjavík (RKV), Þórshöfn (THO) und Vopnafjörður (VPN). Details zu den Flügen in den jeweiligen Ortskapiteln.

Mietwagen

Das Angebot an Mietwagen ist riesig. Die meisten **Vermieter** findet man in der Nähe des Flughafens von Keflavík (S. 161). Viele haben ihre Stationen direkt am Flughafen, andere betreiben einen Shuttle-Service zu den Standorten in und bei Keflavík (i.d.R. aber nur während der Geschäftszeiten). Viele dieser Firmen haben auch Stationen in Reykjavík. Im Rest vom Land gibt es nur noch wenige Mietfirmen – oft ist Bílaleigar Akureyrar/Europcar die einzige – am ehesten noch an den Flughäfen. Aber: Hier ein Auto zu mieten ist meist teurer als am Keflavíker Flug-

Mit dem Camper oder Zelt unterwegs? Vorsicht: Wild campen ist tabu.

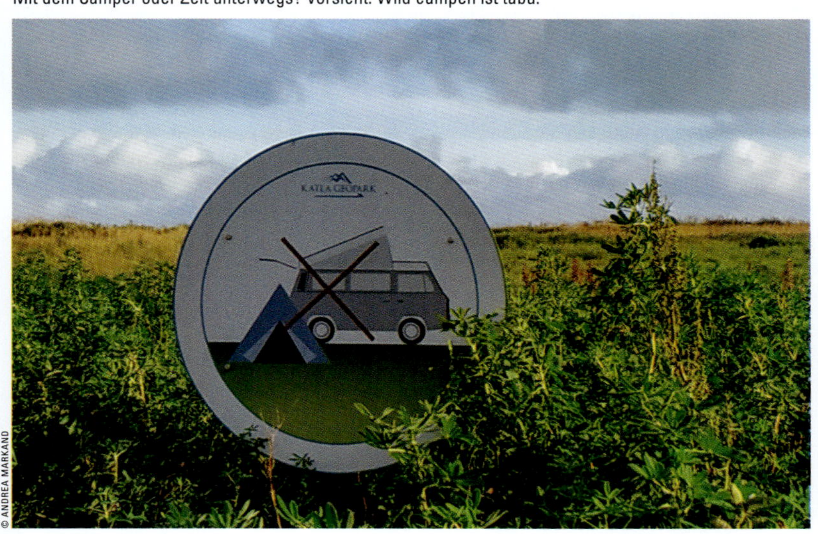

Tipps für Autofahrer

- **Beleuchtung**: In Island ist es Pflicht, mit Tagfahrlicht zu fahren. Bei Leihwagen vor allem im Sommer unbedingt überprüfen, ob das Licht automatisch ausgeht, wenn man den Motor ausschaltet oder ob das Auto wenigstens ein Warngeräusch macht. Wenn's im Sommer nicht dunkel wird, vergisst man das Lichtausmachen gerne und stellt das Auto abends ab, ohne daran zu denken – und dann ist morgens die Batterie alle.
- **Einspurige Brücken** (Verkehrsschild: „einbreið brú"): Wer die Brücke zuerst erreicht, hat Vorfahrt. Aber es ist üblich, sich durch Zeichen zu verständigen: Wer kurz das Fernlicht antippt, das Gegenüber „anblinkt", lässt dem anderen den Vortritt. Bei **einspurigen Tunneln** oder engen Straßen (z. B. auf dem Weg zum Strand von Reynisfjara) gibt es stets eine Fahrtrichtung, die ausweichpflichtig ist (die mit „M" gekennzeichneten Ausweichbuchten sind daher nur auf einer Seite). Auch darf man nur einzeln in einspurige Tunnel hineinfahren, da maximal zwei Autos in eine Ausweichbucht passen. Sonst blockieren sich die Fahrtrichtungen gegenseitig.
- **Geschwindigkeitsbeschränkungen**: 50 km/h in geschlossenen Ortschaften (hier manchmal Beschränkung auf 30, 25 oder auch 15 km/h), 90 km/h außerhalb, 80 km/h auf Schotterpisten.
- **Geschwindigkeitskontrollen**: Geblitzt wird oft, gerne auch aus Autos, die an Feldwegeinfahrten oder am Anfang oder Ende von geschlossenen Ortschaften am Straßenrand stehen. Dann sind hohe Geldstrafen (etwa 10 € pro zu schnell gefahrenem Stundenkilometer) fällig, die manchmal sofort eingefordert werden.
- **Kreisverkehr**: In zweispurigen Kreiseln hat Vorfahrt, wer auf der inneren Spur fährt.
- **Wind**: Da man Windstärke und -richtung im geschützten Auto oft nicht mitbekommt, immer die Autotür mit beiden Händen festhalten, während man sie vorsichtig von innen öffnet. Sonst reißt einem schnell der Wind die Tür aus der Hand und sie ist Schrott (kein Witz!).
- **Offroadfahrten**: Rechtlich gilt: Sobald die Räder die Fahrspur verlassen, zählt es als illegale Handlung. Offroadfahren ist streng verboten und die Bußgelder sind extrem hoch. Für Pausen muss ein markierter Parkplatz gefunden werden, bei Gegenverkehr muss einer so lange zurückfahren, bis eine markierte Ausweichstelle erreicht wird.
- **Promillegrenze**: 0,5 (490–1200 € Strafe).
- **Reifendruck:** Er wird meist nicht in Bar, sondern in PSI *(pounds per square inch)* angegeben. 1 PSI = 0,0689 bar, 1 bar = 14,504 PSI.

hafen. Namen und Adressen sind jeweils bei den einzelnen Orten gelistet.

Allgemein gilt: Es ist günstiger, das Fahrzeug von Deutschland aus über Portale wie 🖳 www.billiger-mietwagen.de oder den ADAC zu buchen als vor Ort. Je früher, desto besser. Der Hauptfahrer muss mindestens 20 Jahre alt und mindestens ein Jahr im Besitz des Führerscheins sein. Außerdem verlangen viele Vermieter eine **Kreditkarte** mit hohem Limit (meist 200 000 ISK) als Sicherheit.

Ein **Geländewagen** ist für Reisen rund um die Hauptstadt oder entlang der Ringstraße nicht zwingend erforderlich – wer ins Hochland will, ist aber darauf angewiesen. Und im Winter kann es auch auf der Ringstraße nützlich sein, ein solches Auto zu buchen. Mit dem gemieteten Geländewagen darf man übrigens nicht auf jeder Straße fahren, einige Wege schließen die Vermieter im Vorhinein aus. Es ist deshalb unbedingt erforderlich, genau nachzufragen, welche Straßen man mit *genau diesem* Fahrzeug benutzen darf.

Richtig schlechte Anbieter gibt es nicht. Die Gefahr, „abgezockt" zu werden, ist gering. Trotzdem ist es ratsam, Vorschäden bei der Übernahme des Fahrzeugs zu dokumentieren bzw. dokumentieren zu lassen und zudem zu kontrollieren, ob der Füllstand des Tanks korrekt angegeben wurde. In der Regel werden die Autos voll betankt übergeben und müssen auch genauso wieder abgegeben werden.

Verkehrsschilder

Bannaður/bönnuð/bannað verboten

Blindhæð (Plural: *blindhæðir*) blinde Anhöhe

Eftirlit (Polizei-)Kontrolle (Parken ist auf diesen Plätzen verboten)

Einbreið brú einspurige Brücke (Gegenverkehr abwarten; wer zuerst kommt, hat Vorfahrt)

Einbreið göng einspuriger Tunnel (Fahrzeuge in Nicht-Vorfahrt-Richtung müssen in den mit „M" beschilderten Ausweichbuchten Gegenverkehr durchlassen)

Einbreitt slitlag einspuriger Asphalt (bei Gegenverkehr ausweichen; gibt es nur noch an sehr wenigen Stellen, z. B. am Seyðisfjörður im Ísafjarðardjúp in den Westfjorden; solche Einspur-Asphaltierungen stammen aus der „Frühzeit" des Asphaltierungsprogramms)

Einkavegur Privatweg

Hætta Gefahr

Hjáleið Umleitung

Illfær vegur (4x4) schlecht befahrbare Straße (nur Allradfahrzeuge)

Lokað gesperrt (unbedingt beachten, Sperrung meist wegen Sturms, Schnees oder fehlenden Winterdienstes, auch wenn *lokað* nicht da steht, heißt das nicht, dass man fahren kann)

M Begegnungsstelle bei einspurigen Straßen

Malbik endar Asphalt endet (d. h. Schotterstraße beginnt)

Óbrúaðar ár unüberbrückte Flüsse

Óveður Unwetter (Sturm, Schneesturm)

Slysasvæði erhöhte Unfallgefahr

Seinfarinn vegur schwierige Wegstrecke (für normale Pkw mit Vorsicht befahrbar)

Stopp við rautt blikkandi ljós Stopp bei rot blinkendem Licht (Tunnelsperrung im Notfall)

Torleiði (4x4) Jeeptrack (nur für große Allradfahrzeuge befahrbar)

Varúð Achtung

Veggjald Maut (nur Vaðlaheiði-Tunnel)

Vinnusvæði Baustelle

Vinnusvæðið endar Baustelle endet

graue Hütte, schwarz durchgekreuzt und mit Namen Hinweis auf verlassenen Bauernhof

Angaben auf Wetterschildern

Beispiel: Hafnarfjall A 20 +8° Vindhviður 42

Ort der Wetterstation (i. A. auf Passhöhe oder an windiger Stelle nahe einem Berg) = hier Hafnarfjall, südlich von Borgarnes

Windrichtung N, NA, A, SA (Nord, Nordost, Ost, Südost), S, SV, V, NV (Süd, Südwest, West, Nordwest) = hier Ost

Mittlere Windgeschwindigkeit in m/s = hier 20 m/s

Logn Windstille

Temperatur = hier +8 °C

Windböen (rote Zahl ganz rechts; nur wenn über 15 m/s) = hier 42 m/s

In diesem Beispiel sollte man mit einem Wohnmobil besser abwarten; mit einem normalen Pkw kann man mit äußerster Vorsicht evtl. noch fahren.

Bei **Wohnmobilen und Mini-Campern** überzeugen einige kleinere Familienunternehmen mit ihren liebevoll umgebauten und gut in Schuss gehaltenen Wagen. Näheres s. S. 79.

Bei **Schäden** am Mietwagen gilt: Immer zuerst die Mietfirma kontaktieren. Oft schickt die nämlich einen eigenen Mechaniker oder Abschleppdienst raus. Manchmal kommt auch jemand und bringt ein Ersatzfahrzeug.

Vermehrt werden auch E-Mietwagen angeboten. Seit einigen Jahren ist Island dabei, das Ladenetz großflächig auszubauen, und so ist es zumindest auf der Ringstraße kein Problem mehr, an Energie zu kommen. Fahrzeuge und Infos bei **Reykjavík Cars**, 💻 www.reykjavikcars.com/rental/electric-iceland.

Autoversicherungen

Mietwagen

In Island sind **Vollkasko-Versicherungen ohne Selbstbeteiligung üblich**. Bei vielen deutschen Portalen kann man aber auch solche mit Selbstbehalt buchen. Die Vollkasko-Variante deckt keine Schäden an Unterboden und Fenstern ab (Steinschlag kommt häufig vor) – eine entsprechende Absicherung kann aber dazu gebucht werden. Schäden, die bei Flussdurchquerungen entstanden sind, zahlt keine Versicherung.

Abschließen kann man Versicherungen meist noch bei der Mietwagen-Abholung. In der Regel werden diese von externen Firmen dazu gebucht und abgerechnet.

Eigene Fahrzeuge

An der Frage, ob man eine **Sand-und-Asche-Versicherung** braucht, scheiden sich die Geister. Schäden durch Sand oder Asche sind nicht in der Kaskoversicherung abgesichert. „Sand-und-Asche"-Versicherung meint nicht die Folgen eines überraschenden Vulkanausbruchs, sondern scharfkantige Partikel von vergangenen Ausbrüchen, die z. B. durch einen Sturm über die Straßen und Parkplätze geweht werden können. Wenn das passiert, ist der Lack oft hin, der Schaden hoch. Vor allem wer plant, sich lange im fast vegetationslosen Südosten aufzuhalten, ist gut beraten über solch eine Versicherung nachzudenken.

Die heimische Kasko- und Haftpflicht-Versicherung gilt auch in Island. Man sollte aber noch mal ganz genau nachfragen, wie im Schadensfall vorgegangen werden muss und was genau abgesichert ist.

Navigationsgeräte

Navigieren mit Google Maps oder Maps.me funktioniert problemlos. Aber Achtung bei der Eingabe der Ortsnamen: Viele Orte, Inseln und Höfe gibt es nicht nur zweimal, sondern gleich mehrmals, Vík, Reykholt, Keflavík und Höfn zum Beispiel. Also immer ganz genau gucken, wo das Navi hinleitet und ihm nicht blind vertrauen.

Straßen

Islands Straßen und Pisten sind systematisch nummeriert: Eine einstellige Nummer (die 1) hat nur die durchgehend asphaltierte **Ringstraße** (isländisch Hringvegur oder Þjóðvegur), die rund 1300 km einmal rund um die Insel (ohne Westfjorde) führt. Zweistellige Nummern haben die **Hauptverbindungsstraßen** (oft, aber nicht immer asphaltiert), drei- oder vierstellige Nummern bezeichnen die **Nebenstrecken** und Stichstraßen (meist Schotterstraßen, aber mit einem Pkw befahrbar). Straßen ohne Nummer sind **Jeep-Pisten** oder **Feldwege**.

Maut-Straßen gibt es nicht, aber einen **mautpflichtigen Tunnel**, den Vaðlaheiðargöng bei Akureyri. Die Benutzung für einen Pkw kostet 1650 ISK. Achtung: Nur online auf 💻 www.tunnel.is zahlbar. Entweder im Voraus oder bis drei Stunden nach der Durchfahrt, sonst winken Strafgebühren.

Ein F vor der Nummer bedeutet: „Fjallvegur" (Hochlandpiste). **F-Straßen** sind nur mit Allradantrieb und viel Bodenfreiheit zu bewältigen, z. B., weil es Flüsse zu durchqueren gilt. Und wer jetzt denkt: „Dann fahr ich eben so weit es geht und dreh wieder um", der irrt in zweifacher Hinsicht: Zum einen kann das, was auf dem Hinweg nur ein kleines Rinnsal war, auf dem Rückweg ein mächtiger Fluss sein. Zum anderen warten auf Mietwagenfahrer, die mit ungeeigneten Fahrzeugen auf F-Straßen angesprochen und/oder fotografiert werden (manche Autovermietungen kontrollieren ihre Autos auch per GPS), hohe Bußgelder – selbst wenn gar nichts passiert. Zum richtigen Durchfahren von Flüssen s. Kasten S. 588.

Gesperrt werden Straßen erst bei extremen Verhältnissen. Wohnmobile und andere leichte Fahrzeuge fliegen schon bei 20–30 m/s Seitenwind von der Straße. Selbst wenn es lokal ruhig ist, kann es auf Passstrecken oder in der Nähe von bestimmten Bergen **Böen in Orkanstärke** geben (mehr als 32 m/s). Bei 65 m/s werden auch Scheiben aus Autos gedrückt und die Lackierung wird in vegetationslosen Gebieten sandgestrahlt.

Bei **Schnee** bleibt man schnell stecken, außerdem werden viele Nebenstraßen nicht täglich geräumt. Bei **Eis** ist froh, wer Spikereifen hat. Daher immer die Webseiten von 💻 www.road.is und 💻 https://umferdin.is/en, den **Wetterbericht**, 💻 www.vedur.is, und den Straßenzustand 💻 https://vegasja.vegagerdin.is/eng, abrufen und die elektronischen Wetterschilder an den Hauptstraßen beachten.

Fahrtdauer

Kurz und knapp? Nein – immer länger als gedacht! Und nie den vom Navi vorgerechneten Zeitangaben trauen! Einen realistischen Anhaltspunkt geben die **Fahrtzeiten der Busse**, die im Buch in allen größeren Orten angegeben sind. Weil sie sich an das vorgeschriebene Tempolimit halten, brauchen sie ungefähr die gleiche Zeit wie ein Pkw. Eine Inselumrundung mit dem Bus dauert drei Tage (falls einer fährt).

Tanken

Beim Bezahlen mit der Kreditkarte sind einige Besonderheiten zu beachten: Es gibt in Island **Tankstellen**, bei denen man bei einem Kassierer bezahlen kann. Vorwiegend tankt man aber an Selbstbedienungszapfsäulen *(sjálfsafgreiðsla)*. Wie das funktioniert? Kreditkarte rein, PIN eingeben, dann wird häufig nach der Geldsumme gefragt, für die maximal getankt werden soll (mit der Höchstsumme ist man auf der sicheren Seite). Abgebucht wird natürlich nur der Betrag, für den tatsächlich getankt wurde.

€ Manchmal befinden sich an den Autoschlüsseln von **Mietwagen** Microchip-Anhänger der Tankstellenketten N1 oder Olís. Vor dem Tanken an das Symbol mit den „Kreisen" auf der Zapfsäule halten, dann reduziert sich der Benzinpreis automatisch um 3 ISK/Liter (funktioniert nicht immer, aber oft).

Parken

Das mag jetzt seltsam klingen für ein Land, in dem außerhalb von Reykjavík kaum jemand wohnt, aber: Parken ist tatsächlich an vielen Sehenswürdigkeiten und auch „on the road" ein Problem! Immer wieder passieren Unfälle – teils mit tödlichem Ausgang – durch **falsches Parken**. Warum? Weil gerade an Stellen, an denen man denkt: „Da kommt mit Sicherheit keiner", eben manchmal doch einer kommt. Man sollte daher nie einfach so an der Straße parken, sondern immer nur auf Parkplätzen.

In größeren Städten sind **Parkscheinautomaten** üblich, die man mit einer Kreditkarte füttern muss. Ein Schlitz für Geldscheine oder Münzen fehlt (und, ja, es gibt Kontrollen). Parkgebühren gab es früher außerhalb von Reyjavík nirgends, heute zahlt man z. B. in Þingvellir, Skaftafell, am Seljalandsfoss und an vielen anderen Sehenswürdigkeiten (ab 500 ISK). Manchmal kann man einen Automaten mit Bargeld füttern, manchmal muss man eine Kreditkarte nutzen und sein Nummernschild ins System füttern (was dann per Kamera kontrolliert wird) oder eine App vom jeweiligen Parkplatz-Anbieter (verbreitet ist z. B. Parka-App, 💻 https://parka.app) installieren.

Sind die Parkplätze an den Sehenswürdigkeiten voll, muss man warten, bis jemand wegfährt. Einfach so auf die Wiese stellen geht nicht und kann mit hohen Geldbußen enden.

Busse

Vorweg: Busfahren in Island ist nicht billig und eine Reise mit dem Bus gestaltet sich etwas komplizierter als in anderen Ländern. Es gibt zwei Arten von Bussen. **Private Busse** richten sich fast ausschließlich an Touristen und verkehren daher primär im Sommer. Es geht von Stadt zu Stadt mit Stopps an Sehenswürdigkeiten. Plätze müssen meist reserviert werden. **Öffentlich betriebene Linienbusse** (Strætó) und lokale Buslinien in den Westfjorden) verkehren ganzjährig (im Winter seltener) und bedienen die meisten Ortschaften. Theoretisch kann man auch hier bei Sehenswürdigkeiten auf dem Weg einfach aussteigen. Weil die Busse aber so selten fahren, müsste man dann oft 24 Std. auf den nächsten Bus warten. Die meisten Leute fahren daher bis zum nächsten größeren Ort und starten ihre Ausflüge von dort – entweder mit einem Ausflugsbus (z. B. Tagestouren ab Reykjavík oder Akureyri) oder einem Mietwagen – oder man versucht sein Glück beim Trampen.

Öffentliche Busse

Strætó, Hesthals 14, 110 Reykjavík, ✆ 540 2700, 🖳 www.straeto.is/en, bedient den ÖPNV im Großraum Reykjavík sowie einen Großteil der Überlandbusverbindungen, s. auch 🖳 www.publictransport.is. Die gesamte **Insel** mit dem **Bus** zu umrunden, ist zumindest ganzjährig nicht mehr möglich. Aber fast, denn nur die Strecke Breiðdalsvík–Djúpivogur (etwa 60 km) ist nicht mehr oder nur noch im Sommer (nachfragen) verbunden. Hier heißt es also ggf. trampen.

Ende Mai bzw. Anfang September tritt der Sommer- bzw. Winterfahrplan in Kraft. Reservierung ist nicht möglich, aber in der Praxis sind immer Plätze frei. Bezahlen kann man bei allen Überlandbussen direkt beim Busfahrer (bar, Karte oder per App). Fahrräder können in begrenztem Umfang transportiert werden (Kasten S. 72).

Das **Preissystem** gliedert sich nach Zonen; Reykjavík–Akureyri sind z. B. 22 Tarifzonen, Akureyri–Egilsstaðir 18. Der Preis für eine Zone liegt bei 570 ISK, Kinder (11–18 J.) und Senioren (ab 67 J.) 285 ISK, bei Bezahlung beim Fahrer. Etwas günstiger sind 20er-Tickets, die man in Reykjavík z. B. an Schwimmbädern, 10/11-Läden, und außerhalb z. B. bei der Touristeninformation in Akureyri (Hof), am Campingplatz in Egilsstaðir und online über die App bekommt. Bei lokalen Buslinien kann beim Fahrer bezahlt werden (bar oder Karte).

Private Busse

Einige private Anbieter bieten in den Sommermonaten (Mitte Juni–Mitte Sep) Tagestouren und Busse auf ausgewählten Strecken, s. 🖳 www.publictransport.is. Das Liniennetz ist in den letzten Jahren wegen der Konkurrenz durch Mietwagen stark geschrumpft. Recht gut angebunden sind noch immer Landmannalaugar, Þórsmörk und Skógar.

Mývatn Tours, ✆ 861 1920, 🖳 https://myvatntours.is. Bietet neben der Hauptroute Mývatn–Askja (Ende Juni–Anfang Sep) noch weitere Exkursionen in Nordisland.

Reykjavik Excursions, BSÍ Bus Terminal, 101 Reykjavík, ✆ 580 5400, 🖳 www.re.is/iceland-on-your-own. Tagestouren gibt es das ganze Jahr, Busse ins Hochland nur im Sommer.

Southcoast Adventure, Ormsvellir 23, Hvolsvöllur, ✆ 867 3535, 🖳 www.southadventure.is. Pendelt bereits von Ende Mai bis Mitte September zwischen Hvolsvöllur und Þórsmörk, z. T. auch nach/über Skógar.

Trex, Hesthals 10, 101 Reykjavík, ✆ 587 6000, 🖳 www.trex.is. Fährt Juni–Sep ins Hochland (Landmannalaugar, Þórsmörk und Skógar).

Die Gesellschaften bieten sogenannte Hikers-Pässe an, die sich an Wanderer richten: Mit dem Bus geht es von Reykjavík nach Landmannalaugur und/oder Þórsmörk und am Ende des Trecks wieder zurück nach Reykjavík. Reykjavik Excursions hat zudem noch die Route Skógar Adventure entlang der Ringstraße.

Westfjord Adventure, 🖳 www.wa.is. Dieser Anbieter unterhält im Sommer Linienbusse in den Westfjorden.

Nahverkehr

Stadtbusse fahren nur im Großraum Reykjavík, Keflavík und in Akureyri (alle Strætó), sowie in Akranes, Ísafjörður und Egilsstaðir. Der ÖNPV in Akureyri, Akranes und Egilsstaðir ist kostenlos, für Reykjavík kann sich der Kauf einer Reykjavík Card (Kasten S. 159) lohnen, die die Nutzung der Busse einschließt. Detaillierte Infos in den jeweiligen Kapiteln.

Taxifahren ist teuer. Im Großraum Reykjavík sind mehrere große Taxiunternehmen unterwegs, in kleineren Orten fahren meist 1–2 Taxis. In Island gibt es übrigens (noch) kein Uber.

Fahrrad

Sie haben fast immer ein Lächeln im Gesicht, wenn man sie auf den Campingplätzen des Landes trifft. Oft triefend nass, doch strahlend glücklich schlagen sie ihre Zelte auf und trocknen ihre Kleidung im Trockenraum. Dazu etwas komprimierte Fitnessnahrung und weiter geht's. Fahrradfahrer auf Island scheinen besonders glücklich. Wahrscheinlich ist es die Befriedigung, dem Unbill der Natur zu trotzen und vielleicht ist es auch die Ladung Endorphine, die sie täglich durchströmt. Island ist für viele

Radfahrer ein Traumziel – auch oder gerade, weil es kein einfaches „ich-radel-mal-etwas-herum"-Ziel ist. Mit dem Mehr an E-Bikes wird es zwar auch für weniger fitte und leidensfähige machbar, aber der Regen bleibt Regen und Verkehr auf der Ringstraße bleibt auch mit Motor ein großer Nachteil. Man sollte sich daher nicht überschätzen und vielleicht erstmal mit einer Tagesfahrt beginnen und sich an das Thema herantasten.

Tagestouren, Rundreise oder Hochland?

Es gibt drei Möglichkeiten, Island mit dem Rad zu erkunden: Tagestouren (in Reykjavík und anderen touristisch attraktiven Orten), längere Radreisen auf „normalen" Straßen und Fahrten im Hochland. Besonders zu empfehlen, weil eben nicht von allen befahren, sind die West- und die Ostfjorde – hier locken viele einsame Strecken, wenig Verkehr und eine großartige Landschaft.

Tagestouren und geführte Touren

Auf solchen Ausflügen kann man z. B. **Reykjavík** abseits der Touristenmassen und Schnellstraßen kennenlernen, im Sommer mit viel Grün und Strand, im Winter mit Spikereifen auf den geräumten, aber oft vereisten Radwegen. In Reykjavík sind die Radwege extrem gut ausgebaut – die Hauptradrouten sind mit Mittellinie, eigenen Brücken und Kurvenradien für 30 km/h trassiert und führen autofrei vom Stadtzentrum 15 km bis zum Rand der Hauptstadt, oft entlang der Küste und durch Grüngebiete. Radfahren auf Gehwegen ist in Island übrigens erlaubt, auf Fußgänger muss aber natürlich Rücksicht genommen werden.

Andere Highlights für kurze Radtouren sind **Mývatn** und Umgebung, die alte Küstenstraße von **Ísafjörður nach Bolungarvík** oder die **Svalvogar-Piste** bei Þingeyri in den Westfjorden.

Unterwegs auf der Ring- und ihren Nebenstraßen

Viele Radreisende entscheiden sich für eine **Umrundung Islands**. Im Sommer trifft man auf der Ringstraße und auf den meisten Campingplätzen jeden Tag zahlreiche Radfahrer. Die klassische 1400-km-Tour folgt meist der Ringstraße. Leider ist sie oft sehr verkehrsreich und mitunter nicht besonders breit, sodass die Autos mit Zentimeterabstand überholen. Zwischen

Ein Traum für Radfahrer – eine ebene Straße ohne Verkehr mitten durch Lavafelder

Fahrradmitnahme im Bus

Bei Zeitmangel oder schlechtem Wetter kann man auch Strecken mit dem Bus abkürzen, insbesondere die stark befahrenen und etwas weniger spannenden Abschnitte Reykjavík–Akureyri oder Hvolsvöllur–Reykjavík bieten sich für eine Busfahrt an. Denn so schön die Ringstraßentour auf der Karte auch aussieht – der Verkehr ist hier bereits oft sehr störend und die Fahrt im Bus schont die Nerven.

Fast alle Überlandbusse in Island nehmen Fahrräder mit, entweder auf einem Heckträger, im Gepäckraum oder im Gepäckanhänger. Stræ tó transportiert Fahrräder kostenlos, die Busse können aber nicht reserviert werden. Im Osten ist die Mitnahme schwieriger (oder gar nicht möglich).

Bei den im Sommer verkehrenden touristischen Buslinien privater Anbieter (Reykjavik Excursions, Trex, Westfjords Adventures etc.) ist generell telefonische Voranmeldung notwendig.

Mitunter können auf den Hauptstrecken alle Fahrradplätze belegt sein – daher immer einen „Plan B" haben, falls man mal nicht mitkommt.

Reykjavík und Akureyri bietet sich statt der dort recht stark befahrenen Ringstraße die Kjölur an; diese Panorama-Hochlandstrecke ist sogar mit Trekkingrad relativ gut fahrbar. Im Osten ist die steile, aber gut fahrbare Straße über den Öxi-Pass eine gute Alternative. Im Süden bietet sich die recht gute Piste über Landmannalaugar an (siehe Hochland). Eine solche Tour ist in drei bis vier Wochen zu schaffen, aber mit mehr Zeit bleibt auch Energie für Wanderungen und Abstecher abseits der Hauptstraße.

Radfahren im Hochland

Für Mountainbiker bietet das Hochland mit Wüsten, Einsamkeit, schlechten Pisten und Flussdurchquerungen die ultimative Herausforderung. Je nach Pistenzustand kommt man nur langsam voran, manchmal nur 25 km am Tag. In jeden Fall immer bei anderen Reisenden und Hüttenwarten aktuelle Informationen über Wetter, Pistenzustand und Furten einholen und bei diesen oder auf 💻 www.safetravel.is eine Nachricht über die eigene Routenplanung hinterlassen. Nur weil irgendjemand mal einen GPS-Track ins Internet gestellt hat, heißt das nicht, dass man diese Route jederzeit befahren kann. Die Bedingungen ändern sich von Tag zu Tag, Sandstürme, Hochwasser oder Schnee können Strecken unpassierbar machen.

Kaldidalur und Kjölur (ca. drei Tage) sind schöne, flussfreie und ziemlich einfach fahrbare Panoramastrecken. Die Sprengisandur ist dagegen lang (mind. vier Tage), steinig und grau. Fjallabak, die Region im Süden um Landmannalaugar, bietet abwechslungsreiche Berge, dabei relativ gut befahrbare Pisten und viele Furten. Die ultimative Herausforderung finden Mountainbiker auf der Route Gæsavatnaleið, die von Sprengisandur zur Askja nördlich des Vatnajökull führt – sehr einsam, sandig und anspruchsvoll.

Offroadfahren ist grundsätzlich verboten, denn auch Fahrräder hinterlassen Spuren im losen Untergrund.

Ausrüstung

Wer nur Tagestouren plant, kann an vielen touristischen Orten Räder leihen (auch MTBs und vermehrt auch E-Bikes) oder organisierte Touren buchen. Für alle normalen Straßen reicht ein gutes Trekkingrad. Die meisten Hochlandpisten können dagegen nur mit Mountainbikes mit breiten Reifen befahren werden. Kleine Gänge für Gegenwind und Steigungen sind immer notwendig. Reifenpannen, gerissene Kette, Speichen, Schalt- und Bremszüge, lose Schrauben etc. sollte man selbst reparieren können – bis zum nächsten Fahrradladen können es schon mal 400 km sein und meist können auch leider an Tankstellen die Leute nur selten wirklich helfen. Wer richtig ausgerüstet radelt, ist auf jeden Fall auf der sicheren Seite.

Selbst auf Tagestouren immer warme, wind- und regenfeste Kleidung mitnehmen, auch wenn gerade die Sonne scheint. Auf längeren Fahrten gehört ein sturmfestes Zelt zur Grundausstattung – die nächste Unterkunft kann weit sein.

Unterwegs mit dem eigenen Rad

Für längere Radreisen und mit Gepäck lohnt es sich, das eigene Fahrrad mitzubringen. Auf der

Fähre *Norröna* (s. Anreise S. 40) finden Fahrräder immer Platz, aber die Kabinen sind v. a. im Sommer frühzeitig ausverkauft – also frühzeitig buchen. Vor allem, wer sein E-Bike mitnehmen will, muss hier früh planen, da man wegen der Akkus nicht fliegen kann. Für die Anreise von Dänemark zum Anleger gilt: Das Fahrrad kann in allen dänischen Zügen mitgenommen werden (reservierungspflichtig; frühzeitig im DB-Reisezentrum buchen, nicht online möglich).

Anreise per **Flugzeug**: Icelandair befördert Fahrräder verpackt gegen Aufpreis (Preis je nach Flug und Gewicht, 💻 www.icelandair.com/de-de/hilfe/gepaeck/ubergepack). Wer gleich in Keflavík starten will, findet am Flughafen den „BikePit"-Container zur Fahrradmontage und kann die Verpackung im Bílahótel (💻 https://bilahotel.is) einlagern. Komfortabler ist es, mit einem der Flughafenbusse (Strætó-Linie 55 nimmt leider keine Räder mit) nach Reykjavík zu fahren und die Tour dort zu starten. Der Campingplatz in Reykjavík ist mit Werkzeug, Gepäckaufbewahrung und Radfahrer-Rabatt sehr fahrradfreundlich.

Reisezeit und Wetter

Die meisten Radfahrer besuchen Island von Ende Mai bis Mitte September, wenn das Wetter relativ gemäßigt ist; die Hochlandpisten sind jedoch erst ab Mitte Juni–Juli offen. Tagestouren in Reykjavík und anderen Orten sind ganzjährig möglich. Überlandfahrten mit dem Rad sind im Winter extrem schwierig und an vielen Tagen unmöglich. Kälte, Sturm und Schnee können lebensbedrohlich sein.

Entscheidend ist der Wind, denn Schutz durch Bäume fehlt weitgehend. Wetterwechsel erfolgen meist abrupt innerhalb weniger Minuten. An manchen Bergen können orkanartige Fallwinde Radfahrer von der Straße fegen, selbst wenn es 2 km weiter windstill ist.

Es lohnt sich, die Fahrtroute flexibel nach dem Wetter zu richten – Rückenwind ist super, dafür kommt man bei Gegenwind oft nur mit 10 km/h voran. Typische Großwetterlagen sind schönes Wetter im Norden und Südostwind und Dauerregen im Süden. Bei Nordwind ist es feuchtkalt im Norden, dafür sonnig, aber windig im Süden.

Gefahren unterwegs

Nebenstrecken sind nach wie vor überwiegend Schotterstraßen. Hier gibt es kaum Autoverkehr, dafür über weite Strecken Steine, Schlaglöcher, Waschbretter oder losen Sand. **Besondere Gefahren** sind zu dicht überholende Autos, schlechte Sicht durch tiefstehende Sonne, Regen oder Nebel, unübersichtliche Kuppen sowie Seitenwind, Schotter und Rollsplit. Bei einspurigen Brücken sollte man sich nicht darauf verlassen, dass entgegenkommende Autofahrer anhalten. Die zwei am stärksten befahrenen Tunnel (Hvalfjörður und Vaðlaheiði) sowie der Dýrafjarðargöng vor Ísafjörður sind für Radfahrer gesperrt. In allen anderen Tunneln ist Radfahren erlaubt und unproblematisch. Alle Tunnel sind beleuchtet, aber Licht am Rad ist nötig, um auch gesehen zu werden.

Bei ungünstigen Bedingungen ggf. nachts fahren – der Wind lässt dann oft nach, zudem gibt es weniger Autoverkehr und die Sommernächte sind hell. Oder einen Pausentag einlegen oder mit dem Bus auf die andere Seite der Insel fahren.

Karten und weitere Informationen

Die Cycling-Iceland-**Fahrradkarte**, von Radfahrern erstellt, 💻 www.cyclingiceland.is (gedruckt kostenlos bei Touristeninformationen und am Campingplatz in Reykjavík zu bekommen), bietet umfassende Informationen zum Straßen- und Radwegnetz in Island und Reykjavík, zu Autoverkehr, Fahrradläden, allen Bus- und Fährlinien, praktische Hinweise zu Fahrradmitnahme u. v. m. Die Website macht außerdem fahrradspezifische Angaben zu allen 250 Campingplätzen (Telefonnummer, Windschutz, autofreie Zeltwiesen, Duschen, Aufenthaltsräume, Werkzeug etc. – zur Sicherheit aber immer noch mal am Campingplatz anrufen). Mitverantwortlich für diesen super Service für alle Radfahrer ist Andreas Macrander, passionierter Fahrradfahrer und seit 2012 wohnhaft in Island, der auch die vorangegangenen Tipps zum Radfahren mitverfasst hat.

Motorrad

Touren mit dem Motorrad versprechen Spaß – viele Motorradfahrer sind allerdings nicht unterwegs. Wichtig: Offroadfahren ist streng verboten, und wer nicht mit dem eigenen Bike kommt, darf mit ausgeliehenen Rädern (ohne Tourguide) auch keine F-Straßen fahren.

Wer sein eigenes Gefährt nicht mitbringt und dennoch mit dem Motorrad Abenteuer erleben will, kann von Mai–Sep eine geführte Tour (u. a. durchs Hochland) buchen oder sich ein Rad leihen. Ein guter Ansprechpartner ist **Biking Viking**, Flatahraun 31, Hafnarfjörður, ✆ 615 3535, 💻 www.bikingviking.is. 🕒 Mo–Fr 10–17 Uhr.

Trampen und Mitfahrgelegenheiten

Trampen ist in Island eine gern genutzte Reisemöglichkeit vor allem junger Reisender. Für Isländer ist es – primär in abgelegenen Regionen – selbstverständlich, Tramper mitzunehmen. Genauso selbstverständlich ist es aber auch, dass diese sich bei längeren Strecken an den Benzinkosten beteiligen. Doch obwohl Trampen verhältnismäßig gut funktioniert, muss man mitunter viel Zeit mitbringen. Touristen nehmen Tramper eher selten mit (oft, weil ihre Autos vollgepackt sind) und Isländer halten zwar öfter, fahren aber eben meist nur kurze Strecken, z. B. von und zur Arbeit.

Empfehlenswert ist also das Trampen kürzerer Strecken. Von Trampern, die überfallen wurden, haben wir bisher noch nie etwas gehört. Dennoch gilt auch hier: Umsicht walten lassen.

Eine weitere gute Möglichkeit, ohne eigenes Auto von A nach B zu kommen, bietet das Vermittlungsportal **Samferða**, 💻 www.samferda.net/de (auch auf Facebook), was grob übersetzt: „zusammen fahren" heißt. Samferda ist keine Mitfahrzentrale, sondern ein Onlineportal, auf dem Fahrer und Mitfahrer jeweils kostenlos ihre Wünsche und Angebote einstellen können. Eine Beteiligung an den Fahrtkosten wird erwartet, die Höhe ist aber frei verhandelbar.

Fähren und Boote

In Island gibt es zwei große Autofähren: *Herjólfur*, 💻 www.herjolfur.is, verkehrt im Sommer 7x, im Winter 5x tgl. zwischen Heimaey auf den **Westmännerinseln** und entweder Landeyjahöfn (im Sommer) oder Þorlákshöfn (bei schlechtem Wetter und im Winter – unbedingt tagesaktuell checken!). Die Überfahrt dauert zwischen einer Stunde (Landeyjahöfn) und dreieinhalb Stunden (Þorlákshöfn).

Die *Baldur*, 💻 www.seatours.is, verkürzt den Reiseweg zwischen der Halbinsel **Snæfellsnes** (Stykkishólmur) und den **Westfjorden** (Brjánslækur), im Winter 1x tgl., im Sommer 2x tgl. Wer den 1 1/2-stündigen Zwischenstopp auf der autofreien Insel **Flatey** verlängern und dort übernachten will, schickt sein Auto voraus zum Zielhafen und holt es dort nach der Ankunft ab. Näheres auf S. 273.

Kleinere Fähren verkehren nach **Grímsey** (ab Dalvík in 3 Std., S. 374) und zur Vogelinsel **Hrísey** (ab Árskógssandur in 15 Min., S. 379).

Im Sommer gibt es zusätzlichen Bootsverkehr zu weiteren Inseln und in die beliebte Wanderregion **Hornstrandir** in den Westfjorden (S. 310).

Übernachtung

Island bietet relativ wenige Hotels, unzählige größere oder kleinere Gästehäuser, Zimmer auf Farmen und in Privathäusern, Betten in Hostels, Jugendherbergen und einen Schlafplatz auf zahlreichen Campingplätzen. **Couchsurfing** ist möglich, allerdings ist nur eine Handvoll Menschen bereit, unentgeltlich Übernachtungsgäste aufzunehmen.

Schwierig zu beantworten sind Fragen nach **Preisen**, Reservierungen und Buchungszeiträumen. Je nach Nachfrage variieren die Übernachtungskosten stark und es nicht vorhersagbar, ob es Rabatt-Angebote geben wird oder nicht. Auch der unregelmäßige **Wechselkurs Euro-Krone** spielt eine Rolle, sodass man oft einfach Glück (oder Pech) hat. Generell gilt aber: 1. Auf der **Strecke Vík–Höfn** sind alle Unterkünfte erheblich teurer als im Rest des Landes.

Preiskategorien der Unterkünfte

Die Hotels und Gästehäuser werden in diesem Buch in die unten aufgeführten Kategorien eingeteilt. Die Preise beziehen sich dabei auf ein **Doppelzimmer in der Hauptsaison**. Preise für Camping, Betten im Schlafsaal und Blockhäuser sind extra ausgewiesen und beziehen sich ebenfalls auf die teuerste Reisezeit.

❶ bis 6000 ISK
❷ bis 12 200 ISK
❸ bis 19 000 ISK
❹ bis 24 000 ISK
❺ bis 30 000 ISK
❻ bis 36 000 ISK
❼ bis 42 000 ISK
❽ über 42 000 ISK

2. Das Preisniveau ist in den Monaten **Juli und August** am höchsten. Frühzeitige Reservierungen sind zumindest für den Sommer eine gute Idee.

Für 2024 ist die Wiedereinführung der **Bettensteuer** geplant (früher 333 ISK/Nacht/Zimmer/Zelt/Camper).

Hotels, Gästehäuser und Privatzimmer

Das Wichtigste vorweg: Man kann weder aus dem Preis noch aus der Bezeichnung im Namen (Hótel, Hostel, B&B usw.) Rückschlüsse auf **Qualität und Ausstattung** einer Unterkunft ziehen. Manche Hotels bieten neben Doppelzimmern auch einfachste Dormzimmer und es gibt Jugendherbergen, die ausschließlich Doppelzimmer anbieten und die so schick (und so teuer) sind, dass sie auch als Hotel durchgehen würden. Moderne Pod-Unterkünfte (Plastik-Schlafkabinen), heißen mal Hotel, mal Hostel – haben aber ein vergleichbares Angebot. Über Airbnb werden Häuser vermietet, die man per Code öffnet und wo man seinen Gastgeber nie sieht, während der in manchen Hotels mit am Frühstückstisch sitzt. Sehr viele Unterkünfte sind auf 💻 www.booking.com oder Airbnb gelistet – manche auch auf beiden Plattformen und dies zu unterschiedlichen Preisen.

Ein paar **Anhaltspunkte** gibt es aber doch: Hotels und B&Bs haben meistens (aber nicht immer) keine **Kochgelegenheiten**, bei Gästehäusern ist es mal so, mal so. Bei Gästehäusern lebt man häufig (aber nicht immer) mit den Besitzern Tür an Tür im selben Haus. Eine isländische Besonderheit sind die sogenannten **Edda-Hotels**, 💻 www.hoteledda.is/de. Die ursprüngliche Idee war es, Internate, die während der Sommerferien leer stehen, als Übernachtungsmöglichkeiten zu nutzen. Heute gehören Edda-Hotels zu den Fosshotels, die wiederum Icelandair gehören (viele haben Hotelstandard).

Jugendherbergen und Berghütten

Wer in einer der Jugendherbergen *(farfuglaheimili)* übernachten will und im Besitz eines Jugendherbergsausweises ist, spart etwas Geld (immerhin um die 700 ISK pro Person und Nacht). Die Unterbringung in Doppelzimmern unterscheidet sich oft qualitativ und auch preislich nur wenig von der in einem Gästehaus. Im Schlafsaal schläft man etwas einfacher, aber dafür vor allem als Einzelreisende/r günstiger. Bettwäsche gibt's auf Wunsch (oft) gegen Aufpreis.

Berghütten sind einfachste Unterkünfte für Wanderer. Unbedingt reservieren, denn schnell sind alle Liegen ausgebucht. Verlässliche Betreiber sind der isländische Wanderverein **Ferðafélag Íslands**, Mörkin 6, Reykjavík, 💻 www.fi.is, und die Agentur **Útivist**, Laugavegur 178, Reykjavík, 💻 www.utivist.is.

Schlafsackunterkünfte

€ Manche Gästehäuser bieten auch heute noch „Schlafsackunterkünfte" an, die wesentlich billiger sind als die angebotenen Zimmer. Mal übernachtet man bei solchen Angeboten in einem normalen Zimmer, nur eben im Schlafsack. Mal muss man mit einer Liege in einer Abstellkammer vorliebnehmen. Wer so eine Unterkunft sucht, muss sich durchtelefonieren und direkt bei den Betreibern nach *sleeping bag accommodation* fragen, denn offiziell ausgeschrieben sind diese Zimmer nicht.

Roadtrip mit Bett: Van-Life in Island

- **Start- und Endpunkt**: Seyðisfjörður (am Fährhafen für Van-Besitzer) oder Flughafen Reykjavík (für Van-Mieter)
- **Fahrzeug**: Caravan, ausgebauter Bulli oder aufgepeppter Pkw: Hauptsache, es fährt und hat eine Schlafstätte.
- **Dauer**: 1–4 Wochen
- **Beste Reisezeit**: Sommer

Ob Aussteiger für immer oder nur für kurze Zeit: Das Leben im Van, also im (meist selbst) ausgebauten Transporter, liegt voll im Trend. Unter Hashtags wie #vanlife oder #homeiswhereyou park gibt es in den sozialen Medien einige sehenswerte Beispiele dieser Reise- und Lebensphilosophie. Und Island ist ein wirklich guter Ort, dieses Leben einmal auszuprobieren. Zum einen ist Wohnen im Wagen günstig (s. S. 79). Zum anderen ist diese Reiseform wunderbar flexibel. Für Vanlifer gibt es keine Termine. Sie können auf die Plätze kommen, wann sie wollen, sie können Essen kochen, wann immer der Magen knurrt, und sie können Regentagen entfliehen und sich einen Platz an der Sonne suchen. Wer keinen eigenen Van oder ein campingtaugliches Auto hat, kann sich in Island eine fahrende Wohnstatt ausleihen (S. 79).

Los geht's!

Variante 1: Einmal rundherum

Eine schöne Tour führt von Seyðisfjörður in die Ostfjorde, dann über Höfn zur Gletscherlagune Jökulsárlón und direkt weiter nach Skaftafell. Über Vík an der Küste entlang geht es zu den Sehenswürdigkeiten des Goldenen Zirkels und nach Reykjavík (und Reykjanes). Ab nach Norden in den Nationalpark Snæfellsjökull. Weiter oben in den Westfjorden warten die Papageitaucher bei Látrabjarg. Zurück mit einem Stopp in Akureyri nach Húsavík und über den Diamond Circle zurück zum Hafen.

Mit einem geliehenen Fahrzeug startet die Tour in Reykjavík und Reykjanes. Manche Anbieter bringen den Wagen sogar bis zum Flughafen.

Variante 2: ... und mittendurch

Mit hochlandtauglichen Allrad-Fahrzeugen lohnt ein Hochland-Abenteuer von Norden aus über die F35, vorbei an den Kerlingarfjöll und weiter zu Gullfoss und Geysir (diese Ziele kann man auf der Hinfahrt beim Goldenen Zirkel aussparen). Weiter über die 30, die 32 und die F208 nach Landamannalaugar und von dort über die Sprengisandur (F26) wieder hinauf in den Norden nach Akureyri.

Wann fahren?

Wunderbar lange Tage bietet der **Sommer**. Um 17 Uhr noch einen fünfstündigen Ausflug machen, ist zu dieser Zeit kein Problem. Einchecken auf dem Campingplatz geht nämlich rund um die Uhr. Da es zudem relativ warm ist, braucht es keinen großen Wagen; man kann sich oft entspannt draußen aufhalten. Für alle, die das Hochland bereisen wollen, ist Mitte Juni bis Anfang September die einzige Reisezeit.

Im **Frühling** und im **Herbst** kann es noch bzw. schon ziemlich kalt sein. Das Leben im Auto muss dann besser organisiert sein. Seltener kann man auf „Draußen" ausweichen, Kleinstwagen sind also weniger attraktiv. Da die Preise sinken, sind auch die besser ausgebauten Vans (mit Heizung) bezahlbar.

Der **Winter** ist die Zeit für Abenteurer – am besten mit Erfahrung. Die Tage sind kurz und die Nächte lang. Viele Campingplätze sind geschlossen, auch wenn man den Van dort hinstellen kann. Es gibt keine Duschen oder Toiletten (zum warm Duschen also einfach ins Schwimmbad). Der Vorteil: nahezu totale Einsamkeit.

Tipps für Reisen außerhalb des Sommers

Unbedingt **Winterreifen** aufziehen, wenn der Winter naht (Spikes sind erlaubt und definitiv eine gute Idee).

Ein **LED-Spot mit integrierter Powerstation** macht es nachts großflächig hell und dient zur Not als Stromquelle für Camper (und alle Autofahrer).

Der **Wind** ist noch gefährlicher als sonst: Wenn möglich entgegen der Windrichtung parken. Bläst der Sturm frontal auf die Windschutzscheibe, schlägt er die Türen im schlimmsten Fall einfach nur zu und nicht aus den Angeln.

© MARK MARKAND

Wasserflasche mit unter die Decke nehmen: Sollte es unerwartet zu einem Frosteinbruch kommen, ist noch Trinkwasser da.

Heizen: Schon beim Fahren den Wagen schön aufheizen. Wenn es fahrend im T-Shirt warm genug ist, muss die Standheizung später weniger tun. Sobald der Wagen abgestellt wird: Standheizung an.

Genug Sprit im Tank? Fällt mal die Standheizung aus, kann die normale Heizung einspringen.

Bevor es losgeht ...

... wird eine Runde „Ich packe meinen Van und nehme mit“ gespielt:

- Kochgeschirr, Tisch und Stühle, ggf. einen Grill.
- Schlafsack (am besten keine Daunen, denn die trocknen nicht, wenn's doch mal nass werden sollte) und eine Decke, die über dem Schlafsack für extra Wärme sorgt.
- Wasserfeste Kleidung, die sich nach dem Zwiebelprinzip übereinander anziehen lässt.
- Badesachen
- Reisehandtuch (schnell trocknend)
- Föhn (damit lassen sich z. B. auch nasse Schuhe trocknen)
- Flip-Flops für Duschen und Schwimmbäder
- Thermosflasche
- Wärmflasche für kalte Nächte.
- Ladekabel und Adapter, ggf. Solarpanel (faltbar) für die externe Stromversorgung.
- Seile und Karabinerhaken, Wäscheleine

Was gibt es sonst noch zu beachten?

Jeden Tag erst mal checken, wie das **Wetter** wird (💻 www.vedur.is) und welche Straßenverhältnisse (💻 www.road.is) zu erwarten sind.

Je nachdem, wo es hingehen soll, bieten sich verschiedene **Zusatzversicherungen** an. Wer mit dem eigenen Auto reist: Es gilt die deutsche Versicherung, aber selbst bei einer deutschen Vollkasko ist natürlich ein Schaden, wie ihn die **Sand-und-Asche-Versicherung** abdeckt, nicht inklusive. Mehr zu Versicherungen s. S. 68.

Auto waschen und Trinkwasser tanken: Die einfachste Möglichkeit, sich mit klarem Wasser frisch zu versorgen, ist neben den Campingplätzen die Tankstelle. Dort, wo es die Autowasch-Besen gibt, mit denen jeder kostenfrei sein Auto waschen kann, kann man auch Trinkwasser abfüllen. Entweder direkt in den Kanister oder mit Schlauch (dann braucht man einen Adapter für G 3/4 Wasserkrananschluss).

Und bitte: Nie unbefugt irgendwo übernachten, denn auch wenn man im Prinzip irgendwo schlafen könnte: Man darf es nicht (s. S. 81). Einige Sehenswürdigkeiten befinden sich direkt bei einem Campingplatz. Sehr schön gelegen sind z. B. die Plätze bei Skaftafell und am Seljalandsfoss.

Campen

Unterwegs im Van – der Trend hält an, und in Island ist es eine wirklich gute Idee, mit Auto/zu Fuß und Zelt unterwegs zu sein oder im Van zu reisen. Auch Isländer lieben es, Campingausflüge zu machen. Sie reisen meist im Wohnmobil oder mit Wohnwagen. Und zwar dorthin, wo die Sonne scheint. Der Grill wird angeworfen und von allen Seiten duftet es nach Lamm oder Fisch.

Unterwegs im Zelt

Meist liegen die für Zelte vorgesehenen Areale windgeschützt hinter Wällen, Büschen oder unter Bäumen. Allerdings dürfen auf vielen Plätzen Autos überall hin und es ist gerne bis mitten in die Nacht Betrieb. Wer keine 2-Tonnen-SUVs direkt neben seinem Wanderzelt haben will, sollte seinen Platz strategisch gut aussuchen oder gleich einen der Campingplätze mit autofreier Zeltwiese wählen. Hier ist es meist ruhiger. Außerhalb der Sommermonate (Juli–Ende August) wird es überall stiller und leerer.

Ausrüstung: Ein stabiles Zelt, das nicht beim ersten Wind davonfliegt, und Heringe, die auch in steinigem oder sandigem Boden zuverlässig halten, sind sehr wichtig. Auch ein wasserabweisender Schlafsack gehört ins Gepäck, denn das nächtliche Kondenswasser will abgewehrt sein. Kochgeschirr ist nur in geringem Umfang nötig, viele Plätze bieten Kochstellen inkl. Kochgeschirr (mehr zur Ausstattung s. S. 78).

Resterampe for free

Vor allem die Campingplätze bei Reykjavík haben gut gefüllte **Reste-Ecken**. Dort kann jeder seine nicht gebrauchten Vorräte (etwa Tütensuppen, Nudeln und Dosen) abstellen – und jeder, der sie essen mag, kann sie mitnehmen. Zudem finden sich oft auch unbenutzte Gaskartuschen, Toilettenpapier und Salz. Von Letzterem steht meist jede Menge bereit, denn die großen Pakete, die in Island verkauft werden, bekommt wirklich niemand leer. Oft findet sich auch Exotisches, denn reisende Koreaner etwa haben definitiv anderes im Campingtopf als Europäer.

Der Campercheck

Viele fragen sich: Ist eine Reise im Camper überhaupt etwas für mich? Neucamper berichten von „Schmerzen in der Schulter", „sehr eng", „schwierig mit dem Gepäck" ... „ach herrje, immer diese öffentlichen Badezimmer". Doch wer sich darauf einlassen kann und gesundheitlich fit genug ist, staunt oft, was alles möglich ist. Wer Campingplätze bisher nur aus Festland-Europa kannte (und sie nicht mochte), freut sich: Wagenburgen, parzellierte Plätze, Dauercamper ... alles nicht vorhanden auf Island.

Miet-Camper

Die Kosten für einen Camper bewegen sich in der großen Preisspanne ab 70 (in der Nebensaison) bis etwa 500 € (für große Mobile in der Hauptsaison) pro Tag. Manche Anbieter bringen die Busse an den Flughafen und man kann sie auch dort wieder zurückgeben. Bei einigen sind die Versicherung und alles, was man braucht (Kochgeschirr, Bettzeug oder Schlafsack etc.), inklusive, bei anderen kann/muss alles gesondert gebucht werden.

Ob man mit einem gemieteten Camper oder einem als Camper nutzbaren 4x4 Jeep furten darf (also Flüsse durchfahren), sollte man immer noch einmal abklären, denn es ist nicht unbedingt selbstverständlich erlaubt, selbst wenn das Auto es könnte. Ist es nicht erlaubt und es kommt zu einem Schaden, muss der Mieter für diesen aufkommen.

Alle Verleiher bieten einen kostenlosen Pick-up vom Flughafen (und oftmals auch Rücktransport) während der Geschäftszeiten.

Camp Easy, Selvík 5, Keflavík, ✆ 571 1310, 💻 www.campeasy.com. Das Angebot reicht vom Minicamper über Busse für 5 Pers. bis zum 4x4 Van mit Schlafplatz für 2–3 Pers. Alle Camper sind komplett ausgestattet mit Kühlschrank, Küchenzubehör, Heizung, Bettzeug und USB-Ladebuchsen. Im Winter gibt es Extra-Ausstattung, und auch fürs Hochland sind viele Vans gut ausgerüstet und das Fahren dort auch erlaubt. Es gibt auch E-Camper von Tesla (auch als 4x4): Mit ein paar Handgriffen ist hinten im

Campingcard

€ Wer in Island campen will, ist mit dem Kauf der Campingkarte gut beraten. Die Karte ist nicht übertragbar und gilt vom 1. oder 15. Mai bis zum 15. September für zwei Erwachsene und vier Kinder (unter 16 Jahren), die gemeinsam in einem Zelt/Wohnmobil nächtigen. Sie kostet 179 € und ermöglicht maximal 28 Übernachtungen auf derzeit 34 Campingplätzen in ganz Island und rechnet sich so für zwei Personen bereits nach acht Tagen. Auch Rabatte für Benzin/Diesel, Gasflaschen und Kaffee bei den Tankstellen Olís und ÓB sind inklusive.
Es ist sinnvoll, die Campingkarte vor Antritt der Reise online zu bestellen (Zahlung mit PayPal, Lieferzeit ca. eine Woche), aber man bekommt sie auch auf der Fähre, an Olís-Tankstellen, in manchen Touristenbüros und bei vielen (aber nicht allen) der angeschlossenen Campingplätze. Informationen unter ✆ 552 4040, 💻 www.campingkarte.is.

Pkw (kein Bus) schnell ein Bett gebaut. 🕒 8–16.30 Uhr.
Go Campers, Helluhraun 4, Hafnarfjörður, ✆ 517 7900, 💻 www.gocampers.is. In den zu Campern umgebauten Kastenwagen gibt es fest installierte Betten (nichts für Klaustrophobiker, mit den Füßen unter der Küchenzeile). Die einfachste Variante hat keine Heizung. Andere Ausbauten erfordern tägliches Bett-Aufbauen, bieten aber dafür etwas mehr Freiheitsgefühl und auch eine Heizung. Bei anderen muss man nur schnell das Dachzelt aufklappen. Es gibt auch größere Campervans, einige für 5 Pers. mit Sitzgelegenheiten und Küche. 🕒 8–17 Uhr.
Happy Campers, Stapabraut 21, Njarðvík, ✆ 578 7860, 💻 www.happycampers.is. Seit Jahren beliebt sind die umgebauten Kleintransporter und Kleinwagen der „glücklichen Camper". Ob grün, ob rot oder blau: Die Wagen sind alle professionell ausgestattet. In den Bussen wie dem Ford Transit Connect oder dem Renault Traffic finden 2–4 Pers. Platz. In den 4x4-VW-Bussen können 4 Pers. bequem und sicher durchs Hochland fahren. Einige Vans mit Hochdach. Campingtisch oder Grill kosten extra. 🕒 8–17 Uhr.
Kúkú Campers, Flatahraun 21, Ecke Skútuhraun, Hafnarfjörður, ✆ 415 5858, 💻 www.kuku campers.is. Frei nach dem selbstgewählten Motto „Don't worry. Be sexy" spricht dieser eher günstigere Verleiher vor allem ein experimentierfreudiges, eher junges Publikum an. Für Touren auf F-Straßen bietet sich der mit Dachzelt ausgestatte Dacia Duster an. Im Dodge RAM können 3 Pers. oder eine Familie mit 2 Kindern das Hochland erkunden. 🕒 8–18 Uhr.
Wer bei den Tipps nicht fündig wird, kann es auch hier versuchen:
Cozy Campers 💻 https://cozycampers.is,
Indie Campers 💻 https://indiecampers.com,
Polar bear car rental 💻 www.polarbearrent.com oder **rent.is** 💻 www.rent.is.

Die Campingplätze

Es gibt ca. 250 offizielle Campingplätze. Das Angebot reicht vom 3-Sterne-Platz mit großer Küche, Spiel- und Grillplatz über einfache Plätze mit allem Nötigen wie Waschmaschine, Aufenthaltsraum und Duschen bis hin zu einfachsten Stellwiesen, nur mit kaltem Wasser und ohne Dach zum Unterstellen. Auf nahezu keinem Platz gibt es Check-out-Zeiten.

Aufenthaltsräume und Küchen

Diese Räume sind wunderbare Einrichtungen. Hier trifft man sich zum Kochen, hier wärmt man sich vor der Heizung oder trocknet ggf. nasse Kleidung. Bei einigen Plätzen gibt es Wasserkocher, Kochplatten und sogar Kochgeschirr, sodass so mancher Gast zum Koch avanciert und ein köstliches Mahl statt nur Fertignudeln zubereitet. An diesen Orten treffen sich immer alle: Die Wanderer und Radfahrer, die ihre Weltraumnahrung zu sich nehmen, die Caravaner, die Gemeinschaft suchen, die Minivan-Camper, die sich freuen, mal nicht auf dem Campingkocher kochen zu müssen und oft auch ein paar Tramper aus allen Teilen der Welt. Der Raum ist oft proppevoll, die Stimmung meist gut und es findet ein reger Austausch statt. Da sich viele auf ihrer Reise mehrfach treffen, gibt es oft ein großes Hallo.

Viele Servicehäuschen bieten **WLAN** (wenn nicht hier, dann an der Rezeption). Auf kleinen Plätzen gibt es hingegen kein Internet. Strom hat fast jeder Platz. Dieser kostet extra (meist um 1000 ISK pro Tag) und ist für Camper gedacht, die damit Heizung usw. betreiben. Wer nur mal sein Handy aufladen möchte, kann dies im Servicehaus tun – allerdings reichen die Steckdosen oft nicht für den riesigen Bedarf.

Waschmaschinen und Trockenräume

Waschmaschinen und meist auch Trockner gibt es auf vielen Plätzen. Sie sind immer kostenpflichtig. Wäsche trocknen kann man bei größeren Plätzen in extra Räumen, ansonsten geht es damit in den Trockner oder eben den Aufenthaltsraum.

Informationen und Öffnungszeiten

Die **Internetseite** der Wahl für Campingfans ist www.tjalda.is/en. Die Preise und Telefonnummern der gelisteten Plätze sind nicht immer brandaktuell, aber dennoch finden sich hier viele Informationen. Übersichtlicher und sorgfältig recherchiert ist die Karte und Campingplatz-Liste auf www.cyclingiceland.is.

Dort und auf den Webseiten der Campingplätze sollten sich man sich stets vorab über die Öffnungszeiten informieren, vor allem diejenigen, die besonders früh (April/Mai) oder spät (ab September) nach Island reisen und trotzdem mit Zelt/Camper unterwegs sind. Denn der Großteil der Campingplätze ist nur zwischen Mitte Mai bzw. Anfang Juni bis Mitte/Ende September in Betrieb, nur wenige sind das ganze Jahr geöffnet. Sind die Plätze offiziell geschlossen und ist kein offener Platz in der Nähe, darf man sich trotzdem hinstellen.

Anrufen – manchmal wird das Servicehäuschen auf Anfrage auch außerhalb der Saison geöffnet, wenn man nett fragt.

Kosten

Eine Nacht kostet auf den Plätzen, die nicht bei der Campingkarte mitmachen, meist um die 1500–2500 ISK pro Person, unabhängig davon, ob man zeltet oder im Wohnmobil übernachtet. Kinder bis 16 J. zahlen weniger, ganz kleine Reisende schlafen meist kostenlos.

Duschen kostet manchmal extra (besonders im Hochland) und ist wie Waschmaschinen und Trockner oft mit Münzen zu bezahlen. Ist die Rezeption unbesetzt, bekommt man bare Kronen oft im nächsten Tankstellenrestaurant.

Wenn Plätze mit der Campingkarte (S. 80) kostenlos zu nutzen sind, ist dies im Buch vermerkt.

Jedermannsrecht

Das Jedermannsrecht ist vor allem in den skandinavischen Staaten ein Gewohnheitsrecht, das jedem erlaubt, sich in der Natur aufzuhalten. Es bedeutet aber nicht, dass jeder Mensch dort dann tun kann, was er/sie will.
In Island ist freies Wandern durch die Natur nur dann erlaubt, wenn man diese nicht schädigt. Das heißt, wo es geht, auf den Wegen bleiben, niemals Abkürzungen ertrampeln, keinen Müll liegenlassen usw. Darf man jedes Grundstück betreten? Privatland ja, wenn es unkultiviert ist. Der Besitzer kann allerdings die Wege vorgeben und Zugänge sperren, wenn es ihm zu viel wird. Öffentliches Land darf immer betreten werden – es sei denn, es ist Brutzeit oder ein anderer Naturschutzgrund regelt den Zugang.

Überall schlafen

Ein weitverbreiteter Mythos ist, dass das Jedermannsrecht jedem erlaubt, überall zu nächtigen. **Zelten** – für eine Nacht mit maximal drei Zelten – dürfen **Wanderer und Radfahrer**, wenn sie keinen Campingplatz mehr erreichen können und sich auf unkultiviertem Land befinden.
Reisende mit Campervan, Zeltanhänger etc. müssen immer auf Campingplätzen übernachten. Außerhalb der Saison haben weniger Campingplätze auf, bei Anfrage wird aber u. U. auch im Winter geöffnet, sofern die Wasserleitungen nicht eingefroren sind.
Außerdem steht es jedem frei, Landbesitzer anzusprechen, ob man Zelt oder Van aufbauen bzw. abstellen darf.

Unterhaltung

Kunst und Kultur ist den Isländern wichtig und einiges wert. Daher sind selbst Tickets für kleinere Konzerte oder fürs Kino nicht billig – die Künstler müssen schließlich auch von etwas leben. Größere Konzerte, Ausstellungen und **Kinos** (oft englischsprachige Filme) gibt es vorwiegend in den größeren Städten – vor allem in Reykjavík.

Hier wie auf dem Land finden kleinere **Konzerte** häufig in Cafés und Restaurants statt – oft gar nicht oder nur sehr kurzfristig angekündigt. Spontan-Konzerte gibt es auch an schönen Sonnentagen *open air*, z. B. auf einem Campingplatz oder in einem Café mit Außengastronomie. Gäste sind stets willkommen. Wer laute Musik hört, folgt ihr, bis er die Quelle ausfindig gemacht hat.

Die meisten Isländer singen gern. Fängt einer an, stimmen immer welche mit ein. Und schwups bekommen Reisende eine kleine Privatvorstellung im Hot Pot oder im Schnellrestaurant einer Tankstelle. Planbar ist so etwas aber kaum.

Auch **Museen** sind beliebt – und es gibt viele auf Island (s. S. 26). Einige sind staatlich, die meisten allerdings privat. Sich diese teils sehr skurrilen und ausgefallenen Sammlungen anzusehen, ist wahrlich unterhaltend.

Auch wenn man das in Akureyri und Ísafjörður nicht gern hört: Ein echtes **Nachtleben** gibt es nur in Reykjavík. Junge Mädchen in Spaghettiträger-Tops stehen dann Schlange vor den Bars und Discos (auch im Winter). Man geht hauptsächlich an Freitagen und Samstagen aus – und das spät. Vor Mitternacht ist oft noch nichts los.

Verhaltenstipps

Im Großen und Ganzen bestehen keine großen Unterschiede zum höflichen Umgang miteinander in Island und Deutschland. Da die Natur sensibler ist, gibt es einen Verhaltenskodex, den jeder kennen sollte: Den Iceland Pledge, s. Kasten S. 47. Besonders hervorzuheben sind nur die strengen Waschregeln in den Schwimmbädern (S. 63) und die Notwendigkeit, sich beim Betreten eines Wohnhauses die Schuhe auszuziehen. Dreck, Matsch und vor allem Staub bleiben so im Eingangsbereich und werden nicht im gesamten Wohnbereich verteilt. Die Isländer laufen einfach auf Socken weiter, aber einige Gästehäuser haben sich schon auf Besucher aus dem Ausland eingestellt und stellen Hausschuhe bereit. Witzige Videos zum korrekten Verhalten hat das isländische Fremdenverkehrsamt erstellt.

Ein virtueller Besuch der Iceland Academy zur Vorbereitung auf das Land sei empfohlen: Schon alleine, weil der so viel Lust auf das Land und seine Bewohner macht, 💻 https://visiticeland.com/iceland-academy.

Toiletten

In Reykjavík und bei den wichtigsten Sehenswürdigkeiten gibt es öffentliche Toiletten (*snyrting* bzw. *snyrtingar*), deren Benutzung meist um die 200 ISK kostet. Auch an Tankstellen und in Restaurants gibt's meist die Möglichkeit, die Örtlichkeiten zu nutzen (teilweise kostenpflichtig).

Wenn es aber doch mal irgendwo draußen sein muss: Am besten wäre, man macht direkt in eine größere Plastiktüte, denn in Islands Natur verwest organisches Material – wenn überhaupt – sehr langsam. Auch vergraben ist in einem Land, das gegen die Erosion kämpft, keine gute Idee. Der Wind wird das jetzt aufgelockerte Erdreich schnell abtragen, sodass das, was eigentlich verborgen werden sollte, wieder zum Vorschein kommt und Tiere mit ihnen bisher unbekannten „deutschen" Bakterien infizieren kann. Das Loch bleibt u. U. jahrelang sichtbar.

Wer ein eigenes WC dabei hat (z. B. im Camper), kann es an Campingplätzen und an einigen Olis-Tankstellen leeren (manchmal kostenpflichtig).

Umsatzsteuer-Rückerstattungen

Wer auf EINER Rechnung (z. B. für Kleidung, Bücher oder Souvenirs) mehr als 6000 ISK Kaufsumme nachweist, kann sich die Umsatzsteuer erstatten lassen. Die Ware muss (wenn möglich) original verpackt sein und die Heimreise darf nicht später als drei Monate nach dem Kauf stattfinden.

Erstattungsstellen gibt es in Reykjavík (z. B. im Einkaufszentrum Kringlan), am Flughafen in Keflavík (hinter dem Duty Free Shop) und am Fährhafen in Seyðisfjörður. Auf Nachfrage füllt der Verkäufer ein **Duty-free-Formular** aus. Zusammen mit dem Kassenzettel sind diese Unterlagen vorzuweisen. Infos unter 💻 www.skatturinn.is/english.

Im **Restaurant** ist es nicht üblich, zum Bezahlen nach dem Kellner zu winken. Man zahlt beim Verlassen an der Theke.

Was die **Kleiderordnung** anbelangt, so sind Isländer tolerant. Sie kleiden sich zwar in der Regel selbst gern schick und teuer, aber auch Touristen in Wanderkleidung müssen nirgendwo draußen bleiben. Ausnahme: Diskotheken, Bars und Nachtclubs. Hier sind Jack-Wolfskin-Gäste echte Außenseiter. Im Schwimmbad oder Hot Pot trägt man immer Badekleidung.

Das **Rauchen** in Restaurants usw. ist verboten, wie in Deutschland geht es zum Qualmen vor die Tür. Es sind allerdings nicht viele Isländer dabei, denn Rauchen ist nicht wirklich hip. Reisende Raucher sollten einen kleinen Taschenaschenbecher dabeihaben oder stopfen ihre Kippen in Tüten oder Jackentaschen. Zigaretten sind teuer.

Trinkgelder waren in Island zwar lange unüblich, dennoch empfindet sie niemand als Beleidigung – im Gegenteil: Alle Dienstleister freuen sich sehr über Geldgeschenke in allen Währungen.

Zeit

In Island gilt ganzjährig die **Westeuropäische Zeit** (Greenwich Mean Time, GMT). Deutsche müssen ihre Uhr im Sommer um zwei, im Winter um eine Stunde zurückstellen.

Zoll

Für Island gelten folgende Einfuhrbeschränkungen: Zollfrei können Personen über 18 Jahre je 200 Zigaretten (oder 250 g Tabak) einführen. **Alkohol** darf nur einführen, wer mindestens 20 Jahre alt ist, und zwar zollfrei entweder 1,5 l Spirituosen, 4,5 l Wein oder 18 l Bier. Eine Liste, in der die unterschiedlichen Kombinationsmöglichkeiten detailliert aufgeschlüsselt sind, steht auf der Seite des Zolls, 💻 www.skatturinn.is/english. Auch für **Lebensmittel** gibt es Sonderregeln: Die Einfuhr von konservierten Produkten ist pro Person auf 10 kg und einen Wert von 25 000 ISK beschränkt. Frisches oder geräuchertes Fleisch, rohe Eier, Milch und Käse darf man nicht auf die Insel bringen.

Land und Leute

Die karge Insel im Norden Europas ist ebenso facettenreich wie faszinierend: Vulkane, Gletscher, endlose Einöden, eine pulsierende Hauptstadt und eine liebenswerte Bevölkerung. Wer gerne aktiv auf die Natur zugeht, kommt hier auf seine Kosten: sei es auf tagelangen Hochlandwanderungen, bei der Walbeobachtung oder der Fotojagd am Vogelfelsen. In Erinnerung bleiben aber auch die stillen Momente – wenn einem die pure Landschaft den Atem verschlägt.

VORSICHT: TROLLE MÖGEN TRAVELLER – AM LIEBSTEN GEKOCHT; © CAROLINE MICHEL

Inhalt

Steckbrief Island

Offizieller Name Lýðveldið Ísland

Staatsform parlamentarische Republik

Hauptstadt Reykjavík

Einwohnerzahl 387 800

Anteil der Stadtbevölkerung 94 %

Sprache Isländisch (isl. *íslenska*)

Religionen 63,5 % evangelisch-lutherisch (isländische Staatskirche), 4 % katholisch, 7,5 % andere Kirchen, 1,3 % Ásatrúarfélagið (neuheidnisch)

Glücksindex Platz 3 (von 155)

Pro-Kopf-Einkommen 55 890 KKP-Dollar (Deutschland: 59 630); Stand 2021

Touristen pro Jahr 4,5 Mio. (2022)

Updates, mehr **Bilder** und eure **Tipps** zu diesem Kapitel auf www.stefan-loose.de unter **eXTra [11090]**

Geografie

Fläche: 103 106 km²

Küstenlänge: ca. 5000 km

Größte Städte: Reykjavík (140 000 Einw.), im Raum Reykjavík: Kópavogur (40 000 Einw.) und Hafnarfjörður (30 000 Einw.), im Norden: Akureyri (20 000 Einw.)

Längster Fluss: Þjórsá, 230 km

Höchster Berg: Hvannadalshnjúkur (2110 m)

Island – das „Land aus Feuer und Eis". So abgegriffen dieses Klischee auch ist, so gut trifft es die größte Vulkaninsel der Welt, deren Lage auf dem Mittelatlantischen Rücken es zu einem der „heißesten" Flecken der Erde macht. Die Insel ist die zweitgrößte Europas (nach Großbritannien) und besteht zu mehr als der Hälfte, rund 64 500 km², aus Ödland: Lava- und Schotterwüsten. Etwa 10 % der Landesfläche sind mit Gletschern bedeckt. Davon nimmt allein der größte, der Vatnajökull, über zwei Drittel ein.

Etwa 24 000 km² des Landes sind mit Vegetation bewachsen; 20 000 km² werden als Weideflächen für Schafe, Pferde und Kühe genutzt.

Vor der Küste befinden sich einige kleinere Inseln: Im Süden zählen die **Westmännerinseln** (S. 527) wohl mit zu den am frühesten besiedelten Orten. Im Westen liegen die kleine Insel **Viðey** (S. 154), die leicht von Reykjavíks Hafen aus zu erreichen ist, sowie das im Sommer recht lebendige **Flatey** (S. 273). Im Norden ragen die steilen Felsen von **Drangey** (S. 351) empor, und sein nördlichstes Eiland **Grímsey** (S. 358) ist die einzige Stelle, an der Island den Polarkreis erreicht.

Naturräume

Bedingt durch die klimatischen und geologischen Eigenheiten haben sich in Island einige Naturräume herausgebildet, die sich deutlich voneinander unterscheiden.

An der Küste finden sich steil emporragende Felsen; so z. B. an der Westküste auf den Halbinseln Reykjanes und Snæfellsnes und an der Südküste beim Ort Vík. Manchmal unterbrechen **Strände** und sandige **Buchten** die Felsenküste, doch vor allem sind es die tief eingeschnittenen **Fjorde**, die weite Abschnitte der Küstenlandschaft kennzeichnen. Die längsten befinden sich im Norden (Eyafjörður, 60 km) und Nordwesten (Ísafjarðardjúp, 75 km), aber auch im Osten und im Westen müssen Autofahrer oft lange Strecken um einen Fjord zurücklegen, um von einem Dorf ins gegenüberliegende zu kommen. Vor allem in den Westfjorden sind die **Klippen** dramatisch steil – bis zu 600 m geht es hier hoch. An anderen Stellen, z. B. im Süden, ist die Küste von weiten **Sanderflächen** geprägt. Hier haben Gletscherläufe, die Vulkanausbrüche unter dem Eis auslösten, mit dem Schmelzwasser riesige Mengen Sand, Gestein und Geröll hinterlassen.

Die oft rauen **Küstengewässer** sind sehr fischreich. Temperaturen um 10 °C (im Sommer) halten zum Glück die meisten Besucher davon ab, baden zu gehen. Jeder, der es dennoch versuchen will, sei gewarnt: Die Strömungen an der offenen Meeresküste sind sehr stark, und wer abtreibt, hat so gut wie keine Überlebenschance.

Im Hinterland, wo die Küste nicht direkt in steile Klippen und Bergmassive übergeht, erfreuen **grüne Wiesen** das Auge. Frei herumlaufende Schafe und Islandpferde knabbern an Kräutern und Löwenzahn. Bäume gibt es mit Ausnahme von sehr wenigen Waldgebieten (siehe Flora, S. 95) nur vereinzelt; oft um die ebenso vereinzelt stehenden Häuser und Gehöfte gepflanzt, um diese ein wenig vor den Unbilden des Wetters zu schützen. Weiter in Richtung Landesinneres wird alles etwas karger, und in Höhen ab 300 m lösen **Heide-Landschaften** die Wiesen ab.

Das **Hochland** ist geprägt von ausgedehnten Wüstengebieten, Lavafeldern und Geröllhalden, die nur wenige Monate im Jahr schneefrei sind und über die auch dann noch der Wind fegt. Hier hat die Vegetation kaum eine Chance. Nur in einigen Senken und in windgeschützten Tälern gibt es kleine Oasen mit ein wenig Grün – das dann in dieser grauen Gegend besonders leuchtet.

Die Entstehung der Insel

Island ist geologisch gesehen die **jüngste Insel der Welt**: Nach überlieferter Lehrmeinung sind die ältesten Teile ungefähr 15–20 Mio. Jahre alt, und die jüngsten nur ein paar Jahre oder Jahrzehnte. Es wird angenommen, dass das Zusammenspiel zweier Faktoren für das Entstehen der Insel verantwortlich ist: zum einen der **Drift der Kontinentalplatten** (die eurasische Platte wandert nach Osten, die nordamerikanische Platte nach Westen) und zum anderen ein **Hot Spot**, ein „heißer Fleck" in der Erdkruste, der wohl aus einem Strom besonders heißer Massen tief aus dem Erdinneren gespeist wird. Auch der *Hot Spot* wandert, und als er auf die „empfindliche" Stelle an der Nahtstelle der Kontinentalplatten traf, ging vor 20 Mio. Jahren im wahrsten Sinne des Wortes das Feuerwerk los: Die Insel stieg aus dem Meer empor.

Einer anderen These zufolge sind die ältesten Teile von Island der Rest einer Landbrücke, die einst zwischen Schottland und Grönland bestand – damit wäre die Geburt der Insel vor ca. 60 Mio. Jahre anzusetzen. Sicher ist: Mehrere Millionen Jahre lang wurde hier Magma an die Erdoberfläche befördert, und am Ende des Tertiärs, vor ca. 15–3 Mio. Jahren, ragte Island als relativ kleine, flache Insel mit steilen Küsten aus den Fluten empor. Damals herrschte ein mildes Klima, und Misch- und Nadelwälder begrünten das Eiland.

Dann begann ein neues Erdzeitalter: Das Quartär. Es brachte eine Eiszeit und zum ersten Mal **Gletscherbildung** auf der Insel. In den letzten drei Millionen Jahren folgten noch etwa zehn bis 20 weitere Eiszeiten. Die sich auf- und abbauenden Gletscher formten einen großen Teil des heutigen Erscheinungsbildes: Sie frästen die Fjorde in die Küsten und hinterließen U-förmige Täler. Die letzte große Eiszeit endete vor 8000–10 000 Jahren. Danach kam es zu weiteren, kleineren Klimaschwankungen, in denen Island womöglich sogar ganz eisfrei war. Es wird angenommen, dass sich die heutigen Gletscher vor etwa 5000 Jahren gebildet haben.

Bis vor ca. 1500 Jahren war ein großer Teil der Landesfläche (man schätzt: zwei Drittel) an den Küsten und in geschützten Lagen mit Birken und Weiden sowie in kälteren Bereichen mit Moosen und Flechten bewachsen. In den folgenden Jahrhunderten wurde es kälter. Inzwischen sind nur noch etwa 20 % der Landesfläche mit Vegetation bedeckt (davon 2 % mit Bäumen), was allerdings nur zum Teil durch das Klima, sondern vor allem durch den Einfluss des Menschen (Rodung und Überweidung) begründet ist.

Und Island ist noch längst nicht zur Ruhe gekommen. Noch heute ist alles in Bewegung: Ständig bebt irgendwo die Erde und die Vulkane rumoren, siehe S. 180 (Geldingadalir/Fagradalsfjall), S. 512 (Katla), S. 519 (Eyjafjallajökull), S. 548 (Hekla), S. 593 (Askja) und S. 595 (Bárðarbunga). Messungen zeigen, dass die eurasische und die nordamerikanische Kontinentalplatte jedes Jahr 2 cm auseinander driften. Eine geologische Karte der Insel (S. 87) zeigt deutlich den „Riss", der einmal quer durch das Land läuft: von Reykjanes im Südwesten bis zum Öxarfjörður im Nordosten. Entlang dieser sogenannten **Riftzone** häufen sich Erdbeben und Vulkanausbrüche (ein weiteres aktives Gebiet ist die Snæfellsnes-Zone im Westen). Auch das Klima spielt eine Rolle: In der sogenannten „Kleinen Eiszeit" vom 13.–19. Jh. gab es eine verstärkte vulkanische Tätigkeit. Möglicherweise haben die Vulkane durch ihren Ausstoß an Gasen und Asche dann zu einer weiteren Abkühlung des Klimas beigetragen. Über die Auswirkungen der aktuellen Klimaerwärmung kann nur spekuliert werden. Die schmelzenden Gletscher könnten zu einer Druckentlastung im Inneren der Erde führen, wodurch sich mehr Magma bildet, die sich dann ihren Weg nach oben sucht. Die zahlreichen Schildvulkane wie der Skjaldbreiður sind vermutlich alle in Warmzeiten entstanden.

Neben den oft zitierten Elementen Feuer (Vulkanismus) und Eis (Gletscher) gibt es allerdings noch weitere Kräfte, die das Gesicht der Insel formen. Eine ist die **Erosion**. Auch hier spielt z. T. Eis eine Rolle: Wenn nämlich Wasser in die winzigen Spalten im Gestein eindringt und dann gefriert, sprengt es den Stein. Im Hochland sieht man öfter solche zersprungenen Steine (einige zerfallen in gleichmäßige Scheiben; sie werden „Trollbrot" genannt). Die Küsten werden von der donnernden Brandung zernagt, und über das Hochland fegen Sandstürme und zerreiben nach und nach alles, was sich ihnen in den Weg stellt. Gletscher schleifen – zigtausend Tonnen schwer – ganze Berge ab. Reißende Flüsse zerschmettern Felsbrocken und graben tiefe Schluchten in das Land. An den Mündungen der Gletscherzungen bilden sich flache Ebenen aus Sand und Geröll.

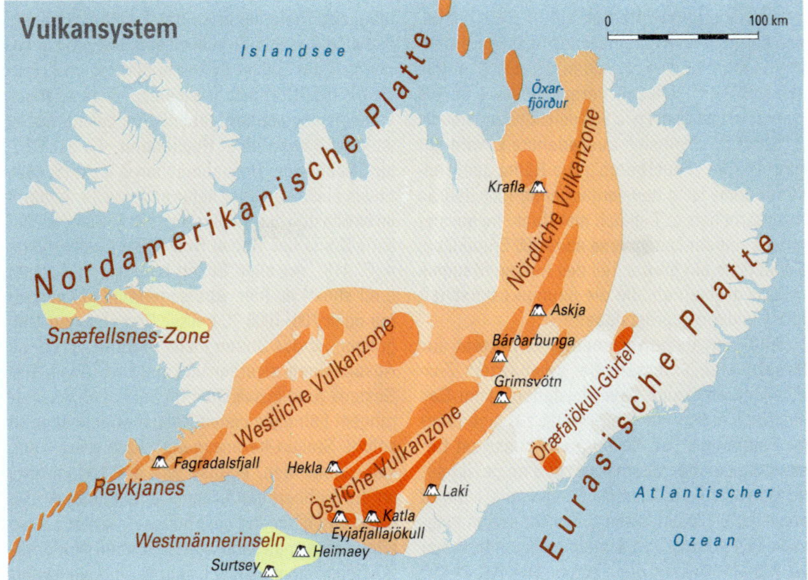

In jüngster Zeit nimmt auch der Mensch entscheidenden Einfluss auf die Gestaltung der Landschaft. Nicht nur, dass er in den letzten 1000 Jahren fast den kompletten (ohnehin schon kargen) Baumbestand vernichtet hat – auch die Tierhaltung setzt der Natur zu. Die einen Großteil des Jahres frei herumstreunenden Schafe fressen sich am kargen Grün satt, und wenn sie alles bis zum Boden herunterknabbern, trägt der Wind die Bodenkrume immer weiter ab, bis nichts mehr nachwächst. Massiv sind die menschlichen Eingriffe durch den Bau von Staudämmen, in deren Folge meist einige der wenigen grünen Oasen im Hochland geflutet werden, s. auch Kárahnjúkar, S. 597. Doch verglichen mit der Urgewalt, die unter der Erde lauert, erscheint das alles nur wie der sprichwörtliche Tropfen auf dem heißen Stein.

Vulkanisch aktive Gebiete

Islands Landschaft wurde über Jahrmillionen hinweg durch Vulkanismus geprägt. Heute noch findet man auf einem Viertel der Landoberfläche Anzeichen von aktivem Vulkanismus. Es gibt rund **30 einzelne Vulkansysteme**, die sich grob auf drei aktuell vulkanisch aktive Gebiete aufteilen lassen: Erstens die eigentliche Riftzone, in der die Kontinentalplatten auseinanderdriften. Sie erstreckt sich von der Halbinsel Reykjanes bis zum Öxarfjörður im Norden einmal quer durchs Land (Geologen unterscheiden hier noch weiter in „westliche und „nördliche" Vulkanzone). **Askja** (S. 593) und **Krafla** (S. 418) sind bekannte Vulkane dieser Zone. Die zweite Zone ist der Mittelteil Südislands („östliche Vulkanzone"); sie liegt auf dem *Hot Spot*, der aus dem Erdinneren gespeist wird. Hier lauern u. a. die gefährlichen Vulkane **Katla** und **Hekla** (s. Kästen S. 512 und S. 548). Eine dritte Zone liegt auf der Halbinsel Snæfellsnes.

Vulkanisch aktive Gebiete haben meist einen deutlich erkennbaren Zentralvulkan in der Mitte. Alle obengenannten gehören dazu. An anderen Stellen, an denen die Erdkruste nicht punktuell, sondern längs aufriss, bilden sich Kraterreihen: **Lakagígar** (S. 578) sind ein gutes Beispiel.

Bei den Zentralvulkanen werden zwei Arten unterschieden: Während der Eiszeiten entstanden Tafelberge wie **Herðubreið** (S. 592), bei denen der Ausbruch unterhalb des Gletschers stattfand, während sich zwischen den Eiszeiten die „klassischen" Vulkane herausbildeten, oft als wohlgeformte Kegel wie aus dem Kindermalbuch.

Oft erstrecken sich ausgedehnte **Lavafelder** rund um die „Feuerberge". Die Hälfte aller Vulkansysteme ist in den vergangenen 1000 Jahren ausgebrochen: z. T. gleich mehrfach. Insgesamt gab es seit der Landnahme etwa 250 Eruptionen. Dabei floss ein großer Teil des heißen Magmas in Lavaströmen ab, die die heutige Landschaft entscheidend geprägt haben.

90 % der ausgeworfenen Lava besteht aus **Basalt**. Man unterscheidet zwei Arten: Zum einen dünnflüssige Lava, in denen kaum Gas eingeschlossen ist. Sie erstarrt zu sogenannter **Fladenlava** (isl. *helluhraun*); massivem Gestein, das an der Oberfläche oft eine gewundene, gewellte Form aufweist („Stricklava"). Sie ist an vielen Stellen in Island zu finden, u. a. in Þingvellir (S.194) und im Lavafeld Hallmundarhraun (S. 243) im Westen des Landes. Die zweite Art Lava, die **Blocklava** (isl. *apalhraun*) ist zähflüssig, hat einen hohen Gasanteil und erstarrt zu porös wirkenden, scharfkantigen Gesteinsbrocken. Das größte Gebiet dieser Art ist das 975 km² große Þjórsárhraun im Süden des Landes (S. 557), das allerdings mit so viel Vegetation bedeckt ist, dass man die Lava kaum noch sieht. Ein anderes Beispiel sind die „zackigen" Lavafelder rund um die Blaue Lagune bei Grindavík.

Interessant sind jedoch auch die restlichen 10 %, die bei Ausbrüchen zutage treten. Saure, sehr flüssige Lavaströme, die schnell erkalten, werden zu **Obsidian**, einem glasartigen Gestein, das man z. B. im Gebiet Landmannalaugar finden kann. Andere Vulkane speien **Asche** und **Tuff** – letzteres ein lockeres vulkanisches Material, das nachträglich durch Wärme zu einem Gestein verbacken ist. Eine besondere Form hiervon, der Bims, enthält so viele Blasen und Gas-Einschlüsse, dass er sogar auf Wasser schwimmt. Wer im Gebiet der Askja unterwegs ist, wird ganze Felder mit solchem Material durchqueren.

Eng an die vulkanische Tätigkeit gekoppelt sind die etwa 30 **Hochtemperaturgebiete**; zumindest eines sollte man unbedingt besuchen, um möglichst viele Facetten des Landes zu sehen. Nur eine Autostunde südlich von Reykjavík befindet sich das Gebiet **Seltún** in der Region Krýsuvík (S. 183). Dort gibt es einen schönen Ausblick von einem kleinen Hügel aus. Am bekanntesten ist jedoch das Gebiet **Haukadalur**, wo der **Geysir Strokkur** die Besucherscharen lockt (S. 204). Etwas einsamer, aber dafür auch weiter entfernt im Nordosten des Landes, liegt zu Füßen des Vulkans Krafla das Gebiet **Hveraröndl** (auch: Hverir, s. S. 418). An allen Ecken blubbert und zischt (und stinkt) es hier. Aus sogenannten **Fumarolen** quillt 100–1000 °C heißer Dampf; in der Umgebung ist der Boden meist verfärbt durch die Abscheidung diverser vulkanischer Gase. Der Gestank (und inzwischen oftmals auch Absperrungen) hält die meisten Besucher ab, näher an solche Stellen heranzugehen. Das wäre auch keine gute Idee, ebenso wie die Annäherung an die blubbernden grauen **Schlammtöpfe**: Die Gase sind giftig und die Erdkruste ist hier z. T. so dünn, dass man einbrechen könnte. Noch gefährlicher (aber ziemlich selten) sind die **Mofetten**, an denen reines, geruchsloses und der Umgebungstemperatur angepasstes Kohlendioxid austritt: Das tödliche Gas ist schwerer als Luft und sammelt sich in Senken. Vom Ausbruch der Hekla 1947 ist bekannt, dass Schafe, die durch eine solche Senke liefen, erstickt sind, während ihren Schäfern nichts geschah: Ihre Köpfe ragten über das Kohlendioxid hinaus.

Außerhalb der aktiven Vulkanzonen gibt es noch 250 **Niedertemperaturgebiete**, an denen warmes bis heißes Wasser an die Oberfläche tritt. Dabei handelt es sich um Niederschlagswasser, das im Boden versickert, bis es in von Magma erhitzte Zonen kommt, von wo es erwärmt seinen Weg nach draußen antritt. Zur Freude der Menschen, die in dem Wasser entweder baden, Eier darin kochen oder Kraftwerke betreiben und so Städte mit Energie versorgen.

Landschaften

Bedingt durch die Entstehungsgeschichte der Insel prägen viele verschiedenartige Berge und Gebirge das Landschaftsbild. Dazwischen erstrecken sich ausgedehnte Wüsten und Ödland, und am Horizont glitzern die Gletscher wie eine ferne Verheißung – gewiss ein Paradies für Geologen, aber vor allem auch für Wanderer, Reiter und andere abenteuerlustige Naturen.

Berge

Die ältesten Gesteinsformationen in den Westfjorden wurden über Millionen von Jahren von Gletschern glattgeschliffen (besonders schön: die Klippe **Hornbjarg** in Hornstrandir, S. 315), während die jüngeren Berge im Osten zackig und zerklüftet in den Himmel ragen. Vulkanausbrüche erschufen verschiedenste Bergformationen im Hochland – je nachdem, welche Art Magma ausgeworfen wurde und ob der Berg während einer Eiszeit (dann oft Tuffrücken oder Plateauvulkane) oder in einer Warmzeit entstand (dann oft Schildvulkane).

Die höchsten Berge sind **Hvannadalshnjúkur** (2110 m), **Bárðarbunga** (2000 m) und **Kverkfjöll** (1920 m). Sie liegen alle im Gletscherbereich des Vatnajökull. Besonders farbenprächtig sind die Berge bei **Landmannalaugar** (S. 569) und die „Altweiberberge" **Kerlingarfjöll** (S. 585). Berühmt ist auch der von einem Gletscher gekrönte **Snæfellsjökull** (S. 253), an dem Jules Verne seinerzeit den Eingang zum Inneren der Erde vermutete. Und eine Zeitlang in aller Munde war der **Eyjafjallajökull**, als er 2010 mit einem Vulkanausbruch eine Woche den Flugverkehr in Europa lahmlegte (s. auch Kasten S. 519).

Berg-Fans sollten auch dem **Kirkjufell** (S. 263) einen Besuch abstatten: Die perfekte konische Form macht ihn zu einem tollen Fotomotiv, und zudem lassen sich an ihm gut verschiedene Stadien der Entstehungsgeschichte des Landes ablesen – eine Hinweistafel am Parkplatz an der Straße gibt Auskunft.

Fotografen lieben auch den ungewöhnlichen Anblick des **Hvítserkur** (S. 336) im Nordwesten: Der ist zwar nur 15 m hoch, steht aber im Meer und ist von unten so stark unterspült, dass sich zwei Bögen ergeben. Ähnlich dramatisch sind die Felsen **Reynisdrangar** (S. 508) bei Vík.

Wüsten

Die ungezählten Vulkanausbrüche der letzten Jahrtausende haben ausgedehnte Wüstengebiete erschaffen, die z. T. völlig vegetationslos sind – bei der Durchquerung des Hochlandes auf der Straße F26 fährt man z. B. stundenlang durch die graue Einöde **Sprengisandur** (S. 587). Auch im Gebiet nördlich der Askja liegt ein großes Wüstengebiet: die **Ódáðahraun** („Missetäter-Wüste", s. S. 426). Nur dort, wo Flüsse oder Bäche sich durch die Einöde winden, findet sich ein bisschen Grün – das leuchtet im Kontrast dann umso intensiver. Wer ein solches Gebiet durchqueren möchte, sollte auf jeden Fall gut ausgerüstet sein; mit genug Wasser und Nahrung, ausreichend Sprit im Tank (bzw. Heu in den Satteltaschen), zuverlässigem Navigationsgerät und – starken Nerven: Die Auswirkungen dieser kargen, weiten Landschaften auf das eigene Empfinden können überraschend sein.

Gletscher

Mehr als ein Zehntel der Landesfläche Islands ist mit Gletschern bedeckt. Sie alle sind nach der letzten Eiszeit entstanden und seither immer wieder mal gewachsen oder geschrumpft – je nachdem, in welcher Wärmeperiode sich die Welt gerade befand. Gegenwärtig sind sie auf dem Rückzug, was manchen Wissenschaftlern große Sorgen bereitet, da sich dadurch der Druck auf die Erdkruste verringert und die Gefahr von Vulkanausbrüchen steigt.

Fünf isländische Gletscher sind große Plateaugletscher: Der an manchen Stellen fast 1 km dicke **Vatnajökull** (mit 8300 km^2 größer als alle Gletscher Kontinental-Europas zusammen), der **Langjökull** (953 km^2), der **Hofsjökull** (925 km^2), der **Mýrdalsjökull** (596 km^2) und der **Drangajökull** (160 km^2). Von der zentralen Eisfläche reichen

Auslassgletscher teilweise bis ins Tiefland. Daneben gibt es zahlreiche kleinere Gletscher. In den letzten Jahren schmelzen alle Gletscher rapide ab: Viele Gletscherzungen ziehen sich um 100–300 m pro Jahr zurück, Schmelzwasserseen entstehen und kleinere Gletscher verschwinden ganz. Jährlich schrumpft Islands Gletscherfläche um etwa 40 km². Experten rechnen damit, dass die Insel um das Jahr 2200 völlig eisfrei sein könnte.

Der Vatnajökull

Wer im Flugzeug im Landeanflug über Island auf der rechten Seite sitzt, hat – bei guter Sicht – das Privileg, den Vatnajökull in seiner ganzen Pracht zu genießen. Mit 8300 km² bedeckt er 8 % der Gesamtfläche des Landes.

Wie eine riesige Zuckergusshaube, deren Ränder mal mehr und mal weniger weit auf den Erdboden geflossen sind, erstreckt er sich 150 km von West nach Ost und 100 km von Nord nach Süd. Die Infotafeln des Vatnajökull-Nationalparks, die jeweils genau erklären, was zu sehen ist, finden sich auf einem riesigen Gebiet. Im Südosten, im Hochland, im Norden und nahe der Ostfjorde gleitet das kühle Eis hinab. Zahlreiche Straßen führen zu den vielen **Gletscherzungen**, die alle einen eigenen Namen haben: So sind Svínafellsjökull, Heinabergsjökull, Skálafellsjökull und all die anderen Jökulls (Mehrzahl isl. eigentl.: *Jöklar*) im Grunde nur Finger des großen Riesen Vatnajökull. Jede Menge Berge verbergen sich unter dem bis zu 950 m dicken Eis, aber auch ein riesiges Tal und zahlreiche aktive Vulkane: Grimsvötn, Bárðarbunga, Kverkfjöll, Esjufjöll, Öræfajökull und innerhalb des Letzteren die höchste Bergspitze, der Hvannadalshnjúkur.

Im Südosten ist es besonders einfach, bis ans und mit Gletschertouren auch aufs Eis zu gelangen (S. 490). Der Gletscher präsentiert sich hier von seiner besten Seite. Die bizarren, blau schimmernden Eisschollen der Gletscherlagune **Jökulsárlón** (S. 487) gehören zu den Island-Bildern, die viele Besucher nie vergessen werden.

Gewässer

Island ist ein enorm wasserreiches Land. Riesige Mengen sind in den Gletschern gespeichert, die etwa ein Zehntel der Landesfläche bedecken. Aus ihnen entspringen die meisten Flüsse, die dann wild wirbelnd und immer wieder über steile Klippen fallend Richtung Ozean rauschen. Einige speisen große Seen, und fast alle warten mit tosenden Wasserfällen auf.

Flüsse

Der längste Fluss ist die **Þjórsá** (230 km). Sie wird gespeist vom Gletscher Hofsjökull und windet sich südwärts durch Schluchten im Hochland, ehe sie von der in sie mündenden **Tungnaá** noch Verstärkung erhält. Der Fluss ist stark genug, um unterwegs fünf Kraftwerke zu speisen; drei weitere sind geplant.

Der zweitlängste Fluss trägt den klangvollen Namen **Jökulsá á Fjöllum** und ist 206 km lang. Er ergießt sich aus einer Eishöhle am Nordrand des Vatnajökull-Gletschers, fließt dann in nördlicher Richtung durch das Lavafeld Ódáðahraun und die Schlucht Jökulsárgljúfur und versetzt auf seinem Weg Richtung Islandsee den Besucher mit einigen der großartigsten Wasserfällen des Landes in Erstaunen.

Viele begeisterte „Zuschauer" hat auch die **Hvítá** (185 km), die wie die Þjórsá im Hofsjökull entspringt und den Wasserfall **Gullfoss** speist – eine der Hauptattraktionen für Kurzbesucher, die von Reykjavík aus eine kleine Runde durchs Land unternehmen.

Seen

Einen wirkungsvollen Kontrast zu den oft wilden Flüssen bilden die stillen Seen, die sich in Island gebildet haben: Teils auf natürliche Weise, teils durch Menschenhand. Der **Þórisvatn** im Hochland ist der größte: Je nach Jahreszeit bedeckt er bis 88 km². Vorhandene Wasserflächen wurden hier durch Dammbau erheblich vergrößert. Der **Þingvallavatn**, der im Südwesten liegt, landet mit 83 km² nur noch auf Platz zwei: Seinem wichtigen Platz in der Geschichte des Landes (an seinen Ufern wurde ab 930 das Alþing abgehalten) tut das aber keinen Abbruch.

Viele Touristen pilgern zum **Mývatn** 50 km südlich von Húsavík; nicht etwa wegen der vielen Mücken, die ihm seinen Namen gaben („Mückensee"), sondern wegen der reizvollen Umgebung mit ihren skurrilen Lavaformationen

Sich klein fühlen am 60 m hohen und 25 m breiten Skógafoss im Süden der Insel ▸

(Dimmuborgir, s. S. 421) und dem aktiven Vulkangebiet der Krafla (S. 418). Im Osten des Landes liegt der **Lagarfljót** (S. 453), der über einen sonst seltenen, weitflächigen Wald und sogar über ein eigenes Seeungeheuer verfügt.

Viele der Seen sind äußerst fischreich. So werden im Þingvallavatn bis zu 15 kg schwere Forellen gefangen. Der Name der Seenkette **Veiðivötn** im Süden Islands bedeutet sogar: Angelseen. Hobby-Angler sollten sich aber nicht zu früh freuen: Es werden Lizenzen verlangt, deren Erwerb nicht gerade preiswert ist (s. auch S. 60, Angeln).

Wasserfälle

Zahllose spektakuläre Wasserfälle schmücken die Landschaft Islands, darunter einige der größten und schönsten Europas. Der vielleicht bekannteste ist der **Gullfoss** („Goldener Wasserfall", S. 208), der gar nicht weit von Reykjavík entfernt liegt (2 Std. Fahrzeit) und daher zum Pflichtprogramm so ziemlich jedes Besuchers gehört. Er gab der „Touristen-Rennstrecke" Golden Circle seinen Namen (dazu gehören noch Stopps in Þingvellir und Geysir). Der **Glymur** (S. 226), der sich ebenfalls in der Nähe der Hauptstadt, im Hvalfjörður, befindet, galt mit seinen 198 m Fallhöhe lange als Islands höchster Wasserfall. 2007 musste er seinen Spitzenplatz allerdings an den durch den Rückgang des Gletschers neu entstandenen **Morsárfoss** (228 m) abgeben, ein nur mit einer professionell geführten, mehrstündigen Gletscherwanderung zu erreichendes Naturschauspiel im südlichen Bereich des Vatnajökull-Nationalparks. Der **Hengifoss** (128 m, S. 455) im Osten in der Nähe von Egilsstaðir und der **Háifoss** (122 m, S. 547) im Süden an der Straße 332 (nahe der Straße 32) liegen auf Platz drei und vier.

Längst nicht so hoch (45 m), aber dafür 100 m breit ist der **Dettifoss** (S. 411), der mächtigste Wasserfall Europas. 193 Tonnen Wasser donnern hier jede Sekunde hinab. Er liegt im Nordosten und ist gut vom nahegelegenen Mývatn aus zu erreichen.

Lohnend ist auch ein Besuch am **Seljalandsfoss** (S. 518): Dieser Wasserfall unweit der Ringstraße ist nicht nur leicht zu erreichen, es führt auch ein Weg einmal drum herum – und zwar hinter ihm durch. So kann man diesen Fall auch von seiner Rückseite betrachten. Eine Besonderheit sind auch die **Hraunfossar** (übersetzt „Lavafälle", s. S. 240) im Westen bei Húsafell: Kein Fluss scheint diese Ansammlung kleiner Fälle zu speisen; sie entspringen „aus dem Nichts" auf halber Höhe eines Canyons. Tatsächlich ist es ein unterirdischer Fluss, aus dem sie ihr Wasser beziehen.

Zur „Bestenliste" zählen gewiss auch noch der legendäre **Goðafoss** im Nordosten, in dem im Jahr 1000 die heidnischen Götterbilder versenkt worden sein sollen (S. 401), der bekannte **Skógafoss** (S. 515) im Süden des Landes, der 100 m hohe **Dynjandi** (S. 299) in den Westfjorden, der eine Felswand entlangfließt und sich dabei von 30 auf 60 m verbreitert, der von schwarzen Basaltsäulen eingerahmte **Svartifoss** (S. 497) im Vatnajökull-Nationalpark sowie der **Aldeyjarfoss** (S. 401) im Nordosten; Start- bzw. Endpunkt einer Hochland-Fahrt auf der F26. Doch es locken noch viele weitere, kleinere, nicht weniger dramatische, an denen zudem weniger Betrieb ist – jedem Leser sei es überlassen, seinen eigenen, persönlichen Lieblingswasserfall zu entdecken.

Heiße Quellen und Geysire

Nicht nur schmelzende Gletscher und ergiebige Niederschläge sorgen für Nachschub an Wasser an Islands Oberfläche: Auch die Erde selbst gibt einiges her. Dabei kommt es zu einer Erscheinung, die für Island so typisch ist wie das Islandpferd und der gestrickte Wollpulli mit dem ethno-authentischen Kragenmuster: Heiße Quellen und Hot Pots, bei denen versickertes Regenwasser durch geothermische Aktivitäten erhitzt an die Oberfläche steigt. An einigen Stellen ist das Wasser kochend heiß, an anderen jedoch mit um die 40 °C angenehm temperiert. Überall im Lande gibt es kleine Pools; oft natürlichen Ursprungs (oder der Mensch hilft mit ein paar Steinen und ein bisschen Beton nach), in denen sich manch herrliches Bad nehmen lässt. Die **Blaue Lagune** (S. 179) auf der Halbinsel Reykjanes ist ein weltberühmtes Beispiel – allerdings trotz des stolzen Preises kaum das Beste, denn hier badet man (nur nach langer Vorbuchung) mit vielen anderen Touristen vor der Kulisse des Geothermie-Kraftwerkes, aus dessen Abflüssen das mineralreiche Wasser stammt.

Authentischer sind die heißen Bäder, die mitten in der Natur liegen. Bei Hveragerði, kaum eine Autostunde von Reykjavík entfernt, liegt beispielsweise das **Reykjadalur** („dampfendes Tal“), durch das sich ein warmer Fluss schlängelt (S. 403); eine tolle Badestelle. Berühmt (und viel genutzt) ist auch die **heiße Quelle von Landmannalaugar** (S. 569); eine prima Erholung nach einer Wanderung in der faszinierenden Bergwelt. Doch wer durchs Land reist, wird noch viele weitere, kleinere und größere Hot Pots entdecken – und es sei empfohlen: Am besten in jeden hineinsetzen!

Abstand halten muss man hingegen von **Geysiren**. An diesen Quellen sprudelt das Wasser nicht gleichmäßig an die Erdoberfläche, sondern es schießt alle paar Minuten eine meterhohe Fontäne heißen Wassers in die Höhe. Bei einem Geysir führt ein enger, senkrechter mit Wasser gefüllter Schacht zu einem Wasserreservoir in einigen Metern Tiefe. Das Wasser dort wird durch Erdwärme erhitzt. Wegen des höheren Drucks siedet es – genau wie in einem Dampfdrucktopf – erst bei höheren Temperaturen als 100 °C. Schließlich entstehen die ersten Dampfblasen, diese verdrängen einen Teil des Wassers im Schacht – oben schwappt dann etwas Wasser in den Teich. Dadurch nimmt der Druck im Reservoir ab (Dampf ist leichter als eine Wassersäule), der Siedepunkt im Reservoir wird geringer, und das gesamte jetzt überhitzte Wasser im Reservoir verdampft schlagartig. Die Dampfexplosion reißt das restliche Wasser aus dem Schacht mit nach oben und schießt als Wasser- und Dampffontäne in die Höhe. Danach füllt sich das System wieder mit etwas kühlerem Wasser, und es dauert etwa 10–15 Minuten bis zum nächsten Ausbruch.

Der namensgebende Große Geysir ist übrigens schon seit einigen Jahren nicht mehr regelmäßig aktiv, sein benachbarter kleinerer Bruder, der **Strokkur**, sprudelt allerdings zur Freude der Besucher alle 10–15 Minuten eine hübsche, im Durchschnitt ungefähr 20 m hohe Wassersäule in die Luft (S. 204).

Flora und Fauna

Pflanzenarten: Moose, Flechten, Pilze; etwa 600 höhere Arten wie Blütenpflanzen und Bäume

Waldfläche: 2 % der Landesfläche

Naturschutzgebiete: 18 % der Landesfläche

Tierarten: 1 endemischer Landsäuger (Polarfuchs), Wale (12 Arten), Robben (4 Arten), mehrere Haus- und Nutztierarten, ca. 100 Vogelarten

Bedrohte Tierarten: keine „Rote-Liste“-Arten, aber einige sind ziemlich selten: Seeadler und Gerfalke z. B. stehen unter strengem Schutz

Die karge, in weiten Abschnitten von großen Wüsten und Gletschern bedeckte Landschaft Islands ist der Grund, dass sich in Island nur relativ wenige Tier- und Pflanzenarten ansiedeln konnten. Vor der Ankunft des Menschen lebte hier nur eine einzige Säugetierart: der Polarfuchs. Widerstandsfähigkeit gegen das kalte Klima zeichnet ihn aus – ebenso wie die Pflanzen, die so weit im Norden noch siedeln können: Auch ein langer, dunkler Winter und kräftige Winde dürfen ihnen nichts ausmachen. So kommt es, dass vornehmlich kleine, krautige, maximal strauchgroße Gewächse die Insel bewachsen. In den letzten Jahrzehnten wird verstärkt versucht, Teile der Insel wieder aufzuforsten.

Flora

Die meisten Pflanzen finden sich im Hinterland der Küsten und in geschützten Tälern in etwas höheren Lagen. Auf den flachen **Sanderflächen** der Küstengebiete leben ausschließlich krautige Pflanzen, die eine hohe Salzkonzentration vertragen können, wie Strandwegerich, Echtes Löffelkraut oder Arktischer Meersenf.

Die grünen **Wiesen** dahinter sind je nach Jahreszeit bunt getupft mit Löwenzahn, Habichtskraut, Glockenblumen und Schafgarbe. Auf feuchten Wiesen fühlt sich das Wiesen-Schaumkraut wohl, und auf moorigen Böden im Westen findet sich sogar der Rundblättrige

Sag niemals Pony

© CAROLINE MICHEL

In Deutschland ist die offizielle Unterscheidung zwischen Pferd und Pony pragmatisch: Alles, was eine Rückenhöhe von 147,5 cm übersteigt, ist Pferd, was drunter bleibt, ist Pony (die Größe eines Pferdes wird am sogenannten Widerrist gemessen, jener Stelle der Wirbelsäule zwischen der Senke im Rücken, in der normalerweise der Reiter sitzt, und dem Halsansatz). Nach dieser Definition gäbe es in ganz Island so gut wie keine Pferde.

Für einen Isländer aber ist es eine nicht wieder gut zu machende Beleidigung, wenn sein Ross als Pony bezeichnet wird. So, als würde man einen Kampfhund der Sorte American Staffordshire „Schoßhündchen" nennen, einen millionenteuren modernen Flachbungalow in Passivbauweise „Hütte" oder einen dicht über der Straße schwebenden Ferrari „Möhre". Islandpferde aber sind Ferraris, Wertgegenstände und Kämpfer – und zwar alles gleichzeitig.

Feinmotorische Überlebenskünstler

Vermutlich kamen die ersten Pferde mit den Wikingern auf die unwirtliche Insel. Sie fanden nur wenig Nahrung und mussten sich im Winter mit wenigen gelblichen Grasbüscheln zufriedengeben, die sie aus dem Schnee ausgruben. Gleichzeitig vollbrachten sie beim Transport Höchstleistungen. Wanderer können sich gut vorstellen, wie es sein muss, die steinigen isländischen Wege und sumpfigen

Sonnentau. Wollgras und die Behaarte Fetthenne sind auf feuchten Böden ebenfalls weit verbreitet, und an den Ufern von Flüssen und Seen findet man oft die erstaunlich hoch wachsende Engelwurz mit ihren beeindruckenden Dolden. An einigen trockenen Hängen im Norden wachsen zudem Stiefmütterchen. Mitunter sieht man auch hübsche, blau-violett leuchtende Lupinenfelder. Die eine Zeit lang zur Bodenverbesserung und als Erosionsschutz eingesetzte, anspruchslose Pflanze breitet sich jedoch stark aus und verdrängt z. T. andere Arten. Inzwischen wird dazu übergegangen, einheimische Gräser zu säen und im ersten Jahr etwas zu düngen. Wenn das angegangen ist, kann sich dazwischen nach und nach mehr einheimische Flora ansiedeln.

In größeren Höhen und trockeneren Lagen finden sich **Heidelandschaften** mit eher drah-

Feuchtwiesen mit Gepäck auf dem Rücken zu überwinden, das ein Drittel des eigenen Gewichts ausmacht, schlecht verteilt ist und sich zudem noch unrhythmisch bewegt. Nur die stärksten Pferde überlebten. Einige, wahrscheinlich aus England importierte Exemplare beherrschten aufgrund einer Genmutation eine spezielle Lauf-Technik, die sie Moore und Schneefelder besser überqueren ließ: Immer nur ein Fuß berührt den Boden, und auch das nur ganz kurz. Bevor die Schwerkraft ihr Werk tut und das Tier einsinkt, ist der Fuß schon wieder in der Luft. Das geht natürlich nur bei ausreichend hohem Tempo. Diese spezielle Gangart ist der **Tölt**.

Ein Pferd, das den Tölt beherrschte, hatte größere Überlebenschancen. Auch heute beherrschen einige Islandpferde nur drei Gangarten: Den Schritt, den Trab, und den Galopp. Die meisten aber sind sogenannte Vier-Gänger, die zusätzlich noch tölten können. Und einige haben sogar noch mehr drauf. Anders als beim Trab, bei dem immer ein gegenüberliegendes Beinpaar den Boden berührt (also die Hufe vorne rechts und hinten links gleichzeitig, dann die Hufe vorne links und hinten rechts), laufen sie, wie z. B. Elefanten es tun: Beide Beine einer Seite fußen gleichzeitig. Das Resultat ist ein leicht schaukelnder Gang, der **Pass**. Korrekt ausgeführt, ermöglicht die lange Flugphase den Pferden ein Renntempo, das mit bis zu 50 km/h höher ist als im Galopp. Isländische Pferderennen finden deshalb im Pass statt. Ein Video, in dem die fünf Gangarten im Zeitraffer zu sehen sind, gibt's auf www.horsesoficeland.is.

Zucht und Haltung

Im Jahr 1909 wurde ein Importverbot ausgesprochen, um die Rasse rein zu halten und um die halbwild lebenden Tiere vor eingeschleppten Krankheiten zu schützen. Pferde, die Island einmal verlassen haben, dürfen nie wieder zurück auf die Insel. Das macht einen Leistungsvergleich zwischen isländischen Islandpferden und Islandpferden, die in anderen Teilen der Welt gezüchtet und geritten werden, extrem schwierig. Dann und wann treten isländisch gezogene Pferde aber doch bei internationalen Wettbewerben an. Anschließend werden sie verkauft. Für welche Summen solche Ausnahmepferde den Besitzer wechseln, ist nicht bekannt. Man spricht aber von bis zu 1,5 Mio. €.

Über 77 000 Pferde leben auf Island, viele als Sportpferde. Vor allem im Süden, wo es mehr Weideland gibt als im Norden, werden die Tiere aber auch als Fleischlieferanten gezüchtet. In Ställen leben nur die wenigsten. In Freiheit aber auch nicht. Entgegen landläufiger Meinung werden weder Pferde noch Schafe „einfach so" im Frühjahr freigelassen bzw. in die Berge oder ins unbewohnte, zaunlose Hochland getrieben, wo sie dann ungestört den Sommer verbringen und sich unkontrolliert vermischen können. Schon allein um die Ausbreitung von Schafkrankheiten zu verhindern, gibt es Zäune und ausgewiesene Weidegebiete. Jeder Bauer bekommt das Gebiet zugewiesen, auf dem er seine Tiere grasen lassen darf. So vermischen sich nur die Bestände einer Region. Im September werden die Tiere beim Pferde- und Schafabtrieb *(Réttir)* wieder in die Täler getrieben, wo man sie in großen Pferchen auseinandersortiert; so hat jeder Bauer seine eigenen Tiere im Winter wieder bei sich auf dem Hof.

LAND UND LEUTE

tigen, zähen, bodennah kriechenden Pflanzen. Heidelbeeren wachsen hier, ein beliebtes Sammelobjekt und eine prima Zutat für Skyr (S. 45, Essen), aber auch die Schwarze Krähenbeere; ebenfalls essbar. Vorsicht, die Beeren enthalten etwas Andromedotoxin und wirken leicht berauschend (daher der Zweitname „Rauschbeere").

Wälder sind selten in Island. Der einzige nennenswerte Wald (aus mitteleuropäischer Sicht) ist der Hallormstaðaskógur am Ufer des Lagarfljot in Ostisland (S. 453). Der alte Witz „Was machst du, wenn du dich in Island im Wald verlaufen hast?" – „Aufstehen!" verliert hier seine Gültigkeit. Auch im Vaglaskógur (S. 400), im Hallormsstaðaskógur (S. 453), bei Húsafell (S. 242) und in Þórsmörk (S. 520) sind relativ große Areale von Wald bedeckt. Doch tatsächlich sind die kleinen Birkengehölze, die an anderen ge-

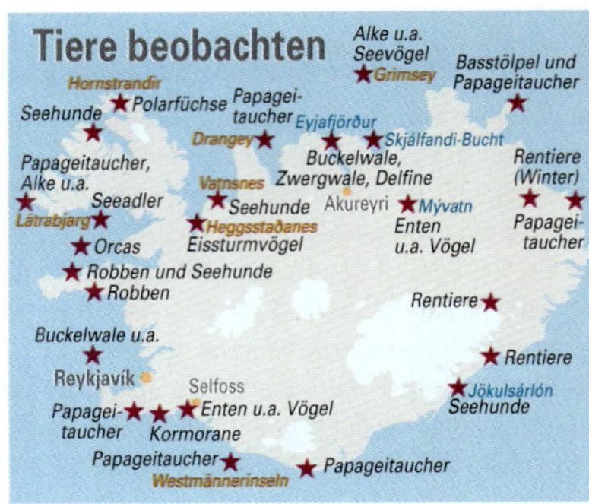

schützten Stellen wachsen, verglichen mit deutschen Wäldern sehr niedrig: Sie wirken fast, als würden sie sich vor dem rauen Klima wegducken. Angepflanzt werden neben Birken auch einige nicht heimische Baumarten: In Ortschaften sieht man oft Alaskapappeln, große Bäume mit dicken, glänzenden Blättern. Der höchste Baum Islands, eine Sitkafichte bei Kirkjubæjarklaustur, ist über 28 m hoch.

Ein für Island typischer und für Besucher ungewohnter Anblick sind die ausgedehnten **Mooslandschaften**, die sich auf alten Lavafeldern angesiedelt haben. Fast 1000 verschiedene Moose und Flechten bilden ein sensibles Ökosystem – ein Fußabdruck reicht aus, um es an dieser Stelle zu vernichten. Daher ist das Betreten solcher Gebiete streng verboten. Am Tjarnagígur an den Laki-Kratern (S. 578) kann man Spuren solcher Zerstörungen sehen – und die Bemühungen, die Stellen wieder „aufzumoosen". Das grau-grüne „isländische Moos" *Cetraria islandica*, das so viele Lava-Landschaften in geheimnisvolles Troll-Land verwandelt, ist eigentlich gar keins: Es gehört in die Familie der Flechten.

Fauna

Dass eine abgelegene, unwirtliche Insel wie Island vor allem Vögeln eine Heimat bietet, leuchtet auf den ersten Blick ein. Tatsächlich war der Polarfuchs der einzige „höhere" Landbewohner, ehe der erste irische Mönch das Land betrat. Vermutlich wurde er auf einer Eisscholle angeschwemmt (der Fuchs, nicht der Mönch). So geht es noch heute alle Jahre wieder manchem armen Eisbären, der seinen Aufenthalt auf der Insel dann allerdings nicht lange überlebt – ein Rücktransport ins Polargebiet wäre aufwendig und teuer; die Kugel im Gewehr des Jägers ist die einfachere Lösung (s. dazu auch Kasten „Das isländische Eisbärenproblem", S. 333).

Säugetiere

Das bekannteste Säugetier Islands ist gewiss das **Islandpferd**. Für den Besucher ist es allgegenwärtig: In kleinen Herden säumt es die Straßen und Wege, und manch Reisender kommt eigens für dieses Pferd nach Island: Denn auf ihm durch die wilde Natur zu reiten, ist für viele ein Lebenstraum. Tatsächlich sind auch die Isländer sehr stolz auf ihre Pferde. Und wenn man mal so richtig ins Fettnäpfchen treten will, dann fragt man einen stolzen Pferdebesitzer nach seinen „Ponys" (s. Kasten S. 94).

An einigen Stellen an der Küste lassen sich **Robben** beobachten. Meist sieht man gewöhnliche Seehunde *(Phoca vitulina)*, wie sie auch auf den Sandbänken der deutschen Nordseeinseln liegen, doch auch die größeren Kegelrobben *(Halichoerus grypus)* werden gesichtet.

In den Gewässern rund um Island tummeln sich zahlreiche **Meeressäuger**, z. B. Zwergwale, Schweinswale und Finnwale. Wer richtig Glück hat, kann bei einer Walbeobachtungs-Tour sogar auf Killerwale (Orcas), Buckelwale oder Blauwale treffen – oder einen Weißschnauzendelfin.

Ein ebenso typischer Anblick wie das Islandpferd sind gewiss die **Schafe**, die durch Island streifen. Seit der Besiedlung vor über 1000 Jahren haben sie als Fleisch- und Wolllieferanten das Überleben der Menschen auf der Insel ermöglicht. Aus ökologischen Gründen wurde ihre Zahl inzwischen begrenzt. Das jährliche Zusammentreiben der Schafe, um sie über den Winter in den Stall zu bringen (oder zu schlachten), zählt zu den wichtigsten Traditionen im Land. Dabei kommt auch der **Isländische Schäferhund** zum Einsatz: Ein zäher Bursche, den seinerzeit die ersten norwegischen Siedler mit ins Land gebracht haben.

Andere „Mitbringsel“ des Menschen sind Kaninchen, Hauskatzen und Feldmäuse – sowie Nerze (die aus Zuchtfarmen entkommen sind und nun das ganze Land bevölkern) und **Rentiere** (die im 18. Jh. aus Norwegen eingeführt wurden und jetzt frei durch Gebiete im Osten streifen).

Vögel

Etwa 100 Vogelarten machen Island zu einem Paradies für Ornithologen. Vor allem die Steilküsten sind interessant, denn dort befinden sich die bedeutendsten Brutgebiete für viele Seevögel. Bei **Látrabjarg** (S. 292) in den Westfjorden ragt der größte Vogelfelsen der Welt empor. Dort brütet im Sommer nicht nur die größte **Tordalken**-Kolonie der Welt, sondern auch **Möwen**, **Lummen** und der beliebte, putzige **Papageitaucher**; Islands heimlicher Nationalvogel. Alle brüten gemeinsam nebeneinander – oder besser: untereinander. Die Klippen sind in Stockwerke aufgeteilt: Unten sitzen die Krähenscharben, darüber die Eissturmvögel, noch weiter oben die Dreizehenmöwe, und hier mischen sich Trottellummen und Tordalken dazwischen. Ganz oben, schon an der Graskante, hocken die Papageitaucher – zur Freude der Fotografen. Mit ihren Bruthöhlen unterminieren sie allerdings die Kante des Kliffs; deswegen sollte man nie zu nah an den Abgrund gehen. Auch auf den **Westmännerinseln** (S. 527) und an vielen anderen Stellen an der Küste lassen sich große Vogelkolonien beobachten (siehe Karte S. 96).

An wenigen Stellen der Küsten (v. a. am Breiðafjörður) kreisen außerdem majestätische **Seeadler**, die man allerdings nicht allzu oft zu Gesicht bekommt. Häufiger sind Begegnungen mit den graubraunen **Skuas** (Raubmöwen) und den hübschen, aber zur Brutzeit äußerst angriffslustigen **Seeschwalben**.

Auf den Wiesen und Heiden findet man den etwas melancholisch flötenden **Goldregenpfeifer**, **Bekassinen** (oft zu hören, wenn sie im Flug die Schwanzfedern vibrieren lassen), **Regenbrachvögel** und andere Watvögel. Seen und Flüsse bieten Lebensraum für **Singschwäne**, **Odinshühnchen** und zahlreiche Entenarten. Am Mývatn (S. 416) wohnen 15 verschiedene; die größte Artenvielfalt brütender **Enten** in Europa. Das seltenere **Schneehuhn** bewohnt dann die höheren Lagen, in denen der große **Kolkrabe** das Regiment führt und der größte Falke Europas, der **Gerfalke**, seine einsamen Kreise zieht.

Singvögel sind in Island eher selten. **Rotdrosseln**, **Zaunkönige** und **Wiesenpieper** findet man am ehesten in Waldgebieten und innerhalb von Ortschaften. **Birkenzeisige** aus Grönland kommen während der Zugzeiten vorbei; einige Vertreter dieser Art sollen auch auf Island brüten.

Umwelt

Die Isländer lieben ihre einzigartige Natur und nehmen den Naturschutz ernst. Immer wieder entstehen neue Initiativen, sei es gegen den Bau eines Staudamms (s. S. 597, Hochland, Kárahnjúkar) oder die Benutzung von Plastiktüten – zumindest mal einen Monat, wie es die Initiative *Plastlaus September* (plastikfreier September) fordert. Der erste **Nationalpark** (Þingvellir) wurde schon vor fast 100 Jahren eingerichtet. Seit 1990 gibt es ein **Umweltministerium**, das inzwischen eine ganze Reihe von Gesetzen zum Schutze der Umwelt entworfen hat. Die letzten Erweiterungen des 2008 eingerichteten Vatnajökull-Nationalparks sowie des Snæfellsjökull-Nationalparks liegen erst wenige Jahre zurück (mehr zu den Nationalparks auf S. 58). Doch zwischen dem Schutz der Natur und ihrer kommerziellen Nutzung (bis hin zur Ausbeutung) wird nach wie vor gefochten.

Island wird oft als „grüne“ Insel beschrieben, und tatsächlich hat es einen relativ geringen **CO_2-Ausstoß** aufgrund der Energiegewinnung durch Wasserkraft und Geothermie. Indirekt trägt das Land jedoch durch seinen hohen Konsum importierter Güter erstaunlich stark zur Produktion klimaschädlicher Gase bei. Pro Einwohner werden ca. 16 Tonnen CO_2 pro Jahr emittiert (Deutschland: ca. 9 Tonnen).

Müll wird in Island bisher nur in Ballungsgebieten getrennt. Offizielle Stellen sprechen von einer Recyclingquote von bis zu 67 % (1995: 13 %); andere Quellen gehen von weniger aus. Problematisch ist zudem der zusätzliche Müll, der durch den stetig wachsenden Tourismus entsteht (s. Kasten S. 98).

Zukunftsweisende Technologien werden von den Isländern gerne angenommen. Der aktuelle Trend geht jedoch Richtung Elektromobilität. Die Zahl der zugelassenen **Elektroautos** hat im Jahr 2020 die der zugelassenen Verbrenner-Fahrzeuge überschritten – ein rasanter Anstieg, wenn man bedenkt, dass 2014 noch 97 % aller Fahrzeuge mit Diesel oder Benzin betrieben wurden.

Weniger ruhmreich ist Islands Rolle beim Thema Artenschutz: Dass isländische Schiffe seit 2006 wieder zum kommerziellen **Walfang** auslaufen, löst bei Naturschützern empörte Proteste aus. Das Fleisch wird in Spezialitätenrestaurants (v. a. für Touristen) zubereitet oder ins Ausland verkauft. 2017 wurden allerdings insgesamt nur 17 Zwergwale erlegt; die geschätzte Anzahl dieser nicht vom Aussterben bedrohten Tiere in den isländischen Gewässern liegt bei 40 000. Nach Ansicht von Ökonomen müssten 220 Wale erlegt werden, damit die Jagd überhaupt rentabel ist. So viel Fleisch braucht der Markt jedoch nicht. Von 2019 bis 2021 war die Jagd daher vollständig ausgesetzt.

Die jährlichen Fangquoten waren bis Ende des Jahres 2023 von den Behörden auf 209 Finnwale und 217 Zwergwale festgelegt. Ob diese 2024 verlängert werden (was für fünf Jahre gelten könnte), stand bei Redaktionsschluss noch nicht fest. Immerhin hatte die Regierung im Februar 2022 angekündigt, keine weiteren Genehmigungen mehr auszustellen. Doch es gab auch Widerspruch. So könnte es sein, dass Waljagd in geringem Umfang weiter ein Teil des traditionellen isländischen Selbstverständnisses bleibt. Aber die meisten Touristen fahren lieber auf Booten hinaus und schauen sich die Tiere in freier Wildbahn an, anstatt sie auf dem Teller zu „genießen". Mehr zum Thema im Kasten „Meet us – don't eat us" auf S. 45.

Auch der **Klimawandel** fordert seinen Tribut: mit viel internationalem Echo wurde dies der Welt z. B. bei der **Trauerfeier zum „Tode" des Okjökull** vor Augen geführt. Der Eisrest hatte zwar schon 2014 seinen Status als Gletscher verloren, doch nun ist er endgültig abgeschmolzen. Seit August 2019 erinnert eine Gedenktafel mit dem Titel Brief an die Zukunft" für alle Ewigkeit an ihn: Angebracht und eingeweiht unter Beteiligung von Klimaforschern, Aktivisten und der Regierungschefin.

Die Touristen und ihr Müll

Island ist noch nicht lange eine Destination des Massentourismus. Und während Gästehäuser und Campingplätze wie Pilze aus dem Boden schießen und immer mehr Straßen asphaltiert werden, gibt es für viele der Probleme, die der schnell ansteigende Touristenstrom schafft, noch keine brauchbaren Lösungen. Das Thema **Müll** ist beispielsweise ein echtes Sorgenkind. Immer mehr Isländer beklagen hier die Unwissenheit und Rücksichtslosigkeit der Touristen. Manche Wanderer sind es z. B. aus anderen Ländern gewohnt, organische Abfälle zu vergraben. Sie suchen im steinigen Boden lange nach Möglichkeiten, Löcher zu graben und schädigen damit die empfindliche, dünne Humusschicht. Außerdem sind die Wärmeperioden viel zu kurz, als dass ein gründlicher Verwesungsprozess überhaupt in Gang käme. Auch organische Abfälle gehören also in die Mülltonnen. Was zum nächsten Problem führt: Es finden sich zwar – vor allem an der Ringstraße – jede Menge Parkplätze mit Picknickplätzen, allerdings keine Mülleimer.

Den Müll mit in die nächste Ortschaft zu nehmen, ist aber auch keine Lösung. An immer mehr Tankstellen und Supermärkten weisen neuerdings Schilder darauf hin, hier bitte nicht den gesamten Abfall abzuladen. Und auch die vor einigen Jahren noch verbreiteten großen Abfallcontainer am Straßenrand sind mittlerweile vielerorts verschwunden. Denn die waren nicht für Touristen bestimmt, sondern für die Anwohner, deren Höfe und Häuser nicht von der öffentlichen Müllabfuhr angefahren wurden. Jetzt kommt die Müllabfuhr auf dem Land zumindest alle paar Wochen (im Winter seltener) und es gibt sogar Wertstofftonnen. Trotzdem ist kein Gästehausbetreiber erfreut, wenn die Reisenden den gesammelten Müll der letzten Tage bei ihnen entsorgen. Mehr darüber, wie Touristen zum Schutz der Umwelt beitragen können, im Abschnitt Fair und grün reisen, S. 47.

Bevölkerung und Gesellschaft

Einwohner: 387 800
Bevölkerungswachstum: 1,6 %
Lebenserwartung: Männer 79 Jahre, Frauen 83 Jahre
Anteil Stadtbevölkerung: 94 %
Bevölkerungsdichte Reykjavík: 504,78 Einw./km^2
Bevölkerungsdichte Landesdurchschnitt: ca. 3,5 Einw./km^2

Lebensqualität in Zahlen

Laut einer Studie der Organisation *Social Progress Imperative* lag Island 2022 weltweit auf Platz 5 in Sachen **Lebensqualität** (Deutschland: Platz 8). Laut Studie sind Diskriminierung und Gewalt gegen Minderheiten so gut wie unbekannt. Dafür gibt es ein starkes „community safety net" – hier wird niemand so schnell allein gelassen. Island ist ein ruhiges Land: Ununterbrochen seit 2008 führt es den **Global Peace Index** an: Als friedlichstes Land der Welt.

Stolz sind die Isländer auch darauf, seit 15 Jahren (Stand 2023) die Weltrangliste bezüglich der **Gleichstellung der Geschlechter** anzuführen (Deutschland: Platz 6; nachzulesen im *Global Gender Gap Index* des World Economic Forum). Was allerdings nicht bedeutet, dass es keinen sexuellen Missbrauch gäbe: Laut einer 2018 veröffentlichten Studie der Universität von Island ist eine von vier isländischen Frauen schon einmal Opfer einer Vergewaltigung oder eines sexuellen Missbrauchs geworden. Dass „Schweigen und Vertuschen" nicht immer funktioniert, beweist ein 2021 ans Licht gekommener Missbrauchsskandal um einige der bekanntesten Fußballspieler des Landes. Doch das ist nur die Spitze des Eisberges: Wie viel unter der schönen heilen Oberfläche tatsächlich brodelt, bewies ein landesweiter Frauenstreik im Oktober 2023: Mehr als die Hälfte der weiblichen Bevölkerung nahm teil, darunter die Premierministerin Katrín Jakobsdóttir. Allein in Reykjavík gingen etwa 100 000 Frauen auf die Straße; das öffentliche Leben war weitgehend lahmgelegt. Drífa Snædal, Sprecherin von Stígamót, einer isländischen Frauenrechtsorganisation, sagte dazu in einem Interview mit dem Spiegel am 26.10.2023: „Wir sind einfach sauer. Seit Jahren hören wir an jeder Ecke, dass Island das gleichberechtigtste Land der Welt sei. Überall, wo wir hinkommen, werden wir dafür bewundert. Auch die Touristen, die uns besuchen, erzählen uns das. Wir merken davon leider wenig."

Vorreiter sind die Isländer in Sachen **Kommunikation**: 98 % der Bevölkerung nutzen regelmäßig das Internet. Das kleine Land am Rande der Arktis hat damit schon 2017 den Tigerstaat Südkorea als Nummer eins im Bereich **Informationsgesellschaft** abgelöst. Mobiles Internet und Breitbandanschlüsse sind in den besiedelten Gebieten fast flächendeckend vorhanden. Im Durchschnitt besitzt jeder Isländer ein Smartphone, vom Säugling bis zur Urgroßmutter.

Zahlenspiele dieser Art sind auf der Insel sehr beliebt. Isländer lieben Statistiken – und die sich daraus ergebenden Vergleiche. So ist Island z. B. die Insel mit der weltweit **größten Nobelpreisträgerdichte pro Einwohner**, seit Halldór Laxness im Jahre 1955 den Nobelpreis für Literatur verliehen bekam. Damit stieg die Anzahl der Nobelpreisträger im Land von null auf eins – was aber ausreichte, um diesen Titel einzuheimsen. Im Sommer 2018 dann der letzte aktuelle Superlativ: Island nahm zum ersten Mal an einer Fußball-WM teil – als kleinstes Land, das jemals dort gespielt hat. Über all diese (und viele weitere, ähnliche) Zahlenspiele und Vergleiche definiert sich ein großer Teil des isländischen Nationalbewusstseins: Zwar am Rand der Welt zu leben, aber etwas ganz Besonderes zu sein.

Herkunft

Auch wenn sich alle Isländer gerne für Wikinger oder zumindest deren Nachfahren halten: Blond und blauäugig sind sie nun wirklich nicht alle. Tatsächlich sind für die Herkunft der Isländer zwei Volksgruppen festzumachen: Neben den

Norwegern (den Wikingern) auch die **Kelten**: Schotten und Iren, die als Arbeitssklaven ins Land geholt wurden, und v. a. keltische Frauen, die geraubt wurden und auf den isländischen Höfen als Sklavinnen oder Ehefrauen lebten. Die überschaubare Bevölkerungszahl legt den Schluss nahe, dass in Island ziemlich viele Leute miteinander verwandt sein müssen. Und das ist auch der Fall. Es zählt zu den Lieblingsbeschäftigungen der Isländer, diesen Verwandtschaftsverhältnissen auf die Spur zu kommen.

Das war schon immer ein großes Thema in Island. Bereits in der ältesten Handschrift des *Landnámabók* („Landnahmebuch") aus dem 13. Jh. findet sich eine lange Abhandlung zum Thema Abstammung und Familienzugehörigkeit – 400 Siedler sind dort namentlich aufgezählt, samt Wohnorten und Nachkommen. Natürlich führt sich jeder Isländer gerne auf einen der ursprünglichen Siedler zurück – am besten gleich auf einen der berühmten Helden aus den Sagas. Und so ist die Kunst der **Ahnenforschung** tief verwurzelt und der eigene Stammbaum wird akribisch erforscht. Das geht so weit, dass 1998 per Regierungsbeschluss das erst 1996 gegründete, private Reykjavíker Pharmaunternehmen DeCODE Genetics ermächtigt wurde, flächendeckend die Gesundheitsdaten aller Isländer einzusammeln, um daraus eine umfassende genetische Datenbank zu erstellen. Der höchste Gerichtshof *Hæstiréttur* erklärte das zwar 2003 für nicht verfassungskonform, doch waren bis dahin bereits unzählige Informationen gesammelt. Dass das Unternehmen dann 2009 Bankrott ging und inzwischen mit all seinen Daten zum US-Gen-Riesen Amgen gehört, ist wohl nur eine weitere Fußnote der Geschichte.

Alltag und Freizeit

Mit etwa drei Einwohnern pro Quadratkilometer hat Island die niedrigste Bevölkerungsdichte Europas. In diesem Mittelwert sind aber die großen unbewohnbaren Wüsten- und Gletscherlandschaften des Inselinneren mitgerechnet. Zwei Drittel aller Isländer leben im Großraum Reykjavík, das verbleibende Drittel verteilt sich auf die Siedlungen entlang der Küste.

Die Straßen in den Städten sind gut ausgebaut, und das müssen sie auch sein, denn es gehört zum Selbstverständnis der Isländer, auch den kleinsten Weg auf den eigenen vier Rädern zurückzulegen. Dabei darf der eigene Wagen gern groß oder auch sehr groß sein – ein aufgemotzter Toyota Land Cruiser mit extra großen Reifen ist schließlich äußerst praktisch, wenn es einmal hinausgeht aufs Land. Na ja, und vor der Schule oder dem Supermarkt sieht er auch gut aus.

Tatsächlich gehört es landesweit zu den Lieblingsfreizeitbeschäftigungen, nach dem langen dunklen Winter hinauszufahren in die Natur. Das merkt jeder, der in Island mit dem Zelt unterwegs ist. Kaum wird es „Sommer" (also draußen einigermaßen annehmbar, etwa ab April), füllen sich die Campingplätze mit isländischen Familien, die übers Wochenende oder länger der Stadt entfliehen. Mit Campinganhänger und Grill ist der Isländer voll in seinem Element. Von links und rechts duftet es nach brutzelndem Lammfleisch, es zischen die Verschlüsse der Bierdosen – und dem hungrigen Wanderer dazwischen, der mit seiner Tütensuppe vor dem Wurfzelt sitzt, läuft das Wasser im Munde zusammen.

Ein weiterer Fluchtpunkt aus dem Arbeitsalltag sind (und waren schon immer) die Schwimmbäder und Hot Pots. Hier sitzen Jung und Alt zusammen und mit den Kleidern fallen auch die letzten Klassenunterschiede. Legendär ist die Geschichte von dem amerikanischen Touristen, der im Schwimmbad eine nette Dame kennengelernt hatte: „Und, was machen Sie so beruflich?", soll er gefragt haben. „Och, ich bin Präsidentin", sagte die Frau. „Ach, interessant, von welcher Firma denn?" fragte der Mann weiter. Die Antwort: „Na, von diesem Land hier."

Familie

Die Familie ist die wichtigste soziale Institution im Land. Das gilt nicht nur für das klassische Vater-Mutter-Kind-Modell, das auch in Island etwas erodiert, sondern ebenso für alle möglichen Formen von Patchwork-Miteinander, das sich durch Trennungen und neue Verbindungen ergibt – wobei sich alte und neue Partner ob der geringen Bevölkerungszahl oft schon kennen.

Vor allem in ländlichen Regionen wohnen oft genug noch drei Generationen unter einem Dach, und Kinder sind überall willkommen: Im Sommer sieht man sie nicht selten bis Mitternacht herumtoben. Die Geburtenrate, lange über zwei Kinder pro Frau, ist im vergangenen Jahrzehnt jedoch auf 1,7 zurückgegangen und liegt jetzt im skandinavischen Durchschnitt.

Bildung und Schulsystem

Früherziehung und Kindergarten gibt es für Kinder von einem bis sechs Jahren. Anschließend warten zehn Jahre Grundschule; die Schulpflicht endet mit 16. Danach ist es sofort oder nach einer Pause möglich, drei bis vier Jahre eine weiterführende Schule zu besuchen, um sich für eine der acht Universitäten des Landes zu qualifizieren. Die landesweit größte und älteste Universität in Reykjavík besteht seit 1911 und bietet elf Fachbereiche.

Viele der jungen, gut ausgebildeten Leute zieht es ins Ausland – doch die meisten kommen nach einiger Zeit zurück: Schließlich stammen sie ja aus dem, und da sind sie sich sicher, schönsten Land der Welt.

Geschichte

Isländer, so sagen manche, sind genau wie ihre Pferde: zäh, widerstandsfähig und eigensinnig. Etwas ganz Besonderes. Vielleicht ist ja was Wahres dran, und wenn, dann ist das sicherlich zum großen Teil der Geschichte geschuldet, die so manche Härte für das kleine Völkchen am Rande des Polarkreises bereithielt.

Erste Siedler

Als erste Siedler in Island gelten irische Mönche, die sich hier Mitte bis Ende des 7. Jhs. niederließen. Damals hieß die Insel noch „Thule“: Der Name stammt vom griechischen Reisenden Pytheas von Massalia, der um 330 v. Chr. bis auf die Shetland-Inseln und von dort weiter bis nach Island vorstieß. Oder doch „nur“ bis Norwegen? Hier streiten sich die Gelehrten. „Ultima Thule“ galt jedenfalls seitdem, bis ins Mittelalter, als Begriff für den „höchsten Norden“. Was die **irischen Mönche** hier, so weit ab von der Welt, gesucht haben, kann nur vermutet werden (Abgeschiedenheit?); ebenso, wie viele es waren. Jedenfalls lebten noch einige von ihnen auf der Insel, als die Wikinger kamen – und tatsächlich sind deren Berichte von den *papar* (Priestern), die auf der Insel wohnten, die einzigen Hinweise auf ihr Dasein: Andere Spuren der frühen irischen Besiedlung wurden bisher nicht gefunden.

Die **Wikinger**: Hinter diesem mit allerlei Klischees behafteten Begriff verbergen sich nordische Seefahrer, die sich ab dem 6. Jh. auf Entdeckungsfahrten begaben und sich ab dem ausgehenden 8. Jh. vor allem mit Beutezügen einen (schlechten) Ruf machten: Schon da fielen sie nicht nur regelmäßig in Großbritannien und vor allem in Irland ein, sondern drangen sogar bis Südeuropa vor.

In diese Zeit fällt die Entdeckung Islands durch norwegische Seefahrer: Reste eines 2016 vom Archäologen Bjarni F. Einarsson in den Ostfjorden entdeckten Langhauses im nordischen Stil legen nahe, dass schon um 800 n. Chr. vereinzelte Außenposten der Wikinger auf der Insel

ZEITLEISTE

Um 700	874
Irische Mönche lassen sich auf der Insel nieder.	„Offizieller“ Beginn der Besiedlung Islands durch den norwegischen Wikinger Ingólfur Arnarson

bestanden. Weitere Ausgrabungen haben Reste von Siedlungen zutage gefördert, die im 7. und 8. Jh. auf den Westmännerinseln bestanden haben – vermutlich Einwanderer aus Südwestnorwegen.

Richtig bekannt wurde das neue Land jedoch erst, nachdem 860 der Wikinger Naddoður und kurz nach ihm der Schwede **Garðar Svarvarsson** durch Stürme hierher verschlagen wurden – Svarvarsson kommt die Ehre zuteil, Island als Erster umrundet und damit als Insel erkannt zu haben.

Einen ersten ernsthaften Siedlungsversuch (mit Vieh und Gesinde) unternahm dann 865 der Norweger **Flóki Vilgerðarson** (s. auch Kasten S. 165). Nach zwei Jahren am Vatnsfjörður (bei Flókalundur in den Westfjorden) musste er aufgeben, doch nun verbreitete sich allerorts die Kunde von dem Land, dem Flóki den Namen „Island" gegeben hat: das „Eisland". Flóki kehrte übrigens Jahre später zurück und ließ sich im Norden endgültig nieder, im heute nach ihm benannten Flókadalur, Flókis Tal am Skagafjörður. Und er war nicht der Einzige, der kam. Ab 870 nahm die Besiedlung an Schwung auf.

Landnahmezeit (870–930)

Ab etwa dem Jahr 870 kamen die ersten Siedler nach Island, die sich hier dauerhaft niederlassen wollten. Mit ihnen beginnt die sogenannte Landnahmezeit. Dem berühmten **Ingólfur Arnarson** und seiner Fau Hallveigur wird die Ehre zuteil, als erste richtige Siedler zu gelten. Im Jahr 874 ließen sie sich im Raum Reykjavík nieder. 400 Familien aus Norwegen folgten ihm. Die meisten stammten von der Westküste Norwegens, manche jedoch auch aus anderen Teilen Skandinaviens und aus Wikinger-Siedlungen auf den britischen Inseln, sowie einige aus Irland. Von einigen der Siedler heißt es, sie seien hochrangige norwegische Adlige gewesen: König Harald I. „Schönhaar" einte zu dieser Zeit Norwegen mit harter Hand zu einem zusammenhängenden Königreich, und viele Adlige mussten von dort fliehen. Fundstücke und Grabbeigaben legen allerdings nahe, dass es sich bei den meisten Siedlern wohl einfach um Bauern auf der Suche nach Land handelte. Wie auch immer: Etwa um 930 fand diese erste Besiedlungswelle ihr Ende – und der größte Teil des nutzbaren Landes war verteilt.

Das alte Gemeinwesen (930–1262)

Nach Abschluss der Landnahme entwickelten sich in allen Landesteilen lokale Versammlungen, bei denen sich einzelne Goden (Adelige oder Großbauern) trafen. Diese Entwicklung zog immer weitere Kreise, wobei der Sohn des ersten Siedlers, Þorsteinn Ingólfsson, eine treibende Kraft gewesen sein soll. Schließlich entstand der Wunsch nach einer losen Vereinigung der Godentümer zu einer Art Republik – mit einer einzigen zentralen Generalversammlung. So wurde der Weise Úlfljótur nach Norwegen entsandt, um entsprechende Ideen zu sammeln. Nach drei Jahren kehrte er zurück und präsentierte sein Konzept: Das **Alþing** war geboren. Diese jährlich stattfindende Ratsversammlung gilt als eines der ältesten Parlamente der Welt, und die Isländer sind sehr stolz darauf. Es hat die Jahrhunderte überdauert (auch wenn es nicht immer die gleiche Bedeutung hatte) und

875–930	930	982–1000
Weitere Einwanderer kommen aus Skandinavien und von den Britischen Inseln.	Das Alþing wird gegründet: das erste europäische Parlament.	Entdeckungsfahrten bis nach Grönland (Erik der Rote) und Nordamerika (Leif Eriksson)

Statue von Ingólfur Arnarson, dem ersten Siedler Islands, vor dem Nationaltheater in Reykjavík

kann getrost als Kern der isländischen Nation bezeichnet werden.

Austragungsort der ersten Ratsversammlung im Jahr 930 war **Þingvellir** („Versammlungsebene"), heute für die Isländer ein fast heiliger Ort (und für Touristen ein „Muss-man-gesehen-haben", s. S. 194). Wenn die Goden mit ihrem Gefolge anreisten, haben wohl hunderte von Menschen die Ebene bevölkert. Mehrere Tage lang wurden Gesetze aufgesagt (die Gesetzessprecher konnten alle Texte auswendig) und Streitfälle besprochen. Man kann aber davon ausgehen, dass trotz aller wichtigen Staatsgeschäfte an den Rändern eine heitere Jahrmarktatmosphäre herrschte – für viele junge Leute war das Alþing auch ein Heiratsmarkt.

Die Rechtsprechung auf dem Alþing war allerdings nicht ohne Probleme, denn es fehlte an einer Exekutive. Mörder wurden für vogelfrei erklärt und in die Verbannung geschickt oder (im wahrsten Sinne des Wortes) in die Wüste gejagt, aber kompliziertere Fehden zwischen zwei Clans ließen sich oft nicht durch reine Rechtsprechung lösen. Dies führte dann einige Jahrhunderte später zum Verfall des ersten Gemeinwesens.

1000	ca. 1100–1200	1180–1262
Auf Druck des norwegischen Königs wird landesweit das Christentum eingeführt.	Entstehung der Sagas und der Edda – das große Zeitalter der isländischen Literatur	Sturlungen-Zeit: blutige Fehden zwischen den einzelnen Familien und Clans

Das Zeitalter der Entdeckungen

In die Zeit um die Jahrtausendwende fallen auch die großen Entdeckungsfahrten, bei denen Wikinger aus Island bis an die Küsten **Grönlands** und **Nordamerikas** vorstießen. Eiríkur Þorvaldsson, besser bekannt als Eiríkur rauði (**Erik der Rote**), segelte im Jahr 982 vom Breiðafjörður aus nach Westen und gründete schließlich mit seinen Gefolgsleuten Siedlungen an der Westküste Grönlands. Es wurden Spuren von 330 Bauernhöfen gefunden, auf denen um 3000 Menschen lebten. Diese Siedlungen bestanden lange Zeit und hielten bis mindestens ins 15. Jh. Kontakt zum Mutterland. Dann gaben die Bewohner sie vermutlich aufgrund des Klimawandels im Mittelalter auf („ ", s. S. 86).

Eriks Sohn **Leifur Eiríksson** wird die Ehre zuteil, Amerika als erster Europäer entdeckt zu haben. Im Jahr 1000 landete er an einer fruchtbaren Küste, die er *Vínland* nannte („Weinland", nach dem dort wachsenden wilden Wein). Er gründete eine Siedlung, deren Spuren man in den 1960ern in L'Anse aux Meadows in Neufundland entdeckte. Der Siedlungsversuch wurde jedoch wegen Konflikten mit der indianischen Urbevölkerung aufgegeben. Erst in jüngster Vergangenheit entdeckten Forscher weitere Spuren der Wikinger in Neufundland – sie ließen sich auf das Jahr 1021 n. Chr. zurückdatieren.

Christianisierung

Das Jahr 1000 markiert eine besondere Zeitenwende in Island: Das Jahr, in dem alle Isländer auf einen Schlag zum Christentum übergetreten sind. Und das kam so: Zwar war das Christentum schon seit einiger Zeit durch irische Sklaven bekannt, doch erst in den 990er-Jahren sickerten christliche **Missionare aus Norwegen** nach Island ein – dahinter stand u. a. der zum Christentum bekehrte norwegische König Olaf Tryggvason. Nachdem einer seiner Missionare den bedeutenden isländischen Goden Gissur Teitsson den Weißen getauft hatte (was weitere Missionierungen nach sich zog), zerfiel das Land mehr und mehr in zwei Gruppen: Anhänger des alten Glaubens, der den überlieferten nordischen Göttern Odin, Thor, Freya usw. huldigte, und Anhängern des „neuen" Christentums.

Deutlich wurde diese Spaltung vor allem beim Alþing, und ebendort einigte man sich im Jahr 1000, den weisen Gesetzessprecher Þorgeir mit der Lösung des Konflikts zu betrauen. Die isländische Überlieferung erzählt, dass der sich für drei Tage zum Nachdenken zurückzog und anschließend seine Lösung präsentierte – allerdings, so verlangte er, müsse diese akzeptiert werden, egal wie sie ausfiele. Nachdem ihm das versichert worden war, verkündete er, alle Isländer seien nun ab sofort Christen – allerdings sei es weiterhin erlaubt, den alten Göttern (diskret) zu huldigen und die alten Gewohnheiten zu pflegen: z. B. Pferdefleisch zu essen und Neugeborene in der Wüste auszusetzen. Alle wurden getauft, als symbolischen Akt versenkte man zudem einige Götterbilder im Goðafoss (S. 401), und fertig war die Konversion.

In den folgenden Jahren begann sich die christliche Kirche zu institutionalisieren. Der Sohn Gissurs des Weißen, Ísleifur, wurde in Herford zum Priester ausgebildet und 1056 zum Bischof von Island geweiht. Weitere Diözesen entstanden, und „der Zehnte" (eine Kirchensteuer) wurde eingeführt. Eine typisch isländische Ausprägung bildete sich heraus: Viele Kir-

1262	1397	1402–04
Treueeid an den norwegischen König – Island verliert seine Unabhängigkeit.	Im Zuge der Gründung der Kalmarer Union wird Island Teil des dänischen Königreiches.	Die Pest tötet ein Drittel der Bevölkerung.

chen entstanden auf Privatgrundstücken der Goden und reicher Bauern. Diese wurden mehr oder weniger privat verwaltet und vererbt – z. T. bis in die heutige Zeit. Wer durch Island reist, wird auf viele dieser kleinen und kleinsten Kirchen stoßen, die wie selbstverständlich gleich neben dem Bauernhaus und dem Stall stehen.

Die Konversion im Jahr 1000 blieb nicht der einzige von oben verordnete Glaubenswechsel: Ein halbes Jahrtausend später verordnete ein dänischer König den Wechsel zu evangelisch-lutherischer Konfession (S. 116).

Niedergang der alten Ordnung (1180–1262)

Die relativ egalitäre Gesellschaft der Landnahmezeit, in der etwa 400–500 Goden und reiche Bauern mit ihrem Gefolge des Land bestellten und auf Fischfang gingen, geriet im Laufe der Generationen zunehmend ins Ungleichgewicht. Die ersten 200 Jahre Landesgeschichte verliefen noch recht friedlich. Einzelne Goden häuften jedoch mehr und mehr Macht an, was unter anderem auch an ihrer Doppelfunktion als weltliche und religiöse Führer (die Kirchensteuer kassieren) lag. Konflikte konnten vom Alþing mangels Exekutive (Polizei oder Militär gab es nicht) nicht beigelegt werden. Das führte zu teils langwierigen Auseinandersetzungen zwischen einzelnen Goden und Sippen, über die in den Sagas lang und breit berichtet wird (S. 119). Da ein Gode über mehrere Godentümer gebieten konnte, kam es zu verstärkter **Machtkonzentration**. Am Ende lag die Macht in den Händen von nur noch acht größeren Herrschern, die zum Teil auch noch miteinander verwandt waren. Ab 1180 brach dann das Chaos aus: blutige **Fehden** zwischen den herrschenden Familien zerrütteten das Land und stürzten es zeitweise in bürgerkriegsähnliche Zustände.

Hinzu kam, dass spätestens um 1220 die Könige von Norwegen immer wieder versuchten, im Land Einfluss zu gewinnen und es ihrem Reich einzuverleiben. Vor allem dem norwegischen König Håkon Håkonarson kamen die ungeordneten Zustände gerade recht: Er spielte die einzelnen Parteien geschickt gegeneinander aus. Junge Isländer aus vornehmen Familien lebten oft für einige Zeit am norwegischen Königshof. Dort schworen sie dem norwegischen König einen Treueeid, an den sie auch nach ihrer Rückkehr gebunden waren. Einer dieser jungen Leute war **Snorri Sturluson**, der Verfasser der berühmten Snorra-Edda und bedeutendste mittelalterliche Geschichtsschreiber seines Landes (S. 119). Sein Clan, die Sturlusons, gehörte zu den mächtigsten Familien dieser Epoche des Niedergangs (die daher oft auch **Sturlungen-Zeit** genannt wird). Zwar nutzte Snorri seinen Aufenthalt am norwegischen Königshof zum Studium von Sitten, Gebräuchen und Gesetzen, erwies sich aber nicht unbedingt als loyaler Norweger-Freund, weshalb er und seine Söhne von Anhängern des norwegischen Königs 1241 in seinem Heimatdorf Reykholt (S. 238) ermordet wurden.

Durch solcherlei Gewalt und Diplomatie gewann Norwegen mehr und mehr Einfluss. Freigewordene Bischofssitze wurden mit Norwegern besetzt, und ein Handelsembargo übte weiteren Druck aus. Schließlich musste Island nachgeben: Im *Alten Vertrag* von 1262 verlor die Insel faktisch ihre Unabhängigkeit, und ein von Norwegen eingesetzter Herrscher übernahm die Macht im Lande.

1494–95	1541–51	1662
Zweite Pestwelle	Reformation. 1550 Hinrichtung des letzten katholischen Bischofs von Skálholt, Jón Arason	Island wird gezwungen, die absolute Macht des dänischen Königs anzuerkennen.

Norwegische Herrschaft (1262–1397)

Die norwegische Herrschaft bescherte den Isländern ihr erstes schriftliches Gesetzbuch, das nach seinem Verfasser benannte **Jónsbók**. Auf norwegischem Recht beruhend, wurde es speziell an die isländischen Verhältnisse angepasst und hatte für Jahrhunderte Gültigkeit. Das Alþing wurde entmachtet und die alten Godentümer durch Verwaltungsbezirke ersetzt. Ehemalige Goden stritten sich um Posten in der Verwaltung; in besonders schlechter Erinnerung ist Gissur Þorvaldsson, auf dessen Konto schon die Ermordung von Snorri Sturluson (s. S. 238) gehen soll.

Gleichzeitig wuchs die Macht der Kirche, die im Laufe der Zeit beträchtliche Reichtümer ansammelte. Da die Bischöfe, eingesetzt von Rom und Norwegen, meist Ausländer waren, die zu ihrem eigenen Vorteil wirtschafteten, litt die Bevölkerung mehr und mehr. Dazu kamen heftige **Naturkatastrophen**: 1341 zerstörte ein gewaltiger **Vulkanausbruch der Hekla** zahlreiche Höfe und landwirtschaftliche Nutzflächen, was zu einer Mini-Eiszeit und anhaltenden Hungersnöten führte.

Da weite Landesteile nun nicht mehr zu bewirtschaften waren, wandten sich viele Isländer wieder dem Fischfang zu – und entwickelten ihren ersten Exportschlager: **Stockfisch**. In englischen Importregistern wird er erstmalig im Jahr 1307 erwähnt. Auch in deutsche Hansestädte wurde getrockneter isländischer Fisch geliefert; als beliebte Speise in der Fastenzeit. Weitere **Exportgüter** waren **Fischöl** und **Schwefel**.

Zwischen 1376 und 1380 erbte ein Kind die Kronen von Norwegen und Dänemark. Der Kind-König Olav „regierte" nur bis 1387, doch seine Mutter, die Königin Margarethe, trieb die Idee eines vereinten nordischen Reiches voran, was schließlich 1397 in einem Abkommen zwischen Norwegen, Schweden und Dänemark in der schwedischen Stadt Kalmar gipfelte. Die neue **Kalmarer Union** wurde fortan von Dänemark aus regiert. Island wurde Teil des dänischen Herrschaftsgebietes – und blieb es bis 1944.

Dänische Herrschaft (1397–1944)

Unter der Herrschaft der dänischen Krone änderte sich für die Isländer im praktischen Leben zunächst nicht viel. Dramatischer waren da schon die Auswirkungen zweier **Pestepidemien**, die das Land von 1402–04 und 1494–95 heimsuchten und große Teile der Bevölkerung dahinrafften. Bis heute unbekannt ist der Übertragungsweg, denn bis ins 18. Jh. hinein gab es in Island keine Ratten, die als Keimträger in Frage gekommen wären.

Das englische und das deutsche Jahrhundert

Im 15. Jh. begannen englische Schiffe vor den Küsten Islands aufzutauchen; 1412 wurde das erste gesichtet. Anschließend kamen pro Jahr etwa zehn Schiffe mit Händlern; wenig, verglichen mit den etwa 100 riesigen Fangschiffen, die mit jeweils über 100 Mann Besatzung Jagd auf Fisch machten. Die Engländer gründeten einen

1707–09	1783–84	1918
Eine Pockenepidemie tötet 18 000 der 50 000 Bewohner.	Eruption in den Laki-Kratern und darauffolgende Hungersnot. Mindestens 10 000 Isländer sterben an den Folgen.	Das Unionsgesetz garantiert Souveränität unter dänischer Krone.

befestigten Handelsposten auf den Westmännerinseln und versuchten, auch auf der Hauptinsel Einfluss zu gewinnen; die Rede ist von Mord und Kindesraub.

Nach dem von Engländern 1467 begangenen Mord am isländischen Gouverneur Björn Þorleifsson kam es zu einem fünfjährigen Krieg, an dessen Ende sich die Engländer schließlich zurückzogen. Mitten in den Konflikt stießen deutsche Seefahrer der **Hanse**, die teilweise vom dänischen König unterstützt wurden und sich blutige Auseinandersetzungen mit den Engländern lieferten. Doch auch ihr Aufenthalt auf Island blieb nicht von Dauer; endgültig Schluss mit der mittelalterlichen Partnerschaft war, als 1544 alle 65 deutschen Fangschiffe beschlagnahmt wurden. Immerhin brachten Engländer und Deutsche viele bisher unbekannte Dinge auf die Insel: Textilien, neue Waffen, Gewürze, Wein … Den Isländern war kurz ein Blick in die weite Welt vergönnt.

Als die Deutschen und die Engländer sich jedoch zurückzogen, endete dieser Einfluss von außen – und während in Europa die Geschichte an Tempo aufnahm und viel Neues brachte, stand der kleinen Insel eine Zeit in totaler Isolation als unbedeutendes, abgelegenes Territorium der dänischen Krone bevor.

Schwierige Zeiten

Die Dänen errichteten Anfang des 17. Jhs. ein **Handelsmonopol**, interessierten sich ansonsten allerdings recht wenig für das abgelegene Land. Völlig schutzlos lag es zum Beispiel da, als 1627 **Piraten aus Algerien** die Westmännerinseln überfielen und 300 Frauen und Jugendliche verschleppten und in die Sklaverei verkauften: Als „Türkenraub" (*Tyrkjaránið* – Algerien gehörte damals zum Osmanischen Reich) ist der Überfall in die Geschichte eingegangen. Durch das Handelsmonopol wurden zudem viele Waren des täglichen Bedarfs knapp und teuer – zu Lasten der einfachen Bevölkerung. Immer wieder sorgten **Vulkanausbrüche** für neues Leid (Katla 1660, 1721 und 1755, Hekla 1693 und 1766, Öræfajökull 1727). Eine Pockenepidemie im Jahr 1707 forderte 18 000 Todesopfer und senkte die Bevölkerungszahl auf nur noch 30 000. Fast jeder zweite Hof lag unbewirtschaftet brach.

Als sich das Land halbwegs davon erholt hatte, wurde es 1783 und 1784 beim **Ausbruch der Laki-Krater** (*Skaftáreldar*, s. auch S. 578) bereits von einer weiteren Katastrophe heimgesucht, in die Geschichte eingegangen als *Móðuharðindin* („Nebelnot"). Der Vulkanausbruch währte acht Monate. Der damit einhergehende Ascheregen und die giftigen vulkanischen Gase töteten große Teile des Viehbestandes und verursachten eine schwere Hungernot, bei der 10 000 Isländer starben – etwa ein Fünftel der Bevölkerung. Am dänischen Hof wurde ernsthaft überlegt, aufgrund der schlechten Lebensbedingungen die komplette isländische Bevölkerung nach Dänemark zu evakuieren. Das war natürlich nicht möglich, aber immerhin wurde das Handelsmonopol gelockert.

Doch es ging auch in der Folgezeit nicht wirklich bergauf. Im Jahr 1800 schafften die Dänen das bereits bedeutungslose Alþing ab. Die Napoleonischen Kriege in Europa reduzierten den Schiffsverkehr nach Island erheblich, was zu weiteren Versorgungsengpässen führte. Als sich dann in der zweiten Hälfte des 19. Jhs. die Möglichkeit ergab, wanderten viele Isländer aus: Auf nach Nordamerika!

1944	1949	1955
Eine Volksabstimmung führt zur Loslösung von Dänemark.	Nato-Beitritt	Hálldor Laxness erhält den Literaturnobelpreis.

LAND UND LEUTE

Entstehung von Reykjavík

Im Sommer 1751 schlossen sich auf dem Alþing 13 Isländer unter der Führung von **Skúli Magnússon** (1711–94) zusammen, um gemeinsam eine industrielle Wollproduktion aufzuziehen. Als Standort diente ein Anwesen des dänischen Königs in Reykjavík – ein Flecken, der seit Ankunft des legendären ersten Siedlers (S. 102) keine besondere Bedeutung hatte. Mit den ersten Holzhäusern, die hier zum Spinnen und Verarbeiten der Wolle errichtet wurden, war jedoch der Grundstein gelegt für den zunächst sehr zögerlichen späteren Aufstieg Reykjavíks zur Hauptstadt. Als Gründungsdatum der Stadt gilt der 18. August 1786: Damals wurden sechs Handelszentren in Island errichtet. Reykjavík behielt als einziger dieser Standorte seine Bedeutung ununterbrochen bei.

Besonders groß war die „Stadt" allerdings zu dieser Zeit nicht: Um 1800 gab es gerade einmal etwa 300 Einwohner und fünf Geschäfte. Dennoch war ein erster wichtiger Schritt in Richtung Moderne getan. Und Skúli Magnússon, der „Vater von Reykjavík", wird heute mit einer großen Statue im Stadtpark geehrt (S. 135). Es dauerte bis etwa 1920, bis Reykjavík rund 20 000 Einwohner erreichte – und seitdem ist in Island die städtische Bevölkerung größer als die ländliche.

Nationalismus und Unabhängigkeitsbestrebungen

In der ersten Hälfte des 19. Jhs. brachten junge Isländer, die in Kopenhagen studiert hatten, nationalistische Ideen mit auf die Insel, die auf dem europäischen Festland zu dieser Zeit große Aufmerksamkeit fanden. Reykjavík entwickelte sich zu einem intellektuellen Zentrum; es wurde diskutiert, gestritten, eine Zeitung herausgegeben ... Immer deutlicher begann sich eine nationale Bewegung zu etablieren. Als deren Führer setzte sich **Jón Sigurðsson** (1811–79) durch; ein Pragmatiker, der großen Anteil daran hatte, dass nach einem Vorschlag Königs Christians VIII. von Dänemark im Jahr 1845 das Alþing wieder eingesetzt wurde – zwar nur mit beratender Funktion für den König, aber als ordentliches Parlament nun in Reykjavík ansässig: Womit die Stadt nun als Hauptstadt anerkannt war. Die von Jón Sigurðsson eigentlich angestrebte Unabhängigkeit lag zwar noch in weiter Ferne, aber immerhin erhielt das Alþing 1874 legislative Rechte und konnte eigene Gesetze erlassen.

Die erste Hälfte des 20. Jhs.

In der ersten Hälfte des 20. Jhs. setzten in Island endlich ein Aufschwung und eine **Modernisierung** ein. Weitere Industriebetriebe entstanden, die Infrastruktur wurde verbessert und der Fischfang ausgebaut. 1902 stattete ein 16-jähriger Junge das erste der etwa 2000 zur Fischerei genutzten Ruderboote mit einem Motor aus – 30 Jahre später bestand die Flotte nur noch aus 170 Ruderbooten, aber 1000 motorgetriebenen Fangschiffen. Auch größere Fangschiffe („Trawler") fuhren nun vermehrt auf See. Insgesamt verfünffachte sich der Fischfang in den ersten 30 Jahren des 20. Jhs. Die Zahl der Arbeitsplätze in diesem Sektor stieg um 50 %. Auch in anderen Bereichen ging es voran: 1906 wurde ein Seekabel verlegt, das Island telegrafisch an den Rest der Welt anschloss. 1907 folgte die Einführung der allgemeinen Schulpflicht. 1908 nahmen die ersten Isländer an der Olympiade teil. 1911 öffnete die erste Universität in Reykjavík ihre Pforten.

1951–2006	2008	2010
Die USA unterhalten einen Militärstützpunkt in Keflavík.	Die Finanzkrise führt zum Zusammenbruch der größten Banken.	Im Frühjahr bricht der Eyjafjallajökull aus und legt mehrere Tage den Flugverkehr über Europa lahm (Foto).

1915 erhielten die Frauen das Wahlrecht. Und am 1. Dezember 1918 wurde der **Unionsvertrag** mit Dänemark unterzeichnet, der Island für weitere 25 Jahre lose mit Dänemark verband – anschließend solle ein Volksentscheid über die Unabhängigkeit des Landes entscheiden.

Hatten die Isländer vom **Ersten Weltkrieg** durch den Export von Fisch und Wolle eher profitiert, so war der **Zweite Weltkrieg** für das kleine, neutrale Land weniger erfreulich: Am 10. Mai 1940 besetzten britische Truppen die Insel; angeblich, um es vor einer deutschen Besatzung zu schützen. Am 7. Juli des Folgejahres lösten die Amerikaner dann die Briten ab – immerhin ein halbes Jahr vor offiziellem Kriegseintritt. Für die wirtschaftliche Entwicklung war dies jedoch positiv: Zahlreiche Arbeitsplätze entstanden für den Bau von Armee-Anlagen.

Nachdem Dänemark am 9. April 1940 von Deutschland besetzt wurde, übernahm das Alþing vollständig die Kontrolle über das Land. Bis zur Unabhängigkeit war es nun nicht mehr weit. Im Mai 1944 fiel der **Volksentscheid über die Unabhängigkeit** eindeutig aus: Und so rief der Sprecher des Parlaments am 17. Juni 1944 die Republik aus – Island war nach vielen Jahrhunderten unter ausländischer Kontrolle wieder ein selbständiger Staat.

Unabhängige Republik Island (1944–heute)

Schnell fand der junge isländische Staat Anschluss an den Rest der Welt: Am 19. November 1946 trat es der Uno bei, anschließend 1948 der OEEC (Organisation für europäische wirtschaftliche Zusammenarbeit, aus der 1961 die OECD hervorging), und 1949 gehörte es zu den Gründungsmitgliedern der Nato und des Europarates. Nach langen Diskussionen genehmigte die Regierung 1951 die Stationierung US-amerikanischer Truppen im Land – was vielen Isländern überhaupt nicht gefiel. Es flogen Steine, doch die im Geheimen mit der US-Regierung getroffenen Absprachen waren nicht mehr rückgängig zu machen. Etwa 5000 US-Soldaten rückten an, vor allem im Luftwaffenstützpunkt Keflavík. Erst nach dem Ende des Kalten Krieges in den 1990er-Jahren verloren die USA das Interesse an dieser Basis und zogen schließlich 2006 ab.

Seitdem steht das Land wieder ohne bewaffnete Kräfte da. Da bereits kurz nach dem Abzug der Amerikaner russische Militärflugzeuge in den isländischen Luftraum eindrangen, startete die Nato die Aktion *Air Policing Iceland* (heute: *Airborne Surveillance and Interception Capabilities*) und überwacht seitdem mit wechselnden Kontingenten den Luftraum des Landes. 2010 und 2012 waren dafür Kampfflieger der Bundeswehr zuständig.

Bedeutend für die jüngere Geschichte des Landes war auch die stufenweise **Ausweitung der Seegrenzen**, von zunächst drei auf vier Seemeilen (1952), dann auf zwölf Meilen (1958), 50 Seemeilen (1972) und schließlich auf 200 Seemeilen (1976). Jedes Mal gab es Ärger mit den Nationen, deren Fischtrawler in diesen Gebieten unterwegs waren – vor allem mit den Engländern, mit denen es zu handfesten Auseinandersetzungen mit zerschnittenen Netzen und gerammten Schiffen kam, die als **Kabeljaukriege** in die Geschichte eingegangen sind. Spätestens als

2014

Die Zahl der Touristen pro Jahr knackt zum ersten Mal die Millionen-Marke.

2021/2022

Mit den Ausbrüchen des neuen Vulkans im Tal Geldingadalir unweit von Reykjavík ist Island um eine Sehenswürdigkeit reicher.

die EU ihre Seegrenzen ebenfalls auf 200 Seemeilen ausdehnte (völkerrechtlich anerkannt seit 1982), ist aber Ruhe und die Isländer befischen ihre Gewässer seither ungestört selbst.

Der 1974 vollendete **Ausbau der Ringstraße**, mit dem auch entlegene Gegenden an die Infrastruktur angeschlossen wurden, und die **Inbetriebnahme von Kraftwerken** wie die bei Krafla und Svartsengi brachten das Land weiter voran.

Auch dem 1994 gegründeten **EWR** trat Island bei (Europäischer Wirtschaftsraum, bestehend aus der EU und den Efta-Staaten Island, Norwegen und Liechtenstein). Das damit verbundene Freihandelsabkommen führte zu Handelsausweitungen, sowohl in Waren als auch mehr und mehr in Finanzdienstleistungen. Im März 2001 trat Island dann auch dem **Schengener Abkommen** bei.

2003 wurde ein weniger ruhmvolles Kapitel aufgeschlagen, als Island den **Walfang** wieder zuließ: zuerst nur zu „wissenschaftlichen Zwecken" (Kulinarik mal anders interpretiert), dann ab 2006 ganz offen aus kommerziellen Interessen, siehe auch Umwelt, S. 98. Das freut die Konsumenten in Japan und anderswo, sowie wohl auch manchen Touristen in den einschlägigen Restaurants auf der Insel. Der größte Teil der Weltöffentlichkeit ist jedoch empört. Es liegt aber nicht in der isländischen Natur, darauf Rücksicht zu nehmen: „Wir lassen uns doch von denen da draußen nicht reinreden!"

Einen tiefen historischen Einschnitt brachte die weltweite **Finanzkrise** von 2008, die das gesamte isländische Wirtschaftssystem in Mitleidenschaft zog (mehr dazu auf S. 114, Wirtschaft). Auch die politische Landschaft veränderte sich in der Folgezeit stark (siehe S. 111, Politik).

Mit zwei weiteren Ereignissen machte Island dann im letzten Jahrzehnt Schlagzeilen: dem **Ausbruch des Eyjafjallajökull** 2010 (s. Kasten S. 519), dessen Aschewolken den Flugverkehr in Europa für sechs Tage lahmlegten, und zuletzt 2016 mit der Teilnahme an der **Fußball-Europameisterschaft**, bei der der Kampfgeist der Nationalmannschaft und die Begeisterung ihrer Fans überall auf große Sympathie gestoßen sind. Im Juni 2018, pünktlich zur Erstauflage dieses Buches, spielte Island zum ersten Mal bei einer Fußball-WM mit.

Die **Corona-Krise** hat auch in Island ihre Spuren hinterlassen. Nach einigem Auf und Ab in den Fallzahlen mit einem besonders starken Anstieg im Februar 2022 beruhigte sich die Situation allmählich; 2023 war ein fast Covid-freies Jahr.

Als letzte „Großereignisse" werden wohl die neuen **Vulkanausbrüche** auf der Reykjanes-Halbinsel ihrem Weg in die Geschichtsbücher finden:

Zunächst der neue Vulkan im Tal Geldingadalir, der im Sommer 2021 eine faszinierende neue Landschaft entstehen ließ. Im August 2022 sorgte der Fagradalsfjall-Vulkan für dramatische Bilder.

Im Juli 2023 öffnete sich zwischen den Bergen Fagradallsfjall und Keilir eine 900 m lange Spalte, aus der dramatisch anzusehende Lavafontänen austraten. Im November 2023 bebte die Erde bei Grindavík so stark, dass die Stadt evakuiert werden musste – Vorboten des großen Ausbruches im Dezember, bei der sich eine 4 km lange, Lava speiende Spalte öffnete. Experten rechnen damit, dass es in der Region noch lange unruhig bleibt.

April 2023	10. Juli 2023	Dezember 2023
Die Tourismusbranche verzeichnet 536 000 Übernachtungen in nur einem Monat – absoluter Rekord und 23 % mehr als im Vergleichszeitraum des Vorjahres.	Beginn eines neuen Vulkanausbruchs am Berg Litli-Hrutur auf der Reykjanes-Halbinsel	Nach wochenlangen schweren Erdbeben in der Region Grindavík öffnet sich im Dezember eine 4 km lange Erdspalte, aus der gewaltige Mengen Lava quellen.

Regierung und Politik

Staatsform: parlamentarische Republik

Hauptstadt: Reykjavík

Staatsoberhaupt: Guðni Th. Jóhannesson (Präsident seit 25. 6. 2016)

Regierungschefin: Katrín Jakobsdóttir (Premierministerin seit 30. 11. 2017)

Island ist eine parlamentarische Republik. Das Staatsoberhaupt, der Präsident (bzw. die Präsidentin), wird vom Volk direkt gewählt. Er hat große Vollmachten, beschränkt sich jedoch meist eher auf repräsentative Aufgaben. Die Legislative wird ausgeübt vom 63-köpfigen Parlament mit einem Premierminister (seit Ende 2017 einer Premierministerin) und elf Ministern an der Spitze. Sie sitzen zusammen im Alþing (Parlament). Gewählt wird alle vier Jahre. Seit den Parlamentswahlen im September 2021 regiert eine Drei-Parteien-Koalition unter der Führung von Katrín Jakobsdóttir (S. 112).

Parteienlandschaft

In Island herrscht ein Mehrparteiensystem. In den vergangenen 100 Jahren sind immer wieder neue Parteien entstanden und andere haben sich aufgelöst. Von den 1960er-Jahren bis in die späten 90er haben vier große Parteien die politische Landschaft dominiert. Führend war meist die konservative **Unabhängigkeitspartei** (Sjálfstæðisflokkur), die in wechselnden Koalitionen mit der bäuerlich-liberalen **Fortschrittspartei** (Framsóknarflokkur), der **Sozialdemokratischen Partei** (Alþýðuflokkurinn) und der sozialistischen **Volksallianz** (Alþýðubandalagið) regierte. Die beiden letztgenannten, linken Volksparteien versuchten Ende des Jahrtausends, gemeinsam eine neue Linke Partei aufzubauen, was jedoch zu Zerwürfnissen und zur Bildung zweier neuer Parteien führte: der **Sammlungsbewegung** (Samfylkingin) und der **Links-Grüne-Bewegung** (Vinstri hreyfing-Grænt framboð). Sie traten das Erbe der beiden linken Volksparteien an.

In den letzten Jahren ist die Parteienlandschaft jedoch weiter zersplittert. Aktuell sind im Alþing acht Parteien vertreten, darunter vier relativ junge Neugründungen: Die **Piraten** (Píratar, gegründet 2012), die EU-freundliche **Reformpartei** (Viðreisn, gegründet 2016), die populistische **Partei der Leute** (Flokkur fólksins, gegründet 2016), und die ebenfalls populistische, Anti-EU eingestellte **Zentrumspartei** (Miðflokkurinn, gegründet 2017).

Aktuelle Politik (ab 2008)

Nach einigen mehr oder weniger ruhigen Jahren zu Beginn des Jahrtausends, als die politische Landschaft nach Umsortierung der Linken wieder einigermaßen stabil geworden war, wirbelte dann 2008 die Finanzkrise das politische System in Island mächtig durcheinander. Monatelange Proteste erschütterten Ende 2008 die Hauptstadt – sie sind heute bekannt als **Kochtopf-Revolution**, weil zum Krachmachen Töpfe, Pfannen und Kochlöffel dienten. Premierminister Geir Haarde musste im Januar 2009 zurücktreten. Ihm folgte eine Frau ins Amt: **Jóhanna Sigurðardóttir** (nebenbei die erste lesbische Premierministerin der Welt) begann als Lehre aus der Krise den EU-Beitritt ihres Landes voranzutreiben. 2010 starteten die Beitrittsverhandlungen, wurden dann jedoch 2013 von der neuen Regierung um Premierminister Sigmundur Davíð Gunnlaugsson auf Eis gelegt. Bis heute ist der überwiegende Teil der Isländer gegen einen EU-Beitritt, sogar ein Austritt aus dem Schengen-Abkommen war im Gespräch – das Ende der Reisen nach Island ohne Grenzkontrolle.

Insgesamt führte die Finanzkrise zu großem Misstrauen der Bevölkerung gegen „die da oben". Ein Resultat war 2010 die Wahl des Komikers Jón Gnarr zum Bürgermeister von Reykjavík (s. Kasten S. 112). Dass der ehemalige Premierminister Geir Haarde für seine Rolle in der Finanzkrise zwar verurteilt, aber nie bestraft wurde und 2015 sogar zum Botschafter in den USA avancierte, sorgt zusätzlich dafür, dass das Ansehen der Politikerklasse ziemlich schlecht ist.

Der 2013 gewählte Premierminister stolperte 2016 über seine Verstrickungen in die Panama-

Papers, was zum Fall der Regierung führte – Neuwahlen wurden fällig. Doch auch die neu gewählte Regierung blieb wegen eines Skandals (versuchte Rehabilitierung eines wegen Kindesmissbrauchs verurteilten Pädophilen durch den Vater des neuen Ministerpräsidenten) nicht lange im Amt. Im Oktober 2017 mussten die Wähler also noch einmal an die Urnen. Wieder sortierte sich das isländische Polit-Puzzle neu. Zustande kam eine neue Koalition unter der jungen, charismatischen **Premierministerin Katrín Jakobsdóttir**, Chefin der Links-Grünen Bewegung. Sie genießt weit über die Parteiengrenzen hinweg großes Vertrauen in der Bevölkerung.

Jón Gnarr

Als Jón Gnarr im Jahr 2010 für das Bürgermeisteramt kandidierte, war das so ähnlich, als würde in Deutschland Hape Kerkeling Bundeskanzler werden wollen. Oder Martin Sonneborn, ehemaliger Satiriker von *Titanic* und Die-Partei-Vorsitzender. Mit einem großen Unterschied: In Island wurde Jón Gnarr, einer der bekanntesten Komiker des Landes, tatsächlich mit deutlicher Mehrheit gewählt. Jón ist seither nicht mehr „ein isländischer Komiker, Musiker und Schriftsteller", sondern „ein isländischer Komiker, Musiker, Schriftsteller und Politiker". Gemeinsam mit seiner überhastet gegründeten, vor allem aus Künstlern bestehenden Partei „Besti Flokkurinn" – der „Besten Partei" – hatte er ein außerordentlich detailliertes Wahlprogramm ausgearbeitet: Außer dem Versprechen, wie alle Reykjavíker Bürgermeister vorher äußerst korrupt zu sein, standen nur ein paar Spaßfloskeln drin, von denen die Forderung nach kostenlosem Eintritt für alle in die öffentlichen Schwimmbäder (inkl. Handtücher) noch am ernstesten wirkte.

Anarchie in Reykjavík?

Trotzdem erreichte die Partei zum Erstaunen aller fast 35 % der Stimmen, und von einem Tag auf den anderen wurde Jón einer der wichtigsten Staatsmänner Islands. Ein Ex-Punk und Anarchist ohne Schulabschluss, ein Kreativer aus dem Freundeskreis der Sugarcubes, war nun zuständig für Kunst und Kultur. Schnell fand sich ein Koalitionspartner, nachdem der Vorsitzende der sozialdemokratischen Allianz in die Bedingung eingewilligt hatte, sich alle Staffeln der US-Serie *The Wire* anzuschauen …

Auch als Bürgermeister setzte Gnarr immer wieder auf spaßige Aktionen und zeigte sich z. B. als Drag-Queen auf der Gay-Parade oder sendete als Darth Vader verkleidet Grüße an die Bevölkerung. Ansonsten nahm er seine Arbeit aber sehr ernst und erreichte einige realpolitische Erfolge, obwohl das mit den Handtüchern bis heute nicht geklappt hat. Doch sanierte die Beste Partei mit Hilfe von Uni-Beratern die Energieversorgung, indem sie beim überbürokratisierten städtischen Elektrizitätswerk Stellen abbaute und den korrupten Vorstand auswechselte, der das Unternehmen durch Spekulationen und jahrelange Misswirtschaft in die Krise gestürzt und verschuldet hatte.

Zu Gnarrs Vorteil gereichte sicherlich, dass er relativ frei von strategischen Zwängen agierte, da er an einer Wiederwahl nicht das geringste Interesse hatte. In seiner Amtszeit setzte er sich immer wieder öffentlich für Pazifismus, Menschenrechte und mehr Bürgerbeteiligung durch direkte Demokratie im Internet ein. In diese Richtung geht auch die preisgekrönte Webseite „Besseres Reykjavík", auf der jeder Bürger Vorschläge zu Gemeindeprojekten machen kann, über die dann diskutiert und abgestimmt wird (die Ideen mit der größten positiven Resonanz werden im Rathaus vorgebracht).

Dass Gnarr einen guten Job gemacht hat, zeigten auch die Umfragen, denen zufolge er gute Chancen auf eine Wiederwahl gehabt hätte. Bei den Reykjavíkern gilt Jón bis heute als einer der beliebtesten Bürgermeister aller Zeiten.

Buchtipp: Jón Gnarr, *Hören Sie gut zu und wiederholen Sie!!! Wie ich einmal Bürgermeister wurde und die Welt veränderte.* Klett-Cotta, Stuttgart 2014.

Bei den letzten Parlamentswahlen im **September 2021** konnte ihre Regierung die Mehrheit behaupten, es kam jedoch zu Verschiebungen in der Gewichtung: Jakobsdóttirs Links-Grüne Bewegung war nach deutlichen Verlusten nur noch drittstärkste Kraft, während die bäuerlich-liberale Fortschrittspartei Zugewinne erzielte. Der dritte Koalitionspartner, die konservative Unabhängigkeitspartei, blieb stärkste Kraft. Eine Umfrage nach der Wahl ergab jedoch, dass sich mehr als die Hälfte der Bevölkerung weiter Jakobsdóttir als Regierungschefin wünscht.

Verwaltungsgliederung

Island ist in acht Verwaltungseinheiten (Landsvæði) eingeteilt: die Hauptstadtregion Höfuðborgarsvæðið, Suðurnes (die Reykjanes-Halbinsel), Vesturland (Westen), Vestfirðir (die Westfjorde), Norðurland vestra (Nordwesten), Norðurland eystra (Nordosten), Austurland (Osten) und Suðurland (Süden). Traditionell sind diese noch untergliedert in über 20 Landkreise und 20 kreisfreie Gemeinden.

Diese Einteilungen entstammen einer langen Tradition: Schon im Jahr 965 fand die erste Untergliederung in vier Landesviertel statt (die sich an den Himmelsrichtungen orientierten). Praktisch haben die Landsvæði jedoch in der Gegenwart kaum noch Bedeutung: Die Gerichtsbezirke orientieren sich an ihnen; außerdem so manche Broschüre, die beim jeweiligen Touristenbüro verfügbar ist. Alle wichtigen Entscheidungen werden jedoch in Reykjavík gefällt.

Wirtschaft

BIP: 28,07 Mrd. US$ (2022)
Inflationsrate: 7,7 % (Aug. 2023)
Exportvolumen: 7392 Mio. € (2022)
Importvolumen: 9632 Mio. € (2022)

Islands Wirtschaft wies in den Jahren zwischen 2009 und 2018 stets stabile Zuwachsraten auf; ein ökonomischer Boom, der dem Land half, mit den Auswirkungen der Finanzkrise von 2008 (s. Kasten S. 114) klarzukommen. 2019 gab es einen ersten Rückgang von 0,2 %. In den Jahren darauf hielt der Abwärts-Trend aufgrund der Corona-Pandemie an und nach einer kurzen Erholung werden auch 2023 rückläufige Zahlen gemeldet. Experten erwarten ein positives Leistungsbilanzsaldo erst für 2026.

Die wichtigste Einkommensquelle des Landes ist inzwischen der **Tourismus**, doch auch die **Landwirtschaft** hat weiter große Bedeutung und im Bereich der **Industrie** beginnt Island, mit großen Schritten aufzuholen: Ein Resultat der preiswerten **Energiegewinnung** im Land. Die schwarzen Zahlen, die hier durch den Export von Aluminium geschrieben werden, sollten allerdings nicht darüber hinwegtäuschen, dass im Bereich des produzierenden Gewerbes (Maschinenbau etc.) noch deutlich Luft nach oben ist.

Tourismus

Nach der Finanzkrise 2008 hielten es die meisten Isländer für eine gute Idee, den Tourismus etwas anzukurbeln, damit Devisen ins Land flössen – doch was sie damit auslösten, hatten sie sich wohl im Traum nicht vorgestellt. Waren es seinerzeit noch knapp eine halbe Million Besucher im Jahr, so vervielfachte sich zehn Jahre später die Zahl: Fast 1,8 Mio. im Jahr 2016 und etwa 2,3 Mio. 2018. Seit 2013 liegen die jährlichen **Zuwachsraten** zwischen 20 und 30 %; 2017 sogar bei knapp 35 %. Mittlerweile hat sich das Wachstum aber merklich abgeschwächt. 2019 gab es bereits einen deutlichen Rückgang, der sich in den Corona-Jahren 2020 und 2021 natürlich extrem verstärkte. Doch 2022 wendete sich das Blatt – und 2023 wurden bereits die nächsten Übernachtungsrekorde verzeichnet.

Von 2010 bis 2017 hatte sich die Zahl der Beschäftigten im Tourismus verdoppelt – etwa jeder zehnte Isländer (Kleinkinder und Großeltern mitgerechnet) arbeitete zeitweise in dieser Branche. Sorgen bereitet vielen Isländern jedoch die **Auswirkung** des Besucheransturms auf ihre Heimat. In den Städten mehren sich die glitzernden Fassaden neuer Hotels und verändern das urbane Bild nachhaltig. Party-

People, die Reykjavík für ein nordisches Ibiza halten, taumeln durch die Innenstadt, Wild-Camper hinterlassen ihre Spuren auf Privatgrundstücken, durchs ganze Land wehen weiße Klopapier-Fähnchen, Geländewagen-Fahrer zerstören die Moosdecke mit Offroad-Eskapaden ... die Liste ließe sich fortsetzen. Mehr als die Hälfte der Bevölkerung will die Einnahmen durch den Tourismus nicht missen, aber drei Viertel machen sich Sorgen um die Natur des Landes.

Landwirtschaft

Bis weit ins 20. Jh. hinein war Island ein agrarisch geprägtes Land – wobei die Bauern oft gleichzeitig auch Fischer waren; je nachdem, was die Jahreszeit anbot. Heute betreiben noch etwa 4000 Bauern auf ungefähr 20 % der Landesfläche (zwischen Hochland und Küste) Landwirtschaft. Dabei geht es vornehmlich um **Fleisch und Milchwirtschaft** – hier kann sich das Land fast vollständig selbst versorgen.

Fischerei

Die Fischerei war jahrhundertelang einer der wichtigsten Erwerbszweige der Insel – vor wenigen Jahrzehnten hat Fisch noch 70 % aller Exporte aus Island ausgemacht. Entsprechend hoch war die Abhängigkeit der Bevölkerung von diesem Wirtschaftszweig, und entsprechend verbissen wurde von 1952 bis 1976 in den Kabeljaukriegen um die Vergrößerung der Hoheitsgewässer gekämpft (s. S.109; Geschichte). Heute liegen die Exporteinnahmen durch Fisch um die 40 %. Damit zählt Island noch immer zu den 20 wichtigsten Fischereinationen der Welt. Kabeljau und Krabben gehören zu den am meisten gefangenen Meeresbewohnern.

Schafzucht

Die Schafzucht ist nicht nur ein sehr wichtiger Wirtschaftsfaktor (Wolle und Fleisch), sondern fast schon ein kulturelles Erbe: Was wäre der Isländer ohne handgestrickten Islandpulli und Lammkotelett auf dem Grill? Der jährliche Schafsabtrieb *(Réttir)* im September ist ein gesellschaftliches Großereignis, und das die Straße kreuzende Mutterschaf, hinter dem erst eins, und dann ganz eilig noch ein zweites Lämmchen hinterhergaloppiert, eine alltägliche Begegnung für jeden Automobilisten. Um der Überweidung vorzubeugen und die Bodenerosion einzudämmen, wurde der Schafbestand heute auf 450 000 Tiere beschränkt.

Die Finanzkrise 2008

Als im Jahr 2008 die internationale Finanzkrise weltweit die Märkte erschütterte, gehörte auch Island zu den Opfern. Die Privatisierung der drei größten Banken, übermütige Spekulationen von fast als Volkshelden gefeierten „Expansionswikingern" und der massive Zufluss ausländischen Kapitals hatten in den Jahren zuvor zu einem völlig überhitzten Geldmarkt geführt. Die Isländische Krone war stark, ausländische Produkte entsprechend günstig, und Kredite wurden großzügig vergeben. Von der Großbank bis zum Kleinsparer war fast jeder im Land total verschuldet. Das ging gut, solange frisches Kapital ins Land floss. Als in Folge der globalen Krise dieser Kapitalfluss jedoch abrupt versiegte und die Krone stark an Wert verlor, platzten viele Kredite und sorgten für einen Rückschlag, der die gesamte Gesellschaft erfasste. Nur mit Hilfe des IWF und weiteren Krediten aus Nordeuropa konnte die Staatspleite verhindert werden. Die Großbanken wurden wieder verstaatlicht, doch das brachte den Kleinsparern wenig. Bis heute gab es keinen Schuldenerlass, und die Krise brachte sogar neue Wortkreationen hervor: *Skuldahali*, „Schuldenschweif" heißen z. B. die kurz vor dem wirtschaftlichen Zusammenbruch gekauften und oft bis heute nicht abbezahlten Wohnanhänger, mit denen die Isländer so gerne am Wochenende aufs Land fahren.

Gemüseanbau

Die Geothermie macht's möglich: Paprika, Tomaten und Gurken wachsen in Island in **Gewächshäusern**, und das ganze Jahr über kann geerntet werden. Die Gesamtanbaufläche beträgt etwa 200 000 m^2. Vor allem seit der Finanzkrise ist die Nachfrage an einheimischem Gemüse gestiegen. Reisende finden unterwegs immer wieder Hinweisschilder zu Höfen mit Direktverkauf – eine prima Art, die mitgebrachten Vorräte durch Frischwaren anzureichern. Wer will, kann im Sommer sogar selbst Erdbeeren ernten.

Industrie

Erst in jüngerer Zeit hat sich in Island nennenswerte Industrie angesiedelt; vor allem energieintensive Werke, die Rohstoffe auf dem Seeweg einführen und im Land weiterverarbeiten.

Aluminium

Schlagzeilen gemacht haben die **Aluminiumschmelzen** – eine sehr energieintensive Technik, die 70 % des in Island erzeugten Stromes verbraucht. Das Kraftwerk des umstrittenen Staudammes Kárahnjúkar im östlichen Hochland (S. 597) wurde eigens zur Versorgung einer Aluminiumschmelze errichtet, und seit 2008 werden nun mit dieser Energie in der Anlage bei Reyðarfjörður jährlich etwa 350 000 t Aluminium produziert. Weitere Werke stehen bei Hafnarfjörður und bei Grundartangi. Das schafft immerhin einige hundert Arbeitsplätze für die Einwohner der jeweiligen Region. Betreiber dieser Werke sind jedoch meist Konzerne aus Übersee: Die Gewinne fließen also zum großen Teil ins Ausland ab.

Silizium

Ein 2018 in Betrieb gegangenes Siliziumwerk im Industriegebiet Bakki bei Husavík zeigt, in welche Richtung es mit der weiteren Industrialisierung des Landes gehen könnte. Auch hier werden die Rohstoffe aus dem Ausland geliefert (immerhin „nur" aus Polen, wohingegen das Bauxit für die Aluminiumschmelzen zum großen Teil aus Australien stammt), und auch hier exportiert man das Endprodukt ins Ausland. In diesem Fall übrigens nach Aussagen des in Duisburg beheimateten Betreibers PCC nach Deutschland (s. auch Kasten S. 406).

Geothermie

Sowohl bei Know-How als auch Nutzung von Geothermie, also dem Anzapfen der Wärme des Erdinneren, liegt Island weltweit auf Platz eins. Neun Zehntel aller Haushalte beziehen ihre Wärme für Heizung und Warmwasser durch Geothermie und 25 % des landesweit verbrauchten Stroms werden daraus gewonnen: zwei Drittel der in Island insgesamt verbrauchten Energie. Und welches Land außer Island kann es sich sonst schon leisten, im Winter Gehwege und Straßen von unten zu beheizen, um sie schneefrei zu halten?

Grund ist natürlich die Lage auf dem Mittelatlantischen Rücken mit seinen aktiven Vulkansystemen. Andernorts steigen die Temperaturen Richtung Erdinneres pro Kilometer durchschnittlich um 30 °C – in Island um 150 °C! Mit Bohrungen zapft man in der Erdkruste gespeichertes, bis zu 340 °C heißes Wasser an, das mit gut isolierten Rohren dann verteilt wird. Ist es „verbraucht", d. h. auf etwa 30–40 °C abgekühlt, wird es z. T. noch in Schwimmbäder geleitet oder zur Eisfreihaltung unter Gehwegen durchgeführt.

Einiges, aber nicht alles, wird auch unter hohem Druck zurück in die Erdkruste gepresst, um den Wasserkreislauf aufrechtzuerhalten. Denn zu 100 % nachhaltig (bzw. „erneuerbar") ist auch diese Energiegewinnung nicht: Im Frühjahr 2017 machten Meldungen die Runde, dass im Kraftwerk Hellisheiði (S. 187), das Reykjavík versorgt, seit vier Jahren ein stetiger Produktionsrückgang feststellbar ist. Die unterirdischen Dampfreservoirs erschöpfen sich, und neue Bohrlöcher müssen her, um weitere heiße Kammern anzuzapfen. Jedes Mal ein teures und nicht ungefährliches Vergnügen. Deshalb wird auch dem Zurück-Pumpen verbrauchten Wassers in Zukunft wohl steigende Bedeutung zukommen.

Zukunftsweisend ist auch das *Iceland Deep Drilling Project*, bei dem etwa 5 km tief in die Nähe von vulkanischem Gestein gebohrt werden soll. Hier ist es so heiß und der Druck so hoch, dass Wasserdampf in den sogenannten „überkritischen Zustand" übergeht und erheblich mehr Energie speichern kann. Schätzungen zufolge lässt sich aus einem solchen Bohrloch etwa die zehnfache Energiemenge einer normalen Bohrung gewinnen. Seit 2006 sind schon mehrere Versuche gescheitert, doch Anfang 2017 erreichte das Team aus Forschern und

Ingenieuren eine Tiefe von 4659 m – dort herrschen 427 °C und 340 bar Druck.

Sollte es gelingen, diese gewaltigen Drücke und Temperaturen zu beherrschen, könnte eine weitere Vision isländischer Wirtschaftslenker Wirklichkeit werden: Der Energieexport nach Europa via Unterseekabel. Technisch bereits denkbar, könnten steigende Energiepreise in Europa hier neue Perspektiven für die isländische Wirtschaft eröffnen.

Religion

Evangelisch-lutherisch (Þjóðkirkjan; isländische Staatskirche): 63,5 %

andere nicht-katholische Kirchen: 7,5 %

Katholiken: 4 %

Neue Heiden (Ásatrú): 1,3 %

Sonstige (Buddhisten, Baha'i etc.): 2,1 %

Konfessionslos und unregistrierte Religionen: 14,3 %

Christentum

Christliche Mönche aus dem keltischen Raum (Irland und Schottland) waren wohl die ersten Bewohner der Insel, doch die Wikinger, die nach ihnen die vollständige Besiedlung der Insel übernahmen, brachten ihren nordischen Götterglauben mit. Auf Druck des norwegischen Königs wurden jedoch im Jahr 1000 alle Isländer von einem Tag auf den anderen Christen (S. 104). Obwohl es jedermann freigestellt war, in seinen eigenen vier Wänden den alten Göttern zu dienen, sollten alle Inselbewohner getauft werden. Aber die Isländer wären keine Isländer, wenn sie nicht auch hier einen leicht kauzigen Sonderweg gegangen wären: Nach Verkündung des Beschlusses in Þingvellir verweigerten sie die Taufe vor Ort wegen des zu kalten Wassers und pilgerten stattdessen zu einer ca. 50 km entfernten heißen Quelle, die seitdem „Krosslaug" (Kreuzquelle, s. S. 237) heißt.

Mehr als 500 Jahre später folgte ein zweiter „von oben" verordneter Glaubenswechsel: Nach der Reformation auf dem europäischen Kontinent bestimmte Christian III. von Dänemark 1536, dass auch in seinem Land (sowie in Island, Norwegen und auf den Färöer-Inseln) zukünftig die **evangelisch-lutherische Konfession** gälte. Ganz uneigennützig war das gewiss nicht: Das machte ihn zum Kirchenoberhaupt und Verwalter sämtlicher kirchlicher Güter und Besitztümer. Der wichtige Bischofssitz in Skálholt wurde mit einem Protestanten besetzt, der zügig die neue Auslegung des Christentums verbreitete. Der katholische Bischof Jón Arason vom Bischofssitz Hólar versuchte zwar, das zu verhindern und eine Gegenreformation anzuzetteln. Das misslang jedoch, und er wurde zusammen mit zwei Söhnen in Skálholt hingerichtet. Das erstickte weiteren Widerstand im Keim: Katholizismus war verboten.

Auch heute sind nur 4 % der Isländer katholisch, doch kam es zu einer etwas ungewöhnlichen **Mischung der Rituale**: Die Isländer verehren den Heiligen Þorlákur, den vom Papst ernannten Schutzheiligen der Insel, machen Pilgerreisen, sie knien zur Kommunion nieder und in ihren Kirchen finden sich Bilder der Mutter Gottes. „Lutherisch mit katholischem Einschlag" könnte man das nennen.

Ásatrú – die neuen Heiden

Auch sonst ist das religiöse Leben in Island „irgendwie anders": So wurde 1972 die Ásatrú (wörtl. „Asen-Glaubensgemeinschaft") als offizielle Religion anerkannt. Die Ásatrú-Gemeinde glaubt an die pragmatischen Lebensweisheiten der Wikinger sowie an die alten Götter Thór und Odin und an die Göttinnen Frigg und Freya. Die Bezeichnung Ásatrú gibt es erst seit dem 19. Jh., die heidnischen Bräuche aber sind tief in den Isländern verwurzelt. Seit der Zeit der ersten Besiedlung hat sich hier ein gewisser Animismus erhalten, ein Naturglaube. Inzwischen gehören rund 3000 Isländer der Ásatrú-Gemeinde an, das ist etwa ein Prozent der Bevölkerung. Tendenz: steigend.

Anführer der Bewegung (ihr „Gode") ist der bekannte Filmmusiker **Hilmar Örn Hilmarsson**. Er darf Menschen trauen, ein Angebot, das vor allem gleichgeschlechtliche Paaren gern annehmen, Kinder taufen und Verstorbenen das letzte Geleit geben. Für ihn ist Ásatrú eher eine praktische Lebenshilfe als eine Religion. Die Rückbesinnung auf das alte Wertesystem der Wikingerzeit hat oberste Priorität: Ehrlichkeit, Offenheit und Respekt für andere Menschen und deren Glauben. Mit den reaktionären Blut-und-Erde-Ideologien einiger US-amerikanischer Neue-Heiden-Gemeinden hat die isländische Bewegung also herzlich wenig gemeinsam.

Volksglaube

Als im Sommer 2016 auf einer Baustelle bei Siglufjörður im Norden des Landes plötzliche Erdrutsche die Arbeiten erschwerten, sich dann ein Arbeiter verletzte und ein Bagger ausfiel und schließlich noch der herbeigeeilte Lokalreporter im Schlamm versank, da war klar: Nicht die vorausgegangenen starken Regenfälle kamen als Ursache in Frage: Nein, es müssen Elfen gestört worden sein! Elfenkundige aus der Gegend fanden dann auch die Lösung: Bauarbeiten hatten den Álfkonusteinn verschüttet – einen Stein, um den sich viele lokale Geschichten ranken, in denen Elfen eine wichtige Rolle spielen.

Der Stein wurde ausgegraben, mit einem Hochdruckreiniger gesäubert und ordentlich zurückgelegt – und die Arbeiten ungestört beendet.

Geschichten dieser Art passieren in Island immer wieder. Nach einer Untersuchung eines Volkskundlers, der an der Uni Reykjavík lehrt, glauben 10 % der Bevölkerung fest an Elfen; weniger als 50 % glauben nicht an ihre Existenz. Der Rest wollte sich nicht festlegen; man kann ja nie wissen ...

Die Straßenbaubehörden sind inzwischen auf solche Zwischenfälle eingestellt. Mal wird ein Stein mit einem Kran umgesetzt, mal eine Kurve um den von Elfen bewohnten Hügel gebaut. Warum auch nicht? Folklore ist ein schützenswertes Gut. Und die Geschichten von Elfen und Trollen, mit denen man früher die Kinder erschreckte, werden heute den Touristen erzählt. Die Menschen verdienen Geld, die Elfen haben ihre Ruhe, und alle sind glücklich. Liebenswertes Island!

Kunst und Kultur

Als kleines, abgelegenes Land am Rande Europas, dessen wenige Bewohner oft hauptsächlich mit dem Überleben beschäftigt waren, hat sich in Island viele Jahrhunderte kulturell eher wenig getan. Eine Ausnahme bildet die **Literatur**; die umfangreichen Sagas und die Snorra-Edda gehören definitiv zum zentralen Erbe gesamteuropäischer Identität.

Erst in den letzten Jahren und Jahrzehnten macht Island kulturell international von sich reden. Das betrifft vor allem die **Musik** – die Sängerin Björk ist zum gefeierten Weltstar avanciert. Aber auch in anderen Bereichen erregt Island Aufmerksamkeit: 2013 heimste das Land mit dem Mies-van-der-Rohe-Award einen wichtigen Architekturpreis für seine Vorzeige-Konzerthalle Harpa in der Hauptstadt ein.

Architektur

Gras und Erde – das waren für viele Jahrhunderte die Baustoffe, mit denen die Isländer vorliebnehmen mussten. Holz war selten und vor allem für die Errichtung von Kirchen reserviert. So entwickelte sich in Island eine Architektur, die vor allem von pragmatischen Gesichtspunkten geleitet war. Und bis heute ist: Die Verwendung von Wellblech ist allgegenwärtig (und – in bunten Farben gestrichen – gar nicht so hässlich, wie man vielleicht denkt). Im Verlauf des 20. Jhs. zeigte sich aber, dass es inzwischen durchaus eigenständige, kreative Ansätze gibt.

Vom Torf zum Beton

Als sich die ersten Wikinger dauerhaft in Island niederließen, bauten sie ihre Häuser aus Torf und Erde, Steinen, Treibholz und den kleinen Bäumen, die sie vorfanden: vor allem Birken. Die Feuerstelle war das Zentrum des Hauses; je nach Größe gingen von einem Gang mehrere Räume ab. Von den ersten Siedlungen sind nur noch an wenigen Orten einige Grundmauern erhalten; einen guten Eindruck bekommt der Besucher in Museumshof **Glaumbær** (S. 345), einem originalgetreu restaurierten Gehöft aus dem 14. Jh. im Norden des Landes. Auffällig bei diesen niedrigen Gehöften sind die Grasdächer, die schon von außen Assoziationen zu den Tolkien'schen Hobbithöhlen aufkommen lassen. Weitere beeindruckende Rekonstruktionen älterer Bauten befinden sich in Südisland in den Freilichtmuseen **Keldur** (S. 538) und **Þjóðveldisbærinn** (S. 547).

Erst im 18. Jh. wurden erste langlebigere **Gebäude aus Steinen** gebaut: Eines der ältesten Gebäude in dieser Technik ist das Viðeyjarstofa auf der Insel Viðey bei Reykjavík. Anfang des 19. Jhs. kam das (teure) Holz als Baumaterial auch für Wohn- und Handelshäuser dazu (teils als zusammensetzbare „Fertighäuser" aus Norwegen importiert), und ab etwa 1870 **Wellblech**. Beständig, wasser- und feuerfest, eignete es sich ideal für Wände und Dächer.

Anfang des 20. Jhs. fand schließlich Beton mehr und mehr Verwendung: Dessen Haltbarkeit sorgte dafür, dass er sich bald zum wichtigsten Baustoff mauserte. Nach einem großen Brand in Reykjavík 1915 wurde Holz als Baustoff in der Stadt komplett verboten: Das **Betonzeitalter** war endgültig angebrochen, und der neue Werkstoff ermöglichte neue Gestaltungsmöglichkeiten, und damit die Entwicklung einer eigenen architektonischen Identität.

Moderne Architektur

Einer der Wegbereiter der isländischen Architektur ist gewiss der 1920 zum Staatsarchitekten ernannte **Guðjón Samúelsson** (1887–1950). Er baute zwischen 1933 und 1951 in der Hauptstadt die Hallgrímskirche (Bauzeit: 40 Jahre, S. 130), das Nationaltheater Þjóðleikhúsið (S. 151) und die katholische Kirche Landakotskirkja (S. 138). Sein besonderes Verdienst: Er griff Motive aus der isländischen Natur auf, z. B. die Basaltsäulen an der Hallgrímskirche. Vielen Nachwuchsarchitekten diente er als Vorbild, die eigene isländische Handschrift weiter auszuarbeiten.

Die Finanzkrise 2008 bescherte der modernen Architektur allerdings einen Rückschlag: Für aufwendige Großgebäude fehlte einfach das Geld. Immerhin: Das Konzerthaus Harpa in Reykjavík mit seinen auffälligen Kristallfenstern, einem 1800 Sitzplätze großen Konzertsaal, drei kleineren Konzertsälen, Konferenzsaal, Kino usw. wurde fertiggestellt (s. auch S. 139) und zeigt, wozu die isländische Architektur inzwischen fähig ist.

Bildende Kunst

Gemälde, Schnitzereien und andere Kunst hat es in Island gewiss schon zur Zeit der ersten Siedler gegeben, einzig: Überliefert ist davon nichts. Erst mit dem Beginn der Neuzeit machen einzelne Künstler auf sich aufmerksam.

In der **Malerei** gilt **Þórarinn B. Þorláksson** (1867–1924) als erster moderner Maler des Landes. Der Landschaftsmaler, ein gelernter Buchbinder, der in Kopenhagen Malerei studiert hatte, zeigte im Jahr 1900 seine Werke auf der ersten Bilderausstellung, die es in Island gab. Bis 1911 folgten jährlich weitere Ausstellungen. 1913 war er Mitglied im fünfköpfigen Komitee, das die Landesflagge gestalten sollte. Leben konnte er von seinen Werken allerdings nicht; er lehrte Kunst in verschiedenen Institutionen in Reykjavík und betrieb zudem noch einen kleinen Laden. Einer der berühmtesten Maler ist **Guðmundur Guðmundsson** (geb. 1932), vor allem als Erró bekannt. Nach seinem Studium in Reykjavík und Oslo erlernte er Mitte der 50er-Jahre in Florenz die Kunst der Freskomalerei und sammelte auf Reisen weitere Inspirationen, die er u. a. von der New Yorker Pop-Art-Szene bekam. Seit 1958 lebt Erró, in dessen collageartige Werke oft Comic-, Horror- und Science-Fiction-Elemente einfließen, in Paris. Vielfach kritisiert der Künstler die Gewalt in der Moderne (z. B. durch Diktaturen) oder entgrenzte Konsum- und Technikgläubigkeit und die Konfusion, die sie in den Menschen erzeugt. Einen guten Eindruck vermittelt das Reykjavík Art Museum (s. Kasten S. 139).

Auch die **Bildhauerei** nimmt ihren Anfang im späten 19. Jh., als Künstler bei Auslandsaufenthalten zum ersten Mal Zugang zu gut formbarem Material bekamen (das isländische Gestein ist entweder zu hart oder zu bröckelig). **Ásmundur Sveinsson** (1893–1982) war einer der ersten Künstler des Landes, die auch international Beachtung fanden. Seine Skulpturen orientieren sich am Alltagsleben und der Natur, aber auch an den Sagas. Sein abstraktes Werk *Sonatorrek* (in Borg á Mýrum bei Borgarnes) ist ein Beispiel dafür: Es zeigt den Sagahelden Egill, der seinen toten Sohn betrauert. Sveinsson befürwortete sehr die Aus- bzw. Aufstellung seiner (und anderer) Werke an öffentlichen Orten: Kunst, so seine Überzeugung, ist nicht nur für ein paar Gönner, sondern für alle da.

Heute müssen junge Künstler nicht mehr ins Ausland reisen, um sich weiterzubilden. Mit der *Listaháskóli* Íslands hat Reykjavík seit 1998 seine eigene **Kunstakademie** mit den fünf Fachbereichen Bildende Kunst, Tanz und Theater, Design und Architektur, Musik sowie Kunsterziehung. Gelehrt werden soll **fortschrittliches Denken**, und das ruht nach Überzeugung der Akademie auf drei Pfeilern: Neugierde, Verständnis und Mut. Klingt spannend? Hier gibt es mehr Infos: www.lhi.is/en.

Literatur

Lieber barfuß als ohne Buch
(Isländisches Sprichwort)

Im Bereich der Literatur hat Island Großes vorzuweisen: Schon im Mittelalter hat es mit der **Edda** einen wichtigen Beitrag zur europäischen Kulturgeschichte geliefert und mit den **Sagas** einen ganzen Kosmos großangelegter Familiendramen erschaffen, die zu den wichtigsten literarischen Leistungen dieser Zeit zählen. Nach einigen Jahrhunderten mit weniger literarischem Output (in denen die Edda, die Sagas und andere Texte mündlich und schriftlich weitergegeben wurden), meldete sich das Land dann zurück, als **Halldór Laxness** 1955 mit dem Literaturnobelpreis ausgezeichnet wurde. In Island wird überdurchschnittlich viel gelesen: Gegenwärtig erscheinen dort etwa 1500 Bücher jährlich, und spätestens seit die Insel 2011 Gastland der Frankfurter Buchmesse war, ist das Interesse an isländischer Literatur auch im deutschsprachigen Raum groß – in fast jeder Buchhandlung findet sich eine Reihe übersetzter Island-Krimis.

Das Íslendingabók

Das erste wichtige Buch, das in Island geschrieben wurde, war ein Geschichtsbuch. Das „Isländerbuch" von **Ari Þorgilsson** (Ari dem Gelehrten) wurde um 1125 verfasst und erzählt die Geschichte des Landes von der Landnahmezeit bis ins Jahr 1118. Es erschien in isländischer Sprache – eine Besonderheit im Mittelalter, wo solche wissenschaftlichen Texte eigentlich durchgängig auf Latein verfasst wurden. So aber konnte jeder das Buch lesen, und seine Inhalte, wie z. B. die Entstehung und Bedeutung des Alþing, waren nicht nur den Gelehrten zugänglich. Die älteste erhaltene Abschrift des Textes stammt aus dem 17. Jh. Sie wurde verfasst von **Jón Erlendsson** (für die Bibliothek des Bischofs von Skálholt). Erlendsson kopierte damals eine Version aus dem 12. Jh., die aber leider verlorengegangen ist.

Die Edda

Als Edda werden zwei Texte aus dem 13. Jh. bezeichnet, die als schriftliche Niederlegung und Zusammenfassung älterer mündlicher (vielleicht auch schriftlicher) Überlieferung gelten. Die **Lieder-Edda** (auch: Ältere Edda oder Poetische Edda) ist eine Sammlung von Dichtungen und Liedern, die um 1270 niedergeschrieben wurde. Als Stoff dienen germanische Heldensagen (u. a. das Nibelungenlied) sowie Motive aus der nordischen Mythologie – **Göttergeschichten**, die das alte Wissen über Thor, Odin, Loki und Co. überliefern. Die Version von 1270 ist die älteste bekannte – sie heißt *codex regius*, da sie lange in der königlichen Sammlung in Kopenhagen lag. 1971 wurde sie mit viel Tamtam an Island zurückgegeben und kann heute in der Handschriftensammlung des Árni-Magnússon-Institutes in Reykjavík bewundert werden.

Die **Snorra-Edda** (auch: Jüngere Edda oder Prosa-Edda) ist das Werk von Snorri Sturluson (S. 105) und diente als Lehrbuch für angehende Dichter („Skalden"). Die älteste erhaltene Handschrift stammt aus dem Jahr 1300. Sie enthält u. a. eine Sammlung altnordischer Überlieferungen, die als Themenpool gedacht war: Eine Stoffsammlung, aus der die Dichter dann Lieder und Geschichten formen konnten. Snorri fürchtete wohl nicht ganz zu Unrecht, dass durch die Christianisierung des Landes die alten heidnischen Geschichten und Motive verlorengehen könnten: Für seine Arbeit muss man ihm daher wohl heute noch danken.

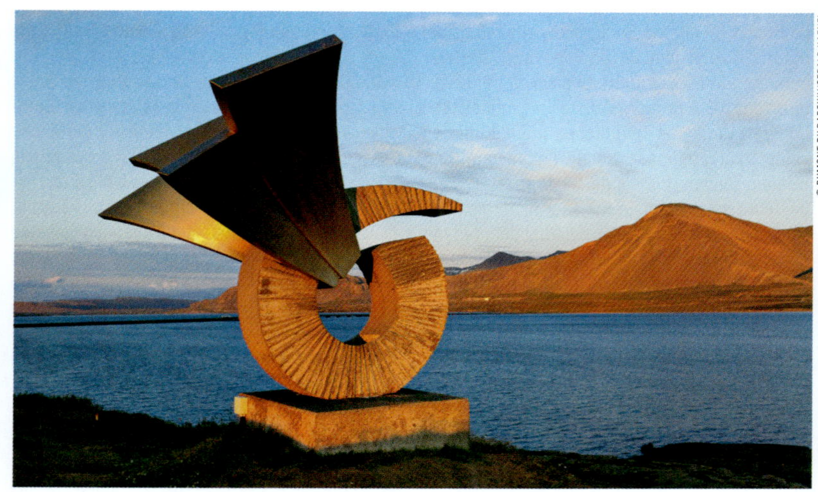

Borgarnes: der Sagengestalt Þorgerður Brák gewidmetes Denkmal am Hafen

Sagas

Die **Isländersagas** zählen nach der übereinstimmenden Meinung von Experten (und nicht nur solchen aus Island) zu den bedeutendsten literarischen Werken, die im mittelalterlichen Europa entstanden sind. Geschrieben wurden sie etwa zwischen 1200 und 1330, wobei sie wohl auf mündliche Überlieferungen zurückgriffen. Thema aller Sagas ist die Zeit in Island zwischen 930 (der Gründung des Alþing) und 1030 – die „Sagazeit".

Die Sagas beziehen sich auf historische Ereignisse und erzählen ausführlich, farbenfroh und oft genug auch reichlich blutrünstig die Geschichte der frühen Familienclans und einzelner Helden (und Anti-Helden), die mit der Gesellschaft in Konflikt kamen (s. auch die Kästen „Multimediale Erlebnisse mit Egill und Brák", S. 233, und „Auf den Spuren der Islandsagas", S. 536). Interessante Einblicke vermittelt auch die Seite 💻 https://grapevine.is/tag/saga-stories mit Videos (auf Englisch) an den Originalschauplätzen.

Generationsübergreifende Genealogien werden ausgerollt, und die Beziehungen zwischen den Clans oder Bewohnern einzelner Regionen treiben die Handlung voran. Wie im griechischen Drama steuert die Handlung auf einen zentralen Konflikt zu, der das Schicksal des (oder der) Protagonisten einschneidend verändert – dessen Lösung und der Umgang mit der Krise bilden den Sinn der Saga, die damit eine **gesellschaftliche Ordnung** tradiert.

Doch der Transport sozialer Normen war nur ein „Zweck" der Sagas. Als noch wichtiger empfanden die Isländer wohl deren **identitätsstiftende Funktion**: Wer gehört zu welcher Familie, zu welchem Clan, in welche Region. Diese Fragen galten als überaus wichtig und sind es bis heute: Ahnenforschung ist eine beliebte Beschäftigung im Land, und gerne führt man seinen Stammbaum bis auf eine der Familien in den Sagas zurück.

Und nicht zuletzt dienten die Sagas wohl auch zur **Unterhaltung**. In langen, dunklen Winternächten tausendfach wiedererzählt, haben sie sich tief ins isländische Bewusstsein eingegraben. Noch heute kennt jeder Isländer die Sagas (wenn auch vielleicht nicht alle), und viele lesen sie im Original: Denn die isländische Sprache hat sich im Laufe der Jahrhunderte nur wenig verändert (s. S. 600, Sprachführer).

Von der Reformationszeit bis ins 19. Jh.

Nach Einführung des lutherischen Glaubens musste die alte kirchliche Literatur verworfen und durch neue, von der Reformation geprägte ersetzt werden. Es war noch der letzte katholische Bischof von Island, Jón Arason, der 1530 die erste Druckerei auf der Insel einrichtete. Gedruckt wurde jedoch bald nur noch lutherische Gebrauchsliteratur, die aus Dänemark und aus norddeutschen Städten übernommen wurde. Guðbrandur Þorláksson übersetzte 1584 die Bibel ins Isländische – für eine geraume Zeit das letzte wichtige „isländische" Werk.

Im 19. Jh. kam es zu einem neuen literarischen Aufbruch, als die **Romantik** die Insel erreichte. Zwischen den Jahren 1835 und 1847 erschien mit *Fjölnir* eine Literaturzeitung, die sich sehr für die Erhaltung und Reinheit der isländischen Sprache einsetzte. Als erster „moderner" isländischer Roman gilt das 1850 erschienene Werk *Grasaferð* („Auf Moossuche") von Jón Thoroddsen.

20. Jh. und Gegenwart

Das Ende des 19. und der Anfang des 20. Jhs. sind dominiert von Dramen, die ihre Motive aus der isländischen Folklore schöpfen. Das ändert sich erst in der zweiten Hälfte des 20. Jhs., als 1955 **Halldór Laxness** mit dem **Literaturnobelpreis** ausgezeichnet wird. Isländische Autoren wie Gunnar Gunnarsson (1889–1975), Einar Kárason (geb. 1955) und Steinunn Sigurðardóttir (geb. 1950) erhalten in den Jahrzehnten danach internationale Aufmerksamkeit.

In den 1990er-Jahren startet dann in Island der Kriminalroman durch: Einer der Vorreiter dieses Genres ist **Arnaldur Indriðason** (geb. 1961). Heute stehen über 100 ins Deutsche übersetzte Island-Krimis zur Auswahl. Werke wie das 1996 erschienene *101 Reykjavík* von **Hallgrímur Helgason** (geb. 1959) verschafften der isländischen Literatur dann weitere Aufmerksamkeit – ein Kultroman, der erfolgreich verfilmt wurde und dessen schräge Hauptfiguren eine unkonventionelle, oft schonungslose Sichtweise des Lebens in Island erlauben. Einen ernüchternden Blick auf die Tristesse in der isländischen Provinz gewährt z. B. sein 2010 in Deutschland erschienenes Werk *10 Tipps, das Morden zu beenden und mit dem Abwasch zu beginnen*.

Für weitere Romanempfehlungen s. S. 605, Bücher.

Regierungschefin schreibt Bestseller

Typisch Island: Im wohl literaturverliebtesten Land der Welt legt auch die Chefin selbst Hand an. Gemeinsam mit ihrem Freund, dem Bestseller-Autor Ragnar Jonasson, schrieb Katrín Jakobsdóttir während des Corona-Lockdowns einen Roman: Und ihr gemeinsamer Krimi *Reykjavík* war denn auch prompt Islands meistverkauftes Buch im Jahr 2022. Im November 2023 ist die deutsche Übersetzung im btb-Verlag erschienen (S. 605). Nicht nur Jonasson kennt sich mit Büchern aus (3 Mio. verkaufte Bücher in 34 Ländern), auch Jakobsdóttir ist „vom Fach": Ihren *Master of Arts* auf der Universität von Island in Reykjavík hat sie mit einer Arbeit über den isländischen Kriminalautor Arnaldur Indriðason gemacht.

Musik

Statistisch gesehen hat kein Land eine höhere Musikerdichte und mehr international bekannte Bands pro Einwohner als Island. Bekanntester Musikexport des Landes ist wohl die Sängerin Björk – jeder kennt sie, und so mancher Isländer ist schon genervt, denn sie ist das Erste, was vielen beim Wort „Island" in den Sinn kommt. „Hast du schon mal Björk getroffen?" – angeblich gibt es kaum eine Frage, mit der man einen Isländer mehr auf die Palme bringen kann.

Der Aufstieg der isländischen Musik

Im Jahre 1965 begann eine Band namens Hljómar als Islands Antwort auf die Beatles so etwas wie die musikalische Neuzeit in Island einzuläuten. Aus den 70er- und 80er-Jahren sind auf der Insel auch heute noch Künstler wie Bubbi Morthens, KK, Stuðmenn, Megas, Magnús Þór Sigmundsson, Björgvin Halldórsson oder Vilhjálmur Vilhjálmsson mit ihren Songs populär oder einfach Kult.

Nach der Trennung von ihrer Indie-Band, den Sugarcubes, entwickelte sich **Björk** in den 1990er-Jahren zu Islands erstem internationalen Superstar. Eine ähnliche weltweite Aufmerksamkeit erreichte wenig später die Gruppe **Sigur Rós** – und beide machten isländische Musik mit teils sehr eigenwilligem Charakter im Ausland salonfähig. Musik abseits des Mainstreams wurde für Island zum Markenzeichen. Die isländischen Musiker gehen auch heute mit ihrer Bereitschaft, Neues auszuprobieren und sehr kreativ zu sein, diesen Weg weiter.

Aber isländische Musik ist heute weit mehr als der Erfolg von Sigur Rós oder Björk. Seit den späten 80er-Jahren zeigten sich vermehrt internationale Erfolge, und weltweite Auftritte von isländischen Musikern nehmen bis heute immer mehr zu. Hintergründe dafür sind auch wirtschaftliche Notwendigkeiten – für 5000 verkaufte Musikträger bekommt man in Island zwar schon eine Goldene Schallplatte, leben kann man davon jedoch nicht. Aus diesem Grund haben die meisten Musiker einen regulären Zweitjob und müssen zunehmend für den internationalen Markt auf Englisch singen. Dafür unterstützt Iceland Music Export (IME) inzwischen mit staatlicher Hilfe gezielt isländische Bands im Ausland, und aus dem Icelandic Music Fund fließt von staatlicher Seite eine Art zeitlich begrenzter Lohn an eine breite Palette von Künstlern. Islandweit ertönt trotz aller Auslandskonzerte zum Glück weiter das ganze Jahr über Livemusik in Bars, Cafés, auf Konzerten sowie Festivals.

Ein Meilenstein in Sachen internationale Aufmerksamkeit war erreicht, als die isländische Komponistin **Hildur Guðnadóttir** im Februar 2020 bei den 92. Academy Awards für ihre Musik zum Film *Joker* einen Oscar in der Kategorie *Best Original Score* einheimste – nachdem sie vorher schon beim Filmfest Venedig und beim Golden Globe Preise erhalten hatte. Dass sie damit den ersten Oscar überhaupt nach Island geholt hat, sichert ihr einen Platz in den Geschichtsbüchern.

Rock, Pop, Indie und Co.

Einzelne Künstler oder **Gruppen** hervorzuheben, ist angesichts der großen Anzahl und Vielfalt wirklich schwierig. International am bekanntesten dürften **Of Monsters and Men** sein, die mit Superhits wie *Little Talks* die internationalen Charts stürmten und auch Songs für Film-Großproduktionen wie *Die Tribute von Panem* und die Serie *The Walking Dead* schrieben.

Auch **Emilíana Torrini**, die den emotionalen *Gollum's-Song* für *Herr der Ringe* beisteuerte, ist spätestens seit ihrem Hit *Jungle Drum* in aller Munde. Ehemals war sie Mitglied von **GusGus**, die ebenso wie **FM Belfast** und **Múm** elektronische Musik machen.

International bekannter sind auch die Bluesrock-Band **Kaleo**, die mit *Way down we go* in den Charts weit nach oben kletterte, die isländische Pop-Ikone **Páll Óskar**, der Komponist **Jóhann Jóhannsson**, der 2015 für seine Musik zum Film *The Theory of Everything* für einen Oscar nominiert wurde und einen Golden Globe gewann und **Jóhanna Guðrún**, die 2009 den zweiten Platz beim ESC für Island belegte.

Und natürlich der Sänger und Gitarrist von **Sigur Rós**, der als **Jónsi** solo unterwegs ist und zu dessen Markenzeichen es gehört, die Gitarre mit einem Cellobogen zu bespielen. Oder Komponist **Ólafur Arnalds**, dessen instrumentelle Stücke stark von Klassik geprägt sind, und der mit seinem anderen Projekt **Kiasmos** (elektronische Musik) zeigt, wie vielseitig er ist.

Eine Legende ist **HAM**, die Metal-Rockband mit aktiven Politikern als Bandmitgliedern. Rock der härteren, aber melodisch-stimmungsvollen Sorte haben sich auch **Dimma**, **Sólstafir** und **Agent Fresco** verschrieben. Indierock bis Indiepop, z. T. mit starken Folkeinschlägen, spielen **Árstíðir**, **Mammút** und der Solokünstler **Ásgeir**. Angesagt sind auch der Singer-Songwriter **Júníus Meyvant** mit seinem beschwingten Folk-Pop, **Sóley** mit ihrem sphärischen Piano-Sound, das Dream-Pop-Trio **Vök** und der Songwriter **Svavar Knútur**, der sich selbst als Troubadour bezeichnet und auf der Bühne auch als Geschichtenerzähler glänzt.

Weitere Künstler mit ihrem ganz eigenen, atmosphärischen Stil sind z. B. **Sin Fang**, **Ragga Gröndal** oder **Úlfur** (einfach mal reinhören, z. B. im tollen Plattenladen 12 Tónar in Reykjavík, s. S. 157). **Stereo Hypnosis** liefern mit ihren Ambient-Alben den perfekten Soundtrack für eine Fahrt durch die Natur (Hörtipp: Hvolf (2021, Interchill Records)).

Jedes Jahr machen neue, junge Künstler auf sich aufmerksam. Wer sich dafür interessiert,

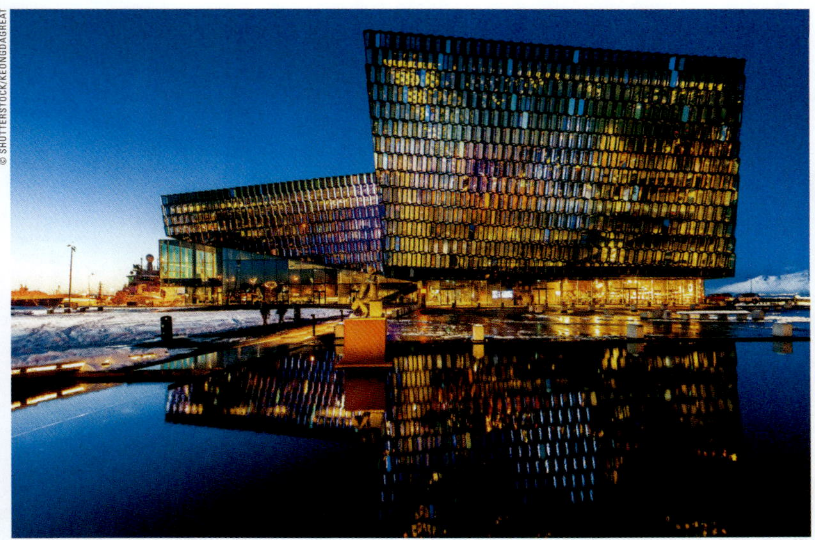

© SHUTTERSTOCK/KEONGDAGREAT

Ein architektonischer Traum in Glas: das Konzert- und Konferenzzentrum Harpa in Reykjavík

LAND UND LEUTE

sollte die einschlägigen Medien im Internet verfolgen (s. u.) sowie die entsprechenden Suchbegriffe auf Youtube oder Spotify eingeben. Immer wieder einen aktuellen Überblick verschaffen auch die empfehlenswerten Sampler von **Ladyboy Records**, 💻 www.ladyboyrecords.bandcamp.com. Aktuell besonders angesagt sind z. B. die Auftritte von **DJ flugvél og geimskip** mit ihrem schrägen Space-Girl-Pop sowie die All-Girl-Hip-Hop-Combo **Reykjavíkurdætur** („Töchter von Reykjavík").

Klassik und Chormusik

Die Tradition, gemeinsam zu singen, ist noch sehr ausgeprägt: Es gibt über das ganze Land verteilt ca. **300 Chöre**. Zu den bekanntesten gehören der Motettenchor der Hallgrímskirkja in Reykjavík, der Chor der Lindakirkja aus Kópavogur, der Kammerchor Hljómeyki, der Karlakórinn Heimir aus Skagafjörður oder der Gospelchor Reykjavík.

In Reykjavík finden sich mit der Kirche **Hallgrímskirkja** sowie der modernen **Konzerthalle Harpa** auch die vielleicht besten Konzertorte. Und in der Harpa ist eines der besten Symphonieorchester der nordischen Länder beheimatet.

Konzerte und Festivals

Infos über Konzerte oder Livemusik in Island finden sich neben den Webseiten der einzelnen Künstler z. B. unter 💻 www.icelandmusic.is – unter dem Link „Live" sind auch die geplanten Auslandskonzerte von isländischen Musikern über die nächsten Monate zu sehen – unter 💻 https://grapevine.is, 💻 www.reykjavikonstage.com, und 💻 www.harpa.is/en. Außerdem informieren die Festivalwebseiten von **Airwaves Iceland** (immer im Oktober/November mit Veranstaltungsorten überall in Reykjavík), **Sónar** (im Februar/März in der Harpa in Reykjavík), dem Festival **Eistnaflug** im Juli in Neskaupstaður in den Ostfjorden mit Islands berühmt-berüchtigter Metal-Szene, sowie die Webseiten von Kirchen und Chören mit meist auch englischsprachigem Internetauftritt. So kann man auf der Website der **Hallgrímskirkja** z. B. über Orgelkonzerte stolpern.

Tickets für eine Vielzahl an Veranstaltungen in ganz Island gibt es online unter 💻 https://tix.is.

IM HERZEN VON REYKJAVÍK; © MARK MARKAND

Reykjavík und Reykjanes

Reykjavík ist eine kleine und sehr dynamische Hauptstadt mit Kunst, Kultur und einer kleinen Altstadt. Richtung Südwesten liegt die Region Reykjanes: Auf der Halbinsel zeigt sich die isländische Natur in aller Vielfalt. Vulkankrater, alte und neue Lavafelder, Hochtemperaturgebiete und tektonische Verschiebungen: eine Tour dorthin lohnt unbedingt.

Stefan Loose Traveltipps

1 **Reykjavíks Zentrum** Beim Bummel durch die Straßen lässt sich das Flair der „Metropole" aufnehmen. S. 130

Harpa und Museen Kunst und Kultur wird in Island sehr geschätzt, und wer sich auch nur im Ansatz für Bildhauerei, Malerei und Musik interessiert, findet in Reykjavík tagelang viel zu sehen. S. 140

Gunnuhver Die heißen Quellen von Islands größtem Schlammquellengebiet verströmen nicht nur Dampf, sondern auch einen Hauch Grusel. S. 177

Fagradalsfjall Ausflug zum Vulkan – Islands neueste Sehenswürdigkeit liegt ganz nah an der Hauptstadt. S. 180

Seltún Im Hochtemperaturgebiet geht es heiß her: Es brodelt, blubbert und müffelt – und begeistert mit buntem Farbenspiel. S. 183

Krýsuvíkurbjarg Hoch hinaus und tief hinunter bei einer Wanderung entlang der Steilküste. S. 184

SONNENSCHIFF SÓLFARIÐ, REYKJAVÍK; © ANDREA MARKAND

GUNNUHVER; © CAROLINE MICHEL

Wann fahren? Das ganze Jahr über

Wie lange? Reykjavík durchstreifen geht schnell, man kann aber mit Kulturprogramm sehr gut auch ein paar Tage hier verbringen. Reykjanes ist an einem Tag umrundet, aber auch nach einer Woche hat man noch nicht alles gesehen.

Updates, mehr **Bilder** und eure **Tipps** zu diesem Kapitel auf www.stefan-loose.de unter **eXTra [11077]**

Geröll, Lava, Schutt: Island begrüßt Ankommende am Flughafen von Keflavík mit einer fast vegetationslosen, flachen Einöde. Wer von hier aus gleich auf die autobahnähnliche **Straße 41** nach Reykjavík auffährt, wird diesen ersten Eindruck bestätigt finden: keine niedlichen kleinen Grassoden-Häuschen, keine Wasserfälle am Straßenrand, keine wild umherstreifenden Islandpferde. Es sieht aus wie auf einer riesigen, tristen Baustelle. Und auch die ersten Häuser von Reykjavík, funktionale Hochhäuser und breite Straßen, lösen nicht gerade Begeisterungsstürme aus. Doch im Zentrum wird es schnuckelig, kulturell interessant und auch kulinarisch abwechslungsreich. Reykjavík ist eine junge und kreative Stadt und unbedingt sehenswert, wenn man nicht nur wegen der Naturerlebnisse nach Island fliegt.

Der ideale Island-Einstieg für Naturfreaks liegt ganz nah: An den Küsten westlich und südlich des Flughafens, vor allem entlang der **Straße 427**, zeigt sich die Halbinsel Reykjanes von ihrer schönsten Seite (S. 173). Nirgendwo sonst findet man auf so engem Raum derart viele große Lavafelder, schroffe Klippen, flach abfallende Strände, straßennahe Vulkane und aufregende Geothermalgebiete wie hier. In keiner anderen Region bebt die Erde häufiger. Denn in Reykjanes kommt die „Spalte“ an Land, die Amerika von Europa trennt (s. auch „Die Entstehung der Insel“, S. 85).

Man kann hier richtig was entdecken, Abenteuer erleben. Etwa heiße Dampfquellen bestaunen, von steilen Klippen den Blick schweifen lassen, durch eine Lavawüste streifen oder auf Matsch- und steilen Bergpisten Rallye-Luft schnuppern. Und vor allem sollte man die Wanderschuhe schnüren: Von gemütlichen Spaziergängen über markierte Rundwanderrouten bis zum mehrtägigen Trekking auf alten Fernwanderwegen geht hier alles.

2021 fand die Gegend ihren Platz im Weltbewusstsein, als es im Gebiet des Geldingardalir rund um den Tafelvulkan Fagradalsfjall (etwa 40 km südwestlich von Reykjavík zur Eruption kam. Weitere Ausbrüche erfolgten 2022 (Meradalir) und 2023 (bei Litli-Hrútur, etwa 4 km nordöstlich des Fagradalsfjall). Auch wenn die Vulkane zur Zeit der Recherche nicht mehr aktiv Lava ausspuckten, waren Vulkan-Touren zu den neuen Lavafeldern sehr beliebt. Bis im November 2023 eine Serie schwerer Erdbeben die Gegend zwischen Blauer Lagune und der Stadt Grindavík erschütterte und diese aus Sicherheitsgründen evakuiert wurde. Ob – und falls ja, wo – es zu weiteren Erdbeben, Magmaansammlungen und Vulkanausbrüchen kommen wird, ist ungewiss, aber es muss davon ausgegangen werden, dass die seismische Aktivität rund um Grindavík auch weiterhin anhalten wird (weitere Infos auf S. 180).

Reykjavík

Reykjavíks Innenstadt ist bunt und sprüht vor Energie. Ein paar historische Bauten, viele farbenfrohe, kleine Häuser, Monumente, Skulpturen und sehr viel Streetart. Die Kreativität ist unübersehbar: Galerien, Designerlädchen, Cafés und am Wochenende eine rege Livemusikszene. Zahlreiche **Museen** locken Kulturinteressierte und solche, die es werden wollen – denn den Kern der isländischen Seele erahnt man sehr gut in der Kunst. Interessante Stunden versprechen auch das Gletscher-, Wal- und das Saga-Museum. Oder wie wäre es mit einem Besuch im Penis- oder Punkmuseum? Im Perlan – das als Warmwasserspeicher und als Museum genutzt wird – gibt es Nordlichter das ganze Jahr über zu sehen, Hot Pots locken in Schwimmbädern und in den Spas lässt es sich herrlich entspannen.

Die meisten Reisenden begnügen sich damit, nur einen Tag in der Hauptstadt zu verbringen – wenn sie sie nicht gleich ganz auslassen. Damit verpassen sie das kulturelle Island, was sehr schade ist. Reykjavík eignet sich außerdem gut als Ausgangspunkt für **Ausflüge** mit dem eigenen Auto. Und auch wer keinen Mietwagen nehmen möchte, kommt von hier gut an viele der Sehenswürdigkeiten in der Umgebung; sei es mit organisierten Gruppen-Touren oder auf eigene Faust mit dem öffentlichen Nahverkehr.

Geschichte

Reykjavík – die „Rauchbucht" – gilt als erster dauerhaft besiedelter Ort Islands. Der Erste, der sich an dem Ort der heutigen Hauptstadt niederließ, war der Norweger **Ingólfur Arnarson**, der 874 n. Chr. hier anlandete (s. auch S. 102). Er lebte zwar vorher schon in Island (bei Ingólfshöfði im Südosten), machte sich aber nach einem Zerwürfnis mit seiner Familie auf die Suche nach einem neuen Wohnsitz und fand ihn in der geschützten Bucht Faxaflói – auch wegen der vorhandenen Erdwärme eine gute Wahl.

Es dauerte lange, bis die Siedlung rund um Ingólfurs Hof zur Stadt heranwuchs. Es ist **Skúli Magnússon** zu verdanken, der seit 1749 als erster Landvogt Islands das dänische Handelsmonopol in Frage stellte und die Ansiedlung von isländischen Gewerbetreibenden möglich machte (s. auch S. 108). Im Jahr 1786 erhielt Reykjavík den Stadttitel. Nach und nach zogen Bischofssitz, Schule und Alþing hierher (das Parlament Alþing tagte noch bis 1799 im 40 km entfernten Þingvellir). Die industrielle Revolution fand ohne Island statt. Stattdessen konzentrierte man sich ab Anfang des 20. Jhs. auf den **Hafenausbau** und die technologische Entwicklung der **Fischerei**. Den Durchbruch zur Moderne brachten dann die hier stationierten **britischen und US-amerikanischen Truppen im Zweiten Weltkrieg**, mit denen Jeans, Hot Dogs und andere Konsumgüter auf die Insel kamen. Die Fischer und Bauern waren schlagartig ins 20. Jh. katapultiert worden.

Heute darf sich Reykjavík Großstadt nennen. Als Hauptstadt und Regierungssitz ist sie das isländische Zentrum für Bildung, Kultur, Politik und Wirtschaft. Zeiten der Goldgräberstimmung wechselten sich ab mit Krisen. Hering-, Trawler-, Start-up- und Aktien-Boom machten Reykjavík zur Hauptstadt der Super-Jeeps. Dann die Ernüchterung im Jahr 2008: **Finanzkrise**, Bankencrash, Kochtopf-Revolution (S. 111). Mehrfach folgten auf Wahlen schnelle Neuwahlen, z. T. mit überraschenden Ergebnissen (wie die Wahl von Jón Gnarr, einem Komiker und Punk, zum Bürgermeister (s. auch Kasten S. 133). Zurzeit besinnt man sich in Reykjavík auf Stabilität; seit 2014 ist der Sozialdemokrat Dagur B. Eggertsson mit einem Bündnis aus Grünen und Piraten für die Regierungsgeschäfte verantwortlich.

In Reykjavík leben heute knapp 140 000 Einwohner. Ganz nah dran und zum Großraum der Hauptstadt zählend liegen die zweit- und die drittgrößten Städte des Landes: **Kópavogur** hat etwas über 40 000 Einwohner und **Hafnarfjörður** rund 30 000. Zum Gebiet zählen auch **Garðabær**

Angekommen – und jetzt?

© ANDREA MARKAND

Viele Flugzeuge aus Deutschland landen mitten in der Nacht. Die öffentlichen Busse fahren dann nicht und von den Autovermietern sind nur wenige direkt 24 Std. am Flughafen aktiv. Wer nachts ankommt, muss also etwas mehr planen als andere.

Autovermietungen

Die Auswahl ist groß, doch nur Avis/Budget, Europcar und Hertz haben Schalter direkt in der Ankunftshalle (🕒 meist 6–1 Uhr). Wer einen Wagen vorgebucht hat, muss hier ebenso warten wie alle, die sich spontan entscheiden. Tipp: Einige Anbieter bieten Privilege-Kunden einen direkteren Service – über Konditionen informieren die Anbieter auf Anfrage. Die Stationen der anderen Vermieter liegen zumeist nicht direkt am Flughafen, sondern weiter östlich oder in Keflavík (S. 39). Sie bieten während ihrer Öffnungszeiten (nur tagsüber) Shuttleservice. Die Fahrer warten dann in der Ankunftshalle (mehr Infos zu Leihwagen auf S. 68, Travelinfos und S. 172, Keflavík). Wer seinen Wagen direkt nach Ankunft bekommen will, ist bei der Wahl des Anbieters also gut beraten, die Ankunftszeit im Blick zu haben. Wagen zurückgeben geht bei fast allen Anbietern nahe beim Flughafen rund um die Uhr, da der Schlüssel nur in einen Briefkasten geworfen wird.

Shuttlebusse

Pendelbusse nach Hafnarfjörður (40 km, 35 Min.) und Reykjavík (50 km, 45 Min.) verkehren nach fast jeder Ankunft. Diese Busse fahren zu den Bahnhöfen der Gesellschaften. Transfer von dort zur Unter-

und **Mosfellsbær** und so kommt es, dass in der Hauptstadtregion rund 250 000 Menschen leben, das sind zwei Drittel der Gesamtbevölkerung.

Orientierung

Die meisten Sehenswürdigkeiten, Restaurants, Cafés und Kneipen und auch zwei Busbahnhöfe

kunft kann mitgebucht werden. Alle, die in der Hauptreisezeit nachts ankommen, sollten sich einen Bus vorbuchen, damit auch ganz sicher ein Platz frei ist.
Wer vor dem Rückflug an der Unterkunft abgeholt werden will, ruft bei der Gesellschaft an oder schickt eine E-Mail. Die Preise liegen zwischen 4000–6000 ISK. Kinder und Jugendliche (6–15 J.) zahlen meist die Hälfte, Kleinkinder fahren kostenlos mit.
Flybus (Reykjavik Excursions), ✆ 580 5400, 💻 www.re.is, zum BUSBAHNHOF BSÍ mit Weitertransport zum Stadtflughafen Reykjavík, zum Campingplatz und zu den meisten Hotels und Gästehäusern. Diese Gesellschaft fährt auch bei geringerer Nachfrage regelmäßig.
Airport Express (Gray Line), ✆ 540 1313, 💻 https://grayline.is/airport-bus-transfer, zum BUSTERMINAL KLETTAGARÐAR (am neuen Hafen) online buchbar, mit Weitertransport zum Stadtflughafen Reykjavík, zum Campingplatz und zu den größeren Hotels und Gästehäusern.
Airport Direct, ✆ 497 8000, 💻 www.airportdirect.is. Flughafentransfer zum „Reykjavík Terminal", Skógarhlíð 10 (dicht bei Perlan). Ab Perlan bringt diese Gesellschaft Kunden in Kleinbussen („Smartbus") zu den Hotels.

Linienbus

Ein öffentlicher Linienbus von **Strætó** (Linie 55), 💻 www.straeto.is/en, fährt wochentags ab 6.35–22.45 Uhr etwa alle 2 Std. über Keflavík, Hafnarfjörður (Fjörður) und weitere Zwischenstopps in 1 1/4 Std. nach Reykjavík (4 Zonen); mehr zum Preissystem s. S. 158). Am Wochenende seltener und nur bis Fjörður. Umstieg in den Stadtbus-Linie 1 Richtung Hlemmur. Ab Keflavík (Miðstöð) gibt es Anschluss an die Linie 89 nach Garður und Sandgerði.

Fahrrad

Fahrräder können im BikePit-Container vor dem Ankunfts-Ausgang ausgepackt und montiert oder per Bus (kostenpflichtig) nach Reykjavík mitgenommen werden.
Alle Details zu Reisen mit dem Rad s. S. 70, Travelinfos.

Taxi

Nach Keflavík ab 3000–6000 ISK, nach Reykjavík ab 16 000–22 000 ISK, Minibusse für 5–8 Pers. um die 25 000 ISK (je nach Anbieter). Die Taxiunternehmen haben jeweils eine eigene App, über die gebucht und bezahlt wird.
BSR, ✆ 561 0000, 💻 www.bsr.is;
Borgarbílastöðin, ✆ 552 2440, 💻 www.borgarbilastodin.is;
Hreyfill Bæjarleiðir, ✆ 588 5522, 💻 www.hreyfill.is.

Geldumtausch

Bargeld braucht man in Island nicht wirklich (s. S. 53, Traveltipps). Wer mit dem öffentlichen Nahverkehr fahren will, zahlt die Tickets am einfachsten per App, denn Bargeld muss passend abgezählt sein. Auch die Tickets für die anderen Busse werden mit Kreditkarte bezahlt, sofern man nicht schon online einen Transfer gebucht hat.
Wer zur Sicherheit Bargeld in der Tasche haben möchte: Die Geldautomaten in der Ankunftshalle akzeptieren alle gängigen Kredit- und Girokarten.

(BSÍ und Hlemmur) liegen fußläufig rund um den **Stadtsee Tjörnin** und den **alten Hafen** (von hier starten zahlreiche Bootsausflüge). Einen wunderbaren Ausblick aufs Zentrum hat man vom Turm der **Hallgrímskirkja-Kirche**. Die **Einkaufsstraßen Laugavegur** und **Skólavörðustígur** laden mit kleinen Geschäften und Galerien zum Bummeln ein. Nach Osten führt die Miklabraut zum Gewerbegebiet Skeifan und schließlich zur Ringstraße. Gleich südlich des Zentrums schließen sich der **Inlandflughafen** und der **Stadtstrand Nauthólsvík** an.

Vom Alten Hafen (Gamla Höfnin) führt die **Uferpromenade Sæbraut** an den berühmten Sehenswürdigkeiten Harpa, Sólfarið und Höfði vorbei nach Osten in Richtung des Campingplatzes und des bekanntesten Schwimmbades Laugardalslaug, ehe sie südwärts zum dritten, fast schon in Kópavogur gelegenen Busbahnhof (Mjódd) abbiegt. Eine weitere wichtige Verbindungsstraße nach Süden ist die **Kringlumýrarbraut (Straße 40)**, die vorbei am namensgebenden Einkaufszentrum Kringlan nach Kópavogur führt, von wo aus es über die Straße 41 weiter nach Südwesten zum internationalen Flughafen Keflavík geht.

Das Zentrum

Das Zentrum lässt sich in wenigen Stunden gut zu Fuß erkunden. Wer viele Besichtigungen plant, kann hier auch mehrere Tage verbringen.

Die Hallgrímskirkja

Unübersehbar liegt die Kirche Hallgrímskirkja zentral auf dem Hügel Skólavörðuholt im Zentrum der Stadt. Für viele ist sie das **Wahrzeichen** Reykjavíks und fast jeder kommt an ihr mindestens einmal vorbei. Lohnend ist es allemal, denn sie ist die größte Kirche des Landes, sie hat den höchsten Kirchturm und die größte Orgel. Vom 74 m hohen **Turm** bietet sich ein unvergleichlicher Blick über die Stadt. Mit dem Aufzug geht es geschwind hinauf – zumindest, wenn die Warteschlange nicht allzu lang ist.

Den Architekten der Kirche **Guðjón Samúelsson** (1887–1950), kennt in Island jeder. Der Bau der Hallgrímskirkja war nach dem Nationaltheater, der Kirche in Akureyri (S. 381) und dem Museum in Kópasker (S. 430) sein letztes und größtes Werk. Bereits 1937 legte er die Baupläne vor, aber erst fast 50 Jahre später, im Jahr 1986, konnte das Kirchenschiff geweiht werden. Samúelsson's Stil ist formschön und schnörkellos. Das Äußere der Kirche wurde sichtbar inspiriert von den überall im Land präsenten Basaltsäulen. Klare Formen dominieren auch den schlicht gestalteten Kirchenraum.

Musikliebhaber kommen vor allem wegen der 5275 Pfeifen der 25 Tonnen schweren **Orgel**, die vom deutschen Orgelbauer Johannes Klais aus Bonn gebaut wurde. Sie ist beeindruckend, vor allem dann, wenn sie sich Gehör verschafft. Neben den regulären Gottesdiensten und unzähligen Spontan-Konzerten kommt sie z. B. von Juni/Juli bis Mitte/Ende August beim Alþjóðlegt Orgelsumar (Internationaler Orgelsommer) zum Einsatz. Dann nehmen Kulturbeflissene auf den 1200 Sitzen Platz und lauschen eine Stunde lang den Klängen in eindrucksvoller Atmosphäre und

Von der Kunst, Berlin und bunten Häusern

Reykjavík ist bunt. Die Häuser sind nicht nur rot, blau oder grün gestrichen, es ist vor allem die vielfältige **Streetart** an den Fassaden, die einen Spaziergang im Zentrum und am Hafen so abwechslungsreich macht. Die meisten Bilder entstanden beim Streetart-Projekt „Wall Poetry", welches 2015 und 2016 von den Machern des Iceland-Airwaves-Festivals zusammen mit der deutschen Künstlergemeinschaft Urban Nation (💻 https://urban-nation.com) realisiert wurde. Zehn Künstler ließen sich von den Songs der Festivalteilnehmer inspirieren und schufen großflächige Werke auf staatlichen Gebäuden. Isländische Künstler waren leider nicht dabei und daher suchen diese nun eigene Wände für ihre Werke. Etwa Sara Riel (die auch mit Berlin verbunden ist, denn 2005 machte sie dort ihren Abschluss an der Kunsthochschule): Auf privaten Hausfassaden präsentiert die anerkannte Künstlerin ihre Wandgemälde (z. B. den *Fönix nahe dem Hafen*). Mehr Infos zum Thema 💻 https://guidetoiceland.is/reykjavik-guide/street-art-in-reykjavik-icelandic-guide-to-urban-graffiti.

Akustik. Eintrittskarten gibt es eine Stunde vor Beginn der Veranstaltung.

Geweiht ist die Kirche dem Prediger und Poeten **Hallgrímur Pétursson** (1614–74). Die Isländer lieben diesen Mann, der sich als Kirchenlied-Dichter einen Namen machte. Sein Psalmen-Buch ist bis heute ein Kassenschlager und das meistverkaufte Buch Islands. ⌚ Mai–Sep 9–20, Okt–April 10–17 Uhr; der Turm im Sommer von 9–19.45, im Winter 10–16.30 Uhr (So 10.30–12.15 Uhr geschlossen). Messen So 11, Mo und Do 12, Mi 10 Uhr; auf Englisch immer am letzten So des Monats um 14 Uhr, Eintritt frei, Zugang zum Turm (nur über den Aufzug) 1300 ISK, Kinder (7–16 J.) 200 ISK. Öffnungszeiten und Veranstaltungen auf 💻 www.hallgrimskirkja.is/en.

Leifur Eiríksson-Statue

Vor der Kirche steht eine Statue von Leifur Eiríksson (S. 104). Der Entdecker des Landes schaut versonnen über Reykjavík hinweg in Richtung Nordamerika. Er war es, der den Kontinent im Jahr 1000 – fast 500 Jahre vor Kolumbus – als erster Europäer entdeckte. Die Bronzestatue ruht auf tonnenschweren Granitblöcken, die das Schiff Leifurs versinnbildlichen. Die Inschrift verrät, dass sie ein Geschenk der Vereinigten Staaten von Amerika zum 1000. Geburtstag des Alþing ist, geschaffen im Jahr 1930 vom Bildhauer Alexander Stirling Calder. Zwei Jahre später fand sie ihren Platz hier auf dem Berg Skólavörðuholt. Ganz ohne Streit ging das allerdings nicht. Schon im Vorfeld gab es Ärger mit Norwegen, das immer noch behauptete, der Wikinger Leifur sei kein Isländer, sondern Norweger gewesen. Auch einige Isländer protestierten, denn ein US-Geschenk sollte nicht am prominentesten Standort der Stadt stehen. Man einigte sich schließlich darauf, den höchsten Punkt des Berges für die damals noch nicht gebaute Hallgrímskirkja freizulassen und die Statue etwas weiter westlich zu positionieren.

Reykjavík per pedes

€ **Citywalk**, 📞 787 7779, 💻 www.citywalk.is. Ein junges Historiker-Team bietet themenbezogene Stadt-Führungen. Beliebt ist der kostenlose, zweistündige Stadtrundgang, auf dem man nicht nur geschichtliche Details, sondern auch viel über Leben und Weltanschauung der Isländer erfährt. Jeder zahlt am Ende, was ihm / ihr die Tour wert war. Die Führung wird auch für einen Festpreis für private kleinere Gruppen angeboten. Die Touren (fünf Tage im Voraus buchbar, per Mail anmelden) beginnen vor dem Parlament und enden zwei Stunden später im Rathaus, wo der Klingelbeutel rumgeht.

Reykjavík Haunted Walk, 📞 893 7821, 💻 www.hauntedwalk.is. Eine Gruselgeschichte am alten Friedhof gefällig? Seit 2006 bietet der Historiker Óli Kári Ólason ab Mitte Juni bis Ende August Sa–Do um 20 Uhr Geisterspaziergänge durchs Zentrum (ca. 2,5 km, 90 Min., 3000 ISK, Kinder gruseln sich kostenlos), Treffpunkt an der Kreuzung Aðalstræti/ Vesturgata.

Dark Deeds in Reykjavík. Organisiert vom Team der Unesco City of Literature und der Nationalbibliothek, Tryggvagata 15. Auf den Spuren des Nobelpreisträgers Halldór Laxness und zeitgenössischer (Krimi-)Autor:innen geht es per App (auch in deutscher Sprache) durch die Stadt. Den Download gibt es auf 💻 www.cityofliterature.is.

Vom Skólavörðustígur zur Lækjargata

Schnurgerade führt die Straße **Skólavörðustígur** vom Kirchenhügel hinunter ins Herz der Stadt. Hier locken Geschäfte zum Gucken und Kaufen: Etwa der Fotoladen **Fótógrafí** mit seinen vielen alten Bildern und Fotoapparaten oder der Plattenladen **12 Tónar** (S. 157, Einkaufen). Dann wird die Skólavörðustígur zur bunten (tagsüber autofreien) Regenbogenstraße und mündet schließlich in der quirligen Einkaufsmeile **Laugavegur**, die zum Flanieren lädt und auf der sich viele Restaurants, Cafés und Clubs befinden. Doch auch die weniger belebten Sträßchen westlich des Skólavörðustígur führen vorbei an niedlichen kleinen Läden. Hier beginnt das eigentliche historische Zentrum, voller künstlerischer Details. Am augenfälligsten sind die bunten und fantasievoll bemalten Häuser, die diesen Teil der Stadt prägen.

Kunst im Park

Der erste international bekannte Bildhauer Islands ist Einar Jónsson. Kunstwerke des von 1874–1954 lebenden Meisters sind (kostenlos) in einem **Skulpturengarten** zu bewundern. Der Eingang befindet sich in der Freyjugata (von der Hallgrímskirkja aus zweimal links um die Ecke). Mehr Originales vom Meister gibt's im Museum **Listasafn Einars Jónssonar**, 💻 www.lej.is, Eiríksgata 3. ⌚ Di–So 12–17 Uhr, 1500 ISK, Kinder unter 18 J. frei.

REYKJAVÍK UND REYKJANES

An oder nahe der Hauptstraße Lækjargata liegen das **Punkmuseum** (s. Kasten), der begrünte Hügel Arnarhóll mit der eindrucksvollen **Ingólfur-Arnarson-Statue** und **Menntaskólinn í Reykjavík**, eine Schule, die so bedeutend ist, dass sie den 500 ISK-Schein ziert. Nicht, weil das ehemals größte Bauwerk Reykjavíks von 1845–81 als Versammlungsort des Parlaments diente, sondern weil es sich um die älteste und wichtigste Bildungseinrichtung Islands handelt: 1056 in Skálholt (S. 212) gegründet, 1786 nach Reykjavík verlegt. Zwar ist das heutige Gymnasium von innen nicht sehenswert, aber ein sichtbares Zeichen für den hohen Stellenwert der Bildung in Politik und Gesellschaft.

Rund um den See Tjörnin

Im Winter trifft man sich am „Teich", Reykjavíks wahrem Stadtzentrum, zum Schlittschuhlaufen. Und auch im Sommer sind an Sonnentagen die Bänke rund um den See schnell belegt. Kinder füttern die Möwen, Enten und Schwäne, obwohl die Eltern wissen, dass das weder für die Wasserqualität noch für die Tiere gut ist. Mitarbeiter der umliegenden Bürogebäude und Geschäfte verbringen hier ihre Pausen. Die Umrundung dauert etwa 20 Minuten, sofern man die Brücke der Skothúsvegur, die am unteren Drittel über den See führt, als Abkürzung nutzt.

Am Ostufer befinden sich die hübsche weiße **Fríkirkja-Freikirche** mit ihrem grünen Dach, die **Nationalgalerie** (s. Kasten S. 139) und das **Büro des Präsidenten**, südwestlich das **Nationalmuseum** die **Universität** und das Kulturzentrum **Norræna Húsið**, 💻 www.nordichouse.is, das (u. a. mit sehenswerten Ausstellungen) die Bindungen Islands zu den anderen nordischen Ländern pflegen und fördern soll. Am Westufer liegen der Brunnen, der bis 1909 die Wasserversorgung der Stadt sicherstellte, und der verwunschene **Friedhof Hólavallagarður** von 1838, auf dessen Gelände imposante alte Bäume wachsen.

Sehenswert ist auch die **Statue des unbekannten Bürokraten**, erschaffen von Magnús Tómasson, am Beginn der Fußgängerbrücke zum Rathaus (s. S. 7, Highlights).

Rathaus

Am Nordufer des Tjörnin ist das Rathaus (City Hall), ein modernes graues Betongebäude von 1992, so angelegt, dass der Eindruck entsteht, es stünde auf einer Insel. Innen befindet sich neben einem kleinen **Café** ein tolles, 70 m² großes **topografisches 3D-Modell** von Island.

Nationalmuseum (Þjóðminjasafn)

Die Dauerausstellung „Making of a Nation", Suðurgata 41, 💻 www.thjodminjasafn.is, führt über zwei Stockwerke chronologisch durch die isländische Geschichte von den ersten Siedlern bis zur Gegenwart. Die beeindruckende Vielfalt an Exponaten wird noch durch Multimedia Informationen in Form von Filmen, Grafiken oder Audioelementen bereichert (in Englisch, Audioguide auch in deutscher Sprache). Für Kinder gibt es eine Wikinger-Ecke, wo sie sich mittelalterliche Kleider überziehen und selbst erfahren können, wie schwer zum Beispiel so ein Kettenhemd war.

Im Erdgeschoss stellt das **Nationale Fotomuseum** (Ljósmyndasafn Íslands) in wechselnden Ausstellungen Fotografien, Drucke, Zeichnungen und Grafiken aus. Dazu finden sich hier ein Souvenirshop mit größerer Bücherecke sowie ein Café mit Tagessuppe, kleinen Gerichten und Kuchen. Spezielle Veranstaltungen zu isländischen Sitten und Bräuchen sind beliebt, sie finden zum Beispiel in der Adventszeit statt. ⌚ tgl. 10–17 Uhr, Eintritt 2500 ISK, Kinder unter 18 J. frei.

Am Austurvöllur

Sternförmig angeordnete Fußwege teilen den begrünten Platz **Austurvöllur**, der früher als

Es lebe der Pönk

Mitten im Zentrum von Reykjavík führt eine Treppe in den Untergrund. Im einst öffentlichen WC zeigen heute die Punks, wie sie die Welt sehen und vor allem hören. Im **Punk-Museum** (Pönksafn Íslands), Bankastræti 2, ✆ 568 2003, 💻 https://icelandic-punk-museum ponksafn-islands.business.site (Karte Innenstadt S. 136) informieren von Kloabteil zu Kloabteil schreibmaschinengeschriebene Blätter auf Englisch und Isländisch über die Geschichte des isländischen Punk, dem sogenannten Pönk. Wie war das im Jahr 900 zur Landnahmezeit? No Pönk. Später, als sich die Musikszene zu entwickeln begann? Immer noch kein Pönk. Doch dann kam das Jahr 1978 und mit ihm die Tournee der britischen Punkrocker The Stranglers. Immerhin 2 % aller Isländer kamen zum Konzert. Kurz darauf feierte dann Bubbi Morthens mit seiner Band Utangarðsmenn Erfolge – wie die Stranglers stark von New Wave beeinflusst. Eine weitere Ikone dieser Musik ist Björk, deren frühe Karriere mit 14 Jahren als Punkmusikerin begann. Heute spielt Pönk-Musik keine so große Rolle mehr – doch es gibt sie noch, die Pönks Reykjavíks. Ein lustiges Museum und ein toller Zeitvertreib – auch für Nicht-Pönks. 🕒 tgl. 10–18 Uhr, Eintritt 1000 ISK.

Weide und Lagerplatz für Viehhändler diente, in vier Rasen-Trapeze. In der Mitte thront eine Statue **Jón Sigurðssons** (S. 108). Genauso wie der noch heute verehrte, mit leichter Patina begrünte Freiheitskämpfer, schaute wiederholt auch das isländische Volk prüfend sowohl auf den Dom als auch aufs Parlamentsgebäude. Zuletzt bei der sogenannten „Kochtopf-Revolution" zur Jahreswende 2008/2009, bei der mehr als 10 000 Menschen wochenlang samstags gegen die Politik demonstrierten, indem sie mit Kochlöffeln auf Töpfe trommelten, um sich Gehör zu verschaffen. Ihr Protest war erfolgreich, die Regierung trat zurück und es gab Neuwahlen (s. S. 111, Regierung und Politik). **The Black Cone**, die vom spanischen Bildhauer Santiago Sierra 2012 geschaffene Skulptur eines gespaltenen Steines, symbolisiert diesen zivilen Ungehorsam.

Alþingishúsið

Ein großes Parlament für eine kleine Nation – das war wohl der Plan der Bauherren, die 1879–81 das neue **Parlamentsgebäude** designten. Eigentlich hätte es schon 1874 – genau 1000 Jahre nach der Besiedlung durch Ingólfur Arnarson – fertig sein sollen, aber es gab finanzielle Schwierigkeiten und einen langandauernden Streit um den perfekten Standort. Schließlich wurde der Steinbau aus grauem Dolerit-Vulkangestein 1881 direkt neben der Domkirche am Austurvöllur errichtet. Ihn zieren Abbilder der vier Landvættir (Landwächter) aus der nordischen Mythologie, die das Land vor äußeren Bedrohungen schützen sollen: Der Adler bewacht den Norden, der Stier den Westen, der Drache die Ostfjorde und der Riese die Halbinsel Reykjanes. Und den Süden? Den verteidige allein die gefährliche Brandung, sagt man.

Die Krone auf dem Dach ist dem dänischen **König Christian IX** gewidmet. Nicht nur der Architekt Ferdinand Meldahl kam aus Dänemark, ganz Island war zur Bauzeit des Parlaments noch lange nicht wieder unabhängig. Das Alþing hatte in dieser Zeit aber immerhin beratende Funktion und einige legislative Rechte (mehr dazu steht auf S. 111).

Bis 1973 residierte auch der isländische Präsident im Alþingishúsið (heute findet man ihn in Bessastaðir, s. S. 155). Das für ihn und das Par-

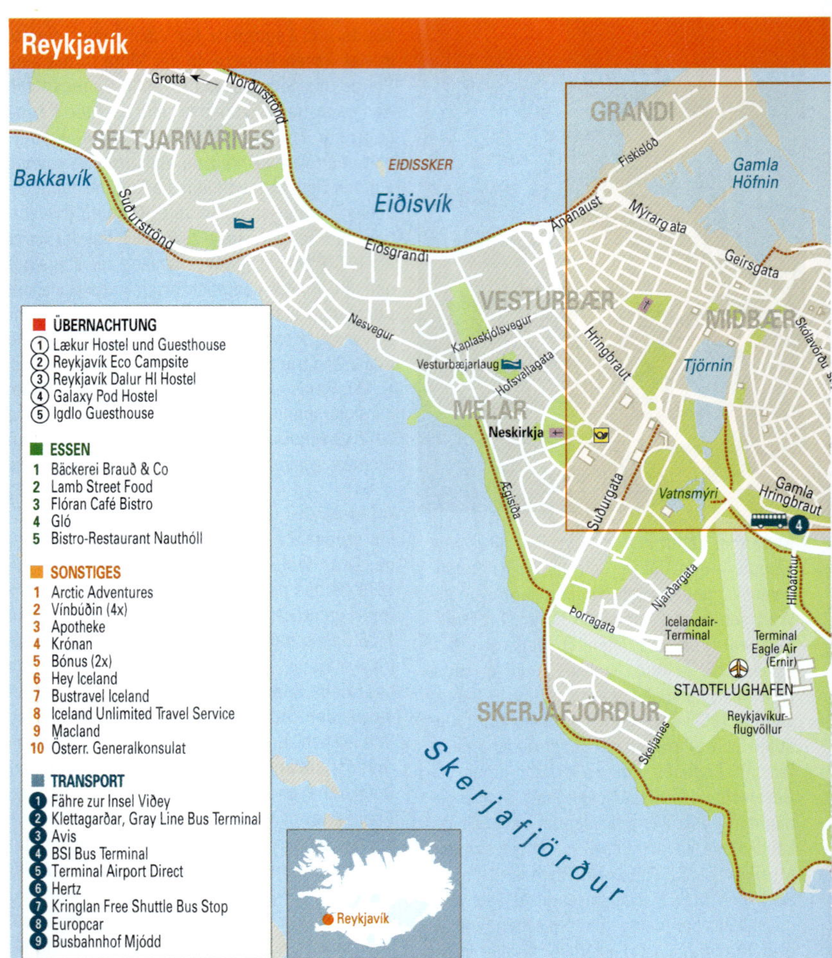

lament damals viel zu große Gebäude teilte er sich mit der Nationalbibliothek, mit der Nationalgalerie, dem Nationalmuseum und mit Studenten der Uni. Das Haus ist von innen nicht zu besichtigen, aber der hübsche Garten dahinter ist seit 1893 ein frei zugänglicher öffentlicher Park.

Dómkirkja

Der kleine Dom von Reykjavík, vis-à-vis dem Parlament, ist Bischofssitz der evangelisch-lutherischen Staatskirche. Seit 2012 bekleidet eine Frau das Bischofsamt: Agnes M. Sigurðardóttir ist damit die erste Bischöfin Islands, die dieses oberste Kirchenamt bekleidet. In der weiß-grauen Kirche aus dem Jahr 1847 mit ihren schlichten Holzbänken, der reich verzierten Kanzel und den hübschen Emporen finden nicht nur Gottesdienste, sondern auch Konzerte statt. ⌚ Mo–Fr 10–14 Uhr, Messe So 11 Uhr, 💻 http://domkirkjan.is.

An der Aðalstræti

Am **Skúli Magnússon-Park** steht das Denkmal einer der wichtigsten Personen der Stadtgeschichte. Es gibt mehrere Männer, die Anspruch auf den Titel „Vater Reykjavíks" haben. Skúli Magnússon (1711–94, s. auch S. 108, Geschichte) ist einer davon. Er schuf nicht nur die Grundlage für die ersten Industrie- bzw. Handelsgeschäfte der Stadt. Als Magistrat und Landvogt ließ er ab 1750 auch zahlreiche Gebäude errichten, die Reykjavík zu einer echten Stadt mit einer Hauptstraße – der Aðalstræti – machten. Die (über-)lebensgroße Bronzefigur stammt aus dem Jahr 1953.

Die **älteste Ruine** Reykjavíks befindet sich in der Aðalstræti 16. Die Reykjavíker möchten gern glauben, dass sich hier damals das Wohnhaus des ersten Siedlers Ingólfur Arnarson befand, was sich allerdings nicht belegen lässt. Das Alter der Mauerreste wird mit der Jahreszahl

Reykjavík Zentrum
TRANSPORT
10 Gray Line Iceland
11 Sixt
12 Stadtbusbahnhof Hlemmur
13 Reykjavík Excursions
14 BSI Bus Terminal
ESSEN
6 Hotdog-Stand Bæjarins Beztu Pylsur
7 Fiskmarkaðurinn
8 Duck & Rose
9 Mat Bar
10 Mama Reykjavík
11 Iðnó
12 Eldur og ís
13 101 Reykjavík Streetfood
14 Bastard Brew & Food
15 Kattakaffihúsið
16 Valdís Eisdiele (2x)
17 Kaffivagninn
18 Lamb Street Food
19 Matur og Drykkur
20 Sægreifinn
21 Höfnin
22 Bernhöftsbakarí
23 Brewdog Reykjavík
24 Sandholt
25 Rossopomodoro
26 Garðurinn
27 Gandhi
28 Dill Restaurant
29 Krua Thai
30 Café Babalú
31 Bäckerei Brauð & Co
32 Reykjavík Roasters (2x)
33 Hlemmur Matthöll
34 Devito's Pizza
GRANDI
Fly over Iceland
Lava Show
Whales of Iceland
Living Art Museum
Þúfa
Gamla Höfnin (Alter Hafen)
Reykjavík Maritime Museum
Saga Museum/ Aurora Reykjavík
Volcano House
Harpa
Himinglæva
s. Detailplan oben rechts
MIÐBÆR
Arnarhóll
Landakotskirkja
Austurvöllur
Rathaus
Menntaskólinn
FRIEDHOF Hólavallagarður
Tjörnin
Fríkirkja
Nationalgalerie
Büro des Präsidenten
Nationalmuseum
Hljómskálagarðurinn
UNIVERSITÄT
Vatnsmýri
Norræna Húsið
Ásgrímur Jónsson-Museum
BSI Umferðarmiðstöðin
Grandagarður
Fiskislóð
Grunnslóð
Rastargata
Hlésgata
Mýrargata
Nýlendugata
Ægisgarður
Suðurbugt
Miðbakki
Geirsgata
Austurbakki
Kalkofnsvegur
Ingólfsgarður
Ananaust
Eiðsgrandi
Holtsgata
Seljavegur
Vesturgata
Bakkastígur
Hringbraut
Sólvallagata
Frámnesvegur
Brekkustígur
Drafnarstígur
Bræðraborgarstígur
Ránargata
Bárugata
Stýrimannastígur
Öldugata
Unnarstígur
Hrannarstígur
Ægisgata
Vesturvallagata
Grandavegur
Meistaravellir
Kaplaskjólsvegur
Túngata
Hofsvallagata
Hávallagata
Hólavallagata
Garðastræti
Ásvallagata
Blómvallagata
Brávallagata
Ljósvallagata
Suðurgata
Grófin
Naustin
Mjóstræti
Tryggvagata
Hafnarstræti
Austurstræti
Pósthússtræti
Aðalstræti
Grjótagata
Kirkjustræti
Templarasund
Vonarstræti
Lækjargata
Bankastræti
Ingólfsstræti
Hverfisgata
Amtmannsstígur
Bókhlöðustígur
Smiðjustígur
Hallveigarstígur
Spítalastígur
Týsgata
Þórsgata
Skálholtsstígur
Miðstræti
Þingholtsstræti
Bjargarstígur
Grundarstígur
Bergstaðastræti
Óðinsgata
Freyjugata
Fríkirkjuvegur
Laufásvegur
Tjarnargata
Skothúsvegur
Hellusund
Baldursgata
Válastígur
Nönnugata
Urðarstígur
Haðarstígur
Njarðargata
Sjafnargata
Fjölnisvegur
Bragagata
Fjólugata
Sóleyjargata
Birkimelur
Guðbrandsgata
Arngrímsgata
Brynjólfsgata
Bjarkargata
Smáragata
Laufásvegur
Gamla Hringbraut
Vatnsmýrarvegur
Sæmundargata
Sturlugata
Aragata
Oddagata
Njarðargata

0
300 m
ÜBERNACHTUNG
6 Reykjavík Treasure B&B
7 Apótek Hótel
8 Hótel Borg
9 Reykjavík Loft HI
10 Icelandair Hótel Reykjavík Marina
11 Guesthouse Butterfly
12 Reykjavík Residence
13 Kex Hostel
14 Rey Apartments
15 Reykjavik Downtown Hotel
16 Eric the Red Apartments
17 Guesthouse Pavi
18 Eric the Red Guesthouse
0
200 m
SONSTIGES
11 Gaukurinn
12 Apotheke (5x)
13 The Laundromat Cafe
14 Vínbúðin
15 Supermarkt 10-11 (3x)
16 B5
17 What's On in Iceland
18 The Downtown Bar Sirkus
19 Den Danske Kro
20 Erlingsson Naturreisen
21 Litla Jólabúðin
22 Rauði krossinn
23 Kaffibarinn
24 Arctic Surfers
25 Nettó
26 Krónan
27 Bónus (2x)
28 Bryggjan Brugghús
29 Reykjavík Bike Tours
30 Elding Whale Watching
31 Special Tours
32 Whale Safari, Treffpunkt für die Fähren nach Viðey
33 Mr. Puffin
34 Elding Whale Watching Office
35 Mulinn Jazz Club
36 Forlagið
37 Mál og menning
38 Lebowski Bar
39 Kaldi Bar
40 Kíkí Queer Bar
41 Bíó Paradís
42 The Tin Can Factory – Meet the Natives
43 Salt Eldhús
44 Laundromat Wash
45 12 Tónar
46 Handprjónasambandið
47 Fótógrafí
48 Eymundsson
49 Basecamp Iceland
50 Rauði krossinn
51 Deutsche Botschaft
Reykjavík Art Museum
Kolaportið Indoor Flohmarkt
Baum
Fischersund
Elfenstein
Ältestes Holzhaus
Ingólfs-torg
Gelbes Pierhaus
Hafnarstræti
Tryggvagata
Geirsgata
Penis-museum
Arnarhóll
Ingólfur Arnarson-Statue
Hæstiréttur
National-theater
Lindargata
Sölvhólsgata
Hverfisgata
Austurstræti
Pönksafn Islands
Bankastræti
Laugavegur
Skólavörðustígur
Austur-völlur
The Black Cone
Skúli Magnússon Park
Settlement Exhibition
Alþingishúsið
Dómkirkja
Rathaus
Tjörnin
Monument des unbekannten Bürokraten
Menntaskólinn
Regenbogen-straße
Sólfarið
Sæbraut
Höfði
Borgartún
Brietartún
POLIZEI
TÚN
Leifur Eiríksson-Statue
Hallgrímskirkja
Einar Jónsson-Skulpturengarten und Museum
Ásmundarsalur
Sundhöll Reykjavíkur
Landspítali (Uniklinik)
Reykjavík Art Museum Kjarvalsstaðir
Klambratún
Snorrabraut
Flókagata
Háteigsvegur
REYKJAVÍK UND REYKJANES

Dem Penis ganz nah

© SHUTTERSTOCK.CO/DAN SHACHAR

282 Penisse von über 60 Tierarten hat **Sigurður Hjartarson** im Laufe seines Lebens zusammengetragen. Wie so viele Isländer machte auch er aus seiner privaten Sammlung ein Museum. Heute ist sein Sohn vor Ort, der Sammler selbst ist im Ruhestand. Im **Phallus-Museum**, Kalkofnsvegur 2, ☏ 561 6663, 💻 www.phallus.is, gibt es Lampen aus Hoden, Kassenkisten in Penisform und echte Penisse in allen Größen.
Platz 1 in der Kategorie „Größe" gewinnt der Pottwal: Sein Gemächt ist 75 kg schwer und 1,70 m lang. In der Kategorie „Alt" liegt der Penisknochen des vor mehr als 15 000 Jahren ausgestorbenen Höhlenbären aus Rumänien unangefochten vorne. Und der Preis für das mysteriöseste Geschlechtsteil geht an den Elfenpenis; der ist allerdings unsichtbar. Und wer einmal herzhaft und für niemanden schmerzhaft in einen Penis beißen will, kann sich eine Waffel im hauseigenen Café schmecken lassen. 🕒 tgl. 10–19 Uhr, Eintritt 2750 ISK.

„871 +/- 2" relativ exakt angegeben, und so lautet auch der Name der interaktiven Ausstellung **The Settlement Exhibition (871 +/- 2)**, 💻 https://reykjavikcitymuseum.is/the-settlement-exhibition, die in dem gelben Gebäude mit dem auffälligen Erkertürmchen untergebracht ist. Sie veranschaulicht die Besiedlungsgeschichte und vermittelt einen guten Eindruck, wie die ersten Siedler im damals noch ländlichen Reykjavík lebten (bevor sie den ganzen Wald abholzten). 🕒 tgl. 10–17 Uhr, Führungen im Juni/Aug tgl. um 11 Uhr, Eintritt 2650 ISK, Kinder bis 17 J. frei, Studenten 1700 ISK.

Nahebei steht in der Aðalstræti 10 Reykjavíks **ältestes Holzhaus** (aus dem Jahr 1762). Das aufwendig restaurierte dunkelbraune Gebäude mit roter Tür und weißen Fenstern beherbergt eine Ausstellung über die Stadtwerdung zu Zeiten von Skúli Magnússon.

Der **Ingólfstorg** (Ingolfsplatz) erinnert an den ersten Siedler Ingólfur Arnarson (s. auch S. 102, Geschichte). Als er auf seiner Flucht vor dem norwegischen König Harald die Küste Islands erreichte, soll er laut Landnahmebuch zwei Holzplanken mit den Worten „wo die angetrieben werden, will ich mich niederlassen" ins Meer geworfen haben. Drei Jahre später strandeten sie in Reykjavík. Die beiden 3 m hohen Basaltsäulen stehen symbolisch für dieses Ereignis. Im Dezember stehen auf dem Ingólfstorg Weihnachtsmarkthäuschen und eine künstliche Eisfläche lädt zum Schlittschuhlaufen ein.

Abstecher über die Túngata

Freunde von Kirchen und Elfen wenden sich am gelben Settlement-Haus nach Westen und gehen bergauf zur 1929 geweihten neugotischen katholischen Kathedrale **Landakotskirkja**, die ein schöner Park umgibt. Sie geht ebenso wie die Hallgrímskirkja auf das Konto des berühmten Architekten Guðjón Samúelsson. Für den Rückweg bietet sich der kleine Umweg durch die Garðastræti und die Grjótagata an. Hier befindet sich auf einer kleinen Grünfläche, über die ein Fußpfad führt, ein Stein. Es heißt, hier leben **Elfen**. Sie mögen es allerdings nicht, fotografiert zu werden, berichten zumindest die Nachbarn.

Vom Ingólfstorg zum Hafen

Das 1836 erbaute, sofort ins Auge fallende **gelbe Pierhaus** in der Vesturgata 2 war lange eines der wichtigsten Gebäude Reykjavíks, genutzt als Lagerhaus, Post- und Willkommensstation für Seereisende. Als man 1888 damit anfing, in Reykjavík Hausnummern zu verteilen, bekam das Pierhaus die allererste. Warum man damals mit der Nummer zwei zu zählen begann, ist nicht ganz klar. Sicher ist nur, dass alle Nummerierungen hier starten: die der West-Straße Vesturgata, die der Süd-Straße Suðurgata und die der Oststraße, der heutigen Einkaufsmeile Austurstræti. Eine Nord-Straße gibt es nicht, da das Pierhaus bis 1913, als die Aufschüttungen im Hafenbecken begannen, noch direkt ans Meer grenzte.

Heute stehen im Norden das **Reykjavík Art Museum** (s. Kasten), der große **Kolaportið Indoor Flohmarkt** (S. 157) und der berühmte **Hotdog-Stand Bæjarins Beztu Pylsur** (S. 146).

Am alten Hafen

Die Hafenregion ist sehenswert. Hier starten die **Walbeobachtungstouren** (S. 172), viele gute Restaurants laden zur Rast und die hier angesiedelte Museen stillen den Hunger nach Kultur.

Saga Museum

In dieser Ausstellung, die man am besten mit einer Führung per Audioguide (auch auf Deutsch) besucht, erwecken lebensgroße Puppen die alten Island-Sagas zu neuem Leben. Da das Gezeigte etwas blutrünstig ist, sollten kleinere Kinder das Museum eher nicht besuchen. Neben einem Souvenirshop gibt es die Möglichkeit zum Fotoshooting in Wikingerkleidung sowie ein sehr empfehlenswertes Restaurant mit isländisch inspirierter Küche (Matur og Drykkur, s. Essen). Grandagarður 2, 💻 www.sagamuseum.is, 🕒 tgl. 10–17 Uhr, Eintritt 3600 ISK, Schüler/Studenten 3000 IK, Kinder (6–12 J.) 1000 ISK.

Hohe Kunst

Das **Reykjavík Art Museum**, Tryggvagata 17, 💻 www.artmuseum.is, umfasst gleich drei Ausstellungen an verschiedenen Orten: Das **Hafnarhús** (Tryggvagata 17) zeigt zeitgenössische Kunst, darunter Guðmundur Guðmundssons (auch Erró genannt) oft sozialkritische Werke, deren Stil von Surrealismus bis Pop-Art reicht. Moderne Kunst von einem weiteren großen Künstler, Jóhannes Sveinsson Kjarval (mystische Naturgemälde voller Symbolismen), ist südöstlich in **Kjarvalsstaðir** (Flókagata 24) zu sehen. Die Skulpturen des berühmten Bildhauers Ásmundur Sveinsson (1893–1982, s. auch S. 118, Kunst und Kultur) im größtenteils vom Künstler selbst entworfenen **Ásmundarsafn** (Sigtún) runden den Kunstgenuss ab. Hier ist allein die Architektur des Museums den Besuch wert. 🕒 tgl. 10–17, das Hafnarhús Do bis 22 Uhr, das Ásmundarsafn von Okt–April nur 13–17 Uhr, Eintritt für alle drei Museen ab 18 J. 2150 ISK, Studenten 1320 ISK.

In der **Nationalgalerie**, Fríkirkjuvegur 7, 💻 www.listasafn.is, dem größten und bedeutendsten Kunstmuseum Islands, sorgen wechselnde Ausstellungen dafür, dass es immer etwas Neues zu entdecken gibt. Im Eintritt von 2200 ISK, Kinder bis 18 J. frei, Studenten 1100 ISK, sind drei weitere Kunstsammlungen inbegriffen: das Sigurjón Ólafsson Museum, die Ásgrímur Jónsson Collection und das Culture House; das Ticket ist nicht zeitlich begrenzt, 🕒 Mai–Sep tgl. 10–17 Uhr, im Winter montags geschlossen.

Living Art Museum, Grandagarður 20, 💻 www.nylo.is. Von Künstlern für Künstler: dieses Non-Profit-Museum überrascht immer wieder mit ausgefallenen Aktionen und Installationen. Das aktuelle Programm findet sich auf der Webseite. 🕒 Mi–So 12–18 Uhr.

Aurora Reykjavík

Wer keine echten Nordlichter zu sehen kriegt, kann das hier im interaktiven Museum nachholen. Einfach die virtuelle Brille aufgesetzt und schon ist man mittendrin. Auch auf der 7 m breiten Leinwand ist das Farbspektakel beeindruckend. Erklärend dazu sind viele Informationen zum Naturphänomen zu finden und wer mag, kann sogar einen Schnellkurs zum Thema „Wie fotografiere ich erfolgreich Nordlichter?" machen (s. dazu auch S. 51). Northern Light Centre, Grandagarður 2, 💻 www.aurorareykjavik.is, 🕒 tgl. 9–21, bzw. im Winter 11–19 Uhr, Eintritt 2900 ISK, Kinder 6–16 J. 1500 ISK, Studenten 2500 ISK. Organisiert auch Touren zu den Nordlichtern – buchbar über die Website.

Reykjavík Maritime Museum

Als Haupteinnahmequelle der Isländer hat auch der Fisch ein eigenes Museum. Wer sich für die Geschichte der Fischindustrie, für Fangquoten, Fischereirechte, Kabeljaukriege, Matrosen, Seefahrerinnen interessiert, kann hier Stunden zubringen. Weniger Versierte bestaunen hauptsächlich die alten Schiffe und kehren anschließend in das moderne Restaurant Messinn mit der schönen Terrasse ein.

Äußerst beliebt sind auch die Führungen auf Óðinn, einem ehemaligen Schiff der Küstenwache, Baujahr 1959. Grandagarður 8, 💻 https://reykjavikcitymuseum.is/reykjavik-maritime-museum, 🕒 tgl. 10–17 Uhr, Eintritt ab 17 J. 2150 ISK, Kinder bis 17 J. kostenlos, Studenten (Ausweis) 1320 ISK, Schiffsführungen 1650 ISK, mit Museum 2390 ISK.

Walmuseum

Durch die große, spannend gemachte Ausstellung kann man sich mittels Audioguide (als Download aufs eigene Handy) führen lassen, vorbei an lebensgroßen Modellen aller 23 Walarten, die um Island herum leben. Richtig mittendrin im Wal-Leben ist man dank der virtuellen Filme: also VR-Brille auf und abgetaucht. Wer echte Walskelette bestaunen will, dem sei das Museum in Húsavík empfohlen (S. 406), denn im Hauptstadtmuseum sind die Modelle aus Plastik. Whales of Iceland, Fiskislóð 23-25, 💻 www.whalesoficeland.is, 🕒 tgl. 10–17 Uhr, Eintritt 3900 ISK, Kinder (7–15 J.) 1950 ISK.

Lava Show

Wer mehr wissen will über Vulkane, für den ist ein Besuch nahezu ein Muss. In der Lava Show ist man ganz nah dran an fließender grell rot und gelb leuchtender Lava, und das ganz sicher vom Stuhl aus. In der Show wird viel erklärt, ein Film gezeigt und dann geht es los: ein simulierter Lavafluss treibt die Temperatur im Raum in die Höhe, es zischt und brodelt, wenn die heiße Lava sich ihren Weg bahnt und auf Eis trifft. Sehr lehrreich und spannend gemacht – und wenn noch Fragen offen bleiben – diese werden nach der Show gerne beantwortet. Geeignet für alle Altersklassen. Wer es in Reykjavík nicht schafft, kann die Show auch in Vik (S. 508) bestaunen. Lava Show, Fiskislóð 73, 💻 https://icelandiclavashow.com, 🕒 11–19 Uhr, Eintritt 5900 ISK, Kinder (2–12 J.) 3500 ISK.

Harpa

Im Osten des Hafens liegt die **Harpa**, eine architektonische Meisterleistung des Künstlers Ólafur Elíasson, die Architektur- und Musikliebhaber begeistert. Die wie Basaltquader gestaltete Glasfassade der 43 m hohen „Harfe" erstrahlt je nach Tageszeit und -licht in unterschiedlichen Farben. Als Sitz des **Symphonieorchesters** und der **Oper** ist die Harpa einer der bedeutendsten Orte der Stadt für kulturelle Veranstaltungen. Wer kann, besucht ein Konzert. Der Bau ist frei zugänglich, doch nur mit einer der angebotenen Touren gibt es auch den Blick hinter die Kulissen, etwa in die Konzertsäle. Austurbakki 2, 💻 www.harpa.is, 🕒 So–Di 10–18, Mi–Sa 10–20 Uhr, um 13 Uhr starten 45–60-minütige Führungen (geleitet von den beiden Musikern Baldvin Hlynsson und Jara Hilmarsdóttir) für 4900 ISK, Kinder bis 12 J. frei.

Vor der Harpa steht seit 2022 eine ganz besondere Skulptur aus Edelstahl, die **Himinglæva** von der Künstlerin Elín Hansdóttir (💻 https://elinhansdottir.net). Man kann sie nämlich nicht nur optisch, sondern auch akustisch genießen, denn sie erzeugt je nach Windstärke und Richtung Obertöne. Der Name des Werkes „Himinglæva" stammt aus der nordischen Mythologie: Die Seeleute glaubten, dass die Kraft von Wellen und Wind der im Wasser lebenden *Himinglæva* zu verdanken ist. Sie gilt als nordische Göttin der Wellen und ist eine der neun Töchter von Ægir und Rán.

Sólfarið

Östlich der Harpa an der Uferstraße Sæbraut steht die meistfotografierte Skulptur Islands: Das Sonnenschiff **Sólfarið**. Das stilisierte Wikingerschiff, mit dem Jón Gunnar Árnason 1986 den Skulpturen-Wettbewerb zur 200-Jahr-Feier Reykjavíks gewann, ist vom Meister selbst eher als Versprechen für die Zukunft gedacht: Es gibt noch viel zu entdecken, scheint das wasserdurchlässige glänzende Metallschiff zu sagen, während es seine Spitze begierig der Sonne entgegenstreckt. Árnason erlebte die Einweihung nicht, er starb 1989 mit nur 58 Jahren. Sein 2,6 Tonnen schweres Vermächtnis bleibt.

Rund ums Zentrum

Höfði

Entlang der Sæbraut geht es weiter Richtung Osten am Wasser entlang. Rechter Hand steht das historische **Höfði** und ein paar Meter weiter östlich fotografieren sich alle Besucher gerne vor dem kleinen **gelben Leuchtturm**.

Das 1909 erbaute **Höfði** hat Geschichte geschrieben, denn in dem kleinen weißen Haus, gelegen auf einer Wiese am Meer, trafen sich 1986 Mikhail Gorbatschow und Ronald Reagan zu den Abrüstungsverhandlungen, die das **Ende des Kalten Krieges** einläuteten. Das Haus hat eine wechselvolle Geschichte und einige Eigentümerwechsel. Hier soll es sogar spuken. Die Legende erzählt, das Haus stünde auf einem alten Wikingerfriedhof und die toten Herrschaften würden sich bis heute aus dem Alkoholschrank bedienen. Seit 1958 ist das Haus im Besitz der Stadt und dient für Empfänge. Für Publikumsverkehr ist es nur selten geöffnet.

Recycled House

Ganz am östlichen Ende der Bucht steht ein verrostetes Haus, zusammengeschweißt aus Metall und anderen Fundstücken, die u. a. das Meer anspülte. Ob hier einmal eine Bar oder ein Restaurant stand? Es wäre der perfekte Ort – bei der Lage direkt am Meer. Fast hört man die Stimmen der glücklich in den Sonnenuntergang blickenden Besucher. Doch so einen Platz gab es nie: Es handelt sich vielmehr um das Wohn-

REYKJAVÍK UND REYKJANES

Walk the art

Wenn man den alten Hafen ganz umrundet, erhebt sich auf dem Industriegelände des fischverarbeitenden Betriebs Brim seit 2013 ein saftig grün bewachsener Hügel. Das Kunstwerk **Þúfa** „(Grashöcker") der isländischen Künstlerin Ólöf Nordal ist 26 m breit und 8 m hoch und in seinem Kontrast zum tristen Hafengrau gekonnt inszeniert. Auf den Grashügel führt ein schmaler Pfad hinauf bis zu einem Holzverschlag, in dem Fische getrocknet werden. Ein gelebtes Kunstwerk, von dem aus sich auch ein schöner Blick auf das Meer, den Hafen und die Harpa eröffnet.

Ein Tag in der Elfenschule

Ein Besuch in der einzigen Elfenschule der Welt ermöglicht einen Blick ins Glaubensuniversum vieler Isländer und macht einige Touristen zu wahren Elfenkennern. Magnús H. Skarphéðinsson, der „Headmaster" der **Elfenschule**, lädt seit über 30 Jahren zum Elfenkunde-Unterricht (jeden Freitag um 15 Uhr, 3–4 Std., 64–67 € (10 % Discount bei Barzahlung), Privatunterricht 240 € für max. 3 Pers. pro Kurs) in die Síðumúli 31 (2. Etage), ✆ 588 6060 und 894 4014, 🖳 www.theelfschool.com.

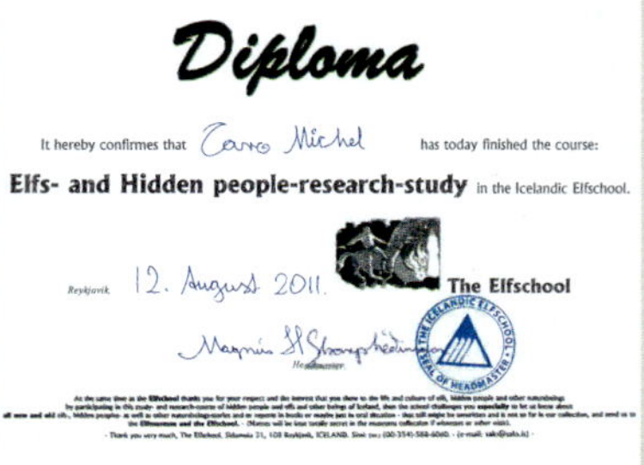

Diploma

It hereby confirmes that … has today finished the course:

Elfs- and Hidden people-research-study in the Icelandic Elfschool.

Reykjavik, 12. August 2011. **The Elfschool**

Headmaster.

Elfenkunde für Anfänger

Man erfährt allerlei über die geheimnisvollen Wesen und deren Alltag. Etwa, dass Bauarbeiten rund um Elfenstätten tunlichst unterlassen werden sollten. Dass es 21 Elfenarten gibt, von denen einige sogar aussehen wie wir, aber in einem Paralleluniversum leben und für die meisten Menschen unsichtbar sind. Dass Elfen die Natur stärker achten und ihre Betriebe trotz höherer Produktivität weniger CO2 ausstoßen. Oder wie Elfen mal gegen Massentierhaltung protestierten, indem sie die betroffenen Hühner zum Streik anstifteten und so die Eierversorgung der ganzen Stadt für Monate lahmlegten. Klingt unglaublich? Nicht für die Inselbewohner: Es heißt, etwa 54 % der Isländer glauben an Elfen, während 36 % sich nicht ganz sicher sind (ausschließen wollen sie es nicht). Am Ende des Schultages hält jeder sein Elfendiplom in der Hand. Und alle sind um eine skurrile isländische Erfahrung reicher, denn wer hätte geahnt, welch wichtige Aufgaben Elfen in der isländischen Gesellschaft tatsächlich bis heute erfüllen. Wer sich vor dem Unterricht schon mal ein bisschen schlau lesen will, schaut auf S.117, Volksglaube, S. 254, Elfenalarm und S .404 , Heilenergie der Elfen.

haus des Künstlers Hrafn Gunnlaugsson, der neben dem Haus und der Terrasse viele andere Installationen kreierte und sich einen wirklich wundersamen Garten schuf, in dem u. a. Schreine und Höhlen für Odin und andere nordische Göttergestalten zu bewundern sind. Bitte bei der Besichtigung die Privatsphäre des Künstlers respektieren.

Perlan

Reykjavíks wohl hübschester **Warmwasserspeicher** gehört zu den **Wahrzeichen** der Stadt. Eine riesige, weithin sichtbare Glaskuppel beschirmt seit 1991 sechs Tanks – fünf davon beinhalten 20 Mio. Tonnen 85 °C heißes Wasser, das über eine Pipeline vom Hellisheiði-Kraftwerk (S. 187) in Perlan (die Perle) und von hier aus weiter in die Haushalte der Stadt fließt. Wegen der exponierten Lage auf dem Hügel Öskjuhlíð funktioniert das sogar ohne die Hilfe von Pumpen.

Der sechste Tank beherbergt seit 2017 das interaktive **Museum der Naturwunder Islands**, 🖳 https://perlan.is, mit dem einzigen Indoor-Eistunnel der Welt (warm anziehen: Im Tunnel ist es minus 15°C kalt.). Die zweite Attraktion ist die Áróra-**Planetariumskuppel**, wo ein Film über Nordlichter gezeigt wird. Und für Freunde des Adrenalinkicks lockt eine **Zipline**, die rasant von der Aussichtsplattform hinunterbraust; Kinder toben sich in der **Kinderspielwelt** aus. 🕒 tgl. 9–22 Uhr (Planetarium letzte Vorstellung 21 Uhr), Tickets kosten online für die Aussichtsplattform, Museum, Planetarium und Eishöhle 4490 ISK, Kinder 6–17 J. 2990 ISK, Familie 12 990 ISK. Vor Ort sind die Tickets 200–1000 ISK teurer.

Das sich drehende **Restaurant Út í bláinn** (eine Redewendung für „ins Blaue hinein"), lockt im 5. Stock unter der Glaskuppel, 🕒 tgl. 11.30–18 Uhr. Einfache Snacks und Kaffee gibt's im **Kaffitár Café**, 🕒 tgl. 9–18 Uhr.

Ein kostenloser Shuttlebus bringt Besucher tgl. zwischen 9 und 16.30 Uhr von und zur Konzerthalle Harpa.

Laugardalur

Ein beliebtes Ausflugsziel bei isländischen Familien ist dieser herrliche große Park mit Botanischem Garten, Teich und dem Haustiergarten **Húsdýragarðurinn**, (Múlavegur 2, im Laugardalur, www.mu.is) mit Kühen, Schweinen, Pferden, Schafen, Rentieren und Seehunden. ⌚ tgl. 10–17 Uhr, im Sommer Mi bis 20 Uhr. Eintritt 1550 ISK, Kinder (6–12 J.) 1090 ISK.

Im hübschen **Flóran Café Bistro**, Grasagarðinum Laugardal, ✆ 553 8872, www.floran.is, dem ehemaligen Gewächshaus mit Außenterrasse, werden herzhafte Snacks gereicht. Wer mag, kann sich auch einen Picknickkorb zusammenstellen lassen. ⌚ Sommer tgl. 10–19 Uhr.

Sehenswert und eine Erinnerung an die harten Zeiten, als es noch keine Waschmaschinen gab, sind die **Laugardalur washing pools**. Hierher kamen einst die Reykjavíkerinnen, um ihre Wäsche in den warmen Pools zu waschen. Eine Statue, die genau dies tut, überblickt den Ort und zahlreiche Infotafeln vertiefen den Eindruck, wie es hier einmal zuging.

ÜBERNACHTUNG

Vom einfachsten Airbnb-Zimmer, Hostel- und Jugendherbergsbetten über schnuckelige Zimmer in heimeligen kleinen Gästehäusern (leider relativ wenige) zu großen Hotels und eleganten Apartments bis hin zu Lofts in Luxushotels: In Reykjavík gibt es alles. Nur günstig ist es nie. Wer sich in einem Hostel mit Gemeinschaftsküche oder einem Apartment einquartiert, kann sich selbst versorgen und so etwas Geld sparen.

Meist ist es möglich, auch nachts einzuchecken, am besten nachfragen.

In der Nebensaison purzeln die Preise – sie bleiben zwar auf hohem Niveau, aber statt 300 € zahlt man dann mancherorts nur 150 €.

Unterkünfte s. Karte S. 136/137, sofern nicht anders angegeben.

Zentrum

Mittlere Preisklasse

Eric the Red Guesthouse und Apartments, Eiríksgata 6 und Bergstadastræti 46, ✆ 552 1940, https://sites.google.com/view/eric-the-red-guesthouse. Von Edda und Rúnar geführter Familienbetrieb mit ansprechenden Zimmern (für 1–3 Pers.) im Gästehaus und in Apartments an der Hallgrímskirkja. Im Guesthouse gibt es eine gut ausgestattete Gemeinschaftsküche und eine einladende Terrasse. Gutes Frühstück inkl. ❹

Guesthouse Butterfly, Ránargata 8a, ✆ 894 1864, www.butterfly.is. Das gemütliche Gästehaus mit auffällig grüner Fassade und rotem Schmetterling liegt in einer ruhigen Seitenstraße in Hafennähe und hat EZ, DZ und Dreibettzimmer mit und ohne Bad. Mehr Luxus bieten 2 Apartments. Ohne Frühstück, aber Betreiber Jon lässt immer mal Obst auch für die Gäste in der Küche stehen. ❹–❺

€ **Guesthouse Pavi**, Brautarholt 4, ✆ 561 3553, www.pavi.is. Gute Lage. Die Zimmer sind einfach ausgestattet, aber ansprechend und beliebt. 2-, 3-, 4- und 6-Bett-Zimmer mit und ohne eigenes Bad. Vielfach mit Badewanne. ❹

Kex Hostel, Skúlagata 28, ✆ 561 6060, www.kexhostel.is. Hier kann es schon mal lauter werden, denn einige Schlafsäle mit Etagenbetten sind mit 42 Betten wirklich riesig und daher unruhiger als gewohnt. Wer mehr Ruhe haben möchte, wählt ein Bett im 8er- oder 6er-Dorm oder ein DZ (einige mit eigenem Bad). Zudem gibt es Familienzimmer für 4–6 Pers. Bett im Schlafsaal je nach Saison ab 23 €, in der Hauptsaison stolze 60 €. Frühstück kostet extra. DZ ❹–❻

Reykjavik Downtown Hotel, Skólavörðustígur 42 (Rezeption in einem kleinen vietnamesischen Restaurant), ✆ 784 8614, https://reykjavikdowntownhotel.is. Die Unterkunft punktet mit ihrer super Lage bei der Hallgrimskirkja aufmerksamem Personal und gutem Preis-Leistungs-Verhältnis. Die Zimmer, darunter auch Vier-Bett-Zimmer für Familien, sind zwar nicht besonders komfortabel, aber sauber und gut ausgestattet mit Dusche/WC und zumeist Küchenecke (mit Mikrowelle, Wasserkocher, und Kühlschrank, aber keine Kochmöglichkeit). ❹–❺

Obere Preisklasse

Hótel Borg, Pósthússtræti 11, ✆ 551 1440, 💻 www.keahotels.is. Von außen wie ein Palast, der auch in London stehen könnte, innen etwas bescheidener mit teils kleinen Zimmerchen, Spa-Bereich und Fitnessraum. Entscheidend hier: Lage, Lage, Lage; direkt am Austurvöllur ist diese unschlagbar. Unmittelbar daneben, Austurstræti 16, liegt das nicht minder beliebte **Apótek Hótel**, ✆ 512 9000, das ebenfalls zur Kette Keahotels gehört. Es ist etwas teuer, hat aber größere Zimmer und Suiten. In beiden Häuser lohnen die Frühbucherrabatte. ❼–❽

Reykjavík Loft HI, Bankastræti 7, ✆ 553 8140, 💻 www.hostel.is. Das Hostel gilt unter Hostelfans als das beste Islands: zentrale Lage, super Ausstattung, tolle Leute (Gäste wie Angestellte) und sogar eine Dachterrasse. Hier im Loft Café, heißt es, trinkt sich das Nachmittagsbier besonders süffig (Happy Hour von 16–20 Uhr, 🕒 15–22 Uhr). Es gibt auch diverse *social events*, mal Livemusik, mal Karaoke oder ein Bar-Quiz. Wie alle HI-Hostels wird auch dieses Haus nachhaltig und mit sozialen Aspekten bewirtschaftet. Rollstuhlfahrer sind willkommen. Die Dorms (darunter auch ein Frauendorm) sind modern und ansprechend. Ein Bett kostet ab 55 €. Es gibt auch Doppel- und Familienzimmer für alle, die es etwas privater mögen. Geräumige Küche und Spiel-Raum mit Kicker. Oft günstigere Preise über Buchungsportale und vor allem in der Nebensaison eine gute Option. DZ ❼–❽

Reykjavík Treasure B&B, Fischersund 3, ✆ 419 2811, 💻 https://reykjavik.inn.fan. Das uralte, liebevoll restaurierte Holzhaus ist wirklich ein Schatz, wie es der Name verspricht. Jedes der 7 DZ, von denen 2 mit Zusatzbetten als 4er-Zimmer genutzt werden können, ist in ausgefallenen Designs möbliert. Das gute Frühstück ist im Preis inkl. Perfekte Lage in einer ruhigen Seitenstraße direkt im Zentrum mit lauschigem Garten hinterm Haus. ❼–❽

Icelandair Hótel Reykjavík Marina, Mýrargata 2, ✆ 560 8000, 💻 www.icelandairhotels.com. Das Hotel nimmt mit seiner eigenwilligen halbrunden Form die halbe Straße ein, beginnend an der Hafenstraße Ægisgata. Moderne Zimmer, Studios und Apartments mit schlichter Eleganz. Frühstück im Kaffislippur kostet extra. In der Nebensaison günstiger. Richtig nobel wohnt es sich am alten Hafen im zur Kette gehörenden **Marina Residence**, 💻 www.reykjavikmarina residence.is. ❽

Luxusklasse

Rey Apartments, Grettisgata 2a (Klapparstigur), ✆ 771 4600, 💻 www.rey.is. Von außen nicht gerade ansprechend, sind die modernen Apartments innen überzeugend gut ausgestattet und bieten sehr viel Platz. Die Lage ist top: Im Zentrum, einige Zimmer bieten sogar Blick auf die Hallgrímskirkja. Apartments für 2–8 Pers. um die 200 €, ein Blick lohnt sich, wenn man als kleine Gruppe unterwegs ist. ❽

Reykjavík Residence, Rezeption in der Hverfisgata 45, ✆ 561 1200, 💻 www.rrhotel.is. 7 Häuser mit 4-Sterne-Apartments für 2–6 Pers., alle nah beieinander in der Innenstadt (101 Reykjavík). ❽

Östlich der Innenstadt

Wer nicht direkt im Zentrum wohnen muss, findet nur ein paar km davon entfernt günstigere Übernachtungsmöglichkeiten. Karte S. 134/135

Galaxy Pod Hostel, Laugavegur 172, ✆ 511 0505, 💻 www.galaxypodhostel.is. Viel Neonlicht und kein Schnickschnack. Geschlafen wird in „Pods", kleinen Kabinen, die aussehen wie überdimensionale Waschmaschinen. Macht man die Tür zu, ist man wie in einer Raumschiffkapsel ganz für sich. Mit Schließfach für Wertsachen. Gemeinschaftsküche und Bar. 24er-, 8er-, 6er- (nur für Frauen) und 4er-Zimmer. Ab 5500 bis 14 000 ISK pro Pod.

€ **Igdlo Guesthouse**, Gunnarsbraut 46, ✆ 511 4646, 💻 www.fb.com/IgdloGuest house. Große Zimmerauswahl: Einfache, meist mit hölzernen Stockbetten ausgestattete Zimmer für 1–4 Pers. mit Gemeinschaftsbad und -küche. Ideal für Gäste, die zum BSÍ Busbahnhof oder Inlandsflughafen wollen, bzw. von dort kommen. ❸–❺

Lækur Hostel und Guesthouse, Laugarnesvegur 74a, ✆ 771 9995, www.laekur.is. Angenehmes Hostel und Guesthouse mit 2-, 3- und 4-Bett-Zimmern mit Gemeinschaftsbad und hellen Dorms mit 4, 6 und 8 Betten (hier gibt es Metall-Stockbetten mit recht wenig Privatsphäre um 10 000 ISK pro Pers./Nacht). Gemeinschaftsküche, Aufenthaltsraum und ansprechendes Café (s. S. 149). Günstige Optionen in der Nebensaison. 6–7

Reykjavík Dalur HI Hostel, Sundlaugavegur 34, ✆ 553 8110, www.hostel.is. Wie auch das Haus in der Innenstadt ist diese Jugendherberge für ihr nachhaltiges und soziales Wirtschaften bekannt. Sie liegt 3 km östlich im Laugardalur (am Campingplatz und nahe des Schwimmbades). Betten in einfachen Schlafsälen (in der Nebensaison ab 33 €, in der Hauptsaison um die 64 € pro Bett) oder im Privatzimmer (2–4 Pers.) mit eigenem Bad. Gemütliche Sitzbereiche laden zur Rast, ein Stauraum für Gepäck zur Lastreduktion und in den zwei gut ausgestatteten Gemeinschaftsküchen trifft man sich zum Kochen. Die Küchen sind in Pavillons mit Glasfronten untergebracht, die gemeinsam mit dem Haupthaus ein hufeisenförmiges Ensemble mit Picknickbänken in der Mitte ergeben – windgeschützt essen kann man also auch. Wer keinen Jugendherbergsausweis hat, zahlt etwas mehr. 6–7

Camping

Reykjavík Eco Campsite (Laugardalur), Sundlaugavegur 32, Karte S. 134/135, ✆ 553 8110, www.reykjavikcampsite.is. Reykjavíks Campingplatz bemüht sich um Nachhaltigkeit, was auch oft gelingt (Mülltrennung, Carsharing, Wasser ohne Plastikflaschen). Der Platz für etwa 600 Personen liegt 3 km östlich des Zentrums. Im zweckmäßigen Servicezentrum gibt es Duschen, WCs, Spülen, einen Gemeinschaftsgrill, Waschmaschinen und Trockner. Auch das Küchenhaus ist zweckmäßig ausgestattet. Hier stehen auch übriggebliebene Nahrungsmittel zum allgemeinen Verbrauch und zum Mitnehmen: einer der nachhaltigen Ansätze auf diesem Platz. Wer mag, bezieht eine Hütte (2–3 Pers. mind. 3 Nächte). Fast alle Ausflugsbusse fahren den Campingplatz an oder bieten einen Transfer – Tickets für die Hochland-Hikes zum Laugavegur und Fimmvörðuháls kann man über die Webseite des Camps buchen. Gute Anbindung an die Stadt ab den Bushaltestellen Brunavegur und Laugardalslaug mit der Linie 14. Die parzellierten Plätze für Womos sind begrenzt und weit weniger ansprechend als die weitläufigen Zeltwiesen. Kinder unter 15 J. sind kostenfrei. Danach zahlt man im Zelt 3200 ISK, im Van je nach Größe 3950–6700 ISK p. P., Strom für Vans 1000 ISK. Radfahrer-Rabatt 10 %. Und auch, wer online vorbucht, spart 10 %. ⌚ ganzjährig.

ESSEN

Bei den Einheimischen, vor allem bei der Jugend, steht **Veggie- und Healthy Food** hoch im Kurs. Die Restaurantszene ist vielfältig und es wird viel experimentiert.

Mit Foodies unterwegs

Eine gute Möglichkeit, die Stadt und sowohl ihre ausgefallensten als auch ihre typischsten Küchen kennenzulernen, ist eine **Food-Tour**. Gemeinsam mit Kennern und Gleichgesinnten durch die Stadt streifen und essen ist nicht nur für Foodies ein wahres Geschmacks-Highlight. Wer dem Land noch nicht verfallen ist: Hier geht die Liebe durch den Magen und spätestens nach einer solchen Reise durch die Töpfe des Landes versteht man sehr viel mehr von Leben und Lebensgefühl der Isländer – und liebt sie und ihr Land umso mehr. Los geht's mehrmals am Tag, gegessen und probiert wird neben Lamm und Fisch auch selbstgemachtes Eis und natürlich darf auch der weltberühmte Hot Dog auf den meisten Touren nicht fehlen. Wer als Vegetarier unterwegs ist oder eine Allergie hat, sollte nachfragen, denn auch für solche Teilnehmer wird so gut es geht gesorgt. Infos und Buchungsmöglichkeiten: https://wakeupreykjavik.com/tour/the-reykjavik-food-tour.

The best Hot Dog

© CAROLINE MICHEL

Der berühmteste Hotdog-Stand Reykjavíks, wenn nicht der Welt, ist **Bæjarins Beztu Pylsur**. Wörtlich übersetzt heißt er „Der Stadt beste Würstchen" und die kleine Bude ist so bekannt, dass sich fast immer eine lange Warteschlange bildet. Weltberühmt wurde sie, nachdem Bill Clinton 2004 hier mehrmals Hot Dogs bestellte. Doch der Staatschef machte einen Fehler, er orderte nur Senf und verpasste damit das typisch isländische Hotdog-Feeling. Bestellt besser „One with everything" oder wie der Isländer sagt: „Ein með öllu". Dann gibt es eine Wurst aus Lamm, dazu Senf, Remoulade, geröstete und rohe Zwiebeln und isländischen Ketchup, den Äpfel und nicht Zucker süßen. Die legendäre rote Bude steht in der Tryggvagata 1, 🕒 So–Mi 9–1, Do bis 2, Fr/Sa bis 6 Uhr.

Wer günstig satt werden will, greift zum **Hot Dog** auf die Hand. Eine gute Option ist auch ein **Buffet**, das von manchen Restaurants angeboten wird. Vor allem mittags (deutlich geringere Preise als abends) stimmt dann das Preis-Leistungs-Verhältnis. Wer in Hostels oder Apartments wohnt, kann sich selbst versorgen – eine wirklich gute Option, die Reisekasse zu entlasten.

Karte S. 136/137, sofern nicht anders angegeben.

Isländische Küche

101 Reykjavík Street Food, Skólavörðustígur 8, 💻 https://101reykjavikstreetfood.is. Zentral gelegen und mit übersichtlicher Speisekarte, hat sich dieses Streetfood-Lokal mit Sitzplätzen im Innen- und Außenbereich schnell einen Namen gemacht. Es gibt Fish & Chips, traditionelle Lobster-, Lamm- und Rinder- sowie vegane Nudel-Suppen. Zum Nachtisch schmeckt der leckere Skyr. 🕒 11–22 Uhr.

Dill Restaurant, Laugavegur 59, 📞 552 1522, 💻 www.dillrestaurant.is. Fine Dining mit Michelin-Stern. Der Küchenchef weiß isländische Traditionen mit neuen Einflüssen gekonnt zu kombinieren. Offene Küche, teuer und exquisit. Satt-Essen steht nicht im Mittelpunkt; es geht um richtig gute Küche, bei der Auge, Mund und Magen gleichsam Freude haben. 🕒 Mi–Sa 18–22 Uhr.

Höfnin, Geirsgata 7c, 📞 511 2300, 💻 www.hofnin.is. Das blau-türkise Haus liegt am alten Hafen. Im rustikalen Inneren wird gute Haus-

mannskost aufgetischt – vieles davon mit Zutaten aus dem Meer. Bei Touristen beliebt und relativ teuer; Lage und Qualität stimmen. ⌚ tgl. 11.30–14, 17–22, Do–Sa abends nur bis 21 Uhr.
Iðnó, Vonarstræti 3, ✆ 537 8800. Kaffee und Kuchen und ausgewählte Gerichte in schöner Lage. Eine gute Anlaufstelle vor allem für Jazzfans, denn hier finden immer mal wieder Konzerte statt. ⌚ So–Do 10.30–21, Fr bis 22.30 und Sa bis 23 Uhr.
Kaffivagninn, Grandagarður 10, ✆ 551 5932, 💻 www.kaffivagninn.is. Seit 1935 hier am Hafen, rühmt sich das Haus, das „ältestes Restaurant Islands" zu sein. Die Küche ist gut und der Hafenblick einladend. ⌚ tgl. 7.30–21 Uhr.
Lamb Street Food, Grandagarður 7 und in der Borgartún 29 (Karte S. 134/135), ✆ 577 9777, 💻 www.lambstreetfood.is/en. Berühmt für die Lammgerichte, doch auch die veganen und vegetarischen Optionen wie etwa Falafel erfreuen sich großer Beliebtheit. Gekonnt kombinierte traditionelle Küche mit Gewürzen aus der ganzen Welt. Es wird viel Wert auf Nachhaltigkeit gelegt, gewirtschaftet wird hier daher komplett ohne Plastik. ⌚ 11.30–21 Uhr, in der Borgartún schon ab 11 Uhr.
Mat Bar, Hverfisgata 26, ✆ 788 3900, 💻 www.matbar.is. Kleine feine Gerichte, vieles vegetarisch und auf jeden Fall ausgefallen. Leckere Cocktails. Gehobenes Ambiente für Experimentierfreudige. ⌚ Mo–Do 12–23, Fr/Sa bis 24 Uhr.
Matur og Drykkur, Grandagarður 2, ✆ 571 8877, 💻 www.maturogdrykkur.is. In einer ehemaligen Fischfabrik aus dem Jahr 1924 am alten Hafen locken saisonale 6-Gänge-Menüs für Feinschmecker: So geht isländische *Nouvelle Cuisine*. ⌚ Do–So 18–23 Uhr.
Sægreifinn, Geirsgata 8, ✆ 553 1500, 💻 www.fb.com/saegreifinn.seabaron. Das Restaurant gehört zu den ersten, die vor etwa 20 Jahren das Hafenviertel mit neuem Leben füllten. Was mit einer Fisch-Bude anfing, wurde schon bald ein beliebtes Lokal. Obwohl das Interieur sehr einfach anmutet, die Küche ist exquisit. Unbedingt probieren sollten Fans von Meeresfrüchten die Hummersuppe. Selten in Island, aber hier gibt es ihn: geräucherten Aal. Übrigens sieht man den einstigen Gründer, den Fischbaron (dt. für Sægreifinn) noch immer im Lokal sitzen: allerdings als Wachsfigur, ist er doch bereits **verstorben.** ⌚ tgl. 11.30–22 Uhr.

Internationale Küche

€ **Devito's Pizza**, Laugavegur 126, ✆ 511 2244, 💻 www.devitos.is. In diesem Imbiss kann man sich online und vor Ort Pizzen zusammenstellen und auch liefern lassen. Es gibt ein paar wenige Sitzplätze für alle, die nicht unterwegs essen wollen. ⌚ So–Do 11–24, Fr und Sa 11–1 Uhr.
Fiskmarkaðurinn, Aðalstræti 12, ✆ 578 8877, 💻 www.fiskmarkadurinn.is. Der „Fischmarkt" ist ein originelles japanisches Restaurant mit sehr guter Küche. Der stets frische Fisch lässt die Herzen der Köche und der Esser höherschlagen. ⌚ Mo–Do 17–22, Fr, Sa und So bis 22.30 Uhr.
Gandhi, Bergstaðastræti 13, ✆ 511 1691, 💻 www.gandhi.is. Schickes indisches Restaurant mit ausgezeichneter Küche. ⌚ tgl. 17–22 Uhr.
Hlemmur Matthöll, in der Busstation Laugavegur 107, ✆ 787 6200, 💻 www.hlemmurmatholl.is/english. In der Markthalle im Busterminal haben sich einige kleine Restaurants mit Streetfood etabliert. Mal typisch isländisch, mal aus der Ferne (etwa *Banh Mi* aus Vietnam). Und ein Café gibt es natürlich auch. ⌚ tgl. 10–22 Uhr.
Krua Thai, Skolavördustigur 21a, ✆ 551 0833, 💻 www.kruathai.is. Authentische Thaiküche mit den Klassikern *Pad Thai* und *Tom Yum Gung*, die den Vergleich mit der Originalküche in Thailand aufnehmen können. Unser Favourite ist *Gaeng Keow Wan* – grünes Curry mit Huhn. ⌚ Mo–Fr 11.30–21.30, Sa ab 12, So ab 17 Uhr.
Rossopomodoro, Laugavegur 40a, ✆ 561 0500, 💻 www.rossopomodoro.is. Klassischer Italiener mit leckerer Holzofenpizza und guter Pasta. Recht große Weinausauswahl. Gemütlich und modern zugleich, oft voll und dann auch laut. ⌚ tgl. 12–22 Uhr.

Vegetarisch und Vegan

Duck & Rose, Austurstræti 14, ☏ 551 1020, www.duckandrose.is. Italienisch-französische Küche mit Brunch und Lunch. Und obwohl es auch Fleisch gibt: dies ist ein guter Platz für Vegetarier, Veganer und Glutenfrei-Esser: Avocado-Toast, Pizza und viele angesagte Kleinigkeiten stehen zur Wahl. ◷ tgl. 11.30–23 Uhr.

Garðurinn, Klapparstígur 37, ☏ 561 2345, www.kaffigardurinn.is. Kleines, empfehlenswertes vegetarisches Restaurant. Auch für Veganer wird hier gekocht. Es gibt wechselnde Tagesgerichte, dabei viele Suppen (mal isländisch, mal international geprägt). Auch die süßen Köstlichkeiten sind einen Versuch wert. ◷ Mo–Fr 11–18.30, Mi nur bis 17, Sa 12–17 Uhr.

Gló, Fákfen 9 (Karte S. 134/135), ☏ 553 1111, www.glo.is. Lust auf eine gesunde Salat-Bowl, eine Spinat-Lasagne oder eine Veggie-Suppe? Dann auf ins Gló, denn hier wird gesunde, hippe und bezahlbare Vollwerternährung angeboten. ◷ Mo–Fr 11–20, Sa 11–16 Uhr.

Kattakaffihúsið, Bergstaðastræti 10a, www.kattakaffihusid.is. Essen in Gesellschaft von Katzen. Diese hier suchen ein neues Zuhause und werden idealerweise nach einer Zeit des Kennenlernens adoptiert. Der perfekte Platz für Kaffee- und Katzenliebhaber. Snacks (z. B. Avocado-Sandwiches) und Kuchen sind hier nahezu komplett vegan. ◷ tgl. 11–17.30 Uhr.

Mama Reykjavík, Laugavegur 2, ☏ 766 6262, www.mamareykjavik.is. Gute vegane Küche in traumhaft zentraler Lage. Gemütlich und nachhaltig, denn hier ist alles vegan. Suppe, Salat, Hummus und leckerer Nachtisch. Fans von Kräutertees schwören auf die große Auswahl an Frischgebrühtem. ◷ Sa–Do 11–21, Fr bis 20 Uhr.

Bäckereien

Anders als in isländischen Kleinstädten, wo Brot und Kuchen meist nur in den Supermärkten zu haben ist, glänzt Reykjavík mit einer langen Backtradition und familiengeführten Bäckereien.

Bernhöftsbakari, Klapparstígur 3 (Skúlagata), ☏ 551 3083, https://bernhoftsbakari.is. Ein Geschäft mit gutem Brot und Gebäck und einer langen Tradition, denn diese Bäckerei war die erste des Landes. Es war ein deutscher Bäcker, der im Jahr 1834 das erste Brot in den Ofen schob. Wie die heutigen Betreiber setzte schon der Gründer, der Kaufmann Peter Cristian Knudtson, auf die deutsche Backtradition. Einige Brotsorten sind aus Weizen, Roggen und Dinkel, allerdings etwas weicher als in Deutschland. Ebenfalls im Angebot ist viel Gebäck; darunter Donuts, aber auch Blätterteiggebäck mit starkem dänischem Einfluss. ◷ Mo–Fr 7.30–17.30, Sa und So 8–16 Uhr.

Brauð & Co, Frakkastígur 16, Hrísateigur 47 (Karte S. 134/135) und weitere Filialen, ☏ 456 7777, https://braudogco.is/en. In dem bunt angemalten Haus im Zentrum fing 2016 alles an – mittlerweile gibt es zahlreiche Filialen in der ganzen Stadt. Frisches Brot und Kuchen mit Zutaten aus ökologischem Anbau – teils auch vegan. Die Macher verstehen sich als Künstler, ihre Backstube ist offen einsehbar und Fragen nach Zutaten oder ähnlichem werden gerne beantwortet. ◷ tgl. 6.30–17 Uhr, die weniger zentralen Filialen sind kürzer geöffnet.

Sandholt, Laugavegur 36, ☏ 551 3524, https://sandholt.is. Gegründet 1920, ist diese Bäckerei heute in der 4. Generation im Backbusiness. Gute Backwaren: Baguettes, Bauernbrote und gekonnt gestylte Süßigkeiten. ◷ tgl. 7.30–18 Uhr.

Cafés und Eisdielen

Café Babalú, Skólavörðustígur 22, ☏ 555 8845, www.babalu.is/menu.html (Speisekarte). Super Kuchen und Crêpes, auch veganer Karottenkuchen in gemütlicher, fantasievoll gestalteter Umgebung. Bei gutem Wetter kann man wunderbar draußen auf dem Balkon sitzen. ◷ Mi 9–19, sonst bis 21 Uhr.

Eldur og ís, Skólavörðustígur 2, ☏ 571 2480, www.fb.com/eldurogis. Gutes Eis und vegane Crêpes (auch glutenfrei erhältlich) mit allem drauf, was das Herz begehrt: Wie wäre eine der süßen Variationen, z. B. mit Erdbeeren und Sahne, oder doch eher

Wenn die Sonne lacht, strömt halb Reykjavík in die Straßencafés.

etwas Herzhafteres, etwa mit Rucola und Ei, getrockneten und frischen Tomaten, Pilzen und vielem mehr? Dazu stehen 3 köstliche Soßen zur Auswahl. Es gibt nur 2 klassische Tische, ansonsten sitzt man auf Bänken und Hockern. Das Elfenbild hinten im Flur sollte man nicht fotografieren; es heißt, möglicherweise bleiben die Elfen im Foto gefangen. 🕒 tgl. 10–22 Uhr.

Kaffi Laugalækur, Laugarnesvegur 74a, ☎ 537 6556, 💻 www.laekur.is. Das Hostel-Café (s. Übernachtung) wird von Björn und Kristin geleitet. Die Atmosphäre ist ungezwungen. Eine gute Wahl für alle, die hier wohnen oder sich nahebei im Schwimmbad hungrig geschwommen haben. 🕒 Mo 10–22, Di–So bis 23 Uhr. Küche 11–21 Uhr.

Reykjavík Roasters, Kárastígur 1 und Brautarholt 2 (und zwei weiteren Filialen in der Stadt), ☎ 517 5535, 552 3200, 💻 https://reykjavikroasters.is. Gemütliche und individuell eingerichtete Cafés mit Frühstück und kleinen Gerichten zum guten selbstgerösteten Kaffee. 🕒 tgl. 8–17 Uhr.

Valdís, Grandagarður 21 und Frakkastígur 10, 💻 www.valdis.is. 2013 eröffnete Valdís die Eisdiele direkt am Hafen und begann, mit exotischen Sorten zu experimentieren. „Lakritz salzig" gehört heute zur Standardsorte. Nicht nur das Eis, sondern auch die Waffeln und das vegane Sorbet sind selbstgemacht. 🕒 tgl. 11.30–22 Uhr.

Draft-Bier und Kneipen

Bryggjan Brugghús, Grandagarður 8, ☎ 456 4040, 💻 www.bryggjanbrugghus.is. Die Brauerei braut seit 2015 ihr eigenes Bier. Dazu passen die im Restaurant angebotenen exquisite Steaks. 🕒 Mo, Di 17–23, Mi–So ab 11.30 Uhr.

💼 **Bastard Brew & Food**, Vegamótastígur 4, ☎ 558 0800, 💻 www.bastard.is. Im Zentrum gelegen und beliebt für sein Selbstgebrautes. Für alle, die es süßer mögen, lohnen die guten Cocktails. Auch die Küche bekommt viel Lob, vor allem von jenen, die gerne Hamburger und Pommes essen. 🕒 tgl. 11.45–1 Uhr.

Brewdog Reykjavík, Frakkastígur 8a, ✆ 588 7865, 🖳 www.brewdog.is. Beliebte Brauerei mit zahlreichen Draft-Bieren. Gute, stark von Fleisch dominierte Küche. 🕒 Mi, So 11.30–24, Do, Fr, Sa 11.30–1 und Mo, Di 15–24 Uhr.

Den Danske Kro, Ingólfsstræti 3, ✆ 552 0070, 🖳 www.danski.is. Dänische Bar mit Livemusik und ohne Dresscode. Flaschen- und Draft-Bier, einige isländische Sorten. Vor allem zur Happy Hour (16–19 Uhr) gute Preise. Gute und bezahlbare Cocktails gibt es auch. Oft ab 21 Uhr Livemusik. 🕒 So–Do 12–1, Fr, Sa 12–4.30 Uhr.

Kaldi Bar, Laugavegur 20b, ✆ 581 220, 🖳 www.kaldibar.com. Kleine stylische Bar mit vielen Biersorten aus der eigenen Brauerei (diese befindet sich Arskogssandur am Eyjafjord). Oftmals Livemusik. 🕒 12–1, Fr, Sa bis 3 Uhr.

Lebowski Bar, Laugavegur 20a, 🖳 www.lebowskibar.is. Im Retro-US-Diner fühlen sich nicht nur Fans des Films „The Big Lebowski" (1998) wohl. Zum Frischgezapften lassen sich die Gäste hier US-Burger-Pommes-Fastfood (von 11–22 Uhr) schmecken. Wenn die Champions spielen, wird gemeinsam Fußball geguckt. Happy Hour (16–19 Uhr). 🕒 tgl. 11–1 Uhr.

UNTERHALTUNG UND KULTUR

Der Großteil des Reykjavíker Nachtlebens spielt sich draußen ab. Das abendliche „**Schau-Fahren**" mit dem Auto ist überaus beliebt. An den Haupt-Ausgehtagen **Freitag** und **Samstag** wimmelt es auf den Straßen außerdem von leicht bekleideten Jugendlichen, die – nach dem geldsparenden „Vorglühen" zuhause – von Bar zu Bar ziehen. Discos gibt es erstaunlich wenige, doch reiht sich am Laugavegur eine Bar an die andere, und auch in den umliegenden Seitenstraßen kann man sich – falls man sich's leisten kann und will – gründlich betrinken. Einige Bars öffnen schon tagsüber und sind dann bis zum Abend ganz normale Cafés. An Wochentagen schaut man Fußball, schlürft sündhaft teure Cocktails oder das immer populärer werdende Bierchen; am Wochenende wird gefeiert. Einige Läden bieten zwischen 18–20 Uhr auch eine **Happy Hour** an.

Aktuelle Locations und Termine kündigen die beiden kostenlosen Veranstaltungsmagazine an: **The Reykjavík Grapevine**, 🖳 www.grapevine.is und **What's on in Reykjavík?**, 🖳 www.whatson.is/magazine.

Clubs und Livemusik

B5, Bankastræti 5, ✆ 552-9600, 🖳 www.b5.is. Tagsüber ein Café und Burger-Restaurant, abends öffnet der Tanzschuppen im Keller. Nicht allzu elitär, dafür mit Spontan-Konzerten und großer Auswahl an Alkoholika (Happy Hour 16–20 Uhr). 🕒 Mo–Do 11–1, Fr bis 4, Sa bis 4.30 und So bis 23 Uhr.

Gaukurinn, Tryggvagata 22, 🖳 https://gaukurinn.is und www.fb.com/gaukurinnbar/events/. Hier steigt fast jeden Tag ein Livekonzert, oft stehen Karaoke-Partys auf dem Plan. Immer wieder gibt es auch Standup-Comedy (auch in Englisch) und Drag-Queen-Shows. 🕒 So–Do 17–1, Fr, Sa bis 3 Uhr.

Kaffibarinn, Bergstaðastræti 1, ✆ 888 1193, 🖳 www.fb.com/kaffibarinn. Traditionsbar, bei Einheimischen und Touristen seit ewigen Zeiten gleichbleibend beliebt. Wenn keine Konzerte oder andere Specials stattfinden, legen hier DJs auf. Sie haben den Ruf, die besten der Stadt zu sein. 🕒 So–Do 15–1, Fr, Sa bis 4.30 Uhr.

Kíkí Queer Bar, Laugavegur 22, 🖳 www.kiki.is. Beliebte Queer-Disco auf zwei Ebenen. Bis 23 Uhr ist Happy Hour, dann wird bis in die Nacht hinein getanzt. Alle Menschen – egal welchen Geschlechts und Alters – sind hier willkommen. 🕒 Do–Sa 20–4.30 Uhr.

The Downtown Bar Sirkus, Lækjargata 6b, 🖳 www.thedowntownbar.is. Bis 2007 war diese Bar (damals an anderer Stelle) legendär. Lange Jahre wurde sie vermisst und seit 2022 ist sie wieder da: aktuelle Veranstaltungsankündigugen gibt es auf Insta: 🖳 www.instagram.com/sirkusrvk. Das Besondere ist die lange Happy Hour, die im Sommer ganze 7 Std. dauert. Los geht's dann um 12 Uhr, ab 19 Uhr ist auch diese lange glückliche Stunde zu Ende. 🕒 Di–Fr 12–1, Sa bis 4.30 Uhr. Im Winter erst ab 15 Uhr geöffnet.

Musik und Theater

Harpa, Austurbakki 2, ✆ 528 5000, Ticket-Hotline ✆ 528 5050, 🖳 www.harpa.is. Beeindruckend und sehenswert ist natürlich nicht nur die prächtige Glasfassade der „Harfe“, sondern vor allem das Kulturprogramm. In den vier Sälen gibt es klassische Konzerte des Symphonieorchesters, manchmal Rock- und Popkonzerte, Shows und Musicals. Auch die Künstler der Oper haben hier regelmäßig Auftritte.

Mulinn Jazz Club, auf dem Dach der Harpa, ✆ 528 5000, 🖳 www.harpa.is/mulinn-jazz klubbur. Mit grandiosem Blick auf den Hafen wird hier hochklassiger Jazz gespielt. 🕒 Mi und Fr 20–22 Uhr, Tickets 3900 ISK.

Nationaltheater (Þjóðleikhúsið), Hverfisgata 19, ✆ 551 1200 (Tickets), 🖳 www.leikhusid.is. Das traditionsreiche, auch architektonisch interessante Theater (erbaut von Guðjón Samúelsson, s. S. 118) bietet ein breites Repertoire, von internationalen und isländischen Stücken über Konzerte und Musicals bis hin zu Tanzaufführungen.

AKTIVITÄTEN UND TOUREN

Kino und Flug über Island

Bíó Paradís, Hverfisgata 52, ✆ 412 7711, 🖳 http://bioparadis.is. Das kleine Art-Kino zeigt isländische Filme mit englischen Untertiteln und natürlich auch internationale Produktionen.

Fly over Iceland, Fiskislóð 43, ✆ 527 6700, 🖳 www.flyovericeland.com. Modernes Reisen leicht gemacht: Virtuell und bei jedem Wetter. Der Spaß dauert etwa 35 Min., wobei man 8 Minuten und 30 Sekunden fliegt. Nicht gerade billig – aber immerhin viel günstiger als ein realer Flug. Der Flug kostet für alle ab 13 J. 5500 ISK, Kinder (Mindestgröße knapp über 1 m) 3500 ISK. 🕒 tgl. 9.30–19 Uhr.

Bus- und private Touren

Arctic Adventures, Köllunarklettsvegur 2, ✆ 562 7000, 🖳 www.adventures.is. Großer und zuverlässiger Vermittler, egal ob Tauchausflüge, Wanderungen, Gletschertouren oder Rafting. 🕒 tgl. 7–21 Uhr.

Basecamp Iceland, Hverfisgata 115, ✆ 777 0708, 🖳 www.basecampiceland.is. Professionelle, individuelle und breit gefächerte Touren. 🕒 Mo–Fr 9–17 Uhr.

Bustravel Iceland, Skógarhlíð 10, ✆ 511 2600, 🖳 www.bustravel.is. Touren in großen und kleinen Bussen, neben verschiedenen Golden-Circle- und Nordlicht-Varianten auch zur Secret Lagoon in Flúðir (5 1/2 Std.), nach Vík und zum Jökulsárlón. 🕒 tgl. 6.30–21 Uhr.

Gray Line, Hafnarstræti 20, ✆ 540 1313, 🖳 www.grayline.is. Professionelle Gruppentouren und private Abenteuer (etwa die Golden Circle Food Tour). Guter Service auch online im Vorfeld aus Deutschland. 🕒 tgl. 7–19 Uhr.

Reykjavik Excursions, BSÍ Busbahnhof, ✆ 580 5400, 🖳 www.re.is/tours-activities. (Mehr-) Tagestouren in fast alle Landesteile, z. B. zum Golden Circle, nach Vík, Snæfellsnes, Landmannalaugar und Þórsmörk sowie Ausflüge zu Inside the Volcano, zum Vulkan Fagradalsfjall, zur Blauen Lagune und zur Sky Lagoon. Auch Nordlichttouren in die nähere Umgebung der Hauptstadt, (Eis-)höhlentouren und Schneemobilfahrten. Manchmal mit deutschsprachiger Reiseleitung. 🕒 Mo–Fr 8.30–16.30 Uhr.

Weitere Veranstalter, v. a. für mehrtägige Rund- und Gruppenreisen, stehen auf S. 58.

Touren mit dem E-Roller, dem (E-)Fahrrad oder dem Segway

E-Roller und E-Bikes

Auch in dieser Stadt stehen sie überall herum: E-Roller. Dazu gesellen sich hier noch kleine E-Fahrräder. Vor allem die E-Roller werden von den Reykjavíkern gerne genutzt und so heißt es als Fußgänger: Vorsicht, denn die Dinger sind wirklich schnell und sehr leise. Zwar gibt es vielfach extra Radwege, die auch von Rollern genutzt werden – aber eben nicht immer. Wer Roller-Erfahrung hat, ist beim Fahren klar im Vorteil. Aber auch für Anfänger eignet sich Reykjavík – vor allem, wenn man erstmal nur auf dem breiten Fahrradweg am Wasser entlang übt. Einfach App herunterladen, einloggen und losfahren. Anbieter sind u. a. **Hopp**, 🖳 https://hopp.bike und **Zolo**, 🖳 https://en.zoloiceland.is.

© ANDREA MARKAND

Ein Tag im Strandbad

Sand unter den Füßen und baden im Meer: Das geht im **Geothermalbad Nauthólsvík** (Karte S. 134/135) in der gleichnamigen Bucht. Ein breiter, hellsandiger Strand, davor ein Badebecken und für Mutige der Zugang in den Atlantik. Der Sandstrand wurde hier 2001 künstlich aufgeschüttet und das Atlantikwasser im Schwimmbecken wird auf erträgliche 15–19° C erwärmt. Richtig kalt wird es im Atlantik selbst – einige wagen sich aus dem Poolbereich hinaus. Wem all das zu kalt ist, der nimmt Platz im 38-Grad warmen Sitz-Pool und genießt den Blick auf Strand und Meer. ⌚ Sommer Mo–Fr 11–19, Sa bis 16 Uhr. Im Winter seltener. Eintritt für Erwachsene 810 ISK. Aktuelle Infos 💻 https://nautholsvik.is/en.

Nahebei gibt es im **Bistro-Restaurant Nauthóll**, Nauthólsvegur 106, ✆ 599 6660, 💻 www.nautholl.is, u. a. guten Apfelkuchen. ⌚ tgl. 11–22 Uhr. **Anfahrt**: Das Bad liegt nur 2,5 km südlich des Zentrums in Richtung Stadtflughafen. Dort der Straße Nauthólsvegur folgen, die am Strand endet. Mit Stræto-Linie 8 (Sa und So Linie 5).

Fahrräder und Segways

Reykjavík Bike Tours, Ægisgarður 7, ✆ 694 8956, 💻 www.icelandbike.com und 💻 www.reykjaviksegwaytours.com. Im roten Blechhaus am alten Hafen organisieren zwei Firmen unter gleicher Leitung **Segwaytouren** (Mitte Mai–Sep tgl. um 13 Uhr, 2 Std. um 15 000 ISK) oder **Radausflüge**, z. B. Golden Circle-Touren und Tagestouren auf den Westmännerinseln. Beliebt ist die 7 km lange Reykjavík-Rundfahrt, teilweise mit deutschsprachigen Guides. Wer gerne auf eigene Faust unterwegs ist, kann sich auch ein Fahrrad ausleihen. Es gibt normale Stadträder, E-Bikes, Mountainbikes und Tandems.
⌚ Mitte Mai–Okt 9–17 Uhr, sonst auf Anfrage.

Kochkurse

Salt Eldhús, Þórunnartún 2, ✆ 551 0171, 💻 www.salteldhus.is. Beliebte Cook&Dine-Kurse, bei denen die Zubereitung von Fisch und Lamm, wie traditionell in der isländischen Küche üblich, im Mittelpunkt steht. Die Kurse dauern 3–4 Std. und starten um 10 Uhr, Abendessen um 17 Uhr. Mindestteilnehmerzahl: 4.

The Tin Can Factory – Meet the Natives, Borgartún 1, ✆ 551 7700, 💻 www.thetincanfactory.eu. In einer ehemaligen Dosen- und heutigen Kulturfabrik erfahren Gäste 3 Std. lang etwas über Geschichte, Kunst und Sprache und essen dabei traditionell isländisch. Das Angebot ist aber weit mehr als nur ein Kochkurs. Mehr Infos und Anmeldung auf der Webseite.

Schwimmen

In der Stadt gibt es eine große Auswahl an Schwimmbädern. Sehr lohnend ist ein Badetag am Strand, s. Kasten. Und für die perfekte Entspannung sorgen die Sauna und das Bad in der Sky Lagoon. In den Stadtbädern zahlen Erwachsene ca. 1300 ISK, Kinder bis 16 J. baden frei, danach bis 18 J. 195 ISK, wer über 67 J. alt ist, hat freien Eintritt. ⌚ tgl. 6.30–22, Sa, So erst ab 9 Uhr.

In der Stadt

Árbæjarlaug, Fylkisvegur 9, etwa 9 km südöstlich des Zentrums, ✆ 411 5200. Mit 25-m-Outdoorpool, Rutschen, Hot-Pot und Innenpool.

Laugardalslaug, Sundlaugarvegur 30, ✆ 411 5100, 💻 www.sundlaugar.is/sundlaugar/laugardalslaug. Östlich des Zentrums beim Campingplatz lockt das größte und beliebteste Bad Reykjavíks. Diverse Hot Pots, ein großes Becken zum Bahnen schwimmen und eine Wasserrutsche mit Spaßfaktor auch für Erwachsene.

Sundhöll Reykjavíkur, Barónsstígur 45a, ✆ 411 5350, 💻 www.sundlaugar.is/sundlaugar/sundholl-reykjavikur (Karte S. 134/135). Das älteste Bad der Stadt verhalf ab seiner Fertigstellung im Jahr 1937 den hier lebenden Reykjavíkern endlich zu mehr Hygiene. Entworfen wurde das schlichte Gebäude vom Staatsarchitekten Guðjón Samúelsson (der auch die Hallgrimskirkja entwarf). Heute steht das Haupthaus unter Denkmalschutz. 2017 wurde es umfassend renoviert, samt Anbau mit Freibad, Sauna und Hot Pots. Ein wirklich schönes Bad mitten in der Innenstadt.

Vesturbæjarlaug, Hofsvallagata, ✆ 411 5150. Recht kleines, etwas abgelegenes hübsches Bad im Westen mit gutem Windschutz, ideal zum Entspannen. ⌚ Mo–Fr 6.30–22, Sa und So 9–22 Uhr.

Kópavogur

Sky Lagoon, Vesturvör 44-48, ✆ 527 6800, 💻 www.skylagoon.com. Modernes Spa mit einem großen Thermalbecken mit grandioser Aussicht. Besonders gut gelungen ist die Sauna mit riesiger Fensterfront. Schwitzend in der Höhle sitzend blicken Saunierer:innen direkt aufs Meer. Auch das Dampfbad ist gelungen. Es gibt Tickets, bei denen man nur in den Geothermal-Pool geht und andere, bei denen auch ein Sauna- und Wohlfühl-Programm enthalten ist. Online vorgebucht ist es günstiger als vor Ort. Die Tickets haben kein Zeitlimit. Gute Anbindung mit Stræto-Bus (Linie 4 ab Hlemmur bis Hamraborg (17 Min.) und weiter mit Bus 35 (4 Min.) zur Haltestelle Kópavogsbraut. Man kann sich auf der Webseite der Lagune auch einen Zubringerbus mit Reykjavik Excursions buchen. ⌚ tgl. 10–23 Uhr.

Stadtrundgänge und -fahrten

Reykjavik Excursions, am BSÍ Busbahnhof, ✆ 580 5400, 💻 www.re.is/tour/hop-on-hop-off. Die beliebten Hop-on-Hop-Off-Touren mit dem roten Doppeldeckerbus beginnen und enden an der Konzerthalle Harpa. An allen wichtigen Innenstadt-Sehenswürdigkeiten (16 Stationen insgesamt) kann aus- und wieder zugestiegen werden. Abfahrten alle 30 Min. zwischen 9.30 und 16.30 Uhr. 5000 ISK für ein 24 Std. gültiges Ticket; 6000 ISK für 48 Std.

Für Touren zu Fuß siehe Kasten S. 131.

Nordlicht-, Wal- und Papageitaucher-Beobachtung

Am alten Hafen stehen entlang der Straße Ægisgarður Verkaufshäuschen der Anbieter. Lange Touren, kurze Touren, gemütliche Touren, schnelle Touren, Winter-Nordlicht-Touren, Sommer-Papageitaucher-Wal-Kombi-Touren: Alles ist möglich (meist zwischen 8–20 Uhr, ab 12 000 ISK, Kinder die Hälfte).

Es gibt bessere Orte für eine Walsafari, denn von hier aus fährt man erstmal ein ganzes Stück raus in die zum Wal-Schutzgebiet ernannte Faxaflói-Bucht, bevor man den ersten Meeresriesen (eventuell) zu Gesicht bekommt. Anbieter sind u. a. **Elding**, ✆ 519 5000, 💻 www.elding.is, **Special Tours**, ✆ 560 8800, 💻 www.specialtours.is und **Whale Safari**, ✆ 497 0000, 💻 www.whalesafari.is.

Nur zu den Papageitauchern fährt **Mr. Puffin**, Ægisgarður 5, ✆ 497 0000, 💻 www.puffintours.is. Mit modernen Schnellbooten geht's in den Sommermonaten von Mai–Ende August mehrmals täglich zu den kleinen Vogelinseln Akurey und Lundey, wo es außer den putzigen Papageitauchern noch jede Menge andere Vögel zu sehen gibt. Die Inseln werden nicht betreten, aber man fährt mit dem Boot ganz nah ran. Die Tour dauert etwa 90 Min., ab 16 J. 6500–10 000 ISK. Kinder ab 7 J. zahlen die Hälfte.

FESTE UND EVENTS

Januar–März

Dark Music Days, Ende Jan, 💻 www.darkmusicdays.is. An den dunkelsten Tagen der dunklen Jahreszeit präsentieren Komponisten ihre Werke in der Konzerthalle Harpa.

Winter Lights Festival, am 1. Februarwochenende, 💻 www.winterlightsfestival.is. Richtig dunkel ist es jetzt. Zeit, etwas Licht zu machen. Die Hauptstadt erstrahlt hell und bunt, es gibt eine Museums- und eine Schwimmbadnacht, außerdem den Northern Lights Run (5 km) durchs Zentrum.

Hönnunarmars und **Fashion Festival**, an vier Tagen im März, 💻 https://honnunarmars.is. Es wird alles gefeiert, was im weitesten Sinne mit Design und Mode zu tun hat.

Weitere Ausflugsziele rund um Reykjavík

Viele reizvolle Ausflugsziele liegen gleich vor den Toren der Stadt (detaillierte Busverbindungen siehe https://straeto.is/en).

Im Norden

Viðey

Das nur 1,6 km² große **Naturschutzgebiet der Insel Viðey** (Karte S. 126) ist zwar nicht spektakulär, lohnt an windstillen Tagen (kaum Windschutz) aber für einen Tagesausflug. Für Reittouren werden im Sommer Pferde der Farm Laxnes bei Mosfellsbær auf die Insel gebracht, 566 6179, www.laxnes.is/videy-island. Auf dem kleinen Eiland strahlt am **Yoko Onos Imagine Peace Tower**, www.imaginepeacetower.com, vom 9. Oktober bis 8. Dezember, vom 21.–31. Dezember und am 18. Februar eine Lichtsäule ab 20 Uhr für eine Stunde, die bis nach Reykjavík zu sehen ist. Zwischen dem 20.–27. März startet das ganze um 21 Uhr. Nur an den Geburtstagen von John (9. Okt.) und Yoko (18. Feb.) und an Neujahr leuchtet sie bis zum Morgengrauen.

Das **Viðeyjarstófa Café**, einst Amtssitz des Landvogts Skúli Magnússon (S. 108, Geschichte), ist heute für gute Waffeln bekannt. im Sommer tgl. 11.30–18 Uhr, im Winter seltener und kürzer. Die **Kirche** aus dem Jahr 1774, ebenfalls im Auftrag des Landgrafen erbaut, ist das zweitälteste Gotteshaus in Island. Weitere Infos zur Insel finden sich auf https://borgarsogusafn.is/videy.

Anfahrt: Im Sommer von Juli–Ende Aug fahren mittags zwei Fähren vom alten Hafen in 20 Minuten zur Insel. Ganzjährig bedient wird die Strecke von Skarfabakki beim Sundahöfn-Hafen, sie dauert nur 5 Minuten. Genaue Zeiten und Tickets unter www.elding.is. Zur Anlegestelle kommt man mit Strætós Linie 16, Haltestelle Klettagarðar.

Vogelinsel Grótta

Ganz im Nordwesten der Seltjarnarnes-Halbinsel, um die ein Fuß- und Radweg herumführt, ist die unbewohnte Vogelinsel **Grótta** (Karte S. 126) in der Zeit zwischen drei Stunden vor bis drei Stunden nach Niedrigwasser (Tidenzeiten hängen aus) für Fußgänger erreichbar (s. www.tide-forecast.com/locations/Reykjavik-Iceland/tides/latest). Am Strand sieht man Eiderenten, Alpenstrandläufer, Einsiedlerkrebse und Muscheln. Während der Brutzeit (1. Mai–15. Juli) ist das Betreten verboten.

Ein wenig versteckt im Schatten einer Hütte findet sich noch eine kleine Attraktion: Die Installation „Cupstone" der Künstlerin Ólöf Nordal – ein rundes Fußbad aus Basaltstein mit herrlichem Meerblick. Bis zu vier Fuß-Paare passen bequem hinein. Die Insel ist auch in den Wintermonaten beliebt, denn hier lassen sich in klaren Nächten besonders gut Ort Polarlichter beobachten (keine Straßenlampen).

Anfahrt: Vom alten Hafen aus folgt man den Straßen Eiðsgrandi und Norðurströnd etwa 4,5 km nach Nordwesten. Oder man nimmt Strætó-Linie 11.

Wanderung auf die Esja

Im Sommer und bei Sonnenschein zieht es viele Isländer auf „ihren Berg" **Esja** (Karte S. 126). Esja heißt allerdings das ganze Massiv, während die bekanntesten Punkte die Namen Steinn (605 m) und Þverfellshorn (780 m) tragen. Der Parkplatz (Mógilsá) ist oft voll. Die Tour (hin und zurück etwa 7 km) ist nicht zu unterschätzen und im Winter (und bei schlechtem Wetter) sogar gefährlich. Selbst im

Mai/Juni

Reykjavík Art Festival, im Mai oder Juni, www.listahatid.is. Zwei Wochen im Zeichen der Kunst. Alles darf, nichts muss. Seit 1970 ein Großevent.

Hátíð hafsins / Sjómannadagurinn (Festival des Meeres / Seemannstag), am 1. Sonntag im Juni bzw. nach Pfingsten, www.hatidhafsins.is: Alle Schiffe präsentieren sich im alten Hafen, um den herum ein großes Festprogramm

Sommer kann oben, auf fast 800 m Höhe, Schnee liegen. Infos unter 💻 www.besthiking.net/mount-esja-trail-hiking-iceland. **Anfahrt**: Über die Ringstraße nach Norden, etwa 6 km nördlich von Mosfellsbær geht's rechts zum Parkplatz (Fahrzeit 20–30 Min.). Strætó-Linie 57 fährt bis zur Haltestelle Esjurætur Hiking Center. Hier lohnt im Sommer (ab 12 Uhr) auch ein Besuch im ansässigen Café-Restaurant.

Im Süden

Immer die Küste entlang

Wer Ruhe sucht, findet sie auf einem Spaziergang oder einer Radtour **entlang der Südküste**, von der Ægisíða über Skerjafjörður und Nauthólsvík bis zur Bucht Fossvogur (Karte S. 134/135): Kein Verkehrslärm, Sonnengeglitzer auf dem Wasser und kleine Strände. Ein Riesenalk steht im Felswatt, aber nur als Denkmal – die letzten dieser pinguinähnlichen Vögel wurden 1844 getötet. Auf dem mittleren Uferabschnitt zwischen Ægisíða und Skeljanes gibt es keine Straßenlampen, was die Gegend (neben Grótta) zu einem guten Ort zum Beobachten von Polarlichtern macht. **Anfahrt**: mit Strætó-Linien 13 oder 15 (Ægisíða), 12 (Skeljanes) oder 8 (Nauthóll, Sa und So Linie 5). Oder mit dem Fahrrad – dies ist eine der schönsten Radstrecken in der Stadt.

Halbinsel Álftanes

Etwa 13 km südwestlich vom Zentrum residiert in **Bessastaðir** auf der Halbinsel Álftanes (Karte S. 163) der isländische Präsident in einem herrlichen weißen Prachtbau mit eigener Kirche, die 1777 aus Stein errichtet wurde. Ein passender Ort für das Staatsoberhaupt, blickt Bessastaðir doch auf eine lange historisch-politische Tradition zurück: Hier hatten im 13. Jh. schon Snorri Sturluson (S. 105, Land und Leute) und danach königliche Verwalter ihren Sitz. **Anfahrt**: über die Kringlumýrarbraut in die Stadt Kópavogur und dann weiter über den Hafnarfjarðarvegur und den Álftanesvegur.

Im Osten

Lachsfluss Elliðaá und Freilichtmuseum

Wildwasser, Lava und Wald – und das fast noch in der Stadt (nur 8 km südöstlich des Zentrums). Ausflüge in das idyllische, windgeschützte Naherholungsgebiet **Elliðaárdalur** (Karte S. 163) rund um den Lachsfluss Elliðaá sind bei den Isländern äußerst beliebt. Gleich nördlich vom Elliðaárdalur lohnt ein Besuch des **Freilichtmuseum Árbæjarsafn**, Kistuhylur, ✆ 411 6304, 💻 https://borgarsogusafn.is/arbaejarsafn. Im Zentrum steht der Hof Árbær, der 1464 erstmals erwähnt und noch bis 1948 bewohnt und bewirtschaftet wurde. Um diesen Hof herum konnten seit der Museumseröffnung 1957 nach und nach alte Höfe sowie Häuser aus ganz Island und eine Torfkirche neu aufgebaut werden. Wechselnde Ausstellungen und Veranstaltungen widmen sich der Frage, wie die Isländer früher gelebt haben. In einem historischen Gasthof-Gebäude, dem „Dillonshaus", befindet sich ein Café. 🕒 Juni/Aug 10–17, Okt–Mai 13–17 Uhr. Um 13 Uhr gibt es eine geführte Tour. Eintritt 2200 ISK, Schüler (mit Ausweis) 1370 ISK, mit Reykjavík City Card (Kasten S. 159) frei. **Anfahrt**: mit dem Auto über die Miklabraut nach Osten, mit dem Fahrrad durchs Fossvogsdalur oder von der Suðurlandsbraut kommend, per Bus mit Strætó-Linie 12 (Elliðaárdalur, Blesugróf oder Árbæjarsafn) oder den Linien 5 und 15 bis Ártún.

stattfindet. Man kann Fische aller Arten und eine Seenotrettungsübung bewundern.

Þjóðhátíðardagurinn, 17. Juni, 💻 www.17juni.is/en. Nationalfeiertag mit Prozessionen, Darbietungen, Kinderprogramm etc. rund um Tjörnin.

August/September

Reykjavík Pride, um das 2. Augustwochenende, 💻 https://hinsegindagar.is/en. Reykjavík feiert sich eine ganze Woche lang. Höhepunkte sind die Parade und das Open-Air-Konzert.

Reykjavík Jazz Festival, im Aug oder Sep, www.reykjavikjazz.is. Künstler aus Island und der ganzen Welt kommen zusammen – und alles dreht sich nur um Jazz.

Kulturnacht mit Feuerwerk, im August, www.menningarnott.is. Reykjavík feiert seine Kultur und die Veranstalter stellen ihre Programme für die kommende Spielzeit vor. Der Höhepunkt ist ein spektakuläres Feuerwerk.

Reykjavík Marathon, Aug/Sep, www.marathon.is. Beginnend am neuen Hafen geht es 42,2 km rund um die Stadt, meist entlang der Küsten. Nebenher finden auch weitere Laufveranstaltungen statt, auch für Kinder.

Reykjavík International Film Festival RIFF, ab Ende Sep, www.riff.is. Elf Tage lang werden internationale Programmkinofilme junger Künstler gezeigt.

The Reykjavík International Literary Festival, alle zwei Jahre im September (das nächste findet 2025 statt), www.bokmenntahatid.is. Reykjavík liest gemeinsam (auf Englisch) mit Künstlern aus dem In- und Ausland.

Oktober/November

Iceland Airwaves, Ende Okt/Anfang Nov, www.icelandairwaves.is. Das Festival-Highlight steht fünf Tage im Zeichen der Musik, oft auch mit Konzerten in Akureyri (S. 387). Jede noch so kleine Bühne wird besetzt – und die große in Harpa selbstverständlich auch. Die Gäste reisen von weit her an, Hotelzimmer werden knapp.

EINKAUFEN

Sehen und gesehen werden – und dabei noch etwas möglichst Ausgefallenes einkaufen: Die Isländer lieben es, shoppen zu gehen. Das Viertel um die **Haupteinkaufsstraßen Laugavegur** und **Skólavörðustígur** bietet städtisches Leben, das in den meisten Großstädten der Welt bereits ausgestorben ist: Kleine Lädchen, Boutiquen, Handarbeitsläden und Mini-Galerien (Schmuck, Fotokunst, Malerei, Töpferware), die zum Bummeln einladen. Individualität, wohin das Auge blickt. Shops von Allerweltsketten oder Ramschläden sieht man nicht. Die Souvenirläden sind zwar nicht wirklich originell, doch stöbern lohnt auch hier. Musikliebhaber suchen und finden in den Platten- und CD-Läden rare Einzelstücke und nette Gesprächspartner zum Fachsimpeln.

Tipp zum Thema Pullover-Kauf: Immer schön aufs Etikett schauen und im Zweifel nachfragen, denn viele Wollwaren „Designed in Iceland" kommen tatsächlich aus China oder anderen Billiglohnländern.

Bücher und Karten

Reykjavík, seit 2011 Unesco City of Literature, ist Heimat zahlreicher Buchhandlungen. Hier trifft man sich, trinkt Kaffee und stöbert. Eine Buchhandlung ist hier mehr als nur ein Geschäft – es ist gelebte Kultur.

Eymundsson, Laugavegur 65-77, http://eymundsson.is. Gut sortierte Buchhandlung mit einigen englischsprachigen und auch deutschen Büchern über Island. tgl. 9–19 Uhr.

Forlagið, Bræðraborgarstígur 7, www.forlagid.is. Islands größte Buchhandlung mit zahlreichen interessanten Büchern, darunter viele über Island und seine Natur. Vor allem Karten werden von Touristen gerne gekauft, denn nicht jeder mag sich auf seine Handynavigation allein verlassen (was je nach Region auch sehr weise ist). Mo–Fr 9–16 Uhr.

Mál og menning, Laugavegur 18, https://husmalsogmenningar.is. Diese Buchhandlung ist eine Institution und eher Event als profanes Geschäft: Betrieben wird sie vom gleichnamigen Verlag, dessen Inhaber im Jahr 1970 beschlossen, eine eigene Buchhandlung aufzubauen, nachdem sie schon ab 1937 mit ihren Karten und Büchern erfolgreich waren. Zahlreiche Fotos zeigen die Buchhandlung im Lauf der letzten Jahrzehnte und viele alte Bücher zeugen von einer langen Geschichte des Verlages. In der 2. Etage befindet sich das beliebte Café Súfistinn. Schachspieler freuen sich über den Spieltisch im UG. Immer mal wieder finden hier auch Konzerte statt. Nicht nur wenn es draußen regnet, ein perfekter Ort zum Zeitvergessen. tgl. 13–23 Uhr, Fr bis 24, Sa bis 1 Uhr.

Kleidung, Musik und mehr

Fótógrafí, Skólavörðustígur 22, www.fotografi.is. Tolles Sammelsurium aus wundervollen Fotos und Kameras. Ein echter Hingucker! Mo–Fr 11–19, Sa und So 12–19 Uhr. Im Winter 11–14 Uhr.

Handprjónasambandið („die Handstrickvereinigung"), Skólavörðustígur 19, www.handknitted.is. Große Auswahl an handgestrickten Islandpullovern, Mützen, Schals und Handschuhen. Angeboten wird auch Wolle und Strickzubehör für alle, die selbst aktiv werden wollen. Mo–Fr 9–18, Sa 9–17 und So 10–16 Uhr.

€ **Kolaportið**, Tryggvagata 19, https://kolaportid.is. Toller Indoor-Floh- und Wochenmarkt, der jedes Wochenende zahlreiche Besucher aus Reykjavík, der Umgebung und der ganzen Welt ins ehemalige Zollhaus lockt. Während der linke Teil der Halle mit typischer Flohmarkt-Neuware relativ unspektakulär ist, begeistert die rechte Hallenseite mit zwar wenigen, aber dafür umso spannenderen Verkaufsständen. Wer sich etwas Zeit nimmt und stöbert, kann Interessantes aus dem Alltag auf der Insel entdecken: alte Straßenschilder, Geschirr, Geldstücke, Bücher, Schallplatten, Pullover und sogar gediegene Anzüge … Es gibt viel zu sehen und die Preise sind moderater als anderswo. An einigen Ständen werden zudem Nahrungsmittel verkauft – mal verarbeitet, mal frisch. Hungrig muss auch hier also niemand gehen. Sa und So 11–17 Uhr.

Litla Jólabúðin, Laugavegur 8. Breite Auswahl an Weihnachtsartikeln aus ganz Europa. Mo–Sa 10–18, So 11–16 Uhr.

Macland, Laugavegur 23, www.macland.is. Apple Store. Mo–Fr 10–18.30, Sa 11–18 und So 12–17 Uhr.

Rauði krossinn, Laugavegur 12, http://raudikrossinn.is. Aus dem Secondhand-Klamottenladen des Roten Kreuzes sind schon so manche Schätzchen herausgetragen worden. Zweigstellen am Laugavegur 116 (So geschl.) und bei Hlemmur. Mo–Fr 10–18, Sa und So 12–16 Uhr.

12 Tónar, Skólavörðustígur 15, https://12tonar.company.site. Legendärer kleiner Plattenladen mit guter Auswahl an isländischer Musik. Die Betreiber und Begründer Larus und Johannes, die sich bereits aus Schultagen kennen, produzieren seit Jahren auch selber Platten ausgewählter klassischer Künstler. Einige ihrer Schützlinge sind heute weltberühmt. Die US-amerikanische Webseite *Buzzfeed* erkor diesen kleinen Laden übrigens zu einem der 17 Must-Sees der Welt für alle Schallplattenfans. Auf bequemen Sofas kann man gemütlich in neu entdeckte Schätze reinhören. Es heißt, wenn Björk in der Stadt ist, dann kommt sie hier schon mal vorbei und legt vielleicht sogar spontan ein paar Platten auf. Mo–Sa 10–18, So 12–18 Uhr.

Shoppingzentren

Kringlan, ca. 3 km südöstlich des Zentrums, www.kringlan.is. Große Shopping-Mall mit 70er-Jahre-Beton-Parkhaus davor. Innen viel Glitzer und Modeketten und eine Näherei. Kostenloser Transfer ins Zentrum (Rathaus). Mo–Fr 10–18, Sa ab 11, So 12–17 Uhr.

Mjódd, im Einkaufszentrum um den Strætó-Überlandbusbahnhof (S. 160) finden sich viele praktische Adressen: großer Nettó-Supermarkt (Mo–Fr 7.30–19, Sa 9–17.30, So 10–17.30 Uhr), Apotheke Mo–Fr 9–18.30, Sa 12–16 Uhr, Post mit Western Union Mo–Fr 9–18 Uhr, Buchhandlung, Schuster, Kofferladen und ein Ärztehaus (z. B. mit Augenarzt), außerdem Domino's und Subway.

Smáralind, Hagasmári 1 (Kópavogur), www.smaralind.is. Das größte Einkaufszentrum Islands. Mo–Fr 11–19, Sa 11–18, So 12–17 Uhr.

Supermärkte

Bónus, zahlreiche Filialen in der Stadt, die genaue Lage aller auf www.bonus.is/en. Mo–Do 11–18.30, Fr 10–19.30, Sa 10–18, So 12–18 Uhr.

Krónan-Filialen, u. a. Fiskislóð 15-21, Nóatún 17. tgl. 9–20/21 Uhr.

Nettó-24-Std.-Filialen, u. a. Fiskislóð 3, Þönglabakki 1 (Mjódd).

10–11 (24 Std.-Supermärkte), im Zentrum u. a. Austurstræti 17, Barónsstígur 3 und Birkimelur 1; weitere Filialen unter www.10-11.is/en.

Vínbúðin-Alkoholläden, im Zentrum u. a. Austurstræti 10a; außerhalb u. a. Borgartún 26, Kringlan 4-12, Skeifan 5, Skútuvogur 2. ⌚ meist Mo–Do und Sa 11–18, Fr 11–19 Uhr.

SONSTIGES

Autovermietungen

Nahezu alle Verleihfirmen haben Niederlassungen in Reykjavík, am und um den Flughafen Keflavík (dort ⌚ 6–1 Uhr) und am nationalen Terminal. Wer sich das Auto in der Stadt abholt und am Flughafen abgeben will (oder umgekehrt), zahlt ca. 35 € Überführungsgebühren.

Avis/Budget, Holtavegur 10, 💻 www.avis.is
Europcar, Skeifan 9, 💻 www.europcar.is
Hertz, Flugvallarvegur 5, 💻 www.hertz.is
Sixt, Fiskislóð 18, 💻 www.sixt.is

Botschaften und Konsulate

Deutsche Botschaft, Laufásvegur 31, Karte S. 136/137, ✆ 530 1100, mobile Notfallnummer ✆ 663 7800, 💻 www.reykjavik.diplo.de, ⌚ Mo–Fr 9–12 Uhr.

Konsulat von Österreich, Orrahólar 5, 💻 www.bmeia.gv.at. Das Konsulat war zur Zeit der Recherche geschlossen.

Generalkonsulat der Schweiz, Laugavegur 13, ✆ 899 944, 💻 www.eda.admin.ch.

Informationen

Touristeninformation: 💻 www.visitreykjavik.is.

What's On in Iceland, Laugavegur 5, ✆ 551 3600, 💻 www.whatson.is. Die Herausgeber des erfolgreichen Magazins *What's On* bieten in zentraler Lage das aktuelle Heft, viele Informationen zu Touren und Buchungsmöglichkeiten. ⌚ tgl. 8.30–21 Uhr.

Medizinische Hilfe

Apotheken u. a. Hafnarstræti 19, Laugavegur 46, Seljavegur 2, Egilsgata 3, Borgartún 28, Álfheimar 74, Álfabakki 14 (Mjódd). ⌚ meist Mo–Fr 9–18, Sa 11–16 Uhr. 24-Std. geöffnet haben die Filialen Lágmúli 5 und Smáratorg.

Gesundheitszentrum Glæsibær, Álfheimar 74 (südlich des Campingplatzes), 7. Stock, ✆ 510 6500, 💻 www.heilsugaeslan.is/heilsugaeslustodvar/glaesibaer. Im Sommer auch Service für ausländische Gäste (Terminvergabe; von 16–18 Uhr beschränkte Beratung ohne Anmeldung möglich). ⌚ Mo–Fr 8–16 Uhr.

Landspítali (Uniklinik), Skaftahlíð 24, ✆ 543 1000, und **Landspítali Fossvogi**, Áland 6, 💻 www.landspitali.is. Bei ernsten Problemen eine gute Anlaufstelle. 24 Std. geöffnet. Wer den Notruf 112 ruft, kommt oft in die Notfallaufnahme in Fossvogur.

Læknavaktin, Háaleitisbraut 68, ✆ 1770, 💻 www.laeknavaktin.is. Ärztehaus für alle, die nicht richtig schlimm erkrankt sind und doch ärztlichen Rat suchen. ⌚ 17–22 Uhr.

Waschsalons

Laundromat Wash, Grettisgata 3. Ein einfacher Waschsalon mit vier Wasch- und vier Trockenmaschinen. Das Programm läuft jeweils 30 Min., sodass man nach einer Stunde wieder mit frischer Wäsche ausgestattet ist. ⌚ tgl. 7–22 Uhr.

The Laundromat Cafe, Austurstræti 9, 💻 www.thelaundromatcafe.is. Kaffee trinken, eine Kleinigkeit essen (auch vegan und vegetarisch), das Kind spielt in der Kinderecke und die Maschine kümmert sich um die Dreckwäsche? Klingt gut? Dann ist dieser besondere Waschsalon genau die richtige Wahl. Einmal Waschen und Trocknen kostet 1300 ISK. ⌚ Mo–Mi 9–21, Do, Fr bis 22, Sa 10–20, So 10–18 Uhr.

NAHVERKEHR

Auto

Autofahrer sollten die Innenstadt besser meiden. Die Straßen sind eng und nahezu überall ist parken richtig teuer. Achtung: Sich darauf zu verlassen, dass nicht kontrolliert wird, ist keine gute Idee. Bei vielen Unterkünften, die nicht direkt im Zentrum liegen, ist ein kostenfreier Parkplatz vorhanden.

Fahrrad und E-Roller

Reykjavík lässt sich sehr gut mit dem Rad oder dem E-Roller erkunden. Die Hauptrouten haben exzellente Radwege und auch auf kleineren Straßen kann man problemlos fahren. Auch auf Gehwegen ist Radfahren erlaubt (dort aber auf Fußgänger Rücksicht nehmen). Verleih von

Reykjavík City Card

Die City Card gilt als Fahrausweis im Nahverkehr und auf der **Fähre zur Insel Viðey** (s. Kasten S. 154) und ermöglicht freien Eintritt in die städtischen Schwimmbäder und die meisten Museen. Viele Geschäfte, Tourveranstalter und Restaurants gewähren Rabatte zwischen 5 und 25 %. Die Karte kostet 4770/6630/8180 ISK für 24/48/72 Std., für Kinder günstiger. Ticket und weitere Infos 💻 www.visitreykjavik.is/city/reykjavik-city-card. Auch bei zahlreichen Tourveranstaltern und in den großen Hotels und Hostels ist die Karte erhältlich.

Rädern und Rollern s. S. 151, Aktivitäten und Touren.

Stadtbusse

Strætó betreibt zahlreiche innerstädtische Buslinien (Routen unter 💻 www.straeto.is/en). Es lohnt sich, die Klapp-App (Link auf der Strætó-Webseite) herunterzuladen: Hier gibt es alle Routen, einen Routenplaner und Tickets. Reykjavík selbst ist nicht in Zonen aufgeteilt; die Tickets sind 1 1/4 Std. gültig und kosten pro Fahrt kosten 570 ISK (in den wenigen Nachtbussen 1140 ISK), Jugendliche 11–18 J. 285 ISK. Kinder unter 12 J. frei. Wer beim Busfahrer zahlt, braucht passendes Kleingeld, denn es gibt kein Wechselgeld.

Günstig und praktisch sind auch die 20er-Karten, erhältlich online und in 10/11-Supermärkten und Schwimmbädern. Ein Tagespass kostet 2300 ISK, ein Dreitagespass 5200 ISK. Fahrten zum Flughafen kosten 4 Zonen.

Wichtig ist vor allem die Verbindung zum Überlandbusbahnhof **Mjódd**, wo man aus den gelben Stadtbussen in die blauen Überlandbusse umsteigt. Hierhin fahren die Linien 3 (Hlemmur/Stadtzentrum), 4, 11, 12 (Campingplatz), 17 und 18. Morgens und nachmittags an Werktagen stehen auch die Busse oft im Stau; besser 15–30 Min. extra einplanen, um die Überlandbusse ab Mjódd nicht zu verpassen.

Der innerstädtische Busbahnhof **Hlemmur** wird von den Linien 1–6 und 11–18 angefahren.

Taxis

A-stöðin, ✆ 420 1212, 💻 www.fb.com/Astodin.
BSR, ✆ 561 0000, 💻 www.bsr.is.

Freie Bahn für Fußgänger in vielen Straßen Reykjavíks

Bifreiðastöðin Hreyfill-Bæjarleiðir, ✆ 588 5522, 💻 www.hreyfill.is. Das Unternehmen hat sich auf Sightseeing-Touren mit dem Taxi spezialisiert. Eine eigene App vereinfacht das Buchen. Fahrten mit dem Taxameter und online buchbaren Transfer zum/vom Flughafen zum Fixpreis.

TRANSPORT

REYKJAVÍK UND REYKJANES

Auto

Östlich von Reykjavík trifft die **Straße 41** (von und nach Keflavík) auf die Ringstraße. Wer nach Norden will, folgt den Schildern nach Mosfellsbær; in Richtung Süden bzw. Osten hält man nach den Schildern „1s" (s für Süd, auch wenn es nach Osten geht!) und „Vík" Ausschau.
Wer **in die City** will, stößt auf verwirrende Hinweisschilder (Reykjavík A, C und V): C steht für „Centrum", V für „Vestur", d. h. Reykjavík West (Vesturbær) und A für „Austur", d. h. Reykjavík Ost (alles östlich von Reykjanesbraut, also Grafarvogur, Árbær, Breiðholt).

Busse

Es gibt zwei große Überland-Busbahnhöfe: Der große **BSÍ** (Umferðamiðstöðin) des Veranstalters **Reykjavik Excursions**, 💻 www.re.is, auf dem aber manchmal auch andere Busunternehmen Gäste ein- oder ausladen dürfen, liegt im Zentrum.
Einige wenige Strætó-Überlandbusse dürfen auch von den Bussteigen des BSÍ-Terminals abfahren, insbesondere Linie 57 nach Akureyri So morgens, und Linie 52 nach Landeyjahöfn Sa und So morgens. Linie 55 nach Keflavík fährt dagegen von der Bushaltestelle auf der Nordseite von BSÍ am Vatnsmýrarvegur. (Achtung: Diese Fahrten werden nicht ausgerufen).
Mjódd, der nicht weniger große Überlandbusbahnhof von **Strætó**, befindet sich etwa 7 km südöstlich des Zentrums, fast schon in Kópavogur, 💻 www.mjodd.is. Alle Routen der 18 Überlandbusse von **Strætó** finden sich online hier: 💻 https://straeto.is/media/2022/08/str-heildarkort-samgo-CC-88ngurvagnar.png.
Die Busse von **Trex**, 💻 www.trex.is, halten am Rathaus (Vonarstræti) und Campingplatz.

Zum Flughafen Keflavík
Direkt zum Flughafen fahren die Shuttlebusse von Reykjavik Excursions, Gray Line und Airport Direct (s. Kasten S. 129). Etwas günstiger ist die 75 Min. lange Fahrt mit Strætó (Linie 55), Haltestelle 50 m nördlich des Busbahnhofs BSÍ am Vatnsmýrarvegur (von 6.21–23.21 Uhr alle 2 Std., in der Berufsverkehrszeit morgens und abends stdl.). Die Eingaben in der Suchmaske lauten BSÍ und KEF Airport.

Golden Circle
Fast alle Touranbieter haben ganzjährig Tagestouren im Programm.

Nach Norden
AKUREYRI (über Ringstraße), mit Strætó-Linie 57 ganzjährig gegen 12 und 17 Uhr ab Mjódd in ca. 6 1/2 Std. / 22 Zonen.
BORGANES, ebenfalls mit der Linie 57 geht es mehrmals tgl. in 1 1/2 Std. nach Borganes, wo Anschluss nach SNÆFELLSNES/STYKKISHÓLMUR (Linie 58) und in die WESTFJORDE/HÓLMAVÍK (Linie 59) besteht.
EGILSSTAÐIR, mit Strætó-Linie 57 nach AKUREYRI. Weiter mit Linie 56 am nächsten Morgen über LAUGAR und MÝVATN in ca. 10 Std. / 40 Zonen.

Nach Osten
HÖFN, mit Strætó-Linie 51 über SELFOSS (teils mit Umstieg) und VÍK (immer umsteigen), im Sommer 2x tgl., im Winter 1x tgl. außer Sa, in 7 Std. / 29 Zonen.
LANDMANNALAUGAR, Reykjavik Excursions bietet ab Mitte Juni–Mitte Sep Touren ab Reykjavík über SELLFOSS, HELLA und RJÚPNAVELLIR in ca. 4 3/4 Std., für 12 500 ISK. Trex fährt von Mitte Juni–Anfang Sep über HELLA und RJÚPNAVELLIR in 3 3/4–4 Std., für 12 900 ISK.
SELFOSS, mit Strætó (Linien 51 und 52) mehrmals tgl. in 1 Std. / 4 Zonen. Von Selfoss aus ist die Weiterfahrt nach Stokkseyri und Eyrarbakki möglich.
ÞÓRSMÖRK, Reykjavik Excursions fährt ab Ende Mai–Mitte Sep ab Reykjavík über SELFOSS, HELLA und HVOLSVÖLLUR, in ca. 4 1/2–4 3/4 Std., für 12 000 ISK. Trex fährt von Mitte Juni–Mitte Sep in 3 3/4 Std. für 12 900 ISK.

SKÓGAR, mit Reykjavik Excursions zwischen Mitte Juni–Mitte Sep über SELFOSS, HELLA und HVOLSVÖLLUR, FÜR 9000 ISK.
VÍK, mit Strætó-Linie 51 im Sommer 2x tgl., im Winter 1x tgl. in 2 3/4 Std. / 14 Zonen.
WESTMÄNNERINSELN, mit Strætó-Linie 52 2x tgl. bis LANDEYJAHÖFN (ca. 1 3/4 Std.), dann weiter mit der Fähre Herjólfur.

Weitere Ziele
BLAUE LAGUNE, mit Reykjavik Excursions stdl. Abfahrten ab BSÍ mit Endziel Flughafen, Fahrzeit pro Strecke ca. 45 Min. zur Lagune, hin und zurück 6200 ISK. Wer online bei 💻 www.destinationbluelagoon.is ein Spa-Package bucht, hat den Transfer inklusive. Wichtig: die Blaue Lagune liegt in einem Gebiet, in dem in den nächsten Monaten oder Jahren ein Ausbruch zu erwarten ist
HAFNARFJÖRÐUR, Strætó-Stadtbus (Linie 1) fährt in gut 30 Min. mehrmals tgl., in den Stoßzeiten alle 10 Min. (in die App „Fjörður" als Haltestelle eingeben).

Flüge

Internationale Flüge gehen zum und ab **Flughafen** in Keflavík. Infos S. 39, Anreise und Kasten S. 128. Der **Inlandflughafen** liegt gleich südlich des Zentrums. Vom Flughafen in Keflavík geht es mit dem Flughafenbus zum Terminal in Reykjavík. Für den Transfer sollte man mindestens 3 Std. Zeit einplanen. Aktuelle Zeiten und Preise bitte den Webseiten entnehmen.
Eagle Air Iceland, ✆ 562 4200, 💻 www.eagleair.is, fliegt nach HÖFN, HÚSAVÍK und VESTMANNAEYJAR.
Das **Eagle Air Terminal** liegt an der Ostseite Nauthólsvegur und ist zu Fuß oder Buslinie 8 zu erreichen. Die Beschilderung für Autofahrer ist mäßig: das Terminal auf der Westseite ist an der Kreuzung Njarðargata/Hringbraut mit „Innanlandsflugstöð (Dom. Terminal)" beschildert.
Icelandair, ✆ 570 3000, 💻 www.icelandair.com, fliegt nach AKUREYRI (AEY) in 45 Min., nach EGILSSTAÐIR (EGS) in 1 Std. und ÍSAFJÖRÐUR (ISJ) in 40 Min.
Das **Icelandair Terminal** an der Westseite ist zu Fuß entlang der Njarðargata (gut 2 km) oder mit Buslinie 15 erreichbar.
Norlandair, 💻 www.norlandair.is/en. Die kleine Gesellschaft fliegt vom Flughafen Reykjavík nach BÍLDUDALUR and GJÖGUR.

Von Reykjavík zum Flughafen

Die autobahnähnliche Straße 41 hat zwar keine Naturschönheiten zu bieten, ist aber trotzdem mehr als nur ein Transitraum. Schließlich strahlt unterwegs die „Elfenstadt" Hafnarfjörður, die zudem das Wikinger-Erbe pflegt, bereits einen Hauch der Mystik aus, die Island kennzeichnet. Auch zur Blauen Lagune ist es nur ein kurzer Abstecher nach Süden. Und selbst kurz vor dem Flughafen locken in Keflavík und Njarðvík noch interessante Museen.

Hafnarfjörður

Große **Schiffe**, **Wikingergeschichten** (s. Kasten S. 165) und **Elfen**: Das sind die drei Hauptgründe, nach Hafnarfjörður zu kommen. Nicht ohne Vorteil sind auch die gute touristische Infrastruktur und die Nähe zu Reykjavík. Mit dem Auto ist man zu verkehrsarmen Zeiten in 20 Minuten (10 km) an der Hallgrímskirkja. Mit rund 30 000 Einwohnern ist Hafnarfjörður die **drittgrößte Stadt des Landes** und wegen des bedeutenden Fischerei- und Industriehafens einer der wichtigsten Handelsplätze Islands. An die mehrere Jahrhunderte zurückreichende Handelstradition erinnern im **historischen Zentrum** noch einige schöne alte Häuser. Am westlichen Stadtrand zeigt Hafnarfjörður dagegen ein anderes Gesicht: Hier steht seit 1969 die Aluschmelze **Straumsvík**, die immer wieder wegen Umweltbelastungen und Sicherheitsmängeln in die Kritik geraten ist.

Sehenswertes

Im kleinen botanischen Garten wachsen sogar die in Island sehr seltenen Buchen. Berühmt wurde der **Hellisgerði-Park** aber wegen seiner Lavafelsen, denn sie sind bewohnt, und zwar von Elfen. Also immer schön auf den Wegen bleiben und bloß keinen Stein verrücken, sonst droht Unheil.

Überhaupt ist in ganz Hafnarfjörður die Elfendichte überdurchschnittlich hoch. Es gibt sogar einen Stadtplan, auf dem die einzelnen Elfenwohnungen verzeichnet sind. Höchstpersönlich verfasst von der leider verstorbenen isländischen **Elfenbeauftragten Erla Stefándóttir**, und auch auf Englisch und Deutsch für 1500 ISK erhältlich, z. B. im schnuckligen grünen Elfencafé **Litla Álfabúðin**, Reykjavíkurvegur 15 b, am Park, 💻 www.fb.com/thelittleelfstore, mit seinen schönen Parkblick-Glashäusern, wo es außerdem auch Köstlichkeiten wie bunt bestreuselte Waffeln und allerlei Schnickschnack gibt. 🕒 Mo–Fr 11.30–16, Sa 12–17, So 12–16 Uhr.

Anderthalbstündige Elfen-Führungen bietet auch Silja Gunnarsdóttir, 💻 https://alfar.is, im Sommer dienstags und freitags um 16.30 Uhr für 5300 ISK p. P., Elfenkarte inklusive.

Im **Heimatmuseum Byggðasafn Hafnarfjarðar**, Strandgata 4, 📞 585 5780, 💻 http://museum.hafnarfjordur.is/de (auch auf Deutsch), steht im Gegensatz zu Reykjavíks Freilichtmuseum Árbær (S. 155), wo hauptsächlich das bäuerliche Leben dargestellt wird, der Handel im Vordergrund. 🕒 tgl. 11–17 Uhr, Sep–Mai nur am Wochenende.

ÜBERNACHTUNG

Fisherman's Village, Hliðsvegur 1, etwa 8 km nordwestlich von Hafnarfjörður, 📞 565 1213, 💻 www.fishermansvillage.is. Das Wikingerdorf-Resort auf der Halbinsel Álftanes in Garðabær gehört zum Hótel Víking. Gäste betreten eine exklusive Parallelwelt abseits der Stadt. Fast alle der Häuschen haben Meerblick. Die Kombi aus auf alt gemachter Einrichtung mit modernem Komfort ist gelungen, der Hot Pot auf dem Dach das besondere Bonbönchen. Günstiger in der Nebensaison. ❻

Hótel Víking, Strandgata 55, 📞 565 1213, 💻 www.fjorukrain.is. Auffälliges schwarz-rotes 3-Sterne-Hotel mit 42 Zimmern im Wikingerstil. Am Wasser, aber auch an der viel befahrenen Küstenstraße. Hot Pot, Sauna und Restaurant (s. u.). ❺–❻

Campingplatz beim Lava Hostel, Hjallabraut 51, 📞 565 0900, 💻 www.lavahostel.is. Relativ kleiner und deswegen oft rappelvoller Platz am Park. 1900 ISK, Kinder (14–18 J.) 1500 ISK. 🕒 Juni–Aug.

ESSEN

Fjörukráin Wikinger-Restaurant, im Hótel Víking. Bis zu 350 Menschen können sich hier ins 9. Jh. zurückversetzt fühlen – Wikingerleben zum Anfassen und Probieren. Menü mit Gammelhai und Black Death Schnaps, Lammkeule, Fischsuppe, Blaubeer-Skýr und einem Bier für um die 10 000 ISK. Ausgefallene Deko über 2 Stockwerke; die Stühle aus auseinandergesägten Holzfässern sind bequemer, als sie aussehen. 🕒 tgl. 18–22 Uhr.

Krydd Veitingshús, Strandgata 32, 📞 558 2222, 💻 www.kryddveitingahus.is. Isländische Küche, aber auch Pizza in modernem Ambiente. 🕒 Di–Do 11.30–22, Fr–Sa bis 23, So 17–22 Uhr.

Litla Álfabúðin, s. Sehenswertes.

Norðurbakkinn, Norðurbakki 1, 📞 511 1616, 💻 www.nordurbakkinn.is. Das geräumige, moderne Kaffeehaus bietet nicht nur Tee- und Kaffeespezialitäten und ausgefallenste Kuchenvariationen, sondern auch Lesungen und Hausmusik. Wer hier frühstückt oder bruncht, ist lang satt. 🕒 tgl. 10–18 Uhr.

Súfistinn, Strandgata 9, 📞 565 3740, 💻 www.sufistinn.is. Nettes, modernes Café in der Fußgängerzone. Die besten Plätze sind im OG. 🕒 tgl.10–18 Uhr.

AKTIVITÄTEN

Reiten

Íshestar, Sörlaskeið 26, 📞 555 7000, 💻 www.ishestar.is. Mehrtagestouren z. B. in die Golden Circle-Gegend oder auf Snæfellsnes, aber auch Tagestouren in der Hauptstadtregion (einstündige Ausritte inkl. Transfer von/nach Reykjavík ab 20 000 ISK p. P., auch für Anfänger).

Schwimmen

Ásvallalaug, Ásvellir 2, 📞 512 4050, 💻 www.sundlaugar.is/sundlaugar/asvallalaug. Modernes Hallenbad mit Innen- und Außen-Hot-Pots.

ÜBERNACHTUNG
1. Campingplatz beim Lava Hostel
2. Hótel Víking
3. Fisherman's Village
4. Campingplatz Vogar
5. Hótel Vogar
6. Mótel Arctic Wind
7. Start Hostel
8. Airport Hotel Aurora Star

SONSTIGES
1 Nettó
2 Bónus (2x)
3 Vínbúðin
4 Krónan (2x)
5 Bókasafn Hafnarfjarðar
6 Einkaufszentrum Fjörður
7 Go Fishing
8 Íshestar
9 Reykjanes Seakayak
10 Travice

TRANSPORT
1 Strætó-Haltestelle Fjörður
2 Mjódd Busbahnhof
3 Icerental 4x4, Camper Iceland
4 Autovermietungen
5 Green Motion, Go Campers

Suðurbæjarlaug, Hringbraut 77, ✆ 565 3080, 💻 www.sundlaugar.is/sundlaugar/sudurbaejarlaug. Zentrales Freibad und Schwimmhalle. 🕒 beide Bäder: Mo–Do 6.30–22, Fr 6.30–20, Sa 8–18, So 8–17 Uhr.

SONSTIGES

Bibliothek

Bókasafn Hafnarfjarðar, Strandgata 1, 💻 www.bokasafnhafnarfjardar.is. Große Sammlung deutscher Bücher, CDs, DVDs und Unterrichtsmaterialien. Auch Basare, Ausstellungen, Lesungen u. v. m. 🕒 Mo–Do 10–19, Fr 11–17, Sa 11–17 Uhr.

Einkaufen

Neben diversen Läden mit Wikinger-Devotionalien und dem Einkaufszentrum Fjörður (mit Post und Apotheke) gibt es auch ganz profane Supermärkte:

Bónus, Helluhraun und Ásbraut (beim Ásvallalaug). 🕒 Mo–Fr 11–18.30, Fr 10–19, Sa 10–18, So 11–18 Uhr.

Krónan, Hvaleyrarbraut 3 und Helluhraun. 🕒 tgl. 10–20 Uhr.

Nettó, Miðvangur 41. 🕒 tgl. 10–21 Uhr.

Krambúðin im Einkaufszentrum Fjörður. 🕒 Mo–Fr 10–18, Sa 11–16 Uhr.

Vínbúðin, Helluhraun 16-18. 🕒 Mo–Do und Sa 11–18, Fr 11–19 Uhr, Sa 11–18 Uhr.

Feste

Wikingerfest, Mitte Juni dreht sich fünf bis sechs Tage lang alles um die Nordmänner, mit Markt und viel Musik, 💻 https://visitreykjavik.is/city-areas/hafnarfjordur/viking-festival-hafnarfjordur. Wer Glück hat, darf in der

Begehrter Wohnraum: Die Lavafelsen im Hellisgerði-Park in Hafnarfjörður sind bei Elfen beliebt.

Stabkirche einer Wikinger-Hochzeit oder -taufe beiwohnen.
Heima Tónlistarhátíð Musikfestival am letzten Wintertag (das ist der vor dem ersten Sommertag, der immer am 3. Donnerstag im April gefeiert wird)
Der **Weihnachtsmarkt** ist familiärer als in Reykjavík, aber nicht weniger kitschig.

TRANSPORT

Auto

Hafnarfjörður liegt an der Straße 41 nach Keflavík. Ins Zentrum von Reykjavík geht's über die Straße 40. Die Straße 42 führt südwärts ins Geothermalgebiet und zum Kleifarvatn.

Busse

Die zentrale Bushaltestelle heißt in der Strætó-App nicht wie zu erwarten Hafnarfjörður, sondern einfach Fjörður (beim Einkaufszentrum).
KEFLAVÍK/FLUGHAFEN, mit Strætó (Linie 55) 1x stdl. zu unterschiedlichen Zeiten in 3/4 Std. Die schnelleren Flughafenbusse von Reykjavik Excursions und Gray Line halten bei Bedarf am Restaurant Fjörukráin/Hótel Víking.
REYKJAVÍK, mit Strætó-Stadtbus (Linie 1) mehrmals tgl. zum Busbahnhof Hlemmur, in den Stoßzeiten alle 10 Min., gut 1/2 Std.

Vogar

Etwa 1000 Menschen leben in dem kleinen Küstenort mit dem geschützten Hafen und der befahrbaren langgezogenen Mole. Sehenswert ist die **Kálfatjarnarkirkja** aus dem Jahr 1893, eine der ältesten und größten Holzkirchen Islands, die mitten auf einem riesigen Golfplatz 7 km nordöstlich des Ortes emporragt. Südwestlich liegen die 80 m hohen **Vogastapi-Klippen** mit schönen Aussichtspunkten. Noch zu Vogar gehört auch der Berg **Keilir** (378 m) im Südosten, für viele das Wahrzeichen von Reykjanes. Die holperige Zufahrt (an der Straße 41 ausgeschildert) führt etwa 8 km nach Süden, von einer Wanderung zum Ende 2023 teilweise eingestürzten Gipfel ist derzeit aber abzuraten.

ÜBERNACHTUNG UND ESSEN

In Vogar, Karte S. 163, übernachten Reisende, die Ruhe und Abgeschiedenheit genießen und dennoch schnell am Flughafen oder in Reykjavík sein wollen. Im Hótel Vogar und an der Tanke gibt es auch was zu Essen.
€ **Campingplatz** (Campingkarte), ✆ 777 3222, 💻 https://vogarcamping.is. Einfacher Platz neben dem Schwimmbad mit WC-Häuschen und Miniaufenthaltsraum, Staffel-

Wie Island zu seinem Namen kam

Irgendwo im Nordatlantik solle es eine ganz tolle Insel geben, munkelte man Mitte des 9. Jhs. in Norwegen. Also machte sich der Wikinger **Hrafna-Flóki Vilgerðarson** auf den Weg. Um die Insel nicht zu verpassen, hatte er auf den Färöern drei Raben gekauft, die ihm bei der Orientierung helfen sollten. Der erste flog, sobald er freigelassen wurde, zurück zu den Färöern, der zweite landete wieder auf dem Boot. Der dritte wies den Weg nach Island. Irgendwo in den Westfjorden landeten die Norweger an (s. auch Flókatóftir, S. 287), schauten sich um und bezeichneten die unwirtliche Umgebung schnell als „Eis-Land" – Island hatte seinen Namen weg. Ein Jahr später fuhren die verwegenen Segler wieder zur Insel. Diesmal versuchten sie ihr Glück weiter südlich und kamen in die Bucht von Reykjavík, die Faxi, einen von Flókis Begleitern, angeblich in Jubel ausbrechen ließ. Die Bucht heißt nach ihm Faxaflói, Faxi-Bucht. An Land gingen „Raben-Flóki" und seine Begleiter dann – möglicherweise – an der kleinen, begrünten Halbinsel im Westen von Hafnarfjörður. Sie wird Hvaleyri (Wal-Landzunge) genannt, weil sie dort auf einen toten Wal gestoßen sein sollen.
Ob die Geschichte sich so zugetragen hat oder nicht: Seitdem ist Hafnarfjörður die Wikinger-Hochburg Islands, Treffpunkt für Möchtegern-Wikinger aus aller Welt. Man speist und schläft stilecht im Hótel Víking (S. 162) und trifft sich Mitte Juni zum mehrtägigen **Wikingerfest** (s. Feste). In der Serie *Vikings* wird die Geschichte ein wenig anders erzählt. Hier geht Flóki in Vík an Land – aber das ist möglicherweise der spektakuläreren Kulisse geschuldet.

preise ab 2000 ISK p. P. Auch halbwegs günstige Blockhütten (ab 7000 ISK). 🕒 ganzjährig.

Hótel Vogar, Stapavegur 7, ✆ 866 4664, 💻 www.hotelvogar.is. Gelbes Haus-Ensemble im Westernstil am Ortseingang. Topmodern ist anders, aber die 38 ebenerdigen Zimmer sind mit separaten Eingängen, Fußbodenheizung und meist eigenem Bad ausgestattet. Frühstücksbuffet im hauseigenen Restaurant inkl. ❹–❺

Mótel Arctic Wind, Iðndalur 2, ✆ 859 5588, 💻 www.arcticwind.eu. Vom Namen nicht in die Irre führen lassen: Das Arctic Wind ist eher Pension als anonymes Motel. Modern eingerichtete Zimmer (alle mit Bad) und Gemeinschaftsküche. Tee und Kaffee zur freien Verfügung, auf Wunsch Frühstück. ❹

AKTIVITÄTEN

Kajak

Reykjanes Seakayak, Þórustaðir, Karte S. 163, ✆ 421 3025, 💻 www.seakayak.is. In Kleingruppen werden die ruhigen Küstengewässer erkundet, meist übers offene Meer bis zum Leuchtturm Gerðistangaviti und dann küstennah zurück. 🕒 Mai–Sep.

Schwimmen

Schwimmbad, Hafnargata 17, ✆ 440 6220. Niedliches kleines Freibad (16 x 8 m). 🕒 Sommer Mo–Fr 7–21, Sa und So 10–18, Winter Mo–Fr 6.30–20.30 (von 8–16 Uhr reserviert für Schulkinder), Sa und So 10–16 Uhr.

SONSTIGES

Die Grundversorgung sichert die N1-Tankstelle, Iðndalur 2, mit kleinem Laden, Schnellimbiss, **Geldautomaten**, **Post** und kleiner **Touristeninformation**, 💻 www.vogar.is.

TRANSPORT

Auto

Die Küstenstraße 420 ist in Richtung Osten die deutlich attraktivere Alternative zur parallel verlaufenden großen Straße 41. Nach Westen (Vogastapi) ist sie nur eine Holperpiste.

Busse

Strætó (Linie 87) fährt Mo–Fr zwischen 7 und 18 Uhr in 5 Min. vom Gamla Pósthúsið zur Haltestelle Vogaafleggjari, wo Anschluss an die Linie 55 REYKJAVÍK–KEFLAVÍK besteht.

Reykjanesbær: Keflavík, Njarðvík und Ásbrú

Schon seltsam: Auf Google Maps sieht es so aus, als sei Reykjanesbær eine ziemlich große Küstenstadt östlich des Flughafens. Wer aber vom Flughafen aus in diese Richtung aufbricht, wird große Augen machen: Einen Wegweiser nach Reykjanesbær gibt es nämlich ebenso wenig wie eine Stadt dieses Namens. Reykjanesbær heißt die ganze **Gemeinde**, zu der seit 1994 die Orte **Keflavík**, **Njarðvík**, **Ásbrú** und **Hafnir** gehören. In der Unterkunftsbuchung steht daher als Adresse der Stadt-Name „Reykjanesbær", doch vor Ort müssen Reisende ihr Zimmer in Keflavík, Njarðvík, Ásbrú und Hafnir suchen. Reykjanesbær ist weitläufig und reicht von der größeren Stadt Keflavík an der Ostküste bis zum 15 km entfernten Dörfchen Hafnir an der Westküste der Halbinsel. Wer dort eine Unterkunft gebucht hat und dachte, er könne zu Fuß hinlaufen, schaut dumm aus der Wäsche.

Reisende, die mehr wollen als nur ein Bett, sollten immer nachfragen, in welchem Teil der Gemeinde Reykjanesbær die Unterkunft wirklich liegt. „7 Minuten Fahrt zum Flughafen" kann nämlich sowohl „direkt an der belebten Hafenpromenade im Zentrum von Keflavík" heißen, als auch „irgendwo in Nirgendwo", z. B. direkt an der Straße 41 und fernab von jeglicher Verpflegung. Ásbrú liegt direkt am Flughafengelände, doch bis zum Passagierterminal auf der Nordseite ist es sogar weiter als von Keflavík und Njarðvík.

Keflavík

Keflavík ist keinesfalls eine Trabantenstadt des nahen internationalen Flughafens. Es gab den Ort schon zu Zeiten (ab dem 16. Jh.), als der Mensch vom Fliegen nur träumen konnte. Keflavík blickt auf eine lange Handelstradition, die sich rund um den Hafen noch erspüren lässt. Heute ist **Islands sechstgrößte Stadt** (rund 10 000 Einw.) nach deutschen Maßstäben eine niedliche Kleinstadt mit Hafen, schmucken Einfamilienhäusern und einer hübschen Promenade.

Den Hafen schmücken eine auffällige Ankerskulptur von Ásmundur Sveinsson und ein alter Fischkutter, den man über einen Steg betreten kann. An der Hafen-Nordseite wohnt in der Höhle Skessuhellir eine **Riesin** in einem Holzhaus, die Kinder regelmäßig in Angst und Schrecken versetzt (einfach den aufgemalten Fußspuren auf dem Asphaltweg folgen). Von hier aus lohnt es sich, bei gutem Wetter, auf die Klippen hinter dem Hótel Berg zu steigen und die Aussicht zu genießen. Hier beginnen auch Wanderwege.

Die Hafnargata lädt zum Bummeln ein. In der Nähe von Promenade und Duushús gibt es eine Goldschmiede und einige Galerien, am bekanntesten ist das bunt bemalte **Svarta Pakkhúsið** mit einem wechselnden Angebot aus Gemälden, Skulpturen und Töpferwaren, 🕒 tgl. 13–17 Uhr. Hier versteckt sich auch eine empfehlenswerte Eisdiele. Auch der Laden mit Angelzubehör weiter südlich ist witzig, denn er ist gleichzeitig ein Kramladen.

Etwas weiter nördlich zieht ein riesiges, toll restauriertes Gebäude aus dem Jahr 1877 die Blicke an. So ein Lagerhaus möchte man auch mal haben! Es gehörte einst dem dänischen Kaufmann Hans Peter Duus und beherbergt das **Museum Duushús**, eines der schönsten Heimatmuseen Islands, Duusgata 2-8, ✆ 420 3245, 💻 https://sofn.reykjanesbaer.is/duusmuseum. Von der Wohnzimmereinrichtung über eine 50er-Jahre-Küche und eine Seilwinde bis zu einer Wellblechhütte ist alles zu sehen, was das Leben der Isländer prägte. Schon allein der sorgsam restaurierte Dachstuhl lohnt den Besuch. In dem Nebenraum sind unzählige Schiffsmodelle ausgestellt. Das Duushús ist gleichzeitig Kunst- und Kulturzentrum (wechselnde Ausstellungen und Konzerte) und beherbergt auch das **Unesco Global Geopark Information Centre**, das leider zum Zeitpunkt der Recherche geschlossen war. 🕒 tgl. 12–17 Uhr, Eintritt ab 18 J. 1500 ISK.

Njarðvík

Die funktionale Stadt wirkt auf den ersten Blick nicht besonders attraktiv, wartet aber mit einigen Attraktionen auf. Am bekanntesten ist das Museum **Víkingaheimar/Viking World**, Víkingabraut 1, ✆ 422 2000, 💻 www.vikingworld.is. Im Mittelpunkt steht das 23 m lange nachgebaute

Wikingerschiff *Íslendingur*, mit dem Isländer im Jahr 2000 zum 1000-jährigen Jahrestag der Ankunft von Leifur Eiríksson (S. 104) in Nordamerika auf den alten Nordatlantikrouten von der Westmännerinsel Heimaey bis nach New York gesegelt sind und das man betreten kann. Außerdem beeindrucken Ausstellungen zur Besiedlung Islands, den Mythologien und dem Götterglauben. Ein Film informiert über die Wikinger und im Café kann man die vielen Eindrücke sacken lassen. Der Souvenirshop überrascht mit ganz netten Sachen, dazu kleine Spielecke mit

Wikingerspielen zum Austesten. ⌚ tgl. 10–16 Uhr, Eintritt 3420 ISK, Kinder (7–16 J.) und Senioren 2160 ISK.

Nur etwa 300 m südwestlich von Víkingaheimar breitet sich **Stekkjarkot** aus, ein hübsches Ensemble aus Häusern mit Grassodendächern (von 1855–1924). Im Sommer kann man sie von 13–17 Uhr auch von innen besichtigen.

Die tolle Küste an der äußersten „Nase" im Ostteil des Ortes (Njarðvíkurbraut) ist fast noch ein Geheimtipp. Hier ist die 1886 erbaute steinerne **Innri-Njarðvíkurkirkja** der ideale Ausgangspunkt für einen Spaziergang auf der asphaltierten, meist menschenleeren **Promenade** rund um ein kleines Kap mit herrlichen Aussichten auf Keflavík und das offene Meer.

Zur Eröffnung des **Rock'n'Roll Museums**, Rokksafn Íslands, Hjallavegur 2, ✆ 420 1030, 💻 www.rokksafn.is, im Jahr 2014 wurde Keflavík als „Liverpool des Nordens" bezeichnet. Ja, nicht Reykjavík, sondern Keflavík! Mit den auf der Airbase stationierten US-Amerikanern schwappte nämlich auch die Rockmusik von hier aus über die gesamte Insel. Der Museumsbesuch ist ein wilder Ritt durch die Rock- und Popgeschichte Islands von den 1960ern bis heute, mit iPad-Guide in fünf Sprachen. Damit's nicht langweilig wird, können die Besucher auch selbst Gitarre oder Bass spielen oder Karaoke singen. Wer sich von der enormen Menge an Schallplatten und Gitarren erschlagen fühlt, setzt sich erstmal in Ruhe hin, trinkt einen Kaffee und hört Musik. Oder kauft CDs und T-Shirts im Souvenirshop. ⌚ tgl. 11–18 Uhr, ab 18 J. 2000 ISK.

Ásbrú

Ásbrú kann weder mit Naturwundern noch mit einer Altstadt punkten, Ásbrú ist eine Betonwüste. Trostlos reihen sich gleichförmige, abgerockte Wohnblöcke aneinander. Bewohner sieht man selten, denn die **ehemalige Nato-Luftwaffenbasis** ist ein Zuhause für Reykjavík-Pendler geworden, die hier einigermaßen günstigen Wohnraum suchen.

Hier waren von 1951 bis 2006 US-Streitkräfte stationiert, die den Westen im Kalten Krieg stärken sollten. Das zwiespältige Verhältnis der Isländer zu den US-Truppen kommt gut in Arnaldur Indriðasons Buch *Tage der Schuld* (s. S. 605, Bücher) zum Ausdruck. Im Krimi, der 1978 spielt, geht es um Mord und Militärgeheimnisse, aber auch um den Wohlstand, den die Besatzer nach Island brachten. Ásbrú ist sehr realistisch beschrieben; die Schauplätze findet man auch heute noch.

ÜBERNACHTUNG

Reykjanesbær ist teures Pflaster, doch bieten viele Hotels kostenlosen Flughafentransfer, sodass es lohnen kann, den Mietwagen schon am Vorabend der Abreise zurückzugeben und hier zu nächtigen. Leider ist bei allen Unterkünften (Karte S. 167, wenn nicht anders erwähnt) wegen der Vielzahl der Gäste, die spät ankommen oder früh abreisen, mit Remmidemmi und Türenknallen zu rechnen. In Flauten-Monaten wie November oder Februar sind die Zimmer erheblich billiger.

Damit niemand müde fahren muss, hat Safetravel gemeinsam mit der Gemeinde **Nap and Go** ins Leben gerufen. Mit Liste der Unterkünfte, die Zimmer auch für einige Stunden vermieten: 💻 www.visitreykjanes.is/en/food-accommodation/nap-and-go.

Am Flughafen

Airport Hotel Aurora Star, Blikavellir 2, am Flughafen, ✆ 595 1900, 💻 www.hotelairport.is. Direkt in der Pole-Position und damit ideal für Menschen, die spät ankommen oder früh abfliegen. Von außen wenig attraktiver Klotz mit grau-roter Fassade, innen schick, mit 72 Zimmern mit Bad. Den Fluglärm können leider selbst die besten Fenster nicht völlig abschirmen. Hohe Rabatte im Winter. ❼–❽

In Keflavík

B&B Guesthouse, Hringbraut 92, ✆ 421 8989 und 867 4434, 💻 www.bbguesthouse.is. Für Lage und Service gibt es eine glatte Eins: Sowohl der Hafen als auch viele Restaurants und Supermärkte sind fußläufig in wenigen Minuten erreichbar. Die Zimmer sind ein wenig gesichtslos (nur Waschbecken, WC und Dusche im Gemeinschaftsbad). Es gibt eine Küche, einen Essbereich und ein Wohnzimmer für alle. Hier ist man auf Gäste spezialisiert, die spät abends anreisen oder morgens früh zum Flughafen müssen: Der kostenlose Transfer ist gut organisiert (eine Fahrt ist inkl.), und Zutaten für ein Frühstück stehen morgens in der Küche bereit. ❹

Guesthouse 1X6, Vesturbraut 3, ✆ 857 1589, 💻 www.1X6.is. Superschönes, individuelles Gästehaus mit 6 Zimmern, zentral in der Altstadt. Es wird vom Schweizer Andi und seiner japanischen Frau Yukiyo geleitet und wurde von einem lokalen Künstler hauptsächlich aus recycelten Materialen und viel Treibholz gestaltet. Weitere Künstler steuerten ihre Werke und Bilder bei. Es gibt Gemeinschaftsbäder (3 Zimmer teilen sich ein Bad), einen Wellnessbereich mit Hot Pot im Garten und zum Frühstück selbstgebackenes Brot. Kinder sind willkommen, unter 4 J. schlafen sie umsonst im Bett der Eltern. Check-in nach Absprache zwischen 16–22 Uhr. Wer über die hauseigene Webseite bucht, bekommt einen Rabatt. ❺

Hótel Berg, Bakkavegur 17, ✆ 422 7922, 💻 www.hotelberg.is. So familiär wie ein Gästehaus, so luxuriös wie ein Luxushotel. Wie selbstverständlich drucken die freundlichen Mitarbeiter für ihre Gäste seitenlange Dokumente aus, bestätigen Rückflüge oder machen die Mietwagen-Rückgabe klar. Super ist auch die Lage am Hafen, oberhalb der „Riesin" (s. o.). Oft Sonderangebote für die grandiose Honeymoon-Suite, und im Winter purzeln die Preise. Besonders schön: der warme kleine Pool auf der Dachterrasse mit Blick aufs Meer. ❺–❻

Hótel Núpan Deluxe, Aðalgata 10, ✆ 565 3333, 💻 www.hotelnupan.com. Weißgraue Villa im Südstaatenstil, aber äußerlich ohne Schnickschnack. Einige der Zimmer für 1–4 Pers. haben Blümchentapete und Ohrensessel, andere sind mit weißen Wänden und weniger verspielten Möbeln eher karg. Einige haben ein Bad, andere nur ein WC (ohne eigene Dusche). Pluspunkte gibt's für den Hot Pot im Garten und die Nähe zum Zentrum. Flughafentransfer inkl. ❹–❺

In Njarðvík

Happy Campsite Keflavík, Stapabraut 21, ✆ 578 7860, 💻 https://parka.is/happycampsitekeflavik. Der in den Firmenfarben grün und orange gehaltene 2021 eröffnete Platz von Happy Campers ist nicht so idyllisch gelegen, aber dafür– wie man gerne sagt – „verkehrsgünstig", also ideal, um nach der Ankunft oder vor dem Abflug noch ein paar Stündchen zu schlafen und zu duschen. Zelten geht auch, aber noch ohne Windschutz. Ab 16 J. 1500 ISK p. P., die dritte Übernachtung ist kostenlos. 🕒 Mai–Ende Sep.

In Ásbrú

Knonvin Hotel, Keilisbraut 762 (Nähe Valhallarbraut), ✆ 426 5000, 💻 www.bbkeflavik.com. Das recht große Haus mit 58 komfortablen Zimmern, alle mit Bad und TV, ist leider relativ anonym. Neben DZ gibt es auch EZ, Drei- und Vierbettzimmer sowie Familienzimmer (30 000 ISK) aus 2 Dreibetträumen mit Durchgangstür. Frühstücksbuffet (auch mitten in der Nacht) und Flughafentransfer inkl. Unbedingt den Lageplan studieren oder das Navi benutzen, denn hier sehen alle Häuser und Straßen gleich aus. ❺

Start Hostel, Lindarbraut 637, Karte S. 163, ✆ 420 6050, 💻 http://starthostel.is. Von außen eher ein unattraktiver Klotz, innen aber für den vergleichsweise günstigen Preis eine gute Option. Es gibt DZ mit Bad, aber auch 4er-Schlafsäle (um 70 €/Bett), eine große Gemeinschaftsküche, einen witzigen (Lasten-)Aufzug und ein prima Frühstücksbuffet ab dem sehr frühen Morgen. ❸–❹

ESSEN

In der Altstadt von Keflavík finden sich ausreichend Restaurants und Imbissbuden aller Herren Länder, Preisklassen und Geschmacksrichtungen.

Aura Restaurant, beim Flughafen im Airport Hotel Aurora Star (s. Übernachten). Ideal für ein letztes isländisches Abendessen (auch für Nicht-Hotel-Gäste) vor dem Abflug, denn der Flughafen ist direkt um die Ecke. 🕒 tgl. 18–23 Uhr.

Fernando's Pizza, Hafnargata 28, ✆ 557 1007, 💻 www.fernandos.is/en. Vergleichsweise großer Laden, aber innen sehr gemütlich. Die Pizza und die Spaghetti Bolognese (nicht auf der offiziellen Karte) sind lecker. 🕒 Di–So 17–22 Uhr.

Issi Fish and Chips, an der Straße 41 in Njarðvík. Der Fisch ist zwar nicht gerade

Sportnation Island

© PETRA FEUCHT

Das Fußballwunder von der Insel

Unvergessen ist Islands Auftritt bei der **Europameisterschaft 2016**. Die Spieler und vor allem ihre Fans sorgten für weltweite Begeisterung. Zum ersten Mal hatte sich eine isländische Nationalmannschaft der Männer für eine EM qualifiziert (den Frauen gelang das schon 2009) – und dann zog sie nach einem sensationellen Sieg gegen England sogar ins Viertelfinale ein!

Machten früher die Witterung und die zahlreichen kleineren Indoor-Hallen Handball zur bevorzugten Mannschaftssportart, steht seit dem Bau großer Fußballhallen und dank professioneller Trainingsbedingungen Fußball immer mehr im Fokus. Viele Spieler/innen aus Island finden ihren Platz in **internationalen Vereinen** – v. a. in England und Skandinavien. Bereits in den 1980er-Jahren feierte Atli Eðvaldson bei Borussia Dortmund, Fortuna Düsseldorf sowie Bayer 05 Uerdingen Erfolge und wurde zum ersten ausländischen Spieler der Bundesliga, der fünf Tore in einer Begegnung schoss. Ásgeir Sigurvinsson wurde 1982 mit dem FC Bayern München deutscher Pokalsieger und mit dem VfB Stuttgart 1983 Deutscher Meister. Sara Björk Gunnarsdóttir spielte ab 2016 für den VfL Wolfsburg, bevor sie zum Topklub Olympique Lyon und nach Italien wechselte. Aktuell spielen z. B. Glóðís Perla Viggósdóttir, Károlina Lea Vilhjálmsdóttir – derzeit ausgeliehen an Bayer Leverkusen – und Cecilía Rán Rúnarsdóttir für den FC Bayern München und Sveindis Jane Jónsdóttir für den VfL Wolfsburg. Bei den Männern kickt Ísak Bergmann Jóhannesson für Fortuna Düsseldorf.

Die **Stelpurnar okkar** („Unsere Mädels") qualifizierten sich zum vierten Mal seit 2009 auch für die Euro 2022, leider ganz knapp nicht für die WM 2023. Sie sind noch weniger bekannt, aber seit Jahren erfolgreicher als die Herrenmannschaft. Bemerkenswert ist, dass die Nationalteams gleichberechtigt für die Teilnahme an internationalen Turnieren entlohnt werden. Auch steht inzwischen eine Frau an der Spitze des isländischen Fußballverbandes.

Die Männer, die **Strákarnir okkar** („Unsere Jungs") hatten sich nach dem EM-Erfolg von 2016 bereits ein Jahr später auch erstmals für eine WM qualifiziert – und danach erst einmal mit dem ganzen Land eine Nacht lang durchgefeiert. Zum Turnier 2018 reisten sie als das Land mit den wenigsten Einwohnern, das jemals an einem Worldcup teilgenommen hat. Dazu erlangte **Rúrik Gíslason**, damals noch beim SV Sandhausen, enormes mediales Interesse und wurde in Deutschland danach nicht nur als

Sieger der Tanzshow *Let´s Dance* bekannt. Aktuell befindet sich das sehr junge Team im Umbruch und benötigt noch Zeit, um international wieder mitspielen zu können.
Der Besuch eines Heimspiels der Nationalmannschaften im kleinen Stadion Laugardalsvöllur ist ein tolles Erlebnis. Rúrik Gíslason könnte man dagegen bei einem Konzert mit den *IceGuys* erleben. Tickets gibt es in beiden Fällen (und auch für Handballspiele) über 💻 www.tix.is.

Und sie können nicht nur Hú! Handball und Co in Island

Erstaunlich, in wie vielen Sportarten das kleine Island auf internationalem Parkett vertreten ist. So finden sich international erfolgreiche Golfspieler und sehr viele Golfplätze. Derjenige auf Heimaey gehört zu den schönsten Plätzen der Welt – und **Golf** ist ein Volkssport. Sehr beliebt ist auch das Training in Fitness-Studios. Im **Crossfit** belegen v. a. die isländischen Teilnehmerinnen bei internationalen Meisterschaften Top-Platzierungen. Auch im **Schwimmen**, im **Basketball** und in der **Leichtathletik** feiern Islands Sportler Erfolge.
Aber *die* Mannschaftsportart war und ist **Handball**. Seit den 1980er-Jahren gehören die isländischen Nationalteams zu den besten der Welt. Bei der Handball-WM 1997 belegte das Männerteam den 5. Platz, bei der EM 2010 den 3. Platz und bei den Olympischen Spielen 2008 gewann man sogar die Silbermedaille. Die Spieler der U21 holten bei der WM 2023 Bronze. Das Damenteam freut sich über die Teilnahme an der WM 2023 und die Männer sind bei der EHF Euro in Deutschland 2024 dabei.
Isländische Handballer sind europaweit schon lange erfolgreich als Spieler und später dann oft als Trainer. Nur ein kurzer Auszug: Alfreð Gíslason – langjähriger Trainer des THW Kiel, aktuell Trainer der deutschen Nationalmannschaft, Áron Pálmarsson – Spieler u. a. beim THW Kiel und FC Barcelona, Guðjón Valur Sigurðsson – Spieler u. a. bei den Rhein-Neckar-Löwen, bei Paris Saint-Germain, inzwischen Trainer des VfL Gummersbach, Dagur Sigurðsson – ehemaliger Trainer des deutschen Nationalteams mit Gewinn der EM 2016, Guðmundur Guðmundson – u. a. Trainer der Rhein-Neckar-Löwen, Trainer der dänischen Mannschaft mit der er die Goldmedaille bei den Olympischen Spielen 2016 gewann, Ólafur Stefánsson – u. a. bei den Rhein-Neckar-Löwen, Ómar Ingi Magnusson und Gísli Þorgeir Kristjánsson – Spieler beim SC Magdeburg … Und in vielen Mannschaften der Handballbundesliga findet sich mindestens ein isländischer Name zum Anfeuern. Auch in Island lohnt der Besuch eines Handballspiels – insbesondere da seit 2023/24 Àron Pálmarsson und Alexander Petersson – früher u. a. SG Flensburg-Handewitt, Füchse Berlin, MT Melsungen – wieder in ihren Heimatvereinen FH Hafnarfjörður und Valur Reykjavík mitspielen.

Hilfreiche Begriffe zum Mitreden oder Anfeuern

Áfram Ísland: Vorwärts, Island! Auf geht's, Island!
Ég er kominn heim: Sehr bekanntes Lied, seit der Qualifikation für die Euro 2016 die etwas andere Fußballhymne der Nationalmannschaften.
Lofsöngur: Die schwer zu singende isländische Nationalhymne.
Tólfan: Der 12. Mann, der die Choreografie des HÚ(H)! mit Trommeln im Stadion übernimmt. Mehr Infos unter 💻 www.tolfan.is.
HÚ(H) oder **Viking Clapping**: Wurde nach einem Europa-League-Spiel der isländischen Fußballmannschaft UMF Stjarnan von deren Fans aus Schottland mitgebracht und an den Fanclub Tólfan der Nationalmannschaft weitergegeben.
KSÍ: Knattspyrnusamband Íslands (isländischer Fußballverband), 💻 www.ksi.is.
HSÍ: Handknattleikssamband Íslands (isländischer Handballverband), 💻 www.hsi.is.

Ein Gastbeitrag von Dr. Petra Feucht

günstig, dafür weich, weiß und frisch, und die Portionen reichen durchaus für 2 Pers. ⌚ tgl. 11–20 Uhr.
Kaffi Duus, Duusgata 10 (Duushús), ✆ 421 7080, 💻 www.duus.is. Leider ziemlich teuer, dafür mit Blick auf den schönen kleinen Hafen. Bemerkenswerte Auswahl, von traditioneller isländischer Küche mit Fisch und Lamm bis hin zu indischen Tandoori-Gerichten. ⌚ tgl. 11–22 Uhr, manchmal Mittagspause zwischen 14 und 17 Uhr.
Ráin, Hafnargata 19, ✆ 421 4601, 💻 www.rain.is. Das recht große Restaurant mit der ausgedehnten Fensterfront erinnert durch das Schiffsambiente und den Meerblick an den Speisesaal eines in die Jahre gekommenen Kreuzfahrtschiffes. Wenn dann noch eine Band spielt, ist die Illusion perfekt. Gute isländische und internationale Küche. ⌚ Mo–Do 11–24, Fr und Sa 11–3 Uhr.

UNTERHALTUNG

Ein gepflegtes Bierchen in angenehmer Atmosphäre trinkt man im **Paddy's Irish Pub**, Hafnargata 38. ⌚ tgl. ab 18 Uhr bis spät.

EINKAUFEN

Die Supermärkte Bónus und Krónan, eine Apotheke und ein Baumarkt befinden sich neben der Tankstelle an der Straße 41 (Fitjar). In Keflavíks Altstadt zudem ein weiterer Bónus (Túngata 1, ⌚ Mo–Do 11–18.30, Fr 10–19, Sa 10–18, So 11–18 Uhr) und viele kleinere Lebensmittelläden. Ein Nettó und eine Vínbúðin, ⌚ Mo–Do 11–18, Fr 11–19, Sa 11–16 Uhr) im **Einkaufszentrum Krossmói** (auch Bank, Geldautomat, Western Union) runden das Angebot ab. In Ásbrú gibt es keine Läden.

AKTIVITÄTEN UND TOUREN

Schwimmen

Vatnaveröld Wasserwelt, Sunnubraut 31, Keflavík, ✆ 420 1500, 💻 www.reykjanesbaer.is/is/mannlif/afthreying-utivist/sundlaugar. Riesiger Spiel- und Spaßtempel für die ganze Familie mit Innen- und Außenbecken. ⌚ Mo–Fr 6.30–21.30, Sa und So 9–18 Uhr.
Njarðvík Schwimmbad, Norðurstígur 2, ✆ 421 2744 und 421 4567, 💻 www.sundlaugar.is/sundlaugar/reykjanesbaer-njardvik. Kleines 16-m-Hallenschwimmbecken, Hot Pots draußen. ⌚ Mo–Fr 6.30–21.30, Sa 13–17 Uhr.

Touren

Travice, Birkidalur 10, ✆ 786 2400, 💻 www.travice.is. Reykjanes-Tagestour und Flughafentour, für Reisende, die nur zwischenlanden und in kurzer Zeit möglichst viel sehen wollen (12 700 ISK p. P.). Auch Quadtouren, Whale Watching, Reiten usw. werden vermittelt.

Walbeobachtung

Vogaseatours, Bakkastígur, ✆ 833 9080, 💻 https://vogaseatours.com. Das engagierte Team startet tgl. um 13.30 Uhr ins offene Meer. 3-Std.-Tour für 12 000 ISK p. P., Kinder 7–15 J. zahlen die Hälfte.

SONSTIGES

Fast alle **Autovermieter** haben Niederlassungen direkt am oder nahe des Flughafens. Nur wo? Die Antwort auf diese Frage hat Kunden schon an den Rand des Wahnsinns getrieben. Die Abhol- und vor allem Rückgabestationen in Keflavík nehmen nämlich 2 komplette Straßenzüge am Stadtrand (nahe der Straße 41) ein. Sehr tricky sind hier z. B. die kleinen Stichstraßen Flugvellir und Flugvallarvegur, die viele Navis nicht finden und die auch bei Google Maps nicht bzw. falsch verzeichnet sind. Man könnte ja durchaus denken, eine Firma mit dieser Adresse befände sich direkt am Flughafen. Tut sie aber nicht. Also: Obacht!
Einige Vermieter teilen sich außerdem Büros, ohne das auszuschildern, sodass es vor allem frühmorgens, wenn alle hektisch auf der Suche nach ihrer Rückgabestation sind, zu regelrechten Staus kommt. Tipp: Mindestens eine halbe Stunde mehr Zeit einplanen und bei der Abholung des Autos unbedingt ein Foto von der Station machen – v. a. bei Regen und im Dunklen wird man dafür wenige Wochen später sehr dankbar sein.

Am Flughafen
Avis/Budget, ✆ 591 4000.
Europcar, ✆ 425 0300.
Hertz, ✆ 522 4430.
Blue Car Rental, Blikavellir 3, ✆ 773 7070.
Geysir Car Rental, Arnarvöllur 4, ✆ 893 4455.
Ice Rental Cars, Arnarvöllur 4b, ✆ 591 7900.

In Keflavík
Green Motion / Go Campers, Fuglavík 43, ✆ 551 1115.

In Asbrú
Icerental 4x4, Bogatröð 2, ✆ 571 2266.
Camper Iceland, Bogatröð 15, ✆ 553 6000.

In Njarðvík
Happy Campers, Stapabraut 21, ✆ 578 7860.

NAHVERKEHR

Es gibt 4 Strætó-Linien, die alle vom zentralen **Busbahnhof Miðstöð** (beim Nettó-Supermarkt im Einkaufszentrum Krossmói) aus starten und wieder zu diesem zurückkommen, sodass man hier prima umsteigen kann, auch in Strætós Linie 55 zum Flughafen. Ab dem Duushús erreicht man in Verlängerung der Vesturgata auch einen Radweg direkt zum Flughafenterminal (3,5 km).

TRANSPORT

Auto

Um von Keflavík auf die **Straße 41 zum Flughafen** zu kommen, verlässt man das Zentrum über die Straßen Aðalgata oder Þjóðbraut.

Busse

Alle Linien starten vom **Busbahnhof Miðstöð**, beim Nettó im Einkaufszentrum Krossmói.
FLUGHAFEN mit Strætó (Linie 55) alle 2 Std. in 9 Min.
GRINDAVÍK, mit Strætó (Linie 88) zu unterschiedlichen Zeiten, aber mind. 2x tgl. in 25 Min.
REYKJAVÍK, mit Strætó (Linie 55) alle 2 Std. von 6–23 Uhr, in 1 1/4 Std. Manchmal muss man in Hafnarfjörður in die Linie 1 umsteigen.
SANDGERÐI, mit Strætó (Linie 89) mehrmals tgl., über GARÐUR, in 20 Min.

Über die West- und Südküste von Reykjanes nach Reykjavík

Eine Tour, die es in sich hat, denn Reykjanes ist mehr als abwechslungsreich. Die Nordwestspitze rund um die Küstenörtchen **Garður** und **Sandgerði** ist flach und im Sommer auch grün bzw. grün-lila wegen der riesigen Lupinenfelder, die hier zum Schutz vor Erosion angepflanzt wurden. Später wird die Landschaft zunehmend schroffer und vulkanischer. Am tektonischen Graben steht die **Brücke zwischen den Kontinenten** und an den heißen Schlammquellen von **Gunnuhver** zeigt sich die beeindruckende Kraft der Natur.

Eine gute Basis für Ausflüge an der reizvollen Südküste ist der Fischerort **Grindavík**, der mit der **Blauen Lagune** das bekannteste Bad des Landes vor der Haustür liegen hat. Aber auch zum wilden Geopark mit der bunten Steilküste von **Krýsuvíkurbjarg** (im Sommer mit riesiger Vogelkolonie) und den blubbernden und dampfenden Quellen von **Seltún** ist es über die Straße 427 nicht weit. Zahlreiche Wanderwege durchziehen das Naturreservat, etwa um den strahlendblauen **Kleifarvatn** oder von Seltún bis zum grünen **Grænavatn** und zur Hochebene, auf der wohl Neil Armstrong für die Mondlandung trainiert hat.

Weiter östlich kann man kilometerlang entlang der Lavaküste von der sagenumwehten **Strandarkirkja** bis nach **Þorlákshöfn** laufen. In Richtung Reykjavík vermittelt dann das **Geothermiekraftwerk Hellisheiði** interessante Einblicke in die Energiegewinnung, und mit dem **Þríhnúkagígur** lässt sich sogar ein Vulkan von innen bestaunen.

Garður und Garðskagi

Das unauffällige Dorf hat außer der Nähe zum Flughafen wenig zu bieten, doch kommen Vogelfreunde bei einer Küstenwanderung Richtung Westen auf ihre Kosten. Und nur 3 km nordwest-

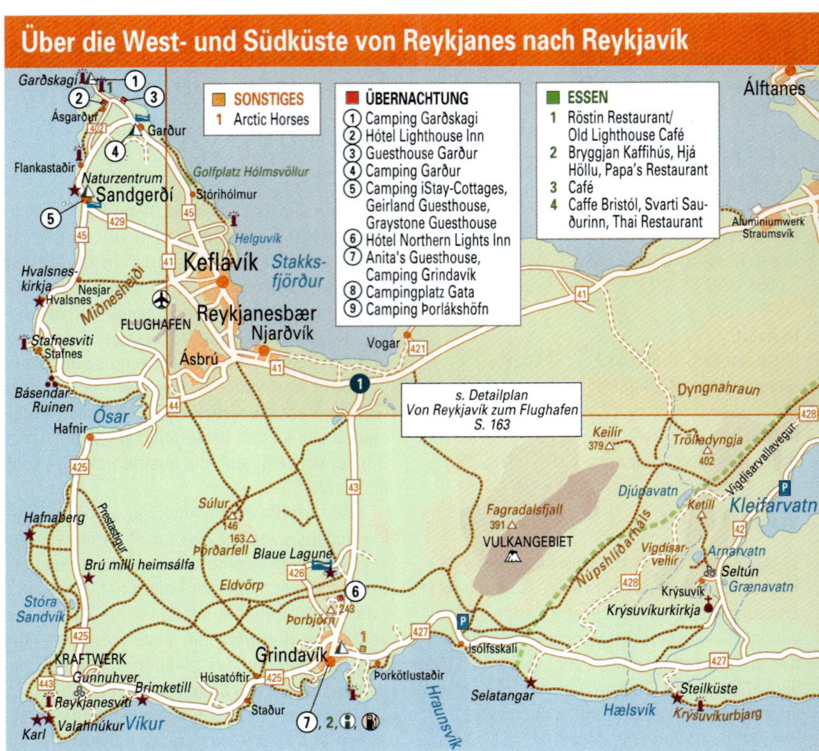

lich des Ortes locken auf der äußersten Landspitze Garðskagi zwei **Leuchttürme** aus den Jahren 1897 und 1944. Die Nordlichtfotos von hier sind legendär, und an stürmischen Tagen ist auch die Brandung herrlich.

ÜBERNACHTUNG

Camping Garðskagi, Skagabraut, 💻 www.gardskagi.com. Einfacher Platz am Meer, aber ohne Duschen. Ab 13 J. 1700 ISK p. P. Einen weiteren kostenlosen Platz gibt es beim Schwimmbad, allerdings sind die WCs nur während der Öffnungszeiten zugänglich. 🕒 ganzjährig.

Guesthouse Garður Apartments, Skagabraut 46 und 62a, 📞 660 7894, 💻 www.guesthousegardur.is. 6 Apartments und 1 Blockhaus mit 2 Schlafzimmern. ❺

€ **Hótel Lighthouse Inn**, Norðurljósavegur 2, 📞 433 0000. Modernes Hotel in Holzoptik. Große DZ (nach einem mit Leuchtturmblick fragen). Suiten für 4 Pers. ab 225 €. ❸–❹

ESSEN

Röstin Restaurant/Old Lighthouse Café, Skagabraut 100, 📞 893 8909, 💻 www.gardskagi.com. Leuchtturm-Restaurant/Bar mit Fischgerichten, Fast Food und herrlichem Meerblick. 🕒 Mo–Mi 17–20.30, sonst 12–20.30 Uhr.

SONSTIGES

Einkaufen

Supermarkt **Kjörbúðin**, Sunnubraut 4. 🕒 Mo–Fr 9–18, Sa 10–17, So 12–17 Uhr.

Schwimmen

Schwimmbad, Garðbraut 94, ✆ 422 7300, 💻 www.sundlaugar.is/sundlaugar/sundlaugingardi. Hübsches kleines Freibad mit Hot Pots. 🕒 Juni–Aug Mo–Fr 6–21, Sa und So 9–17, sonst Mo–Fr 6–8 und 15–20.30, Sa und So 10–16 Uhr.

TRANSPORT

Auto

Nur 5 km südwestlich liegt Sandgerði, und im Südosten erreicht man nach jeweils 10 km den Flughafen und Keflavík.

Busse

KEFLAVÍK, mit Strætó (Linie 89) bis Hringbraut/Norðurtún mehrmals tgl. in 10 Min.

Sandgerði

Das verschlafene Fischerdorf (1500 Einw.) ist wegen seiner Nähe zum Flughafen vor allem bei Campern beliebt, die spät ankommen und/oder früh wieder abfliegen. Doch auch die Lage am Meer ist reizvoll. Bei gutem Wetter kann man von hier aus den Snæfellsjökull sehen.

Das marine **Naturzentrum der Uni Þekkingarsetur Suðurnesja**, Garðvegur 1, ✆ 423 7458, 💻 www.thekkingarsetur.is, beherbergt eine naturgeschichtliche Ausstellung mit ausgestopften Tieren und einheimischen Pflanzen. Eine weitere dreht sich um Leben und Wirken des Franzosen Jean-Baptiste Charcot, der zu Beginn des 20. Jhs. Antarktis und Arktis erforschte. Er kam 1936 bei der Strandung seines Forschungsschiffes vor Island (bei Borgarnes) ums Leben.

◷ Mai–Aug Mo–Fr 10–16, Sa und So 13–17 Uhr, Eintritt 600 ISK.

ÜBERNACHTUNG UND ESSEN

Im Skálin an der Strandgata 15 kauft man Kleinigkeiten und/oder leckere Burger, Restaurants gibt es nicht.

iStay-Cottages und Camping (Campingkarte), Byggðavegur, ✆ 854 8424, 💻 www.istay.is. Kleiner netter Platz, gute kostenlose Duschen, WLAN kostenlos rund ums Servicehaus, Spüle außen, aber überdacht. Sachen zum Mitnehmen bzw. Platz zum Dalassen von übriggebliebenem Essen/Klopapier/Gaskartuschen u. Ä. Wer abends fliegt, kann so lange bleiben, wie er mag … das kontrolliert keiner. Camping 1800 ISK, Jugendliche (13–16 J.) 1000 ISK. Waschmaschine/Trockner je 500 ISK. Außerdem Holz-Bungalows für je 2 Erwachsene plus Kind (Sanitäranlagen im Haupthaus). Abends trifft man sich im großen Gemeinschaftsraum bzw. in der Küche. Frühstück gegen Aufpreis. Hütten-Gäste zahlen im Schwimmbad keinen Eintritt. ◷ April–Sep. ❹

€ **Geirland Guesthouse**, Suðurgata 9, ✆ 888 2909, 💻 www.fb.com/Geirland guesthouse. Toll, was Siggi und Anne hier versuchen: Obwohl die Preise ringsum fast schon unverschämt sind, bleiben sie bescheiden und bieten bezahlbare Unterkünfte in Flughafennähe an. Ihren Schatz an wertvollen Reisetipps geben sie gern weiter. Leider gibt es nur 3 DZ, also frühzeitig buchen. Falls nicht ausgebucht ist, kann man sich evtl. auf Anfrage für ein paar Stunden zum ermäßigten Preis ausruhen. ❷

Graystone Guesthouse, Suðurgata 2, ✆ 888 1495. Freundliche Unterkunft im ehemaligen Postgebäude. EZ, DZ mit 3 Gemeinschaftsbädern und einer separaten Toilette. Dazu Deluxe-DZ mit eigenem Bad. Die netten Zimmer sind mit Waschbecken, Schreibtisch, Haartrockner sowie allem, was man braucht, ausgestattet. Gemeinschaftsküche, dazu toller Kaffeeautomat, Tee und Kaffee rund um die Uhr frei, im Kühlschrank sowie Schrank Basics für eigene Mahlzeiten. Zugang mit PIN zum Haus sowie den Zimmern, der per E-Mail zugesandt wird. Vor Ort ist nur vormittags jemand da. Da häufig für Flughafenab- und -anreise genutzt, nachts u. U. etwas unruhig. ❹

SONSTIGES

Einkaufen

Kjörbúðin, Miðnestorg 1. Supermarkt mit ATM. ◷ Mo–Fr 9–18, Sa 10–17, So 12–17 Uhr.

Feste

Sandgerðisdagar, 4-tägiges Dorffest Ende Aug.

Schwimmen

Sportzentrum, Skólastræti 2, ✆ 420 7510, 💻 www.sundlaugar.is/sundlaugar/sandgerdi. Modernes Freibad mit Hot Pots, Rutsche und Dampfbad. ◷ Mo–Fr 6.30–21, Sa und So 9–17 Uhr. Im Winter nur bis 20 bzw. 17 Uhr.

TRANSPORT

Auto

Bis zum Flughafen fährt man 8 km auf der Straße 429 nach Südosten. Nach Süden Richtung Grindavík geht's auf der Küstenstraße 45.

Busse

KEFLAVÍK, mit Strætó (Linie 89) Mo–Do 11x tgl., Fr 12x, Sa 4x und So 3x in 20 Min. ab der Haltestelle am Schwimmbad.

Von Sandgerði nach Grindavík

Etwa 6 km südlich von Sandgerði lohnt an der Küstenstraße 45 die pittoreske schwarze Steinkirche **Hvalsneskirkja** von 1887 mit ihrem bunten Turm und dem relativ großen Friedhof. Auch der leuchtend orange Leuchtturm **Stafnesviti** weitere 2 km südlich ist ein tolles Fotomotiv und wunderbarer Picknickplatz. Hier beginnt der gut 10 km lange Küstenwanderweg zum Mini-Örtchen **Hafnir**, vorbei an den Ruinen des einst bedeutenden Handelsortes **Básendar**, der 1799 durch eine Sturmflut zerstört wurde. Diese Básendaflóð, die auch in anderen Regionen Südwest-Islands großen Schaden anrichtete, war die stärkste und höchste Sturmflut in der Geschichte des Landes.

Der weder markierte noch deutlich erkennbare Weg führt über Stock und Stein und auch durch feuchtes Marschland. Südlich von Hafnir beginnt dann der ebenfalls nicht markierte **Prestastigur**, ein alter Pfad durch die Lava, der nach 13 km an der südlichen Küstenstraße 425, etwa 3 km westlich von Grindavík, endet. Ein weiterer etwa 10 km langer Wanderweg führt von der Straße auf den 146 m hohen Berg Súlur.

Hafnaberg

Die Wanderung zu den **40 m hohen Klippen** in Hafnaberg lohnt am ehesten zur **Vogel-Brutzeit** im Mai bis Juni/Juli. Ansonsten gibt es einfachere, kürzere Wege zur Steilküste (z. B. von Gunnuhver aus, s. unten). Der Wegweiser an der Straße suggeriert einen nur kurzen Fußmarsch, aber das täuscht. Die gut 3 km (eine Strecke) durch die eintönige Lavawüste und losen Sand ziehen sich ganz schön. Und an der Küste angekommen, geht es noch einmal einen gut erkennbaren Trampelpfad nach rechts fast 1,5 km an der Küste entlang. Die Chancen sind recht gut, hier Wale zu sehen.

Brú milli heimsálfa

Lust auf etwas „Kontinent-Hopping"? Einmal von der alten in die neue Welt spazieren? Einfacher als hier kann man dieses Erlebnis wohl kaum haben. Denn tektonisch gesehen führt dieses kleine Brückchen von Europa nach Amerika! Die sogenannte **Brücke zwischen den Kontinenten** spannt sich über einen Graben, der Teil des Mittelatlantischen Rückens ist, der die eurasische und nordamerikanische Kontinentalplatte voneinander trennt und jedes Jahr etwa 2 cm weiter auseinanderdriftet.

Gunnuhver und Umgebung

Bei Gunnuhver blubbert das **größte Schlammquellengebiet Islands**, und ein Teil des Geländes kann über einen Bohlen-Rundweg begangen werden. Weithin sichtbar steigt der weiße Wasserdampf empor, und es stinkt gar fürchterlich nach Schwefel. Je nach Windrichtung sieht man mehr oder weniger große Teile des **Suðurnes-Kraftwerks**, das die Energie des Hochtemperaturgebietes zur Stromerzeugung nutzt.

Seinen Namen verdankt das Gebiet **Guðrún Önundardóttir (Gunna)**, die vor rund 300 Jahren hier lebte. Um sie ranken sich viele Geschichten, die z. T. stark voneinander abweichen. Die Gemeinsamkeiten: Gunna suchte nach ihrem Tod diejenigen heim, die ihr zu Lebzeiten übel mitgespielt hatten. Ein Richter und seine Frau starben auf unerklärliche Weise, Menschen verschwanden spurlos. Erst durch einen hinterhältigen Trick konnte Gunna schließlich in die Quelle verbannt werden. Wer genau hinschaut, sieht sie wütend auf dem Kraterrand tanzen.

Das ganze System ist in ständiger Bewegung, die Erde lebt. 2014 z. B. ließen Erdbeben praktisch über Nacht einen neuen **Schlammgeysir** entstehen.

Von der Straße 425 zweigt eine 1,5 km lange, einspurige (Gegenverkehr!) und trotz Asphalt löcherige Straße zum Gunnuhver-Parkplatz ab. Ein weiterer Parkplatz befindet sich an der Westseite, erreichbar über die Straße 443, die weiter nordwestlich von der Straße 425 abzweigt und hinter dem Kraftwerk zuletzt leider in sehr schlechtem Zustand war. Wer sich und seinem Auto diese Rallye zumuten will, kann am **Leuchtturm Reykjanesviti** vorbei bis zur Küste fahren.

Hier locken Wanderwege mit Blick auf den Felsen Karl und die **Vogelinsel Eldey**, wo eine der größten Basstölpelkolonien der Welt nistet (als Schutzgebiet nicht zugänglich). Ein Denkmal erinnert an den ausgerotteten flugunfähigen Riesenalk. Die spektakuläre Klippe **Valahnúkur** war zuletzt wegen Einsturzgefahr gesperrt, kann aber aus sicherer Entfernung bestaunt werden. Vom Gunnuhver-Hauptparkplatz aus kann man nicht mit dem Auto zum Leuchtturm fahren. Der Weg zwischen den beiden Parkplätzen ist nur für Fußgänger passierbar.

Brimketill

Eine warme Badestelle direkt am Meer? Lange hielt sich das Gerücht, Brimketill wäre so ein geheimer Naturpool. Der Bau einer Zufahrtsstraße mit Parkplatz und Aussichtsplattform hat jedoch einen der meistgesuchten Hotspots in Reykjanes seiner Mystik beraubt. Jetzt ist jedem sofort klar: Das in Lava eingelassene Schwimmbecken Brimketill (übersetzt „Brandungs-Kessel") ist weder eine lauschige Badestelle noch mit warmem Wasser gespeist. Die Trollfrau Oddný, die hier immer gebadet haben soll, muss ganz schön hart im Nehmen gewesen sein.

Es ist trotzdem eine Freude, aus sicherer Entfernung mit anzusehen, wie die Brandung um die Felsen peitscht. Bei Sturm ein echtes Spektakel! Aber Vorsicht: Die Wellen sind unberechenbar. Man wird ziemlich sicher nass, und es ist nicht ausgeschlossen, dass man ins Meer oder in den Lavakessel gerissen wird (Verletzungs- oder sogar Lebensgefahr).

Grindavík

Im November 2023 schaffte es das gut 3000 Einwohner zählende Grindavík als **„die Stadt auf dem Magmatunnel"** in die deutschen Nachrichten. Die ganze Region um die Stadt und die Blaue Lagune war Ende 2023 aus Sicherheitsgründen gesperrt. Ob und falls ja wie es weitergeht mit den Erderhebungen und Vulkanausbrüchen auf der Reykjanes-Halbinsel, war zum Zeitpunkt der Recherche nicht vorhersagbar, aber vermutlich wird auch in den nächsten Jahren mit weiteren Eruptionen rund um Grindavík zu rechnen sein (s. Kasten S. 180/181).

Den Isländern war der „Riss", der sich mitten durch den Ort zieht, wohl schon seit längerem bekannt, wie Bilder und Baupläne aus den 50er-Jahren zeigen. Aber man nahm ihn als gegeben hin, denn Grindavík ist bereits seit dem 16. Jh., als in der Region Machtkämpfe zwischen englischen, deutschen und dänischen Händlern entbrannten, einer der **wichtigsten Fischereihäfen Islands.**

Wissenswertes über die Geschichte der Fischerei erfährt man (hoffentlich auch weiterhin) in der kostenlosen Ausstellung im **Salzfischmuseum Saltfisksetur** im Kulturzentrum Kvikan, Hafnargata 12a, ✆ 420 1190, 💻 www.grindavik.is/kvikan. 🕒 tgl. 10–13 Uhr (im Winter manchmal nur Sa und So).

ÜBERNACHTUNG

Anita's Guesthouse, Ásabraut 15, ✆, 8642365, 💻 https://anitasguesthouse.is. Zentral gelegenes Haus mit Gemeinschaftsküche und zwei Bädern, eins davon mit Whirlpool. Das Frühstück wird in den Kühlschrank gepackt, sodass alle sich bedienen können, wann und wie sie wollen. ❹

€ **Camping Grindavík**, Austurvegur 26, ✆ 420 1100, 💻 www.tjalda.is/en/grindavik. Empfehlenswerter 3-Sterne-Campingplatz mit großem Serviceangebot. Toll auch die Reste-Ecke mit Lebensmitteln und Gaskartuschen. Abends schließt das Servicehaus pünktlich um 22 Uhr, wer dann noch nicht gekocht hat, muss zum Gaskocher greifen oder den großen Grill am Spielplatz nutzen. Ab 14 J. 2200 ISK. Waschmaschine/Trockner 800 ISK. Duschen inkl. (Nicht-Gäste 500 ISK). 🕒 März–Nov.

Hótel Northern Lights Inn, Nordurljósavegur 1, ✆ 426 8650, 💻 www.nli.is. Etwas außerhalb Richtung Blaue Lagune (kostenloser Shuttleservice dorthin) thront das ziemlich große Haus in einem Lavafeld. Gehobene Ausstattung mit Wellnessbereich und gar köstlichem Abendessen im hauseigenen Max's Restaurant. Frühstück auf Anfrage schon ab 4.30 Uhr. ❽

ESSEN

Bryggjan Kaffihús, Miðgarður 2, ✆ 426 7100, 💻 www.bryggjan.com. Gemütliches Café-Restaurant mit Außenterrasse am Wasser. Es gibt Kuchen, Fischgerichte und Hummersuppe, der sogar ein Dokufilm gewidmet wurde (in „Lobster Soup – das entspannteste Café der Welt" geht es aber mehr um eigentümliche Café-Besucher als um die Suppe selbst). Außerdem jede Menge Fischernetze und wertvolle Insidertipps für die Weiterreise. Gutes Preis-Leistungs-Verhältnis, und wenn nicht gerade Busgruppen da sind, lässt sich hier gut ein ganzer Nachmittag verbringen. 🕒 tgl. 11–21 Uhr.

Hjá Höllu, Víkurbraut 62, ✆ 896 5316, 💻 www.hjahollu.is. Neben Vegetarischem landet auch viel Fisch auf den Tellern. Man kann der Besitzerin und Köchin Halla (Hjá Höllu heißt „bei Halla") oder ihrer Mutter beim Kochen zusehen. Tolle Kleinigkeiten und Kuchen, auf Anfrage auch Picknick-Pakete. 🕒 Mo–Fr 8–17, Sa 11–17 Uhr.

Papas Restaurant, Hafnargata 7a, ✆ 426 9955, 💻 https://papas.is. Besonders empfehlenswert sind Fish 'n' Chips, aber auch die Burger und die Pizza sind prima. 🕒 tgl. 11.30–21 Uhr.

AKTIVITÄTEN UND TOUREN

Buggy-, Quad- und Mountainbike-Touren

4x4 Adventures, Tangasund 1, ✆ 857 3001, 💻 www.4x4adventuresiceland.is. Mit dem Quad am Lavastrand cruisen oder die Gegend um Grindavík erkunden? Oder doch lieber umweltfreundlich mit dem Mountainbike? Die Veranstalter bieten Action-Touren unterschiedlicher Länge (z. B. Quad-Tour für 2 Pers. auf einem Fahrzeug ab 16 500 ISK für 1 Std.) und verleihen auch Mountain- und e-Bikes. Tagesmiete e-Bike um die 17 000 ISK. Je nachdem, ob gerade ein Vulkan aktiv ist oder nicht schwanken die Preise stark.

Reiten

Arctic Horses, Hópsheiði, ✆ 848 0143, 💻 www.arctichorses.is. Kürzere Touren (1/2–2 1/2 Std.) in der Kleingruppe, auch für Anfänger geeignet. Die meisten buchen die Tour zum Leuchtturm (1 1/2 Std. für 9000 ISK p. P.).

Schwimmen

Schwimmbad, Austurvegur 1, ✆ 426 8244, 💻 www.sundlaugar.is/sundlaugar/sundlaug-grindavikur. Schönes Freibad mit Rutsche und Hot Pots am Sportzentrum. 🕒 Mo–Fr 6–21, Sa und So im Juli/Aug 9–18, Sep–Juni 9–16 Uhr.

Wandern

Geotoursiceland, ✆ 893 9169, ✉ geotoursice@gmail.com. Bei Einar kann man sich Geologie-Wissen erwandern. Zum Ausgangsort geht's mit dem Jeep und von da an ca. 15 km über Stock und Stein (2–6 Teilnehmer, um die 20 000 ISK p. P.).

SONSTIGES

Einkaufen

Zwei grau-weiße Betonklötze gegenüber der Tanke stellen das Servicezentrum des Ortes dar: Im größeren **Nettó**, 🕒 tgl. 10–19 Uhr, gibt es viel frisches Gemüse und Gebäck, daneben den **Alkoholladen**, 🕒 Mo–Do 14–18, Fr 11–19, Sa 11–14 Uhr, die **Apotheke**, 🕒 Mo–Fr 10–18 Uhr und das Restaurant Hjá Höllu (s. Essen).

Informationen

Touristeninformation, im Gemeindezentrum Kvikan, Hafnargata 12a, ✆ 420 1190, 💻 www.visitgrindavik.is. 🕒 Sommer tgl. 10–17 Uhr. Auch das Team des Campingplatzes hilft gern und kompetent weiter.

TRANSPORT

Auto

Nordwärts führt die **Straße 43** zur Blauen Lagune und zur Flughafen-Reykjavík-Straße 41. Nach Osten führt die sehr gute **Küstenstraße 427** nach Þorlákshöfn (58 km, abgesehen von den neuen Vulkan-Parkplätzen wenig Rastplätze): Mit Ausnahme des einen steilen Anstiegs kurz hinter Grindavík (Vorsicht beim Runterfahren: die Serpentinen haben es in sich!), geht es auf ebener Strecke parallel zur Küste geradeaus. Achtung: Ende 2023 waren sowohl die Straße 43 als auch die 427 wegen der Erdbeben in der Region gesperrt (aktuellen Stand erfragen, s. auch 💻 https://safetravel.is oder 💻 https://umferdin.is/en).

Busse

Nach KEFLAVÍK und REYKJAVÍK mit Strætó-Linie 88 (umsteigen in Bus 55 an der Haltestelle Grindavíkurafleggjari, bei der Kreuzung der Straßen 43 und 41), mehrmals tgl.

Die Blaue Lagune (Bláa Lónið)

Das berühmteste Spa-Bad des Landes, ✆ 420 8800, 💻 www.bluelagoon.com, liegt etwa 5 km nördlich von Grindavík. Leider befindet es sich mitten in einer besonders aktiven Riftzone und musste Ende 2023 wegen starker Erdbeben und erwarteter Eruptionen geschlossen werden – Zukunft ungewiss. In ruhigeren Zeiten badet man in diesem riesigen Wohlfühltempel für viel Geld im milchigen Abwasser des Svartsengi-Kraftwerks. „Ein unvergleichliches Erlebnis"

Vulkanische Aktivitäten auf Reykjanesskagi

Vulkane brechen alle paar Jahre in Island aus, aber auf der Halbinsel Reykjanesskagi lagen die letzten Eruptionen 750 Jahre zurück. Seit 2020 jedoch häuften sich die Erdbeben, auch in Reykjavík klapperten die Tassen im Schrank, und GPS-Sensoren detektierten Aufwölbungen des Untergrunds.

Die Ausbrüche von 2021, 2022 und 2023

Am 19. März 2021 begann schließlich eine Eruption in **Geldingadalir** bei Grindavík. Gefahr für bewohnte Gebiete bestand nicht, aber Lavafontänen und glühend heiße Lavaströme boten einen spektakulären Anblick. Noch nie gab es einen so gut zugänglichen „Touristenausbruch", in Sichtweite von Reykjavík und dem Flughafen Keflavík. Abgesehen von giftigen Gasen und Gefahren durch schnell vorrückende Lava war der Ausbruch relativ ungefährlich. Die umliegenden Hänge des Fagradalsfjall boten Aussicht wie in einem Amphitheater. In der Abenddämmerung an der warmen Lava zu sitzen und das Feuerwerk am Krater zu genießen, hatte etwas von einem überdimensionalen Lagerfeuer, nur viel eindrucksvoller. Wege wurden markiert, und Freiwillige der Rettungsgesellschaft gingen Wache, um Leichtsinnige vom Betreten der heißen Lava abzuhalten. Für Monate war der Vulkan Ziel für Tausende Wanderer. Ortsunkundige Touristen kamen 2021 „dank" Corona nur wenige – dies hat den Rettungsleuten sicher einige schlaflose Nächte erspart ... Später konnte man von einem nahegelegenen Aussichtshügel aus beobachten, wie alle paar Minuten die Lava im Krater mit gigantischen Gasblasen überkochte und glühende Fontänen hunderte Meter in den Himmel stiegen, während die Erde erzitterte. Erst nach sechs Monaten endete der Ausbruch im September 2021.

Im August 2022 öffnete sich die Erde für drei Wochen erneut, diesmal in **Meradalir**, etwas nordöstlich des Kraters in Geldingadalir. Ein Jahr später kam es vom 10. Juli bis 5. August 2023 zu einer Spalteneruption noch ein paar Kilometer weiter nordöstlich bei **Litli Hrútur**. Beide Eruptionen begannen kräftiger als der erste Ausbruch in Geldingadalir, aber bei günstiger Windrichtung wurden wieder Wanderwege freigegeben.

Lagen die ersten drei Eruptionen in unbewohnten Gebieten, spitzte sich die Situation im Herbst 2023 zu: Nun wölbte sich der Untergrund bei der **Blauen Lagune** auf und Erdbeben ließen die Häuser in **Grindavík** erzittern. Am 10. November bildete sich direkt unter dem Ort ein Magmagang, Spalten rissen auf und Teile des Ortes sackten einen Meter ab. Wegen der Erdbeben hatten viele Bewohner die Stadt bereits verlassen, die restlichen wurden nun innerhalb von zwei Stunden evakuiert, da ein Vulkanausbruch jederzeit erwartet wurde. Am 18. Dezember 2023 riss dann eine 3,5 km lange Spalte bei **Sundhnúkagígar** auf, nur 4 km von Grindavík entfernt. Die Eruption begann praktisch ohne Vorwarnung und war um ein Vielfaches heftiger als die vorigen Ausbrüche, endete aber bereits nach drei Tagen. Zum Glück floss die Lava nach Nordosten, Grindavík und das Erdwärmekraftwerk Svartsengi, das 30 000 Einwohner auf der gesamten Halbinsel mit Warmwasser versorgt, blieben vorerst verschont. Es werden aber weitere Eruptionen in den nächsten Wochen, Monaten und Jahren erwartet. Eilig errichtete Schutzwälle sollen Svartsengi, Blaue Lagune und Grindavík vor künftigen Lavaströmen schützen. Ob und wann die Grindvíkingar wieder beruhigt nach Hause können, war Anfang 2024 noch offen.

Informationen für Reisende

Vulkanausbrüche sind spektakuläre Naturschauspiele, aber auch effusive Eruptionen wie auf Reykjanesskagi bergen Gefahren durch plötzlich aufreißende Spalten, schnell vorrückende Lava und giftige Gase. Sperrungen und Hinweise der Einsatzkräfte sind unbedingt zu befolgen; leichtsinnige Touristen bringen sich selbst und die Rettungsmannschaften in Gefahr.

Aber auch wenn gerade keine rotglühende Lava zu sehen sein sollte, bieten die neuen Lavafelder einen eindrucksvollen Anblick. Bis auf weiteres sollte die Lava jedoch nicht betreten werden, da es im Inneren noch heiß sein kann.

Die Lavafelder der Ausbrüche am Fagradalsfjall sind von mehreren **Parkplätzen** am Suðurstrandarvegur, ca. 8 km östlich von Grindavík erreichbar (Parkgebühr 1000 ISK, bezahlbar per App), die sonstige Infrastruktur (z. B. WCs) war Anfang 2024 aber noch rudimentär.

In jedem Fall aktuelle Informationen einholen auf 💻 www.safetravel.is, 💻 www.ruv.is/english (Nachrichten), 💻 www.umferdin.is (Straßensperrungen) und 💻 https://en.vedur.is (Wetter und Gefahrenlage). Webcams mit Livestreams *(bein streymi)* findet man auf 💻 www.ruv.is und 💻 und www.mbl.is, eine interaktive Karte auf 💻 https://atlas.lmi.is/mapview/?application=umbrotasja (Englisch ist oben rechts bei den drei Punkten wählbar).

Wanderungen

Eine Karte mit den Parkplätzen und Wegen findet sich auf 💻 www.visitreykjanes.is/en/volcano-eruption/eruption-information/hiking-and-parking. Eine kurze und bei jedem Wetter einfache Wanderung führt zum Ende des Lavafelds in Nátthagi (2 km einfache Strecke). Nur bei gutem Wetter und mit entsprechender Ausrüstung (Kleidung, Wasser, Proviant) und Fitness kann man von dort auf **Weg C** auf den Bergrücken Langihryggur steigen, mit Aussicht auf alle Lavafelder von 2021 bis Sommer 2023 (insges. 8 km hin und zurück).

Auch alle weiteren Wege sind nur für erfahrene Wanderer geeignet:

Weg E verläuft östlich hinter den Bergen zum Lavafeld bei Litli Hrútur (relativ flach, aber 20 km hin und zurück), Aussicht auf Lava erst am Ende.

Weg A führt steil auf Fagradalsfjall und dann westlich um die Lavafelder herum. Nach 2,6 km erreicht man Stórhóll, mit Aussicht auf den Hauptkrater von Geldingadalir. Wer möchte, kann noch weiter laufen bis in die Nähe des Kraters (insg. 12 km hin und zurück), Meradalir und Litli Hrútur (insg. ca. 20 km hin und zurück). Auf Weg A kommt man den Kratern am nächsten.

Der Ausbruch im Dezember 2023 ereignete sich bei **Sundhnúkagígar**, östlich der Blauen Lagune. Dieses Gebiet war Anfang 2024 wegen andauernder Aktivitäten gesperrt.

Ein Beitrag von Andreas Macrander

schwärmen die einen, „es gibt schönere Badestellen", meinen die anderen. Fest steht, dass das Wasser Heilkraft hat und vor allem *Psoriasis* (Schuppenflechte) lindert. Für Haare und Silberschmuck ist das Wasser allerdings eine Zumutung, also möglichst nicht untertauchen und Ringe und Ketten ablegen. Wegen des starken Andrangs müssen Besucher im Internet vorausbuchen, wobei ihnen ein Zeitfenster zugeteilt wird. Wer nicht erscheint, hat Pech gehabt.

Von der per Aufzug erreichbaren Aussichtsterrasse des noblen Restaurants können auch alle, die keinen Eintritt bezahlt haben, sich das bunte Treiben in der Lagune von oben anschauen, allerdings gegen Entgelt. ⌚ normalerweise Juli und Aug tgl. 7–24 Uhr, sonst meist 8–22 Uhr, ab 8990 ISK (nur Eintritt und Gesichtsmaske, am günstigsten sind die Abendstunden) bis 53 000 ISK (mit Bademantel, Schönheitspflege, einem Glas Wein u. v. m.).

Auch kulinarisch kommt man in der Blauen Lagune auf seine Kosten. Kleinigkeiten gibt's im **Spa Restaurant** oder im **Blue Café**, eine kleine aber feine Abendessen-Auswahl (hauptsächlich Fisch, aber auch Lamm und Veggi-Gerichte) im **Lava Restaurant**. Tipp für Feinschmecker und wenn's mal was ganz Besonderes sein soll: Küchenchef Aggi Sverrisson und sein Team haben kürzlich für das Essen im **Moss Restaurant** einen Michelin-Stern bekommen.

TRANSPORT

Busse

Wer den Transfer mit den stündlich zwischen Lagune, Reykjavík und Flughafen pendelnden **Bussen** von **Destination Blue Lagoon**, ☎ 420 8800, 💻 https://destinationbluelagoon.is, gemeinsam mit der Eintrittskarte kauft, zahlt nur einen relativ geringen Aufpreis (je nach Tageszeit unterschiedlich). Ohne Badbesuch kostet die Fahrt pro Strecke und Person um die 4000 ISK. Auch **Reykjavik Excursions**, 💻 www.re.is, bringt Gäste ab Flughafen oder Reykjavík BSÍ (hin und zurück um 6000 ISK) zum Bad.

An der Blauen Lagune gibt es eine Gepäckaufbewahrung, so können auch Busreisende auf dem Weg zum Flughafen noch einen Badestopp einlegen.

Taxi

Bei Abflügen, die spät abends stattfinden, bietet es sich an, die Wartezeit in der Blauen Lagune zu verbringen. Allerdings fährt der letzte Bus gegen 16 Uhr, sodass man wohl oder übel aufs Taxi (um 10 000 ISK) angewiesen ist.

Entlang der Südküste durchs Naturreservat

Als Herzstück des 825 km² großen **Unesco-Geoparks**, 💻 www.reykjanesgeopark.is/en, beginnt etwa 12 km östlich von Grindavík das 300 km² große **Naturschutzgebiet Reykjanesfólkvangur**, meist kurz als „Naturschutzgebiet Krýsuvík" bezeichnet. Ein Wanderparadies mit Vulkanen, z. T. mondartiger Lavalandschaft, Seen, Vogelfelsen und einem tollen Geothermalgebiet – allerdings aufgrund von möglichen Bodenrissen, Steinschlag und Erdrutschen derzeit mit Vorsicht zu genießen.

Selatangar

Eine etwa 1,5 km lange, löcherige Zufahrtspiste führt von der Straße 427 südwärts zu einem kleinen Parkplatz. Von hier aus geht es zu Fuß in fünf Minuten zu einem durch Felsen geschützten Strand. In den Augen vieler ist er sehenswerter als Selatangar, eine mittelalterliche, seit 1884 still vor sich hin verfallende Ansammlung von Fischerhütten, in denen es spuken soll. Vom Parkplatz aus lohnt es sich, nördlich in die Lavaformationen aufzusteigen, die bis zur Küste reichen. Tolle, unerforschte Höhlen warten hier nur wenige hundert Meter von der Straße entfernt darauf, erkundet zu werden. Weil es keine gut sichtbaren Wege durch das Gebiet gibt, unbedingt Orientierungspunkte merken, sonst ist das Verlaufen garantiert.

Rund um Krýsuvík

Krýsuvík steht auf dem Ortsschild. Aber der „Ort" besteht nur noch aus einem Bauernhof und der auf alt getrimmten, aber brandneuen kleinen **Krýsuvíkurkirkja**. Nachdem die ursprüngliche Holzkirche 2010 abgebrannt war, transportierte man die originalgetreu nachgebaute, 6,8 Tonnen schwere Replik zehn ahre später mit großem Hallo per Tieflader-Lkw an und setzte sie dann mit dem Ladekran ab.

Ansonsten steht die Region mit einem Geothermalgebiet, mondartiger Vulkanlandschaft und malerischen Seen wie dem Grænavatn und Kleifarvatn ganz im Zeichen der Natur.

Seltún

Es brodelt, es blubbert, es zischt und es gurgelt. Das **Geothermalgebiet** Seltún ist ein Kleinod, das sich je nach Wetter, Niederschlagsmenge und Windrichtung immer wieder anders präsentiert. Heiß ist es immer, weshalb man unter gar keinen Umständen den Finger in eine Blubberquelle oder gar in einen heißen Bach halten darf. Der nicht durchgängig mittels Geländer gesicherte Bohlen-Rundweg führt vom Parkplatz (mit WC) gemächlich bergauf, vorbei an beige-gelben Hügeln, grauen Schlammquellen und Ablagerungen in giftig-gelb, orange, grün und rot bis zu einer tollen Aussichtsplattform.

Kleifarvatn

Von Hügeln und einer steilen Gebirgsflanke umrahmt, leuchtet der See tiefblau in der kargen Landschaft, etwa 8 km² groß und stellenweise fast 100 m tief. Hier, wo es bei Sonnenschein oft extrem windig ist, locken zahlreiche gut ausgeschilderte **Wanderwege**. Das Gewässer ist auch ein beliebter **Tauchspot** (6-stündige Tour April–Mitte Okt, für 44 900 ISK, Mindestalter 17 J., ✆ 578 6200, 💻 www.dive.is).

TRANSPORT

Die südliche **Küstenstraße 427** führt durchs Schutzgebiet weiter ostwärts in Richtung Þorlákshöfn. Unterwegs weisen am Straßenrand einige Schilder auf Sehenswürdigkeiten hin, ohne jedoch Namen zu nennen. Die meisten der nicht-asphaltierten Wege führen zu alten Fischersiedlungen, bzw. zu deren Ruinen.
In Richtung Norden zweigt die mit Ausnahme eines kleinen Abschnitts in der Nähe des

Ganz schön bunt: Seltún

Krýsuvíkurbjarg: Vogelfelsen, Steilküste und Leuchtturm

Augenschmaus und Nistplatz: fotogene Klippe bei Krýsuvíkurbjarg

„Krýsuvíkurbjarg" steht auf dem gelben Hinweisschild, das von der Straße 427 in Richtung Küste weist. Keine Entfernungsangabe und kein Hinweis darauf, wer oder was Krýsuvíkurbjarg (auch Krýsuvíkurberg) ist. Gut 3,5 km sind es bis zur Steilküste Krýsuvíkurbjarg (wörtl. übersetzt „Steilküste von Krýsuvík"). Die dorthin führende Piste ist mal grau, oft aber eindrucksvoll orange bis rot gefärbt und gegen Ende leider schlecht bis katastrophal. Etwa nach der Hälfte der Strecke kreuzt ein kleiner Fluss die Fahrspur und versperrt normalen Autos die Weiterfahrt. Hier stellt man den Wagen ab (Achtung: höchstens Platz für zwei Kleinwagen) und läuft den Rest der Strecke zu Fuß. Tipp: Wer nicht der Fahrspur folgt, sondern geradeaus über den Berg wandert, trifft auf die Ruinen einer alten Siedlung und hat zudem den schöneren Weg gewählt. Jeep-Fahrer können weiterfahren bis zur Küste, wo sich ein kleiner Parkplatz befindet.

Als Lohn des Abstechers winkt der Anblick einer beeindruckenden, etwa 50 m hohen Steilküste: Krýsuvíkurbjarg begeistert mit Vogelfelsen, die sich zudem teilweise im farbenprächtigen quergestreiften Muster-Look präsentieren. Vom Parkplatz aus führt ein steiler Weg hinauf bis zu einem eigenartigen Metallgestell, dessen Funktion zunächst Rätsel aufgibt: Zieht man von hier mit einer Seilwinde Schiffe an Land? Nein. Die würden sofort an den Klippen zerschellen. Nein, dieses Gerät erleichterte früher Eierdieben die Arbeit: In einer Art Geschirr ließen sie sich hier aufhängen und waagerecht schwebend zu den Nestern schwenken. Man folgt hier weiter der Küstenlinie nach Osten und schon der nächste Felsen ist der bunte (Achtung, nicht zu nahe an der bröseligen Abbruchkante laufen). **60 000 bis 70 000 Vögel** veranstalten hier im Sommer ein beeindruckendes Spektakel, unter ihnen auch Papageitaucher.

Wer weiter der Küste Richtung Osten folgt (zu Fuß, das Auto unbedingt am Parkplatz stehen lassen), kommt nach ungefähr einer Stunde zu einem hübschen, einsamen orange-roten **Leuchtturm**. Der Weg war mal eine Fahrspur, die mit der Zeit immer tiefer eingesunken ist. Mit Matsch ist zu rechnen, aber hier ist so wenig los, dass man auch einfach neben dem Weg auf dem Gras laufen kann, ohne Schaden anzurichten. Von hier schweift der Blick kilometerweit die Küste entlang Richtung Osten.

Achtung: Zum Zeitpunkt der Recherche wurde vom Besuch der Steilküste abgeraten, denn aufgrund der Erdbebenfolgen drohte ein Teil der Eierdieb-Klippe ins Meer zu stürzen.

Kleifarvatns asphaltierte **Straße 42** von der Straße 427 ab und führt über Seltún und den Kleifarvatn nach Hafnarfjörður.

Die einzige weitere Straße, die diesen Namen verdient, ist die äußerst reizvolle, unbefestigte und oft sehr schlammige **Straße 428**, die über Vigdísarvellir (eine grüne Oase in den Lavafeldern) und am See Djúpavatn wieder in Richtung Nordküste führt, aber nur mit Allradfahrzeugen befahrbar ist. Es locken verwunschene Täler, herrliche Wanderwege und einsame Plätze für ausgiebige Ruhepausen. Außerdem, nicht nur für Geocacher interessant: Der „Palace of the elves", dessen Standort hier natürlich nicht verraten wird.

Strandarkirkja in Selvogur

Früher soll hier ein blühender Ort namens Strönd gewesen sein – heute ist nur noch die malerische kleine graue **Kirche** von 1888 geblieben. Laut Legende errichteten in einen Sturm geratene Seeleute den ersten Kirchenbau schon um das Jahr 1200, nachdem ihnen ein Engel geholfen hatte, an dieser Stelle sicher anzulanden. Lange wurden dem Gotteshaus besondere Kräfte nachgesagt, sodass es einst zu den bedeutendsten der Insel zählte. Ein Deich schützt die Kirche vor der Brandung. Mit etwas Glück kann man im Wasser Seehunde sehen.

An der Zufahrtstraße zum Leuchtturm beginnt ein Wanderweg, der oberhalb der Küste nach Osten bis Þorlákshöfn führt. Die 20 km sind zu Fuß allerdings eine Tagestour (auf dem Schild steht 15 km, aber das ist arg geschönt). In Selvogur befindet sich der kostenlose **Campingplatz Gata** mit einfachen WCs, Duschen (500 ISK) und Grillplatz, außerdem ein süßes kleines **Café** mit Holzterrasse, empfehlenswerten Waffeln und einem kleinen Souvenirverkauf (auch *Lopapeysas*).

Þorlákshöfn

Zahlreiche, weit verstreute Wohnhäuser und Pferdeställe und der **großen Hafen**, von dem aus im Winter meist die Fähre zu den Westmännerinseln fährt, prägen das Bild der Stadt (knapp 1500 Einw.). Þorlákshöfn selbst ist zwar nicht gerade attraktiv, aber von einer reizvollen Küstenlandschaft umgeben.

Unzählige Felsentore aus schwarzer Lava trotzen der unberechenbaren, rauen Brandung, doch die vielen Lavablöcke, die man 30 m weiter unten liegen sieht, zeigen deutlich, wie bröckelig die ganze Angelegenheit ist (Vorsicht an der Kante). Immer wieder mal sorgen hohe Wellen für eine unerwartete Dusche. Hier kann man kilometerweit in Richtung Westen wandern, ohne auf andere Menschen zu treffen, unter den Füßen bizarre, wie Seile verschlungene Stricklavaformationen, direkt angrenzend eine seichte Dünenlandschaft. Vor der Küste schwimmen Seehunde und manchmal auch Wale, und auf den Felsen sitzen schon im März unbeweglich wie Statuen unzählige Kormorane und Krähenscharben, die einträchtig aufs Meer schauen. Die Kormorane trocknen sich hier, denn sie haben kein Fett im Gefieder und werden daher, anders als z. B. Enten oder Alken, im Wasser nass. Dadurch können sie besser tauchen (weniger Auftrieb).

Der einfachste Zugang zur **Steilküste** befindet sich ungefähr 1 km westlich der Stadt: Hier endet die Asphaltstraße an einer Fabrik und geht in eine löcherige, nicht nummerierte Straße über, die aber (sehr vorsichtig) auch mit einem normalen Auto befahrbar ist. An einem Gestell, an dem Fisch malerisch in der Sonne trocknet, kann das Auto stehen bleiben – von hier aus sind es nur noch wenige Meter bis zur Küste.

Im Südosten der Landspitze, auf der Þorlákshöfn liegt, ist die Küste seichter; ein Damm aus Lavablöcken schützt den Ort vor etwaigen Sturmfluten. Oben auf dem Damm (am südlichen Ortsausgang dem Sehenswürdigkeiten-Schild folgen) steht ein blechernes Wikingerschiff zu Ehren **Auðurs der Tiefsinnigen** *(Auður djúpúðga)*. Sie war die einzige Frau ihrer Zeit, die um 900 n. Chr. ohne männliche Begleitung mit ihren Kindern per Boot Richtung Island aufbrach, um dort zu leben.

Vom Denkmal und vom Leuchtturm aus kann man etwas für Island extrem Ungewöhnliches sehen: **Surfer**! Wie in Hawaii rudern sie auf ihren Brettern ins Meer hinaus, um sich auf ei-

Moonwalk: Auf den Spuren Neil Armstrongs

„Probably the most moon-like of the field areas", soll im Anhang der offiziellen Nasa-Dokumentation zu den beiden Island-Exkursionen in den 60er-Jahren stehen. Und auch, wenn es widersprüchliche Aussagen darüber gibt, wo genau welche Astronauten des Apollo-Programms für die Mondlandung geübt haben, so wird die Gegend rund um Krýsuvík doch immer wieder als möglicher Schauplatz genannt. Stellen wir uns einfach vor, es wäre so. Schon allein, weil es ein netter Gedanke ist, sich auszumalen, wie Neil Armstrong und Konsorten mit all der schweren Ausrüstung und in voller Montur den schmalen Trampelpfad vom Parkplatz in Seltún hochgestiegen sein mögen.

Auf dem Ketilsstígur zum Arnarvatn

Heute ist der Wanderweg zum See Arnarvatn und weiter in Richtung des Berges Ketill zumindest konditionell keine allzu große Herausforderung: Es geht zwar stetig bergauf, aber es gibt keine allzu steilen Anstiege. Am schwierigsten ist es (wie so oft), den richtigen Einstieg zu finden. Nicht der weithin sichtbare, ausgetretene Trampelpfad, der hinter den heißen Quellen steil den Berg hochführt (auch ein schöner Spaziergang – allerdings endet der Weg irgendwann im Nichts) führt zum Ziel, sondern der unscheinbare, durch orangefarbene Metallpöller markierte Pfad, der direkt rechts hinter dem WC startet (Wegweiser: **Ketilsstígur**, „Ketills Weg" Gehzeit inkl. 15-minütigem Abstecher: knapp 1 1/2 Std.).

Schon nach wenigen Metern erfreut der Blick auf den Kleifarvatn im Tal, und nach spätestens einer halben Stunde ist nach einem leichten Aufstieg über Schotter und Moos der hübsche, kleine **Arnarvatn** erreicht. Wer sich rechts hält, beamt sich direkt zum Mond, denn hier endet ziemlich abrupt die Vegetation. Wie auf einem breiten Highway führt der Weg den „Moonwalker" nun nordwärts am See vorbei durch eine faszinierend karge Steinwüste. Es lohnt sich, den orangefarbenen Pflöcken noch ein Stück links die leichte Anhöhe in Richtung Ketill hinauf zu folgen, denn die Aussicht ins Tal und bis fast nach Hafnarfjörður ist grandios. Wer nicht zum Parkplatz zurückkehren muss, kann hier die Wanderung verlängern und den Hang runter zur Jeep-Piste 428 gehen, die rechts zur Straße 42 und in Richtung Nordküste führt (ggfs. von der Straße 42 aus zum Parkplatz zurück trampen; alle südwärts fahrenden Autos kommen an Seltún vorbei). Ansonsten geht's auf dem gleichen Weg zurück, der aber jetzt, mit direktem Blick auf die gewaltigen Felsen, die wie schlafende Drachen am Ende des Tales liegen, noch viel imposanter wirkt. Bei guter Sicht ist ein Abstecher hinter dem Arnarvatn rechts (Wegweiser „Hettu") zu empfehlen, denn nach einem kurzen, aber steilen Aufstieg wird man mit einem fantastischen Blick herunter zur Südküste belohnt.

ner Welle reitend wieder zurückbringen zu lassen. Nicht ganz ungefährlich wegen der Steine, weswegen vorsichtigere Surfer, die sich noch nicht an den eigentlichen Surf-Hotspot kurz vor dem Leuchtturm trauen, auf den schwarzen, seichten Sandstrand Hafnarskeið ausweichen, der vom Fähranleger in wenigen Minuten zu Fuß erreichbar ist (nach Norden, nicht ausgeschildert).

ÜBERNACHTUNG

Camping Þorlákshöfn (Campingkarte), Skálholtsbraut, ✆ 480 3890, 💻 https://tjalda.is/en/thorlakshofn/. Nicht viel mehr als eine Wiese mit Duschen und WCs zwischen Sportzentrum und Kirche. Der Pluspunkt ist das Schwimmbad nebenan. Ab 16. J. 1800 ISK. 🕒 Mitte Mai–Aug.

ESSEN

Das **Caffe Bristól** in der Selvogsbraut 4, das Restaurant **Svarti Sauðurinn**, Unubakki 4 und ein empfehlenswertes **Thai Restaurant** in der Selvogsbraut 41 sorgen für das leibliche Wohl der wenigen Gäste, haben aber ständig wechselnde Öffnungszeiten.

SONSTIGES

Einkaufen

Supermarkt Krónan, Selvogsbraut 12. ⌚ Mo–Fr 10–19, Sa/So 11–18 Uhr.
Vínbúðin, Selvogsbraut 41. ⌚ Mo–Do 16–18, Fr 13–18 Uhr.

Informationen

Rathaus, Hafnarberg 1, ✆ 480 3830, 💻 www.olfus.is. Bibliothek mit Infos und kostenlosem WLAN, auch kleines Heimatmuseum. ⌚ Mo–Fr 12.30–17.30 Uhr.

Medizinische Hilfe

Gesundheitszentrum, Selvogsbraut 24, ✆ 480 5240. Apotheke schräg gegenüber.

Schwimmen

Schwimmbad, Hafnarberg 41, ✆ 480 3890, 💻 www.sundlaugar.is/sundlaugar/thorlakshofn. Großes, familienfreundliches Bad im Sportzentrum mit Außen- und Innenbecken, 2 Hot Pots und 2 attraktiven Rutschen. ⌚ Mo–Fr 7–21, Sa und So im Winter 10–17, im Sommer 10–18 Uhr.

Wandern

Rund um Þorlákshöfn locken zahlreiche längere Wanderungen (s. dazu 💻 www.olfus.is/static/files/Skrar/gonguleidir-vid-thorlakshofn.pdf, leider nur auf Isländisch).

TRANSPORT

Auto

Nach Westen führt die Küstenstraße 427 – gern auch als „breitester Radweg von Island" bezeichnet – in 58 km bis nach Grindavík. Nordwärts stößt die Straße 38 auf die beiden Passstraßen Þrengsli (Straße 39) und Hellisheiði.

Busse

Strætó (Linie 71) fährt Mo–Fr 4x tgl. nach HVERAGERÐI, wo man in die Busse nach REYKJAVÍK und SELFOSS/VÍK umsteigen kann. Wenn Herjólfur ab Þorlákshöfn verkehrt, fährt im Anschluss an die Fähre 2x tgl. ein direkter Bus nach Reykjavík.

Fähre zu den Westmännerinseln

Þorlákshöfn ist der Ausweich-Hafen für die Fähre Herjólfur, wenn der neuere Hafen Landeyjahöfn wegen hohen Seegangs oder Versandung nicht angelaufen werden kann, was insbesondere im Winter oft der Fall ist. Die Fahrzeit erhöht sich dann von ca. 35 Min. auf gut 3 Std.
Aktuelle Infos zum Fährverkehr gibt es am Ticketschalter der Herjólfur auf den Westmännerinseln, ✆ 481 2800, 💻 www.herjolfur.is.

Über Þrengsli oder Hellisheiði nach Reykjavík

Von Þorlákshöfn führen zwei Passstraßen (siehe S. 189, Transport) mit einigen reizvollen Sehenswürdigkeiten in die Hauptstadt zurück.

Þrengsli

Þrengsli (wörtl. übersetzt „Enge"), auch Þrengslavegur oder Straße 39 genannt, ist der landschaftlich schönere und weniger befahrene der beiden Pässe. Leider gibt es nur wenige Möglichkeiten für Stopps, sodass die Schönheit der kargen Bergwelt und die Aussicht bis hin aufs Meer meist nur aus dem Autofenster heraus genossen werden kann. Am Weg liegt **Raufarhólshellir**. Ein Besuch der 1,3 km langen Lavahöhle mit einem kreisrunden Loch in der Decke lohnt besonders im Winter und Frühjahr, wenn sich im Inneren eindrucksvolle Eisformationen gebildet haben. **The Lava Tunnel,** 💻 www.thelavatunnel.is, bietet vor der Höhle Touren an (1 Std. für 7400 ISK, mit Transfer von/nach Reykjavík 12 500 ISK, 3–4-Std.-Tour bis zum Höhlenende 21 900 ISK). ⌚ tgl. 10–17, im Sommer schon ab 9 Uhr, Abendtour um 21 Uhr auf Anfrage.

Hellisheiði

Nach dem serpentinenartigen Aufstieg und einem letzten Blick ins Reykjadalur hinter Hveragerði (Infos zum Wandergebiet, S. 562) ist die Umgebung abgesehen von einem kleineren Wasserfall rechts der Fahrbahn zunächst unspektakulär, die breite Ringstraße führt einfach geradeaus.

Bereits wenige Kilometer weiter westlich aber weisen die ersten Dampfwolken (und das kleine, aber feine Heißquellengebiet Hveradalir bei einer verlassenen Skihütte rechts der Straße) auf die starke vulkanische Aktivität der Region hin. Diese macht sich das **Geothermiekraftwerk Hellisheiðarvirkjun** zunutze, das größte und modernste seiner Art in Island, sozusagen der Ferrari unter den Kraftwerken. Sehr empfehlenswert ist die kurze Rundfahrt mit dem eigenen Auto über das Kraftwerksgelände und ein Stück den Berg hinauf (unbedingt vorher nachfragen, ob das gerade gefahrlos möglich ist). In der sehr sehenswerten Multimedia-Ausstellung, 💻 www.geothermalexhibition.com, vermitteln Erdbeben vom Band eine erste Ahnung davon, auf was für einem Berg man gerade steht. Hengill ist nämlich ein aktiver Vulkan, ohne den es nicht möglich wäre, so gewaltige Strommengen zu erzeugen.

Die Methode der Strom- und Heißwassererzeugung hier ist mehr als ungewöhnlich, und der Transport der beiden begehrten Güter in die Hauptstadt ist selbst für isländische Verhältnisse einzigartig. Man bohrt gerade mal 3 km tief, und schon schießen bis zu 350 °C heiße Wasserdampffontänen aus den Bohrlöchern. Die Anlage trennt das heiße Wasser vom Dampf, der zur Stromerzeugung genutzt wird, während das heiße Schwefelwasser dazu dient, Grundwasser zu erhitzen. Eine von der Straße aus klar erkennbare oberirdische Doppel-Pipeline leitet Wasser und Strom bergab (keine Pumpen sind nötig) bis zu Reykjavíks Warmwasserspeicher Perlan

Energie als Exportschlager?

Wer auf der Fahrt durch Reykjanes die drei großen Geothermie-Kraftwerke (Suðurnes bei Gunnuhver, Svartsengi bei der Blauen Lagune und Hellisheiði auf dem gleichnamigen Pass) sieht, fragt sich unweigerlich: Was machen die Isländer eigentlich mit der ganzen Energie? Und tatsächlich fragen sich die Inselbewohner das auch.

Was sie tun? Sie verschwenden die Energie gnadenlos. Tag und Nacht bleibt das Licht an, auch im Sommer, wenn es hell ist, die Heizung läuft bei geöffnetem Fenster, die auch im Winter geöffneten Freibäder haben 40 °C Wassertemperatur, und einige Fußgängerzonen und Bürgersteige bleiben dank eines unterirdischen Warmwassersystems den ganzen Winter schneefrei. Außerdem betreibt die Insel Aluminiumschmelzen und Server im Auftrag ausländischer Firmen (S. 115, Wirtschaft), die 80 % des gesamten Stroms verbrauchen.

Islands großer Traum ist es aber, Energie zu exportieren. Das ist nicht so einfach, selbst wenn immer mal wieder diskutiert wird, durch ein Unterseekabel nach Schottland „grünen" isländischen Strom direkt nach Europa zu verkaufen (Projekt Icelink). Geschätzte Kosten alleine für das Kabel: rund 1,5 Mrd. €. Allerdings könnte sich die Investition schon in 20 Jahren rechnen, wenn die Preise in Europa weiter steigen. Eine andere Option: gar nicht die Energie selbst zu Geld zu machen, sondern das Know-how. So soll Island z. B. zusammen mit der Weltbank diverse ostafrikanische Staaten rund um das „Great Rift Valley" in die Lage versetzen, mithilfe der unter dem Valley liegenden Energie bis zu 150 Mio. Menschen mit Strom zu versorgen.

Ganz und gar „grün" ist auch diese Energie nicht. Die Betreiber des Kraftwerks Hellisheiði werden z. B. für *man-made earthquakes*, also von Menschen verursachte Erdbeben, verantwortlich gemacht, die entstehen, wenn das warme Wasser wieder zurück in die Erde gepumpt wird.

Eine neuere Doktorarbeit hat gezeigt, dass Menschen, die in der Nähe von Geothermalgebieten leben, einem erhöhten Krebsrisiko ausgesetzt sind. Und die Konzentration von Schwefelwasserstoff, Radon, Arsen, Bor und Quecksilber wird durch das Rauf- und Runterpumpen von heißem Wasser noch vervielfacht.

Hinzu kommt: Erdwärme ist zwar „regenerativ", aber trotzdem nicht unerschöpflich. Schon jetzt kühlen einige Geothermalfelder ab, sodass erste Geologen wie Sigmundur Einarsson vom Institut für Naturgeschichte mahnen: „Wir sollten unseren Kindern Reserven lassen."

(S. 142), von wo aus es ins Heizungssystem eingespeist und dann in die Haushalte weitergeleitet wird.

Seit 2021 steht auf dem Gelände auch die außergewöhnliche Anlage **ORCA**, 💻 https://climeworks.com/orca. Ihr Herz: Acht Container, die **CO_2 aus der Luft filtern**. Das so aus der Atmosphäre zurückgewonnene CO_2 wird später mit Salzwasser gemischt und gut 800 m tief in die Erde gepumpt, wo es fest wird und sozusagen seine letzte Ruhestätte findet. Der Haken an dieser innovativen CO_2-Friedhofs-Idee: Das Verfahren verbraucht enorm viel Energie. Deshalb ist der Standort direkt am Kraftwerk ideal.

In den „Blauen Bergen" Bláfjöll

Etwa 20 km südöstlich von Reykjavík zweigt die Straße 417 von der Ringstraße nach Süden ab. Hier lohnen einige Orte einen Abstecher.

Mit einer Art Fensterputzer-Aufzug frei schwebend in einen aktiven Vulkan fahren? Für Leute mit Höhenangst das blanke Grauen, für andere das Erlebnis ihres Lebens. Beim Bláfjöll-Skigebiet wird die Tour **Inside the Volcano**, 💻 www.insidethevolcano.com, angeboten (Mai–Okt 8x tgl., Verweildauer in 200 m Tiefe: 35–40 Min., 47 000 ISK p. P. inkl. Transfer ab Reykjavík, Kaffee und warmer Suppe, Mindestalter 12 J.). An der Hütte Breiðablik startet eine kurze Wanderung (3/4 Std.) bis zur Spitze des Vulkans **Þríhnúkagígur**, wo sich der Einstieg befindet. Dann Helme auf und los. Rotglühendes Magma gibt es nicht zu sehen, denn der letzte Ausbruch war vor über 4000 Jahren. Der Vulkan „schläft", ist aber als aktiv eingestuft. Warum genau der Schlot leergelaufen ist, weiß niemand. Dass das eine Rarität ist, ist hingegen unumstritten. Im Winter, wenn der Aufzug abgebaut ist, ist eine Wanderung zum Krater äußerst reizvoll, denn dann hat man den Vulkan meist ganz für sich alleine und kann vorsichtig hineinschauen und -leuchten. Ansonsten ist auch die Aussicht in Richtung Reykjavík grandios.

Das **Skigebiet Bláfjöll**, 30 km südöstlich der Hauptstadt und 13 km südlich der Ringstraße an der Straße 417, 📞 530 3000, 💻 www.skidasvaedi.is, ist sowohl landschaftlich als auch ski-technisch sehr lohnend, mangels Bäumen allerdings oft windig. Es gibt einen Skiverleih (alpin und Langlauf), eine Hütte mit Hotdogs, Kaffee etc., diverse Skilifte und Pisten sowie Langlauf-Loipen. Nach telefonischer Voranfrage wird ggf. auch Ski-Unterricht angeboten. 🕒 bei Schnee Mo–Fr 14–21, Sa und So 10–17 Uhr (bei Schlechtwetter geschl., daher checken, ob tatsächlich offen), 2 Std. um die 3800 ISK, Tagespass 6000 ISK.

REYKJAVÍK UND REYKJANES

TRANSPORT

Auto

Die Passstraßen sind asphaltiert, haben jedoch ihre Tücken. Nicht umsonst steht just am Pass Hellisheiði das große Kreuz mit dem zerbeulten Auto obendrauf, und eine Anzeigetafel erinnert an die Zahl der Verkehrstoten im aktuellen Jahr. Über Þrengsli (Straßennummer 39) sind es 46 km von Þorlákshöfn bis nach Reykjavík, über Hellisheiði 59 km (Straßennummer 1, von Þorlákshöfn aus über die Straße 38 nach Hveragerði fahren, dann im Kreisverkehr links abiegen). Achtung: Beide Pässe sind im Winter öfter gesperrt, und man hängt in diesem Fall mangels Ausweichrouten einfach fest.
Wer zum Flughafen muss, sollte sich vorsichtshalber immer am Tag vor dem Abflug auf den Weg Richtung Reykjavík machen. Im Sommer versinken beide Pässe oft im dichten Nebel, und es kann extrem windig sein. Ungefähr 20 km östlich von Reykjavík laufen die beiden Passstraßen wieder zusammen, um gemeinsam als Ringstraße bergab nach Nordwesten zu führen.

Busse

Über Þrengsli verkehrt nur der Herjólfur-Extrabus nach Þorlákshöfn, wenn die Fähre von dort fährt. Über Hellisheiði fahren die Strætó-Ringstraßenbusse 51 und 52 (Details bei Hveragerði, S. 565, bzw. Reykjavík, S. 160).

KERIÐ-KRATER; © ISTOCK.COM / TECHNOTR

Der Golden Circle

Island ohne Golden Circle ist wie Paris ohne Eiffelturm. Der mächtige Gullfoss, der in zwei Stufen in die Tiefe stürzt, der Geysir Strokkur, der alle paar Minuten gewaltige Heißwasserfontänen in die Luft pustet, und Þingvellir, wo nicht nur zwei Kontinentalplatten auseinanderdriften, sondern sich auch das älteste noch bestehende Parlament der Welt zusammenfand: Jede Attraktion für sich ist schon einzigartig, doch zusammen sind sie unschlagbar.

Stefan Loose Traveltipps

2 **Þingvellir** Ein ganz besonderes Tal, das sowohl Geologen als auch Historiker gefangen nimmt. S. 194

Brúarfoss Mit seinen türkisfarbenen Kaskaden ist der Wasserfall längst kein Geheimtipp mehr. S. 202

3 **Vom Geysir bis zum Gullfoss** Die beiden berauschend schönen Naturgewalten liegen nur einen Katzensprung auseinander. S. 204

Flúðir und Secret Lagoon In wohlig warme Quellen eintauchen und die Seele baumeln lassen. S. 209

Vom Þingvallavatn ins Hengill-Gebiet Von der wenig besuchten Südwestseite des Sees starten Wanderungen ins reizvolle Gebirge. S. 216

SECRET LAGOON; © CAROLINE MICHEL

ÞINGVELLIR; © ISTOCK.COM / ANYABERKUT

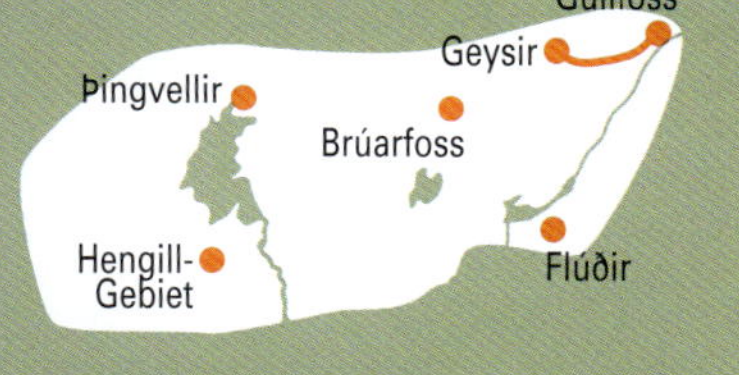

Wann fahren? Die Region ist ganzjährig stark besucht und sommers wie winters spektakulär.

Wie lange? Ohne Wanderungen, Raften, Reiten oder Tauchen als Tagestour machbar, aber 2–3 Tage sind besser

Abseits ausgetretener Pfade Beim Waldspaziergang im Haukadalur kann man durchatmen.

Updates, mehr **Bilder** und eure **Tipps** zu diesem Kapitel auf www.stefan-loose.de unter **eXTra [11078]**

Werbebroschüren preisen Island fast schon inflationär als „Land der Gletscher und Geysire" an. Die durch diesen Slogan geweckten hohen Erwartungen erfüllt inselweit keine andere Springquelle so sehr wie der **Geysir Strokkur** auf dem Golden Circle, der Hauptreiseroute des Landes. Er bietet ein Naturspektakel erster Güte und spuckt lautstark und zuverlässig wie ein Schweizer Uhrwerk meterhohe Fontänen in die Luft. Der benachbarte **Große Geysir**, Namensgeber aller Geysire, ist dagegen in einen „Dämmerschlaf" verfallen und lässt sich nur äußerst selten zu einem Ausbruch herab. Wer ihn und seinen äußerst aktiven kleinen Bruder besuchen will, muss sich, ebenso wie 10 km weiter östlich am Wasserfall **Gullfoss**, auf großen Andrang einstellen. Auch **Þingvellir** – zu finden im Westen des „Goldenen Kreises" – steht nicht nur wegen seiner historisch-politischen Bedeutung ebenfalls ganz oben auf der Liste der Island-Reisenden, sondern auch, weil die Ebene einfach wunderhübsch ist. Und wer die Hauptroute verlässt, mal auf einer kleineren Straße weiterfährt oder ein Stück zu Fuß geht, entdeckt auch im besucherreichen Gebiet rund um den Golden Circle noch Schätze, die er ganz allein genießen kann.

Von Reykjavík nach Þingvellir

Dort, wo die Ringstraße 10 km nördlich von Reykjavík die Stadt Mosfellsbær verlässt, zweigt in einem Kreisverkehr rechts die Straße 36 nach Þingvellir ab. Zunächst geht es durch ein grünes, von Bergen eingerahmtes Tal, ehe die Vegetation nach und nach karger wird. Unterwegs locken auch kulturell interessante Orte.

Unterwegs auf dem Golden Circle

Mit dem Auto

Das Wichtigste zuerst: Den einen „Goldenen Kreis" gibt es ebenso wenig wie die eine Route, auf der man ihn abfährt. „Golden Circle" ist einfach ein werbewirksamer Name für die größten Attraktionen der Region nordöstlich von Reykjavík, den sich irgendwer (keiner weiß, wer) irgendwann einmal ausgedacht hat. Mit Ausnahme des Abstechers nach Stöng und Gjáin sind alle im Kasten beschriebenen Orte gut mit einem normalen Pkw erreichbar.

Die klassische Runde

Viele Tourveranstalter beginnen ihren „Zirkel" in **Reykjavík**, fahren auf durchgehend asphaltierten Straßen über **Þingvellir** und **Laugarvatn** nach **Geysir** und zum **Gullfoss** und dann vorbei am **Krater Kerið** bis nach **Selfoss**, von wo aus es über den Pass **Hellisheiði** zurück nach Reykjavík geht (Gesamtdistanz 246 km bzw. 178 km ohne Reykjavík).

Weitere Abstecher

Bei einem Umweg über **Flúðir** mit dem Schwimmbad **Secret Lagoon** erhöht sich die Fahrtstrecke auf insgesamt 305 km. Von Flúðir aus ist eine weitere reizvolle Schleife als Circle-Erweiterung möglich: Wer über die Straße 32 Richtung Hochland fährt und dort auf die Straße 26 wechselt, passiert das alte Torfgehöft **Stöng**, die vegetationsreiche Schlucht **Gjáin**, die Wasserfälle **Hjálparfoss**, **Háifoss** und **Þjófafoss** und den Vulkan **Hekla**, bevor er nordwestlich von Hella auf die Ringstraße stößt. Diese Route (insgesamt 125 km) ist ab S. 540 näher beschrieben. Auch wer vom Golden Circle aus nach Landmannalaugar oder zur Sprengisandur-Hochlandpiste (F26) will, nimmt die Straße 32.

Mit dem Bus

Mit dem Reisebus geht alles – mit dem Linienbus geht (fast) gar nichts. Einzig die **Linien 72 und 73** von **Strætó** verkehren 1–3x tgl. von Selfoss aus Richtung Flúðir. Die 72 beschreibt einen Kreis über Laugarás und Reykholt, die 73 fährt in der Gegenrichtung und hält zusätzlich in Laugarvatn (s. auch 💻 www.publictransport.is)."

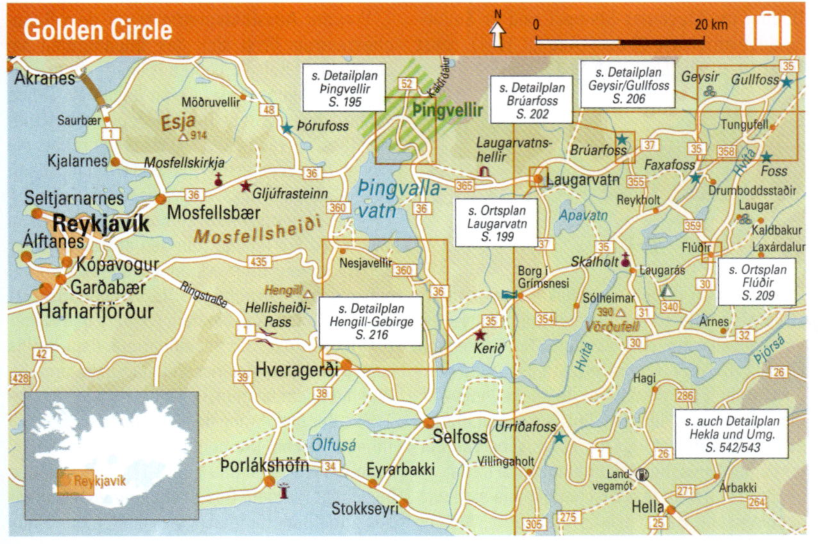

Mosfell

In Island haben viele Orte etwas zu erzählen. Mosfell ganz besonders, soll doch laut der berühmten *Egills-Saga* der Held **Egill Skallagrímsson** (s. Kasten S. 233) hier im 10. Jh. gemeinsam mit seinen Töchtern seine letzten Lebensjahre verbracht und angeblich in den hiesigen Bergen Islands berühmtesten Silberschatz vergraben haben. Man erzählt sich, dass der damals greise Egill, der seinen Nachkommen wohl kein Erbe gönnen wollte, eines Abends zwei Bedienstete zu sich rief. Schwer mit allerlei Säcken bepackt, machten sich die drei auf in die Berge – und Egill kam am nächsten Morgen allein zurück. Wahrscheinlich habe er die Diener seinen Schatz vergraben lassen und die beiden anschließend ermordet, sagt man. Ob die Geschichte stimmt, weiß niemand, doch begeben sich immer mal wieder Isländer auf Schatzsuche. Angeblich gibt es sogar eine genaue Schatzkarte, irgendwo hinten in einem Buch. Aber eben nur angeblich, denn auch die einheimischen Schatzsucher tappen weitgehend im Dunkeln.

Mosfell und die nördlich angrenzenden Berge sind trotzdem einen Besuch wert, allein der grandiosen Aussicht wegen. Im Jahr 2001 wurden hier die Reste einer Stabkirche ausgegraben,in deren Umkreis man mehr als 20 Skelette und ein großes leeres Grab fand. Vielleicht das von Egill? Auch das weiß man nicht so genau. Zu besichtigen gibt es heute eine hübsche neuere Kirche, die **Mosfellskirkja**, und ein Infoschild über die *Egills-Saga*. Nördlich der Kirche führt ein gut erkennbarer Trampelpfad auf den Berg und endet in einer Schlucht. Wer weiß – vielleicht sieht man es unterwegs ja irgendwo glitzern ...

Laxness-Museum Gljúfrasteinn

Das Haus, in dem Halldór Laxness, der isländische Nobelpreisträger von 1955 (s. Land und Leute S. 118 und Bücher S. 606), bis zuletzt mit seiner Familie lebte, ist heute das Museum Gljúfrasteinn, Mosfellbær, ✆ 586 8066, 💻 www.gljufrasteinn.is. Es fühlt sich an, als könnte der Meister jeden Moment zurückkommen, im Garten spazieren gehen und sich in seine Bibliothek begeben. In einer Multimediapräsentation erfahren Besucher alles über Leben und Werk des wohl berühmtesten isländischen Schriftstellers (auch auf Englisch). Und an jedem Sonntag von Juni bis August finden Konzerte statt – so wie es zu Lebzeiten des Autors üblich war.

Bücher mit Museums-Stempel sind im Souvenirladen erhältlich. ⌚ Juni–Aug tgl. 10–17, sonst Di–Fr 10–16 Uhr, Eintritt ab 18 J. 1200 ISK.

2 HIGHLIGHT

Þingvellir

Umgeben von Hügeln und Vulkansystemen erstreckt sich dieser geologisch hochaktive Ort am Þingvallavatn, dem zweitgrößten Binnensee Islands (84 km²). Mehrere tektonische Spalten durchziehen die weitläufige Talsenke Þingvellir, die ebenso wie der See Teil des Mittelatlantischen Rückens ist, der die eurasische von der nordamerikanischen Kontinentalplatte trennt.

Hier kann man fast zuschauen, wie sich das „geologische Baby" Island verändert. Vor gut 10 000 Jahren befand sich in dieser Region nämlich noch kein Tal, sondern eine geschlossene Lavaebene. Dann begann die Erde auseinanderzubrechen. Langsam aber stetig, etwa 1–2 cm pro Jahr. Es entstanden erst Risse, dann Felsspalten und schließlich die mehrere Kilometer breite **Grabenbruchzone**, in der heute viele Spalten verlaufen. Die größten sind die **Almannagjá** im Westen und die **Hrafnagjá** im Osten, zwischen denen sich der abgesunkene, etwa 5 km breite Grabenbruchbereich erstreckt.

Wegen seiner tektonischen Aktivität und seines Artenreichtums (u. a. 172 Pflanzen-, 52 Vogel- und einige außergewöhnliche Fischarten, s. Kasten S. 198) wurde das Gebiet 1928 zum **Nationalpark** erklärt. 2004 folgte der **Weltkulturerbe**-Titel. Denn Þingvellirs politische Bedeutung ist nicht minder spektakulär, wurde hier doch im Jahr 930 das **älteste Parlament der Welt** gegründet (s. Kasten S. 196).

Im Zentrum des Tals

Erste Einblicke vermittelt das Besucherzentrum Hakið am oberen Parkplatz etwa 1 km östlich der Straße 36, wo spannende Filme über die Geologie im Tal und die Fischwelt im See (s. Kasten S. 198) gezeigt werden. Weitere Infos auf 💻 www.thingvellir.is/en. ⌚ tgl. 9–17 Uhr.

Von der **Aussichtsplattform** vor dem Besucherzentrum lässt sich das Talpanorama am besten genießen. Von dort aus links geht es runter in die **Almannagjá**, deren enge Felswände schnell ein echtes Spalten-Feeling aufkommen lassen. Nach etwa 500 m zweigt rechts ein Weg in eine zerklüftete Fels- und Graslandschaft ab, die als eindrucksvolle Kulisse für *Game-of-Thrones*-Kampfszenen diente. Von hier kann man direkt ins Tal und zum See absteigen, aber der Hauptweg führt weiter geradeaus, vorbei am geschichtsträchtigen **Versammlungsplatz** mit der Islandflagge vor dem *Lögberg* und weiter zum **Öxarárfoss**, der scheinbar aus dem Nichts kommt und sich malerisch in die Spalte ergießt. Wer hier nicht hingeht, ist selbst schuld.

Seit der Einführung des Christentums steht im Tal eine **Kirche**. Die heutige aus dem Jahr 1859 kann täglich zwischen 9 und 17 Uhr von innen besichtigt werden. Das beste Foto vom Gotteshaus und dem fünfgiebligen malerischen Haus daneben macht man aber oben auf der Aussichtsplattform.

Reizvoll sind auch die zahlreichen Spalten und Tümpel rund um das Gotteshaus, die ihren vollen Zauber aber erst bei Sonnenschein entfalten, wenn das Wasser türkis und golden glitzert (leider haben viele Besucher verbotenerweise Geldstücke hineingeworfen). Eine der bekanntesten ist die **Silfra-Spalte**, die sich jährlich um 7 mm verbreitert und südöstlich der Kirche in den See mündet. Sie wird gespeist vom Gletscher Langjökull, dessen Schmelzwasser sich seinen Weg durch gut 50 km Lavastein bahnen muss, bevor es hier nach 30 bis 100 Jahren rein und gefiltert wieder zum Vorschein kommt. Mit ihrem glasklaren Wasser begeistert die tiefe Spalte vor allem Taucher (s. Aktivitäten), während Spaziergänger, die die eindrucksvollen Fotos der Tauch- und Schnorchel-Veranstalter im Kopf haben, oft enttäuscht werden, zumindest bei schlechtem Wetter. Denn man darf als Nicht-Taucher nur zum Start- und Endpunkt der Taucher-Route – und da gibt es in der Nähe andere „Spalten", die viel schöner sind.

Wandern im Nationalpark

Am Ende der oben beschriebenen „Touristenroute" kann man den Tag am Seeufer ausklingen

lassen. Am besten erfühlen lässt sich der Reiz dieses ganz besonderen Tals aber auf einem der zahlreichen markierten Wanderwege (unter 💻 www.map.is, detaillierte Karte mit allen Straßen, Wegen und Pfaden ansonsten für 500 ISK erhältlich im Infozentrum Leirar und im Besucherzentrum Hakið. Sich einfach mal hinsetzen, vorsichtig in eine Spalte oder Höhle lugen und die lose herumliegenden Steine in die Hand nehmen. Denn nur so merkt man, wie empfindlich, wie brüchig die Erde hier ist. Und wie schwer es die zahlreichen Birken haben, hier dauerhaft Fuß zu fassen.

Der populärste Wanderweg beginnt beim nördlichen Campingplatz Leirar (der Straße 36 etwa 200 m nach Osten folgen bis zum etwas versteckten Wegweiser) und führt auf einem holprigen Pfad durch eine Heide-Stein-Landschaft zu den Ruinen der Höfe **Hrauntún** (2 km nach Osten), **Skógarkot** (weitere 3 km nach Süden, mit Überquerung der Straße 36) und **Vatnskot** (nochmal 2 km nach Süden). Wem das zu weit ist, der sollte bei Skógarkot in nordwestlicher Richtung abbiegen und auf einem Trampelpfad durch die Lava direkt zum Campingplatz zurückgehen (2,5 km). Kurz vor dem Ziel trifft man völlig überraschend auf eine tolle Dünenlandschaft, die hier so gar nicht hinzupassen scheint. Für die Runde über Skógarkot sollten drei Stunden eingeplant werden. Vom Campingplatz bis runter zum See nach Vatnskot und über die Straße zurück braucht man fünfeinhalb Stunden.

Für weniger ausdauernde Wanderer bietet sich ein kurzer, durch blaue Pflöcke markierter Fußweg an, der an der weitgehend unbeachteten, aber wunderhübschen **Spalte Hrafnagjá** im Südosten der Senke entlangführt. Bereits wenige Meter von der belebten Straße entfernt laden ruhige, geschützte Plätzchen zum Picknick ein. Der Einstieg liegt etwas versteckt in einer Parkbucht auf der rechten Seite der Straße 361 nach Vatnskot am Nordostufer des Þingvallavatn.

Das älteste bestehende Parlament der Welt

„Þingvellir" bedeutet grob übersetzt „Thingplätze" oder „Parlamentsfelder". Hier tagte das Alþing, das All-Thing aller Goden von ganz Island. In der Hochphase von der Gründung im Jahr 930 bis zum Jahr 1262 kamen hier einmal pro Jahr rund 5000 Isländer zur Sommersonnenwende für zwei Wochen zusammen, um **Gesetze zu verabschieden** und **Recht zu sprechen**. Aber auch um sich auszutauschen und zu feiern, sodass die ganze Veranstaltung einem riesigen **Volksfest** glich, das niemand versäumen wollte. Zelte und Buden standen geschützt in der Schlucht **Almannagjá** („Allmännerschlucht"), und auch die alten Reitwege aus allen Richtungen kann man heute noch erkennen.

Die Wahl des Ortes

Aber warum traf man sich ausgerechnet hier? Man erzählt, ein Mann namens Grímur Geitskór sei damals von den ersten Siedlern beauftragt worden, einen geeigneten Platz für die **Volksversammlung** auszusuchen. Die Ebene nordwestlich des Þingvallavatn erwies sich als ideal: Sie war für die Mehrheit der Goden aus ganz Island gut erreichbar und es gab genügend Trinkwasser, Pferdeweiden und Gewässer voller Forellen. Und dank der hervorragenden Akustik am **Gesetzesberg** *(Lögberg)* waren die Sprecher auch in den hinteren Reihen gut zu verstehen. Der einzige Haken: Das Land soll einem Bauern gehört haben, der kein Interesse daran hatte, so viele Menschen zu Besuch zu haben. Er wurde kurzerhand des Mordes angeklagt und verbannt, sodass sein Besitz der Allgemeinheit zufiel und der Volksversammlung an diesem Ort nichts mehr im Wege stand.

Funktionsweise und Bedeutung des Alþing

Stimmberechtigt im ältesten Parlament der Welt waren 48 Bauernfürsten (auch Häuptlinge oder **Goden** genannt), je zwölf aus jedem der vier Landesteile. Außerdem hatten alle freien Bauern das Recht, an der Versammlung teilzunehmen und über Regeln des Zusammenlebens zu diskutieren. Die Entscheidungsgewalt lag zwar bei den Goden, doch hing deren Stellung von der Zahl ihrer Anhänger ab. Und da die Bauern „ihren" Goden frei wählen konnten, hatten sie indirekt auch etwas Einfluss

ÜBERNACHTUNG

Einzige Unterkunft im Nationalpark ist der dort gelegene große Campingplatz und noch ein kleines Zeltareal direkt am See.

Camping, ✆ 482 2660, 💻 www.thingvellir.is und www.tjalda.is/en/thingvellir. Þingvellir ist die Camping-Location schlechthin. Leider ist das aber kein Geheimtipp mehr, sodass es auf dem Campinggelände **Leirar** im Sommer ganz schön trubelig zugeht. Überall wird gegrillt, gelacht, gesungen und getrunken. Leirar setzt sich aus 4 Zonen zusammen, zwischen denen die Straßen 36/361/52 kreuzweise verlaufen. Die beiden größten Areale Nyrðri und Syðri Leirar im Nordosten bzw. Südosten sind am besten ausgestattet und bieten auch Autos, Campinganhängern etc. Platz. Die beiden etwas kleineren Areale Hvannabrekka im Nordwesten und Fagrabrekka im Südwesten sind nur für Zelte. Fagrabrekka hat ein WC und es gibt kaltes Wasser, Hvannabrekka-Zelter müssen, wenn sie mal müssen, 350 m nach Nyrðri Leirar laufen. Im Rezeptionsgebäude/Infocenter Leirar findet man ein kleines **Café**, außerdem wird allerhand Nützliches (z. B. Spanngurte, Angelzubehör und Handschuhe) verkauft. Nachteil: Es gibt nur 2 Duschen – und die sind nicht immer warm. Ein weiterer, etwas ruhigerer Campingplatz (ebenfalls ohne Autos auf dem Gras, nur kaltes Wasser und WC) liegt bei **Vatnskot** am nördlichen Seeufer. Ab 17 J. 1300 ISK. 🕒 Leirar ganzjährig, Vatnskot Juni–Sep.

ESSEN

Das kleine Café im Infocenter Leirar tischt ein paar einfache Speisen auf. Ansonsten müssen Hungrige ins 20 km entfernte Laugarvatn ausweichen.

auf dessen Verhalten. Das Konzept war also bestechend einfach und hat lange auch einigermaßen gut funktioniert. Dann aber stellte sich heraus, dass das Fehlen einer Exekutive doch so einige Probleme mit sich brachte. Was die Isländer da geschaffen hatten, war nämlich eine Art „parlamentarische Anarchie", in der es Sache des Klägers (meist eines Goden) war, darauf zu achten, ob und wie ein Urteil ausgeführt wurde. Jeder, der einmal die Saga vom weisen Njáll (s. Kasten S. 536) gelesen und sich gewundert hat, warum Njáll und Gunnar sich immer wechselseitig Schadenersatz gezahlt haben, wenn mal wieder ein Knecht des jeweils anderen ermordet wurde, der findet hier die Erklärung, warum das Þing-System innenpolitische Krisen nicht immer lösen konnte.

Äußere Einflüsse sorgten für zusätzliche Destabilisierung: Nachdem Ende des 10. Jhs. Missionierungsversuche des norwegischen Königs gescheitert waren, verhängte der Monarch eine Handelsblockade und setzte mächtige Goden unter Druck, indem er deren Angehörige als Geiseln nahm. Einige der Erpressten konvertierten daraufhin zum Christentum und richteten eigene Gerichtshöfe ein, was die Inselbewohner spaltete: Die **Streitigkeiten** untereinander wurden immer schlimmer, bis der angesehene Gesetzessprecher **Þorgeir** im Jahr 1000 im Interesse der Stabilität die landesweite **Einführung des Christentums** verkündete (s. Geschichte S. 104 und Religion S. 116). Doch während die Befriedung auf der Insel nur phasenweise gelang, nahm der ökonomische und politische Einfluss Norwegens immer mehr zu, bis sich die durch ständige Fehden geschwächten Goden schließlich 1262 der Krone unterwarfen. Ihnen wurden weiterhin einige Autonomierechte zugestanden, und das Alþing tagte auch nach der **Unterwerfung unter Norwegen**, später Dänemark, weiter jedes Jahr in Þingvellir. Seine „goldenen Zeiten" erlebte das Alþing aber in den ersten Jahren bis 1000, mit Abstrichen bis 1262. Von 1262–1799 war es dagegen deutlich in seiner Macht beschränkt, da immer mehr Gefolgsmänner des Königs Schlüsselpositionen besetzten, wurde aber weiterhin zur Rechtsprechung genutzt. 1799 erst lösten die Dänen das Alþing auf, das aber bereits 1844 in Reykjavík wiedergegründet wurde. Trotzdem blieb Þingvellir bis heute ein Ort mit hoher Symbolkraft, an dem weiterhin bedeutende nationale Ereignisse wie die Ausrufung der **Republik Island** am 17. Juni 1944 stattfanden.

AKTIVITÄTEN

Angeln

Die Angelerlaubnis (Veiðikortið ist für um die 8000 ISK im Informationscenter (s. u.) am Campingplatz erhältlich.

Tauchen und Schnorcheln

Trotz des nicht ganz ungefährlichen, 2–4 °C kalten Wassers (es gab schon Todesfälle) ist die Silfra-Spalte ein absolutes Muss für Tauchfans (30–40 Min. Schnorcheln ab 18 000 ISK). Die meisten Anbieter bieten Transfer von/nach Reykjavík für um die 6000 ISK. Weitere Infos unter 💻 www.divesilfra.is und www.dive.is.

INFORMATIONEN

Visitor Centre am oberen Parkplatz (Hakið), ✆ 482 3613, 💻 www.thingvellir.is. 🕒 tgl. 9–17 Uhr.

Infozentrum beim Campingplatz (Leirar), ✆ 482 2660.

TRANSPORT

Auto

Die **Straße 36** führt in weitem Bogen um Þingvellir herum. Þingvellir selbst erreicht man auf einer Stichstraße zum Aussichtspunkt Hakið und über die schmale, kurvenreiche **Nationalparkstraße 361** (Tempolimit 50 km/h), die von Leirar und entlang des Seeufers verläuft. Hier gibt es viele asphaltierte oder geschotterte Parkbuchten (oft besetzt; damit rechnen, dass ein Auto unerwartet rückwärts raussetzt). Außerhalb der Parkbuchten ist Parken streng verboten, aber es gibt mehrere große Parkplätze (entlang der wichtigen Straße 36 z. B. an den Infozentren Hakið im Südwesten oder am Campingplatz Leirar im Norden). Das **Park-**

Anders als die anderen: Fische im See Þingvallavatn

Die Fische, die im Þingvallavatn leben, sind außergewöhnlich. Einzigartig auf der Welt. Warum? Man vermutet, dass sie am Ende der letzten Eiszeit, als sich die Erde anhob, hier isoliert wurden. Sie heißen zwar ganz gewöhnlich Bachforelle, Saibling *(arctic char)* und Dreistachliger Stichling, haben sich aber in den vergangenen 10 000 Jahren anders weiterentwickelt als ihre Artgenossen im Rest von Island. Sie sind deshalb der anschauliche Beweis dafür, dass die Anpassung an spezielle Lebensbedingungen ein wesentlicher Faktor der Evolution ist. Der konstante Zufluss von Grundwasser und die Tiefe von bis zu 114 m könnten hier eine entscheidende Rolle spielen, doch wirft der See noch viele Fragen auf und ist ein Eldorado für Forscher. Weitere Infos auf 💻 www.thingvellir.is.

gebühr-Tagesticket gilt für alle Parkplätze und kostet 780 ISK (zahlbar ausschließlich mit Kreditkarte und ja: Es gibt Kontrollen). Zum Zeitpunkt der Recherche waren am Ostufer Bauarbeiten im Gange. Geplant ist hier u. a. eine weitere Zufahrt zum Ufer.
Westwärts führt die **Straße 36** zur Ringstraße und nach Reykjavík (ca. 45 km). Vom Ostufer des Þingvallavatn geht es über die **Straßen 365 und 37** in Richtung Osten nach Laugarvatn (15 km), Geysir (44 km) und Gullfoss (54 km). Richtung Norden ist es nicht weit bis zur Hochland-Piste Kaldidalur (ca. 25 km).

Busse

Þingvellir ist nur als Teil von Golden-Circle-Exkursionen zu erreichen, die ganzjährig von vielen Veranstaltern angeboten werden. Alle Busse halten meist auf dem Parkplatz an der Aussichtsplattform. Die Fahrgäste können dann zu Fuß durch die Almannagjá gehen und an einem der Parkplätze im Tal wieder einsteigen (oder umgekehrt). Der Aufenthalt bei den Pauschaltouren ist leider selten länger als eine Stunde – was der Schönheit Þingvellirs keinesfalls gerecht wird.

Laugarvatn und Umgebung

Laugarvatn ist ein hübsches kleines Örtchen (ca. 300 Einw.) am rund 2 km^2 großen gleichnamigen See. Man ist hier stolz auf die gute touristische Infrastruktur, die Hochschule und vor allen Dingen auf das große **Wellness-Bad** (s. u.). Rund um das Gewässer sprießt es für isländische Verhältnisse extrem grün. Flora und Fauna am Seeufer sind einzigartig, allerdings gibt es neben seltenen Gräsern und Enten auch Schwärme von Mücken (neuerdings auch welche, die fies stechen). Trotzdem sollte man unbedingt wenigstens ein kurzes Stück auf den schmalen, leider oft matschigen Uferpfaden laufen.

Sportliche finden in der Umgebung außergewöhnlich viele **Wanderwege**, und an vielen Stellen stehen Übersichtskarten mit den entsprechenden Kilometerangaben. Die Schlechtwettervariante: Wer am Friedhof den Berg hoch läuft, gelangt über einen 1,3 km langen Trimmpfad oberhalb des Ortes und unterhalb des Laugarvatnsfjall bis zum Campingplatz. Auch ein Ortsrundgang lohnt sich, denn hier leben viele Künstler und Kreative, sodass man im Vorbeigehen auch schon mal einen Maler oder Bildhauer zu Gesicht bekommt, der gerade in seinem Garten werkelt.

Die Attraktion des Ortes ist das große Wellness- und Badezentrum **Fontana**, Hverabraut 1, 📞 486 1400, 💻 www.fontana.is. Aus dem warmen Hot Pot kann man direkt in den Laugarvatn springen, zu dem ein Steg führt. Keine Angst, es droht kein eiskaltes Bad, denn das warme Wasser wird in den See eingeleitet. Ein tolles Plus ist das in der warmen Erde gebackene Brot (Tour mit Erklärungen 2990 ISK p. P.). 🕒 Juni–Aug tgl. 10–22, sonst 11–22 Uhr, Eintritt 4990 ISK, Jugendliche (13–16 J.) 2990 ISK.

ÜBERNACHTUNG

Camping, oberhalb des Ortes am Hang, 📞 615 5848, 💻 www.tjalda.is/en/laugarvatn. Einfacher, aber gepflegter großer Platz mit Grill, überdachter Spülstation, Spielplatz, WC- und Duschcontainer (Duschen im Preis inbegriffen). 2500 ISK, Jugendliche (10–16 J.) 1000 ISK, Mückenschutznetz 700 ISK. ⌚ Mai–Sep.

Héraðsskólinn Historic Guesthouse, Héraðsskóli, ☎ 537 8060, 💻 www.heradsskolinn.is. Wohlfühl-Hostel mit Privatzimmern und Schlafsälen in einer siebengiebeligen restaurierten alten Schule mit auffällig grünem Dach. Es gibt ein Bistro, ein Café, eine Bar, eine Küche für Selbstversorger und einen antik möblierten Gemeinschaftsbereich, in dem Entspannungsmusik läuft. ❸–❹

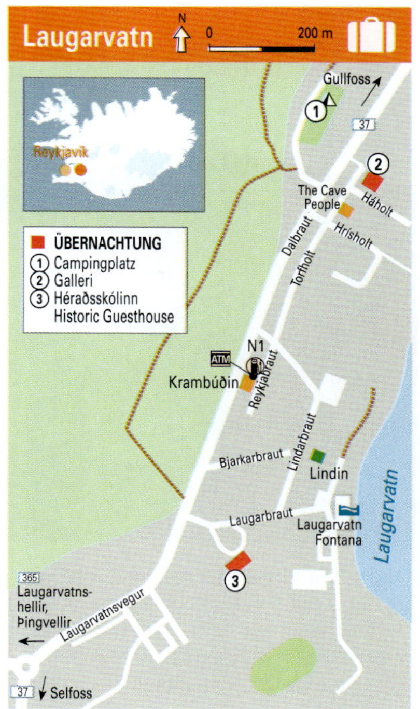

ESSEN

Lindin, Lindarbraut 2, ☎ 898 9599, 💻 www.laugarvatn.is. Markantes graues Wellblechhaus mit zwei großen Außenterrassen. Hier werden Kaffee, Kuchen und Eis, aber auch Fisch- und Lammspezialitäten, Rentier-Burger und leckere Gemüseschnitzel mit hausgemachtem Tomatenpesto aufgetischt. ⌚ tgl. 12–16 und 18–20.30 Uhr.

AKTIVITÄTEN UND TOUREN

Angeln

Jeder darf ohne spezielle Erlaubnis im Laugarvatn angeln.

Höhlentouren

Laugarvatn Adventure/The Cave People, Háholt 2c, ☎ 888 1922, 💻 https://laugarvatnadventure.is/en/. Geführte Touren in der Kleingruppe, u. a. zur rund 9000 Jahre alten Lavahöhle Gjábakkahellir, 2–3 Std. 9900 ISK.

SONSTIGES

An der Tankstelle gibt es einen **Geldautomaten**, einen **Briefkasten** und den gut sortierten **Supermarkt Krambúðin** mit Schnellimbiss. ⌚ Mo–Fr 9–19, Sa/So 10–19 Uhr.

Wohlfühloase zum Essen, Schlafen und Shoppen

Galleri, Háholt 1 (direkt an der Straße vor dem nördlichen Ortsausgang), ☎ 486 1016 und 893 4656, 💻 www.gallerilaugarvatn.is. Galleri ist nicht wirklich eine Galerie, sondern eher ein Souvenirshop, in dem es handgefertigte kleine Schafe aus Wolle, ausgefallene Kinder-T-Shirts und allerlei andere schön anzuschauende Dinge gibt, die niemand wirklich braucht, aber jeder trotzdem gern hätte. Das Café ist exzellent: Der Kuchen ist toll, die Einrichtung auch. Hier möchte man gar nicht wieder weg. Muss man auch nicht, denn Galleri bietet direkt neben dem Café in dem markanten Holzhaus-Komplex auch 5 Zimmer (mit und ohne Bad). Sie sind nicht allzu groß, aber modern und liebevoll eingerichtet. Besonderer Wert wird auf den Schlafkomfort gelegt: die Betten sind sehr bequem und es gibt sogar je 3 verschieden große Kopfkissen. Tolles Frühstücksbuffet (mit frischen Waffeln, im Preis inbegriffen) im Café. ❹

Laugarvatnshellir: Wohnhöhle, Schafrefugium und Grusel-Hotspot

© CAROLINE MICHEL

Alternatives Wohnen auf dem Land ist ja heute wieder hip – aber irgendwas besonders Anziehendes muss genau diese Höhle an sich haben. Vielleicht etwas Magisches, vielleicht auch etwas, das mit Geld zu tun hat, vielleicht eine Mischung aus beidem. Jedenfalls war die Laugarvatnshellir, die 9 km westlich von Laugarvatn zu finden ist, über 100 Jahre lang bewohnt, sogar Babys kamen hier zur Welt. Unvorstellbar, wenn man sieht, wie klein die Höhle ist. Im Jahr 2017 wurde sie wieder so hergerichtet wie anno dazumal. Smári Stefánsson, Höhlen-Freak der Firma Laugarvatn Adventures, der mit seiner Markenzeichen-Mütze das Flair eines altenglischen Adeligen verströmt und auch die meisten Führungen höchstpersönlich macht, hat einen Großteil des Geldes dazu selbst aufgetrieben. Allein schon deshalb sind die 2200 ISK p. P. gut angelegt. Was aber kriegt man dafür geboten? Eine Wohnhöhle mit Herd, Bett und Bibel, innen wie außen (mit der schicken Wellblechfront) ein tolles Fotomotiv, einen Kartoffelgarten, ein zutrauliches Schaf, das nach einem verstorbenen Höhlenbauer benannt ist, und toll erzählte Geschichten.

Smári, der übrigens nicht direkt – wie oft in der Presse zu lesen – mit den ehemaligen Bewohnern verwandt ist (irgendeine Verwandte des Sohns der Bewohnerin Vigdís heiratete seinen Onkel – oder irgendwie so über 7 Ecken) berichtet sinngemäß, dass die Höhle um 700 n. Chr. (also noch vor der Landnahme durch die Wikinger) von Menschen gegraben wurde, vermutlich von irischen Mönchen. Ausgebaut wurde sie dann um 1910 vom Schreiner Indriði Guðmundsson, der seiner süßen, damals erst 17-jährigen Frau Guðrún Kolbeinsdóttir ein heimeliges Zuhause bieten wollte. Sein Verdienst ist auch die zweite Höhle, die sich an die erste anschließt, und die u. a. als Kuhstall diente. Die beiden betrieben hier, irgendwo zwischen Nirgend- und Irgendwo ein Café, in dem sie Durchrei-

TRANSPORT

Auto

Die **Straße 37** führt gen Osten am Startpunkt der Brúarfoss-Wanderung vorbei nach Geysir (29 km) und südwärts in Richtung Skálholt (25 km) oder Selfoss (40 km). Die **Straße 365** ins westliche Þingvellir (27 km) ist gut, aber im Winter oft verschneit. Schöner Picknick- und Aussichtsplatz auf der südlichen Seite.

Die 3 km weite Zufahrt (Pkw-tauglich) zur Höhle Laugarvatnshellir ist ausgeschildert. Hinter der

sende bewirteten. Wer sich jetzt die Ohren reibt, dem sei gesagt, dass die Höhle einmal an einem alten Handelsweg lag. Um das Jahr 1920 herum jedenfalls lebte dann für vier Jahre ein weiteres Paar hier. Vigdís und Jón. Zwei ihrer drei Kinder wurden hier geboren. Die dramatische Geschichte ihrer Geburt wird anschaulich präsentiert – genauso wie die Geschichten um Geister und „Hidden People", die hier heimisch sein sollen. Eine Elfenfrau war z. B. die Babysitterin für Vigdis Erstgeborene Ragnheiður.

Spuk-, Geister- und Elfengeschichten gibt es zur Höhle en masse. Eine der beliebtesten: Ein junger Schäfer wurde im Schlaf mehrmals an den Füßen aus der Höhle gezogen. Als ihm klar wurde, dass da jemand übel mit ihm umsprang, flüchtete er samt Schafen nach Laugarvatn. Am folgenden Tag setzte ein mehrere Wochen dauerndes Schneechaos ein, das der arme Junge vermutlich oben bei der Höhle nicht lebend überstanden hätte. Er war sich sicher, keinem bösen Geisterstreich zum Opfer gefallen, sondern von einem wohlmeinenden Elf gerettet worden zu sein. In einer anderen Geschichte soll der Schäfer – oder ein anderer, der hier Schutz vor einem Unwetter suchte – von einem gruseligen Geist aus der damals angeblich noch wesentlich größeren Höhle gejagt worden sein – kurz bevor ein Großteil bei einem fürchterlichen Erdbeben einstürzte.

Heute gibt es wieder Kaffee und Kuchen hier – wie zu Guðrúns Zeiten. Allerdings nicht in der Höhle selbst, sondern in einem großen Partyzelt mit Bierbänken beim Parkplatz. Manchmal hängen auch Pullover oder anderes Selbstgestricktes zum Kauf aus.

Weitere Infos und Touren bietet **The Cave People** in Laugarvatn (s. auch S. 199), ✆ 888 1922, 💻 www.thecavepeople.is.

Höhle führt die Straße namenlos und ohne Wegweiser linker Hand weiter den Berg hoch. Das ist die **alte Straße nach Þingvellir**, auf der sich trotz ihrer großen Schlaglöcher eine Fahrt lohnt, denn die Aussicht auf den See Þingvallavatn ist von hier oben grandios. Etwa 7 km westlich von Laugarvatnshellir folgt auf der rechten Straßenseite ein kleiner Parkplatz mit einem kurzen Pfad zu Lavahöhlen. Am bekanntesten ist die Gjábakkahellir (auch Helguhellir oder Stelpuhellir). Aber Achtung: Bitte nicht ohne Führer und ohne Helm hineingehen (hier

Wanderung zum Brúarfoss

- **Länge:** hin und zurück ca. 6,5 km
- **Dauer:** 1 1/2–2 Std.
- **Schwierigkeit:** mittel
- **Anfahrt:** Diese Wanderung startet am Parkplatz an der Straße 37, unterhalb der Brúará-Brücke. Wer die Ausfahrt zum kostenpflichtigen Parkplatz ca. 300 m weiter westlich nimmt (ca. 3 km Schotterpiste und 750 ISK Parkgebühr), ist zwar in 5 Minuten am Brúarfoss, verpasst aber die anderen Wasserfälle. http://bruarfoss.is.

Mit seinem türkisfarbenen Wildwasser, das sich durch eine metertiefe Spalte in unzähligen Kaskaden in einen kleinen, fast hufeisenförmigen Krater ergießt, zählt das sprudelnde Naturspektakel Brúarfoss trotz geringer Fallhöhe zu einem der Höhepunkte des Golden Circle. Die wahren Schätze aber sind die weniger bekannten Wasserfälle Hlauptungufoss und Miðfoss. Einsam, glasklar und wunderschön liegen sie am gut 3 km langen Fußweg von der Straße 37 bis zur Holzbrücke Kóngsbrú und zum Brúarfoss. Wanderschuhe

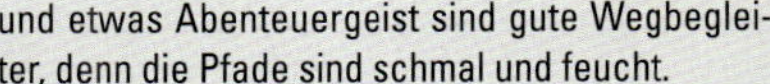

und etwas Abenteuergeist sind gute Wegbegleiter, denn die Pfade sind schmal und feucht.

Die Route

Eins vorweg: Der Brúarfoss erlebt zurzeit einen Hype – jeder will dagewesen sein. Nur leider führt der Weg zum Wasserfall über Privatland, aber es gibt einen markierten Wanderweg. Deshalb hier eine Bitte unsererseits: Bitte nicht versuchen, über die östlich der Brúará gelegene Ferienhaussiedlung zum Wasserfall zu kommen. Weder zu Fuß noch mit dem Auto. Lieber schön brav den Parkplatz an der Straße 37 nehmen.

Los geht's unspektakulär am Parkplatz unterhalb der Brúará-Brücke. Der breite und befestigte Weg, der hier dem Flusslauf folgt, lässt einen einfach Spaziergang vermuten, aber dieser Ein-

druck täuscht. Auch wenn Holzplanken einige der Bäche überbrücken, ist es selbst nach einer anhaltenden Trockenperiode nahezu unmöglich, den folgenden Teilabschnitt trockenen Fußes zu überwinden. Bald wird das Flussufer steiler und die nächste Herausforderung lässt nicht auf sich warten: Der schmale, oft rutschige Pfad führt durch dichtes Birkengestrüpp und kommt linker Hand dem Abgrund oft beängstigend nah (langsam und vorsichtig gehen, zur Not sind die fest verwurzelten Bäumchen stabile Haltegriffe). Etwa 1,5 km nördlich des Parkplatzes ist der rund 2 m hohe **Hlauptungufoss** erreicht. Wer vorsichtig über die beige-gelben, leicht bemoosten und begrasten Felsbrocken am Ufer steigt, kann seine Schönheit von unten bewundern, bevor er weiter dem Pfad folgend von oben bei gutem Wetter einen Regenbogen im tosenden, glasklaren Wasser entdecken kann. Bei so vielen reizvollen Perspektiven vergehen die Stunden wie im Flug. Nicht weniger attraktiv ist der Nachbar **Miðfoss**.

Von hier aus verläuft der Weg eben durch den nun leicht sandigen Untergrund und vorbei an einigen schmalen grauen Stränden, die von den Bewohnern der nahen Ferienhaussiedlung gern als Badestelle und Kinderspielplatz genutzt werden. Kurz vor dem Ziel, dem **Brúarfoss**, wird noch einige Meter landeinwärts ein malerisch dahinplätscherndes Flüsschen auf einer Brücke überquert, dann ist der Weg wieder breit, matsch- und stolperfallenfrei.

Und noch etwas: Wir raten dringend davon ab, dem Brúarfoss unterhalb der Brücke entgegenzugehen, denn die Steine hier sind glitschiger, als man denkt.

Übernachtung und Essen

Farmhotel, Kuhstall-Café und Restaurant Efstidalur, ca. 1 km westlich vom Parkplatz am Brúará-Fluss, ✆ 486 1186, 💻 www.efstidalur.is. Mit Fußball spielenden Hunden, einer verschmusten Katze, Pferden und Kühen verströmt die v. a. bei Kindern beliebte Farm viel Bauernhofambiente. Sie ist weit über die Gemeinde hinaus für ihr selbst gemachtes Eis bekannt. Man kann außerdem vom Café aus in den Kuhstall sehen. Wer über Nacht bleibt, findet 12 gemütliche Zimmer im alten Farmhaus oder im neueren einstöckigen Haus, wo jedes Zimmer eine kleine Terrasse mit Hot Pot hat. Eine Gemeinschaftsküche gibt es nicht, dafür ist das Essen im Restaurant einfach zu lecker. 🕒 Eis- und Souvenirverkauf tgl. 10–22, Restaurant Mitte Mai–Mitte Sep tgl. 11.30–22, sonst meist tgl. 11.30–20 Uhr. ❹–❺

fallen oft dicke Felsbrocken von der Decke), sondern eine Exkursion von Laugarvatn aus buchen (s. Aktivitäten). Ansonsten muss ein vorsichtiger Blick hinein von den Höhleneingängen aus genügen. Wer von hier aus nach Þingvellir weiter will, braucht einen guten Jeep, eine länger andauernde Trockenperiode und etwas Mut. Es gibt vor dem Erreichen der Asphaltstraße eine tiefe, matschige Senke. Wer sich hier festfährt, muss einen Abschleppwagen rufen (und die Rechnung selbstverständlich selbst bezahlen, denn so ein Abenteuer deckt keine Versicherung).

Busse

SELFOSS, mit Strætó (Linie 73) Mo–Fr um 17.16, Sa 19.41, So 17.37 Uhr in 40 Min. für 1960 ISK.

Vom Geysir bis zum Gullfoss

Diese beiden Naturschauspiele zählen zu Recht zu den meistbesuchten Orten Islands und liegen so nahe beisammen, dass sie bequem „im Doppelpack“ bestaunt werden können.

Geysir

„Dann setz ich mich schön in einen Geysir ...“ ertönt es gar nicht so selten aus dem Mund von Island-Neulingen. Ein erster Blick auf das bekannteste Geothermalgebiet der Insel zeigt sehr schnell: Das wird nichts. Hier ist alles sehr heiß. So heiß, dass man immer schön auf den Wegen bleiben und es tunlichst vermeiden sollte, auch nur einen klitzekleinen Finger in eine der Blubberquellen zu halten, um das empirisch zu überprüfen. Stattdessen lieber Augen und Ohren aufgesperrt: In einer spektakulären Show spuckt Mutter Naturs „Hauptdarsteller“, der Geysir **Strokkur**, ungefähr alle zehn Minuten Heißwasserfontänen in die Luft, bis zu 20 m hoch. Manchmal auch in kürzeren Abständen.

Der Kreis der neugierigen Besucher ist meist dicht, „Uuuuhs“ und „Ooohs“ mischen sich mit Begeisterungsbekundungen in allen Sprachen. Trotzdem gibt es immer einen Teilabschnitt, der frei von Staunern bleibt – bloß nicht hingehen, egal, wie groß die Verlockung ist! Dort, auf der dem Wind abgewandten Seite, kommt nämlich mit ziemlicher Sicherheit die nächste Fontäne runter (die „Dusche“ ist zwar nur warm, aber trotzdem unangenehm). Dreht einmal unerwartet der Wind, ist das Geschrei noch größer als es sowieso schon ist. Denn dann bespuckt der Geysir die auf der anderen Seite. Und manbekommt fast den Eindruck, er habe Spaß daran.

Ein Stückchen weiter den Hang hoch lohnt der Besuch der tief türkisfarbenen Quelle **Blesi** und nördlich lockt der **Große Geysir** höchstpersönlich. Bis ins 19. Jh. spuckte er ebenso zuverlässig wie Strokkur, was das Gebiet schon damals zu einer der größten Touristenattraktionen des Landes machte. Dann wurde er müde und fiel in einen jahrelangen Schlaf. Einige Male

Durch die Wälder im Haukadalur

Nach dem Rummel im Geysir-Gebiet sehnen sich viele Besucher nach Ruhe und Einsamkeit. Nach einem kurzen Spaziergang, auf dem man sich nicht gegenseitig auf die Füße tritt. Die Rettung heißt Haukadalur und schließt gleich nördlich an das Geysir-Thermalgebiet an. Hier lockt neben einer hübschen Kirche auch eines der **größten Waldgebiete Islands**, durch das zahlreiche Wanderwege führen. Startpunkt ist ein kleines Holzhäuschen mit WC (einfach den Wegweisern „Gönguleiðir“ zu den Wanderwegen folgen), wo eine Karte aushängt, die man am besten abfotografiert. Außerdem liegen auf der linken Hüttenseite in einem Kasten mit etwas Glück Wanderkarten zum Mitnehmen aus. Aber Achtung: Leider stimmen die beiden Karten sowohl in Bezug auf die Farbmarkierungen als auch auf die Routen der einzelnen Wanderwege nicht 100%ig überein. Trotzdem lässt sich die Wegführung einigermaßen gut erschließen. Unbedingt empfehlenswert ist der kurze blaue Weg, der über romantische Pfade zu einem kleinen versteckten Wasserfall führt. Auch der rote Rundweg („Laugarvegur“, 2,5 km, 1 1/2 Std.) mit der grünen Abkürzung ist gut zu finden und lohnend.

konnte er noch mit Hilfe von Waschpulver zu Ausbrüchen „überredet“ werden, bis Umweltschützer ein Verbot erwirkten. Seit einigen Jahren aber meldet sich der gewaltige „Spucker“ in unregelmäßigen Abständen zurück. Es lohnt sich also, immer mal wieder ein Auge auf ihn zu werfen, denn wer will nicht dabei sein, wenn der große Meister wieder zum Leben erwacht?

Übrigens sind der Strokkur und der Große Geysir inselweit die einzigen beiden ihrer Art, die so hohe Fontänen ausspucken, während Islands andere Geysire nur dampfend vor sich hin blubbern. Zur Frage, wieso ein Geysir überhaupt ausbricht, s. S. 92.

Gullfoss

Der **„Goldene Wasserfall“** macht seinem Namen vor allem bei Sonnenschein Ehre, wenn Regenbögen strahlen und die goldfarbenen Sedimente besonders deutlich sichtbar werden. Denn anders als z. B. beim grau-trüben Dettifoss ist das Wasser, das hier in zwei Kaskaden 32 m tief in eine enge Schlucht stürzt, ziemlich klar.

Dass sich der Katarakt auch heute noch bewundern lässt, ist der Bauerstochter **Sigríður Tómasdóttir** zu verdanken. Anfang des 20. Jhs. war hier, auf dem Land ihres Vaters Tómas Tómasson, nämlich der Bau eines Wasserkraftwerks geplant. Sigríður machte sich barfuß nach Reykjavík auf, um gegen den Bau zu klagen, und drohte, sich bereits beim ersten anrückenden Baufahrzeug in die Fluten zu stürzen. Ihre Drohung blieb erfolglos, doch zum Glück waren die ausländischen Investoren in der Zeit des Baustopps in finanzielle Schwierigkeiten geraten, sodass sie das Projekt aufgeben mussten. Sigríðurs Sohn verkaufte den Wasserfall dem isländischen Staat, der ihn unter Naturschutz stellte. Die Tourismusindustrie sollte der Bauerstochter ein Denkmal setzen. Denn neben den Wassermassen strömen auch die Besuchermassen, selbst im Winter kann es voll sein.

Kein Wunder, denn selbst beim hundertsten Besuch präsentiert sich der Gullfoss immer wieder neu: im Sommer im Kontrast zu sattem Grün, im Frühjahr zu unwirklich schimmerndem Gelb, im Winter herrlich vereist. An windigen Tagen weht die Gischt oft bis zur **oberen Aussichtsplattform**. Hier wurden zum Schutz der empfindlichen Vegetation Bohlenwege angelegt, die vom oberen Parkplatz am Gullfosskaffi zu mehreren Aussichtspunkten führen.

Wer noch näher an die Naturgewalt heran möchte, nimmt die steile Holztreppe bis zum „unteren Parkplatz“ (Parken. nur für Busse und gehandicapte Menschen – erstaunlich, wie viel es davon hier zu geben scheint …), zieht wegen der sprühenden Gischt die Kapuze auf und läuft auf einem geschotterten Fußweg hinab bis zur markanten **Felsformation direkt am Wasse**r. Im Winter ist dieser Weg aus Sicherheitsgründen oft gesperrt, im Sommer treten sich die Touristen hier auf die Füße. Ein genauerer Blick auf ebenjene Körperteile kann sehr amüsant sein: Asiaten in Zehensocken und Deutsche in Badelatschen fallen hier kaum mehr als besonders exotisch auf. Erstaunlich, wie viele Arten von unpassendem Schuhwerk es in den verschiedenen Erdteilen zu kaufen gibt!

Unbedingt empfehlenswert ist es, ein Stück nach Süden entlang der gewaltigen **Hvítá-Schlucht** zu spazieren. Der schmale Fußpfad geht von der der Zufahrtstraße zum unteren Parkplatz ab. Die Nähe zur Straße nervt etwas, aber vor allem im Herbst macht das Farbenspiel der Pflanzen das wieder wett. Bis der Panorama-Fußweg ins Tal Richtung Hótel Gullfoss führt, läuft man gut 35 Minuten (Wanderschuhe sind eine gute Idee).

ÜBERNACHTUNG

Entlang der Straße 35 zwischen Geysir und Gullfoss liegen zahlreiche Unterkunftsoptionen, die hier von Westen nach Osten gelistet werden:

Etwas abseits vom großen Bruder, dem Traditionshotel **Hótel Geysir**, bietet das **Hótel Litli Geysir** 22 Zimmer in einstöckigen Häuschen, die direkt mit dem Auto angefahren werden können (der Traum eines jeden Isländers). 7 weitere Häuschen mit je 2 Schlafzimmern, die **Geysir Cottages**, liegen etwas weiter von der Straße entfernt. Luxuriös ist das neue kastenförmige Hotel in Holzoptik (sieht aus wie hochkant verlegter Parkettboden) mit 77 Zimmern und Spa-Bereich. Kontakt jeweils über das Geysir Center (s. u.). ❹–❻

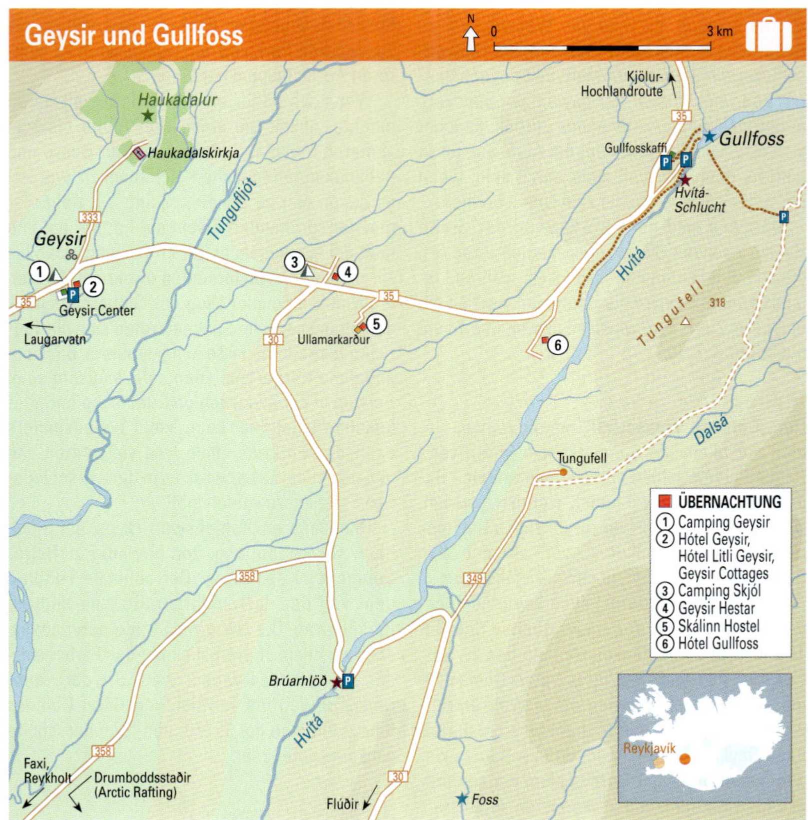

Camping Geysir, Haukadalur, ✆ 480 6800, 💻 www.geysircenter.is und www.tjalda.is/en/geysir/. Großer, durch Büsche geschützter Platz mit allem, was der Camper braucht. 2200 ISK, Kinder (8–15 J.) 500 ISK, Dusche 500 ISK (nur 17–21.30 Uhr!). ⌚ 15. Mai–15. Sep.

Camping Skjól (Campingkarte), Kjóastaðir 1, an der Kreuzung der Straßen 35 und 30, ✆ 899 4541, 💻 www.skjolcamping.com. Die Besitzer werben damit, sie seien „in the middle of nowhere", tatsächlich aber liegt die große Campingwiese direkt an der Gullfoss-Geysir-Verbindungsstraße. „Nowhere" meint in diesem Fall, dass es weit und breit keinen Ort gibt. Wohl aber ein Restaurant mit einfachem, aber gutem Essen und manchmal Livemusik. Eine tolle Idee sind die ausliegenden Instrumente, auf denen jeder spielen darf: „If you play three songs and get an applause, you´ll get a free beer on the house". Zelte findet man hier weniger – vermutlich wegen der vielen Wohnmobile und des nur mäßigen Windschutzes (falls man nicht auf Tuchfühlung neben einem Womo zeltet). 1500 ISK, Kinder (5–15 J.) 750 ISK, Dusche 400 ISK. ⌚ Juni–Mitte Sep 9–23, sonst 11–15 und 18–23 Uhr.

Geysir Hestar, Kjóastaðir 2, an der Kreuzung der Straßen 35 und 30, ✆ 847 1046, 💻 www.geysirhestar.com. Schöne Doppel- und Vierbettzimmer mit Gemeinschaftsbad und -küche in einem Haus namens Krummi (das ist der liebevolle Rufname für den Kolkraben),

Wie kommt man da bloß hin? Wanderung zur Ostseite des Gullfoss

Der Gullfoss ist wahrscheinlich der meistfotografierte Wasserfall Islands. Je nach Wetter, Jahres- und Tageszeit sind die Bilder immer unterschiedlich. Eins bleibt jedoch immer gleich: Während an der Westseite die Menschen dichtgedrängt stehen, ist das Ostufer menschenleer. Obwohl: nicht immer. Manchmal stehen dort doch Menschen. Und die anderen fragen sich: Wie mögen die wohl dahin gekommen sein?

Die Zufahrt ist nicht beschildert, aber es ist nicht verboten, den Abzweig von der Straße 30 (Flúðir-Geysir/Gullfoss) Richtung Tungufell zu nehmen. Der Tungufell ragt als ein 318 m hoher Berg am Ostufer der Hvítá empor, der Tungufellsvegur (Straße 349) ist bis zur Farm Tungufell problemlos mit allen Autos befahrbar. Rechter Hand wird er zur Jeep-Piste durchs einsame Tungufellsdalur (Merke: Das Schild am ersten Schafsgitter bedeutet nicht etwa, dass man hier nicht fahren darf, sondern „Jagen verboten" – nur im Winter ist die Straße meist gesperrt). Auf dieser Piste würde man irgendwann zum östlich gelegenen Háifoss und zur Sprengisandur-Hochlandstraße kommen – dies ist aber nur mit einem Super-Jeep möglich und auch dann nicht ganz ungefährlich. Die 5 km Zufahrt bis zum Gullfoss-Parkplatz dagegen ist auch mit einem normalen Jeep problemlos zu schaffen. Pkw-Fahrer können der Piste vorsichtig ein Stück weit folgen und nach ungefähr 3 km bei einem Ferienhaus parken. Die anschließende steile, steinige Kurve ist ohne 4x4-Antrieb nicht zu bewältigen. Aber auch gut 2 km Fußweg sind ein niedriger Preis für die folgende schöne 1,5-km-Kurzwanderung (20 Minuten), die am Parkplatz beginnt. Nachdem ein Zaun überklettert wurde, führt der schmale Pfad erst durch ein Lupinenmeer, dann durch steiniges, ebenes Gelände auf den Wasserfall zu. Markierungen braucht es hier nicht; die aufsteigende Gischt des Gullfoss ist weithin sichtbar. Und auch hier darf der erhobene Zeigefinger nicht fehlen: Der Buckel, von dem aus man den Wasserfall bewundern kann, ist steil und oft noch bis weit ins Frühjahr hinein vereist. Wer hier abrutscht, verschwindet auf Nimmerwiedersehen in den Fluten.

außerdem Cottages für bis zu 6 Pers. und komfortabel eingerichtete Jurten für 2–4 Pers. Vor allem Kinder lieben die vielen Tiere (Hunde, Katzen, Kaninchen, Hühner, Schafe und Pferde), die sich bereitwillig streicheln lassen. Toller Aufenthaltsraum mit Blick auf die nie ganz schneefreien Berge in Richtung Hochland. Ab ❹

Skálinn Hostel, ✆ 486 8757, 🖳 www.gljasteinn.is/en/skalinn-2. Der einsam gelegene Bauernhof mit Schafen und Pferden ist eine Ruheinsel (man hört nur die Schafe und manchmal den Fluss) in der trubeligen Gegend zwischen Gullfoss und Geysir. Oft werden Haupthaus und Nebengebäude komplett an Gruppen vergeben, aber wenn nicht, werden die Räume als 2- und 4-Bettzimmer vermietet. Mit großem Gemeinschaftsraum, voll ausgestatteter Küche, WLAN und einer netten Gastgeberin, die einige Geheimtipps für Ausflüge in die nähere Umgebung in petto hat. ❸

In einer Hütte Richtung Farm findet man dann den kleinen **Pullover- und Wollverkauf (Ullamarkarður)**, der geöffnet ist, wenn die Tür offen steht.

Hótel Gullfoss, Brattholt, etwa 5 km südwestlich des Gullfoss, ✆ 486 8979, 🖳 www.hotelgullfoss.is. 35 DZ mit bequemen Betten bei der Hvítá-Schlucht. Tolles Frühstücksbuffet und gutes Preis-Leistungs-Verhältnis im Hotelrestaurant. ❺–❻

ESSEN UND EINKAUFEN

Am Geysir untersteht alles bis auf die **Tankstelle** dem großen **Geysir Center**, ✆ 480 6800, 🖳 www.geysircenter.is: Die Unterkünfte, der Campingplatz, das À-la-carte- und das Schnellrestaurant und der überdimensionale Souvenirshop, in dem es auch Bücher, Bekleidung und Modeartikel gibt. 🕒 tgl. 9–22 Uhr.

Im **Gullfosskaffi**-Shop und riesigen Panorama-Restaurant am oberen Parkplatz ist immer was los, obwohl es dort alles andere als gemütlich ist. Aber die Kuchen und Sandwiches sind lecker und eine Wohltat für halberfrorene Besucher, die allzu lange auf den Wasserfall geschaut haben. Die Buch-Auswahl ist beachtlich, außerdem gibt's im Shop neben Tinnef made in Asia und teuren Outdoor-Markenklamotten auch nette, handgefertigte Souvenirs. ⌚ tgl. 9–20 Uhr.

AKTIVITÄTEN

Reiten

Geysir Hestar, Kjóastaðir 2, ☏ 847 1046, 💻 www.geysirhestar.com. An der Kreuzung der Straßen 30 und 35 zwischen Geysir und Gullfoss warten schon von weitem sichtbar gut 100 Reitpferde auf Ausflügler. Ihre Besitzer Ása und Hjalti bieten Reittouren zum Gullfoss, entlang der Hvítá-Schlucht oder in den Wald, auch für Anfänger (12 000 ISK pro Std.), Special für Kinder unter 8 J.: 20 Min. betreutes Reiten auf besonders braven Pferden für 5500 ISK. ⌚ April–Okt.

Wildwasser-Touren

Arctic Rafting, ☏ 562 7000, 💻 www.arcticrafting.com. Wer nördlich vom Wasserfall Faxi (S. 211) die Straße 35 gen Osten verlässt, kommt nach Drumboddsstaðir, zum Drumbó Basecamp. Von hier starten die beliebten Raftingtouren im Hvítá-Canyon, einige Kilometer südlich des Gullfoss (tgl. um 11 und 15 Uhr, 3 Std. für 17 990 ISK, bei Transfer von/nach Reykjavík 7 Std., für 24 990 ISK). Die beeindruckenden Felsen von Brúarhlöð sehen vom Wasser aus noch unwirklicher aus als von oben, das Wasser schimmert tief grün. Und wem die Wildwasserfahrt im Gummiboot noch nicht abenteuerlich genug ist, der springt vom Felsen aus ins eiskalte Wasser. Eine weitere Option ist eine Kajak-Fahrt über die Stromschnellen für 25 990 ISK p. P. Wer mag, duscht anschließend im Camp oder setzt sich in einen der zwei Hot Pots auf der Terrasse. Dann schnell die Ersatz-Klamotten rausholen und im kleinen Restaurant auf eine Stärkung oder ein Bier vorbeigeschauen. Die Preise hier sind einigermaßen günstig (Portion Pommes 890 ISK). ⌚ Mitte Mai–Mitte Sep.

TRANSPORT

Der „kleine Goldene Kreis" führt vom Gullfoss über die Straße 35 in weniger als 10 Min. zurück

Rafting auf der Hvítá

zum Geysir (10 km) und von da aus in Richtung Süden weiter nach Reykholt (19 km). Die Asphaltstraße 30, die 6 km westl. des Gullfoss von der Straße 35 nach Süden abzweigt, führt nach Flúðir (30 km). Die **Straße 35** selbst wird nördlich von Gullfoss zur Hochlandpiste Kjölur (Kjalvegur), die in Nordwestisland wieder auf die Ringstraße trifft (S. 580).

Nach Flúðir und zur Secret Lagoon

Die Straße 30 vom Gullfoss nach Flúðir beginnt holprig und löchrig, ist aber schon nach etwa 4 km und einer schönen Holzbrücke über die Hvítá für den Rest der Strecke asphaltiert. Direkt hinter der Brücke lohnt an einer unscheinbaren, nicht beschilderten Einfahrt ein Stopp, denn schon wenige Meter bergab pressen die außergewöhnlichen Gesteinsformationen von **Brúarhlöð** den Fluss in eine enge Schlucht. Auf Rafting- und Kajak-Touren (s. o.) lässt sich das Ambiente hier hautnah erspüren.

Nach einer scharfen Rechtskehre sieht man nach rund 2 km links im Hang den **Wasserfall Foss** und etwa 10 km weiter südlich einen Wegweiser nach Hruni (Straße 344). Wer ihm folgt und hinter der Bergkette links in einen Feldweg (Straße 3465) einbiegt, kommt zu einem normalerweise völlig touristenfreien Hochtemperaturgebiet inmitten eines Wohngebiets. Wie unzählige andere Orte mit heißen Quellen heißt er **Laugar**, übersetzt „warme Quellen".

Zum urigen natürlichen Hot Pot von **Hruni** (Eintritt 2000 ISK) geht es auch direkt von Flúðir aus (ca. 4 km auf einer nicht durchgehend asphaltierten Straße).

Flúðir

Angeblich soll in Flúðir das beste Wetter von ganz Island herrschen. Wärmer ist es auf jeden Fall, im Sommer wurden schon 25 °C gemessen: Überall plätschern warme und auch kochend heiße Bäche, es dampft und brodelt. Wenig verwunderlich, dass es mehr Gewächs- als Wohnhäuser gibt. Außerdem locken sehr unterschiedliche Schwimmbäder:

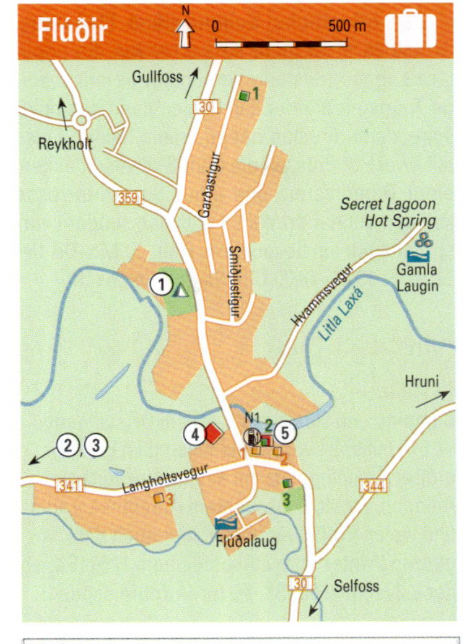

Das liebevoll restaurierte uralte Steinschwimmbad **Gamla Laugin (Secret Lagoon)**, Hvammsvegur, ✆ 555 3351, 💻 www.secretlagoon.is, liegt inmitten von blubbernden Quellen und wird durch einen heißen Bach gespeist. Hier kann man sich stundenlang einfach in eine der bunten Pool-Nudeln hängen und treiben lassen, Entspannung pur garantiert. Und zur Abkühlung bietet sich ein kleiner Rundgang über das Gelände an, auf dem sich neben dem leicht gespenstisch anmutenden alten Betonschuppen, der früher als Umkleide gedient hat, sogar ein kleiner Geysir befindet. Allerdings ist das Schwimmbad trotz des Namens alles andere als geheim, sondern sehr beliebt und oft voll, vor allem in den frühen Abendstunden, wenn hier die zahlreichen Golden Circle-Busse halten. Wer morgens kommt, hat das Bad dagegen oft ganz für sich allein. 🕒 Juni-Sep tgl. 11–20, sonst nur bis 19 Uhr, Eintritt ab 14. J. 3300 ISK, Senioren und behinderte Menschen 2300 ISK.

Das **öffentliche Schwimmbad Flúðalaug**, ✆ 480 6625, ist nicht so *secret* wie die populäre Lagoon, deshalb verschlägt es nur wenige Touristen hierher. Ein Fehler, denn das niedliche kleine Freibad neben einem heißen Fluss mit zwei Hot Pots, einem Mini-Schwimmbecken, einer Dampfsauna und einer Sonnenterrasse kostet nicht nur erheblich weniger, sondern verströmt auch ein besonderes Flair. ⌚ Mo–Do 16–21.30, Fr 13.30–18.30 Uhr, Sa und So geschl.

ÜBERNACHTUNG

In Flúðir

Camping, am Fluss Litla Laxá am Ortseingang, ✆ 618 5005, 💻 www.tjaldmidstod.is. Ein sehr großer Campingplatz mit sauberen sanitären Anlagen, Kiosk, überdachtem Aufenthaltsraum und vielen Wohnwagen, die hier auch den ganzen Winter über stehenbleiben. 1750 ISK, ab der 3. Nacht 1500 ISK. ⌚ für Durchreisende Mai–Sep.

Guesthouse Flúðir (ehemals Guesthouse Grund), Arnarsandur 3, ✆ 565 9196, 💻 www.gistingfludir.is. Das weiße Haus mit Garten und kleiner geschützter Terrasse liegt in einem ruhigen Wohngebiet und ist bequem zu Fuß vom Kreisverkehr aus zu erreichen. Einige der Zimmer mit Bad und Balkon sind sehr klein, dafür serviert Vermieterin Björg ein super Frühstück mit selbstgebackenem Brot und Waffeln. ❺

Hótel Flúðir, Vesturbrún 1, ✆ 444 4000, 💻 www.hotelfludir.is. Witzige Anlage aus vielen kleinen aneinander gepappten Häuschen, die in zwei gegenüberliegenden Reihen angeordnet sind. Die großen Zimmer sind aber nach hinten raus und es gibt einen Sichtschutz zwischen den einzelnen Eingängen. Hotelgarten mit Hot Pots und Bar. Das Restaurant, ⌚ tgl. 18.30–21 Uhr, verarbeitet ausschließlich lokale Produkte. ❺

An der Schotterstraße 340

Camping Álfaskeið (Campingkarte), Syðra Langholt, ✆ 772 1299, 💻 www.campingkarte.is/alfaskeid. Sehr schön gelegen, aber nicht viel Komfort: Kein warmes Wasser, kein Aufenthaltsraum oder Dach. 1800 ISK. ⌚ Juni–Aug.

Guesthouse Saga, Auðholtsvegur/Syðra-Langholt, 9 km südwestlich von Flúðir, ✆ 772 1299, 💻 www.guesthousesaga.is. Eingerahmt von Bergen, Wald und Fluss liegt das alte weiße Haus mit der schönen Holzveranda neben den Pferdeställen (man kann auch Reittouren buchen). Innen 12 große Zimmer ohne eigenes Bad in modernem, schlichten Ikea-Style. Hot Pot. ❹

ESSEN

Minilik, Skeiða- og Hrunamannavegur, ✆ 846 9798, 💻 www.minilik.is. Wer hätte das erwartet? Ein äthiopisches Restaurant in einem kleinen isländischen Dorf? Einheimische wie Touristen lieben das ausgefallene Minilik, wo pürierte, oft vegetarische Köstlichkeiten auf Fladen und mit den Händen gegessen werden und die Tomaten für den phänomenalen Salat aus den umliegenden Gewächshäusern stammen. Das Interieur der blockhausartigen Hütte ist bunt und freundlich, das Betreiber-Ehepaar (sie kocht, er bedient) reizend, die Preise sind mehr als okay. Und wird nach Kaffee gefragt, bloß nicht nein sagen, denn sonst verpasst man die liebevoll zelebrierte Kaffee-Zeremonie. ⌚ tgl. 8–21 Uhr.

Restaurant Flúðir (auch: Kaffihús Grund), beim Guesthouse Flúðir (s. o.). Gemütliches Restaurant im Pub-Stil mit einfachen Speisen (Gulaschsuppe, Burger, Kuchen) zu fairen Preisen. ⌚ wenn Gäste da sind.

Sveppir Farmers Bistro, ✆ 519 0808, 💻 www.farmersbistro.is. Islands einzige Champignonzucht-Farm mit Gastro. Kein Touri-Laden, sondern das Restaurant, in das in die Einheimischen gehen. Einfach, aber gemütlich mit großer Glasfront und Holztischen auf der Terrasse. Mittagstisch und einfache Gerichte mit Gemüse von den Farmen der Besitzer bzw. aus deren Gewächshäusern, die Empfehlung geht an den Salat aus frischen, kleingeschnittenen Champignons. ⌚ tgl. 12–17 Uhr.

SONSTIGES

Alle Service-Einrichtungen befinden sich an der einzig nennenswerten Straßenkreuzung des Ortes: Eine **Selbstbedienungstankstelle**, die

gleichzeitig auch **Bushaltestelle** ist, die **Vínbúðin**, Akurgerði 4, ⌚ Mo–Do 11–18, Fr bis 19, Sa bis 16 Uhr, und der **Supermarkt Krambúðin**, ⌚ Mo–Fr 9–19, Sa 10–19, So 11–18 Uhr, mit **Schnellimbiss**, an dem außen ein **Geldautomat** angebracht ist.
Am westlichen Ortsrand steht im Sommer ein Selbstbedienungshäuschen, in dem man frisches Gemüse kaufen kann. Wer der Zufahrt weiter folgt, kommt zum **Gewächshaus Melar**, 💻 www.fb.com/litlabaendabudin. Von hier stammen viele der Gurken und Tomaten, die man in den Supermärkten findet (Aufschrift: „Íslenskt Grænmeti"). Im Vorortverkauf sind sie frischer und günstiger. Außerdem gibt's noch frische Kräuter in Blumentöpfen, hausgemachtes Pesto und selbstgebackene *Flatkökur*. ⌚ tgl. 11–17.30 Uhr.

TRANSPORT

Auto

Über die asphaltierte Straße 359 erreicht man gen Nordwesten Reykholt (9 km). Nach Norden stößt die Straße 30 vorbei an Pferdewiesen und einem Wasserfall namens Foss (S. 209) nach 25 km auf die Straße 35 zwischen Geysir und Gullfoss, gen Süden mündet sie östlich von Selfoss in die Ringstraße.

Busse

SELFOSS, mit Strætó (Linie 73) Mo–Fr 3x tgl., Sa und So 1x tgl., über REYKHOLT und LAUGARVATN, in 1 1/4 Std. Außerdem mit Linie 72 Mo–Fr um 7.21, Di und Fr 15.50, Mo und Mi 17.02, So 19.21 Uhr in 40 Min. entlang der Straße 30 für 2850 ISK.

Reykholt

Verdammt, ein weiteres Reykholt in der Reihe der vielen Reykholts, die Islandreisende und Navigationsgeräte zum Narren halten! Auch hier dampft die Erde (Reykholt heißt Dampf-Hügel) und blubbert warmes Stinkewasser en masse. Die Besonderheit dieses Reykholts ist der niedrige, aber breite **Faxi-Wasserfall** (auch Faxafoss oder Vatnsleysufoss genannt) etwa 6 km nordöstlich. An seinem Fuß lassen sich Lachse bestaunen, die mit Hilfe der extra für sie angelegten Lachstreppe flussaufwärts hüpfen. Vom oberen Parkplatz an der Straße 35 (Parkgebühr 700 ISK) aus führt ein empfehlenswerter Spazierweg mit einer Holztreppe über einen Zaun durch ein gepflegtes kleines Waldgebiet zum Café am Campingplatz.

ÜBERNACHTUNG

Buubble, Hrosshagi, 5 km südwestlich von Reykholt und in Ölvisholt bei Selfoss, ✆ 86119-14, -15, 💻 www.buubble.com. Wer schon immer mal in einer durchsichtigen Plastikkugel gebettet auf Fellen schlafen wollte, kann das in der Gemeinde Bláskógabyggd tun. Die sogenannten Buubbles verstecken sich im Wald, und die Gastgeber Sigga und Gunnar machen aus dem genauen Standort ein großes Geheimnis. Die GPS-Koordinaten bekommt man erst nach der Buchung. Aber zur groben Orientierung: Autofahrer nehmen von der Straße 35 den Abzweig Hrosshagi. Ein weiterer Buuble-Standort befindet sich bei Ölvisholt, zwischen Selfoss und Hella. Hier schläft man in einer Kugel, die in den Bäumen hängt. Achtung: An einigen Terminen nur buchbar als Teil der Luxus-Golden-Circle-Tour ab Reykjavík für 69 900 ISK p. P. ❽

Reykholt Campsite, ✆ 695 2211, 💻 https://reykholtcampsite.is. Große Campingwiese am Ortseingang mit modernem Servicehaus und allem Pipapo. 1800 ISK, Jugendliche (14–17 J.) 500 ISK. ⌚ Mitte Mai–Mitte Sep.

Camping Við Faxa, Biskupstungnabraut, 6 km nordöstlich beim Faxafoss, ✆ 774 7440, 💻 https://tjalda.is/vid-faxa/. Einfacher Campingplatz, schön am Ufer des Flusses Tungufljót gelegen. Kein warmes Wasser, keine Duschen, dafür viel Ruhe. Das Café-Restaurant versorgt Campinggäste und vorbeikommende Besucher im Sommer in der Zeit von 10–21 Uhr mit Suppen, Kuchen und einer kleinen Auswahl an Hauptgerichten zu erschwinglichen Preisen. 1500 ISK, Jugendliche (7–15 J.) 500 ISK. ⌚ Mai–Sep.

€ **Húsið Guesthouse**, Bjarkarbraut 26, ✆ 486 8680, 💻 https://husid.tripcombined.com. Einfache Unterkünfte im gelben Haus mit gut ausgestatteter Gemeinschaftsküche, Gemeinschaftsbad und eigenem Hot Pot. Leckeres Frühstück. ❸

ESSEN

Friðheimar, an der Hauptstraße, ✆ 486 8894, 💻 www.fridheimar.is. Tomatencremesuppe vom Feinsten in einem schicken Restaurant mit Bar inmitten eines Gewächshauses: Nicht umsonst halten hier die Reisebusse. Und nicht umsonst sollte einen Tisch reservieren, wer hier speisen will. Außer der berühmten Suppe, die mit Sauerrahm und selbstgebackenem Brot gereicht wird, gibt es noch Nudeln, Tortillas und Kuchen. Und flüssige Leckereien wie Tomatenschnaps. Informationstafeln klären über die Rolle der Gewächshäuser in der isländischen Wirtschaft auf, im kleinen Shop warten ausgefallene Leckereien wie Gurkenpesto und in der neuen Vínstofa (das heißt Weinbar, ist aber eigentlich eine Restaurant-Erweiterung) sogar manchmal Konzerte. Dabei ist Friðheimar im Hauptgewerbe eigentlich ein erfolgreicher Pferdezuchtbetrieb. 🕒 tgl. 12–16 Uhr.

Restaurant Mika, Skólabraut, ✆ 486 1110, 💻 www.mika.is. Familienbetrieb mit Charme. Wenn der Hunger nicht für Chicken Wings, Meeresfrüchte-Nudeln und Riesenpizza reicht, lohnt der Besuch schon allein der hausgemachten Pralinen wegen. 🕒 tgl. 12–21 Uhr.

SONSTIGES

Einkaufen

Ein kleiner Laden an der Tankstelle versorgt mit dem Nötigsten.

Schwimmen

Reykholtslaug, Skólavegur/Miðholt, ✆ 486 8807. Ein ruhiges Bad ab vom Schuss im Grünen, aber mit 25-m-Becken und zwei schönen Hot Pots. 🕒 Mo–Do 10–21, Fr–So 10–18, im Winter meist 14–18 Uhr, Fr und So geschl.

TRANSPORT

Auto

Die Asphaltstraße 35 verbindet Selfoss mit Geysir/Gullfoss. Über die Straße 359 sind es nur 10 km bis Flúðir. Eine Querverbindung zur Straße 37 (Laugarvatn und Brúarfoss-Wanderung) ist die 355.

Busse

SELFOSS, mit Strætó-Linie 72/73 mehrmals tgl. in 1 Std. für 2850 ISK.

Skálholt

Auf den ersten Blick wirkt der Gutshof, der aus einer schlicht-weißen modernen, aber für die ländliche Lage deutlich zu großen Kirche, einer ehemaligen Schule und ein paar Nebengebäuden besteht, nicht besonders aufregend. Und doch ist der Parkplatz größer als der Hof, Bustouristen treten sich gegenseitig auf die Füße. Warum dieser Rummel? Weil hier, am nach Þingvellir meistbesuchten historischen Ort Islands, Geschichte geschrieben wurde: Skálholt machte als der **erste Bischofssitz Islands** von sich reden, hier begann die isländische **Reformation**, als 1540 das Neue Testament ins Isländische übersetzt wurde, hier wurde im Jahr 1550 der letzte katholische Bischof hingerichtet. Kurz danach zog der erste evangelische Bischof ein. Insgesamt zehn Kirchen wurden nacheinander auf demselben Fundament errichtet.

Was prädestinierte ausgerechnet diesen Bauernhof dazu, das wichtigste religiöse Zentrum der Insel zu werden? Gar nichts, es war reiner Zufall. Der erste Bischof von Island ließ sich hier im Jahr 1056 auf dem Gut seines Vaters nieder und gründete eine **Priester-Schule**, an der man fortan die großen Gelehrten ausbildete. Die erste große **Holzkirche** wurde im Mittelalter errichtet, weil immer mehr Pilger anreisten, um Islands einzigem Heiligen **Þorlákur Þórhallsson** zu gedenken. Þorlákur, der 1178 Bischof in Skálholt geworden war, galt als Reformer, predigte aber gleichzeitig auch Bescheidenheit und Anstand. Mit der Reformation verlor der Þorlák-Kult an Bedeutung, weil in der reformierten evangelischen Kirche ja keine Heiligen mehr verehrt werden sollten.

Als 1801 der Bischofssitz nach Reykjavík umzog, versank Skálholt in der Bedeutungslosigkeit. In den 1960er-Jahren aber beschloss man,

Evangelisch? Katholisch? Egal!

Skálholt ist kein für Touristen errichtetes Museum. Die Isländer nutzen die Räume für Ausstellungen und Konzerte, aber auch die Kirchengemeinde ist äußerst aktiv. Beim sonntäglichen Gottesdienst um 11 Uhr sind auch neugierige Gäste gern gesehen. Man versteht zwar nichts von der Predigt, aber allein die bekannten Kirchenlieder auf Isländisch zu hören, ist ein Erlebnis. Und ganz so fremd klingen Begriffe wie **Inngöngusálmur** (Eingangspsalm), **Guðs lamb** (Lamm Gottes), **Lof sé þér Kristur** (Lob sei dir o Christe) und **Klukknahringing** (Glockengeläut) dann doch nicht.
Doch die **Andacht zu Ehren des Heiligen Þorlák** Ende Juli ist wirklich etwas sonderbar: Vor der Kirche stapeln sich Schuhe, Socken, Wanderstöcke und Rucksäcke – die Gläubigen auf den Bänken am Rand der Kirche sind barfuß. Sie sind zwei Tage hierher gepilgert und bester Laune. Manche waren sogar noch länger unterwegs, auf dem traditionellen Pilgerpfad vom Borgarfjörður im Westen über Þingvellir bis nach Skálholt. „Wer braucht schon Santiago de Compostela, wenn er von Þingvellir nach Skálholt pilgern kann?", scherzt der evangelische Geistliche in der Predigt, winkt den kleinen Kindern, die immer wieder den Gottesdienst stören, freundlich zu und erzählt die Geschichte von Islands Schutzheiligem Þorlákur Þórhallsson (s. o.), dem dieser Gottesdienst gewidmet ist.
Der isländischen Gemeinde und auch ihrer Bischöfin ist es egal, dass sie einen evangelischen Gottesdienst zu Ehren eines vom Papst bestätigten katholischen Schutzheiligen feiern. Dass sie pilgern, wie es die Katholiken tun. „Früher sind die Menschen aus allen Teilen Islands hierher gewandert, um das Fest des Heiligen Þorlák zu feiern, und auch heute noch ist das Pilgern zu historisch und spirituell wichtigen Plätzen äußerst beliebt. Man wandelt auf den Spuren seiner Vorfahren und hat gleichzeitig die Möglichkeit, während des Wanderns einen engeren Kontakt zu Gott, zur Natur und zu seinem eigenen Glauben zu bekommen", sagt der evangelische Geistliche und kniet zum Gebet nieder – wie es sonst nur Katholiken tun.

an diesem historisch wichtigen Ort eine große moderne Kirche zu bauen. Bekannte isländische Künstler beteiligten sich und gestalteten das Interieur und die auffälligen **Glasfenster**. Bei Ausgrabungen im Zuge des Neubaus fand man den **Steinsarg** eines mittelalterlichen Bischofs, der wie der unterirdische **Geheimgang**, der im 13. Jh. die Kirche mit der Schule verband, besichtigt werden kann. Außerdem beherbergt die Kirche eine Ausstellung des isländischen Nationalmuseums., Die archäologische Zone vor der Kirche ist frei zugänglich.

ÜBERNACHTUNG UND ESSEN

Hótel Skálholt, ✆ 486 8870, 💻 www.hotelskalholt.is. Die ehemalige Schule beherbergt heute Gäste in modernen DZ. Gemütliches Wohnzimmer mit Kamin, Klavier und Gitarre zur freien Nutzung, Bibliothek und Wintergarten. ❺–❻
Café und Restaurant Hvönn. Das zweckmäßig eingerichtete Restaurant erinnert ein wenig an eine Kantine und tischt gute Fleischsuppe, kleine Fischgerichte, Brot und Kuchen auf. Auch hier ist Bescheidenheit Trumpf: Auf Deko und allen überflüssigen Schnickschnack wird verzichtet. Aber das Essen ist sehr lecker, wie man schon an den vielen hier einkehrenden Isländern sieht. 🕒 tgl. 11.30–21 Uhr.

SONSTIGES

Feste

Neben dem interessanten **Gottesdienst** (s. Kasten) finden regelmäßig Vernissagen und Konzerte statt. Landesweit berühmt sind die **Sumartonleikar Festwochen** von Anfang Juli bis Anfang August, 💻 www.sumartonleikar.is, mit zahlreichen Gratiskonzerten (Schwerpunkt auf zeitgenössischer und auf alter Musik mit traditionellen Instrumenten, Spenden willkommen).

Informationen

Mehr zur Kirche und Geschichte von Skálholt erfährt man unter 💻 www.skalholt.is (auch auf Deutsch).

Ökodorf Sólheimar

In **Islands erstem Ökodorf** (1930 gegründet) leben heute rund 100 Menschen mit und ohne Behinderung zusammen. Sie stellen Kunsthandwerk her, betreiben ökologischen Anbau und pflanzen in einem Wiederaufforstungsprojekt Bäume. Einige der über 30 000 Besucher pro Jahr bleiben längere Zeit (bis zu drei Monate) und nehmen an den Fortbildungen und Programmen des Ökodorfs teil. Wer mit ihnen ins Gespräch kommen will, ist hier richtig. Wer sich allerdings unter Ökodorf etwas Wildromantisches vorstellt, wird enttäuscht sein: Hier ist alles eher zweckmäßig als schön, das Ambiente erinnert ein wenig an ein Landschulheim.

Neben dem kleinen Öko-Laden **Vala** für Lebensmittel und Kunsthandwerk, ⌚ Mo–Fr 14–18, Sa und So 14–17 Uhr, gibt es ein Schwimmbad, einen Hot Pot und ein witziges Café im Gewächshaus **Græna Kannan**, ⌚ tgl. 11–18 Uhr. Die beiden Gästehäuser **Brekkukot Guesthouse** und **Veghús**, Sólheimavegur, Karte S. 542/543, ✆ 480 4483, 💻 www.solheimar.is, bieten insgesamt 16 Zimmer (mit und ohne Bad) und 3 Apartments. Im Veghús ist Self-Check-in möglich. Man kann auch Mittag- oder Abendessen buchen. ❹

Anfahrt: Etwa 9 km südwestlich von Skálholt zweigt von der Straße 35 die 354 nach Süden ab, der man noch ca. 5 km bis Sólheimar folgt.

TRANSPORT

Auto

Etwa 7 km südwestlich von Reykholt biegen Selbstfahrer von der Straße 35 nach Südosten auf die Straße 31 ab und erreichen Skálholt nach 2,5 km und Laugarás nach weiteren 2 km.

Busse

Die Strætó-Linien 72 und 73 fahren an Skálholt vorbei (keine direkte Haltestelle, aber evtl. lässt einen der Busfahrer an der Zufahrt aussteigen). Die nächste offizielle Haltestelle ist 2,5 km weiter südöstlich in Laugarás.

Laugarás

In Laugarás ist der Hund begraben. Außer einem kleinen Krankenhaus, einem nicht besonders empfehlenswerten Familienzoo und einer beeindruckenden Hängebrücke über den Fluss Hvitá hat der winzige Ort nicht viel zu bieten. Wie der Name vermuten lässt (-laug im Namen deutet immer auf warmes Wasser hin), gibt es hier heiße Quellen, eine sogar mitten im Fluss. Leider ist es aufgrund der starken Strömung und der Gefahr von Strudeln absolut unmöglich hier zu baden, aber in 2024 soll der Bau einer Badelagune im Uferbereich starten. Es gibt zahlreiche Gewächshäuser, aber zumindest zum Zeitpunkt der Recherche war keins davon für Laufpublikum offen. Es bleibt die Möglichkeit zu einem Spaziergang am Flussufer und einer Besteigung des „Hausbergs“ **Vörðufell** (s. Kasten S. 215).

ÜBERNACHTUNG

Laugarás Homestay B&B, Launrétt, ✆ 898 8779, 💻 https://laugaras.inn.fan. Das „rote Zimmer“ ist ein Traum in zartrosa und ziemlich modern, das „braune Zimmer“ sieht aus, als hätte es der schwer reiche Opa nur gerade mal kurz verlassen. Das 3. Zimmer wartet mit Betten in Überlänge und einer kleinen Sitzecke auf. Die Küche, in der auch das tolle Frühstück mit selbst gebackenem Brot und selbst gekochten Marmeladen serviert wird (keine Kochmöglichkeit – es ist aber möglich, bei den Gastgebern mitzuessen), zieren geschmackvolle Massivholzmöbel. Tolle Aussicht auf den Fluss. Gemeinschaftsbad, separate Dusche im Abstellraum, Wäschetrockner. Das Beste aber sind die Wirte: Anna und Allie sind Gastgeber aus Leidenschaft. Sie besitzen 3 Hunde, 3 Pferde und 3 Hühner. ❸

TRANSPORT

Auto

Nach Geysir/Gullfoss ist die 35 die direkte Verbindung; nach Selfoss sind es über beide Routen ca. 40 km.

Aufstieg auf den Vörðufell

Nicht viele Touristen verschlägt es auf den 390 m hohen **Tafelberg** rund 3 km südwestlich von Laugarás. Gut für die wenigen, die den Aufstieg trotzdem wagen und den tollen **Rundumblick** ganz alleine genießen können: Den mächtigen Vulkan Hekla im Osten, die Flüsse Hvítá und Ölfusá im Westen und die schneebedeckten Berge ganz im Norden. Ganz oben auf dem Plateau liegt der große See **Úlfsvatn**.

Die Aufstiegsstellen

Leider gibt es weder Wegweiser noch Wanderwege. Und nur zwei Stellen, an denen ein Aufstieg überhaupt möglich ist:

Eine befindet sich an der nördlichen Flanke des Berges, nördlich der Sommerhaussiedlung, die 1,5 km südlich der Brücke von Laugarás an der Straße 31 liegt. Wer die nördliche der beiden Einfahrten nimmt, kann dort parken, wo der Zufahrtsweg den scharfen Linksknick macht. Von hier aus muss eine Kuhwiese überquert und deren Zaun überklettert werden. Parallel zum Zaun verläuft ein Trampelpfad südwärts in Richtung Ferienhäuser, der aber irgendwann im Nichts endet. Von hier aus muss man sich weglos bergauf nach Westen durchschlagen.

Die Alternativstrecke – weder leichter noch schwerer als die andere – befindet sich genau auf der entgegengesetzten, südlichen Bergseite. Von der Ringstraße kommend, biegt man auf der Straße 30 Richtung Flúðir in Brautarholt nach links ab (Schild „Vorsabær"). An der einzigen als solcher erkennbaren Straßenkreuzung folgt man dem linken Weg bis zu einem kleinen Wäldchen und einem Wasserfall. Hier kann man aufsteigen.

Beide Aufstiege dauern gut zwei Stunden und bei beiden ist nicht sicher, dass man den See Úlfsvatn auch findet.

Hinweise

Anders als bei anderen Bergbesteigungen geht der Hinweg hier schneller als der Rückweg. Denn hin läuft man einfach immer der Nase nach steil bergauf. Wer aber exakt zum Ausgangspunkt zurück möchte, muss auf dem Rückweg lange nach geeigneten Abstiegsmöglichkeiten suchen, denn immer wieder tauchen aus dem Nichts Spalten und Abhänge auf, die umklettert werden müssen. Wanderer mit gutem Orientierungssinn sind klar im Vorteil. Doch das Tückischste an der Vörðufell-Besteigung sind die hier oft festhängenden Wolken. Wer in solch einen Nebel gerät, verliert unweigerlich die Orientierung, denn hier oben sieht alles gleich aus. Also diese Wanderung bitte unbedingt **nur bei gutem Wetter** machen – und sollte sich doch eine größere Wolke nähern: schnell umkehren!

Busse

SELFOSS, mit Strætó-Linie 72 (55 Min.) und 73 (40 Min.) mehrmals tgl.

Von Kerið zum Þingvallavatn

Zurück in Richtung Westen findet der Goldene Kreis hier mit einem traumhaft bunten Kratersee und einer malerischen Bergauf-bergab-Panoramaroute, der asphaltierten Straße 360, einen würdigen Abschluss.

Krater Kerið

25 km südwestlich von Laugarás fordert direkt an der Straße 35 ein pittoreskes Naturphänomen zum Stopp auf. Im Schlackekrater Kerið sieht es aus, als hätte ein Trollkind mit Plakafarben gemanscht. Je nach Jahreszeit leuchtet es hellgrün, knatschgrün, dunkelrot, hellrot, orange und in allen Facetten von Beige. Der Kerið ist 55 m tief und mindestens 6500 Jahre alt und Teil der Kraterreihe Tjarnarhólar, die hier riesige Lavafelder hat entstehen lassen. Der Eingang zur gewaltigen Magmakammer des Kraters ist ver-

Per pedes ins Hengill-Gebirge

- **Länge:** Ölfusvatn–Ölkelduhnúkur 10 km, Úlfljótsvatn–Aussichtsberg Álútur 9 km, Kombination beider Routen 25 km
- **Dauer:** hin und zurück ist jede Route eine Halbtagestour, für die Kombination beider Routen sollte man einen ganzen Tag einplanen.
- **Schwierigkeit:** Mittel. Das hängt allerdings vom Wetter ab. Je mehr Schneefelder- bzw. Schneefeldreste es zu überwinden oder zu umklettern gilt, desto schwieriger. Auf dem Álútur ist mit Schnee zu rechnen.

Rund um den Vulkan Hengill, der mittig zwischen der Ringstraße im Süden und dem Þingvallavatn im Norden liegt, erstreckt sich ein insgesamt 125 km langes Netz von markierten Wanderwegen. Die beiden hier beschriebenen beginnen an der Straße 360. Eine detaillierte Karte findet man unter www.on.is/wp-content/uploads/2020/10/hiking-trails-at-hengill-area.pdf.

Wer nicht zum Ausgangspunkt zurück muss, kann die Wanderung auch südwärts noch bis Hveragerði verlängern (s. u.).

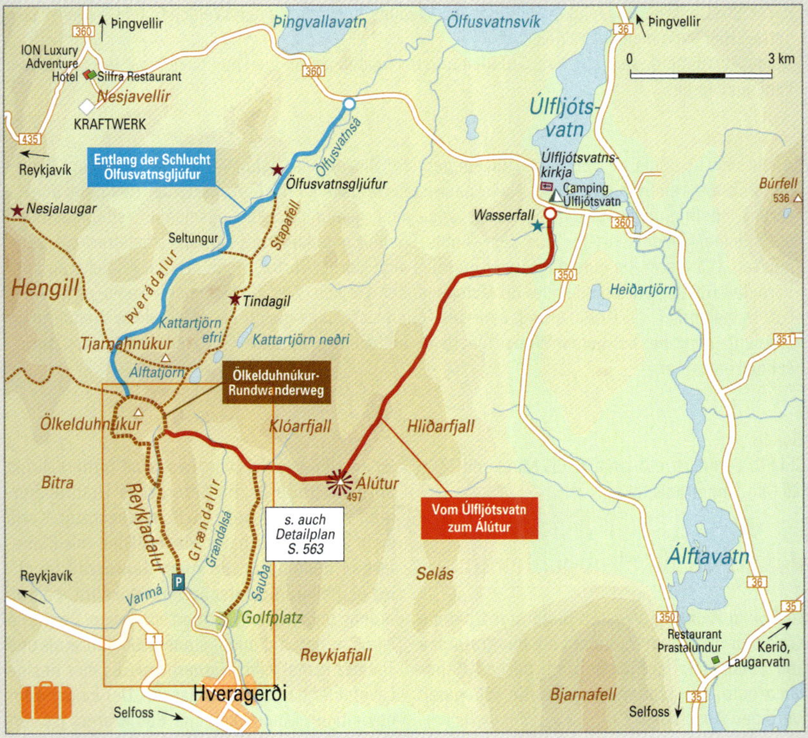

Entlang der Schlucht Ölfusvatnsgljúfur

Ölkelduhnúkur-Rundwanderweg

Vom Úlfljótsvatn zum Álútur

s. auch Detailplan S. 563

AUSSICHT VOM ALUTUR; © CAROLINE MICHEL

Entlang der Schlucht Ölfusvatnsgljúfur zum Ölkelduhnúkur

Die nördlichere der beiden Routen – markiert durch gelbe Pfosten mit blauen Köpfchen – hat breitere, bessere Wege. Vom Startpunkt am Fluss **Ölfusvatnsá** (Wegweiser „Kattartjörn efri/ Reykjadalur") geht es für längere Zeit zunächst ohne größere Steigungen und Schwierigkeiten am rechten Ufer entlang in Richtung Südwesten, bis der Fluss nach etwa 2 km durchquert werden muss. Gut sichtbar führt der Weg nun parallel zum Fluss weiter bergauf. Dann zweigt rechts ein schmaler Pfad zum Rand der Schlucht Ölfusvatnsgljúfur ab. Wer ihm folgt, kommt bei **Seltungur** zu einem Wegweiser. Hier teilt sich der Weg. Links geht's zur Schlucht **Tindagil** und zum See **Kattartjörn efri**, rechts durchs Þverádalur (auf der Karte als Hauptweg blau markiert, leider oft feucht/rutschig). Beide Wege treffen nach etwa 10 km auf den **Rundwanderweg um den Ölkelduhnúkur**, von dem aus man auf dem bevölkerten Wanderweg ins **Reykjadalur** und nach **Hveragerði** absteigen könnte (weitere 6,5 km, s. S. 562). Welcher Weg ist jetzt aber schöner? Der östliche ist weiter und anstrengender zu begehen, aber auf jeden Fall spektakulärer: Nachdem man insgesamt 5 km gelaufen ist, erreicht man die herrliche Schlucht **Tindagil**, der man (unten in der Schlucht!) aufwärts folgt. Es gibt einige Steine zu überklettern, aber die Hauptgefahr geht hier von losem Geröll aus, das in einer Lawine runterkommen kann, deshalb die Hänge rechts und links immer im Blick haben. Vorbei an mehreren Höhlen tritt man schließlich auf die Anhöhe. Um festzustellen, dass man den türkisfarbenen tollen See Kattartjörn neðri verpasst hat, der südlich des markierten Pfades liegt, und den man erst jetzt gewahr wird. Der wesentlich unspektakulärere **Kattartjörn efri** dagegen kann problemlos besucht werden und auch der Álftatjörn wird rechter Hand passiert. Nach ca. 10 km ist man dann am Ölkelduhnúkur-Weg.

Wer nicht ins Reykjadalur absteigen will, sondern diese Tour als **Rundweg zurück zum Ölfusvatn** (also Ölfusvatn-Tindagil-Ölkelduhnúkur-Þverádalur-Ölfusvatn) laufen will, hat zwei Möglichkeiten, den Weg abzukürzen:
Nicht den oben beschriebenen Pfad, der rechts vom Hauptweg zur Ölfusvatnsgljúfur führt, sondern weiter geradeaus laufen (entlang der Schlucht läuft man ja sowieso auf dem Rückweg). Der erst breite Weg wird zwar schmaler und endet schließlich ganz, aber man geht weiter einfach am Zaun entlang, parallel zum Berg Stapafell. Bei einem Übertritt über diesen gelangt man wieder auf den offiziellen Weg, dem man über den Zaun und nach links folgt.

Am Álftatjörn trifft man auf eine Straße, die in den Landkarten nicht verzeichnet ist (vermutlich weil sie zum Kraftwerk gehört). Wer ihr rechts über den Berg Tjarnahnúkur folgt, kürzt die Strecke erheblich ab, verpasst aber einen großen Teil des Geothermalgebiets rund um den Ölkelduhnúkur. Wir haben für die gut 22 km der Rundtour etwas mehr als 7 Std. gebraucht, aber auch viele Pausen und Fotostopps gemacht.

Vom Úlfljótsvatn zum Álútur

Der zweite, mit blauen Holzpflöcken markierte Weg beginnt etwa 6 km weiter südöstlich am Úlfljótsvatn direkt südlich des Campingplatzes (Wegweiser Reykjadalur/Hveragerði). Er führt südwärts auf einem für Autos gesperrten Fahrweg bereits nach einer guten Viertelstunde (2 km) zum ersten Höhepunkt: einem wunderschönen **Wasserfall**. Hier führt eine kleine Holzbrücke über den Fluss und man steigt dann am rechten Ufer durch dichtes Birkengestrüpp ein Stück (ca. 300 m) am feuchten und rutschigen Hang bergauf. Das nächste Teilstück (700 m) über eine kleine Anhöhe ist einfach zu laufen, und auch der Weg runter ins fruchtbare grüne Tal sollte kein Problem sein. Allerdings muss an der tiefsten Stelle des Tals der Fluss durchwatet werden, was je nach Wasserstand eine ganz schön matschige Angelegenheit ist. Der Weg führt nun in Richtung Südwesten über die Wiese, rechts vorbei an einer Hütte und dann steil den **Berg Álútur** hinauf. Aber der anstrengende Aufstieg auf den oft schneebedeckten Gipfel (497 m) lohnt sich: Der Panoramablick auf den Þingvallavatn ist großartig! Die Tour lässt sich bis nach Hveragerði fortsetzen (weitere 4,5 km auf dem direkten Weg bis zum Golfplatz oder 10,5 km über den Rundweg beim Ölkelduhnúkur und vorbei an der Badestelle, s. S. 562.

Kombination beider Routen

Wer vom Álútur zum Rundweg um den Ölkelduhnúkur weiterläuft (noch 4 km durch unwegsames Gelände) und so beide Wege kombiniert (Gesamtlänge knapp 25 km), hat sowohl Start- als auch Endpunkt seiner Wanderung an der Straße 360, nur ungefähr 6 km voneinander entfernt. Hier klappt es laut unserer Erfahrung ziemlich gut, zurück zum Auto zu trampen. Noch besser dran sind Gäste des Campingplatzes Úlfljótsvatn. Sie finden mit ziemlicher Sicherheit jemanden, der Richtung Norden fährt und sie am Einstiegspunkt absetzt – und von hier aus können sie ganz entspannt und ohne Zeitdruck „nach Hause" zurückwandern.

Im Hengillgebiet wird die Energie für Reykjavík erzeugt.

schüttet, der Kessel mit grün schimmerndem Grundwasser gefüllt. Der Vulkan lässt sich auf dem Kraterrand umrunden, aber bitte nirgendwo hinabsteigen, denn der Untergrund besteht aus losem Geröll und mit jedem kleinen Erdrutsch verliert Kerið an Höhe. Kerið gehört zu den wenigen isländischen Natur-Sehenswürdigkeiten, die Eintritt kosten (ab 12 J. 450 ISK), ⌚ tgl. 9–21 Uhr.

Weiter zum Þingvallavatn

Die schnellste Route vom Kerið nach Þingvellir führt über die Straße 36, am östlichen Seeufer entlang (insgesamt 43 km). Wir empfehlen aber wärmstens die landschaftlich spektakulärere Straße 360 entlang des Westufers (48 km), die ebenfalls asphaltiert ist. Man passiert auf der Fahrt nach Norden die hübsche kleine Kirche am See **Úlfljótsvatn**, einen schmalen schwarzen Sandstrand, eine Steinwüste, das **Geothermiekraftwerk Nesjavellir**, skurril geformte Bergformationen (eine sieht aus wie ein Drachenrücken), saftig grüne Wiesen und ein Ufergebiet mit Strand und Wald, in dem Reiche nicht ohne Grund ihre Sommerhäuser haben. Ein schöner Wanderweg zu einer Bucht mit Strand und nur einigen wenigen Sommerhäuschen beginnt am nördlichsten Parkplatz in der Senke (Blick auf den Drachenrücken, pro Strecke ca. 1 1/2 Std.).

Wer nicht die Zeit für ausgedehnte Wanderungen hat, kann ein Stück die Straße 435 (Richtung Reykjavík, nur im Sommer offen) den Berg hoch fahren. Dort befindet sich eine Aussichtsplattform und ein Zugang zum Wandergebiet Nesjavellir, wo man eine eigenartige Kombination aus Natur und Energiegewinnung vorfindet, nämlich sowohl Schlammtöpfe und Frischwasserbäche als auch Bohrlöcher und Pipelines. Bis zu den heißen Quellen bei Nesjalaugar läuft man rund einen Kilometer.

ÜBERNACHTUNG

Úlfljótsvatn

Camping Úlfljótsvatn (Outdoor und Scout Center), am Südufer des Úlfljótsvatn, ✆ 482 2674 und 895 2409, 💻 www.campiceland.com. Ein großer, gepflegter ganzjährig geöffneter Campingplatz (betrieben von den Pfadfindern) und gleichzeitig großer Abenteuerspielplatz an einem wunderschönen kleinen See: Man kann Tretboot fahren, segeln, klettern, angeln – und natürlich wandern. Ideal für Gruppen und Familien, aber definitiv nichts für Ruhesuchende. Das Team vermittelt u. a. auch Reit-, Bus- und Tauch- und Folkloretouren (detailliertes Programm auf der Website). 1800 ISK p. P., Jugendliche (13–17 J.) 700 ISK.

Nesjavellir

ION Luxury Adventure Hotel, direkt beim Kraftwerk, ✆ 482 3415, 💻 www.ioniceland.is. Das Designhotel mit Thermalbad und Spa-Bereich sieht ein bisschen aus wie ein futuristischer Beton-Bunker, der sich beständig weigert, sich unauffällig in die Landschaft einzufügen. Innen ist dann alles „bio", nachhaltig und hypermodern. Exklusives Tourangebot, z. B. Reittouren auf Pferden, die extra für die Tour zum Hotel gebracht werden für 100 000 ISK (Preis für 1–2 Pers., jeder weitere Teilnehmer zahlt 11 000 ISK). ❽

ESSEN

Camping Úlfljótsvatn, s. Übernachtung. Einfache, günstige Sattmacher.

Restaurant Þrastalundur, an der Straße 35 nach Selfoss, ✆ 779 6500, 💻 www.thrastalundur.is. Etwas altmodisch eingerichtetes Restaurant mit Terrasse und Blick auf den Fluss. ⌚ tgl. 11–21 Uhr.

Silfra Restaurant des Hotel ION, s. Übernachtung. Hier gibt's Slow Food vom Feinsten (5-Gänge-Menü 12 900 ISK). ⌚ tgl. 12–16 und 18–22 Uhr.

TRANSPORT

Nach Þingvellir geht's sowohl über die große Straße 36 als auch über die schmalere 360. Auf der Straße 35 erreicht man Selfoss vom Kerið aus in 15 Min. (15 km).

SNÆFELLSNES, ZWISCHEN ARNARSTAPI UND HELLNAR; © SHUTTERSTOCK.COM / HANS ROODHORST

Snæfellsnes und der Westen

Der Gletscher Snæfellsjökull thront auf der Halbinsel Snæfellsnes, die sich innerhalb eines Tages umrunden lässt. In der Region Borgarfjörður, weiter im Landesinneren, ist es mal warm – an der größten Geothermalquelle Islands – und mal eiskalt – auf dem Gletscher Langjökull. Und wer in die Lavahöhlen der Umgebung hinabsteigt, spaziert durchs Innere erkalteter Lavaströme.

Stefan Loose Traveltipps

Wasserfall Glymur Die Wanderung bietet ein paar Herausforderungen. S. 226

Settlement Center in Borgarnes Ein Multimedia-Erlebnis auf den Spuren der ersten Siedler. S. 231

Hraunfossar und Barnafoss Die Wasserfälle sind ein Traum in Türkis. S. 240

Rauðfeldsgjá Eine Klettertour für Trittsichere. S. 250

4 **Snæfellsjökull-Nationalpark** Der magische Gletscher lockt aufs Eis. S. 253

Geschichtenerzähler in Grundarfjörður Niemand kennt die Gegend besser. S. 264

MS Baldur Mit der Fähre geht es in die einsamen Westfjorde. S. 273

STEINFIGUR DES BÁRÐUR SNÆFELLSÁS IN ARNARSTAPI; © ROBIN KUHNHENNE

KIRKJUFELL; © CAROLINE MICHEL

Wann fahren? Saison ist hier ganzjährig.

Wie lange? Für den Nationalpark Snæfellsjökull empfehlen sich 2 Tage. Wer auch die anderen Regionen sehen will, sollte 3–4 Tage einplanen.

Schöne Tagesausflüge von Strand zu Strand im Südwesten von Snæfellsnes

Updates, mehr **Bilder** und eure **Tipps** zu diesem Kapitel auf www.stefan-loose.de unter **eXTra [11079]**

Nimmt man die Ringstraße als Orientierungshilfe, dann reicht die Region **Vesturland** mit der Hauptstadt Borganes in etwa vom Hvalfjörður im Süden bis zur Holtavörðuheiði (mit der gleich-namigen Passstraße) im Nordosten und zum Gilsfjörður im Nordwesten, wo die Westfjorde beginnen. Verkehrstechnisch ist die Region gut erschlossen und daher problemlos auch mit einem normalen Auto zu erkunden.

Von Süd nach Nord besucht man auf der Rundfahrt den malerischen **Hvalfjörður** (möglichst mit Wanderung zum Wasserfall Glymur), dann die Stadt **Borgarnes** mit dem spannenden Multimedia-Museum. Die „heiße" Region Borgarfjörður mit **Reykholt** und der Geothermalquelle **Deildartunguhver** erstreckt sich östlich von Borgarnes. Dort befinden sich auch die Wasserfälle **Hraunfossar** und **Barnafoss** und nordwestlich des Gletschers **Langjökull** eine raue Berglandschaft. Ganz im Westen liegt die Halbinsel **Snæfellsnes**, einer der schönsten Landstriche Islands, an die sich nördlich die liebliche Region **Dalir** anschließt, durch die man auf dem Landweg in die Westfjorde kommt.

Von Reykjavík Richtung Norden

Wer von Reykjavík entlang der Ringstraße nach Norden fährt, kommt zügig voran, denn es bieten sich kaum sehenswerte Zwischenstopps an. Es gibt nur wenige Parkplätze, und so bewundern meist nur die Beifahrer die hübschen, gar nicht mal kleinen Berge und die netten Küstenabschnitte. Wer am Steuer sitzt, konzentriert sich auf die Straße: Eine Vielzahl der gefürchteten zweispurigen Kreisverkehre sind zu meistern (zur Erinnerung: Hier hat der Fahrer auf der inneren Spur Vorfahrt!).

Die Ringstraße führt vor Akranes durch den 5,7 km langen Tunnel **Hvalfjarðargöng**, der an seiner tiefsten Stelle 165 m unter dem Wasser liegt. Nicht ganz unproblematisch – hier herrscht oft „dicke Luft". Meist viel Verkehr, es gibt ein starkes Gefälle und auch Kurven. Auf jeden Fall

Unterwegs im Westen

Mit dem Auto

Die 150 km auf der **Ringstraße** von Reykjavík über Borgarnes, Bifröst und den Pass Holtavörðuheiði bis nach Staðarskáli können theoretisch in 2–3 Std. bewältigt werden. Diese sportliche Schätzung lässt aber keinen Raum für Pausen und solch eine rasante Tour kann teuer werden, denn hier hat der ein oder andere schon unfreiwillig von einem der vielen Blitzer am Straßenrand ein teures Schwarzweiß-Foto machen lassen.

Die Rundfahrt um die Halbinsel **Snæfellsnes** ist selbst von Reykjavík aus an einem Tag zu schaffen. Eine Wanderung oder Walbeobachtung passt dann zwar nicht ins Programm, einige Sehenswürdigkeiten, bei denen man nur kurz aussteigt, aber schon. Wir raten zu zwei Tagen, denn die Gegend ist zu schön, um nur durchzurasen.

Schwieriger zu kalkulieren sind die Fahrtzeiten im Ostteil der Region **Richtung Hochland**. Für die 65 km lange Strecke von Borgarnes über Reykholt nach **Húsafell** sollte inkl. der wichtigsten Besichtigungen ein halber Tag reichen. Die Weiterfahrt in Richtung Norden ist nur auf einer sehr schlechten 4x4-Piste möglich. Daher geht es für die meisten zurück zur Ringstraße, was knapp eine Stunde dauert.

Richtung Süden fahren Hochlandfans über die **Kaldidalur-Piste** (Straße 550/F550), die in der Vergangenheit nur für Allradfahrzeuge mit viel Bodenfreiheit befahrbar war, heute aber auf eigenes Risiko auch für normale Pkw – sofern nicht vom Vermieter verboten. Für die 70 km über die Piste bis nach Þingvellir sollte mindestens ein halber Tag eingeplant werden, weil man hier nur sehr langsam vorankommt. Auch über die **Straßen 518, 50 und 52** geht es Richtung Süden. Die Tour ist mit 111 km etwas länger als die Hochland-Alternative, aber bei gutem Wetter mit jedem Auto möglich.

Achtung: Unterhalb Esja/Kjalarnes und unterhalb des Berges Hafnarfjall vor Borgarnes befinden sich die windigsten Stellen der Ringstraße. Bei entsprechenden Wetterlagen treten dort regelmäßig extreme Fallwinde auf, insbesondere bei Südost-, Nordost- und Nordwind. Anzeigen auf den Wetterschildern beachten; bei Böen über 30 m/s ist äußerste Vorsicht geraten, und leichte Wohnmobile fliegen von der Straße. Im Sommer kommt das nur ab und zu vor, im Herbst, Winter und Frühjahr aber alle paar Tage.

Mit dem Bus

Für Busreisende haben wir eine schlechte Nachricht: Während die Strecke Reykjavík–Akranes–Borgarnes–Bifröst über die Ringstraße mit Strætó-Linie 57 sehr gut bedient wird, sieht es im Ostteil der Region mit Busverbindungen mau aus. Manchmal fährt **Strætó-Bus 81** auch die Runde Borgarnes–Hvanneyri–Reykholt–Baula–Borgarnes; allerdings nur im Winter, nur an drei Abenden pro Woche und nur in dieser Richtung.

Die Route Borgarnes–Stykkishólmur wird von Strætó (Linie 58) im Sommer 2x tgl. bedient, im Winter nur Mo, Mi, Fr und So. An der Kreuzung 54/56 nahe Stykkishólmur ist es möglich, in den Bus 82 Richtung **Grundarfjörður**, **Ólafsvík**, **Rif**, **Hellissandur** umzusteigen. Nach **Búðir** gibt es keine Verbindung und auch an die Südküste fahren derzeit keine Busse. **Búðardalur** und **Hólmavík** erreicht man mit Strætós Linie 59 einigermaßen, aber der Fahrplan ist kompliziert. Für die Verbindungen siehe auch (W) www.publictransport.is, ansonsten bitte aktuell immer alles auf der Website von Strætó, 🖳 https://straeto.is/en, checken."

Mit der Fähre

Von Stykkishólmur fährt die Autofähre *Baldur* in die Westfjorde (Details auf S. 273).

das Tempolimit von 70 km/h beachten und Abstand zum Vordermann halten. Für Radfahrer ist der Tunnel verboten; sie müssen auf der 60 km langen Straße 47 um den Fjord herum fahren oder den Bus nehmen. Auch für alle anderen mit genügend Zeit ist der landschaftlich schöne Umweg um den Fjord sehr lohnend.

Hvalfjörður

Dieser Fjord ist der tiefste Islands; mit dem Auto dauert es knapp eine Stunde, ihn zu umrunden. **Hvalfjörður** bedeutet übersetzt „Wal-Fjord", und seine Geschichte hat in zweifacher Hinsicht etwas mit diesem Tier zu tun: Zum einen soll der Legende nach einst ein bösartiger Wal hier sein Unwesen getrieben haben. Ein Priester lockte das Tier in den Hvalvatn-See, wo der Riese bis an sein Lebensende keinen Schaden mehr anrichten konnte. Zum anderen steht im Fjord eine **Walfangstation**. Noch immer dürfen hier gefangene Wale zerstückelt werden (s. S. 98).

Es gibt noch mehr Unschönes in dieser beschaulichen Landschaft: das Aluminiumwerk in Grundartangi und das benachbarte Ferrosiliciumwerk. Diese Bauten der **Schwerindustrie** verschandeln nicht nur die Landschaft, manch einer bringt sie auch mit der hohen Brustkrebsrate der Region in Verbindung. Bewiesen ist nichts, aber die Bürger haben eine Umweltgruppe ins Leben gerufen, die sich für eine Untersuchung einsetzt und dafür sorgen möchte, dass diese Industrien strenger kontrolliert werden.

Der Gegenpol zu diesem industrialisierten Island zeigt sich aber ebenfalls auf der Fahrt um den Fjord. Es geht vorbei an Bergen, die den Fjord wie Wächter umrahmen, hübschen Halbinselchen, seichten Ufern und grasenden Kühen. Eine schöne Station auf der Umrundung ist die kleine **Landzunge Hvalfjarðareyri**. Das Vogelschutzgebiet ist für viele der erste Fotostopp. Dann, kurz vor der Abzweigung der Straße 48, liegt der Wasserfall **Laxá í Kjós** Eigentlich nicht ein Wasserfall, sondern ganz viele kleinere hintereinander. Verglichen mit den großen, berühmten Brüdern eher unscheinbar, aber dafür muss man nur aus dem Auto aussteigen und ist schon da.

Der **Bio-Bauernhof Neðri Háls** in Kjós, einige hundert Meter nordöstlich der Straße 48, wird von Kristján und Dóra (einer Schweizerin) nach ökologischen Prinzipien bewirtschaftet. Hier wird Bio-Joghurt hergestellt; mehr Informationen unter www.grillmarkadurinn.is/en (unter „Farmers"). Bio oder Industrie? Welcher Ansatz zukünftigen Lebens sich an diesem Fjord (und in ganz Island) durchsetzen wird, bleibt abzuwarten.

Wer genau hinguckt, entdeckt kurz vor dem Biohof Überreste des im 14. Jh. vermutlich wichtigsten Handelsplatzes Islands, Maríuhöfn. Am Wasser findet man eine halbeingekrachte Landungsbrücke aus dem Zweiten Weltkrieg (schönes Fotomotiv). Und – tatsächlich – Reste einer Eisenbahn, die damals der Versorgung der Streitkräfte (s. u.) diente. In **Hvammsvík** dann gibt es heiße Quellen.

Und schließlich plätschert da, wo der Fahrweg in Richtung **Glymur** (s. Tour S. 226) abzweigt, ein netter kleiner namenloser Wasserfall, der zum Picknick einlädt, aber auch zum ernsthaften Pilgern: Der sechstägige **Pilgerweg von Bær** (nordöstlich von Borgarnes) über Fitjar, Botnsdalur und Þingvellir bis nach Skálholt führt hier in die Nähe der Straße, sodass nicht ganz so fitte Pilger diese Stelle für einen verspäteten Einstieg nutzen. Von hier bis nach Skálholt läuft man drei Tage.

Im **War and Peace Museum** (Hernámssetrið að Hlöðum), ✆ 433 8877, www.warandpeace.is, an der Nordseite des Fjords wird an die Geschichte der Jahre 1940–1945 erinnert – eine Zeit, in der das friedliche und abgeschiedene Island strategische Bedeutung für die kämpfenden Weltmächte bekam. Britische und amerikanische Truppen besetzten den Hvalfjörður, und die 200 Einwohner der Region sahen sich Tausenden von Soldaten gegenüber, die darauf warteten, von hier aus die deutsche Invasion abzuwenden bzw. später Richtung Russland in See zu stechen (S. 109). ⏲ Ende Mai–Ende Aug Mi–So 11–17 Uhr, Eintritt 2200 ISK p. P.

ÜBERNACHTUNG

Campingwiese, beim War and Peace Museum, Félagsheimilið Hlaðir, ✆ 660 8585 und 433 8877, www.tjalda.is/en/hladir. Einfache sanitäre

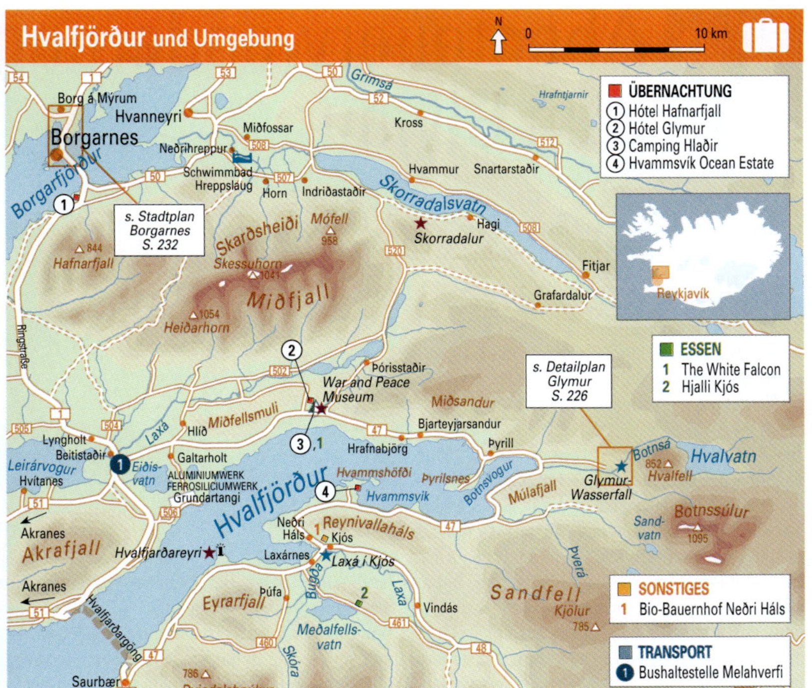

Anlagen und Outdoor-Dusche. 2200 ISK p. P. ◷ 15. Mai–15. Sep.

Gästehaus Esjan, Skrauthólar 4, Kjalarnes (21 km nördlich von Reykjavík). Wer auf der Suche nach etwas Besonderem ist, wird Spaß an den ausrangierten Bussen haben, in denen sich gemütlich eingerichtete Zimmer mit Küchenzeile befinden. Im großen Bus sind die Zimmer am schönsten, die urige Schlafecke befindet sich im Gelenk. Keine privaten Badezimmer (die sanitären Anlagen befinden sich im Nebengebäude), dafür herrlicher Berg- und Meerblick. ❹

Hótel Glymur, das schöne Hotel der gehobenen Preisklasse auf der nördlichen Fjordseite, 20 km vom gleichnamigen Wasserfall entfernt, war zum Zeitpunkt der Recherche geschlossen – macht aber ziemlich sicher wieder auf.

Hvammsvík Ocean Estate, ✆ 820 0001, 💻 www.hvammsvik.com. Vier sehr unterschiedliche Häuser, u. a. das alte Farmhaus und das moderne Hilltop House warten auf je 4 bis 9 Gäste, die hier aus den Panoramafenstern direkt auf den Fjord schauen und im lauschigen Hot Pot baden möchten. ❽

ESSEN

Hjalli Kjós, Meðalfellsvegur, ✆ 855 2219, 💻 https://hjallikjos.is. Das hübsche Holzhaus mit rotem Dach und Außenterrasse liegt malerisch am See Meðalfellsvatn, direkt an der Straße 461, 4 km vom Hvalfjörður entfernt. Das Interieur im Eingangsbereich erinnert an einen Tankstellen-Kiosk, aber der Gastraum ist gemütlich. Gute Küche und leckerer Kuchen. ◷ Juni und Juli tgl. 11–22 Uhr, im Herbst und Winter unregelmäßig. Mit schönem Campingplatz, der ein Stück weiter nördl. liegt (ab 14 J. 2300 ISK p. P.).

The White Falcon, im War and Peace Museum, Hlaðir, ✆ 433 8877, 💻 www.warandpeace.is.

Abenteuerwanderung zum Glymur

- **Länge:** vom Parkplatz bis zum besten Aussichtspunkt ca. 2,5 km, ganze Runde ca. 7 km
- **Dauer:** 5 Std. mit Pausen (bzw. 1 1/2 Std. bis zum Aussichtspunkt)
- **Bester Zeitpunkt:** Juni–Sep (im Winter wird die Baumstamm-Brücke über den Fluss aus Sicherheitsgründen entfernt)

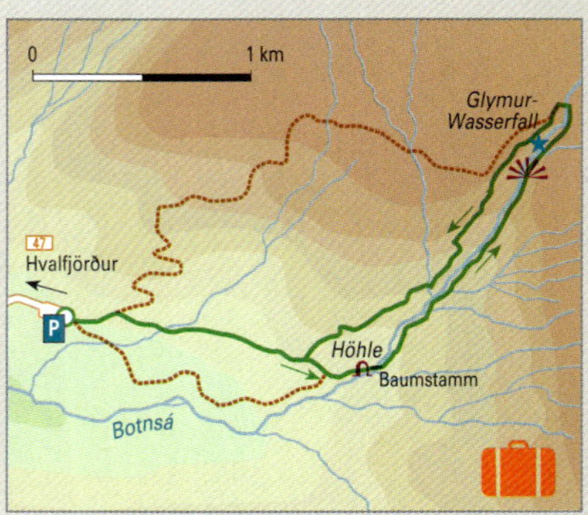

Bis 2011 dachte man, der Glymur sei mit 196 m Fallhöhe der höchste Wasserfall Islands. Heute weiß man, dass der erst 2007 durch den Rückzug des Gletschers entstandene Morsárfoss im Vatnajökull-Nationalpark mit 227 m noch höher ist. Das Wandervergnügen bleibt davon aber unberührt. Die Halbtagestour rund um den Glymur ist eine der schönsten und abwechslungsreichsten, die Island für einigermaßen fitte, trittsichere und schwindelfreie Gelegenheitswanderer zu bieten hat – also für Menschen ohne Kompass und spezielle Ausrüstung. Ein gehöriges Maß an Nervenkitzel ist hier gepaart mit einer sehr geringen Wahrscheinlichkeit, sich zu verlaufen.

Der Einstieg zur Wanderung liegt 2 km östlich der Straße 47 (steinige Piste). Für Menschen, die nicht wandern wollen, lohnt es sich übrigens nicht, hier abzubiegen: Weder vom Parkplatz aus noch vom Startpunkt der Wanderung an der Schlucht sieht man den Wasserfall.

Die Route

Die Wanderung beginnt beschaulich und einfach: Vom **Parkplatz** aus schlängelt sich der mit gelb angemalten Steinen und Pfosten deutlich markierte Weg für gut 1,5 km durch Lupinenfelder und lauschige kleine Täler bis zu einem Aussichtsplatz am Fluss Botnsá (rechter Hand ist ein Stück vom Fjord zu sehen und links Wald). Die Versuchung ist groß, hier links dem Weg auf den Berg hinauf parallel zur Schlucht zu folgen. Wer dies tut, sieht zwar den Wasserfall, kann ihn aber nicht in voller Pracht erfassen. Dafür muss der Wanderer auf die andere Seite der Schlucht.

Der richtige Weg führt hinunter zum Fluss. Es geht durch eine **Höhle**, die allein schon den Weg bis hierhin wert ist. Etwas weiter nördlich endet der schmale Pfad. Hier wird der Fluss auf einem befestigten **Baumstamm** überquert, der ca. 30 cm über dem Wasser zu schweben scheint. Etwas Sicherheit bietet ein als Geländer dienendes Stahlseil. Die erste echte Herausforderung, denn wer hier in den Fluss fällt, für den ist die Wanderung zu Ende, bevor sie richtig begonnen hat. Auf der anderen Flussseite folgt dann direkt der schwierigste Teil der Runde: Es geht steil bergauf auf einem rutschigen Pfad. Die armen Kriechbirken hier haben es echt schwer, denn sie werden notgedrungen ständig als Haltegriffe missbraucht. Wer auch diese Hürde gemeistert hat, wird mit einem bequem zu laufenden Teilstück durch hübsches Zwergbirkengestrüpp belohnt.

Und dann, nach ca. 2 km ist endlich der erste **Aussichtspunkt** erreicht. Die Schlucht mit ihren steil abfallenden Felswänden ist gigantisch schön – und von hier aus lässt sich rechts oben auch der mächtige Wasserfall erahnen. Der Weg folgt nun bergauf mehr oder weniger der Schlucht, und mit jedem Felsvorsprung wird die Aussicht besser.

Achtung: Wo unterwegs ein Seil, befestigt an zwei minikleinen Holzpflöcken, den gut sichtbaren Pfad entlang der Schlucht versperrt, bitte auf keinen Fall weitergehen, sondern den Umweg rechter Hand am Hang in Kauf nehmen! Auf dem Rückweg, von der anderen Seite der Schlucht aus, sieht man nämlich den Grund für die Absperrungen: Unterhalb des Pfads bröselt nach und nach das Gestein ab und fällt in die tiefe Schlucht. Irgendwann wird auch der letzte Rest wegbrechen – hoffentlich dann, wenn gerade kein Wanderer auf dem schmalen Grat läuft. Anstatt über die Absperrung zu schimpfen, sollte man also den netten Menschen vom isländischen Wanderverein für den Hinweis dankbar sein. Hier verlängert sich die Wanderzeit – je nachdem welche Ausweichroute gerade empfohlen wird – um bis zu einer halben Stunde.

Weiter bergauf geht es nun über beige-gelbes Geröll, bis nach ca. 2,5 km das nächste Etappenziel erreicht ist: der **Top-Aussichtspunkt**, von dem aus man den ganzen Glymur in voller Pracht bewundern kann.

Hier kann sich der Wanderer zwischen drei Möglichkeiten entscheiden: Denselben Weg zurück zu gehen, weiter in Richtung des 852 m hohen Berges Hvalfell zu wandern (ohne Führer ist das nicht unbedingt zu empfehlen) oder weiter hochzusteigen, um den Fluss oberhalb des Wasserfalls zu durchqueren und auf der anderen Seite zurück zu laufen. Unser Tipp ist die dritte Option: Es geht zu Fuß durch den breiten Flusslauf (toll, wenn man wasserdichte Stiefel anhat, aber es ist auch barfuß machbar – nur dann ziemlich glitschig und kalt). Abgestiegen wird dann an der Westseite (der matschige Teil des Pfads vom Hinweg ist schon bergauf eine Herausforderung, bergab kann man ihn so umgehen). Weiter geht es dann durch den Birkenwald zurück zum Parkplatz.

Im Hinterland des Hvalfjörður

Wer hinter dem War and Peace Museum die Passstraße 520 nimmt (Karte S. 225), gelangt ins **Skorradalur** mit einem über 100 ha großen Waldgebiet, das hier seit 1951 mit großem Erfolg aufgeforstet wird. 28 Arten immergrüner Bäume aus aller Welt wurden angepflanzt. Weiter auf der Straße 520 führt links die 507 zum **Schwimmbad Hreppslaug**. Das aus natürlichen heißen Quellen gespeiste Bad lockt seit 1928 Badefreunde an; es gehört zum „kulturellen Erbe des Landes". 🕒 Juni–Mitte Aug Di–Fr 18–22, Sa und So 13–22 Uhr.

Kann gemütlich sein, doch wenn Tourgruppen da sind und den großen Tisch in der Mitte besetzen, wird es voll und laut. Für eine Pause okay. 🕒 wie Museum.

AKTIVITÄTEN

Baden in Hvammsvík

In verschneiter Landschaft im warmen Wasser sitzen, ein Kaltgetränk schlürfen und den Blick in die Ferne schweifen lassen? Direkt aus dem Hot Pot ins kalte Meer springen? Klingt nach Werbeprospekt, ist aber wirklich möglich. Wo sich noch vor wenigen Jahren ein kleiner, geheimer Hot Pot direkt am Fjord versteckte, ist eine stylische Badelandschaft, ✆ 510 5990, 💻 www.hvammsvik.com, mit allem Pipapo für Erwachsene und Kinder ab 10 J. entstanden, die keine Wünsche unerfüllt lässt (außer dem nach Einsamkeit). 8 unterschiedlich temperierte Pots, Dampfbad, Paddelbretter und und und … Mo–Fr ab 7900 ISK, Wochenende ab 8900 ISK (Handtücher, Watschuhe und Badezeug kosten extra), Transfer ab Reykjavík möglich. 🕒 tgl. 10–22 Uhr.

TRANSPORT

Auto

Außer der Runde auf der **Straße 47** um den Fjord gibt es eine weitere landschaftlich schöne Strecke, nämlich die asphaltierte **Verbindungsstraße 48** nach Þingvellir, vorbei am Wasserfall **Þórufoss**.

Busse

Öffentliche Busse, die um den Fjord fahren, gibt es nicht. Alle nutzen den Tunnel. Am Ende des Fjords trifft die 47 auf die Ringstraße, 500 m südlich liegt die **Haltestelle Melahverfi**.

Akranes

Akranes, die mit fast 7000 Einwohnern größte Stadt Westislands, liegt auf einer Halbinsel am Ende des Hvalfjörður. So richtig schön ist es hier nicht, deshalb lassen Inselumrunder Akranes meist links (manchmal auch rechts) liegen. Dabei ist man hier einfach mitten drin im ganz normalen Leben.

Akranes hat mit dem **Langisandur** einen Stadtstrand mit hellem Sand. Allerdings ist das Wasser meist sehr kalt. Warmduscher bzw. Warmbader gehen also besser in den doppelstöckigen Beton-Hot-Pot **Guðlaug** unterhalb des Sportzentrums. Wir finden, dass die 2500 ISK p. P. sehr gut angelegt sind, denn manchmal ist weniger auch mehr. Die Umkleiden sind sehr einfach und ohne Schließfächer, aber der Blick aufs Meer ist fantastisch. 🕒 Mi und Fr 16–20, Sa und So 10–16 Uhr (man fragt sich allerdings, wie das kontrolliert werden soll, denn es gibt kein Tor oder so etwas).

Apropos Beton: Direkt hinter dem Strand stand früher ein großes Zementwerk. Es gibt deshalb zwei Baustile, die Akranes' Stadtbild prägen: einige attraktive und gut in Schuss gehaltene alte kleine Häuschen im Stadtzentrum, die aus der Zeit vor dem Bau des Werkes stammen, und drum herum funktionale Wohnblocks, Geschäfts- und Industriegebäude aus Beton. Auch der große Industriehafen macht da keine Ausnahme.

Im großen weißen **Leuchtturm** kann man hinaufsteigen (300 ISK p. P. Öffnungszeiten s. u., Informationen). Direkt dahinter liegt ein weiteres, etwas kleineres Exemplar. Beide zusammen posieren wunderbar auf zahlreichen Fotos. Dass der ältere der beiden heute so hübsch aussieht, ist übrigens dem auch heute noch amtierenden Leuchtturmwärter Hilmar Sigvaldason zu verdanken, der im Jahr 2011 Bilder seines vor sich hin bröselnden Lieblings an eine Tageszeitung

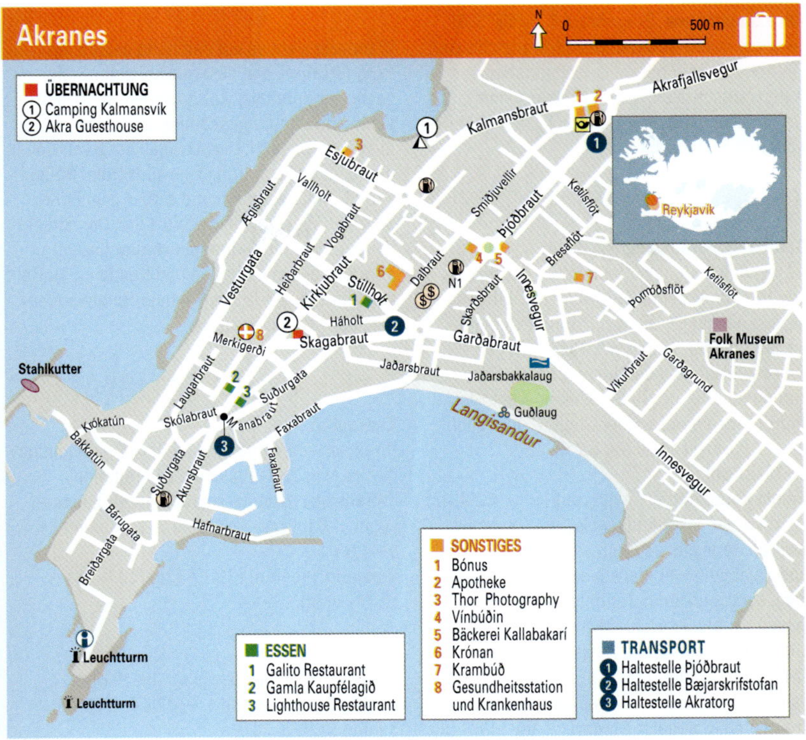

schickte, die sie veröffentlichte. Der Aufschrei war groß und schon ein Jahr später begann die Stadt Akranes mit den Renovierungsarbeiten.

Ein paar Straßenzüge entfernt rostet außerdem ein alter **Stahlkutter** aus dem Jahr 1955 fotogen vor sich hin. Wind und Wetter ausgesetzt, erinnert er an die Zeiten, als Island seinen Wohlstand vor allem mit der Heringsfischerei erwirtschaftete.

Einen guten Einblick in das Leben der Fischer bekommt man im **Folk Museum Akranes**, ✆ 433 1150, 💻 www.museum.is. Einige der ausgestellten Fischerboote wurden bereits restauriert, für andere wird noch gesammelt. Jährlich Anfang Juni findet hier zudem ein Schmiedewettbewerb statt. Dafür wird auch die alte Wikingerschmiede in Betrieb genommen. 🕒 15. Mai–15. Sep tgl. 11–17 Uhr, sonst Sa 13–17 Uhr oder auf Anfrage, Eintritt ab 18 J. 1000 ISK (Audioguide inkl.).

ÜBERNACHTUNG

Nur etwa 45 Min. von der Hauptstadt entfernt, ist hier alles einen Tacken günstiger.

Camping Kalmansvík, an der langen Zufahrtsstraße in den Ort, der Kalmansbraut, nach dem Schild zur Badestelle „Kalmansvík" Ausschau halten, ✆ 894 2500, 💻 www.tjalda.is/en/akranes. Eine schöne einsame Bucht, und trotzdem ist die Stadt in greifbarer Nähe. Bei Windstille ein Traum, bei Regen und Sturm recht ungeschützt. Es gibt keinen Aufenthaltsraum (nur eine kleine Waschküche) und nur sehr wenige Stromanschlüsse. Schutz bei Regen bietet ein überdachter Platz (hier gibt es auch einen Grill). Ab 15 J. 1500 ISK, an den Irish Days (s. Feste) kostet das Campen mehr, Waschmaschine und Trockner je 400 ISK. 🕒 im Sommer.

Akra Guesthouse, Skagabraut 4, ✆ 587 3901, 💻 www.island-hotel24.com/akra-guesthouse/. Einfache Zimmer mit Gemeinschaftsbad, Aufenthaltsbereich, schöne Terrasse mit Gartenblick und prima Frühstück, aber keine Kochmöglichkeit. ❸

ESSEN

Galito Restaurant, Stillholt 16-18, ✆ 430 6767, 💻 www.fb.com/galito.restaurant. Restaurant und Bar, für 80 Leute ausgelegt und daher nicht gerade heimelig – auch von außen weniger einladend. Das gute Essen (Pizza, Burger, Fleisch, Fisch) und der ansprechende Service sorgen aber für große Beliebtheit. Auch viele Tourgruppen machen hier Station. Ortsüblich teuer. 🕒 Mo–Fr 11.30–21, Sa 12–22, So 16–21 Uhr.

Gamla Kaupfélagið, Kirkjubraut 11, ✆ 431 4343, 💻 www.gamlakaupfelagid.is. Im schmucken weißen Haus gibt es Fisch und Suppe, Fleisch und Salat, und wer mal etwas Anderes essen mag, kann sich auch Gerichte im Wok braten lassen. 🕒 Mo–Fr 11.30–14 Uhr.

Lighthouse Restaurant, Kirkjubraut 8-10, ✆ 788 6644. Interessanter Mix aus isländischen und italienischen Gerichten, Thaifood sowie Eigenkreationen (Spiegelei-Burger). 🕒 tgl. 11–23 Uhr.

AKTIVITÄTEN UND TOUREN

Fotografieren

Geführte Touren für Hobbyfotografen bietet **Thor Photography**, Esjubraut 9, ✆ 823 2331, 💻 www.thor-photography.com. Zur richtigen Zeit am richtigen Ort: Auf den Touren geht es nicht nur zu tollen Fotospots, sondern dies auch beim richtigen Licht. Auch Tipps, wie die Natur am besten zur Geltung kommt, fehlen nicht. Wer noch mehr lernen will, macht einen der angebotenen Workshops mit.

Schwimmen

Das Freibad **Jaðarsbakkalaug** im Fitnesscenter erfreut mit 25-m-Becken, einer breiten Wasserrutsche und 5 Hot Pots, ✆ 433 1100, 💻 www.sundlaugar.is/sundlaugar/jadarsbakkalaug. 🕒 Mo–Fr 6–21, Sa und So 9–18 Uhr.

Wandern

Wanderer zieht es auf den nahe gelegenen Berg **Akrafjall**, von dem aus bei guter Sicht sogar der Snæfellsjökull zu sehen ist (es gibt auch eine Panoramascheibe, die beim Identifizieren hilft). Der Akrafjall hat zwei Gipfel; die kürzere Wanderung zum südlichen, **Háihnúkur** (555 m), dauert hin und zurück zum Parkplatz des Wasserwerks etwa 6 Std. Die längere Variante auf den **Geirmundartindur** (643 m) erfordert etwas mehr Zeit und Kondition. Außerdem führt ein etwa 13 km langer Rundwanderweg über beide Gipfel.

SONSTIGES

Einkaufen

Direkt am Ortseingang nahe dem Campingplatz gibt es alles, was Reisende so brauchen.

Kallabakarí (Brauða- og Kökugerðin), Innesvegur 1. Bäckerei. 🕒 Mo–Fr 7–17, Sa und So 8–16 Uhr.

Vínbúðin, Þjóðbraut 13. 🕒 Mo–Fr 11–18, Sa 11–16 Uhr.

Supermärkte

Bónus, Smiðjuvellir 32. 🕒 tgl. 10–19 Uhr.

Krambúð, Garðagrund 1. 🕒 Mo–Fr 8–23.30, Sa und So 9–23.30 Uhr.

Krónan, Dalbraut 1. 🕒 tgl. 9–20 Uhr.

Feste

Die ersten Siedler, die hier etwa 880 n. Chr. ankamen, sollen Iren gewesen sein.

Seit 2004 wird alljährlich Anfang Juli an 5 Tagen, den **Irish Days**, dieser Vorfahren gedacht und ausgiebig gefeiert: mit Musik, Wettkämpfen und vielem mehr. Rothaarige aufgepasst: Wer echt und ungefärbt rothaarig ist und sich frühzeitig anmeldet, kann an einem Wettbewerb teilnehmen: Gekürt wird die schönste Haarpracht in dieser typisch irischen Farbe. Der Campingplatz ist an diesen Tagen besonders voll.

Informationen

Touristeninformation im Holzhäuschen vor den Leuchttürmen, 💻 www.visitakranes.is. 🕒 meist Mo–Fr 10–16 Uhr.

NAHVERKEHR

In Akranes gibt es ein **kostenloses** und für isländische Verhältnisse gutes ÖPNV-Angebot, 💻 www.akranes.is/is/english/transportation/transportation.

TRANSPORT

Auto

Die Straße 51 führt nach dem Tunnel an der Küste entlang und später wieder auf die Ringstraße. Alternativ mit dem Auto um den Hvalfjörður in 1 Std.

Busse

Die Busse halten u. a. am Ortseingang (Þjóðbraut) und am Rathaus (Bæjarskrifstofan). Die Haltestelle Akratorg wird fast nur von in Akranes endenden bzw. startenden Bussen bedient.
BORGARNES, mit Strætó-Linie 57, 7x tgl. in 1 Std. für 1140 ISK.
REYKJAVÍK (Mjódd), mit Strætó-Bus 57, 12x tgl. in 30 Min. für 1140 ISK.

Borgarnes und Umgebung

Auf dem Weg nach Borgarnes führt die Ringstraße am Berg **Hafnarfjall** vorbei. Der erkaltete Vulkan besteht vorwiegend aus losem Basalt. Seine neun Gipfel, der höchste etwa 840 m hoch, sehen aus wie übergroße Kieshaufen. Während der Berg im Sommer nett anzusehen ist und der ein oder andere Wanderer ihn von der Nordseite her besteigt, machen die Fallwinde an seinen Hängen vor allem im Winter oft Ärger.

Borgarnes

In die geschichtsträchtige Stadt Borgarnes, die auf einer kleinen, weit in den Borgarfjörður hineinragenden Halbinsel steht, führt die längste Brücke Islands. Sehr speziell ist die Wasserversorgung der Stadt: Das kalte Wasser wird von der anderen Fjordseite unter der Brücke hindurch geleitet. Das heiße Wasser stammt – wie das aus Akranes – aus dem Hochtemperaturgebiet bei Deildartunguhver (S. 237) 30 km östlich.

Heute ist Borgarnes das administrative Zentrum der Region. Früher war die Stadt ein strategisch wichtiger, hart umkämpfter Ort – und einer der ersten des Landes, die dauerhaft besiedelt wurden. Davon zeugt das empfehlenswerte **Settlement Center** (Landnahmezentrum) genannte Museum mit modernem Restaurant und Souvenirshop, Brákarbraut 13-15, ✆ 437 1600, 💻 www.landnam.is/eng/. Mit viel Liebe zum Detail wurden hier die alten Sagas (s. Kasten S. 233) so aufbereitet, dass sich Erwachsene wie Kinder kaum losreißen können. Es gibt Schaukästen, einen Audioguide in 14 Sprachen und noch eine zweite Ausstellung, die ausschließlich die Geschichte der Besiedlung Islands zum Thema hat. Und die ist keineswegs langweiliger als der Ausflug in die Sagenwelt: Anhand von 3-D-Landschaftsmodellen lassen sich auf Knopfdruck die Orte und Farmen sichtbar machen, von denen in der Audioführung gerade die Rede ist. Außerdem toll: die Simulation der Fahrt auf einem Wikingerschiff (Achtung: Man kann seekrank werden). ⌚ Mo–So 10–21 Uhr, Eintritt 3000 ISK, Teenager 2500 ISK, Kinder 1000 ISK. Kostenloses WLAN.

Weitere sehenswerte Ausstellungen, z. B. über die Vogelwelt der Region *(Oh to be a bird)* und die Bauweise und Bedeutung von Torfhäusern, findet man im **Safnahús**, Bjarnarbraut 4-6, ✆ 433 7200, 💻 www.safnahus.is, ⌚ Juni–Aug Mo–Fr 10–17, Sa 11–14 Uhr, Eintritt frei.

Bei gutem Wetter lohnt ein Spaziergang zur nahen Brücke, die zum Inselchen **Brákarey** hinüberführt. Spannend ist auch die Geschichte des **Upcycling-Spielplatzes Bjössaróló**. Hier hat 1979 Bjorn Gudmundsson eine bunte Kinderwelt aus Schaukeln und Rutschen geschaffen, die komplett aus ausrangierten Gegenständen gebaut und bis heute gut in Schuss gehalten wurde.

Borg

An der Straße 54 Richtung Snæfellsnes befindet sich **Borg á Mýrum**, der Hof von Skallagrímur, wo einst Egill aufwuchs (s. Kasten S. 233), mit seiner weißen **Kirche** und der Skulptur *Der Söhne Verlust*, die der Bildhauer Ásmundur Sveinsson schuf (angelehnt an das gleichnamige Gedicht, in dem Egill den Tod seines Sohnes betrauert). Den Hof sieht man auch vom **Grana-**

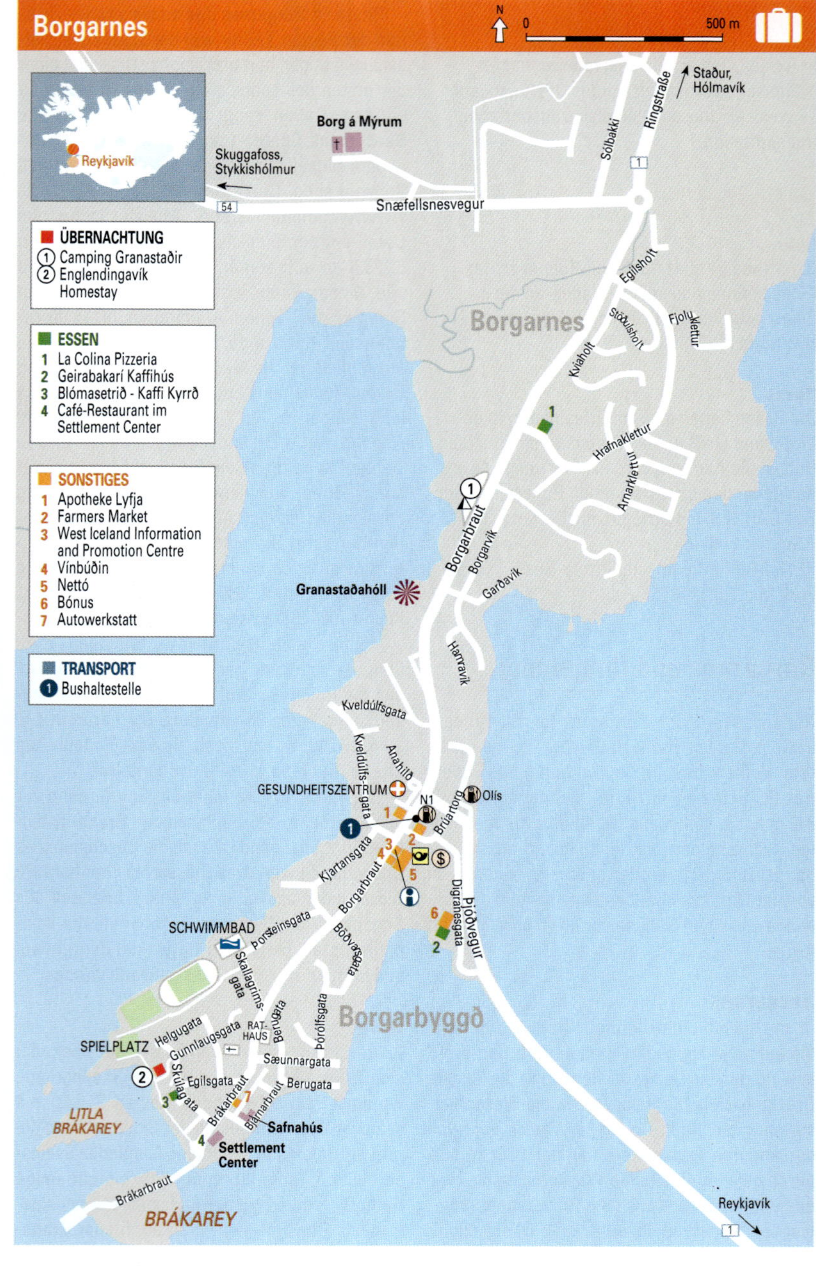

SNÆFELLSNES UND DER WESTEN

Multimediale Erlebnisse mit Egill und Brák

Egill, der Sagenheld und Wikinger-Poet Islands, wuchs in der Nähe von Borgarnes auf. Aber unter welchen Bedingungen wurde man damals groß – als Nachkomme der ersten Menschen, die den Mut hatten, sich im unwirtlichen Island niederzulassen? Genau um diese Frage dreht sich alles in der multimedialen **Egill-Ausstellung** im Settlement Center. Auch außerhalb des Museums ist Egill überall in der Stadt präsent: Alle Straßen haben Namen, die in Bezug zu den Saga-Helden stehen, sodass jeder die wohl bekannteste Egill-Geschichte aus dem Jahr 925 an den Originalschauplätzen nacherleben kann.

Die Handlung

Egill, damals neun Jahre alt, spielte da, wo heute der Sportplatz ist, mit einem Freund und seinem Vater, dem grimmigen **Skalla-Grímur**, Eishockey. Die Kinder waren schon in jungen Jahren so flink und stark, dass sie mühelos gegen den Vater gewannen. Der tobte. Und in seiner Wut erschlug er Egills Freund. Dann wandte er sich seinem Sohn zu, um auch ihm den Garaus zu machen. Jetzt kommt Þorgerður Brák, Egills Kindermädchen, ins Spiel. Sie erkannte die Gefahr und handelte: Sie stellte sich vor Skalla-Grímur und verhöhnte ihn, sodass der nicht anders konnte, als von Egill abzulassen und auf sie loszugehen. Sie rannte – wahrscheinlich über die Brákarbraut (übersetzt Brák-Straße) am Landnahmezentrum vorbei – Richtung Meer, sprang in ihrer Not ins Wasser und versuchte zu der kleinen Insel zu schwimmen, die direkt vor der Küste liegt. Skalla-Grímur warf ihr einen dicken Stein hinterher und sie ward nie mehr gesehen. Seitdem heißt der Kanal **Brákarsund** und die Insel **Brákarey**.

Die Moral von der Geschicht

„Keine schöne Geschichte", sagt Þorleifur Geirsson, der Egill-Spezialist des Landnahmezentrums. Er hat es sich zur Aufgabe gemacht, die alten Sagas wieder ins Bewusstsein zu rufen, um Touristen, aber auch den Isländern selbst, vor Augen zu führen, was es bedeutet, Nachfahre der ersten Siedler zu sein. „Die Isländer waren von jeher verwegen und mutig, aber auch unberechenbar und stets bereit, das, was ihnen wichtig ist, mit allen Mitteln zu verteidigen." Eine Mentalität, die unter anderem zur Wirtschaftskrise im Jahr 2008 geführt habe. Die Banker seien wie Skalla-Grímur bereit gewesen, über Leichen zu gehen. Und andere Isländer mussten Opfer bringen – wie Þorleifurs Lieblingsheldin Brák.

Die kostenlose **App** *Locatify SmartGuide* steht jedem zum Download zur Verfügung. Hier gibt es u. a. eine Audio-Tour, gesprochen von dem bekannten Autor Arthúr Björgvin Bollason, die einen durch Borgarnes und zu den Schauplätzen der Egilssaga führt. Mehr zum Museum s. S. 231.

staðahóll, einem Aussichtsberg in Borgarnes. Wer also nicht hinfahren möchte, kann zumindest von fern einen Blick darauf werfen.

Wasserfälle an der Langá

Etwa 8 km nordwestlich von Borganes in Richtung Snæfellsnes lässt sich direkt unterhalb der Brücke über die Langá (Straße 54) der Skuggafoss, der „Wasserfall der Schatten" erkunden. Und es gibt ein Wehr mit einer Lachstreppe – beachtlich, wie hoch die Tiere springen können. Der Fluss Langá ist einer der teuersten Lachsflüsse Islands, weshalb es selbst den Anwohnern nicht gestattet ist, hier zu fischen, ohne horrende Summen zu bezahlen.

ÜBERNACHTUNG

Camping Granastaðir, etwas außerhalb des Ortszentrums an der Ringstraße, ✆ 775 1012, 💻 https://tjalda.is/en/borgarnes/. Schöne, durch Hecken geschützte Campingwiese, direkt am Meer, aber leider auch direkt an der Straße. Spartanisch ausgestattet (nur 2 Klo-Häuschen und eine überdachte Spüle, keine Duschen). Ab 15 J. 1500 ISK. ⌚ im Sommer.

Englendingavík Homestay, Skúlagata 17, ✆ 840 0314, 🖳 www.englendingavik.is. Das Englendingavík (Engländerbucht) befindet sich im alten Teil der Stadt. In einem Gebäude aus dem Jahr 1890 gibt es charmante, stilvolle Zimmer mit Flair zu angemessenen Preisen. Eine Küche steht Selbstversorgern offen, ansonsten wird im einladenden **Restaurant** direkt am Meer gegessen. ⌚ tgl. 12–21 Uhr. ❸

Hótel Hafnarfjall, Hafnarskógur, Karte S. 225, ✆ 437 2345, 🖳 www.hotelhafnarfjall.is. An der Ringstraße direkt vor der Brücke nach Borgarnes unterhalb des Bergs Hafnarfjall in Alleinlage direkt am Strand inmitten einer Heide- und Buschlandschaft. Das Highlight ist der Hot Pot in den Dünen. Es gibt ein Café/Restaurant, das aber nicht immer auf hat. ❹

ESSEN

Blómasetrið - Kaffi Kyrrð, Skúlagata 13, ✆ 437 1878. Entzückendes Blumen-Café mit gemütlichen Sesseln, herrlich bunter Schnickschnack-Deko und leckeren Toasts. ⌚ tgl. 11–18 Uhr.

Café-Restaurant im Settlement Center, Brakarbraut 13-15, ✆ 437 1600, 🖳 http://english.landnam.is. Ob Torten, Snacks, Lamm- und Fischgerichte, Tortillas, Salate oder nur einen (starken) Kaffee zum Aufwärmen: Das moderne und trotzdem gemütliche Café-Restaurant im 1. Stock über dem Shop lässt keine Wünsche offen. Originell ist auch der Einbau des Restaurants in den Felsen. Abends Reservierung empfohlen. ⌚ tgl. 10–21 Uhr.

Geirabakarí Kaffihús, Digranesgata 6, ✆ 437 1920, 🖳 www.fb.com/geirabakari.ehf/. Hier lassen sich (preiswerte!) Torten und Törtchen mit klasse Meerblick genießen. Filterkaffee zum Nachfüllen. Bonbon für Filmfreunde: Die Geirabakarí ist „Papa John's Pizza" aus *The secret life of Walter Mitty* mit Ben Stiller. ⌚ Mo–Fr 7.30–18, Sa und So 8–17 Uhr.

La Colina Pizzeria, Hrafnaklettur 1b, schräg ggü. des Campingplatzes, ✆ 437 0110, 🖳 www.fb.com/lacolinapizzeria/. Gute Steinofenpizza. ⌚ tgl. 12–21 Uhr.

AKTIVITÄTEN

Reiten/Reiterferien

Hrafnkelsstaðir, ✆ 896 3749, 🖳 www.reiten-in-island.de. Ca. 20 km nordwestlich von Borgarnes (Straße 54) betreibt die Familie der Deutschen Monika Kimpfler mit viel Herzblut eine auf Reiterferien spezialisierte Pferdefarm. Neben Wattritten locken gemütliche Unterkünfte, leckere Mahlzeiten und selbstgestrickte Islandpullis kaufen kann man auch. Eine Woche um die 1500 €, Nicht-Reiter zahlen weniger.

Schwimmen

Schwimmbad, am Ende der Skallagrímsgata, ✆ 433 7140. Großes, gepflegtes Bad mit Innen- und Außenbereich und großer Rutsche direkt am Meer. Die Schließfächer funktionieren mit 10-Kronen-Münzen, die man an der Rezeption bekommt. ⌚ Mo–Fr 6.30–22, Sa und So 9–18 Uhr.

SONSTIGES

Einkaufen

Von der Brücke über den Fjord aus direkt am Ortseingang liegen unübersehbar zwei Tankstellen, die Supermärkte **Bónus**, ⌚ tgl. 10–20 Uhr und **Nettó**, ⌚ tgl. 10–19 Uhr, eine Bank und die Geirabakarí (s. Essen). Hier sollte, wer nicht in Borgarnes übernachtet, anhalten und sich mit Vorräten eindecken. Die nächsten Orte mit größeren Supermärkten sind weit entfernt.

Farmers Market, Brúartorg. Produkte aus der Region. ⌚ Mai–Ende Sep tgl. 10–18, im Winter 12–17 Uhr.

Vínbúðin, Þjóðbraut 13. ⌚ Mo–Do 11–18, Fr 11–19, Sa 11–16 Uhr.

Feste

Brák-Fest, letzter So im Juni, 🖳 www.brakarhatid.is: Zu Ehren der mutigen Kinderfrau Egills (s. Kasten S. 233) wird ein großes Stadtfest mit einer Prozession gefeiert. Rosenmontagsgefühle werden wach, wenn die überdimensionale Brák-Puppe durch die Stadt getragen wird.

Das kleine Städtchen Borgarnes am Borgarfjörður

Informationen

Informationszentrum Westisland, im Einkaufszentrum, ✆ 437 2214, 💻 www.west.is. 🕒 Juni–Aug Mo–Fr 9–17, Sa 10–16, So 12–16, Sep–Mai nur Mo–Fr 10–17 Uhr.

TRANSPORT

Auto

Am Kreisverkehr hinter Borgarnes geht's geradeaus über die Ringstraße Richtung Norden, links über die 54 nach Snæfellsnes.

Busse

Die Haltestelle befindet sich an der N1-Tankstelle.

AKUREYRI mit Strætó-Linie 57 gegen 10.30 und 19 Uhr (Sa nur 10.30, im Winter auch Do nur 19 Uhr) in 5 Std. für 10 260 ISK.

HÓLMAVÍK (über Búðardalur), mit Strætó-Linie 59 Mo, Mi, Fr und So (im Winter nur Fr und So) 1x tgl. zu unregelmäßigen Zeiten in 2 1/4 Std. für 5700 ISK. Im Sommer besteht in Hólmavík Anschluss nach Ísafjörður, siehe 💻 www.westfjords.is.

STYKKISHÓLMUR, mit Strætó-Linie 58 im Sommer 2x tgl., im Winter nur Mo, Mi, Fr und So in 1 1/2 Std. für 3420 ISK. An der Haltestelle Vatnaleið (18 km vor Stykkishólmur an der Kreuzung 54/56) Umsteigemöglichkeit zur Linie 82 nach GRUNDARFJÖRÐUR, ÓLAFSVÍK, RIF, HELLISSANDUR. Im Winter nur Mo, Mi, Fr und So für 2500–4000 ISK.

REYKJAVÍK (Haltestelle Mjódd), mit Strætó-Linie 57 bis zu 7x tgl. in 1 1/2 Std. für 2280 ISK.

Borgarfjörður: zwischen Ringstraße und Langjökull

Die Gegend ist von zahlreichen Straßen durchzogen, die immer wieder an schöne, wenig besuchte Plätze führen, z. B. ans östliche Ende des Borgarfjörður mit seinen unzähligen Bächen, Flüssen, kleinen Seen und fruchtbaren grünen Tälern. Auch Gebiete, in denen sich das Gras seltsam gelb oder tieforange färbt, sind nicht weit. Hier kommt das warme Wasser unbeachtet und ungenutzt an die Oberfläche; die klugen Kühe machen einen großen Bogen um diese Stellen und man sollte es ihnen gleichtun. Die Highlights der Region sind die magischen Wasserfälle **Hraunfossar**, die auf einer Länge von gut 700 m aus schwarzer Lava hervorsprudeln, der große zusammenhängende Birkenwald Islands bei **Húsafell** und das große karge Lavafeld **Hallmundarhraun** mit seinen spektakulären Lavahöhlen.

Bifröst

Die meisten fahren einfach nur durch dieses 250-Seelen-Örtchen hindurch, doch Bifröst ist durchaus eine Option für eine Übernachtung – freiwillig oder aus nebulösen Umständen. Denn wenn beide Passstraßen (die Straße 60 nach Búðardalur oder die Ringstraße nach Akureyri) wegen einer dichten Wolkensuppe gar nicht gut befahrbar sind, ist ein Halt eine gute Idee. Die nähere Umgebung des Ortes lädt zu Wanderungen ein. Es gibt kleine Wäldchen, den Krater **Grábrók** (den man über einen kurzen Pfad auch besteigen kann), den Forellensee **Hreðavatn** (am Südwestufer kann man entlang einer kaum benutzten Straße eine schöne einfache 4-km-Wanderung machen) und den Wasserfall **Glanni**. Letzterer ist bequem in wenigen Minuten vom Parkplatz am Golfplatz aus zu Fuß erreichbar. Hier lohnt es sich, den Weg am Fluss entlang noch etwas weiter zu gehen. Nach kurzer Zeit gelangt man zu einem weiteren schönen Wasserfall, neben dem man Lachse über eine Treppe flussaufwärts springen sehen kann.

Und wer mal ein etwas anderes Studentenleben sehen will, der halte außerhalb der langen Sommerferien nach den Lernenden der Hochschule für Business und Wirtschaft Ausschau. Es heißt, die Uni habe etwa 1000 Studenten – die meisten studieren aber online.

Etwas weiter Richtung Norden steht unübersehbar die schöne **Baula**. Der 3 Mio. Jahre alte Rhyolith-Berg ist 934 m hoch. Erfahrene Wanderer mit guter Kondition und Trittsicherheit können ihn von der Nordseite aus bezwingen.

ÜBERNACHTUNG UND ESSEN

Karte S. 239

Hótel Bifröst, ✆ 433 3030, 💻 www.hotelbifrost.is. Einsam und verlassen steht das große gelbe Hotel mit dem roten Dach inmitten der im Sommer geschlossenen Universität. Große, schlicht eingerichtete Zimmer mit Kühlschrank und eigenem Bad, schönes Restaurant. ❹

Hraunsnef Country Hótel, an der Ringstraße, ✆ 435 0111, 💻 www.hraunsnef.is. Man sieht die eigenwillige Holzkonstruktion, die an ein Fort erinnert, schon von der Straße aus. Das Landhotel mit Bauernhof hat liebevoll und individuell eingerichtete Zimmer, ein leckeres Frühstück und einen Außen-Hot-Pot mit Blick auf einen Bach und einen See. Das Restaurant befindet sich etwas weiter südlich an der Ringstraße bei der Orkan-Tankstelle (Hreðavatnsskáli). 🕒 tgl. 10–22 Uhr. ❺–❻

Varmaland Campingplatz und Schwimmbad (Campingkarte), ✆ 775 1012, 💻 http://tjalda.is/en/varmaland. Sehr einfacher Campingplatz (ohne Dusche, nur kaltes Wasser) am Ende der Straße 527 im Tal ohne eine Ortschaft in der Nähe, aber das in die Jahre gekommene Schwimmbad ist zu Fuß in wenigen Minuten erreichbar. Ab 16 J. 1500 ISK. 🕒 Juni–Aug, Schwimmbad tgl. 9–18 Uhr.

Kompletter Straßenwirrwarr

In Island ist es in der Regel schwer, sich zu verfahren, weil es nur wenige Straßen gibt. Hier, im Gebiet östlich der Ringstraße bis hinauf zum Gletscher Langjökull, ist das anders. Rund um die Mini-Ortschaft Hvanneyri etwa konzentrieren sich unzählige kleine Straßen. Viele sind mit vierstelligen Nummern, andere sind weder durch Nummern noch Straßenschilder gekennzeichnet. Die besten Karten für die mobile Navigation findet man auf 💻 www.ja.is und www.map.is.

TRANSPORT

Die **Bushaltestelle** befindet sich am Haupteingang der Hochschule in Bifröst.

AKUREYRI, mit Strætó-Linie 57 um 10.54 und 19.24 (Sa nur 10.54, im Winter auch Do nur 19.24 Uhr) in 4 1/2 Std. für 9690 ISK.

HÓLMAVÍK, mit Strætó-Linie 59 am Mo, Mi, Fr und So (im Winter nur Fr und So) 1x tgl. über BÚÐARDALUR in 2 1/4 Std. für 5130 ISK.

REYKJAVÍK mit Strætó-Linie 57 um 14.52 und 20.57 (Sa nur 20.57, im Winter auch Do nur 14.52 Uhr) in 1 1/4 Std. für 3420 ISK.

Von Borgarnes nach Reykholt

Auf dem Weg von Borgarnes nach Reykholt bieten sich einige Stopps und Abstecher abseits der Massen an.

Hvanneyri

In diesem 260-Seelen-Ort befindet sich die Landwirtschaftsuniversität – und auch ein Museum zum Thema: **Landbúnaðarsafn**, ⌚ Mitte Mai–Mitte Sep tgl. 11–17, im Winter erst ab 13 Uhr. Ansonsten gibt es im Ort außer ein paar Wanderwegen vor allem Ruhe.

Badestelle Krosslaug

Nach 17 km auf der Straße 50 zweigt rechts die Straße 52 in Richtung Süden ab. Gut 22 km weiter befindet sich auf der linken Seite, nur 50 m von der Straße 52 entfernt, ein kleiner Hot Pot, die Badestelle Krosslaug. Dieser kleine Pool, so unscheinbar und bescheiden, wie er versteckt in einer Art von kleinem Park daherkommt, ist von großer historischer Bedeutung. Hier nämlich ließen sich die ersten Isländer im Jahr 1000 christlich taufen (S. 104). Aber warum ausgerechnet hier im Nirgendwo?

Die Geschichtsschreibung berichtet Folgendes: Längere Zeit schon hatte es in Island Diskussionen darüber gegeben, ob es nicht klug sein könnte, das Christentum anzunehmen. Nicht, weil man sich als Teil dieser Religion fühlte, sondern vor allem um des wirtschaftlichen Vorteils willen. So könnte der norwegische König gnädig gestimmt werden und zu Zugeständnissen bereit sein. Per Beschluss wurde dann tatsächlich beim jährlichen Althing (isländisch: Alþingi, s. S. 196) in Þingvellir festgelegt, dass alle Isländer Christen werden sollten, und zwar sofort. Statt den eiskalten Þingvallavatn als Taufbecken zu wählen, ritten die Isländer lieber bis zur 42 °C warmen Quelle, die seither den Namen Krosslaug, übersetzt „Kreuz-Bad" trägt.

Die Straße 52 führt auf direktem Weg weiter nach Þingvellir, vorbei an einem gar nicht so kleinen Wasserfall und einem schönen Aussichtspunkt, von dem aus man bei guter Sicht sogar den **Eiriks**- und den **Þórisjökull** erspähen kann. Wer diese Strecke mit dem Auto fährt, was in den Sommermonaten möglich ist (im Winter wird nicht geräumt), staunt nicht selten darüber, welch langen Weg die neuen Christen auf sich nahmen.

Fossatún

Wieder (oder immer noch) auf der Straße 50 kommt bald Fossatún in Sicht, wo ein kleines witziges „Land der Trolle" erschaffen wurde. Mit Troll-Skulpturen überall und einem eigenen Troll-Pfad mit einigen unterhaltsamen Spielen ist es vor allem für Kinder eine Attraktion. Hier im Borgarfjörður soll es einst viele dieser unheimlichen Gestalten gegeben haben. Steinar Berg, der Besitzer des **Troll-Landes**, hat gemeinsam mit dem Zeichner Brian Pilkerton (bekannt von ihm sind *Flumbra* und *Die isländischen Weihnachtsmänner*) ein Buch veröffentlicht. *Der letzte Troll* ist in vielen Sprachen, auch in Deutsch, für 2900 ISK an der Rezeption des Country Hotels zu erwerben. Auch wanderfaule Kinder finden Spaß daran, auf den Troll-Wegen die Region zu erkunden, und es geht sich gleich viel leichter zu den **Wasserfällen** oder dem See **Blundsvatn** als sonst. Viele weitere Infos bietet die gute Webseite 💻 https://fossatun.is/. ⌚ Mai–Aug tgl. 10–17, April/Sep/Okt Fr–So 10–17 Uhr, Eintritt ab 16 J. 500 ISK und von 6–15 J. 200 ISK.

Deildartunguhver

15 km weiter, ebenfalls direkt an der Straße 50 (36 km von Borgarnes aus), wartet eine heiße Attraktion: Deildartunguhver, die größte Geothermalquelle Islands. Die Quelle und einige Springbrunnen, deren Fontänen auch schon mal bis zu 3 m in die Höhe geschossen sein sollen, speisen einen kleinen heißen Bach. Angeschlossen sind große Rohre, die die Energie für den Menschen nutzbar machen. Von hier aus fließt das heiße Wasser durch eine unterirdische Leitung bis nach Borgarnes und Akranes.

Und auch direkt vor Ort wird die Hitze zur Lebensquelle: In großen **Gewächshäusern** wachsen Tomaten, die im Selbstbedienungssystem (ca. 500 ISK pro Beutel) verkauft werden. Da

Hitze jedoch nicht Sonne bedeutet, sind die Tomaten recht hellhäutig – aber dennoch eine gute Option, den ansonsten so gemüsearmen Speiseplan Islands etwas aufzufrischen.

70 m oberhalb der Quelle lockt die in Schwarztönen gehaltene stylische Badelandschaft **Krauma**, 💻 www.krauma.is, mit Saunen, Outdoor-Spa-Bereich, Restaurant und Souvenirshop. 🕒 tgl. 11–21 Uhr, Eintritt 5900 ISK.

Reykholt

Weiter geht es auf der Straße 518, die rechter Hand der Straße 50 nach Reykholt abbiegt. Wie der Name („reykur" heißt „Rauch") besagt, gibt es auch hier heiße Quellen, allerdings handelt es sich nur um ein Niedrigtemperaturgebiet ohne darunter schlummernde Magmakammer. Ausgrabungen lassen vermuten, dass hier schon im Mittelalter mit dem warmen Wasser Fußbodenheizungen betrieben wurden. Sicher ist, dass eine solche Heizung ab 1908 ihren Dienst tat.

Im Ort leben heute etwa 350 Menschen. Man fragt sich allerdings, wo sie sich verstecken – so klein wirkt das Dorf. Dafür gibt es gleich zwei Kirchen. Die moderne, alles dominierende Kirche **Reykholtskirkja**, wurde im Jahr 1996 geweiht. Ein Besuch lohnt vor allem im Juli, wenn hier alljährlich am Wochenende Konzerte stattfinden. Unweit befindet sich eine große **ehemalige Schule** (die in den Jahren 1930–1997 als eine der besten des Landes galt und in der heute Vorträge über isländische Kultur gehalten werden) und ein großes Fosshótel.

Direkt hinter der imposanten Kirche legen eine kleine blau getünchte **Holzkirche** inmitten eines fotogenen Friedhofs und einige Ausgrabungsplätze Zeugnis ab von früheren Epochen. Die Kirche aus dem Jahr 1886 wurde Anfang des 21. Jhs. in liebevoller Kleinarbeit restauriert. Es ist, als wäre die Zeit stehen geblieben, und es würde niemanden wundern, wenn Menschen in Trachten hineinkämen, um inbrünstig Kirchenlieder zu singen. Wäre Michel nicht aus Lönneberga, wäre er hier in die Kirche gegangen. Ein kleiner Picknickplatz mit Grillmöglichkeit nebenan lädt zur Rast.

Linker Hand des Parkplatzes führt ein Weg zu einem **alten Stall**. Hier soll ein Künstler ausgestellt haben – zur Zeit der Recherche gab es allerdings keine Anzeichen für aktuelle Ausstellungen. Weiter den Pfad entlang gelangt man zu einem kleinen **Birkenwald.**

Reykholt ist aber vor allem wegen eines ehemaligen Einwohners bekannt: Hier wohnte und starb Snorri Sturluson (1179–1241, ab 1206 wohnhaft in Reykholt und dort ermordet), einer der bedeutendsten Politiker und Dichter des Mittelalters. Sehr wahrscheinlich schrieb der auch als „Homer des Nordens" bekannte Autor hier die Prosa-Edda und die Egills-Saga (S. 120). Snorri berichtete auch von einem heißen Bad im Ort, das bereits im 10. Jh. in Betrieb war und dessen Nachbau, **Snorralaug** (Snorris Bad), heute als touristisches Highlight gilt. Leider darf hier keiner mehr im Wasser entspannen.

Im **Museum Snorrastofa mit Touristeninformation,** 📞 433 8000, 💻 www.snorrastofa.is, unterhalb der neuen Kirche gibt es eine sehenswerte Snorri-Ausstellung. Es geht um seine Schriften, aber auch allgemein um das blutigste Kapitel der Geschichte Islands, das Zeitalter der Sturlungen, das das Ende der Wikinger-Ära markiert. Im Eingangsbereich des Museums ist ein Buchladen untergebracht, in dem Freunde von Snorri, den Wikingern und den isländischen Sagas zahlreiche Bücher finden (auch vergriffene Ausgaben sind hier teilweise noch zu haben). 🕒 tgl. 10–17 Uhr, Eintritt inkl. Audioguide auf Englisch 1500 ISK p. P.

ÜBERNACHTUNG

Außer der großen Ferienanlage in Fossatún gibt es das Fosshótel direkt in Reykholt, sonst einige kleinere Gästehäuser und Bauernhöfe mit Zimmern.

Camping Hverinn, Kleppjárnsreykir, 📞 571 4433 und 863 0090, 💻 www.tjalda.is/en/hverinn und 💻 www.hverinn.is. Großer, moderner Campingplatz (100 Plätze, gestaffeltes Preissystem ab 1600 ISK p. P.) in der Nähe von Deildartunguhver. Freibad, Restaurant und Laden liegen nur wenige Meter entfernt. Eine ausgefallene Idee ist das Hobbit House: zwei mithilfe von Geothermalenergie beheizte Folientunnel mit Grasboden, auf dem man kleine Zelte aufschlagen kann. So bleibt man auch bei

Regen trocken und warm. In einem der Gewächshäuser steht ein Tisch mit Stühlen. 🕒 Mai–Sep.

Fossatún, ✆ 433 5800, 💻 www.fossatun.is. Die vielen Gebäude liegen so großzügig über das Land verteilt, dass man nicht auf den ersten Blick erkennt, dass Fossatún eine ausgedehnte Ferienanlage ist. Es gibt ein **Country Hotel**, ein **Guesthouse**, **Gartenhäuschen** und hölzerne **Campingtonnen** (Schlafsack mitbringen) und einen **Campingplatz** mit mehreren Arealen (ab 5000 ISK pro Wohnmobil/Zelt). Benutzung der 3 Hot Pots für alle Gäste im Preis inbegriffen, ebenso wie der Troll-Pfad, die Gemeinschaftsküche nutzen aber nur Campingtonnen bzw. -häuschen. ❹

Fosshótel Reykholt, Hálsasveitavegur, ✆ 435 1260, 💻 www.islandshotel.is/hotels-in-iceland/fosshotel-reykholt. Mit 118 Betten in 83 Zimmern ein ziemlich großes Hotel, das auch für Konferenzen genutzt wird. Die 3 Sterne sind verdient, denn die Zimmer sind groß und modern. Von außen sieht das Ganze allerdings nicht nach Hochglanz aus. Hauseigenes Restaurant und Außen-Hot-Pot. Manchmal Last-minute-Sonderangebote. ❻

Hverinn Bed and Breakfast, Bragi Geir Gunnarsson, der Betreiber von Restaurant und Campingplatz (s. o.), bietet auch 5 Zimmer mit Gemeinschaftsbad und -küche in einem Gästehaus, zudem 2 Apartments. ❷–❸

ESSEN

Karte S. 239

€ **Hverinn**, Kleppjárnsreykir (bei Deildartunguhver, s. S. 237). Burger, Pizza und Suppe, vom freundlichen Besitzer Bragi, einem Fischer aus den Westfjorden, selbst serviert. Vieles aus den nahen Gewächshäusern („Hot Spring Salad“), auf Wunsch auch vegan zubereitet. Empfehlenswert: *Hverasúpa*, eine Art Gemüsesuppe mit Ingwer und Knoblauch. Außerdem All-you-can-eat-

Suppe mit Brot und Kaffee für 1600 ISK. ⌚ tgl. 10.30–21 Uhr.

Restaurant in Fossatún, mit kleinem, aber feinem Angebot (Lammfilet, Fisch, Pizza und natürlich *Trollburger*) zu fairen Preisen, Livemusik und einer riesigen Schallplattensammlung, aus der auf Wunsch auch aufgelegt wird. Rätselhaft bleibt die Herkunft der goldenen Schallplatten an den Wänden. Die Öffnungszeiten richten sich nach den Gästen.

Staldrið Food Truck (vor dem Krauma-Schwimmbad), 💻 https://staldrid.site123.me. Günstige und Leckere Snacks (Fish & Chips, Hot Dogs), die im kuschelig warmen Gewächshaus nebenan verzehrt werden können.

AKTIVITÄTEN UND TOUREN

Reiten

Sturlureykir, Karte S. 239, ✆ 691 0280, 💻 www.sturlureykir-horses.is. Hier werden edle Turnierpferde gezüchtet und trainiert. Man ist eingeladen, sie zu bewundern. Natürlich darf sich der Pferdefreund auch in einen Sattel schwingen. Die Reitpferde für jedermann sind zwar nicht ganz so wertvoll, aber gut erzogen.

Schwimmen

Sundlaugin Kleppjárnsreykjum, nahe Reykholt, Karte S. 239, ✆ 435 1140. Niedliches kleines Freibad mit nur einem Schwimmbecken und zwei Hot Pots. ⌚ Fr–Mo 8–16 Uhr.

EINKAUFEN

Es gibt einen kleinen Laden im Restaurant **Hverinn** in Kleppjárnsreykir, ⌚ Mo–Sa 11–19, So 11–17 Uhr, und eine **Tankstelle** mit Lebensmittelangebot und Schnellimbiss hinter Reykholt.

Bücher, auch auf Deutsch, verkauft der Buchladen in Reykholt im Eingang des Museums Snorrastofa (S. 238).

The tiny little craftstore, Smátún, 💻 www.fb.com/handverkSmatuni, bietet Kunsthandwerk. Wer hinter dem Schwimmbad in Kleppjárnsreykir auf einer kleinen Holzbrücke den dampfenden Fluss überquert, kommt zum Wohnhaus von Eva Lind. Sie verkauft in einem kleinen Nebengebäude Selbstgestricktes und selbst gemachten Silber- und Perlenschmuck. In Zukunft will sie ihr Repertoire noch erweitern. ⌚ unregelmäßig (wenn man Glück hat, ist Eva da).

TRANSPORT

Auto

Wer bei Borgarnes über die Brücke zurück Richtung Süden fährt und dahinter sofort links in die entgegengesetzte Richtung abbiegt, hat zwar nicht die schnellste Strecke nach Reykholt gewählt, aber die schönere mit einigen interessanten Umwegen.

Busse

Manchmal fährt **Strætó-Bus 81** die Runde Borgarnes–Hvanneyri–Reykholt–Baula–Borgarnes; allerdings nur im Winter, nur an drei Abenden pro Woche und nur in dieser Richtung.

Hraunfossar und Barnafoss

Islandbesucher, die es bis hierhin geschafft haben, haben schon unzählige große und kleine Wasserfälle gesehen. Doch 18 km hinter Reykholt wartet ein ganz besonderer Augenschmaus, der in Staunen versetzt: mehrere hundert Kaskaden, die sich scheinbar aus dem Nichts kommend seitlich in einen Gletscherfluss ergießen! Das ist selbst für isländische Verhältnisse einzigartig. Die **Hraunfossar**, übersetzt Lava-Wasserfälle, sind streng genommen gar keine Wasserfälle, denn ein dazugehöriger Fluss, der sich hier in die Tiefe stürzen würde, ist nicht zu sehen.

Das Wasser sprudelt aus der schwarzen Lava in den Fluss hinunter. Ein Wunder? Das hat man lange Zeit geglaubt. Doch lässt sich das Schauspiel ganz einfach erklären: Der Fluss Hvítá, der die Fälle speist, fließt weit entfernt. Ein Teil seines Wassers versickert im Lavagestein und fließt unterirdisch kilometerweit, bis es sich hier über eine Länge von 700 m wieder in den Fluss ergießt, aus dem es ursprünglich stammt. Die beste Zeit, um die Hraunfossar zu besuchen, ist der Herbst. Denn dann leuchten die vielen Sträucher am Ufer orange, rosa und gelb – ein wunderbarer Kontrast zum türkisfarbenen Wasser.

Ein typischer Wasserfall ist der nahe gelegene **Barnafoss**. Eine tragische Geschichte gab dem „Kinderwasserfall" seinen Namen. Früher einmal soll es einen Steinbogen über dem tosenden Wasserfall gegeben haben, der als Brücke diente. Bis zu dem Tag, an dem die Bewohner der Farm Hraunsás ohne ihre beiden Kinder zur Weihnachtsmesse fuhren. Als sie zurückkamen, waren die Kinder verschwunden, ihre Spuren verloren sich am Steinbogen. Sehr wahrscheinlich sind sie in den Fluss gefallen und ertrunken. Ihre Mutter ließ den Bogen einreißen, damit sich so ein tragischer Vorfall nie mehr wiederholen kann.

Heute befindet sich hier eine Fußgängerbrücke, die es Besuchern ermöglicht, auf die andere Seite des Canyons zu gelangen. Mehr als Fotos kann man dort aber nicht machen, da der Verbindungsweg nach Norden aus Naturschutzgründen geschlossen wurde. Leider klettern immer wieder Menschen auf die durch Seile abgesperrten hervorstehenden Felsen, um noch näher ans Wasser zu gelangen. Damit ignorieren sie nicht nur Naturschutzmaßnahmen, sondern spielen auch mit ihrem Leben.

Oberhalb des Parkplatzes steht ein privat betriebenes WC-Häuschen (Benutzung 100 ISK, passend in eine Kasse des Vertrauens einzuwerfen).

ESSEN

Karte S. 239

Brúarás Geo Center, ungefähr 2 km westlich der Wasserfälle an der Straße 518, ✆ 435 1270, 💻 https://de-de.facebook.com/bruaras. Der futuristisch anmutende Betonbau mit grünem Grasdach beherbergt ein Restaurant mit Touristeninformation und Souvenirshop. Auch hier hat die Pandemie zugeschlagen, und zum Zeitpunkt der Recherche fanden nur vereinzelt Konzerte statt, das Restaurant blieb zu. Die Betreiber hofften aber darauf, bald wieder normal öffnen zu können.

Café Hraunfossar, ✆ 435 1155, 💻 www.fb.com/hraunfossar. Das Holzhaus ist innen spartanisch eingerichtet, bietet aber einen tollen Blick auf die Wasserfälle aus der großen Glasfront, und bei Sonne lassen die Gäste es sich auf der Außenterrasse gut gehen. Tagessuppe, warmes

Das Wasser der Hraunfossar strömt, unsichtbar gespeist, aus den Lavafelsen.

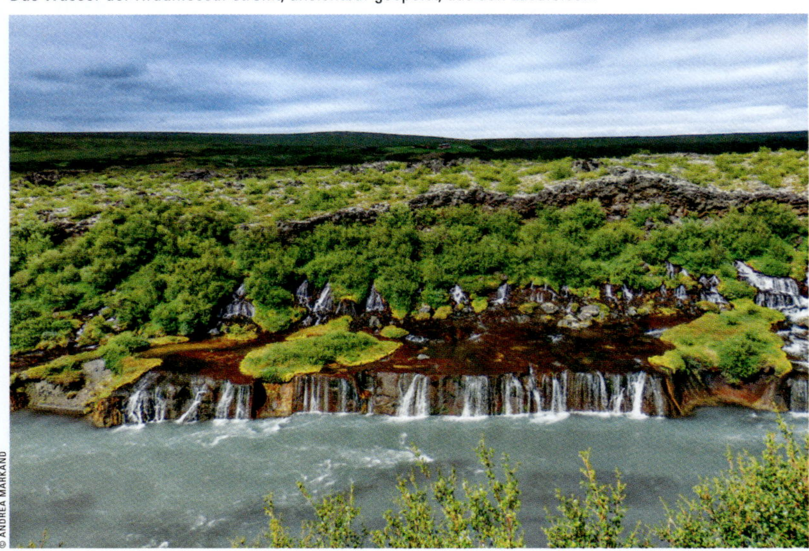

und kaltes Buffet mit Salatbar und frisch gemachte Sandwiches. Kleines Geschäft und Souvenirshop. ⌚ im Sommer tgl. 10–17 Uhr.

TRANSPORT

Anreise über die 518 aus Reykholt bzw. Húsafell. Ein großer Parkplatz steht zur Verfügung, ist aber v. a. gegen frühen Abend relativ voll, wenn Bus-Touristen hier ihren Tagesausflug beenden. Beispiele für Touren s. S. 245.

Über Húsafell ins Lavagebiet Hallmundarhraun

Die 32 km lange Sightseeingtour über Húsafell und das karge Lavafeld Hallmundarhraun bietet ungeahnte Einblicke unter die Erde. Die Route endet kurz hinter Hraunfossar, wo sie wieder auf die Straße vom Hinweg trifft.

Húsafell

Der Weg führt zunächst von den Hraunfossar zu einem von Bergen eingefassten Kessel, in dem sich der größte zusammenhängende Birkenwald Islands befindet. Dann ist Húsafell erreicht, ein modernes Touristendorf mit Schwimmbad, Hotel, Restaurants, Golfplatz, Bars mit Unterhaltungsprogramm, vielen kleinen Sommerhäuschen und einem Campingplatz. Húsafell ist auch der Treffpunkt für alle, die ins Herz des Gletschers Langjökull (s. Kasten) vordringen oder an Höhlentouren teilnehmen wollen. Es gibt ein gut ausgebautes Netz von markierten (oder anderweitig kenntlich gemachten) Wanderwegen.

Die Übersichtskarte über die acht Hauptwanderungen mit Zeitangabe und Kurzbeschreibung findet man im Hotel (Achtung: Die Gehzeiten sind für rasende Rolands, besser immer mit 1,5 multiplizieren). Besonders beliebtes Wanderziel ist die bunte **Schlucht Bæjargil**, südlich von Húsafell jenseits der Straße 518 gelegen. Hier gibt es eine kleine alte Kirche im Tal, einen Wanderparkplatz und mehrere gut markierte Routen, vom kleinen Spaziergang bis zur Kraxeltour. Die beliebteste führt rechts der Schlucht bergauf und links wieder zurück zum Ausgangspunkt. Nach etwas mehr als 30 Minuten lädt eine Bank mit Gästebuch zum Pausieren und Aussicht genießen ein.

Der Weg bis hierhin und noch ein gutes Stück weiter ist steil, aber nicht besonders anspruchsvoll. Dann allerdings gilt es runter in die Schlucht zu klettern, auf ein paar Steinen trockenen Fußes den Fluss zu durchqueren und auf der anderen Seite wieder aufzusteigen. Und dieser Aufstieg hat es in sich, denn man läuft auf losem, sandigem Untergrund – weshalb wir dringend empfehlen, die Wanderung nicht in der Gegenrichtung zu laufen, denn bergab ist die Gefahr abzurutschen nochmal größer. Als Lohn für die Mühe wartet ein toller Blick auf die Absturzkante des Wasserfalls, bevor es über Geröll wieder bergab geht, wo man nach einer weiteren leichten Flussdurchquerung nach gut zwei Stunden wieder am Parkplatz ankommt.

Ins Herz des Gletschers

Der **Langjökull**, mit 925 km² Islands zweitgrößter Gletscher, könnte schon in weniger als 80 Jahren weggeschmolzen sein. Das und mehr erfährt, wer eine Führung auf und in den Gletscher bucht. Hier befindet sich auch eine von Menschen geschaffene Touristenattraktion: Im Jahr 2015 wurde eine 500 m lange Eishöhle in den Gletscher gegraben, der größte Eistunnel Europas, blau-weiß schimmernd und beworben als „Herz des Gletschers“.
Die einfache Tour, durchgeführt mit einem speziellen Truck, dauert 2–4 Std., 💻 www.intotheglacier.is. Es gibt aber jede Menge Kombi-Angebote (ab Reykjavík, mit dem Schneemobil, mit dem Hubschrauber und und und). Im Winter ab Húsafell, im Sommer ab Klaki, 22 900 ISK, Jugendliche (12–15 J.) zahlen die Hälfte. Transfer ab Reykjavík plus Eishöhle 33 999 ISK.

Kaldidalur: Ausflug ins Hochland

Hinter Húsafell zweigt die Straße 550 (auch F550) durch das „kalte Tal“ (isl. Kaldidalur) ab. Die Strecke dorthin eignet sich hervorragend für einen kleinen Test: Bin ich ein Hochland-Fan oder finde ich das karge Land im Inneren Islands

Die Lavahöhlen Surtshellir und Víðgelmir

Die bekanntesten Höhlen im Hallmundarhraun heißen Surtshellir und Víðgelmir. Letztere wird professionell vermarktet und nur noch „The Cave" genannt.

Víðgelmir – The Cave

The Cave, ✆ 783 3600, 💻 www.thecave.is, ist mit 148 000 m³ die größte Höhle Islands und eine der größten Lavahöhlen weltweit. Je nachdem wie die Wände angeleuchtet werden, schimmern sie in den tollsten Farben. Es gibt Stalagmiten und Stalaktiten zu bestaunen. Die Höhle ist nur auf einer geführten **Tour**, ausgerüstet mit Helm und Lampe, zu besichtigen (1 1/2 Std. für 7500 ISK, Jugendliche 12–15 J. 4000 ISK, Reservierung ist i. d. R. nicht nötig, im Winter nur zwischen 10–15, im Sommer 9–18 Uhr). Am Parkplatz befindet sich ein kleines Haus mit Glasfront, wo man im Trockenen warten kann, bis die Tour losgeht.
Anfahrt: Ab Húsafell 10 km auf der Straße 518, dann 2 km auf der löchrigen, aber Pkw-tauglichen Zufahrtsstraße.

Surtshellir und Stefánshellir

Zwischen Stricklava mit gelb schimmerndem Moosüberzug liegt die tiefste Lavahöhle Islands. Surtshellir ist 1,5 km lang und gehört wie die benachbarte Stefánshellir zu einem komplexen Höhlensystem. Es gibt mehrere Eingänge, die vom Parkplatz aus auf einem markierten Pfad alle der Reihe nach zu erreichen sind. Surtshellir ist der vorletzte, Stefánshellir der letzte Eingang. Die Höhlen sind für alle zugänglich. Es ist etwas unheimlich, und wer nur in Schlappen und ohne Helm unterwegs ist, sollte sich nicht zu tief hineinwagen. Es gilt, über große Steine zu klettern. Wer das Gleichgewicht verliert, kann sich schnell verletzten. Vor allem auf Kinder sollte gut achtgegeben werden.
Anfahrt: Wie The Cave, ein paar hundert Meter vor der Höhle rechts auf die geschotterte F578 (Straße zur Arnarvatnsheiði) abbiegen. Auf den 8 km bis zu den Höhlen sind keine Flüsse zu überqueren. Die Straße ist gut, doch wegen des Fs im Namen dürfen die meisten Mietwagenfahrer sie noch immer nicht befahren. Wer direkt zur Stefánshellir will, biegt nicht zum Surtshellir-Parkplatz ab, sondern fährt weiter geradeaus bis zu einem entsprechenden Wegweiser. Zur Stefánshellir sind es dann noch 250 m.

eher deprimierend? Hier scheiden sich nämlich die Geister: Was für die einen nichts als eine öde Wüstenlandschaft ist, empfinden andere als Traum in Orange, Grün, Grau und Blau und damit als den Höhepunkt ihrer Reise. Die 40 km lange Straße ist jedenfalls im Sommer mit einem normalen Auto zu schaffen. Aber Achtung: Viele Autovermieter schließen diese Route ausdrücklich aus (S. 65, Travelinfos von A bis Z).

Wer sich ins Hochland verliebt, kann bis nach Þingvellir fahren (es gibt keine Furten zu meistern). Ratsam ist, diese Strecke nur bei wirklich gutem Wetter in Betracht zu ziehen. Denn was bei Sonnenschein eine herrliche Fahrt zwischen Gletschern verspricht, ist bei Nieselregen deprimierend und bei Starkregen oder dichtem Nebel nicht ungefährlich.

Wer aus dem fruchtbaren Þingvellir kommt, erlebt den Kontrast zwischen dem grünen Island und dem kargen Hochland besonders intensiv. Wenn sich dann, kurz nach dem Abzweig der Straße zum Langjökull, das erste zarte Grün zeigt, wird die Natur wieder lebendig. Viele kleine Vögel sind unterwegs, die aus irgendeinem Grund besonders gern im Tiefflug über die Straße düsen. Also Vorsicht!

Lavafeld Hallmundarhraun

52 km lang und 200 km² groß ist das Lavafeld Hallmundarhraun, das um das Jahr 1000 bei einer Eruption in der Nähe des Langjökull entstanden sein soll. Die Lava floss durch die ganze Ebene bis nach Reykholt, vorbei an den Hraunfossar. Von dort aus konnte man das Feld bis

vor wenigen Jahren noch durchwandern und die riesigen Stricklavaflächen bewundern, doch mittlerweile wurden alle Wege, die an Touristen-Hotspots grenzen, aus Naturschutzgründen gesperrt.

Hier oben aber, wo es Richtung Hochland geht, darf jeder noch laufen, wie und wo er will. Es ist spannend, irgendwo auszusteigen und die Stricklava mit den Händen anzufassen. Das lässt ein Gefühl dafür entstehen, auf welchem Untergrund man gerade fährt. Denn was aussieht wie ein grauer Acker, ist ein gigantisch großes Lavafeld. Hier hat, glaubt man den Sagas, mal der Troll Hallmundur gemeinsam mit seinen Töchtern in einer Höhle gewohnt. Und der Sagenheld Grettir soll sogar einen Winter lang bei ihnen gelebt haben. Ob die besagte Höhle noch existiert, ob es sich vielleicht sogar um **Surtshellir** oder **Víðgelmir (s. Kasten)** handelt, ist nicht überliefert.

ÜBERNACHTUNG

Húsafell ist ein bei Isländern äußerst beliebtes Urlaubsziel, das in einer großen Anlage alles bietet, was der Tourist braucht. Selbst bei schlechtem Wetter sind Restaurant, Bistro und Schwimmbad voll. Und auch auf dem riesigen Campingplatz im Birkenwald, der den ganzen Hang einnimmt, ist ordentlich was los. Ein großes Lagerfeuer wärmt jeden Samstag alle Anwesenden.

Camping Húsafell, ✆ 435 1556, 💻 www.husafell.is. Mehrere durch Hecken voneinander getrennte Campingwiesen im bewaldeten Ferienhausgebiet. Restaurant, Bistro und Schwimmbad sind nur wenige Meter entfernt. Die Ausstattung ist komfortabel – so verfügt etwa das ansprechend in Holz gehaltene Küchenhaus über Kühl- und Gefrierschrank, Herd und Backofen sowie Toaster und Kaffeemaschine. Im Außenbereich lockt ein überdachter Grill. Die Kleinen toben auf dem Spielplatz mit Trampolin, und wer mag, spielt Basketball oder verausgabt sich auf dem Beachvolleyballplatz. 1980 ISK (Duschen und Waschmaschinenbenutzung inkl.), Kinder (7–17 J.) 990 ISK. Wer länger als eine Nacht bleibt, bekommt Rabatt. 🕒 im Sommer.

Ein zweiter, etwas günstigerer **Campingplatz** liegt 2 km entfernt in Reyðarfellskógur (1500 ISK p. P., kein Strom).

Hótel Húsafell, ✆ 435 1551, 💻 www.husafell.is. Sehr schönes Hotel mit 39 Standard- und 6 Deluxe-Zimmern, 2 Suiten und einem Sommerhaus für 5 Pers. ❼–❽

ESSEN

Zur Anlage des Hótel Húsafell gehört ein schickes **Restaurant** (das nicht nur wegen der vor sich hin dudelnden Lounge-Musik an ein deutsches Nobelhotel-Restaurant erinnert), in dem man sehr fein und leider auch entsprechend teuer speist. 🕒 Sommer tgl., Winter nur am Wochenende, 12–14 und 18–21 Uhr, Dez und Jan geschl.

Gäbe es nicht das noble Restaurant nebenan, würde das **Bistro** sicherlich Restaurant heißen. Es gibt Pizza und Salate und man sitzt dicht gedrängt, aber die Tische sind stilvoll mit Wein- und Wassergläsern und Stoffservietten eingedeckt. Alles andere als ein billiges Schnellrestaurant, aber das Essen ist seinen Preis wert. 🕒 Sommer tgl. 11–21 Uhr.

SONSTIGES

Einkaufen

Mini-Markt, in Húsafell. Neben Lebensmitteln auch Gebrauchsartikel, z. B. Windeln. 🕒 tgl. 9–21 Uhr.

Floaten

Zwei 90 cm tiefe Schwimmbecken, ein 39–43 °C heißer Hot Pot, eine Rutschbahn und ein ungewöhnlich trichterförmig zulaufender, etwas kühlerer Pool, dazu der herrliche Blick auf die Berge: Das **Freibad in Húsafell** ist zu Recht äußerst beliebt. Bahnen schwimmen kann allerdings schwierig werden, denn schnell fühlen sich jene Menschen gestört, die auf dem Rücken liegend reglos durchs Nass treiben. Solange „Floating" im Trend liegt, heißt es hier: chillen. Eine luftgefüllte Kopfhaube und zwei mit Klettverschlüssen um die Knie gewickelte Auftriebshilfen bekommt man für 2500 ISK am Eingang. Im Schwimmbad gibt es einen Fön, aber keine Schließfächer. Wertsachen können an der Kasse abgegeben werden. 3800 ISK, Kinder (6–14 J.) 1500 ISK. ⏲ immer aktuell auf 💻 www.husafell.com/activities/thermal-baths. **Húsafell Canyon Baths**, für schlanke 9900 ISK p. P. führt einen ein Guide auf geheimen Wegen und vorbei am Langifoss zu einem versteckten Kleinod: Hier liegen herrliche Warmwasser-Freiluft-Badebecken mitten in der Natur (die hölzerne Umkleide muss man sich halt wegdenken), die man über 64 Stufen erreicht. Alles in allem dauert die einfache Hot-Pot-Wanderung 2 Std., eine halbe davon ist Badezeit. Teenager zahlen die Hälfte, Kinder unter 10 J. dürfen so mit. ⏲ ganzjährig, aber im Winter oft nur auf Anfrage, s. auch 💻 www.husafell.is/afthreying/husafell-giljabod.

TRANSPORT

Auto

Schöne Runde über die Schotterstraße 523 (bei Google auch hinter Húsafell als 518 geführt, also davon nicht irritieren lassen). Nach Borgarnes zurück geht es entweder auf der Asphaltstraße **518** oder auf der nicht asphaltierten Straße **523** auf der nördlichen Flussseite. Hier liegen schöne einsame Bauernhöfe oftmals idyllisch neben ihrem hauseigenen Wasserfall. Wer die Runde in der Gegenrichtung fahren will, muss schon vor den Hraunfossar links abbiegen, dort wo die Straße ein einziges Mal als **519** ausgeschildert ist und dann doch als 518 weitergeht. Das hört sich schlimmer an, als es ist, denn in Wirklichkeit fährt man einfach geradeaus.

Busse

Es gibt keine Linienbusse auf dieser Strecke. Busreisende sind auf Tagestour-Anbieter angewiesen, entweder in Kombination mit dem Besuch einer der beiden Lavahöhlen oder der Eishöhle am Langjökull-Gletscher. Ab Reykjavík i. d. R. mit Stopp an den Hraunfossar (S. 240) und Deildartunguhver (S. 237). Beispiele:
Gray Line, 💻 www.grayline.is. Reykjavík–Víðgelmir-Höhle–Schwimmbad in Húsafell.
Into the Glacier, 💻 www.intotheglacier.is/tours. Reykjavík–Eistunnel–Víðgelmir-Höhle.
Reykjavik Excursions, 💻 www.re.is/day-tours. Reykjavík–Hraunfossar–Húsafell–Víðgelmir-Höhle oder auch in die Eishöhle Langjökull.

Snæfellsnes

Die Halbinsel Snæfellsnes wird oft „Miniatur-Island" genannt, denn fast alle typischen Landschaftsformen gibt es hier auf engstem Raum zu sehen. Viele machen in diese Region einen Tagesausflug (s. auch Kasten) und erleben so Island im Zeitraffer. Das ist zwar besser als nichts, aber die tiefe Ruhe und vor allem Magie, die dieses ganz besondere Stück Land ausstrahlt, bleibt dann auf der Strecke.

Die Halbinsel ist 80 km lang und 10–20 km breit. Die Einwohnerzahl liegt bei knapp 4000, verteilt auf fünf Fischerdörfer und unzählige kleine Farmen. Die Straße 54, der **Snæfellsnesvegur**, führt einmal rund um die Halbinsel. Den Kreis im äußersten Westen beschreibt die Straße 574. Es gibt vier Passstraßen, die Nord- und Südküste verbinden – sie sind allerdings immer mal wieder wegen winterlicher Straßenverhältnisse selbst im Sommer gesperrt. Der Gletscher und Vulkan **Snæfellsjökull**, der 2001 Mittelpunkt eines nach ihm benannten Nationalparks wurde, ragt als unübersehbares Markenzeichen der Region stolze 1446 m empor.

Einmal rund um Snæfellsnes

Die 290 km lange Rundtour beginnt in Borgarnes und führt im Uhrzeigersinn einmal um die Halbinsel Snæfellsnes herum bis nach Búðardalur. Von hier aus ist die Weiterreise nach Norden Richtung Westfjorde, nach Staðarskáli im Nordosten (wo man wieder auf die Ringstraße trifft) oder die Rückreise über Bifröst (S. 236) zurück Richtung Reykjavík möglich. Die Tour kann natürlich auch in entgegengesetzter Richtung gefahren werden.
Wichtige Info für **Selbstversorger**: Die letzte Einkaufsmöglichkeit vor Beginn dieser Runde ist in Borgarnes. Der nächste größere Supermarkt findet sich erst wieder an der Nordküste.

Nördlich und südlich von Snæfellsnes liegen unzählige kleine Inseln. Zu sehen sind zahlreiche Vögel – darunter auch Adler –, im Meer tummeln sich Wale und an den Stränden dösen Seehunde in der Sonne. Die Region begeistert außerdem mit einem weit verzweigten Höhlensystem, einer bröseligen und felsigen Steilküste, allen erdenklichen Arten von Stränden, Lavafeldern und vielen kleinen und größeren Wasserfällen. Und auch ein paar heiße Quellen sprudeln hier.

Im Norden grenzt Snæfellsnes an den **Breiðafjörður**, dessen Ökosystem ebenfalls geschützt ist. Wer mag, kann die Fahrt in die Westfjorde um etliche Kilometer abkürzen und mit einer Fähre übersetzen.

Von Borgarnes über Eldborg nach Búðir

Kurz hinter Borgarnes beginnt an einem Kreisverkehr die Straße 54 (Snæfellsnesvegur), die der Küstenlinie bis kurz vor Arnarstapi folgt.

Eldborg und Gerðuberg

Ein Höhepunkt der Strecke ist der 60 m hohe Lavaring **Eldborg** („Feuerburg"), der letztmalig vor etwa 6000 Jahren ausgebrochen ist. Von der ca. 2,5 km südlich von Eldborg gelegenen **Farm Snorrastaðir** aus führt ein Wanderweg über das Lavafeld mit lilafarbenem Gestrüpp bis zum Fuß von Eldborg. Nach etwa einer Stunde erreichen Wanderer dann den oberen Rand des ebenmäßig geformten, 50 m tiefen und 200 m breiten Kraters. Bitte vorsichtig sein: Es geht sehr steil hinauf und hinab; nicht über Absperrungen treten!

Der Zugang zur einst lauschigen natürlichen Badestelle **Landbrotalaug** war zum Zeitpunkt der Recherche vom Landbesitzer wegen zu viel Müll und Unrat gesperrt, sodass die nächste zugängliche Attraktion auf der Route die 500 m lange Basaltfelsen-Mauer **Gerðuberg** ist. Vorbei an der kleinen Kirche von **Ytri Rauðamelur** (vor dem roten Hügel ein schönes Fotomotiv) und über einen sehr grob geschotterten, nicht kleinwagentauglichen Weg lohnt sich bei gutem Wetter von dort aus der Abstecher zum einfach besteigbaren roten Berg **Ytri Rauðamelskúlur** und ins malerische Tal **Urðadalur**.

Abzweig zur Passstraße 56 (Vatnaleið)

Weiter auf der Straße 54 fährt man auf die ersten höheren Berge zu. Rechts Gebirge, links Küste und ab und zu ein Bauernhof – viel mehr gibt es lange Zeit nicht zu sehen. Rechts geht an einer Straßenkreuzung die Passstraße 56 Richtung Nordküste ab. Hier verlässt auch der Bus nach Stykkishólmur die Südküstenstraße (Bushaltestelle Vegamót, was übersetzt einfach nur „Straßenkreuzung" heißt). Autofahrer, die diese Passstraße nehmen, sollten kurz nach Erreichen des Scheitelpunkts des Passes, wenn es schon wieder bergab geht, links auf dem Parkplatz anhalten und querfeldein schräg links zu dem von der Straße aus nicht sichtbaren (und nicht ausgeschilderten) **Selvallafoss** spazieren. Kleine Personen können auch hinter dem Wasserfall durchgehen. Jedenfalls wenn dort grad keine Schafe liegen, denn nicht ohne Grund trägt der Fall den Beinamen „Schafs-Wasserfall". Hier oben verlaufen viele weitere lohnende Wanderwege, z. B. zum und um den See **Baulárvallavatn**.

Ölkelda

13 km nach der Kreuzung Vegamót führt vom Snæfellsnesvegur rechter Hand eine kleine Straße zur Farm Ölkelda. Hier gibt es eine Mineralquelle, deren rostrot gefärbtes Wasser getrunken werden kann und besondere Heilkräfte haben soll (so ziemlich gegen jedes Leiden).

Seehundkolonie bei Ytri Tunga

Faul und bräsig nehmen sie ein Sonnenbad und lassen sich bereitwillig fotografieren, die Seehunde am Strand südlich der Farm Ytri Tunga. Allerdings liegen sie nicht direkt am Strand, sondern gut getarnt draußen auf den schwarzen Steinen. Man muss also ein Stückchen über Steine kraxeln und die Augen offenhalten. Oft erkennt man sie nur an den großen Kulleraugen. Und auch dies nur bei Ebbe, denn bei Flut sind die Steine überspült und es wird geschwommen, nicht gefaulenzt. Ein dritter, wichtiger

Punkt für alle, die Seehunde sehen wollen, ist das Wetter: Denn auch ein Seehund sonnt sich nur bei Sonne. Ist man aber zur richtigen Zeit am richtigen Ort, kann man den doch ziemlich großen Tieren sehr nahekommen.

An der Küste lohnt ein ausgiebiger Strandspaziergang Richtung Westen. Nach ungefähr 15 km durch Sand und Dünen kommt man zum breiten langen weißen Strand östlich von Búðir, der von der Straße aus nicht zugänglich ist.

Bjarnafoss

Fans von Wasserfällen stoppen am Bjarnafoss (auch Bjarnarfoss) mit einer Fallhöhe von 80 m, der sich gut von der kleinen Brücke aus fotografieren lässt. Vom Parkplatz ist es kein weiter Weg. Es ist auch möglich, ganz hinauf zu klettern und die eindrucksvollen schwarzen Basaltsäulen aus nächster Nähe zu betrachten. Aber bitte nur mit festem Schuhwerk und nicht, wenn es gerade geregnet hat: Dann ist der Pfad zu glitschig und vor allem das Runtersteigen wird zum Problem.

Búðir

Kurz hinter dem Wasserfall wird die Straße 54 zur Passstraße, die weiter nach Norden führt, während die links weiterführende Straße 574 einmal im Bogen um den Snæfellsjökull durch den gleichnamigen Nationalpark verläuft. Nach wenigen Metern zweigt links der Weg nach Búðir ab. Die fotogene schwarze Holzkirche, ein Überbleibsel eines bis 1930 bedeutenden Handelsplatzes, ist schon von Weitem sichtbar.

Heute gibt es hier neben dem Gotteshaus samt Friedhof nur noch ein Hotel. Die Kirche ist nicht wirklich antik, aber nach einem Brand zumindest originalgetreu nachgebaut worden.

Die Existenz des recht großen Friedhofs ist ein Indiz dafür, dass hier einmal viele Menschen

Axlar-Björn, der Travellerkiller

Rechts der Straße 574 liegt der 433 m hohe Berg Axlarhyrnar und links der Straße das **Guesthouse Öxl**. Im 16. Jh. war es keine gute Wahl, hier zu wohnen, denn der wohl bekannteste Massenmörder der isländischen Geschichte trieb in dem Haus sein Unwesen. Ein denkbar schlechter Herbergsvater war der 1555 geborene Björn. Statt seine Gäste zu verwöhnen, erschlug er sie hinterrücks mit seiner Axt und versenkte ihren Leichnam in einem Teich im Lavafeld. Pferde, Geld und Kleidung behielt er als Bezahlung ein. Wie viele Reisende er auf dem Gewissen hatte, ist nicht bekannt. Mindestens 18 sollen es gewesen sein. Sicher ist, dass der Mörder seine Taten mit dem Leben bezahlte: 1596 wurde er hingerichtet.

Axlar-Björn hieß Björn übrigens nicht wegen seiner Tötungsmethode (auch wenn das oft behauptet wird), sondern wie damals üblich wegen seines Wohnorts, der Farm Öxl (Axlar ist der Genitiv von Öxl = Achsel, Schulter).

Heute ist das Guesthouse, s. Karte S. 250, ✆ 771 7356, mit 4 Schlafzimmern, im Netz als „Öxl Snæfellsnes" zu finden, frisch renoviert mit Sauna und Sonnenterrasse und für die guten Absichten der Besitzerin Inga legen wir unsere Hände ins Feuer.

lebten. Sind die wirklich alle weggezogen? Die neblige, auf eigenartige Weise leicht gruselige Krimi-Stimmung, die hier oft herrscht, lässt auch andere Spekulationen zu – vor allem nach dem Lesen der Geschichte von Axlar-Björn (s. Kasten). Aus eigenem Erleben können wir von mysteriösen Begegnungen berichten: Bei einer Wanderung durchs Lavafeld stand plötzlich wie aus dem Nichts ein verschrobener alter Isländer vor uns. Er raunte uns zu, dass hier etwas nicht mit rechten Dingen zugehe. Ständig verschwänden auch heute noch Menschen, aber das werde von den Behörden vertuscht. Wir sollten niemandem trauen, der plötzlich vor uns stünde und uns anspräche ... Dann war er, so plötzlich wie er gekommen war, wieder verschwunden.

Ein bisschen Gänsehautfeeling gibt es also auch heute noch. Menschen, die sich gerne gruseln, sind in Búðir definitiv gut aufgehoben. Die Kombination aus Hotel, abgefackelter und wiederaufgebauter Kirche, Friedhof und Lavafeld bietet jedenfalls die ideale Kulisse für Kopfkino aller Art. Auch Sigga und Agnes, zwei selbst ernannte Hexen, fanden das Flair einmalig und haben in einer roten Hütte ihren „magischen Shop" eröffnet. Falls offen: Unbedingt reingehen.

Spaziergänge rund um Búðir

Das große Lavafeld rund um Búðir lädt zum Spazierengehen ein: Man hat die Wahl zwischen dem weißen Sandstrand in Richtung Osten, der aufregenden Felsküste, die direkt hinter dem kleinen Friedhof beginnt, und einer ausgedehnten Wanderung quer durch das riesige Lavafeld in Richtung Arnarstapi. Hier geht es durch Burgen und Schlösser aus roter, grauer, gelber und schwarzer, manchmal auch bemooster Lava zunächst in Richtung des braun-blau-hellgrünen Vulkankraters **Búðaklettur**, dann links um ihn herum und über eine kleine Anhöhe, hinter der sich der Eingang zum Höhlensystem **Búðahellir** verbirgt. Hier ist der einfachste, weil größte Einstieg in die weit verzweigte Unterwelt.

Es gibt zahlreiche weitere Ein- bzw. Ausgänge, die aber aus gutem Grund nicht als solche gekennzeichnet sind. Denn die unterirdischen Gänge sind teilweise einsturzgefährdet und so zahlreich, dass man sich schnell verirren kann. Menschen sollen hier im Erdboden verschwunden und erst in Surtshellir (S. 243) und sogar auf Reykjanes wieder ans Tageslicht gekommen sein. Wer also irgendwo im Lavafeld ein Loch mit einem befestigten Seil findet, kann zwar daran herunterklettern (Achtung: Die Lava ist hier so scharf, dass man sich schnell schneidet, und auch Platzwunden am Kopf sind nicht selten), wir raten aber dringend davon ab, unter der Erde ohne ortskundigen Führer weiterzulaufen. Ansonsten finden Wanderlustige gegenüber des Hotels eine gute Karte mit allen Pfaden.

ÜBERNACHTUNG UND ESSEN

Karte S. 250

Campingplatz Snorrastaðir, ✆ 863 6628, 🖳 https://tjalda.is/snorrastadir/ und 🖳 https://parka.is/snorrastadir. Netter Platz am Fluss, geteilt in 2 Areale. Die Gemeinschaftsküche ist zusammengeschustert, aber gut ausgestattet. Für isländische Campingplatze relativ viele Sitzgelegenheiten im Warmen (Stühle, Tische und ausrangierte Kunstledersofas zum rumlümmeln). 3500 ISK pro Zelt/Wohnmobil. ⌚ ganzjährig.

Guesthouse Hof, Hofgarðar, ✆ 846 3897, 💻 www.gistihof.is. Direkt an der Straße 54 in Alleinlage. Das längliche gelbe Haus mit Grasdach ist aufgeteilt in 6 Einzelhäuser, die jeweils mehrere unterschiedlich große Zimmer und Gemeinschaftsräume mit Küche beherbergen. Alle Häuser haben Meerblick und einen Hot Pot auf der Terrasse. Es sind nur wenige Gehminuten bis zum Strand, von dem aus man in ungefähr 30 Min. zu Fuß zu den Robben in Ytri Tunga spazieren kann. Frühstück extra. ❷–❸

Hotel Búðir & Restaurant, nahe der kleinen schwarzen Kirche mit Friedhof, ✆ 435 6700, 💻 www.hotelbudir.is. Es gibt exklusive Hochzeits-Arrangements mit Fotograf, aber auch ohne Ring am Finger lässt es sich in den auf luxuriös-alt gemachten Suiten mit toller Aussicht auf das Lavafeld und den Gletscher herrlich stilvoll wohnen. Insgesamt 28 Zimmer, die Standardzimmer sind etwas einfacher und moderner eingerichtet. Wenn es mal etwas Feines zum Essen geben soll, z. B. Meeresfrüchte oder Lamm, ist das Hotelrestaurant definitiv die erste Wahl. Auch Gäste, die nur die Tagessuppe konsumieren, werden zuvorkommend bedient. ❻

Lýsuhóll, Snæfellsnesvegur, ✆ 435 6716, 💻 http://lysuholl.is. Ein Pferdehof (s. Aktivitäten) mit Reithalle, einem kleinen Restaurant-Café und unterschiedlich großen Blockhäusern: Urig und gemütlich sind die 3 kleineren, älteren Häuschen. Die größeren, moderneren Häuser bieten mehr Komfort und Platz. Ausstattung (in den größeren im Ikea-Stil, in dem kleineren alt-isländisch mit moderner Küchenausstattung) und Aussicht sind bestens und die nette Gastgeberfamilie (Jóhanna, Agnar und ihr Sohn) steht mit Rat und Tat, aber auch mit wertvollen Tipps zur Region zur Seite. Gäste dürfen im hauseigenen Fluss Forellen angeln, und das öffentliche Schwimmbad (s. u.) ist fußläufig erreichbar. Frühstück und Abendessen gegen Aufpreis. ❹–❺

Hjá Góðu Fólki, ✆ 892 5667. Das nette Café-Restaurant mit Terrasse an der Kreuzung der Straßen 54/56 (Vegamót) ist ein beliebter Stopp für den Kaffee zwischendurch, aber auch die Suppen und selbstgebackenen Kuchen sind klasse. ⌚ meist 13–20 Uhr.

AKTIVITÄTEN

Reiten

Lýsuhóll, s. Übernachtung. Die Familie hat das erklärte Ziel, Pferde mit besonders gutmütigem Charakter zu züchten, sodass man sich weniger aufs Reiten konzentrieren muss und die spektakuläre Umgebung bewundern kann. Das Angebot reicht von kurzen Ausritten zum Strand (ab 12 000 ISK) bis zu mehrtägigen Touren.

Stóri-Kambur, an der Straße 574 etwa 10 km westlich von Búðir, Karte S. 250, ✆ 852 7028, 💻 https://storikambur.is. Das junge Team rund um Sigurður bietet einstündige Anfängerritte (ab 7 J. 10 000 ISK), Strand-Tagestouren, einen 5-Std.-Mitternachts-Ritt zum Gletscher u. v. m.

Schwimmen

Lýsulaug, ✆ 433 9917, 💻 https://sundlaugar.is/sundlaugasafn/lysulaugar/. So ein tolles Naturerlebnis, dass das wunderschöne kleine Thermalbad mit den zwei Hot Pots sogar eine Facebookseite hat: 💻 www.fb.com/lysulaugar/. Das Wasser ist nicht gechlort, sondern kommt aus einer natürlichen Mineralquelle, was sehr gesund sein soll. Allerdings ist der Boden wegen Grünalgenbewuchses ziemlich glitschig, vor allem im großen Becken. Wertsachen können an der Rezeption abgegeben werden. ⌚ Juni–Aug 11–21 Uhr, sonst seltener. Eintritt 1500 ISK, Kinder 10–17 J. 500 ISK.

TRANSPORT

Auto

Die Küstenstraße 54 ist sehr schön und ohne größere Steigungen.

Busse

Es gibt leider keine Busanbindung. Man kann sich von der Haltestelle Vegamót (Kreuzung 54/56) abholen lassen oder trampen.

Die Südküste um Arnarstapi und Hellnar

Schon kurz vor Arnarstapi wartet die erste Attraktion: ein geologischer Abenteuerspielplatz für Erwachsene. Es ist nass, kalt und doch wunderschön in der **Rauðfeldsgjá** am Botnsfjall. Was aussieht wie ein kleiner Durchlass zwischen zwei Felsen, entpuppt sich schnell als aufregende Klettertour in eine schöne Schlucht. Man folgt dem Bach und kann – je nach Mut – unterschiedlich weit in die Schlucht hineinkraxeln. Achtung: Während die ersten Meter mit etwas Geschick von Stein zu Stein hüpfend noch trockenen Fußes überwunden werden können, versperrt schon bald ein großer Felsbrocken den Weg, an dem das Wasser rechts und links vorbeifließt. Klettern ist möglich, doch der Durchlass eng und man wird ziemlich sicher nass. An der nächsten Kletterstelle durch die Klamm kann man ein Seil zu Hilfe nehmen. Und der Lohn für all die Mühe? Ein wunderschöner versteckter Wasserfall!

Arnarstapi

Im kleinen Fischerort an der Küste leben heute nur noch sehr wenige Menschen. Im Sommer werden es mehr, denn dann reisen Fischer an, die von hier aufs Meer hinausfahren. Im frühen 18. Jh., als die Dänen in Arnarstapi ihr Handelsmonopol ausübten, gab es noch 28 Höfe mit fast 150 Bewohnern. Wer sich heute nicht im Fischfang verdingt, versucht mit dem Tourismus etwas Geld zu verdienen.

Neben einem hübsch anzuschauenden roten Haus mit Grasdach (gehört zum Arnarstapi-Center) weist ein großes Hinweisschild auf den Beginn einer langen Wanderung, die zum **Mittelpunkt der Erde** führt. Jules Vernes Geschichte fasziniert Leser seit der Erstauflage 1886 bis heute, auch wenn die geologische Theorie, die hinter der Idee steckt, längst überholt ist (mehr zum Buch s. S. 255).

Viele Wanderer kommen vor allem im Sommer hierher und begeben sich auf die **Tour von Arnarstapi nach Hellnar** (je Strecke 2,5 km, Gehzeit 45 Min.), die aus gutem Grund so beliebt ist: Das schwarze, stark erodierte Gestein bildet eine sehenswerte Steilküste, die zahlreiche Vögel beheimatet. Der einfach zu wandernde Weg führt von Arnarstapi zunächst zum **Gatklettur**. Dieses Felstor ist ein Muss für Vogelbeobachter und seit Langem berühmt, denn bereits 1810 berichtete der reisende Schotte Sir George Mackenzie, der als Mineralienforscher auf Is-

land unterwegs war, in seinem Buch *Travels in the Island of Iceland* über dieses Naturschauspiel. Ihn faszinierte der Fels mehr als die Vögel. Weiter geht der Weg leicht auf und ab durch Lavaformationen an der Küste entlang bis nach Hellnar.

Hellnar

Auf Snæfellsnes war man schon immer offen für Spiritualität – und Hellnar, an der südlichsten Südspitze gelegen, war und ist die Hochburg dieser Lebensanschauung. Hier gibt es Elfenhügel und eine magische, niemals versiegende Quelle. Lífslind Hellnamanna (wörtl. „Lebensquelle der Bewohner von Hellnar") hieß sie einmal, heute wird sie **Maríulind** (dt. „Marienquelle") genannt. Es wird gemutmaßt, dass diese Umbenennung auf eine Marienerscheinung des Bischofs Guðmundur des Guten im Jahr 1230 zurückgeht. Oberhalb der Quelle steht heute eine hübsche weiße Marienstatue. Der Weg dorthin beginnt am Hotel Hellnar und führt erst auf den Wanderweg Richtung Arnarstapi, dann aber links nach Nordwesten Richtung Skjaldartröð. Ein paar hundert Meter rechts den Berg hinauf liegt die Marienquelle.

Auf dem Parkplatz am alten Hafen ist meist viel los, etwas weniger voll ist es an der etwas oberhalb gelegenen schönen Kirche aus dem Jahr 1945 (leider meist verschlossen). Auch hier kann das Auto geparkt werden, und wer Glück hat, erlebt auf den Stufen der kleinen Kirche mit Blick aufs Meer besinnliche Minuten ohne andere Gäste.

ÜBERNACHTUNG UND ESSEN

Arnarstapi

Außer einem großen Hotel, das den ganzen Ort beherrscht, lassen sich in der näheren Umgebung noch einige Cottages und Häuser mieten.

Arnarstapi Center, ✆ 435 6783, 💻 https://arnarstapicenter.is. Alles in einer Hand: 36 Zimmer im Arnarstapi Hotel, 10 Cottages in moderner Holz-Glas-Optik und 19 einfache 2-, 3- und 4-Bettzimmer im Arnarstapi Guesthouse. **Camping** ist auch möglich, der Platz mit 2000 ISK p. P. allerdings teuer, denn ohne Regen- und Windschutz und nur spärlich mit Duschen (500 ISK extra) ausgestattet. ❹–❽

Die **Restaurants Snjófell** (beim Hotel), **Stapinn** (gegenüber) und **Arnarbær** (beim Campingplatz)

Bárður Snæfellsás, Schutzpatron der Halbinsel

Unübersehbar ragt bei Arnarstapi eine imposante Steinfigur des Künstlers Ragnar Kjartansson empor. Sie zeigt **Bárður Snæfellsás**, einen Halb-Titan, der irgendwann im 9. Jh. der Halbinsel ihren Namen – „Schnee-Berg-Halbinsel" – gab. Er soll mit seiner Familie auf der Farm **Laugarbrekka** gelebt, im damals noch warmen Pool **Bárðarlaug** gebadet und in der **Sönghellir** alle wichtigen Entscheidungen getroffen haben. Des Weiteren wird von einem Familienstreit erzählt, der mit dem Tod einer jungen Riesin endete. Der Schuldige, Rauðfeldur, wurde von Bárður in eine Schlucht geworfen, die seitdem **Rauðfeldsgjá** heißt. Bárður zog danach von dannen in Richtung Gletscher, wo er sich heute noch aufhalten soll. Und von wo aus er über die Halbinsel und seine Bewohner wacht.

bieten von Pizza über Fisch alles, was das Herz begehrt. ◷ tgl. 10–22 Uhr.

Samkomuhúsið á Arnarstapa, unscheinbares, aber geschichtsträchtiges Gemeindehaus mit jeder Menge Uraltkram und übersichtlicher, aber toller Speisekarte. Den 1. Preis auf der Lecker-Skala kriegt das selbstgebackene Brot. ◷ tgl. 10–15 Uhr.

Hellnar

Fosshotel Hellnar, Brekkubær, ✆ 435 6820, 💻 www.islandshotel.is. Traditionshotel mit toller Terrasse und in herrlicher Lage. Die karge Ausstattung mancher Zimmer steht aber in Kontrast zum schmucken Restaurantbereich, wo man Biowein oder -bier schlürft und nicht ganz billig speist. Aber wer nicht eingekauft hat, bekommt in Hellnar sonst nichts zu essen (falls das Fjöruhúsið Café geschlossen hat oder der Kuchen dort ausverkauft ist). 8

Fjöruhúsið Café, direkt am Kieselstrand (hier endet bzw. beginnt der Wanderweg zwischen Hellnar und Arnarstapi), ✆ 435 6844. Manchmal sieht es aus, als sei das kleine Café in dem urigen halbverfallenen Holzhaus geschlossen, und immer wieder gibt es Gerüchte, es sei tatsächlich für immer zu. Auch wenn das Haus verschlossen aussieht: Wer beherzt die Klinke runterdrückt, wird mit einem ganz besonderen Erlebnis belohnt: Genauso könnte ein isländisches Café vor hundert Jahren ausgesehen haben – es ist, als sei dieser Platz aus der Zeit gefallen. Er ist nicht extra für Touristen so gemacht, sondern so authentisch wie die Betreiberin Sigríður. Innen nur wenige Tische, aber urige Außenterrasse mit Blick auf die Felsen. Es gibt eine kleine Speisekarte, die jedoch nicht als verbindlich betrachtet wird, sodass sich nur ganz allgemein sagen lässt: Es gibt hauptsächlich selbstgebackenen Kuchen und manchmal auch Fischsuppe. ◷ Nur im Sommer und oft einfach so, wie es Sigríður gerade passt. Kernzeit ist aber 12–18 Uhr.

AKTIVITÄTEN

Glacier Paradise (Büro im Samkomuhúsið), ✆ 861 2844, 💻 https://glacierparadise.is, bietet allerhand Ausflüge rund um den Gletscher, z. B. eine 3-std. Schneekatzen-Tour für 16 000 ISK.

TRANSPORT

Wer mit dem Auto von Arnarstapi an die Nordküste nach Ólafsvík will, hat ab hier drei Möglichkeiten: Die **Passstraße 54** ist die schnellste, allerdings ist es auf dem Berg meist neblig; die **570** (manchmal auch als F570 gelistet), vorbei am Gipfel des Snæfellsjökull, ist

Schwimmen an den Stränden ist tabu

Leider gibt es noch keine schauerliche Elfengeschichte, die Kinder (und Touristen) zur besonderen Vorsicht an den Stränden westlich von Hellnar ermahnt. Dann würden möglicherweise weniger Unfälle passieren. Die Brandung bei Malarrif und Djúpalónssandur kann ähnlich tückisch sein wie die am berüchtigten Reynisfjara-Strand bei Vík (S. 508). Also Vorsicht, und auf keinen Fall schwimmen gehen! Ob mit oder ohne Einfluss von Elfen: Die Gefahr ist real.

Wanderpause auf der Sonnenterrasse im Ausflugslokal von Hellnar

die gefährlichste (die 4x4-Piste ist den größten Teil des Jahres unbefahrbar); die Straße **574** ist am einfachsten zu fahren, kostet aber am meisten Zeit.

4 HIGHLIGHT

Der Snæfellsjökull-Nationalpark

An klaren Tagen sieht man ihn schon vom Keflavíker Flughafen aus: Majestätisch und geheimnisvoll thront der Gletscher und Vulkan **Snæfellsjökull** (übersetzt „Schnee-Berg-Gletscher") mit einer Höhe von 1446 m auf der westlichen Spitze der nach ihm benannten Halbinsel Snæfellsnes („Schnee-Berg-Halbinsel"): Der gesamte Nationalpark umfasst ein Gebiet von 185 km^2 und wurde zum Jahrestag des 20-jährigen Bestehens im Juni 2021 im Nordosten nochmal um 9 % erweitert. Entlang der Küste führt ein Wanderweg (mal besser, mal schlechter zu erkennen), fast parallel zur asphaltierten Straße 574.

Snæfellsjökull

Der Snæfellsjökull ist, obwohl nicht der größte Gletscher Islands, so etwas wie der Chef unter den Eisriesen. Glaubt man Esoterikern, gibt es hier ein Kraftfeld, das – glaubt man richtig überzeugten Esoterikern – einen besonders geeigneten Ufo-Landeplatz markiert. Aber auch wer ohne Hang zu solchen Ideen hierher reist, bestätigt, dass diesen Berg eine besondere Aura umgibt.

Meist ist es, als gäbe es ihn überhaupt nicht, denn der Snæfellsjökull versteckt sich gern in einer Hülle aus Wattewolken, um dann, manchmal sogar während es in Strömen regnet, einen kleinen Teil seiner Krone in strahlendem Sonnenschein aufblitzen zu lassen. An anderen Tagen gibt es mandel- oder linsenförmige *Lenticularis*-Wolken, die am oder über dem Berg schweben und mitunter in Regenbogenfarben erstrahlen und – zugegeben – an Ufos denken lassen.

Kein Wunder, dass hier zahlreiche Sagas spielen, außerdem der Roman *Am Gletscher*, ein bedeutendes Werk des isländischen Nationaldichters Halldór Laxness, der die besondere Mystik, die diesen Gipfel umgibt, hervorragend beschreibt (mehr zu diesem Autor s. S. 193). Und

Elfenalarm!

Hier im Westen und insbesondere in dieser Ecke von Snæfellsnes glauben besonders viele Leute an Elfen. Auf der Suche nach der Ursache haben wir die selbst ernannte Elfenexpertin Ólína Gunnlaugsdóttir in ihrem Zuhause südlich von Hellnar besucht und Erstaunliches erfahren: Tatsächlich ist es in einem Land wie Island gar nicht so dumm, an Elfen zu glauben. Und es wäre besser, wenn die vielen Touristen das auch täten.

Das verborgene Volk

„Als ich Kind war, lebte man hier in Hellnar völlig isoliert", erzählt Ólína „und trotzdem gab es die gleichen Elfengeschichten wie überall sonst auf der Insel." Für sie ein Beweis der Authentizität, denn woher hätten die Bewohner von Hellnar erfahren sollen, dass andere Personen in anderen Teilen Islands auch Elfenbegegnungen hatten? Auch wenn Ólína selbst nie ein solches Wesen gesehen hat, so ist sie doch felsenfest davon überzeugt, dass die Elfen da sind – und dass sie uns Menschen und unser Verhalten der Natur gegenüber genauestens im Auge haben. In Hellnar jedenfalls sei man schon immer davon ausgegangen, dass es noch andere vernunftbegabte – wenn nicht gar vernünftigere – Lebewesen auf der Erde gebe. „Es gibt das verborgene Volk, das sind Menschen wie du und ich, die in den Bergen leben", erklärt sie, „und Elfen, die alle möglichen Formen haben können: Manche sind klein, andere größer, und sie leben im Gras und in kleinen Hügeln. Sie sind völlig real, nur eben nicht für alle sichtbar. Trolle dagegen gehören in den Bereich der Märchen."
Ihr Wissen habe sie von einer sehr angesehenen, inzwischen verstorbenen Nachbarin, die die besondere Gabe hatte, nicht nur „verborgene Menschen" und Elfen, sondern sogar Tote zu sehen. Ólína ist nicht die Einzige, die diese Fähigkeit nicht anzweifelte. Im Gegenteil: Es war üblich, diese Frau bei allen wichtigen Entscheidungen um Rat zu fragen. „Es gibt hier nämlich Stellen, an denen man das Gras nicht mähen darf, weil dort Elfen leben – zum Beispiel rund um den See **Bárðarlaug** an der Straße 574. Hier darf man auch nicht einfach außerhalb der Pfade auf der Wiese rumtrampeln oder Löcher graben."
Andere solche Plätze liegen rund um **Lóndrangar**. Und die Einwohner machen, wenn möglich, einen großen Bogen um sie. Sie behandeln derartige Orte damals wie heute mit größtem Respekt. „Hier geht man nicht einfach zum Spaß spazieren oder klettert auf einen Felsen – und das erklären wir auch unseren Kindern!" Man achtet die Natur und ist immer bemüht, möglichst wenig kaputt zu machen. Sonst wird man von den Elfen bestraft. Und die Touristen, die oft wenig sorgsam mit Moosen und Grassoden umgehen? „Die haben hier sehr oft Unfälle."
Wir verstehen: Elfen sind also eine Art höhere Instanz, die überprüft, ob wir uns der Natur und anderen Wesen gegenüber angemessen oder rücksichtslos verhalten. Sie sind aktive Umweltschützer, die zwar unsichtbar, aber trotzdem immer da sind. Außerdem helfen sie dabei, Kinder von gefährlichen Orten fernzuhalten. Also, Urlauber, aufgepasst: Tatsächlich wirken die von Ólina beschriebenen Orte auf seltsame Weise unberührt, ursprünglich und verlassen. Seid so nett und respektiert das, so wie die Einwohner es tun.

Weitere schützenswerte Elfenplätze rund um Hellnar

Stapafell, der 526 m hohe Palagonit-Pyramidenberg liegt südlich des Snæfellsjökull bei Arnarstapi. Der Gipfelfelsen, Fellskross genannt, wurde schon zu Wikingerzeiten verehrt.
Die **Elfenkirche**, eine Felsformation bei Svalþúfa-Þúfubjarg (bei Lóndrangar), und die Umgebung der verlassenen **Farm Hólahólar** gilt es ebenfalls mit Respekt zu behandeln.
Am See **Laugarvatn** westlich von Hellnar, direkt an der Straße, leben möglicherweise nicht nur unsichtbare Menschen, sondern auch unsichtbare Fische: Man sieht deutlich Wasserbewegungen, aber auch wer ganz genau guckt, sieht nur glasklares Wasser.

auch Jules Vernes *Reise zum Mittelpunkt der Erde* von 1864 (in deutscher Sprache 1873 erschienen) spielt hier. In dem Roman befindet sich genau im Snæfellsjökull der Eingang ins Innere der Erde (mehr zum Buch s. Kasten).

Von Strand zu Strand und vorbei an der Steilküste

45 km und gut eine Stunde Fahrzeit sind es auf der Straße 574 von Hellnar im Süden bis nach Ólafsvík im Norden durch den **Snæfellsjökull-Nationalpark**. Vor allem die abwechslungsreiche Küste macht die Fahrt zu einem unvergesslichen Erlebnis. In Hellnar hören die bizarren Lavaformationen, die die Küste ab Arnarstapi verschönern, unvermittelt auf. Das Ufer wird flach und manch einer fühlt sich an die Nordsee erinnert. Und plötzlich sind sie wieder da, die hohen Klippen, die bröselige, nur ganz oben mit Gras bewachsene Steilküste – ein idealer Nistplatz für Seevögel, die hier im Sommer zu Tausenden ihre Jungen aufziehen. Noch weiter westlich dominiert wieder bizarre Lavaküste das Landschaftsbild.

Lóndrangar und Malarrif

Die beiden markanten Felsnadeln **Lóndrangar** sind ein beliebter Fotostopp und Pilgerziel für Elfenfans. Die 75 m bzw. 61 m hohen Felsnasen sind Überreste eines sehr alten Kraters. Nur die Schlote stehen noch, den Rest des alten Vulkans haben Wind und Brandung abgefressen. Es heißt, an diesem Ort leben Elfen, die die Schlote als Kirche nutzten (s. Kasten S. 254). Wer von hier aus dem Küstenpfad folgt, trifft auf empfindliches Moos. Bitte nicht betreten!

Ein etwa 2 km langer Fußweg verbindet Lóndrangar mit **Malarrif**. Nahe dem gleichnamigen Leuchtturm befindet sich das Besucherzentrum des Nationalparks (s. auch Informationen S. 258). Direkt westlich liegt ein ruhiger sehenswerter Strand mit wunderschönen, glatt geschliffenen schwarzen Kieseln, zwischen denen sich manchmal feuerrote Spinnen tummeln.

Djúpalónssandur und Dritvík

Weiter Richtung Westen, über die Straße 572 zu erreichen, erstreckt sich der schwarze Strand **Djúpalónssandur**. Wer mag, kann auch von Malarrif laufen (ungefähr 6 km). Im Sand, direkt am Zugangsweg, locken **Kraftmesssteine** nach alter Wikingerart zum Muskeltest. Wollten Männer einst auf den Ruderbooten anheuern, mussten sie beweisen, dass sie die Kraft besaßen, der Urgewalt des Meeres standzuhalten. Wer den „Volle-Kraft-Stein" (154 kg) und den „Halbe-Kraft-Stein" (100 kg) heben konnte, durfte anheuern. Wer nur den „Schwächling" (54 kg) oder gar nur den „Nutzlosen" (23 kg) schaffte, galt als ausgemustert. Manchmal sind die Steine nicht an ihrem Platz. Wir vermuten, ein Trollkind hat sie beim Spielen verschleppt und wird sie hoffentlich bald zurücktragen.

Über den gesamten Strand verstreut findet man die rostenden **Bootsreste** des englischen Trawlers *Epine*, der hier am 13. März 1948 auf Grund lief. Es stürmte und die See schäumte wild, als einige Isländer von Land aus beobachteten, wie die Menschen sich auf dem kenternden Schiff zu retten versuchten. Einer hatte sich an den Mast gebunden, ein anderer ans Steuerhaus. Viele Männer ertranken, nur einer hatte Glück und wurde unversehrt an den Strand gespült. Sobald der Sturm etwas nachließ, begannen die Isländer aufs Meer zu rudern und die letzten vier Überlebenden der einst 13-köpfigen

Die Reise zum Mittelpunkt der Erde

Professor Otto Lidenbrock und sein Neffe und Assistent Axel machen sich von Hamburg-Altona aus auf die Suche nach dem Mittelpunkt der Erde. Der Einstieg wird auf dem Snæfellsjökull vermutet, und richtig: Die beiden gelangen von hier ins Erdinnere und landen schließlich – mit der Lava des gerade ausbrechenden Vulkans Stromboli – auf der gleichnamigen italienischen Insel nördlich von Sizilien. Zu Jules Vernes Zeiten glaubten viele Menschen an ein die gesamte Erde durchziehendes Höhlensystem. Heute ist diese Theorie wissenschaftlich widerlegt. Der Vulkan-Gletscher Snæfellsjökull mit den ihn umgebenden, miteinander verbundenen Höhlen lassen diese Vorstellungen aber plötzlich gar nicht so absurd erscheinen.

Besatzung zu bergen. Die Wrackteile sind Zeugnisse dieser Geschichte und es wird ausdrücklich darum gebeten, sie nicht zu entfernen.

Für Rollstuhlfahrer und alle, die nicht auf Sand gehen wollen, wurde ein gut ausgebauter Pfad mit der **Aussichtsplattform** (isl. *útsýni*) nahe dem Parkplatz gebaut. Bitte unbedingt die Absperrungen beachten, denn sie dienen zum Menschenschutz: Hier kann der Fels einfach abbrechen. Das stört Fels und Vögel wenig, den Fallenden aber kann es das Leben kosten.

Vom Strand aus führt ein 20-Minuten-Wanderweg – jetzt oben auf Klippen – zum meist windgeschützten lauschigen Strand bei **Dritvík**. Beim Wegweiser findet man linker Hand eine Senke, in der sich ein uraltes sagenumwobenes etwa 3x3 m großes **Steinlabyrinth** befindet. Womöglich ein Wegweiser in die Unterwelt, aber das weiß keiner so genau. Unten am Strand dann kann man stundenlang Leute beobachten und lustige Fotoserien aufnehmen: Menschen kämpfen mit dem scharfen Küstenwind, kommen mit hochgeschlagenen Kragen und Mütze mit Kapuze drüber ins Blickfeld, gehen runter zum windgeschützten Strand und sitzen wenige Minuten später im T-Shirt da. Doch was ist ansonsten die Sehenswürdigkeit von Dritvík? Nichts. Nur ein paar Ruinenreste und das Wissen, dass hier vom 16. bis Mitte des 19. Jhs. über 600 Fischer gelebt haben.

Im Süden der Bucht steht der Felsen **Tröllakirkja**, die Troll-Kirche. Also Vorsicht, bitte niemals den Versuch unternehmen, hinaufzuklettern. Gucken reicht, wer will schon auf Trolle treffen, die über ungebetene Gäste sicherlich nicht erfreut sind? Ebenso respektvoll gilt es die nahe gelegene verlassene Farm Hólahólar (s. Kasten S. 254) zu behandeln, denn hier leben Elfen.

Von Beruvík über Öndverðarnes nach Skarðsvík

Von nun an wechseln sich farbenfrohe Klippen mit Lavaformationen, Wiesen und seichten Stränden ab. In der Bucht **Beruvík**, von der Hauptstraße aus über eine kleine Zufahrtsstraße (fast) mit dem Auto zu erreichen, finden sich einige am Wegesrand liegende Ruinen aus der Zeit der Kelten. Der Strand davor erfreut als flache Gras-Stein-Sand-Idylle.

Dann wird die Küste wieder steiler, um beim **Leuchtturm Svörtuloftaviti (Skálasnagi)** eine wahrhaft schwindelerregende Höhe zu erreichen. Noch bis Mitte des 20. Jhs. wurden viele Vögel Opfer von Jägern und Eierdieben. Die Männer der Region besserten den Speisezettel auf, indem sie sich jeden Mai in der Brutzeit an selbst gebauten Seilsystemen am Felsen hinabließen: für alle Beteiligten kein Spaß. Die Versorgung mit Essen ist mittlerweile auch hier sichergestellt, sodass niemand mehr solche Abenteuer für ein Omelette wagen muss. Hinter der kleinen Landspitze bei Öndverðarnes wird es dann wieder ein wenig flacher, man kann über große Steinbrocken bis zum Wasser klettern.

Und dann gibt es noch die „Piratenbucht" **Skarðsvík** mit einem Strand, der so karibik-gelb ist, dass man fast Johnny Depp erwartet, der lässig hinter einem Felsen hervorhüpft. Weiter im Norden dann ein flotter Wechsel zwischen grauen großen Steinen und grauen kleinen Steinen. Kurz: hätte man die Zeit, die ganze Nationalparkküste zu Fuß abzuwandern: Es wäre ein unvergessliches Erlebnis!

Aber auch mit dem Auto lässt sich einiges erleben: bis Skarðsvík ist der Weg sogar asphaltiert. Dann geht es gut 6 km über eine steinige Straße bis nach Öndverðarnes, wo man außer der Küste auch noch die unterirdische Quelle **Fálki** bestaunen kann, von der man sagt, sie würde von drei Zuflüssen gespeist: einer mit normalem Wasser, einer mit heiligem Wasser und einer mit Ale, also mit Bier.

Vorher zweigt linker Hand der Weg zum Leuchtturm **Svörtuloftaviti** ab, der so zerklüftet und manchmal auch steil ist, dass man schon ein Auto mit einiger Bodenfreiheit braucht. Oder den einen Kilometer einfach zu Fuß geht. Man wird nicht nur mit dem Anblick eines tollen Felsentors belohnt, sondern auch damit, dass man mit den Naturschönheiten so gut wie allein ist. Aber „richtig viel los" ist an der unbewohnten Westküste sowieso nicht. Nur am Djúpalónssandur (S. 255) könnte es voll sein – schließlich kann man mit dem Auto bis fast an den Strand fahren.

Weitere Ziele im Nationalpark

Die 8000 Jahre alte Lavahöhle **Vatnshellir** liegt rechter Hand der Straße 574 zwischen Malarrif

und Djúpalónssandur und entstand vermutlich durch eine Eruption im nahen Krater. Als die Lava den Berg herunterfloss, hat sich die Oberfläche so schnell abgekühlt, dass eine Kruste entstand. Die Lava darunter floss weiter und die Höhle blieb „leer" zurück. Lange Zeit konnten Besucher ohne Guide ins Erdinnere, dies wurde aber unterbunden. Die Führungen sind einfach sicherer für Natur und Mensch.

Ausgerüstet mit Helm und Taschenlampe und begleitet von einem sachkundigen Führer, geht es auf einer Wendeltreppe hinab ins Erd-

Lust auf einen Tag am Strand: In Skarðsvík lockt gelber Sand.

innere. Wandertechnisch ist die Tour wenig anspruchsvoll, doch das Gefühl, so tief unter der Erde zu sein, wo einmal Lava floss, ist atemberaubend. Touren finden stdl. statt und auch in der Hochsaison sind sie i. d. R. spontan buchbar über **Summit Adventure Guides**, ✆ 787 0001, 💻 www.vatnshellir.is. 4500 ISK, Senioren und Studenten 3500 ISK, Teenager (12–17 J.) 2000 ISK, Kinder 5–11 J. kostenlos.

Der relativ kleine **Krater Saxhóll** ist ganz bequem von der Straße zu erreichen. Direkt am Parkplatz geht es gut ausgebaute Stufen hinauf zum Kraterrand, vorbei an loser Lava, die teilweise frappierend gehärteten Kuhfladen ähnelt. Bitte unbedingt auf dem Weg bleiben, denn das Geröll ist rutschig und sehr locker.

ÜBERNACHTUNG UND ESSEN

Im gesamten Nationalpark gibt es keine Läden, keine Gästehäuser und keine Restaurants oder Imbissstände. Auch Camping ist nicht erlaubt. Ausnahme: Wanderer und Radfahrer dürfen im Park zelten, wenn sie beim Ranger (z. B. im Besucherzentrum in Malarrif) eine Erlaubnis eingeholt haben. 💻 https://ust.is/english/visiting-iceland/travel-information/where-can-you-camp/.

INFORMATIONEN

Snæfellsjökull Visitor Centre (Gestastofa) in Malarrif, ✆ 436 6860, 💻 www.ust.is/english/visiting-iceland/snaefellsjokull-national-park/. Kleine, recht unspektakuläre Ausstellung, aber gute Informationen. Die gute Wanderfaltkarte zum Park wird hier für 500 ISK verkauft. Einen Überblick gibt auch die Karte zum kostenlosen Download auf der o. g. Webseite. Ende Juni bis Anfang August kann man tgl. um 13 Uhr für 1–1 1/2 Std. mit einem Ranger ein kleines Ründchen wandern und ihm währenddessen Löcher in den Bauch fragen. Ohne Anmeldung und kostenlos. 🕒 Sommer tgl. 10–13.30 Uhr (die WCs sind immer offen).

TRANSPORT

Auto

Von der 574 gibt es Stichstraßen zu den Stränden. Zugangs- und Wanderwege sind gut ausgeschildert. Stichstraßen führen z. B. nach Malarrif, zum Djúpalónssandur, nach Beruvík, nach Öndverðarnes und Skarðsvík. Auf allen Straßen können Kleinwagen fahren, problematisch ist allenfalls die 6 km lange holprige **Straße 579** zwischen dem Leuchtturm Ská-

Zu Fuß oder mit dem Geländewagen auf den Berg

Es ist nicht anzuraten, den Snæfellsjökull ohne Guide zu besteigen. Je nach Wetter und Sicht, kann man sich aber sehr wohl ein wenig in seine Nähe trauen. Gut geeignet ist z. B. die steinige Piste 570 (manchmal auch als F570 ausgeschrieben) nordwestlich von **Arnarstapi**. Links ein Steilhang, rechts ein beschaulicher Bach mit kleinen Wasserfällen, immer stramm bergauf, so erreicht man nach knapp 2 km die **Sönghellir**, die sogenannte Sing- oder Echohöhle. Lustig ist es, hier dem nachhallenden Klang der eigenen Stimme zu lauschen und die eingravierten Namen mit Jahreszahl früherer Besucher zu entziffern. Einige datieren in die 1950er-Jahre, andere sind noch weitaus älter. Bis hierhin kann man im Sommer – vorsichtig! – mit einem einfachen Auto fahren. Danach braucht es ein Allradfahrzeug mit großer Bodenfreiheit.

Fußgänger und alle mit Geländewagen folgen der immer schlechter werdenden Straße weiter bergauf, bis linker Hand der **Gipfel** des Gletschers zu sehen ist. Hier steigen auch Autofahrer aus, wenn sie zum Gletscher wollen. Zu Fuß geht es weiter über Geröllflächen, deren Untergrund zwar fest aussieht, der aber unter den Füßen nachgibt und sich wie Treibsand anfühlt, manchmal auch wie Sumpf. Vorsicht: Bitte nicht die Schneefelder überqueren, denn darunter können sich tiefe Spalten befinden, in die man im schlimmsten Fall auf Nimmerwiedersehen verschwindet.

Ein Relikt vergangener Zeiten ist das **verlassene Skigebiet** mit Skilift-Überresten und einer genauso verlassenen Hütte. Es sieht aus, als seien die Menschen nur eben mal kurz rausgegangen – und doch fährt hier schon sehr lange niemand mehr Ski. Spätestens hier sollten nicht geführte Gletscherbesteigungen zu Ende sein, denn weiter oben wird es schlicht zu gefährlich. Abenteuerlustige Wanderer mit dickem Geldbeutel und guter Kondition haben aber die Möglichkeit, eine **geführte Tour** zu buchen (s. Arnarstapi S. 252). Und Menschen, die nicht gerne laufen, können einen Teil des Wegs mit der Schneekatze oder dem Schneemobil fahren – definitiv ein unvergleichliches Erlebnis! Mit einem guten Geländewagen ist es möglich, am Gletscher vorbei zu fahren und auf der anderen Hangseite wieder ins Tal zu gelangen. Richtung Norden trifft die Jeep-Piste 570 nahe Ólafsvík wieder auf die gut befestigte 574.

lasnagi und Öndverðarnes. Bis Skarðsvík ist die Straße asphaltiert.

Busse

Bis Hellissandur fahren an der Nordküste regelmäßig Strætó-Busse (Linie 82). **Tagestouren** ab Reykjavík bieten zahlreiche Veranstalter z. B. Reykjavik Excursions, Trex und Troll.is.

Zu Fuß

Es ist theoretisch möglich, die gesamte Nationalparkküste abzuwandern. Die sehr empfehlenswerte Karte *Wanderwege im Snæfellsjökull Nationalpark* ist im Visitors Centre und in Grundarfjöður für 500 ISK erhältlich.

Im Nationalpark gibt's nur wenig **Trinkwasser** – also ausreichend Wasser einpacken.

Hellissandur und Rif

Die beiden benachbarten Örtchen Hellissandur (400 Einw.) und Rif (150 Einw.) werden meist in einem Atemzug genannt. Denn obwohl sie 3 km auseinanderliegen, gehören sie gefühlt irgendwie zusammen. An einer ruhigen Küste mit Stein- und Sandstränden gelegen, markieren sie vor allem das Ende bzw. den Beginn des Nationalparks. Hier gibt es wieder (bzw. noch) eine Einkaufsmöglichkeit, ein Hotel und einen einladenden Campingplatz – und die größte Kolonie von **Küstenseeschwalben** Islands. Die Tiere leben genau in der Mitte zwischen den beiden Orten. Aussteigen und sie besuchen sollte man aber lieber nicht. Zumindest im Sommer, wenn die Elternvögel extrem angriffslustig ihre Jungen verteidigen, kann das schmerzhaft enden. Wer allerdings einmal Hitchcocks *Die Vögel* nachspielen will, kann sich hier von Tausenden aggressiven Vögeln in Endzeitstimmung versetzen lassen. Und Autofahrer, seid bitte vorsichtig. Die Vögel kleben zu hunderten plattgefahren auf der Straße.

Vor Hellissandur fällt direkt am Eingang zum Nationalpark der etwa 412 m hohe **Sendemast** ins Auge. Er wurde 1963 erbaut und ist das höchste Bauwerk Islands. Bis in die 1990er-Jahre war hier das US-Militär präsent und nutzte den Platz zur Flugnavigation. Heute finden manchmal Trainings für Rettungskräfte statt, meist sind die Türen aber verschlossen. Älter ist die fotogene **Ingjaldshólskirkja** von 1903, sie gilt als das erste aus Beton erbaute Gotteshaus Islands und befindet sich am Ende der Straße 5738, die ungefähr auf halber Strecke zwischen Hellissandur und Rif Richtung Süden führt.

Und dann gibt es seit Sommer 2022 noch einen neuen Leuchtturm, oder besser eine Stein-Skulptur namens Leuchtturm des deutschen Künstlers Jo Kley. Sie befindet sich direkt vor **Saltport**, einem neuen Rückzugs- und Schaffensplatz für Künstler an der Küste in einem renovierten Uralthaus aus dem Jahr 1914. Weitere Infos unter 💻 www.saltport.is.

ÜBERNACHTUNG

€ **Camping Hellissandur,** ✆ 433 6929, 💻 www.tjalda.is/en/hellissandur. Kleiner, liebevoll angelegter Platz mitten im Lavafeld direkt am Nationalpark. Wer auf den kleinen Hügel hinter dem Platz steigt, blickt über die Lavalandschaft auf die schneebedeckten Berge oder die untergehende Sonne über dem Meer. Kleiner Indoor-Bereich mit Spüle, aber ohne Herd. 3 WCs, kostenlose Duschen (bitte nur 5 Min., damit genug heißes Wasser für alle da ist) und ein Kinderspielplatz. 1800 ISK, Jugendliche (14–16 J.) 500 ISK. 🕒 Juni–15. Sep.

The Freezer Hostel, Hafnargata 16, Rif, ✆ 865 9432, 💻 www.thefreezerhostel.com. Eine alte Fischfabrik, umgebaut zu einer Location, in der auch Theater, Workshops und Konzerte stattfinden. DZ und 4-, 6- und 8-Bett-Zimmer mit Stockbetten (und Bettwäsche). Gelungen und an sich schon die Reise wert. Auch wer kein Bett mehr bekommt (oft lange im Voraus ausgebucht), sollte abends ab 20 Uhr vorbeischauen, denn im großen künstlerisch eingerichteten Aufenthaltsbereich mit Bar ist immer was los und jeder Gast willkommen. Tolle Küche für Selbstversorger. Bett je nach Saison ab 23 €, Frühstück für günstige 7 €. Und Achtung: die Außenwand ziert ein Kunstwerk des Graffiti-Künstlers Kári Viðarsson, das den Touristen-Killer Axlar Björn (S. 248) darstellt. Ein Schelm, wer Böses … und so. ❷

ESSEN

Gilbakki Kaffihús, Hellissandur, in der Nähe der Hauptstraße, ✆ 436 1001, 💻 www.fb.com/gilbakki/. Wer auf sündhaft süße Törtchen und megastarken „Bulletproof"-Kaffee steht, sollte hier keinesfalls vorbeifahren. 🕒 tgl. 11–17 Uhr.

Viðvík Restaurant, nahe dem Campingplatz von Hellissandur, ✆ 436 1026, 💻 www.fb.com/vidvikrestaurant. Richtig gute und vielgelobte Küche in ansprechendem Ambiente. Ob Hummer, Muscheln oder Lamm: Den Gästen schmeckt es. 🕒 ab 17 Uhr bis abends, je nachdem wie viele Gäste da sind.

Und wer charmant morgens am Hafen von Rif mit den Fischern ein Schwätzchen hält, bekommt auch schon mal etwas vom Fang ab.

EINKAUFEN

Supermarkt, an der N1-Tankstelle von Hellissandur. Wer abends auf dem Campingplatz mit seiner Tütensuppe unglücklich und dem Wahnsinn nahe ist, weil der gut vorbereitete isländische Nachbar mit duftendem Grillgut den gesamten Campingplatz in Neid versetzt, der kann hier alles bekommen, was er braucht, um zum Nachmacher zu werden. Vom Einmalgrill bis zum Fleisch ist alles zu haben. Gemüsefans müssen aber tapfer bleiben, für sie gibt es i. d. R. kaum oder gar keine Auswahl. 🕒 tgl. 10–20 Uhr.

SONSTIGES

Sandara-og Rifsaragleðin, am 1. Juliwochenende (Do–So): Das Stadtfest von Rif wird mit Konzerten, Markt und massig Aktionen speziell

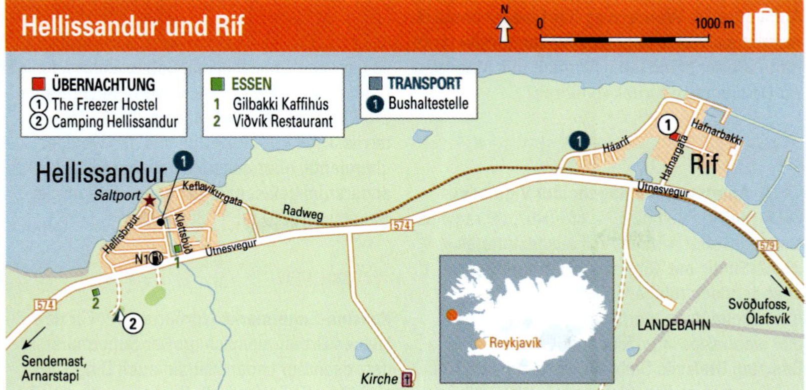

für Kinder veranstaltet. Auch in Ólafsvík gibt es dann ein Programm.
Ansonsten lohnt immer ein Blick auf die Veranstaltungen im **Freezer Hostel** – hier ist im Sommer nahezu jeden Abend etwas los.

TRANSPORT

Bus 82 hält hier 15 Min. früher/später als in Ólafsvík. Zusätzlich lokaler Bus (s. Ólafsvík, S. 263).

Ólafsvík

Nach Ólafsvík kommen Gäste vor allem, um **Wale** zu sehen. In der Gegend gibt es mehr Pottwale als anderswo, und in der Zeit zwischen April und Juni tummeln sich hier auch jede Menge Orcas.

Im Kombipack

Ein unterschätztes Juwel versteckt sich auf dem Weg zwischen Rif und Ólafsvík. Wer kann, sollte einen kurzen Fotostopp beim **Svöðufoss** in Betracht ziehen. Das Motiv: ein rauschender Wasserfall vor dem Gletscher. Einmalig!
Anfahrt: 2 km nach Rif bzw. 5 km vor Ólafsvík rechts auf eine 1,6 km lange gute Schotterpiste abbiegen, s. auch Karte oben. Weiter geht's zu Fuß auf einem Gitterrostweg.

Ólafsvík ist ein ruhiger beschaulicher Fischerort mit etwa 1000 Einwohnern, vielen bunten Häuschen, schönem Hafen und allem, was man als Reisender so braucht. Man kann wunderbar durch die kleinen Straßen schlendern und dabei den Anwohnern in die Gärten schauen. Wer ein bisschen mehr über den Ort erfahren möchte, besucht das **Heimatmuseum** mit angeschlossenem Kunsthandwerksladen, Ólafsbraut 12, im Obergeschoss des **Pakkhús**. Das hölzerne ehemalige Lagerhaus stammt aus dem Jahr 1844 und ist auch von außen einen Blick wert. ⌚ 15. Mai–15. Sep. meistens 12–17 Uhr.

Architekturfans aus aller Welt kennen die kleine **Dorfkirche**, die 1967 als erste sogenannte „moderne" Kirche auf Island entstand. Sie war und ist stilgebend für viele isländische Kirchenneubauten. In der ganzen Welt hat das Gotteshaus, das nur aus dreieckigen Formen besteht, für Aufsehen gesorgt. ⌚ tgl. 10–17 Uhr.

Auch für Modellbauer hält der Ort einen kleinen Schatz bereit: Nahe dem Zeltplatz steht ein **altes Fischerboot** an Land mit einer Infotafel, auf der genau gezeigt wird, wie ein solches Boot konstruiert ist: Nachbauen ist also möglich.

Oberhalb des Ortes verlaufen mehrere Wanderwege, u. a. ein **Rundweg**, der in gut einer Stunde zu schaffen ist. Hinter der Kirche geht es Richtung Fluss und dann den Fußgängerweg am rechten Ufer hinauf. Schon hier belohnt die Aussicht auf das Dorf und den Fjord die Mühen des

Aufstiegs. Der Wanderweg führt weiter bergauf, wendet sich nach rechts, um dann parallel zum Hang wieder in Richtung Norden, zum Meer und zur Hauptstraße zurück zu führen.

ÜBERNACHTUNG

€ **Apartment bei Ragnheiður Víglundsdóttir**, Skálholt 6, ✆ 867 9407, ✉ ragvig@simnet.is (oder Airbnb). Voll ausgestattetes 33 m2-Studio mit Küche in einem zentralen, aber dennoch ruhigen Wohngebiet. Die freundliche Vermieterin wohnt oben, aber es gibt einen separaten Eingang. ❸

Camping Ólafsvík, Dalbraut (von Grundarfjörður aus gesehen am Ortseingang), ✆ 433 6929, 💻 www.tjalda.is/en/olafsvik. Einfache, ansprechende Campingwiese direkt am Wasserfall. Kleines Haus mit Küche und Dusche/WC. Zudem ein Spielplatz für kleine Gäste. 1800 ISK, Jugendliche (14–16 J.) 500 ISK. 🕒 15. Mai–15. Sep.

Bikers Paradise, Sandholt 45, ✆ 436 1070. Bezahlbare DZ bei den freundlichen Rentnern Inga und Óli. Gemeinschaftsküche und -bad, aber dafür Zimmer mit Meerblick. ❸

€ **Við Hafið Guesthouse**, Ólafsbraut 55, ✆ 436 1166, 💻 auf Facebook. Einfache, aber nette Pension am Meer. Kein Frühstück, aber es gibt eine gut ausgestattete Gemeinschaftsküche, in der Grundnahrungsmittel vorhanden sind. Tee, Kaffee und Zugang zum Schwimmbad kostenlos. Mit Glück sieht man aus dem Fenster im Frühstücksraum sogar Wale. Bett im gemischten 8er-Schlafsaal 53 €. ❸–❹

ESSEN

Es gibt eine Tankstelle mit Schnellimbiss, einige Cafés und zwei empfehlenswerte Restaurants: Die Pizzeria **REKS** im Holzhaus mit Außenterrasse, 🕒 tgl. 12–23 Uhr, und das weniger charmante, aber genauso beliebte **SKER** (REKS andersrum gelesen) direkt gegenüber an der Hauptstraße, 🕒 tgl. 11.30–21 Uhr.

EINKAUFEN

Kassinn-Supermarkt, Norðurtangi 1. Für den kleinen Ort ein ziemlich großer Supermarkt, in dem es außer Lebensmitteln auch Dinge des täglichen Bedarfs – z. B. Socken – gibt. 🕒 Mo–Do 9–18, Fr 9–20, Sa 11–17, So 13–17 Uhr.

Vínbúðin, Ólafsbraut 55. 🕒 Mo–Do 14–18, Fr 13–19, Sa 11–14 Uhr.

AKTIVITÄTEN UND TOUREN

Schwimmen

Schwimmbad, Ennisbraut 11, ✆ 433 9910, 💻 www.sundlaugar.is/sundlaugar/olafsvik, Modernes Bad mit Innen- und Außenbereich. 🕒 Sommer Mo–Fr 7.30–21, Sa und So 10–17 Uhr, im Winter kürzer.

Walbeobachtung

Láki Tours, im Nachbarort Grúndarfjörður (S. 263), von Mitte Feb–Sep beginnen die Touren aber in Ólafsvík (meist tgl. um 10 und 14 Uhr, etwa 3 Std., 11 500 ISK p. P.).

Orca gesichtet?

Von Island bis in den Libanon? Ja, Orcas reisen durchaus so weit! Und das ehrenamtliche Team der **Orca Guardians** kennt wahrscheinlich sogar Namen, Herkunft und Alter eines gemeldeten oder gesichteten Orcas. Seit 2014 läuft das Katalogisierungsprojekt, das wertvolle Daten liefert, die dabei helfen die schwarzweißen „Killerwale" noch besser zu schützen. Auch Gisli, der Chef von Láki-Tours, arbeitet hier mit.

Wer die Oca-Freunde unterstützen möchte, kann das z. B. im Rahmen einer Patenschaft. Für 30 € bekommt man eine Adoptionsurkunde und jede Menge Infos über „sein Tier". Link zur Online-Adoption: 💻 https://orcaguardians.org/adopt-now/.

Reisende, die z. B. vom Land aus Orcas beobachten, melden ihre Sichtung gern (am besten mit aussagekräftigen Bildern) an ✉ info@orcaguardians.org. Mit etwas Glück erfahren sie dann postwendend per Mail, wen sie da gerade getroffen haben.

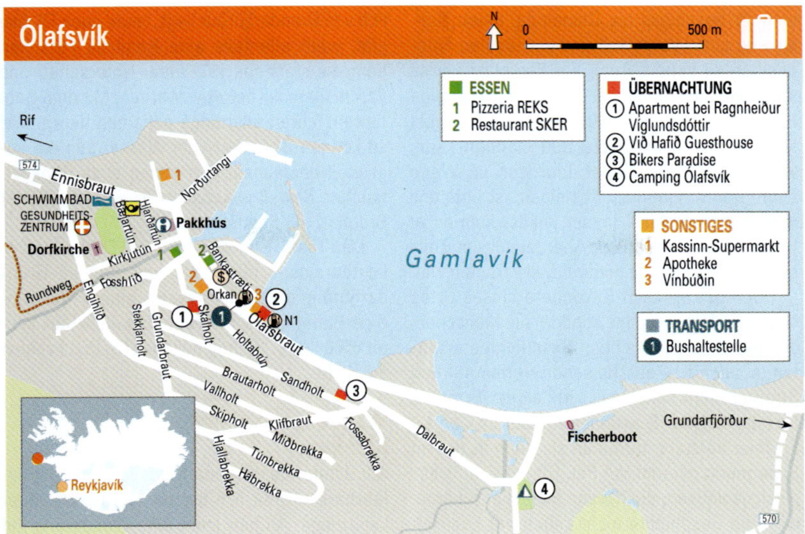

TRANSPORT

Auto

Auf der 574 gelangt man über Rif/Hellissandur in den Nationalpark. An dieser Strecke befindet sich auch einer der wenigen asphaltierten Radwege. 2 km östlich von Ólafsvík führt die 54 links nach Grundarfjörður und Stykkishólmur, rechts an die Südküste.

Busse

Strætó-Bus 82 fährt im Sommer 2x tgl., im Winter nur Mo, Mi, Fr und So.
STYKKISHÓLMUR, um 7.23 (Sa und So 7.56) und 16.16 Uhr in 1 Std. über GRUNDARFJÖRÐUR und VATNALEIÐ (dort Anschluss an Linie 58 nach Borgarnes).
RIF und HELLISSANDUR in ca. 1/4 Std.
Außerdem gibt es zwischen Hellissandur, Rif und Ólafsvík Mo–Fr mehrmals tgl. einen kostenlosen lokalen Bus: ✆ 433 6900 und 892 4327, 💻 www.snb.is/is/thjonusta/umhverfi-og-samgongur/rutuferdir. Keine Fahrten in den Sommerferien; Webseite nur auf Isländisch.

Grundarfjörður und Umgebung

Wie Ólafsvík liegt das etwas größere Grundarfjörður in einer kleinen Bucht und wird vom Hafen beherrscht. Populär ist der Ort vor allem wegen des nahe gelegenen Berges, des **Kirkjufell**. Von weither kommen die Menschen nach Grundarfjörður, um ein ganz bestimmtes Foto zu knipsen. Es zeigt den Berg und davor den Wasserfall **Kirkjufoss**. Möglicherweise ist es das meistfotografierte Motiv des Landes; bekannt wurde es durch massenhaftes Teilen in sozialen Netzwerken.

Das sorgte nicht gerade für Freude bei den Anwohnern und schon gar nicht bei den Landbesitzern. Denn ständig parkten Autos auf Privatland, Weidezäune wurden beim Übersteigen eingerissen, Wiesen plattgetrampelt oder plattgezeltet. Und die Anwohner mussten den Müll einsammeln und unangenehme „Hinterlassenschaften" beseitigen. Eine von ihnen brachte das besonders in Rage. Als wütende „Touristen-Scheuche" machte sie von sich reden und wird seither von allen nur noch die „angry woman from Kirkufell" genannt. Entgegen den Wünschen der Anwohner beschloss die Gemeinde, einen Bohlenweg zum Wasserfall und zur idealen Fotoposition zu bauen. Auch ein Parkplatz wurde angelegt und Mülleimer aufgestellt (happige Parkgebühr um die 1000 ISK). Schade, denkt sich, wer kein perfektes Bild machen kann, weil immer einer dieser Touristen im Wege steht. Den Kirkjufell zu besteigen, ist übrigens nicht die beste Idee. Immer wieder kam es zu Unfällen, sodass dieses Abenteuer zum Zeitpunkt der Recherche hochoffiziell verboten war.

Doch das wirklich Besondere dieses Ortes sind nicht Naturwunder, sondern die Menschen, die hier in langer Tradition **Geschichten erzählen** (s. auch Kasten). Reisende treffen auf den Straßen nicht selten auf verkleidete Erzähler. Da nahezu jeder Einwohner des Dorfes sich als Erzähler versteht, trifft man sie auch in zivil im Supermarkt oder im Hot Pot. Oft wird auf Isländisch geplaudert, doch wenn Besucher zuhören, wird die Geschichte nicht selten auf Englisch fortgesetzt. Wer nicht auf ein zufälliges Treffen warten und/oder einen Erzähler in seinem Zuhause besuchen will, kontaktiert Ragnhildur Sigurðardóttir und lässt sich einen Geschichtenerzähler vermitteln: **Local Storytellers**, ✆ 848 2339, 💻 www.peopleoficeland.is.

Insel Melrakkaey

Melrakkaey heißt übersetzt Polarfuchsinsel. Ob es auf der kleinen Insel, die ungefähr 5 km nördlich von Grundarfjörður liegt, heute noch Füchse gibt, weiß allenfalls eine Handvoll Forscher, denn sie steht seit 1972 unter Naturschutz und darf nicht mehr betreten werden. Mit dem Boot führen Touren allerdings ganz nah heran, und so können Besucher vom Wasser aus die Vogelwelt bestaunen. Hier nisten auch Papageitaucher. Soweit wir wissen, ist das ihr einziger Brutplatz auf Snæfellsnes.

Láki Tours, Nesvegur 5, ✆ 546 6808, 💻 www.lakitours.com, fährt von Juni–Aug ab Grundarfjörður nach Melrakkaey, eine 1 1/2-stündige Puffin-und-Vogelbeobachtungs-Tour kostet 6500 ISK p. P., Jugendliche (12–15 J.) zahlen die Hälfte.

Wanderung auf den Aussichtsberg Klakkur

Am Ostufer des Grundarfjords führt die gut befahrbare Straße 576 bis zur Nordspitze einer Landzunge. Ab hier lohnt eine Wanderung auf den 352 m hohen **Eyrarfjall**. Einfacher zu laufen, besser markiert und vor allem abwechslungsreicher ist aber die Wanderung auf den 380 m hohen Berg **Klakkur**. Dieser Wanderweg beginnt etwa 300 m nördlich von Suður-Bár bei einem Bach mit Wasserfall und Parkmöglichkeit. Schon nach wenigen Gehminuten erreicht man den See **Ytra-Bárvatn**. Wer in einer Mittsommernacht kommt, wird möglicherweise einem Wunder beiwohnen. Es heißt nämlich, dass dann auf

Ingi Hans Jónsson, das Original von Grundarfjörður

Er ist einer der bekanntesten Geschichtenerzähler Islands, außerdem Geschichtsprofi und Spielzeugsammler. Ihn interessieren die Geschichten, die hinter den Dingen stecken. Und die erzählt er dann weiter – mit Herzblut und Sachverstand. Kommt er einmal ins Reden, ist er kaum mehr zu bremsen. Wer das Glück hat, ihn zu treffen, kann danach aus einem großen Fundus neuer Erkenntnisse schöpfen. Ingi Hans weiß Aktuelles ebenso gekonnt zu kommentieren, wie aus der Vergangenheit zu berichten.

Früher konnte man Ingi Hans einfach in der **Storytellers Lodge** besuchen, die er gemeinsam mit seiner Frau betrieb. Mit leuchtenden Augen zeigte er dann seine Schätze: Antike Bücher, uralte Holztruhen, isländische Skulpturen, Klimper-Kronleuchter von Ikea und ein ganzes Zimmer voll mit historischem Spielzeug. Heute zieht Ingi sich aus gesundheitlichen Gründen immer mehr zurück. Natürlich gilt es, dies zu akzeptieren: Fünf Herzinfarkte hat er überstanden, kein weiterer soll folgen. Audienzen also nur auf gut Glück! Oder auf glückliche Zufälle hoffen, denn ganz, ganz selten zieht er noch mit seinem selbstgezimmerten Puppentheater zur Kinderbelustigung durch die Straßen von Grundarfjörður. Und wer ihn nicht antrifft, findet auf YouTube und Vimeo einige Filme.

der Oberfläche des Sees Wunschsteine erscheinen können.

Weiter geht es links hinauf auf einem mit grünen Pflöcken markierten Weg über Geröll mit kleinen Mooshügeln. Nach ungefähr einer Stunde überklettert man einige Felsen und ist oben auf dem Berg, wo leider auch die Markierungen aufhören. Bis zum Gipfel dauert es aber noch ca. eine halbe Stunde und das letzte Stück bis ganz hinauf hat es in sich, sodass es der ein oder andere auf allen Vieren zurücklegt. Der Aufstieg wird belohnt mit einem Panoramablick über zwei Fjorde und auf den Kirkjufell. Die Bucht schimmert blau, und viele meinen, Wale zu erkennen. Ganz in der Ferne glitzert die schneebedeckte Kappe des Snæfellsjökull in der Sonne (nicht immer, aber wer einen Wunschstein findet und sich Sonne wünscht, darf hoffen). Die mittelschwere Wanderung (ca. 6 km, reine Gehzeit insges. 3 Std.) ist am schönsten in den Abendstunden. Jedenfalls meistens ..., denn wer vergisst, sich den Standort des letzten Pfostens einzuspeichern oder sehr genau zu merken, ist manchmal ganz schön aufgeschmissen. So passiert bei unserer Tour im Juli 2021. Aufgebrochen bei herrlichsten T-Shirt-Wetter, wurden wir oben vom berüchtigten „Island-Nebel" überrascht, in diesem Fall von einer Schönwetterwolke, die sich hier festgeklemmt hatte. Von jetzt auf gleich sah man die Hand vor Augen nicht, geschweige denn den Pfosten, der den einzig sicheren Rückweg markierte. So wurde aus „mal eben Aussicht genießen" eine Tageswanderung mit Gruselfaktor ...

Die komplette Umrundung der Halbinsel ist mit einem Pkw nicht möglich. Nur wer ein Allradfahrzeug mit genug Bodenfreiheit hat, fährt einmal drum herum – alle anderen nehmen die Straße einfach wieder zurück.

ÜBERNACHTUNG

Im Ort

Bjarg Apartments, Kapitänshaus Grundargata 8, ✆ 616 2576, 💻 https://bjargapartments.is. Eine tolle, voll ausgestattete Wohnung für 4 Pers. mit Meerblick. Die Vermieter, Ásthildur und Jonni, wohnen oben und erzählen bereitwillig herrliche Anekdoten über den Ort und seine Bewohner. ❺

Grundarfjörður Camping (Campingkarte), Borgarbraut 19, ✆ 430 8564, 💻 https://tjalda.is/en/grundarfjordur/. Wenig geschützte Wiese direkt hinter dem Schwimmbad und unter einer Hochspannungsleitung. Es gibt nur 2 Toiletten und keine Duschen. Ab 16. J. 1300 ISK. 🕒 15. Mai–15. Sep.

€ **Grundarfjörður Hostel**, Hlíðarvegur 15, ✆ 895 6533 und 562 6533, 💻 www.hostel.is/en/hostels/hi-grundarfjordur. Eher ein Guesthouse mit Gemeinschaftsküche und -bädern als ein Hostel, denn die Möglichkeit, einfach mit dem eigenen Schlafsack vorbeizukommen, besteht nicht. Es gibt ein rotes und ein grünes Haus. Die Zimmer sind ansprechend und sauber. Je 3–4 Zimmer teilen sich eine Küche und ein Bad. ❷–❸

Außerhalb

Karte S. 266

Grund í Grundarfirði und **Kirkjufell Guesthouse and Apartments**, 3 km außerhalb, ✆ 840 6100, 💻 https://guesthousekirkjufell.is. Das kleine Gästehaus Grund, in dem wir seit Langem gerne wohnen, hat irgendwann schickere Nachbarn bekommen. Während es „im Kirkjufell" etwas schicker zugeht (vor allem in den Apartments), bleibt es im Grund familiär-gemütlich. Mit gut ausgestatteter Küche und neuen Duschen. Und ja, vom Wohnzimmer und von einigen Zimmern aus hat man freien Blick auf den Kirkjufell. Gastgeberin Ingibjörg ist freundlich, spricht allerdings nur wenig Englisch. Wer Infos braucht, der frage nach Páll. ❸–❻

Suður-Bár Guesthouse, Suður-Bár 350, ✆ 847 8759, 💻 www.sudur-bar.is. Hübsches Gästehaus mit Garten, WLAN, Outdoor-Grill und toller Aussicht auf das Meer, auf Grundarfjörður und den Berg Kirkjufell. Das üppige Frühstück gibt's im großen Wintergarten, der auch als Aufenthaltsraum dient (mit Kaffee und Tee zur freien Verfügung). Kochen ist möglich, wenn der Andrang nicht zu groß ist, sonst nur in den „Studios" mit eigener Küchenzeile im separaten Holzhaus. Im Winter ideal zur Nordlichtbeobachtung, weil es keine anderen

Lichtquellen in der Umgebung gibt. Tipp für Tierfreunde: Wer freundlich fragt, wird von den Gastgebern zu den „hauseigenen" Seehunden geführt. ❺

ESSEN

Die Qual der Wahl ist hier nicht allzu groß: Es gibt genau 2 Restaurants und einen Fast-Food-Wagen im Zentrum, der äußerst beliebt ist.

Bjargarsteinn Mathús, Sólvellir 15, ✆ 438 6770, 💻 www.fb.com/Bjargarsteinnrestaurant/. Das schöne Haus aus dem Jahr 1908 findet man bei den Hafengebäuden, einfach dem herrlichen Duft und den Autoschlangen folgen. Ein erfinderischer Koch präsentiert hier feinsten Fisch und fischlose Eigenkreationen. Tolle Außenterrasse mit Kirkjufell-Blick. 🕒 Mi–So 18–21.30 Uhr.

Kaffi 59, Grundargata 59, ✆ 438 6959, 💻 www.fb.com/kaffi59/. *Der* Szeneladen des Ortes und immer voll. Neben Burgern und Lamm gibt es immer ein Tagesgericht, z. B. Snitzel oder Kjötsúpa, die isländische Fleischsuppe. 🕒 tgl. 12–22 Uhr, am Wochenende länger.

AKTIVITÄTEN UND TOUREN

Schwimmen

Schwimmbad, Borgarbraut 19, ✆ 430 8564. Sehr einfach: zwei Hot Pots, ein Außenschwimmbecken. 🕒 Sommer Mo–Fr 7–21, Sa und So 10–17, Winter meist 7–8 und 17–21 Uhr, So geschl.

Touren

Láki Tours, Nesvegur 5, ✆ 546 6808, 💻 www.lakitours.com. Walbeobachtungstouren und Bootstrips für Angelfreunde. Besonderes Highlight sind die Schwertwalsafaris (2–3 Std.). 12 500 ISK, Jugendliche (7–15) 6250 ISK, Mitte Feb–Sep ab Ólafsvík. Von Juni–Aug sind die Bootsausflüge zu den Papageitauchern auf der Insel Melrakkaey (s. o.) v. a. bei Familien beliebt. Da bei dieser Tour zudem geangelt wird, ist das Abendessen gesichert.

Ein Fjord voller Heringe

Im **Kolgrafafjörður** an der Straße 54 kam es von Dezember 2012 bis Februar 2013 zu einem Massenandrang: Heringe versammelten sich zu Abertausenden in dem kleinen Fjord, um dort vor Fressfeinden geschützt Winterruhe zu halten. Vermutlich aber reichte der Sauerstoff durch längere windstille Perioden in jenem Winter für so viele Fische nicht aus. Statt Wasser waren nur noch tote Fischleiber zu sehen. An zwei Tagen verendeten hier insgesamt 52 000 Tonnen Heringe. Drei Wochen später, als es bereits unsäglich stank, kamen zahlreiche Helfer und transportierten die Heringe ab. Heute steht am Parkplatz eine einladende Bank; ein wunderbarer Picknickplatz.

Wandern

Rund um Grundarfjörður gibt es viele Wanderwege, die man gefahrlos auch ohne Karte laufen kann. Eine einfache Übersichtskarte hängt in der Touristeninformation.

SONSTIGES

Einkaufen

Neben der Tankstelle in der Grundargata 38 findet man die **Apotheke**, die **Vínbúðin** und den Supermarkt **Kjörbúðin**, ⌚ Mo–Fr 9–18, Sa 10–17, So 12–17 Uhr.

Informationen

Touristeninformation, Grundargata 35 (in der Bücherei), ✆ 438 1881. Die beste Touristeninformation weit und breit: Das freundliche Personal kennt jeden und weiß alles. Außerdem gibt es Ordner, in denen alles verzeichnet ist, was das Besucherherz erfreuen könnte. Zahlreiche Aushänge und Prospekte, die auch außerhalb der Öffnungszeiten zur Verfügung stehen. Wanderkartenverkauf. ⌚ Sommer Mo–Fr 9–17, Winter Mo–Do 13–17 Uhr.

TRANSPORT

Auto

Auf der **Straße 54** geht es Richtung Stykkishólmur. Etwa auf halber Strecke zweigt die 56 Richtung Süden nach Borgarnes ab.

Busse

Strætó-Bus 82 fährt die Strecke HELLISSANDUR–STYKKISHÓLMUR im Sommer 2x tgl., im Winter nur Mo, Mi, Fr und So.

Stykkishólmur

Stykkishólmur ist ein niedliches Städtchen mit vielen alten (und auf alt gemachten), bunt bemalten Holz- und Wellblechhäusern, in denen etwa 1000 Menschen leben. Im Sommer sind es deutlich mehr, denn dann urlauben hier auch viele Isländer. Durch die vorgelagerte Basaltinsel **Súgandisey** (S. 269) bietet der geschützte Hafen ideale Bedingungen für die Seefahrt. Das wussten schon die deutschen Hansekaufleute zu schätzen und nutzten den natürlichen Hafen ab 1550 für ihre Geschäfte. 1602 fiel die Stadt unter das dänische Handelsmonopol und ist seither die bedeutendste Hafenstadt im Westen.

Stykkishólmur ist die größte Stadt in Snæfellsnes. Zusammen mit anderen kleineren Gemeinden der Region wurde sie mit dem Nachhaltigkeitszertifikat *Earth check* (mehr dazu siehe 💻 www.earthcheck.org) ausgezeichnet, denn es war die erste Stadt Islands, in der Müll getrennt wurde, und auch im Hafen soll besonders auf umweltschonendes Verhalten geachtet werden. Persönlich konnten wir allerdings keinen Unterschied zu anderen Städten feststellen.

Stykkishólmskirkja

Das Wahrzeichen ist die 1990 geweihte und von **Jón Haraldsson** entworfene Kirche Stykkishólmskirkja, die auf einem Hügel über der Stadt thront. Mit dem Bau wurde bereits 1975 begonnen; die Fertigstellung erlebte der Architekt nicht mehr, er verstarb ein Jahr vor der Einweihung. Von weither sichtbar ist der moderne Glockenturm. Innen beeindruckt eine riesige Orgel, die aus der berühmten deutschen Orgelbauwerkstatt Johannes Klais aus Bonn stammt und seit 2012 für wunder-

Wer isst denn so was?

Hákarl, zu Deutsch Gammelhai, ist eine echt isländische Spezialität, die ohne jegliche Gewürze als Snack zwischendurch oder in Kombination mit dem scharfen Schnaps **Brennivín** genossen wird (das eine geht nicht ohne das andere: Der Brennivín geht nur runter, wenn die Speiseröhre vorher ordentlich gefettet wurde, und nach dem Hai muss etwas richtig Scharfes her, das den Ammoniakgeschmack aus der Kehle brennt).

Gammelhai wird seit Jahrhunderten in Island hergestellt, heute weniger als früher, aber immer noch ist der Familienbetrieb bei **Bjarnarhöfn** gut im Geschäft. Grönlandhaie werden nicht mehr aktiv gejagt, aber oft gehen sie als Beifang ins Netz. 60 bis 80 Haie pro Jahr landen so auf diesem Hof, wo sie von Kopf und Rückgrat befreit und in handliche Stücke zerteilt werden. Früher wurden sie dann in der Erde vergraben, heute nur noch in Kisten gepackt, um einige Wochen vor sich hinzugammeln. Danach hängen sie für ein paar Monate hinter dem Haus zum Trocknen. Das stinkt zugegebenermaßen erbärmlich. Doch nur durch diese Fermentierung wird das Fleisch genießbar und das im Fleisch vorhandene Ammoniak abgebaut. Da die Tiere keine Nieren haben, können Schadstoffe nämlich nicht ausgeschieden werden und verbleiben im Körper. „Köstlich" ist trotzdem anders: Was hier als Delikatesse oder als Touristen-Ekel-Spektakel verkauft wird, ist nämlich im Grunde nichts anderes als weißes, schmieriges Ammoniakfett.

Im **Bjarnarhöfn Shark Museum**, ✆ 438 1581, 💻 www.bjarnarhofn.is, gibt es noch mehr zu sehen als Hai-Würfel: Denn das **Gammelhai-Museum** ist – typisch isländisch – ein Sammelsurium aus ausgestopften Tieren, Fischereiwerkzeugen, Überresten von Walen, Eisbären, Fischen, die aus den Haimägen geborgen wurden, und anderem Nippes. Informativer als das Museum ist die Diashow. Einer aus der Familie kommentiert die Bilder und erzählt: Früher wurden Grönlandhaie ausschließlich wegen des Öls in ihrer Leber getötet. Den Rest der Tiere vergrub man irgendwo, wo er möglichst wenig Gestank verbreiten konnte. Irgendwann – keiner weiß genau, wann – muss jemand in großer Not vergammelten Hai ausgegraben und gegessen haben. Der Erstesser überlebte und begründete so die isländische Gammelhai-Tradition.

Ein paar Probierhappen sind im Museumseintrittspreis enthalten. Wer es wagt, kann sich anschließend ein T-Shirt mit der Aufschrift „I survived Icelandic Hákarl" kaufen. Und noch ein Wort zur im Bistro angebotenen Haifischflossensuppe: In Asien müssen für diese Suppe Haie qualvoll sterben (die Flosse wird oft einfach abgeschnitten und das Tier wieder ins Meer geworfen), hier sind die Flossen bisher ein Abfallprodukt. Die Familie sammelt sie schon seit Jahren in einer Tiefkühltruhe – einfach, um sie nicht wegwerfen zu müssen.

Beste Besuchszeit für das Museum ist der Winter, im Sommer sieht das Trockengestell sehr gerupft aus. Es sind nur noch alte, weniger geruchsintensive Fleischstücke aufgehängt. Aktiv fermentierender Hai in der Sommersonne würde einfach unverantwortlich intensiv stinken. 🕒 Museum ungefähr April–Okt tgl. 9–18 Uhr, Eintritt ab 15 J. 1800 ISK. Außerdem gibt es ein kleines Restaurant mit herrlichem Fjordblick, das aber nur im Sommer offen ist. Kredenzt werden dann Pommes und Burger genauso wie Rhabarberkuchen und ein gewöhnungsbedürftiger Graugans-Rindfleischburger mit hausgemachter Soße.

Anfahrt: An der Straße 54 steht ein metallener Hai, der den Weg weist. Von hier aus sind es noch etwa 4 km. Der Ort wird oft in einem Tagesausflug von Stykkishólmur aus besucht.

bare Klänge sorgt. Immer wieder finden Konzerte statt, und auch wer das Glück hat, tagsüber bei den Proben dabei zu sein, ist verzaubert. 🕒 tgl. 10–17 Uhr. Weitere Infos und Gottesdienst-Zeiten auf 💻 www.stykkisholmskirkja.is

Museen

Norska Húsið, Hafnargata 5, ✆ 433 8114, 💻 www.norskahusid.is. Das Holzhaus, 1832 aus Norwegen importiert, war das erste Haus der Insel mit zwei Stockwerken. Mit viel Liebe zum

Detail wurde es restauriert und mit ebenso viel Liebe wird heute hier das Heimatmuseum betrieben. Es gibt wechselnde Ausstellungen zeitgenössischer Künstler, im Obergeschoss eine Dauerausstellung zum Thema „Leben der städtischen Oberschicht im Island des 19. Jhs." sowie einen einladenden Souvenir- und Süßigkeitenshop. ⌚ im Sommer Do–So 13–16 Uhr, im Winter hängen die Öffnungszeiten an der Tür des Nebeneingangs aus. Eintritt 1550 ISK.

Vatnasafn, Bókhlöðustígur 17, 💻 www.libraryofwater.is, bedeutet übersetzt Wasserbibliothek, und genau das ist hier zu sehen: ein Langzeitprojekt mit Wasser. 24 Glassäulen hat die amerikanische Objektkünstlerin Roni Horn in einer ehemaligen lichtdurchfluteten Bibliothek aufgestellt. Gefüllt sind sie mit Wasser der großen isländischen Gletscher. In den vergangenen Jahren haben sich bereits Sedimente am Boden abgesetzt. In den folgenden Jahren werden sich die Objekte weiter verändern. Der je nach Sonnenstand wechselnde Lichteinfall macht diese Kunstinstallation lebendig. Eintritt 500 ISK (man zahlt im Norska Húsið und bekommt einen Code, mit dem sich die Tür öffnen lässt).

Ausflüge in die Umgebung

Breiðafjörður

Stykkishólmur ist ein perfekter Startpunkt für Ausflüge in den mit einer reichen Vogelwelt gesegneten Breiðafjörður. Einen ersten Blick auf die Inselwelt des Fjords bietet ein Aussichtspunkt am Leuchtturm auf der dem Hafen vorgelagerten Basaltinsel **Súgandisey**. Vom Hafen führen Treppenstufen hinauf. Die Schärenwelt des Fjords erkundet man am besten vom Wasser aus: Einige wählen die Autofähre für die Überfahrt in die Westfjorde (S. 280), andere fahren nur im Rahmen einer Tagestour aufs Meer hinaus. Es geht vorbei an bizarren Felsformationen und Tausenden Vögeln, darunter Seeadler, Kormorane und Papageitaucher. Auch Wale und Seehunde leben hier. Der Grund für die großen Populationen liegt im Nahrungsangebot, das dank der starken Strömungen im Fjord besonders reichhaltig ist. Mehr zu den Tagestouren auf S. 272.

Helgafell

Äußerlich hat der „Heilige Berg" nicht viel zu bieten. Er ist mit nur 73 m Höhe eher ein Hügel

Gut ge- und beschützt: Hafen von Stykkishólmur

als ein Berg, und seine Form ähnelt einem Nackenstützkissen. Aber die Magie dieses Platzes ist nicht zu unterschätzen. Also unbedingt 4 km vor der Stadt rechts abbiegen, einige wenige (zuletzt 400) ISK für Wegepflege und Klowartung löhnen und zehn Minuten bergauf stapfen. Warum?

Nicht, weil hier vielleicht mal ein dem Gott Thor geweihter Tempel gestanden hat. Auch nicht, weil hier angeblich Guðrún Ósvífursdóttir beerdigt ist, eine der Haupt-Heldinnen der 1250 verfassten *Laxdæla Saga*. Sondern, weil wer den Berg hochgeht ohne zu sprechen und ohne über die Schulter zu schauen (erstaunlich, wie schwer das ist!) und sich dann nach Osten dreht, drei Wünsche frei hat. Sofern es denn „gute Wünsche" sind, die reinen Herzens geäußert werden. Erstaunlich ist – frei von aller Esoterik –, was man sich so alles wünscht, wenn man zehn Minuten Zeit hatte, die Entscheidung zu überdenken. Meistens werden dann nämlich die eigenen Sorgen ungeahnt klein. Man merkt, wie gut man es eigentlich hat, und wünscht sich Dinge wie Weltfrieden …

Wanderung auf den Drápuhlíðarfjall

Die etwa 3 km lange Wanderung beginnt am Parkplatz an der Straße 54 – aus Stykkishólmur kommend findet man diesen problemlos, aus der Gegenrichtung verfährt man sich leicht. Wer also aus Richtung Grundarfjörður kommt, muss dort, wo die Vorfahrtsstraße 54 im Bogen nach links Richtung Stykkishólmur führt und zur 58 wird, rechts abbiegen, um weiter auf der 54 zu fahren (dann auf Schotter). Der zunächst gut sichtbare Wanderweg führt direkt vom silbernen Tor auf den rot-gelb schimmernden 527 m hohen vulkanischen Berg Drápuhlíðarfjall, von dem aus man sowohl den Breiðafjörður als auch die Gegend rund um Bjarnarhöfn überblicken kann.

Es geht entlang eines Baches ca. 500 m bis zu einer Fahrspur, der man nach links einige Meter folgt, dann weglos über loses Geröll hinauf auf den Berg. Der Vulkan hat außer einer tollen Aussicht noch mehr zu bieten: Hier findet man besonders viel Rhyolith, aber auch Basalt und versteinerte Reste von Bäumen, die dereinst von der glühend heißen Lava eingeschlossen wurden, verbrannten und nun als Fossilien erhalten sind. Interessanterweise wurden auch Walknochen gefunden, die dafür sprechen, dass das Land hier einmal viel tiefer lag – oder der Meeresspiegel höher.

ÜBERNACHTUNG

Stykkishólmur ist ein teures Plaster. Low-Budget-Unterkünfte oder ein Hostel sucht man vergeblich.

Campingplatz, ✆ 438 1075, 💻 https://tjalda.is/en/stykkisholmur/. Die große, leicht abschüssige und durch einige wenige Sträucher geschützte Wiese liegt in der Stadt, zwischen Tankstelle und Schwimmbad, und gehört zum Golfclub. Hierher kommen viele Isländer am Wochenende. Es gibt zwei nach oben offene Duschen (bei Regen weniger spaßig) ohne Ablagen und nur mit zwei Haken ausgestattet, einige saubere Toiletten und eine überdachte Spüle. Im Clubhaus des Golfclubs steht ein Toaster, kochen darf man hier aber ebensowenig wie Kleidung trocknen. Staffelpreise – je länger man bleibt, umso günstiger wird's. Erste Nacht ab 16 J. 1600 ISK. 🕒 ganzjährig.

Akkeri Guesthouse, Frúargata, ✆ 844 1050, 💻 https://akkeri.tripcombined.com. Das gelbe Haus an der Hauptstraße ist innen ebenso modern wie gemütlich. Gemeinschaftsraum mit Kühlschrank und Wasserkocher, aber keine Kochgelegenheit. Kaffee, Tee und Obst sind gratis. ❸–❺

Egilsen Hótel, Aðalgata 2, ✆ 554 7700, 💻 www.egilsen.is. In diesem über 150 Jahre alten, rot getünchten Haus gibt es 10 einladende Zimmer mit Bad. Sanfte Farben tragen zum Wohlfühl-Ambiente bei. Frühstück mit Obst und allem Drumunddran. ❺–❼

Fosshotel, Borgarbraut 8, ✆ 430 2100, 💻 www.islandshotel.is. Wie alle neueren Fosshotels ein Klotz mit Holzelementen. Innen aber todschick und mit hochgelobtem Hotelrestaurant. Manchmal sind Schnäppchen möglich! ❺–❻

Sjávarborg, Hafnargata 4, ✆ 888 1150, 💻 www.sjavarborg.is. Die Pension in bester Lage direkt am Hafen ist eine ehemalige Werkstatt und im dazu passenden Shabby-Chic eingerichtet. Prima Frühstück. ❹–❺

Wohnen mit christlichem Beistand

Eine Kirche, ein Krankenhaus, ein Hotel – ursprünglich wohnten hier die Franziskanerschwestern und sorgten für die Menschen im Krankenhaus nebenan. Dann wurde das Krankenhaus verstaatlicht, seitdem kümmern sich die freundlichen Schwestern nur noch um die Seelsorge der Patienten. Sie nennen sich *The Servants of the Lord and the Virgin of Matará* und heißen lustigerweise alle Maria: Wer Franziskanerschwester wird, darf sich einen neuen Namen geben, und hier haben sich alle Maria ausgesucht. Das Kloster haben die Marias zum Hotel umgerüstet – von den Einnahmen können sie leben: **Fransiskus Hótel and a Spiritual**, Austurgata 7, ✆ 422 1101, 💻 www.fransiskus.is. ❻–❼

Die **Chapel of our Lady of perpetual Help**, direkt hinter der Lobby, steht nach wie vor jedem offen (Messen Sa 18.30, So 10 Uhr).

ESSEN

Die gute Nachricht zuerst: Es gibt Restaurants und Cafés in Stykkishólmur, z. B. die charmante **Narfeyrarstofa** (Aðalgata 3) mit der liebevollen alt-neu-Deko-Mischung, das Fischrestaurant **Sjávar Pakkhúsið** (Hafnargata 2) mit zwei Terrassen, den **Skipper-Pub** mit Außengastro (Þvervegur), die gelb-türkisfarbene **Snackbude** am Hafen, die **Eisbude** daneben, diverse **Streetfood-Wagen** … aber jetzt kommt die schlechte Nachricht: Selbst Isländer bezeichnen die Öffnungszeiten hier als äußerst merkwürdig. Jeder macht auf, wann er will – oder eben nicht. Sodass die Zeiten schon gar nicht mehr ausgehängt werden. Am sichersten kriegt man was in den Bauch, bevor die Fähre ablegt –

© CAROLINE MICHEL

Rastplatz am Hafen

5 Minuten später ist oft alles wieder zu. Auch die tolle **Bäckerei Nesbrauð** am Ortseingang (Nesvegur 1) mit den ausgefallenen Brotsorten (interessant das mit Sauerkirschen) und den Sitzgelegenheiten vor der Tür macht um 15 Uhr dicht. Zum Trost gibt's vor der Tür in einer Art Telefonzelle wenigstens noch Brot (je 500 ISK).

AKTIVITÄTEN UND TOUREN

Bootstouren

Ocean Adventures, ✆ 898 2028, 💻 https://oceanadventures.is. Puffin-Tour (1 1/2 Std., 9000 ISK), Angeltour (2–3 Std., 13 000 ISK), Start ab Hafen.
Seatours, Smiðjustígur 3, ✆ 433 2254, 💻 www.seatours.is. Viking Sushi-Tour durch die Inselwelt mit dem Katamaran Særún (2 1/2 Std., 8300 ISK).

Kajak

Kontiki Kayaking, Austurgata 2, ✆ 6915663, 💻 www.kontiki.is. Inselhopping im wunderschönen Breiðafjörður – ein Abenteuer auch für Anfänger (2 Std., 11 900 ISK).

Schwimmen

Sundlaug Stykkishólms, Borgarbraut 4, ✆ 422 8150. Modernes, ziemlich großes Schwimmbad mit Hot Pots, 50-m-Becken und einer Achterbahn-Rutsche, bei der auch Erwachsene schon mal „oh, oh, oh" rufen. Das Wasser ist ungechlort und kommt direkt aus der Quelle. Es ist sehr mineralhaltig, daher wird ihm eine besondere regenerative Kraft zugesprochen. 1050 ISK, Kinder 6–17 J. 350 ISK. 🕒 Juni–Aug Mo–Do 7–22, Fr 7–19, Sa und So 10–18, Sep–Mai Mo–Fr 7–22, Sa und So 10–17 Uhr.

SONSTIGES

Autoreparaturen

Autowerkstatt (beim TÜV), Nesvegur 5, ✆ 570 9239.

Einkaufen

Kleine **Kunsthandwerksläden** findet man überall im Ort verstreut, alles andere direkt am Eingang (Aðalgata): Tankstellen, Bäckerei, der **Bónus** 🕒 Mo–Do 11–18.30, Fr 10–19.30, Sa 10–18, So 12–18 Uhr, die **Apotheke** 🕒 Mo–Fr 12–18, Sa 10–14 Uhr und der **Alkoholladen** – der auch Fahrräder und ein kleines Baumarktsortiment bietet. 🕒 Mo–Do 14–18, Fr 13–19, Sa 11–14 Uhr.

Feste

Danskir dagar (Dänische Tage), August: Stykkishólmur war unter der Herrschaft der

Dänen eine bedeutende Handelsstadt und dieser wirtschaftlichen Bedeutung gedenken die Menschen bis heute. Am Sonntag dieser Festtage wird nur Dänisch gesprochen (die meistgelehrte Fremdsprache nach Englisch).

Informationen

Eine Touristeninformation gibt es nicht mehr. Es heißt, die Informationen im **Internet**, 💻 www.west.is, reichten aus, und WLAN ist gratis (s. u.).

Internet

Im ganzen Ort ist das städtische WLAN kostenlos, und es ist auch nicht notwendig, sich namentlich anzumelden. Die Datenrate ist allerdings recht gering.

TRANSPORT

Auto

Die Straße 54 geht in die Straße 58 über und führt direkt in die Stadt. Die schnellste Verbindung nach Reykjavík geht über den Pass Vatnaleið (Straße 56).

Busse

Strætó fährt im Sommer 2x tgl., im Winter nur Mo, Mi, Fr und So.

BORGARNES, mit Linie 58 in 1 1/2 Std. für 3420 ISK. Es besteht Anschluss an die Linie 57 nach REYKJAVÍK.

HELLISSANDUR (im Sommer 1x tgl. bis Arnarstapi), mit Linie 82 in 1 1/4 Std. für 2850 ISK. Über GRUNDARFJÖRÐUR (940 ISK), ÓLAFSVÍK (1710 ISK) und RIF (2280 ISK).

Fähre

Die *Baldur* von **Seatours**, ✆ 433 2254, 💻 www.seatours.is, fährt über die kleine Insel Flatey von STYKKISHÓLMUR nach BRJÁNSLÆKUR (s. u. und Kasten). Am Sjómannadagurinn (Seemannstag) kein Fährverkehr.

BRJÁNSLÆKUR, 1–2 x tgl. in 2 1/2 Std. für 6490 ISK (Erwachsene im Sommer) oder 5060 (Erwachsene im Winter) p. P. Jugendliche zahlen gestaffelt nach Alter, Autos nach Größe (ein Kleinwagen kostet z. B. das gleiche wie ein Erwachsener). Ganzjähriger Fährbetrieb, aber monatl. wechselnder Fahrplan.

Die komplette Preisliste unter 💻 www.seatours.is/our-ferries/baldur/price-list/. Der Transport von Fahrzeugen muss vorgebucht werden.

FLATEY, 1 1/2 Std., je Fahrt 4430 ISK (Erwachsene im Sommer). Vorsicht: Im Winter keine Übernachtungsmöglichkeit. Wer mag, kann den Trip zur Insel von Stykkishólmur aus auch als Tagesausflug machen.

Flatey

Flatey, die „flache Insel", ist eine Oase der Ruhe. Mit einer Länge von 2 km, einer maximalen Breite von 500 m und einer höchsten Erhebung von gerade mal 20 m ist sie nicht nur flach, sondern auch wirklich klein. Hier gibt es nichts

Auf der Baldur von Stykkishólmur über Flatey in die Westfjorde

Die Fähre namens *Baldur* fährt von Stykkishólmur mit einem Zwischenstopp auf der Insel Flatey nach Brjánslækur in den Westfjorden. Das spart nicht nur den weiten Weg rund um den Breiðafjörður, sondern ist zum einen eine bequeme Möglichkeit, den Fjord mitsamt der beeindruckenden Vogelwelt zu sehen, und zum anderen die perfekte Einstimmung auf die einsamen Westfjorde. Auf den unzähligen kleinen Inseln, von denen Flatey die einzige bewohnte ist, tummeln sich Eiderenten, Küstenseeschwalben, Dreizehenmöwen, Eissturmvögel, Gryllteisten, Krähenscharben, Basstölpel, Kormorane und Papageitaucher, und manchmal sieht man von der Fähre aus sogar kleinere Wale. Auch bis zu 5 kg schwere Seeadler leben hier – allerdings verabscheuen sie die lärmende Fähre und umfliegen sie meist weiträumig (mehr Optionen, den Breiðafjörður zu besuchen, s. S. 269).

Achtung: Flatey ist autofrei. Wer mit dem Auto unterwegs ist, übergibt die Autoschlüssel vor dem Übernachtungsstopp vertrauensvoll in die Hände des Bordpersonals. Diese bringen die Autos dann auf die Parkplätze in Stykkishólmur oder Brjánslækur.

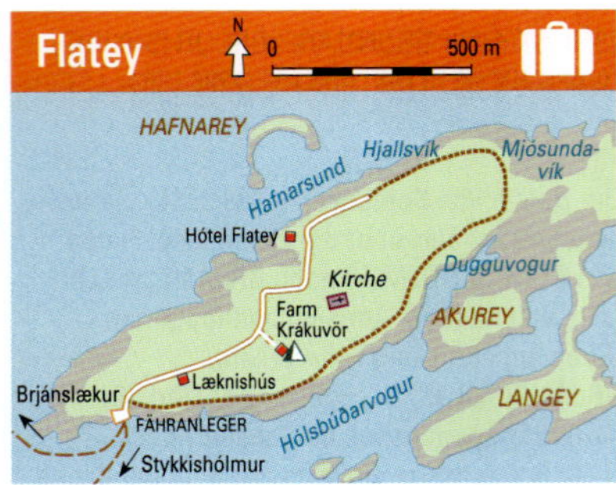

außer Natur, einer Handvoll Häuschen und einem natürlichen Hafen. Keine Autos, keine Busladungen anderer Touristen, kein WLAN, keine Sehenswürdigkeiten. Einst war Flatey ein wichtiger Hafen, doch das ist lange her. Im Sommer hält hier die Fähre, dann ist auch das Hotel bewohnt und es kommen einige Sommergäste. Fest leben nur zwei Familien vor Ort.

Hier, mitten im Breiðafjörður, sind die Gezeiten, die für den großen Artenreichtum sorgen, besonders deutlich sichtbar. Der Wasserspiegel schwankt so stark, dass bei Ebbe viele Boote in der sandigen Hafenbucht auf dem Trockenen liegen. Bei Flut hingegen steigt der Pegel wieder um bis zu 6 m an und die Boote schaukeln in der Strömung.

Ein **Wanderweg** führt an der Küste entlang – hier sieht man im Sommer jede Nacht viele Touristen, die, mit Fotostativ bepackt, auf der Suche nach einem guten Platz für ein ganz besonderes Mitternachtsfoto sind. Denn auf Flatey geht die Sonne vor der Küste der Westfjorde unter, um kurz darauf im Nordosten wieder zu erscheinen und den neuen Tag einzuleuchten. Dieses Bild gilt für viele Berufs- und Hobbyfotografen als eines der „Must-Makes". Eine Rundwanderung ist zur hochsommerlichen Brutzeit der Vögel (meist von Mitte Mai bis Mitte Juli) nicht möglich, denn dann steht das nordöstliche Gebiet unter Naturschutz und ist gesperrt. Den Eiderenten sei die Ruhe gegönnt. Wanderer sind in diesem Monat hier schnell gelangweilt, für sie lohnt ein Stopp nur außerhalb der Brutsaison

Über Flatey ist viel Wissen erhalten, denn das Manuskript *Flateyjarbók*, die umfangreichste isländische Handschriftensammlung aus dem Mittelalter überhaupt, wurde hier lange aufbewahrt. Die Annalen der Insel und die darin enthaltene Saga-Sammlung waren lange Zeit im Besitz des dänischen Königs. Erst 1971 kam die Handschrift nach Island zurück. Sie steht heute in der Universität in Reykjavík. Wem solcherart Literatur zu altbacken ist, der wird möglicherweise Spaß an einem Krimi finden, der nicht nur auf Flatey spielt, sondern sich auch mit der Suche nach der bedeutenden Handschrift befasst: *Das Rätsel von Flatey*.

ÜBERNACHTUNG UND ESSEN

Hótel Flatey, ✆ 555 7788, 💻 www.hotelflatey.is. Hübsches, liebevoll restauriertes Holzhaus mit winzigen Zimmern und Gemeinschaftsbad. Sind oben alle Duschen belegt, begeben sich Kenner des Hauses in den Keller – dort gibt es weitere Duschen. Das freundliche Personal wartet an der Fähre und bringt das Gepäck zum Hotel. Ohne Gepäck sind die 10 Min. Fußmarsch für keinen Gast ein Problem. Das Hotel gilt als eines der zehn besten Häuser Islands. Auch das Restaurant hat einen ausgezeichneten Ruf. Die Portionen sind klein, aber fein. Die Vorspeisen-Fischplatte des 4-gängigen Abendmenüs (ohne Getränke um die 10 000 ISK) etwa besteht aus einer Achtelscheibe Toastbrot mit einem Fischfilet, einem Achtelstück Ei mit Kaviar und einem Teelöffel rosafarbenen Rogens. Doch da die meisten nur eine Nacht bleiben und Frühstück im Zimmerpreis enthalten ist, reißt dieses Luxushäppchen nur ein kleines Loch in die Reisekasse. 🕒 Juni–Mitte Sep. ❻–❼

Zwei Höfe bieten im Sommer ebenfalls Unterkunft. Die **Farm Krákuvör**, ✆ 438 1451, hat sowohl Zimmer als auch eine Campingwiese, und auch im **Læknishús**, ✆ 438 1476, gibt es Zimmer.

TRANSPORT

Anreise mit der **Fähre** *Baldur*, 💻 www.seatours.is (s. Stykkishólmur). Im Winter hält sie aber nur bei Bedarf in Flatey.

Man sollte das auf jeden Fall vorher abklären, sonst dauert der Aufenthalt u. U. länger als geplant.

Dalir

Die Region Dalir umfasst die Südküste des Breiðafjörður und endet bei den Westfjorden. Zahlreiche Vögel und Seehunde bestimmen die Fauna. Hierher kommen nur ganz wenige Touristen – gerade dieser Umstand begeistert alle, die den Weg hierher gefunden haben.

Von Snæfellsnes nach Dalir

Entlang der nicht asphaltierten Straße 54 gibt es zunächst eine beschauliche Mischung aus Nichts und Garnichts – außer ab und zu etwas Heidekraut, einigen Wasserfällen, die oft bis ins tiefe Frühjahr hinein eingefroren sind, und natürlich der wundervollen Aussicht auf den **Breiðafjörður** mit seinen vielen kleinen Inseln. Dann und wann taucht eine Kirche auf, von der man sich fragt, wer überhaupt hingeht. Wo das Land flacher wird, zweigt eine kleine Straße (Wegweiser nach Seljaland) in ein fruchtbares, idyllisches Tal ab. Hier grasen Pferde auf saftigen Wiesen vor einem gewaltigen Bergpanorama. Schließlich endet die Straße 54 an einer T-Kreuzung: Rechts führt die Straße 60 Richtung Süden nach Bifröst (S. 236), links geht es Richtung Westfjorde nach **Búðardalur**.

Eiríksstaðir

Wie die Isländer wohl vor 1000 Jahren lebten? Bei einem Abstecher nach Eiríksstaðir (auch Eríksstaðir) laufen die Menschen herum wie in jenen Zeiten; sie benutzen das Handwerkszeug von damals, und auch die Häuser sind so korrekt wie möglich nachgebaut.

Im **Living Museum Eiríksstaðir**, Haukadalur, ✆ 899 7111, 💻 www.eiriksstadir.is, wird sie greifbar, die Zeit des Leifur Eiríksson, der hier 970 das Licht der Welt erblickte. Er, der den Beinamen „der Glückliche" trug, war der erste Europäer, der um 1000 n. Chr. herum Neufundland (also Amerika) entdeckte – lange vor Kolumbus (s. auch Geschichte, S. 104). Die Nachbildung eines Wikingerschiffs aus jener Zeit kann im Museum Víkingaheimar in Njarðvik (S. 166) bestaunt werden.

In Eiríksstaðir geht es aber, wie der Name schon ahnen lässt, hauptsächlich um Leifurs Vater, den norwegisch-isländischen Seefahrer Erik der Rote, der echt ein fieser Zeitgenosse gewesen sein muss. Mehrfach wurde er wegen Mordes verbannt, erst aus Norwegen, dann aus Island. Aber: Weil er nicht wusste, wohin, „entdeckte" er Grönland und gab ihm seinen Namen (s. auch Geschichte, S. 104). Viel mehr über das Leben der Wikinger und der anderen Isländer des 10. Jhs. erfährt man unterhaltsam aufbereitet von Menschen in Wikingertracht bei der 30-minüten Führung im Nachbau von Eriks bzw. Eiriks Wohnhaus. Wir finden: Die 8 km Umweg von der Straße 60 aus (vorbei an einem schönen See) lohnen sich genauso wie die 2500 ISK für die Führung. 🕒 Mai–Sep tgl. 10–16 Uhr.

Búðardalur

Dieser kleine Ort, direkt an der Straße 60, wird oft als Versorgungszentrum der Region bezeichnet – er ist tatsächlich nicht viel mehr als das. Es gibt ein nettes Café mit einer kostenlosen Ausstellung über Leifur Eiríksson (s. Eiríksstaðir und S. 104, Audioguide auch auf Deutsch), eine Pizzeria, ein paar Gästehäuser und einen Supermarkt. Am Strand liegt jede Menge Strandgut, u. a. Fischernetze, Bojen und andere Gebrauchsgegenstände, die hier eigentlich nichts zu suchen haben.

ÜBERNACHTUNG

Karte S. 277

Búðardalur Camping, Vesturbraut, ✆ 767 2100, 💻 www.tjalda.is/en/budardalur. Ein Areal auf der etwas trostlosen Campingwiese ggü. des Supermarktes und ein weiteres, durch Hecken geschützter, von der Straße aus gesehen links daneben. Die Servicehäuschen mit Kochmöglichkeiten sind aber nicht schlecht. Ab 18 J. 1500 ISK, Waschmaschine/Trockner je 500 ISK, warme Dusche für Gäste kostenlos. 🕒 ganzjährig.

The Castle Guesthouse, Brekkuhvammur 1, ✆ 865 3382, 💻 https://thecastle.inn.fan. Auf dem Bett liegend aufs Meer schauen – dieser Traum wird in den 3 liebevoll ausgestatten DZ wahr (nur das günstige kleine EZ hat Parkplatzblick). Küche und Bäder teilt man sich,

Wohnen auf dem Bauernhof

Wer die Straße 60 Richtung Bifröst nimmt, die später zur nicht zu unterschätzenden Passstraße Brattabrekka („steiler Abhang") wird, kommt an zahlreichen Farmen vorbei, s. Karte S. 277. Einige bieten Zimmer – authentischer wohnen geht kaum.

Ein Traum auf dem Land ist das **Sauðafell Guesthouse** (Sauðafell í Dölum), Dalasýsla, an der Straße 60, ✆ 846 6012, 💻 auf Facebook. Finnbogi und seine Frau haben aus dem über 125 Jahre alten Haus ein echtes Schmuckstück gemacht; mit voll eingerichteter Küche, herrlicher Aussicht und Wandermöglichkeiten. Man sollte allerdings kein Problem mit Tieren haben, denn das Gästehaus befindet sich auf einer Schaffarm. Inkl. Frühstück ❹.

Einen Stopp wert für Eis- und Pralinenfans ist die **Farm Erpsstaðir**, ✆ 868 0357, 💻 www.erpsstadir.is. Der Gast darf nicht nur hinter die Kulissen schauen und den Kühen, Schafen und Hasen guten Tag sagen. Bekannt ist die hier lebende siebenköpfige Familie v. a. für ihre selbstgemachten Produkte: Die Milch vom Hof wird frisch zu leckerem Käse, himmlischen Skyr-Pralinen und – der Renner! – Eiscreme verarbeitet. Schönes Ferienhaus mit vier Schlafzimmern für um die 27 000 ISK. 🕒 Juni–Sep 13–17 Uhr. ❺

Eine gute Wahl ist auch **Seljaland í Hörðudal**, an der Straße 581, ✆ 434 1116 und 894 2194, 💻 auf Facebook. Sowohl der weit abgelegene Bauernhof als auch die Einrichtung der 6 Zimmer im Haupt- und Nebenhaus sind richtig gemütlich und angenehm altmodisch – mit Blümchen-Tagesdecken auf den Betten und Plastikblumen in den Vasen. Die drei Cottages sind etwas moderner eingerichtet, aber sehr einfach. Lustig, wenn auch nur bei gutem Wetter nutzbar ist die einfach draußen hingezimmerte Outdoor-Küche. Frühstück und Abendessen auf Anfrage. ❸

Außerdem auf der Route liegt **Camping Árblik**, 💻 https://tjalda.is/en/saelureiturinn-arblik/, ein ruhiger Campingplatz auf dem Land mit tollen Gemeinschaftsräumen (sanitäre Anlagen usw. sind allerdings im Keller, was ein wenig spooky ist) und doch nur einen Katzensprung von der Straße 60 entfernt. Mit kleinem Café. Ab 16 J. 1500 ISK. 🕒 Juni–September, im Juli z. T. geschlossen.

Einen Bauernhof der ganz anderen Art findet man weiter westlich, nahe der Straße 54, ungefähr auf halber Strecke zwischen Stykkishólmur und dem Abzweig der Straße 55. Im Jahr 2020 hat das **Drangar Country Guesthouse**, ✆ 855 1026, 💻 www.drangar.com, für den Umbau des Hofs den Icelandic Design Award erhalten – denn Neubau ist viel einfacher als Erhalt der alten Gemäuer, aber eben auch weniger nachhaltig. Jetzt wohnt man im ehemaligen Kuhstall oder in der ehemaligen Scheune. Und das bewusst minimalistisch, aber bunt. ❻

aber in jedem Zimmer stehen eine Kaffeemaschine und ein kleiner Kühlschrank, in den auch – wenn mitgebucht – am Abend vorher das Frühstück gepackt wird. Nebenan stehen 3 Blockhäuser mit Doppelbett, einer kleinen Küchenzeile (Kühlschrank, Mikrowelle) und eigenem Bad. Chefin Carolin aus Deutschland wohnt mit Familie und Hund oben. Hotelgäste bekommen 10–15 % Rabatt in den beiden Restaurants. ❹

Dalakot Guesthouse, Dalbraut 2, ✆ 434 1644 und 864 0560, 💻 https://dalakot.is. Einfache Zimmer im Haus der Pizzeria (s. u.). Vor allem für Familien mit kleinen Kindern eine gute Wahl, denn nahebei befindet sich der Spielplatz des Kindergartens, der wie sämtliche Kindergartenspielplätze in Island nachmittags allen Kleinen offensteht. ❹–❺

ESSEN

Karte S. 277

Dalakot Pizzeria, s. Übernachtung. Pizzas, auf Sofas verzehrt in einem verglasten Anbau mit Meerblick: Hat was! 🕒 tgl. 12–21 Uhr.

Museumscafé und Restaurant Leifsbúð, Búðarbraut 1, ✆ 434 1441, 💻 www.leifsbud.is. Drei auf einen Streich: Gemütliches Café, Touristeninformation und Leifur-Eiríksson-Ausstellung. 🕒 tgl. 10–16 Uhr.

Veiðistadurinn, Fischrestaurant neben dem Supermarkt, ☏ 434 1110. Unscheinbares Erscheinungsbild, aber super Fish & Chips. ⌚ Fr–So 18–22 Uhr.

Tankstellen-Grill, nahe der Bushaltestelle. Der Schnellimbiss direkt am Eingang des Supermarkts ist beliebt und relativ preisgünstig. Hier gibt es Burger und Pommes, Eis und Kaffee – für Durchreisende und Gäste vom Campingplatz, die keine Lust haben, zu kochen. ⌚ tgl. 11.30–20 Uhr.

Café Blómalindin, neben der Tankstelle, ☏ 434 1606, www.blomalindin.is. Herzen aus Moos an den Wänden und überall Pflanzen und Blumen: im „Blumencafé" ist es urgemütlich. Die Inneneinrichtung wurde selbst gebaut und ist sehr einladend. Hier lassen sich Stunden verbringen und es gibt neben Kaffee und Kuchen auch eine kleine Speisekarte. ⌚ mal ist auf, mal nicht. Nachmittags hat man meistens Glück.

AKTIVITÄTEN

Dalahestar Horse Rental, Fjósar, Karte s. oben, ☏ 767 1400, www.dalahestar.is. Eine Stunde auf der Weide mit dem Pferd Kontakt aufnehmen ist hier ebenso möglich wie ein ein- oder zweistündiger Ausritt. Erwachsene ab 7000–15 000 ISK, Kinder ab 5000 ISK. Alle Gästehäuser helfen bei der Vermittlung.

SONSTIGES

Einkaufen

Kjörbúðin Búðardal, direkt neben der Tankstelle. Erstaunlich großes Sortiment, u. a. gibt es Gummistiefel und warme Kleidung. Und wer gerne strickt, findet eine große Auswahl an Wolle. ⌚ Mo–Fr 8–20, Sa und So 9–19 Uhr.

Vínbúðin, Vesturbraut 15. ⌚ Mo–Do 16–18, Fr 13–19, Sa 12–14 Uhr.

Medizinische Hilfe

Heilbrigðisstofnun Vesturlands Búðardal, Gunnarsbraut 2, ✆ 432 1450, 💻 www.hve.is/islenska/budardalur. Krankenhaus/Gesundheitszentrum. 🕒 Mo–Fr 9–12 und 13–16 Uhr. Im selben Gebäude befindet sich die **Apotheke**. 🕒 Mo–Fr 10–17 Uhr.

TRANSPORT

Auto

Das Dorf liegt direkt an der Straße 60 (bitte Tempolimit von 50 km/h einhalten!).

Busse

Die Busanbindung ist vor allem im Winter nicht gerade grandios. Stræto-Linie 59 fährt zu unterschiedlichen Zeiten nach BORGARNES und HÓLMAVÍK. Die Haltestelle ist an der Tankstelle.

Laugar í Sælingsdal

Alle Orte, die Laugar oder -laug heißen, verfügen über heiße Quellen. So auch dieser. Aber das Guðrúnarlaug ist etwas Besonderes, denn hier soll schon die Sagaheldin Guðrún Ósvífursdóttir ihrerzeit gebadet haben. Der kostenlose steinerne Hot Pot mit der kleinen niedlichen Umkleidehütte am Hang ist für viele der Grund zum Bleiben.

Außerdem gibt es noch das Hotel, den beliebten Campingplatz, das Freibad und viele tolle Wanderwege. Vier davon sind markiert und auf einer Karte ausgehängt: Der grüne und der gelbe sind einfach und führen größtenteils durch Wiesen, der rote ist weit und der schwarze ist nur was für schwindelfreie Wanderer mit guten Schuhen. Aber er ist – natürlich – der schönste.

ÜBERNACHTUNG UND ESSEN

Karte S. 277

Dalahótel, ✆ 777 0227, 💻 www.dalahotel.is. Großes, in die Jahre gekommenes Hotel in einer ehemaligen Schule mit altem und neuem Teil, sehr freundlichen Betreibern und hochgelobtem Frühstücksbuffet. Aber die Highlights hier sind nach wie vor Schwimmbad und Badestelle. 🕒 Juni–Aug. ❹–❺

Der beliebte **Campingplatz** wurde zum Glück von den neuen Hotelbesitzern wieder in Betrieb genommen. Einfache, aber saubere Sanitäranlagen, aber leider weder Aufenthaltsbereich noch Küche. Ab 16 J. 2000 ISK, Duschen im Schwimmbad 800 ISK (was fast so viel ist wie der Eintritt).

SONSTIGES

€ Dafür, dass Laugar í Sælingsdal im Nichts liegt, ist das **Schwimmbad**, Karte S. 277, ✆ 434 1465, mit 25-m-Bahn und 2 Hot Pots ziemlich groß. Aber fast allen Guðrúnarlaug-Besuchern ist nach dem Bad im Algen-Pool nach kühlem Nass und Duschen zumute, deshalb ist hier fast immer was los. 🕒 Im Sommer tgl. 10–18 Uhr, Mo und Mi manchmal auch bis 21 Uhr.

TRANSPORT

Auto

Eine kurze ausgebaute Stichstraße geht links von der Straße 60 ab. Das Hotel mit dem großen Schwimmbad ist nicht zu übersehen.

Busse

Mit Stræto-Bus 59 nach HÓLMAVÍK bzw. BORGARNES. Wer ab Laugar zusteigen will, sollte bei Stræto anrufen (lassen), damit der Busfahrer Bescheid weiß.

Fellsströnd und Skarðsströnd

Fellsströnd und Skarðsströnd bilden eine große, landwirtschaftlich geprägte Halbinsel (manchmal Klofningsnes genannt). Sie verströmt viel Ruhe, von den Hängen plätschern kleine Wasserfälle, die Küste ist ein Vogelparadies. Rastplätze mit Blick auf die vorgelagerten Schären und auf die vielen kleinen, grün bewachsenen Inseln, die zum Greifen nah vor der Küste liegen, laden zum Verweilen ein. Doch richtige Must-Sees sind Fehlanzeige.

Aus Süden kommend, passiert man an der 590 zuerst die **Hólar-Farm**, Tierheim und Streichelzoo, ✆ 897 1674, 💻 www.fb.com/holarminizoo. Wer mit kleinen Kindern reist, sollte nicht lange überlegen und hier stoppen. Zu den vielen Tieren gehören die liebenswerten Islandpferde, riesige Enten und noch imposantere Puten, dicke Schweine und Kühe. 🕒 Juni–Aug tgl. außer Di 11–16 Uhr, Eintritt 1500 ISK, Kinder 1000 ISK.

Nach der Farm sieht man links auf einem niedrigen Hügel, dem **Krosshólaborg**, ein auffälliges Kreuz. Die Geschichte dazu steht auch auf Englisch auf einer Infotafel, doch kaum jemand wird sie beim ersten Lesen verstehen. Wichtig ist: Auður, eine kämpferische Witwe, von der die *Laxdæla Saga* berichtet, soll hier immer hinaufgestiegen sein, um mit Blick auf den schönen Breiðafjörður zu beten. Sie hatte das ganze fruchtbare Land von Dalir in Besitz genommen und später unter ihren Anhängern aufgeteilt. Ketill wohnte in Ketilsstaðir, Hörður in Hörðudalur, Hundi in Hundadalur usw. So kamen die Höfe hier zu den Namen, die sie noch heute tragen.

Ganz im Westen der Halbinsel stößt man auf einen Wegweiser zur Kirche **Dagverðarneskirkja**. Die gut 4 km lange, schweißtreibende Fahrt auf der sehr schlechten Straße kann sich für Vogel- und Seehundbeobachter, Fotografen und Freunde halbverfallener Bauwerke durchaus lohnen. Auch fantasievolle Menschen kommen hier auf ihre Kosten. Vor der weißen Wellblechkirche mit Friedhof, die mitten im Nichts an einem lauschigen kleinen See nahe der Küste steht, fragt sich so mancher: Wer mag hier wohl früher zum Gottesdienst gekommen sein? Wem mag das voll eingerichtete graue Nebengebäude gehören, wo man durchs Fenster Teller sieht, die zum Abtropfen auf ein Gitter gestellt wurden? Wer mag zum letzten Mal das Plumpsklo benutzt haben? Die Kirche ist verschlossen, ein dicker Mühlstein liegt vor der Tür. Vielleicht ist sie einsturzgefährdet. Vielleicht aber kommt immer noch jemand regelmäßig hierher, denn neben den Kirchenbänken steht ein Klappstuhl aus Plastik, der auf jeden Fall neueren Datums ist.

Kurz vor Ende der Rundfahrt kann der Wasserfall **Arnarfoss** bestaunt werden. Ein Fußweg führt beim Hinweisschild „Röðull" durch ein hölzernes Tor und zum Fluss Búðardalsá, der hier in eine felsige Schlucht gepresst wird, deren westliche Seite rotgefärbt ist. Trittsichere können den steinigen Abhang herunterkraxeln und stehen schließlich auf einem Felsen mitten im Fluss, direkt vor dem Wasserfall.

ÜBERNACHTUNG

Karte S. 277

Camping Á á Skarðsströnd, ✆ 663 1420 oder 434 1420, 💻 www.tjalda.is/a-skardsstrond. Die große Wiese liegt direkt an der Straße 590, WCs und Waschbecken mit warmem Wasser im unbewohnten alten Bauernhaus nebenan. 3000 ISK pro Zelt oder Wohnmobil. 🕒 ganzjährig.

Guesthouse Nýp, 371 Dalabyggð, ✆ 896 1930 und 891 8674, 💻 www.nyp.is. Sonnige Gästezimmer mit eigenem oder Gemeinschaftsbad und Küche im umgebauten Farmhaus bei den Künstlern Þóra und Summi. Sie experimentieren z. B. seit einiger Zeit mit essbaren Seealgen. Abendessen auf Anfrage. ❹

Vogur Country Lodge, Fellsströnd, ✆ 435 0002, 💻 www.vogur.org. Landhotel mit großen Zimmern auf einem ehemaligen Bauernhof in absoluter Alleinlage, fernab von allem. Mit Außenpool und tollem Wandergelände drumrum (hinten Wasserfall-, vorne Breiðafjörður-aussicht) Umfangreiches Frühstücksbuffet und traditionell isländisches Abendessen der gehobenen Preisklasse im mit Kunstwerken verschönerten Speisesaal. ❺–❻

TRANSPORT

Entlang der Straße 590 (Klofningsvegur) dauert die Rundfahrt auf der nicht asphaltierten Straße, die auf der Landkarte nur wie ein kleiner Schlenker aussieht, mind. 2 Std.

BREIÐAVÍK; © STEPHAN ROBERTZ

Die Westfjorde

„Die Westfjorde beginnen da, wo der Handyempfang aufhört", sagen die Menschen, die hier leben. Das stimmt zwar nur bedingt, aber das Gefühl bleibt: Die Westfjorde sind nicht nur räumlich vom übrigen Island getrennt – es gelten auch andere Regeln. Mit konkreten Öffnungszeiten tun sich die Menschen hier genauso schwer wie mit festen Terminzusagen. Man sagt: „Það kemur í ljós" – das ergibt sich. Und meist tut es das.

Stefan Loose Traveltipps

Þingmannaá Eine Wasserfallparade wie im Märchen. S. 286

Rauðasandur Einer der schönsten Strände Islands. S. 289

5 **Látrabjarg** Auf zu den Papageitauchern! S. 292

Bíldudalur Bizarr: das Skrímslasetur-Seeungeheuermuseum. S. 296

Dynjandi Ein Riese unter den Wasserfällen. S. 299

Arctic Fox Center in Súðavík Die Füchse Mia und Mist sind Publikumslieblinge. S. 318

Küstenwanderung zum Möngufoss Bislang noch ein Geheimtipp. S. 321

MUSEUM SAMÚEL JÓNSSON, SELÁRDALUR: © CAROLINE MICHEL

ÞINGMANNAÁ: © CAROLINE MICHEL

Wann fahren? Die kurze Saison geht von Juni–August. Reisen zu anderen Jahreszeiten sind möglich, aber nicht gut planbar.

Wie lange? Wer weniger als 4 Tage Zeit hat, schenkt sich die Umrundung und macht stattdessen einen Tagesausflug nach Hólmavík.

Updates, mehr **Bilder** und eure **Tipps** zu diesem Kapitel auf www.stefan-loose.de unter **eXTra [11080]**

Ein Post-it-Zettel mit einer gezeichneten Sonne besagt: Das Museum bleibt heute geschlossen, „due to the weather". So gesehen im Museum für Alltagsgegenstände in Ísafjörður an einem unerwartet sonnigen Nachmittag und völlig normal für einen Ort in den Westfjorden. Mal ist auf, mal nicht. Mal fährt der Bus, mal nicht. Das muss man nicht aushalten können, das muss man lieben. Die Westfjordianer sind eben so unberechenbar wie das Wetter, dafür aber meistens gut gelaunt.

Und noch ein Wort zur vielgepriesenen Einsamkeit der Westfjorde: Die Orte sind – zumindest im Sommer – nicht immer so menschenleer, wie man sie vermutet. Das Wikingerdorf **Þingeyri** z. B., vor wenigen Jahren noch ein verschlafenes Nest, wird mehrmals wöchentlich von Reisegruppen heimgesucht, die für Wind und Wetter völlig unzureichend gekleidet sind – Tagestouristen, die mit dem Kreuzfahrtschiff nach Ísafjörður gekommen sind und zum Wasserfall **Dynjandi** gekarrt werden. Wer als Individualreisender das Pech (oder Glück) hat, an einem solchen Tag frühmorgens am Wasserfall zu sein, wird Zeuge eines obskuren Spektakels. Um 10 Uhr sind hier in der Regel nur wenige Menschen anzutreffen, meist so zehn Camper oder Radfahrer, die an den Holztischen sitzen, Kaffee trinken und das Panorama genießen. Oben am Wasserfall hat man die Chance, der einzige Stauner und Fotograf zu sein.

Das Ende der Ruhe wird meist am späten Vormittag von einem Super-Jeep eingeläutet, der in rasanter Geschwindigkeit über die schmalen Straßen brettert und mit quietschenden Reifen schlingernd zum Stehen kommt. Ein Aufseher oder eine Chefin steigt aus und läuft hektisch auf und ab. Dann trudeln Transporter ein, deren

Unterwegs in den Westfjorden

Mit dem Auto

Wir raten dringend davon ab, die Westfjorde „mal eben" als Abstecher in die Reiseroute einzubauen – das wird nämlich zur elenden Gurkerei, denn vor allem die Fahrten entlang der Fjorde dauern gefühlt ewig. Die einzige Ausnahme: Hólmavík ist super über die Straße 68 ab Staðarskáli von der Ringstraße aus zu erreichen.

Für Reisende mit Zeit ist die Fahrt entlang einsamer Küsten und über kurvige Bergpässe ein tolles Abenteuer. Im Sommer sind die Straßen meist passierbar, was aber nicht heißt, dass sie schlaglochfrei oder gar durchgängig asphaltiert wären. Für die „zweistelligen" Straßen braucht man in den Monaten Juni–September trotzdem kein Auto mit Allradantrieb. Die **Hauptstraßen** tragen die Nummern 60 und 61. Beide verbinden Búðardalur und Ísafjörður – die 60 auf der Westroute, die 61 auf der Ostroute. Der Ende 2020 eröffnete 5,6 km lange Tunnel **Dýrafjarðargöng** erspart Reisenden auf der 60 fast 30 km Weg und die anstrengende Fahrt über den Pass. Die schöne Straße 626 zwischen Þingeyri und Hrafnseyri ist jetzt nur noch im Sommer offen. Die Klippen von Látrabjarg und den „roten Strand" Rauðasandur erreicht man nur über **Schotterpisten**.

Mit dem Bus

Leider ist es nicht ganz so einfach, die Westfjorde per Bus zu bereisen, aber es ist möglich (s. auch 💻 www.publictransport.is). Strætó fährt ganzjährig von **Borgarnes** aus mit der Linie 59 in ca. 2 Std. nach **Hólmavík** (im Sommer Mi, Fr und So, im Winter nur Fr und So). Die Linie 61, die weiter nach Ísafjörður fährt (weitere 3 Std., telefonische Voranmeldung erforderlich), verkehrte im Sommer 2023 nur im Juli und August, Fr und So.

Von Ísafjörður aus erreicht man die Orte **Suðureyri**, **Flateyri**, **Þingeyri** und **Bolungarvík**. Informationen zu Preisen und Abfahrtszeiten sind auf 💻 www.isafjordur.is und www.westfjords.is zu finden.

Westfjord Adventures, 💻 www.wa.is, fährt im Juni–Aug Mo, Mi und Do von Patreksfjörður über den Fähranleger Brjánslækur (Anschluss von/zur Fähre), Flókalundur, Dynjandi und Þingeyri nach Ísafjörður und zurück. Außerdem hat die Firma eine Rundtour im Programm, die vom Fähranleger in Brjánslækur (12 Uhr) aus nach Patreksfjörður, Látrabjarg, Rauðasandur und wieder zurück zum Fähranleger (18.30 Uhr) geht. Aufenthalt in Látrabjarg 1 1/4 Std., in Rauðasandur 45 Min., Preise auf Anfrage, Vorbuchen online oder unter 📞 456 5006 erforderlich.

Tálknafjörður (20 Min.) und **Bíldudalur** (45 Min.) sind von Patreksfjörður aus erreichbar. Preise und Abfahrtszeiten auf 💻 https://vesturbyggd.is/thjonusta/samgongur/almenningssamgongur/ (leider nur auf Isländisch) oder unter 📞 848 9614. Zusätzlich verkehrt auf der Strecke ein Flybus vor oder nach den Reykjavík-Bildudalur-Flügen. Infos bei Torfi Andrésson unter 📞 893 2636.

Mit der Fähre

Die Autofähre Baldur, 💻 www.seatours.is, verbindet die Westfjorde (Brjánslækur) mit der Halbinsel Snæfellsnes (Stykkishólmur) mit Zwischenhalt auf der Insel Flatey (Details s. S. 289).

Mit dem Flieger

Verbindungen mit Icelandair von Reykjavík nach **Ísafjörður**, 2x tgl., 💻 www.icelandair.com. Norlandair fliegt mehrmals pro Woche **Bíldudalur** an und Di (im Winter Di und Fr) auch das abgelegene **Gjögur**, 💻 www.norlandair.is.

Besatzung Plastikkisten mit Pappbechern und Picknicktellern auspackt und mithilfe eines lärmenden mitgebrachten Generators Strom für die Kaffeemaschinen erzeugt. Es folgen die Reisebusse, manchmal fünf bis sechs gleichzeitig. Es wimmelt und wuselt, die Schlangen vor den überforderten kleinen WC-Häuschen werden länger und länger. Gäste, die hinten anstehen, müssen sich entscheiden: Picknick oder Wasserfall? Denn beides geht nicht, die Zeit ist knapp bemessen. Dann ist der Spuk vorbei und die Busse fahren wieder ab. Wer Spaß am Beobachten von Menschengruppen unterschiedlicher Nationalitäten hat, wird also auf seine Kosten kommen. Alle anderen sollten das Weite suchen und sich nach einem ruhigen schönen Platz in der Nähe umschauen.

Ruhige schöne Plätze finden sich in den Westfjorden viele und auch beschauliche kleine Dörfer mit wenigen Touristen. In **Bíldudalur** z. B. hat sogar mangels Nachfrage das Hostel zugemacht; es gibt nur noch ein einziges Gästehaus. Einfach, weil der Ort nicht an der Haupt-Reiseroute liegt. Ähnlich geht es **Tálknafjörður**, **Flateyri**, **Suðureyri** und **Bolungarvík**. Auf der Straße 635, die am Nordufer des Fjords **Ísafjarðardjúp** entlang führt, kann man die entgegenkommenden Fahrzeuge an einer Hand abzählen. Hier befindet sich auch das Wandergebiet, in das die Isländer ausweichen, denen es im bequem mit der Fähre erreichbaren Teil des unbewohnten Naturschutzgebiets **Hornstrandir** zu voll geworden ist.

Die touristischen Highlights der Westfjorde sind neben dem Dynjandi die Klippen von **Látrabjarg** im äußersten Westen, in denen im Sommer zahlreiche Papageitaucher brüten, die „Hauptstadt" **Ísafjörður** und der niedliche Ort **Hólmavík** im Osten. Auch die Küste rund um den Fährhafen in **Brjánslækur** ist wegen der zahlreichen Hot Pots und Strand-Schwimmbäder beliebt.

Über Reykhólar und Flókalundur nach Látrabjarg

Wer aus Richtung Dalir kommt, wird hinter dem Damm über den Gilsfjörður freundlich begrüßt: Hier ist alles friedlich und beschaulich. Zwischen Reykhólar und Flókalundur findet man Wanderwege, auf denen nie jemand läuft, Straßen, auf denen nie jemand fährt, Buchten, in denen nie jemand schwimmt, und Täler, in denen niemand wohnt. Das Angebot an Unterkünften und Verpflegungsmöglichkeiten ist nicht allzu üppig.

Reykhólar

Mit über 100 Einwohnern ist Reykhólar der größte Ort weit und breit. Er liegt auf warmem Boden, deshalb der Name: „Rauch-Hügel". Die wenigen Häuser stehen weit auseinander. Auf einer kleinen, dem Hafen vorgelagerten Insel, durch eine Landbrücke mit dem Festland verbunden, steht die Salzfabrik Norðursalt. Bekannt ist Reykhólar für seinen Reichtum an Seevögeln und das Geothermalschwimmbad Grettislaug.

Obwohl die Kirche den Ort dominiert, liegt das „Zentrum" weiter landeinwärts: Im kleinen Tante-Emma-Laden **Reykhólarbúðin** an der Tankstelle trifft sich die Bevölkerung. Es gibt hervorragenden Kaffee und auch Essen. 🕒 offiziell Di–Sa 12–18 Uhr.

Im Bootsbaumuseum **Bátasafn** trifft man mit ein bisschen Glück auf Hafliði Aðalsteinsson, der trotz seines fortgeschrittenen Alters – er ist fast 90 – hier emsig uralte Klinkerboote restauriert, die zum Unesco-Kulturerbe zählen. Das Besondere an Klinkerbooten: Die Planken werden wie Dachziegel übereinandergelegt. Hier befindet sich neben der **Touristeninfo** ein weiteres kleines Café, das Bátakaffi, ✆ 434 7830, 💻 www.batasmidi.is. 🕒 Juni–Aug tgl. 11–17 Uhr.

Ins **Schwimmbad Grettislaug** soll ehemals der Sagenheld Grettir eingetaucht sein (genauso wie in dem gleichnamigen heißen Pool nördlich von Sauðarkrókur – Grettir scheint sehr gern und oft gebadet zu haben). Die Original-Grettir-Quelle ist inzwischen versiegt, aber daneben steht ein Freibad mit drei Schwimmbahnen, auf das die Einwohner von Reykhólar sehr stolz sind. 🕒 tgl. 8–10 und 15–21 Uhr.

Das bekannte Seetangbad Sjávarsmiðjan, ✆ 577 4800, 💻 www.sjavarsmidjan.is, war zum Zeitpunkt der Recherche geschlossen.

ÜBERNACHTUNG

€ Weil es nicht viele Reisende in diese Region, verschlägt, nächtigt man hier ausgesprochen preiswert.

Im Ort

Campingplatz Grettislaug (Campingkarte), ✆ 434 7738. Winzige rechteckige Wiese mit 2 Picknicktischen zwischen Schwimmbad und Meer. Im kleinen Servicehaus 2 Toiletten und ein Waschbecken. Manchmal gibt es nur warmes Wasser – gut zum Waschen und Zähneputzen, als Trinkwasser aber gewöhnungsbedürftig. 2500 ISK pro Zelt/Caravan. Je länger man bleibt, umso günstiger wird's. ⌚ im Sommer.

HI Hostel Reykhólar, Álftaland, ✆ 892 7558 und 863 2363, 💻 www.hihostels.com/de/hostels/reykholar-hostel. Etwas abgerocktes Haus, das aber genau deshalb hervorragend in den Ort passt, der ja auch etwas aus der Zeit gefallen zu sein scheint. Der Hot Pot steht etwas lieblos hinterm Haus, aber immerhin gibt es 2 Gemeinschaftsküchen, einen gemütlichen Aufenthaltsraum sowie kostenlos Tee und Kaffee. Bett im Schlafsaal 60 €, Privatzimmer für 2–4 Pers. mit Gemeinschaftsbad ❷–❸

Außerhalb

€ **Camping und Guesthouse Miðjanes**, 5 km westlich des Ortes, Karte S. 286, ✆ 894 5883 und 690 3825, 💻 www.tjalda.is/en/midjanes. Geschützte kleine Wiese im Grünen mit niedlichem Servicehaus. Schöner und geschützter als die Zeltplätze in Reykhólar, aber ohne Schwimmbad in der Nähe. Ab 16 J. 1500 ISK. Schöne und günstige DZ mit Gemeinschaftsbad. Im Aufenthaltsraum stehen Möbel, die man wohl übrig hatte, aber Aussicht aufs Meer und Küche sind prima. Wanderweg zum Heyárfoss, den man von der Straße aus sieht (1,5 km). ⌚ April–1.Dez. ❷

ESSEN

Wer bis hierhin noch nicht eingekauft hat, muss auf das Mini-Angebot in der **Reykhólarbúðin** zurückgreifen, sonst ist bis Flókalundur hungern angesagt.

SONSTIGES

Feste

Bootsbauertage, meist am 1. Juli-Wochenende, 💻 www.batasmidi.is.

Reykhóladagar, 3 Tage Ende Juli, 💻 www.reykholar.is: Dorffest mit vielen Konzerten, einem Lauf rund um den Ort und Tanz in der Sporthalle.

Medizinische Hilfe

Gesundheitszentrum und **Apotheke**, Hellisbraut 39, ✆ 432 1460.

Wandern

Zahlreiche Wanderwege, u. a. ein 2,3 km langer Spazierweg, der unterhalb des Schwimmbads bis zu einer Vogelbeobachtungsstation führt. Eine einfache Karte hängt am Campingplatz aus, genaueres Material gibt's im Supermarkt.

TRANSPORT

Die Straße 607 endet ca. 10 km hinter dem Ort. Es gibt keine Busanbindung.

Flókalundur und Umgebung

Nachdem man mit Reykhólar die einzige Ortschaft der Südküste hinter sich gelassen hat, sieht man auf den folgenden 109 km entlang der Küste höchstens ab und zu einen Bauernhof in der Ferne. Die Straße 60 ist nicht überall asphaltiert, aber meist in gutem Zustand.

Im dampfenden Tal **Djúpidalur** warten dann ein Campingplatz und ein winziges Hallenbad in einer Holzhütte mit Außen-Hot-Pot (gegen Gebühr auch für Nicht-Camper offen). Am Kollafjörður zweigt die Hochlandpiste F66 Richtung Norden ab – nur bei gutem Wetter und nur mit großen Jeeps passierbar. Ein Stopp lohnt auch auf der Passhöhe Klettsháls, der schönen Aussicht mit Blick in den Canyon bei **Kollafjarðarheiði** wegen.

Gíslahellir

Diese Höhle ist das perfekte Versteck, denn niemand würde sie inmitten des dichten Birkenwalds vermuten. Der Sagenheld Gísli, ganze 14 Jahre auf der Flucht, soll sie eine Zeitlang genutzt haben. Zur Gíslahellir führen vom Parkplatz an der Straße 60 zwei kurze markierte Pfade. Beide enden am selben Höhleneingang, der

etwas längere Weg beschreibt einen Umweg über eine felsige Anhöhe mit Aussicht auf den Fjord. Die Kletterpartie hier hoch ist unbedingt empfehlenswert, und wer Zeit hat, steigt weglos noch weiter bergan. Die Höhle selbst ist über einen schlammigen Eingang zugänglich. Allerdings passen hier nur kleine, schlanke Menschen durch. Kinder werden ihre Freude daran haben, durch das kleine Erdloch hinabzurutschen – Eltern auch, denn die Klamotten müssen danach in die Wäsche.

Wasserfälle am Fluss Þingmannaá

Viele finden die Südküste der Westfjorde unspektakulär bis langweilig. Allerdings waren diese Menschen garantiert nicht bei den Wasserfällen an dem Fluss mit dem witzigen Namen Þingmannaá. Er fließt durch das Tal Þingmannadalur im Naturschutzgebiet Vatnsfjörður. Die sensationellen Wasserfälle, die hintereinander in vielen Kaskaden Auge und Herz erfreuen, sind nicht ausgeschildert. Nur das Wort „Þingmannaá" steht auf dem Wegweiser, daneben ein Wanderwegsymbol. Das heißt unmissverständlich: Ab hier soll gewandert werden. Und es gibt auch kleine Parkbuchten, in denen das Fahrzeug gefahrlos abgestellt werden kann. Wohnmobile parkt man besser an dem kleinen Schotterparkplatz mit Picknickbänken (ca. 300 m nördlich der einspurigen Brücke auf die Jeep-Piste einbiegen). Zu den Wasserfällen bergauf laufen, beim Schild mit der Aufschrift „Smidjutoft" rechts abbiegen dann flussaufwärts wandern.

Egal, von welcher Seite man startet, ist der Fußweg zum ersten Wasserfall in 15 Minuten zurückgelegt. Hier sollen schon mehrere Filme gedreht worden sein, u. a. Nonni und Manni. Man könnte ewig sitzen bleiben und staunen. Allerdings wäre das schade, denn flussaufwärts folgt ein Wasserfall auf den nächsten. An manchen Stellen geht es sogar runter zum Wasser. Ein mit roten Pflöcken markierter Weg führt durch Birkengestrüpp bergauf und trifft bald wieder auf die Jeep-Piste, auf der man nicht fahren soll. Die Wanderzeit bis zum letzten Wasserfall beträgt eine Stunde inklusive Fotostopps, der Rückweg auf der Piste dauert dann nochmal 15–20 Minuten. Für Wasserfall-Fans ein unbedingtes Muss!

Hellulaug und Flókalaug

Ein Geheimtipp ist der steinerne Pool **Hellulaug** direkt am Meer unterhalb des Hótel Flókalundur

schon lange nicht mehr. Mit zehn Badegästen ist die Kapazität erschöpft, weshalb man schon mal anstehen muss. Aber für die Badefreude nehmen das die meisten gern auf sich. Umkleiden gibt es nicht, dafür eine Steinmauer, hinter der man sich aus- und wieder anziehen kann. Um eine Spende zur Instandhaltung wird gebeten. Wer nicht nur baden, sondern schwimmen will, nutzt das Schwimmbad **Flókalaug**, 300 m hinter dem Hótel Flókalundur in Richtung Fähranleger. Hier schwimmt man windgeschützt hinter großen Glasscheiben mit Blick aufs Meer. Eine Liegewiese gibt es nicht – aber einen grünen Teppich mit ein paar Plastikstühlen drauf. ⌚ Sommer tgl. 10–20 Uhr.

Wanderung zum Bergsee Helluvatn

Nur 3 km entfernt vom Hótel Flókalundur lockt ein wunderschöner See mit glasklarem Wasser, in dem sich die umliegenden Berge spiegeln. Aber Achtung: Der See liegt in 300 m Höhe. Gleich nach dem Start hinter dem Campingplatz wird klar: Das wird anstrengend. Die Tour taugt nicht als kurzer Verdauungsspaziergang nach dem Abendessen, ist aber gerade in hellen Sommernächten sehr zu empfehlen. Das fahle Licht der Mitternachtssonne lässt die Stimmung am See nämlich noch mystischer erscheinen, als sie sowieso schon ist. Auf dem Rückweg unbedingt auf die Pflöcke achten, sonst erwischt man schnell die falsche Schlucht und landet anstatt am Ausgangspunkt im Nebental. Mindestens drei Stunden einplanen!

Flókatóftir

In der Nähe von Brjánslækur befinden sich die wohl ältesten Ruinen Islands. Hier soll der Wikinger Hrafna-Flóki, der der Insel auch ihren Namen gab (vgl. S. 165), seinen ersten Winter verbracht haben. Spektakuläres sieht man außer Steinmauer-Überresten und einer Gedenk-Statue nicht, aber der Platz ist ideal, um im Kopf in die Vergangenheit zu reisen und sich vorzustellen: Wie muss das hier damals für Flóki gewesen sein, so ganz allein im Nichts? Und was hat ihn wohl bewogen, hier zu bleiben?

ÜBERNACHTUNG UND ESSEN

Karte s. oben

Hótel Flókalundur und Camping, ✆ 456 2011, 💻 www.flokalundur.is. Großes Hotel mit

Restaurant, überdachter Terrasse, Tankstelle und Shop. Der Hot Pot Hellulaug ist über einen Fußweg erreichbar (ca. 400 m), Hartgesottene schlurfen im Bademantel (aber mit Wanderschuhen an den Füßen) rüber. Die Campingwiese 300 m in der Gegenrichtung ist ebenfalls durch einen Trampelpfad mit dem Hotel verbunden. Gute sanitäre Anlagen, aber keine Kochgelegenheit. Bei den Waschbecken steht ein Wasserkocher, sodass einem Tee, Nescafé oder Tütensüppchen nichts im Wege steht. Kaffee to go gibt's auch an der Hotelrezeption im Pappbecher – und hier ist wahrscheinlich der einzige Ort in Island, an dem man vom kostenlosen Nachfüllen des Kaffeebechers noch nie gehört hat. Camping 1500 ISK p. P. ⏲ 10. Mai–20. Sep. ❹–❺

€ **Campingplatz Djúpidalur**, ✆ 434 7853, 💻 https://tjalda.is/en/tjaldsvaedid_djupadal/. Ablegender Platz mit Kunstrasen, großem Gemeinschaftsraum und Zugang zum Mini-Schwimmbad. Es gibt auch 4 Hütten für jeweils bis zu 4 Pers. Camping ab 16 J. 1500 ISK, Schlafsackunterkunft in einer Hütte 7000 ISK (Bettzeug kostet 2500 ISK). ⏲ ganzjährig.

Gufudalur, 💻 www.fb.com/gufudalur. Tolle und sehr, sehr ruhige Unterkunft auf einem alten Pfarrhof im Nichts zwischen Reykhólar und Flókalundur. Eydís und Saevor vermieten außerdem ein Segelboot, das im Fjord fest vor Anker liegt, als Unterkunft für bis zu 5 Pers. (zu finden bei Airbnb). ❸

TRANSPORT

Auto

In einer Region, in der sonst meist nur eine einzige Straße zur Verfügung steht, hat man hier ausnahmsweise mal die Qual der Wahl: Die **Straße 60** nach Norden Richtung Dynjandi nehmen oder die **Küstenstraße 62** zum Südwestzipfel der Westfjorde und nach Patreksfjörður? Der Zeitplan diktiert die Antwort. Die Region wird von Süden kommend demnächst ein kleines bisschen schneller erreichbar sein, denn man baut emsig an einer Brücke über den Þorskafjörður, was die Fahrt auf der Straße 60 um 22 km verkürzen wird.

Busse

Nur im Sommer mit **Westfjords Adventures**, 💻 www.wa.is.

Brjánslækur und Umgebung

Badelustige finden in dem verschlafenen, landwirtschaftlich geprägten Gebiet mit vergleichsweise seichter Küstenlinie zahlreiche Pools und Hot Pots, die meist zwischen Straße und Meer liegen. Am Strand sieht man hier manchmal Seehunde, vor allem aber Schafe.

Fähranleger Brjánslækur

Das Nest Brjánslækur besteht nur aus dem Fähranleger und zwei bis drei Bauernhöfen in der Umgebung. Wer sich die Wartezeit auf die Fähre Baldur (s. u.) vertreiben möchte, findet nur die kleine Raststätte **Flakkarinn**, in der im Sommer auch die Fährtickets und einige handgestrickte Pullover verkauft werden. Einfaches Kaffee- und Kuchenangebot, außerdem Tagessuppe mit Brot für 1500 ISK. ⏲ tgl. 10–19 Uhr.

Schwimmbad in Birkimelur

Das türkis angestrichene Schwimmbecken aus dem Jahr 1948 liegt unterhalb der Häuseransammlung **Birkimelur** direkt am Meer (bei Flut) oder am Watt (bei Ebbe). Wenn man in warmem Meerwasser schwimmen will, dann ist diese seichte Bucht der richtige Ort dafür. Zwischen Becken und Meer bzw. Watt versteckt sich ein weiterer Pool, diesmal ein natürlicher kreisrunder, der am Rand von einigen Steinen eingefasst wurde und **Krosslaug** genannt wird.

Außerhalb der Öffnungszeiten sind Dusche und Umkleide abgeschlossen. Die Pools nutzen kann man trotzdem – für 1000 ISK p. P., zahlbar in eine Kasse des Vertrauens. Das Schwimmbad liegt auf Gemeindeland und gehört somit allen Einwohnern gemeinsam. Reihum werden Anwohner und Bauern mit der Wartung und Säuberung beauftragt. Deshalb nicht wundern, wenn mal um 12 Uhr niemand parat steht Dann hatte der Bauer gerade was anderes vor und die Umkleide bleibt geschlossen. ⏲ 1. Juni–15. Aug tgl. 12–21 Uhr.

Wasserfälle im Mórudalur

Nördlich von Birkimelur locken Wanderungen zu den Wasserfällen im Tal der Flüsse Móra und Þverá, aber es gibt keine markierten Wege. Rögnvaldur vom Gästehaus Bjarkarholt kennt die Stellen, wo die Flüsse trockenen Fußes überquert werden können. Wanderwillige klopfen einfach an seine Tür und lassen sich den Weg erklären.

ÜBERNACHTUNG

Karte S. 286

Bjarkarholt, ✆ 456 2025, 💻 www.bjarkarholt.is. In schönster Lage und mit Schwimmbad, dem Krosslaug Hot Pot und dem Meer direkt gegenüber. 3 DZ und ein Familienzimmer im Haupthaus, in den Holzhütten sind einfache, aber saubere Apartments (3 für 6 Leute, eins für 8), die sich komplett mieten lassen. In der Gemeinschaftsküche im Haupthaus findet man Utensilien, die es in anderen Hostelküchen garantiert nicht gibt, sogar ein Waffeleisen. Der Aufenthaltsraum wird vom netten Besitzer Rögnvaldur auch als Büro genutzt. Hier liegt eine eingeschweißte Wanderkarte der Umgebung. Man darf alles anschauen, alles ausleihen, alles benutzen, muss allerdings manchmal auch sein Bett selbst beziehen, aber das ist hier eben so. 3 DZ, ein Familienzimmer ❸

Rauðsdalur Guesthouse, ✆ 456 2041, 💻 www.raudsdalur.is. Eine Schaffarm, eine Autowerkstatt, ein Wasserfall, ein kleiner Kinderspielplatz und ein holzverkleidetes Gästehaus mit Jugendherbergscharme einige Meter weiter westlich. 40 Betten in 17 Zimmern – und zur Not ist auch noch Platz für die ein oder andere zusätzliche Isomatte auf dem Boden. Schlafsackunterkunft 6000 ISK, gemachtes Bett 7000 ISK, im EZ 8000 ISK. ❷–❸

TRANSPORT

Auto

Hier verläuft nur die Küstenstraße 62.

Busse

Busse von **Westfjords Adventures**, 💻 www.wa.is, verkehren nur im Juni–Aug 1x tgl. um 12 Uhr nach PATREKSFJÖRÐUR und LÁTRABJARG (als Tagesausflug 14 500 ISK). Telefonische Anmeldung erforderlich, ✆ 456 5006. Mo, Mi, Do außerdem um 11.45 Uhr u. a. über FLÓKALUNDUR und DYNJANDI in 3 1/4 Std. nach ÍSAFJÖRÐUR.

Fähre

Die Baldur von **Seatours**, ✆ 433 2254, 💻 www.seatours.is, fährt über die kleine Insel Flatey nach STYKKISHÓLMUR. Am Sjómannadagurinn (Seemannstag) kein Fährverkehr.
STYKKISHÓLMUR, 1–2 x tgl. in 2 1/2 Std. für 6490 ISK (Erwachsene im Sommer) oder 5060 ISK (Erwachsene im Winter) p. P. Jugendliche zahlen gestaffelt nach Alter, Autos nach Größe (ein Kleinwagen kostet z. B. das gleiche wie ein Erwachsener). Ganzjähriger Fährbetrieb, aber monatl. wechselnder Fahrplan.
Die komplette Preisliste unter 💻 www.seatours.is/our-ferries/baldur/price-list/. Der Transport von Fahrzeugen muss vorgebucht werden.
FLATEY, 1 Std., je Fahrt 4430 ISK (Erwachsene im Sommer). Vorsicht: Im Winter keine Übernachtungsmöglichkeit.

Rauðasandur

Der kilometerlange Sandstrand ist nicht so rot, wie der Name es verspricht (Rauðasandur oder Rauðisandur heißt „roter Sand"), sondern eher gelb mit rötlichem Einschlag, aber trotzdem ein echter Hingucker. Der 1,5 km lange Fußweg zum Strand beginnt bei der schwarzen Holzkirche mit rotem Dach und Giebel, vor der malerisch eine Islandflagge weht (tolles Fotomotiv). Der ebene Wiesenweg sollte in 15 Minuten zu schaffen sein, allerdings sind während der Brutsaison Attacken von Küstenseeschwalben möglich. Noch schöner, wenn auch ohne Kirche, ist es an der Ostseite der Bucht hinter Melanes. Hier locken Wanderwege (z. B. zu den Felsen von Skarfastapi weiter südlich), und der Strand ist leichter zugänglich.

Die 10 km lange Anfahrt auf der Straße 614 zum Rauðasandur hat es in sich: In Serpentinen geht es steil bergauf und genauso steil wieder herunter. Leider besteht unterwegs keine Möglichkeit, anzuhalten und ein Foto zu machen, ohne mitten auf der Straße stehenzubleiben. Die Aussicht von hier ist gigantisch: gelber Sand, roter Sand, grün bewachsene Klippen und in der Ferne das Meer.

ÜBERNACHTUNG UND ESSEN

Karte S. 286

€ **Camping Melanes**, ✆ 783 6600, 🖳 www.melanes.com. Im Rücken die Berge, nach vorn der Blick auf den Strand: Wer die Straße zum Rauðasandur nicht rechts in Richtung Café und Kirche fährt, sondern nach links abbiegt, kommt zu einem Campingplatz mit hervorragender Aussicht und in absoluter Alleinlage. Es gibt eine Holzhütte mit WCs, eine mit behindertengerechter Dusche (die aber nicht immer warmes Wasser ausspuckt), eine mit einer kleinen Küche (2 Herdplatten, ein Wasserkocher, eine Mikrowelle, kein Geschirr) und Waschmaschine, deren Benutzung im Preis inbegriffen ist. Eine weitere Hütte dient als Rezeption (besetzt ab 20 Uhr) und kleiner Laden mit Pulloververkauf. Am Campingplatz beginnen Wanderwege zum Strand und entlang der Küste. Ab 17 J. 1800 ISK. Wer lieber windgeschützt schläft, bucht eine der 3 niedlichen **Campinghütten bzw. Campingtonnen** mit je zwei Einzelbetten (für zwei Pers. um die 90 € pro Nacht). ◷ Mitte Mai–Mitte Sep.

Franska Kaffihúsið, Kirkjuhvammur, ✆ 770 2161, 🖳 www.fb.com/FranskaKaffihusid. Das Café heißt Franzosencafé, weil der Besitzer (der aber nie vor Ort ist) Franzose ist. Die Stühle seien auch aus Frankreich, heißt es. Außerdem gibt es französischen Schokokuchen und leckere Waffeln mit Sahne und Marmelade, Brot mit isländischem Lachs und eine Tagessuppe. ◷ wenn offen, dann offen, gute Chancen hat man im Sommer zwischen 12 und 18 Uhr.

TRANSPORT

Auto

Anfahrt über die löchrige und oft rutschige Serpentinenstraße 614. Nach ca. 8 km kommt ein Wegweiser. Nach rechts geht's zur Kirche und zum Franzosencafé, nach links zu den schönen Klippen von Melanes.

Rauðasandur: Der rote Strand macht seinem Namen alle Ehre.

Busse

Der Sommer-Ausflugsbus von Westfjords Adventures (S. 289) hält für 45 Min. an der Kirche.

Nach Látrabjarg

Jenseits des Passes Kleifaheiði erreicht man den Patreksfjörður und das westliche Ende Islands, Látrabjarg. Das Meer rund um die Südwestspitze der Westfjorde ist für Schiffe ein gefährliches Gewässer. Unzählige sanken vor den Steilküsten, aber auch im Fjord selbst. Die Gegend hier unten ist sehr abwechslungsreich. Es locken goldene Strände und schroffe Steilklippen, aber auch einige grüne Wiesen.

Wrack Garðar BA 64

Malerischer kann ein Schiff kaum daliegen: den Blick in Richtung Land, rostet die Schönheit langsam, aber sicher vor sich hin. 1912 als Walfänger in Norwegen gebaut, kam das Schiff 1945 nach Island und fischte jahrzehntelang nach Hering, bis es 1981 in den wohlverdienten Ruhestand ging. Seinen letzten Liegeplatz erreichte Garðar BA bei Hochwasser durch einen eigens gegrabenen Kanal, der anschließend wieder zugeschüttet wurde. Das Wrack liegt am Strand bei Skápadalur, keine 3 km von der Stelle entfernt, an der die Küstenstraße 612 die breitere 62 verlässt. Es ist bei Fotografen so beliebt, dass es sogar eine eigene Internetseite hat, 💻 www.atlasobscura.com/places/gardar-ba-64.

Museumskomplex Hnjótur

Als nach dem Zweiten Weltkrieg die englischen und amerikanischen Truppen in Island Einzug hielten (S. 109), wurde das Land abrupt in die Neuzeit katapultiert. Viele noch funktionsfähige Werkzeuge und Gebrauchsgegenstände wurden durch neue ersetzt. **Egill Ólafsson** (1925–1999) hat die ausrangierten Sachen gerettet. Wahrscheinlich war er ein Messie, sagt der junge Museumsführer. Jedenfalls kamen immer mehr Leute, um Dinge, die sie nicht mehr brauchten, hier abzuladen. Manche vermachten Egill ihren gesamten Nachlass. So hängen im Museum heute hundert Jahre alte Hosen aus Schafsleder neben dem ehemaligen Altar der Kirche von Breiðavík. Sogar ein ausgestopfter Adler baumelt von der Decke.

Im Nebengebäude geht es um eine großangelegte **Seenotrettung** aus dem Jahr 1947. Ein englischer Trawler war an der Steilküste von Látrabjarg gestrandet. Die gesamte Bevölkerung beteiligte sich an der Bergungsaktion. Zwölf von fünfzehn Menschen konnten gerettet werden. Ein Jahr später sollte diese Rettungstat von Látrabjarg im Film nachgestellt werden, als vor den Augen des Filmteams ein weiteres Schiff strandete, diesmal an dem Berg direkt vor Hnjótur. Die eindrucksvolle Dokumentation ist auch im Netz zu finden: 💻 www.youtube.com/watch?v=TxjiZ2uMVaQ.

Das dritte Museum, das aus einem improvisierten Hangar und einem halb auseinandergefallenen **US-Flugzeug** besteht, gehört Kristinn Þór Egilsson, dem Sohn des Sammlers Egill. Das Flugzeugwrack hat Kristinn Þór 2006 den abziehenden US-Soldaten abgekauft. Über Land wurde es hierhin gebracht. Seitdem wartet es darauf, dass er Zeit findet, es zu restaurieren. Oberhalb des Museumskomplexes steht eine futuristische Metallkonstruktion zum Gedenken an die vielen Menschen, die in der Gegend schon bei Schiffsunglücken ums Leben kamen. Nettes Museumscafé, 🕒 wie die Museen Mai–Sep tgl. 10–18 Uhr.

Breiðavík

Zu Breiðavík gehört neben dem populären Hotelrestaurant mit Campingplatz auch eine sehenswerte kleine Kirche. Bemerkenswert ist der goldgelbe Strand, der zu langen Spaziergängen einlädt. Hier kann, wer länger als einen Tag bleibt, nicht nur herrlich wandern, sondern auch Zeuge eines außergewöhnlichen Naturschauspiels werden: Die gewaltige Düne, möglicherweise abends noch an der westlichen Seite des Strands aufgetürmt, kann am nächsten Morgen spurlos verschwunden sein. Man reibt sich die Augen und schaut zum östlichen Strandende – und da ist sie wieder. Der Wind kommt jetzt aus der anderen Richtung und hat viele Kubikmeter Sand über Nacht einmal von rechts nach links über den kilometerlangen Strand getrieben.

Leuchtturm Bjargtangar
Lange als der westlichste Punkt Europas beworben, musste die äußerste Westspitze Islands diesen Rang dann doch an die Azoren abtreten. Trotzdem ein schöner Leuchtturm!

Vogelfelsen bei Látrabjarg
Vom Parkplatz aus den Berg hoch und schon sitzen sie da: Hunderte von Papageitauchern brüten hier in Höhlen unterhalb der Grassoden. Entlang der 14 km langen Steilküste geht es teilweise mehr als 400 m in die Tiefe, und die Grassoden direkt an der Abbruchkante sind äußerst instabil. Das scheinen die lustigen Vögel zu wissen, denn sie bleiben völlig ungerührt sitzen, egal wie nah die Besucher mit ihren Teleobjektiven an sie herankommen. Aber Achtung: Immer wieder gibt es hier Unfälle, teils mit tödlichem Ausgang. Und: Die putzigen Kerlchen sind nur im Juni und Juli bei den Bruthöhlen zu beobachten, wenn sie mit dem Nachwuchs beschäftigt sind.

ÜBERNACHTUNG UND ESSEN

Karte S. 286

€ **Hænuvík Cottages**, an der Straße 615, 8 km hinter der Abzweigung nach Látrabjarg, ✆ 456 1574, ✉ haenuvik@mi.is. 4 sehr einfache Cottages, alle unterschiedlich, auf einem Bauernhofgelände in einer ruhigen Bucht. Die Schafe sind überall und Gäste dürfen auch die Hühner, Tauben und Hasen in ihren Ställen besuchen. Ideal für Familien, Wanderer, Vogelfreunde und Menschen, die die Einsamkeit suchen. ❸

Hnjótur Guesthouse und Campingplatz, an der Straße 615, ✆ 456 1596, 💻 www.hnjoturtravel.is. Eine Dauerbaustelle, aber der herzige Besitzer Kristinn Þór gibt sich alle Mühe, es seinen Gästen recht zu machen. Im Haupthaus befinden sich 10 einfache Zimmer für insgesamt 24 Gäste, die auf Anfrage auch als Schlafsackunterkünfte vermietet werden. Die Sommerhäuser neben dem Haupthaus, an denen er ständig weiterbaut, sind für Reisegruppen gedacht, man kann sie aber auch ganz mieten. Campinggäste können die gut ausgestattete Küche nutzen und auch den gemütlichen Aufenthaltsraum, allerdings nur, falls gerade keine Gruppen da sind. Ansonsten dürfen sie sich im Haupthaus aufhalten, wo der Besitzer auch hervorragendes Abendessen (Lamm- und Fischgerichte) serviert. WLAN funktioniert nur in der oberen Etage und auch das nur manchmal. Preise sind Verhandlungssache, Kristinn Þór will sich da nicht festlegen. Camping 2000 ISK. ❸

Hótel Breiðavík, Gästehaus/Restaurant/Campingplatz, 12 km entfernt von Látrabjarg, ✆ 456 1575, 💻 www.breidavik.is. Übernachtungsmöglichkeit für insgesamt 64 Pers., teilweise im Haupthaus mit Gemeinschaftsbad, teilweise in Containern. Die sehen zwar nicht allzu schön aus, aber die Zimmer haben Bäder und Aussicht auf den Strand. Benutzung der Küche und des Speisesaals möglich. Economy Zimmer mit Etagenbetten auch als vergleichsweise günstige Schlafsackunterkunft buchbar. Camping ab 12 J. 2400 ISK. Strom, Dusche, Waschmaschinenbenutzung, Kaffee, Tee und WLAN inkl., Frühstück im Hotel 2500 ISK ❸–❺

Das **Restaurant im Hótel Breiðavík** mit traditioneller isländischer Küche (Lamm, Fisch, Blaubeerskyr) ist besonders beliebt als Kaffee-und-Kuchen-Stopp auf dem Rückweg von den Vogelfelsen, nachmittags kann es voll sein.

Am **Kárnafit**, dem kostenlosen Zeltplatz am Meer, steht vermutlich das westlichste Klo Islands, doch ansonsten gibt es keinerlei Infrastruktur und auch keinen Windschutz.

TRANSPORT

Auto
Auch wenn's auf der Karte nach einem Katzensprung aussieht: Die Fahrt auf der oft schlechten Piste zieht sich. Unterwegs sind auch nicht unwesentliche Steigungen zu überwinden, die Kleinwagen schon mal an ihre Grenzen bringen. Im Winter ist die Piste meist nicht geräumt.

Busse
Im Sommer 1x tgl. mit dem Ausflugsbus von **Westfjords Adventures**, 💻 www.wa.is,

© CAROLINE MICHEL

Einer von vielen: Papageitaucher in Látrabjarg

von und nach PATREKSFJÖRÐUR und zur Fähre in BRJÁNSLÆKUR. Vorbuchen erforderlich.

Patreksfjörður

Zwei Hotels, zwei kleine Supermärkte, ein Campingplatz am Ortsrand und eine vielbesuchte Autowaschstation, an der die Reisenden ihre Autos vom Dreck befreien können: Der größte Ort der Region ist ans und ins Meer gebaut und hat ungefähr 700 Einwohner. Interessant ist der Alltag im Fischereihafen, aber das große Plus dieses Ortes bleibt die Nähe zu den Attraktionen der südlichen Westfjorde. Den 419 m hohen Hausberg Brellur – Teil des Bergmassivs **Lambeyrarháls** – kann man vom Friedhof aus besteigen (rauf 1 Std., runter 45 Min.). Ein weiterer schöner Weg führt durchs **Litlidalur-Tal** östlich des Orts: Man startet an der Straße Sigtún zwischen den Hausnummern 9 und 11 und folgt entlang des geschotterten Weges dem Fluss nach Osten bis zu einem kleinen Wasserfall, wo es über ein paar Steine auf die andere Flussseite und wieder zum Ort zurückgeht (insges. ca. 1 Std.).

ÜBERNACHTUNG

Für den verhältnismäßig kleinen Ort gibt es viele Hotels und Gästehäuser, aber kein Hostel.

Campingplatz (Campingkarte), ✆ 450 2360 und 456 2380, 💻 www.tjalda.is/en/patreksfjordur. Einfache Campingwiese oberhalb des Ortes. Hervorzuheben sind die gut ausgestattete Küche mit Sofa- und Tischensemble sowie die außerordentlich sauberen Sanitäranlagen im großen Gebäudekomplex des Gemeindezentrums. Ab 18 J. 1540 ISK (je länger man bleibt, desto billiger wird's. Waschmaschine/Trockner 1440 ISK. 🕒 nur im Sommer.

Hotel WEST, Aðalstræti 62, ✆ 456 5020 und 892 3414, 💻 www.hotelwest.is. Im Gebäude eines ehemaligen Ladens direkt an der Straße und damit fast am Fjord. 17 Zimmer, davon 9 Standard-DZ, 5 bessere DZ, 2 EZ und 1 Familienzimmer, alle mit Bad. ❹–❺

Stekkaból Guesthouse, Stekkar 19, ✆ 864 9675, 💻 www.stekkabol.net. DZ- und Familienzimmer bei einer netten Familie. Keine privaten Badezimmer, dafür witzige Outdoor-Duschen im Garten und Fjordblick. Schöne Terrasse, tolles Frühstück mit Waffeln und allem Pipapo. ❸

ESSEN

€ **Albína**, Aðalstræti 89, ✆ 456 1667. Günstige Kleinigkeiten, Pommes, Eis und massig Kuchen im Vorraum des Supermarkts. ⌚ tgl. 8–21, Sa und So erst ab 10 Uhr.

Skel, Aðalstræti 100, ✆ 456 2004. Modernes Restaurant im Fosshotel Westfjords, spezialisiert auf Fischgerichte. Lecker, aber mit übersichtlichen Portionen. ⌚ tgl. 18–21 Uhr.

Grillskálinn, Aðalstræti 110. Gut besuchter Schnellimbiss an der Tanke. ⌚ tgl. 10–21 Uhr.

Stúkuhúsið, Aðalstræti 50, ✆ 456 1404, 💻 www.stukuhusid.is. Tagsüber genießt man ausgefallene Kleinigkeiten (liebevoll angerichtete Salate und Tartes) und Kuchen, abends frisch gefangenen Fisch und Lamm. Auf der schönen Terrasse sitzt man windgeschützt und genießt den Fjordblick durch Fensterscheiben. ⌚ tgl. 11–21 Uhr.

AKTIVITÄTEN UND TOUREN

Fahrradverleih

Westfjords Adventures, s. Tourveranstalter, 4 Std. ab 2000 ISK, Tagesmiete ab 3600 ISK.

Schwimmen

Sport Center Brattahlíð, Aðalstræti 55. Freibad mit Hot Pots, Kinderpool und Sauna. ⌚ Mo–Do 8–21, Fr 8–19.30, Sa/So 10–15 Uhr.

Tourveranstalter

Westfjords Adventures, Þórsgata 8a, ✆ 456 5006, 💻 www.wa.is. Große Agentur, die quasi alles vermittelt: Bus-, Super-Jeep-, Boots-, Wander-, Walbeobachtungs- und Fahrradtouren. Mitte Juni–Aug auch kostenlose 45-Min.-Spaziergänge durch den Ort, immer Di–Do.

SONSTIGES

Autoreparaturen

Smur og dekk, Aðalstræti 3, ✆ 456 1144, ✉ palli@patro.is. ⌚ Mo–Fr 8–18 Uhr.

Autovermietungen

Europcar/Westfjords Adventures, s. Touren.

Einkaufen

Albína, Aðalstræti 89. Kleiner Supermarkt und Bäckerei. ⌚ tgl. 8–22 Uhr.
Fjölval, Þórsgata 10. Supermarkt. ⌚ Mo–Fr 8–19, Sa 11–15 Uhr.
Vínbúðin, Þórsgata 8a. ⌚ Mo–Do 14–18, Fr 13–19, Sa 11–14 Uhr.

Informationen

Westfjords Adventures, Þórsgata 8a (im selben Gebäude wie Vínbúðin), ✆ 456 5006, 💻 www.wa.is. ⌚ Mo–Fr 8.30–17, Sa und So 10–12 Uhr. Außerdem immer hilfreich: 💻 www.westfjords.is.

TRANSPORT

Auto

Látrabjarg liegt 60 km entfernt, Bíldudalur 30 km, bis zum Fähranleger Brjánslækur sind es 56 km.

Busse

Im Juni–Aug mit **Westfjord Adventures**, ✆ 456 5006, 💻 www.wa.is nach LÁTRABJARG/ RAUÐASANDUR, zum Fähranleger in BRJÁNSLÆKUR und nach ÍSAFJÖRÐUR und zurück (je Strecke 4 Std., um die 10 000 ISK). Zum Flughafen in BÍLDUDALUR (über TALKNAFJÖRÐUR) verkehrt der Flybus, ✆ 893 2636. Außerdem fährt 3x tgl. ein regulärer Bus (45 Min.).

Von Tálknafjörður nach Ísafjörður

Die Attraktion in dieser Region ist der höchste Wasserfall der Westfjorde, der **Dynjandi**. Die Orte Þingeyri, Flateyri und Ísafjörður sind im Sommer gut besucht, während Tálknafjörður, Bíldudalur und Suðureyri abseits der Touristenrouten liegen.

Tálknafjörður

Wie die vielen Reusen zeigen, lebt die Bevölkerung von Fischfang und -zucht. Es gibt einen großen Hafen und eine Fischfabrik. In Tálknafjörður arbeiten heute viele Einwanderer aus Polen und anderen Ländern, und dank junger Familien herrscht wieder mehr Leben im Ort. Das Dorf (250 Einwohner) umfasst einen kleinen Supermarkt an der Tankstelle, zwei Restaurants, ein Gästehaus und die große, moderne **Tálknafjarðarkirkja**, in der auch katholische Gottesdienste stattfinden. Bemerkenswert ist das **Schwimmbad**, das für den kleinen Ort überdimensioniert erscheint. Hier finden regelmäßig Schwimmwettkämpfe statt. 3,5 km nordwestlich gibt es heiße Quellen. Die drei Geothermalpools **Pollurinn**, auf die die Einwohner so stolz sind, sind niedrige, türkisfarben angestrichene quadratische Becken, die auch schon mal voller grüner Algen sein können – dafür kostenlos und mit Umkleidekabine.

ÜBERNACHTUNG

Campingplatz, Strandgata, ✆ 456 2639, 💻 www.tjalda.is/en/talknafjordur. Großer Platz rund ums große Schwimmbad, mit extra Zeltwiesen, Kinderspielgeräten, Minigolfplatz und überdachtem Grillpavillon. Die Duschen befinden sich im Schwimmbadgebäude (300 ISK), genauso wie die Küche, die in der Zeit zwischen 9 und 20.30 Uhr genutzt werden darf. Ab 18 J. 1800 ISK p. P. für die erste Nacht, jede weitere 1200 ISK. ⌚ im Sommer.
Guesthouse Bjarmaland, Bugatún, ✆ 891 8038, 💻 www.guesthousebjarmaland.is. Das erste Haus am Platze ist zugleich das einzige. Nicht viele Besucher kommen in diesen winzigen Ort. Das Gästehaus, gegründet von Ordensschwestern, ist einfach, aber gemütlich.
Die 21 Betten verteilen sich auf insgesamt 11 Zimmer, die Gemeinschaftsküche ist groß und hat alles, was der Koch braucht. Bei gutem Wetter wird draußen auf der großen Terrasse gegrillt. Achtung: Man kann das Haus zwar von der Tankstelle aus sehen und von dort auch hinlaufen – aber wer direkt mit dem Auto vorfahren will, muss einen ziemlich weiten

Umweg über den Hrafnadalsvegur in Kauf nehmen. Günstige handgestrickte Pullover, Frühstück 1500 ISK. ❸

ESSEN

Improvisiertes **Fischverkaufsbüdchen** am Hafen. Der Fisch – Heilbutt, Lachs, Kabeljau, Forelle und die typisch isländischen Fischbällchen – ist hygienisch eingeschweißt, aber fangfrisch und günstig. Bezahlt wird in eine Kasse des Vertrauens.

Cafe Dunhagi, Sveinseyri, ✆ 662 0463, 🖳 www.fb.com/KaffiDunhagi/. Wenn das urige Uralt-Lokal offen ist (offiziell tgl. 17–22 Uhr, aber manchmal eben auch nicht), ist es wahlweise Kuchen-Café, Wirtshaus, Ausstellungsraum oder Konzertbühne. Hochgelobt sind – einmal darf man raten – die frischen Fischgerichte.

Hópið, Hrafnadalsvegur, ✆ 456 2777, 🖳 www.fb.com/hopid12345/. Riesenpizzas und Hamburger zu erschwinglichen Preisen. Auch der Fisch soll nicht schlecht sein. Witzige Hütte mit Terrasse in der Nähe der Kirche.
🕒 tgl. 18–21 Uhr.

SONSTIGES

Einkaufen

Hjá Jóhönnu (bei Johanna), kleiner Supermarkt an der Tankstelle. 🕒 Mo–Fr 9–18, Sa 11–15 Uhr.

Schwimmen

Großes **Freibad** mit 5 Schwimmbahnen, mehreren unterschiedlich warmen Pots, Rutsche und Bergblick, ✆ 456 2639. 🕒 tgl. 9–21, im Winter Mo–Do 9–13 und 15–20, Fr 12–18, Sa nur 11–14 Uhr, So geschl.

TRANSPORT

Die Straße 617 geht hinter dem Ort noch 10 km als Küstenpiste weiter (u. a. an den heißen Quellen und Hot Pots Pollurinn vorbei), endet aber im Nichts.

Zum Flughafen in BÍLDUDALUR (55 Min.) und nach PATREKSFJÖRÐUR (25 Min.) verkehrt der Flybus, ✆ 893 2636. Außerdem fährt 3x tgl. ein regulärer Bus (45 Min.).

Bíldudalur und Umgebung

Ein weiterer kleiner Ort, in den es nicht viele Besucher verschlägt. Dabei ist Bíldudalur mit seinen bunten alten Häusern und einem schönen Hafen eigentlich ganz hübsch.

Die Hauptattraktion ist das skurrile **Skrímslasetur-Seeungeheuermuseum**, Strandgata 7, ✆ 456 6666, 🖳 www.skrimsli.is. Hier geht es nicht nur um Seeungeheuer, sondern generell um das Unbekannte, Furchteinflößende. Kinder sollten also besser nicht rein. Das Museum soll auch gar nicht in erster Linie Touristen erfreuen, sondern ist vor allem ein groß angelegtes Kunstprojekt. Fünf ortsansässige Künstler hatten Langeweile – und abgesehen vom Schwimmbad keinen Treffpunkt, kein Restaurant, keine Kneipe, keinen Gemeindesaal. Also wurde gebastelt und gewerkelt, bis dieses einzigartige Museum vollendet war. Vom gemütlichen Café, das auch als Tanzsaal dient, geht es durch einen dunklen Tunnel ins Reich der Fantasie. „Was wäre, wenn …?", ist hier die meistgestellte Frage. Was wäre z. B., wenn wir Menschen nicht alles erforscht und kategorisiert hätten und es doch noch Lebensformen gäbe, von deren Existenz wir nicht wissen?

In Bíldudalur hat man in einem ersten Schritt Erfahrungsberichte von denjenigen gesammelt, die schon einmal mit einem Seeungeheuer zusammengetroffen sind. Entstanden ist ein sehenswerter Film auf Englisch, in dem Zeitzeugen eindrucksvoll ihre Erfahrungen beschreiben. Wer sich danach nicht gruselt, ist echt hart im Nehmen. Doch in erster Linie appelliert das Museum daran, den Horizont zu erweitern, Dinge zu hinterfragen. Wer also schon immer mal ein Mähnen- oder Muschelmonster, den Seejungmann oder den heimtückischen Strandschleicher kennenlernen wollte, wird großen Spaß haben. Außer dem kleinen Kino gibt es noch eine Sammlung von Büchern, eine Multimedia-Installation – den sogenannten interaktiven Monster-Tisch – und einen kleinen Souvenirshop im Vorraum. 🕒 Mitte Mai–Mitte Sep 10–18 Uhr, Eintritt 1450 ISK.

Selárdalur

Wer nach dem Monster-Museum noch nicht genug hat: Nicht minder skurril ist das 25 km

entfernte verlassene Örtchen Selárdalur. Hier steht im Freilichtmuseum **Listasafn Samúels**, 💻 https://samueljonssonmuseum.jimdofree.com, eine extravagante Kirche neben einer weiß-rosafarbenen Villa à la Pippi Langstrumpf und schwer zu beschreibenden Installationen, die aussehen, als seien sie aus Modelliermasse. Besonders die Tiere – eine Mischung aus Pony, Löwe, Schwein und Seeungeheuer – sind der Hit. Aber wie kommt das alles ans Ende der Straße 619, quasi ans Ende der Welt?

Der von Gaudí inspirierte Bauer Samúel Jónsson wohnte hier bis kurz vor seinem Lebensende im Jahr 1969. Er versorgte sich am Strand mit Muschelkalk, aus dem er seine Kunstwerke zu fertigen pflegte. Der Bau einer Kirche war ursprünglich nicht geplant. Samúel hatte einen Holzaltar entworfen, den er der Kirche schenken wollte. Als die Gemeinde sein Ansinnen ablehnte, baute er kurzerhand eine kleine Kirche um den Altar herum. Lange war dieses Kunstwerk mitsamt seiner eigenwilligen Entstehungsgeschichte in Vergessenheit geraten, bis 1998 eine Stiftung zu ihrem Erhalt gegründet wurde. Die Restauration wurde unter der Leitung des bekannten deutschen Bildhauers Gerhard König von zahlreichen, meist deutschen Freiwilligen übernommen. Eintritt 500 ISK, einzuwerfen in eine Kasse des Vertrauens, Kinder frei.

Direkt neben Samúels Kirche befindet sich eine kostenlose Campingwiese, gegenüber das kleine Servicehäuschen mit Toilette und kaltem Wasser. Richtung Strand stehen noch kleine Hütten. Auch sie werden nach und nach von den Einheimischen wieder instandgesetzt. Sie sind schließlich über 100 Jahre alt. So alt sind nur wenige Bauwerke in Island.

Weniger bekannt als die Geschichte vom verrückten Künstler-Bauern Samúel ist die von Gísli. Nein, nicht die vom Gísli aus den Sagas, sondern die von einem anderen Einsiedler gleichen Namens. Dieser Gísli hatte sich von Freunden und Familie zurückgezogen und lebte viele, viele Jahre in einer Hütte tief im Selárdalur. Mit der Zeit verlor er die Fähigkeit zu sprechen, aber je weniger er sprach, umso besser schrieb er, erzählt man sich in Bíldudalur.

Wer das **Wohnhaus des Dichter-Gísli** besichtigen will, braucht einen guten Jeep – oder er geht eine halbe Stunde zu Fuß. Ein lohnender Spaziergang, der auch an der echten, geweihten Kirche des Dörfchens vorbeiführt. Gíslis Haus ist das letzte im Tal. Selbstverständlich entweiht man dieses Bauwerk nicht durch eine stinknormale Renovierung. Bei unserem letzten Besuch war es eine Ruine mit doppelverglasten Fensterscheiben. Welche Pläne man damit hat, entzieht sich unserer Kenntnis.

Der schöne **Wasserfall** am Talende ist das Einzige, was an diesem schrägen Ort „normal" zu sein scheint. Man erreicht ihn in ca. 15 Minuten über einen Trampelpfad, der bei Gíslis Haus beginnt.

Anfahrt nach Selárdalur: 25 km auf der Straße 619. Auf dem Weg durch die „Kesseltäler" (Ketildalir) passiert man einen fabelhaften goldenen **Strand** ohne Menschen und ohne Müll. Er ist vermutlich deshalb so unberührt und einsam, weil in der Nähe Küstenseeschwalben brüten, die jeden attackieren, der hin will.

ÜBERNACHTUNG UND ESSEN

Seitdem das Hostel geschlossen ist, gibt es nur noch eine einzige Unterkunft, die ganzjährig geöffnet hat, ein Sommer-Gästehaus und den Campingplatz. Außerdem das **Vegamót Café** in der Tjarnarbraut 2 an der Tanke, mit Burgern und frischem Fisch auf der Karte. Witzige Mischung aus Restaurant, Lottoannahmestelle, Schnellimbiss und Supermarkt mit Briefkasten. ⌚ tgl. 11–20 Uhr.

Campingplatz (Campingkarte), ✆ 450 2354, 💻 www.tjalda.is/bildudalur. Einfacher Platz zwischen Fjord und Schwimmbad, wo auch bezahlt wird. Ab 18 J. 1900 ISK (je länger man bleibt, umso günstiger wird's). ⌚ im Sommer.

Harbour Inn, Dalbraut 1, ✆ 662 8446. Empfehlenswertes, liebevoll eingerichtetes Gästehaus mit gemütlichem Aufenthaltsbereich und leckerem Frühstücksbuffet. Tee und Kaffee gratis. Einige der 12 Zimmer mit Hafenblick. ❸–❹

AKTIVITÄTEN

Westfjords Adventures (S. 294) bietet Walbeobachtungs- und Angeltouren an, außerdem eine Abenteuertour auf den Spuren der Gísli-Saga.

TRANSPORT

Auto

Auf der 619 geht es nach Selárdalur (25 km), auf der 63 in Richtung Dynjandi (60 km).

Busse

Flybus zum Flughafen Bíldudalur, ✆ 893 2636, und regulärer Bus 3x tgl. nach PATREKSFJÖRÐUR (45 Min.).

Flüge

Der Flughafen ist ca. 8 km entfernt. Autovermietung über **Hertz**, ✆ 522 4400, 💻 www.hertz.is. Nach REYKJAVÍK mit **Norlandair**, 💻 www.norlandair.is, mehrmals pro Woche ab 150 €.

Dynjandi und Umgebung

Direkt neben der kaum befahrenen Küstenstraße 63 lockt 20 km hinter Bíldudalur und 45 km vor Dynjandi eins der schönsten Umsonst-und-draußen-Schwimmbecken Islands, das **Reykjarfjarðarlaug**. Türkis, rechteckig, mit Blick aufs Meer und kilometerweit entfernt vom nächsten Ort. Die dazugehörende heiße Quelle ist auch schnell gefunden: Hinter den parkenden Autos verstecken sich in der Wiese zwei unterschiedlich warme natürliche **Hot Pots**. Gegenüber befindet sich ein Not-Zeltplatz für Wanderer und Radfahrer (ohne WC, Trinkwasser vom Fluss in 300 m Entfernung). Später geht die Fahrt höher und höher ins vegetationslose Bergland der Dynjandisheiði. Die kurvenreiche Schotterstraße wird im Winter nicht geräumt. Die meisten fahren vorbei, aber auf dem kleinen Parkplatz mit der schönen Aussicht, kurz bevor es steil bergab geht, stehen Infotafeln, die von der letzten Schlacht des Sagenhelden Gísli künden. Von hier aus führt die Straße wieder steil und schnell hinunter in Richtung Fjord und Wasserfall.

Dynjandi

Der Hingucker schlechthin ist der „Dröhnende" (so in etwa die Übersetzung) – 100 m hoch und bis zu 60 m breit. Dabei läuft das Wasser über mehrere Stufen. Ein Fußweg führt vom Parkplatz aus in ca. zehn Minuten hinauf, an mehreren kleinen Wasserfällen vorbei – dem Bæjarfoss, dem Hundafoss und dem Hrísvaðsfoss. Ein tolles Fotomotiv ist der kleine Wasserfall im Vorder-, der große im Hintergrund. Tipp: Es kann ratsam sein, abends oder vor 10.30 Uhr hier zu sein, denn wenn die Reisebusse mit den Kreuzfahrtschiffspassagieren aufschlagen (meist gegen 10.45 Uhr) ist es gerappelt voll.

Hrafnseyri

Safn Jóns Sigurðssonar in Hrafnseyri, ✆ 456 8260, 💻 www.hrafnseyri.is, ist das Geburtshaus des isländischen Freiheitskämpfers Jón Sigurðsson (s. auch S. 108). Bis zu seinem 22. Lebensjahr hat er hier gelebt, wurde von seinem Vater, der wie sein Vater vor ihm Pfarrer in der kleinen Kirche war, unterrichtet und konnte schließlich die Universität besuchen. Später und bis zu seinem Tod lebte Jón in Kopenhagen. Zur Zusammenkunft des Althing reiste er alljährlich mit dem Schiff von Dänemark an. Einmal musste er wegen Sturms umkehren und traf erst in Island ein, als das Althing schon zu Ende war.

Das Museum ist vor allem bei Menschen beliebt, deren Land gerade die Unabhängigkeit anstrebt. Denn die Dänen vertraten zur Zeit von Jón Sigurðsson den Standpunkt, Island sei zu klein, um unabhängig zu sein (S. 108). Er hat sie überzeugt und eines Besseren belehrt. Das Museum selbst besteht nur aus dem Raum, in dem auch die Kasse steht. Im Nebenraum, der „Kapelle", gibt es einen 45-Minuten-Film über den Freiheitskämpfer zu sehen (auf Isländisch mit englischen Untertiteln). 🕒 Juni–Anfang Sep tgl. 11–18 Uhr.

Das große Museumsgebäude wird außerdem als Sommeruni genutzt und für Symposien und Tagungen aller Art. Der gute Geist des Hauses ist Valdimar, der im Sommer auch hier wohnt. Er macht die Führungen, sitzt aber gern im Café und lässt sich Löcher in den Bauch fragen, über Jón Sigurðsson, aber auch über das Leben in Island im Allgemeinen.

Im rechten der drei schwarzen **Grasdachhäuschen** befindet sich ein Café, in dem es

Ein Fußweg führt zum Dynjandi

nur Süßes gibt: Schokokuchen, Happy-Marriage-Cake und Skyrkuchen mit Blaubeeren. Bei gutem Wetter kann man wunderbar auf den Holzbänken sitzen und im Fjord Wale beobachten (wir haben tatsächlich welche gesehen). Wer einen neugierigen Blick in die anderen beiden Grasdachhäuser wirft, wird außer den WCs noch ein weiteres, nirgends angekündigtes kostenloses Museum finden: Die Häuser sind nämlich originalgetreu rekonstruiert und möbliert.

TRANSPORT

Auto

35 km südöstlich von Bíldudalur trifft die Straße 63 auf die Straße 60, die aus Richtung Flókalundur kommend (bis dahin zurück sind's 68 km) wieder mehr Autoverkehr mitbringt – und die bis Ende 2024 zum Teil mit neuer Streckenführung ab hier bis zum Dynjandi komplett asphaltiert werden soll. Bis dahin geht es aber noch über die Dynjandisheiði, wo selbst im Sommer mit Schnee zu rechnen ist. Weiter hinter dem Dynjandi führt der Weg der 60 dann Richtung Norden durch den Tunnel. Oder im Sommer über den Pass 626 von Hrafnseyri nach Þingeyri über die Hrafnseyrarheiði. Die Schotterstraße ist besonders auf der Nordseite steil und bei Nässe oft rutschig.

Busse

Dynjandi ist ein Stopp auf der Route der Busse von Westfjord Adventures, s. Kasten S. 283 und 💻 www.wa.is.

Þingeyri

Þingeyri (240 Einwohner) hat sich in den vergangenen Jahren verändert und auf die Busgruppen eingestellt, die mit Kreuzfahrtschiffen in Ísafjörður ankommen und auf ihrem Weg zum Dynjandi hier haltmachen. Neben dem **Musikmuseum** und der **alten Schmiede** aus dem Jahr 1913, die man auch von innen besichtigen kann (Eintritt 1000 ISK), zählt der auffällige **Kunsthandwerksladen Koltra** in einem Holzhaus, in dem sich auch die Touristeninformation befindet, zu den Attraktionen.

Direkt gegenüber steht das **Wikingermuseum Skálinn**, Hafnarstræti 2, ✆ 893 8653, 💻 www.fb.com/SkalinnThingeyri. Hier gibt es handgefertigte Wikingerkleidung, in die man sich für 1500 ISK hüllen kann. Ausgestattet mit den passenden Schwertern und Schildern sitzt man dann je nach Wetter auf Schaffellen im Innenraum und schreibt seinen Namen in uralten Runen oder draußen vor dem Haus am offenen Feuer, in dem die traditionellen Flatkökur-Fladen gebacken werden. Manchmal, wenn die Busgruppen einen engen Zeitplan haben, wirft sich auch die Familie der Museumsbesitzerin Borgný Gunnarsdóttir selbst in Schale. Passanten dürfen dann Fotos machen, ohne Eintritt zu bezahlen. 🕒 unregelmäßig.

Der Wikinger-Rummel basiert übrigens auf einer Saga aus dem 10. Jh.: Gísli Súrsson soll sich 13 Jahre in der Gegend versteckt haben. Im Jahr 2003 wurde die West Vikings Association gegründet, die alte Wikingertraditionen wieder aufleben lässt, 💻 https://english.sagatrail.is/.

Der Hausberg **Sandafell** (374 m) lässt sich auf einem Weg besteigen, der ein Stück weiter oben an der Straße von Hrafnseyri beginnt. Man kann auch mit dem Auto raufrumpeln, aber als Fahrweg ist die Piste nicht besonders geeignet.

Die Küstenstraße Svalvogaleið

Immer wieder hört man von angsteinflößenden Straßen in den Westfjorden, die einfach ohne Leitplanken oder Ähnliches in einen Hang gemeißelt wurden. Die Jeep-Piste 622 ist eine davon. Auf der einen Seite die hohen Berge, von denen immer wieder große Steine herunterrollen, auf der anderen der Abgrund. Die Straße ist löcherig und es gibt große Steine, trotzdem ist sie mit einem Fahrzeug mit Allradantrieb problemlos passierbar (es sei denn, man ist nicht schwindelfrei). Nur unterwegs wenden geht nicht, und bei Gegenverkehr werden die Handflächen schwitzig.

Die Straße führt zum Leuchtturm **Svalvogaviti**. Jenseits des Leuchtturms wird es noch abenteuerlicher: Mutige Jeepfahrer, Mountainbiker und Wanderer können von hier aus an der Südseite der Halbinsel weiter in Richtung Dynjandi fahren bzw. laufen. Auf der Strecke gibt es schwarze Strände, aber auch mehrere unberechenbare Flüsse, die es zu überwinden gilt. Der Rückweg über die alte Straße, die direkt nach Þingeyri zurückführt, ist dann nur noch zu Fuß oder mit dem Mountainbike zu schaffen. Einmal pro Jahr zum Sommeranfang findet auf dieser 45-km-Runde der Þingeyri-Lauf statt. Die Strecke ist auch eine beliebte (lange) Tagestour für Mountainbiker. Alternativ kann man am Ufer bis Hrafnseyri weiterfahren und über die Straße 626 nach Þingeyri zurück.

Eine einfache Karte mit mehr Wanderwegen gibt es für 1200 ISK in der Touristeninfo. Sie hängt aber an der Straße 622 öffentlich aus, und zwar an der Stelle, an der die großen hölzernen Wegweiser stehen. Weitere Wanderstrecken in der Umgebung auf 💻 www.thingeyri.is/english.

Ziergarten Skrúður und Hof Núpur

Auf der Nordseite des Dýrafjörður gegenüber von Þingeyri hat sich ein naturbegeisterter Priester „ausgetobt": Im Jahr 1909 errichtete Sigtryggur Guðlaugsson hier einen Ziergarten, der seinesgleichen sucht – mit Gewächshaus, Springbrunnen und Torbogen aus zwei riesigen Walfischzähnen. Außerdem findet man Kräuter, Blumen und Gewächse, die deutsche Schrebergärtner vor Neid erblassen lassen. Blühender Schnittlauch steht neben Maggikraut, Johannis- und Erdbeeren, dahinter ein auffällig geformter grauer Hügel mit Felsmütze.

Im Gewächshaus, das ein Mini-Museum ist (300 ISK, zahlbar in eine Kasse des Vertrauens), erfährt man: Sigtryggur hat den Garten nicht nur zu seinem Vergnügen angelegt. Er diente als Lehrgarten der Schule in **Núpur** direkt nebenan. Einst die größte Schule der Umgebung mit eigener Kirche, war Núpur lange ein Hotel mit Campingplatz. Aktuell ist es aber geschlossen und sucht neue Besitzer. Direkt hinter dem Hotel steht ein kleines Häuschen, in dem sich ein Museum befindet, das allerdings nur manchmal geöffnet hat. Man kann aber durch die Fenster schauen und die altertümliche Einrichtung bewundern.

ÜBERNACHTUNG

Hótel Sandafell, Hafnarstræti 7, ✆ 456 1600, 💻 www.hotelsandafell.com. Vielleicht ein wenig anonym, ohne persönliche Note, aber alle Zimmer entsprechen dem etwas gehobeneren Hotelstandard – auch die mit Gemeinschaftsbad. 21 Zimmer, davon 6 Familienzimmer. Wer Glück hat, bekommt ein Zimmer mit Fjordblick. Einfaches, großes Restaurant mit vielen Fenstern. Pizza-Karte, aber auch Cocktails. ❹–❺

Þingeyraroddi Camping, Hrunastígur, ✆ 450 8470, 💻 www.tjalda.is/en/thingeyraroddi. Gehört zum Schwimmbad und ist durch Hecken geschützt, mit Bänken und kleinem Servicehaus. Einfacher, aber großer Aufenthaltsraum im Schwimmbad. Ab 16 J. 1900 ISK (die 4. Nacht kostenlos), Waschmaschine (im Schwimmbad neben der Rezeption) 1100 ISK. 🕒 ganzjährig.

ESSEN

Simbahöllin Coffeehouse, Fjarðargata 5, ✆ 899 6659, 💻 www.simbahollin.is. Das Café im lindgrünen Haus mit dem ausrangierten und zum Gastraum umfunktionierten Linienbus und der großen Holzterrasse ist weithin bekannt für köstliche Belgische Waffeln mit Sahne und Rhabarbermarmelade, aber die Muffins sind auch nicht ohne. Das „Simbahöllin Cookbook", in 2019 mit einem internationalen Kochbuchpreis ausgezeichnet (im Café und online erhältlich), ist voller Fotos und Geschichten rund um das historische Þingeyri. An herzhaften Speisen gibt es nur die Tagessuppe und abends manchmal Lamm. 🕒 tgl. 10–18 Uhr.

AKTIVITÄTEN

Kajakfahren

Odin Adventures, Fjarðargata 72, ✆ 899 7227, 💻 http://odinadventures.is, bietet weit mehr als einfach nur Paddeltouren. Man wird zu geschichtsträchtigen Plätzen gefahren und bekommt jede Menge Infos, z. B. über den Wikinger Gísli Súrsson, der im nahen Haukadalur gelebt haben soll. Oder man fährt zum Dynjandi.

Mountain- und Fatbikeverleih

Simbahöllin, s. Essen. Die Preise hängen davon ab, wohin man fahren will. Mehr Informationen im Café.

© CAROLINE MICHEL

Jeep-Piste Svalvogaleið bei Þingeyri

Reiten

Simba Horses, Fjarðargata 5 (Büro), ✆ 869 5654, 💻 www.westfjords-horseriding.com. Die 2-stündige Standardtour für Anfänger und Familien am Fluss Sandaá beginnt tgl. um 10 und um 13 Uhr. 11 900 ISK p. P. Längere Ausritte auf Anfrage.

Schwimmen

Großes **Hallenbad**, Þingeyraroddi, ✆ 450 8470. In halbrunder Halle mit Indoor-Pool, Außenpot und Sauna. ⌚ Mo–Fr 8–21, Sa und So 10–18 Uhr.

SONSTIGES

Autoreparaturen

Véla- og bílaþjónusta Kristjáns, Hafnarstræti 14, ✆ 456 8331.

Einkaufen

Kleiner Laden und Imbiss an der N1-Tankstelle, Sjávargata 4, ⌚ Mo–Fr 9–22, Sa und So 10–22 Uhr.

Feste

Großes **Wikinger-Fest** am ersten Juliwochenende: Der Open-Air-Festplatz bei Haukadalur, 7 km westlich vom Ort, ist der Haupt-Veranstaltungsort der sog. Dýrafjarðar-Tage. Festival-Tickets kosten zwischen 3000 und 5000 ISK.

Medizinische Hilfe

Apotheke, Vallagata 4. ⌚ Mo–Do 13.30–17 Uhr.

TRANSPORT

Auto

An der Straße 622 in Richtung Ísafjörður wird die Fahrt um den Fjord durch eine lange Brücke verkürzt.

Busse

Pendelbusse nach ÍSAFJÖRÐUR fahren 3x tgl. (1 Std.).

Flateyri

Der Handelsplatz und Fischereiort hat weniger als 200 Einwohner, liegt auf einer kleinen Halbinsel, die in den Fjord ragt und verfügt über einen vergleichsweise großen Hafen und den größten **Lawinenschutzwall** der Welt, nachdem 1995 eine Schneelawine 20 Menschen tötete und 30 Häuser zerstörte. Daran erinnert ein Gedenkstein neben der Kirche.

Flateyri ist wohl der isländischste der kleinen Orte in den Westfjorden. Wer nicht nur Isländer kennenlernen will, die auf irgendeine Art und Weise mit der Tourismusbranche verbandelt sind, der komme um die Mittagszeit (12 Uhr) ins **Gunnu Kaffi** in der Hafnarstræti 11. Hier wird werktags für die arbeitende Bevölkerung gekocht, im Winter auch für die örtliche Schule. Das ist einfachste isländische Küche, ausgerichtet auf die Bedürfnisse von Handwerkern und Fischern – und die stehen z. B. auf Fleischklopse. Je mehr, desto besser, und ohne unnötige Beilagen oder Petersilie auf dem Tellerrand. Auf Anfrage oder falls etwas übrig geblieben ist, darf man auch mitessen. Der Preis? Verhandlungssache – wie so ziemlich alles in Flateyri. Das Café beherbergt auch die **Handverksgallerí Purka** und eine „internationale" Puppenausstellung. Neben den Exponaten hängt der Fahrplan für den Bus, der direkt vor der Tür hält bzw. dort halten soll. Mal kommt er, mal kommt er nicht, wurde uns gesagt. Trampen ginge ohnehin viel besser. Auch das Café ist mal auf, mal nicht. Mal funktioniert das WLAN, mal nicht. Na und? 🕒 vielleicht tgl. 12–19 Uhr.

Die Attraktion von Flateyri ist die alte Buchhandlung **Verslun Bræðurnir Eyjólfsson/The old bookstore**, Hafnarstræti 3-5, 📞 840 0600, 💻 https://flateyribookstore.com, seit 1906 ein Laden, seit 1914 eine Buchhandlung. Hier gibt es Neuware (wie Reiseführer), aber auch antiquarische Bücher, die mit einer museumsreifen Handwaage abgewogen und pro Kilo bezahlt werden. Hinterm Tresen steht meist Eyþór Jóvinsson, früher Fischer, heute Filmproduzent und Buchautor. Als Buchhändler ist es einfach, einen Verlag zu finden, und die tollen Fotos für seine Bücher bekommt er von Freunden. Unbedingt das Buch mit den Hochglanz-Polarfuchsbildern anschauen! Eyþór erzählt, dass einer der Gründer – die Bræðurnir Eyjólfsson waren drei Brüder, alle Söhne eines Mannes namens Eyjólf – sein Urgroßvater war. Seitdem hat sich nicht viel verändert im Laden. Außer dass die Buchhandlung heute offiziell ein **Museum** ist.

Eyþór schloss den Laden eines Abends als Buchhandlung ab und öffnete ihn am nächsten Morgen als Museum. So einfach geht das in Flateyri. Dann erweiterte er eines Tages das Angebot um ein Café mit selbst gebackenen Waffeln. Das stellte sich aber als zu zeitaufwendig heraus, denn wer Waffeln backt, kann nicht gleichzeitig in einem anderen Raum Bücher verkaufen. Also gibt es heute mal Waffeln und mal nicht. Die handschriftlichen Aufzeichnungen, in denen man auf den Tag genau ablesen kann, welche Bücher vor hundert Jahren verkauft wurden, gibt es immer zu sehen. Video auf Isländisch 💻 www.youtube.com/watch?v=soGzfkRdDEE. 🕒 Juni–Aug vielleicht tgl. 11–16 Uhr, vielleicht auch 9–17 Uhr, Eintritt ungefähr 5 €/600 ISK p. P.

Nach Voranmeldung kann man auch mit Eyþór um 20 Uhr einen Abendkaffee mit Kuchen einnehmen und dabei in die Vergangenheit eintauchen. Bei Airbnb nach „Evening coffee in the Old Bookstore" suchen oder anrufen.

Zum Zeitpunkt der Recherche badeten alle noch im entzückenden kleinen Dorfschwimmbad (s. u.), aber der Bau eines 800 m2 großen Bade-Paradieses am Strand Holtsfjara an der westlichen Seite des Önundarfjörður war schon in Planung.

ÜBERNACHTUNG

Im Ort

Campingplatz, zwischen Lawinenschutzwall und N1-Tankstelle am Ortsrand, 📞 892 1176, 💻 https://tjalda.is/en/flateyri/. Kleines geschütztes Zelt-Areal mit Kinderspielplatz, auf der anderen Seite des Wegs dann eine Mehrzweckwiese. Keine Duschen und nur kaltes Wasser. Ab 18 J. erste Nacht 1000 ISK, jede weitere 700 ISK. 🕒 Mitte Mai–Mitte Sep.

Litlabýli Guesthouse, Ránargata 2, 📞 848 0920, 💻 www.litlabyli.com. Ein Haus mit 5 Schlafzimmern für insgesamt 9 Pers., das man nur komplett mieten kann und in der Hochsaison mit 2 Nächten Mindestaufenthalt. Die antiken Holzmöbel sind ein toller Kontrast zum sonst dominanten Weiß. ❹

The Old Bookstore, s. o. Schmucke Zimmer im OG über dem „Museum". Hier spukt trotz bunt angemalter Wände unübersehbar der Geist der alten Zeiten und ne Küche gibt es auch. ❹

DIE WESTFJORDE

Außerhalb

Korpudalur Camping, Hostel und Guesthouse, Karte S. 297, ✆ 456 7808, 💻 www.korpudalur.is. Wer es sehr, sehr einsam liebt, ist hier, im grünen Tal am äußersten Fjordende, mehr als richtig. Camping 2000 ISK, Deluxe-Zelte ab 25 000 ISK pro Nacht, Bett im 4er-Schlafsaal um die 50 €, außerdem nette Doppel- und Vierbettzimmer mit Gemeinschaftsbad. Frühstück auf Anfrage. ❹

ESSEN UND EINKAUFEN

Fast jeder verkauft hier Kaffee und Kuchen, „richtiges Essen" wird im Traditionsrestaurant **Vagninn** aufgetischt. Hat das zu, bleiben noch das einfache **Gunnu Kaffi** (s. o.), Hafnarstræti 11, und der **Schnellimbiss** an der N1-Tankstelle am Ortseingang. Hier gibt es auch einen kleinen Laden für das Nötigste. 🕒 tgl. 11–20 Uhr.

Kaffi Sól, Neðri Breiðadalur, außerhalb (Karte S. 297), ✆ 866 7706, 💻 www.fb.com/kaffisol. Tolles Café auf einem Bauernhof an der Straße 64, knapp 1 km von der Abzweigung der Hauptstraße 60 nach Ísafjörður entfernt. Die Besitzerin zaubert selbst gebackenes Rúgbrauð, Pfannkuchen, Fisch und sensationell leckere selbst gemachte Zimtschnecken (150 ISK pro Stück!), die nichts mit den ziemlich trockenen aus dem Supermarkt gemein haben. Die Preise sind günstig, der Wintergarten im Anbau ist gemütlich, die Terrasse sonnig. Was will man mehr? 🕒 Sommer tgl. 13–20, in der Vorsaison nur bis 17 Uhr.

Vagninn, Hafnarstræti 19, da wo die Straße in Regenbogenfarben angemalt ist, ✆ 456 7751, 💻 www.fb.com/vagninnflateyri. Restaurant (Fisch/Burger) und Bar, manchmal mit Livemusik. 🕒 eigentlich tgl. ab 17 Uhr, aber auch hier gilt: mal offen, mal nicht. Aber wenn, dann meist Fr/Sa abends geöffnet und dann auch mit open End.

AKTIVITÄTEN

Angeln

Iceland Pro Fishing, Melagata 3, ✆ 861 7442, 💻 www.icelandprofishing.com oder 💻 www.fb.com/IcelandProFishingHf. Veranstaltet von Mai–Sep Angelwochen mit Übernachtung in kleinen Häuschen am Hafen, auf Anfrage aber auch 4–8-stündige Hochseeangeltouren unter deutscher Leitung.

Schwimmen

Flateyrarlaug, Tjarnargata 1, ✆ 450 8460, 💻 https://sundlaugar.is/sundlaugasafn/flateyri/. Modernes Hallenbad mit Outdoor-Hot Pots. 🕒 Sommer Mo–Fr 10–20, Sa und So 10–17 Uhr, im Winter seltener.

TRANSPORT

Auto

Die **Straße 64** endet in Flateyri. Auf einer Schotterpiste kann man noch ein Stück an der Küste entlang nach Nordwesten fahren. Hier bekommt man einen Eindruck davon, was Erdrutsche so alles anrichten können: Am Ende der Piste begann einmal ein schöner Küstenwanderweg. Heute endet er abrupt an einem Abhang.

In Richtung Ísafjörður führt die **Straße 60** durch einen langen Tunnel, der die östlich der 60 verlaufende, im Winter oft unpassierbare Passstraße ablöst. Diese schlechte und teils steile Piste über den Pass ist aber für aus Süden kommende Radfahrer, die ihre Drahtesel nicht in den wenigen Bussen transportieren, der einzige Weg nach Isafjördur. Mitten im Tunnel gibt es eine Kreuzung, an der man nach Suðureyri abbiegen kann. Die Tunnelarme von Flateyri (4 km) und Suðureyri (3 km) sind einspurig mit Ausweichbuchten für eine Fahrtrichtung; nur die letzten 2 km nach Ísafjörður sind zweispurig.

Busse

Pendelbusse nach ÍSAFJÖRÐUR fahren 3x tgl. in 30 Min., s. S. 312.

Suðureyri

Das Dorf wird von einer Fischfabrik dominiert – und das nicht nur optisch. Der ganze Ort riecht nach Fisch, sogar im Schwimmbad mit heißer Quelle, dem einzigen Freibad weit und breit, gibt es kein Entkommen. Hier fischt man nachhaltig (s. Kasten), was auf den zahlreichen Infotafeln vor dem **Fisherman Café** mit seinen knallorangefarbenen Plastikstühlen auf dem Gehsteig auch auf Deutsch nachzulesen ist.

Food-Tasting-Führungen durch den Ort mit Besuch der Fischfabrik vermittelt das Fisherman Café (5900 ISK, Kinder gratis). Es gab auch mal das Angebot, mit einem Fischerboot mitzufahren, aber das wurde kaum angenommen. Nur etwa zwei Touristen pro Saison nahmen es auf sich, um 4 Uhr morgens an Bord zu gehen und zwölf Stunden auf einem schaukelnden Fischerboot zu verbringen, um den Alltag der Fischer zu erleben. Auf Wunsch kann das aber auch heute noch über das Fisherman Hótel organisiert werden.

Nördlich des Ortes, zu erreichen über eine steinige Piste, steht ein kleines **Holzhaus mit Grasdach**. Hier versammelten sich früher die Familien des Ortes, um die Fischer mit warmem Essen zu empfangen, wenn sie erschöpft zurückkamen. Hier beginnt auch ein **Wanderweg nach Flateyri** (4–5 Std.), der genaue Verlauf ist auf einer der Informationstafeln vor dem Café beschrieben.

ÜBERNACHTUNG UND ESSEN

Fisherman Hótel, Aðalgata 14-16, ✆ 450 9000, 💻 www.fisherman.is. Interessantes Hotel mit Café-Restaurant, das auch als **Touristeninformation** fungiert. Man sitzt anstatt auf Bänken auf Unikaten aus aufgeschichteten alten Zeitungen, in den Regalen stehen Kartons mit sonnengetrocknetem Seetang, Meersalz, Seeteufel-Leber und Trockenfisch der hauseigenen Marke Fisherman (ja, das Hotel gehört zum gleichnamigen in Reykjavík). Und man isst leckere Fischsuppe und Törtchen. 18 Zimmer, einige davon im Haus gegenüber. ❹–❺

SONSTIGES

Gesundheitszentrum, Túngata, ✆ 450 4570. So etwas kann es nur in Orten wie diesem geben: Das örtliche Ärztezentrum ist gleichzeitig auch Geschäft für Pullover- und Schnickschnack. Sprechstunde ist nämlich nur Di 9–10.45 Uhr, der Zahnarzt kommt einmal im Jahr. Hálldora und Ásta bieten hier Mo–Fr und So von 13–18 Uhr ihr Kunsthandwerk feil.

Schwimmbad, Suðureyrartún/Túngata, ✆ 450 8490. Eines der wenigen Freibäder in den Westfjorden. Mit zwei Hot Pots und Bergblick. ⏲ Sommer tgl. 11–20, Winter Mo 17–20, Di–Do 16–19, Sa und So 10–15 Uhr.

Verslunin Súgandi, gar nicht mal so schlecht ausgestatteter Tankstellen-Supermarkt. ⏲ tgl. 11–20 Uhr.

TRANSPORT

Die Straße 65 ist eine Sackgasse. Sie endet 2 km nördlich des Ortes. Pendelbusse fahren 4x tgl. in 30 Min. nach ÍSAFJÖRÐUR, s. S. 312.

Ísafjörður

Dieser Ort ist der größte der gesamten Region, und die etwas mehr als 2500 Einwohner stellen über die Hälfte der gesamten Bevölkerung der Westfjorde. Ísafjörður, was übersetzt Eisfjord bedeutet, ist klein und kompakt, doch es strahlt

Aufwändig, aber nachhaltig: Leinenfischen

Eine häufig verwendete und besonders nachhaltige Fangmethode ist das Leinenfischen. Dabei werden die Leinen pro Ausfahrt mit bis zu 10 000 Haken versehen und dann von Hand mit Ködern bestückt. Das Schiff fährt raus, legt das Seil am Meeresboden aus und holt es zwei Stunden später wieder ein. So vermeidet man Beifang. Aber weggeworfen wird hier sowieso nichts: Die Fischköpfe werden mit Erdwärme getrocknet und nach Nigeria verkauft, wo sie als Delikatesse gelten; die Abfälle gehen an eine Tierfutterfabrik. Keine 36 Stunden nach dem Fang, so steht es zu lesen, stehe der Fang in den Fischtheken in ganz Europa zum Verkauf bereit. Man kann ihn auch direkt hier essen.

städtisches Flair aus. Ein Spaziergang durch den Stadtkern führt über eine Regenbogenstraße und vorbei an zahlreichen bunten Holz- und Wellblechhäusern, die vielfach noch aus dem 19. Jh. stammen und von einer Zeit künden, als die Bewohner durch den Fang und die Verarbeitung von Fisch zu Wohlstand gelangten.

Die Lage der Stadt ist bemerkenswert, denn sie erstreckt sich auf einer natürlichen Landzunge, die den Hafen vom rauen Meer abschirmt. Drumherum erheben sich die steilen Hänge des Eyrarfjall und des Kirkjubólsfjall. Der erste Siedler soll sich hier um 940 niedergelassen haben. Er hieß Helgi Hrólfsson; seinem Hof gab er den Namen Eyri, was übersetzt „Landzunge" bedeutet. Den Fjord nannte er Skutulsfjörður, nachdem er eine skutull, eine „Harpune", am Strand gefunden hatte. Über 600 Jahre später kamen reisende Niedersachsen in den Fjord, denn die Hanse aus Stade trieb hier Handel. Nachdem die Dänen 1603 ihr Handelsmonopol auf Island ausgeweitet hatten, übernahmen sie auch die Geschäfte in Ísafjörður. Die Stadt wurde zu einer bedeutenden Handelsmetropole und wuchs bis 1900 mit über 1000 Bewohnern zur zweitgrößten Stadt des Landes heran. Diese Stellung hat sie eingebüßt, doch bis heute ist Ísafjörður das Zentrum der Westfjorde.

Der Hafen dominiert den Ort noch heute – waren es früher vor allem Fischkutter, die hier ihre Ladung ausluden, so sind es heute im Sommer die zahlreichen Kreuzfahrtschiffe. Kommt ein solches Schiff, dann wird die sowieso schon recht lebhafte Stadt zu einem großen Rummelplatz. Lange Schlangen bilden sich an der Eisdiele – zumindest bei Sonnenschein –, und durch das kleine Zentrum ziehen Reisegruppen im Gänsemarsch. Aber so schnell wie sie gekommen sind, sind die Kreuzfahrer wieder in See gestochen. Dann haben die Einheimischen und die vergleichsweise wenigen Touristen die Stadt wieder für sich.

Angelfreunde kommen hier voll auf ihre Kosten – nicht selten wird auf dem Campingplatz Fisch für alle gegrillt. Im Gegensatz zu den Flüssen darf hier nämlich jeder seine Angel ins Wasser halten, und die Fische sind riesig. (Wer Angeln aus Deutschland mitbringen will, muss diese jedoch aufwendig desinfizieren, s. S. 41.)

Es ist herrlich, in einem der Cafés zu sitzen und es sich gutgehen zu lassen. Manchmal kommen ohne große Ankündigung Musiker vorbei und geben ein Gratiskonzert. Und natürlich gibt es ein paar sehenswerte Museen. Doch so richtig glücklich sind hier Outdoor-Fans. Denn in und um Ísafjörður kann man viel unternehmen: Mountainbike fahren, zur Walbeobachtung rausfahren, mit dem Boot ins Naturschutzgebiet nach Hornstrandir übersetzen, Reiten, Kajak fahren ... Kaum eine Stadt hat so viele Outdoor-Angebote (S. 310).

Byggðasafn Vestfjarða

Neðstikaupstaður, das Heimatmuseum der Westfjorde, ✆ 456 3293, 🖳 www.nedsti.is, befindet sich in einem der vier restaurierten Häuser aus dem 18. Jh. im alten Siedlungskern ganz am Ende des Hafens. Die Ausstellung widmet sich der Fischerei. Sehenswert ist das gesamte Ensemble des Geländes. Wer Glück hat und bei Sonnenschein hier ist, taucht ein in das Leben von einst. Ein uriges Fischrestaurant ist neben dem Museum in einem alten Speicher aus den 1780er-Jahren untergebracht und lädt drinnen und draußen zur Rast, was viele Reisegruppen nutzen. Individualisten sind aber herzlich willkommen (s. Essen). ⌚ 15. Mai–Aug tgl. 10–17, sonst 11–15 Uhr, Eintritt ins Museum 1500 ISK, Grundschulkinder frei.

Edinborgarhúsið

In diesem alten Haus von 1907, einst das größte der Stadt, sind heute die Touristeninfo und ein Restaurant untergebracht. Zudem gibt es im Ausstellungsraum Slunkaríki oft lohnende (i. d. R. kostenlose) Ausstellungen. Einen guten Überblick über die besondere Lage der Stadt auf der Sandbank vermitteln die alten Fotografien im Eingangsbereich. ⌚ und Adresse wie Touristeninformation (s. S. 311), bei Veranstaltungen länger geöffnet, siehe aktuelle Ankündigungen.

Ísafjarðarkirkja

749 tönerne Vögel, geformt von den Mitgliedern der Gemeinde, zieren das Altarbild der modernen lutheranischen Kirche aus dem Jahr 1995. Für die einen nur ein seelenloser Betonklotz, für andere ein Traum in Selfgelb.

Hversdagssafn – Museum of everyday life

Gefallen gefunden an der leicht schrulligen isländischen Museumskultur? Neben Monster- und Hexereimuseum das dritte Muss in den Westfjorden: das Museum der Alltagsgegenstände, Hafnarstræti 5, ✆ 694 4266, 💻 https://hvers.is/. Hier sind die Themen nicht die Fischerei oder das harte Leben von einst. Zwar geht es auch um Vergangenes, die Gegenwart kommt aber nicht zu kurz. „Take a walk in our shoes" oder „Hear the sound of the kitchen" sind gekonnt inszenierte Einblicke in das Alltägliche. Die blauen Gummisandalen haben ebenso eine Geschichte zu erzählen wie die Gummistiefel. In der Küche wird gemurmelt, Geschirr klappert. Auch wenn man nicht alles versteht, ist die Ausstellung auf jeden Fall erlebenswert. 🕒 Juni–Aug Mo–Fr 10–16, Sa/Sa 10–14 Uhr, Eintritt 1000 ISK. In den anderen Monaten kann man für 3000 ISK eine Exklusiv-Führung buchen.

ÜBERNACHTUNG

Camping Tungudalur, Karte S. 297, ✆ 864 8592, 💻 https://tjalda.is/en/tungudalur und aktueller, aber auf Isländisch: 💻 www.gih.is. Ein wirklich toller Campingplatz am Fluss mit Blick auf den Wasserfall. Viele Stellplätze, teils separiert, teils auf einer Wiese. Super Servicehaus mit Kochstelle und viel Platz. Große Dusche (behindertengerecht). Gutes Management. 1900 ISK ab 18 J., die 3. Nacht ist kostenlos. Trockner und Waschmaschine, zudem stehen Grills bereit. Bis zur Stadtmitte sind es 4,5 km; Bónus und Bushaltestelle erreicht man schon nach 1,5 km. 🕒 15. Mai–15. Sep.

Gamla Guesthouse, Mánagata 5, ✆ 456 4146, 💻 www.isafjordurhotels.is/gamla-gistihúsið. Das Guesthouse bietet Platz für 19 Gäste (8 DZ, ein Dreibettzimmer). Eine schöne große Küche für alle und gemütlich eingerichtete Zimmer (alle mit Gemeinschaftsbad und z. T. rollstuhlgerecht) auf zwei Stockwerken befinden sich in einem Haus, das bereits Ende des 19. Jhs. erbaut wurde. Sofern niemand an der Rezeption ist, bitte im Hotel Ísafjörður Torg melden. Inkl. Frühstücksbuffet. ❸–❹

Hótel Ísafjörður Torg, Silfurtorg 2, ✆ 456 4111, 💻 www.isafjordurhotels.is. Mitten im Zentrum gelegenes Haus mit Standard- und Deluxe-Zimmern. Sauber und funktional eingerichtet. Gutes und von vielen gelobtes Frühstücksbuffet. Kinderfreundlich. ❺–❻

Sieht hier dörflicher aus, als es ist: Ísafjörður

Ísafjörður
N
0
200 m
ÜBERNACHTUNG
1 Gamla Guesthouse
2 Mánagisting Guesthouse
3 Camping Tungudalur
4 Hótel Ísafjörður Torg
Reykjavík
Bolungarvík
Hjallavegur
Hlíðarvegur
Fjarðarstræti
Túngata
Eyrargata
Urðarvegur
Engjavegur
Seljalandsvegur
Torfnes
Hafnarstræti
Ísafjarðar-
kirkja
Sólgata
Hrannargata
Mánagata
GESUNDHEITS-
ZENTRUM
N1
Mjallargata
Pollgata
Pólgata
RADWEG
Skutulsfjarðarbraut
Neisti
Shopping Centre
Austurvegur
Norðurvegur
SCHWIMMBAD
Hversdagssafn
Skólagata
Silfurgata
Tangagata
Brunngata
Aðalstræti
Skipagata
Þver-
gata
Smiðjugata
Sundstræti
Suðureyri,
Flateyri,
Súðavík
Edinborgar-
húsið
HAFEN
Mjósund
Einarsgata
Kristjánsgata
Árnagata
Ásgeirsbakki
FISCHERBOOTE
Suðurgata
Njarðarsund
Sindragata
Sundabakki
Mávagarðsbryggja
Boote nach Vigur
und Hornstrandir
Byggðasafn
Vestfjarða
Ásgeirsgata
Suðurtanga
Anleger der
Kreuzfahrtschiffe
ESSEN
1 Húsið
2 Thai Tawee
3 Logn
4 Sushi Food Truck
5 Edinborg
6 Dokkan Brugghús
7 Tjöruhúsið
SONSTIGES
1 Bónus
2 Nettó
3 Wild Westfjords
4 Borea Adventures
5 Karitas
6 Apotheke
7 Rammagerð Ísfjarðar
8 Westfjords Safari
9 ATV Ísafjörður
10 Vínbúðin
11 Fiskbúð Sjávarfangs
12 Húsasmiðjan
TRANSPORT
1 Flughafenbus
2 Haltestelle Busse nach Bolungarvík
3 Haltestelle Busse nach Suðureyri,
Flateyri, Þingeyri
4 Haltestelle Busse nach Patreksfjörður
und Hólmavík, Flughafenbus
5 Europcar

Mánagisting Guesthouse, Mánagata 4, ✆ 615 2014, 💻 www.managisting.is. Einfache DZ mit Gemeinschaftsbädern und etwas teurere Apartments (recht klein und mit schrägen Wänden, aber mit Mikrowelle, Wasserkocher und Bad). ❸–❹

ESSEN

Heimabyggð, Aðalstræti 22b, ✆ 697 4833, 💻 www.fb.com/Heimabyggd/. Das alteingesessene, beliebte Café gehört zu Borea Adventures (s. Touren). Hier steht, wie so oft in Island, neben süßem Gebäck und Kaffee auch Herzhaftes auf der Speisekarte. 🕒 Mo–Sa 9–18, So 10–15 Uhr.

Dokkan Brugghús, Sindragata 14, 💻 www.dokkanbrugghus.is. Ein Muss für Menschen, die überall wo sie sind, das lokale Bier probieren wollen – gibt's hier in gelb, orange und rot. Nette Brauhaus-Atmosphäre und kleine Snacks. 🕒 tgl. 11–23 Uhr.

Edinborg, Aðalstræti 7, ✆ 456 8335, 💻 www.edinborg.is. Café, Bar, Restaurant im sogenannten Edinborg Centre, in dem sich auch die Touristeninformation befindet. Modern und großzügig. Zur breiten Palette an diversen Gerichten, wie Huhn à la Tikka Masala, fangfrischem Fisch oder einem Burger, gibt es Kaffee, Cocktails und Bier. Bei Sonne lohnt es sich, draußen Platz zu nehmen. 🕒 Sommer tgl. 10–23 Uhr.

€ **Húsið**, Hrannargata 2, ✆ 456 5555. Tagsüber Café, abends Restaurant. Einfache gute Küche, viel Fisch – vor allem die Fischsuppe überzeugt mit gutem Preis-Leistungs-Verhältnis. In der Saison sollte man einen Tisch reservieren. Bei Livemusik ist das allerdings ein hoffnungsloses Unterfangen. 🕒 So–Do 11.30–1, Fr und Sa bis 3 Uhr.

Logn, Hótel Ísafjörður Torg, s. Übernachtung, ✆ 456 3360, 💻 www.isafjordurhotels.is. 2023 neu eröffnetes stilvolles Hotelrestaurant. Wenn gerade keine Reisegruppe da ist, speist man hier ruhig. Auf der Karte Lamm und Fisch, aber auch Burger. 🕒 im Sommer tgl. 12–21 Uhr.

Sushi Food Truck, vor der Touristeninformation. Henry und Tanguy bieten hier nicht nur „normale Sushigerichte", sondern schwer zu beschreibende Gerichte aus der kreativen Küche. Z. B. eine Art Lammfleischrolle mit Chiasamen und Blaubeeren an Kartoffelpüree. 🕒 meist Mo–Sa 15–21 Uhr.

Thai Tawee, Schnellimbiss im Neisti Shopping Center, ✆ 686 9404. Snack ab 400 ISK, ein Mittagsmenü zwischen 11–13.30 Uhr kostet 1500 ISK.

Tjöruhúsið, beim Heimatmuseum, ✆ 456 4419, 💻 www.fb.com/Tjoruhusid. Leckeren Fisch essen, nachdem man sich im Museum über die Tradition des Fischfangs schlaugemacht hat, das hat hier Tradition, und so wird es vor allem voll, wenn Tourgruppen die Stadt besuchen. Es gibt in diesem Familienbetrieb kein festes Menü, gekocht wird, was gefangen wurde. Mittags gibt es immer Fischsuppe und ein paar Gerichte, die dann auf einer Tafel stehen, abends Buffet. Es ist sehr sinnvoll, in der Hauptsaison mindestens 3 Tage im Voraus zu buchen. 🕒 Ostern bis Ende Okt tgl. 12–14 Uhr (Mittagstisch) und 19–21 Uhr (Abendmenü) – zu Beginn oder am Ende der Saison oft früher geschlossen oder später geöffnet.

EINKAUFEN

Baumarkt

Húsasmiðjan, am Hafen. Wer hier anlandet und dringend warme, regensichere Kleidung braucht, findet im Baumarkt eine bezahlbare Auswahl. 🕒 Mo–Fr 10–18, Sa nur bis 14 Uhr.

Lebensmittel und Alkohol

Bónus, Skutulsfjarðarbraut, 💻 www.bonus.is. Der große Bónus befindet sich nicht im Ortskern, sondern am Fjordende an der Kreuzung der Straßen 60 und 61. 🕒 Mo–Do 11–18.30, Fr 10–19, Sa 10–18, So 11–18 Uhr. Im selben Gebäude gibt es bei **Sam** allerlei aus Fernost und dem Balkan. Günstig und eine beliebte Alternative. 🕒 Mo–Do 11–18.30, Fr 10–18 Uhr.

Fiskbúð Sjávarfangs, Sindragata 11. Fischgeschäfte gibt's in Island gar nicht so oft wie man denkt (eigentlich gar nicht). Bei Kári aber geht alles fangfrisch über die Theke. 🕒 Mo–Fr 11–18 Uhr.

Nettó, im Neisti Shopping Center, Hafnarstræti 9-11. Im Gebäude sind zwei Thai-Snackläden

untergebracht; auch im Nettó wird spürbar: In der Stadt leben einige Asiaten. Auch der Tourist fühlt sich unweigerlich zu den exotischen Früchten hingezogen: Wo, wenn nicht hier, kauft man Kokosnüsse, die für ein Heidengeld über die Ladentheke gehen. ⌚ tgl. 10–19 Uhr.
Vínbúðin, Suðurgata 8, ✆ 560 7894. ⌚ Mo–Do 11–18, Fr 11–19, Sa 11–16 Uhr.

Souvenirs

Karitas, Aðalstræti, Ecke Skipagata, ✆ 456 3834. Und sie stricken und stricken und stricken. Pullover und mehr von den strickenden Damen des Ortes. ⌚ Mo–Fr 11–18, Sa 11–16 Uhr.
Rammagerð Isafjarðar, Aðalstræti 16, 💻 www.fb.com/Rammagerð-Ísafjarðar-133752377226/. In ihrer kleinen Boutique verkauft Dagný Þrastardóttir selbstgemachte und angekaufte kleine Souvenirs mit dem gewissen Extra. Viele Glasarbeiten, denn das ist Dagnýs Passion. ⌚ tgl. 13–17 Uhr.

AKTIVITÄTEN UND TOUREN

Bootsausflüge ins Naturschutzgebiet Hornstrandir

Im Sommer fahren einige Boote ins weitgehend unbewohnte, 580 km^2 große Naturparadies im Norden der Westfjorde. Auch mehrtägige Wandertouren sind äußerst beliebt (s. auch Tour S. 314). So beliebt, dass sich viele Wanderfreaks schon längst nach Alternativen umgeguckt haben. Der Vorteil in Hornstrandir: Es gibt ein paar Camps mit Zeltmöglichkeiten und Schutzhütten und im Mini-Ort Hesteyri sogar eine richtige Sommerunterkunft mit Café. Allerdings gibt es (fast) keine Läden o. Ä., weshalb die Tour eine extrem gute Vorbereitung erfordert. Bitte unbedingt vor Ort bei der Touristeninfo erkundigen und Kartenmaterial besorgen (z. B. bei West Tours, s. u.). Im Netz haben wir dieses Video gefunden: 130 km zu Fuß in 8 Tagen – Respekt! Und: tolle Aufnahmen. 💻 www.youtube.com/watch?v=MJYgP7ZmFy4. Tickets für den Bootstransfer zu derzeit fünf Anlegestellen gibt es bei Borea Adventures (s. Touren) und West Tours (s. u.), bitte Abfahrtszeiten immer unter 💻 https://boreaadventures.com/schedule-destinations/ bzw. 💻 www.westtours.is/en/hornstrandir/sjoferdir-boat-scheduale checken!

Laufen

Westfjords Running Festival, Mitte Juli, 💻 www.hlaupahatid.is. Wechselnde Distanzen und Strecken, oft auch mit Mountainbiketour.

Quad fahren

ATV Ísafjörður, in einem schwarzen Container am Hafen nahe der Touristenformation, ✆ 899 4091, 💻 www.fb.com/atvisafjordur. Geführte Touren mit dem Quad, die den Wünschen der Gäste angepasst werden (los geht's in der Stadt, Dauer 1–6 Std.).

Skifahren

Im Winter lockt das direkt hinter dem Campingplatz Tungudalur liegende Skigebiet Wintersportler aus ganz Island an. Es gibt insgesamt etwa 9 km Abfahrten für Snowboarder und Skifahrer. Die meisten Routen sind einfach, aber immerhin 2 km erfordern mehr Können. Ein Tagespass für die drei Lifte kostet 2650 ISK, Kinder 1130 ISK. ⌚ je nach Schneelage, im Winter i. d. R. von 11–16 Uhr.
Auch Skilangläufer kommen auf ihre Kosten: Es gibt Loipen und eine Langlaufhütte im Seljalandsdalur. Ende April findet **Fossavatnsganga**, das größte Skilanglaufevent Islands, statt, mit Streckenlängen zwischen 5 und 50 km, 💻 www.fossavatn.com.

Stadtrundgänge

Ísafjörður Guides, ✆ 845 0875, 💻 www.isafjordurguide.is. Helga Ingeborg Hausner hatte es satt, in Deutschland als Grundschullehrerin zu arbeiten. Jetzt ist sie schon seit vielen Jahren als Fremdenführerin tätig. Gemeinsam mit ihr oder ihren Kolleginnen Arný, Nína oder Dorothee geht es z. B. zu Fuß durch Ísafjörður. Die vier Frauen wissen viel zu erzählen und geben einen Einblick in den Alltag der Isländer. Die 2-stündigen Touren starten meist um 10, 14 und 17 Uhr (im Winter nur um 14 Uhr, aktuelle Infos unbedingt auf der Website checken) an der Touristeninformation und enden an der Kirche. Wer mag, kann sich auch wie die Führerinnen in der lokalen Tracht aus dem 19. Jh. kleiden. Ab 16 J. um die 10 000 ISK p. P., Kinder unter 16 J. kostenlos.

Touren

Rad oder Kajak fahren, wandern, Jeep-Touren: Es gibt viel zu erleben in den Westfjorden. Die Touranbieter haben meist alle ein ähnliches Programm, bei geringer Nachfrage wird auch kooperiert. Viele Touren werden allerdings nur in den Sommermonaten durchgeführt.

Borea Adventures, Aðalstræti 22b, ✆ 456 3322, 💻 www.borea.is. Der auf die Westfjorde spezialisierte Anbieter organisiert Kajak-, Reit- und Wandertouren.

West Tours, Aðalstræti 7, in der Touristeninformation, ✆ 456 5111, 💻 www.westtours.is. Zu Fuß, mit dem Kajak, auf dem Pferderücken, dem Fahrrad oder im Jeep – bei dem vielfältigen Angebot ist für jeden etwas dabei. Dieser Anbieter ist seit langem etabliert; Ausflüge **zur Insel Vigur** sind besonders beliebt (die Insel gehört seit 2019 ihren Bewohnern). Besucher begeistern sich nicht nur für die unzähligen Vögel, u. a. Papageitaucher, sondern auch für die einzige erhaltene Windmühle Islands. 3-stündige Touren bietet West Tours von Juni–Aug tgl. um 14 Uhr, 11 000 ISK, Kinder (4–12 J.) 5500 ISK.

Wild Westfjords, im Neisti Shopping Center, ✆ 456 3300, 💻 https://wildwestfjords.com. Unter der Leitung des Deutschen Rico Bittner. Vielfältiges Angebot: Kajak fahren, an abgelegene Orte mit dem Jeep oder längere Trekking- und Wandertouren. In der Saison ist spontan nicht immer noch ein Platz frei, daher vorher kundig machen.

Wander- und Radtouren

Wer sich auf eigene Faust auf den Weg machen möchte, kann sich in der Touristeninfo eine grobe Übersichtskarte der Region, die **Outdoor Recreation Map**, schnappen und los geht's. Verzeichnet sind Fußwege in vielen Schwierigkeitsgraden. Eine Übersicht der Mountainbikestrecken findet man unter 💻 www.mtbisafjordur.is/en/.

Walbeobachtungen

Westfjords Safari, Container am Hafen vor der Touristeninformation, ✆ 895 7131, 💻 www.westfjordssafari.is. Walbeobachtungstouren, buchbar auch über Borea Adventures und West Tours (s. o.).

SONSTIGES

Autovermietungen

Wer in den Westfjorden unterwegs ist, kommt i. d. R. mit dem eigenen Auto, denn die Reise mit dem Bus ist zwar möglich, aber recht aufwendig. Wer ohne Auto ankommt, kann sich eines mieten (das ist aber teurer als an anderen Orten). Man kann hier auch sein Mietauto nach der Rundfahrt abgeben und die Reise mit dem Flieger fortsetzen.

Bílaleiga Akureyrar Europcar Iceland, Suðurtangi 2, ✆ 840 6074.

Am Flughafen befinden sich Stationen der Anbieter **Hertz**, ✆ 522 4490, und **Avis**, ✆ 660 0617.

Fahrradverleih

West Tours, s. Touren, verleiht Fahrräder (1500 ISK pro Std., 8000 ISK für 24 Std., Kinder zwischen 8–12 J. zahlen die Hälfte). Kleinere Mitreisende können im Anhänger Platz nehmen, den es für 7500 ISK pro 24 Std. bzw. 5000 ISK für 4 Std. zu mieten gibt. Wer nicht allein fahren will, kann auch eine Tour buchen.

Feste

Jedes Jahr zu Ostern strömen Menschen aus ganz Island in die Stadt. Grund ist das Rockfestival **Aldrei fór ég suður**, wörtlich übersetzt „Nie fuhr ich in den Süden". „Süden" meint in diesem Zusammenhang Reykjavík. Sinngemäß also: Wir in den Westfjorden können mindestens genauso gut feiern – wenn nicht besser – als die im großen Reykjavík. Rockstars der Stadt und aus dem ganzen Land geben sich dann hier ein Stelldichein. Zimmer sind schnell ausgebucht und die Campingplätze voll.

Informationen

Touristeninformation, Aðalstræti 7, ✆ 450 8060, 💻 www.westfjords.is. Die Information ist am Hafen in einem großen Gebäude des Edinborg

Centres untergebracht, in dem es auch immer mal wieder Ausstellungen gibt (s. o.). ⌚ Sommer Mo–Fr 8–18, Sa 8–15, So 10–15, in den restlichen Monaten Mo–Fr 8–16 Uhr.

Schwimmen

Hallenbad, Austurvegur 9, ✆ 450 8480. Mit Hot Pot und Sauna. ⌚ Sommer Mo–Fr 10–21, Sa und So 10–17, Winter Mo–Fr 7–8 und 18–21, Sa und So 10–17 Uhr.

NAHVERKEHR

Busse

Flughafenbus, Transport vom Hotel zum Flughafen und in die Stadt nach telefonischer Anmeldung, ✆ 850 1417. Haltestellen liegen unterhalb des Campingplatzes Tungudalur (10 Min. Fußmarsch vom/zum Campingplatz) und in der Pollgata (nahe der Touristeninformation). Zudem gibt es tgl. zwischen 9 und 17 Uhr 5 Busse, 💻 www.isafjordur.is/is/thjonusta/samgongur/straetisvagnar, die zwischen Zeltplatz und Pollgata einige Haltestellen in der Stadt abfahren. Ticket jeweils 350 ISK.

Taxis

Zentrale, ✆ 456 3518. Direkt können die Fahrer Rúnar Þór Brynjólfsson unter ✆ 895 3595 und Ólafur Halldórsson unter ✆ 865 3709 erreicht werden.

TRANSPORT

Auto

Ganzjährig geht es von Ísafjörður auf der Str. 61 über Hólmavík (220 km), Króksfjarðarnes (260 km, ab dort auf der Str. 60) und Búðardalur (300 km) zur Ringstraße bei Bifröst (343 km). Die Alternative durchgehend auf Str. 60 ab Ísafjörður über Flókalundur nach Króksfjarðarnes und zur Ringstraße bei Bifröst ist mit 335 km geringfügig kürzer, dauert aber wegen längerer Schotterstrecken länger, und der Abschnitt Þingeyri – Flókalundur wird im Winter nicht geräumt. Von Flókalundur (115 km ab Ísafjörður) ist es nur ein Katzensprung nach Brjánslækur zur Fähre über den Breiðafjörður. Diese Zahlen verdeutlichen, wie weit die Wege in den Westfjorden sind – obwohl Luftlinie zwischen Ísafjörður nach Hólmavík keine 80 km liegen.

Busse

Aktuelle Preise und Zeiten auf 💻 www.westfjords.is, 💻 www.isafjordur.is und 💻 https://.westfjordsadventures.com/bus-schedule checken.
BOLUNGARVÍK, 8x tgl. zwischen 8 und 18 Uhr.
HÓLMAVÍK, im Juli/August Fr 15.30 und So 12 Uhr in 3 Std. ab Haltestelle bei der Touristeninformation. Wichtig: 4 Std. vorher unter ✆ 862 4530 anmelden! In Hólmavík Anschluss an Strætó-Linie 59 nach Borgarnes, dort Anschluss an Linie 57 nach Reykjavík.
PATREKSFJÖRÐUR im Juni–Aug mit Westfjords Adventures Mo, Mi, Do um 15.30 Uhr für 9900 ISK über ÞINGEYRI (an 16.10, ab 16.15 Uhr, 2000 ISK), DYNJANDI (an 17, ab 17.30 Uhr), FLÓKALUNDUR (an 18.20, ab 18.25 Uhr), BRJÁNSLÆKUR (an 18.30, ab 18.45 Uhr, 8400 ISK), Ankunft in Patreksfjörður um 19.30 Uhr.
In Brjánslækur besteht Anschluss an die Fähre nach Stykkishólmur (S.267), Weiterfahrt von dort mit Strætó-Linie 58 und 57 nach Reykjavík erst am nächsten Tag.
SUÐUREYRI, 4x tgl. Genaue Zeiten bitte vor Ort erfragen! Das gilt auch für die 3 Busse, die ab Pollgata nach FLATEYRI und ÞINGEYRI fahren. Diese Busse halten nicht planmäßig am Campingplatz. Fahrplan (nur Isländisch) auf 💻 www.isafjordur.is/is/thjonusta/samgongur/straetisvagnar.

Flüge

Der Flughafen liegt 5 km südlich des Zentrums und ist per Flughafenbus zu erreichen (s. Nahverkehr). Icelandair, 💻 www.icelandair.com, fliegt 1–2x tgl. in 40 Min. nach REYKJAVÍK. Die Flüge fallen an Islands anspruchsvollstem Flughafen wegen schwieriger Windverhältnisse oft aus. Manchmal wird stattdessen in Þingeyri gelandet, dann wird ein Bustransfer angeboten.

Taxis und Kleinbuscharter

Mit dem Taxi zum Dynjandi? Kein Problem mit **BS-Tours** Björgvin Sveinsson, ✆ 778 5080, www.bstours.is. Tour zum Wasserfall für 1–17 Pers. aber auch kürzere Sightseeing-Touren in die Umgebung.

Bolungarvík und Umgebung

Der imposante Hausberg Traðarhorn scheint das niedliche Dorf Bolungarvík regelrecht zu bewachen. Allerdings schickt er manchmal auch Lawinen ins Tal, sodass die Errichtung eines großen Schutzwalls erforderlich war. Im Ort selbst sind die südlich des Zentrums etwas außerhalb gelegene Kirche **Hólskirkja** und der von Schülern liebevoll gestaltete **Botanische Garten** interessant.

Fischerei-Freilichtmuseum und Naturkundemuseum

Vor dem Tunnel nach Ísafjörður zweigt links eine kleine Straße (Ósvegur) ab. Sie führt zu einem Freilichtmuseum direkt am Meer, dem **Sjóminjasafnið í Ósvör**, 892 5744, www.osvor.is. Zu sehen gibt's eine Fischfang- und -trockenstation mit niedlichem Hafen aus dem 19. Jh., liebevoll restauriert und voller toller Fotomotive. im Sommer tgl. 10–16 Uhr, Eintritt ab 16 J. 1500 ISK p. P. Es lohnt sich, der Straße noch 1 km zu folgen, denn so kommt man in den Genuss der schönen Aussicht beim **Leuchtturm Óshólaviti**. Hinter dem Leuchtturm ist die alte Straße gesperrt, mit dem Fahrrad oder zu Fuß kommt man aber weiter bis nach Hnífsdalur und Ísafjörður – eine wunderschöne Küstenstrecke.

Im empfehlenswerten **Naturkundemuseum** Náttúrugripasafn Bolungarvíkur, Vitastígur 3, 456 7005, www.nabo.is, locken dann ausgestopfte Vögel, Mineralien und Steine en masse. im Sommer Mo–Fr 9–17, Sa und So 10–17 Uhr, sonst auf Anfrage.

Bolafjall

Die 3,5 km lange Serpentinenpiste auf den 634 m hohen Bolafjall westlich von Bolungarvík ist nur im Sommer mit dem Auto befahrbar, dann aber auch mit dem Pkw („Sommer" heißt meist ab Mitte Juni, die genauen „Öffnungszeiten" werden meist auf www.fb.com/Bolafjall veröffentlicht). Bei den Einheimischen ist dieses letzte Stück eine beliebte Joggingstrecke. Oben gibt es dann selbst im Sommer noch Schneereste und eine auffällige Kugelkonstruktion, ehemals eine Radarstation der Nato, heute von der Küstenwache genutzt. Die Hauptattraktion ist aber die Aussichtsplattform mit atemberaubendem Weitblick auf das Naturschutzgebiet Hornstrandir. Grönland ist dagegen trotz anderslautender Gerüchte von hier aus nicht zu sehen – aufgrund der Erdkrümmung liegt es unter dem Horizont.

Skálavík

Eine einsame Bucht, wie sie im Buche steht, lockt rund 7 km von Bolungarvík entfernt: grauer Kieselstrand, strahlend blaues Meer, rechts und links Berge, davor grünes Gras, Wege aus feinem grauen Sand und eine orangefarbene Nothütte geben ein beliebtes Fotomotiv ab. Außer dem Strand findet man hier einige wenige Sommerhäuser, einen Bauernhof und eine kostenlose Campingwiese mit kaltem Wasser und Klos. Im hinteren Teil des Tals rauscht noch ein Wasserfall.

ÜBERNACHTUNG UND ESSEN

Ein Campingplatz, ein Gästehaus mit Restaurant, ein **Imbiss mit Eisverkauf** an der Tankstelle (Þuríðarbraut 13) – das war's.

Camping (Campingkarte), Höfðastígur, 456 7381, www.tjalda.is/en/bolungarvik. Einfacher, aber schöner Platz mit Bergblick beim Schwimmbad. Verschiedene Areale, die durch Büsche voneinander getrennt sind. Es gibt ein Servicehaus mit Kochmöglichkeit und eine Waschecke mit kaltem Wasser, duschen kann man während der Öffnungszeiten nebenan im Schwimmbad (Eintritt 950 ISK p. P., nur duschen 400 ISK). Erste Nacht 2600 ISK, jede weitere 1800 ISK. Kostenfreies WLAN gibt es vor der Schwimmbadkasse, aber nicht im Aufenthaltsraum. ganzjährig.

€ **Einarshúsið**, Hafnargata 41, 456 7901 und 864 7901, www.fb.com/Einarshúsið-20245874948/. Das helle Wellblechhaus mit Islandfahne versprüht den Charme vergangener Zeiten. Überall stehen alte Möbel und Antiquitäten, an den Wänden

DIE WESTFJORDE

Hornstrandir – wilde Westfjorde

- **Länge:** 76 km
- **Dauer:** 6 Tage
- **Schwierigkeit**: Mittel mit einigen schweren Passagen (steil, rutschig und teils sumpfig bei Regen). Die Wege sind teilweise gekennzeichnet (Stangen und Steinhaufen), schwierig bei schlechter Sicht. Kompass/Karte und GPS sind unbedingt notwendig. In manchen Camps gibt es Schutzhütten für den Fall eines Sturms. Die Furt bei Hornvik (Höfn) kann man nur bei Ebbe queren.
- **Reisezeit:** Ende Juni bis Ende August
- **Ausrüstung:** Zelt, Isomatte, Schlafsack, Kocher, Verpflegung für alle Tage, (Wasser findet man überall), regen- und winddichte Kleidung, wasserdichte Wanderschuhe, Trekkingstöcke, Trekkingsandalen o. Ä. fürs Furten, GPS, Karte, Kompass, Powerbanks, Klopapier, Müllbeutel. Achtung: Da es kein Netz auf Hornstrandir gibt, sollte man unbedingt einen Garmin für den Notfall dabeihaben.
- **Karten:** West Tours (S. 311) in Ísafjörður verkauft die Karte *HORNSTRANDFRIÐLAND* - Hornstrandir Nature Reserve im Maßstab 1:50 000. Alle Camps, Schutzhütten, Infopunkte und Wege mit Schwierigkeitsgrad sind hier markiert. Die blaue Karte *HORNSTRANDIR* von Mal Og Menning ist z. B. über Amazon zu beziehen, sie ist aber nicht so detailliert (Maßstab 1:55 000 und 1:100 000) und schlechter lesbar.
- **Übernachtung:** Im Naturschutzgebiet Hornstrandir ist Zelten nur in den gekennzeichneten Camps erlaubt (z. B. Hornvik, Hlöðuvík, Fljótsvatn, Látrar). Diese bieten halbwegs ebene Wiesenflächen fürs Zelt und Plumpsklo (kein Windschutz, aber ggf. Schutzhütte, s. Karte). Kein Camp hat Duschen oder anderen Komfort, aber in der Nähe gibt es immer Wasser.
- **Sicherheit**: Die Rückfahrzeiten nach Ísafjörður im Voraus erfragen (S. 318) und vor der Wanderung (vor Ort) über das Wetter informieren (hier

noch unberechenbarer und wechselhafter als andernorts, kein Netz auf Hornstrandir!). Bei Sturmankündigung nicht aufbrechen, mit einem Garmin kann man die Wettervorhersage auch unterwegs abrufen. Für weitere Hinweise zum Trekking s. www.safetravel.is (unbedingt unter „Travel Plans" mit der beabsichtigten Wanderroute registrieren lassen)
- **Weitere Infos:** Das Video *(Iceland Westfjords / Six days hiking in the beauty and wilderness of Hornstrandir)* mit schönen Impressionen zu dieser Wanderung findest du auf https://youtu.be/ueDYQ0t2pvU. Weitere Island-Videos gibt es auf dem Kanal https://youtube.com/@svenskstrawanzer. Weitere nützliche Infos auf: https://ust.is/english/visiting-iceland/protected-areas/westfjords/hornstrandir/.

Schon als das Boot von West Tours von Ísafjörður Richtung Hornstrandir in See sticht, versetzt mich der Blick auf die sonnigen Fjorde und Berge in Hochstimmung. Doch das ist nur der Auftakt zu einem Wanderabenteuer durch eine wundervolle und oft einsame Wildnis mit steilen Klippen, Polarfüchsen, lieblichen Auenlandschaften, sanften Berghängen, moorigen Seen, Bächen voller Forellen, schroffen Gebirgspassagen mit Geröllfeldern, Respekt einflößenden steilen Bergzügen, atemberaubenden Blicken auf die Fjorde und herrlichen Stränden mit Sand und Kies.

Erster Tag: Veiðileysufjörður – Hornvík (Höfn)

■ 11,2 km, 520 Hm, 4 Std. (je nach Pausen, z. B. für Fotos, durchaus länger)

Das Boot landet nach etwa 90 Minuten Überfahrt am zauberhaften **Veiðileysufjörður**, wo die Tour beginnt. In Richtung Nordosten geht es bald recht steil hinauf auf den kargen, teils von Schneefeldern bedeckten Pass **Hafnarskarð**, der nach 5 km auf 519 m Höhe erreicht ist. Nach Süden schweift der Blick zurück zum Fjord und nach Norden hinunter zur weiten Bucht Hornvík, wo in der Ferne schon das markante Horn der Steilküste zu sehen ist. Nach einem etwa zweistündigen Abstieg ist das **Camp Hornvík (Höfn)** erreicht, wo man auf einer idyllischen, von grünen Hügeln umgebenen Wiese sein Zelt mit Blick auf die umliegenden Bergketten aufstellt. Es ist das einzige Camp, das Toiletten mit Spülung und fließend Wasser für den Abwasch bietet. Eine Schutzhütte für den Notfall gibt es auch.

Zweiter Tag: Hornvík (Höfn) – Horn – Hornvík (Höfn)

■ 15,9 km, 624 Hm, mind. 6 1/2 Std.

Früh um fünf klappert es neben dem Zelt – drei junge Polarfüchse spielen mit meinem Trekkingstock. Morgens mit beginnender Ebbe geht es ostwärts am Strand der schönen Bucht entlang in Richtung Horn. Nach etwa 1,5 km ist zum Strandende hin der bei Ebbe knietiefe **Fluss Hafnarós** zu queren. Erst geht es auf Kieselsteinen, dann auf schmalem Pfad etwa 2 km Richtung Norden am Wasser entlang. Ab einem Schild **„Hornbjarg"** führt der Pfad bergauf, bis man nach etwa 45 Minuten die steilen und markanten Klippen des windumtosten Kaps erreicht. Der traumhafte Ausblick euphorisiert, aber Achtung: Mir hat an der Hornspitze eine Böe die Regenjacke vom Rucksack gerissen und über die Klippen geweht. An der Nordflanke des Kaps geht es weiter bergauf an den Klippen entlang und dann nach etwa 1 km mitunter steil und anspruchsvoll über das Miðfell und vorbei am Miðdalsvatn zurück zum **Camp Hornvík**. Rechtzeitig vor dem Einsetzen der Flut quere ich die Furt mit jetzt bis zum Oberschenkel reichendem Wasser.

Dritter Tag: Hornvík (Höfn) – Hlöðuvík

■ 11,7 km, 488 Hm, mind. 5 1/2 Std.

Von Hornvík aus folgt man, vorbei an der Notunterkunft, westwärts der rauen Küste um die Hafnarnes herum. Nach etwa 2 km führt ab einem Fluss der Pfad sanft hinauf durch eine gigantische, an Schönheit kaum zu überbietende Landschaft zum Pass **Atlaskarð** auf 330 m Höhe. Vom

Beeindruckende Klippen ganz im Nordosten: Hornbjarg

Pass aus geht es mühsam 4 km durch ein riesiges Geröllfeld hinüber zum Berg **Skálarkambur** (nur wenige, oft schwer zu erkennende Markierungsstangen). Knapp unterhalb des Gipfels mit 349 m endet die Steinwüste abrupt und ein überwältigender Ausblick auf die Bucht Hlöðuvík öffnet sich. Eingerahmt von schroffen Bergen gleicht sie einem Paradies – sattes Grün, kleine Tümpel und das Meer herzförmig in tiefem Blau. Nach einem 3 km langen Abstieg ist die Bilderbuchlandschaft erreicht. Das **Camp Hlöðuvík** bietet ein Plumpsklo, einen herrlichen Fluss mit kristallklarem Wasser und eine Schutzhütte für den Notfall.

Vierter Tag: Hlöðuvík – Fljótsvatn

■ 12,5 km, 584 Hm, mind. 6 Std.

Die abwechslungsreiche Strecke von **Hlöðuvík** zum Fljótsvatn führt zunächst über grobe Steine etwa 2 km an der Küste entlang, vorbei an Schwemmholz und dann weiter Richtung Nordwesten hinauf zum Pass **Almenningaskarð**. Dort oben auf 371 m Höhe pfeift oft ein böiger Wind. Weiter geht es westlich über eine 3 km lange, endlos scheinende Steinwüste zum **Þorleifsskarð** (vereinzelte Markierungsstangen, aber ohne GPS ist die Orientierung bei schlechter Sicht kaum möglich). Oben am Grat ist der Abstieg am östlichen linken Rand gut mit Stangen markiert. Auf dem sehr steilen, rutschigen und ungesicherten Pfad ist für knapp 1 km Trittsicherheit und Konzentration gefordert. Dann sind es noch etwa 4 km, die weniger steil hinunter in die fast liebliche Landschaft des **Fljótsvatn** führen. Hier bin ich jungen Isländern begegnet, deren Großmutter noch am See von der Landwirtschaft lebte. In einem Bach neben dem **Camp Fljótsvatn** erweckt ein kühles Bad inmitten unzähliger Forellen die müden Glieder wieder zum Leben. Ein Plumpsklo, schöne Wiesenflächen fürs Zelt (keine Schutzhütte), frisches Wasser aus dem Bach und ein herrlicher Blick über den See hinauf zum mächtigen Almenningaskarð geben ein Bilderbuchambiente.

Blick auf Hesteyri am Ende der Wanderung

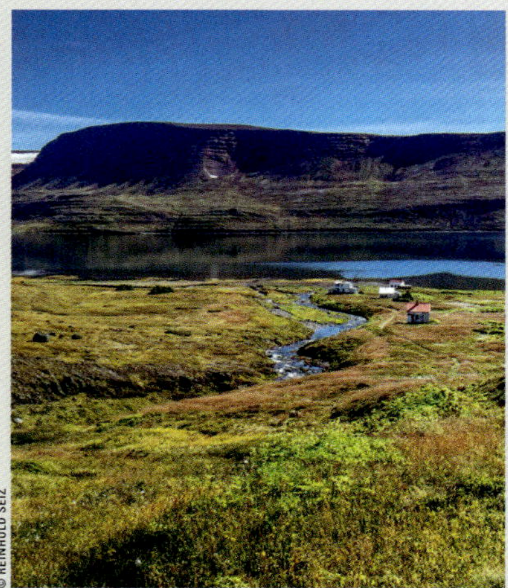

Fünfter Tag: Fljótsvatn – Látrar

■ 12,1 km, 563 Hm, mind. 5 Std.

Die Strecke entlang dem **Westufer des Fljótsvatn** ist meist feucht und sumpfig. Durch das trockene Wetter in den vergangenen Tagen waren die 4 km aber problemlos. Bei einer Hütte mit Blick auf die Bucht Fljótavik geht es westlich bergauf zum **Nónfell** mit seinem 1 km breiten Steinplateau auf 480 m Höhe. Dann geht es etwa 4 km bergab in die Ebene des Tals Bjarnadalur mit vielen schönen Aussichten auf den See Rekavíkurvatn und das **Camp Látrar**. Die letzten 2 km in der Ebene auf einer Sandstraße wirken etwas öde. Leicht erhöht über der Bucht, mit herrlicher Rundumsicht, liegt das Camp. Plumpsklo, Wasserstelle, Schutzhütte und der kiesige Strand sind fußläufig entfernt.

Sechster Tag: Látrar – Hesteyri

■ 12,4 km, 291 Hm, mind. 5 Std.

Am letzten Tag geht es vom Camp Látrar zum Bootsanleger in Hesteyri, der einzigen richtigen „Siedlung" auf Hornstrandir. Zunächst läuft man etwa 2,5 km auf weichem Sandweg bis zum **Stakkadalsvatn**, wo sich das knöcheltiefe Flussbett problemlos queren lässt. Danach geht's erst steil und dann flach südostwärts hinauf zum weiten Pass **Hesteyrarskarð** auf 280 m – es lohnt sich immer wieder, die Ausblicke zu genießen. Nach etwa 8 km beginnt der einfache Abstieg nach **Hesteyri** und dem schönen Hesteyrarfjörður wo ein Wasserfall zum Baden einlädt. Im Old Doctors House, das auch Zimmer anbietet, endet bei leckerem Kaffee und Kuchen eine wundervolle Wanderung.

Reinhold Seiz, Islandreisender aus Leidenschaft

im Gastraum hängt die Ahnengalerie des freundlichen Besitzers Benedikt, der mindestens einmal am Tag zur Gitarre greift und seine Gäste mit isländischem Liedgut erfreut. Das Essen ist lecker, die Zimmer im OG sind einfach, aber gemütlich. ⌚ tgl. 11.30–20.30 Uhr. ❸

SONSTIGES

Einkaufen

Drymla, Vitastígur 1, ✆ 456 7525. Pullover im traditionellen Strickmuster der Westfjorde, das die freundliche Besitzerin auch gern erklärt, selbst gemachte Marmelade und Kunstobjekte aus der

Glasbläserei nebenan: Hier kann man lange stöbern.
Kjörbúðin-Supermarkt, Vitastígur 3. ◷ Mo–Fr 9–18, Sa 10–17, So 12–17 Uhr.

Feste
Traditionell findet am ersten August-Wochenende irgendwo in den Westfjorden das lustige Schlammfußball-Fest Mýrarbolti statt – oft wie z. B. 2023 in Bolungarvík. Karten für komplette Festival-Pakete gibt's auf 💻 https://tix.is, und Reisende die Ruhe suchen, sollten zu dieser Zeit das Schwimmbad und den Campingplatz weiträumig meiden.

Medizinische Hilfe
Gesundheitszentrum mit **Notapotheke**, Höfðastígur 15, ✆ 450 4590.

Schwimmen
Hallenbad, Höfðastígur 1, ✆ 456 7381, mit Hot Pots und Rutsche im Außenbereich vor spektakulärer Bergkulisse. ◷ Mo–Fr 6.15–21, Sa und So 10–18 Uhr.

TRANSPORT

Auto
Die Straße 61 führt durch einen 5-km-Tunnel von und nach Ísafjörður (16 km). Eine offiziell ausgeschilderte **Einsammelstelle für Tramper** befindet sich am Ortsausgang von Ísafjörður. Um Beteiligung am Spritgeld wird gebeten.

Busse
Nach ÍSAFJÖRÐUR Mo–Fr 8x tgl. zwischen 7.20 und 18.30 Uhr mit dem E-Bus. Informationen: ✆ 893 8355, 💻 www.bolungarvik.is/ferdir. Zusätzlich Flybus zum Flughafen Ísafjörður.

Von Ísafjörður nach Strandir

Obwohl jeder der vielen Fjorde einen eigenen Namen hat, heißt der große Fjord, an dessen Küste man für viele Kilometer entlangfährt, **Ísafjarðardjúp** oder kurz Djúp. Die asphaltierte, aber teilweise sehr enge kurvige Straße wird von den Einheimischen oft als Rennstrecke missbraucht. Schafe nutzen den warmen Asphalt an Sonnentagen gern als Schlafplatz. Die größte Gefahr sind hier aber Touristenautos, die mangels Parkbuchten oft für Fotostopps einfach mitten auf der Straße abgestellt werden.

Eine der wenigen Parkmöglichkeiten befindet sich bei **Hvítanes**. Zunächst unauffällig, entpuppt sie sich schnell als die Touristenattraktion, denn hier „wohnt" eine große **Seehundkolonie** sozusagen direkt neben der Straße. Ferngläser, die gegen eine Spende ausgeliehen werden können, befinden sich in einem Kasten am Parkplatz (manchmal stehen hier auch Gläser mit selbst gemachter Marmelade, die man kaufen kann).

Nur 1 km entfernt befindet sich **Litli Bær**, ein liebevoll restauriertes Grassodenhaus von 1895, mit Waffelbäckerei, ✆ 894 4809, 💻 www.fb.com/pg/litlibaer. ◷ Sommer tgl. 10–17 Uhr.

Súðavík

Der Mini-Fischerort hat eine tragische Geschichte: Nach einem schweren Lawinenunglück im Jahr 1995, bei dem 14 Menschen zu Tode kamen, wurde das komplette Dorf anderthalb Kilometer nach Süden verlegt. Das war günstiger, als einen Schutzwall zu bauen. Das frühere Dorf darf jetzt nur noch im Sommer bewohnt werden. Viele Hausbesitzer vermieten ihre ehemaligen Wohnstätten an Touristen, denn Kaufinteressenten bleiben aus – und was will man mit einem Sommerhaus, das nur einen Katzensprung vom Hauptwohnhaus entfernt ist?

The Arctic Fox Center
Im alten Teil von Súðavík befindet sich ein Familienpark mit Klettergerüsten und The Arctic Fox Center, Eyrardalsbærinn, ✆ 456 4922 und 862 8219, 💻 www.arcticfoxcentre.com. „Wer trägt denn so was?", mag sich fragen, wer die niedlichen beiden Polarfüchse im Außengehege beobachtet. Aber die meisten Polarfüchse werden in Island gar nicht der Pelze wegen gejagt, sondern um Haus- und Hoftiere zu schützen

oder aus purer Lust an der Jagd. Deshalb werden oft elternlose Jungtiere aufgefunden, z. B. Mist und Mia, die seit 2015 ihr Zuhause im Polarfuchszentrum haben und sich wegen ihrer Gewöhnung an Menschen nicht mehr auswildern lassen.

Niemand weiß genau, wie viele Füchse in Island leben. Man schätzt ihre Zahl aber auf um die 7000. Die meisten tummeln sich in den Westfjorden, schon allein der vielen Vogelfelsen wegen. Die kleine Ausstellung im Fuchszentrum zeigt neben zahlreichen Erklärungstafeln auch ausgestopfte Exemplare, die ganz anders aussehen als Mia und Mist. Man erfährt: Es gibt „weiße" und „blaue" Füchse. Die weißen sind im Winter schneeweiß und im Sommer braun oder gescheckt. Die blauen sind im Winter braun und im Sommer tiefschwarz. Oft ist ihr Fell aber von der Sonne ausgebleicht, sodass man die beiden Unterarten um diese Jahreszeit nicht ohne Weiteres auseinanderhalten kann. Nur 10 % der weltweiten Population sind „blau", in den Westfjorden dagegen sind es 80 %. Und das ist es, was die beiden Publikumslieblinge Mia und Mist so besonders macht: Sie sind beide Vertreter der blauen Unterart.

Angeschlossen ist das kleine **Rebbakaffi** mit schöner Außenterrasse. Waffeln sind der Renner, aber es gibt auch andere Süßigkeiten wie z. B. Blaubeerkuchen im Glas, außerdem Gemüsesuppe und *plokkfiskur*, eine Art Fischauflauf. 🕒 Juni–Aug tgl. 9–18, Mai/Sep 10–15.30 Uhr, sonst auf Anfrage, Eintritt ab 15 J. 1500 ISK.

Wanderung zur Schlucht Valagil

Anders als vermutet, ist die ausgeschriebene Valagil nicht die Schlucht mit Wasserfall, die man vom Parkplatz aus am Ende des Tals sieht, sondern eine Schlucht mit Wasserfall ein Stück weiter westlich. Der Weg hierhin (2 km) ist nicht eindeutig markiert, aber trotzdem leicht zu finden. Startpunkt der Wanderung ist ein Parkplatz 9 km südlich von Súðavík am Fjordende in der Nähe der Farm Seljaland.

ÜBERNACHTUNG

Campingplatz, ✆ 848 7959, 💻 www.tjalda.is/en/sudavik. Je eine Wiese für Wohnmobile und für Zelte, ein außergewöhnlich gepflegtes Servicehaus mit Duschen und eine tolle offene Grillhütte mit Bänken. Ab 12 J. 1200 ISK. 🕒 im Sommer.

TRANSPORT

Auto

Die asphaltierte 61 ist hier die einzige Straße.

Busse

Im Juli/Aug verkehrt 2x wöchentl. der Bus 61 nach ÍSAFJÖRÐUR (ca. 25 Min) und HÓLMAVÍK (knapp 3 Std.)

Am Djúp: Reykjanes und Heydalur

Bei unserem ersten Besuch in Reykjanes dachten wir fälschlicherweise, der Ort sei verlassen und es gäbe außer einer Selbstbedienungstankstelle nichts zu sehen. Heute wissen wir: Das baufällige große Hotel ist in Betrieb – sogar mit Restaurant –, und hinter dem Bretterzaun verbirgt sich ein über 50 m langes **Schwimmbecken** aus dem Jahr 1925 (Eintritt 1000 ISK, zahlbar im Hotel). Außerdem versteckt sich zwischen Hotel und Meer ein Campingplatz. Wer sich von hier nach Süden wendet und leicht bergauf einem kurzen Trampelpfad folgt, findet einen **warmen Teich** (nicht heiß, aber lauwarm), die frühere Badestelle.

Die Häuschen am Wasser gehören zur Firma **Saltverk**, Djúpvegur, ✆ 519 6510, 💻 www.saltverk.com. Hier wird das populäre, oft aromatisierte Salz hergestellt, das es überall in Island zu kaufen gibt (das schwarze Lavasalz passt super zu Bratkartoffeln). Die jungen Betreiber haben es mit ihrem Start-up schon oft in die deutschen Medien geschafft, denn die Idee, Meerwasser durch natürliche Bodenwärme aufzuheizen und dann das zurückgebliebene Salz einzusammeln, ist ebenso bestechend einfach wie ungewöhnlich. Führungen auf Anfrage. Wer wenig Zeit oder Geld hat, schaut durchs Fenster rein.

Weil Sehenswürdigkeiten in dieser Region dünn gesät sind, bekommt die Kirche **Vatnsfjarðarkirkja** aus dem Jahr 1913 mit ihrem ungewöhnlichen kreisrunden Friedhof hier eine Erwähnung. Das bessere Fotomotiv ist aber der Grassoden-Schuppen am Meer. Weiter oben am Hang ist eine Steinwarte (Steinhaufen), die angeblich der Sagaheld Grettir errichtet hat.

ÜBERNACHTUNG UND ESSEN

Karte S. 317

Country Hotel Heydalur, Mjóifjörður, ✆ 456 4824 und 892 0809, 🖳 www.heydalur.is. Der Beiname „Adventure Valley" ist dann doch etwas übertrieben, aber man kann hier reiten, Kajak fahren und im Tal wandern. Außerdem gibt es ein Hallenbad, zwei Außen-Hot Pots und einen weiteren einsam gelegenen tollen natürlichen Hot Pot, dem besondere Heilkräfte nachgesagt werden – wer hier hingelangen will, muss ein Stück zu Fuß gehen und einen gar nicht mal kleinen Fluss überqueren. Trotz einiger Steine im Wasser holen sich viele hier nasse Füße. Die Zimmer im Hotel sind sehr unterschiedlich: Es gibt 9 alte mit Gemeinschafts- und 10 neue mit Privatbad und Fußbodenheizung. Außerdem 2 tolle einsame Cottages weiter vorne im Tal. Der Aufenthalt ist nichts für Menschen, die keine Tiere mögen: Im Frühstücksraum steht der Käfig mit dem Maskottchen des Hofs, einem uralten Graupapagei, den der Sohn des Hauses im Jahr 2000 in Reykjavík in einer Zoohandlung erstanden und dann seiner Mutter Stella (die gute Seele des Hauses und trotz hohen Alters eine wanderlustige Dame) geschenkt hat; im Eingangsbereich muss man oft über die beiden Hunde steigen, deren bevorzugter Schlafplatz genau im Durchgang liegt; draußen laufen Ponys frei herum und im Sommer auch Polarfuchswaisenkinder, die hier aufgepäppelt und später wieder in die Freiheit entlassen werden. Das Frühstück (2100 ISK) ist phänomenal, das Essen im **Restaurant** köstlich. **Campinggäste** bekommen für ihr Geld Platz auf einer windgeschützten Wiese, kostenlose Hot-Pot- und Schwimmbadbesuche, aber nur einfache sanitäre Anlagen und Duschen und weder Küche noch Aufenthaltsraum. WLAN gibt's nur im Frühstücksraum/Restaurant. Camping ab 12 J. 1500 ISK. Cottages für 4–10 Pers. ❸–❹

Hótel Reykjanes, ✆ 456 4844 und 854 0747. Aus der Zeit gefallenes Gebäude, das Assoziationen an das von den Eagles besungene Hotel California auslöst. Große Teile stehen leer bzw. befinden sich im Dauer-Umbau, weshalb zum Zeitpunkt der Recherche nur Apartments für 6–8 Pers. vermietet wurden. Eine schöne **Campingwiese** mit großem Servicehaus und überdachter Grillstation liegt zwischen Hotel und Meer. 2900 ISK pro Zelt oder Camper, jede weitere Nacht 1700 ISK. Hotelgäste dürfen das Schwimmbad, die Sauna und den Fitnessraum unentgeltlich nutzen, Camper müssen zahlen.

Ögur Café und Restaurant, ✆ 896 2890, 🖳 www.fb.com/ogurtravel/. Süppchen und Törtchen im ehemaligen Gemeindehaus mit Fjordblick. 🕒 Sommer tgl. 10–18 Uhr.

TRANSPORT

Entlang der Straße 61: Kurve für Kurve, Fjord für Fjord. Wer nach Heydalur will, nimmt die Straße 633, die einmal rund um den Mjóifjörður führt. Der Bus 61, der im Juli/Aug. 2x wöchentl. nach ÍSAFJÖRÐUR und HÓLMAVÍK fährt, hält in Reykjanes und an der Abzweigung der 61 nach Heydalur.

Drangajökull und Snæfjallaströnd

Viel wurde über die furchteinflößenden und schlechten Straßen der Westfjorde gesagt und geschrieben. Die weitgehend ebene Schotterstraße 635 entlang der Nordküste des **Ísafjarðardjúp** ist da eine Ausnahme. Von hier aus erkennt man gut, wie gleichmäßig die Fjorde gegenüber strukturiert sind: als hätte ein Trollkind mit Toblerone-Tafeln gespielt und sie parallel und jeweils um das genau gleiche Maß gegeneinander versetzt aufgereiht und dann vergessen.

Der erste Pflichthalt kommt schon nach 4 km: Das **Steinshús** in Nauteyri, ✆ 822 1508, 🖳 www.steinnsteinarr.is, ein Museum mit freiem Eintritt zu Ehren des bekannten isländischen Schriftstellers Steinn Steinarr, außerdem ein bei den Einheimischen beliebtes Café mit Erdbeer-Crunch-Kuchen, Sofasitzecke und Bücherregal. Die wahre Sensation ist aber Siggi, der hier der Manager ist. Er verkauft nämlich selbstgemachte Drangajökull-Seifen, aber auch einen selbst gebrauten Anti-Aging-Trunk und eine grüne Anti-Falten-Creme aus vier verschiedenen Kräutern. Ein Gespräch mit ihm und seiner Frau über das Leben hier in der Einsamkeit ist mehr als lohnend. ⌚ im Sommer meist tgl. 10–20 Uhr.

Der Höhepunkt der Fahrt ist dann nach weiteren 25 km erreicht: der **Drangajökull**, der einzige Gletscher der Westfjorde. 925 m hoch erstreckt er sich über knapp 200 km². Von der Bucht **Kaldalón** aus kann man ihn bestaunen und bei gutem Wetter auch zur ca. 5 km entfernten Gletscherzunge laufen.

Am offiziellen Ende der Straße 635 lockt das **Dalbær Café** für einige Wochen im Juli mit Frühstück, Kaffee, selbst gebackenem Kuchen und manchmal auch warmen Kleinigkeiten; Abendessen auf Vorbestellung. Hier trifft man die Wanderer, denen selbst das einsame Naturschutzgebiet Hornstrandir nicht mehr einsam genug ist. Eine drei- bis viertägige 60 km lange Tour entlang der Küste und über den Bergrücken zurück zum Café ist hier die Standardrunde.

Welche Laufrichtung die geeignetste ist, hängt von Wind und Wetter ab. Das Cafépersonal steht gern beratend zur Seite und verrät auch den Standort der einfachen Campingplätze auf dem Weg (die netterweise von Einheimischen per Boot in Schuss gehalten werden).

Wanderung zum Möngufoss

In gut zwei Stunden ist vom Café Dalbær aus der herrliche **Möngufoss** erreicht. Mit 60 m Fallhöhe ist er weder klein noch unspektakulär, aber trotzdem so gut wie immer ohne Besucher. Dabei lohnt schon allein die Küstenwanderung die weite Anreise. Der Steinstrand sucht an Idylle vergeblich seinesgleichen, auf der Hälfte der Strecke gilt es, einen malerischen namenlosen Wasserfall zu umklettern, und die Aussicht auf die gegenüberliegende Fjordseite und die niedlichen grasbewachsenen Inselchen vor der Küste ist auch nicht schlecht. Markierungen oder Ähnliches gibt es nicht. „Bleibt so nah wie möglich am Strand, dann werdet ihr die Spur schnell finden", lautet die Anweisung aus Dalbær. Aber Achtung: Es gibt nicht nur einen Trail, sondern mehrere. Verlaufen kann man sich trotzdem nicht. Nach ca. 8 km und 1 1/2–2 Std. taucht rechts am Hang der Wasserfall auf. Nach weiteren 2 km über eine weglose feuchte Wiese steht man zu seinen Füßen. Auf dem Rückweg lohnt sich, kurz bevor die Straße 635 erreicht wird, ein Abstecher nach links ins **Unaðsdalur**. Hier steht nämlich die niedliche kleine **Kirche Unaðsdalur**.

ÜBERNACHTUNG

Dalbær, Snæfjallaströnd, Karte S. 317, 📞 868 1646, 💻 http://snjafjallasetur.is, 💻 https://tjalda.is/en/dalbaer/. Die Herberge verfügt über eine geschützte Campingwiese. Die 2 renovierungsbedürftigen WCs im Haus teilt man sich mit den Tagesausflüglern. Schlafbereich im OG. 1 DZ, ansonsten werden so viele Klappbetten aufgestellt, wie nötig sind. Als Schlafsackunterkunft 7000 ISK, Camping 2000 ISK, Dusche 500 ISK, Frühstück (empfehlenswert) 2200 ISK. 🕒 unbedingt nachfragen, ob auch wirklich offen.

TRANSPORT

Von der Kreuzung der Straßen 61 und 635 sind es bis Dalbær 40 km Fahrt auf einer erstaunlich guten Schotterstraße, die im Sommer auch für Pkw kein Problem darstellt. Ein Bus fährt hier nicht.

Hólmavík

Östlich der Hochfläche Steingrímsfjarðarheiði liegt die Region **Strandir**, mit Hólmavík (500 Einwohner) als größtem Ort. Manchmal sieht man vom Land aus Wale. Die Attraktion dieses kleinen Hafenorts ist das **Hexereimuseum** (s. Kasten), außerdem gibt es eine Kirche und viele alte Häuschen.

Das Versorgungszentrum mit zwei Tankstellen, gut sortiertem Supermarkt, Schwimmbad und Campingplatz liegt direkt an der Hafnarbraut, die Altstadt fast 1 km weiter unten am Hafen. Hier hat man Sinn für das Schöne und Ungewöhnliche: Wer den Ort zu Fuß erkundet, findet neben Sitzbänken auf einer Wiese am Hafen und einer silbern glänzenden modernen Brunnenskulptur einen kleinen **Kunsthandwerksladen**, in dem es eingehäkelte Glaskugeln und die als Mitbringsel beliebten geschnitzten Holzvögel gibt.

Sehenswert sind außerdem der **Schlumpfgarten** direkt gegenüber und die große moderne **Kirche**, die ein wenig abseits am Hang über der Stadt thront.

ÜBERNACHTUNG

Camping, Norðurtún, 📞 451 3560, 💻 www.strandabyggd.is/thjonusta/tjaldsvaedi. Schöner Platz oben auf dem Hügel, direkt neben dem Schwimmbad. Guter Windschutz durch natürliche und künstliche Mauern und Wälle. Zwischen 8.30 und 20.30 Uhr darf man die Küche und die Aufenthaltsräume im Gemeindezentrum nutzen. Ab 14 J. 1670 ISK, Waschmaschine/Trockner je 810 ISK. 🕒 im Sommer.

Finna Hótel Guesthouse, Borgabraut 4, 📞 862 1207, 💻 www.finnahotel.is. Die Hotel-Gästehaus-Kombi im Namen ist irreführend: „Das Finna ist ein Gästehaus, das plant, ein Hotel zu werden", ist die offizielle Aussage dazu. 17 Zimmer mit Bad, einige ziemlich klein. Zur Ostseite schöne Aussicht. Das gelbe und beige Wellblechhaus steht am ruhigen Ortsrand hinterm Gesundheitszentrum nahe der Kirche. ❸–❺

€ **Kríukot**, Hafnarbraut 17, 📞 892 6737. Man mietet eins der 3 Zimmer und hat eine ganze Wohnung für sich, weil sonst keine Gäste da sind. Kommt öfter vor, als man denkt. Eher Privatzimmer als Hotel, mit freundlicher Besitzerin, die im Haus wohnt. ❷–❸

Steinhúsið, Höfðagata 1, 📞 856 1911, 💻 www.steinhusid.is. Kleines gemütliches Uralt-Häuschen aus dem Jahr 1911 im Zentrum, das zum Finna Hótel gehört, wo auch der Check-in erfolgt. 2 DZ mit Gemeinschaftsbad und -küche, 1960er-Jahre-Einrichtung und Wohnzimmer. ❸

ESSEN

Café Riis, Hafnarbraut 39, 📞 451 3567 und 897 9756, 💻 www.caferiis.is. Ausgefallene isländische Spezialitäten wie Gellur – Muskelfleisch vom Kinn eines Speisefisches – mit Kartoffeln für 3690 ISK stehen hier genauso auf der Karte wie Hamburger, Pizza, Lamm und Fisch. Im schönen grünen Wellblechhaus aus dem Jahr 1897 ist es so urig, wie das Äußere es verspricht. 🕒 tgl. 12–23 Uhr.

Restaurant Galdur, im Hexereimuseum. Einfache isländische Kost mit Lamm und Fisch, aber auch leckere vegane Aufläufe und Suppen. 🕒 Winter tgl. 12–18, Sommer 10–20 Uhr

(die Küche schließt jeweils 30 Min. früher). Wenn keine Gäste da sind, macht das Restaurant aber auch schon mal früher zu.

Bistro 510, am Campingplatz. Leckere süße und herzhafte Crêpes zu islandtypischen Preisen. Zum Zeitpunkt der Recherche stand der schöne Wagen allerdings verwaist da.

AKTIVITÄTEN

Schwimmen

Modernes Freibad mit Hot Pots im Sportzentrum am Campingplatz. ⌚ Sommer tgl. 9–21, sonst Mo–Do 9–21, Fr 9–16, Sa 10–18, So 14–18 Uhr.

Walbeobachtung

Laki Tours, ✆ 546 6808, 💻 www.lakitours.com. 2-stündige Fahrt aufs offene Meer für 8900 ISK p. P. Juni–Mitte Okt.

Wandern

Sieben empfehlenswerte Westfjorde-Wanderkarten, darunter eine mit der Region Strandir, gibt's im Hexereimuseum oder im Onlineshop: 💻 www.strandagaldur-museum-of-icelandic-sorcery.myshopify.com/collections/hiking-maps.

SONSTIGES

Einkaufen

Krambúðin, Höfðatún 4, an der N1-Tankstelle und Bushaltestelle ist alles in einem: Laden, Alkoholshop und Schnellimbiss. ⌚ Mo–Fr 9–21, Sa/So 9–18 Uhr, Vínbúðin ⌚ Mo–Do 16–18, Fr 13–19, Sa 12–14 Uhr.

Feste

An irgendeinem langen Wochenende im Sommer finden die **Happy Days** statt, 💻 www.hamingjudagar.is, ein Familienfest mit Remmidemmi, Sport und Musik.

Informationen

Touristeninformation im Hexereimuseum, Höfðagata 8-10, ✆ 451 3111, 💻 www.holmavik.is/info.

TRANSPORT

Auto

Die Straße 61 aus Ísafjörður (220 km) führt nicht durch den Ort, sondern 1,5 km westlich daran vorbei. Nach Drangsnes sind es von Hólmavík ungefähr 32 km.

Busse

BORGARNES, mit Strætó-Linie 59 ganzjährig via Búðardalur in ca. 2 Std. (im Sommer Mo, Mi, Fr und So, im Winter nur Fr und So).
ÍSAFJÖRÐUR, im Juli/Aug Fr und So im Anschluss an den Bus 59 aus Borgarnes in 3 Std., telefonische Voranmeldung erforderlich, ☎ 862 4530, 💻 www.straeto.is.

Drangsnes

Nach Drangsnes kommt man wegen der berühmten drei blauen **Hot Pots** direkt am Meer. Sie sind durch einen Steinwall von der Straße getrennt. Autofahrer aufgepasst: Die Duschen befinden sich auf der anderen Straßenseite, es muss daher mit in Handtücher gehüllten Menschen gerechnet werden, die unvermittelt aus dem Duschhäuschen kommen und ohne auf den Verkehr zu achten auf die andere Straßenseite sprinten. 🕒 immer zugänglich, nur nicht Mo–Fr 9–10.30 Uhr, wenn sie gereinigt werden; Eintritt 1000 ISK p. P.

Drangsnes hat ein Hotel mit Restaurant, einen Campingplatz, einen kleinen Laden mit Post

Die Hexer von Strandir

Das **Museum of Icelandic Sorcery & Witchcraft**, kurz: Hexereimuseum, Höfðagata 8-10, ☎ 451 3525 und 897 6525, 💻 www.galdrasyning.is, ist die Attraktion von Hólmavík. Ein typisch isländisches Museum, was zum einen bedeutet, dass es sehr fantasievoll gestaltet ist, zum anderen aber auch, dass man nicht alles ernst nehmen sollte. Der Gründer Sigurður Atlason ist 2018 überraschend verstorben, aber sein Geist wabert nach wie vor durch die Räume. Also: Wer war der Mann, der all dies Wissen zusammengetragen hat? Wir hatten noch die Gelegenheit, ihn selbst zu fragen.
Wie kam es, dass ausgerechnet die abgelegene Region Strandir zur Hexer-Hochburg wurde? Zum einen gab es keine Ärzte, die Menschen lebten vor allem im Winter völlig isoliert. Zum anderen hatten die Menschen in Strandir etwas, das in Island fast so wertvoll war wie Gold: Holz.

Verdächtig viel Holz ...

„Aufgrund der isolierten Lage wurden hier alte Bräuche intensiver und länger praktiziert als anderswo. Man versuchte mit magischen Ritualen, das Wetter zu beeinflussen, das Gras zum Wachsen zu bringen und Krankheiten zu heilen. Das war schon suspekt. Und wenn man dann auch noch so wohlhabend war wie die Einwohner von Strandir, war klar: Hier konnte es nicht mit rechten Dingen zugehen. Dabei war die Erklärung dafür, dass man hier – auf einer so gut wie baumlosen Insel – immer genügend Holz hatte, für das man Wucherpreise verlangen konnte, ganz einfach: An der Küste von Strandir wird jede Menge Treibholz aus Sibirien angeschwemmt. Damals wie heute. Den Bewohnern aber wurde unterstellt, schwarze Magie zu praktizieren. So wurden unzählige der meist männlichen Hexen und Zauberer kurzerhand auf Scheiterhaufen verbrannt. Glücklich war da, wer sich unsichtbar machen konnte." Sigurðurs Lieblingsexponat war der ‚unsichtbare Junge'. „Ich habe ihn noch nie gesehen, aber ich weiß, dass er da ist – und ich glaube, er ist der einzige unsichtbare Junge der ganzen Welt." Unsichtbar geworden sei der Junge mittels eines komplizierten geheimen Hexer-Rituals, damals an der Tagesordnung, heute leider verloren gegangen. Jedenfalls, behauptete Atlason, sei der „Junge", von dem niemand weiß, wie alt er ist, im Jahr 2000 einfach mir nichts dir nichts in den Glaskasten in der Mitte des Museums eingezogen. „Man kann seine Fußabdrücke im Sand erkennen. Manche Menschen können ihn auch wirklich sehen. Und natürlich muss er manchmal auf die Toilette gehen, sodass er nicht immer hier ist." Also: Wenn der Junge wider Erwarten mal nicht anwesend sein sollte, ist klar, wo man nachsehen sollte ...

an der Tankstelle (Borgargata 2), eine versteinerte Trollfrau (Kerling), die durch einen Graben die Westfjorde vom Festland abtrennen wollte, und ein schönes Freibad, ⌚ tgl. 11–18 Uhr. Tgl. um 9 und 13.30 Uhr finden **Papageitaucher-Touren** zur vorgelagerten Insel Grímsey statt, wo um die 250 000 Paare anzutreffen sind – nur nicht am letzten Samstag im Juli, dann ist nämlich Puffin-Jagd. Eine isländische Tradition, die Reisende meist verstört zurücklässt. Infos zu den Touren 💻 www.malarhorn.is.

ÜBERNACHTUNG UND ESSEN

Campingplatz (Campingkarte), Aðalbraut, Karte S. 323, ✆ 844 8701, 💻 www.tjalda.is/en/drangsnes. Relativ ungeschützte Wiese am Ortsrand mit Klohäuschen. Küche, Duschen und Aufenthaltsraum im Gemeindezentrum gegenüber. Wenn das Gemeindezentrum vermietet ist, stehen Zelter und Camper im Regen. Ab 15 J. 2000 ISK. ⌚ Mai–Okt.

Camping Hveravík, ✆ 892 8187, 💻 http://hveravik.is. Unscheinbarer kleiner Platz (max. 10–15 Camper/Wohnmobile), der eine große Küche, top Sanitäranlagen und den wahrscheinlich gemütlichsten Aufenthaltsbereich aller isländischen Campingplätze hat. Außerdem Meerblick, eine schöne Holzterrasse und einen rechteckigen 2x8-m-Pool. Und Gunnar ist ein Gastgeber mit Humor und Herz. 2500 ISK p. P.

... und Reichtum

Gleich neben dem Glaskasten mit dem Jungen die nächste Kuriosität: die nábrók, wörtlich „Leichenhose", hergestellt aus der Haut eines Toten. Wer sie in seinem Besitz hat, soll mithilfe übernatürlicher Kräfte Reichtum anhäufen können. Wenn man seine eigene Leichenhose anfertigen will, muss man die Einwilligung eines anderen Mannes haben, dass man nach dessen Tod seinen Körper wieder ausgraben darf, um ihn dann von der Taille an abwärts zu häuten. Der Zauberer steigt in die Haut, die sofort eins mit seiner eigenen wird, und stiehlt sodann eine Münze von einer alten Witwe – entweder an Weihnachten, Ostern oder Pfingsten – und bewahrt sie im Hodensack auf. Die Münze wird dann das Geld von lebenden Personen anziehen und der Hodensack niemals leer sein. Allerdings ist das Seelenheil des Zauberers gefährdet, falls er sich nicht der Leichenhose entledigt, bevor er stirbt, denn dann wird er direkt nach seinem Tod von Läusen befallen werden. Der Zauberer muss deshalb jemanden finden, der bereit ist, sein Bein in das rechte Hosenbein zu stecken, bevor er selbst aus dem linken Hosenbein fährt. Die Leichenhose wird so weiterhin Generationen von Besitzern Geld einbringen.

Sigurður, der Zauberer

Alle Ausstellungsstücke im Museum sind Nachbildungen, nichts ist echt. Und ein wenig wirr sind die Geschichten über ihre Herkunft zugegebenermaßen auch. Aber das liegt in der Natur der Sache. Sigurður musste sich nämlich bei der Einrichtung des Museums auf sehr, sehr alte Quellen verlassen. „Wir hatten nur die magischen Bücher. Durch sie bekamen wir die Informationen, und dann mussten wir unsere Vorstellungskraft bemühen, um die Exponate herzustellen. Weil damals alles verbrannt oder sonstwie zerstört wurde." Auch wenn vieles der Fantasie entspringt, wird durch das Hexereimuseum das Wissen um die alten Bräuche bewahrt. Und das ist die Hauptsache. Auch Sigurður versuchte sich im Zaubern: „Wenn mir zum Beispiel das Wetter nicht gefällt, kann es passieren, dass ich mit einigen Ritualen versuche, es zu ändern. Manchmal hat es funktioniert und manchmal nicht." Dass das Museum – aktueller Besitzer der der Leichenhose – „das Geld von lebenden Personen anzieht", so wie es die alten Zauberer und Hexer von damals vorhergesagt haben, ist jedenfalls unbestritten: Das Museumsgeschäft läuft blendend.
⌚ im Sommer tgl. 10–18, im Winter 12–18 Uhr, Eintritt ab 14 J. 1200 ISK.

Malarhorn Guesthouse, Grundargata 17, ✆ 853 6520, 💻 www.malarhorn.is. 21 sehr unterschiedliche Zimmer. Bemerkenswert die 10 witzigen in schwer zu beschreibenden holzverkleideten Pavillonreihen. Jedes Zimmer hat einen separaten Eingang und eine Art Wintergarten bzw. Mini-Terrasse hinter Glas. Familienzimmer um die 250 €, Apartment mit 2 Schlafzimmern je nach Belegung 250–350 €. ❸–❺

Restaurant Malarhorn, im gleichnamigen Guesthouse. Schöne Terrasse mit Blick aufs Meer, im Innenraum ist es leider etwas dunkel. Traditionelle isländische Küche mit Fisch und Lamm. 🕒 nur im Sommer.

TRANSPORT

Wer nach Drangnes oder an die einsame Küste im Norden will, biegt von der Straße 61 aus Richtung Ísafjörður kommend 10 km vor Hólmavík nach links ab auf die Straße 643 (später 645). Es verkehren keine Busse.

Djúpavík und Norðurfjörður

Einsamer als einsam und im Winter oft von der Außenwelt abgeschnitten: Die wenigen Menschen, die nördlich von Hólmavík wohnen, haben sich das bewusst so ausgesucht. Der Mini-Ort **Djúpavík** mit Strand und Wasserfall ist heute eine Oase der Ruhe. Früher aber wohnten und arbeiteten hier viele hundert Menschen. Eine erste Fischfang- und -verarbeitungsstation gab es schon im Jahr 1917. Die große Fabrik entstand dann in den Jahren 1934/35. Bis der große Heringsboom 1944 endete, florierte hier das Geschäft. An diese goldenen Zeiten erinnern im Sommer empfehlenswerte Führungen durch die aufwendig restaurierten Hallen (tgl. um 10 und 14 Uhr, ca. 1 Std., 2000 ISK p. P., Anmeldung im Hotel Djúpavík).

Der nördlichste Ort hier ist **Norðurfjörður** mit ca. 40 Einwohnern, einem Hafen, dem Kaffi Norðurfjörður und einem kleinen Laden an der Tankstelle. Gut 3 km hinter Norðurfjörður endet die Piste 6401 an einem Schwimmbad, das seinesgleichen sucht: Das **Krossneslaug**, ✆ 451 4048, 💻 www.fb.com/krossneslaug, aus dem Jahr 1954 (aber 2021 komplett renoviert und mit Umkleidehäuschen) ist ein rechteckiges Schwimmbecken mit Hot Pot direkt am Meer. Besonderes Highlight: Pop-up-Klang-Meditationen, heilsam für Körper und Seele. Nur im Sommer und nur manchmal, aber wenn, dann unter freiem Himmel im Wasser schwebend ein ganz besonderes Erlebnis.

So gut wie niemand fährt von hier aus auf der nur für Jeeps geeigneten F 649 weiter die Küste entlang nach Norden. Würde man, könnte man abenteuerliche Wanderungen machen und u. a. die Wasserfälle Rjúkandi und Hvalárfoss bewundern. Noch. Denn die Landschaft hier wird sich vermutlich stark verändern. Hier ist nämlich der Bau eines Wasserkraftwerks mit insgesamt fünf Staudämmen geplant. Die Flüsse Rjúkandi, Hvalá und Eyvindarfjarðará wären betroffen, zahlreiche wunderschöne Wasserfälle würden für immer verschwinden. Umweltschützer versuchen, das Bauprojekt zu verhindern, s. auch 💻 www.icelandreview.com/news/westfjords-power-plant-development-contested-by-environmentalists/.

ÜBERNACHTUNG

Karte S. 317

Hótel Djúpavík, Árneshreppur, ✆ 451 4037, 💻 www.djupavik.com. Dieses Hotel kann man mit gutem Recht „niedlich“ nennen: Das toll restaurierte Haus aus dem Jahr 1930 strahlt Gemütlichkeit aus. 8 einfache DZ im Hotel selbst (über dem Restaurant), 2 weitere in der roten Hütte Lækjarkot direkt am Meer (hier teilt man sich das Bad). Eine weitere Hütte mit Namen Álfasteinn befindet sich weiter oben am Hang. Wenn keine Gruppen da sind, werden die Zimmer vermietet. Achtung: Oft sind alle Zimmer von freiwilligen Helfern belegt, die bei der Restaurierung der alten Heringsfabrik mithelfen. ❹

Hótel Laugarhóll, Bjarnarfjörður, ✆ 451 3380 und 698 5133, 💻 www.laugarholl.is. Unterkunft in einer ehemaligen Schule, was bedeutet: Die Zimmer sind sauber, aber einfach. Dafür ist die Lage spitze, auch wenn man von hier das Meer nicht sieht. Direkt neben dem Hotel gibt es ein **Schwimmbecken**, einen steinernen **Hot Pot** daneben und einen Spazierpfad zur „**Hexer-**

Hütte", die auch von innen bestaunt werden kann. Hier haben sich die Hexer von Strandir damals verkrochen und so vor ihren Verfolgern in Sicherheit gebracht. Ob der Hot Pot schon vorher da war oder ob er flugs (mittels eines heute unbekannten Rituals) herbeigehext wurde, ist nicht überliefert. Laugarhóll liegt abgeschieden in den Bergen an der Straße 643. Tolle Wandermöglichkeiten! ❹–❺

Urðartindur Guesthouse, Cottages und Camping, Norðurfjörður, ✆ 843 8110, 💻 www.urdartindur.is. Zimmer mit Hotelcharakter und Privatbad in einer umgebauten Scheune, außerdem niedliche Blockhäuser und ein Campingplatz. Kochmöglichkeit und Aufenthaltsbereich in der Scheune. Camping ab 15 J. 1500 ISK. 🕒 Juni–Mitte Sep. ❸

ESSEN

Hótel Djúpavík, s. Übernachtung. Viel zu viele Tische und Stühle stehen auf engstem Raum – und das macht das Ganze so gemütlich. Leckere Hausmannskost und geniales Kuchenbuffet.

Hótel Laugarhóll, s. Übernachtung. Hier gibt es ein Buffet, das seinesgleichen sucht: Die wechselnden Hilfskräfte des Hotels kochen nämlich selbst. So gibt es interessante Kombinationen, z. B. aus isländischem Fischauflauf, afrikanischem Reissalat und indischem Linsengericht. 🕒 abends.

Kaffi Norðurfjörður, Strandavegur, Karte S. 317, ✆ 451 4034, 💻 www.nordurfjordur.is. Zwei großgewachsene Mittvierzigerinnen zaubern Kuchen und Suppen vom Feinsten, manchmal gibt es auch Graupensuppe. 🕒 Juni–Aug tgl. 12–21 Uhr.

TRANSPORT

Im Winter ist das Flugzeug oft die einzige Verbindung. **Norlandair**, ✆ 414 6960, 💻 www.norlandair.is, bringt Reisende jeden Di, im Winter Di und Fr in 40 Min. von REYKJAVIK nach Gjögur.

Auto- und Radfahrer nehmen die kurvige Schotterstraße 643 (von Hólmavík bis zum Schwimmbad Krossneslaug 110 km). Ungefähr 1 km hinter dem Hótel Laugarhóll findet man linker Hand eine schöne Schlucht und den Wasserfall Goðafoss (Bjarnarfjörður). Nicht so spektakulär wie sein bekannter Namensvetter und auch schwerer zugänglich (ein bisschen kraxeln muss man schon), aber dafür hat man ihn meist für sich allein. Ab Erreichen des Fjords ist doppelt aufmerksames Fahren angesagt, wegen Steinschlags und entsprechend vielen herumliegenden Steinen (oft nur kleine, aber auch schon mal ziemlich große, die man im Slalom umkurven muss)!

Nach Süden Richtung Ringstraße

Vergleichsweise unspektakulär führt die Straße 68 durch landwirtschaftlich geprägtes Gebiet. Einige größere grasbewachsene Klippen im Hinterland und einsame Buchten laden zum Wandern ein. Sehenswert ist das **Schafmuseum Sauðfjársetur á Ströndum** mit Café, leicht zu erkennen an lustigen gemalten Comic-Schafen auf Holztafeln am Straßenrand, ✆ 451 3324, 💻 https://saudfjarsetur.is/. 🕒 Sommer tgl. 10–18 Uhr, Eintritt 800 ISK, Kinder frei.

ÜBERNACHTUNG

HI Hostel Broddanes, 35 km südlich von Hólmavík, Karte S. 317, ✆ 618 1830, 💻 www.hostel.is/hostels/broddanes-hi-hostel. Der Betonklotz steht idyllisch auf einer kleinen Landzunge, umgeben von Bauernhöfen. Im EG befinden sich die Schlafsäle und eine kleine, einfache Küche, im OG, wo die DZ sind, ein großer Aufenthaltsbereich mit Bibliothek und gut ausgestatteter geräumiger Küche. Schön sind die vielen Fenster, ideal zur Vogelbeobachtung. Es liegt sogar ein Fernglas bereit. Kein oder nur sehr schlechtes WLAN. Schlafsackunterkunft ab 5200 ISK. 🕒 nur im Sommer. ❸

TRANSPORT

Von Hólmavík bis zur Raststätte Staðarskáli an der Ringstraße sind es ca. 110 km auf der guten Schotterstraße 68. Ein Bus fährt nicht.

SIGLUFJÖRÐUR; © CAROLINE MICHEL

Der Nordwesten und Akureyri

Im Nordwesten Islands gibt es keine aktiven Vulkane und auch die großen Gletscher haben sich schon vor langer Zeit zurückgezogen. Sie hinterließen beeindruckende Basaltformationen und weite, fruchtbare, nahezu liebliche Täler – ideal für die Zucht von Islandpferden. Es locken einsame Strände, versteckte Wasserfälle, glitzernde Bergseen und atemberaubende Steilküsten.

Stefan Loose Traveltipps

Hvítserkur Der Basaltfelsen ist möglicherweise ein im Meer stehendes versteinertes Nashorn und in jedem Fall das Fotomotiv der Region. S. 336

6 **Reiten in Varmahlíð** ... und anschließend den Moment genießen, in dem die Mitternachtssonne die Berge in rotem und orangefarbenem Licht badet. S. 342

Hólar Als Bischofssitz einst der wichtigste Ort im Nordwesten, erwacht die geschichtsträchtige Siedlung langsam aus ihrem Dornröschenschlaf. S. 354

Siglufjörður Eine Stadt wie aus dem Bilderbuch – mit bunten Häusern und malerischem Hafen. S. 361

Hrísey Auf der Insel nördlich von Akureyri sollen nicht nur Vögel, sondern auch Menschen ihren Frieden finden können. S. 374

7 **Akureyri** Am Eyjafjörður, dem größten Fjord Islands, liegt die bunte „Stadt mit Herz": Akureyri. Hier sind sogar die Ampeln freundlich und leuchten herzlich. S. 380

DER FLUSS BRIMNESÁ BEI DALVÍK; © CAROLINE MICHEL

ISLANDPFERD VOR DER VINDHEIMAR-ARENA; © CAROLINE MICHEL

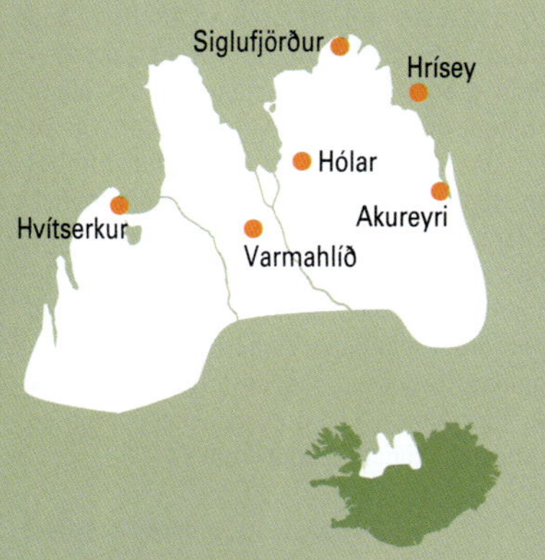

Wann fahren? Im Herbst ist es tagsüber noch warm genug für eine Wanderung oder eine Walbeobachtungstour, abends zeigen sich die ersten Nordlichter.

Abseits ausgetretener Pfade Fahrt über die alte Passstraße Lágheiði auf der Tröllaskagi-Halbinsel.

Updates, mehr **Bilder** und eure **Tipps** zu diesem Kapitel auf www.stefan-loose.de unter **eXTra [11081]**

Im Nordwesten ist das ganze Jahr über Betrieb. Dick eingemummelte Fotografen auf Nordlichtjagd machen im März/April, wenn in Deutschland der Schnee schon zur Neige geht, Platz für Skifahrer. Fast gleichzeitig treffen in den Tälern schon die ersten Wanderer ein. Hochsaison ist dann die Zeit zwischen Juli und August, wenn Reit- und Raftingtouren stattfinden und die Ausflugsbusse fahren. Obwohl der nördliche Polarkreis dicht vor der isländischen Nordküste verläuft, herrscht hier kein arktisches, sondern nur kühles Kontinentalklima. Die Durchschnittstemperatur in Akureyri beträgt im Juli 9,8 °C, im kalten Januar -3,5 °C. Nicht so eisig wie erwartet, oder? Im Winter ist es vor allem dunkel – in manchen Tälern zeigt sich die Sonne wochenlang nicht. Der Frühling beginnt wesentlich später als in anderen Teilen Islands, der Winter dafür früher. Wenn es im Mai im Süden schon grünt, sind hier die Wiesen nach der gerade erst überstandenen Schneeschmelze noch matschig und schmutzig-gelb. Im Sommer – in der kurzen Zeit zwischen Ende Mai und Anfang September – ist aber auch der Nordwesten grün.

Der fruchtbare, besiedelte Streifen zwischen der Basaltküste im Norden und dem Hochland im Süden ist schmal. Alles, was es an Infrastruktur gibt, liegt entlang oder in der Nähe der Ringstraße. Schon wenige hundert Meter rechts und links ist die Gegend nahezu unbewohnt. Hierher verirrt sich nur selten ein Tourist. Und dann ist da noch **Akureyri**, die sogenannte Hauptstadt des Nordens. Mit etwa 20 000 Einwohnern ist sie hinter Reykjavík, Kópavogur und Hafnarfjörður (die beide zum Großraum Reykjavík gehören) zwar nur die viertgrößte Stadt der Insel, aber Akureyri ist cool. Es wimmelt nur so von Museen, Künstlern und Freaks.

Vom Hrútafjörður bis nach Varmahlíð

Kurz hinter dem Verkehrsknotenpunkt bei Staðarskáli sehen Reisende, die von Süden kommen, nach langer Zeit zum ersten Mal wieder das Meer. Sie passieren in Richtung Akureyri die Fjorde Hrútafjörður, Miðfjörður und die drei Halbinseln Heggstaðanes, Vatnsnes und Skagi, die alle gemeinsam den Meerbusen Húnaflói, die größte Bucht Islands, formen. An den Küsten warten Eissturmvögel und Robben auf Tierfreunde und Wanderer, im landwirtschaftlich geprägten Hinterland gibt es außer einigen Schluchten und Seen nichts zu sehen. Zumindest was spektakuläre Sehenswürdigkeiten angeht, ist die Fahrt von Staðarskáli über Laugarbakki, Hvammstangi und Blönduós bis nach Varmahlíð eine ziemliche Durststrecke. Eine Ausnahme ist der Basaltfelsen **Hvítserkur** auf der Halbinsel Vatnsnes, der zu den Top-10-Fotomotiven Islands zählt.

Unterwegs im Nordwesten

Mit dem Auto

Für Autofahrer ist die Planung der Route zwischen Staðarskáli im Westen und Akureyri im Osten einfach: Als Hauptverkehrsstraße führt die **Ringstraße** parallel zur Küste von West nach Ost. Nördlich liegen zahlreiche große und kleinere Halbinseln, die umrundet werden können. Für den größten Umweg, nämlich die Fahrt um die Halbinsel **Tröllaskagi** (90 km länger als der direkte Weg über die Ringstraße), sollte mindestens ein halber, besser ein ganzer Reisetag eingeplant werden.

Die nur im Sommer befahrbare **Hochlandstraße 35** (Kjölur, S. 580) verlässt die Ringstraße zwischen den Orten Blönduós und Varmahlíð in Richtung Süden. Die meisten Vermieter verbieten das Befahren dieser Piste mit Autos ohne Allradantrieb.

Mit dem Bus

Zu den Busverbindungen siehe auch 💻 https://publictransport.is.

Linie 57 von **Strætó** verkehrt ganzjährig 2x tgl. (im Sommer Sa und im Winter Do und Sa nur 1x) zwischen Reykjavík und Akureyri über Staðarskáli, Blönduós, Sauðárkrókur und Varmahlíð. Zubringerbusse fahren nach telefonischer Voranmeldung von und nach Skagaströnd.

Linie 78 von Strætó fährt mehrmals tgl. (außer Sa) von Akureyri über Dalvík und Ólafsfjörður nach Siglufjörður.

Mit dem Flieger

Vom Stadtflughafen in Reykjavík (S.161) kann man sommers wie winters mehrmals tgl. nach Akureyri fliegen – und von dort weiter nach Grímsey, Þórshöfn und Vopnafjörður.

Hrútafjörður

Staður ist nicht mehr als eine kleine Kirche mit ein paar Häusern in der Nähe. Bekannter bei Reisenden ist dagegen die nahegelegene Raststätte **Staðarskáli**. Strategisch günstig an der Ringstraße auf halber Strecke zwischen Reykjavík und Akureyri gelegen, hält hier fast jeder, um zu tanken und seinen Hunger zu stillen. Landschaftlich ist die Gegend eher unspektakulär, aber schon wenige Kilometer weiter nördlich, an den Ufern des Hrútafjörður, locken weitaus schönere Plätze. Das Westufer der Halbinsel **Heggstaðanes** zum Beispiel ist für eine ausgedehnte Picknickpause mit Blick auf die Westfjorde geradezu prädestiniert.

ÜBERNACHTUNG

Karte S. 332

North Star Hotel Staðarflöt, hinter der Kirche in Staður, ✆ 487 1212, 💻 www.greatnorth.is. Das einfache Hotel mit 26 DZ und 80 Essensplätzen ist wegen seiner Größe und der verkehrsgünstigen Lage eine ideale Anlaufstelle für Busreisende (aber die sind meist sehr früh morgens wieder weg) und für Menschen, die es gern anonym haben, mit Check-in-Automat und so. Auch das etwas ältere Gebäude neben dem Haupthaus gehört noch zum Hotel. 🕒 Mai–Sep. ❷–❸

€ **Sæberg Hostel und Campingplatz**, Reykjaskólavegur, ✆ 894 5504, 💻 www.hostel.is/en/hostels/hi-saeberg. Direkt am Fjord gelegener Bauernhof mit Schafen und Kühen, liebevoll umgebaut zu einer Unterkunft mit Campingmöglichkeit und Ferienhäuschen. Besonderes Highlight: der Hot Pot mit Fjordblick beim schönen. Aufenthaltshäuschen. Wer mit dem Linienbus unterwegs ist, steigt an der Ringstraße aus und läuft 1 km (für den Rückweg vorher bei Strætó anrufen, damit der Busfahrer Bescheid weiß). Außerdem dran denken, Vorräte mitzubringen, denn Restaurants oder Läden gibt es hier nicht. Schlafsackunterkunft 5600 ISK, minimalistisch eingerichtete DZ ab 12 900 ISK, Camping 2000 ISK p. P. ❷–❹

€ **Tangahús**, Borðeyri, ✆ 849 9852, 💻 www.tangahus.is. Schöner Platz für Ruhesuchende, denn das freistehende rote Haus mit einfachen Zimmern mit großer Küche und Aufenthaltsraum lockt mit seiner Alleinlage auf einer Landspitze am Ende der Mini-Ortschaft Borðeyri, 8 km nördlich von Staður am Westufer des Hrútafjörður. Tolle Aussicht, manchmal sind auch Robben da. Sind die Betreiber nicht vor Ort, liegt der Zimmerschlüssel in einer Schlüsselbox. Frühstück liegt, wenn vorgebucht, im Kühlschrank. Günstige Vierbett- und Familienzimmer, auch eine ganze Wohnung für 6 Leute. Man teilt sich Bäder, Küche und Aufenthaltsraum, hat aber außerhalb der Hauptsaison oft alles für sich allein. ❸

Das isländische Eisbärenproblem

In Island gibt es keine Eisbären. Die Exemplare, die ausgestopft in nordwestisländischen Heimatmuseen ausgestellt werden, sind aus Grönland eingewandert. Das kommt nicht oft vor, aber wenn, dann haben die Isländer ein Problem. So passiert im Juli 2016. Mitten in der Touristensaison wurde in der Nähe von Sauðárkrókur eine ausgewachsene Bärin gesichtet. Nicht vorzustellen, was passiert wäre, wenn sie ihren Hunger z. B. auf einem Campinglatz gestillt hätte. Die Idee, das Tier zu betäuben und per Schiff an einen sicheren Ort zu bringen, wurde als zu teuer und zu riskant abgelehnt. Ein ausgewachsener Eisbär sei kein Teddybär, hieß es. So beschloss man, die Bärin zu erschießen. Darauf folgten heftige Proteste seitens der Bevölkerung, die nach einem Plan verlangt, wie in Zukunft in solchen Fällen vorzugehen sei. Sollte das Tier nämlich nicht die 600 km von Grönland nach Island geschwommen, sondern den Großteil der Reise auf einem schwimmenden Eisberg getrieben sein, könnte sich das Eisbärenproblem aufgrund der Klimaerwärmung in Zukunft verschärfen. Je mehr Eisberge in Richtung Island treiben, umso wahrscheinlicher, dass einer von ihnen einen hungrigen Passagier an Bord hat.

Weitere Infos finden sich auf 💻 www.grapevine.is/news/2016/09/15/icelands-policy-of-killing-polar-bears-harshly-criticised.

ESSEN UND SONSTIGES

Staðarskáli, ✆ 451 1150, N1-Tankstelle, an der auch die Strætó-Linienbusse 30-minütige Pausen einlegen. Wer außerhalb der Stoßzeiten kommt, kann sich im kleinen Supermarkt mit Grundnahrungsmitteln und Schokoriegeln versorgen. Das Essen im immer gut besuchten großen Schnellrestaurant ist ordentlich und nicht allzu teuer. Die Fleischsuppe *(kjötsúpa)* steht warm in einem Topf bereit. 🕒 tgl. 8–23.30 Uhr.

TRANSPORT

Auto

Die Ringstraße verläuft über Staðarskáli und das Ostufer des Hrútafjörður zwischen Weiden und Pferdehöfen, teilweise mit Aussicht auf Strandir, die östliche Küstenregion der Westfjorde. Von Staðarskáli sind es nach Süden 150 km bis Reykjavík und nach Nordosten 220 km bis Akureyri.

Busse

Die Busse der Strætó-Linie 57 legen in Staðarskáli eine Pause von ca. 30 Min. ein.
AKUREYRI, 2x tgl. um 12.12 und 20.42 Uhr (Sa nur 12.12, im Winter auch Do nur 20.42 Uhr) in 3 1/4 Std. für 6840 ISK (12 Zonen).
REYKJAVÍK, 2x tgl. um 14.04 und 20.09 Uhr (Sa nur 20.09, im Winter auch Do nur 14.04 Uhr) in 2 1/2 Std. für 5700 ISK (10 Zonen).

Laugarbakki

Lust auf einen aus der Zeit gefallenen, auf seltsame Art und Weise verschrobenen Ort südlich der Ringstraße mit nur noch 50 Einwohnern? In

Zu den Brutplätzen der Eissturmvögel

- **Länge**: ca. 10 km
- **Dauer**: rund 8 Std., inkl. Aufenthalt am Kap und Fotostopps

Die **Halbinsel Heggstaðanes** ist touristisch völlig unerschlossen. Es gibt keine Cafés, keine Gästehäuser, keine Campingplätze. Rund um die Nordspitze existiert nicht einmal ein Fahrweg. Dafür ein herrlich einsamer Kiesstrand, tolle Felsen, Seehunde und vor allem Tausende Vögel, die hier völlig ungestört brüten. Aber Achtung: Wer den Eissturmvögeln zu nah kommt, wird gern mal mit Magenöl bespuckt, also „angekotzt".

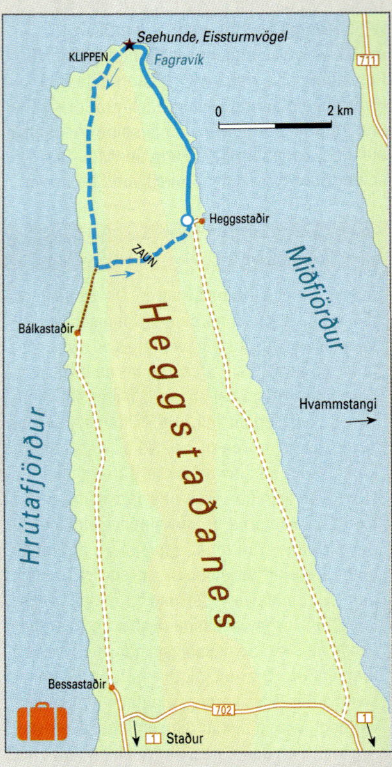

Anfahrt und Wegbeschreibung

Die Zufahrt erfolgt über die Straße 702. Am Ostufer der Halbinsel dem Feldweg bis zum Bauernhof Heggsstaðir folgen, wo der Fahrweg endet und die Wanderung beginnt (bitte nicht auf dem Bauernhof, sondern vorher an der kleinen Weggabelung parken). Der Trampelpfad führt über eine Wiese und am Strand entlang, wo man ein wenig im reichlich vorhandenen Treibgut stöbern kann. Er endet an der Nordspitze der Halbinsel. Hier bei **Fagravík** befinden sich die Klippen mit den Brutplätzen der Eissturmvögel. Auch Robben und Kormorane sind manchmal zu sehen. Schwindelfreie Wanderer berichten, sie hätten die gesamte Halbinsel entlang der Küste umwandert. Einfacher und ungefährlicher ist es, von hier aus entweder auf dem gleichen Weg zurückzugehen oder sich in südlicher Richtung die steilen Klippen hoch zu kämpfen. Hier geht es auf einem Grasstreifen zwischen zwei Klippenabschnitten stramm bergauf bis auf fast 200 m Höhe. Die Aussicht ist herrlich.

An der **Westküste** gibt es dann auch wieder einen kleinen Pfad, dem man parallel zum Wasser folgen kann. Ausdauernde Wanderer gehen bis zur Straße 702 und folgen dem Fahrweg zurück. Die wesentlich kürzere Alternativstrecke führt, kurz bevor die Farm Bálkastaðir erreicht wird, den Hang hinauf, wo es einen Zaun zu übersteigen gilt. Von der Anhöhe aus ist bald die Farm Heggsstaðir zu erkennen, und mit schönster Aussicht auf den Fjord und das gegenüberliegende Hvammstangi geht's zurück zum Auto. **Achtung**: Das letzte Teilstück führt durch ein feuchtes Sumpf-Moos-Gebiet. Hier holt man sich schnell nasse Füße.

Laugarbakki hat der Tourismus noch nicht Einzug gehalten, selbst die heißen Quellen werden bislang noch nicht gewinnbringend vermarktet. Zentrum und gleichzeitig Hauptattraktion des Ortes ist eine **Tankstelle**. „Dies ist keine normale Tankstelle", steht sinngemäß auf dem Schild an der Tür des dazugehörigen Tankstellenhäuschens. Und das ist nicht übertrieben. Freunden des schrägen Humors und Menschen, die ausgefallene Mitbringsel suchen, sei dringend geraten, hier einzutreten.

Drinnen gibt es Kaffee, Softdrinks und – wenn die Besitzerin gut gelaunt ist – auch Waffeln. Neben Schaffellen für stolze 40 000 ISK gibt es auch um die 100 unterschiedliche Weihnachtsmannfiguren, selbst gemachte Marmeladen, selbst gestrickte Eier- und Bierdosenwärmer, Kaffeefilterhalter aus Stoff, Metallschilder mit tiefsinnigen Sprüchen, Schnitzarbeiten, Gummihexen, bemalte Steinmännchen und jede Menge andere Dinge, die niemand braucht, die aber trotzdem schön anzusehen sind. Nicht zum Verkauf stehen die Zierfische im Aquarium bei der Sofaecke hinten im Laden, bei der man nicht so genau weiß, ob man sich hinsetzen darf oder besser nicht. 🕒 1. Juni–15. Aug tgl. 10–20 Uhr.

ÜBERNACHTUNG UND ESSEN

Karte S. 332

Brekkulækur, ✆ 451 2938, 💻 www.abbi-island.is. Arinbjörn Jóhannsson, kurz „Abbi", und seine deutsche Frau Claudia leiten den abseits gelegenen Pferdehof, knapp 10 km Fahrt von der Ringstraße Richtung Süden auf der Straße 704, schon seit vielen Jahren und organisieren Reit- und Wandertouren. Ihr Gästehaus ist genau das Richtige für Menschen, die Ruhe, Frieden und Familienanschluss suchen. Die Gäste wohnen größtenteils mit der Familie im Haupthaus, und wer mag, darf auch mitessen, das heißt dann offiziell „Sommer-Restaurant". Einfache Zimmer mit Gemeinschaftsbad, aber auch moderne DZ mit Fußbodenheizung und Apartments. Abholung an der Bushaltestelle Hvammstangavegur möglich. ❹

Hótel Laugarbakki, ✆ 519 8600, 💻 www.hotellaugarbakki.is. Großes Hotel etwas abseits in einer ehemaligen Schule. Schlicht, aber modern eingerichtete große Zimmer, hochgelobtes Frühstücksbuffet und Hot Pots aus Plastik auf der Terrasse. Das hauseigene **Restaurant Bakki** ist spezialisiert auf die Verpflegung von Reisegruppen, aber auch Einzelreisende sind stets willkommen. ❻

Langafit Guesthouse und Camping, Laugarbakki, ✆ 892 8487, 💻 https://guesthouse-langafit.business.site. Sehr einfache Zimmer mit Gemeinschaftsküche im Tankstellengebäude. Dahinter eine noch einfachere Campingwiese (es gibt nur 1 Klo und Duschen kostet extra). Die beiden Plastik-Hot Pots, deren Benutzung im Preis eingeschlossen ist, sind gar nicht so einfach zu finden. Sie verstecken sich hinter einer Holzwand (nicht markierter Zugang durch ein Nebengebäude, das auch als Gemeindehaus genutzt wird). ❸

TOUREN

Brekkulækur, s. Übernachtung. Abbi bietet neben mehrtägigen Reittouren ganzjährig Natur- und Wanderreisen an. Beispielsweise eine 10-tägige ornithologische Rundreise und eine kombinierte Natur- und Sportreise mit Höhlentour und Schluchtdurchquerung durch den Westen.

FESTE

Am ersten Augustwochenende kommen mehr als 40 Bands zum **Punkfestival Norðanpaunk**, 💻 www.nordanpaunk.org. Der Campingplatz gleicht dann einem Schlachtfeld. Tickets gibt's nur über die Website.

TRANSPORT

Von der Ringstraße aus läuft oder fährt man 1 km auf der Straße 704 bis nach Laugarbakki.

Hvammstangi und Umgebung

Hvammstangi

Hvammstangi ist als Islands „Hauptstadt der Seehunde" bekannt. Aufgrund dieses Titels und eines entsprechenden Hinweisschildes in See-

© CAROLINE MICHEL

Mal mehr, mal weniger tief im Wasser: der Basaltfelsen Hvítserkur

hundform direkt an der Ringstraße kommen ständig Menschen hierher und suchen im Hafen nach Seehunden, und wollen im Seal Center niedliche verwaiste Heuler mit der Flasche füttern. Aber ein bisschen Zeit muss man schon mitbringen. Die drei größten Kolonien der Region findet man 20 und 25 km weiter nördlich im und am Mittel-Fjord Miðfjörður. Die dortige Bucht Hindisvík ist allerdings wegen zu hohen Besucheraufkommens nicht mehr betretbar. Dafür hat man in Illugastaðir fast eine Sicht-Garantie und sogar ein Beobachtungshäuschen (Fußweg vom Campingplatz 10 Min.) ebenso wie rund um den Felsen Hvítserkur im Osten der Halbinsel, zu erreichen mit dem Auto.

Das kleine **Robbenmuseum Selasetur**, Brekkugata 2, ✆ 451 2345, 💻 www.selasetur.is, vermittelt dann die begleitenden Infos: Man lernt, Seehund- bzw. Robbenarten auseinanderzuhalten (s. auch Kasten), erfährt viel über die Geschichte der Seehundjagd, die Naturschutzbemühungen der Region und die anderen Tiere, die auf der Halbinsel leben (Füchse, Enten und Vögel). Zu sehen gibt's ausgestopfte Tiere und einen Informationsfilm auf Englisch. 🕒 Mai–Sep tgl. 11–18 Uhr, Eintritt ab 15 J. 1300 ISK.

Basaltfelsen Hvítserkur

Nashorn, Monster oder Dinosaurier? Er ist ca. 15 m hoch und platt, hat ein großes und ein kleineres Loch, sieht aus wie ein versteinertes Tier, das gerade trinkt, und ist *das* Fotomotiv der Region. Ob im Sonnenschein oder mit Nordlichtern im Hintergrund: Ein Foto vom Hvítserkur sollte in keinem Islandalbum fehlen. Jedenfalls scheinen das die meisten Reisenden zu denken, denn auf der Aussichtsplattform ist immer was los. Vom Parkplatz aus muss man wenige hundert Meter laufen; ein Trampelpfad führt dann weiter zum Strand.

Tipp für Fotografen: Es ist sinnvoll, sich im Vorfeld nach den Gezeiten zu erkundigen, z. B. auf 💻 www.tide-forecast.com. Bei Ebbe steht der Felsen nämlich manchmal auf dem Trockenen. Das kann ein reizvolles Motiv sein, aber wer den Felsen von Wasser um- und unterspült ablichten möchte, kommt bei Flut.

Festung Borgarvirki

Teils natürlich, teils menschengemacht ist Borgarvirki an der Straße 717, dem Borgarvegur, ein einziges großes Rätsel. Wer hat hier warum den natürlichen Schutz durch die hohen Basaltsäulen genutzt und sogar noch durch aufgetürmte Steine verstärkt? Es existieren unterschiedliche Theorien. Aber den meisten Besuchern ist das egal – sie genießen von hier die Aussicht.

Trollfrauenschlucht Kolugljúfur

Eine Trollfrau namens Kola soll sie ausgehoben haben, um geschützt unten am Wasser zu wohnen: die **Kolugljúfur**, die 1 km lange und 40–50 m tiefe Kola-Schlucht. Ziemlich sicher wird sie sich dabei den einen oder anderen Fingernagel abgebrochen haben, aber dafür hat Island heute eine weitere Touristenattraktion, nämlich den fotogenen Wasserfall **Kolufossar**, der sich wunderbar von einer kleinen Brücke aus fotografieren lässt.

Vielleicht war es ein Scherz, aber im Jahr 2017 machte eine Zeitungsmeldung die Runde, in der es hieß, Kolugljúfur sei eine Gefahrenstelle. Es müsse dringend eine Lösung her, die verhindere, dass staunende Touristen auf der schmalen Brücke über den Fluss Víðidalsá von vorbeifahrenden Autos erfasst würden. Immerhin seien auch zwei (!) Lkw pro Tag gezählt worden. Fakt ist, dass die Schlucht bei Touristen beliebt ist, passiert ist aber bisher keinem etwas. Um die Vegetation zu schützen, wurden kurze Wege angelegt. Eine Wiese neben der Brücke ist als Parkplatz ausgewiesen.

Wer robbt hier?

Jedes Jahr im Juli werden an den Küsten von Vatnsnes und Heggstaðanes Robben gezählt. Um die 1000 sind es immer. Die meisten sind einfache Seehunde *(Phoca vitulina)* und Kegelrobben *(Halichoerus grypus)*. Aber dazwischen werden auch immer wieder Sattelrobben *(Phoca groenlandica)*, Bartrobben *(Erignathus barbatus)*, Klappmützenrobben *(Cystophora cristata)* und Ringelrobben *(Phoca hispida)* gesichtet. Walrosse *(Odobenus rosmarus)*, zur Landnahmezeit noch heimisch, gelten dagegen in Island als ausgerottet.

Freiwillige mit guter Konstitution sind gern gesehene Helfer beim Seehund-Zählen. Weil man u. U. weit laufen muss, dürfen Kinder unter 5 Jahren nicht mit. Nähere Informationen im Robbenzentrum.

Die Schlucht ist ab der Ringstraße ausgeschildert. Es gibt zwei nicht asphaltierte, aber einigermaßen schlaglochfreie Zufahrtsstraßen, die beide die Nummer 715 tragen, aber 6 km auseinander liegen.

ÜBERNACHTUNG

Karte S. 332

Camping Kirkjuhvammur, ✆ 899 0008, 💻 www.tjalda.is/en/kirkjuhvammur. Gut ausgestatteter Platz, oberhalb von Hvammstangi bei der kleinen grauen Kirche, geschützt in einer Senke an einem kleinen Fluss gelegen. Mit Schutzhütte, keine Duschen, Kochmöglichkeit und Aufenthaltsraum. Ab 17 J. 1500 ISK. 🕒 im Sommer.

Camping Illugastaðir, an der Straße 711, ✆ 451 2664 und 894 0695. Einfache Campingwiese mit Meer- und Robbenblick, aber wenig Windschutz. Ab 16 J. 1500 ISK.

Ósar Hostel, Vatnsnes, ✆ 862 2778, 💻 www.fb.com/osarhostel. Ósar liegt direkt am großen Robben- und Eiderentenstrand und auch zum Felsen Hvítserkur kommt man zu Fuß. Ein echtes Hostel war es mal, jetzt gibt's aber nur noch normale Einzel- bis 4-Bettzimmer. Sehr einfache Ausstattung (die Holzoptik muss man mögen) und weit und breit außer dem Mini-Shop bei den Bezahl-Klos (stolze 700 ISK, zahlbar mit Kreditkarte) weder Laden noch Café. Der Besitzer spricht Deutsch und hilft bei der Vermittlung von Reittouren. Entfernung zur Ringstraße: 25 km, kein Busanschluss. 🕒 Mai–Sep. ❸–❹

ESSEN

Sjávarborg Restaurant, Strandgata 1, ✆ 451 3131, 💻 www.sjavarborg-restaurant.is. Innen- und Außengastronomie mit Fjordblick in einem modernen Restaurant. Angeboten werden Burger, Fisch und Steaks und auch vegane Gerichte, z. B. mit Süßkartoffeln. 🕒 tgl. 11.30–21 Uhr.

SONSTIGES

Autoreparaturen
Kfz- und Reifendienst an der Tankstelle, Hvammstangabraut.

Einkaufen

Kaupfélag vestur Húnvetninga, in der Nähe des Robbenmuseums. ◷ Mo–Sa 9–18 Uhr.
Vínbúðin, Strandgata 1. ◷ Mo–Do 14–18, Fr 13–18, Sa 12–14 Uhr.

Feste

Eldur í Húnaþing (Feuer in Húnaþing), 5 Tage Ende Juli: Der ganze Bezirk Húnaþing rockt und tanzt bei diesem Festival. Die Programmpunkte sind von Jahr zu Jahr unterschiedlich, aber ein großes Open-Air-Konzert in Borgarvirki am Freitag ist eigentlich immer dabei. Mehr Infos auf 💻 www.eldurihun.is.

Informationen

Auskünfte geben die Mitarbeiter im Robbenzentrum und 💻 www.visithunathing.is.

Medizinische Hilfe

Krankenhaus mit Notfallambulanz und **Apotheke** daneben, Spítalastígur/Nestún, ✆ 432 1300.

Schwimmen

Schwimmbad und Sportzentrum, Hlíðarvegur 6, ✆ 451 2532. Einfaches, aber hübsches Freibad mit 25-m-Becken, Hot Pots und Dampfbad. ◷ Juni–Aug Mo–Fr 7–21, Sa und So 10–18, sonst Mo–Do 7–21.30, Fr 7–19, Sa und So 10–16 Uhr.

TRANSPORT

Die Rundfahrt um die Halbinsel ist 80 km lang. Die Straße 711 ist nicht asphaltiert und in schlechtem Zustand. Vor allem die Fahrt entlang der Nordküste zieht sich in die Länge. Es fahren keine Busse.

Blönduós

Blönduós („Mischflussmündung"), ein Versorgungszentrum mit knapp 900 Einwohnern und einer kleinen historischen Altstadt, verdankt seinen Namen dem Fluss Blanda. Der längste **Lachsfluss** Islands entspringt 125 km weiter südwestlich am Gletscher Hofsjökull und wirkt kurz vor der Mündung in Blönduós fast lieblich und lädt zu beschaulichen Spaziergängen entlang des Ufers ein.

Die Altstadt ist etwas heruntergekommen, wird derzeit aber aufgehübscht. Die kleine weiß-grüne **Holzkirche** (in der man auch nobel übernachten kann; s. u., Hótel Blönduós) aus dem Jahr 1895 ist schon jetzt ein Hingucker. Die moderne Kirche **Blönduóskirkja** in der Nähe der Ringstraße verkörpert dagegen als Traum in grauem Beton das genaue Gegenteil: Hier ist nichts niedlich oder verspielt. Während sie manch einen an willkürlich zusammengefügte Bauklötze erinnert, sind andere von der Komposition begeistert. Das Meisterwerk des Architekten Magnús Jónsson hat ebenso viele Fans wie Kritiker.

Und sonst? Hochgelobt wird Blönduós für den Picknickplatz und die Wanderwege auf der unter Naturschutz stehenden **Insel Hrútey**, die über eine kleine Fußgängerbrücke erreichbar ist. Handarbeitsfans werden außerdem am **Heimilisiðnaðarsafnið**, Árbraut, ✆ 452 4067, 💻 www.textile.is, dem einzigen Textilmuseum Islands, Freude haben. Jedes Jahr im Juni findet hier ein großes Strickfestival statt. ◷ Juni–Aug tgl. 10–17 Uhr, Eintritt ab 16 J. 1800 ISK.

ÜBERNACHTUNG

€ **Camping Blönduós**, unterhalb der Hauptstraße. Ein großer Platz, der zur Ferienhaussiedlung Glaðheimar (s. u.) gehört. Das freundliche Personal hilft, wo es kann, organisiert Angelausflüge und Mitfahrgelegenheiten für gestrandete Tramper. Die Rezeption ist gleichzeitig die Touristeninformation (s. u.). Hier findet man Unterschlupf bei Regen; Küche und/oder Aufenthaltsraum gibt es nicht. Waschmaschinen und Duschen sind vorhanden, Handys und Computer dürfen im Rezeptionsgebäude Kraft tanken. Sehr guter Windschutz – sowohl durch die Lage im Tal, als auch durch die Bepflanzung mit Büschen. Ab 15 J. 2000 ISK p. P.
Glaðheimar Guesthouse und Cottages, Brautarhvammur, direkt am Campingplatz und damit am Fluss, ✆ 820 1300, 💻 www.gladheimar.is. Ein hölzernes Sommerhaus neben dem anderen –

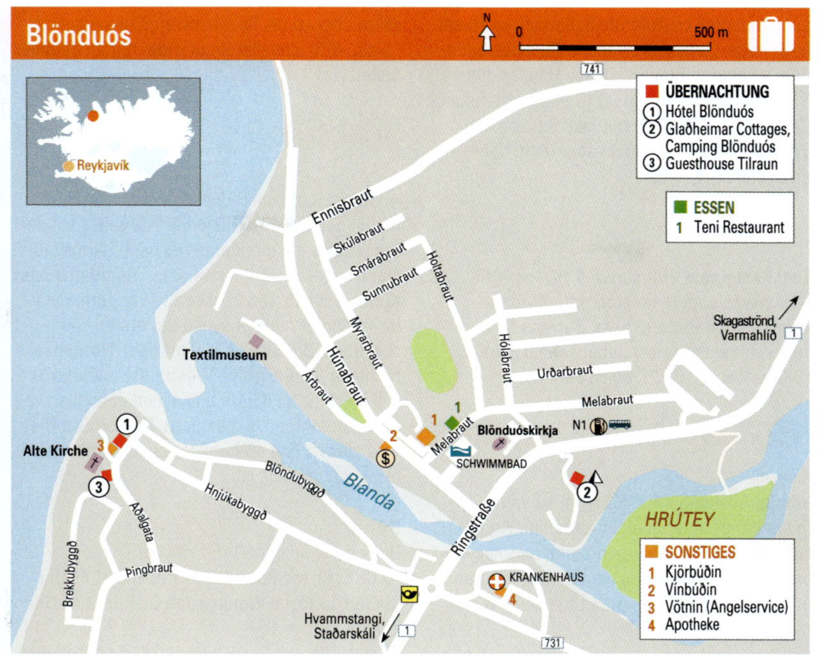

und es werden immer mehr, denn den Besitzern gehört das ganze Land zwischen Ringstraße und Flussufer. Größe und Ausstattung der Häuser ist sehr unterschiedlich: Die meisten Gäste finden ein Badezimmer, manche auch einen Hot Pot auf der Terrasse und sogar eine Sauna vor. Sparsamere beziehen ein Cottage ohne viel Schnickschnack und nutzen die Duschen des Campingplatzes. Die besseren Cottages haben 2 Zimmer und kosten je nach Belegung (bis max. 5 Pers.) entsprechend mehr. ❹–❺

Guesthouse Tilraun, Aðalgata 10, ✆ 583 5077 und 848 7218, 💻 www.fb.com/guesthouse.tilraun. Das kleine weiße Haus neben der Kirche war das erste Wohnhaus aus Beton in Blönduós (Baujahr 1908). Bevor es originalgetreu restauriert wurde, fungierte es eine Zeitlang als Schule. Innen 3 liebevoll dekorierte kleine Gästezimmer (eins für 3 Pers.), je mit einem Waschbecken. Es gibt ein Gemeinschaftsbad und eine einfach möblierte, aber gut ausgestattete Gemeinschaftsküche. ❹

Hótel Blönduós, Aðalgata 6, ✆ 898 1832, 💻 https://hotelblonduos.is. Das Traditionshotel Blanda hat nicht nur einen neuen Namen, sondern auch einen neuen Look. Es liegt fast am Meer, und viele Prominente, z. B. Eric Clapton, sollen hier schon abgestiegen sein. Man kann sogar eine Suite in der Kirche mieten (s. 💻 https://hotelblonduos.is/the-church-suite). Nettes Restaurant mit schöner Aussicht. ❺

Húnaver Guesthouse und Camping, Húnavatnshreppur, an der Ringstraße zwischen Blönduós und Varmahlíð, Karte S. 332 und S. 344, ✆ 452 7110, 💻 www.tjalda.is/en/hunaver. Große Campingwiese an einem Wäldchen, in dem sich 15 lauschige Kleinstlichtungen verstecken, in denen man Zelte aufschlagen kann. Eine kleine Kirche liegt ganz in der Nähe, außerdem gibt es einen Sportplatz, einen Pool und einen Hot Pot. Neben den Servicehäuschen (in einem befindet sich auch eine kleine Küche) steht ein großes Zelt, das als Aufenthaltsraum dient, aber die Gäste dürfen auch den großen Aufenthaltsbereich im Haupthaus nutzen, wo sich auch die Duschen befinden. Im oberen Stockwerk des Hauses gibt es 5 DZ und 2 Familienzimmer (Gemeinschaftsbad). Camping ab 12 J. 1500 ISK inkl. Dusche und WLAN. DZ inkl. Frühstück, aber ohne Kochgelegenheit. ❸–❹

ESSEN

Teni Restaurant, Hunabraut 4, ✆ 452 4040, 💻 www.fb.com/tenirestaurant/. Kredenzt werden auch Burger, Pizza, Burritos und Tagessuppe mit selbst gebackenem Brot. 🕒 Sommer tgl. 12–21, sonst seltener.

AKTIVITÄTEN

Angeln

Vötnin, Aðalgata 8, ✆ 862 0474, 💻 www.fb.com/anglingservice/. Im Laden für Angelzubehör werden alle Fragen rund ums Angeln beantwortet, egal ob es um Lizenzen, Touren oder Ausleihe geht. 🕒 gute Chancen hat man nachmittags.

Schwimmen

Riesiges **Freibad**, Melabraut, ✆ 452 4178. Mit Hot Pots, Kinderbecken und Rutschen, mal in der Röhre, mal mit Wind um die Nase. 🕒 Juni–Aug Mo–Fr 8–21, Sa und So 10–20, sonst Mo und Mi 6.30–21, Di und Do 7.45–21, Fr 6.30–17, Sa und So 10–16 Uhr.

SONSTIGES

Autoreparaturen

Die **Tankstelle** direkt an der Ringstraße bietet Kfz- und Reifendienst.

Einkaufen

Großer **Supermarkt Kjörbúðin** in der Melabraut gegenüber dem Schwimmbad. 🕒 Mo–Fr 9–18, Sa 10–17, So 12–17 Uhr. **Vínbúðin**, Húnabraut 4. 🕒 Mo–Do 14–18, Fr 12–19, Sa 11–14 Uhr.

Informationen

Die offizielle Touristenformation in der Aðalgata haben wir noch nie geöffnet vorgefunden. Hilfreicher ist die Rezeption am Campingplatz, ✆ 452 4520, die allerdings leider nur im Sommer besetzt ist.

TRANSPORT

Auto

Achtung: Rund um Blönduós wird besonders häufig geblitzt. Von Blönduós aus geht's auf der **Ringstraße** auf direktem Weg nach Varmahlíð. Nach ungefähr 25 km zweigt die **Hochlandpiste Kjölur** (F35) ab. Die Passstraße vor Varmahlið ist im Winter meistens eine der ersten, die zuschneit. Die **Straße 74** führt nach Norden in Richtung Skagaströnd. Wer nach Sauðárkrókur will, folgt ihr für 6,5 km und nimmt dann die wenig befahrene, asphaltierte **Passstraße 744** – so einsam und oft neblig, dass es schon ein bisschen gruselig ist.

Busse

Haltestelle an der N1-Tankstelle.
AKUREYRI, mit Bus 57 um 13.15 und 21.45 Uhr (Sa nur 13.15, im Winter auch Do nur 21.45 Uhr) in 2 1/4 Std.
REYKJAVÍK, mit Bus 57 um 12.31 und 18.36 Uhr (Sa nur 18.36, im Winter auch Do nur 12.31 Uhr) in 4 1/4 Std.
SKAGASTRÖND, Pendelbus (Linie 84). Spätestens 2 Std. vor Reiseantritt reservieren unter ✆ 540 2700.

Skagaströnd und die Halbinsel Skagi

Eine Schotterstraße, malerische Klippen, einige Bauernhofruinen, Vögel und Seehunde, viele tolle Wanderwege, die querliegenden Basaltformationen rund um den Leuchtturm beim verlassenen Ort **Kálfshamarsvík** und die 10 km lange Steilküste bei **Króksbjarg**: Skagi ist abgeschieden und ruhig. Sehr ruhig.

Skagaströnd

Das Dorf mit seinen etwa 500 Einwohnern war wirtschaftlich schon mal besser dran. Doch erst verschwand der Handel, dann der Hering

© CAROLINE MICHEL

Die Wahrsagerin Þórdís hat viel Unheil über den Ort gebracht.

und schließlich auch noch die weithin bekannte Country-Bar – die zumindest am Wochenende ein paar Menschen anlockte. Geblieben ist heute nur (noch) eine Krabbenfabrik. Interessant ist die moderne weiße Kirche **Hólaneskirkja** aus dem Jahr 1991, deren dreieckiges Kirchenfenster hinter dem Altar bei Sonnenschein wunderschöne Lichter ins Gotteshaus wirft. Gegenüber blicken ein paar fotogene Schrottskulpturen aufs Meer.

Ganz großes Kino wird schon seit über 30 Jahren im **Wahrsagermuseum** (Museum of Prophecies) **Spákonuhof**, Oddagata 6, ✆ 861 5089 und 452 2726, 💻 auf Facebook, geboten. Warum? Weil es mal wieder ganz schön schräg ist hier. Bei unserem letzten Besuch erwarteten uns (außer uns war niemand da) gleich drei Angestellte: Eine war den Ticketverkauf zuständig, eine führte durch die vier Räume, in denen unterschiedliche Arten von Wahrsagerei (u. a. das Lesen aus Runen, aus Karten und aus der Hand) vorgestellt und für 5000 ISK auch durchgeführt werden – von der Kassiererin). Im Eintrittspreis von 1500 ISK enthalten ist eine Ja-Nein-Frage, die durch das Werfen eines Knochenwürfels beantwortet ist. Angestellte Nummer drei führt dann durch die fantasievolle Ausstellung rund um die Wahrsagerin Þórdís, die hier im späten 10. Jh. gelebt haben soll. Ihre Lebensgeschichte sagt viel aus über das Wesen der Menschen – damals wie heute. Es geht z. B. um Väter, die ein Geschwisterkind dem anderen vorziehen. Und um das Unheil, das sie dadurch auslösen. 🕒 Sommer Di–So 13–18 Uhr, Winter nach Vereinbarung.

ÜBERNACHTUNG UND ESSEN

Camping Skagaströnd (Campingkarte), vor dem Ortskern auf der rechten Seite, Karte S. 332, ✆ 848 7706, 💻 www.tjalda.is/en/skagastrond. Der angenehme Campingplatz mit kleinen abgeschirmten Ecken und großem Spielplatz bietet ein schönes hölzernes Servicehaus mit Küche, Sitzbereich, Toiletten und Waschmaschine. Einige Steckdosen und WLAN stehen zur Verfügung, und da alles beheizt wird, ist hier ein guter Treffpunkt. Ab 16 J. 2200 ISK. Dusche 500 ISK, Waschmaschine und Trockner 800 ISK. 🕒 Mai–Sep.

Es gibt kleinere Cafés und Restaurants, z. B. das **Harbour** beim Hafen/Schwimmbad, aber Speiseangebote und Öffnungszeiten wechseln ständig.

SONSTIGES

Einkaufen

Supermarkt Kjörbúðin, Bogabraut 1. ⌚ Mo–Fr 9–18, Sa 10–17, So 12–17 Uhr.

Schwimmen

Das kleine **Schwimmbad** bietet ein schönes Außenbecken. Direkt daneben steht der Hot Pot. ⌚ Mo–Fr 10–20, Sa und So 13–17 Uhr.

Wandern

Eine Karte mit den wichtigsten Wanderwegen gibt es unter 💻 www.skagastrond.is/static/files/gamli/utivist_skagastrond.pdf. Favorit in Skagaströnd-Nähe ist der Berg Spákonufell (639 m).

TRANSPORT

Auto

Von Blönduós Richtung Norden auf der 74. Nördlich von Skagaströnd kann man auf der schlechten, aber landschaftlich reizvollen Schotterstraße 745 einmal die Halbinsel Skagi umrunden und weiterfahren bis Sauðárkrókur (etwa 100 km).

Busse

BLÖNDUÓS, mit Strætó-Bus 84 in 1/2 Std. mit Anschluss nach Reykjavík und Akureyri. Telefonische Anmeldung mind. 2 Std. vor Abfahrt unter ✆ 540 2700.

Skagafjörður

Braune Pferde, graue Pferde und fuchsrote Pferde mit goldenen Mähnen und Schweifen, daneben schneeweiße und pechschwarze Pferde – in der fruchtbaren Ebene am südlichen Ende des Skagafjörður sieht man sie alle, sogar Schecken in den unterschiedlichsten Farbvariationen. Skagafjörður ist zwar ein beliebtes Reit-Reiseziel, in erster Linie aber Zuchtgebiet. Die größte Stadt ist **Sauðárkrókur**. **Hólar** war als Bischofssitz einmal das Zentrum ganz Nordwestislands, ist heute aber nur noch eine Art Museumsdorf mit Hochschule, in dem außer den Studenten, den Museumsangestellten und einigen Touristen niemand wohnt. **Varmahlíð**, das durch zahlreiche Sportangebote überzeugt, liegt an einem bewaldeten Hügel am Rand der Ebene. Drumherum wohnen Pferdezüchter. In keiner Region Islands gibt es mehr Pferde pro Einwohner als hier.

Doch im Pferdeparadies herrscht nicht nur eitel Sonnenschein: Wer aus Richtung Blönduós über den Pass kommt, findet an einem Parkplatz, von dem aus man fast den gesamten herrlichen Skagafjörður überblickt, neben einem nicht näher erklärten Denkmal eine Infotafel. Die Skagfirðingar (die Bewohner von Skagafjörður) protestieren hier gegen die Pläne, Überlandleitungen mit 30 m hohen Masten aufzustellen, und weisen nachdrücklich darauf hin, dass nicht sie, sondern nur internationale Firmen, z. B. die Betreiber von Aluminiumhütten, von diesem Energieweg profitieren. Sie fordern, dass die neuen Stromleitungen, wenn überhaupt, unterirdisch durch ihren schönen Fjord verlegt werden sollen.

Varmahlíð und Umgebung

Das kleine Örtchen Varmahlíð ist Aktivität pur. Hier wird geraftet, gewandert, geangelt und vor allem geritten.

Reiten um Varmahlíð

Touristen, die Reitausflüge machen wollen, haben vier Optionen:

- Sie buchen eine **Anfängertour**. Die dauert 1–2 Std. und es werden ruhige, erfahrene Pferde ausgesucht. Meist geht es im Schritt auf Schotter- oder Wiesenwegen durch landschaftlich schöne Gebiete, je nach Mut der Reiter wird auch getöltet oder galoppiert. Einen einstündigen Ausritt gibt es ab 7000 ISK.

- **Menschen mit Reiterfahrung** sollten das bei der Buchung kundtun. Dann kommen sie in eine separate Kleingruppe. Für sie geht die Tour oft durch steiniges Gelände, es werden Flüsse durchquert und weitere Strecken im Tölt oder Galopp zurückgelegt.
- Für **Reiterferien auf einem Hof** mit täglich wechselnden Tagesausflügen sind die Zeiten im Herbst, wenn Schafe und Pferde aus den Bergen in die Täler zurückgetrieben werden, besonders beliebt. Die Touristen reiten dann inmitten der Bauern der Umgebung. Reiterfahrung und gute Kondition werden vorausgesetzt.
- Bei **längeren Reittouren** wird unterwegs in Gästehäusern, Schafställen oder Zelten übernachtet. Vor allem wenn die Reise ins Hochland geht, ist ein Abbrechen unterwegs oft nicht möglich bzw. mit großem Aufwand verbunden, denn die Touren führen meist durch Gegenden, in denen es keine Straßen gibt. Eine Hochlandtour kostet um die 700 000 ISK.

Die Pferde

Die meisten für die Reittouren ausgesuchten Pferde sind freundliche Gesellen. Unfälle passieren selten. Trotzdem geht es meist etwas flotter und unbeschwerter zu, als wir es aus Deutschland gewohnt sind. „Reitest du deutsch?", fragen deshalb manche Veranstalter im Scherz. Eine typisch deutsche Reitweise gibt es nämlich nicht. Gemeint ist die Sorge der deutschen Reiter, sie könnten ihre Pferde nicht anhalten. „Die fragen nach dem Anhalten, noch bevor sie überhaupt losgeritten sind!", sagen die Isländer verwundert. Aber anders als beim Autofahren, wo es klug ist, sich vor der Abfahrt mit der Funktionsweise der Bremsen vertraut zu machen, ist das beim Reiten isländischer Pferde anders. Die Tiere sind es gewohnt, im Herdenverband zu leben. Stoppt das Leittier, laufen auch die anderen nicht freiwillig weiter – nicht weit jedenfalls.

Die Anbieter

Hestasport, Karte S. 344, ✆ 453 8383, 💻 www.riding.is, Magnús' Team ist spezialisiert auf mehrtägige Touren auf gut trainierten Pferden, z. B. quer durchs Hochland. Je nach Anspruch und Streckenlänge läuft eine Herde von bis zu 60 Pferden frei nebenher, sodass jeder Teilnehmer pro Tag 2–3 Pferde reiten kann. Beliebt sind auch die Budget-Touren, bei denen man nicht verpflegt, sondern abends wieder in die Cottages (s. o.) gebracht wird, wo man selbst kochen kann. Ein Leckerbissen für Könner ist das Angebot „Isländisch Reiten: Tagestour mit Handpferd" (für Nicht-Reiter zur Info: Ein Handpferd ist ein zweites Pferd, das nebenher läuft. Den Strick hält man – wenn man alles richtig macht – immer fest in der Hand). Ganzjährig auch kurze und mehrstündige Ausritte. Wer deutschsprachige Beratung wünscht, fragt nach Katja. Kürzere Ritte mit Rundum-Betreuung ab 11 500 ISK.

Lýtingsstaðir, Karte S. 344, ✆ 453 8064, 💻 www.lythorse.com, bietet Reittouren, Reiterferien und Ausritte in familiärer Atmosphäre und mit deutscher bzw. deutschsprachiger Leitung. Highlight ist der Schaf- und Pferdeabtrieb im Herbst.

Rafting auf Austari-Jökulsá und Vestari-Jökulsá

Gemütlich Schlauchbootfahren? Eher nicht. Wer südlich von Varmahlíð raftet, wird mit ziemlicher Sicherheit nass, und es ist auch nicht unwahrscheinlich, dass das Boot kentert und alle Insassen im eisigen Wasser landen. Beim isländischen Raften geht es nicht um einen schönen Tagesausflug, es geht um die Adrenalinausschüttung. Und da hilft natürlich eine Wildwasserwelt, wie sie z. B. der Fluss **Austari-Jökulsá** (Östlicher Gletscherfluss) bietet: Steile, schwarze Felswände bilden einen schmalen Canyon, spitze graue Steine teilen den Strom aus gefährlich grau-trübem Gletscherwasser in sprudelnde Kaskaden. Es gibt jede Menge Stromschnellen, und wie tief der Fluss an welcher Stelle ist, lässt sich nie erkennen. Dem Austari-Jökulsá wird nachgesagt, einer der tollsten Rafting-Flüsse der Welt zu sein (Stufe 4+). Es ist aber dringend davon abzuraten, sich hier alleine mit einem Boot auf den Weg zu machen, und auch für eine Tour sollte man eine robuste Konstitution mitbringen.

Auch der Fluss **Vestari-Jökulsá** (Westlicher Gletscherfluss) kommt vom Gletscher

Hofsjökull in den Skagafjörður herunter. Er ist aber bei Weitem nicht so gefährlich wie sein östlicher Konkurrent, weshalb die einfacheren Raftingtouren meist hier stattfinden. Für Hasenherzen sind aber auch die Familientouren nicht geeignet, denn auch hier schaukelt's ganz schön. Für Kinder ab 12 J. ist es aber ein herrliches Vergnügen.

Anbieter

Viking Rafting, Hafgrímsstaðir, Karte s. oben, ✆ 823 8300, 💻 www.vikingrafting.com, ist eine Firma, deren erfahrene Guides gleichzeitig die Chefs sind. Familien-Rafting 3–4 Std. für 18 000 ISK, Kinder (6–12 J. 10 000 ISK), tgl. um 10 und 15 Uhr. White-Water-Tour (6 Std., 27 000 ISK, nur für Erwachsene, tgl. um 9 Uhr).

Bakkaflöt Rafting (s. Übernachtung) bietet Familien-Rafting: 2 1/2–3 Std. (plus 20 Min. Anfahrt) für 16 500 ISK, Kinder (nur in Begleitung Erwachsener, Mindestalter 12 J.) 9750 ISK, tgl. 9.30 und 14 Uhr; Extrem-Rafting: 4–5 Std. 26 500 ISK, nur für Erwachsene, tgl. 9 Uhr. 10 % Rabatt für Teilnehmer, die im Gästehaus übernachten.

Reykjafoss und Hot Pot Fosslaug

8 km südlich von Varmahlíð liegen auf Privatland die beiden meistbesuchten Sehenswürdigkeiten der Region: der versteckte Wasserfall Reykjafoss und wenige Meter daneben, direkt am Fluss, der Hot Pot Fosslaug. Wir bitten alle Besucher, die hierherkommen, zusammen mit dem freundlichen Landbesitzer, der die unentgeltliche Benutzung des Hot Pots immer noch erlaubt, auch in Zukunft die Tore hinter sich zu schließen, ihren Müll wieder mitzunehmen und die Wiese neben dem Wasserfall nicht als Klo zu missbrauchen.

Anfahrt: Von Varmahlíð aus folgt man der Straße 752, biegt nach ca. 5 km auf die Straße 753 ab (Hinweisschild nach Vindheimar) und überquert eine Brücke. Es geht leicht bergauf, und in der nächsten Linkskurve zweigt rechts ein kleiner Fahrweg ab. Das Tor steht meist offen. Die Piste endet an einem Zaun; auf der Wiese davor kann man das Auto abstellen. Von hier aus dem Weg nach rechts folgen. Am Fluss gibt es eine Brücke, die auf eine kleine Flussinsel führt. Zum Wasserfall geht's sofort nach rechts, zum Hot Pot ein Stück geradeaus und dann erst nach rechts.

Museumsdorf Glaumbær

Wie lebten wohlhabende isländische Bauern Anfang des 19. Jhs.? Darum geht es in diesem Museumsdorf, ✆ 453 6173, 💻 www.glaumbaer.is, auf halbem Weg zwischen Varmahlíð und Sauðarkrókur an der Straße 75. Die seit 1948 als Museum genutzte alte Torffarm wird durch zwei schöne Holzhäuser im norwegisch-isländischen Stil und eine Kirche nebst Friedhof ergänzt.

Seit 900 Jahren existiert hier eine Farm. Natürlich wurden die Häuser im Laufe der Jahrhunderte immer wieder erneuert und umgebaut. Es ist spannend, im **Torfhaus** in die niedrigen Gemächer und den Stall, die Handwerkstätten und die Wohnstube zu schauen und dem Leben von einst nachzuspüren. Viele Gegenstände stammen nicht von dieser Farm, sondern aus der Sammlung des Dorfmuseums. Die Kirche mit Friedhof nebenan ist neueren Datums. Die 1860 erbaute Torfkirche wurde erst durch eine Holzkirche und 1926 durch die heute weiß getünchte **Steinkirche** ersetzt.

Auf der anderen Seite der Torfhausfarm sind zwei große Häuser aus Holz zu bestaunen. Sie standen ursprünglich nicht hier, sondern haben einen langen Weg hinter sich. Die graue **Gilsstofa**, in dem heute ein kleiner Laden und das offizielle Büro des Museums untergebracht sind, stammt aus dem Jahr 1849 und wurde erstmalig in Espihol (nahe Akureyri) errichtet. Mehrmals zog es um. Erst 1997 wurde das Haus an der heutigen Stelle aufgebaut und als eines der wenigen erhaltenen derart wertvollen Häuser ausgestellt.

Auch das gelbe **Áshús** stammt aus dem 19. Jh. und hat eine längere Odyssee hinter sich. Heute beherbergt es ein kleines feines Teehaus, das Áskaffi, ✆ 453 8855 und 699 6102. Hier werden hausgemachte Speisen und Kuchen nach uralten Rezepten hergestellt, z. B. der isländische „Christmas Cake", eine geschichtete Kalorienbombe mit Kardamom, Zitrone und Pflaumenfüllung.

🕒 20. Mai–20. Sep tgl. 10–18, April und Okt nur bis 16 Uhr, im Winter auf Anfrage, Eintritt ab 17 J. 2000 ISK.

ÜBERNACHTUNG

Im Ort Varmahlíð

Campingplatz, ungefähr 500 m oberhalb von Bushaltestelle und Hauptstraße, ✆ 899 3231,

Campen und sparen

€ Die Campingplätze von Sauðarkrókur (S. 352), Hofsós (S. 360), Hólar (S. 357) und Varmahlíð arbeiten zusammen. Wer auf einem der Plätze übernachtet, bekommt bei den anderen beiden einen Preisnachlass auf die nächste Übernachtung.

Ríðum, ríðum ... zu Pferde durch Island

© CAROLINE MICHEL

Für viele Islandbesucher gehört eine Tour zu Pferde zu den Höhepunkten ihrer Reise. Hier im Nordwesten bieten sich vor allem Reitausflüge Richtung Süden an, ins unbewohnte Hochland. Die Kjölur-Route beginnt westlich von Varmahlíð und die wohl bekannteste Nord-Süd-Reitroute Islands, Sprengisandur genannt, direkt am südlichen Ende des Skagafjörður. Motorisierte Fahrzeuge nehmen meist die östliche Zufahrt, die am Goðafoss beginnt, Reiter starten in Varmahlíð.

Reittour durchs Hochland – ein Erfahrungsbericht

Zehn bis zwölf Menschen und 60 Pferde machen sich auf den Weg. Für die nächsten sechs Tage werden sie eine feste Gemeinschaft bilden. Eine/r achtet auf den anderen, denn wenn eine/r schlappmacht oder ein Pferd aus der Herde verloren geht, hat die ganze Gruppe ein Problem. Jeder Reiter hat drei Reitpferde, die seinen Wünschen entsprechend ausgewählt wurden. Ängstliche Reiter bekommen erfahrene Pferde, Menschen mit Rückenproblemen, die, auf denen man am bequemsten sitzt, und forschen Reitern teilt man oft junge Pferde zu, auf denen sie ihre Reitkünste unter Beweis stellen können. Zweimal pro Tag werden die Pferde gewechselt, denn für ein Pferd ist es viel anstren-

💻 www.tjoldumiskagafirdi.is. In einem Waldgebiet gelegen (guter Windschutz, kurzer Weg zum Schwimmbad). Zelte und Wohnmobile stehen getrennt voneinander. Ab 12 J. 2000 ISK für die 1. Nacht, 1800 ISK für jede weitere. Duschen 250 ISK. 🕒 Mitte Mai–Mitte Sep (je nach Wetter).

Hestasport Cottages, am Ende von Varmahlíð, hinter dem Schwimmbad den Berg hinauf, ✆ 453 8383, 💻 https://riding.is. 7 unterschiedlich große Blockhäuser (für 2–6 Pers.), kreisförmig angeordnet um einen Hot Pot. Ein Haus steht unter dem Motto Pferd, ein anderes ist mit Schaf-Accessoires dekoriert. Ruhe und Einsamkeit mit beeindruckendem Panoramablick und allem Komfort. Das Büro von Hestasport, in dem man die Schlüssel bekommt, liegt 2 km entfernt an der Ringstraße (einige Meter in die Straße 752 reinfahren). Im Winter Sonderangebote. ❹

gender, mit einem Reiter auf dem Rücken im sowieso schon kräfteraubenden Tölt als einfach frei im selbstgewählten Tempo nebenher zu laufen. Ungefähr sechs Stunden pro Tag wird geritten, meist hintereinander und im Tölt, denn wo überhaupt Wege vorhanden sind, handelt es sich oft um schmale Schafpfade. Weil im Tölt immer nur ein Pferdefuß den Boden berührt, können die Tiere hier gut laufen. Wie Models setzen sie einen Fuß vor den anderen. Das ist ja der eigentliche Vorteil der Gangart Tölt: Die Pferde kommen schneller und sicherer voran als z. B. im Trab. Dass im Tölt der Reiter bequem sitzt, ist nur ein angenehmer Nebeneffekt.

So geht es still, aber stetig voran. Man hört nur das Trampeln und Schnauben der Pferde, Gesprächsfetzen würden vom rauen Wind davongetragen. Flussüberquerungen gehören zum Standardprogramm. Manchmal können die Tiere einfach gegen die Strömung ankämpfend im Kiesbett voranstapfen, oft müssen sie schwimmen. Spätestens jetzt wird klar, warum die teuren Lederstiefel zu Hause bleiben sollten und Gummistiefel mitmussten, denn die Reiterbeine hängen bis zu den Knien im Wasser. Regenkleidung in Müllmannorange gehört übrigens zur Standardausstattung jeder Tour. Die Isländer wissen, dass die hochgelobten Funktionsjacken und -hosen nur begrenzte Zeit durchhalten und teilen von vornherein wasserdichte Gummikleidung aus. Picknick gibt's, wenn es Zeit für den Pferdewechsel ist. Die Gruppe kommt um die Ecke und – welch ein Luxus! – alles ist schon vorbereitet. Ein Mitarbeiter hat bereits warmen Kaffee, belegte Brote, Kuchen und Obst per Jeep oder Unimog an eine mit dem Auto erreichbare Stelle gebracht. Gegessen wird im Gras oder auf einem Stein sitzend (wenn's regnet, bleibt man natürlich besser stehen), denn man hat ja kein Kaffeekränzchen, sondern ein Outdoor-Abenteuer gebucht.

Das Hochland ist vom Pferderücken aus erlebt noch mal eine ganz andere Erfahrung. Wüsten aus Steinen und Sand wechseln ab mit Wüsten aus Sand und Steinen, sonst passiert stunden- und kilometerlang gar nichts. Wer hier nicht zur Ruhe kommt, dem ist nicht mehr zu helfen. Es wird laut gegen den Wind angesungen, meist isländische Lieder, bei denen jeder einfach mitsingt, so gut wie er eben kann. Nach so viel Grau erscheint der erste Grashalm, der nach langer Zeit wieder gesichtet wird, giftgrün. Ein Symbol des Lebens, könnte man sagen, wenn das nicht so kitschig klänge.

Man übernachtet da, wo die Pferde etwas zu fressen haben. Oft wird nur ein mobiler Stromzaun irgendwo im Nichts aufgebaut, in dem die Tiere die Nacht verbringen, und die Zelte der Hochlandreiter stehen direkt daneben (auch ein Küchenzelt ist immer dabei: Im Regen draußen essen, das wäre dann doch zu viel Outdoor). An manchen Stopps gibt es aber auch Hütten, mit Glück sogar mit eigenem Hot Pot. Apropos: Die Körperhygiene hat oft zu leiden bei Hochlandtouren zu Pferd. Aber das macht die warme Dusche nach der Rückkehr ja nur umso attraktiver. Und durch das dicke Gummi der Wetterjacken dringt sowieso kein Geruch nach draußen. Und falls doch, dann trägt ihn der Wind davon ...

Caroline Michel

Hótel Varmahlíð, Laugavegur 1, direkt oberhalb der Tankstelle, ✆ 453 8170, 💻 www.hotelvarmahlid.is. Die Zimmer haben alles, was man von einem Hotelzimmer erwartet: gemütliche Betten, gepflegte, moderne Bäder, Fernseher. Außerdem kann man Kaffee und Tee auf dem Zimmer zubereiten. Nur eins fehlt leider: die persönliche Note. Das Plus ist das gute, im Preis inbegriffene Frühstücksbuffet. ❺

Südlich von Varmahlíð

€ **Bakkaflöt Guesthouse und Camping**, Karte S. 344, ✆ 453 8245 und 453 8099, 💻 https://bakkaflot.is. 10 km von Varmahlíð auf der Straße 752, dann links auf der 754 den Berg hinauf und noch mal rechts. Und dort, wo man denkt, es käme nichts mehr, liegt diese trubelige Unterkunft mit 22 Gästezimmern, größeren und kleineren Sommerhäusern, einem Aufenthaltsraum mit Kaffeeausschank, einem

© ROBIN KUHNHENNE

Einsichten in das bäuerliche Leben zu Beginn des 19. Jhs. im Freilichtmuseum Glaumbær

sauberen Mini-Freibad mit Hot Pot direkt hinter dem Hauptgebäude, einem ziemlich großen Campingplatz ein Stück weiter unten, direkt am Flussufer, und einer Paintball-Anlage. Klara und Sigurður kennen alles, was Spaß macht – und das wenige, das sie mit ihrem Travel Service nicht selbst anbieten, vermitteln sie über andere Anbieter. WLAN im Hauptgebäude. Camping ab 12 J. 1800 ISK p. P. (Campinggäste zahlen aber einen Obolus für die Benutzung von Schwimmbad und Dusche). ❹–❺

Islandpferdegestüt Lýtingsstaðir, Karte S. 344, ✆ 453 8064, 💻 www.lythorse.com. Die 19 km lange Fahrt (gemessen vom Abzweig der Ringstraße) auf der Straße 752 lohnt sich: Zwei liebevoll restaurierte alte Torfhausställe können besichtigt werden (auch Audioguide auf Deutsch), Eintritt ab 12 J. 2000 ISK p. P. Bei der Deutschen Evelyn lässt es sich auch herrlich abgeschieden in 3 gemütlichen, voll ausgestatteten Cottages wohnen. 🕒 Mai–Okt. ❹

ESSEN

Hótel Varmahlíð, s. Übernachtung. Auf Touristengruppen spezialisiertes Hotelrestaurant mit Bar. Das Essen ist ordentlich. Geöffnet, solange Gäste da sind.

Imbiss an der Tankstelle, mit großem Sitzbereich innen und außen. Das Fast Food ist beliebt; hier ist es oft rappelvoll. 🕒 tgl. 9–22 Uhr (manchmal auch kürzer).

AKTIVITÄTEN

Kajak

Bakkaflöt, s. Übernachtung, bietet 2-stündige Touren (ab 12 J.) auf dem Fluss Svartá.

Schwimmen

Großes Freibad mit Wasserrutsche direkt neben der Schule, ✆ 453 8824, 💻 https://sundlaugar.is/sundlaugasafn/varmahlid/. 🕒 Sommer Mo–Fr 7–21, Sa/So 10–17, Winter Mo–Do 8–20.30, Fr 8–14, Sa/So 10–16 Uhr.

SONSTIGES

Einkaufen

Supermarkt (und Geldautomat) an der Tankstelle. 🕒 meist, aber nicht immer 9–22.30 Uhr.

Feste

Sæluvika (Woche der Freude), Ende April/ Anfang Mai: Kulturfestival mit wechselndem Programm. Der Schwerpunkt liegt aber immer auf Musik. Überall im Skagafjörður finden Konzerte statt.

Informationen

Touristeninformation, im Holzhaus mit Grasdach links der Tankstelle, ✆ 455 6161, 💻 www.visitskagafjordur.is. Massig Infomaterial, kompetente Beratung sowie Souvenir- und Pulloververkauf. Und auf der Website kann man die App „Visit Skagafjörður" runterladen. Was will man mehr? 🕒 Mai–Sep tgl. 9–18, Okt–April tgl. 12–16 Uhr.

TRANSPORT

Auto

Nach Norden geht's über die Straße 75 nach Sauðárkrókur. Inselumrunder, die auf der Ringstraße nach Osten weiterfahren, müssen sich nach 5 km entscheiden: Über Straße 76 nach Norden Richtung Hólar und Hofsós und dann um die Troll-Halbinsel oder auf der Ringstraße über den Pass Öxnadalsheiði auf direktem Weg nach Akureyri?

Busse

Von der Haltestelle an der großen Tankstelle im Ortszentrum:
AKUREYRI, mit Strætó-Bus 57 um 14.18 und 22.48 Uhr (Sa nur 14.18, im Winter auch Do nur 22.48 Uhr) in 1 Std. für 2850 ISK.
REYKJAVíK, mit Strætó-Bus 57 um 11.18 und 17.33 Uhr (Sa nur 17.33, im Winter auch Do nur 11.18 Uhr) in 5 1/4 Std. für 7980 ISK.

Sauðárkrókur

Mit mehr als 2500 Einwohnern ist Sauðárkrókur die größte Stadt der Region. Die kleine Altstadt mit Holzkirche rund um die Hauptstraße Aðalgata ist hübsch anzusehen und lädt zum Einkaufsbummel ein. Drumherum schließen sich weniger schöne Wohnblöcke, Lagerhallen, Werkstätten und Fabriken an – eine ganz normale Stadt, in der gelebt und gearbeitet wird. Jedenfalls, wenn nicht wie im Sommer 2023 ein Walross für Aufregung sorgt. Immer wieder kam ein riesiges Exemplar und machte es sich auf einem Bootssteg gemütlich, was Anlass zu wilden Spekulationen gab: Möglicherweise wollte es den Menschen hier irgendetwas Wichtiges mitteilen. Bloß was???

Vor allem aber ist Sauðárkrókur ein idealer Ausgangspunkt für Ausflüge in die Umgebung. Die Stadt selbst lässt sich in wenigen Stunden besichtigen, als Hauptattraktion gilt Europas einzige Fischhaut-Gerberei, **Sútarinn**, Bor-

Café am Islandfjord

Eine ideale Vorbereitung auf den Besuch in Sauðárkrókur ist die ZDF-Reality-Doku *Das Café am Islandfjord*, zwar schon aus dem Jahr 2015, aber so beliebt, dass sie manchmal wiederholt wird. Worum geht es? Vordergründig um vier deutsche Junggastronomen, die im **Kaffi Krókur**, Aðalgata 16, ✆ 453 6454, 💻 www.kkrestaurant.is, ihr Können unter Beweis stellen und das Café für einige Wochen eigenständig bewirtschaften sollen. Zum Renner aber wurde die Sendung durch die tollen Islandbilder und den Realitätsbezug. Die jungen Köche beteiligen sich am alljährlichen Pferdeabtrieb, sie holen Fisch am Hafen, machen Ausflüge mit dem Jeep, baden im Hot Pot Grettislaug und im örtlichen Schwimmbad, sitzen dort Seite an Seite mit den Einwohnern. Im Film wird schnell klar, wie dörflich die Strukturen in Sauðárkrókur sind, auch wenn der Ort offiziell als Stadt gilt. Die Köche nehmen teil am Leben der Dörfler, erfahren auch allerhand Privates von der Wirtin Kristín, dem Ladenbesitzer Bjarni und den vielen namenlosen Einwohnern, die sie in kürzester Zeit sehr gut kennenlernen – und die Zuschauer mit ihnen. Es ist ein wenig voyeuristisch, aber irgendwie auch schön, dass man, wenn man endlich persönlich hier angekommen ist, sofort Menschen trifft, die man kennt (wenn auch nur aus dem Fernsehen). 🕒 meist 17–22 Uhr, Fr und Sa manchmal aber auch bis spät in die Nacht.

Zum Aussichtsberg Mælifellshnjúkur

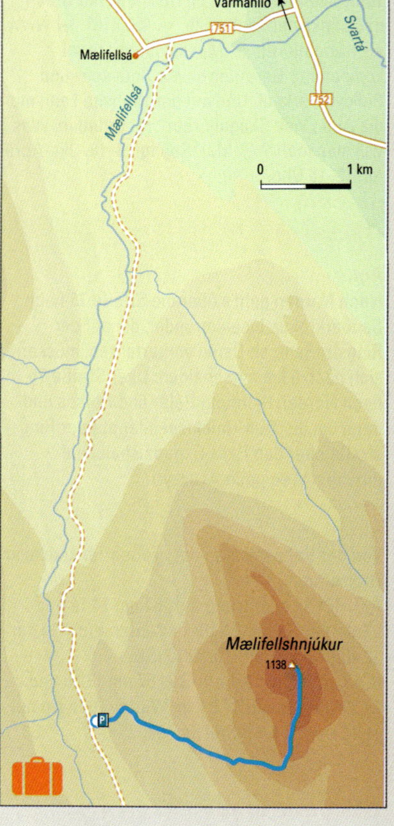

- **Länge:** ca. 7,5 km
- **Dauer:** mind. 4 Std.

Mit einer Höhe von 1138 m ist der Mælifellshnjúkur (nicht zu verwechseln mit dem Berg Mælifell weiter westlich) der höchste Berg weit und breit. Wer auf dem Gipfel steht, sieht folglich in alle Richtungen: die braun-lilafarbenen kleineren Berge und Hügel ringsumher, das fruchtbare, grüne Tal, die Flüsse, die es zerschneiden, das Meer im Norden und das Hochland im Süden.

Aufstieg

Hat man einmal die Zufahrt und den Parkplatz gefunden, ist der Weg auf den Berg mit dem unaussprechlichen Namen nicht schwer zu finden: Vom Parkplatz aus wendet man sich erst geradeaus in Richtung Berg, dann aber nach Südwesten, denn von dieser Seite ist der Aufstieg erheblich leichter. So geht es zunächst über einen Bergrücken, dann in ein feuchtes Tal mit kleinen Bächlein und grellgrünem Moos, in dem manchmal Schafe zu finden sind. Weiter bergan wird die Vegetation immer spärlicher, bis sie schließlich ganz verschwindet. Der letzte Teil des Wegs führt über größere Steine und jede Menge loses Geröll – hauptsächlich Tuff und Lava. Über einen Grat wandert man auf rostrotem Boden geradewegs auf den Gipfel zu. Hier oben wehen oft raue Winde und es gibt keine Möglichkeit zum Festhalten (also keine Sträucher usw.). Wer nicht ins Tal geweht werden will, kehrt bei schlechtem Wetter besser rechtzeitig um.

Anfahrt

Die Straße 751 verlässt die größere Straße 752 kurz hinter Varmahlíð in Richtung Süden, aber nur, um ca. 10 km später wieder zu ihr zurückzuführen. Wenn möglich also erst die Kreuzung weiter südlich nehmen. Hier geht kurze Zeit später eine Piste nach Süden ab, die von den Einheimischen auch als Rallyestrecke genutzt wird. Sehr vorsichtig kann man sie aber – zumindest im Sommer und wenn es nicht allzu matschig ist – auch mit einem normalen Pkw befahren.

Nach rund 10 km beginnt an einem kleinen Parkplatz der mit grün-gelben Pflöcken markierte Wanderweg.

garmýri 5, ✆ 512 8025, 🖳 www.fb.com/tanneryisitorcenter und https://nordicfishleather.com, die aber leider keine verlässlichen Öffnungszeiten hat.

In **1238 The Battle of Iceland**, Aðalgata 19, 🖳 https://1238.is, dann geht es um die Wikinger-Schlacht in eben diesem Jahr, die man u. a. in einer Virtual Reality Show live miterleben kann. ⏲ tgl. 10–17 Uhr, Eintritt ab 14 J. 3400 ISK, Kinder 6–13 J. 2400 ISK.

Grettislaug

Unerschrocken? Abgehärtet, wetterwest und somit extrem islandtauglich? Nein? Dann ab ins Schwimmbecken des Sagenhelden Grettir. Das Bad im warmen Pool nördlich von Sauðárkrókur soll nämlich übernatürliche Kräfte freisetzen. Vielleicht nicht bei jedem, der darin badet, aber bei einigen schon. Der geächtete Sagenheld Grettir ist das prominenteste Beispiel. Auch wenn man sich nicht ganz einig ist, wie sich die Geschichte zugetragen hat, die das Loch mit dem warmen Wasser direkt an der Küste zu Grettis-Laug („Grettirs Bad") machte, so spielt doch immer die **Felseninsel Drangey** eine Rolle, auf der sich Grettir während der letzten Jahre seines Lebens versteckt gehalten haben soll.

Die 7,5 km lange Strecke durch den eiskalten Ozean zwischen der Insel und dem Festland soll Grettir schwimmend überwunden haben, und zwar mindestens zweimal. Mal heißt es, er sei an Land geschwommen, um Feuer zu holen, mal, er hätte sich auf einen Raubzug begeben. Auf jeden Fall soll er es nur mit knapper Not an Land geschafft haben. Hinein in den rettenden Pool. Hier wurde er stärker und stärker. Er konnte ohnejegliche Probleme zur Insel zurückschwimmen, je nach Geschichte sogar mit Beute oder einer Fackel in der Hand.

Egal, ob er sein Schicksal nur einmal so herausgefordert oder dieses Wagnis regelmäßig auf sich genommen hat, um das Land viele Jahre lang in Angst und Schrecken zu versetzen: Es war eine beachtliche Leistung. Auch heute noch soll es Jungen zu „richtigen" Männern machen, wenn sie von Drangey aus an Land schwimmen, am besten mit einer Fackel in der Hand und die Nationalhymne singend. Allerdings hat das schon lange kein junger Mann mehr versucht. Zuletzt legten im Sommer 2017 zwei Schwimmerinnen die Strecke zurück. Nach eigenen Angaben hatten sie vorher ein Jahr dafür trainiert.

2006 wurde ein zweiter Pool gebaut, später auch eine Umkleide und ein Duschcontainer. ⏲ Im Sommer tgl. 8–22 Uhr, 2000 ISK p. P. Nebenan gibt es einen einfachen Campingplatz, ein Gästehaus und ein kleines Café/Restaurant, außerdem einen kleinen Pier. Schön ist auch eine Wanderung entlang der Küste.

Hinweis für Navibenutzer: Es gibt noch ein anderes Grettislaug, das aber in den Westfjorden liegt.

Wanderung zum Tindastóll

20 km lang, 8 km breit und 995 m hoch ist der beeindruckende Berg **Tindastóll** aus Basalt und Liparit, der wie ein König über dem Westufer des Fjords thront. Etwa 1,5 km hinter dem Abzweig nach Grettislaug beginnt an der Straße 744 hinter der Farm Skarð an einem Weidetor ein 6 km langer unmarkierter Wanderweg, an einer Schlucht entlang und dann steil den Berg hinauf. Weiter oben soll es einer alten Legende zufolge bunte „Wunschsteine" geben, die immer am letzten Juniwochenende auf wundersame Weise oben auf dem Bergrücken aus einem kleinen See emporsteigen. Aber wer sagt, dass das an diesem magischen Ort nicht auch an anderen Tagen und mit ganz normalen Steinen funktioniert?
Wer sich nur ein bisschen die Beine vertreten will, macht nicht die ganze Wanderung, sondern bleibt links von der Schlucht und gelangt nach ca. 45 Min. auf einen Bergrücken mit richtig tollem Rundumblick auf den Tindastóll, das Meer und das Tal in Richtung Blönduós. Ein zweiter Wanderweg auf den Tindastóll beginnt an der Straße 745 bei der Farm Skíðastaðir.

Búminjasafnið Lindabær

Das Museum für Landwirtschaftsmaschinen und Traktoren liegt in Sæmundarhlíð an der Straße 762, 18 km von Sauðárkrókur, 20 km von Varmahlíð. Sigmar sammelt seit über 30 Jahren alte

Landmaschinen. Auf seinem Hof stehen mehr als 20 Traktoren und jede Menge altertümlicher Werkzeuge und Maschinen, z. B. Butterfässer, Scherenschleifer, Sensen, Pferdekutschen usw., und mit etwas Glück gibt es auch Kaffee und Waffeln. ⌚ Mitte Juni–Mitte Aug tgl. 13–17 Uhr.

ÜBERNACHTUNG

Camping Sauðárkrókur, ✆ 899 3231, 💻 www.tjoldumiskagafirdi.is. Eine einfache, ungeschützte Wiese direkt neben dem Schwimmbad, mit, behindertengerechtem und beheiztem Servicecenter. Rechts davon ist man dem Wind ausgesetzt. Linker Hand hinter dem Schwimmbad ist es windstiller. Blickt man vom Zelt Richtung Straße, ist es hier alles andere als heimelig. In entgegengesetzter Richtung erfreut sich das Auge jedoch an einem lieblichen Wald. Es gibt Waschmaschine, Trockner (je 500 ISK) und Duschen (250 ISK). Sofern niemand zum Kassieren kommt, bitte das Geld in die Box des Vertrauens einwerfen. Ab 12 J. 1500 ISK für die erste Nacht, 1200 ISK für jede weitere. ⌚ Mitte Mai–Mitte Sep (je nach Wetter auch früher oder länger).

€ **Grand-Inn Bar and Bed**, Aðalgata 19, ✆ 467 3133. Ein paar Jahre älter als das grüne Haus, ist dieses rote Haus aus dem Jahr 1896. Alle Zimmer sind sehr einfach (nur Gemeinschaftsbäder) und mit 10 m² auch klein. Ebenfalls für alle ist die Küche. Dreckige Wäsche wandert in die kostenlose Waschmaschine. Angesagt und bekannt ist die **Bar** unten im Haus – vor allem wegen der vielfältigen Bierauswahl, ⌚ ab 21 Uhr. Die dazugehörige Brauerei kann gegen einen kleinen Obolus besichtigt werden. Fast noch ❸

Hótel Tindastóll, Lindargata 3, ✆ 453 5002, 💻 www.arctichotels.is. Das 1884 in Einzelteilen aus Norwegen importierte grüne Haus am nördlichen Ortsrand ist eines der ältesten erhaltenen Holzhäuser Islands. Innen als Romantikhotel eingerichtet, mit Möbeln im Bauernstil. Die Zimmer im weißen Nebengebäude (Annex) sind zweckmäßig und mit wenig Flair. Kostenloser Hot Pot im Innenhof. ❺–❽

Mikligarður Guesthouse, Kirkjutorg 3, ✆ 453 5002, 💻 https://arctichotels.is/mikligardur-guesthouse. Die Zimmer mit 2 oder 3 Betten und eigenem oder Gemeinschaftsbad sind funktional und relativ klein, aber hell und sauber. Mehr Atmosphäre verströmen der gemütliche Gemeinschaftsraum mit Balkon, die komfortable Küche und die an einer Seite bunt bemalte Außenfassade. Das sympathische Gästehaus gehört zum Hótel Tindastóll, wo man sich auch anmeldet. ❸

Reykir/Grettislaug Gästehaus und Campingwiese, Karte S. 344, ✆ 841 7313, 💻 www.fb.com/reykirgrettislaug/. Ein Holzhaus mit moderner Gemeinschaftsküche und Aufenthaltsbereich und 4 kleinen DZ – 2 mit Gemeinschaftsbädern, 2 mit eigenem WC. Relativ ungeschützter Campingplatz mit Spielplatz, Küchen- und Sanitärhäuschen. 1500 ISK p. P. ❹

ESSEN

Leider gibt es nicht viele Ess-Alternativen in Sauðárkrókur. Etwas Besonderes und einen Besuch wert ist das **Kaffi Krókur** (Kasten S. 349).

Hard Wok Café, Aðalgata 8, ✆ 453 5355, 💻 www.fb.com/Hard.Wok.Cafe.Island. „You'll never wok alone" in diesem Imbissrestaurant, das alles in einem bietet: Fish & Chips, Burger, asiatische Wok-Gerichte, mexikanische Quesadillas und Take-away-Pizza. ⌚ tgl. 11.45–21.30 Uhr, manchmal Mittagspause.

Sauðárkróks Bakarí, Aðalgata 5, ✆ 455 5000, 💻 www.saudarkroksbakari.net. Weit über die Stadtgrenzen hinaus für tollen Kuchen bekannte Bäckerei. ⌚ Mo–Fr 7–17, Sa 8–16, So 9–16 Uhr. Im **Schnellimbiss an der N1-Tankstelle** gibt es Kaffee und das übliche Fastfood, außerdem kostenfreies WLAN.

Gott frá Gili, Karte S. 344, ✆ 849 6701, 💻 auf Facebook und www.beintfrabyli.is. Der Name „Gutes aus Gil" hält, was er verspricht: Auf dem Hof Gil an der Straße 75, etwa auf halber Strecke zwischen Glaumbær und der Küste, findet man das niedliche Lädchen, in dem außer Kuchen und und dem beliebten Fettgebäck *Kleinur* auch noch

Sauðárkrókur

DER NORDWESTEN UND AKUREYRI

selbsteingekochte Marmeladen und die besten (und günstigsten) Islandpullover weit und breit zu bekommen sind. Die Schwester der Besitzerin und ihre Freundinnen stricken und stricken und stricken.

AKTIVITÄTEN UND TOUREN

Bootsfahrten

Drangey Tours, Reykir, ✆ 821 0090, 🖳 www.drangey.net. Bootsfahrten zur Felseninsel Drangey (Juni–Mitte Aug tgl. 10 Uhr, 3 1/2 Std., 15 500 ISK) und Angeltouren. Abfahrt ab Sauðárkrókur.

Schwimmen

Geothermalbad, Skagfirðingabraut, ✆ 453 5226, 🖳 www.sundlaugar.is/sundlaugar/saudarkrokur. Mit 25-m-Außenschwimmbecken und zwei Hot Pots mit Massagedüsen. Wenig lauschig, aber besser als gar kein Schwimmbad. Sauna und Solarium innen. ⌚ Sommer Mo–Fr 6.50–21, Sa und So 10–17, Winter Mo–Do 6.50–20.30, Fr 6.50–20, Sa und So 10–16 Uhr.

Skifahren

Tindastóll-Skigebiet, ✆ 453 6707, 🖳 www.skitindastoll.is. Hier gibt es Lifte, eine Skischule und einen Ski- und Snowboardverleih, aber alles nur unter Vorbehalt, denn je nach Wetterlage ist Skifahren nicht möglich.

SONSTIGES

Autovermietungen

Budget, Raftahlíð, ✆ 562 6060, 🖳 www.budget.is.

Einkaufen

Supermärkte:
Hlíðarkaup, Akurhlíð 1. ⌚ Mo–Sa 9–22, So erst ab 10 Uhr.
Kaupfélag Skagfirðinga, Ártorg 1. ⌚ Mo–Fr 10–19, Sa 10–16 Uhr.
Vínbúðin, Smáragrund 2a. ⌚ Mo–Do 12–18, Fr 11–19, Sa 11–16 Uhr.

Informationen

Touristeninformation im Gebäude von 1238 The Battle of Iceland.

Geschichtspfad

Weil derzeit keine Führungen angeboten werden, liegt in der Hochschule ein kostenloses Faltblatt mit den wichtigsten Informationen zu den Sehenswürdigkeiten in Hólar aus. Der empfohlene Rundgang dauert etwa eine Stunde und umfasst die folgenden Sehenswürdigkeiten: Bischofsgarten, Pfarrsitz (ein Aussichtspunkt oberhalb des Ortes), Lateinschule und Befestigungswall (zu sehen sind nur noch Überreste), Auðuns Haus (ein Nachbau des Holzhauses, das der norwegische Bischof Auðun der Rote im 14. Jh. errichten ließ), Gvendarbrunnen, Druckerei und Farmgebäude, Tunnel (Überreste), Domkirche und Glockenturm, Hochschule, Nýibær-Torfhäuser, Islandpferdemuseum, Bierzentrum.

TRANSPORT

Auto

Wer etwas Zeit hat, sollte sich die Küstenfahrt entlang der Straße 75 (östlich von Sauðarkrókur in Richtung Tröllaskagi) nicht entgehen lassen. Die Nordspitze der Flussinsel Hegranes heißt Landsendi. Zum dortigen orangefarbenen Leuchtturm Hegranesviti kommt man nicht mit dem Auto, aber über einen 2 km langen Fußweg.

Busse

Die Bushaltestelle liegt an der N1-Tankstelle am Ortseingang.
AKUREYRI/REYKJAVÍK mit Strætó-Bus 57. Je 20 Min. früher/später als in Varmahlíð.

Hólar

Von 1106 bis 1798 war Hólar – mit vollständigem Namen Hólar í Hjaltadal – der bedeutendste Ort Nordislands, denn hier residierten damals die Bischöfe des Nordens (S. 116). Das Tal bot Schutz, der Fluss Wasser, die Nähe zur Küste machte die Versorgung einfach. Kultur, Wissen und vor allem Geld waren überreichlich vorhanden. 1806 wurde Hólar mit Skálholt zu einem Bistum vereinigt. Es gab nur noch einen Bischofssitz, formal in Skálholt, alsbald aber in Reykjavík. Die Schule von Hólar wurde geschlossen, das Land verkauft und der ehemalige Bischofssitz versank in der Bedeutungslosigkeit, ein Imageverlust, von dem sich der kleine und abgeschiedene Ort erst in den letzten Jahrzehnten langsam erholt hat.

Im heutigen Hólar steht neben der Kirche ein kleines Grassodenhaus-Ensemble (Nýibær) und die Landwirtschaftliche Hochschule. Hier wird neben Ackerbau und Viehzucht auch Fisch- und Pferdezucht gelehrt, außerdem kann man Tourismus und Reiten studieren. Weiter hinten im Tal liegen die Pferdeställe und das Turniergelände, auf dem 2016 auch das große Pferdefestival Landsmót stattfand (s. Kasten). Sommerurlauber können während der Semesterferien in den Studentenzimmern wohnen. Es gibt ein Freibad, ein Pferdemuseum und ein Bierzentrum, betrieben von einem privaten Bierbrauerverein. Rummelig ist es in Hólar selten. Ab und an kommen Reisebusse, aber die sind schnell wieder weg und der Ort gehört dann wieder denen, die die beschauliche Ruhe zu schätzen wissen.

Domkirche und Glockenturm

Die auffällige, schon von weitem sichtbare Domkirche aus dem Jahr 1763 ist das Wahrzeichen von Hólar. Erbaut aus dem roten Gestein des 1091 m hohen Hólabyrða ist sie wahrscheinlich die älteste noch erhaltene Steinkirche Islands. Der weiße, fast 30 m hohe Glockenturm kam erst im Jahr 1950 dazu – als Denkmal für den letzten katholischen Bischof Hólars. Als Jón Arason im Jahr 1550 in Skálholt im Süden Islands hingerichtet wurde, soll nämlich, so erzählt man sich, die alte Kirchenglocke in Hólar so lange geläutet haben, bis sie zersprang.

Museum zur Geschichte des Islandpferdes

Ein Muss für Pferdefreunde ist das **Sögusetur Íslenska Hestsins**, ✆ 455 6300, 💻 www.sogusetur.is, denn hier hängen Fotos der berühmtesten Islandpferde aller Zeiten an den Wänden, inklusive Stammbaum und den dazugehörigen Lebensläufen. Das Museum ist aber auch für Laien interessant, denn es zeigt auf, wie unverzichtbar die Pferde für die Geschichte Islands waren und sind – als Arbeitstiere, Lastenträger, Transportmittel und bis heute wichtige Einnahmequelle. Islandpferde sind teuer, und die Isländer verdienen viel Geld mit dem Export hochgezüchteter Sportpferde, s. auch Kasten „Sag niemals Pony“, S. 94. ⌚ Zum Zeitpunkt der Recherche leider wegen Personalmangels nur unregelmäßig.

Ein Reitpferd kostet ab 500 000 ISK, ein Turnierpferd ab 800 000 ISK, nach oben ist die Skala offen. Ein Fohlen von prämierten Hengsten wie Spuni frá Vesturkoti (der höchstbewertete isländische Hengst kommt nicht aus dem Skagafjörður, sondern aus der Nähe von Selfoss) kann auch schon mal eine Million ISK wert

Landsmót – das Festival der Pferde

Tausend Pferde, 600 Reiter und bis zu 15 000 Besucher: Das Landsmót, 💻 www.landsmot.is, ist die größte Islandpferdeveranstaltung der Welt – und ein Volksfest, das seinesgleichen sucht. Seit dem ersten Landsmót 1950 in Þingvellir treffen sich alle zwei Jahre im Juni/Juli Reiter, Züchter und Pferdefreunde aus aller Welt, um die besten Pferde zu prämieren. Es gibt Reitturniere, die viele Stunden dauern, aber auch ein spektakuläres Pass-Wettrennen, in dem die 20 schnellsten Pferde Islands gegeneinander antreten. Früher fand das Landsmót hauptsächlich im Skagafjörður statt, z. B. in der Arena Vindheimar. Einfach, weil hier die meisten Züchter zu Hause sind. Weil aber die Anreise für die Teilnehmer aus den anderen Landesteilen so weit ist, wird mittlerweile zwischen Austragungsorten im Süden und im Norden abgewechselt. Reykjavík, Hella und Hólar stehen besonders hoch im Kurs. Vor, während und nach dem mehrtägigen Festival sind die Unterkünfte lange im Voraus ausgebucht, auf den Straßen und vor allem vor den Tankstellen bilden sich – für Island extrem ungewöhnlich – lange Staus. Nicht-Pferdefreunden wird geraten, sich rechtzeitig nach den jeweiligen Landsmót-Terminen zu erkundigen und die betreffende Gegend dann weiträumig zu umfahren.

Mit einer fliegenden Stute fing alles an

Im Skagafjörður stehe die Wiege des Islandpferds, wird oft behauptet. Es gibt überdurchschnittlich viele Pferde hier, das stimmt. Gemeint ist aber: Hier wurde dank einiger Zufälle und mehrerer Quäntchen Glück die Grundlage für die erfolgreiche isländische Pferdezucht gelegt.

Es war einmal ... eine Stute, die zum Symbol der Hoffnung wurde

Die Stute Fluga, das erste Pferd, das namentlich in den Sagas erwähnt wird, kam mit einem Wikingerschiff nach Island. In der Nähe von Kolkuós sprang sie von Bord und verschwand in den Wäldern von Brimsnes (damals war der Skagafjörður noch dicht bewaldet). Ein Bauer namens Þorir Dúfunef hatte ihre Flucht beobachtet. Für ihn stand fest: Dieses Pferd muss ich haben! Die Wikinger willigten in den Kauf ein, vor allem, weil sie daran zweifelten, Fluga jemals wieder einfangen zu können. Der Bauer habe die Hoffnung gekauft, sagen die Leute aus dem Skagafjörður gern. Die Hoffnung darauf, Fluga zu finden und sie zu zähmen. Das Unwahrscheinliche gelang (wie er es geschafft hat, die Stute einzufangen, ist nicht überliefert). Der arme Bauer war allein durch Glück und seinen Mut, ein finanzielles Wagnis mit ungewissem Ausgang einzugehen, zum Besitzer des wertvollsten Pferdes weit und breit geworden. Fluga war nämlich schnell. Einmal sollen Fluga und ihr Besitzer zu einem Passrennen auf der Kjölur-Route angetreten sein. Fluga kam ihrem Konkurrenten schon wieder entgegen, als der gerade mal die Hälfte der Strecke geschafft hatte. Der unterlegene Reiter, Örn, stieg vom Pferd und stürzte sich vom nächsten Berg. Der heißt seitdem Arnarfell (der Berg von Örn), der Weg Dúfunefsskeið (Dúfunefs Passrennstrecke).

Fluga hatte viele Fohlen, die ihre Schönheit, Klugheit und Schnelligkeit erbten. Die meisten von ihnen blieben im Skagafjörður. Fluga soll in hohem Alter spurlos im Moor Flugumýri (dem Fluga-Moor) verschwunden sein. Vielleicht versteckt sie sich da heute noch und schaut wohlwollend auf ihre zahlreichen Urururenkel.

... und ein Geschäftsmann, der sich gehörig verspekulierte

Als im Jahr 1798 der Bischofssitz in Hólar schließen musste (S. 354), wurden die Ländereien verkauft und fielen später an einen Mann namens Benedikt. Der hatte drei Töchter, die aus unbekanntem Grund alle im gleichen Jahr starben, und einen Sohn, der im selben Jahr auf die Welt kam. Aus Angst, auch ihn zu verlieren, sollen seine Eltern ihn bis zu seinem zwölften Lebensjahr im Haus eingesperrt haben. Einfachen Gemüts und als Geschäftsmann eine Niete, war der überbehütete Jón Benediktsson aber ein großer Tierfreund. Jahrelang reiste er quer durch Island, kaufte die schönsten und schnellsten Pferde und ließ sie nach Hólar bringen. Dann ging ihm das Geld aus. Seine Schulden bei den benachbarten Bauern beglich er in Naturalien: Er überließ ihnen seine edlen Rösser. Doch welchen Nutzen hat ein Farmer von einem Rennpferd? Gar keinen. Viele fanden aber Gefallen an den edlen Tieren. Sie behielten sie einfach zum Spaß und ritten mit ihnen aus. So wurden die einst armen Bauern im Skagafjörður zu ambitionierten Reitern und Hobbyzüchtern.

Ein Bauer kaufte die Hoffnung, viele andere kamen durch Zufall günstig an ihre Lieblinge. Das schlug sich in der Mentalität nieder. Die Reiter aus dem Skagafjörður fühlen sich auch heute als Glückskinder, vom Schicksal begünstigt und mit tollen Pferden beschenkt. „Bei gutem Wetter machen die Bauern in den Nachbarfjorden Heu oder reparieren ihre Zäune – wir, die Bauern aus dem Skagafjörður, satteln unsere Pferde und haben Spaß!", ist einer ihrer Lieblingssprüche.

sein. Aufgrund der isolierten Lage und des Importverbots ist das Islandpferd reinrassig. Weder Vollblut- noch arabische Pferde wurden jemals eingekreuzt. Der erste Zuchtberater wurde 1902 angestellt, die erste Zuchtorganisation gründete sich 1904 und die erste Schau fand 1906 statt.

Buchtipp: *The Icelandic Horse*, Gísli B. Björnsson und Hjalti Jón Sveinsson, erhältlich in den Buchläden oder bei 💻 www.edda.is.

ÜBERNACHTUNG

Karte S. 344

Camping Hólar, ✆ 899 3231, 💻 www.tjalda.is/en/holar. Der Campingplatz liegt mitten im Nadelwald. Stünde hier kein Wegweiser, würde man denken, man sei falsch. Entlang des Fahrwegs durch das Aufforstungsgebiet sind links und rechts kleine versteckte Lichtungen, auf denen jeweils nur wenige Zelte/Autos Platz haben. Absolut einsam und ruhig, mit kleinem Servicehaus (WCs und Spülbecken, nur kaltes Wasser, keine Duschen). Ein schöner Fußweg durch einen Mischwald führt in 10 Min. nach Hólar. 1500 ISK für die erste Nacht, 1300 ISK für jede weitere. ⏱ Mitte Mai–Mitte Sep (je nach Wetter).

Hofsstaðir Country Hotel, 25 km südlich von Hofsós an der Straße 76, ✆ 453 7300, 💻 www.hofsstadir.is. Die drei grün-braunen Holzhäuser, in denen sich insgesamt 14 exzellente DZ und Dreibettzimmer befinden, stehen in unmittelbarer Nähe zur Straße 76 und doch in ruhiger Alleinlage. Die Entfernung nach Hofsós im Norden und Varmahlíð im Süden beträgt jeweils etwa 25 km und rundherum befindet sich rein gar nichts, außer einigen hübsch restaurierten Grassodenhäuschen und einer Aussicht, die es in sich hat: Man schaut auf das weite, ebene Mündungsdelta des Flusses Héraðsvötn (auch Norðurá genannt), auf den Skagafjörður, die umliegenden Berge und bei guter Sicht auch auf die Insel Drangey. Es gibt „moderne" und „alte" Zimmer, außerdem 3 weitere im ca. 1 km entfernten Farmhaus. Alle haben oberen Hotelstandard, mit Badezimmern und allem Schnickschnack vom Fön bis zum Sat-TV. Frühstücksbuffet ganzjährig, Abendessen im Restaurant nur April–Okt. ❺–❻

Hólar Cottages und Apartments, Hólar, ✆ 455 6333, 💻 www.visitholar.is. Neben den Studentenzimmern, die nur im Sommer zur Verfügung stehen, gibt es Apartments und Holzhäuschen für 2–12 Pers., die ganzjährig an Touristen vermietet werden. Schlafsackunterkünfte auf Anfrage. ❹

ESSEN

Kaffi Hólar im Gebäude der Hochschule, ✆ 419 2859. Hier hält sich niemand mit überflüssiger Deko auf. Der Sitzbereich im großen Wintergarten erinnert an ein deutsches Ausflugslokal der 1960er-Jahre. Aber das Essen ist fein. Es gibt viel Fisch, z. B. frische Forellen aus den Teichen im Tal. ⏱ Juni–Aug Mo–Fr 8–21, sonst nur 8–14 oder 16 Uhr.

AKTIVITÄTEN

Schwimmen

16-m-Freibad mit Hot Pots direkt neben der Hochschule, ✆ 453 6333. ⏱ tgl. 16–20 Uhr.

Wandern

Zahlreiche markierte und unmarkierte Wanderwege, außerdem beginnt hier der Fernwanderweg nach Dalvík (S. 366).

SONSTIGES

Feste

Zum Pferdeabtrieb am letzten Septemberwochenende kommen mehr als 3000 Gäste.

Informationen

In der **Hochschule**, ⏱ tgl. 8–16 Uhr, oder auf 💻 www.holar.is.

TRANSPORT

10 km sind es von der Küstenstraße 76 bis zur Abzweigung nach Hólar. Die Sackgassenstraße 767 führt ab hier durch ein malerisches Tal, eingerahmt von hohen Bergen. Ein Bus fährt nicht.

Halbinsel Tröllaskagi

Der direkte Weg von Varmahlíð nach Akureyri führt mit der Ringstraße über den Bergpass Öxnadalsheiði (S. 379) und ist in 1 1/2 Std. geschafft. Die Küstenfahrt rund um die Halbinsel Tröllaskagi verlängert die Reise um einen oder sogar um mehrere Tage. Ein Umweg, der sich lohnt. Am

Skiregionen in Nordisland

Skifahren ohne Pisten oder Loipen – das sogenannte „Cross-Country-" oder auch „Off-track-Skifahren" wird immer beliebter. Abfahrtsläufer finden aber auch fünf klassische Skigebiete, und zwar in Sauðárkrókur, Siglufjörður, Ólafsfjörður, Dalvík und Akureyri. Skifahren im Flutlicht und ohne lästige, im Weg stehende Bäume verspricht die Werbung. Eine Schneegarantie gibt es allerdings nicht. Deshalb unbedingt vorher nachfragen, ob das Fahren tatsächlich möglich ist (oft ist auch der Wind zu stark). Eine Dauerkarte, gültig für alle fünf Gebiete, kostet 38 000 ISK p. P. und ist in jedem der Gebiete ohne Vorausbuchung zu bekommen, Tageskarte um die 5000 ISK. 💻 www.northiceland.is/ski-iceland.

östlichen Ufer des Skagafjörður wartet das kleine Städtchen **Hofsós** mit seinem schönen Hafen und dem ausgefallenen Schwimmbad, auf der Weiterfahrt entlang der Küste wird eine schwindelerregende Steilküste und ein beklemmend enger einspuriger Tunnel passiert.

Die uralten Bergzüge rund um das verspielt-gepflegte Bilderbuchstädtchen **Siglufjörður** ganz im Norden und den wesentlich bodenständigeren Nachbarort Ólafsfjörður sind über 1000 m hoch. Östlich beginnt der **Eyjafjörður**, mit 70 km Länge der größte Fjord Islands. In Höhe der Insel Grímsey, die auf dem Polarkreis liegt, trifft ein Ableger des warmen Golfstroms auf kalte arktische Gewässer. Das machte und macht die Fischer im Eyjafjörður reich, denn hier leben Kabeljau, Schellfisch und Rotbarsch unter idealen Bedingungen. Außerdem gibt es viele Wale, die mit etwas Glück auch vom Land aus zu sehen sind. Vorbei an **Dalvík** und der **Vogelinsel Hrísey** fahren Halbinsel-Umrunder dann wieder Richtung Süden nach Akureyri.

Hofsós

Wer nach Hofsós kommt, tut das hauptsächlich wegen des Schwimmbads. Aber auch Elfenfreunden hat der Ort etwas zu bieten: Die Hauptstadt aller Elfen Islands soll hier liegen, verborgen in den spektakulären Basaltformationen in der Bucht Staðarbjargarvík. Die Elfenkönigin soll im abgelegenen Bakkagerði im Nordosten Islands Hof halten (S. 457), aber die einfache Bevölkerung wird hauptsächlich hier, in der Trabantenstadt, gesichtet. Eine Holztreppe führt vom Schwimmbad-Parkplatz aus in die Bucht hinunter. Man sieht keine Häuser und Straßen? Tja. Wie alle Elfenstädte ist auch diese für die meisten Menschen unsichtbar.

Schwimmbad Hofsós

Die Architektin, die auch für die Blaue Lagune verantwortlich zeichnet, hat sich hier etwas ganz Besonderes einfallen lassen. Das warme Außenschwimmbecken ist Islands erster und bisher einziger Infinity-Pool, Suðurbraut, Ecke Hofsósbraut, ✆ 455 6070, 💻 www.fb.com/sundlauginhofsosi/. Er ist so konstruiert, dass der Eindruck entsteht, man könne in die Unendlichkeit hinausschwimmen – vorbei an der Insel Drangey direkt ins offene Meer Richtung Nordpol. Wer in den großen Hot Pots sitzt, sieht den Rasen hinterm Schwimmbeckenrand und auch, dass es bis zum Meer steil hinuntergeht. Der hervorragende Blick auf das Meer und die Berge am gegenüberliegenden Fjordufer bleibt der gleiche. Einziges Manko der Wohlfühloase: Die Schließfächer für Wertsachen sind winzig. 🕒 Juni–Aug tgl. 9–21 Uhr, sonst Mo–Fr 7–13 und 17–20, Sa/So 11–16 Uhr. Mit 1175 ISK für Erwachsene und 350 ISK für Kinder (6–18 J.) extrem günstig (da ein reguläres öffentliches Schwimmbad).

Þórðarhöfði

Aus der Ferne sieht es aus, als liege nördlich von Hofsós eine Insel. Weil die Klippen rund um den 174 m hohen Berg Þórðarhöfði aber an zwei Seiten mit dem Land verbunden sind, gilt der Felsen als Festland, das Wasser dazwischen als See (Höfðavatn). Der Fußweg dorthin lohnt sich wegen der grün-orange-grauen Klippen, in die die Brandung Höhlen gefräst hat. Außerdem ist hier laut Aussage der Einheimischen der weit und breit beste Ort für spektakuläre Sonnenuntergangsfotos.

Der südliche Wanderweg beginnt hinter der Farm Bær á Höfðaströnd (bis hierhin kann

Tröllaskagi
N
0
20 km
ESSEN
1 Verbúðin 66
2 Retro Mathús
3 Baccalá Bar
4 Eyri Restaurant
SONSTIGES
1 Tvistur Reittouren
2 Farm Vellir
s. Ortsplan Siglufjörður S. 363
s. Ortsplan Dalvík S. 369
s. Detailplan Hobbitland S. 371
s. Detailplan Hraunsvatn S. 376
Grímsey
Gjögurtá
Sauðanes
Siglunes
Siglufjörður
Héðinsfjörður
Skarðsdalur
Miklavatn
Brúnastaðir
Ketilás
Ólafsfjörður
Tindaöxl
Látraströnd
MÁLMEY
Höfði
Þórðarhöfði
Vatn
Höfðavatn
Bær á Höfðaströnd
Hofsós
Basaltsäulen
Staðarbjargarvík
Stífluvatn
Lágheiði
Ennishnjúkur
Grindur
HRÍSEY
Kaldbakur
1167
Hrísey
Dalvík
Árskógssandur
Grenivík
Björbóðin
Tjörn
Vellir
Hauganes
Eyjafjörður
Laufás
Hjalteyri
Svarfaðardalur
Kot
Urðir
Svarfaðardalsá
Skagafjörður
Melstaður
Museum für alte Autos
Samgönguminjasafn
Skagafjarðar
Heljardalsheiði
Wanderweg
Hegranesviti
Landsendi
Kolbeinsdalur
Hólar
Skíðadalur
Gásir
Svalbarðseyri
Jónasarlaug
Þelamörk Laugaland
Tröllaskagi
Hofstaðir
Hofstaðafjall
Melar
Akureyri
1387
Myrkárjökull
Flugumýri
Héraðsvötn
Blönduhlíð
Glaumbær
Varmahlíð
Tungufjall
1293
Hraundrangi
1175
Öxnadalur
Glerárdalur
Hrafnagil
Hraunsvatn
Engimýri
Eyjafjarðará
Picknickplatz
Kirkjafjall
1274
Kambur
Miklibær
Grund
Reykjafoss und Fosslaug
Öxnadalsheiði
Wasserfall bei Bóla
Schlucht Kotagil
Ringstraße
Kroká
Reykir
Öxnafell
Saurbær
Reykjavík
ÜBERNACHTUNG
1 Guesthouse Gimbur
2 Brimnes Hotel & Cabins, Gistihús Klara, Camping Ólafsfjörður
3 Visithrísey, Syðstibær Guesthouse, Ásgarður, Campingplatz
4 Guesthouse Sunnuberg, Prestbakki Guesthouse, Camping
5 Gästehaus Skeið
6 Camping Hauganes
7 Arnarnes Paradís
8 The Viking Country Club
9 Alte Scheune

Warum die Isländer einst nach Amerika auswanderten

Die schwarzen Museumsholzhäuser am malerischen kleinen Hafen von Hofsós sind ein beliebtes Fotomotiv. Außerdem gibt es Bänke, auf denen man picknicken und dabei aufs Meer schauen kann. Aber warum sollte man als Tourist eine Ausstellung besuchen, in der es um Isländer geht, die Anfang des 20. Jhs. in die USA und nach Kanada auswanderten? Weil man viel über die Lebensbedingungen in Nordisland vor den Zeiten des Tourismus und der Vernetzung via Internet erfährt. Heute können auch Webdesigner, Künstler und Museumsbetreiber hier ihr Auskommen finden. Damals siedelten in dieser Region nur Bauern, die nicht von dem leben konnten, was sie produzierten. Grafarós, einer der ältesten Handelsplätze Islands und ca. 1,5 km südlich des heutigen Hofsós gelegen, hatte längst an Bedeutung verloren. Es gab keine Industrie, keine Arbeit, viele Menschen hungerten. Man schätzt, dass zwischen 1870 und 1914 etwa 16 000–20 000 Menschen aus Verzweiflung nach Nordamerika auswanderten, ungefähr ein Viertel der damaligen Bevölkerung.
Die Ausstellung im **Kvosin Emigration Center**, ✆ 453 7936, 💻 www.hofsos.is, porträtiert damalige Auswanderer, zeigt aber auch, welche Realität sie in Amerika vorfanden. Denn auch dort hatten sie zu kämpfen. Vor allem aber plagte sie Heimweh. Das erfahren Besucher von den Nachkommen, die hier im Sommer an der Rezeption sitzen und sozusagen lebendige Ausstellungsstücke sind. Ein staatliches Programm bietet nämlich Studenten aus Nordamerika mit isländischen Wurzeln die Möglichkeit, eine Zeitlang im Land ihrer Vorfahren zu leben, die isländische Sprache zu lernen, das Land zu bereisen und – wie hier – anderen Menschen von ihren Erlebnissen und Gefühlen zu erzählen. Matthew, der kanadische Austauschstudent, den wir hier trafen, fasste seine Zerrissenheit zwischen der alten und der neuen Heimat eindrucksvoll in Worte: Im Herzen sei er immer noch Isländer, das habe er jetzt gemerkt. Er überlegt, auszuwandern. Nach Island. 🕒 Juni–Sep 11–18 Uhr, Eintritt 1500 ISK. Kinder kommen selten, aber wenn, zahlen sie keinen Eintritt.

man mit dem Auto fahren), der nördliche bei der Farm Höfði, direkt an der Straße 76, etwa 8 km nördlich von Hofsós. Man spaziert über einen Strandwall aus grauen Kieselsteinen quasi direkt durchs Wasser auf die vermeintliche Insel zu und sollte für diesen Ausflug mindestens 2–3 Std. einplanen.

ÜBERNACHTUNG

Im Ort

Campingplatz, ✆ 899 3231, 💻 www.tjoldumiskagafirdi.is. Hildur Magnúsdóttir und Halldór Gunnlaugsson managen diesen einfachen Campingplatz neben der Schule und nahe des Schwimmbades. Es gibt ein Servicehaus mit WCs und einer (!) Dusche, eine kleine Kochplatte und einen Spielplatz, aber keine Rezeption. Ein Mitarbeiter kommt morgens und abends zum Kassieren vorbei (ab 12 J. 1750 ISK, ab der 2. Nacht 1550 ISK, Rabatte für alle, die bereits einen der Partnerplätze Varmahlíð (S. 345), Hofsós (S. 360) und Sauðárkrókur (S. 352) aufgesucht haben). 🕒 Mitte Mai–Mitte Sep (je nach Wetter auch früher bzw. länger geöffnet).

€ **Guesthouse Sunnuberg**, Suðurbraut 8, ✆ 893 0220 und 861 3474. 1 EZ und 4 kleine DZ mit Bad. Es gibt eine Gemeinschaftsküche (ohne Herd/Ofen), aber kein Frühstücksangebot. Nach einem Zimmer mit Fjordblick fragen! Gehört wie das Prestbakki Guesthouse zum Emigration Center. ❸–❹

Prestbakki Guesthouse, Suðurbraut 27, ✆ wie Sunnuberg. Einfaches Gästehaus mit DZ neben der blau-weißen Kirche am Ortseingang, gegenüber dem Schwimmbad. Gemeinschaftsküche und -bad und großes Wohnzimmer, eingerichtet mit Sofagarnituren, die weder zueinander noch zu den großen bunten Ölgemälden an den Wänden passen. ❸

An der Küste

Guesthouse Gimbur, 23 km nördlich von Hofsós an der Straße 76, Karte S. 359s, ✆ 899 3183, 💻 www.reykjarholl.is. Das reizende Pärchen Sjöfn und Jón hat sich hier einen Traum verwirklicht. Die passionierten Wanderer beraten ihre Gäste, backen Pfannkuchen und Brot zum Frühstück und versuchen auch sonst, umweltfreundlich zu leben. So kommt auch das Wasser im Hot Pot auf der Terrasse frisch angewärmt aus der Erde. Kleines, aber feines Gästehaus mit 7 Zimmern mitten im Nichts, aber dafür mit herrlichem Meerblick. ❸–❹

ESSEN

Retro Mathús, Suðurbraut, ✆ 497 4444, 💻 www.fb.com/retromathus/. Das Restaurant im charmanten blauen Holzhaus aus dem Jahr 1903 bietet Fisch und Burger und dazu einen schönen Blick auf den Hafen und den Fjord. Gute Fish 'n' Chips mit Sweet Chili und Gartensalat. 🕒 meist 12–21 Uhr.

Gut bestückter **Supermarkt** mit **Cafeteria** und Eisverkauf an der Tankstelle. 🕒 Mo–Fr 9.30–18, Sa 11–16 Uhr.

TRANSPORT

Das 170-Einwohner-Dorf lässt sich bequem zu Fuß erkunden. Wer zum Campingplatz will, muss nicht durch den Ort fahren. Es gibt eine kleine zweite Zufahrtsstraße weiter nördlich. Unbedingt (z. B. vor dem Restaurant- oder Schwimmbadbesuch) einen Stopp beim Aussichtspunkt oberhalb der malerischen Buchten (kurz vor dem Ortseingang links) einlegen und sich vorstellen, wie hier einst geschäftiges Treiben herrschte. In Grafarós befand sich ehemals einer der ältesten Handelsplätze Islands. Es fahren keine Busse nach Hofsós.

Pass-Straße nach Ólafsfjörður

Bei gutem Wetter kann es sich lohnen, bei Ketilás, wo die Küstenstraße eine scharfe Linkskehre macht, nach rechts abzubiegen und den Weg bis nach Ólafsfjörður auf der alten, nicht asphaltierten Straße 82 über die **Lágheiði** zurückzulegen. Das ist für umsichtige Fahrer auch mit einem „normalen" Auto zu schaffen. Vorbei am See **Stífluvatn** geht es zunächst leicht bergab, später einigermaßen steil hinauf und vorbei an hohen Bergen und unbewohnten Tälern wieder hinunter nach Ólafsfjörður. Hierhin verirrt sich kaum ein Tourist. Die Fahrstrecke ist mit gut 40 km zwar rein rechnerisch 2–3 km kürzer als die Alternative entlang der Steilküste, man braucht aber deutlich mehr Zeit.

Siglufjörður

Der Ort liegt wie gemalt am Ende des Fjords und verzaubert mit gepflegten, bunt angestrichenen Häuschen. Scheint auch noch die Sonne, ist es hier wirklich toll. Die Plätze in den Cafés am geschützten Hafen sind dann schnell besetzt. Gut, dass auch die benachbarten öffentlichen Bänke einen Platz in der Sonne bieten. Hier lässt es sich mit Kaffee und Sandwich *to go* gut aushalten. Auch ein Selfie auf der Bank neben den beiden Holzfiguren der Künstlerin Aðalheiður Sigríður Eysteinsdóttir ist hier ein Muss. Überhaupt wimmelt es von Kunstwerken und Skulpturen: Am hinteren Hafenende erinnert ein Monument an die zahlreichen Seeleute, die nie vom Meer zurückkamen, auf einem Steg neben dem Hótel Sigló dankt ein auffälliges Damen-Metall-Ensemble in rostrot den „Herring Girls" für ihren Einsatz und ihren Kampf für gleichen Lohn unabhängig vom Geschlecht.

Schwer vorstellbar, dass das verschlafene Siglufjörður einmal eine Industriestadt war. Heute hat Siglufjörður gut 1200 Einwohner, zu Zeiten des Heringsbooms zu Beginn des 20. Jhs. waren es über 3000. In großen Fabriken wurde der Sigló-Fisch verarbeitet und in Dosen konserviert. Buchhalter, Disponenten, Ärzte und Ladenbesitzer hatten mehr als genug Arbeit. An diese gloriosen Zeiten erinnert das Herings-Ära-Museum. Noch heute spielt der Fischfang eine große Rolle, doch auch der Tourismus wird immer bedeutender.

The Herring Era Museum

In einer Vitrine sind Konservendosen ausgestellt. Darüber prangt ein uraltes Werbeschild.

Der Schriftzug „Sigló" auf der Dose war damals eine Qualitätsgarantie. Im Museum, Snorragata 15, am Ortsende in Richtung Ólafsfjörður, ✆ 467 1604, 💻 www.sild.is, können Büroräume von damals, eine Küche und ein Schlafraum besichtigt werden. Man besucht keine Produktionsstätte mit nach Fisch müffelnden Verarbeitungsmaschinen, sondern das ehemalige Verwaltungsgebäude. In den vier weiteren Ausstellungsgebäuden erinnern weitere Relikte an die goldenen Zeiten, darunter elf hübsch restaurierte Boote.

Wer Glück hat, darf an einem der „Salzfeste" teilhaben, die z. B. an einigen Juli-Samstagen (so genau, dass man seine Reisepläne danach richten könnte, werden die Termine aber nicht kommuniziert) stattfinden und an denen die „Herring Girls" nochmal singen und tanzen wie damals.

Die Fabriken dagegen sind längst abgerissen. Wer sich für Fisch und für die Arbeiter auf See und in den Fabriken interessiert, besucht deshalb besser die alte Heringsfabrik in Djúpavík in den Westfjorden (S. 326). 🕒 Juni–Aug tgl. 10–18, Mai und Sep tgl. 13–17 Uhr, sonst auf Anfrage, Eintritt 2200 ISK, Senioren und Jugendliche 1200 ISK, kleinere Kinder frei.

Volksmusikmuseum (Þjóðlagasetur)

Ein Mann spielt für wenige Besucher auf uralten isländischen Instrumenten und singt dazu. Alltag im Volksmusikzentrum von Siglufjörður, Norðurgata 1, ✆ 467 2300, 💻 www.fb.com/thjodlagasetur. Gründer und Kurator Gunnsteinn Ólafsson hat hier eine Sammlung von unschätzbarem historischem Wert zusammengetragen. Auf die Ausstellungsbesucher warten kuriose Instrumente mit den dazugehörenden Geschichten. Das Museum ist Bjarni Þorsteinsson (1861–1938) gewidmet, der sich zeitlebens für die Bewohner von Siglufjörður einsetzte. Er war Priester, Politiker, Komponist, außerdem der Erste, der Volksliedtexte sammelte und als Buch herausgab. Ihm zu Ehren findet hier alljährlich in der ersten Juliwoche das **Volksmusikfest** statt, mit Tanzveranstaltungen und Vorträgen, vor allem aber mit viel Musik. 🕒 Juni–Aug tgl. 12–18 Uhr, Eintritt wie Heringsära-Museum (Tickets gelten für beide).

ÜBERNACHTUNG

€ **Camping Siglufjörður** (Campingkarte, außer während des Heringsfests), Gránugata 24, ✆ 464 9100, 💻 www.tjalda.is/en/siglufjordur. Der geschotterte Campingplatz liegt mitten im Ort, eine Dusche ist vorhanden, die WCs sind öffentlich. Ab 16 J. 1500 ISK. 🕒 Mitte Mai–Mitte Okt. Wesentlich schöner liegt der zweite Campingplatz am Südende des Ortes, **Stóri Bóli**. Allerdings gibt es hier keine Duschen und nur kaltes Wasser und der Platz ist nicht Teil des Campingkartenangebots. Preise wie auf dem Haupt-Campingplatz.

Sigló Hótel, Snorragata 3, ✆ 461 7730, 💻 www.siglohotel.is. Das khakifarbene Holzhaus mit den weißen Dächern und Fensterrahmen ist das wohl auffälligste Gebäude der Stadt und bietet viele Zimmer mit Hafenblick, und die Menschen, die am Hafen sitzen, haben – ob sie wollen oder nicht – Hotelblick. Die 68 Zimmer sind liebevoll eingerichtet – elegant, aber nicht protzig. Es gibt ein Schwimmbad im Freien und das hoteleigene Restaurant Sunna. Die vier Sterne trägt das Haus zu Recht. ❼–❽

Siglunes Guesthouse, Lækjargata 10, ✆ 467 1222, 💻 www.hotelsiglunes.is. Bis ins kleinste Detail liebevoll ausgestattetes Retro-Hotel. Die minimalistischen Badezimmer sind ein toller Kontrast zu den auf alt gemachten Oma-Sesseln und den Holztonnen, die als Sitzmöbel bereitstehen. Charleston-Feeling in Siglufjörður – wer hätte das gedacht? Die günstigeren Zimmer mit Gemeinschaftsbad. Frühstück 2500 ISK extra. ❹

ESSEN UND UNTERHALTUNG

Aðalbakarí, Aðalgata 26, Traditionsbäckerei und Café, sehr empfehlenswert. 🕒 Mo–Fr 7–16, Sa 9–16 Uhr.

Fiskbúð Fjallabyggðar (s. Einkaufen) hat die besten Fish & Chips weit und breit.

Harbour House Café, Gránugata 5b, ✆ 659 4809, 💻 www.fb.com/harbourhousesiglo/. Eine einfache grün-braune Hütte direkt am Hafen. Weil der Sitzbereich draußen durch große Glaswände vor Wind schützt, sind die Tische hier oft besetzt, sobald die Sonne durch die

Wolken lugt. Innen urgemütlich. Gäste essen meist den Fisch des Tages mit Folienkartoffel und Salat. ⌚ wetterabhängig, meist 12–23 Uhr oder länger.

Kaffi Rauðka, Gránugata 19, ☎ 461 7733, 💻 www.kaffiraudka.is. Günstig ist anders, aber in dem hübschen roten Holzhaus direkt am Hafen ist immer Remmidemmi. Auf der Karte stehen hauptsächlich Fischgerichte, aber auch Burger, Panini, Nachos, Veggie-Quiche und leckerer Kuchen. Richtig voll wird es bei Sonnenschein vor dem Haus: Wer hier einen Sitzplatz ergattert, geht so schnell nicht wieder weg. ⌚ Nur Juni–Aug, dann tgl. 12–21 Uhr.

Kveldúlfur Bjór & Bús, Suðurgata 10. Witzige Kombi aus Bar und Friseurladen. Offen, wenn die Tür auf ist – so steht es offiziell geschrieben.

Restaurant im Guesthouse Siglunes, s. Übernachtung. Im Sommer wird vom Freund der Gästehausbesitzerin, dem Meisterkoch Jaouad Hbib, gekonnt marokkanisch gekocht. ⌚ Di–Do 18–21, Fr–So 18–22 Uhr.

© CAROLINE MICHEL

Werk des Künstlers Arthur Ragnarsson: Die „Herring Girls"

Torgið Restaurant, das gelbe Haus ggü. des roten Kaffi Rauðka, ✆ 467 2323, 💻 www.torgid.net. Ein bei Einheimischen beliebtes Restaurant. Es gibt Pizza und Burger mit lustigen Namen wie „Ehefrau", „Tante" und „entfernter Cousin", außerdem Salate und Lamm. 🕒 tgl. 12–14 und 18–21 Uhr.

Segull 67 Brewery, Vetrarbraut 8-10, 💻 www.segull67.is. Liebevoll gestaltete familiengeführte Brauerei mit Tischen draußen. 🕒 Do 15–19, Fr 15–22, Sa 14–22 Uhr.

AKTIVITÄTEN UND TOUREN

Schwimmen

Schwimmbad, Hvanneyrarbraut 52, ✆ 464 9170, 💻 www.swimminginiceland.com/north-of-iceland/192-siglufjordur-sundlaug. Schwimmhalle mit Hot Pot im Freien. 🕒 Sommer Mo–Fr 6.30–19, Sa und So 10–18 Uhr, im Winter unregelmäßig geöffnet und oft über Mittag geschl.

Skifahren

Skarðsdalur, Karte S. 359, ✆ 467 1806, 💻 www.skardsdalur.is. Skigebiet mit insgesamt 5,5 km Abfahrten und vier Liften, die meisten Pisten einfach. Die schwarze Piste ist kurz, zum Zeitpunkt der Recherche wurde aber eifrig gebaut. Tagestickets 4000 ISK, Kinder (11–17 J.) 1100 ISK. 🕒 Dez–Mai 10–16 Uhr.

SONSTIGES

Einkaufen

Fiskbúð Fjallabyggðar, Aðalgata 27. Fischgeschäft. 🕒 Mo–Fr 11.30–17 Uhr.

Kjörbúðin, Suðurgata 2-4. Supermarkt. 🕒 Mo–Fr 9–18, Sa 10–17, So 12–17 Uhr.

Vínbúðin, Eyrargata 25. 🕒 Mo–Do 11–18, Fr 11–19, Sa 11–14 Uhr.

Feste

Heringsfest, mehrere Tage Anfang August: Von den ortsansässigen Gastronomen organisiertes Musik-und-Fress-Fest, bei dem Einheimische und Touristen gemeinsam feiern und grillen.

Super-Troll-Abfahrtslauf, Anfang Mai: Zum Ende der Skisaison verkleiden sich alle als Trolle.

Informationen

Im **Rathaus**, Gránugata 24, ✆ 46491-00, -20. 🕒 Mo–Fr 9–17, Sa und So 10–14 Uhr.

TRANSPORT

Auto

Nordwestlich des Orts führt die Straße durch einen kurzen einspurigen Tunnel (Achtung: Geschwindigkeitskontrollen!). Wer auf der Seite fährt, auf der sich die durch ein „M" kenntlich gemachten Haltebuchten befinden, muss ausweichen bzw. rückwärts zur nächsten Bucht zurückfahren. Da in die Buchten nur 1–2 Autos passen, möglichst einzeln einfahren. Die beiden Tunnel, die Siglufjörður mit Ólafsfjörður verbinden, sind eng, aber zweispurig. Auch hier stehen Blitzer.

Busse

AKUREYRI, mit Strætó-Bus 78 Mo–Fr 6.40, 9.30 und 15, So 14.02 Uhr über ÓLAFSFJÖRÐUR und DALVÍK in ca. 80 Min. für 3420 ISK. Haltestelle an der Olís-Tankstelle.

Ólafsfjörður

Der Ort, eher zweckmäßig als hübsch, schielt auf die Popularität des benachbarten Siglufjörður. „Was haben die, was wir nicht haben?" fragt man sich und versucht, ausgefallene neue Touristenattraktionen zu schaffen. PR-Maßnahme eins: Eine Ausstellung im Naturgeschichtlichen Museum, **Pálshús**, Strandgata 4, ✆ 466 2255, über die Sehnsucht des Menschen, fliegen zu können, ⌚ tgl. 10–16 Uhr, Eintritt 2000 ISK, Kinder 1000 ISK. Maßnahme zwei: die Häuser anmalen (weil bunt jeder kann, von Künstlerhand). Nach und nach sollen alle Fassaden mit Trollgemälden verschönert werden. Der Clou: Die Trolle werden die Gesichtszüge der jeweiligen Hausbewohner tragen. Ida, die Besitzerin des Kaffi Klara, ihr Ehemann Bjarni und ihr Sohn Guðmundur Ingi waren die Ersten, die so bildlich verewigt wurden. Er als Koch, sie als Grýla, die Trollmutter der isländischen Weihnachtsmänner, und der Sohn als Trollkind. Mittlerweile hat sich auch das Personal dazugesellt. Aufgabe für Durchreisende: Wer findet und erkennt die Trollversion des örtlichen Lehrers?

Ólafsfjörður liegt im Winter monatelang weitgehend im Schatten, aber im März, wenn sich für wenige Stunden die Sonne wieder zeigt, steigt der Ort auf der Beliebtheitsskala. An den Hängen des Berges Tindaöxl liegt nämlich ein bekanntes **Skigebiet**, ✆ 466 2527, 💻 http://skiol.fjallabyggd.is, mit 1,3 km Piste und Skilift (⌚ Dez–Mai 13–17 Uhr, Tagesticket 470 ISK, Kinder 270 ISK), aber auch in den umliegenden Bergen lässt es sich herrlich Skifahren, ohne Loipen und Pisten, dafür mit atemberaubenden Aussichten aufs Meer. Eine mehr als ausreichende Entschädigung für den drei- bis vierstündigen Aufstieg. Die 15-m-Sprungschanze mitten im Ort ist reparaturbedürftig und außer Betrieb.

ÜBERNACHTUNG

Die Übernachtungspreise sind für isländische Verhältnisse günstig.

Brimnes Hotel & Cabins, Bylgjubyggð 2, ✆ 466 2400, 💻 www.brimnes.net. Ein in die Jahre gekommener Betonklotz mit Hotelrestaurant neben der Tankstelle am Ortsrand. Die Holzhäuser (2 große, 2 mittelgroße, 4 kleine) bieten einen schönen Blick auf den See. Leider liegen sie aber ziemlich dicht nebeneinander und (was man auf den Werbefotos auf der Webseite natürlich nicht sieht) recht nah an Tankstelle, Parkplatz und Straße. Jede Hütte hat einen eigenen Hot Pot. Ein Grill kann ausgeliehen werden, Fahrrad- und Kajakverleih im Hotel. Blockhäuser Mitte Feb–Mitte Okt, für bis zu 4 bzw. 7 Pers. ❹

Camping Ólafsfjörður (Campingkarte), Aðalgata, ✆ s. Kaffi Klara, 💻 www.tjalda.is/en/olafsfjordur. Der Campingplatz liegt sehr zentral neben dem Sportzentrum, was Vor- und Nachteile hat: kurze Wege, das Schwimmbad direkt um die Ecke, aber dafür ist die Lage eben nicht allzu idyllisch. Ab 16 J. 1400 ISK, Waschmaschine 800 ISK. ⌚ Mitte Mai–Mitte Okt.

€ **Gistihús Klara**, Strandgata 2, ✆ 466 4044, 💻 www.kaffiklara.is. 5 einfache Zimmer (1 EZ, 2 DZ, 1 Dreibett- und 1 Familienzimmer) mit Gemeinschaftsbad im OG des Kaffi Klara (s. Essen). Keine Kochgelegenheit. ❸

ESSEN

Man merkt, dass der Massentourismus in Ólafsfjörður noch nicht eingezogen ist. Die wenigen Restaurants im Ort sind nicht für Touristen hübsch herausgeputzt, sondern so, wie die Isländer Restaurants gewöhnt sind: praktisch eingerichtet und mit gutem, einfachem Essen.

Höllin, Hafnargata, ✆ 466 4000. Eine Mischung aus Pizzeria und Pommesbude, nicht besonders gemütlich, aber man kann Kontakt zu Einheimischen knüpfen und das Essen ist okay. ⌚ Mo–Fr 11.30–14 und 17–21, Sa/So 17–21 Uhr.

Kaffi Klara, s. Übernachtung. Das Gebäude ist ein ehemaliges Postamt: Sowohl der in die Wand eingelassene Tresor mit der schweren Stahltür als auch zwei Telefonkabinen zeugen davon. In der einen werden Putzmittel aufbewahrt, in der anderen hängen originale uralte Telefone. Wer fragt, darf die Tür öffnen und Relikte aus alten Zeiten ausgiebig bestaunen. Klara serviert Suppe, Kuchen, Omeletts, Wraps und andere herzhafte Kleinigkeiten sowie ein tgl. wechselndes Hauptgericht. Außerdem gibt es einen Sonntagsbrunch und Eis, das bei den Einheimischen sehr beliebt ist. Bei schönem Wetter sitzt man auf den Holzbänken vor dem Café und schaut auf die Straße. Dann und wann finden Lesungen und kleinere Konzerte statt. ⌚ tgl. 10–17, im Winter 12–17 Uhr.

SONSTIGES

Einkaufen

Kjörbúðin-Supermarkt, Aðalgata 2-4 (an der Hauptstraße kurz vor dem Ortsausgang Richtung Dalvík). ⌚ Mo–Fr 9–18, Sa/So 12–19 Uhr.

Feste

Darkness Festival, Ende Jan: Künstler aus aller Welt präsentieren, was sie in den langen, dunklen Monaten zuvor geschaffen haben. Eine kleine eingeschworene Gemeinschaft kommt jeden Winter nach Ólafsfjörður, um gemeinsam an Liedern, Bildern, Fotoausstellungen und Skulpturen zum Thema „Winter in Ólafsfjörður" zu arbeiten. Manche der hier geborenen Ideen überdauern die dunkle Jahreszeit.

Informationen

Touristeninformation, Ólafsvegur 4 und im Kaffi Klara, ⌚ Mo–Fr 13–17, Sa 10–14 Uhr.

Schwimmen

Schwimmbad, Tjarnarstígur 1, ✆ 464 9250, 💻 www.swimminginiceland.com/north-of-iceland/191-sundlaugin-olafsfirdi. Ein kleines hübsches Freibad mit einer weithin sichtbaren Riesenrutsche. ⌚ Mo–Fr 6.30–19, Sa und So 10–18 Uhr, im Winter nur unregelmäßig und oft über Mittag geschl.

TRANSPORT

Auto

Ein 3,4 km langer einspuriger Tunnel führt direkt an die Ostküste der Halbinsel. Vor dem Park- und Aussichtsplatz direkt links hinter dem Tunnel tummeln sich oft Wale.

Busse

Abfahrten ab Haltestelle Múlavegur 15 Min. früher/später als in Dalvík.

Dalvík und Umgebung

Das beschauliche 1500-Seelen-Örtchen punktet mit einem schönen Hafen, gut markierten Wanderwegen, einer kleinen Kirche oberhalb des Ortes, einem skurrilen Heimatmuseum und einem Freibad mit freier Sicht auf die Berge oberhalb des Tals Svarfaðardalur, dem das Städtchen seinen Namen verdankt: Dal-vík heißt nämlich Tal-Bucht.

Von Dalvík aus fährt eine Fähre nach **Grímsey** (S. 325), wo eine 8 t schwere Betonkugel den nördlichen Polarkreis markiert. Auf der 5,3 km² großen Insel mit gut 100 Einwohnern findet man außer einem kleinen Ort (die Treibholzkirche ist leider 2021 abgebrannt und wird zurzeit wieder aufgebaut) vor allem jede Menge Vögel, auch die beliebten Papageitaucher.

Heimatmuseum Byggðasafnið Hvoll

Eine überdimensionale weiße Gartenbank an der Hauptstraße, die als Wegweiser dient – wem könnte sie als Sitzplatz gedient haben? Die Antwort lautet: **Jóhann Pétursson**, 1913 hier geboren und seinerzeit mit einer Größe von 2,34 m der größte Mann der Welt. Er wog 163 kg und seine Füße fanden in Schuhen der Größe 63

Beschaulich: der Hafen von Dalvík

Platz. Jóhann, in Deutschland als „der nordische Riese Olaf" bekannt, wurde Zirkusdarsteller und Performer. Die letzten 20 Jahre seines Lebens verbrachte er in Florida. Seine Größe war sein Kapital. Einem breiteren Publikum wurde er als Schauspieler bekannt, z. B. im 1950 gedrehten Streifen *Prehistoric Women*, in dem er, wie sollte es anders sein, die Rolle des Riesen verkörperte. Dem großen Mann ist im Heimatmuseum Byggðasafnið Hvoll, Karlsrauðatorg, ✆ 460 4928, 💻 www.dalvik.is/byggdasafn, ein Zimmer gewidmet, ansonsten bestaunt man hier viele ausgestopfte Vögel und Säugetiere, darunter ein Eisbär. 🕒 Juni–Aug tgl. 10–17 Uhr.

Bjórböðin in Árskógssandur

Bier war in Island bis zum 1. März 1989 verboten, weshalb dieser Tag noch heute als Bier-Tag gefeiert wird. Seitdem jedenfalls nimmt die Zahl der „Micro-Brauereien" ständig zu. Und die der lustigen Ideen auch. Eine davon: Das **Bier-Spa**. 12 km südöstlich von Dalvík, in Árskógssandur, befinden sich eine Brauerei und ein etwas anderes Spa, Ægisgata 31, ✆ 414 2828 und 699 0715, 💻 www.bjorbodin.is. Hier badet der Gast in großen Biertrögen. Schade, dass man das Gebräu nicht trinken kann! Es soll aber der Haut Gutes tun und so den Leib, wenn schon nicht von innen, dann immerhin von außen laben. Und ein Bier gibt's zum Bade dazu, zumindest wenn man über 20 Jahre alt ist.

Insgesamt sind es sieben Tröge (für max. 14 Pers.). Alle stehen in einzelnen Zimmern. Auch der Hot Pot auf der Terrasse (für bis zu 8 Leute) kann genutzt werden. 25 Min. Bad und weitere 25 Min. im Ruheraum kosten 17 900 ISK p. P., Paare zahlen 23 900 ISK. 🕒 Badezeiten im Sommer Di–Sa 12–20 Uhr, im Winter seltener. Die Außen-Hot Pots auf der Terrasse (für bis zu 8 Leute) sind ohne Bier, Baden kostet aber trotzdem 2000 ISK p. P.

Zur Brauerei, die man für 2000 ISK besichtigen kann, gehört ein recht großes **Restaurant**. Das Selbstgebraute kann man also auch nur trinken und dazu lecker essen. Den Blick auf Hrísey gibt's kostenlos dazu. 🕒 Außen-Pots nur Fr/Sa, Bierbaden Di–Sa 12–22 Uhr, Restaurant nachmittags/abends.

ÜBERNACHTUNG

In Dalvík

Campingplatz (Campingkarte), Svarfaðarbraut, ✆ 625 4775, 💻 www.tjalda.is/en/dalvik. Das

Campinggelände liegt direkt beim Schwimmbad, dessen Personal auch für den Campingplatz zuständig (und damit nur während der Schwimmbad-Öffnungszeiten erreichbar) ist. Prima Servicehaus mit Küche und Aufenthaltsraum. Ab 16 J. 1750 ISK p. P., Strom/Waschmaschine/Trockner je 1000 ISK. ⌚ Mai–Mitte Sep. Wer nett fragt, darf hier aber auch im Winter übernachten.

Dalvík Hostel (auch bekannt als Hostel Gimli), Hafnarbraut 14, ☎ 466 1060, 💻 https://dalvikhostel.is. Das freundliche Personal rund um Betreiber Bjarni schafft ein herzliches Gemeinschaftsgefühl und schnell ist vergessen, dass das Hostel wenig einladend an der Hauptstraße liegt. Großer Gemeinschaftsraum, gut ausgestattete Küche mit schöner Aussicht. Einige Zimmer sind mit antiken Möbeln ausgestattet, die meisten aber sehr einfach. Alle mit Gemeinschaftsbad. Schlafsaalbetten gab es zum Zeitpunkt der Recherche nicht. ❹

Hótel Dalvík, Skíðabraut 18, ☎ 466 3395, 💻 www.hoteldalvik.com. Nicht ganz so modern wie vergleichbare Häuser und einige Zimmer ohne eigenes Bad. Andere wiederum haben was der Name verspricht, nämlich Hotelstandard. ❺

Im Svarfaðardalur

Gästehaus Skeið, am Ende des Tals (ca. 18 km auf der Straße 805), Karte S. 359, ☎ 866 7036, 💻 www.skeid.net. Ganz weit draußen und eine kleine Welt für sich mitten im Wanderparadies. Man schläft in urigen Etagenbetten aus Holz, im schicken Apartment oder draußen im Zelt und wird auf Wunsch auch bekocht. Schlafsackunterkunft für 2 Nächte 10 000 ISK, mit Bettwäsche 12 000 ISK, Frühstück 2000 ISK p. P. Einziger Nachteil: mit öffentlichen Verkehrsmitteln kommt man hier nicht hin. ❸

Zwischen Dalvík und Akureyri

Karte S. 359

Arnarnes Paradís, 24 km nördlich von Akureyri, ☎ 894 5358, 💻 https://arnarnesalfasetur.com. 6 Zimmer im Hauptgebäude, 3 im Blockhaus – alle mit Gemeinschaftsbad und Hot Pot auf der Terrasse (der aber nicht immer befüllt ist). Mal etwas ganz anderes sind zwei ausrangierte Wohnmobile, ein Wohnwagen und ein Laster, die mit windgeschützter Veranda ausgestattet, nun eine stationäre Wohnstatt mit Camper-Atmosphäre bieten. Das Gästehaus ist dem Projekt „Responsible Tourism" angeschlossen, und man bemüht sich hier, so ökologisch wie möglich zu sein: Es gibt Fairtrade-Bettwäsche aus Biobaumwolle, Frühstück (2200 ISK p. P.) und Abendessen (auf Anfrage) mit selbstgebackenem Brot und Tee aus selbst gesammelten Kräutern. Wer mag, kann eigenwillige Elfen-und-Feen-Gemälde kaufen, die die Besitzerin Eygló (wer das nicht korrekt aussprechen kann, sagt einfach „Iglu", sie ist das gewohnt) selbst gemalt hat. Oder einen Spaziergang auf dem Elfenpfad machen. 90-minütige geführte Elfentouren kosten 4000 ISK p. P. ❸–❹

Camping Hauganes, Hafnargata 2, ☎ 892 9795, 💻 www.ektafiskur.is/en/hauganes-camping-area. Einfacher und leider nicht besonders ebener Platz ohne Küche und Aufenthaltsraum. 2000 ISK p. P., Kinder (6–12 J.) 1000 ISK. ⌚ März–Nov.

The Viking Country Club, Hjalteyri, ☎ 777 8300, 💻 https://sites.google.com/view/the-viking-country-club. Nicht so nobel, wie der hochtrabende Name vermuten lässt, sondern mit Gästehauscharme (teilweise Gemeinschaftsbad) und im Asia-Stil eingerichteten Zimmern. Es gibt einen Hot Pot und manchmal auch gratis Whale Watching vom Parkplatz aus. Und – in Island ziemlich selten – bezahlbare Einzelzimmer. ❺

ESSEN

In Dalvík

Á Gregor's, Goðabraut 3, ☎ 847 8846, 💻 www.fb.com/agregors. Pub mit kleiner Auswahl (meist zwei Fischgerichte und ein Fleischgericht, oft Lamm), aber großen Portionen. ⌚ tgl. 18–22 Uhr, am Wochenende auch länger, im Winter nur Fr und Sa ab 20.30 Uhr.

Kaffi Berg, Goðabraut 2, ☎ 460 4930, 💻 www.dalvikurbyggd.is. Das Café ist Touristeninformation, Bücherei, Treffpunkt und WLAN-

Hotspot. Leckere Kuchen und Suppen, kostenlose saubere WCs. ⌚ im Sommer meist Mo–Do 11–17, So 12–13 Uhr.

Gísli, Eiríkur, Helgi - Kaffihús Bakkabrædra, Grundargata 1, ✆ 666 3399, 💻 www.fb.com/bakkabraedurkaffi. Witzig gemacht mit allerlei Schnickschnack. Schon allein die Sättel, die über der Veranda hängen, können als Indiz dafür gedeutet werden, dass man hier nicht alles bierernst nimmt. Die Renner sind die Fischsuppe mit hausgemachtem Brot und der Skyr-Kuchen. Bei Sonnenschein sind die wenigen Außensitzplätze schnell besetzt. ⌚ tgl. 11–17 Uhr.

Außerhalb

Karte S. 359

Baccalá Bar, in Hauganes, ✆ 620 1035, 💻 www.ektafiskur.is/veitingahus. Die liebe- und fantasievoll gestaltete Strandbar neben der Whale-Watching-Station bietet neben leckeren Kleinigkeiten und frisch gefangenem Fisch auch Kaffee und Kuchen – vor allem aber eine tolle als Wikingerschiff gestaltete Außenterrasse. ⌚ Di–So 12–20.30 Uhr.

Eyri, in Hjalteyri, ✆ 888 9604, 💻 www.fb.com/EyriRestaurant. Nettes braunes Holzhaus-Restaurant in Ranch-Stil mit kleiner, aber feiner Karte (Lamm, Fisch, Muscheln, Rentier, aber auch vegane Gerichte). Reservierung von Vorteil. ⌚ Im Sommer tgl. 17–22 Uhr.

AKTIVITÄTEN UND TOUREN

Reiten

Tvistur Reittouren, Karte S. 359, ✆ 861 9631, 💻 www.tvistur.is. Sveinbjörn und seine Frau Elín bieten 1–4-stündige Ausritte durch das Svarfaðardalur und in die angrenzenden Berge. Ausgangspunkt ist das **Pferdesportzentrum Hringsholt**, wo es auch eine kleine Turnierarena gibt. Reitgäste werden auf Wunsch in Dalvík abgeholt. 1 Std. 8500 ISK, 4 Std. 22 000 ISK (und auch dazwischen gibt es Angebote).

Schwimmen

 **Schwimmbad** im Sportcenter, am Ende der Svarfaðarbraut, ✆ 466 3233. Modernes Freibad mit Hot Pots und Rutsche und Aussicht auf die beeindruckende Bergkulisse. Eines der schönsten öffentlichen Schwimmbäder Islands. ⌚ Mo–Do 6.15–20, Fr 6.15–19, Sa und So 9–17 Uhr.

Skifahren

Im Winter bietet das vom Stadtzentrum aus zu erreichende **Skigebiet Böggvisstaðafjall** einen herrlichen Anblick. Es gibt zwei Skilifte und mehrere Abfahrtsstrecken, die längste ist 1,2 km lang. Weil das Gebiet nicht hoch in den Bergen liegt, ist das Wetter oft besser als in den anderen Skigebieten Tröllaskagis, sagen die Einheimischen. Wenn andere Lifte z. B. wegen Sturm geschlossen werden, ist hier oft noch Betrieb. Bei Schneemangel wird auf Kunstschnee zurückgegriffen. Mehr Informationen unter ✆ 466 1010 und 💻 www.skidalvik.is.

Tauchen

Ungefähr auf halbem Weg zwischen Dalvík und Akureyri, in Hjalteyri, befindet sich das **Strýtan DiveCenter**, ✆ 862 2949, 💻 www.strytan.is. Erlendur und sein Team bieten neben Schnorcheln auch aufregende Touren (nur für erfahrene Taucher, ab 40 000 ISK) zu Warmwasserschloten tief unten im Fjord. Um die 80 Grad heißes Wasser kommt hier aus dem Boden und die darin enthaltenen Mineralien formen eine geheimnisvolle Unterwasserwelt.

Walbeobachtungen

Je weiter im Norden eines Fjords man sich auf Walsafari begibt, desto mehr Wale bekommt man zu sehen – einfach wegen der kürzeren Fahrtzeit bis zum offenen Meer, wo sich die großen Tiere bevorzugt aufhalten. Arctic Sea Tours operiert von Dalvík aus, North Sailing Hjalteyri verlässt den Hafen in der Mini-Ortschaft Árskógssandur, südlich von Dalvík. Whales Hauganes fährt ab Hauganes (von Dalvík 15 km) – aber nicht weit. Hier wird losgefahren, sobald Wale vor der Küste in Sicht sind. Nach einer Fahrt von exakt 16 (!) Min. erreicht man deren bevorzugten Tummelplatz.

Arctic Sea Tours, Hafnarbraut 22, ✆ 771 7600, 💻 www.arcticseatours.is. 3 Std. 73 €, Jugendliche (7–15 J.) zahlen die Hälfte, kleinere Kinder fahren kostenlos mit. Außerdem gibt es

Blick auf Dalvík und Hrísey: Rückweg der Kofi-Wanderung

Wandern im Hobbitland

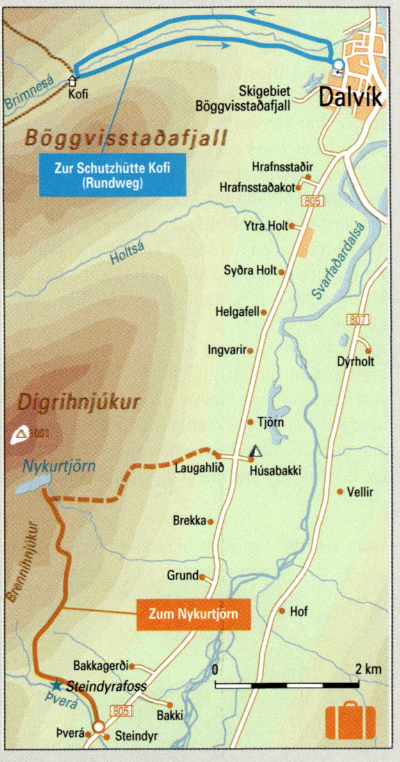

Hohe Berge, idyllische Flüsschen, tiefe Schluchten, grüne Wiesen, sumpfiges Feuchtgebiet mit Wollgras, Vogelbrutplätze, steinige Hochebenen, kleine Wasserfälle und ein milchig-grüner Bergsee. Wer nach Dalvík kommt und keine Wanderung macht, ist selbst schuld. Zumal hier die Wege extrem gut markiert sind und ein Verlaufen somit fast unmöglich ist. Rund um Dalvík geht es so beschaulich zu, dass es niemanden wundern würde, wenn plötzlich ein Hobbit um die Ecke käme.

Die Touristeninformation verteilt ein **Faltblatt** mit Karte und Kurzerklärungen zu zehn Wanderstrecken – im Folgenden eine kleine Auswahl. Besonders hilfreich sind die durch Wanderschuhsymbole gekennzeichneten Schwierigkeitsgrade. Das Wanderwegenetz rund um Dalvík gibt's auch zum **Download** unter 💻 www.dalvikurbyggd.is/static/files/Adalvefur/Annad/dalvikurbyggd-gongukort.pdf.

Zur Schutzhütte Kofi

- **Länge:** 8,5 km Rundwanderung
- **Dauer:** 5 Std. mit vielen Pausen
- **Schwierigkeit:** leicht
- **Strecke:** westlich von Dalvík, auf dem Faltblatt die Nr. 7

Der Pfad führt parallel zum Fluss Brimnesá stetig bergauf bis zur Schutzhütte Kofi, wo der Fluss auf einer kleinen Holzbrücke überquert wird. Zurück geht's parallel zum Berg Böggvisstaðafjall mit schöner Aussicht auf den Ort und den Fjord.

Ausgangspunkt ist die **Kirche** in Dalvík, vor der sich ein großer Parkplatz befindet. Anders als im Faltblatt eingezeichnet, startet die Wanderung nicht südlich, sondern nördlich der Kirche. Am Beginn der Schotterstraße folgt man dem Wegweiser „Reykjaheiði/Grímubrekkur". Ein schmaler, nicht markierter Grasweg – die erste Möglichkeit, den Hauptweg nach rechts zu verlassen – führt zum Fluss Brimnesá und auf einer **Steinbrücke** mit Geländer über ihn hinweg. Wer stattdessen weiter geradeaus geht, kommt direkt zum Endpunkt der Wanderung am schönen Picknickplatz. Der Pfad trifft bei einem **Betongebäude mit Picknickbank** auf den breiten Weg, auf dem es von nun an Richtung Westen weitergeht. Erst weg vom Fluss, durch eine Heidelandschaft mit Blaubeerfeldern, später durch bunt blühende Wiesen wieder zurück zum nördlichen Brimnesá-Ufer. Jetzt nur noch ein Trampelpfad, verläuft der Weg leicht bergauf parallel zu Hang und

Fluss, vorbei an den Bergen Bærjarfjall, Selhjnúkur und Systrahnjúkur.

Hier wäre ein idealer Drehort für die Filmversionen des Tolkien-Klassikers *Der kleine Hobbit*, so friedlich und idyllisch ist es. Hätte man große, behaarte Hobbitfüße mit etwas Hornhaut, könnte man sogar barfuß durchs Gras und Gestrüpp laufen, so wenig gemeine spitze Steine liegen auf dem Weg. Wenn die kleine Schutzhütte Kofi in Sicht kommt, langsam, aber stetig über die feuchte **Wollgraswiese** in Richtung Ufer wandern (der Hauptweg führt weiter ins Grímudalur, auf der Dalvík-Wanderkarte der Wanderweg Nr. 4). Hier besteht die Möglichkeit, den Fluss auf einer Holzbrücke trockenen Fußes zu queren und auf den Picknickbänken vor der **Hütte** die Halbzeitpause einzuläuten. Die Hütte selbst, eher ein Wellblechcontainer als ein niedliches Häuschen, ist leider ziemlich ungepflegt. Innen eine Holzpritsche mit Hängematte, zwei Plastikstühle, ein kleiner Tisch und ein Gästebuch. Ein WC steht hier nicht.

Am südlichen Flussufer entlang erfolgt der einfache **Abstieg** zurück in Richtung Dalvík, das sich von hier oben von seiner schönsten Seite präsentiert. Bei gutem Wetter sieht man aus ständig wechselnden Perspektiven auf den Ort, auf die Insel Hrísey und die gegenüberliegende Seite des Fjords. Zum Abschluss noch ein Blick in den Canyon, den die Brimnesá geschaffen hat – hier unten, im steinigen Abschnitt, erscheint der kleine Fluss um einiges wilder als weiter oben –, dann kann die Halbtageswanderung auf dem schönen, geschützten Picknickplatz einen würdigen Abschluss finden.

Zum Nykurtjörn („Nixen-Teich")

- **Länge:** 10 km (5 km je Strecke)
- **Dauer:** ca. 4 1/2 Std.
- **Schwierigkeit:** mittel
- **Strecke:** auf dem Faltblatt die Nr. 3

Die Wanderung führt auf einsamen Pfaden hinauf zu einem verwunschenen Bergsee, der 700 m über dem Meeresspiegel liegt.

Der auf der Dalvík-Wanderkarte vorgeschlagene **Startpunkt** liegt 10 km südlich an der Straße 805 in der Nähe der Farm Steindyr. Hier gibt es allerdings keinen Parkplatz, also bitte dort nachfragen, wo das Auto stehen kann (ggf. darf man das Auto an der Einfahrt zur Kuhwiese parken, wo auch der Wanderweg beginnt). Der gut sichtbare Pfad folgt steil bergauf dem Lauf des Flusses Þverá, wo schon bald der 15 m hohe **Steindyrafoss** bewundert werden kann (es soll möglich sein, hinter

Beim Nykurtjörn ist auch im Sommer mit Schnee zu rechnen.

© CAROLINE MICHEL

dem Wasserfall hindurch zu gehen, was jedoch nur trittsicheren Bergsteigern bei gutem Wetter empfohlen wird).

Der mit roten Holzpflöcken markierte Weg macht da, wo ein zweiter Fluss in die Þverá mündet, eine Kehre in Richtung Norden. Immer den Berg Brennihnjúkur und einen weiteren Wasserfall im Blick, der sich von dort oben seinen Weg malerisch durch Steinterrassen bahnt, führt die Wanderung lange Zeit stetig leicht bergauf durch üppige Wiesen. Schöne Aussichten ergeben sich ins Delta des Flusses Svarfaðardalsá und auf die gegenüberliegende Bergkette, deren Gipfel nie ganz schneefrei sind. Dann wird der Untergrund feuchter, das Laufen im tiefen Boden beschwerlicher, was den hier oben nur langsam abschmelzenden Schneefeldern geschuldet ist. Ein fast vegetationsloser **rotbrauner Berg** wird sichtbar. Er dient als Orientierungshilfe, denn auf diesem Teilstück fehlen viele Markierungspflöcke – zur Not einfach steil bergauf auf diesen Berg zu laufen. Und irgendwann, wenn man schon fast die Hoffnung aufgegeben hat, dass hier noch irgendwo der versprochene **See** auftaucht, steht man direkt davor. Am Ufer ist das Wasser glasklar, in der Mitte milchig-grün.

Für den **Rückweg** hält das Faltblatt einen Pfad in Richtung Húsabakki bereit (die ganze Wanderung ist dann 7,7 km lang). Wenn aber das Auto am Bauernhof Steindyr steht, ist es sinnvoller, den gleichen Weg zurückzugehen.

Auch der **Auf- und Abstieg von Húsabakki aus** ist lohnend, wenn auch um einiges steiler. Gegenüber des Campingplatzes führt eine kleine Straße bis zu einem Mini-Parkplatz am Ortsende, wo man vor dem Haus mit dem Schild Tjarnargarðshorn auf einer Pferdeweide den ersten Markierungspflock erspäht. Von hier aus geht's bergauf bis zum eingefassten warmen Fußbad Fótlaug Bakkabræðra, in dem laut Infoschild vor langer, langer Zeit drei Brüder aus Húsabakki mal vor einem seltsamen Problem standen: Sie wussten nicht mehr, welche Beine zu wem gehören und trauten sich nicht, das Bad zu verlassen, weil sie fürchteten, aus Versehen mit den Beinen eines Bruders loszulaufen. Wie und von wem sie doch befreit wurden? Verraten wir jetzt mal nicht.

Was verraten wird, ist: Hier geht der Weg nicht geradeaus weiter, sondern man soll oberhalb des Bades über den kleinen Zaun klettern. Vorbei an einem hübschen Wasserfall und durch einige kleine Schluchten trifft der Weg kurz nach der Durchquerung einer beeindruckenden Schlucht mit Bach mit dem Weg aus Steindyr zusammen. Auf dem Rückweg sind die Pflöcke leichter zu finden als auf dem Raufweg. Dafür merkt man jetzt, wie steil es an manchen Stellen rechts und links der schmalen Trampelpfade runtergeht. Wanderzeit je nach Kondition, Wetter und Sitzfleisch 4–5 Std. Die beste Jahreszeit für diese Wanderung ist der September, denn dann sind die Frühlingsblumen gerade aus dem Winterschlaf erwacht (ja, der „Sommer" währt hier oben nur wenige Wochen), die Wiesen zart-hellgrün und üppig.

Wenn's regnet, ein willkommener Pausen-Unterschlupf: die Schutzhütte Kofi

Wanderung nach Hólar

(nicht auf dem Faltblatt)

20 km südlich von Dalvík, am Ende des Tals Svarfaðardalur, beginnt der uralte Fernwanderweg nach Hólar í Hjaltadal (s. Karte S. 359). Je nachdem, welchen Start- und Endpunkt man für seine Wanderung über die **Heljardalsheiði** wählt (zur Auswahl stehen die Farmen Melar oder Skeið oder einfach das Ende der Straße 805), ist die Wanderung 20–25 km lang. Geübte Wanderer laufen die Strecke in 8–9 Std.

eine 1 1/2-stündige Tour mit dem Speedboat und eine Mitternachtstour ab 23 Uhr. ⏲ März–Nov.
North Sailing, ab Árskógssandur, ✆ 464 7272, 🖳 www.northsailing.is/tour/whale-watching-arskogssandur/. 2 Std. 10 900 ISK, Jugendliche (7–15 J.) 4500 ISK, kleinere Kinder kostenlos.
Whales Hauganes, ✆ 867 0000, 🖳 https://whales.is (mit „Captain's Log", wo man für jeden Tag nachlesen kann, wie erfolgreich die Sichtungen waren). Laut Eigenwerbung die älteste Walbeobachtungsstation Islands. Mit zwei liebevoll restaurierten Oldtimer-Schiffen geht's carbon-neutral zum Angeln oder zum Wale-Schauen (10 990 ISK, Jugendliche (7–15 J.) 5500 ISK). Danach für 2000 ISK p. P. in die **Hot Pots** am Meer. Einer davon hat die Form eines Holzschiffes.

SONSTIGES

Einkaufen

Supermarkt Kjörbúðin, Hafnartorg (direkt gegenüber dem Hafen). ⏲ Mo–Fr 9–18, Sa 10–17, So 12–17 Uhr.
Vínbúðin, Hafnarbraut 7. ⏲ Mo–Fr 11–18, Sa 11–14 Uhr.

Informationen

Infozentrum im Café im Kulturzentrum Menningarhúsið Berg, Goðabraut 2, ✆ 846 4928 und 460 4930, 🖳 www.northiceland.is/en/service/dalvik-district-information-office und www.dalvikurbyggd.is/is/english. Eines der besten Infozentren der Region mit vielen Prospekten, einer Bibliothek und kostenfreiem WLAN – und vor allem mit sehr fähigem und freundlichem Personal. ⏲ Mo–Fr 10–17, Sa 12–16 Uhr.

Wo die Liebe hinfällt

Eine tolle Auswahl von Bio-Produkten (Marmelade, Käse, Oliven und neuerdings auch Hanfprodukte) findet man bei Bjarni und Hrafnhildur auf der **Farm Vellir** im Svarfaðardalur an der Straße 807, 🖳 www.vellir.is (leider bisher nur auf Isländisch). Die beiden hatten sich vor einigen Jahren in den Bauernhof samt Kirche und einem Brunnen, aus dem stetig heiliges Wasser fließt, verliebt und ihn kurzerhand gekauft (Bjarni besitzt ein gut gehendes Restaurant in Reykjavík), um dort ihre kreative Seite auszuleben. Hier ist entsprechend alles ständig in Veränderung. ⏲ im Sommer tgl., im Winter an den Wochenenden 13–18 Uhr.

TRANSPORT

Auto

Die Küstenstraße 82 verbindet Dalvík mit Ólafsfjörður im Norden und mit Akureyri im Süden. Die Straßen 805 und 807 führen ins Svarfaðardalur.

Busse

Die Haltestelle befindet sich in der Skiðabraut an der Olís-Tankstelle.
AKUREYRI, mit Strætó-Linie 57 Mo–Fr 7.10, 10 und 15.30, So 14.32 Uhr in 50 Min. für 2280 ISK.
SIGLUFJÖRÐUR, mit Strætó-Linie 78 Mo–Fr 8.50, 13.50 und 17.05, So 16.15 Uhr in 35 Min. für 1710 ISK.

Fähren

Die Fähre **Sæfari** fährt meistens (aber nicht immer) Mo, Mi, Do und Fr nach GRÍMSEY. Abfahrt in Dalvík morgens um 9, Rückfahrt zu wechselnden Zeiten zwischen 14–17 Uhr. Die Überfahrt dauert 3 Std. und ist wegen der oft rauen See für Menschen mit empfindlichen Mägen nicht empfehlenswert. Sie kostet 4000 ISK pro Strecke, Kinder (12–15 J.) zahlen 2000 ISK, kleinere Kinder dürfen kostenlos mit.
Informationen zu den aktuellen Fahrplänen gibt es bei **Samskip**, Ránarbraut 2b, ✆ 45889-00, -70, Online-Tickets kauft man auf der Seite von Vegagerðin, 🖳 www.vegagerdin.is/siglingar/ferjur/boka-ferd/dalvik-grimsey.

Vogelinsel Hrísey

Hrísey – in Werbeprospekten fast schon inflationär als „die Perle des Eyjafjörður" angepriesen – ist mit 6,5 km Länge und gut 2 km Breite

Energie tanken auf Hrísey

nach der Westmännerinsel Heimaey die zweitgrößte aller isländischen Inseln. Sie hat weniger als 200 Einwohner und ist weitestgehend autofrei. Traktoren zählen nicht als Autos, also fährt man hier gern und oft mit dem Traktor. Direkt am Hafen stehen einige wirklich interessante Exemplare. Über 40 Vogelarten leben hier, darunter mehr Küstenseeschwalben als irgendwo sonst in Island. Die Bedingungen sind ideal: Jagen und Eiersammeln ist verboten, natürliche Feinde existieren nicht. Trotzdem fehlt zum Leidwesen der Tourismusindustrie bisher der Papageitaucher. Aber das soll sich ändern: 200 Plastik-Puffins made in China sitzen neuerdings dekorativ auf den Klippen und sollen so ihre lebendigen Kollegen anlocken (kein Scherz).

Zu sehen gibt es außer Vögeln und einem niedlichen kleinen Ort mit gepflegten Häuschen und einer typisch isländischen Dorfkirche streng genommen gar nichts. Und genau das wird hier ausgiebig zelebriert. Alle sind aufgefordert, dieses Nichts mit allen Sinnen zu genießen, die Augen zu schließen, den Vögeln zuzuhören und darauf zu achten, wie sich Ruhe und Frieden im Inneren ausbreiten.

Wer an die Kraft der Natur glaubt und etwas Spiritualität mitbringt, sucht die zweitgrößte **Energiequelle** Islands auf. Das dazugehörige Schild erklärt: „On this spot, dear traveller, you are located at the second most powerful energy source in this beautiful country". Nach dem Gletscher Snæfellsjökull soll hier, im Ostteil von Hrísey, von wo aus man den bildhübschen vulkanischen Berg Kaldbakur auf der gegenüberliegenden Fjordseite im Blick hat, der zweite mächtige spirituelle Kraftort Islands sein. Wer nicht nur Ruhe, sondern auch Einsamkeit sucht, pausiert an einem der kleinen Strände in Hafennähe. Und mit etwas Glück zeigen sich außer Vögeln sogar noch Seehunde und Wale.

Ein Weg führt vom Hafen nach Norden zum **Leuchtturm** (Fußweg ca. 1 Std.). Markierte Wanderwege von 2–5 km Länge durchziehen den Südostteil der Insel und führen zu Aussichtsplätzen, von denen aus man den Eyjafjörður in seiner ganzen Pracht bestaunen kann, zu Brutplätzen, aber auch zu einer geheimnisvollen Serie von Höhlen am Meer, **Castle Rock** genannt. Hier verlaufen die normalerweise aufrecht stehenden Basaltsäulen horizontal, die

Wanderung zum Bergsee Hraunsvatn

- **Länge:** 7 km
- **Dauer:** reine Gehzeit mit Seeumrundung ca. 3 Std.
- **Entfernung von Akureyri:** 30 km
- **Hinweis:** Audio-Slide-Show mit der gesamten Wanderbeschreibung im Kommentar unter www.caroline-michel.de/hraunsvatn/

Die Wanderung beginnt bei der **Farm Háls**, direkt an der Ringstraße. Hier bitte an der Brücke parken und nicht bei den Bewohnern vor dem Fenster. Der Weg führt rechts um das Farmhaus herum, dann durch hohes Gras. Ab jetzt ist der Weg durch orangefarbene Pflöcke markiert. Sind diese gefunden, ist die größte Schwierigkeit schon gemeistert. In Schlangenlinien geht es steil den Berg hinauf. Rechter Hand in einer Senke sieht man einen kleinen Tümpel, eine Verbreiterung im Flüsschen **Hraunsá**, dem Abfluss des Hraunsvatns. Der Weg folgt dem Bachlauf nach Westen, also nach links. Da es weiterhin leicht bergauf geht, bleibt der Hraunsvatn für den Wanderer so lange unsichtbar, bis er direkt am Ufer steht. Dort, wo der kleine Fluss den See verlässt, versammeln sich zahlreiche Forellen, und im glitzernden Seewasser spiegeln sich bei gutem Wetter die umliegenden Berge. Wer nur wenig Zeit hat, gibt sich damit zufrieden, von der kleinen Anhöhe aus Erinnerungsfotos zu machen, und geht auf dem gleichen Weg zurück (Wanderzeit bis hierhin 1 Std.). In einer weiteren Stunde ist der 1,5 km lange und 700 m breite **See** auf einem gut sichtbaren Trampelpfad im Uhrzeigersinn umrundet. Genau am gegenüberliegenden Seeufer, wo sich bei einem kleinen Kiesstrand der zweite Foto-Hotspot der Wanderung befindet (das Motiv hier: See mit der

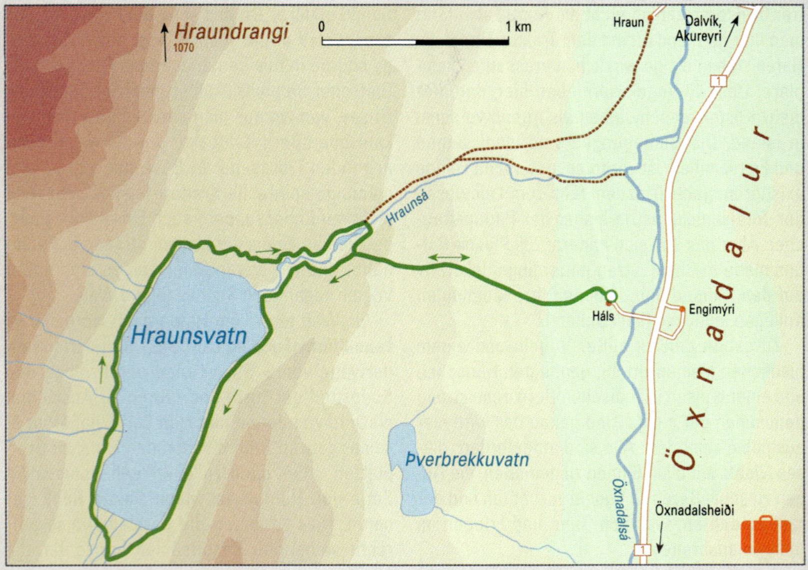

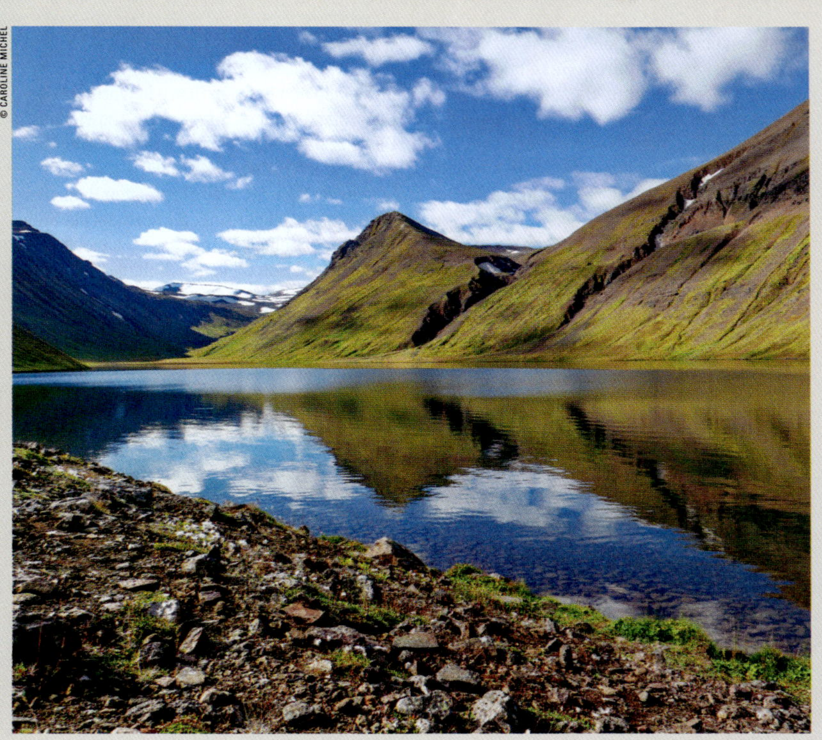

Felsnadel Hraundangi im Hintergrund), gilt es, einen etwas größeren Bach zu überspringen bzw. zu durchwaten. Das westliche Ufer ist dann nicht mehr so steil wie das östliche, der Weg ist breiter und damit wesentlich einfacher zu gehen.

Nach der Seeumrundung kann man sich an einem kleinen **Strand** erholen. Hier beginnt ein weiterer Wanderpfad, diesmal nicht mit orangefarbenen, sondern mit roten Pflöcken markiert. Er führt leicht bergauf, später oberhalb des Baches Hraunsá in nordwestliche Richtung. Hier kann man im Herbst Blaubeeren pflücken. Die Aussicht ins Tal, im Vordergrund bizarre Lavaformationen, ist grandios. Wer sieht den versteinerten Troll, der wie ein Wächter grimmig ins Tal hinunterschaut? Würde man diesem Weg weiter folgen, käme man bei der Farm Hraun wieder ins Tal und auf die Ringstraße. Wer wieder zurück zum Ausgangspunkt der Wanderung bei der Farm Háls will, verlässt den markierten Pfad, nachdem er die Tümpel vom Hinweg passiert hat (jetzt sieht man, dass hinter dem größeren noch ein kleinerer liegt) in südlicher Richtung. Hier fehlen Markierungspflöcke und es kann feucht und matschig sein. Die grobe Marschrichtung: Durch die Senke nach Süden, dann auf festem Grund wieder zurück in Richtung Hraunsvatn. Irgendwann stößt man unweigerlich auf den orange markierten Pfad, der zurück zum Auto führt (man kann auch runter zur Farm Hraun fahren, aber da nicht parken).

Forellenangeln im See organisiert die Farm Engimýri (quasi gegenüber vom Startpunkt Háls, nur wenige Meter weiter nördlich an der Ringstraße).

Wichtig: Während und nach dem Schafabtrieb Anfang September ist diese Wanderung nicht mehr zu empfehlen. Die Hufe der Reitpferde und der unzähligen Schafe haben dann deutlich sichtbare Spuren hinterlassen, und die Wege können extrem matschig sein.

Lavaformationen dagegen vertikal. So als habe jüngere Lava die älteren Basaltsäulen umgerissen. Waagerechte Basaltsäulen entstehen, wenn die Abkühlungsfläche senkrecht ist, z. B. zum umliegenden Gestein in einem Vulkanschlot. Wenn das umliegende Gestein weicher ist und später verwittert, sieht man die horizontalen Basaltsäulen frei.

Hrísey war nicht immer Vogelinsel, sondern galt lange Jahre vor allem als eine Fischinsel. In den Jahren 1930–1950 wurden hier fast so viele Heringe gefangen und verarbeitet wie in der Heringsstadt Siglufjörður. Die Fischindustrie boomte auf der Insel schon Ende des 19. Jhs. Der Industrielle Jörundur Jónsson, seiner Vorliebe für Hai wegen „Hai-Jörundur" genannt, errichtete hier die erste große Fabrik. Dafür wird er von den Einheimischen bis heute verehrt. Sein Wohnhaus, das älteste Haus der Insel, beherbergt das **Heimatmuseum Hákarla-Jörundar**, Norðurvegur 3, ✆ 695 0077, und die Touristeninformation. ⌚ Ende Juni–Ende Aug 13–17 Uhr.

ÜBERNACHTUNG

Campingplatz, ✆ 461 2255, 💻 www.tjalda.is/hrisey. Einfacher Campingplatz, direkt am Meer mit toller Aussicht in der Nähe des Schwimmbads, wo auch bezahlt wird. Ab 17 J. 1500 ISK. Die sanitären Einrichtungen befinden sich im 1. Stock des Sportcenters – dort gibt es auch warme Duschen. Ist das Center verschlossen, gibt es nur kaltes Wasser. ⌚ im Sommer.

Ásgarður, Austurvegur. Das Apartment mit 2 Schlafzimmern für bis zu 6 Gäste ist ein Traum in blau und gelb. Die Küche ist mini, aber ausreichend. Mindestaufenthalt 2 Nächte. ❹

Syðstibær Guesthouse, Hólabraut 1, ✆ 867 5655, ✉ booking@systibaer.is. Zimmer mit Gemeinschaftsbad und schöner Aussicht. ❸–❹

Visithrísey, Norðurvegur 17, ✆ 892 8033. Vermittelt auf Anfrage verschiedene Unterkünfte vom Apartment bis zu einem ganzen Haus.

ESSEN

Im kleinen namenlosen Bistro im Vorraum des Supermarkts gibt es Suppe und Sandwiches. Das einzige Restaurant der Insel ist **Verbúðin 66**, direkt am Hafen, ✆ 467 1166, 💻 www.fb.com/verbudin66. Weil die meisten Besucher nur Tagesausflügler sind, die maximal ein Stück Kuchen oder einen Burger essen, bleibt der fangfrische Fisch oft liegen. Schade. ⌚ Juni–Aug tgl. 11–20, Sep–Mai nur Fr 18–20.30 und Sa 16–20.30 Uhr.

AKTIVITÄTEN

Schwimmen

Schwimmbad, Austurvegur 25, ✆ 461 2255. Schönes kleines Geothermal-Schwimmbad mit Hot Pot und Kinderbecken. ⌚ Juni–Aug Mo–Fr 10.30–19, Sa und So nur bis 17 Uhr, sonst unregelmäßig.

Traktorfahrten

Die Touristeninformation (s. u.) organisiert etwa 40-minütige Fahrten über die Insel.

SONSTIGES

Einkaufen

Supermarkt Hríseyarbúðin, Norðurvegur 7. Grundnahrungsmittel, aber auch ein kleines Café. ⌚ Kernzeit Mo–Fr 12–17 Uhr.

Feste

Wenn 200 Menschen feiern, kann es schon mal hoch hergehen. Beim Hrísey-Festival Anfang Juli erfreuen die Einheimischen sich gegenseitig mit einem Bühnenprogramm, es gibt mehrere Konzerte, manchmal auch eine Schnitzeljagd, und immer wieder geht es mit großem Hallo mit dem Traktor einmal die Straße rauf und wieder runter.

Informationen

Im **Heimatmuseum**, Norðurvegur 3, ✆ 695 0077, 💻 www.visithrisey.is. ⌚ Juni–Aug tgl. 13–17 Uhr.

TRANSPORT

Fähren
Die kleine *Sævar* pendelt zwischen Hrísey und ÁRSKÓGSSANDUR, nicht viel mehr als ein kleiner Fährhafen, neuerdings mit Brauerei und Restaurant (s. S. 367, Dalvík). Die Fähre pendelt zwischen 7–23 Uhr alle 2 Std. Zwischen Sep–Mai fährt das letzte Boot nur auf Anfrage. Sa und So gibt es auch Unregelmäßigkeiten, daher bitte auf 💻 www.hrisey.is/en/ferry-schedule checken. Die Fahrt dauert nur 15 Min. und ist mit 1700 ISK (12–15-Jährige zahlen 850 ISK) für Hin- und Rückfahrt günstig.

Weiterfahrt ab Árskógssandur
Die 33 km nach Akureyri schafft man mit dem **Auto** in knapp 30 Min., die 12 km nach Dalvík in 10 Min. Die **Bushaltestelle** liegt 2,5 km oberhalb an der Straße 82, der Fußweg vom und zum Fähranleger dauert ungefähr 30 Min. Abfahrt 10 Min. früher/später als in Dalvík.

Von Varmahlíð über die Öxnadalsheiði nach Akureyri

Was sehen und erleben Reisende, die sich gegen die Rundfahrt um die Tröllaskagi-Halbinsel entschieden haben und stattdessen auf der Ringstraße gen Akureyri fahren? Zunächst das südliche Ende des Skagafjörður, eine von Bächen und Flüssen durchzogene feuchte Ebene mit sandigem Untergrund. Ein Picknickplatz, Ásgarður, lädt zum Verweilen ein. Auch Wanderfreunde kommen auf ihre Kosten. Der **Wasserfall bei Bóla** beispielsweise, der sich hoch aus den Bergen kommend in die malerische Schlucht Bólugil ergießt, ist von der Ringstraße aus in weniger als einer halben Stunde erreicht (man parkt beim Schafspferch und folgt von dort aus dem deutlich erkennbaren Wiesenpfad). Weiter südlich lockt dann die **Schlucht Kotagil**.

Es folgt ein für seine schlechten Wetterbedingungen berühmt-berüchtigter Bergpass über die Hochebene **Öxnadalsheiði**. Oft reicht die Sicht nur wenige Meter und manchmal fällt auch im Sommer Schnee. Bei schönem Wetter aber sieht man ein herrliches Bergpanorama und ein großes Tal, fast wie in Alaska. Es lohnt sich, am Parkplatz einige Kilometer westlich der Passhöhe anzuhalten. Ein Trampelpfad führt von hier bergab zu einem Aussichtspunkt. Zu sehen gibt es eine beeindruckende Schlucht und die äußerst fotogene Holzbrücke über den Fluss Króká. Es ist nicht ratsam, von hier aus den steilen, steinigen Pfad zum Fluss hinunterzuklettern, auch wenn deutlich sichtbare Spuren beweisen, dass viele Menschen dies tun. Die Gefahr ist vor allem nachfolgenden Kletterern geschuldet, die Steine lostreten, die dann den Hang hinunter kullern, der Vorhut möglicherweise auf den Kopf. Über einen Pfad weiter westlich, vom Parkplatz aus gesehen rechts, kommt man sicher und ohne größere Schwierigkeiten zum Flussufer hinunter. Hier im Kiesbett in der Mittagssonne picknicken: Ein Traum!

Die Fahrt geht weiter ins **Öxnadalur**. Nördlich taucht dann vor beschaulicher Bauernhofkulisse die markante Felsnadel **Hraundrangi** auf (1175 m).

ÜBERNACHTUNG

€ **Alte Scheune**, Karte S. 359. Wer's urig und einfach mag, der suche auf Airbnb nach der alten Scheune im Öxnadalur. Bei Sif und Oli findet ein Paar für 50 € die Nacht eine Schlafgelegenheit im Garnichts. Und ja, es gibt Menschen, die lieben diese spartanische Unterkunft. ❶–❷

AKTIVITÄTEN

Das bei Familien beliebte moderne Freibad mit Hot Pots und Rutsche in Þelamörk, ✆ 460 1780, 💻 https://sundlaugar.is/sundlaugar/thelamerkurlaug, liegt zwar etwas versteckt (von der Straße aus nicht zu sehen), aber trotzdem direkt an der Ringstraße, etwa 10 km nördlich von Akureyri. 🕒 im Sommer So–Do 11–22, Fr–Sa 11–18 Uhr, im Winter abends meist länger.

Akureyri und Umgebung

Akureyri ist jung und bunt. Noch mehr als in Reykjavík hat man hier, in der größten Stadt Nordislands, ein Herz für Freaks und deren Spleens. Auch was Feste angeht, sind die Einwohner sehr erfinderisch: Es gibt mehr als 40 verschiedene Festivals und jeder noch so kleine Gedenktag wird zum Anlass für irgendeine Art von Aktion, etwa die „Donald Duck Ski Competition" im April, den „Aviation Day" beim Luftfahrtmuseum, den „Arctic Run" auf der Insel Grímsey und unzählige Kunst- und Musikfestivals.

Faszinierend sind auch die vielen Museen, darunter ein Museum voll mit altem Spielzeug und das Museum der 1000 Kleinigkeiten (oft missverständlich auf Deutsch als „Museum der kleinen Dinge" angepriesen) weiter südlich im Eyjafjörður. Wo anders als hier könnte es ernsthaft ein Museum geben, in dem die Plastikkugelschreibersammlung eines Messies als Ausstellungsstück gilt?

Akureyri

Bunt, freundlich, optimistisch und weltoffen. So will Akureyri daherkommen. Und die Bewohner geben alles, um das Städtchen für sich und ihre Gäste gleichermaßen attraktiv zu gestalten. Jedes Haus ist anders. Manche sind bunt angestrichen und haben kleine Giebelchen, Erker und Balkone, andere zeigen sich im modernen Look mit viel Glas und ausgefallener Architektur. Und dazwischen stehen alte, niedliche Holz- und Wellblechhäuschen, an denen ständig herumrenoviert wird. Im Süden der Stadt geht es besonders beschaulich zu. An der Wasserseite lockt eine fotogene moderne, stilisierte **Segelschiffskulptur**, auf der anderen Seite der Ringstraße das ruhige Museumsviertel mit vielen alten Holzhäuschen: Das **Laxdalshús**, das älteste Haus Akureyris aus dem Jahr 1795, das **Friðbjarnarhús**, das heute das Spielzeugmuseum beherbergt, das **Nonnahús** mit einer Fotowand davor, durch die Besucher ihre Köpfe stecken können, die hölzerne Museumskirche **Minjasafnskirkja** aus dem 19. Jh., die ursprünglich auf der anderen Fjordseite stand, und noch einige mehr. Das Innere der Museen ist Geschmackssache, die gepflegten Häuschen mit Gärten und Bänken davor sind klasse.

Immer positiv denken und immer das Schöne herausstellen: Das scheint hier generell die Devise zu sein. Ein weithin sichtbares Zeichen für diese Lebenseinstellung sind die Verkehrsampeln. Wer warten muss, sieht zwar rot, aber das Rotsignal ist herzförmig. Die freundlichen Ampeln erinnern noch heute an die Kampagne „Smile with your heart", die anlässlich der Finanzkrise im Jahr 2008 ins Leben gerufen wurde. Damals wurde die ganze Stadt mit roten Herzen dekoriert und die Einwohner pinselten tiefsinnige Sprüche an Hauswände, die alle mehr oder weniger den gleichen Inhalt hatten: Wer mit offenen Augen und offenem Herzen durch die Welt geht, lebt besser als ein Miesepeter.

Das Zentrum von Akureyri liegt gegenüber dem Hafen auf der anderen Seite der großen Hauptstraße. Tagsüber trifft man sich in der Buchhandlung Eymundsson oder im stets gut besuchten **Botanischen Garten**, nach Feierabend im **Schwimmbad**. Hier stehen auch für Touristen die Chancen gut, mit „echten Isländern" ins Gespräch zu kommen. In den vielen Bars, Restaurants und Kneipen ist das eher schwierig, denn die gehören – zumindest tagsüber – ganz den Besuchern aus dem Ausland. Vor allem im Sommer, wenn die großen Kreuzfahrtschiffe im Hafen liegen und die Passagiere die Stadt lawinenartig überrollen, oder im Juni, wenn das große Golfturnier Arctic Open stattfindet, ist in Akureyri richtig was los. Trotzdem bleibt es ein beschauliches Städtchen mit Charme und Herz.

Orientierung

Mit etwa 20 000 Einwohnern ist Akureyri eine Kleinstadt, die sich gut zu Fuß erkunden lässt.

Jón Sveinsson, Schöpfer von Nonni und Manni

Nur die großen Supermärkte liegen in der Nähe der Neubauwohngebiete im Norden der Stadt. Alles, was sonst für Reisende interessant ist, befindet sich in Zentrums- bzw. Hafennähe. Wer von dem **Infozentrum im Menningarhús Hof**, wo sich auch die Bushaltestelle befindet, in Richtung Kirche spaziert, findet Banken, die Buchhandlung und das Backpackers gegenüber – beide mit kostenlosem WLAN, das bis auf die Straße reicht –, Restaurants, Cafés, Imbissbuden und Pubs.

Die öffentlichen Museen

Eine 24-Std.-Karte für diese Museen ist ein attraktives Angebot: Für 2300 ISK öffnet es die Türen zum **Akureyri Museum**, der **Kunsthalle**, ins **Nonnahús** und **Daviðshús**, zum **Sigurhæðir** und ins Freilichtmuseum **Laufás** (auf der gegenüberliegenden Fjordseite, deshalb wie auch das Kunstmuseum **Safnasafnið** im Kapitel Nordosten beschrieben, S. 397). Diese Tickets gibt es in allen Museen und Touristeninfos. Einzeltickets kosten ab 18 J. ab 1500 ISK p. P., ⏲ im Sommer meist tgl. 11–17 Uhr.

Kirchen

1940/41 eingeweiht, gehört die auffällige **lutherische Kirche** mit den zwei Türmen und der langen Treppe, die als Wahrzeichen über der Stadt thront, zum Frühwerk des Architekten Guðjón Samúelsson, der auch die Hallgrímskirkja in Reykjavík entwarf. Sehenswert ist neben der für diese Kirche eigentlich überdimensionierten Orgel das viktorianische Fenster über dem Altar, von dem man lange Zeit dachte, es stamme aus der Kirche von Coventry in England und wäre vor deren Zerstörung durch die deutsche Luftwaffe in Sicherheit gebracht und nach Island geschmuggelt worden. Im Jahr 2014 aber veröffentlichte die BBC eine Dokumentation mit dem Titel *The Great Glass Mystery*, die das widerlegte. Wo das Fenster wirklich herkommt, ist nicht belegt.

Weniger Beachtung als die große lutherische findet die kleine katholische **Kirche St. Pétur** im Eyrarlandsvegur. Die gepflegte weiße Kirche mit dem roten Dach ist auch heute noch ein Gotteshaus für die etwa 280 Katholiken von Akureyri. Hier trifft man auch den einzigen deutschen Priester in ganz Island, Jürgen Jamin.

Museen

Akureyri ist ein Museums-Eldorado. Vom klitzekleinen Spielzeugmuseum über ein Industrie- und ein Luftfahrtmuseum bis zur großen Kunsthalle Listasafn ist hier alles vertreten und teilweise mit einem günstigen Kombiticket zu besichtigen (s. Kasten S. 381). Die Mehrheit der Besucher kommt wegen des **Nonnahús**. Die meisten Museen liegen im alten Teil Akureyris am südlichen Ende der Stadt und sind fußläufig erreichbar (oder mit Bus 3). Die einzige Ausnahme ist das **Torfhausmuseum Laufás**, das zwar zu den Akureyri-Museen gehört, sich aber 30 km entfernt auf der anderen Fjordseite befindet (S. 397).

Akureyri-Museum

Das kleine Museum in der Aðalstræti 58, ✆ 462 4162, 💻 www.minjasafnid.is, zeigt neben Alltags- und Einrichtungsgegenständen aus den vergangenen Jahrhunderten auch uralte Landkarten und Kleidungsstücke der ehemaligen Präsidentin Vigdís Finnbogadóttir (1980–1996). 🕒 Juni–Sep tgl. 11–17, sonst 13–16 Uhr.

Kunsthalle

Die Kunsthalle und das dazugehörige Art Museum in der Kaupvangsstræti 8-12, ✆ 461 2610, 💻 www.listak.is, zeigen moderne Kunst, oftmals auch Performancekunst. 🕒 tgl. 10–17, im Winter erst ab 12 Uhr.

Nonnahús

Das Nonnahús, Aðalstræti 54, ✆ 462 3555, 💻 www.nonni.is, ist das Wohnhaus, in dem der Autor Jón Sveinsson (1857–1944) aufwuchs. Der Jesuitenpater Jón Sveinsson schrieb das Kinderbuch *Nonni und Manni* – in Deutschland ist diese Geschichte zweier Jungs, die im 19. Jh. spielt, vor allem jenen bekannt, die 1988 die Geschichte in der sechsteiligen ZDF-Weihnachtsserie verfolgten. Die heutige Jugend kennt Nonni nicht mehr, doch vielleicht wecken ein Besuch hier und ein Blick in die Bücher die Neugier: Wie ging es Kindern damals in Island wohl so – und wie geht es ihnen heute? Das Haus stammt übrigens aus dem Jahr 1850 und ist, da im Originalzustand erhalten, allein deshalb schon sehenswert. 🕒 Juni–Aug tgl. 11–17, sonst tgl. 13–16 Uhr.

Sigurhæðir und Davíðshús

Der Dichter und Pfarrer Matthías Jochumsson (1835–1920) schrieb 1874 zum Gedenken an die tausendjährige Besiedlung Islands ein Gedicht, das später die isländische Nationalhymne wurde. Auch Davíð Stefánsson (1895–1964) war ein bedeutender Poet, Schriftsteller und Kunstsammler. Jedem der beiden ist ein Gedenkmuseum gewidmet, das **Davíðshús** im Bjarkarstígur 6, ✆ 462 7498, 🕒 Juni–Aug Di–Sa geführte Touren um 13, 14, 15 Uhr, und das **Sigurhæðir** im Eyrarlandsvegur 3, ✆ 462 6648, 🕒 Juni–Aug Mo–Fr 15–17 Uhr.

Industriemuseum

Wie sahen die Industrie und das Handwerk der vergangenen Jahrzehnte aus? In diesem Museum in einer alten Farbenfabrik, Krókeyri, ✆ 462 3600, 💻 www.idnadarsafnid.is, wird's gezeigt:

ÜBERNACHTUNG
1. Akureyri Hostel
2. Berjaya Iceland Hotel
3. Hótel Akureyri
4. ÁS Guesthouse
5. Hafnarstræti Hostel
6. Akureyri Backpackers
7. Hótel KEA

ESSEN
1. Greifinn
2. Bryggjan
3. North
4. Café Laut
5. Brynja
6. Isbúðin Akureyri
7. Krua Siam
8. Sjanghæ
9. Indian Curry House
10. Kaffi Ilmur
11. Turninn
12. Strikið
13. Bláa Kannan Café
14. Bautinn
15. Rub 23

SONSTIGES
1. Bónus (2x)
2. Hagkaup
3. Krambúðin (2x)
4. Einkaufszentrum Glerártorg, Nettó
5. Zipline Akureyri
6. Einkaufszentrum Kaupangur
7. Apotheke (2x)
8. Nettó
9. Vínbúðin
10. Elding Whale Watching Akureyri
11. Bar R5
12. Icewear
13. 66 North
14. Ambassador Whale Watching
15. Linda Óla - Studio & Gallery
16. Pedromyndir Fotoladen
17. Götubarinn und Græni Hatturinn
18. Eymundsson

TRANSPORT
1. Akureyri Rent a Car
2. Bílaleiga Akureyrar/Europcar
3. Haltestelle Strætó

Akureyri

N
0
500 m
Reykjavík
Baldursnes
Dalvík
Goðanes
Austursiða
Bugðusíða
Hlíðarbraut
Smárahlíð
Teigarsíða
Krossanesbraut
Einholt
Langholt
Hörgarbraut
Skarðshlíð
Undirhlíð
Naustatangi
Tryggvabraut
Furuvellir
Hjalteyrargata
Silfurtangi
Grenivellir
Fosshlíð
Höfðahlíð
Núpasiða
Borgarbraut
Hvannavellir
Víðivellir
Norðurgata
Laufásgata
Eyrarvegur
Glerárgata
Akureyri Sports Field
Gránufélagsgata
Strandgata
Kiðagil
Merkigil
Klettaborg
Brekkugata
Byggðavegur
Þórunnarstræti
Helgamagrastræti
Davíðshús
s. Detailplan unten links
Eyjafjörður
Glerá
Skigebiet Hlíðarfjall
Hlíðarfjallsvegur
Dalsbraut
Langarmýri
Oddeyrargata
Hamarstígur
Kaupvangsstræti
Art Museum
Sigurhæðir
Grundargerði
Stóragerði
Hamragerði
Kotárgerði
Grænamýri
Akurgerði
Rauðamýri
SCHWIMMBAD
Luther. Kirche
Þingvallastræti
Norðurbyggð
Kath. Kirche
Segelschiff-skulptur
Hafnarstræti
Eyrarlandsvegur
SPORTPATZ
Mýrarvegur
Vanabyggð
Hrafnagilsstræti
Skógarlundur
Birkilundur
Espilundur
Godabyggð
Asabyggð
Álfabyggð
Austurbyggð
Drottningarbraut
Botanischer Garten
Súluvegur
KRANKENHAUS
Miðhúsabraut
Grenilundur
Mimisbraut
Laxdalshús
Reykjahlíð
Lækjargata
Hringteigur
Spielzeugmuseum
Aðalstræti
Nonnahús
Minjasafnskirkja
Akureyri Museum
Naustavegur
Kjarnagata
Lækjartún
Ljómatún
Sómatún
Naustagata
Industriemuseum
Motorrad-museum
Eishalle Skautahöllin, Saurbær
Lundargata
Hólabraut
Geislagata
Konferenz-zentrum Menningarhús Hof
Hofsbót
Skipagata

Mit Exponaten aus 30 Handwerkszweigen und 70 Industriebetrieben wird Geschichte lebendig. Alte Nähmaschinen, uralte Schuhe und Mäntel, Wolle und mehr. Industrien kamen und gingen – anschaulich wird allen Besuchern klar warum, wieso und weshalb. ⌚ tgl. 13–16, Winter Sa 14–16 Uhr, Eintritt ab 18 J. 1500 ISK.

Motorradmuseum

Passt auch inhaltlich direkt neben das Industriemuseum: Viele, viele gepflegte Motorrad-Oldtimer stehen auf über 800 m² in Krókeyri 2, ☏ 866 3500, 🖳 www.motorhjolasafn.is. Das Museum ist Heiðar Þ. Jónsson gewidmet, der 2007 bei einem Motorradunfall ums Leben kam. Ein Muss für Motorradfans, sagen ebensolche, und die sollten es wissen. ⌚ Juni–Aug tgl. 13–17, sonst Sa und So 13–16 Uhr.

Luftfahrtmuseum

Nicht nur über den Wolken ist die Welt wunderbar für Fans der Luftfahrt. Wer als solcher hierher kommt, gerät ins Schwärmen: Auf über 2200 m² sind in einer großen Halle am Flughafen große und kleine Flugzeuge zu bewundern – die meisten mit den technischen Daten versehen. Mehr Infos unter ☏ 461 4400, 🖳 www.flugsafn.is. ⌚ Mitte Mai–Mitte Sep tgl. 11–17 Uhr, Eintritt ab 18 J. 1500 ISK.

Spielzeugmuseum/ Leikfangahúsið

In einem kleinen Haus in der Aðalstræti 46, ☏ 462 4162, mit einem wegweisenden Clown an der Treppe, befindet sich ein kleines privates Museum mit altem Spielzeug. Eine Puppe mit filigranem Porzellankopf ist das Highlight. Kinder der Jetzt-Zeit toben sich im für sie bestimmten Nebenzimmer aus, während Mama und Papa staunen und Oma und Opa in Erinnerungen schwelgen. ⌚ Juni–Aug tgl. 10–17 Uhr, sonst auf Anfrage, Eintritt ab 18 J. 2000 ISK.

ÜBERNACHTUNG

Gästehäuser und Hostels

Akureyri Backpackers, Hafnarstræti 98, ☏ 571 9050, 🖳 www.akureyribackpackers.com. Sehr einfache Zimmer mit Metallstockbetten für alle, die gern zentral mitten im Geschehen wohnen. Kostenlose Sauna (⌚ bis 23 Uhr), Gemeinschaftsküche, Schließfächer. Günstige Übernachtungsmöglichkeit in 4-, 6- und 8-Bett-Zimmern, DZ preislich in der Norm. Frühstück und Federbett kosten extra. Einfaches, aber

Blick von Westen auf die lutherische Akureyrarkirkja aus den 1940er-Jahren

© CAROLINE MICHEL

günstiges Restaurant im EG. Bett im Schlafsaal ab 5600 ISK, DZ ❸

Akureyri Hostel, Stórholt 1, ✆ 894 4299, 🖳 https://akureyrihostel.com. Nettes, kleines Hostel (ehemalige Jugendherberge) in Familienbesitz. Mit viel Charme, aber leider ein wenig außerhalb (15 Min. Fußweg zum Zentrum), aber dafür mit dem Supermarkt Bónus um die Ecke. Leider etwas zu wenige Bäder, sodass es zu Engpässen kommen kann. Wer ein DZ nimmt, sollte daher ggf. die etwas teureren mit eigenem Bad wählen. Frühstück in der nahegelegenen Bäckerei. Schlafsackunterkunft ab 39 €. ❷–❸

ÁS Guesthouse, Eyrarlandsvegur 33, ✆ 863 3247, 🖳 http://asguesthouse.is. Ein niedliches, in den Hang gebautes Haus mit Garten und Holzbalkonen und vielfach Blick aufs Wasser in der Nähe des Botanischen Gartens. 4 Zimmer im OG, 2 davon können als Suite genutzt werden, eins hat ein eigenes Bad. Im EG neben einem weiteren Zimmer ein Wohnzimmer und ein Gemeinschaftsbad. Keine Kochmöglichkeit, aber gutes Frühstück meist inkl. und Fahrräder zur Ausleihe. ❸–❹

Berjaya Iceland Hotels, Þingvallastræti 23, ✆ 444 4000, 🖳 www.icelandhotelcollection byberjaya.com. Das sehr moderne, aber trotzdem gemütliche Hotel liegt oberhalb des Ortskerns noch hinter dem Schwimmbad. Gäste begeistern die modernen Bäder und das opulente Frühstücksbuffet sowie die Bar und das Essen im Aurora Restaurant. ❻–❽

Hafnarstræti Hostel, Hafnarstræti 99-101, ✆ 774 8855, 🖳 http://hhostel.is. Modernes Hotel im alten Haus in sehr zentraler Lage. Die Zukunft lässt grüßen, denn hier wird in blau-lila beleuchteten Kapseln geschlafen. Diese gibt es als Einzel- und als Zweipersonen-Schlafstatt. Es fühlt sich ein bisschen an wie in einem Raumschiff. Wenn doch bloß keine Aliens kommen. Einzelkapsel um die 55 €, Doppelkapsel im Schlafsaal um die 100 €.

Hótel Akureyri, Hafnarstræti 67, ✆ 462 5600, 🖳 www.hotel-akureyri.com. Schon das Haus ist eine Legende, denn ursprünglich war es mal das erste isländische Lichtspielhaus, dann ein Szene-Treff. Heute ein stylisches Hotel mit Mini-Zimmern und einer sehenswerten Microgreen-Indoor Farm. Ein 4-stöckiger Erweiterungsbau ist in Planung. ❽

Hótel KEA, Hafnarstræti 87-89, ✆ 460 2000, 🖳 www.keahotels.is. Zentraler geht es kaum, denn das Hotel liegt direkt am Fuße der Treppe, die zur Kirche hinaufführt. Das hat Vor- und Nachteile, denn u. U. ist es vor allem am Wochenende etwas laut. ❻

Camping

Camping Hamrar við Kjarnaskóg, Karte S. 391, ✆ 461 2264, 🖳 www.hamrar.is. Schöner Platz, aber nicht in der Stadt, sondern 5 km südlich des Zentrums an einem hübschen See (hinter dem Flughafen der Straße 821 folgen, dann rechts den Berg hinauf). Ein riesiger, in Einzelareale aufgeteilter Campingplatz mit Küche und Aufenthaltsraum und Spielplätzen, was viele Familien anzieht. Zwei Sanitärhäuschen mit Rollstuhlzugang, insgesamt mehr als 40 WCs, Duschen im Preis inbegriffen. Keine Supermärkte in der Nähe, keine Busanbindung. Ab 18 J. 2100 ISK. ⌚ ganzjährig.

ESSEN

Eisbude, Burrito-Take-away, Hotdog-Stand, Sushi-Express-Imbiss, dazwischen Restaurants mit isländischer und internationaler Küche und Food Trucks (z. B. **Moe's Food** am Ráðhústorg oder der direkt am Fjord mit dem schlichten Namen **Food Trucks**): In Akureyri muss niemand hungrig ins Bett.

Restaurants

€ **Akureyri Backpackers**, s. Übernachtung. Bar-Restaurant, über das die Meinungen auseinandergehen. Vergleichsweise günstig sind die Burger, Sandwiches und Suppen auf jeden Fall. Abends sitzt man aber meist nur bei einem oder mehreren Kaltgetränken beisammen. ⌚ tgl. 7.30–23 Uhr.

Bautinn, Hafnarstræti 92, ✆ 462 1818, 🖳 www.bautinn.is. Netter Laden in zentrumsnaher Bestlage. Freundliches, helles Ambiente, insbesondere im überdachten Anbau mit großen Fenstern mit Blick auf das städtische Treiben. ⌚ tgl. 11–22 Uhr.

Bryggjan, Strandgata 49 (am Hafen in der Nähe der Kreuzfahrtschiff-Anleger), ✆ 440 6600, 💻 www.bryggjan.is. Auffälliges weißes Haus mit 3 Speisesälen, in denen 220 Leute Platz haben. Traditionelle isländische Küche, aber auch Pizza. Das Pizzabuffet zwischen 11.30 und 13.30 Uhr für 2000 ISK ist eine gute Lunch-Option (ein Sodawasser gibt es dazu). 🕒 tgl. 11.30–22, Fr und Sa bis 23 Uhr.

Greifinn, Glerárgata 20, ✆ 460 1600, 💻 www.greifinn.is. Nahe der Jugendherberge gelegen ist dieses große Restaurant an der Ausfallstraße ein beliebter Platz zum … Ja: Pizza-Essen. Und natürlich dürfen auch Hamburger an so einem Ort nicht fehlen. 🕒 tgl. 11.30–22 Uhr.

Indian Curry House, Raðhústorg 3, ✆ 461 4242, 💻 www.curry.is/en. Mal Lust auf was ganz anderes? Das charmante Restaurant ist bei Einheimischen und Touristen gleichermaßen beliebt und serviert indische Klassiker, z. B. leckeres Lamm-Curry. Ein weiterer Pluspunkt ist die zentrale Lage. Relativ günstige Mittagsgerichte, abends unbedingt reservieren. 🕒 Mo–Fr 11.30–13.30, 17.30–21, Sa, So 17.30–21 Uhr, Sep–Juni Mo geschl.

Krua Siam, Strandgata 13, ✆ 466 3800, 💻 www.kruasiam.is. Thailändisches Essen mit Lamm? Traditionell ist das nicht, aber den Leuten schmeckt's. Auch Lieferservice. 🕒 Mo–Fr 11.30–14, 17–21.30, Sa und So 17–21.30 Uhr.

North (im Hótel Akureyri, s. o.) Experimentelle isländische Küche vom Sternekoch. Zum Sattwerden braucht es mehr, aber das Auge isst ja auch mit. 🕒 Mi–Sa ab 18 Uhr.

Rub 23, Kaupvangsstræti 6, ✆ 462 2223, 💻 www.rub23.is. Das wohl meistbeworbene Restaurant Akureyris. Im oft gerappelt vollen roten Haus an der Straße zwischen Kirche und Hafen gibt es Fisch, Fisch und Fisch (auch – sehr beliebt und lecker – als Sushi) und einige Fleischgerichte. Mittags Buffet mit einem gelungenen Mix aus Fisch, Sushi und Salaten. 🕒 Mo–Do 11.30–14, 17.30–22, Fr und Sa 17.30–22 Uhr.

Sjanghæ, Strandgata 7, ✆ 562 6888, 💻 www.sjanghae.is. Ein Chinatempel, wie er auch in einer deutschen Stadt stehen könnte. Besonders beliebt ist das Mittagsbuffet. Alle Gerichte auch zum Mitnehmen. 🕒 Mo–Fr 11.30–22, Sa und So 17–22 Uhr.

Strikið, Skipagata 14, ✆ 462 7100, 💻 www.strikid.is. Ein Restaurant im Zentrum mit Aussicht über die Skyline von Akureyri. Das exklusive, im wahrsten Sinne „abgehobene" Strikið liegt im 5. Stock und hat eine hübsche Außenterrasse mit Korbsesseln. Neben Fisch und Lamm stehen auch Papageitaucher, Wal und Rentier auf der Speisekarte. Ob das gegessen werden muss, überlassen wir dem Gewissen jedes Einzelnen. 🕒 Mo–Fr 11.30–22, Fr und Sa 11.30–23 Uhr.

Cafés

Bláa Kannan Café, Hafnarstræti 96, ✆ 461 4600. Das liebevoll dekorierte Café im auffälligen blauen Haus bietet Snacks, Sandwiches, aber auch richtige Mahlzeiten und ein phänomenales Kuchenbuffet. Der Kuchen namens Sara ist ein Traum in Schoko. 🕒 tgl. 9–22, Sa und So ab 10 Uhr.

Café Laut, Spítalavegur 21, ✆ 461 4601, 💻 www.fb.com/cafelaut. Auch ein auffälliges Haus, aber ganz anders als die in der Altstadt: Das hochmoderne Café-Gebäude mit holzdurchzogener Glasfront und toller Außenterrasse liegt mitten im Botanischen Garten. Aufgetischt werden neben Kaffee und Kuchen auch Suppen, Salate und andere Kleinigkeiten. 🕒 tgl. 11–18 Uhr.

Kaffi Ilmur, Hafnarstræti 107b, ✆ 862 4258, 💻 www.kaffiilmur.is. Das große gelbe Haus ist eines der ältesten Gebäude Akureyris, erbaut von 1911–1916. Erbauer Ingmar lebte hier als Sattler, dann wurde es eine Goldschmiede und nun hat die Enkelin das Haus renoviert und betreibt ein beliebtes Café. Alte Artefakte und Möbel versetzen ins 19 Jh., dazu gibt es Kaffee und Kuchen, Suppe, eine gute Salatbar und mittags ein Buffet. 🕒 tgl. 10–17 Uhr.

Eisdielen

Brynja, Aðalstræti 3. Ein wahrer „Softeistempel". Zur Auswahl stehen Vanille, Erdbeer und Schoko – dazu süßer Sirup. Die einen lieben es, anderen ist es viel zu süß. 🕒 tgl.14–23 Uhr.

Ísbúðin Akureyri, Geislagata 10. Neben leckerem Eis gibt es auch Smoothies, Säfte und Sandwiches. ⌚ tgl.11–22 Uhr.
Turninn, Hafnarstræti 100b. Bei dem rosafarbenen Kiosk in Form einer Kirche schlagen nicht nur die Herzen von Barbie- oder My-little-Pony-Fans höher. ⌚ tgl. 12–22 Uhr.

UNTERHALTUNG

Wer mal wieder Lust hat, zu feiern und zu tanzen, der nutze hier die Gunst der Stunde. Am Kreisverkehr beim Rathaus findet man die beliebte Bar R5 und direkt auf der anderen Straßenseite das Café Amour. Konzerte und Partys finden regelmäßig in einigen Bars und Clubs statt, die nur an den Wochenenden geöffnet haben.
Bar R5, Ráðhústorg 5, ✆ 462 1400, 💻 www.r5.is. Mit großer Bierauswahl. ⌚ So–Do 17–1, Fr 15–3, Sa 17–3 Uhr.
Götubarinn, Hafnarstræti 96, ✆ 462 4747, 💻 www.gotubarinn.is. Eher eine Bar als ein Club. Wenn der Pianomann loslegt, artet das auch schon mal in fröhliches Rudelsingen aus. ⌚ ab 19 Uhr bis spät in die Nacht.
Græni Hatturinn, Hafnarstræti 96 (Hintereingang), ✆ 461 4646, 💻 https://graenihatturinn.is. Klein aber oho. Die Webseite ist zwar nur auf Isländisch, doch trotzdem versteht jeder Musikfan auf den ersten Blick: Ohren auf, hier ist jeden Tag was los. Auch auf Facebook finden sich alle Termine: 💻 www.fb.com/graenihatturinn/. Geboten werden Konzerte jedes Genres: Alles was in Island mit eigenen Bands vertreten ist, findet hier seine Hörer.

EINKAUFEN

Im Norden der Stadt steht das große **Einkaufszentrum Glerártorg** mit dem Supermarkt Nettó, dem Schnellimbiss Subway, einer Eisdiele mit leckerem Soft- und Kugeleis sowie einem Sportgeschäft, Handyläden, Reformhaus und dem Technikmarkt Tölvulistinn. Die komplette

Manchmal sind in Akureyris Innenstadt auch Riesin Grýla und ihr Mann Leppalúði unterwegs.

Liste der Läden unter 💻 www.glerartorg.is/en/shops-services. Weiter südlich gibt es noch das Einkaufszentrum Kaupangur mit Apotheke. Nicht ganz unwichtig, falls mal was verloren oder kaputt geht, ist auch der **Fotoladen Pedromyndir** in der Skipagata 16, 💻 https://verslun.pedro.is, 🕒 Mo–Fr 10–17, Sa 11–14 Uhr.

Bücher

Eymundsson, Hafnarstræti 91-93, 📞 540 2180. Buchhandlung mit Café und WLAN. 🕒 Mo–Fr 9–22, Sa und So 10–22 Uhr.

Kleidung

Wer teure Outdoor-Klamotten mag, wird sich bei **Icewear**, Hafnarstræti 106, und **66 North**, Skipagata 9, die Nase plattdrücken. 🕒 beide tgl. 10–18 Uhr.

Lebensmittel und Alkohol

Der große **Bónus**, Langholt 1, liegt nicht im Zentrum, sondern ein ganzes Stück weiter nördlich nahe der Jugendherberge. Eine weitere Filiale befindet sich in der Kjarnagata 2, südlich des Zentrums. 🕒 tgl. 10–20 Uhr.
Hagkaup, Grenivellir 26. Kaufhaus. 🕒 tgl. 8–24 Uhr.
Wer in der City Grundnahrungsmittel kaufen will, geht zur **Krambúðin** beim Campingplatz, Byggðavegur 98, 🕒 Mo–Fr 8–23.30, Sa/So erst ab 9 Uhr. Wer spät (oder früh) dran ist, nutzt die 24-Std.-Filiale an der Borgarbraut.
Nettó, Hrísalundur 5. Weitere Filiale im Einkaufszentrum Glerártorg. 🕒 tgl. 10–21 Uhr.
Vínbúðin, Hólabraut 16. 🕒 Mo–Do und Sa 11–18, Fr bis 19 Uhr.

Souvenirs

Freunde von Blumengemälden und handgefertigten Schmuckstückchen sollten **Linda Óla – Studio & Gallery**, Hafnarstræti 97, 📞 862 4448, 💻 https://lindaola.is, aufsuchen. Der Besuch ermöglicht einen Blick hinter die Kulissen, denn die Künstlerin ist nicht nur talentiert, sie ist auch sehr herzlich und heißt alle Interessierten willkommen. 🕒 Mo–Fr 14–17 Uhr.

AKTIVITÄTEN UND TOUREN

Schlittschuhlaufen

In der **Eishalle Skautahöllin** am südlichen Ortsrand, 📞 461 2440, 💻 www.sasport.is. 🕒 Wechselnde Öffnungszeiten, zuletzt Do 13–20, Sa/So 13–16 Uhr.

Schwimmen

Schwimmbad, Þingvallastræti 21 (zwischen Kirche und Campingplatz), 📞 461 4455, 💻 https://sundlaugar.is/sundlaugar/sundlaug-akureyrar/. Familien rutschen händchenhaltend nebeneinander auf der breiten Rutsche, müde Wanderer liegen im warmen Liegebecken mit dem künstlichen kleinen Wasserfall (für die entspannende Nackenmassage), Sportbegeisterte ziehen in den beiden großen Außenschwimmbecken ihre Bahnen. Die restlichen Badegäste verteilen sich auf die unterschiedlich warmen Hot Pots. 🕒 Mo–Fr 6.45–21, Sa/So 9–19, Juni–Aug Sa 8–21, So 8–19.30 Uhr.

Skifahren

Das **Skigebiet Hlíðarfjall**, 📞 462 2280, 💻 www.hlidarfjall.is, mit 8 Skiliften und 5 Langlaufloipen (1,2 bis 10 km) ist eines der größten in Island. Die Abendfahrten im Flutlicht sollen spektakulär sein. Es gibt eine Ski- und Snowboardschule für Kinder (5–12 J.) und einen Skiverleih. Saison ist meist von Weihnachten bis Ostern, die Lifte fahren unterschiedlich lang, Kernzeit ist meist 10–16 Uhr, bitte Website checken.

Walbeobachtungen

Anders als etwa in Húsavík ist im Eyjafjörður die See meist ruhig. Wer schnell seekrank wird, ist daher mit einem Start von Akureyri aus gut beraten. Los geht's am Hafen.
Die beiden gelisteten Anbieter bieten zwischen Mai und Okt mehrmals tgl. familienfreundliche Touren (3 Std., 12 990 ISK, Kinder 7–15 J. 6495 ISK, bis 6 Jahre kostenfrei). Die Trips mit dem Speedboat (2 Std., 20 000 ISK p. P.) eignen sich erst für Kinder ab 10 J. und einer Körpergröße von 1.45 m.

Elding Akureyri, Oddeyrarbót 2, ✆ 497 1000, 🖳 www.whalewatchingakureyri.is, fährt direkt beim Kulturzentrum Hof ab. Vom Flughafen und von vielen Gästehäusern kann man sich abholen lassen. Auch Mitternachtssonnen-Touren und kombinierte Angebote (z. B. Rafting).
Ambassador, Torfunefsbryggja, ✆ 462 6800, 🖳 www.ambassador.is, Abfahrt etwa 200 m weiter südlich als Elding Tours. Aktuelle Angebote s. Webseite. ⌚ Mai–Okt.

Ziplining

Zipline Akureyri, Þingvallastræti 50, ✆ 497 1947, 🖳 www.ziplineakureyi.is. In 1–2 Std. heißt es für die Teilnehmer der Tour 5 Abschnitte per Zipline zu überwinden, u. a. über den Fluss Glerá. Die relativ kurzen Strecken dazwischen werden zu Fuß zurückgelegt. Wasserdichte Wanderschuhe sind von Vorteil und lange Haare sollte man zu Buns zusammenbinden. Start im Sommer tgl. um 10, 12, 14 und 16 Uhr. Der Spaß kostet 11 900 ISK, Kinder (8–12 J.) kommen für 7900 ISK mit.

SONSTIGES

Autovermietungen

Am Flughafen sind die internationalen Namen zu finden:
Hertz/Icelandair Car Rental, ✆ 461 1005, **Budget**, ✆ 660 0629, **Avis**, ✆ 824 4010, und **Europcar/Bílaleiga Akureyrar**, ✆ 461 6000. Innerstädtisch findet man eine weitere Niederlassung von **Bílaleiga Akureyrar/ Europcar**, Tryggvabraut 12, ✆ 461 6000, und **Akureyri Rent a Car**, Tryggvabraut 22, ✆ 862 5131.

Feste

In Akureyri wird oft und gerne gefeiert. Meist draußen und umsonst. Aber es gibt auch einige sehr beliebte Groß-Events:
Iceland Winter Games, März, 🖳 www.icelandwintergames.com: Eine Woche voller Ski- und Snowboardwettkämpfe im Hlíðarfjall-Skigebiet.
Akureyri Food Festival, Ende Sep–Anfang Okt: Essen satt. Die eigentliche Messe findet im Sportzentrum (Skólastígur, am Schwimmbad) statt, aber so gut wie alle Firmen, die im weitesten Sinne mit Nahrung zu tun haben, machen mit und verwandeln die Stadt in ein Schlemmermekka. So manches Restaurant präsentiert eine Motto-Speisekarte, es gibt geführte Touren, Kochkurse, Kochwettbewerbe und Schau-Koch-Veranstaltungen. Einige Molkereien und fischverarbeitenden Betriebe öffnen ihre Türen.
Weitere Feste sind das **Donald-Duck-Skirennen** für Kinder im April, die **Arctic Open** für Golfer im Juni, ein **Mittelaltermarkt** an einem Wochenende im Juli in Gásir (etwa 12 km nördlich von Akureyri) und das Familienfest **Ein með öllu** („mit allen") am sogenannten Kaufmannswochenende Anfang Aug.

Informationen

Kultur- und Konferenzzentrum/Menningarhús Hof, Strandgata 12, ✆ 450 1050, 🖳 www.mak.is. Touristeninformation im imposanten Bau, mit kompetenter Beratung, kostenlosem WLAN, Souvenirshop und Bibliothek. ⌚ tgl. 9–15 Uhr.

Medizinische Hilfe

Apotheken, Mýrarvegur, Hafnarstræti 95, Furuvellir 17 (im Supermarkt Hagkaup) und im Einkaufszentrum Glerártorg.
Krankenhaus, Eyrarlandsvegur, ✆ 463 0100, 🖳 www.sak.is.

NAHVERKEHR

Auto

Wer nicht gerade einen Großeinkauf machen will, braucht in Akureyri kein Auto. Die erlaubte Parkzeit beträgt maximal 15 Min., auf den größeren Parkplätzen (z. B. gegenüber dem Menningarhús Hof am Busbahnhof) darf man bis zu 2 Std. kostenfrei stehen. Zeitüberschreitungen werden peinlich genau überwacht und mit Strafzetteln quittiert. Wer keine Parkscheibe hat, sollte sich bei der Einfahrt in die City an einer der Tankstellen eine besorgen. Parkscheibenfreie Parkplätze gibt es am Hafen.

Busse

Es gibt einige kostenlose **Stadtbusse**, die in Ringlinien fahren und auf die Bedürfnisse der Einwohner abgestimmt sind. Stoßzeit ist morgens zwischen 6 und 7 Uhr, tagsüber fahren die Busse meist stündlich, und spätestens um 18.30 Uhr ist Schluss. Am Wochenende verkehren die Busse nicht. Eine Ausnahme ist die **Linie 6**, die vom Busbahnhof Miðbær aus rund um die Stadt fährt und dort wieder endet, auch abends und am Wochenende zwischen 12 und 18 Uhr, tagsüber meist jede halbe Stunde. **Linienkarten und Abfahrtzeiten** auf der Website von Strætó, 💻 www.straeto.is.

Taxis

Taxis der Firma **BSO**, ✆ 461 1010, stehen am Flughafen und Hafen. Angeboten werden auch Touren zu den nahegelegenen Sehenswürdigkeiten Mývatn und Goðafoss. Nicht billig, aber für Spontanreisende mit etwas dickerem Geldbeutel durchaus eine Option.

TRANSPORT

Auto

Die Ringstraße führt von Nord nach Süd durch die Stadt. Fast alle Sehenswürdigkeiten liegen rechts und links von ihr.

Busse

Die Haltestelle von **Strætó** befindet sich am Parkplatz vor dem Kulturzentrum Menningarhús Hof an der Strandgata.

Nach Osten

EGILSSTAÐIR, Bus 56 fährt tgl. um 8 Uhr entlang der Ringstraße über LAUGAR und MÝVATN (ca 1 1/2 Std., 2940 ISK) im Winter nur Mo, Di, Fr und So in ca. 3 1/2 Std. für 10 260 ISK (18 Zonen).
HÚSAVÍK, mit Bus 79 mehrmals tgl., im Winter aber nicht am Sa, in ca. 1 1/2 Std. für 3420 ISK (6 Zonen).
DETTIFOSS ist nur mit Ausflugsbussen erreichbar.

Nach Westen und Süden

REYKJAVÍK, mit Linie 57 ganzjährig um 10.15 und 16.20 Uhr (Sa nur 16.20, im Winter auch Do nur 10.15 Uhr) in ca. 6 1/2 Std. für 12 540 ISK (22 Zonen).

Nach Norden

SIGLUFJÖRÐUR, mit Bus 78 über DALVÍK und ÓLAFSFJÖRÐUR Mo–Fr 8.15, 13.15 und 16.30, So nur um 15.40 Uhr, in ca. 70 Min. für 3420 ISK (6 Zonen).

Flüge

Der **Flughafen** von Akureyri befindet sich etwa 3 km südlich der Stadt, eine Stadtbusanbindung gibt es leider nicht.
REYKJAVÍK Stadtflughafen (RVK), mit **Icelandair**, ✆ 460 7000, 💻 www.icelandair.com, 3–5x tgl. in 45 Min. für 120–160 €.
VOPNAFJÖRÐUR (VPN) und ÞÓRSHÖFN (THO) mit Norlandair Mo–Fr 1x tgl. mit kleinen Maschinen in 2 bzw. 3 Std. für rund 50 €. Der Anschluss an die Flieger von und nach Reykjavík funktioniert gut. Auch diese Flüge werden über Icelandair gebucht.
GRÍMSEY mit **Norlandair**, 💻 www.norlandair.is, Di, Fr und So in 30 Min. für um die 100 €.

Eyjafjarðarsveit

Die weite Ebene am südlichen Ende des Eyjafjörður ist landwirtschaftlich geprägt. Touristisch interessant ist neben zwei ungewöhnlichen Museen die schnörkelige rote Kirche in **Grund**, die Grundarkirkja, deren Bau im Jahr 1905 von einem einzigen wohlhabenden Bauern finanziert worden sein soll. Die einzige nennenswerte Ortschaft heißt **Hrafnagil**. Hier gibt es ein großes Freibad und einen Campingplatz.

Weihnachtshaus und Wunschbrunnen

„In Island gibt es dreizehn Weihnachtsmänner", das weiß man als gut vorbereiteter Tourist (wenn nicht, schnell auf S. 423 nachlesen). Aber kennt man auch deren Mutter Grýla und deren Vater Leppalúði? Falls nicht, kann man das im **Jólahús**, Sveinsbær, Hrafnagil, an der Straße 821, Karte S. 391, ✆ 463 1433, nachholen. Hier werden die Tage bis Weihnachten runtergezählt – bei passender Musik, die aus einem Lautsprecher irgendwo in den Bäumen kommt. Ein rotes, überdimensionales Lebkuchenhaus macht den Eindruck einer Parallelwelt dann perfekt. Benedikt Ingi Grétarsson, der Besitzer, ist meist selbst vor Ort und plaudert aus dem Nähkästchen. Für die Ausstellungs- und Verkaufsräume mit allerlei Schnickschnack wird kein Eintritt erhoben. ⌚ Juni–Aug tgl. 10–18, Sep–Dez 12–18, Jan–Mai 14–18 Uhr. Ebenso die Öffnungszeiten des zweiten Ladens hier, als „Tante Grethe", oder Farmers Market angekündigt. Hier findet man geschmackvolle Andenken, Bonbons, Blumen, aber auch hübsche Haushaltsgegenstände, Deckchen usw.

Direkt neben dem Weihnachtshaus versteckt sich zwischen all dem lustigen Glöckchengeklingel dann ein Kunstwerk mit tiefem Sinn: Der **Wunschbrunnen**, ein Mosaik der Künstlerin Heiðdís Pétursdóttir. Er dient dazu, noch ungeborenen Kindern gute Wünsche für ihren Lebensweg mitzugeben. Passenderweise direkt daneben: ein angemalter Baum mit an den Astenden befestigten Sternen. Je nach Interpretation ein Sinnbild für die Verästelungen des Lebens oder den Weg der Sterne zu unserem tiefsten Inneren. Ob es eine spirituelle Verbindung der Sterne zum Weihnachtshaus gibt? Das herauszufinden, bleibt der Fantasie der Besucher überlassen. Ebenso wie die Antwort auf die Frage, was in aller Welt der als weibliche Brust eingehäkelte Briefkasten für eine tiefere Bedeutung hat.

Smámunasafn Sverris Hermannssonar (Museum der tausend Kleinigkeiten)

Gesamtkunstwerk oder Müll? Sverrir Hermannsson, einer der bedeutendsten Restauratoren Akureyris, hatte einen ausgeprägten Sammelzwang. Er sammelte und archivierte alles, von Plastikkugelschreibern über Schraubenzieher bis hin zu Haustürschlüsseln. Davon sind seit mittlerweile 20 Jahren Hunderte – alte, neue und mittelalte – im Museum, Sólgarður, an der Straße 821, ☎ 463 1261 und 898 5468, 💻 www.esveit.is/smamunasafnid, zu bewundern. Genauso wie der andere nutzlose Kram, den das Museum von Sverrir (der 2008 verstarb) übernommen hat. Ohne erklärenden Kommentar liegt der ganze Trödel da, und das ist zugegebenermaßen ein wenig befremdlich, anderer-

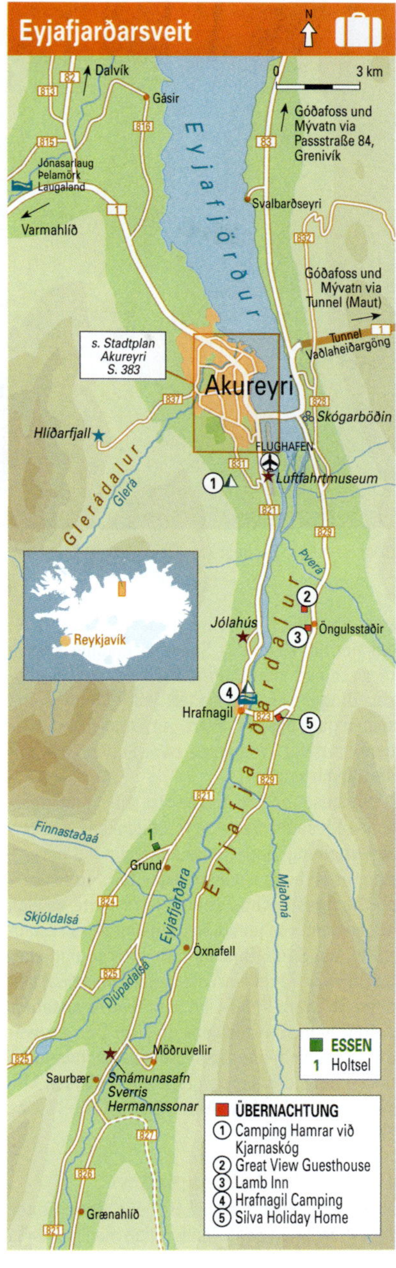

© CAROLINE MICHEL

Original-Nägel-Exponate im Kleinigkeiten-Museum

seits aber auch so schräg, dass es schon wieder gut ist. Denn der Sammler machte keinen Unterschied zwischen wertvollen und wertlosen Dingen: Für ihn besaß jeder Gegenstand seinen ganz eigenen Wert. „In Wirklichkeit existieren auf der Welt keine zwei Sachen, die genau gleich sind".

So gesehen ist dieser Ort ein philosophisches Museum, das zum Nachdenken über Verschwendung und Gedankenlosigkeit anregt. Aber es ist auch ein lebendiger Teil von Akureyris Stadtgeschichte, denn Sverrir hatte es sich angewöhnt, von jedem Haus, bevor er es restaurierte, ein Stück Holz aufzubewahren und einige Original-Nägel einzuschlagen. Unbedingt den alten Schwarz-Weiß-Film über Sverrir ansehen, der im Hinterzimmer gezeigt wird! Der ist zwar auf Isländisch, aber wen stört das schon in einem – zumindest vordergründig – sinnlosen Museum? 🕒 Mitte Mai–Mitte Aug tgl. 13–17 Uhr, Eintritt 1500 ISK.

Das Waldbad Skógarböðin

Unverhofft kommt oft ... Bei den Bauarbeiten zum Vaðlaheiðargöng-Tunnel stieß man auf heiße Quellen. Flugs wurde daraus ein stylisches Waldbad, das sich aufgrund der Holzoptik gut ins Uferbild einfügt (was für den großen Parkplatz leider nicht gilt). Das Thema Wald beherrscht hier in der Forest Lagoon, rund 4 km südöstlich von Akureyri, ☏ 580 0090, 💻 www.forestlagoon.is, alles, vom Zugang zum Bad, Innen- und Außenbereich und sogar im Schwimmbecken scheinen Nadelbäume zu wachsen. Hier sitzt man im wohlig warmen Nass neben einem und schaut auf den Fjord. 🕒 tgl. 10–24 Uhr, Erwachsene 6590 ISK, Kinder 5–15 J. gestaffelt nach Alter weniger.

Im **Bistro** kann man sich gut mit Kaffee, Kuchen, belegten Brötchen versorgen und am Wochenende auch brunchen, aber die Empfehlung kriegt der tolle Food Truck **Bessa Biti** am Parkplatzende. Im Angebot sind drei verschiedene Rindfleisch- und ein Hühnchenburger, außerdem leckere Pommes für günstige 700 ISK.

ÜBERNACHTUNG

Karte S. 391

Great View Guesthouse, Jódísarstaðir 4, ☏ 898 3306, 💻 https://greatviewguesthouse.is.

Gästehaus auf dem Land bei kinderfreundlichen Gastgebern, mit denen man sich Gemeinschaftsküche und Wohnzimmer teilt. Alle Zimmer mit Gemeinschaftsbad. Mit kleinem Hot Pot, Kinderspielplatz und Trampolin im Garten. Aussicht in die Berge oder weiter Blick ins Tal. Umfangreiches Frühstücksbuffet inkl. ❹–❺

Hrafnagil Camping, Hrafnagilsskóla, ✆ 464 8140, 💻 https://tjalda.is/eyjafjardarsveit/. Mitten im Ort, zwischen Schule und Schwimmbad, mit Waschmaschine und WLAN. Ab 17 J. 1600 ISK. ⌚ Juni–Sep.

Lamb Inn, Öngulsstadir 3, ✆ 463 1500, 💻 www.lambinn.is. Umgebauter Bauernhof mit Außen-Hot-Pot und schönem Talblick. Alle DZ haben Privatbäder und im UG des Haupthauses wartet ein freundlicher Speisesaal auf Frühstücks- und Abendessens-Gäste. ❹

Silva Holiday Home, Syðra-Laugaland Efra, ✆ 851 1360, 💻 www.silva.is. In 3 kleineren und einem größeren (bis zu 9 Pers) Wellblech-Sommerhäusern (ab 30 000 ISK) schläft es sich ruhig wie in Abrahams Schoß. Alle bieten Fußbodenheizung, eine prima Küche, eine geschützte Veranda mit modernem Hochleistungsgrill und Aussicht auf den Fluss und das alte rotweiße Bauernhaus der Vermieter. Den Hot Pot mit Talblick nutzen alle Gäste gemeinschaftlich.

ESSEN

Holtsel, an der Straße 824, aber die Straße 821 ist fast noch in Sichtweite, Karte S. 391, ✆ 861 2859, 💻 www.holtsel.is. Ein Bauernhof, auf dem Speiseeis aus eigener Milchproduktion hergestellt wird (eine Kugel 600 ISK, 2 Kugeln 800 ISK). Und das ist so lecker, dass es schon viele Preise eingeheimst hat (Verkaufsname Holtsel-Hnoss). Wo sonst gibt es Skyr-Blaubeer-Eis oder Ingwer und weiße Schokolade und dazu Sitzbänke auf der grünen Wiese mit Blick auf die tierischen Milchproduzenten, die neugierig über den Zaun schauen? ⌚ im Sommer Sa/So 13–17 Uhr.

SONSTIGES

Einkaufen

Alles muss in Akureyri besorgt werden – es gibt keine Einkaufsmöglichkeit.

Schwimmen

In **Hrafnagil**, an der Straße 821, ✆ 464 8140. Behindertengerechtes Schwimmbad mit einer riesigen Rutsche, direkt an der Schule. ⌚ Mo–Fr 6.30–21, Sa und So 10–17 Uhr.

TRANSPORT

Am Südrand von Akureyri, wo die Ringstraße die Brücke über den Fjord nimmt, zweigen die kleinen **Straßen 821** (Westseite) und **829** (Ostseite) ab. Hrafnagil liegt an der 821, es führt von dort aber eine Brücke zur 829. Außerdem führt von Akureyri nach Hrafnagil ein sehr guter asphaltierter Radweg – einer der wenigen **Überland-Radwege** in Island.

Am äußersten Talende vereinigen sich die beiden Straßen wieder, um kurz hinter der Abzweigung zu den Hügeln von Leyningshólar zur **F821** zu werden, zum nördlichen Zubringer der **Sprengisandur-Hochlandpiste F26** (S. 597). Reisende ohne Allradfahrzeuge müssen hier umdrehen.

HAFRAGILSFOSS UND DIE SCHLUCHT JÖKULSÁRGLJÚFUR; © CAROLINE MICHEL

Der Nordosten und Diamond Circle

Aktive Vulkane, rauschende Wasserfälle, rot schimmernde Berge und das nicht weniger beeindruckende Ödland dazwischen buhlen um die Gunst der Besucher. Als hätte die Natur sie nur erschaffen, um sie in einem Wettkampf gegeneinander antreten zu lassen. Der sogenannte Diamond Circle kann es durchaus mit seinem südlichen Konkurrenten, dem Golden Circle, aufnehmen.

Stefan Loose Traveltipps

Aldeyjarfoss Der Wasserfall an der Grenze zum Hochland ist ein Traum in Basalt. S. 401

8 **Húsavík** Trotz oft rauer See der beliebteste Ausgangspunkt für Walbeobachtungsfahrten. S. 405

9 **Ásbyrgi und Dettifoss** Die hufeisenförmige Schlucht und der wasserreiche Dettifoss sind die touristischen Highlights der Region. S. 410

10 **Mývatn** Rund um den See lockt eine vielfältige Natur. S. 416

Mývatn Nature Baths Die Alternative zur Blauen Lagune. S. 418

Raufarhöfn Spaziergang zum nördlichsten Leuchtturm Islands. S. 432

Bakkafjörður Bleiben, wo sich Fuchs und Wal gute Nacht sagen. S. 438

KÜSTE NÖRDLICH VON HÚSAVÍK; © STEPHAN ROBERTZ

BAKKAFJÖRÐUR; © CAROLINE MICHEL

Wann fahren? Der Dettifoss ist nur in den Sommermonaten zugänglich.

Wie lange? Wer nur einen Tag zur Verfügung hat, bleibt auf der Ringstraße und macht einen kurzen Abstecher zum Dettifoss.

Für Entdecker Naturschönheiten, die noch in keinem Reiseführer stehen.

Updates, mehr **Bilder** und eure **Tipps** zu diesem Kapitel auf www.stefan-loose.de unter **eXTra [11083]**

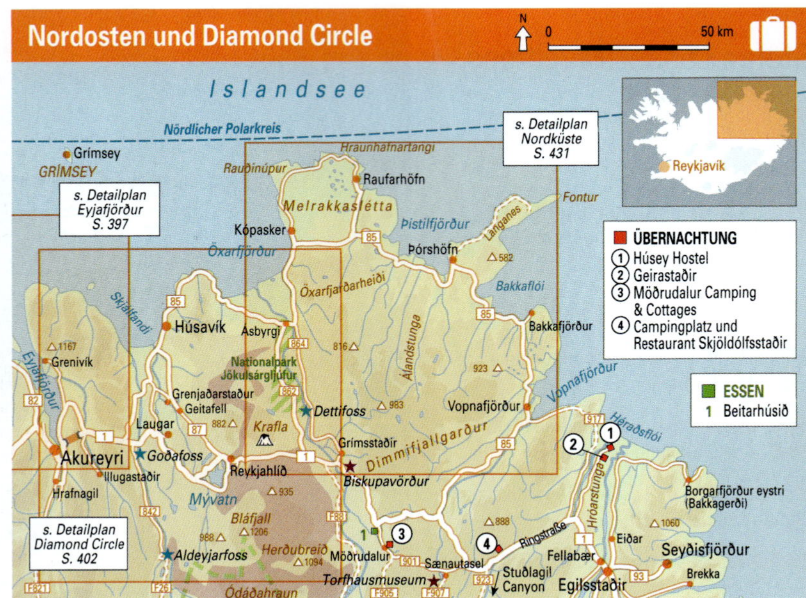

Nach der eher beschaulichen Reise durch den Nordwesten werden Reisende im Nordosten mit Top-Sehenswürdigkeiten beglückt, wie es sie so nur in Island gibt. Im **Goðafoss** wurden einst Götterbilder versenkt, der **Dettifoss** ist einer der wasserreichsten Wasserfälle Europas und der **Jökulsárgljúfur** („Gletscherflusscanyon") wurde durch scharfes Lavagestein, das von Wassermassen mitgerissen wurde, förmlich in den Boden gefräst. Rund um den See **Mývatn** lockt ein buntes Sammelsurium aus von Vulkanen geschaffenen Naturdenkmälern. Der aktive Vulkan **Krafla**, die Krater **Víti** und **Hverfjall**, das Hochtemperaturgebiet bei **Námaskarð**, die aus der TV-Serie *Game of Thrones* bekannte warme Badehöhle **Grjótagjá**, das **Dimmuborgir** genannte Labyrinth aus Lava, in dem die 13 isländischen Weihnachtsmänner die Sommermonate verbringen sollen, und, und, und.

Wer sich nach so vielen Sensationen nach etwas Ruhe sehnt, ist in den kleinen Örtchen **Kópasker**, **Raufarhöfn**, **Þórshöfn**, **Bakkafjörður** und **Vopnafjörður** ganz im Nordosten Islands goldrichtig. Nur wenige Kilometer südlich des Polarkreises erwartet Reisende hier eine vergleichsweise wenig aufregende, eher flache Landschaft, deren Erkundung Zeit kostet. Der Reiz dieser Region verbirgt sich im Detail. Wer „nur mal eben" schauen will, wie es hier so aussieht, wird ihn nicht erfassen können. Wanderfreunde und Liebhaber von fantasievoll umgesetzten kleinen Kunstprojekten dagegen kommen auf ihre Kosten. Und wo man keine Sehenswürdigkeiten hat, da baut man eben welche: Der Steinkreis **Arctic Henge** ist die moderne Version des archaischen Stonehenge.

Eyjafjörður (Ostufer) und Vaglaskógur

„Zwischen Akureyri und dem Goðafoss gibt es nichts von touristischem Wert", sagen einige beim schnellen Blick auf die Landkarte. Und sie haben gar nicht so unrecht: Wer wenig Zeit hat und nur möglichst schnell möglichst viele der Hauptattraktionen Islands abklappern will, dem sei angeraten, dieses Gebiet einfach ohne anzuhalten auf der Ringstraße (die seit 2019 durch den kostenpflichtigen Tunnel Vaðlaheiðargöng führt, s. Kasten S. 398) zu durchqueren. Er verpasst in nördlicher Richtung das **Freilichtmuseum Laufás**, das niedliche Fischerdorf **Grenivík**, ein Wanderparadies im unbewohnten Norden der Halbinsel Flateyjarskagi und eine Fahrt durch ein einsames Tal, das **Fnjóskadalur**, auf der Straße 835, eingerahmt von bunten Bergen. Südlich der Ringstraße versäumt er das riesige Waldgebiet **Vaglaskógur**.

Grenivík und Umgebung

„Niedlich" ist die treffende Bezeichnung für das Dörfchen Grenivík, nicht viel mehr als eine Ansammlung von Wohnhäusern mit einer Kirche, einem kleinen Schwimmbad, einem Campingplatz und einem Restaurant-Supermarkt an der Tankstelle. Hier ist die Welt noch in Ordnung, man könnte stundenlang einfach dasitzen und auf den ruhigen Fjord schauen. Wer Glück hat und lang genug ausharrt, sieht Wale. Nach Grenivík kommen Menschen, denen in Akureyri zu viel los ist – und Wanderer. Die Besteigung des 1167 m hohen **Kaldbakur** (laut dem Infoschild auf der gegenüberliegenden Insel Hrísey ein hochenergetischer Kraftort, s. S. 375), dessen Gipfel nie ganz schneefrei ist, ist nur etwas für Fortgeschrittene. Unerfahrenere Wandersleute können zur Bucht **Hvalvatnsfjörður** im Norden der unbewohnten Halbinsel entlang der sehr schlechten Piste F839 laufen (eine Strecke ca. 30 km) oder entlang der Küste nördlich von Grenivík, nach der verlassenen Farm Látrar **Látraströnd** (Látrar-Strand) benannt.

Für einen kürzeren Spaziergang ohne große wanderische Herausforderungen, dafür aber mit herrlicher Aussicht, eignet sich der Landwirtschaftsweg, der vom Ort aus oberhalb der Küste zu Füßen des Berges Þengilhöfði nach Süden führt. Wer Glück hat, kann von hier aus sogar Wale sehen (wenn die Beobachtungsschiffe aus Hauganes und Hjalteyri auf dem Wasser zu sehen sind, sind die Wale meist nicht weit). Nach ungefähr einer Stunde auf dem Küsten-Weg erreicht man einen Aussichtspunkt und die Mini-Ortschaft Kljáströnd.

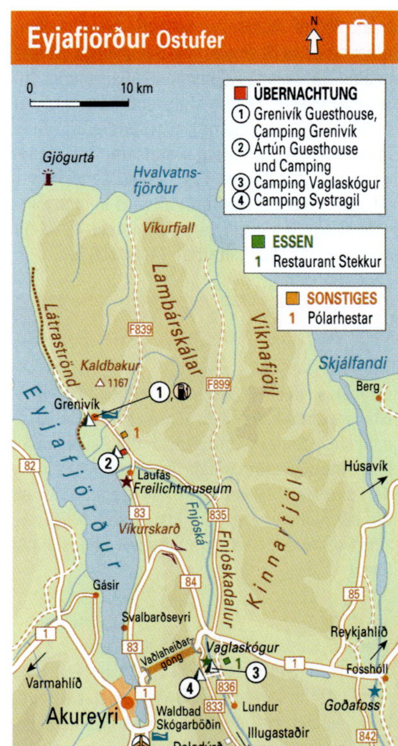

Das **Fischereimuseum** kann Mitte Juni–Mitte August in der Zeit von 13–17 Uhr kostenlos besichtigt werden.

Im staatlichen **Freilichtmuseum Laufás**, ✆ 895 3172, 💻 www.minjasafnid.is, 10 km südlich des Orts an der Küstenstraße 83, warten neben Café und Souvenirshop vorbildlich restaurierte Torfhäuser und eine kleine Holzkirche, und auf einer Führung erfährt man spannende Details über das Leben der Bauern im 19. Jh. 🕒 Mai–Okt tgl. 11–17 Uhr, Eintritt ab 18 J. 1800 ISK.

Ebenfalls an der 83, aber noch weitere 16 km südlich bei Svalbarðseyri, liegt das **Safnasafnið**, Svalbarðsströnd, ✆ 461 4066, 💻 www.safnasafnid.is. Platzmangel ist ein Fremdwort in diesem Volks- und Outsider-Kunst-Museum. Es besteht aus zwei historischen Gebäuden, die insgesamt um die 500 m² Ausstellungsfläche bereitstellen. Safnasafnið heißt sowas wie Sammlungs-Museum oder Sammlungs-Sammlung (die isländische Sprache macht keinen Unterschied zwischen Museum und Sammlung), was bedeutet, dass die Ausstellungen häufig wechseln. Der Riese, der an der Straße den Weg weist, gehört aber fest zum Inventar. Außerdem wird immer mindestens ein Schülerprojekt vorgestellt. ⌚ Mai–Aug tgl. 10–17 Uhr, Eintritt ab 14 J. 1500 ISK.

ÜBERNACHTUNG

Karte S. 397

Ártún Guesthouse, 7 km südlich von Grenivík, ✆ 896 2275, 💻 www.artun.is. 3 DZ und 2 Dreibettzimmer mit gemeinsamem Bad unterm Dach des Farmhauses. Außerdem gibt es einen Bungalow für Selbstversorger. Ártún liegt zwischen Grenivík und dem Freilichtmuseum auf dem Land. **Camping** ab 16 J. für 1200 ISK p. P. Kleine

Unterwegs im Nordosten

Mit dem Auto

Goðafoss, Húsavík, Ásbyrgi, Dettifoss und Mývatn, so steht es auf der Wunschliste vieler Nordislandreisender. Auf dem sogenannten **Diamond Circle** – der 250 km langen „Diamantrunde" – kann man diese Sehenswürdigkeiten der Reihe nach abfahren.

Eine **Alternativstrecke** für Inselumrunder führt von Akureyri über Goðafoss zum Mývatn, dann von dort über den Kísilvegur (Straße 87) nach Húsavík, Ásbyrgi, Dettifoss – und zurück zur Ringstraße.

Die mit Abstand zeitsparendste Variante ist die, bei der von der Ringstraße aus nur ein **Abstecher zum Dettifoss** (21 km eine Strecke) eingeschoben wird. Die dorthin führende Straße 862 ist asphaltiert.

Touristen-Falle Vaðlaheiðartunnel

Wer der Ringstraße folgt und damit den 7,2 km langen Tunnel durchfährt, spart auf dem Weg von Akureyri nach Húsavík/ Mývatn 16 km. Der Haken: Der Tunnel kann nur online und nur per Kreditkarte bezahlt werden, 💻 www.tunnel.is. Entweder im Voraus oder bis zu 3 Std. nach der Passage. Wer „einfach so" durchfährt, zahlt im Nachhinein mind. 1000 ISK mehr, die z. B. vom Autovermieter eingefordert werden. Die einfache Fahrt kostet 1650 ISK pro Pkw/Wohnmobil. Motorradfahrer fahren umsonst, Fahrräder sind verboten. Vielfahrer können Kosten reduzieren, indem sie sich und ihr Fahrzeug (Nummernschild) auf 💻 www.veggjald.is registrieren. Der Pass Víkurskarð, also die „alte Straße", ist weiterhin befahrbar, wenn auch nicht explizit als Umgehungsstraße ausgeschildert. Tunnelauskunft ✆ 464 1790.

€ Einige Gästehäuser haben als Extraservice 100er-Karten für die Tunneldurchfahrt gekauft. Die Gäste sparen sich das komplizierte Anmeldeverfahren und geben lediglich ihr Kennzeichen ein. Und 1000 ISK ab.

Mit dem Bus

Die Strecke entlang der **Ringstraße** zwischen Akureyri und Egilsstaðir (über Mývatn) ist im Sommer ziemlich gut mit dem Bus (Strætó-Linie 56) zu überwinden, und selbst im Winter funktioniert es einigermaßen (Mo, Di, Fr und So 1x tgl.). Strætó fährt ab Akureyri auch nach **Húsavík** (Linie 79). Der **Dettifoss** wird nur von Ausflugsbussen angefahren, die Orte ganz im Nordosten überhaupt nicht. Zu den Busverbindungen siehe auch 💻 https://publictransport.is.

Mit dem Flugzeug

Norlandair fliegt mit kleinen Maschinen 1x tgl. die Strecke Akureyri (AEY)–Þórshöfn (THO)–Vopnafjörður (VPN)–Akureyri. Von Akureyri aus kommt man weiter nach Reykjavík. Alle Flüge sind über Icelandair buchbar, ✆ 460 7000, 💻 www.icelandair.com.

Ruhig, ruhiger, Grenivík

Küche und Aufenthaltsraum. ⌚ nur im Sommer, aber Ausnahmen auf Anfrage. ❸

Campingplatz, ✆ 414 5421, 💻 www.tjalda.is/en/grenivik. Hübscher Platz am Ortsrand, geschützt durch kleine Hecken. Mit behindertengerechtem Servicehaus. Das Schwimmbad liegt direkt um die Ecke. Wer 3 Nächte bleibt, zahlt nur für zwei. Ab 16 J. 1500 ISK. ⌚ Ende Mai–Anfang Sep.

Grenivík Guesthouse, Miðgarðar 2, ✆ 861 2899, 💻 https://grenivikguesthouse.is. Wäre da nicht diese kleine Straße, läge das moderne schwarz-weiße Holzhaus direkt am Meer. 4 Zimmer mit Bad, Kühlschrank und Fernseher. Frühstücksraum mit Meerblick im kleinen Anbau, gleichzeitig Aufenthaltsraum und Gemeinschaftsküche. Schnelles Internet und prima Frühstück mit Marmelade, die die Mutter des freundlichen Gastgebers selbst einkocht. Wer Glück hat, bekommt auch selbst gebackenen Kuchen. Das Highlight ist der Hot Pot mit Aussicht auf den Fjord. ❺

ESSEN UND EINKAUFEN

Die **Tankstelle**, die (fast) alles kann, versorgt mit dem Nötigsten. Als Draufgabe gibt's Törtchen, Bleistifte und (den allerneuesten) Tratsch aus dem Dorf.

Jónsabúð, im Gebäude an der Tankstelle. Kleiner Kramladen mit Grundnahrungsmitteln, aber z. B. auch Schreibwaren. ⌚ Mo–Fr 9–18, Sa 12–17, So 12–15 Uhr.

AKTIVITÄTEN UND TOUREN

Reiten

Pólarhestar, Grýtubakki 2, Karte S. 397, ✆ 463 3179, 💻 www.polarhestar.is. Im Programm sind 5 verschiedene Mehrtagestouren, aber auch Tagesausflüge und kurze Ausritte. Die kürzeste Tour dauert 1 Std. und kostet 7500 ISK.

Schwimmen

Im Sommer geöffnetes kleines **Schwimmbad** östlich der Kirche, ✆ 414 5420, mit Hot Pot, Sauna und Aussicht auf den Fjord. ⌚ Mo–Fr 10.30–18.30, Sa und So 10–16 Uhr.

Touren auf den Kaldbakur

Zweistündige Touren mit zwei Schneekatzen-Raupenfahrzeugen für max. 52 Passagiere.

Tägliche Abfahrten Jan–Mai. Näheres unter ✆ 867 3770, 🖳 www.kaldbaksferdir.com.

TRANSPORT

Man erreicht Grenivík über die schöne Uferstraße 83 oder auch über die Straße 835 von Osten aus. Für Reisende, die aus Richtung Akureyri kommend am Ostufer des Eyjafjörður nach Grenivík und später über die nicht asphaltierte 835 wieder zur Ringstraße zurückkehren, ist es ein Umweg von 29 km. Eine Busanbindung gibt es nicht.

Vaglaskógur

Die Szenerie erinnert ein wenig an das Wiedtal im rheinischen Westerwald: Entlang eines Flusses, malerisch in einen Birkenwald eingebettet, stehen Wohnwagen und Wohnmobile, die hier ihre festen Stellplätze haben. In diesem 690 ha großen Waldgebiet verbringen Isländer ihre Ferien, aber auch Touristen auf der Durchreise finden ein freies Campingplätzchen. Der Fluss Fnjóská ist der längste Fluss Islands, der aus einer Quelle gespeist wird (somit also kein Gletscherfluss ist). Die Bogenbrücke (heute nur noch für Fußgänger, früher Teil der damals noch nicht vollendeten Ringstraße) aus dem Jahr 1908 war seinerzeit die längste Stahlbetonbogenbrücke Skandinaviens. Und der Wald? Nicht der größte, aber immerhin einer der größten zusammenhängenden Wälder im Land – und der erste, der offiziell geschützt wurde (1905). Seit 1909 gibt es einen Ranger. In zwei Baumschulen werden Weihnachtsbäume großgezogen und dann nach Akureyri verkauft.

Am südlichen Ende des geteerten Teils der Straße 833 befindet sich die Ferienhaussiedlung Illugastaðir mit Freibad und kleinem Café/Laden. Wer mal ganz ohne andere Touristen und nur unter Isländern sein will, der fahre hierher. Noch weiter südlich liegt Reykir (kein Ort, sondern nur einige verstreute Höfe), wo das warme Wasser für die Region aus dem Boden kommt. Hier kann man am Fluss spazieren gehen, ohne irgendwen zu treffen.

ÜBERNACHTUNG UND ESSEN

Camping Vaglaskógur, ✆ 860 4714, 🖳 www.tjalda.is/en/vaglaskogur. Aufgeteilt in 5 Campingbereiche, einige Servicehäuschen haben Duschen und sind behindertengerecht. Ab 14 J. 1900 ISK, Dusche 500 ISK. 🕒 Juni–Mitte Sep.
Camping Systragil, an der Straße 833, ✆ 860 2213, 🖳 www.systragil.is. Der kleine Campingplatz auf der gegenüberliegenden Flussseite am Hang gehört nicht zum großen Vaglaskógur-Areal. Er überzeugt durch ein gepflegtes kleines Servicehäuschen und einen Kinderspielplatz. Ab 16 J. 1700 ISK. 🕒 Juni–Mitte Sep.
Restaurant Stekkur, beim Golfplatz Lundur, 3 km südl. der Autobrücke auf der östlichen Flussseite.

SONSTIGES

Einkaufen

Auf dem Campingplatz Vaglaskógur gibt es einen Mini-Laden mit Kaffeeausschank in einem Blockhaus. 🕒 Mo–Do 11–17, Fr 9–12 und 16–21, Sa und So 11–18 Uhr.

Schwimmen

Freibad mit Hot Pot in Illugastaðir, ✆ 462 6199, 🕒 im Sommer tgl. 10–19 Uhr.

Streichelzoo

Daladýrð, Brúnagerði, ✆ 863 3112, 🖳 www.daladyrd.is. Mit Schafen, Ziegen, Pferden, Hühnern, Meerschweinchen und Kätzchen, die überall herumklettern und Kinderherzen höher schlagen lassen. Kaffee und ein Eis gibt es auch. Ab 13 J. 1300, sonst 900 ISK. 🕒 im Sommer tgl. 11–18 Uhr.

TRANSPORT

Vaglaskógur wird über die Straßen 833 (westlich des Flusses) und 836 (östlich des Flusses) angefahren. Beide Straßen sind durch eine Brücke, die ca. 1 km südlich der historischen Fußgängerbrücke steht, miteinander verbunden, sodass sich eine Rundfahrt anbietet. Nächste Linienbushaltestelle ist Fnjóskárbrú (an der heutigen Brücke der Ringstraße über die Fnjóská); von dort sind es 5 km bis in den Wald.

Diamond Circle

Die Bezeichnung „Diamond Circle" hört sich nach der Erfindung einer Marketingagentur an. Trotzdem haben die Highlights entlang der gut 260 km langen Rundroute diesen Namen mehr als verdient. Beginnend am Wasserfall **Goðafoss**, geht es über die „Wal-Stadt" **Húsavík** zur Schlucht **Ásbyrgi** und in südlicher Richtung zum gewaltigen **Dettifoss**, auf der Ringstraße vorbei am Vulkan **Krafla** zum See **Mývatn** – und wieder zurück zum Goðafoss. Von Akureyri aus ist diese Tour an einem Tag zu schaffen, allerdings ohne Wanderungen oder Walbeobachtung.

Goðafoss

Wahrlich der Götter würdig stürzt der mächtige Goðafoss („Götterfall") in die Tiefe. 30 m breit, 12 m tief und in einer herrlichen Mischung aus Weiß und Türkis. Seinen Namen hat er einer Geschichte zu verdanken, die im Jahr 1000 spielt. Der Gode Þorgeir Ljósvetningagoði, zu jener Zeit Lögsögumaður und damit „Vorsitzender" des Alþings, war mit der Aufgabe betraut worden, das Alþing zu organisieren und dort entscheiden zu lassen, ob Island christlich werden sollte (S. 116). Þorgeir war in großer Sorge, denn schon im Vorfeld hatte es blutige Auseinandersetzungen gegeben. Er fürchtete nicht zuletzt um den eigenen Kopf. Er selbst hing dem Christentum nicht an, fand aber nach einem Tag Bedenkzeit die Lösung, die alle Beteiligten zufriedenstellte: Island wurde offiziell christlich, aber im stillen Kämmerlein durften die alten Götter weiterhin angebetet werden. Die von Þorgeir befürchteten Ausschreitungen blieben aus. Alle ließen sich bereitwillig taufen und gingen dann nach Hause. Aus Dankbarkeit soll Þorgeir all seine Götzenbilder im Goðafoss versenkt haben. So müsste der Götterfall eigentlich Gottfall heißen, denn nach dem Ereignis glaubte man in Island offiziell nur noch an einen Gott.

Die Frage, warum Þorgeir ausgerechnet diesen Wasserfall auswählte, mehrere Tagesritte von Þingvellir, dem Ort des Alþing, entfernt, ist schnell beantwortet: Þorgeir wohnte hier im Norden, am See Ljósavatn, ca. 10 km westlich des Goðafoss an der Ringstraße. Der Name Þorgeir Ljósvetningagoði bedeutet nämlich „Þorgeir, der Gode vom Hellen See", und der helle See ist der Ljósavatn. Da war der Goðafoss einfach die schnellste Möglichkeit, etwas auf Nimmerwiedersehen verschwinden zu lassen.

ESSEN

Am Goðafoss gibt es zwei Parkplätze. Wer den östlichen anfährt, steht direkt vor einem kleinen Laden mit Schnellimbiss und Toiletten. Direkt dahinter liegt das Fosshóll Guesthouse, das zum Zeitpunkt der Recherche geschlossen war.

TRANSPORT

Auto

Am Goðafoss müssen Autofahrer sich entscheiden, ob sie nach Norden Richtung Húsavík abbiegen oder weiter der Ringstraße Richtung Mývatn folgen.
Nach Húsavík geht's entweder auf der Straße 85, die westlich vom Goðafoss die Ringstraße verlässt, oder auf der Straße 845, die kurz vor dem Ort Laugar links abgeht. Die Ringstraße führt geradewegs zum Mývatn. Wer über Húsavík zum Mývatn fährt, macht einen Umweg von gut 50 km.

Busse

AKUREYRI, mit Strætó-Linie 56 (Anschluss nach Reykjavík über Ringstraße) tgl. (im Winter nur Mo, Di, Fr und So) um 15 Uhr; Strætó-Linie 79 Mo–Fr 3x tgl., So 2x tgl. in 40 Min.
EGILSSTAÐIR, Strætó-Linie 56 tgl. (im Winter Mo, Di, Fr und So) um 8.30 Uhr in ca. 3 Std.
HÚSAVÍK, Strætó-Linie 79, mehrmals tgl., außer Sa in 35 Min.

Aldeyjarfoss

„Schade, der liegt ja im Hochland…", ist ein Spruch, den man oft hört, wenn vom Aldeyjarfoss die Rede ist. Ein Blick auf die Landkarte zeigt aber: Es sind gerade mal 3 km, die auf einer nur für Allradfahrzeuge zugelassenen F-Straße

zurückzulegen sind. Und die kann man bequem laufen (wir haben den Daumen rausgehalten und wurden sofort mitgenommen). Die Zufahrtsstraße 842, die vom Goðafoss bis zur Farm Mýri führt, wo man den Pkw parken kann, ist eine ganz normale Schotterstraße. Entlang der F26 wandern Fußgänger zunächst ins Tal, wo der Fluss Mjódalsá überquert wird (hier lockt auch ein schöner Picknickplatz am Ufer), dann in leichten Serpentinen bergan. Zum Wasserfall selbst, den man vom Westufer des **Skjálfandafljót** aus sieht, geht es auf einem Trampelpfad leicht bergab.

Der Aldeyjarfoss ist zwar nur ca. 20 m hoch, aber dafür donnern die Wassermassen mit solch gewaltigem Getöse durch eine Engstelle im Basaltgestein, dass er unser persönlicher Lieblingswasserfall ist. Um die Mittagszeit werden Sonnenscheinfotos oft von einem Regenbogen gekrönt. Südlich des Wasserfalls lohnt es sich, einem weiteren Pfad Richtung Süden zu folgen, denn touristisch völlig unbeachtet liegen nur wenige 100 m weiter die wunderschönen Stromschnellen des **Ingvararfoss**. Ein kleiner Strand aus grauem Sand lädt zum Verweilen und

Immer einen Stopp wert: Aldeyjarfoss

Genießen ein. Die Fahrzeit für die 43 km zwischen Goðafoss und Aldeyjarfoss beträgt ungefähr eine Stunde.

Laugar (Reykjadalur)

Eine Tankstelle mit Restaurant und kleinem Laden, abseits der Straße das große auffällige Hótel Laugar und sonst nur einige Farmen: **Laugar** ist für viele nur ein Ort, in dem man auf der Durchfahrt kurz auf die Bremse treten muss (das Tempolimit von 50 km/h wird streng kontrolliert). Dabei gibt es im Tal Reykjadalur (nicht zu verwechseln mit dem populären Namensvetter im Süden) schöne Wanderwege, ein tolles Geothermalfreibad und zutrauliche Elfen (s. auch Kasten S. 404).

Sehenswert ist auch das Grassodenhaus-Ensemble **Grenjaðarstaður**, 15 km nördlich der Ringstraße an der Straße 845 (Laugar–Húsavík). Bis ins 19. Jh. einer der größten und wohlhabendsten Höfe Islands, heute ein liebevoll gestaltetes Museum, ✆ 464 3688 und 464 1860, 💻 www.husmus.is. ⏲ Juni–Aug tgl. 10–18 Uhr, Eintritt 1500 ISK, Kinder unter 18 J. frei.

ÜBERNACHTUNG

Karte S. 402

Camping Dalakofinn, ✆ 464 3344, 💻 www.dalakofinn.is. Die Campingwiese am Fluss mit dem großen Haus, das zur Sportarena gehört, war zum Zeitpunkt der Recherche geschlossen, aber man versicherte uns, bald würde wieder aufgemacht. ⏲ ganzjährig.

Camping Hjalli Lífsmótun, 2 km außerhalb, ✆ 864 8790, 💻 www.tjalda.is/en/lifsmotun. Großes Gelände, durch Hecken parzelliert. Duschen und 2 Kochplatten im kleinen Servicehaus. Außerdem wird eine Hütte vermietet, in der bis zu 7 Pers. Platz finden, ohne Dusche und WC, laut Betreiber als „überdachtes Zelt“ gedacht. Aber Achtung: die Platzregeln sind streng und jeden Tag bekommt man einen frommen Spruch mit auf den Weg. 2000 ISK, Kinder (13–17 J.) 600 ISK. Wer länger als eine Nacht bleibt oder im Winter anreist, bekommt 20 % Rabatt.

Einishús Cottages, Einarsstaðir 2, ✆ 865 4910, 💻 www.einishus.com. 3 km von Laugar entfernt, in der Nähe der Kirche Einarsstaðir aus dem 19. Jh., stehen die modernen Bungalows

Die Seherin Bryndís und die Heilenergie der Elfen

Einfach eins sein mit der Natur, die Gewalten spüren, die leicht zitternde Erde, die Kraft des Wassers, den freien Blick gen Himmel: Das ist es, was für viele Reisende den Islandbesuch zu einem ganz besonderen Erlebnis macht. Aber woher kommt dieses intensive Gefühl, das hier häufiger wahrgenommen wird als anderswo? Für Bryndís Pétursdóttir ganz klar von den Elfen, die uns zu jeder Gelegenheit darauf hinweisen wollen, wie viel schöner es ist, im Einklang mit der Natur zu leben als sie zu beherrschen. Wer das einmal verstanden hat, lebt glücklicher. So die Kurzfassung der jahrelangen Studien, die die Isländerin u. a. in Zusammenarbeit mit der Universität in Akureyri durchgeführt hat. Seit ihrer Kindheit kann Bryndís Elfen sehen und mit ihnen sprechen. Und in Laugar, wo sie viele Jahre lang wohnte, hat sie einen Platz gefunden, wo sie ihnen ganz nah sein konnte. Nur 200 m oberhalb ihres Wohnhauses am Hang befindet sich ein Elfenstein. Und auch wenn Bryndís mittlerweile weggezogen ist: Den Trampelpfad hinterm Haus bis oben zum Stein, den gibt es noch. Wenn man die Elfen aber nicht persönlich besucht, macht das auch nichts, erklärt Bryndís. Es reicht, wenn man an sie denkt. Denn die Elfen, laut Bryndís ungefähr so groß wie sechsjährige Kinder, haben seit Jahrhunderten die Möglichkeit perfektioniert, Energie zu verdichten. Das ermöglicht es ihnen, nicht nur telepathisch mit anderen Elfen überall auf der Welt zu kommunizieren, sondern auch mit uns Menschen. Sie schicken uns das schöne Gefühl der Naturverbundenheit, damit wir es im Herzen einschließen und mit nach Hause in unsere Heimatländer nehmen. In der Hoffnung, dass wir ihr uraltes Wissen weitertragen und uns künftig z. B. im Naturschutz engagieren. So ganz uneigennützig machen die Elfen das nicht. Sie unterstützen damit nämlich ihre Elfenkollegen, die anderswo in arger Bedrängnis leben. Elfen brauchen, um ihre Kraft entfalten zu können, nämlich Orte, die seit Hunderten – besser noch seit Tausenden – Jahren unangetastet geblieben sind. Sie heilen unsere abgestumpften oder verletzten Seelen mit ihrer Energie und wir helfen ihnen im Gegenzug durch aktive Umweltarbeit. Ein schöner Gedanke, oder?

für 2–4 Pers. auf einer Wiese. Geschickte Raumaufteilung mit großen Fensterfronten. Schön sind auch die kleinen überdachten Terrassen. ❺–❻

Guesthouse Stóru-Laugar, 1 km vom Schwimmbad, ✆ 464 2990, 💻 www.storulaugar.is. Liebevoll eingerichtete, große Zimmer (4 mit eigenem Waschbecken und Gemeinschaftsbad, 7 mit eigenem Bad) in 2 Häusern auf einer Pferdefarm. Mit eckigem Hot Pot aus Beton und tollem Frühstück mit frischem Obst. Küchenmitbenutzung möglich, aber unnötig, denn das Abendessen ist großartig. ❹–❻

Hótel Laugar, ✆ 466 4009, 💻 www.hotellaugar.is. Ein Hotel, das auch aussieht wie eines: Weiß und mit roten Dächern thront das mehrgieblige Haus über dem Ort. Mit 57 DZ verteilt auf 3 Gebäude kann es mehr Gäste beherbergen als der Ort Einwohner hat. Außerhalb der Sommermonate dient es als Schule. Geschmackvolle Einrichtung, großzügiger Aufenthaltsbereich mit modernen Sofas. Aus dem Speisesaal blickt man durch eine große Fensterfront ins Tal. Zur Anlage gehört ein 100-Sitze-Kino, in dem bei genügend Interessenten tgl. um 21 Uhr ein isländischer Film mit englischen Untertiteln gezeigt wird (kostenlos auch für Nicht-Gäste, Popcorn gibt's ebenfalls). ❺–❻

Öndólfsstaðir Farm B&B, ✆ 891 7607, 💻 http://ondolfsstadir.is. Landluft schnuppern auf einem ruhigen Bauernhof mit 4 DZ, Pferden, Hühnern, Schafen und Hunden, dazu noch Küchenbenutzung, ein super Frühstück mit Waffeln, ein eigenes Bad und Familienanschluss: Was will man mehr? Je nach Saison ❸–❻

ESSEN UND EINKAUFEN

Dalakofinn Restaurant, an der Tankstelle/Bushaltestelle, ✆ 464 3344, 💻 www.dalakofinn.is. Die Raststätte mit gut bestücktem kleinem Supermarkt erweckt innen den Eindruck, als säße man in einer in die Jahre gekommenen

deutschen Kneipe. Und auch der Sitzbereich im Wintergarten könnte schöner sein. Einfache Speisen und Tagessuppe (die Spargelsuppe ist lecker), kostenfreies WLAN. ◷ Mo–Fr 9–20.30, Sa und So erst ab 10 Uhr.
Hótel Laugar, s. Übernachtung. Tagessuppe, geräucherter Lachs mit Pfeffer und Ananas und Sommersalat als Vorspeise, dann je ein Lamm-, ein Fisch- und ein Hühnergericht als Hauptgang, Spaghetti und Hamburger für die Kleinen. Frühstücksbuffet auch für Nicht-Hotelgäste. ◷ im Sommer tgl. 7.30–10 und 17–22 Uhr.

AKTIVITÄTEN

Freibad, ✆ 862 3822, 🖳 https://sundlaugar.is/sundlaugar/sundlaugin-laugum. Ein modernes, freundliches Bad, direkt aus einer heißen Quelle gespeist, mit wettkampftauglichem 50-m-Becken und zwei großen Hot Pots (37 und 40 °C). ◷ im Sommer tgl. 10–21, sonst Mo–Do 7.30–9.30 und 16–21, Fr 7.30–9.30, Sa und So 14–17 Uhr.

TRANSPORT

Auto

Über die Straße 845 geht's nach Norden Richtung Húsavík (ca. 30 km), über die Ringstraße nach Südosten zum Mývatn (ca. 25 km).

Busse

AKUREYRI, mit Strætó-Linie 56 tgl. (im Winter Mo, Di, Fr und So) um 14.50 Uhr in 1 Std.
EGILSSTAÐIR, mit Strætó-Linie 56 tgl. (im Winter Mo, Di, Fr und So) um 8.40 Uhr in 2 1/2 Std.
HÚSAVÍK, Strætó-Linie 79, mehrmals tgl. außer Sa in 30 Min.

Húsavík und Umgebung

Húsavík ist ein Fischerort, wie er im Buche steht: Die Häuschen sind bunt angestrichen, im vorderen Teil des Hafens dümpeln Jachten, weiter draußen liegen riesige Trawler. Flanierfreunde finden eine lange Promenade, an der sie entlangspazieren können, und den malerisch am Flüsschen Búðará gelegenen Park **Skrúðgarðurinn**. Im Zentrum des 2200-Einwohner-Orts befindet sich eine sehenswerte **Holzkirche** im norwegischen Baustil aus dem Jahr 1907, die von Juni–August außerhalb der Gottesdienstzeiten besichtigt werden kann.

Walbeobachtung

Nach Húsavík kommt man, um Wale zu sehen. Das touristische Leben findet rund um den hübschen Hafen statt, wo die großen und kleinen Kutter anlegen. Die Touren unterscheiden sich in Dauer, Preis und Bootsgröße, doch der Ablauf ist immer gleich: Man fährt aufs Meer hinaus und sucht nach Walen. Werden welche gesichtet, was meistens innerhalb der ersten Stunde passiert, drosselt das Boot die Geschwindigkeit und fährt vorsichtig näher ran. Dann sieht man die großen Meeressäuger überall: Sie schwimmen vor dem Boot, hinter dem Boot und neben dem Boot, tauchen ohne Scheu drunter durch. Und manchmal gerät das Schiff bedenklich ins Wackeln ... Welche Arten von Walen man antrifft, bleibt immer eine Überraschung, aber am häufigsten lassen sich hier auf **Buckel**- und **Minkwale**, außerdem auf **Weißschnauzendelfine** und **Tümmler** blicken. Orcas, Pilotwale und Blauwale zu sehen ist unwahrscheinlich, aber nicht ausgeschlossen.

Die kürzesten Touren auf Holzbooten dauern um die drei Stunden, eine halbe Stunde zusätzlich brauchen Schiffe, die auch „Puffin Island“, die kleine vorgelagerte Papageitaucher-Insel **Lundey**, mit im Programm haben (nur Mitte April–Mitte Aug). Außerdem gibt es ein besonderes Angebot für Verliebte: Man kann sich nämlich auch auf einem Whale-Watching-Boot trauen lassen. Alternativ fahren auch Speedboote, die aber fast doppelt so teuer sind. Meist ist bei den Touren ein warmes Getränk (Kaffee oder Kakao) im Preis enthalten, außerdem warme Overalls und Regenjacken, die – wenn nötig – ausgeteilt werden.

Achtung: Húsavík ist zwar *der* Walbeobachtungs-Hotspot, aber hier ist die See oft besonders rau und viele Whale-Watcher werden seekrank. Saison ist April–November und die beliebte 3-Std.-Tour kostet um die 12 000 ISK p. P., mit dem weniger tierfreundlichen Speedboot 20 000 ISK, Jugendliche (7–15 J.) zahlen i. d. R. meist die Hälfte, kleinere Kinder können kostenlos mit.

Gentle Giants, ✆ 464 1500, 💻 www.gentlegiants.is.
Húsavík Adventures, ✆ 853 4205, 💻 www.husavikadventures.is.
Norðursigling, ✆ 464 7272, 💻 www.northsailing.is.

Museen

Nachdem das Penismuseum nach Reykjavík verlegt wurde, gibt es in Húsavík nur noch drei große Museen – alle drei sind sehenswert.

The Húsavík Whale Museum, Hafnarstétt, ✆ 414 2800, 💻 www.hvalasafn.is. Fast nirgends sonst auf der Welt gibt es ein Museum, das ausschließlich den Walen gewidmet ist. In Island findet man gleich zwei: eins in Reykjavík (S. 140) und eins in Húsavík. Neben tonnenweise Infos beeindrucken im sehr großen, unübersehbaren Bau riesengroße echte Skelette (die Modelle in Reykjavík sind aus Plastik) eines Buckelwals, Schwertwals, Narwals und Pottwals sowie zweier Minkwale. 🕒 April–Okt 9–18, sonst 10–16 Uhr, Eintritt ab 16 J. 2200 ISK (bei Online-Buchung nur 1900 ISK, außerdem 20 % Rabatt für Teilnehmer der Waltouren).

Das **Húsavík Museum**, Stórigarður 17, ✆ 464 1860, 💻 www.husmus.is, mit Café und Museumsshop umfasst Exponate zu den Themen „Mensch und Natur" und Meer sowie wechselnde Kunstausstellungen. 🕒 Juni–Aug 10–17 Uhr, im Winter Sa und So geschl., Eintritt ab 16 J. 2000 ISK.

Eurovision Exhibition, Laugarbrekka, 💻 http://eurovisionhusavik.com. Ein lustiges ESC-Museum über die isländischen Teilnehmer unter deutscher Leitung, in dem auch die ESC-Netflix-Komödie *The Story of Fire Saga* gezeigt wird, die in Húsavík spielt. Dazu einen Drink an der Jaja Ding Dong Bar, eine Pizza und ein Tiramisu: fertig ist das Regentags-Programm. 🕒 tgl. 12–22 Uhr, Eintritt 2000 ISK.

Nördlich von Húsavík

Während es schon südlich von Húsavík schöne einsame Strände gibt, an denen man entlangwandern und den herrlichen Blick auf die gegenüberliegende Küste genießen kann, ist das, was sich Reisenden nördlich der Stadt präsentiert, Romantik pur: ein fast endloser hellbeiger Sandstrand, eingerahmt von saftig grünen Klippen. Von Bucht zu Bucht kommt man meist einfach am Wasser entlang. Sind Klippen im Weg, gibt es Wanderwege, die zur nächsten Bucht führen. Wer vom großen Strand aus in südlicher Richtung loswandert, gelangt bald zu einem namenlosen grauen Steinstrand mit Treibgut und angeschwemmten Walknochen.

Das (deutsche) Siliziumwerk – Umweltsauerei oder Segen?

Auf ihrer Website beschreibt die Firma PCC BakkiSilicon das, was wenige Kilometer nördlich von Húsavík die Landschaft verschandelt, als „eine der weltweit modernsten und umweltfreundlichsten Produktionsanlagen für Siliziummetall". Wer weiterliest, erfährt: In Polen wird Quarzit abgebaut, dann per Schiff hierher gebracht und mithilfe grüner Energie aus Island (S. 115) zu Siliziummetall verarbeitet. Die Isländer selbst haben keine Verwendung dafür, also wird das Metall, das u. a. für die Herstellung von Solarzellen unverzichtbar ist, wieder abtransportiert. Die Mutter der PCC BakkiSilicon, der internationale Chemie- und Logistikkonzern PCC, hat seinen Sitz in Deutschland, deutsche Banken waren an der Finanzierung beteiligt, die Bundesregierung gab eine Exportkreditgarantie, den Bau übernahm eine Firma aus Düsseldorf. Eine Werbebroschüre der KfW-Bankengruppe preist das bejubelte Vorzeigeprojekt an: Es sei neben Holzkirche und Walmuseum ein weiterer Grund, Húsavík zu besuchen. Doch handelt es sich um eine Riesenfabrik, die nicht nur hässlich, sondern auch umstritten ist. Kritiker warnen vor schädlichen Emissionen, außerdem halten sie den Standort in einer vulkanisch aktiven Gegend für denkbar ungeeignet.

Mánárbakki Museum

Der Besuch des Mánárbakki Museums 23 km nördlich von Húsavík an der Nordspitze der Halbinsel Tjörnes, Tjörneshreppur, ✆ 464 1957, mutet wie eine Reise in die Vergangenheit an. Was der bereits 85-jährige Besitzer Aðalgeir hier mit großer Liebe zusammengetragen hat, ist beachtlich: alte Möbel und Haushaltsgegenstände füllen ein auf alt getrimmtes neues braun-schwarzes Grassodenhaus sowie ein altes gelbes Haus, das ursprünglich mal in Húsavík stand und dann hierher versetzt wurde. Okay, manches kennen Leute, die nicht mehr jugendlich sind, noch aus eigener Erfahrung, aber sicher nicht die aus Japan importierten Porzellanteller mit isländischen Sehenswürdigkeiten drauf.

Doof ist die Sprachbarriere, denn Aðalgeir spricht leider nicht besonders gut Englisch. Trotzdem oder gerade deshalb fühlt man sich hier nicht nur in die Vergangenheit zurückversetzt, hier steht man inmitten der Vergangenheit! Und damit der Gast nicht sein Zeitgefühl verliert, stehen vor dem Haus überlebensgroße, bunt angemalte Holzfiguren aus der Jetzt-Zeit. Das Museum ist auf jeden Fall einen Stopp wert – jedenfalls für Leute die keine Angst vor Hunden haben, denn der braun-weiß-gelbe Hund ist immer dabei. 🕒 Juni–Aug tgl. 10–18 Uhr und nach Vereinbarung, Eintritt 1000 ISK.

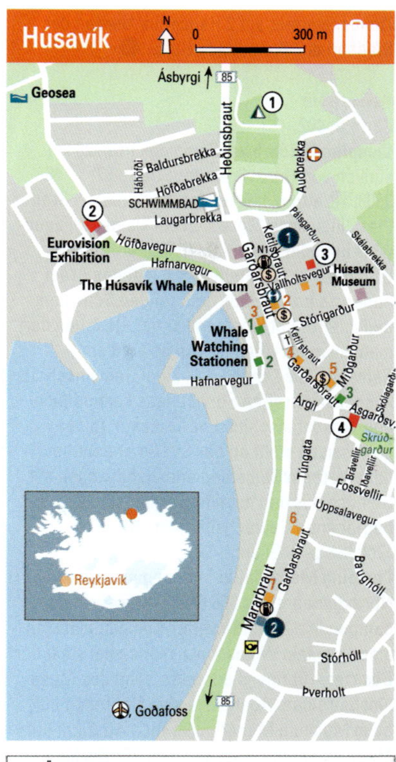

ÜBERNACHTUNG

Húsavík

Árból, Ásgarðsvegur 2, ✆ 464 2220, 💻 www.arbol.is. Hübsch restauriertes Haus aus dem Jahr 1903 mit 10 Gästezimmern, darunter 2 Dreibett- und 1 Vierbett-Zimmer. Eine Kochmöglichkeit gibt es nicht (wohl aber einen Gemeinschaftskühlschrank). Wer Zimmer mit Halbpension bucht, speist in den örtlichen Restaurants zum Sonderpreis. Gute Lage am Fluss Búðará beim Stadtpark. ❹–❺

Campingplatz, Héðinsbraut, direkt im Ort, ✆ 464 4300, 💻 www.tjalda.is/en/husavik. Eine nette, durch Hecken und Bäume geschützte Wiese hinter dem Sportplatz mit 2 Duschen und WCs im kleinen Servicehaus. 1600 ISK, Jugendliche (13–17 J.) 800 ISK, Waschmaschine 800 ISK. 🕒 Mitte Mai–Sep.

Fosshótel Húsavík, Ketilsbraut 22, ✆ 464 1220, 💻 www.fosshotel.is. Zentraler geht es kaum: Von außen ein 100-Zimmer-Klotz, von innen im Fosshótel-Stil, also stylisch mit viel bearbeitetem Holz und Lichteffekten. Wenn möglich, nach Zimmern mit Blick auf die Kirche und den Hafen fragen. Saftige Frühbucherrabatte. ❺–❼

Húsavík Cape Hotel, Laugarbrekka 26, ✆ 463 3399, 💻 www.husavikhotel.com. 19 geräumige

Zimmer, verteilt auf 2 Häuser im Norden der Stadt an der Promenade Höfði. ❺

Außerhalb

Karte S. 402

Camping Heiðarbær (Campingkarte), 20 km südlich von Húsavík an der Straße 87, ✆ 464 3903, 💻 https://tjalda.is/en/heidarbaer/. Großer Platz, in dessen Mitte sich ein kleiner Minigolfplatz befindet, zudem Spielplatz vorne am Eingang. Für Zelte gibt es ein eigenes Areal neben dem zum Haus gehörenden Schwimmbad mit Hot Pot (kostenpflichtig); Duschen darf man umsonst. Abends wird es auf dem Campingplatz schnell voll. Zwei Gemeinschaftsküchen. Im großen Servicehaus kostenpflichtige Waschmaschine und Trockner. In der Erntesaison steht an der Straße gegenüber dem Platz ein Selbstbedienungshäuschen mit Gemüse aus den mithilfe warmer Quellen betriebenen Gewächshäusern. Ab 16 J. 1700 ISK p. P. 🕒 Juni–Sep.

Camping Mánárbakki (manchmal auch 66.12. North genannt), ✆ 898 0424, 💻 www.fb.com/camping66.12. Schönwetter-Campingplatz (gemeint ist: kein Windschutz, manchmal stellt der Besitzer – übrigens der nette Sohn des Museumsbetreibers Aðalgeir – aber Heurollen auf) beim Museum Mánárbakki. Tolle Aussicht aufs Meer, das direkt unterhalb des Platzes liegt. Hingehen kann man nicht, da auf einer Klippe. Bad und Aufenthaltsraum prima. Ab 15 J. 1800 ISK p. P., ab der 2. Nacht 1000 ISK, Waschmaschine/Trockner je 600 ISK. 🕒 im Sommer.

Guesthouse Hagi (auch Hagi 1), Aðaldalur (östlich der Straße 845), ✆ 464 3526, 💻 www.guesthousehagi.com. Etwas abseits der Farm Hagi an einem kleinen idyllischen See, umgeben von grünen Wiesen. Auch der Fluss Laxá í Aðaldal ist ganz in der Nähe. Gäste, die Ruhe und Abgeschiedenheit suchen, sind hier bestens aufgehoben. Die Betreiber wohnen nicht im Haus, sondern auf der Farm. Hübscher Frühstücksraum im EG, aber keine Kochgelegenheit. Einen Engpass stellt das einzige Badezimmer im 1. OG dar, das die Bewohner der 4 DZ sich teilen müssen. Kleine Handwaschbecken in allen Zimmern. Wer das Sommer-Blockhaus für bis zu 4 Pers. bucht, hat eine eigene Küche und auch ein Bad. ❹

€ **Kaldbaks-Kot Cottages**, Kaldbakur, ✆ 892 1744, 💻 www.kaldbakskot.com. 10 Häuschen unterschiedlicher Größe und Ausstattung an zwei Seen – und nur 500 m vom Meer entfernt. Innen nicht topmodern, sondern in Holzoptik (auch die Bäder). Nicht alle Häuser bieten Seeblick, trotzdem stimmt das Preis-Leistungs-Verhältnis. Es gibt einen Hot Pot und Frühstück im urigen alten Stall (gegen Aufpreis und nicht immer). 🕒 Ostern–Okt.

Tungulending Guesthouse, ✆ 896 6948, 💻 www.tungulending.is. Ausgefallene Unterkunft unter deutscher Leitung an der Straße 85, 13 km nördlich von Húsavík direkt am Meer. Nach 10 km fährt man von der Hauptstraße nach links, durch ein Gatter und dann über eine atemberaubend schöne schmale Straße bergab, die allein schon den Abstecher wert ist. Die alte Fischfabrik (mit Hafen!) wurde mithilfe von Crowdfunding liebevoll in ein Gästehaus umgebaut und bietet 7 unterschiedliche Zwei- und Dreibettzimmer verteilt auf 2 Etagen. Mit kleinem Café, in dem vor allem sonn- und feiertags auch die Isländer aus Húsavík anzutreffen sind. ❹

ESSEN

Hier steht ein nettes Restaurant neben dem anderen und viele haben Tische und Bänke draußen, sodass man die Leute, die gerade vom Whale-Watching-Boot wanken, ausgiebig beobachten kann: Wer lacht und strahlt? Wer ist grün im Gesicht?

Fish & Chips, direkt am Hafen, ✆ 464 2099. Eine der beliebtesten Pommesbuden überhaupt. 🕒 tgl. 8–18 Uhr.

Gamli Baukur, Hafnarstétt 9, ✆ 464 2442, 💻 http://gamlibaukur.is. Café-Grill-Restaurant im hübschen Holzhaus-Trio mit Außengastronomie Richtung Hafenpromenade. Das Essen wird an der Theke bestellt und zu den Tischen gebracht. 🕒 im Sommer tgl. 11.30–21 Uhr.

Naustið, Ásgarðsvegur 1, ✆ 464 1520. Meeresfrüchterestaurant in einem urigen gelben Fischerhaus mit Plätzen draußen unter Bäumen. Große Auswahl an Fischgerichten, die hübsch angerichtet auf Tellern in Fischform serviert werden. 🕒 tgl. 12–21 Uhr.

EINKAUFEN

Ausrüstung

Húsasmiðjan, Vallholtsvegur. Baumarkt mit Outdoor-Abteilung. ⌚ Mo–Fr 9–18, Sa 10–14 Uhr.

Backwaren und Alkohol

Bäckerei Heimabakarí, Garðarsbraut 15, ✆ 464 2900, 🖳 www.heimabakari.is. Wer deutsches Körnerbrot vermisst, ist hier genau richtig. Auch Freunden der typisch isländischen „Bolla"-Teilchen hüpft das Herz: Hier strotzt alles nur so vor Schokolade, Sahne, Cremefüllung und Zuckerguss. ⌚ Mo–Fr 7–16, Sa 9–16 Uhr.

Vínbúðin, Garðarsbraut 21. ⌚ Mo–Do 11–18, Fr 11–19, Sa 11–16 Uhr.

Bücher und Geschenkartikel

Eymundsson, Garðarsbraut. Bücher auch auf Englisch und Deutsch, außerdem Landkarten und Geschenkartikel. ⌚ Mo–Fr 9–18, Sa 11–16 Uhr.

Supermärkte

Krambúðin, Garðarsbraut 5, gleich oberhalb des Hafens. ⌚ Mo–Fr 8–22, Sa/So erst ab 10 Uhr.

Nettó, Garðarsbraut 64. ⌚ tgl. 10–19 Uhr.

AKTIVITÄTEN UND TOUREN

Reiten

Saltvík, Karte S. 402, ✆ 847 9515, 🖳 www.saltvik.is. Das umfangreiche Angebot reicht von Tagestouren an der Küste bis zu 9-tägigen Reittouren ins Hochland. Eine zweite Niederlassung befindet sich am Mývatn.

Schwimmen

Schwimmbad, Laugarbrekka 2/Héðinsbraut, ✆ 464 6190. Altes, aber gut in Schuss gehaltenes Gebäude direkt am Campingplatz. 3 große Hot Pots und Kinderpool. ⌚ Mitte Juni–Mitte Aug Mo–Fr 6.45–21, Sa und So 10–18, Mitte Aug–Mitte Juni Mo–Do 6.45–9.30 und 14.30–21, Fr 6.45–9.30 und 14.30–19, Sa und So 10–18 Uhr.

Geosea, Vitaslóð 1, ✆ 464 1210, 🖳 www.geosea.is. Kleiner aber feiner Wellness-Tempel erster Güte, neben dem Leuchtturm und mit herrlicher Aussicht aufs Meer. Gebadet wird wahlweise in Thermal- oder in warmem Meerwasser. Modernes Restaurant mit Außenterrasse, auf der Suppe, Kuchen oder Sandwich gleich nochmal besser schmecken. ⌚ tgl. 12–22 Uhr, Eintritt 5990 ISK, Kinder (6–16 J.) 2990 ISK.

Touren

Fjallasýn Rúnars Óskarssonar, ✆ 46439-40, -41, 🖳 www.fjallasyn.is. Zahlreiche Tages- und Mehrtagestouren, außerdem Shuttleservice zum und vom Dettifoss.

Wandern

Eine Wanderkarte gibt's in der Touristeninformation (s. u.). Beliebt ist außerdem die Umrundung des Sees Botnsvatn (ca. 1 1/2 Std., keine Karte nötig).

SONSTIGES

Autoreparaturen

Bílaþjónustan, Garðarsbraut 52, ✆ 464 1122.

Autovermietungen

Bílaleiga Húsavíkur, Garðarsbraut 66, ✆ 464 1888, 🖳 www.husavikcarrental.is.

Budget am Flughafen, ✆ 562 6060, 🖳 www.budget.is.

Feste

Skirennen, April, 🖳 www.orkugangan.is/english: 25 km, Endpunkt Húsavík.

Stadtfest Mæradagar (Zucker-Tage), letztes Juliwochenende (Do–So): das Programm wechselt; Ausstellungen, Konzerte, Sportwettkämpfe (Beachvolleyball und Fußball), Schaumparty im Schwimmbad, auch Fressbuden sind immer dabei. Am meisten los ist am Samstag, wo es einen Umzug am Hafen gibt. Da der Campingplatz so viele Besucher nicht verkraftet, gibt es einen Ausweichplatz an der Schule.

Informationen

Húsavíkurstofa, Garðarsbraut 5, ✆ 860 1088, hat mit 🖳 www.visithusavik.is eine gute Internetseite, auf der es auch einen nett gemalten Stadtplan zum Download gibt.

TRANSPORT

Auto

Südlich von Húsavík geht es auf der Straße 87 in weniger als 1 Std. (55 km) zum Mývatn. Die schnellste Strecke nach Akureyri führt über die Straße 85 und die Ringstraße (insgesamt fast 100 km). Der Weg bis nach Þórshöfn im Osten (160 km) zieht sich – am besten mind. 3 Std. einplanen.

Busse

AKUREYRI, mit Strætó-Linie 79 mehrmals tgl., im Winter nicht am Sa, in 1 1/2 Std. für 3420 ISK. Haltestelle an der N1-Tankstelle, Héðinsbraut 2.

Flüge

Nach REYKJAVÍK mit **Eagle Air**, 💻 www.ernir.is, Mo–Fr 2x tgl., So 1x tgl., Juni–Aug auch Sa 1x tgl., 50 Min., 150–210 €.

9 HIGHLIGHT

Ásbyrgi und Dettifoss

Oft werden sie in einem Atemzug genannt: Ásbyrgi und Dettifoss. Das klingt, als lägen diese beiden sehr unterschiedlichen Touristenattraktionen – die bewaldete Ebene in Hufeisenform und der wasserreiche Wasserfall – direkt nebeneinander. Tatsächlich aber trennen sie 40 Straßenkilometer, die man westlich oder östlich der Schlucht Jökulsárgljúfur zurücklegen kann – eine Entscheidung, die vor Beginn der Tour getroffen werden muss, denn es gibt keine Brücke für einen Seitenwechsel; außerdem ist wichtig, mit was für einem Fahrzeug man unterwegs ist (s. Transport).

32 km wandert man auf einem beliebten Fernwanderweg durch den **Jökulsárgljúfur-Nationalpark**, den nördlichen Bereich des zweigeteilten Vatnajökull-Nationalparks (meist in zwei Etappen). Viele Sehenswürdigkeiten, die hier am Wegesrand liegen, sind für Autofahrer nicht erreichbar. Andere können zwar angefahren werden, aber ganz ohne Laufen geht's auch hier nicht. Selbst zum Dettifoss muss man das letzte Stück zu Fuß gehen. Im Nationalpark gibt es zwei Campingplätze, aber weder ein Café noch andere Übernachtungs- oder Versorgungsmöglichkeiten (und ein Handynetz hat man auch nicht überall).

Ásbyrgi

Wie kann dieses Tal wohl entstanden sein? Óðinns achtbeiniges Pferd Sleipnir muss hier im Vorbeigaloppieren einmal aufgesetzt und einen Hufabdruck hinterlassen haben. Das ist jedenfalls die populärste Erklärung für das, was es am Eingang zum Nationalpark zu bewundern gibt: Ásbyrgi, die „Asenburg", ist eine bewaldete Schlucht, 3,5 km lang und 1,1 km breit, seltsam eingedrückt, fast wie ausgestanzt in die Landschaft eingraviert, begrenzt von senkrechten Felsen. In der Mitte dann das, was man beim Pferdehuf den „Strahl" nennt: eine 25 m hohe längliche Erhebung, die **Eyjan** (die Insel) genannt wird.

Wie diese Naturschönheit, die so schwer zu beschreiben ist, wirklich entstanden ist, darüber rätselt man noch heute. Wahrscheinlich steht man hier im ursprünglichen Flussbett der **Jökulsá á Fjöllum** und Eyjan war tatsächlich einmal eine Insel. Dann gab es zum Ende der letzten Eiszeit Vulkanausbrüche unter dem kilometerdicken Eis des Vatnajökull. Das geschmolzene Eis floss in gewaltigen Flutwellen über 200 km Richtung Meer und riss Steine und Lavabrocken mit sich. Nach mindestens zwei dieser gefürchteten Gletscherläufe veränderte sich die Landschaft: Der Fluss verläuft heute 2 km weiter östlich, Ásbyrgi blieb wasserlos zurück.

Eyjan

Eyjan („die Insel") ist ungefähr 25 m hoch und ein beliebter Aussichtspunkt. Nach Norden sieht man bei gutem Wetter bis zum Meer, nach Süden überblickt man die hufeisenförmige, halbrunde Mauer, die Ásbyrgi vor dem Wind schützt. Der Wanderweg (Gesamtlänge ca. 4,5 km, mind. 1 1/2 Std.) beginnt am Campingplatz und verläuft zunächst unterhalb der Felswände Richtung Norden, wo nach einer scharfen Kehre ein auch für unerfahrene Wanderer gemächlicher Aufstieg möglich ist. Der gut markierte Pfad wird an der südlichen Spitze des Plateaus zu einem kleinen Rundweg, sodass man die Aussicht nach allen Seiten bewundern kann, bevor es auf dem Pfad vom Hinweg wieder zurückgeht.

Spaziergang zum Botnstjörn

Am südlichen Ende von Ásbyrgi, exakt an dem schmalsten Ende des Hufabdrucks, befindet sich ein Kleinod, das so lieblich ist, dass Reisende, die sich gerade erst an die raue, schroffe, oft vegetationslose Landschaft Islands gewöhnt haben, ihren Augen kaum trauen: Es gibt Bäume, Blumen, Beeren, Bächlein, die friedlich vor sich hinplätschern, und einen kleinen See, auf dem Enten schwimmen und in dem sich die Kontur der umgebenden „Mauer" spiegelt.

Damit man sich im Gewirr der ungewohnt hohen Bäume nicht verläuft, steht am Parkplatz ein Schild mit einer Wanderkarte. Wer die kleine Runde im Uhrzeigersinn läuft, kommt zunächst zum See, wo sich eine hölzerne Plattform mit einer Bank befindet. Rechter Hand, also westlich, kann man anschließend ein kleines Stückchen zum Rand der Mauer hochlaufen. Von oben hat man eine schöne Aussicht auf den See, aber auch auf die Schlucht und die „Insel" Eyjan. Die etwa 3 km lange Straße ist bis zum Parkplatz asphaltiert.

Die Westroute über den Dettifoss zum Selfoss

Wer auf der (durchgehend asphaltierten) Straße 862 parallel zur Jökulsá-Schlucht Richtung Süden fährt, erreicht nach 13 km den Abzweig ins Tal **Vesturdalur** (Straße 888). Geradeaus geht es zu einem Wanderparkplatz mit Aussichtsplattform, von dem aus man u. a. zu den roten Bergen **Rauðhólar** und den Basaltformationen **Hljóðaklettar** wandern kann (große Runde ca. 6,5 km). Rechts (Straße 889) kommt man zum schönen, geschützten Zeltplatz und weiter zum Fluss. Eine Wanderkarte und Infos finden sich auf 💻 www.vatnajokulsthjodgardur.is/en/areas/jokulsargljufur/hljodaklettar.

Echofelsen Hljóðaklettar

Aufrecht stehende Basaltsäulen, liegende Basaltsäulen und Basaltsäulen, die aussehen, als würden sie jeden Moment umkippen – die sogenannten Echofelsen sind keine glatten Felswände, die Schall reflektieren, sondern gewaltige Lavaformationen, die man auf einem steinigen Pfad durchklettern kann. Man kommt vorbei an Burgen und Labyrinthen, an versteinerten Trollen, an Treppenstufen, die man benutzen könnte, wenn man die Gesetze der Schwerkraft außer Kraft setzen und mit dem Kopf nach unten laufen könnte, und sogar an einer Kirche, der „Kirkja". Es lohnt sich, die Basaltsäulenenden, wo es möglich ist, von Nahem zu betrachten: Manchmal sind Muster auf den Endstücken, die wie Siegel aussehen. Ob man hier tatsächlich irgendwo das Echo seiner eigenen Stimme hören kann, haben wir nicht rausfinden können. Was man aber deutlich hört, ist das Echo des Flussrauschens, das von den dahinter liegenden Felsen widerhallt.

An jedem Sommer-Samstag um 14 Uhr führt ein Ranger des Nationalparks in 1 1/2 Std. durch das Gebiet der Echofelsen (Näheres im Infozentrum in Ásbyrgi).

Rauðhólar

Langsam, aber sicher bröckeln sie weg, die 6000 Jahre alten roten Hügel am Rande der Jökulsá-Schlucht. Das rote Tephragestein (*tephra:* griech. für „Asche") ist loses Material, das nur allzu leicht losgetreten und auf Nimmerwiedersehen im Fluss verschwinden kann, weshalb das Bewandern der empfindlichen Naturschönheit nicht mehr gestattet ist. Bestaunen kann man sie aber trotzdem.

Dettifoss

Er ist weder der höchste noch der wasserreichste Wasserfall Islands, aber durch die Kombination aus Höhe und Kubikmeterzahl schafft der Dettifoss es doch in die Superlative: Er ist der leistungsstärkste Wasserfall Islands. Man liest, seine Leistung läge bei 85 Megawatt. Ein Kraftwerk ist hier aber nicht geplant, denn der Dettifoss ist ein Publikumsmagnet. Der große Parkplatz an der Westseite war bei unserem letzten Besuch so voll, dass wir auf einen freien Parkplatz warten mussten. Menschenmassen stehen an den verschiedenen Aussichtsplätzen (ganz oben gibt's auch eine grö-

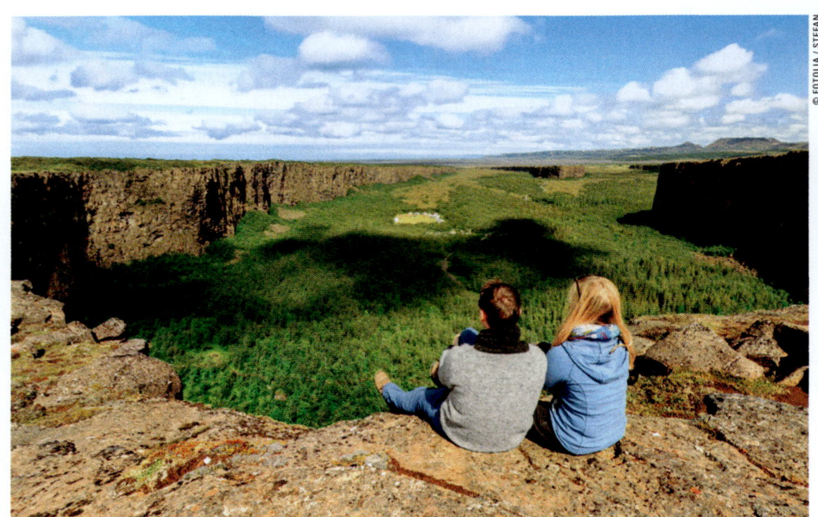
© FOTOLIA / STEFAN

Deutlich zu erkennen: der Hufabdruck

ßere Holzplattform), lassen sich von der Gischt nass spritzen und starren gebannt in die grauen Wassermassen.

Anders als z. B. der Gullfoss ist der Dettifoss schmutzig. Das vom Gletscher mitgebrachte Sediment wird verwirbelt und verleiht dem Wasserfall eine Aura des Unheimlichen. Dem Gefühl der Ehrfurcht kann man sich nicht entziehen – egal, wie viele Menschen neben einem stehen. Hören kann man die Besuchermassen in direkter Dettifoss-Nähe ohnehin nicht, denn der Gigant macht gehörigen Lärm. Man erreicht ihn vom Parkplatz aus über einen 800 m langen Fußweg. Am Parkplatz steht ein WC-Häuschen mit Rampe, zum Wasserfall schaffen es Rollstuhlfahrer wegen der großen Steine auf dem Weg aber nicht.

Selfoss

Gäbe es den berühmten Nachbarn nicht, wäre der Selfoss hier die Top-Sehenswürdigkeit. Wer aber mit dem Ausflugsbus gekommen ist und nur eine Stunde Aufenthalt hat, muss sich entscheiden: Dettifoss oder Selfoss? Und da zieht der Selfoss dann meist den Kürzeren. Genau genommen gibt es *den* Selfoss gar nicht, der Name ist eine Art Sammelbezeichnung für zahlreiche kleinere Wasserfälle, die hier entlang einer sehr langen Fallkante seitlich ca. 10 m tief in die Schlucht rauschen. Dieses Schauspiel lässt sich allerdings nur unzureichend im Bild festhalten. Wer den Selfoss in voller Schönheit sehen will, wählt den Zugang über die Ostseite der Jökulsárgljúfur. Von der westlichen Seite ist der Selfoss über einen sandigen Weg erreichbar, der vom Hauptweg kurz vor dem Dettifoss nach Süden abzweigt.

Die Ostroute über den Dettifoss zum Selfoss

Die Schotterstraße 864, die parallel zum östlichen Ufer der Jökulsá verläuft, schlängelt sich ohne große Steigungen durch eine karge Sand-Stein-Wüste. Hübsch anzusehen sind einige rote Berge, wie die Rauðhólar (s. o.). Auch die Straße selbst ist in einigen Abschnitten rot gefärbt. Ein weiterer Vorteil dieser Strecke: die Zufahrt zum 27 m hohen **Hafragilsfoss**, 2 km flussabwärts, aus Norden kommend also noch vor dem Dettifoss. Vom Parkplatz aus führt ein ausgetretener Trampelpfad zu einem tollen Aussichtspunkt mit Weitblick auf die Schlucht bis fast zum Dettifoss.

Von dem Aussichtspunkt sieht man auch, wie klares Grundwasser am Ufer zu Tage tritt und blaue Zungen im trüben Wasser der Jökulsá á Fjöllum bildet. Sie leuchten mit den grünen Vegetationsinseln unten im ansonsten grauen Canyon um die Wette.

Der Zugang zum **Dettifoss** vom Parkplatz (mit WC-Haus) aus ist kürzer als auf der Westseite, dafür steiler und steiniger. Darüber, von welcher Seite aus der Wasserfall schöner anzusehen ist, gehen die Meinungen auseinander. Von der Westseite ist die Perspektive besser, dafür kann man an der Ostseite näher ran, fast bis ans Wasser. Der Wanderweg von hier zum **Selfoss**, durch gelbe Pflöcke markiert, führt vorbei an einem grauen Mini-Strand. Es gibt größere Steine, die über- bzw. umklettert werden müssen. Man kommt, immer am Schluchtrand entlang und dann über einige Steine, ganz nah ans Wasser bis zu der Stelle, an der die riesige Schlucht Jökulsárgljúfur, der man jetzt knapp 30 km gefolgt ist, mit einem ganz kleinen Riss im Flussbett beginnt.

ÜBERNACHTUNG UND ESSEN

Im Nationalpark

Karte s. rechts

Campingplatz Ásbyrgi, ✆ 470 7100, 💻 https://tjalda.is/en/asbyrgi/. Für uns einer der schönsten Campingplätze Islands. Er liegt nämlich windgeschützt direkt „im Huf", neben der großen Steinformation Eyjan. Hier ist folglich alles grün, kleine Hecken dienen als zusätzlicher Windschutz. Das Servicehaus mit Duschen und Waschmaschine (aber ohne Aufenthaltsraum) liegt zentral, das Infocenter mit der Rezeption hingegen ein Stück weit entfernt. Gestaffeltes Preissystem von 3000 ISK für ein kleines Zelt (2 Pers.) bis 7000 ISK für einen Camper inkl. Stromanschluss. Duschen kostet 500 ISK und geht nur mit passender Münze zum Einwerfen. Waschmaschine/Trockner je 500 ISK. 🕒 Mitte Mai–Mitte Sep.

Campingplatz Vesturdalur, ✆ 470 7100, 💻 www.tjalda.is/vesturdalur. In mehrere Einzelareale aufgeteilter, idyllisch gelegener Grasplatz für Zelte (keine Wohnmobile erlaubt!) mit 2 WC-Häuschen, kaltem Trinkwasser und ein paar wenigen Picknickbänken. Bis zum Jökulsárgljúfur und zu den Echofelsen läuft man nur wenige Minuten. Die Rezeption befindet sich in einem Holzhaus südlich des Campingplatzes. Sehr schlechter bis gar kein Handyempfang. Kleines Zelt 3000 ISK, größeres Zelt 4000 ISK. 🕒 Mitte Mai–Mitte Sep.

Nördlich des Nationalparks

Karte s. oben

€ **Campingplatz Lundur**, Öxarfirði, ✆ 858 7080, 💻 https://tjalda.is/en/lundur/. Nette Campingwiese auf der Rückseite des Dettifoss-

Gästehauses (aber nicht zu diesem gehörend). Ein hölzernes Nurdachhaus fungiert als Servicehaus (WC, warmes und kaltes Wasser, keine Duschen) und bietet Schutz vor Regen. Schön wären noch zusätzliche Bänke. Ab 16 J. 1400 ISK. ⌚ nur im Sommer.

€ **Dettifoss Guesthouse**, Skinnastaðir, ✆ 869 7672, 💻 https://dettifossguesthouse.business.site. Obwohl der Name das suggeriert, liegt das Gästehaus eben nicht am Dettifoss, sondern 45 km entfernt, an der Straße 85, etwa 7 km nordöstlich von Ásbyrgi. Ansonsten aber eine schöne, moderne Unterkunft mit schicken Gemeinschaftsbädern, einem Aufenthaltsraum und einer gut ausgestatteten Gemeinschaftsküche. Ein wenig irritierend ist das Frühstückskonzept, denn Gäste, die ein Frühstück gebucht haben, speisen am gleichen Tisch wie die, die ihr eigenes Essen dabeihaben. Die 11 Zimmer mit insges. 19 Betten sind klein und zweckmäßig – das einzige Manko ist das Schließsystem, denn die Türen knallen laut. ⌚ nur im Sommer (Juni–Mitte Sep). ❸–❹

Skúlagarður Hótel, Skúlagarður, ✆ 465 2280, 💻 www.skulagardur.com. 17 DZ, eins davon behindertengerecht, außerdem 4 Familienzimmer, in einer ehemaligen Schule am Fluss. Im Sommer gibt es eine Rezeption, ein Restaurant (auch für Nicht-Gäste) und hilfreiches Personal, das ständig vor Ort ist, zwischen Sep und Mai nur Self-Check-in und vorbereitetes Frühstück. ❹

Südlich des Nationalparks

Grímstunga Guesthouse, Grímsstaðir á Fjöllum, Karte S. 402, ✆ 899 9991, 💻 www.grimstunga.is. Schlafmöglichkeiten verteilt auf 4 Häuser mit top Gemeinschaftsküchen und -bädern (einige Zimmer auch mit eigenem Bad). Das 4. Haus, Hólssel, befindet sich 6 km entfernt im Nirgendwo an der Straße 864. ❹

EINKAUFEN UND ESSEN

Am besten alle Vorräte aus Húsavík, Akureyri oder Egilsstaðir mitbringen, denn in Ásbyrgi gibt es nur einen klitzekleinen **Laden** an der Tankstelle an der Straße 85, der Reisende mit einigen Grundnahrungsmitteln, Kuchen und Schokoriegeln versorgt. ⌚ im Sommer tgl. 9–21 Uhr.

Eingang zur „Kirche" aus Basalt

„Richtig essen" geht auch, nämlich im **Veggur Veitingahús**, Karte S. 413, ✆ 849 1118, 💻 https://veitingahus.is, dem gar nicht mal kleinen und gar nicht mal teuren Restaurant an der Straße 862, ca. 2 km hinter der Abzweigung von der 85. Hier kann man sich nochmal den Bauch mit Kuchen, Suppe, Burgern oder Lammfleisch vollschlagen, bevor man sich Richtung Dettifoss aufmacht (oder wenn man gerade von dort kommt). 🕒 tgl. 10–22 Uhr.

SONSTIGES

Feste

Dettifoss Trail Run, am 2. Sa im Aug, 💻 www.runninginiceland.com/dettifoss-trail-run-jokulsarhlaup: Rennen über 13, 21,2 und 32,7 km. Die Läufer werden mit dem Bus zum Startpunkt gebracht und rennen durch Jökulsárgljúfur zurück nach Ásbyrgi.

Informationen

Gljúfrastofa Visitor Center, in Ásbyrgi, ✆ 470 7100, 💻 www.vatnajokulsthjodgardur.is. Modernes, großes Informationszentrum mit Sanitäranlagen, Kaffeeverkauf und freundlichem Personal, das nicht müde wird, immer wieder die gleichen Fragen zu beantworten: Wie sind die Straßen? Wo sind die Wanderwege und wie lange braucht man für welche Tour? Man kann hier eine kleine Wanderkarte kaufen und die kostenlose Ausstellung zu Flora, Fauna und den geologischen Besonderheiten im Nationalpark besuchen. Berühren erlaubt: Man wird ermutigt, die Exponate anzufassen und zu ertasten. Geführte Kurzwanderung mit einem Ranger tgl. an jedem Sommer-Samstag um 14 Uhr. 🕒 Mai–Sep tgl. 9–19 Uhr, in der Nebensaison kürzer, Dez und Jan geschl.

Aktueller als die Web- ist meist die Facebook-Seite des Nationalparks, 💻 www.fb.com/Vatnajokulsthjodgardur.

Schwimmen

Lundur (Lundi), kleines Geothermal-Freibad mit Hot Pot 5 km nordöstlich von Ásbyrgi an der Straße 85 nach Kópasker. 🕒 Mo–Fr 16–21, Sa und So 11–17 Uhr.

Wandern

Die Wanderwege im Nationalpark befinden sich fast alle auf der westlichen Seite der Schlucht. Entlang des Ufer-Fernwanderwegs sieht man noch viele kleinere Wasserfälle, z. B. den Réttarfoss und den Vígabjargsfoss, außerdem gibt es einen 9-km-Rundwanderweg vom Dettifoss zum Hafragilsfoss. Eine detaillierte Wanderkarte gibt es im Visitor Center in Ásbyrgi oder auf der Webseite des Nationalparks: 💻 www.vatnajokulsthjodgardur.is/en/areas/jokulsargljufur/s2-dettifoss-og-selfoss.

TRANSPORT

Auto

Von der Straße 85 gehen drei Straßen ab: Auf der mittleren, der **861**, kommt man nach 3 km zum Besucherzentrum von Ásbyrgi, wo die Straße endet. Die beiden äußeren führen zum **Dettifoss**. Welche also nehmen? Das hängt vom Wetter, vom Zustand der Straßen (unbedingt im Besucherzentrum nachfragen) und vor allem von der Art des Autos ab – und natürlich davon, was man unterwegs besichtigen bzw. erwandern möchte.

Die **Straße 864**, die Ostroute (ca. 57 km), ist eine Schotterstraße. Manchmal ist sie auch mit Kleinwagen einfach zu befahren, manchmal nicht. Tagesaktuelle Infos auf 💻 www.road.is.

Die **Straße 862**, die Westroute (ca. 54 km), ist asphaltiert.

Beide Straßen sind im **Winter** oft und lange gesperrt bzw. nicht befahrbar. Unbedingt vorher die Befahrbarkeit auf 💻 www.road.is ansehen, oder bei der Touristeninformation in Akureyri bzw. direkt in Ásbyrgi anrufen. Die Mitarbeiter wissen immer gut Bescheid und sind an die vielen Anrufer gewöhnt.

Busse

Mit „Öffentlichen" geht in der Dettifoss-Region gar nichts. Der Ringstraßenbus von Strætó (Linie 56 Akureyi–Egilsstaðir) stoppt an der Haltestelle „Jökulsá á Fjöllum" auf dem Parkplatz östlich der Ringstraßenbrücke über den Fluss, aber von dort sind es noch 32 km (Ostseite) oder 34 km (Westseite) zum Dettifoss.

10 HIGHLIGHT

Mývatn

Burgen und Schlösser aus rotgrauer Lava, 150 m hohe Krater, bunte Solfatarenfelder und ein noch heute aktives Vulkangebiet, dazwischen lauschige Inselchen und seltene Vögel und Enten: Das Gebiet rund um den Mývatn ist an Vielseitigkeit kaum zu überbieten.

Der Mývatn (deutsch Mückensee) bedeckt eine Fläche von 37 km². Mit einer Tiefe von maximal 4 m ist er extrem flach. Mehr als 50 Inseln und Inselchen – viele von ihnen grasbewachsen, andere fotogene Stein- und Lavaformationen – lugen aus dem Wasser und bieten den zahlreichen Vögeln sichere Brutplätze. Mindestens zwei Vulkanausbrüche vor 3500 und vor 2000 Jahren blockierten durch ihre Lavaströme den Abfluss des Wassers aus der Senke und schufen so diesen einzigartigen überdimensionalen Stausee mit wenig Wasserbewegung und großer Nährstoffdichte, der sich im Sommer schnell erwärmt. Ein Paradies nicht nur für Fische, Vögel und Mücken, sondern auch für Blaualgen, die zunehmend zum Problem werden. Schuld ist vermutlich eine Belastung des Wassers durch Überdüngung, über deren Ursache heftig gestritten wird. Die Bauern beschuldigen die Tourismusindustrie und unzureichende Kläranlagen, die Tourismusindustrie beschuldigt die Bauern. Auch eine Schadstoff-Altlast verursacht durch ein längst stillgelegtes Kieselgurwerk in der Nähe von Reykjahlíð ist nicht auszuschließen. Der gesamte See steht seit 1974 unter Naturschutz.

Nur 425 Menschen leben rund um den Mývatn, viele davon auf entlegenen Farmen, sodass man von „Orten" im eigentlichen Sinne gar nicht sprechen kann. Einzig **Reykjahlíð** ist mit 166 Einwohnern, einer kleinen Kirche, einem Supermarkt, einer Tankstelle und einer Bushaltestelle so etwas wie ein größeres Dorf. Arbeitsplätze gibt es fast ausschließlich im Tourismus. Und der boomt in der Region. Einzigartige Sehenswürdigkeiten wie die Lavaformationen in Dimmuborgir, die Pseudokrater von Skútustaðir, das Solfatarenfeld Hverarönd (auch Hverir) und die Lavafelder rund um den Zentralvulkan Krafla haben der Region zu einem Platz auf der Unesco-Welterbeliste verholfen. Das touristische Angebot reicht von Rundflügen über geführte Jeep-, Reit- und Fahrradtouren bis hin zu Schneeschuhwanderungen und Hundeschlittenfahrten im Winter. Die meisten Sehenswürdigkeiten erkundet man aber am besten und kostengünstigsten zu Fuß.

Mücken oder keine Mücken?

Wir waren schon oft am Mückensee und haben schon viel gesehen, sogar Schnee im Juli. Überdurchschnittlich viele Mücken waren nie da. Bis wir eines Tages Mývatn an einem windstillen, warmen Sonnentag besuchten. Es war die Pest! Mücken in den Augen, Mücken in der Nase, Mücken unter der Kleidung, Mücken im Auto. Alle Fotos voller schwarzer Punkte, wegretuschieren eine Mammutaufgabe. Jetzt wissen wir, warum hier so viele Vögel leben! Schnell ein paar Bilder von vermummten Touristen gemacht und weg waren wir. Übernachtet haben wir wenige Kilometer entfernt in Laugar. Anzahl der Mücken dort: Null. Einen Brutkalender, der die Plage am Mückensee zuverlässig vorhersagt, gibt es nicht. Ist es sonnig, trocken und windstill, sind sie mit hoher Wahrscheinlichkeit da, bei Wind und Regen verkriechen sie sich. Insofern: nicht auf den Kalender, sondern auf die Wettervorhersage schauen. Der einzige Trost: Die Mývatn-Mücken stechen nicht, sie nerven nur. Jedenfalls bisher. Aus dem Südwesten nämlich breiten sich in den letzten Jahren auch immer mehr fiese Stechmonster aus; kleine Gnitzen (**Lúsmý**), wie man sie aus Skandinavien kennt. Es ist nur noch eine Frage der Zeit, bis sie auch den Norden Islands und die vielen leckeren Touristen dort für sich entdecken.

Fuglasafn Sigurgeirs

Das Westufer des Mývatn, an dem die Ringstraße vorbeiführt, ist flach, bis auf vereinzelte Bauernhöfe unbewohnt und einigermaßen unspektakulär. Wer aber schon immer mal wissen wollte, wie eine Spatelente aussieht, ist hier richtig. Diese höchst seltene Entenart (*Bucephala islandica*; isländisch *húsönd*, englisch *Barrow's goldeneye*) brütet nirgendwo sonst in Europa. Aber auch fast alle anderen einheimischen Vogelarten beteiligen sich lautstark am Kampf um die besten Nistplätze.

Wer die ausgestopften Varianten bevorzugt, findet sie alle hübsch angeordnet in den Glasvitrinen des **Vogelmuseums**, des Fuglasafn Sigurgeirs (Sigurgeir Bird Museum), Ytri-Neslönd, ✆ 464 4477, 💻 www.fuglasafn.is. Die Familie betreibt das Museum mit seinen beiden modernen Holz-Grasdach-Gebäuden zum Gedenken an Sigurgeir, der leider mit nur 37 Jahren sehr früh gestorben ist und ein großer Vogel-Fan war. Zur Stärkung gibt's Waffeln, Kuchen, belegte Brote und Suppe im Panoramacafé des Museums. Außergewöhnlich gut schmeckt der warme Pfirsichkuchen. 🕒 Juni–Aug tgl. 12–17, sonst 14–16 Uhr, Eintritt 2400 ISK, Kinder (7–14 J.) 1400 ISK.

Grjótagjá und Stóragjá

Gjá ist die isländische Bezeichnung für eine Spalte, Kluft oder Schlucht, und davon gibt es in den Lavafeldern östlich des Mývatn viele. Einer dieser Risse in aufgetürmter Lava allerdings gelangte zu Weltruhm: Hier nämlich, im türkisfarbenen Wasser einer versteckten warmen Badehöhle, feierten John Snow und die rotblonde „Wildlingdame" Ygritte in der Serie *Game of Thrones* ihre einzige (verbotene) Liebesnacht. Die Badestelle liegt an der Straße 860 (Grjótagjárvegur) und ist auch mit einem Pkw einfach erreichbar. Der Riss namens **Grjótagjá** ist wesentlich größer als man vermuten würde, wenn man an der Höhle steht. Er zieht sich – mal besser, mal weniger gut sichtbar – durch das gesamte Gebiet östlich des Mývatn.

Weniger bekannt ist die **Stóragjá** (die große Schlucht), die nur einen Katzensprung südlich von Reykjahlíð zu finden ist. Auch hier gibt es eine Badestelle und auch hier ist – wie in der Grjótagjá – das Baden verboten.

Pseudokrater in Skútustaðir

Auch wenn sie so aussehen: Pseudokrater sind keine Vulkankrater. Sie entstanden vor vielen tausend Jahren, als Lava aus Richtung Krafla über das feuchte Sumpfland floss und das im Boden gespeicherte Wasser mit einem Schlag verpuffte. Die frische Lava, aber auch das, was ehemals eine kühle Feuchtwiese war, wurden

Hier hat es gewaltig Blubb gemacht, als die Lava aufs Seewasser traf.

Kunstwerk auf dem Weg zur Krafla: Street-Art für Warmduscher (ja, man darf hier duschen)

durch die Explosion in die Höhe geschleudert und kamen als Krater rund um das in die zähflüssige Lava gesprengte Loch wieder herunter. Mehrere Wanderwege führen durch das Gebiet der Skútustaðagígar, der Krater von Skútustaðir. Der kürzere Weg (1,5 km) ist gut befestigt, der längere (3 km) rund um den See **Stakhólstjörn** ist nur in Teilabschnitten geschottert. Eine Wanderkarte hängt am Parkplatz vor dem Hotel Gígur aus.

Entlang der Ringstraße nach Osten

Jarðböðin (Mývatn Nature Baths)

Ein Freiluftbad in ungechlortem warmem Schwefelwasser, das sich nicht nur wohligweich anfühlt, sondern auch noch wirksam gegen Hautkrankheiten und Asthma sein soll, gehört zu jedem Islandbesuch. Das Wasser der Lagune, die hier ganz in der Nähe der Ringstraße angelegt wurde, leuchtet nicht ganz so stark türkis wie in der berühmten Blauen Lagune (S. 179), aber dafür ist die Aussicht auf die umliegenden Berge weitaus schöner als in der südisländischen Schwesterlagune. Außerdem kommen erheblich weniger Besucher und niemand muss im Voraus buchen. Mit einem Fassungsvermögen von 3,5 Mio. Litern ist das Bad **Jarðsböðin**, ✆ 464 4411, 💻 www.myvatnnaturebaths.is, recht groß. Das Wasser kommt direkt aus dem 1 km entfernten Kraftwerk Bjarnarflag. Des schönen Anblicks wegen, aber auch um das 130 °C heiße Wasser ein wenig abzukühlen, hat man kleine künstliche Springquellen und Mini-Wasserfälle geschaffen.

Unentschlossene pausieren bei Kaffee und Hotspring-Brot mit Räucherlachs (900 ISK) im Glasfront-Restaurant, bevor sie entscheiden, ob Badevergnügen und Dampfbadgenuss ihnen 6490 ISK wert sind oder nicht. Jugendliche (13–15 J.) zahlen 3190 ISK, kleine Kinder nichts. Außerhalb der Hauptsaison (Mai–Sep) sind die Preise niedriger, außerdem bieten viele Hotels und Gästehäuser ermäßigte Eintrittskarten an. Im Winter kommen Gäste von weit her, um hier den Blick auf Sternenhimmel und Polarlichter ausgiebig auszukosten. 🕒 tgl. 10–23 Uhr.

Hochtemperaturgebiet Námaskarð/Hveraröند

Früher wurde in diesem Fumarolen- und Solfatarengebiet Schwefel für die Herstellung von Schießpulver abgebaut – heute ist es nur noch Touristenattraktion. Es brodelt, blubbert und stinkt gewaltig. Die vorherrschende Grundfarbe ist ein golden schimmerndes Orange-Braun, aber dazwischen finden sich graue Schlammquellen und ungesund aussehende weißgelbe und hellblaue Ablagerungen. Wer mag, steigt auf den 400 m hohen ockerfarbenen Bergrücken **Námafjall** und sieht sich das Schauspiel von oben an. Und immer schön dran denken: Bloß nicht auf die gelben Stellen treten, denn das sind die Schwefelrückstände. Wer hier einsinkt, verbrennt sich gehörig die Füße.

Rund um den Zentralvulkan Krafla

Darüber, wie groß das 200 000 Jahre alte Vulkangebiet ist, gibt es widersprüchliche Aussagen. In jedem Fall ist es riesig. Mindestens 10 km in Ost-West- und um die 100 km in Nord-Süd-Richtung. Zum Haupt-Vulkan, der eigentlichen Krafla, gibt es keinen Zugang, wohl aber zum dazugehörigen Kraftwerk **Kröflustöð** (auch Kröfluvirkjun) und zum Lavafeld beim Lehm-Berg **Leirhnjúkur**. Die kleine Wanderung dorthin sollte

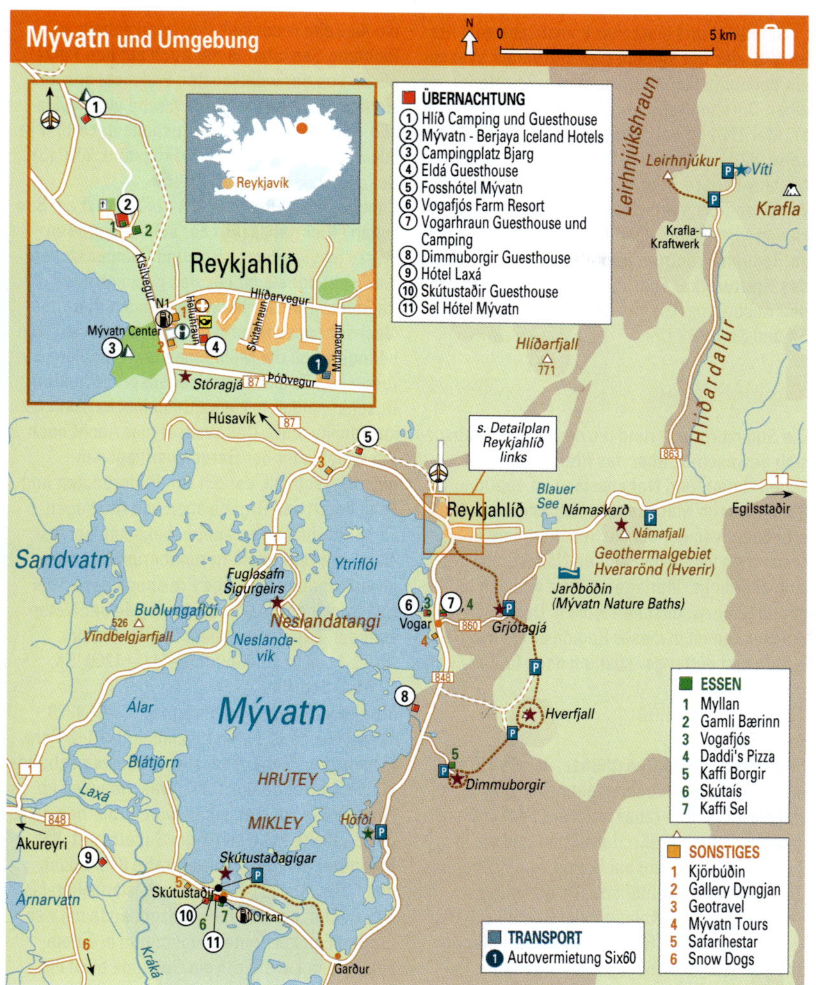

man auf jeden Fall einplanen – jedenfalls bei gutem Wetter.

Vom Parkplatz mit Klo (bitte unbedingt benutzen; die überall rumliegenden Papiertaschentücher sind wirklich eklig) an der Straße 863 erreicht man nach gut 20 Min. über einen Fuß- und Holzbohlenweg das erste Highlight: Das gelbe Hochtemperaturgebiet mit knalltürkisen Tümpeln. Von hier aus führt ein Rundweg durch die immer noch leicht dampfende Lava der Ausbrüche aus den Jahren 1975–1984 und rauf auf den Leirhnjúkur. Am besten folgt man den gelben Holzpflöcken zunächst nach rechts und macht die Runde gegen den Uhrzeigersinn. Denn so kann man sich langsam vom ersten Oh-und-Ah bis zum Stadium vollständiger Verzückung steigern. Mit Abstecher auf den Gipfel (tolle Aussicht) braucht man etwa eine Stunde. Mindestens. Denn die Zeit vergeht hier wie im Fluge.

Schneller und einfacher kommt man zum Krater **Víti**, der mit seinem türkisfarbenen Wasser ein beliebtes Fotomotiv darstellt. Víti (Hölle) hat einen Durchmesser von 300 m und entstand am 17. Mai 1724 im Rahmen der großen Ausbruchsserie der Jahre 1724–1729, den sogenannten Mývatn-Feuern. Hier oben weht oft ein eisiger Wind, sodass Wanderer mit Mütze und Schal klar im Vorteil sind. Eine kostenlose Ausstellung im Besucherzentrum informiert über die Arbeit des **Kraftwerks**, aber auch über die vergangenen Ausbrüche. ⏲ Juni–Aug Mo–Fr 12.30–15.30, Sa und So 13–17 Uhr.

ÜBERNACHTUNG

Die Sommerpreise rund um den Mývatn haben sich gewaschen, aber das Preisgefälle zwischen Haupt- und Nebensaison ist enorm. Schon wer im Mai oder Oktober kommt, zahlt erheblich weniger als die Sommergäste. Menschen mit empfindlichen Näschen sollten sich allerdings überlegen, ob sie wirklich hier nächtigen bzw. duschen wollen. Das heiße Wasser kommt in dieser Region direkt aus dem Boden und duftet gar köstlich nach faulen Eiern.

Rund um Reykjahlíð

Karte S. 419

Hlíð Camping und Guesthouse, ✆ 464 4103, 💻 www.myvatnaccommodation.is. Zwischen Flugplatz und See (aber nicht am See) stehen unterschiedlich große Holzhütten und ein länglicher roter Flachbau am Rande eines Lavafelds. Die kleinen Blockhütten haben gemeinsam genutzte sanitäre Anlagen und Gemeinschaftsküche, die großen Bungalows sind mit Küche und Badezimmer ausgestattet. Auf dem Gelände gibt es zudem in einem roten länglichen Flachbau DZ und einen 6er-Schlafsaal (um die 50 €, Schlafsack muss mitgebracht werden). Ein weiterer Schlafsaal wird auch als Familienzimmer vermietet. Zur Anlage gehört ein großer, moderner Campingplatz mit einem Zelt, das bei Regen als Gemeinschaftsraum und Küche genutzt werden kann. Komfortabel. Servicehaus mit vielen WCs, sauberen Duschen, Umkleide und Fön. Hübsch sind die über leiterartige Holzstiegen zu erreichenden Gras-Terrassen, die für Zelte reserviert sind (man schaut in Richtung See, aber leider auch auf den Parkplatz). Von der westlichsten Picknickbank aus sieht man schon die kleine Kirche von Reykjahlíð. Zum Supermarkt mit Bushaltestelle 10 Min. Fußweg. Ab 16 J. 2400 ISK, Frühstück 2000 ISK. Duschen inkl. Cottages ❹–❺

Campingplatz Bjarg, ✆ 464 4240. Direkt am See zelten? Hier geht's. Auf der schönen großen Wiese ist viel Platz. Autos und Camper stehen hier nicht, für sie gibt es den geschotterten Parkplatz. Camper haben an diesem Platz das Nachsehen, denn direkt neben den Stellplätzen befinden sich die Mülltonnen und 6 Spülbecken *(open air)*. Es gibt 2 Servicehäuser mit heißen Duschen und eine kleine Gemeinschaftsküche im „facility tent". Das Wasser hier riecht nach Schwefel, aber der Geruch verfliegt wie gewohnt schnell. Verleih von Ruderbooten und Fahrrädern und Organisation von Ausflügen. Tipp: Wer hier übernachtet, bekommt bei fast allen Tourveranstaltern rundherum und auch im Naturbad großzügige Preisnachlässe. Wer Müll rumliegen lässt oder sonstwie der Natur schadet, kriegt es mit dem Besitzer zu tun. Ab 12 J. 2500 ISK, Kinder (5–11 J.) 1200 ISK. ⏲ Mai–Sep/Okt.

Eldá Guesthouse, Helluhraun 9, ✆ 464 4220, 💻 www.elda.is. Einfache Zimmer für 1–3 Pers. in mehreren Gebäuden, alle mit Gemeinschaftsküche, -duschen und -WC. Waschbecken im Zimmer. Die Häuser liegen wunderbar nah an der Bushaltestelle und beim Supermarkt. ❹

Fosshótel Mývatn, an der Straße 87 nördlich des Sees, ✆ 453 0000, 💻 www.islandshotel.is. Das flache, futuristische Holzgebäude mit den großen Fensterfronten liegt mitten in einem schwarzen Lavafeld. Kein Gebäude trübt die Aussicht auf den See. 92 schicke, minimalistisch eingerichtete Zimmer. Außerdem gibt es ein Restaurant und eine Bar. In der Nebensaison ab ❺, sonst ❻

Mývatn - Berjaya Iceland Hotels, Reynihlíð, ✆, 444 4000, 💻 www.icelandhotelcollectionbyberjaya.com/en/hotels/north/myvatn-hotel. Sehr modern, sehr schick, sehr empfehlenswert. Leider auch sehr teuer. Aber hier wohnt man zentral und hat ein tolles Hotel-Restaurant. ❺–❻

Das Mývatn-Gebiet zu Fuß erkunden

Von Reykjahlíð nach Dimmuborgir

In Reykjahlíð, an der Kreuzung der Straßen 848 und 1, beginnt ein 14 km langer Wanderweg, der an der Badehöhle der Grjótagjá und dem Krater Hverfjall vorbei bis nach Dimmuborgir führt. Die mit 3–4 Stunden angegebene Wanderzeit ist allerdings unrealistisch, denn auf dem Teilabschnitt bis zum Krater verläuft man sich oft, kraxelt und stolpert weglos durch Lavaformationen, obwohl der Krater als Orientierungspunkt weithin sichtbar ist. Den Pfad vom Südrand des Kraters bis nach Dimmuborgir dagegen kann man nicht verfehlen. Beschreibungen und Karten zu diesem und zu elf weiteren Wanderwegen im Mývatn-Gebiet finden sich auf 💻 www.visitmyvatn.is/en/see-and-do/hiking-routes.

Auf den Krater Hverfjall (Hverfell)

Die kurze Rundwanderung auf dem Rand des ca. 90–150 m hohen Kraters Hverfjall gehört zum Mývatn-Pflichtprogramm, denn die Aussicht von hier oben ist atemberaubend. Beim Hverfjall handelt es sich um einen Tuffring aus Lockermaterial, entstanden vor ca. 2500 Jahren durch gewaltige Wasserdampfexplosionen. Der Aufstieg an der niedrigeren Krater-Nordseite, wo sich auch der große Parkplatz befindet, ist auch für ungeübte Wanderer keine große Herausforderung. Der durch Seile gesicherte Pfad an der Südseite dagegen führt durch Sand und Steine und ist entsprechend anstrengend. Wenige hundert Meter südlich dieses Wegs beginnt der Wanderweg nach Dimmuborgir. Parkgebühr über Parka App 1000 ISK.

Dimmuborgir

„Das hier könnte eine Kirche sein, das hier eine Schlafhöhle – und hier: Das sind doch eindeutig versteinerte Trollkinder, die neugierig um die Ecke lugen …“ Der Fantasie sind beim Spaziergang durch die „dunklen Burgen“, die das Resultat eines Zusammentreffens von glühender Lava und kaltem Wasser vor ca. 2000 Jahren sind, keine Grenzen gesetzt. Auch die Lavaformationen von Dimmuborgir lassen sich nur zu Fuß erkunden. Es gibt markierte Rundwege unterschiedlicher Länge. Der beliebteste endet an einem Lava-Tor mit kreisförmigem Loch, durch das man hindurchsteigen kann. Hier beginnt der Wanderweg zum Hverfjall. Zwischen den Brocken herumklettern darf man nicht mehr. Die empfindliche Lava und die Birkengehölze dazwischen würden dem Touristenansturm nicht standhalten. Tgl. um 10 Uhr bieten die Mývatn-Ranger eine kostenlose Führung an (1 Std.). Treffpunkt ist der Eingang des Lavagebiets beim großen Parkplatz. Achtung: Weil man im Sommer tagsüber vor lauter Bustouristen oft nix sehen oder genießen kann, am besten am (frühen) Abend hingehen.

Höfði

Gut gepflegte Spazierwege führen durch das bewaldete Halbinselchen, das so idyllisch ist, dass es glatt als Park durchgehen könnte. Zahlreiche Bänke laden zum Verweilen ein.

© CAROLINE MICHEL

Skútustaðir am längsten Tag des Jahres

In Vogar

Karte S. 419

Dimmuborgir Guesthouse, Geiteyjarströnd 1, ☎ 464 4210, 💻 www.dimmuborgir.is. Blockhaussiedlung nicht direkt im rummeligen Dimmuborgir, sondern inmitten einer mit Lavabrocken gespickten Wiese ruhig am See. Die Hütten sind spartanisch möbliert, aber heimelig dank heller Holz-Decke und Holzmöbeln. Einige haben Küchenzeilen, 2 Zimmer und Hot Pots – andere sind sehr viel kleiner. Aber alle bieten ein eigenes Badezimmer. Für Gäste, deren Hütten keine Kochgelegenheit haben, steht eine Gemeinschaftsküche zur Verfügung. Außergewöhnlich umfangreiches Frühstücksbuffet mit Obst und Lachs. ❺–❻

Vogafjós Farm Resort, ☎ 464 3800, 💻 www.vogafjosfarmresort.is. Gehört zum Kuhstall-Café, liegt aber ein wenig abseits. Die drei langen Holzhäuser mit insgesamt 26 Zimmern (einige als Familienzimmer konzipiert) haben alle einen separaten Eingang, eigene Badezimmer und kleine Sitzgelegenheiten vor bzw. hinter dem Haus. Innen mit viel Kiefer ausgestattet: Wände, Decken und Einrichtung, was dem Ganzen rustikalen Charme verleiht. Die Böden sind gefliest. Wer gerne das Holz am Boden hat, kann einen der weißgetünchten Economy-Räume beziehen. Frühstück im Café mit frischer Milch direkt aus der Kuh. ❺–❻

Vogarhraun Guesthouse und Campingplatz, ☎ 464 4399, 💻 www.vogahraun.is. Jenseits der Straße insgesamt 18 Zimmer unterschiedlichen Standards: DZ mit eigenem oder Gemeinschaftsbad (alle haben ein Waschbecken), aber auch einfache Dreibett- und Familienzimmer mit Etagenbetten. Gemeinschaftsküche, Fernsehraum und Terrasse. Günstig in der Nebensaison. Ganzjährig geöffneter Campingplatz, auf dem die Autos neben den Zelten stehen dürfen. 2000 ISK p. P. zzgl. 1500 ISK pro Wohnmobil (inkl. Strom) und 500 ISK pro Zelt oder Minicamper. Strom dann 500 ISK, Duschen inkl. Kinder unter 14 J. zahlen beim Campen nichts. Preise für Schlafsackunterkunft auf Anfrage. Frühstück 3200 ISK. ❹

In Skútustaðir

Karte S. 419

Sel Hótel Mývatn, ☎ 464 4164, 💻 www.myvatn.is. Wenig einladend liegt der graue Klotz direkt

Die dreizehn isländischen Weihnachtsmänner

Der alte Mann im roten Mantel bringt die Geschenke. Das haben auch isländische Kinder so gelernt. Aber er ist nur einer von insgesamt 14 Weihnachtsmännern, der zugereiste, nur sehr entfernte Verwandte, der streng genommen nicht dazugehört. Oft auch nur ein Fake, ein ganz normaler Mensch mit angeklebtem Rauschebart. Seine 13 Kollegen dagegen sind echt – und uralt. Seit Jahrhunderten kommen sie im Winter aus ihren dunklen Höhlen und versetzen die Menschen in Angst und Schrecken. Der eine knallt die Türen zu, der andere stiehlt Kerzen, aber die allermeisten stibitzen Nahrung. Je dunkler es wird, desto mehr. Und möglicherweise waren sie schon da, als man von Weihnachten noch nie etwas gehört hatte. Aber die Isländer sind da flexibel. Was nicht passt, wird eben passend gemacht.
Stekkjastaur, der erste Weihnachtsmann, der sich im Schutz der Dunkelheit aus seinem Versteck traut, wird erstmals am 12. Dezember gesichtet. Bis er am 25. Dezember wieder in die Berge zurückkehrt, vergreift er sich an Schafsmilch. Sein Bruder **Giljagaur** folgt ihm am 13. Dezember und treibt bis zum 26. sein Unwesen in Kuhställen. Es folgen **Kochlöffelschlecker**, **Skyr-Räuber**, **Fensterglotzer** und **Türschlitzschnüffler**, und genau am 24. Dezember sind alle 13 Brüder gleichzeitig da. An diesem Tag sollte man also am besten zu Hause bleiben und seine Vorräte bewachen. Für kleine Kinder ist das Rausgehen besonders gefährlich, denn irgendwo in den Bergen lauert auch noch die Mutter der Weihnachtsmänner. Die **Riesin Grýla** gibt sich nicht mit harmlosem Schabernack zufrieden. Unartige Mädchen und Jungen landen sofort im großen Suppenkessel, in dem Grýla schon seit Jahrhunderten geduldig rührt. An ihrer Seite kauert **Jólaköttur**, die ewig schlecht gelaunte, gefräßige Weihnachtskatze, die möglicherweise auch vor unvorsichtigen Wanderern nicht haltmacht. Also, Reisende, die Island im Winter besuchen: Gebt fein acht und entfernt euch nicht zu weit von den Ortschaften! Und wenn ihr eine riesige alte Frau mit einer Katze im Schlepptau seht, macht kein Foto, sondern rennt, so schnell ihr könnt! Geschenke bringen die beiden sicherlich nicht.
P. S.: Pädagogen verbreiten mittlerweile eine frohe Botschaft: „Nú er hún gamla Grýla dauð" (Jetzt ist die alte Grýla tot). Sie sei wohl verhungert, weil es keine ungezogenen Kinder mehr gab. Und auch die Weihnachtsmänner sind heute netter geworden – sie klauen nicht mehr, sondern stecken nachts Kleinigkeiten in den Stiefel.

in Skútustaðir an der Straße. 58 geräumige Zimmer mit eigenem Bad (oft mit Badewanne) und z. T. Seeblick. Gelobt wird v. a. das umfangreiche Frühstücksbuffet. Wer sich in eine Liste einträgt, wird geweckt, sobald sich Polarlichter zeigen. ❻

Skútustaðir Guesthouse, ✆ 464 4212, 💻 www.skutustadir.is. Neubau-Bauernhof mit einfachen Zimmern (mit und ohne eigene Badezimmer) in mehreren Gebäuden, einige davon mit Krater-Blick. Wer selbst kochen will, findet hier die einzige Möglichkeit in der näheren Umgebung, deshalb ist die Küche gut ausgelastet. Liebevoll zubereitetes Frühstücksbuffet. Wer sich für die tägliche Arbeit auf dem Hof interessiert, darf im Kuhstall mithelfen und einmal Arbeitsalltag schnuppern. Und, auch für Nicht-Gäste interessant: Hier gibt es Eis, das viele für das beste in ganz Island halten: das Skútaís (s. Essen). ❹–❺

Außerhalb

Hótel Laxá, Olnbogaás, Karte S. 419, ✆ 464 1900, 💻 www.hotellaxa.is. Ein wenig abseits oberhalb des Sees auf einem Hügel thront das moderne 3-Sterne-Luxus-Neubauhotel. Noch an der Straße 848, aber „mal eben nach dem Abendessen zum See laufen" wird von hier aus eher zur Wanderung. Die mit dunklem Holz verkleideten Flachbauten haben mit Gras begrünte Dächer, sodass sie für die, die im oberen Stockwerk sitzen, so gut wie unsichtbar sind. Eine tolle Location für Nordlichtfotos mit See. Alle Zimmer mit Sitzecke, Wasserkocher, Fön und Kosmetiksortiment. Abends lockt eine kleine Bar. Tipp: In der Nebensaison kann man manchmal zu Schnäppchenpreisen übernachten. ❺–❻

ESSEN

Ein günstiges Restaurant zu finden, scheint hier noch schwieriger zu sein als anderswo in Island. Gäste mit kleinem Geldbeutel begnügen sich mit dem Schnellimbiss beim Supermarkt.

Rund um Reykjahlíð

Karte S. 419

Gamli Bærinn, gegenüber dem Berjaya-Hotel, ✆ 464 4270. Eine Mischung aus Café, Bistro, Restaurant und Schnellimbiss, die sich größter Beliebtheit erfreut. Außer Hauptgerichten mit Fisch und Lamm isst man hier Burger, Nachos, Waffeln und Kuchen – und *Mývatn Hotspring Bread* mit Lachs für 950 ISK. Günstig ist anders. 🕒 tgl. 12–20.30 Uhr.

Myllan, im Berjaya-Hotel, s. Übernachtung. Schickes, vielleicht ein wenig seelenloses Restaurant mit vielen Sitzplätzen und umfangreicher Speisekarte. 🕒 tgl. 12–21 Uhr.

In Vogar

Karte S. 419

Daddi's Pizza, ✆ 773 6060, 💻 www.daddispizza.com. Die Mini-Pizzeria im Blockhaus hat ausschließlich Pizza (groß, mittel, klein) auf der Karte, darunter aber ausgefallene Kreationen, beispielsweise eine mit Forellen aus dem See und Pinienkernen oder die scharfe Námaskarð. 🕒 tgl. 12–22 Uhr.

Kaffi Borgir, Mývatns Market, Dimmuborgir, ✆ 464 1144, 💻 www.kaffiborgir.is. Große Auswahl an traditionell isländischen Fleischgerichten, aber auch Salat- und Gemüsefans finden hier sicher etwas Passendes. Wenn der Busparkplatz voll ist (also meistens), ist der Andrang groß, und auch im Tax-free-Souvenirshop treten sich die Gäste auf die Füße. Bei schönem Wetter ist auch die tolle Sonnenterrasse brechend voll. Der Verkaufsrenner ist neben dem Dimmu-Burger das „Bread in a bucket" zum Mitnehmen: Brot im Plastikeimerchen, das für 24 Std. in warmer Erde eingegraben war. 🕒 tgl. 10–17 Uhr.

Vogafjós, s. Übernachtung. Fast alles hier stammt aus eigener Produktion: der Mozzarella, das im warmen Boden gebackene Geysir-Brot, die Kuchen und die Lammfilets. Ein Blick in den nur durch eine Glasscheibe vom Restaurant getrennten Kuhstall ist Pflicht, lockt allerdings vor allem zu den Melkzeiten um 7.30 Uhr und 17.30 Uhr Menschenmassen an. Im kleinen Shop können Andenken erworben werden. 🕒 im Sommer tgl. 7.30–22, im Winter 10–22 Uhr.

In Skútustaðir/Außerhalb

Eldey Restaurant im Hótel Laxá, s. Übernachtung. Das Essen ist 1a, die Preise leider auch. Abendbuffet 7000 ISK. 🕒 18–21, im Winter nur bis 20 Uhr.

Kaffi Sel, ✆ 464 4164. Der hintere Teil des Cafés erinnert etwas an einen Speisewagen der Deutschen Bahn, und der Kaffee könnte auch in Tassen statt in Pappbechern ausgeschenkt werden, aber dank der vielen Busreisenden ist das kleine Café mit Souvenirshop, Briefkasten und Seeblick im vorderen Teil vor allem an Regentagen stets gut besucht. *Kjötsúpa* (mit Lamm und Rüben) für um die 2000 ISK. 🕒 tgl. 9–17 Uhr.

Sel Hótel, s. Übernachtung. Essen à la carte mit Mini-Speisekarte von 15–21 Uhr.

Skútaís, 💻 www.fb.com/skutais. Selbstgemachtes Eis, das nach frischer Milch schmeckt (aber auch nach Schoko, Kokos, Erdbeere) verkauft in Waffel oder Becher in einer Hütte vor dem produzierenden Bauernhof. 🕒 im Sommer tgl. 10–19 Uhr.

EINKAUFEN

Souvenirs, Schaffelle und Wollpullover gibt's im Blockhaus **Gallery Dyngjan** in Reykjahlíð. 🕒 tgl. 13–19 Uhr.

Kjörbúðin, Reykjahlíð. Supermarkt. 🕒 Mo–Fr 9–18, Sa 10–17, So 12–17 Uhr.

AKTIVITÄTEN UND TOUREN

Fahrradverleih und -touren

Hlíð, Reykjahlíð, s. Übernachtung S. 420. Der Verleih gehört zum Guesthouse und Campingplatz. Neben Radverleih für einen halben oder ganzen Tag (etwa 4500 ISK, länger auf Anfrage) gibt es auch Tipps für Touren, etwa eine Beschreibung für die 37 km rund um den See mit empfehlenswerten Stopps. Auch Bjarg Travel Service, s. Übernachtung, verleiht Räder.

Hundeschlittentouren

Snow Dogs, Karte S. 419, ✆ 847 7199, 💻 www.snowdogs.is. Südlich des Mývatn leben 25 sibirische Huskys auf der abgelegenen Farm Heiði. Jeweils 7–8 von ihnen ziehen einen Schlitten, auf dem außer dem Guide noch 2 Gäste Platz haben. Die 1-stündige Tour (Gesamtdauer 2–3 Std.) kostet um die 35 000 ISK p. P., im Schlitten auf Schnee und 25 000 ISK im Sommer auf Rollen. Kinder zahlen weniger. Wer nur mit den Hunden schmusen will, kann das für 5000 ISK p. P.

Reiten

Safaríhestar, Álftagerði III, Karte S. 419, ✆ 864 1121, 💻 www.safarihestar.is. Auf der Farm des Familienunternehmens am Südufer, westlich von Skútustaðir, werden Ausritte auf selbstgezüchteten Pferden angeboten (1–2 Std., ca. 12 000 ISK p. P.).

Rundflüge

Mýflug, ✆ 464 4400, 💻 www.myflug.is. Sechs feste Routen sind für all jene im Angebot, die Island einmal von oben bestaunen wollen: etwa die 20-minütigen Rundflüge über Mývatn und Krafla (ca. 25 000 ISK p. P.). Wer mag und das nötige Kleingeld hat, kann auch ein Flugzeug chartern und eine eigene Route planen. 🕒 geflogen wird von Mai–Sep.

Touren zur Lofthellir-Lavahöhle

Bei der Tour in die Lofthellir-Lavahöhle (Start von Mai–Okt jeweils um 10 Uhr in Reykjahlíð, 5 Std., 37 900 ISK) sind warme Jacken unbedingt erforderlich, denn die Temperatur in der Höhle liegt um den Gefrierpunkt. Das letzte Teilstück bis zur Höhle ist zu Fuß zurückzulegen (ca. 30 Min.). S. auch 💻 https://adventures.com/de/island/touren/aktivtouren/hoehlenwanderung/hoehlenerkundung-lofthellir.

Tourveranstalter

Karte S. 419

Geotravel, Geiteyarströnd, ✆ 464 4442, 💻 www.geotravel.is. Das Familienunternehmen bietet zahlreiche Sommer- und Wintertouren rund um den Mývatn, aber z. B. auch zum Dettifoss und zur Askja.

Mývatn Tours, ✆ 861 1920, 💻 www.myvatntours.is. Tagestouren (11–12 Std., 28 500 ISK p. P.) zur Askja Mitte Juni–Mitte Sep tgl. 8 Uhr ab Arnarnes, 2 km südlich von Reykjahlíð an der Straße 848.

Wandern

S. Kasten S. 421

SONSTIGES

Autoreparaturen und Reifenservice

An der **Tankstelle** in Reykjahlíð, ✆ 464 4117 und 848 2678.

Autovermietungen

Six60, Múlavegur 1, Reykjahlíð, ✆ 858 2660, 💻 www.six60.is. Spezialisiert auf Jeeps und SUVs, die entweder in Reykjahlíð oder an den Flughäfen Akureyri oder Húsavík in Empfang genommen werden können.

Feste

Im Juni findet der **Mývatn Marathon** statt, im Mai der knapp 10 km lange **Lava Run** ab Dimmuborgir, im Nov/Dez gibt es zahlreiche Veranstaltungen mit den isländischen **Weihnachtsmännern**, z. B. in Dimmuborgir und im Naturbad.

Informationen

Mývatn Center, Hraunvegur 8, Reykjahlíð, ✆ 464 4390, 💻 www.visitmyvatn.is. Mit kleiner, aber interessanter Geologieausstellung (Eintritt frei). 🕒 tgl. 8–18 Uhr.

Medizinische Hilfe

Gesundheitszentrum, Helluhraun 17, Reykjahlíð, ✆ 464 0500.

Vom Mývatn nach Egilsstaðir entlang der Ringstraße

Die 165 km von Reykjahlið am Mývatn bis nach Egilsstaðir kommen vielen endlos vor. Tatsächlich aber geht es schnell voran, weil es direkt am Straßenrand so gut wie nichts anzuschauen gibt. Wer ohne Pause durchfährt, schafft die Strecke in 3 Std.

Es gibt jedoch Reisende, für die die Fahrt durch das weitgehend unbewohnte bergige Ödland östlich des Mývatn ein intensives Entspannungserlebnis ist. Im Süden liegt die vegetationslose Stein- und Geröllwüste **Ódáðahraun** (s. auch S. 592), nicht umsonst auch Missetäter-Lavafeld oder Missetäter-Wüste genannt – Bösewichte wurden hier früher einfach ausgesetzt. Das fast 5000 km² große Lavafeld reicht bis zum Vatnajökull.

Für Geschichtsinteressierte spannend sind die **Biskupavörður**, der Bischofstreffpunkt direkt nördlich der heutigen Ringstraße, Karte S. 396. Hier verlief nach der Trennung im Jahr 1106 die Grenze zwischen dem kleinen Bistum des Nordens und dem viel größeren des Südens. Eine Infotafel informiert darüber, was es mit den Steinhaufen und Mauerresten am Parkplatz auf sich hat: Hier sollen einst eilig Unterkünfte gebaut worden sein, als sich die beiden Bischöfe trafen, um einen Streit über den genauen Verlauf der Grenze beizulegen. Die Landkarte zeigt detailliert, welche Reit-Routen Stéfan Jónsson (1491–1518) aus Skálholt und Gottskálk Nikulásson (1496–1520) aus Hólar bis hierher genommen haben sollen.

Fjalladýrð

Der höchstgelegene Hof Islands (469 m) im Tal Möðrudalur zwischen Mývatn und Egilsstaðir an der Straße 901, ✆ 471 1858, 🖳 www.fjalladyrd.is, liegt ganz nah an der Ringstraße und doch irgendwo im Nirgendwo. Keine weiteren Anzeichen von Zivilisation umgeben den Ort, nur Berge ringsum: Herðubreið, Kverkfjöll (die aus dem großen Gletscher Vatnajökull hervorragen) und Víðidalsfjöll.

Fjalladýrð (Pracht der Berge) eignet sich perfekt für alle, die ins Hochland aufbrechen oder von dort kommen. Es ist eine kleine Welt für sich. Ein Campingplatz, ein paar kleine Hütten, ein Restaurant, das Fjallakaffi, 🕒 tgl. 7.30–22 Uhr, eine ehemalige Tankstelle (zur Zeit der Recherche konnten wir hier nicht tanken, aber wenn Benzin da ist, ist allein das Tanken ein besonderes Erlebnis) und eine kleine Kirche. Alles so niedlich, dass jederzeit Frodo und Bilbo Beutlin aus *Der Herr der Ringe* um die Ecke kommen könnten – lustig ein Liedchen pfeifend.

Kleine gepflegte Häuschen aus Torf und Holz ducken sich in die Erde, grasbewachsene Dächer bieten Schutz. Von der Terrasse des Restaurants blicken Gäste entspannt auf ein wunderschönes Bergpanorama, innen ist es urgemütlich wie auf einer Berghütte. Campinggäste können bei schlechtem Wetter hier oder in der gemütlichen Kochhütte des Platzes Schutz suchen. Der Campingplatz (Campingkarte) bietet leider kaum Windschutz, aber bei gutem Wetter gehört er definitiv zu den schönsten in ganz Island. Ab 14 J. 1590 p. P., Duschen im Keller eines Nebengebäudes. 🕒 Mitte Mai–Mitte Sep.

Neben dem hotelähnlichen schicken neuen Hausensemble gibt es weitere freistehende Gästehäuser in Holzoptik. Am urigsten ist das von Grassoden eingefasste mit 5 DZ (4 davon im ersten Stock), einem gemütlichen Wohnzimmer, einer modernen Küche, einem Badezimmer mit High-Tech-Dusche und weiteren normalen sanitären Anlagen. 🕒 ganzjährig. ❸–❻

Die freundlichen und kompetenten Betreiber vermitteln zudem Helikopterflüge ab Möðrudalur über Holuhraun, die Askja und Kverkfjöll (🖳 www.volcanoheli.is), und auch Jeeptouren starten von hier.

Und dann wartet noch die „Volcano-Exhibition", die genau genommen nur aus einem Mini-Kino besteht, in dem man sich einen der tollsten Filme über die Bárðarbunga-Ausbrüche in den Jahren 2014/2015 anschauen kann. Der Macher Marco Nescher ist gemeinsam mit Matthias Vogt, der von hier aus die Hubschraubertouren macht, hautnah dabei gewesen. Einzig störend ist vielleicht die allzu dramatische Musikuntermalung. Wegen Personalmangels war das Kino zum Zeitpunkt der Recherche nur unregelmäßig geöffnet, aber uns wurde versichert, dass man schnell auf Abhilfe sinne.

Anfahrt auf der Straße 901, die bis zum Jahr 2000 die Ringstraße war: 8 km von der westlichen Seite, 30 km von der östlichen.
An der westlichen Abzweigung lohnt ein Stopp im originellen Beitarhúsið. Das kleine Restaurant-Café direkt an der Ringstraße bietet allerlei liebevoll zubereitete Kleinigkeiten und unsere Top-Bewertung geht eindeutig an die Ástapungar mit Rosinen und Vanille. Kein Wunder, dass die süßen in Fett gebackenen Kuchenbällchen so lecker sind, denn Ást heißt Liebe ... 🕒 tgl. 8.30–19 Uhr.

Torfhausmuseum Sænautasel

Kein Strom, keine Duschen, kein WLAN, oft kein Handynetz, eine einfache Spüle vor dem Haus stellt die Frischwasserversorgung sicher und zu den Toiletten muss man durchs Freie: Im fast 100 Jahre alten Grassodengehöft von Sænautasel, ☏ 853 6491, 💻 www.fb.com/Saenautasel/, ist die Zeit stehen geblieben. Genau das lässt Besucher hierher kommen. Es gibt nach uraltem Rezept zubereitete, gar köstliche Pfannkuchen mit Sahne und Marmelade, serviert auf uralten Tellern und von Menschen, die aus der Zeit gefallen scheinen. Die Milch für die Sahne kommt aus der Fabrik. Man hatte auch mal Kühe und wollte deren Milch bzw. die daraus hergestellte Sahne kredenzen, aber die Gesundheitsbehörden machten den Betreibern einen Strich durch die Rechnung. Milch wie früher direkt aus der Kuh? Geht gar nicht. Der Eintritt ins sogenannte Museum beträgt 500 ISK, die Kaffeetafel mit Pfannkuchen und *kleinur* kostet 2000 ISK, inkl. Eintritt. Wir haben allerdings niemanden angetroffen, der nur „mal gucken“ wollte. Alle setzten sich bereitwillig an den gedeckten Tisch. Wir vermuten, dass niemand allein den „Eintritt“ bezahlt. Man könnte jetzt sagen „die verdienen sich hier dumm und dämlich“, muss aber bedenken, dass das Museum zum einen nur zwei Monate im Jahr geöffnet ist und dass zum anderen die Restaurierungskosten vermutlich Unsummen betragen haben.

Fjalladýrð heißt „Pracht der Berge“ – nicht zu unrecht.

Fortsetzung von S. 427

Wir sagen: Ein fairer Preis für das Gebotene. Man kann außerdem handgestrickte Pullover und gefilzte Papageitaucher-Eierwärmer kaufen und am See **Sænautavatn** spazieren gehen.
Wer will, kann übernachten (DZ um 200 € buchbar über Airbnb) oder auf der Wiese zelten. Abends tischt Besitzerin Lilja frische Forellen aus dem See auf (Angellizenz bei ihr erhältlich). Für Tierhaarallergiker ist Sænautasel nichts: Es gibt Hunde, Schafe und jede Menge Katzen. 🕒 Die Menschen betreiben das Café in ihrer Freizeit und wollen sich nicht von festgelegten Öffnungszeiten regieren lassen. Also: Mal ist auf, mal nicht.
Anfahrt über die Straße 901, die Straße zur Farm trägt zwar ein „F" im Namen (F907), ist aber bis zur Farm auch ohne Allradantrieb befahrbar (soll heißen: für Mietwagen ohne 4x4-Antrieb ist das möglich, aber verboten). 🕒 Mitte Juni–Ende Aug tgl. 12–18 Uhr (manchmal auch länger), Eintritt 500 ISK. ❸

Torfhausmuseum im Nichts

TRANSPORT

Auto

37 km sind es einmal rund um den See. Im Westen verläuft die Ringstraße, im Osten die asphaltierte Straße 848. Die Strecke ist auch als Tagestour mit dem Fahrrad (s. Aktivitäten und Touren) sehr beliebt. Es gibt allerdings keine Radwege; auf der Ostseite des Sees wird es auf schmaler Straße mit viel Touristenverkehr und unübersichtlichen Kurven manchmal eng. Bei Námaskarð/Hverir wird eine **Parkgebühr** von 1200 ISK fällig, am Hverfjall kostet's 1000 ISK.

Busse

Die hier angegebenen Fahrtzeiten für Strætó-Linie 56 (im Sommer tgl., im Winter Mo, Di, Fr und So) gelten für **Reykjahlíð** (Tankstelle). Halt in Skútustaðir 10–15 Min. früher bzw. später.
AKUREYRI, um 14.15 Uhr in 1 1/4 Std.
EGILSSTAÐIR, um 9.15 Uhr in 2 Std.

Taxis

Þuríður Helgadóttir, 📞 464 4399 und 893 4389, 💻 www.vogahraun.is.

Skjöldólfsstaðir

Überall tote Tiere: Das muss man mögen. In der ehemaligen Schule an der Ringstraße, umfunktioniert zum **Restaurant**, ✆ 471 2006, stehen jedenfalls die Zeichen ganz auf Rentier. Die schön renovierten und sonst minimalistisch eingerichteten Zimmer im EG haben Vorhänge aus Rentierfell und Kleiderhaken aus Geweihspitzen. Im Frühstücksraum/Restaurant blicken starre Augen aus ausgestopften Köpfen auf die servierten Kuchen und Suppen. Das große Plus ist das Schwimmbad draußen. Hier steht bei einer **Campingwiese** mit Sanitärcontainer und Schaukel eine Art Tipi aus Holz für gemütliche Abende, mit Rentiergeweihen, Fellen und einer Feuerstelle. Auch wer nicht hier wohnt, darf gern einen neugierigen Blick reinwerfen. Wer noch keinen isländischen Gammelhai probiert hat, kann das hier nachholen. An der Verkaufstheke des Kiosks gibt's ein Häppchen der isländischen Spezialität mit *brennivín* (isländischem Branntwein). Für Auskünfte auf Deutsch steht die nette Sonja bereit, die hier seit vielen Jahren arbeitet. Camping 2500 ISK p. P.

Stuðlagil Canyon

Lustig: Noch 2018/2019 hatte den beindruckenden Basalt-Canyon (s. auch Hochland S. 599) mit dem oft türkisfarbenen Wasser so gut wie niemand auf dem Schirm, weil er erst zum touristischen Highlight wurde, als die inzwischen pleitegegangene Fluggesellschaft Wow-Air ein Bild davon für Werbezwecke genutzt hat und alle gefragt haben „wo bitte ist das denn?" So wurde der Canyon zur Berühmtheit. Wir finden aber sowieso, dass das eher eine traurige Berühmtheit ist, denn wir können den Canyon ja in dieser Form erst sehen, seit der Fluss durch den Staudammbau weiter oben trockengelegt wurde (und manchmal, nämlich wenn oben die Schleusen aufgemacht werden, ist er auch „wieder weg" bzw. voller Wasser). Es handelt sich also um eine menschengemachte Sehenswürdigkeit. Früher waren da jede Menge Wasserfälle, teilweise so beeindruckend wie Gullfoss und Co, aber die sind jetzt alle Geschichte.

Der Canyon ist trotzdem einen Abstecher wert: Auf der Westseite wurde eine über eine 250-Stufen-Treppe erreichbare Aussichtsplattform errichtet, und es gibt sogar eine Imbissbude und WCs (kostenpflichtig). Wer den Canyon von der Ostseite bewundern – und vielleicht sogar runtersteigen will –, nimmt ca. 3 km vorher die Brücke in Richtung Klaustursel. Von dort aus läuft man noch ungefähr 40 Min. bis zur Schlucht. Man kann hier auch übernachten (s. S. 599).

Anfahrt: Etwa 15 km über die Straße 923 (Jökuldalsvegur), die von der Ringstraße abgeht. Die Parkplätze sind ausgeschildert und ein Auto mit Allradantrieb braucht man nicht.

Entlang der Nordküste

Touristenboom in Island. „Prima", dachten auch die Menschen im Nordosten. Touristen bringen Arbeitsplätze, Arbeitsplätze bringen Kaufkraft. Sie träumten von schnuckeligen Städtchen mit Blumenkästen vor den Fenstern, Ausflugslokalen, Supermärkten und Reitbetrieben, von einem Ende der Landflucht. Doch der erhoffte Aufschwung blieb bisher aus. Im Gegenteil: Immer mehr junge Menschen ziehen aus den kleinen Dörfern weg, mindestens nach Egilsstaðir, besser noch gleich nach Reykjavík. Und die Touristen? Fahren bestenfalls mal durch. Wer postet schon Selfies von sich vor einem halbverrotteten Fischöltank, wenn er einen Wasserfall als Hintergrund haben kann? Gerade die Nähe zu den Attraktionen des Diamond Circle macht den kleinen Dörfchen im Nordosten zu schaffen.

Andererseits fühlt man sich als Tourist noch herzlich willkommen. Die Menschen haben Zeit für Gespräche, erzählen gern und ausführlich von ihrem Leben. Mehrere Stunden ganz allein mit hundert Papageitauchern? Im Nordosten kein Problem. Mit einem Fischer reden? Einem Schichtarbeiter aus der Fischfabrik? Dito.

Abgesehen vom **Leuchtturm beim nördlichen Polarkreis** und dem Steinensemble **Arctic Henge** liegen die Attraktionen hier eher im Kleinen. An menschenleeren Stränden im Treibgut stöbern und zwischen Walknochen und rostigen Schiffsteilen nach angespülten Schuhen suchen z. B., kann äußerst entspannend sein. Und wenn man dank dieser Aktion binnen Minuten und ganz selbstverständlich ein Mitglied der aktiven Kunstszene eines Mini-Örtchens wird: noch dreimal besser (Kasten S. 426). Im Nordosten wird man weder ausgenommen wie eine Weihnachtsgans noch von überbemühten Animateuren bespaßt. Man wird Teil eines Ganzen.

Aber Achtung: Die Nahrungsaufnahme gestaltet sich schwierig. Die wenigen Restaurants haben nur dann und wann auf, sodass Hungrige besser vorher anrufen und fragen, ob offen ist.

Kópasker

Kreativ und innovativ – und nicht etwa von hinterm Mond – so möchten die Kópaskeraner und Kópaskeranerinnen gern wahrgenommen werden. Auch die Künstlerin Sigurlína Jóhanna Jóhannesdóttir lebt hier, die Mutter der beliebten Treibgutfiguren (s. auch Kasten S. 433), die überall rund um die Halbinsel Melrakkaslétta stehen. Eine gut angezogene Dame mit Bojengesicht, Krone und überdimensional großen, rot gemalten Lippen steht am Ortseingang, aber auch ohne sie wäre der 100-Einwohner-Ort mehr als nur ein hübsches Dorf am Meer mit grauem **Stadtstrand**, unauffälligem Hafen, Supermarkt mit Außengastronomie und Lammfleischfabrik.

In Kópasker befinden sich nämlich viele Gebäude nicht an den Plätzen, an denen man sie vermuten würde. Die **Kirche** z. B. liegt nicht im Ort, sondern 1 km südlich an der Straße 870. Daneben steht das **Heimatmuseum Snartarstaðir** mit Shop und Museumscafé, ✆ 465 2171 und 464 1860, 💻 www.husmus.is, fast größer als die Kirche und vom Reißbrett eines der berühmtesten Architekten Islands, Guðjón Samúelsson, der auch die Stadtkirche in Akureyri und die Hallgrímskirkja in Reykjavík entworfen hat. 🕒 Mitte Juni–Juli 13–17 Uhr, Eintritt ab 16 J. 1200 ISK.

Wer nach Kópasker reinfährt, landet zuerst auf dem Campingplatz. Man hat ihn nicht irgendwo außerhalb angelegt, sondern direkt an der kleinen Zufahrtsstraße, sodass Besucher kurz am WC anhalten können. Das wahrscheinlich teuerste Baugrundstück an der Westseite des Ortes liegt brach. Hier steht eine einzelne Picknickbank. Das mit Abstand auffälligste Gebäude der Stadt ist die viel zu große **Grundschule**. In dem rot-graublau verkleideten modernen Flachbau finden in den Sommerferien Ausstellungen statt, z. B. über das Kópasker-Erdbeben von 1976. Die Erdbebengefahr hier ist hoch, denn Kópasker liegt auf dem Mittelatlantischen Rücken, wo die Kontinentalplatten sich auseinanderschieben, quasi am Rand der Spalte, die sich einmal quer durch Island zieht (s. auch Geografie, S. 85).

ÜBERNACHTUNG

Karte S. 431

Campingplatz (Campingkarte), Austurtröð 4, ✆ 864 3013 und 898 2180, 💻 www.tjalda.is/en/kopasker. Geschützte Wiese direkt an der Einfahrtsstraße in den Ort. Einfaches Servicehaus mit Warmwasser und sauberem WC, das auch als Touristeninfo dient. Tolle Holzterrasse mit Windschutz, auf der mit Blick nach Nordnordwest bevorzugt die Vegetarier sitzen, denn nach Westen schaut man auf die Lammfleischfabrik Fjallalamb. Leider nur eine Dusche – es gibt aber einen Auto-Abspritzplatz mit kaltem Wasser, also zur Not … Ab 18. J. 1800 ISK. 🕒 Juni–Ende Aug.

Melar Guesthouse, Bakkagata 3, ✆ 691 7233, 💻 https://melarguesthouse.is. 4 niedliche Zimmer und ein Apartment in einem liebevoll restaurierten Uralthaus. Der Hit hier: Die nur für Gäste nutzbaren Hot Pots mit Zugang zum Meer. ❹

ESSEN UND EINKAUFEN

Kleiner **Supermarkt Skerjakolla** an der Tankstelle, Bakkagata 10. Das Hinweisschild auf die Öffnungszeiten am Campingplatz wurde handschriftlich noch um die Worte

„good coffee" und „tasty pizza" ergänzt. Wir hätten beinahe noch „tolle Fischsuppe" und „angenehme Atmosphäre" dazugeschrieben. Vor der Tür der Café-Pizzeria stehen Stühle und Tische mit Mittagssonne. ⌚ Mo–Fr 10–18, Sa/So 11–17 Uhr. Im selben Gebäude gibt's auch eine **Vínbúðin**, ⌚ Mo–Do 16–18, Fr 13–18 Uhr.

SONSTIGES

Autoreparaturen

Röndin, Röndin 5, ✆ 465 2124. Mit Reifenservice.

Informationen

Eine Tafel mit Wanderwegen steht am Ortseingang, ansonsten muss man auf die Aushänge am Campingplatz schauen oder im Supermarkt nachfragen.

Medizinische Hilfe

Gesundheitszentrum und **Apotheke**, Akurgerði 13, ✆ 464 0640. ⌚ Apotheke Mo–Mi und Fr 13–15, Di und Fr auch 10–12 Uhr.

TRANSPORT

Kópasker liegt an einem asphaltierten Abzweig der Straße 85. Nördlich des Ortes führt die nicht asphaltierte, aber auch für normale Pkw befahrbare **Küstenstraße 870** einmal um die Halbinsel Melrakkaslétta herum (54 km), vorbei am nördlichsten Punkt Islands. Wer nach Raufarhöfn will, ist aber über die **Straße 85** deutlich schneller (43 km).

Raufarhöfn

Früher gab es hier eine bedeutende Fischölproduktion – die großen Tanks stehen heute noch im Ort und rosten still vor sich hin. Insgesamt erscheint ganz Raufarhöfn ein wenig angerostet. Man sieht: Hier haben mal viele Menschen sehr hart gearbeitet. Und heute? Weiß man noch nicht so recht, wo die Reise hingeht. Das Traditionscafé an der Tankstelle kommt etwas traurig daher, und auch an der Wellblechfront des Nest-Guesthouse haben schon Feuchtigkeit und der Zahn der Zeit genagt. Der schöne Naturhafen, geschützt durch die vorgelagerte Halbinsel mit dem orangefarbenen Leuchtturm, erfreut dagegen wie eh und je.

Und im Dorf ist auch so etwas wie Aufbruchsstimmung spürbar. Mal wird ein Straßenschild mit einer Blumengirlande verschönt, mal bekommt ein Laternenpfahl ein wärmendes Häkelmäntelchen angezogen. Fantasievolle Treibholzdekorationen sind sowieso eine der einfacheren Übungen für die Raufarhöfianer. Das Schöne daran: Man hat den Eindruck, das alles wird nicht für Touristen gemacht.

Arctic Henge

72 Zwerge und ein Polarsonnenkreis: Das sogenannte Arctic Henge, ein modernes Stonehenge, ist der Stolz der Einwohner, auch wenn sich Sinn und Zweck des großen **Freiluftkunstwerks** aus dem 21. Jh. nicht jedem vollständig erschließen werden. 50 m Durchmesser soll der Steinkreis haben, der hier auf einer Anhöhe am Rande des nördlichen Polarkreises steht. Vier 6 m hohe Tore aus Basaltquadern markieren die vier Himmelsrichtungen, in der Mitte eine Art Vierfachsäule. Den Kreis vervollständigen kleinere Steine, insgesamt 68. Ein Spiel mit der Mitternachtssonne soll das Ganze sein. Je nachdem, um welche Uhrzeit man an welchem Ort steht, soll man sie aus verschiedenen Winkeln durch die einzelnen Tore hindurchlugen sehen. Die kleineren Steine am Rand bilden einen Mittagskreis: Exakt zur Mittagszeit werfen alle ihre Schatten in Richtung des inneren Zirkelpunkts.

Aber das ausgeklügelte System aus Licht- und Schattenspielen ist noch nicht alles: Zum Gesamtkunstwerk gehören auch noch Zwerge aus verschiedenen Teilen der *Edda*, nach denen die Steine und Säulen benannt sind. Sie brachte wohl ein geschichtsinteressierter Pastor ins Spiel, aber welche Rolle sie genau spielen, das erklärt die Infotafel vor Ort leider nur unzureichend. Kunst eben. Wir haben nur so viel verstanden: Vier der Zwerge heißen Nord, Süd, Ost und West.

Arctic Henge ist eine interessante Kombi aus Kunst und Natur – und noch lange nicht fertig. Der Masterplan des „The Hawk" (der Habicht) genannten Künstlers **Haukur Halldórsson** steht zwar nach wie vor, aber er ist nicht statisch, sondern dynamisch. Wer will, kann sich jederzeit einklinken und eigene Ideen einbringen. Die Ursprungsidee, an diesem abgelegenen Ort etwas Großes, Einzigartiges zu schaffen, kam aus der Bevölkerung – vor allem Erlingur Thoroddsen, der inzwischen verstorbene damalige Besitzer des Hótel Norðurljós, beteiligte sich aktiv.

Leuchtturm Hraunhafnartangi

Es wäre so schön gewesen, sagen zu können: „Wir waren am nördlichen Polarkreis". Aber der nördliche Polarkreis liegt noch 3 km weiter nördlich als die nördlichste Spitze Islands. Und diese befindet sich auch nicht am Leuchtturm auf der Landspitze Hraunhafnartangi, wo man sie lange Zeit vermutete, sondern auf der benachbarten Landspitze Rifstangi 68 m weiter nördlich. Aber immerhin steht in Hraunhafnartangi der nördlichste **Leuchtturm** Islands, und das ist ja auch was. Den Besuch kann man sich für 500 ISK an zahlreichen Orten bescheinigen lassen, z. B. in der Schreibstube der Stadtverwaltung von Raufarhöfn, bei der Post, im Kaup-

Street-Art auf Isländisch

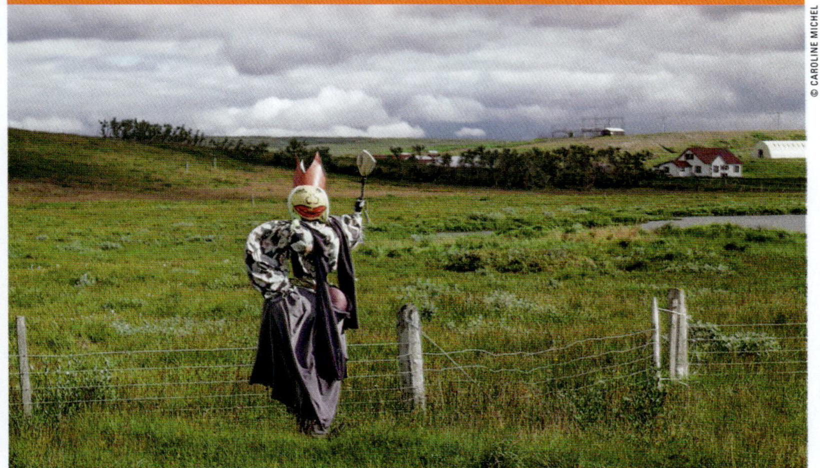

Naaaa, bin ich nicht schön?

Wer die Augen aufhält, sieht sie überall: kleine Kunstwerke am Weges- bzw. Straßenrand, ohne Hinweis auf den Namen der Künstler und ohne Erklärung, wie das Dargestellte zu deuten ist. Kunst eben. Geschaffen von namhaften isländischen Künstlern, aber auch von Bauern oder vorbeireisenden Touristen. Auf dem Campinglatz in Bakkafjörður z. B. hängt seit Jahren eine Vogelzeichnung, die ein mit dem Fahrrad reisender Deutscher mal als Dankeschön dagelassen hat. Irgendjemand stellt immer frische Blumen daneben. Beliebte Fotomotive sind auch die lebensgroßen Figuren von **Sigurlína Jóhanna Jóhannesdóttir** mit den typisch gelben Bojen-Köpfen: Die in Kópasker trägt ein Prinzessinnen-Outfit und hat eine Art Pistole in der Hand. In Raufarhöfn sitzt ein Wanderer mit Fernglas versteckt hinter einem Windschutz in einem roten Ledersessel. Die Bauarbeiter- oder Wasserskifahrer-Figur nördlich von Raufarhöfn ist augenscheinlich schon älter als die beiden anderen: Die Arbeitshose hat schon Risse.

Unser Lieblingskunstwerk ist ein Holzstoß in einer kleinen Bucht zwischen Þórshöfn und Bakkafjörður. Daran mit Nägeln befestigt: Schlappen, Flipflops, Wanderschuhe, ein einzelner Gummistiefel. Und man fragt sich: Sind diese vielen Schuhe tatsächlich alle hier an Land gespült worden? Und wenn ja: Wie sind sie ins Meer gekommen? Der Projektor im Kopfkino nimmt sofort die Arbeit auf: Gestrandete Schiffe tauchen auf, Sturmfluten, Familienfehden, barfuß weiterlaufende Wanderer … der Fantasie sind keine Grenzen gesetzt. Selbstverständlich haben auch wir uns sofort auf die Suche gemacht und tatsächlich der Sammlung einen Turnschuh hinzufügen können. Der Nebeneffekt und wahrscheinlich Sinn der Aktion: Wer aufmerksam nach Schuhen suchend den Strand entlang geht und im Treibholz wühlt, dem fällt erst auf, wie viel Plastikmüll eigentlich am Strand rumliegt. Kunst zum Mitmachen mit ernstem Hintergrund – aber ohne erhobenen Zeigefinger.

félagið und im Nest-Gästehaus (man muss nicht beweisen, dass man wirklich da war, aber hier nicht zu lügen, ist wohl Ehrensache).

Von dem mittelalterlichen Hafen, dem die Landspitze ihren Namen verdankt, ist so gut wie nichts mehr zu sehen. Besucher kommen hier-

Ist das Kunst oder kann das weg?

her, um auf ihren GPS-Geräten die Zahl aufleuchten zu sehen, die das Logo der bekanntesten isländischen Firma für Outdoor-Kleidung ziert. Wir haben nachgemessen: 66,3 Grad Nord. Mitte April bis Mitte Juli ist der Leuchtturmbesuch übrigens zum Schutz der Eiderenten untersagt.

Weniger bekannt ist der **Grabhügel** des Sagahelden Þorgeir Hávarsson, der hier hingerichtet worden sein soll. Nett ist der Brauch, einen weiteren Stein auf den Grabhügel zu legen, ihn einmal schweigend zu umkreisen und dabei nicht etwa sich selbst, sondern allen anderen Menschen Glück zu wünschen. Wer stramm geht, läuft die Strecke von der Straße 85 aus in einer guten halben Stunde. Man erreicht den weißen 19 m hohen Leuchtturm aus dem Jahr 1945 wirklich nur zu Fuß. In manchen Landkarten ist der steinige Weg als Straße verzeichnet, aber bitte glaubt uns: Selbst mit einem guten Jeep kommt man nicht weit. Natur und Auto leiden unnötigerweise.

ÜBERNACHTUNG

Campingplatz, ✆ 465 1144, 💻 www.tjalda.is/raufarhofn. Ein mannshoher Wall trennt den kleinen Campingplatz von der Welt ringsum. Wer ihn besteigt, sieht den schönen Leuchtturm, die nicht so schöne Schwimmhalle und in der Ferne das Ortszentrum. Von der Bushaltestelle läuft man 1,5 km entlang der Hauptstraße. Der Platz selbst ist gepflegt, in der Mitte steht ein auffälliger Grill. Steckdosen in den WCs, die Duschen sind sauber, das Wasser warm, der Wasserdruck lässt allerdings zu wünschen übrig. Waschmaschine und Trockner stehen im Schwimmbad, wo auch bezahlt wird.
Ab 18 J. 1800 ISK p. P. (Strom, Waschmaschine und Trockner je 900 ISK). 🕒 Juni–Sep.

Gistihúsið Hreiðrið, The Nest Guesthouse, Aðalbraut 16, ✆ 472 9930, 💻 www.nesthouse.is. Ein weißer Betonwürfel direkt an der Straße, innen aber okay. Das Haus soll einmal die Verwaltung der Fischölfabrik beherbergt haben. Die Zimmer sind klein, aber sauber, je Etage eine gut ausgestattete Küche, großer Aufenthaltsbereich und 2 Bäder. Familien-Apartment 27 000 ISK. ❸

Hótel Norðurljós, Aðalbraut 2, ✆ 465 1233, 💻 www.hotelnordurljos.is. Wohlwollend könnte man es „Vintage" nennen: 1970er-Jahre-Charme, gepaart mit klobigen Sofas und Fliesenboden, in den 15 DZ (ohne Bad wesentlich günstiger als mit) farbige Teppichböden. Die Holzterrasse dagegen ist modern, mit schöner Aussicht aufs Meer. Toll auch im Winter, denn das Hotel heißt nicht ohne Grund „Hotel Nordlicht". ❹–❺

ESSEN UND EINKAUFEN

Hótel Norðurljós, s. Übernachtung. Das Restaurant ist spezialisiert auf Gerichte mit Fisch (meist sogar selbst gefangen). Es gibt aber auch Lamm und Burger mit Pommes. ◷ tgl. 11.30–13.30 und 18–20.30 Uhr.

Kaupfélagið Raufarhöfn, Aðalbraut 24, 💻 auf Facebook. Der riesige Plüscheisbär auf einem Bistrotisch vor der Tür kann als Symbol für das gewertet werden, was einen innen erwartet: Man dekoriert mit dem, was man gerade hat, und verkauft nebenbei noch handgefertigte Pullover und witzige Souvenirs. Hier macht das Stöbern Spaß. Gemütliche Sofaecke mit Treibholz-Deko und Blick auf die Straße. Auch kleines Speisenangebot: Kuchen, belegte Brote und Suppe. Kaffee nimmt man sich selbst aus der großen Thermoskanne. ◷ Mo–Sa 11–20, So 11.30–17 Uhr.

Verslunin Urð, Aðalbraut 35. Gut sortierter, gar nicht so kleiner Supermarkt. ◷ Mo–Fr 10.30–17, Sa 12–15 Uhr.

SONSTIGES

Feste

Am ersten Wochenende im Oktober findet eine große **Schafausstellung** statt.

Informationen

Stadtverwaltung Norðurþing, Aðalbraut 23, ✆ 464 6100, und **Kaupfélagið Raufarhöfn** (s. Essen).

Medizinische Hilfe

Gesundheitszentrum und **Apotheke**, Aðalbraut 33, ✆ 464 0620 und 465 1145. ◷ Mo, Mi, Do 10–12 und 13–15 Uhr.

Schwimmen

Einfaches **Hallenbad** oberhalb des Campingplatzes, Skólabraut, ✆ 465 1144. ◷ unregelmäßig.

TRANSPORT

Die **Straße 870** um die Halbinsel herum ist eine Schotterstraße, aber mit allen Autos problemlos zu meistern. Von Süden ist Raufarhöfn über die asphaltierte **Straße 874** erreichbar.

Þórshöfn und Langanes

Auf der Landkarte sieht die Halbinsel Langanes (die „lange Halbinsel") aus wie eine Ente oder Gans. Der „Schnabel" ist nur zu Fuß oder mit einem Super-Jeep erreichbar, „Kopf" und „Bauch" sind unbewohnt. Unterhalb des „Schwänzchens" befindet sich die einzige Ortschaft: Þórshöfn.

Þórshöfn

Nicht viel mehr als ein weiterer kleiner Ort im Nordosten, der zu Fuß in kurzer Zeit erkundet ist. Neben einigen älteren Holzhäusern die einzige Besonderheit: In kleinen Booten begeben sich Fischer auf die Jagd nach **Islandmuscheln**, einer speziellen Art der Venusmuschel, die es nur hier gibt. Man versucht, sie im Ausland als Delikatesse zu vermarkten.

Langanes

Mal eben schnell gucken, was es hier zu sehen gibt? Kein guter Plan. Wer nicht mindestens einen halben Tag Zeit hat, braucht sich gar nicht erst auf den Weg nach Langanes zu machen. Schon bis zur ersten Sehenswürdigkeit, der Aussichtsplattform über den Vogelklippen von **Skoruvíkurbjarg**, fährt man gut eine Stunde. Die Straße sei „neu gemacht" und in gutem Zustand, wurde uns gesagt. Aber „guter Zustand" heißt in diesem Fall nur: keine Furten und keine großen Felsbrocken auf dem Weg. Und die Aussicht von der Straße aus ist auf dem ersten Abschnitt mehr als bescheiden.

Belohnt wird die zermürbende Fahrt durch den Blick von der Aussichtsplattform auf Islands größte Basstölpelkolonie. Die großen weißen Vögel mit den auffälligen schwarzen Flügelspitzen leben hauptsächlich auf einer kleinen Felseninsel, die gemessen an der Masse der Vögel geradezu winzig erscheint. Nah an der Küste, aber für Fressfeinde unerreichbar. Die Küken sind hässliche Entlein, unscheinbar und grau.

Wer vom Parkplatz zu Fuß der Küstenlinie in Richtung Südosten folgt, trifft auch auf Hunderte von **Papageitauchern** (isl. Lundi), die abseits des Tölpelgekreisches von Mitte April bis Mitte August versteckt in den Klippen brüten. Besucher verirren sich so selten hierher, dass es noch nicht mal einen Trampelpfad zum Lundi-Wohngebiet gibt. Wer die putzigen Kerlchen beobachten möchte, ohne von Menschen mit Teleobjektiven umlagert zu sein, ist hier richtig.

Die Küstenstraße zur „Schnabelspitze" **Fontur** mit dem **Leuchtturm Langanesviti**, wegen der schönen Aussicht auch eine beliebte Wanderstrecke, war bei unserem letzten Besuch für Autos nicht passierbar. Die 10 km lange Piste zu den **Ruinen von Skálar** war dagegen mit dem Geländewagen leicht zu bewältigen. Das Fischerdorf Skálar, heute nicht mehr als ein paar Mauerreste, hatte noch zu Beginn des 20. Jhs. mehr als 100 Bewohner. Seit 1946 wohnen hier nur noch Vögel. Ein kleiner Campingplatz am Ende der Straße lädt zu Picknick und kostenlosem Übernachten ein. Achtung: Das Wasser im kleinen WC-Häuschen ist kein Trinkwasser!

Die einzige Einkehrmöglichkeit auf Langanes befindet sich in der letzten bewohnten Ecke, nur 8 km von Þórshöfn entfernt. Im Keller des **Heimatmuseums Sauðanes**, Sauðaneshús, ✆ 468 1860, 💻 auf Facebook, servieren ehrenamtlich arbeitende Studenten leckere Waffeln und Kaffee zu günstigen Preisen. Das wie die kleine

Sind das noch Schafe?

Sie sind größer als ihre Artgenossen, athletischer gebaut, haben weniger Fell und vor allem sind sie klüger. Die sogenannten **Anführerschafe** wissen, wo es selbst im Winter Nahrung gibt, wie man vereiste Flüsse schadlos überquert, und sie halten ihre Herde besser zusammen als jeder Hütehund. Gehören diese Schafe also einer eigenen, ganz besonderen Schafrasse an? Darüber ist man noch uneins. Fakt ist, dass es diese besonderen Schafe tatsächlich gibt. Schon seit der Landnahmezeit nannten immer wieder Bauern solche Schätze ihr Eigen. Viele hatten Namen und man findet sie häufig auf alten Familienfotos. Im Kreise ihrer Lieben stehen sie wie selbstverständlich zwischen den Kindern und lugen verschmitzt in die Kamera. Heute nimmt man an, dass ungefähr 1500 der 480 000 isländischen Schafe Anführerschafe – *forystufé* – sind. Wie aber konnten sie sich so vermehren, dass ihr edles Blut über die Jahrhunderte nicht einfach im gemeinen Schafsbestand verloren ging? Hier tappt man noch völlig im Dunkeln, im Moment laufen allerdings groß angelegte genetische Studien.

Ein lebendes Exemplar dieser Wunderschafart sieht man im kleinen Anführerschafmuseum leider nicht. Dafür gibt es im **Museum Forystusetur**, ✆ 852 8899, 💻 www.forystusetur.is, ausgestopfte Schafsköpfe an den Wänden, Fotos und einige Anekdoten. Interessant sind die Geschichten von Besitzer Daníel, wie man auf die Idee kam, über diese besonderen Schafe zu forschen. Man schrieb Bauern an und fragte, wer ein Schaf habe, das anders sei als die anderen. Die Antworten kamen aus allen Landesteilen zurück. Die Menschen schickten Geschichten und Fotos, die im Museum ausgestellt sind. Es gibt ein kleines Café und einen kleinen Laden, in dem man Isländisch Moos in Tüten, handgestrickte Wollsocken und jede Menge ausgefallener Anführerschaf-Devotionalien kaufen kann. 🕒 auf Anfrage.

Anfahrt: Die Mini-Ortschaft Svalbarð liegt 17 km Luftlinie westlich von Þórshöfn an der Straße 85 (es geht noch ein kleines Stück auf der Straße 897 weiter, Svalbarð ist aber ausgeschildert). Mit dem Auto sind es 25 km (Fahrtzeit etwa 20 Min.).

Buchtipp: *Forystufé – immer einen Schritt voraus: Die intelligentesten Schafe der Welt*, Caroline Kerstin Mende (Verlag Alpha Umi, 2015).

Pfarrkirche direkt nebenan liebevoll restaurierte Museumsgebäude zählt zu den ältesten Steinhäusern Islands. ⌚ unregelmäßig.

ÜBERNACHTUNG UND ESSEN

Karte S. 431

Campingplatz (Campingkarte), Fjarðarvegur 3, ☎ 468 1220 und 468 1515, 💻 www.tjalda.is/en/thorshofn. Mithilfe eines Bretterzauns vor dem Wind geschützte Wiese oberhalb des Hafens. Morgens und abends kommt jemand zum Kassieren vorbei; wer spät eintrifft oder früh abreist, wirft einfach Bargeld in den dafür vorgesehenen silbernen Briefkasten. Minimalausstattung ohne Duschen oder Warmwasser. ⌚ Juni–Aug.

Guesthouse Lyngholt, ☎ 468 1238 und 897 5064, 💻 www.lyngholt.is. Nicht ein Gästehaus, sondern gleich vier: Das auffällige braune Holzhaus mit mehreren Veranden in der Ortsmitte (Langanesvegur 12) war zuerst da, dann kam ein Betonbau mit Hafenblick dazu („The Rock", Eyrarvegur 2) und schließlich noch das kleine weiße Häuschen **Thorshamar** im Fjarðarvegur 12 und ein schicker holzverkleideter Container („Cave") direkt daneben. Über 30 Gäste finden so komfortablen Unterschlupf mit TV, WLAN und allem Pipapo. Im kleinen Café im Haupthaus werden nachmittags Waffeln und Suppen serviert. ⌚ tgl. 15–18 Uhr. ❸–❹

Ytra Lón, 13 km nordöstlich von Þórshöfn, ☎ 846 6448, 💻 www.ytralon.is. Noble Bauernhofromantik auf einer Farm mit Schafen, Hühnern und Hunden. Moderne Studios für je 2–3 Pers. mit Korbsesseln und Blumentöpfen davor und 1a ausgestattet. Witzig ist die Idee, eine kleine Wohngasse in einem größeren Gebäude nachzubilden. Hot Pot und Grillbereich sind versteckt hinter dem Haus, quasi in der nächsten Querstraße. Im Hauptgebäude befinden sich ein gemütlicher Frühstücksraum, eine kleine Bar und ein großer Konferenztisch mit dicken Ledersesseln drumherum. Wer mag, bestellt sich das *Dinner Kit* für 2 Pers., bestehend aus Fleisch, Fisch und Salat aus dem Gewächshaus. Zubereiten muss er das Ganze selbst in der Kochnische oder der Mikrowelle. Abholung vom Flughafen ist genauso möglich wie eine Land-Rover-Tour nach Langanes. ❹–❺

Báran og Sandur, Eyrarvegur 3, ☎ 468 1250, 💻 www.fb.com/baranogsandur/. Die gemütliche Restaurant-Kneipe Báran und das stylische Gästehaus Sandur gegenüber waren zum Zeitpunkt der Recherche wegen Personalmangels geschlossen.

AKTIVITÄTEN

Angeln

Arctic Angling, ☎ 868 9771, 💻 www.arcticangling.is. Zwei 7–8-tägige Angeltouren, z. B. auf die Halbinsel Langanes (meist zwischen Juni–Sep, max. 4 Teilnehmer). Gefischt wird in Seen, Bächen und Flüssen. Wer mag, kann auch Lachse angeln, das muss aber im Vorfeld organisiert werden. Auf Wunsch Abholung in Reykjavík.

Schwimmen

Hallenbad im Sportzentrum, Langanesvegur 18b, ☎ 468 1515. ⌚ im Sommer Mo–Fr 8–20, Sa und So 11–17, im Winter Mo–Do 6–20, Fr 15–19, Sa 11–14 Uhr.

SONSTIGES

Autovermietungen

Bílaleiga Akureyrar/Europcar, Stórholt 6, ☎ 840 6078, 💻 www.holdur.is. Auch Werkstatt.

Hertz, Fjarðarvegur 11, ☎ 522 4400, 💻 www.hertz.is.

Einkaufen

Kjörbúðin, Langanesvegur 2, Supermarkt. ⌚ Mo–Fr 9–18, Sa 10–17, So 12–17 Uhr.

Vínbúðin, im selben Gebäude. ⌚ Mo–Do 16–18, Fr 13–18 Uhr.

Informationen

Auskünfte gibt's im **Sportzentrum**, Langanesvegur 18b, ☎ 468 1515.

Medizinische Hilfe

Gesundheitszentrum und **Apotheke**, Miðholt 2, ☎ 464 0600. ⌚ Mo 10–16, Di 10–12, Do und Fr 10–16 Uhr.

TRANSPORT

Auto

Nach Þórshöfn geht es die Straße 85 entlang, auf die Halbinsel Langanes führt die 869. Busse fahren nicht.

Flüge

Mit **Norlandair**, ✆ 414 6960, 💻 www.norlandair.is, über Vopnafjördur nach AKUREYRI Mo–Fr 1x tgl. in 3 Std. für ca. 170 €. Von da aus Anschluss nach Reykjavík.

Bakkafjörður

Für manche ist dieser fast verlassene Ort der lebende Beweis dafür, dass sich die Reise in Islands Nordosten nicht lohnt, weil es hier „nichts gibt". Andere – wie wir – lieben den kleinen Ort mit der Fischfabrik, an dem man noch jedem Touristen zuwinkt. Und „nichts" ist schon ein bisschen übertrieben. Es gibt die einsame Zapfsäule, die fotogen vor einem rostigen Lagerhaus steht. Einen auffallenden, liebevoll gepflegten Garten, auf den die Besitzer so stolz sind, dass sie gern Gäste herumführen und auch mit Kaffee und Kuchen versorgen (der Mann, der als Schichtarbeiter in der Fischfabrik gegenüber arbeitet, überlegt gerade gemeinsam mit seiner Frau, ob man hier nicht ein kleines Café eröffnen könnte), einen gepflegten Campingplatz und freilaufende Hühner.

Der örtliche Hühnerstall, das kleine Gebäude am Fjordufer neben der Fischfabrik, ist baufällig, aber wenigstens noch nicht verlassen wie der Rest, sagen die Bewohner mit einem Augenzwinkern. Die meisten der kleinen Häuser seien unbewohnt oder nur noch Ferienhäuser. Die Schule ist seit dem Sommer 2017 geschlossen. Einen Supermarkt, ein Restaurant oder irgendeinen Ort, an dem man sich Nahrung besorgen kann, gibt es auch nicht mehr. Aber die letzten verbliebenen Einwohner (meist Polen, die in der Fabrik arbeiten) beteuern, sie wollen möglichst lange durchhalten.

Vorsicht Verwechslungsgefahr: Bei unserem letzten Aufenthalt in Bakkafjörður haben wir auffällig viele Touristen angetroffen, die auf der Suche nach dem bekannten Papageitaucher-Felsen waren – der liegt aber in Bakkagerði (Borgarfjörður eystri, S. 457) und nicht hier in Bakkafjörður.

Trubelig wie immer: Bakkafjörður

Spaziergang zum Leuchtturm auf der Halbinsel Digranes

Eigentlich wollten wir nur schnell das Fischtrockengestell und das reparaturbedürftige Holzboot fotografieren, das nordöstlich des Orts auf einer Wiese aufgebockt ist. Das Wetter war gut, also folgten wir einfach dem Fahrweg – neugierig, wo er wohl hinführen könnte. Ein kleines Hinweisschild („Steintún") versprach einen Leuchtturm, es gab aber weder einen Hinweis auf die Entfernung, noch auf Sehenswürdigkeiten, die einen auf dem Spaziergang (einfache Strecke 5 km, etwa 1 Std.) erwarten. Auf den ersten rund 3 km: nichts Besonderes; man sieht noch nicht mal den Fjord. Aber das Durchwandern der aussichtsarmen Durststrecke lohnt sich: Rechts vom Weg ein schöner kleiner Canyon, links folgt man dem Weg (jetzt nur noch ein Pfad) vorbei an Steinformationen mit Trollgesichtern bergab Richtung Wasser zum **verlassenen Farmhaus Steintún 1**. Wäre das Gebäude nicht extrem einsturzgefährdet, könnte man Steintún 1 prima als hippe Vintage-Unterkunft an Gäste vermieten. So aber sind hier Vögel eingezogen, die keinerlei Scheu vor Besuchern zeigen. Wahrscheinlich kommen nicht oft welche.

Die verlassene Farm hinter dem verlassenen Ort ist ein Freilichtmuseum ohne Museumsstatus. Durchs Fenster sieht man den rostigen Herd und einen vor sich hin gammelnden Sessel. Einige neugierige Schafe weisen den Weg zum neu aufgebauten Hof Steintún 2, ein Pfad führt zur Küste. Hier haben wir Enten aufgescheucht und einen Seehund gesehen – und **Wale**, die ziemlich nah an der Küste vorbeigeschwommen sind. Das ist nicht ungewöhnlich, haben wir später erfahren. Die Tiere schwimmen gern an der Westküste in die Bucht hinein, vorbei an Bakkafjörður, und an der Ostküste wieder hinaus. Warum sie das tun, bleibt rätselhaft, aber wer Wale vom Land aus beobachten will, ist hier an der richtigen Stelle.

Der Pfad weiter zum Leuchtturm führt hinter dem „Vogel-Hotel" über eine nur notdürftig reparierte Holzbrücke ohne Geländer (schwergewichtige Menschen überqueren den kleinen Fluss besser weiter rechts, hier liegen größere Steine im Wasser). Den **Leuchtturm** selbst, auf vorgelagerten Felsen an der nördlichsten Landspitze (Svartanes) errichtet, erreicht man über eine weitere Brücke (diesmal eine gut gesicherte). Hier am Leuchtturm mit Blick nach Norden herrscht eine eigentümlich mystische Stimmung. Wäre die Erde eine Scheibe, würde sie hier, kurz hinter Bakkafjörður, enden. Für uns war der Spaziergang ins Nichts hinter Bakkafjörður eins der schönsten Island-Erlebnisse.

Skeggjastaðakirkja

An der Straße 85 steht 6,5 km südwestlich von Bakkafjördur die älteste Holzkirche von Ostisland, gebaut im Jahr 1845. Sehenswert ist hier vor allem die Giebelkonstruktion: der kleine schwarz-weiße Kirchturm steht nämlich auf Holzstelzen, die heute durch Stahlseile gesichert sind. Kirch- und Friedhof sind durch ein weißes Holztor immer zugänglich. Wer die Kirche von innen besichtigen will, fragt nebenan auf der Farm Skeggjastaðir nach dem Schlüssel.

ÜBERNACHTUNG

Karte S. 431

€ **Campingplatz** (Campingkarte), Skólavegur, ✆ 468 1515. Für den kleinen Ort ein riesiger Campingplatz, mit zahlreichen Bänken und hölzernen Windschutzwänden. Einfaches Servicehaus, aber im großen, sauberen und beheizten WC-Raum gibt es eine Steckdose und einen Wickeltisch. Das einzige Manko: nur kaltes Wasser. Ab 14 J. 1400 ISK. ◷ ganzjährig.

Fell Cottages, außerhalb, 13 km vor Þórshöfn, ✆ 473 1696 und 822 1696, 💻 www.fellcottages.is. Smyrill (Merlin) und Fálki (Falke): So heißen die beiden niedlichen hölzernen Ferienhäuschen, die zur Pferdefarm Fell gehören und in liebevoller Kleinstarbeit ausgebaut und ausgestattet wurden. Die Besitzer wollen nachhaltig sein, nichts wegwerfen und es ihren Gästen trotzdem schön machen. Das Resultat ihrer Bemühungen überzeugt: Zusammengewürfeltes schönes Geschirr in den Regalen, alles Unikate, aus Treibholz selbst gebaute Kleinmöbel, dazu von der überdachten Terrasse aus eine herrliche Aussicht auf den Fjord (hier stehen auch die Treppengeländer-Abschlussbalken aus Treibholz, die wie Tierköpfe aussehen – vor allem den Elch hätten wir gern mitgenommen). Wir finden's super, auch wenn Fálki keine Dusche hat. Smyrill ist für 4 Pers. konzipiert (je nach Saison 15 000–20 000 ISK), Fálki für 2–3 Pers. Es sollen aber schon deutlich mehr Menschen hier gewohnt haben, und Zusatzmatratzen können ggf. bereitgestellt werden.

TRANSPORT

Von der Straße 85 aus sind's noch 5 km. Die Straße endet hier.

Vopnafjörður und Umgebung

Man könnte denken, Vopnafjörður sei mit seinen nur 700 Bewohnern ein weiteres kleines aussterbendes Nest im Nordosten, doch wer sich die Zeit für einen Rundgang nimmt, merkt schnell: Hier gibt es einiges zu sehen. Es sind die kleinen Dinge, die entzücken: die Apotheke, die nicht mehr als ein Tresen im Supermarkt ist; die funktionstüchtige Telefonzelle an der Hauptstraße; der klitzekleine Laden, in dem man Blusen, aber auch Jogginganzüge kaufen kann. Und warum kann man nicht auch mal in einem isländischen Dorf zum **Frisör** gehen? Guðrún Anna, die Starfrisörin der Region, schnipselt Mo–Fr zwischen 10 und 16 Uhr in einem ehemaligen Postgebäude. Mitgebrachte Kinder spielen derweil in einer umgebauten Telefonzelle im Laden.

Ein historischer Stadtrundgang führt durch den Ort. Überall stehen Hinweisschilder, die über das Leben und Wirken von Personen aufklären, von denen der durchschnittliche Besucher noch nie gehört hat. Gleiches gilt für das **Museum Múlastofa**, ✆ 473 1331, 💻 www.vopnafjordur.is. Der Namensgeber Jón Múli Árnason soll ein bedeutender Poet und Musiker gewesen sein; sein Bruder Jónas Árnason hat sich in der Politik verdient gemacht. Unsere Lieblings-Info: Beide waren bekennende Linkshänder. 🕒 Juni–Aug 10–22 Uhr.

Das Museum befindet sich im **Kaupvangur**, einem großen gelben Holzhaus am schönen Naturhafen, in das auch Nicht-Museumsbesucher zumindest einen kurzen Blick werfen sollten. Der Eingangsbereich des Kulturzentrums – rechts geht's ins Museum, links ins **Kaupvangskaffi** – ist nämlich die zentrale Informationsstelle des Orts: Hier hängen Wanderkarten, in Vitrinen liegen Broschüren für Besucher aus, handgeschriebene Zettel informieren auf Isländisch über anstehende Feste und Veranstaltungen. Außerdem findet man einen Wollpullover- und Souvenirverkauf und eine rührend kleine Muschelkunstwerkausstellung, bestehend aus nur drei Exponaten.

Outdoor-Fotomotive in und um Vopnafjörður sind die **Segelschiffstatue** westlich des Kaupvangur, der geschützte niedliche **Naturhafen** und die weiß-rote **Kirche** von 1900 mit dem Schriftzug „Guð blessi þig" (Gott segne dich).

Ausländische Investoren als Umweltschützer

Ein britischer Milliardär hat nach und nach zahlreiche Höfe in der Nähe des **Lachsflusses Hofsá** gekauft. Was natürlich sofort besorgte Umweltschützer auf den Plan rief. „Was will der mit so viel nutzlosem Farmland?" Die offizielle Erklärung des jetzt mächtigsten Großgrundbesitzers der ganzen Region: Er käme schon seit vielen Jahren zum Angeln her. Als die Höfe zum Verkauf standen, habe er zugegriffen, um das Land und vor allem die Lachsflüsse vor Übergriffen durch Fremde zu schützen. Alles solle bleiben, wie es immer war. Das jedenfalls ließ er dem isländischen Nachrichtensender RÚV so ausrichten.

Das Thema **Landverkauf an Ausländer** wird in Island zurzeit heiß diskutiert. Genauso wie die Frage, ob der isländische Staat öfter von seinem Vorkaufsrecht Gebrauch machen und schützenswertes Land, das zum Verkauf steht, selbst kaufen sollte. So geschehen im Fall der Gletscherlagune Jökulsárlón. Die gehört jetzt sozusagen der isländischen Bevölkerung.

Wer über die Küstenstraße 917 in Richtung Süden weiterfährt, passiert den schwarzen Sandstrand der Bucht **Sandvík** und den Wasserfall **Gljúfursárfoss**. Die Straße 85 dagegen, die direkte Verbindung zur Ringstraße im Süden, führt durchs Lachsflusstal **Hofsárdalur**. In der Nähe des Bergs Bustarfell sollen Belege dafür gefunden worden sein, dass hier schon vor der letzten Eiszeit Säugetiere gelebt haben könnten. Sicher ist, dass die Gegend seit 1770 von Menschen bewohnt ist.

Das **Torfhausmuseum Bustarfell**, Minjasafnið á Bustarfelli, ✆ 868 5653, 🖳 http://bustarfell.is/, ist für viele eins der schönsten seiner Art – mit Spielplatz, Streichelzoo mit Bauernhoftieren, kleinem Café und Wanderpfad zu einem Elfenstein. 🕒 10. Juni–10. Sep tgl. 10–17 Uhr, Eintritt 1200 ISK, Kinder (9–12 J.) 300 ISK.

Selárdalslaug

Es war einmal ... ein sehr schönes Geothermal-Freibad an einem noch schöneren Lachsfluss. Menschen aus dem 12 km entfernten Vopnafjörður und vorbeireisende Touristen saßen hier regelmäßig bis spät in die Nacht gemeinsam im Becken. Sie sangen und lachten und wer wollte, steckte ein wenig Kleingeld in eine „Kasse des Vertrauens". Alles war gut. Dann kamen die Behörden. Es sollte kein Wasser mehr aus der nahen Geothermalquelle ins Becken fließen, sondern Wasser aus der Leitung. Weil dieses Wasser aber kalt ist und erst aufgeheizt werden muss, bleibt es aus Energiespargründen länger im Becken als früher. Chlor soll helfen, es keimfrei zu halten. Als Nächstes wurde angeordnet, einen Zaun rund um das Schwimmbad zu ziehen. Damit war es vorbei mit dem Baden außerhalb der offiziellen Öffnungszeiten. So erzählen es die Personen, die jetzt gelangweilt im kleinen Kassenhäuschen sitzen, anstatt fröhlich im Hot Pot. Und wenn sie nicht gestorben sind (oder das Bad ganz geschlossen wurde), dann chloren sie noch heute.

Anfahrt: Von Vopnarfjörður aus 8 km auf der Straße 85 Richtung Norden, dann 3 km auf der ungeteerten, aber gut befahrbaren namenlosen Zufahrtsstraße. 🕒 Mai–Aug Mo–Fr 12–22 (manchmal auch 10–22), Sa und So 12–18 Uhr, sonst seltener. Aktuelle Infos unter ✆ 473 1499.

ÜBERNACHTUNG

Karte S. 431

Campingplatz, Hamrahlíð 15, ✆ 47313-00, -31, 🖳 www.visitvopnafjordur.com. Weil der Campingplatz sehr klein ist, wird höflich darum gebeten, die Autos beim nahegelegenen Spielplatz zu parken. Zur Zeltwiese kommt man mit dem Auto sowieso nicht, denn man muss eine fünfstufige Holztreppe erklimmen. Sehr saubere Duschen, aber kein Aufenthaltsraum o. Ä. 1600 ISK, Kinder (12–16 J.) 700 ISK, die dritte Übernachtung ist kostenlos. 🕒 Mai–Mitte Okt.

Síreksstaðir, ✆ 848 2174, 🖳 https://sireksstadir.is. Hölzernes Gästehaus im schönen Sunnudalur, dem Sonnental. Die Zimmer (7 DZ und 1 Dreibettzimmer) sind nicht riesig, aber alle mit Waschbecken, Fön und Wasserkocher ausgestattet. Keine Kochgelegenheit. Direkt neben dem Haupthaus stehen 2 Blockhäuser, eins davon mit Hot Pot, die auch vermietet werden. ❸

ESSEN

Karte S. 431

Hjáleigan Café, Bustarfell, ✆ 844 1153. Gemütliches Café am Heimatmuseum. 🕒 1. Juni–15. Sep tgl. 11–17 Uhr.

Hjá Okkur, s. Übernachtung Síreksstaðir. Lamm aus der eigenen Zucht, Forellen aus dem nahegelegenen See, Kabeljau, gefangen von den Fischern im Dorf. So verspricht es die Speisekarte. Es wird nach Slow-Food-Regeln gekocht, und die entschleunigten Gäste bleiben auch nach dem Essen noch gern ein Weilchen im gemütlichen Restaurant sitzen. 🕒 15. Mai–15. Sep tgl. 18–21 Uhr, im Winter nur auf Anfrage.

Uss Bistro & Bar, Hafnarbyggð 4a (wie die Touristeninformation), ✆ 865 0622, 🖳 www.fb.com/uss.bistro. Hier trifft sich der ganze Ort, tagsüber bei Kaffee und Kuchen, Bagel oder Suppe, abends beim Kaltgetränk. Dann und wann wird das Klavier aufgeklappt und es gibt ein Konzert, manchmal treten auch Sänger und Bands auf. 🕒 Mi–So 11.30–21 Uhr.

TOUREN

Síreksstaðir, s. Übernachtung. Ausgefallene Jeeptouren für Kleingruppen (bis zu 5 Teilnehmer), z. B. ins Lavafeld von Holuhraun (S. 595), wo nach dem Ausbruch im Jahr 2014 die Lava immer noch warm ist. Die Mitternachtstour führt in die nähere Umgebung, zu den Ruinen von Skálar auf der Halbinsel Langanes.

SONSTIGES

Autoreparaturen

Bílar og vélar, Hafnarbyggð 14a, ✆ 473 1333.

Autovermietungen

Am Flughafen bei **Bílaleiga Akureyrar Höldur/ Europcar**, ✆ 840 6076, 💻 www.holdur.is.

Einkaufen

Kauptún, Hafnarbyggð 4. Supermarkt. ⌚ Mo–Fr 9.30–18, Sa 12–16 Uhr.
Aldan, Kramladen an der Ólis-Tankstelle, Kolbeinsgata 35. ⌚ im Sommer tgl. 11–21, im Winter nur bis 20 Uhr.
Vínbúðin, Hafnarbyggð 4. ⌚ Mo–Do 16–18, Fr 13–18 Uhr.

Informationen

Prospekte usw. liegen im Kaupvangur-Eingangsbereich aus, kostenpflichtige Broschüren und Wanderkarten (z. B. die Informationsbroschüre zum Stadtspaziergang) sind bei der **Stadtverwaltung**, Hamrahlíð 15, erhältlich. ⌚ Mo–Fr 10–15 Uhr.

Medizinische Hilfe

Krankenhaus, Laxdalstún, ✆ 470 3070.
Mini-Apotheke im Supermarkt Kauptún, ✆ 473 1109. ⌚ Mo–Fr 10–16 Uhr.

TRANSPORT

Auto

Die schnellste Verbindung zur Ringstraße ist die **Straße 85** (50 km). Landschaftlich schöner ist es, auf der größtenteils ungeteerten **Straße 917** an der Küste entlangzufahren. Im Sommer ist das kein Problem, im Winter dagegen ist der Pass Hellisheiði oft unbefahrbar (die Straße

Tschö Vopnafjörður, hallo Nordamerika? Viele sind ausgewandert.

© CAROLINE MICHEL

Húsey

€ Außer ein paar Bauern und der Familie des Jugendherbergsbetreibers Örn lebt niemand im flachen Mündungsdelta des Lagarfljóts mit dem herrlichen ausgedehnten Strand. Das liegt vor allem daran, dass dieser Strand so umständlich zu erreichen ist. Für denjenigen, der über den Pass aus Richtung Vopnafjörður kommt, sieht es aus, als könne man einfach geradeaus fahren, aber zwischen der Straße 917 und Húsey liegt noch der Fluss Jökla, mit vollem Namen Jökulsá á Brú. Man erreicht die Farm und Jugendherberge **Húsey Hostel**, ✆ 471 3010 und 694 3010, 💻 www.huseyfarm.is, nur von der Ringstraße aus, über die Straßen 925/926, 20 km am Fluss entlang. Entfernung nach Egilsstaðir ca. 60 km. Hier übernachtet man i. d. R. länger als eine Nacht, angelt Lachse und Forellen oder macht zu Fuß oder zu Pferde einen Ausflug (Touren zum Seehundstrand tgl. 10 und 17 Uhr, 2 Std., um die 10 000 ISK p. P.). Vor allem die einwöchigen Reiterferien sind beliebt, weshalb die auf 7 Zimmer und Schlafsäle verteilten 24 Betten schnell belegt sind. In den Wintermonaten dagegen ist es ruhig. Das Highlight dann: ein Ausritt zu den Rentieren, die hier immer häufiger gesichtet werden. 🕒 April–Nov, Reittouren Mitte April–Mitte Sep. Abholung aus Egilsstaðir möglich.

Auch der Nachbarhof **Geirastaðir** in Hróarstunga zwischen den Flüssen Jökulsá und Lagarfljót, Geirastaðir 2, ✆ 845 3006 (Angelika Liebermeister) und 846 6700 (Þorsteinn), 💻 www.geirastadir-hestar.com, bietet tolle mehrtägige Reittouren. Reitgästen steht auch ein Holzhaus neben dem Wäldchen zu Verfügung, in dem 2–4 Selbstversorger herrlich ruhig wohnen können. Außerdem sind geführte Ausritte und Mehrtagestouren im Angebot, z. B. nach Bakkagerði oder Vopnafjörður. Kurze Ausritte ab 80 € p. P.

wird im Frühjahr und Herbst 2x wöchentl. geräumt, im Winter gar nicht). Bei gutem Wetter sieht man vom Aussichtspunkt, kurz bevor es über eine beeindruckende Serpentinenstraße wieder ins Tal geht, nicht nur bis nach Húsey (s. Kasten), sondern bis zu den Bergen auf der anderen Seite der großen Bucht. Einmal im Tal, führt die Straße einigermaßen schlaglochfrei gen Süden. Entfernung von Vopnafjörður zur Ringstraße über diese Route gut 70 km.

Busse

Es gibt keine Busanbindung. Die Haltestelle, die „Vopnafjörður Crossroads", liegt 50 km südlich an der Ringstraße.

Flüge

Die Kleinmaschine nach AKUREYRI fliegt Mo–Fr 1x tgl. in 2 Std. für ca. 170 €. Der Anschluss nach Reykjavík funktioniert gut. Infos auf 💻 www.icelandair.com.

PICKNICK AM AUSSICHTSPUNKT SJÓNARNIPA MIT BLICK AUF DEN SKAFTAFELLSJÖKULL; © MARK MARKAND

Der Osten

Weite Fjorde, sattes Grün und Wanderwege zwischen Wasserfällen und Feenhügeln – das ist Ostisland. Je weiter der Weg in den Süden führt, desto weißer werden die Berge. Der riesige Gletscher Vatnajökull streckt seine eisigen Finger bis an die Küste aus. Hier ist der Ort, wo das Eis die Herzen der Besucher zum Schmelzen bringt.

Stefan Loose Traveltipps

Seyðisfjörður Im Sommer in dem schmucken Städtchen einem klassischen Konzert lauschen. S. 461

Mjóifjörður Totale Abgeschiedenheit am einsamen Fjord. S. 464

Vatnajökull Der König der Gletscher. S. 485

11 Jökulsárlón Am kalbenden Gletscher ist man dem Eis ganz nah. S. 487

12 Skaftafell Ein Spaziergang im Naturschutzgebiet führt vom Wasserfall zum Gletscher. Mutige wagen sich mit Führer aufs Eis. S. 494

Fjaðrárgljúfur Die Schlucht bei Kirkjubæjarklaustur ist ein Traum in Hellgrün. S. 499

EISHÖHLE BEI SKAFTAFELL; © DIRK KRÜGER

IN DEN OSTFJORDEN BEI ESKIFJÖRÐUR; © DIRK KRÜGER

Wann fahren? Unsere Empfehlung geht an den Juni, denn dann blühen die Lupinen.

Wie lange? Für die Ziele im Eis reichen 2–4 Tage. In den Ostfjorden sind Wanderer schon wochenlang von Fjord zu Fjord gezogen.

Für Entdecker Das „Tal der Wasserfälle" am Berufjörður direkt an der Ringstraße

Updates, mehr **Bilder** und eure **Tipps** zu diesem Kapitel auf www.stefan-loose.de unter **eXTra [11084]**

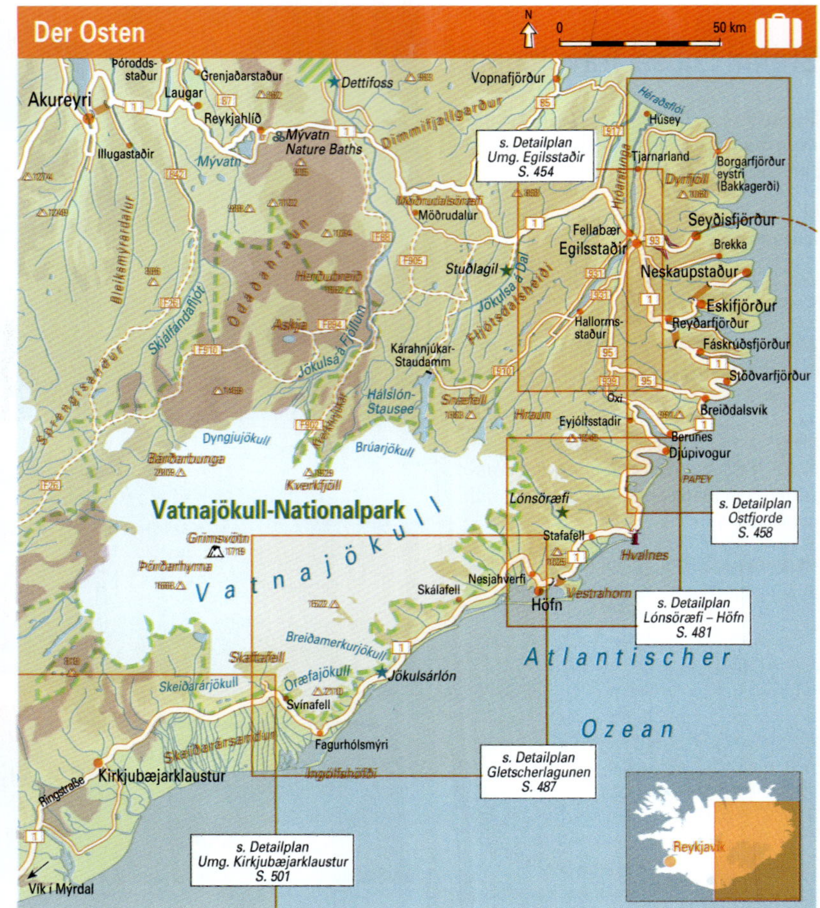

Reisende kommen hauptsächlich zum Wandern und natürlich wegen der Eisberge in den Osten. Die Region bietet so viel Unerforschtes, dass man hier gut und gerne mehrere Wochen die Gegend erkunden kann. Auch wer sich abseits der Hotspots wie der Gletscherlagune Jökulsárlón und dem Wasserfall Svartifoss im Nationalpark Vatnajökull – seit 2019 Unesco-Weltkulturerbe – aufhält, findet Orte ohne viel Trubel.

Die stillen Ostfjorde, eingerahmt von beeindruckend hohen Bergen, sind das grüne Herz der Region. In Ostisland leben nur ca. 4 % aller Isländer, also etwas mehr als 15 000 Menschen, verteilt auf eine Fläche von 22 000 km². Eine Person hat also rein rechnerisch fast zwei Quadratkilometer zur Verfügung (in Berlin teilen sich über 4200 Einwohner einen Quadratkilometer). Und da die Mehrheit der Bewohner auch noch in den kleinen Städten lebt, ist das meiste Land gänzlich unbewohnt – von den vielen Schafen mal abgesehen. Was in dieser isolierten Lage bis heute vor allem fehlt, sind Arbeitsplätze. Ob die Aluminiumschmelze in Reyðarfjörður und der Tourismus langfristig zu einer stärkeren Besiedlung führen, bleibt abzuwarten. Bis heute sind die Orte hier so klein, dass sie oft nicht einmal einen eigenen Namen haben, sondern einfach nach dem Fjord benannt sind, an dem sie liegen.

Egilsstaðir und Umgebung

Der Ort Egilsstaðir ist Verwaltungszentrum und Verkehrsknotenpunkt der Region. Von hier geht es in die **Ostfjorde** und in das am Lagarfljót liegende Waldgebiet **Hallormsstaðaskógur** mit richtig hohen Bäumen und einem Duft, wie er sonst auf Island nicht zu finden ist. Im See wohnt ein Riesenwurm – gefährlich ist er wohl nicht, aber wer Geschichten dieser Art liebt, wird den Erzählungen vom isländischen Nessie gerne lauschen.

Rentieren auf der Spur

Im Osten des Landes leben Rentiere. Die ersten wurden Ende des 18. Jhs. aus Norwegen nach Island importiert, wo sie auf Farmen gehalten werden sollten. Das klappte aber nicht, und so ließ man die überlebenden Tiere frei. Sie passten sich dem Klima an und vermehrten sich erfolgreich. Heute gibt es etwa 3000 Rentiere im östlichen Hochland, die meisten davon in der Hochlandebene **Fljótsdalsheiði** (s. Karte S. 454). Immer mehr Tiere ziehen aber neuerdings in die Ostfjorde, auch weil der Hálslón-Stausee oberhalb von Kárahnjúkar ihnen einen großen Teil ihres Lebensraums genommen hat. Das ist schlecht für das Ökosystem und führt selbst in diesem dünn besiedelten Landstrich zu Nahrungskonkurrenz mit den Nutztieren Schaf und Pferd. Der Mensch greift nun vermehrt zur Waffe, um die Rentierpopulation in Grenzen zu halten; jedes Jahr im August beginnt die Jagdsaison. Im Winter sieht man Rentiere auch in den Tälern und Fjorden, im Sommer begegnet man ihnen meist nur in der Region um den Berg **Snæfell**.

Egilsstaðir

2300 Menschen leben in Egilsstaðir und dem direkt gegenüber am See liegenden kleinen Ort Fellabær. Es gibt keine sehenswerte Altstadt (das erste Haus wurde erst 1947 gebaut) und auch keinen Meer- oder Fjordblick, sodass Egilsstaðir für die meisten Reisenden nur als Verpflegungs- und Durchgangsstation fungiert. Hier übernachten sie vor oder nach der Fährfahrt und decken sich mit Vorräten ein, bevor es weitergeht. Wer aber bleibt, genießt die Ruhe.

Die innerstädtischen Attraktionen sind eine große, moderne evangelische Kirche, eine katholische Kirche (die sich in einer ehemaligen Apotheke versteckt) und ein Heimatmuseum. Im **East Iceland Heritage Museum** (Minjasafn Austurlands), Laufskógar 1, ✆ 471 1412, 💻 www.minjasafn.is, erfährt man viel über das Wesen von Rentieren (und auch über die Rentier-Jagd) und darüber, wie man hier anno dazumal gelebt hat. 🕒 Juni–Aug Mo–Fr 10–18 Uhr, Eintritt ab 18 J. 1500 ISK, kostenloses WLAN.

ÜBERNACHTUNG

Egilsstaðir

Campingplatz, Kaupvangur 17, ✆ 470 0750, 💻 www.tjalda.is/en/egilsstadir. Der große Platz liegt oberhalb des Kaupvangur am Hang, von einer Seite durch Büsche und eine Felswand geschützt, was bedeutet: Bei Nord-, Nordost- und Ostwind recht geschützt (solange man am Nord- oder Ostrand zeltet). Bei Süd- und Westwind dagegen kaum Windschutz. Im Haus nebenan gibt es einen Aufenthaltsbereich, leider ohne Küche. Ab 13 J. 2250 ISK (Duschen und WLAN inkl.), Waschmaschine/Trockner 800 ISK (Automat). 🕒 ganzjährig.

Hótel Edda, Tjarnarbraut 25, ✆ 444 4000, 💻 www.icelandhotelcollectionbyberjaya.com/en/hotels/east/egilsstadir. Eins der wenigen verbliebenen Edda-Hotels, die sich in Schulen befinden und deshalb nur in den Sommerferien (Mitte Juni–Ende Aug) geöffnet haben. 08/15-Schlafsäle gibt es aber schon lange nicht mehr, stattdessen adrette, saubere Hotelzimmer für 1–4 Pers. Und ein hochgelobtes Frühstücksbuffet (3050 ISK p. P., Kinder zahlen die Hälfte). ❹–❺

Unterwegs im Osten

Mit dem Auto

Folgt man der Ringstraße von Nord nach Süd (oder andersrum), ist es fast unmöglich, sich zu verfahren. Alle Fjorde der Reihe nach von Nord nach Süd (oder andersrum) auf Küstensträßchen zu umrunden, ist hingegen nicht möglich. Viele Straßen sind Stichstraßen und somit Sackgassen. Wer beispielsweise von Seyðisfjörður zum nächsten größeren Ort im Süden (Neskaupstaður) gelangen will, muss über Egilsstaðir und Reyðarfjörður fahren, fast 100 km (Luftlinie wäre es ein Katzensprung).

Von Egilsstaðir nach Djúpivogur

Ringstraße über Reyðarfjörður und durch den Fáskrúðsfjarðargöng-Tunnel (6 km): Die Strecke auf der Ringstraße ist mit 156 km die längste, aber die Tatsache, dass die meisten Isländer sie nehmen, spricht dafür, dass sie die schnellste ist. Sind im Winter die beiden anderen Pässe gesperrt oder schlecht befahrbar, ist diese Route alternativlos. Das Plus für Reisende: Einige schöne Fjorde werden umrundet.

Straße 95: Bis 2017 verlief hier die Ringstraße, am Straßenzustand hat sich mit der Umbenennung aber nichts geändert. Hinter dem Pass Breiðdalsheiði gibt es ein längeres, nicht asphaltiertes Teilstück. Dabei fährt man durch das größte und wahrscheinlich schönste Tal der Ostfjorde, das Breiðdalur. Insgesamt 142 km.

Straße 95 und Öxi-Pass (Straße 939): Vor Breiðdalsheiði zweigt von Straße 95 die Schotterstraße 939 über den Pass „Öxi" (Axt) ab. Sie scheint tatsächlich wie mit der Axt in den Berg gehauen und kürzt die Strecke um gut 60 km ab. Die Furten sind seit Jahren überbaut, sodass offiziell alle Autos hier fahren dürfen. Die Fahrt ist aber doch – vor allem bei schlechtem Wetter – recht schwierig und sowieso nur im Sommer möglich. Autofahrer, die nicht schwindelfrei sind oder deren Auto schnell auf nassem Schlamm rutschen könnte, sind gut beraten, lieber die Ringstraße zu nehmen. Insgesamt 86 km, davon 21 km auf der Passstraße.

Mit dem Bus

Nach Norden Richtung Akureyri fahren ab **Egilsstaðir** das ganze Jahr Busse von Stræto (Linie 56).

Hótel Valaskjálf, Skógarlönd 3, ✆ 471 2400, 💻 www.valaskjalf.is. Der graue Klotz liegt etwas abseits des Zentrums. Ruhig ist es trotzdem nicht, denn das Hotel ist gut besucht und regelmäßig finden Konzerte statt. Die Einrichtung ist modern und bunt, der Speisesaal riesig. Einige Zimmer sind sehr klein, das Frühstücksbuffet wird durchweg gelobt, über das Hotelrestaurant gehen die Meinungen auseinander. ❻

Lyngás Guesthouse, Lyngási 5-7, ✆ 471 1310, 💻 www.lyngas.is. Der weiß-graue Betonkasten direkt an der Straße und gegenüber der Orkan-Tankstelle sieht nicht besonders einladend aus, innen ist aber alles hell, modern und sauber. Gut ausgestattete Gemeinschaftsküche, schöner Aufenthaltsbereich. ❸–❹

Fellabær

Der 400-Seelen-Ort Fellabær befindet sich 3 km nordwestlich von Egilsstaðir; zwischen beiden Orten liegt der Flughafen. Die hier genannten Unterkünfte befinden sich südlich der Ringstraße am Westufer des **Lögurinn**, s. Karte S. 451.

Skipalækur Guesthouse, Cottages & Camping, ✆ 471 1324, 💻 www.skipalaekur.is. Zwei Gästehäuser, eins davon ohne Gemeinschaftsküche, dafür Wasserkocher und Kühlschränke in den Zimmern. Am Seeufer stehen kleine, gut ausgestattete Nurdach-Häuser für 2–4 Pers. Der dazugehörige schöne Campingplatz ist nur durch die Straße vom See getrennt. Es gibt einen großen Sanitärcontainer mit WCs und Dusche, aber leider weder Küche noch Aufenthaltsraum. 2500 ISK, Teenager (13–16 J.) 500 ISK. ❺

Inselumrunder dagegen haben ein Problem: Das **Bussystem der Ostfjorde** dient primär den Arbeitern in der Aluminiumschmelze in Reyðarfjörður und als Flughafenzubringer, nicht Touristen. Bedeutet: In Reyðarfjörður, Fáskrúðsfjörður und Breiðdalsvík muss man umsteigen. Der 60 km lange Abschnitt Breiðdalsvík–Djúpivogur wird, wenn überhaupt, nur im Sommer bedient. Ob dieser Bus fährt, wird meist erst wenige Wochen vorher entschieden. Im Winter lässt sich Island nicht komplett per Bus umrunden. Überdies fallen teilweise lange Wartezeiten oder Übernachtungen an.
Ab **Höfn** kommt man dann mit der **Linie 51** ganzjährig weiter bis nach Reykjavík.

Die Linien im Überblick

- **Linie 91:** Egilsstaðir–Norðfjörður (Neskaupstaður) (Mo–Fr 2x tgl., Sa 1x tgl.)
- **Linie 92:** Fáskrúðsfjörður–Breiðdalsvík (2x tgl., im Winter seltener und nicht jeden Tag)
- **Linie 93:** Egilsstaðir–Seyðisfjörður (2–3x tgl., i. d. R. passend zur **Fähre**)
- **Linie 94:** (Breiðdalsvík) Djúpivogur–Höfn (sehr selten, im Sommer ab/bis Breiðdalsvík)
- **Linie 95:** Egilsstaðir–Borgarfjörður eystri (Mo–Fr 1x tgl.)
- **Linie 96:** Norðfjörður (Neskaupstaður)–Fáskrúðsfjörður (Mo–Fr sehr häufig)

Zu den Busverbindungen siehe auch 💻 https://publictransport.is. Die aktuellen Abfahrtszeiten checkt man am besten mit dem Routenplaner von Strætó, 💻 https://straeto.is.
Fahrräder werden gegen Aufpreis mitgenommen, nur nicht nach Borgarfjörður eystri.

Mit der Fähre

Die Fähre *Norröna* verkehrt von Mitte März bis Ende November jede Woche zwischen Seyðisfjörður, Tórshavn (Färöer) und Hirtshals (Dänemark), s. S. 40 und S. 464. Zwischen Neskaupstaður und Mjóifjörður fährt im Winter 2x pro Woche das Boot *Björgvin*, da in dieser Zeit die Straße nach Mjóifjörður unpassierbar ist.

Mit dem Flieger

Verbindungen nach Reykjavík von Egilsstaðir und Höfn. Mehr Infos auf S. 65 und S. 161.

Vínland Gästehaus und Campinghütten/-tonnen, Vínland (in Ringstraßennähe), ✆ 615 1900, 💻 www.vinlandhotel.is. 6 schöne Zimmer mit eigenem Bad, Terrasse und Blick ins Grüne. Der Gastgeber Binni hat vor seiner Pensionierung am Flughafen gearbeitet und bietet kostenlosen Transfer dorthin. In der Nähe des Waldes stehen Campingtonnen für je 2–3 Pers. und Campinghütten für 2 Pers. Mit Grillplatz und Aufenthaltsraum und als Highlight gibt es noch ein Rentiergehege vor der Tür. ❸

ESSEN

Egilsstaðir

Askur Taproom & Pizzeria, Fagradalsbraut 25, ✆ 470 6070, 💻 https://askurtaproom.com. Holzofenpizza wie zuhause, vielleicht sogar besser, dazu ein interessantes einheimisches Bier aus dem Austri Brugghús (geführte Brauhaustouren auf Anfrage). Manchmal legen DJs auf oder es gibt Konzerte. 🕒 tgl. 11–23 Uhr.

Café Nielsen, Tjarnarbraut 1, ✆ 471 2626, 💻 www.cafenielsen.is. Etwas versteckt hinter Bäumen steht – von der Hauptstraße aus nicht zu sehen – neben der Post ein kleines, weißes altes Holzhäuschen. Der gemütliche Sitzbereich innen ist klein, ebenso wie die Auswahl der angebotenen Speisen, z. B. Suppen, griechischer Salat mit Schafskäse und Oliven und Kuchen. Bei Sonne geht's raus in den großen Biergarten. 🕒 Mo–Fr 11.30–21 Uhr.

Kaffi Egilsstaðir, Bláargerði 2, ✆ 470 0200. Einfaches, leicht auf Western getrimmtes Café-

30 Traumziele für Wanderfreunde

© CAROLINE MICHEL

Mit den **Perlur Fljótsdalshéraðs**, den Natur-„Perlen" rund um Egilsstaðir, hat der örtliche Wanderverein eine Broschüre mit 30 unterschiedlichen Wanderungen und Spaziergängen inklusive Bildern und Anfahrtsbeschreibungen erstellt, darunter populäre Ziele wie der **Hengifoss** (Kasten S. 455) und die Gegend rund um **Húsey** (Kasten S. 443), aber auch der Berg **Snæfell** (S. 596). Dazu gibt's ein Stempelheft, und überall steht ein Kasten mit einem Stempel, mit dem die Wanderer sich selbst bescheinigen können, dass sie ihr Ziel erreicht haben. Obacht: Was die Isländer noch als Spaziergang bezeichnen, kann für ungeübte Touristen zu einer echten Herausforderung werden. Daher sollte man es langsam angehen lassen.

Stempelbuch und kostenlose Broschüre bekommt man im East Iceland Information Centre in Egilsstaðir, im Visitor Center am Campingplatz und im **Büro des Wandervereins**, Tjarnarás 8, ✆ 863 5813, 💻 www.ferdaf.is. Hier die Broschüre als Download: 💻 www.ferdaf.is/images/perlur/Perlur_2021_enska-1.pdf. Zum Einstieg empfehlen wir die einfache **Kurzwanderung zum Fardagafoss**: Startpunkt ist ein Parkplatz an der Straße 93 nach Seyðisfjörður (4 km hinter dem Ortsende von Egilsstaðir). Immer am Flussufer entlang geht's bergauf. Mutige können von der völlig gefahrlos zu erreichenden Fardargafoss-Schlucht über eine im Felsen verankerte Kette noch näher ans Wasser klettern. Wanderzeit: Rauf ca. 20 Minuten, runter geht's schneller.

Restaurant am Campingplatz. 🕒 Restaurant tgl. 8–22 Uhr (Frühstück 8–10.30 Uhr), Bar Fr und Sa 11–3 Uhr.

Salt Café & Bistro, Miðvangur 2, 💻 www.saltbistro.is. Hell und zentral. Manchmal kommt das Personal nicht ganz hinterher, doch das Warten lohnt. Die meisten Angestellten kommen aus dem Ausland und so wird hier recht wenig Isländisch gesprochen. Man kann auch draußen sitzen. 🕒 tgl. 11–23 Uhr.

Fellabær

Bókakaffi Hlöðum, an der Lagarfljót-Brücke, Helgafell 2, ✆ 471 2255, 💻 www.bokakaffi.is. In diesem Buchladen mit Café gibt es neben Lesestoff auch herzhafte Kleinigkeiten und Suppe. Besonders beliebt ist das günstige (1200 ISK) All-you-can-eat-Kuchenbuffet jeden Freitagnachmittag. 🕒 Mo–Fr 11–17, Sa/So 14–17 Uhr.

AKTIVITÄTEN

Fahrradverleih

Räder werden für 3000–4000 ISK tgl. am Campingplatz vermietet.

Reiten

Galdrahestar, Finnsstaðir, etwa 5 km nördl. des Zentrums an einer unbenannten Straße, ✆ 892 1803, 💻 www.finnsstadir.is. Auf diesem Hof (auf dem man auch Gästezimmer buchen kann) sind Kinder und Erwachsene, Reiterfahrene und Neulinge, gut aufgehoben.

Besuch im Rentierpark

Falls man nicht das Glück hatte, die scheuen Tiere in freier Wildbahn zu anzutreffen: Für 1500 ISK (Kinder 6–16 nur 500 ISK) lassen sich die Rentiere beim Vínland Guesthouse (s. Über-

nachtung) bestaunen. ⌚ im Sommer tgl. 10–14 Uhr.

Schwimmen

Das öffentliche **Schwimmbad**, Tjarnarbraut 26, ✆ 470 0777, 💻 www.sundlaugar.is/sundlaugar/sundlaugin-egilsstodum, bietet neben der Schwimmbahn auch zwei Hot Pots, einen Kinderpool und eine große Rutsche. ⌚ Mo–Fr 6.30–21 (im Winter nur bis 20.30), Sa und So 10–18 Uhr.

Das **Vök Baths**, ✆ 470 9500, 💻 https://vok-baths.is, ist ein schwer zu beschreibendes natürlich beheiztes Freibad am und im See Urriðavatn 5 km nordwestlich von Egilsstaðir (Straße 925). Durch Holzstege eingefasste Sechsecke schwimmen im See, sodass man zur Abkühlung direkt aus dem sehr warmen ins sehr kalte Wasser hüpfen kann. Im dachbegrünten Gebäude befindet sich auch noch ein ebenfalls stylisches Bistro-Restaurant. Mit der günstigsten Variante sind Erwachsene für 6490 ISK dabei, Jugendliche (6–16 J.) mit 2900 ISK. ⌚ Kernbadezeit tgl. 12–22 Uhr, in der Hauptsaison ist schon ab 10 Uhr offen.

Wandern

Selskógur ist ein schönes Waldgebiet am Fluss Eyvindará direkt östlich des Ortes mit natürlichem Birkenwald und Aussicht auf den reißenden Fluss. Jenseits des Gebietes geht der Wald einfach weiter – ein solches Panorama findet sich selten in Island. Start am Ortsrand an der Brücke der Straße 93 über den Fluss. Die Wege eignen sich gut für einen Abendspaziergang, mit Kindern (es gibt auch einen Spielplatz), oder zum Laufen. Die längste Runde ist 3,7 km lang. Karte hier: 💻 https://visitegilsstadir.is/wp-content/uploads/2020/04/ratleikurinn-i-selskogi.jpg.

SONSTIGES

Autovermietungen

Mietwagen gibt es am Flughafen.
Budget, ☎ 562 6060, 💻 www.budget.is. ⌚ Mo–So 8–18 Uhr.
Europcar, ☎ 461 6000, 💻 www.europcar.com. ⌚ Mo–Fr 8–18, Sa und So 9–18 Uhr.
Hertz, ☎ 522 4450, 💻 www.hertz.com. ⌚ tgl. 8.30–19.30 Uhr.

Einkaufen

Fast alle Geschäfte liegen zentral an der Kreuzung der Straße 95 und der Ringstraße (Navi-Eingabe: Kaupvangur), sodass man am besten das Auto auf dem Parkplatz der N1-Tankstelle abstellt und die Erledigungen zu Fuß macht.

Bónus, Miðvangur 13, mit einem eigenen großen Parkplatz. Hier decken sich viele ein, die Richtung Süden fahren, denn bis kurz vor Reykjavík gibt es auf dieser Strecke keine weitere Filiale dieses beliebten Discounters. ⌚ Mo–Do 11–18.30, Fr 10–19, Sa/So 10–18 Uhr.
Húsasmiðjan, Sólvangur 7. Wenn es wie aus Eimern regnet, dann auf in einen Baumarkt! Hier findet man garantiert regensichere Kleidung, gedacht für die isländischen Bauarbeiter. Sehr schmale Personen werden allerdings weiterhin nass, denn die meisten Arbeitsanzüge sind relativ groß. ⌚ Mo–Fr 9–18, Sa 10–15 Uhr.
Nettó, Kaupvangur 6, gegenüber der N1-Tankstelle. ⌚ tgl. 9–20 Uhr.
Skemman Handverkshús, Kaupvangur 5, ☎ 895 1203, 💻 www.fb.com/skemmancrafts. Handgestrickte Pullover, Schmuck – z. B. hübsche aber unpraktische Ringe mit Steinen drauf – und Schnickschnack. ⌚ Mo–Fr 10–17, im Sommer auch Sa.
Vínbúðin, Miðvangur 2-4. ⌚ Mo–Fr 11–19, Sa 11–16 Uhr.

Feste

Zwei mehrtägige **Stadtfeste** werden jeweils zum Ende des Sommers und zum Ende des Winters gefeiert.

Informationen

Visit Egilsstaðir (Egilsstaðastofa), am Campingplatz, ☎ 470 0750, 💻 www.visitegilsstadir.is/en. ⌚ Okt–April Mo–Fr 8.30–12.30, Mai und Sep Mo–Fr 8.30–15, Juni–Aug Mo–So 7–23 Uhr.
East Iceland Information Centre, Miðvangur 1-3 (im Hús Handanna, einem Geschäft mit lokalem Kunsthandwerk), ☎ 471 2320 und 471 2433, 💻 www.east.is. Eine recht gute Auswahl Bücher über Island, z. B. über die Geologie oder die Vogelwelt, zudem viele Karten. Extrem hilfreich ist das kostenlose Werbe-Heftchen „Kompás", das neben Restaurants und Unterkünften auch auf Sehenswürdigkeiten, Wanderungen und Feste in der Region hinweist. ⌚ Mo–Fr 12–18, Sa 12–15 Uhr.

Medizinische Hilfe

Gesundheitszentrum mit 24-Std.-Ambulanz, Miðvangur, ☎ 432 2000, 💻 www.hsu.is. Das nächste richtige Krankenhaus befindet sich in Neskaupstaður, etwa eine Autostunde entfernt.

NAHVERKEHR

Stadtbusse

Ein kostenloser Bus pendelt zwischen Fellabær und Egilsstaðir, hält aber nicht am Flughafen.

Taxis

Jón Björnsson, Bjarkarhlíð 2, ✆ 867 0528.
Guttormur Kristmansson, Brekkusel 1, ✆ 659 4828.

TRANSPORT

Auto

Von hier nach Reykjavík ist die Fahrt auf der Ringstraße im oder gegen den Uhrzeigersinn etwa gleich weit: Die Nordroute über Akureyri ist 635 km lang, die Südroute am Vatnajökull entlang über Öxi 634 km (über die Ringstraße 701 km). Kleinere Straßen führen sternförmig in die Ostfjorde (s. S. 448 und Karte S. 458) und an den Lagarfljót.

Busse

Richtung Ostfjorde

Die Strætó-Linien 91–96 fahren die Orte der Ostfjorde an. Die aktuellen Abfahrtszeiten checkt man am besten mit dem Routenplaner von Strætó, https://straeto.is.
BAKKAGERÐI (BORGARFJÖRÐUR) mit Linie 95, Mo–Fr 12 Uhr in 1 Std.
NORÐFJÖRÐUR (NESKAUPSTAÐUR), über Reyðarfjörður und Eskifjörður mit Linie 91, mehrmals tgl. (außer So)
SEYÐISFJÖRÐUR mit Linie 93 ab Flughafen über Campingplatz mehrmals tgl. (Anschluss an Ankunft und Abfahrt der Fähre).

Richtung Westen

AKUREYRI, mit Strætó-Linie 56 um 12.15 Uhr ab Campingplatz in 3 1/2 Std., 18 Zonen (10 260 ISK) über MÝVATN und GOÐAFOSS.
REYKJAVÍK (über Nordisland), mit Strætó kann man mit Umsteigen in Akureyri an einem Tag bis Reykjavík fahren.

Richtung Süden

REYKJAVÍK (über Südisland), mit den Linien 91, 96, 92 bis Breiðdalsvík (Umstieg in Reyðarfjörður und Fáskrúðsfjörður). Ab da, wenn sie fährt, mit der Linie 94 bis HÖFN, ab da weiter mit der 51. Der 60 km lange Abschnitt Breiðdalsvík – Djúpivogur wird, wenn überhaupt, nur im Sommer bedient.

Flüge

Der **Flughafen** liegt direkt an der Ringstraße zwischen Egilsstaðir und Fellabær, ✆ 424 4000, www.isavia.is. Man kann auf dem Radweg bis zum Flughafen laufen (1,6 km) oder die Busse 91 und 93 nutzen, die am Campingplatz halten. Einige Gästehäuser bieten auch Bring- und Holservice an.
REYKJAVÍK, mit Icelandair, ✆ 570 3000, www.icelandair.com. 3x tgl. in 1 Std. für etwa 100 €.

Lagarfljót und Lögurinn

Südlich von Egilsstaðir liegt der See Lögurinn. Auf der Landkarte ist er meist nur mit **Lagarfljót** beschriftet, denn das ist der Name des 140 km langen Flusses, der durch den See fließt, d. h. sowohl Zu- als auch Abfluss heißen Lagarfljót, der 53 km² große See dazwischen eigentlich **Lögurinn**. Hier soll das Ungeheuer vom Lagarfljót leben (der Lagarfljótsormurinn), ein Riesenwurm, der im 14. Jh. erstmals gesichtet wurde und bis heute die Menschen fasziniert. 2012 machte der Amateurfilmer Hjörtur Kjerúlf mit einem Video auf YouTube das Wesen weltberühmt. Eine isländische Wahrheitskommission beschloss: Das ist der berühmte Wurm, den jeder Isländer aus der Sage kennt. Ein Segen für den Tourismus, denn nun hat auch Island ein Seeungeheuer zu bieten. Die Wissenschaft indes rätselt weiter, worauf die Formen im Wasser zurückzuführen sein könnten. Vielleicht sind es aus der Tiefe kommende Strömungen, die verquirlte Sedimente an die Oberfläche transportieren. Vielleicht aber ist es wirklich ein Lebewesen – oder gar mehrere?

Eine weitere Besonderheit der Region: Am Ostufer des Sees breitet sich auf einer Fläche von 740 ha der **Hallormsstaðaskógur** aus. Es ist der größte Wald Islands und der einzige, den diesbezüglich verwöhnte Deutsche als Wald bezeichnen würden. Hier wird von staatlicher Seite getestet, was auf der ansonsten immer noch nahezu baumfreien Insel denn so wächst. Die Birken sollen ursprünglich von hier sein, andere Baumsorten haben sich erfolgreich eingelebt. In diesem grünen Dickicht verbringen

ÜBERNACHTUNG	ESSEN
① Mjóanes Home Accomodation East Iceland	1 Móðir Jörð
② Hótel Hallormsstaður, Camping Hallormsstaður	2 Hengifoss Food Truck
③ Wilderness Center	3 Kol bar&bistro, Lauf Restaurant
	4 Klausturkaffi
	5 Wilderness Restaurant

Isländer gerne ihre Ferien – am liebsten in einem kleinen privaten Sommerhaus (bitte die Zäune respektieren und nicht ungefragt Privatgelände betreten!) oder beim Camping. Der Großteil des Waldes steht jedem offen. Es gibt mehr als 40 km Wanderwege (s. auch 💻 https://hengifoss.is/en/hallormsstadur) und schöne Uferbereiche, wo man sitzen kann. Der Hallormstaðaskógur ist von Egilsstaðir über die 931 erreichbar, die 11 km südlich von Egilsstaðir von der 95 abzweigt. Die Straße am Ufer ist durchgehend asphaltiert.

Das **Skriðuklaustur-Kulturzentrum** befindet sich auf der Westseite des Sees. Wir finden die Ausstellung über den Schriftsteller Gunnar Gunnarson, der einst hier lebte, nur wenig lohnend – das angeschlossene Café (s. u.) genießt aber einen ausgezeichneten Ruf. Vor dem weißen Haus, das ein deutscher Architekt entwarf, befinden sich die Ruinen eines Klosters aus dem 16. Jh. 🕒 Juni–Aug 10–18, Mai, Sep 11–17, April und 1.–15. Okt 12–16 Uhr, Eintritt 1100 ISK (ab 17 J.), Kinder nur in Begleitung der Eltern frei.

ÜBERNACHTUNG

Karte s. links

Camping Hallormsstaðaskógur, ✆ 470 2070, 💻 www.tjalda.is/hallormsstadaskogur. Kein großer Campingplatz, sondern viele kleine Areale im Wald, nicht alle sind ans Stromnetz angeschlossen. Ab 15 J. 1900 ISK, Dusche (nur im Areal Höfðavík), Waschmaschine/Trockner je 500 ISK (alles Automaten, also 100-Kronen-Stücke bereithalten!) 🕒 Mai–Sep.

Hótel Hallormsstaður, Hallormsstaður, ✆ 471 2400, 💻 www.foresthotel.is. Recht großes Hotel mit 63 Zimmern (auch Cottages mit Seeblick), Wellnesscenter mit Hot Pot und Sauna. Direkt an der Straße und trotzdem im Wald. ❻–❼

Mjóanes Home Accomodation East Iceland (Gästehaus und Camping), 18 km südlich von Egilsstaðir, an der Straße 931 nach Hallormsstaður, ✆ 847 6509 und 896 7370, 💻 auf Facebook. Als Elsa und Magnús die Farm von Elsas Eltern übernahmen, beschlossen sie, den Farmbetrieb einzustellen und außer einigen Katzen und dem entzückenden Golden Retriever „Gulli" keine Tiere mehr zu halten. Sie bauten Haus und Hof um: Im EG ihres Wohnhauses gibt es jetzt 4 liebevoll eingerichtete DZ, ein Bad und eine kleine Gemeinschaftsküche (wer vorbestellt, bekommt auch Frühstück mit selbstgebackenem Brot). Weiter hinten auf dem Grundstück stehen 2 moderne rechteckige 24-m²-Häuschen aus Holz mit Glasfront. WCs sind in den Häusern, zum Duschen müssen die Gäste auf den Campingplatz gegenüber. Hier wurde eine alte Scheune zum Service- und Aufenthaltshaus für Campinggäste umgestaltet. Innen ist fast alles aus Holz, größtenteils aus dem eigenen Wald und von Elsa selbst entworfen und gebaut. Camping 2000 ISK p. P. ❸

Óbyggðasetur Íslands – Wilderness Center, Múlavegur í Fljótsdal, ✆ 440 8822, 💻 www.wilderness.is. Sind andere Unterkünfte schon abgelegen, schlägt diese hier (fast) alle. Das Wilderness Center liegt bereits halb im Hochland, noch hinter dem Ende vom Lagarfljót an der Straße 934. Dem Motto „Sleep in a museum" wird das Haus gerecht. Schwups aus dem 21. ins 19. Jh. zurückgebeamt, schlafen Gäste hier im authentisch einfachen Interieur einer vergangenen Epoche (und baden im tollen Hot Pot oder gehen in die Sauna). Auch Nicht-Gäste können das Museum besuchen (müssen dann aber 2800 ISK, Kinder ab 12 J. 2240 ISK Eintritt zahlen), ◷ Mitte Mai–Mitte Sep tgl. 11–18 Uhr, sonst auf Anfrage. Außergewöhnlich sind auch die angebotenen Reit- und Wandertouren, wie Mitternachtsreiten oder eine Wanderung mit Flussüberquerung in

Aufstieg zum Hengifoss

Oft wird gesagt, der Hengifoss, der „hängende Wasserfall" am Ostufer des Lagarfljót, erinnere an den berühmten Svartifoss (S. 497) im Vatnajökull-Nationalpark, aber dieser Vergleich hinkt. Zwar ist auch der Hengifoss von Basaltsäulen umgeben, allerdings sind diese nicht schwarz, sondern grau und von rot schimmernden horizontalen Gesteinsschichten unterbrochen; außerdem sind die Umrisse der einzelnen Säulen nicht so klar definiert wie beim Svartifoss. Der größte Unterschied ist aber die Fallhöhe: Während der Svartifoss mit seinen 20 m bescheiden daherkommt, ist der Hengifoss mit 128 m der **dritthöchste Wasserfall Islands**.

Bis zum Hengifoss sind es vom Parkplatz aus 2,5 km, die aber ganz schön lang werden, da es steil bergauf geht. Es wurden Bänke aufgestellt, auf denen man sich ausruhen kann und Bohlenwege verlegt. Tipp für Menschen mit wenig Kondition oder Zeit: Auf halber Strecke stürzt, von der Straße aus nicht zu sehen, der **Litlanesfoss** herab, der kleine Bruder vom Hengifoss, der aber so klein gar nicht ist. Es lohnt sich bereits, bis hier zu wandern: Fotogen liegt der Litlanesfoss im Vorder- und der Hengifoss im Hintergrund.

Dauer: Oft wird behauptet, man könne diese Wanderung in etwa einer Stunde schaffen (manche sprechen sogar von nur 40 Min.). Wir haben länger gebraucht und raten, insgesamt mindestens 3 Std. für den Ausflug einzukalkulieren.

Anfahrt: Zum Parkplatz kommt man entweder über die östlich des Sees verlaufende Straße 931, vorbei an Hallormsstaður und über die Brücke über den Lögurinn, oder über die in wenigen Teilabschnitten noch geschotterte Straße auf der Westseite (die auch Straße 931 heißt). Die Entfernung von Egilsstaðir ist bei beiden Varianten annähernd gleich (35 km).

Mit dem Pkw ins Hochland

© CAROLINE MICHEL

Oberhalb des Lagarfljót führt die Straße 910 in Richtung östliches Hochland. Kein Ruckeln, kein Schütteln – die Straße ist perfekt ausgebaut. In Serpentinen geht es kurvig recht steil bergauf, dann auf einer nahezu geraden Straße durchs Nichts. Hier bekommen auch Reisende mit Autos der kleinsten Klasse die Chance auf ein bisschen Hochland-Feeling: Der Weg führt durch Steinwüste, soweit das Auge reicht. Wer Glück hat, sieht sogar Rentiere. Und dann irgendwann, nachdem die Hütte und Luxus-Jugendherberge Laugarfell (mit r und damit eben nicht wie die Badestelle ohne r) (S. 597) mit ihren lauschigen Hot Pots passiert wurde (nicht zu verwechseln mit der Badestelle Laugafell oder dem warmen Wasserfall in Laugarvellir), kommt man nach etwa 60 km an den in Island besonders umstrittenen **Staudamm** des Kárahnjúkar-Kraftwerks (s. auch Hochland, S. 597). Das Überlaufwasser stürzt als atemberaubend schöner, künstlicher Wasserfall in die spektakuläre Schlucht **Hafrahvammagljúfur**. In der Gischt erscheint bei Sonnenschein ein Regenbogen.
Auch der populäre Canyon **Stuðlagil** mit seinen eindrucksvollen Basaltsäulen und dem türkisfarbenen Wasser (Kasten S. 429 und S. 599) ist erst zu sehen, seit es den Stausee gibt, er also bis auf wenige Tage im Jahr wasserlos ist.

einer an Drahtseilen befestigten Holzkiste, die früher hier die gängige Fähre war. ❹–❺

ESSEN

Karte S. 454
Das **Kol bar&bistro** ist ein indisches À-la-carte-Restaurant, 🕒 Juni–Aug. Im **Lauf Restaurant** gibt es ein fischlastiges Abendbuffet (6900 ISK). Schön sitzt es sich auf der Außenterrasse mit Blick auf den See. Beide befinden sich im Hótel Hallormsstaður (s. Übernachtung).
Klausturkaffi, Skriðuklaustur, ✆ 471 2992, 💻 www.skriduklaustur.is. Das Museumscafé am Westufer des Lagarfljót bietet ein Mittags- und Kuchenbuffet, für das manche Schlemmerfreunde eine weite Anreise in Kauf nehmen. 🕒 Juni–Aug 10–18, Mai und Sep 11–17, April und 1. Oktoberhälfte 12–16 Uhr.
Móðir Jörð, Vallanes, ✆ 471 1747, 💻 https://modirjord.is. Das Familienunternehmen bietet im Organic Café am östl. Seeufer u. a. für um die 4000 ISK ein Potpourri aus allerlei Pasten und Salaten aus Getreide und Hülsenfrüchten, die es wahrscheinlich sonst nirgendwo in dieser Form gibt. 🕒 Juni–Aug tgl. 11–18 Uhr, sonst s. Website.
Wilderness Center, s. Übernachtung. Hier legt man Wert darauf, möglichst alles selbst und frisch zuzubereiten – und dabei sind die Preise

vergleichsweise günstig. Tagesgericht (Fleisch oder Fisch plus Tagessuppe) mittags 3300 ISK, abends 3500 ISK. Hoch gelobt werden aber auch die „Oma-Style"-Kuchen und Torten. ⌚ 15. Mai–Sep tgl. 8–21 Uhr.

Beim herrlichen Uralt-**Food-Truck** von Ann-Marie Schlutz am Fuße des Hengifoss, 💻 www.fb.com/hengifossfoodtruck, gibt es allerlei Feines aus eigener Produktion. Lamm-Suppe, Veggie-Suppe usw., aber die Renner sind, wie so oft, die Waffeln. Wobei das Eis aus der Milch der eigenen Schafe (laut Ann-Marie das einzige Schafsmilcheis Islands) auch eine große Fangemeinde hat. ⌚ im Sommer meist tgl. 11–18 Uhr.

INFORMATIONEN

Snæfellsstofa, 📞 470 0840, 💻 www.vjp.is. Infozentrum des Vatnajökull-Nationalparks mit Geologie-Ausstellung und Souvenirshop. ⌚ Juni–Aug 9–17, Sep und Mai 10–15 Uhr. Eintritt frei. Im Winter einfach anrufen, dann lassen sich Termine vereinbaren. Hier arbeitende Ranger bieten immer mal wieder von Mitte Juni–Mitte Aug kostenlose Wanderungen zum Litlanesfoss und dem Hengifoss-Canyon an. Treffpunkt ist dann morgens am Hengifoss-Parkplatz. Bitte vorher nachfragen!

TRANSPORT

Die Straße 931 beschreibt einen Rundweg um den gesamten See, über den auf der Höhe vom Hengifoss eine Brücke führt. Die Entfernung von Egilsstaðir bis zum Wilderness Center beträgt 54 km. Eine Busverbindung gibt es nicht.

Die Ostfjorde

Die Ostfjorde sind ein grünes Wanderparadies und noch wenig besucht. Neben Wanderern sind es vor allem Mountainbiker, die hier schöne Routen finden. Bis in die 1980er-Jahre hinein gab es an manchen Orten noch keinen Strom, und auch die Straßen sind erst seit den 1960er-Jahren befestigt.

Bakkagerði (Borgarfjörður eystri)

In diesem rund 70 km nordöstlich von Egilsstaðir gelegenen Örtchen leben etwa 110 Einwohner. Die Sehenswürdigkeit des Fjords ist **Hafnarhólmi** beim kleinen Hafen, 3 km außerhalb des Ortes. Hier brüten im Sommer 10 000 bis 15 000 Papageitaucher-Pärchen. Vom Parkplatz aus läuft man nur wenige Meter. Hölzerne Treppen führen auf den kleinen Hügel, geradewegs vorbei an den Bruthöhlen, sodass man die lustigen Tierchen direkt auf Augenhöhe vor sich hat. Wer mag, kann auch ein kleines geschütztes Häuschen betreten und die Vögel durch die Glasscheibe beobachten (Spende, möglicherweise demnächst auch verpflichtend, also Eintrittsgeld). Die Papageitaucher reisen Mitte April an und bleiben genau hundert Tage, sagen die Einwohner. Manche behaupten sogar, die Vögel würden regelmäßig am ersten Dienstag im August wieder wegfliegen. Bis spätestens Mitte August sind die Tiere jedenfalls ziemlich sicher weg. Die ideale Zeit, sie zu beobachten, ist der

Fjorde und fjörðurs

Reyðarfjörður (der Ort) am Reyðarfjörður (dem Fjord) – die isländische Mode, Orte und Fjorde mit dem gleichen Namen zu versehen, hat schon so manchen Reisenden zur Verzweiflung getrieben. Wir verwenden der leichteren Orientierung wegen die Gewässer mit Artikel („der Seyðisfjörður"), die Orte ohne (nur „Seyðisfjörður")

Die meisten Fjörður-Orte hatten früher einen eigenen Namen. Erst in den letzten Jahrzehnten setzten sich die Fjordnamen allgemein durch. So hieß z. B. Fáskrúðsfjörður früher Búðir. Bei Neskaupstaður und Bakkagerði kann man den Trend gut beobachten: Neskaupstaður wird oft bereits Norðfjörður genannt, etwa in den Busfahrplänen. Bakkagerði wird heute meist Borgarfjörður eystri genannt. Das „eystri" ist notwendig, da es auch noch Borgarfjörður im Westen bei Borgarnes gibt, und ein Arm des Arnarfjörður heißt auch so.

Abend, wenn sie in ihre Höhlen zurückkehren. Wer vor der Anreise wissen möchte, ob schon bzw. noch Papageitaucher da sind, schaut auf den Bildern der Webcam bei YouTube (nach „Borgarfjarðarhöfn" suchen).

Etwas unheimlich ist die **Álfaborg**, die Elfenburg, in der die Elfenkönigin Hof halten soll. Der große Hügel liegt mitten im Ort (fast auf dem Campingplatz) in Sichtweite der kleinen Kirche. Ursprünglich sollte diese direkt auf dem Hügel errichtet werden, doch einem Kirchenmann erschien im Traum eine Elfe, die darum bat, den Hügel den Elfen zu lassen und die Kirche an einem anderen Ort zu bauen. Die Einwohner respektieren die Bitte um Ruhe bis heute – im Gegensatz zu vielen Touristen. Aber wer weiß, was passiert, wenn der Zorn der Elfen geweckt wird? Wir empfehlen daher: Guckt den Berg von fern an und steigt auf einen anderen! Im Dorf lebte einst die Eismalerin (s. Bücher S. 605). Für weitere Infos zu den geheimnisvollen Wesen siehe auch S. 117, Volksglaube, S. 254, Elfenalarm, und die Seite 💻 www.borgarfjordureystri.is/en/aboutborgarfjordur/local-folklore.

Der Ort wirkt äußerst gepflegt, fast schon wie ein großes Freilichtmuseum. Direkt an der Hauptstraße steht **Lindarbakki**, ein in jahrelanger Kleinarbeit liebevoll restauriertes rotes Holzhaus mit Grassodendach.

Das Durchschnittsalter im Ort steigt stetig; es fehlen junge Familien. Ob der Tourismus genug Jobs schaffen wird, um den Ort attraktiver zu machen, ist unklar. Die Winter sind hart und es gibt wenig Bürgerservice.

Die Attraktion der Umgebung sind Wanderungen (s. auch Aktivitäten und Touren), bei denen man nicht nur den niedlichen Papageitauchern nahekommt, sondern mit Glück auch Rentiere sieht. Einsam und noch wenig erkundet ist die Region des **Dyrfjöll**-Gebirges. Die Dyrfjöll, die „Tür-Berge", sind von weitem schnell erkannt, denn wie eine Tür ist der tiefe Einschnitt in den Bergkamm deutlich sichtbar. Wege gehen ab der Zufahrtsstraße 94 und auch aus dem Dorf in diese nur zu Fuß zu besuchende Bergwelt.

Von der Straße 94 aus zweigt zwischen Njarðvík und dem Pass eine Fahrspur zur Schlucht **Innra Hvannagil** ab, eingerahmt von rotbraunem Rhyolith-Geröll und garniert mit bizarren Lavaformationen und einem kleinen Wasserfall, den man vom Eingang aus in der Ferne sieht. Der kurze Wanderweg durch die Schlucht verläuft am steinigen Bachufer entlang. An manchen Stellen ist es aber einfacher und besser für die Fußgelenke, durchs Wasser zu waten.

ÜBERNACHTUNG

Álfheimar Country Hótel, Merkisvegur, ✆ 471 2010 und 861 3677, 💻 www.alfheimar.com. Die netten Zimmer für 1–4 Pers. in mehreren Gebäuden etwas außerhalb punkten mit der Aussicht aufs Meer und auf die Berge am gegenüberliegenden Fjordufer. Frühstücksbuffet und Abendessen zu angemessenen Preisen im Restaurant. ❹

Blábjörg Resort, Gamla Frystihúsið, ✆ 472 1180, 💻 www.blabjorg.is. Hier befand sich einst eine Fischfabrik. Heute gibt es kleine Zimmer mit Gemeinschaftsbädern und -küche, sowie Apartments mit 2 oder 3 Zimmern, eine Brauerei, ein Restaurant und den tollen Spa-Bereich (s. u.). ❺

Campingplatz, ✆ 472 9999 und 857 2005, 💻 www.borgarfjordureystri.is/en. Charmanter Platz unterhalb von Álfaborg. Neben dem Haus mit den sanitären Anlagen gibt es noch ein weiteres Holzhaus, in dem sich die Rezeption, eine Küchenzeile und einige Bänke und Tische befinden. Achtung: Nach dem Bræðslan-Festival braucht der Rasen einige Zeit, um sich von den vielen Zelten und Autos zu erholen. Ab 15 J. 1500 ISK, Dusche 400 ISK (mit Automat, also Kleingeld bereithalten), Waschmaschine 500 ISK. 🕒 Mitte Mai–Ende Sep.

Erfrischung gefällig?

Die Anreise von Egilsstaðir nach Bakkagerði führt vorbei an bunten Bergen und über einen spektakulären Pass mit Aussichtspunkt. Unten am Meer liegt Njarðvík, ein malerischer kleiner Ort. Das größte Highlight auf der Strecke ist für viele aber der wohl **berühmteste Getränke- und Süßigkeitenautomat** Islands, 💻 www.fb.com/people/Sjalfsali-Kidda/100054487239017. Solarbetrieben wartet er ca. 32 km nördlich von Egilsstaðir (Karte S. 454) in der markanten grünen Hütte mit Picknickbank davor auf durstige Reisende, und manchmal ist sogar Betreiber Kiddi höchstpersönlich anwesend.

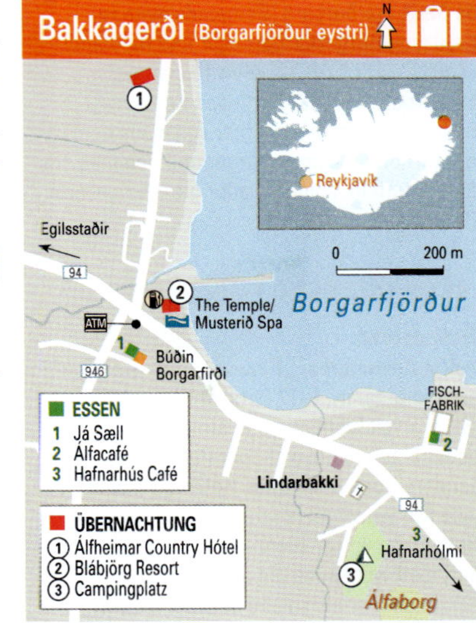

ESSEN

Empfehlenswerte Restaurants im **Álfheimar Country Hótel** und im **Blábjörg Resort** mit unterschiedlichen Öffnungszeiten. Die besten Chancen hat man zwischen 17 und 21 Uhr.

Álfacafé, ✆ 472 9900, 💻 auf Facebook. Früher hat hier ein Steinmetz gearbeitet. Überbleibsel sind die vielen Steine, die Verwendung als Tischplatten oder Treppen finden oder einfach so herumliegen. Das Café ist das lebendige Zentrum des Ortes: Hier finden Konzerte statt, hier trifft man Einheimische bei der Mittagspause. Der Renner ist das selbstgemachte *Rúgbrauð* mit Fisch. 🕒 tgl. 11–20 Uhr.

Hafnarhús Café, am Hafen, ✆ 846 0085, 💻 www.fb.com/hafnarhuskaffi. Bei selbstgebackenem Kuchen und gutem Kaffee kann man hier prima an der Fensterfront oder sogar auf der kleinen Außenterrasse auf die Ankunft der Papageitaucher warten oder die ersten Fotos sichten. 🕒 im Sommer tgl. 11–17 Uhr.

DER OSTEN

Já Sæll, Fjarðarborg (Gemeindezentrum), Kreuzung Borgarfjarðarvegur und Hólalandsvegur, ✆ 472 9920, 💻 www.fb.com/pg/fjardarborg. Auf der Karte des Kneipen-Restaurants stehen frischer Fisch aus dem Borgarfjörður, Lamm, Burger und Pommes aus Süßkartoffeln. Immer wieder gibt es Konzerte. ⌚ meist ab 18 Uhr.

AKTIVITÄTEN UND TOUREN

Bootstouren

Puffin Adventures, 💻 www.puffin.is/tour/puffin-quest-rib-safari. 4–12 Pers. cruisen für 18 500 ISK p. P. mit Ribboat die Küste auf und ab und beobachten dabei nicht nur Papageitaucher, sondern auch Seehunde, Delfine, Wale und jede Menge Vögel (auch „schräge" wie die Homepage verrät, wenn man selbst einer ist, darf man wohl auch die anderen Einwohner:innen hier als solche bezeichnen).

Mountainbiken und Wandern

Die Gegend zwischen Borgarfjörður eystri und der südlich gelegenen Bucht Húsavík eignet sich wunderbar für Ein- oder Mehrtagestouren – sowohl zu Fuß als auch mit dem Mountainbike.

Die Hauptwanderzeit ist von Mitte Juni bis Ende Aug. Es wird dringend geraten, auf den Wegen zu bleiben, denn der schnell aufziehende Nebel verwirrt die Sinne. Beliebt ist die mehrtägige Tour nach **Seyðisfjörður**. Die Wanderkarte gibt's am Campingplatz für 1000 ISK (ein Exemplar hängt aus) oder online auf 💻 www.borgarfjordureystri.is/en/hiking-walking.

Bisher weniger begangen sind die Wanderungen ins **Dyrfjöll-Gebirge**. Vor allem die Riesen-Felsen **Stórurð** gelten als lohnendes Ziel. Es führen unterschiedliche Wege dorthin; der kürzeste ist in einer Halbtagstour zu schaffen und beginnt auf dem Bergkamm der Straße 94, bevor man in den Fjord hinunterläuft. Etwas mehr Zeit braucht, wer im Dorf startet.

Geführte Touren bieten Arngrímur Víðar Ásgeirsson und seine Frau Þórey Sigurðardóttir vom **Álfheimar Country Hotel**, ✆ 861 3677, 💻 www.alfheimar.com. Sie vermieten auch Mountainbikes.

Wellness

The Temple/Musterið Spa, unterhalb des Blábjörg Resort direkt am Meer, ✆ 861 1791, 💻 https://blabjorg.is. Die Anlage bietet auf einer Holzterrasse fassförmige Hot Pots. Richtig eingeheizt wird dem Gast im kleinen Saunahäuschen. Zur Abkühlung kann man sich direkt ins Meer stürzen. Drinnen gibt es weitere Pools und Pötte, Wellnessbehandlungen und Seetangbäder. Und im Bier baden kann man für 13 990 ISK auch. ⌚ tgl. 13–20 Uhr (ab 17 Uhr nur ohne Kinder), Eintritt 5400 ISK.

SONSTIGES

Einkaufen

Als 2017 der kleine Supermarkt geschlossen wurde, nahmen die Einwohner ihr Glück selbst in die Hand und eröffneten mit **Búðin Borgarfirði**, ✆ 895 0176, 💻 www.fb.com/BudinBorgarfirdi, einen eigenen Laden. Leider ist der nicht so regelmäßig geöffnet wie sein Vorgänger, aber im Sommer hat man zwischen 9 und 12 sowie 14 und 18 Uhr oft Glück.

In der **Fischfabrik** neben dem Álfacafé, die auch kostenlos besichtigt werden kann, gibt es frischen Fisch zu günstigen Preisen und das **Álfacafé** hat einen kleinen Shop mit ausgefallenen Souvenirs, die von reichlich Fantasie zeugen: Mobiles aus Fischköpfen, mit Papageitaucher-Motiven verzierte Steine und Frühstücksbrettchen in Island-Form. ⌚ tgl. 10–22 Uhr.

Feste

Bræðslan, letztes Wochenende im Juli: beliebtes Musikfestival in einer 50 Jahre alten Fischfabrik. Das erste Festival fand 2005 statt, seither treffen sich hier jedes Jahr etwa 900 Fans von Indie, Rock und Pop (mehr Tickets gibt es nicht, also am besten frühzeitig online kaufen). Weitere Infos unter 💻 https://braedslan.is.

Álfraborgarsjen, August: Elfenfest mit Musik und Tanz. Das ganze Dorf ist auf den Beinen, und als Besucher ist man mitten drin im Dorfleben.

Informationen

Im Álfacafé, am Campingplatz und auf 💻 www.borgarfjordureystri.is.

Medizinische Hilfe

Es kommt nur zweimal im Monat ein Arzt vorbei, d. h. wer krank ist, fährt am besten nach Egilsstaðir.

TRANSPORT

Auto

Aus Richtung Egilsstaðir geht es 70 km über einen Pass auf der kurvigen, aber durchgängig asphaltierten 94.

Busse

EGILSSTAÐIR, Linie 95, Mo–Fr 1x tgl., 8 Uhr hin, 12 Uhr zurück, 1 Std., ca. 2000 ISK einfach. Haltestelle vor dem Restaurant Já Sæll.

Seyðisfjörður

Als Ziel der Fähren aus Dänemark hat Seyðisfjörður eine große Bedeutung. Man sollte das niedliche Städtchen aber nicht auf seinen Fährhafen reduzieren. Es gibt unzählige Künstler und Handwerker, sodass Shoppingfans rund um den See zahlreiche ansprechende Geschäfte und Boutiquen finden. Ob Strickpulli oder das eine oder andere schöne Souvenir: Hier lässt es sich herrlich stöbern. Und wer gerne in einem außergewöhnlichen Rahmen Musik hört, darf in den Sommermonaten eines der Konzerte in der blauen Kirche mit dem auffälligen Regenbogen-Zebrastreifen davor nicht verpassen.

Außerdem ist Seyðisfjörður ein Wanderparadies. Zum **Gufufoss** z. B. läuft man entweder über die Straße Richtung Egilsstaðir (ca. 1 Std.) oder vom nördlichen Ende des Campingplatzes über einen relativ einfachen Wanderweg (ca. 1 1/2 Std.). Das Ründchen zu den **Vestdalsfossar**, den zahlreichen kleinen Wasserfällen im schönen Vesturdalur, schafft man ab dem Parkplatz (knapp 4 km Fahrt entlang der Straße 951) in gut drei Stunden und wer die **7-Gipfel-Herausforderung** in weniger als 24 Stunden meistert, darf sich „Mountain Viking" nennen. Nähere Infos unter 💻 https://visitseydisfjordur.com/activity/gonguleidir-tindarnir-sjo.

Ein weiterer Tipp für Leute, die den zahlreichen anderen Fährankömmlingen entkommen möchten: Nur 17 km östlich entlang des Fjords befindet sich das **Skálanes Naturschutzgebiet**, erreichbar über eine holprige Zufahrt auf der Straße 952 mit drei Furten. Am Ende des Weges findet sich eine Küstenseeschwalbenkolonie, sowie eine riesige Klippe mit Möwen und Papageitauchern. Der kleine Parkplatz bietet nur fünf Fahrzeugen Platz und ist nicht für große Camper geeignet.

ÜBERNACHTUNG

Es gibt einige kleinere Gästehäuser im Dorf, die meist schon ein Jahr vor den Sommerferien gebucht werden. Wer außerhalb der Saison fährt, kann sich aber etwas mehr Zeit lassen und findet i. d. R. auch spontan ein Zimmer.

Camping Seyðisfjörður (Campingkarte), Ránargata, ✆ 472 1521, 💻 www.tjalda.is/seydisfjordur. Stellplätze für insgesamt ca. 100 Campingwagen, eine Zeltwiese und einen

Seyðisfjörður begrüßt Reisende in Regenbogenfarben.

© SHUTTERSTOCK.COM/RBBROCKYBK

DER OSTEN

zusätzlichen Wohnmobil-Stellplatz etwas außerhalb. Mi und Do, bevor die Fähre abfährt bzw. nachdem sie ankommt, ist es in der Saison trotzdem proppenvoll – viele kommen bereits 2 Nächte vor Abfahrt. Dann sind nicht nur die Plätze voll, sondern auch die Toiletten nicht immer supersauber. Schönes Servicehaus mit

Klangkunst auf dem Berg – Tvísöngur

Das musikalische Kunstprojekt des deutschen Lukas Kühne befindet sich etwa 20 Min. Fußmarsch von der Stadt entfernt. Die aus Beton erbauten Klangkörper geben fünf verschiedene Töne ab. Ein Besuch lohnt, denn hier kann man nicht nur mit dem Kunstwerk interagieren, sondern die Klänge auch noch bei herrlicher Aussicht – meist in Einsamkeit – genießen.

Kochgelegenheit. WLAN. Supermarkt nahebei. Ab 14 J. 2200 ISK p. P. Duschen 100 ISK pro 2 Min. ⌚ Mai–Sep.

€ **Hafaldan HI Hostel**, Suðurgata 9 und 8 (Rezeption), ✆ 611 4410 und 472 1410, 💻 www.hafaldan.is. In zwei roten historischen Gebäuden, dem „Hafaldan old Hospital", tatsächlich früher ein Krankenhaus, mitten im Ort, und dem „Hafaldan Harbour" an der Nordseite des Fjords. 21 Zimmer mit insges. 61 Betten (Bett im Schlafsaal 36 € Bettzeug und Handtücher extra). Es gibt Waschmaschinen, Gemeinschaftsküchen und WLAN. ⌚ „Harbour" April–Okt, „Hospital" 10. April–10. Sep. ❷–❹

Hótel Aldan, Norðurgata 2, ✆ 472 1277, 💻 http://hotelaldan.is. Ein tolles Projekt, das schützenswerte Altbauten erhält und zur Gästebeherbergung umfunktioniert. Man

Camping: Veränderung steht an!

Zum Zeitpunkt der Recherche kündigte die Gemeinde Fjarðabyggð an, sämtliche Campingplätze in den Ostfjorden in näherer Zukunft nicht mehr zu betreiben. Die Anlagen, aber nicht das Land, auf dem sie stehen, sollen verkauft werden. Das könnte besseren Service bedeuten (einige der Plätze bieten ja nur das Nötigste), aber auch großangelegte Umbauarbeiten und höhere Preise. Möglicherweise werden auch nicht alle Plätze neu eröffnet. Aber was genau passiert, bleibt abzuwarten.

nächtigt wahlweise in der ehemaligen Bank (Oddagata 6), der ehemaligen Post (Hótel Snæfell, Austurvegur) oder der ehemaligen Schule (Öldugata 13). ❹

Við Lónið Guesthouse, Norðurgata 8, ☎ 899 9492, 🖳 www.vidlonidguesthouse.com. Liebevoll restauriertes Haus aus dem Jahr 1907 mit vergleichsweise großen Zimmern in Toplage zwischen Lagune und Kirche (der Aufpreis für Balkonzimmer mit Meerblick hat seine Berechtigung). Pad-Kaffeemaschine auf den Zimmern, aber keine Küche. ❺–❻

ESSEN

Aldan Restaurant, s. Hótel Aldan. Übersichtliche, aber feine Speisekarte. Super sind die verschiedenen Veggie-Gerichte, die größtenteils aus interessant zubereitetem gebratenem Gemüse bestehen. Ansonsten gibt es Fisch und gewöhnungsbedürftige Rentierkroketten. Das leckere Frühstück wird auch von den Campinggästen geschätzt. ⌚ tgl. 12–22 Uhr.

Kaffi Lára/El Grillo Bar, Norðurgata 3, ☎ 472 1703, 🖳 www.elgrillobrew.com. Zentral gelegener, ansprechender Platz – bei schönem Wetter zum Draußensitzen. Bekannt auch für seine hauseigene Biermarke, geschmückt vom Konterfei des Betreibers Eyþór Þórisson. Der unterhaltsame Gastgeber erklärt, woher die Bar ihren Namen hat: Dieser erinnert zum einen an alte Zeiten, als hier noch Lára, eine im Ort beliebte Frau, wohnte. El Grillo nimmt Bezug auf das vor dem Ort liegende Wrack (s. auch Tauchen). ⌚ tgl. 11.30–24 Uhr, Fr und Sa auch länger, aber die Küche ist immer nur bis 22 Uhr in Betrieb.

Norð Austur Sushi Bar, Norðurgata 2, ☎ 778 4000, 🖳 https://nordaustur.is. Frischer Fisch in japanischer Tradition zubereitet. Reservierung ratsam, geht auch über die Webseite. ⌚ auch wenn auf der Website „Nach Laune und Windrichtung" steht, ist die Kernöffnungszeit Mi–So 17–22 Uhr.

Skaftfell Bistro, Austurvegur 42, ☎ 472 1633, 🖳 http://skaftfell.is/bistro. Eigentlich eine Galerie, aber wer hier vor lauter Kunstgenuss Hunger bekommt, findet z. B. leckere Pizza. Jedenfalls manchmal, denn das Bistro ist nicht zuverlässig auf.

EINKAUFEN

Kunsthandwerk

Borgarhóll Arts & Craft, Austurvegur 17b. In einem kleinen schmucken Haus von 1890 werden Kunsthandwerk, Kleidung und andere Artefakte aus der Region angeboten. Für alle, die Krimskrams mögen oder einfach nur eine neue Wollmütze brauchen. ⌚ je nach Nachfrage, aber i. d. R. tgl. 10–20 Uhr.

Blóðberg, Norðurgata 5, ☎ 899 9429, 🖳 www.fb.com/blodberg710/. Perfekt zum Stöbern für alle auf der Suche nach originellem Nippes Auch ein paar Schmuckstücke finden sich hier. ⌚ wechselnd, Nachfragen per Telefon erwünscht.

Supermärkte

Wer mit der Fähre kommt und in die Ostfjorde möchte, kann sich in Egilsstaðir (also nur ein paar Kilometer über den Pass) mit Lebensmitteln eindecken. Hier im Ort gibt es nur den **Kjörbúðin-Supermarkt**, Vesturvegur 1. Die Auswahl ist klein, aber ausreichend, die Preise sind okay. ⌚ Mo–Fr 9–18, Sa 10–17, So 12–17 Uhr.

Vínbúðin, Hafnargata 4a. ⌚ im Sommer Mo–Do 16–18, Fr 13–18, im Winter Mo–Do 17–18, Fr 14–18 Uhr.

AKTIVITÄTEN UND TOUREN

Schwimmen

Das kleine **Hallenbad**, Suðurgata 5, ✆ 472 1414, mit der recht kurzen 12,5-m-Bahn bietet 2 Hot Pots im UG und eine kleine Sauna. Für das Gebotene relativ teuer, aber dennoch schön, vor allem bei Regen. ⏲ Mo–Fr 15–20, zusätzlich Mo, Mi, Do 7–10 und Sa 11–14 Uhr. Im Winter Di und Do geschl.

Skifahren

Nur 9 km südwestlich des Ortes befindet sich das beliebte **Stafdalur-Skigebiet** auf der Fjarðarheiði mit einem 1,6 km langen Skilift und einem kleinen Kinderlift. Auch Fans von Schneemobilen kommen hier auf ihre Kosten. Saison ist von Dez–Mai. Aktuelle Infos unter 💻 www.stafdalur.is.

Tauchen

Vor der Küste Seyðisfjörðurs liegt in etwa 40 m Tiefe das Wrack eines Öltankers namens *El Grillo*. Am 10. Februar 1944 wurde der Tanker von einem deutschen Flugzeug abgeschossen. Er sank, das Öl blieb im Wrack. Erst 2002 wurde es abgepumpt. Wer hier tauchen will, sollte sich frühzeitig anmelden, denn man braucht eine Erlaubnis und außerdem ein PADI-Zertifikat. Teilnehmer an Island-Tauchtouren tauchen hier mit **Dive.IS**, ✆ 578 6200, 💻 www.dive.is/dive-sites/el-grillo.

Wander-, Kletter- und Mountainbiketouren

Hiking Club Seyðisfjörður, Hafnargata 44, ✆ 472 1551 und 861 7789. Bietet geführte Touren, und auch wer allein wandern möchte, bekommt die eine oder andere hilfreiche Information.

INFORMATIONEN

Seyðisfjörður-Infozentrum, im Fährhafen. Hier befindet sich auch das Büro der Einreisekontrolle (mehr zur Einreise s. S. 39), Ferjuleira 1, ✆ 472 1551 und 861 7789. ⏲ Mai–Sep Mo–Fr 8–16 Uhr, im Winter nur Di und Mi. Außerhalb der Öffnungszeiten kann man ggf. im **Office of Travel and Cultural Affairs**, Hafnargata 44 (bei der Stadtverwaltung), Informationen bekommen.

TRANSPORT

Auto

Zufahrt über den **Pass Fjarðarheiði** – bei Nebel abenteuerlich, bei strahlendem Sonnenschein fantastisch! Nicht selten ist der Pass wegen schlechten Wetters geschlossen. Wem das passiert, der wird sich vielleicht an die TV-Krimiserie *Trapped – Gefangen in Island* (Originaltitel Ófærð, „Unbefahrbar") erinnern. Denn bekannt wurde das kleine Nest Deutschen im Jahr 2017, als die Serie erstmals im Fernsehen lief. Obwohl größtenteils in Siglufjörður (S. 361) gedreht, spielt die Handlung in Seyðisfjörður. Die meisten Reisenden sind jedoch nicht trapped, sondern kommen ohne Zwischenfälle über den Pass.

Busse

EGILSSTAÐIR (Haltestellen am Campingplatz und am Flughafen) mit Linie 93. Mo–Fr 7.45 und 14.30, Sa 8.45 Uhr, in 40 Min. für um die 1000 ISK. Pro Bus werden 2 Fahrräder mitgenommen.

Fähre

Informationen zum Fahrplan gibt's bei **Smyril Line**, Fjarðargata 8, ✆ 470 2808, 💻 www.smyrilline.de. ⏲ Mo–Fr 9–12 und 13–17 Uhr. Wer mit dem Auto kommt, sollte sich frühzeitig um Tickets kümmern, denn die Fähre ist im Sommer immer gut gefüllt. Kleine Pkw bekommen oft auch noch etwas später ein Plätzchen. Die Fahrt bis nach Dänemark dauert 47 Std., Abfahrt ab Seyðisfjörður Do um 10.30 Uhr (Anfang Juni–Anfang Sep) oder Mi um 20 Uhr (Mitte März–Ende Mai und Anfang Sep–Ende Nov). Dass die Fähre ganz ausfällt, kommt nur selten vor, manchmal fährt sie aber wetterbedingt später (oder auch früher).
Mehr zur Fähre und den Kosten unter „Anreise" auf S. 40.

Mjóifjörður

Wer erfahren will, wie es sich in einem abgeschiedenen Dorf lebt, der fahre zum Mjóifjörður (s. Karte S. 466). Hier gibt es eigentlich nichts außer Natur. Touristen begrüßen sich noch mit

Handschlag, und auch die Einheimischen sind schnell alte Bekannte. Hier kommt man nicht aus Versehen vorbei (s. Transport), sondern nur, wenn man Einsamkeit und Natur sucht. Hauptsehenswürdigkeit sind neben dem rostigen Schiffswrack am Fjordende (super Fotomotiv) die **Klifbrekkufossar**-Wasserfälle an der Pass-Straße runter in den Fjord. Ein Trampelpfad führt zu den besten Foto-Positionen, zum untersten der Fälle kann man runterkraxeln und sich hinter das spritzende Wasser stellen. Im Mini-Dorf **Brekkuþorp**, kurz Brekka, gibt es ein Gästehaus und einen Campingplatz. Wer von dort aus die erstaunlich gute Küsten-Schotterstraße bis zum Ende weiterfährt, findet nach gut einer Stunde Fahrt an deren Ende bei Dalatangi einen hübschen orangefarbenen Leuchtturm, eine Farm und eine herrliche Aussicht.

ÜBERNACHTUNG UND SONSTIGES

Sólbrekka Guesthouse, Karte S. 466, ✆ 470 900, 🖳 https://solbrekka-guesthouse.business.site und 🖳 www.mjoifjordur.weebly.com. Das Gästehaus bietet Zimmer, einfache Cottages und ein kleines Café (nur manchmal von 13–17 Uhr geöffnet). Weiter oben im Ort (dem Schild „Brekka" folgen) liegen dann die Cottages (Schlafsackunterkunft 5000 ISK) und der Campingplatz (ab 14 J. 1500 ISK). ⌚ nur im Sommer. ❸–❹

TRANSPORT

Der Mjóifjörður liegt etwa 10 km Luftlinie südlich von Seyðisfjörður. Eine Straße zwischen den beiden Orten gibt es allerdings nicht, nur einen Reitpfad (über die Gagnheiði). Im Sommer kann man auch mit dem **Auto** über die Passstraße 953 (Abzweig von der 92 nahe Egilsstaðir) in das abgeschiedene Dorf gelangen. Geübte Fahrer schaffen den Pass auch mit einem Auto der Mini-Klasse (rechtzeitig runterschalten), es dauert halt länger. Im Winter ist diese schmale Schotterstraße meist gesperrt, sodass die Bewohner nur 2x pro Woche mit der Personenfähre *Björgvin* zum Supermarkt nach Neskaupstaður fahren können: Mo und Do um 10 Uhr ab Mjóifjörður, ab Neskaupstaður geht es bereits um 12.30 Uhr zurück ins Dorf (das reicht für die Bewohner gerade zum Einkaufen). Infos ✆ 853 3004 und 616 2630.

Reyðarfjörður

Reyðarfjörður, die erste von drei Ansiedlungen an der Straße 92, liegt am gleichnamigen Fjord. Der altisländische Text *Landnámabók* („Landnahmebuch") berichtet, dass der färöische Wikinger Naddoddur genau hier um 850 zum ersten Mal isländischen Boden betreten haben soll. Der Reyðarfjörður ist ungefähr 30 km lang, 7 km breit und sehr tief, was den Hauptort als Handelszentrum prädestinierte, aber auch für Kriegsschiffe eine ideale Basis darstellte. 1940 wurden hier britische Truppen stationiert, woran jährlich am 1. Juli am *Military Occupation Day* erinnert wird (mehr zur britischen Besatzung s. S. 108).

Direkt hinter dem zum Zeitpunkt der Recherche geschlossenen **Icelandic Wartime Museum** am nördlichen Ende des Ortes kann man zum nahe gelegenen Wasserfall Búðarárfoss spazieren. Weitere markierte Wege locken zwischen Reyðarfjörður und **Eskifjörður**, dem nächsten Ort entlang der Straße 92, im kleinen aber feinen Naturschutzgebiet **Hólmanes** (Start am Aussichtspunkt/Parkplatz).

Heute legen im Hafen Schiffe an, die Bauxit liefern, den Rohstoff für die Aluminiumproduktion. Das ganze Örtchen wird beherrscht von der großen **Alcoa-Aluminiumschmelze**, Alcoa Fjarðaál Hraun 1, ✆ 470 7700, 🖳 www.alcoa.com/iceland/ic/default.asp (Führungen auf Anfrage). Während 2004 nur 692 Menschen in Reyðarfjörður lebten, finden hier heute immerhin 1100 Menschen ihr Auskommen. 500 Angestellte produzieren 344 000 t Aluminium pro Jahr. Die Grundstoffe werden importiert, die große Menge an benötigter Energie liefert das Fljótsdalur-Kraftwerk, das vom Kárahnjúkar-Damm im Hochland (S. 597) mit Wasser versorgt wird. Der Staudamm war umstritten; viel Natur wurde ihm geopfert, ein intaktes Ökosystem zerstört. Sogenannte grüne Energie hat auch ihren Preis, den nicht jeder Isländer zu akzeptieren bereit ist (mehr dazu auf S. 97).

Vom Mjóifjörður nach Breiðdalsvík
N
0
10 km
Eskifjörður
Orkan
SCHWIMMBAD
Tunnel
Eskifjörður
0
500 m
Reyðarfjörður
Egilsstaðir
Fagridalur
Brekka
Mjóifjörður
s. Ortsplan Neskaupstaður S. ÞÞÞ
Páskahellir
Naturschutzgebiet
Neskaupstaður (Norðfjörður)
Norðfjörður
Klifbrekku-fossar
1021
Norðfjarðargöng
1028
Hellisfjörður
Viðfjörður
s. Detailplan oben links
Eskifjörður
Skigebiet Oddsskarð
Icelandic Wartime Museum
Hólmatindur
995
Naturschutzgebiet Hólmanes
Alcoa-Werk
Reyðarfjörður
Reyðarfjörður
Fáskrúðsfjarðargöng
1110
Vattarnes
1193
Fáskrúðsfjörður
Gilsárfoss
Vattarnes
Fáskrúðsfjörður
SKRÚÐUR
ANDEY
Breiðdalsheiði, Egilsstaðir
Norðurdalur
Suðurdalur
Silfurberg
Þorvaldsstaðir
1128
Breiðdalsá
Farm Jórvík
Höskulds-staðir
Norðurdalsá
Vogelbeobachtungs-häuschen
Petras Steinemuseum
Stöðvarfjörður
Saxa
Stöðvarfjörður
Flögufoss
Breiðdalur
Wasserfall Beljandi
Heydalir
Breiðdalsvík
Breiðdalsvík
Leirur
Leuchtturm Streitisviti, Djúpivogur, Höfn
Reykjavík
ÜBERNACHTUNG
(1) Camping Eskifjörður
(2) Hótel Eskifjörður
(3) Mjóeyri Guesthouse
(4) Sólbrekka Guesthouse
(5) Skorrahestar
(6) Camping Reyðarförður
(7) Tærgesen Guesthouse & Restaurant
(8) Camping Fáskrúðsfirði
(9) Fosshótel Austfirðir
(10) Kirkjubær, Saxa Guest House, Camping Stöðvarfjörður
(11) Hótel Staðarborg
(12) Hótel Bláfell, Campingplatz
ESSEN
1 Imbiss Kr-ía
2 Randulf's Sea House
3 Sesam Brauðhús
4 Café Sumarlína
5 L'Abri
6 Café Sunnó
7 Hamar Kaffihús
8 Beljandi Brugghús, Kaupfélag Art & Craft Café
SONSTIGES
1 Meet the locals / Tanni Travel
2 Kjörbúðin-Supermarkt
3 Mjóeyri Travel Service

DER OSTEN

Anzuschauen gibt es im Dorf ansonsten wenig bis gar nichts. Eine als solche gekennzeichnete Sehenswürdigkeit liegt direkt an der Hauptstraße gegenüber der Schmelze: eine **alte Hütte**, liebevoll restauriert mit Geldern der Alcoa-Stiftung. Etwas trubeliger wird es zum jährlichen **Familienfest Bryggjuhátíðin**: Anfang Juli kommen alle Anwohner zusammen und feiern am Hafen mit Musik und Kulinarischem.

ÜBERNACHTUNG

Camping Reyðarfjörður (Campingkarte), Búðareyri 7, Karte S. 466, ✆ 776 0063, 💻 https://tjalda.is/en/reydarfjordur. Der Platz liegt direkt am Ententeich am Ortseingang. Es gibt ein kleines Toilettenhäuschen (nicht immer supersauber). Spielplatz und Waschmaschine. Ab 14 J. 1800 ISK. 🕒 Mai–15. Sep.

€ **Tærgesen Guesthouse & Restaurant**, Búðargata 4, Karte S. 466, ✆ 470 5555. Unlängst wurde der Name von Hotel in Gästehaus geändert und das hat seinen Grund: Untergebracht in einem der ältesten Häuser der Stadt sind Zimmer und Ausstattung ein wenig abgerockt, dafür schläft man aber günstig. ❸

ESSEN

Sesam Brauðhús, Hafnargata 1, Karte S. 466, 💻 www.sesam.is. Gut besuchtes Café mit einer großen Auswahl an Brot und Gebäck und, wie der Name verspricht, leckeren Sesamringen. Recht gutes WLAN. 🕒 tgl. 7.30–16.30, Sa 9–16 Uhr.

EINKAUFEN

Im **Einkaufszentrum Molinn**, an der Hafnargata 2, finden sich **Bank**, **Apotheke**, 🕒 Mo–Fr 10–18 Uhr, und **Krónan-Supermarkt**. 🕒 Mo–Do 11–18, Fr 11–19, Sa 11–17, So 12–16 Uhr.

An der **Tankstelle** ggü. gibt es Autozubehör, Alkoholisches in der **Vínbúðin**, Hafnarbraut 6. 🕒 Mo–Do 11–18, Fr 11–19, Sa 11–16 Uhr.

TRANSPORT

Auto

Reisende aus Richtung Egilsstaðir kommen ca. 1 km vor Reyðarfjörður an eine Kreuzung: Wer weiter auf der Ringstraße in die südlichen Ostfjorde will, biegt hier rechts ab; geradeaus wird die Straße zur 92, die durch Reyðarfjörður und weiter bis Neskaupstaður führt.

Busse

BREIÐDALSVÍK, mit Linie 92 Mo–Fr 2–3x tgl. in 50 Min.

EGILSSTAÐIR, mit Linie 91 außer So mehrmals tgl., mit Linie 96 werktags sehr häufig in ca. 40 Min.

NESKAUPSTAÐUR und Eskifjörður mit Linie 91 außer So mehrmals tgl., mit Linie 96 werktags sehr häufig in ca. 1 Std.

Eskifjörður

Von Reydarfjörður weiter auf der Straße 92 folgt nach 16 km Eskifjörður mit etwa 1000 Einwohnern. In diesen Seitenarm des Ostens verirren sich nur wenige Touristen. Daher ist meist auch noch spontan ein Zimmer zu bekommen. Busse sieht man so gut wie nie, und nur wenige Reisegruppen schaffen es bis hierher.

Der Eskifjörður ist ein 2 km langer ruhiger Seitenarm des Reyðarfjörður mit einem Hafen, an dem auch Kreuzfahrtschiffe anlegen. Der niedliche Ort erfreut Fotografen, die die roten Fischerhütten am Wasser ablichten. Einige Einwohner scheinen eine Schwäche für Gartenzwerge zu haben: An einem auffällig roten Haus an der Hauptstraße stehen besonders viele der lustigen Gesellen. Auch der Blick in andere Gärten zeigt: Kleine Skulpturen, ob Windrad, Storch oder Eule, sind hier groß in Mode. Der Ort liegt wie gemalt vor dem 995 m hohen Berg Hólmatindur, der von der gegenüberliegenden Fjordseite aus über die Stadt wacht.

ÜBERNACHTUNG

Karte S. 466

Camping Eskifjörður (Campingkarte), Strandgata, am Ortseingang, ✆ 470 9000, 💻 https://

In diesen Häuschen direkt am Wasser lässt es sich herrlich wohnen.

tjalda.is/en/eskifjordur. Caravans stehen nah an der Straße, aber wer mit dem Zelt kommt, kann geschützt in einem kleinen Wald übernachten. Relativ saubere Waschräume. Kein Aufenthaltsraum. Ab 15 J. 1500 ISK. ⌚ im Sommer.

Mjóeyri Guesthouse, Strandgata 120, ✆ 477 1247, 💻 www.mjoeyri.is/en. Ein wirklich gelungenes *home away from home*: Die Zimmer im Guesthouse und in Cottages – oben Wohnraum, unten Küche und Bad – sind mal älter, mal neuer, doch alle wohnlich. Die Lage allein wäre schon Argument genug, denn die Häuschen für 4–7 Pers. stehen direkt am Meer am Ende des Ortes. Es gibt eine Sauna und einen warmen Pool. Freundliche Leute. ❹–❻

Hótel Eskifjörður, Strandgata 47, ✆ 476 0099, 💻 www.hoteleskifjordur.is. 16 nicht wirklich schöne, aber recht saubere und funktionale DZ. 2 Zimmer sind rollstuhltauglich. ❹–❺

ESSEN

Karte S. 466

Randulf's Sea House, Strandgata 96 (am südlichen Ortsende, direkt am Wasser), ✆ 477 1247. Das Restaurant ist eigentlich ein kleines Museum: eine Zeitkapsel mit Relikten aus jener Zeit, als die Menschen noch vom Fischfang lebten. Übersichtliche Speisekarte, viel Fisch. Kinder bekommen kleinere Portionen und zahlen die Hälfte. ⌚ 12–21, Fr und Sa bis 22 Uhr (Achtung: manchmal zwischen 15–17 Uhr auch Mittagspause).

Tankstelle mit **Imbiss Kr-ía**, Strandgata 13. ⌚ Mo–Fr 8–22, Sa/So ab 10 Uhr.

AKTIVITÄTEN UND TOUREN

Bootsausflüge

Mjóeyri Travel Service, Standgata 120, Karte S. 466, ✆ 477 1247 und 696 0809, 💻 www.mjoeyri.is, vermittelt (neben vielem anderen) den Verleih von Motorbooten und organisiert Rentier-Beobachtungs-Touren.

Schwimmen

Schwimmbad, Dalbraut 3a, ✆ 476 1218. Schönes, modernes kleines Freibad mit Hot Pots, Rutsche und Sauna. ⌚ Mo–Fr 7–21, Sa/So 10–18 Uhr.

Skifahren

Am Pass **Oddsskarð** wird im Winter gerodelt und Ski- und Snowboard gefahren. Infos zum

Skigebiet mit Liften und Flutlichtanlagen auf 💻 www.visitfjardabyggd.is/oddsskard (leider nur auf Isländisch).

Tourveranstalter

Meet the locals/Tanni Travel, Strandgata 14, Karte S. 466, ✆ 476 1399, 💻 www.meetthelocals.is. Kontakt zu Isländern gesucht? Bei ihnen zu Hause essen, mit ihnen einen Stadtspaziergang machen? Das entspricht dem Konzept dieses Anbieters. Mit dem Pferd, zu Fuß, Kultur oder Natur: Ein breit gefächertes Programm hält für jeden etwas bereit, der sich den Osten unter heimischer Führung näher ansehen mag.

Wandern

Es gibt jede Menge markierte und nicht markierte Wanderwege in den Naturschutzgebieten. Für Kurzwanderungen eignen sich die markierten Wege im **Naturschutzgebiet Hólmanes**, wo seltene Pflanzen und Vögel bestaunt werden können. Der Parkplatz mit Wanderkarte in der Kehre der Straße 92 zwischen Reyðarfjörður und Eskifjörður ist nicht zu übersehen.

SONSTIGES

Einkaufen

Kjörbúðin-Supermarkt, Strandgata 40. 🕒 Mo–Fr 9–18, Sa 10–17, So 12–17 Uhr.

Informationen

Im **Schwimmbad**, Dalbraut 3a, ✆ 476 1218, 💻 https://sundlaugar.is/en/sundlaugasafn/eskifjordur. 🕒 Sommer Mo–Fr 7–21, Sa/So 10–18, Winter Mo–Do 7–20, Fr 7–18, Sa/So 11–16 Uhr.

Medizinische Hilfe

Apotheke und kleines **Gesundheitszentrum**, Strandgata 31.

TRANSPORT

Auto

Eskifjörður befindet sich an einem Abzweig der Straße 92 Egilsstaðir–Reyðarfjörður–Neskaupstaður. Nach der Ortsdurchfahrt kann man auf der schmalen Küstenstraße 954 noch etwas am Fjord weiterfahren.

Busse

EGILSSTAÐIR über Reyðarfjörður mit Linie 91 mehrmals tgl. außer So in 30–45 Min.
NESKAUPSTAÐUR (NORÐFJÖRÐUR) mit Linie 91 mehrmals tgl. außer So und mit Linie 96 werktags sehr häufig in 30 Min.

Neskaupstaður (Norðfjörður)

Auch wenn es mini aussieht, so ist Neskaupstaður mit 1500 Einwohnern doch der größte Ort in den Fjorden. Man erreicht ihn nur über die Straße 92, wobei 8 der 31 km im zweispurigen Tunnel **Norðfjarðargöng** zurückgelegt werden (die alte Passstraße über Oddsskarð kann man zwar von beiden Seiten aus noch befahren, aber der Tunnel in der Mitte ist gesperrt, sodass sie keine Alternative ist). In Neskaupstaður ist nicht viel los, außer an Feiertagen (s. u.). Wer Natur ohne viele Menschen sucht, ist hier genau richtig. Die Stadt liegt unterhalb von etwa 1000 m hohen Bergen und war lange Zeit nur schwer zugänglich. 1962 kam ein Flughafen hinzu, der bis heute vor allem für Ambulanztransporte wichtig ist, denn hier befindet sich das Krankenhaus, in dem Patienten aus allen Ostfjorden und auch aus Egilsstaðir behandelt werden.

Es gibt einen Supermarkt, eine Tankstelle, einige Gästehäuser, mehrere Hotels und Restaurants. Camper genießen den Blick auf den Fjord. Sehenswert ist das **Museum**, dessen drei Ausstellungen sich den Themen Seefahrt, Handwerk und Naturkunde widmen. Zudem dient das Haus als Kunstgalerie. 🕒 1. Juni–31. Aug Mo–Fr 13–21, Sa nur bis 17 Uhr, Eintritt 1100 ISK, Kinder bis 16 J. frei.

Naturschutzgebiet Neskaupstaður

Als 1971 im Gebiet zwischen Mjóifjörður und Neskaupstaður eine Mülldeponie gebaut werden sollte, beantragte die Gemeinde, die Gegend unter Naturschutz zu stellen. Schon 1972 war es so weit: Das einst als Weideland für Schafe genutzte Gebiet steht seither unter Schutz – direkt östlich der Stadt geht es los. Wer schon

DER OSTEN

„Klein Moskau"

Der Kreml in Island? Ja, man reibt sich die Augen, aber tatsächlich herrschte in Neskaupstaður rund 50 Jahre der Sozialismus. Die Einwohner lebten gemeinwohlorientiert, achteten aufeinander und schufen u. a. Krankenhaus, Schwimmbad und das Rathaus, das liebevoll „Kreml" genannt wurde. 1998 endete die sozialistische „Herrschaft", aber der Grundgedanke ist heute noch spürbar. Einen sehenswerten Dokumentarfilm (mit englischen Untertiteln) findet man hier: 🖳 www.nordische-filmtage.de/de/programm/movie/view/2019/9097.html.

immer mal Gewimperten Steinbrech, Pyramiden-Günsel oder auch Floh- und Pillen-Segge sehen wollte, kann diese Pflanzen hier entdecken. Jeden Sommer wohnen hier viele Eissturmvögel, Raben und Rotdrosseln, und auch Papageitaucher ziehen ihre Jungen groß.

Dass die Flora und Fauna in dieser Gegend schon immer vielseitig war, zeigen zahlreiche beeindruckende Fossilien in der **Páskahellir**, der Osterhöhle: Im Inneren finden sich Hohlräume, die vermutlich von Bäumen stammen, die hier vor 12 Mio. Jahren einen Wald bildeten. Auch geologisch sind diese Höhlen, die durch die Brandung in die Felsküste gemeißelt wurden, bemerkenswert. Ihr Name geht übrigens auf ein Lichtphänomen zurück: Zur Osterzeit funkelt die Sonne auf den roten Liparit-Klippen, und es sieht aus, als würde sie tanzen. Zur Höhle verläuft ein Küstenpfad der am Leuchtturm beginnt und im letzten Stück bequem über Stufen führt. Man läuft 20 Minuten vom Ortsende bis zur Höhle, von dort aus nochmal 30 Minuten bis zur kleinen Bucht Hundsvík. Verlaufen wäre auch ohne die grün-roten Holzpflöcke unmöglich, aber Achtung: Das letzte Stück des Weges ist abenteuerlich, weil der schmale Pfad im steilen Hang verläuft. Wer nicht trittsicher und schwindelfrei ist, sollte sich das sparen.

Wer den Park erkunden will, findet hier eine Karte mit vielen weiteren Infos: 🖳 www.en.visitfjardabyggd.is/Media/neskaupstadur-reserve.pdf. Der Flyer wird zudem in der Gegend kostenlos verteilt (sogar auf Deutsch).

ÜBERNACHTUNG

€ **Campingplatz** (Campingkarte), Egilsbraut 1, ✆ 776 0061. Dieser Platz liegt unterhalb der Lawinenschutzwälle mit Blick auf den Fjord. Einfache, saubere Sanitäranlagen. Freundliche Leute. Wenn im Ort der Heavy Metal rockt (s. Kasten), ist es hier voll. Ansonsten geht es ruhig und beschaulich zu. Ab 15 J. 1500 ISK. 🕒 Juni–15. Sep.

Hótel Hildibrand, Hafnarbraut 2, ✆ 477 1950, 🖳 www.hildibrandhotel.com. Apartmenthotel mit Restaurant und Bar direkt an der Hauptstraße – was heißen soll, dass die Meerblick-Balkone gleichzeitig Straßen-Balkone sind. Kein Aufzug. ❺–❻

The Cliff Hotel, Nesgata 40, ✆ 444 4860. Grauer Hotelklotz direkt am Wasser, aber das Äußere sieht man ja nicht, wenn man drin ist. Innen eher gehobene Ausstattung, phänomenal sind die Sonnenterrassen. ❹–❺

Skorrahestar, Skorrastaður 4, Karte S. 466, ✆ 477 1736, 🖳 www.skorrahestar.is. Die Pferde- und Schaffarm liegt an der Straße 92, etwa 7 km vor Neskaupstaður. Doddi, ein pensionierter Biolehrer, der in der DDR Deutsch gelernt hat, und seine Frau Thea werben wie viele andere mit dem Slogan *Come as a guest, leave as a friend* – hier bestätigen wir, dass das wörtlich genommen werden kann. Im Angebot sind Ausritte und geführte Wanderungen (s. Aktivitäten). Im Winter ist dies die ideale Location zum Nordlichter-Fotografieren. Gemütliche und einfache Doppel- und Familienzimmer, teilweise mit eigenem Bad, Küchenbenutzung für alle. Inkl. Frühstück.

ESSEN

Beituskúrinn, Egilsbraut 21, ✆ 477 1930, an der Hauptstraße neben dem Museum, direkt am Wasser. Wenn die Sonne scheint, schmecken die Pizza und das Bier auf der Sonnenterrasse mit super Blick besonders gut. Innen rustikal gemütlich. 🕒 tgl. 12–24 Uhr.

Nesbær Kaffihús, Egilsbraut 5, ✆ 477 1115. Kuchen, kleine Mahlzeiten, Souvenirs

und vor allem leckerer Kaffee. Die Zukunft des beliebten Dorfcafés war zum Zeitpunkt der Recherche ungewiss, da die langjährige Betreiberin sich zur Ruhe setzen will. 🕒 Mo–Mi und Fr 9–18, Do 9–20, Sa 10–17 Uhr.

AKTIVITÄTEN UND TOUREN

Bootsausflüge und Kajaktouren

Das Team vom **Hildibrand** (s. Übernachtung) vermittelt Kajaks und Segeltouren zum einsamen Mjóifjörður.

Schwimmen

Schwimmbad Stefánslaug, Miðstræti 15, ✆ 477 1243. Nettes Freibad mit Bergblick, Hot Pots und Rutsche, übrigens nach Stefán Þorleifsson benannt, der hier viele Jahre der Bademeister war, und im März 2021 im Alter von 104 Jahren als damals ältester Mann Islands verstarb. 🕒 Juni–Aug Mo–Fr 7–21, Sa und So 10–18, sonst Mo–Do 6–20, Fr 6–18, Sa 11–18, So 13–18 Uhr.

Wandern und Reiten

Skorrahestar (s. Übernachtung) bietet geführte Wanderungen (15 500 ISK) und Ausritte (ab 12 500 ISK) in den Bergen an. Anschließend speist man hausgemachte gefüllte Pfannkuchen und hört Geschichten aus dem Dorf.
Auch das **Hótel Hildibrand** (s. Übernachtung) vermittelt Wanderführer.

SONSTIGES

Einkaufen

Kjörbúðin-Supermarkt, Hafnarbraut. 🕒 tgl. 9–18, Sa 10–17, So 12–17 Uhr.
Vínbúðin, Hafnarbraut 15. 🕒 Mo–Do 14–18, Fr 11–19, Sa 11–14 Uhr.

Informationen

Im **Schwimmbad**, Miðstræti 15, ✆ 477 1243, 💻 www.visitfjardabyggd.is.

TRANSPORT

Auto

Anbindung nur über die Straße 92 durch den Tunnel Norðfjarðargöng.

Busse

EGILSSTAÐIR mit Linie 91 mehrmals tgl. außer So in ca. 70 Min.
ESKIFJÖRÐUR und REYÐARFJÖRÐUR mit Linie 96 werktags häufig in 20 bzw. 35 Min.

Feste feiern in Neskaupstaður

In diesem kleinen Ort haben sich zahlreiche Feste etabliert. Am **Seemannstag** (Sjómannadagurinn), immer am ersten Sonntag im Juni, feiert die ganze Stadt ihre Vorfahren und all jene, die noch heute als Seemänner arbeiten.
Anfang Juli dann ist die Stadt Pilgerziel für Hardrockfans. Sie treffen sich für vier Tage auf dem **Eistnaflug**, 💻 www.eistnaflug.is, dem „Genuine Icelandic Rock and Heavy Metal Festival". Es hat sich im Laufe der Jahre zu einem der größten Festivals in Island gemausert, zu dem Fans aus der ganzen Welt anreisen.
Ein großes Familienfest ist **Neistaflug** („Funkenflug"), das jährlich am ersten Wochenende und dem ersten Montag im August gefeiert wird. Hier trifft sich das ganze Dorf, um gemeinsam zu trinken und zu essen.
Im November wird aktiv der dunklen Zeit getrotzt: Lustig geht es auf dem Festival **Dagar myrkurs (Tage der Dunkelheit)** zu. Das Programm ändert sich jedes Jahr – mal Theater, mal Musik, aber immer Essen und viel Spaß.

Fáskrúðsfjörður

Das Dorf hat gerade einmal 600 Einwohner. Ursprünglich hieß der Ort Búðir, heute wird er allgemein wie der Fjord Fáskrúðsfjörður genannt. Ende des 19. Jhs. bis etwa 1930 versuchten viele Franzosen (und auch einige Deutsche) hier ihr Glück als Walfänger. Einiges erinnert noch heute an diese Zeit. Die Bedingungen waren hart, viele erkrankten oder starben. Daher wurde ein **Hospital** erbaut, in dem heute eine sehenswerte Ausstellung und ein Hotel untergebracht sind. Im Untergeschoss betritt man das Innere eines Bootes und bekommt eine Ahnung, wie es sich auf dem Meer einst angefühlt haben könnte – fast scheint der Boden zu schwanken. ◷ Mai–Aug tgl. 10–18 Uhr, Eintritt frei.

ÜBERNACHTUNG

Karte S. 466

€ **Camping Fáskrúðsfirði** (Campingkarte), ✆ 776 0062, 💻 https://tjalda.is/en/faskrudsfjordur/. Der kleine Platz am Ortsrand erstreckt sich an einem Bach. Dahinter ragen die Felsen auf, davor liegt ein idyllischer See. Einige Plätze sind dank kleiner Bäume vor dem Wind geschützt. Es gibt zudem ein paar Sitzgelegenheiten, saubere Toiletten und Duschen. Ab 15 J. 1500 ISK. ◷ im Sommer.

Fosshótel Austfirðir, Hafnargata 11-14, ✆ 470 4070, 💻 www.islandshotel.is/hotels-in-iceland/fosshotel-eastfjords/. 3-Sterne-Hotel mit Geschichte: Hier befand sich nämlich ursprünglich das französische Krankenhaus. 47 Zimmer und ein Restaurant (s. Essen). ❺–❼

ESSEN

Karte S. 466

Café Sumarlína, Búðavegur 59, ✆ 475 1575, 💻 www.sumarlina.is. In dem kleinen Haus nahe dem Wasser gibt es Kuchen, Pommes und mehr. Bei gutem Wetter kann man auch draußen auf der netten Terrasse sitzen. Innen rustikal heimelig. ◷ tgl. 11–20 Uhr.

L'Abri, im Fosshótel Austfirðir. Speisen in gehobenem Ambiente. Wer nicht hier wohnt, sollte sich nach dem Essen das kleine Museum ansehen. ◷ tgl. 18–22 Uhr.

Überfüllt ist anders: Stefánslaug in Neskaupstaður

SONSTIGES

Einkaufen

Kjörbúðin-Supermarkt, Skólavegur 59. ⏲ Mo–Fr 9–18, Sa 10–17, So 12–17 Uhr. **Vínbúðin**, nebenan. ⏲ Mo–Do 16–18, Fr 13–18 Uhr, ebenso **Bank** und **Post**.

Informationen

Viele Broschüren und gute Auskünfte in der **Touristeninfo** im Fosshótel Austfirðir, Hafnargata 11-14, ✆ 470 4070, 🖳 www.visitfjardabyggd.is.

Medizinische Hilfe

Gesundheitszentrum und **Apotheke**, Hlíðargata 60, ✆ 470 3080.

Schwimmen

Sehr kleines **Hallenbad**, Skólavegur 39-41, ✆ 475 9070. Hot Pots draußen. ⏲ Juni–Aug Mo–Fr 16–19, Sa 10–13, Sep–Mai Mo–Do 16–19, Fr 15–18, Sa 10–13 Uhr.

TRANSPORT

Auto

Zwischen Reyðarfjörður und Fáskrúðsfjörður verläuft die Ringstraße durch einen 6 km langen zweispurigen Tunnel. Nach Fáskrúðsfjörður geht es links auf die Straße 955. Auf dieser Straße kann man auch die sehenswerte Halbinsel **Vattarnes** umrunden (etwa 45 km, einige Abschnitte sind ungeteert). Dabei passiert man den weithin sichtbaren fotogenen **Leuchtturm Vattarnesviti** und einige Wasserfälle. Ein Kleinod ist der **Gilsárfoss**, dessen Wasser sich nur wenige Meter von der Straße entfernt malerisch in einen türkisblauen Tümpel ergießt. Nach der Überquerung des Flusses Gilsá kann man links auf einem Müllplatz mit Schafmisthaufen parken. Von dort aus 5–7 Min. dem Landwirtschaftsweg bergauf folgen, dann sieht man links schon den Wasserfall und den durch Pflöcke markierten Pfad, der zu ihm hinunter führt.

Busse

BREIÐDALSVÍK mit Linie 92 2x tgl. (im Winter nur Mo–Fr) in 30 Min. Nur Juni–Aug dort Umstieg zu Linie 94 nach HÖFN, sonst ist in Breiðdalsvík Endstation.
REYÐARFJÖRÐUR mit Linie 96 werktags häufig in 20 Min. Dort Umstieg zu Linie 91 nach EGILSSTAÐIR.

Stöðvarfjörður

Dieser Miniort mit 200 Einwohnern ist der südlichste Ort der Region. Vor 1896 gab es hier nur Farmen, dann bildete sich ein Dorf heraus. Hauptsächlich lebten die Menschen vom Fischfang – noch heute trifft man einige Fischer. Haupteinnahmequelle ist jedoch nun der Tourismus. Zahlreiche Wanderwege machen die Gegend attraktiv, so geht es z. B. direkt am Bach Einarsstaðaá hoch in die Berge. 3 km östlich des Ortes gibt es an der Küste eine Stelle (Saxa), wo Brandungswellen in eine Höhle laufen und durch ein Loch in der Decke eine Fontäne in die Luft spritzt – einem Geysir nicht unähnlich.

Das touristische Highlight des Ortes ist **Steinasafn Petru**, Petras Steinemuseum, Fjarðarbraut 21, ✆ 475 8834 und 848 4543, 🖳 www.steinapetra.is, die Stein- und Mineraliensammlung einer nach Island eingewanderten, inzwischen verstorbenen Deutschen. Petra trug ursprünglich einfach hübsche Steine aus der Umgebung zusammen und legte sie dekorativ in ihr Haus und in ihren Garten. Als immer mehr Besucher kamen, begann sie, Kaffee und Kuchen anzubieten. Heute werden mehrmals täglich ganze Busladungen vom Café Sunnó (s. u.) versorgt. ⏲ Mitte Mai–Mitte Sep tgl. 9–17 Uhr, Eintritt ab 14 J. 1500 ISK. Ein Buch über Petra kostet 3000 ISK.

Ein Stück weiter die Ringstraße entlang, am hinteren Ende des Fjords, steht ein uriges **Vogel-Beobachtungs-Häuschen**, das zur Farm Oseyri gehört. Wir hoffen, dass das Kleinod nicht als Grillhütte usw. missbraucht wird und auch in Zukunft weiterhin allen Vogelfreunden zugänglich bleibt.

ÜBERNACHTUNG

Karte S. 466
Camping Stöðvarfjörður (Campingkarte), ✆ 775 0062, 🖳 https://tjalda.is/en/stodvar

DER OSTEN

Wir bremsen auch für Schafe

© CAROLINE MICHEL

Vorsicht Schafe: Dieses Schild sieht der Autofahrer oft in Island. Immer wieder heißt es: Aufgepasst! Schafe sind eher Einzelgänger, große Herden, die die Straße versperren, sieht man nur, wenn die Tiere im Herbst in die Dörfer getrieben werden. Allein grasen meist die Herren, im Dreierpack sieht man Mütter mit zwei Kindern. Oft gehen sie auf der Straße spazieren oder weiden am Wegesrand. Naht ein Auto, bleiben sie meist erst einmal gelassen und gucken, wer da so kommt. Gefahr erkannt, wird losgerannt. Nicht immer aber laufen alle in die gleiche Richtung und manches Lamm findet erst im zweiten Anlauf die richtige Straßenseite. Es kommt daher leider immer mal wieder zu Unfällen. Wer ein Schaf anfährt, meldet dies im nächsten Dorf. Wem das Schaf gehört, erkennen die Menschen vor Ort an den Markierungen am Tier. Also immer Obacht: Erst wenn alle Tiere in Sicherheit sind, geht es gefahrlos weiter.

fjordur. Durch Hecken geschützt, aber sehr klein und direkt an der Straße. Wer nur mit Zelt reist, kann sich auf einer schönen kleinen Wiese einen Platz suchen. Camper brauchen dagegen Glück, um einen der drei ebenen Stellplätze zu ergattern (manchmal ist dort auch nur Platz für zwei, je nachdem, wie nah die Wagen stehen). Kein warmes Wasser. 1500 ISK p. P. ⌚ Juni–15. Sep.

Kirkjubær, Fjarðarbraut 37a, ✆ 892 3319, 💻 www.kirkjubaerguesthouse.com. Die kleine weiß-blaue Kirche, erbaut 1925, thront über dem Dorf und ist ein echter Hingucker. Hier wird schon länger nicht mehr Gott, sondern dem Sandmann gehuldigt. Viele mieten die ganze Kirche (10 Schlafplätze), aber auch Einzelbuchung möglich. ❸

Saxa Guest House, Fjarðarbraut 41, ✆ 511 3055, 💻 www.saxa.is. Sehr moderne, liebevoll dekorierte und penibel sauber gehaltene Zimmer, alle mit eigenem Bad. Toller Ausblick auf den Berg Súlur. Außerdem gibt's ein kleines Café. ❹

ESSEN

Café Sunnó, vor Petras Steinemuseum, direkt an der Hauptstraße, Karte S. 466. Sehr einladend. Wer einen Kaffee trinkt, kann einen Blick auf die wirklich sehenswerten Steine erhaschen. Der ein oder andere Individualist geht dann doch hinein. Wer es nicht eilig hat, wartet auf ein Zeitfenster, in dem keine Tourgruppen im Garten flanieren. ⌚ 1. Juni–15. Sep tgl. 10–17 Uhr.

SONSTIGES

Einkaufen

Salthússmarkaður Art and Craft Market, Fjarðarbraut 43. Gemeinsam von den ortsansässigen Kunsthandwerkern geführt. ⌚ Juni–Aug 11–17 Uhr.

Schwimmen

Kleines **Freibad**, Skólabraut 20, ✆ 475 8930, mit schöner Aussicht. ⌚ Juni–Aug Mo–Fr 13–19, Sa und So 13–17 Uhr, Sep–Mai geschl.

TRANSPORT

Auto

Außer der Ringstraße, die hier Fjarðarbraut heißt, gibt es keine nennenswerten Straßen, die aus dem Ort oder in ihn hineinführen.

Busse

BREIÐDALSVÍK mit Linie 92 2x tgl. (im Winter nur Mo–Fr) in 15 Min. Nur Juni–Aug dort Umstieg zu Linie 94 nach HÖFN, sonst ist in Breiðdalsvík Endstation.
FÁSKRÚÐSFJÖRÐUR mit Linie 92 2x tgl. (im Winter nur Mo–Fr) in 25 Min. Dort Umstieg nach REYÐARFJÖRÐUR.

Breiðdalur und Breiðdalsvík

Im **Breiðdalur**, was übersetzt „breites Tal" bedeutet, ist die Welt noch in Ordnung: Grün ist es hier und richtig schön. Saftige, als Pferde- und Kuhweiden eingezäunte Wiesen sprießen im weiten Talgrund. Kleine bewollte Indianer verstecken sich hinter Hecken und Büschen und pirschen sich allnächtlich an die Zäune heran, suchen nach Löchern oder offen gelassenen Gattern, um dann heimlich, still und leise hineinzuschleichen und sich auf den steinfreien und gedüngten Pferdeweiden satt zu fressen. Die Bauern sind wenig erfreut über diese ungebetenen Rasen-Määh-er.

Eingerahmt wird das Tal von alpinen Bergen, die selbst im Sommer noch schneebedeckt sind. In der Mitte fließt die **Breiðdalsá**, berühmt für ihren Reichtum an Forellen, Saiblingen und Lachsen. Während hier unten oft dichter Nebel herrscht, ist nur wenige Meter die Hänge hinauf der Himmel bereits wieder zu sehen. Ein unvergesslicher Blick: Man steht im strahlenden Sonnenschein, sieht die Berge auf der gegenüberliegenden Talseite in voller Pracht – doch statt ins Tal blickt man auf ein weißes Nebelmeer.

Ungefähr in der Mitte des Tals, bei der verlassenen Farm Jórvík, beginnt ein Wanderweg ins nächste Tal im Norden, das **Norðurdalur**. Es sind nur etwa 4 km bis zum Aussichtspunkt und weitere 5 km bis hinunter ins Tal. Man kann von hier aus auch bis Reyðarfjörður weiterwandern (was allerdings mindestens 8 Std. dauert).

Eine kleine einfache Wanderung führt von der Straße 966 zum 60 m hohen Wasserfall **Flögufoss** (man muss durch einen Bach waten). Sehenswert ist auch der Wasserfall **Beljandi** nahe der Farm Brekkuborg (ebenfalls an der **Straße 966** gelegen).

Westlich der Farm Höskuldsstaðir (also auch westlich des Flusses, den man durchwaten muss) beginnt die alte Postroute, früher die schnellste Verbindung in den Berufjörður. Hier läuft man auf einem mit Pflöcken markierten Weg zunächst zu einer tiefen Schlucht, dann macht der Postweg eine scharfe Kehre, um links den Gipfel des 1111 m hohen Kistufells zu umgehen. Von oben sieht man bei gutem Wetter im Südwesten den Vatnajökull. Und dann geht's ziemlich steil wieder runter. Dauer: 7–9 Std. (eine Strecke).

Breiðdalsvík

Am westlichen Ende des Tals erstreckt sich die Hochebene Breiðdalsheiði, am östlichen Ende die Bucht Breiðdalsvík. Hier liegt das gleichnamige Dörfchen mit nur knapp 140 Einwohnern. Sehenswert ist allenfalls das **Kaupfélag**, 1956 erbaut und heute das älteste Gebäude des Dorfes. Es beherbergt ein Heimat- und Geologiemuseum, einen minikleinen Tante-Emma-Laden und ein Café (s. u.). Zahlreiche Artefakte aus den 1950er- und 1960er-Jahren sorgen für das ganz besondere Flair. Der **Leuchtturm** Selnesviti ist zwar keine Schönheit, aber ein Spaziergang lohnt wegen der Aussicht. Ebenfalls empfehlenswert ist der Stopp einige Kilometer weiter südlich am 1984 erbauten Streitisviti.

ÜBERNACHTUNG

Karte S. 466

Camping, Sólvellir 17, direkt hinter dem Hotel Bláfell, ✆ 475 6660 und 859 2253. Recht einladend mit sauberen Toiletten und Kinderspielplatz. Was uns nervte, waren die Geräusche der Klimaanlagen (oder Dunstabzugsgeräte?) aus der angrenzenden Hotelküche. Im Wohnmobil stört das nicht – im Zelt schon. Wer noch etwas Zeit hat, sollte besser einen der Plätze am Beru-

DER OSTEN

fjörður wählen (S. 478). Ab 15 J. 1000 ISK für die 1. Nacht, jede weitere 750 ISK. ⌚ Juni–Aug.

€ **Hótel Bláfell**, Sólvellir 14, ✆ 470 0000, 💻 www.breiddalsvik.is/hotel-blafell. Traditionshotel mit 47 Zimmern und Regenbogen-Zebrastreifen vor der Eingangstür. Rustikal, viel Holz. Inkl. Sauna ab 17 Uhr. ❹

Hótel Staðarborg, 5 km entfernt an der 95, ✆ 475 6760, 💻 www.stadarborg.is. Das in einem Schulhaus untergebrachte Hotel bietet 54 Betten (auch Familienzimmer). Alle Zimmer mit Wasserkocher und meist geräumig. Oft länger im Vorfeld schon gut gebucht. ❹

ESSEN UND EINKAUFEN

Karte S. 466

Beljandi Brugghús/Beljandi Brauerei, Sólvellir 23, neben dem Kaupfélag. In diesem Pub wird direkt vor Ort gebrautes Bier angeboten ... und reichlich getrunken. Rustikale Atmosphäre, leckeres Essen! ⌚ tgl. ab 16 Uhr.

Hamar Kaffihús, Þverhamar 2a, ✆ 846 5547, 💻 www.fb.com/hamarkaffihus. Modernes, aber gemütliches Kaffeehaus/Restaurant an der Ringstraße. ⌚ im Sommer tgl. 11–21, sonst Do–Sa 17–21 Uhr.

Kaupfélag Art & Craft Café, Sólvellir 25, 💻 www.fb.com/kaupfjelagid. Neben Kaffee und Kuchen gibt's hier auch Kunsthandwerk. ⌚ Juni–Aug Mo–Sa 10–20 Uhr.

TOUREN

Tinna Nature Adventure, Sólvellir 14, ✆ 475 1100, 💻 www.tinna-adventure.is. Die Touren führen mal in Schnee und Eis, mal geht es mit dem Jeep auf Abenteuertour. Und wer mag, geht Angeln; entweder auf hoher See zusammen mit Profis oder mit festem Boden unter den Füßen vom Land aus. Infos und Anmeldung auch im Hotel Bláfell.

SONSTIGES

Autoreparaturen

Bifreiðaverkstæði Sigursteins, Selnes 28-30, ✆ 475 6616.

Informationen

Info Breiðdalshreppur, Selnes 25, ✆ 470 5560, 💻 www.breiddalur.is. Neben Infobroschüren gibt es in diesem Blockhaus auch Islandpullis und allerlei Schnickschnack zum Verkauf. ⌚ Mo–Fr 12–17, Sa 13–16 Uhr.

TRANSPORT

Auto

Nach Breiðdalsvík gelangt man über die Ringstraße von Stöðvarfjörður (19 km) oder direkt von Egilsstaðir (81 km) aus über die (Pass-)Straße 95. Die Straße 962 führt ins Norðurdalur. Die Schotterstraße 964 verläuft parallel zur 95 auf der Südseite des Breiðdalur. Straßenführung s. Karte S. 466.

Busse

FÁSKRÚÐSFJÖRÐUR mit Linie 92 2x tgl. (im Winter nur Mo–Fr) in 40 Min. Dort Umstieg nach REYÐARFJÖRÐUR.

HÖFN über DJÚPIVOGUR mit Linie 94, aber nur im Sommer (in den letzten Jahren meist Juni–Aug) und nicht jeden Tag. Ob dieser Bus verkehrt, wird oft erst im Mai entschieden. Sonst bleibt nach Süden auf 60 km Strecke bis Djúpivogur nur Trampen.

Berufjörður, Fossárdalur und Djúpivogur

Reisende, die aus Richtung Norden kommen, schwärmen oft von der Fahrt um den **Berufjörður** (s. Karte S. 477) und nennen sie eine der schönsten Fjordumrundungen ihrer Reise. Rechter Hand thronen die grauschwarzen Bergspitzen, manche haben Zacken, die aussehen wie ein Drachenrücken, darunter dunkles Grün, durchzogen von unzähligen Bächen mit kleinen Wasserfällen. Das Moos auf den Felsen an der Küste leuchtet hellgrün und linker Hand zeigt sich der Búlandstindur. Reisende, die über den Pass Öxi (Straße 939) aus Egilsstaðir kommen, verpassen die schönsten Stellen, denn sie stoßen erst am hinteren Ende auf den Fjord.

Kurz nach dem Öxi-Abzweig befindet sich rechts ein Park- und Picknickplatz mit malerischer Aussicht auf den kleinen Wasserfall **Sveinsstekksfoss**. Wer durch das improvisierte Drehkreuz tritt, kommt zu einem magischen Teich, in dem jahrhundertelang ein Wassergeist sein Unwesen getrieben haben soll. In Form eines Pferdes tauchte er auf, lud Reisende ein, auf seinem Rücken Platz zu nehmen – und ertränkte diese dann im Tümpel, der passenderweise **Nykurhylur** (grob übersetzt Nixen-Teich) heißt. Seit irgendwann mal Weihwasser in den Teich geschüttet wurde, soll die hinterhältige Pferde-Nixe nicht wieder gesehen worden sein. Trotzdem Obacht: Wer hier auf ein Pony trifft, dessen Hufe nach hinten zeigen, sollte schleunigst das Weite suchen.

Fossárdalur (Tal der Wasserfälle)

Von Norden kommend noch vor dem oben erwähnten Parkplatz unterhalb des **Sveinsstekksfoss** zweigt eine steile Piste ab, direkt hinein ins Tal der Wasserfälle. 25 rauschende Naturschauspiele warten auf Entdecker, unter anderem der **Múlafoss**. Reisende mit einem guten Allradfahrzeug können am Fluss entlang noch tiefer ins Tal hineinfahren. Alle anderen müssen am Campingplatz **Eyjólfsstaðir** (siehe Übernachtung) parken und zu Fuß gehen.

Djúpivogur

Zurück auf der Ringstraße geht es weiter nach **Djúpivogur**. Das kleine Dorf mit bunten Häusern, vielbesuchtem Hafen und einigen Künstlern ist Mitglied in der Cittaslow-Bewegung – Städte, die sich der Langsamkeit verschrieben haben (s. auch 💻 www.cittaslow.de). Das Logo ist eine sympathische Schnecke. Es ist niedlich hier, ohne dass es gewollt rüberkommt. Wegen der Felsen, die überall stehen, erscheint der Ort wie eine Mischung aus Elfenstadt und Schlumpfhausen. Der Fußweg zum Aussichtspunkt (Wanderzeit 5 Min.) beginnt beim Schwimmbad. Zahlreiche weitere Wanderwege führen zu Vulkanstränden und Seehundfelsen. Abenteuerlich ist der Aufstieg auf den 1069 m hohen **Búlandstindur**, der als Hausberg und Wächter des Orts gilt.

Am Hafen steht das älteste Gebäude, **Langabúð**. Es beherbergt ein kleines Heimatmuseum mit Kunstaustellung (500 ISK) und ein Café (s. u.). Die Hauptattraktion von Djúpivogur ist ebenfalls von Menschenhand geschaffen: Die **Eier von Gleðivík**. 34 Eierskulpturen aus Granit, die jeweils ein Ei einer der in der Gegend lebenden Vogelarten darstellen, geschaffen 2009 von Sigurður Guðmundsson. Nahebei befindet sich das sehenswerte **Atelier Freevilli** mit schönen Steinskulpturen, Fundstücken aus dem Meer, Walknochen, Mineralien und anderen Artefakten. Ein Sammelsurium an kleinen und größeren Souvenirs bietet auch das kleine Lädchen. Wer mag, darf einen Blick in die Werkstatt werfen. 🕒 tagsüber, wenn der Künstler Vilmundur Þorgrimsson, der „freie Villi", vor Ort ist.

Außerdem erfreut das 2022 eröffnete Museum **Ars Longa**, Vogaland 5, ✆ 863 4489, 💻 https://arslonga.is, mit wechselnden Ausstellungen die Freunde moderner Kunst. 🕒 tgl. 12–17 Uhr.

Kann man Steine lieben?

© CAROLINE MICHEL

Definitiv: ja. Neben dem Künstler und Elfenexperten Vilmundur Þorgrimsson ist Auðunn mit seinem **Steinasafn Auðuns**, Vogaland, ✆ 861 0570, der zweite wichtige Freak des Ortes. Seit etwa 35 Jahren klappert er die Umgebung ab, immer auf der Suche nach wertvollen oder auch nur schönen Steinen und Mineralien. Man findet ihn in der Halle, wo er Steine poliert und auch verkauft. Seine Schätze im „Museumsraum" darf man gegen eine kleine Gebühr bestaunen. Neben einem ausgestopften Polarfuchs sein größter Stolz: zwei Steine, die aussehen wie Augen und zwei riesige Steinhälften, die ihn sogar in die Zeitung gebracht haben. ⌚ im Sommer tgl. 10–18 Uhr.

DER OSTEN

ÜBERNACHTUNG

Am Fjord

Karte S. 477

Berunes HI Hostel und Campingplatz, an der Nordseite des Fjords, ✆ 869 7227, 💻 www.berunes.is. Das zurückversetzte Hostel und der davor liegende Campingplatz grenzen an die Straße; davor liegt direkt der Fjord. 12 Zimmer mit 65 Betten, verteilt auf 5 Häuser, zudem 4-Bett-Cottages. Wer früh genug kommt und den Logenplatz ganz vorne am Campingplatz besetzt, hat definitiv einen der besten Stellplätze der Region. Check-in nur bis 21 Uhr. 2300 ISK p. P., Kinder (8–14 J.) 750 ISK. Das Restaurant bietet Abendessen (auch vegetarisch). ⌚ Juni–Sep. ❸–❹

€ **Eyjólfsstaðir í Fossárdal Guesthouse und Campingplatz**, ✆ 820 4379, 478 8971, 💻 www.fossardalur.is. Inmitten der Berge am rauschenden Fluss erlebt man hier Natur pur, am Eingang zum „Tal der Wasserfälle". Übernachtungsgäste können wählen zwischen 6 Zimmern für 2–4 Pers. mit 2 Gemeinschaftsküchen und einem ruhigen, durch Bäumchen windgeschützten Campingplatz. Camping (Mai–Sep) ab 16 J. 2000 ISK (inkl. Dusche). ❸–❹

Djúpivogur

Karte S. 479

Framtíð, Hotel, Cottages, Camping, Hostel und Campingtonnen, Vogalandi 4, ✆ 478 8887, 💻 www.hotelframtid.com, für den Campingplatz 💻 https://tjalda.is/en/djupivogur/. Das Hotel ist ein weißes Wellblechhaus mit Holzveranda in bester Lage direkt am Hafen und Café-Restaurant im Nebengebäude. Nicht weit entfernt befindet sich der **Campingplatz**, dort werden auch hölzerne Campingtonnen mit Heizung und Sitzbereich vermietet (ab 16 900 ISK). Camping ab 14 J. 2100 ISK, Dusche 300 ISK, Internet 500 ISK für 24 Std., Küchenbenutzung für Nicht-Camper 1000 ISK p. P. und Std. Cottages und Apartments 230–350 €, Hotel ❺

Das auch über das Hótel Framtíð zu buchende **Helgafell Hostel**, Eyjaland 4, 💻 www.hotelframtid.com/helgafell, ist nicht so hübsch, aber günstiger. ❸–❹

ESSEN

Karte S. 479

Langabúð, direkt am Hafen, s. auch Informationen. Das rot gestrichene Café-Restaurant in einem restaurierten Gebäude von 1790 bietet innen ein rustikales Ambiente. Bei gutem Wetter sitzt man am besten draußen und beobachtet das Geschehen am Hafen. ⌚ tgl. 10–18 Uhr.

Við Voginn, unterhalb des Campingplatzes mit Blick auf den Hafen, ✆ 478 8860, 💻 www.vidvoginn.is. Modernes Diner mit Fish & Chips, Cheese- und Chickenburger, Hot Dogs und Pita-Salat. Fisch fehlt auch nicht. Wer bei Sonne hier ist, genießt auf der Veranda ein Eis. ⌚ tgl. 10–20 Uhr, im Winter kürzer oder geschl.

SONSTIGES

Einkaufen

Kjörbúðin-Supermarkt, Búland 1. ⌚ Mo–Fr 9–18, Sa 10–17, So 12–17 Uhr.

ÜBERNACHTUNG	SONSTIGES
(1) Hótel Framtíð	1 Supermarkt Kjörbúðin
(2) Framtíð Cottages, Camping und Campingtonnen	2 Steinasafn Auðuns
(3) Framtíð Hostel	**ESSEN**
(4) Helgafell Hostel	1 Langabúð
	2 Við Voginn

Informationen

Langabúð (Museum und Café), Bakki, ✆ 478 8220, 💻 www.langabud.is. 🕒 tgl. 10–18 Uhr.

Schwimmen

Im **Hallenbad**, Varða 4, mit Außenbereich oben am Hang, kann man bei schlechtem Wetter Bahnen ziehen und bei Sonne draußen verweilen. 🕒 Mo–Fr 7–20.30, Sa und So 10–18 Uhr.

TRANSPORT

Auto

Djúpivogur liegt an einer kurzen Stichstraße, die von der Ringstraße abzweigt. Der neue Damm am Fjordende kürzt die Reise um die Insel auf der Ringstraße um 3,6 km ab. Nach Egilsstaðir sind es jetzt über die Ostfjorde 153 km (asphaltiert, ganzjährig befahrbar); über Breiðdalsheiði 142 km und über Öxi 86 km (diese beiden steilen Schotterpässe sind im Winter meist gesperrt, und auch im Sommer oft ein Abenteuer). Nach Höfn sind es gut 100 km, landschaftlich spektakulär zwischen Bergen, Lagunen und Steilküsten – es lohnt sich, Zeit für Fotostopps einzuplanen.

Busse

HÖFN mit Linie 94, ganzjährig 5x wöchentl. in 1 1/2 Std. Oft fahren diese Busse im Anschluss an Flüge von/nach Reykjavík.
BREIÐDALSVÍK mit Linie 94, aber nur im Sommer (in den letzten Jahren meist Juni–Aug) und nicht jeden Tag. Ob dieser Bus verkehrt, wird oft erst im Mai entschieden. Sonst bleibt nach Norden auf 60 km Strecke bis Breiðdalsvík nur Trampen.

Von Lónsöræfi nach Höfn

An die grünen Ostfjorde, wo oft mildes Wetter den Tag versüßt und es seltener stark regnet, schließt sich das **Naturschutzgebiet Lónsöræfi** an. Die Fjorde hier heißen zwar noch Fjorde, sind aber eigentlich keine mehr: Vielmehr lagert sich Gestein, vom Vatnajökull abgetragen und von Gletscherläufen ins Meer gespült, vor den Fjorden ab, sodass diese von Jahr zu Jahr flacher werden. Die Landschaft wird ab hier zusehends karger – aber nicht weniger reizvoll – steile Schotterberge begrenzen die Ringstraße. Zahlreiche Wanderwege locken Gäste nach **Stafafell**. Richtig viel los ist aber in der ganzen Region bis Höfn nicht, denn die meisten fahren einfach nur stur auf der Ringstraße, um die Eiswelt des Vatnajökull zu erreichen. **Höfn** ist dann quasi die Grenze zwischen zwei Regionen: Blickt man Richtung Osten, sind die Geröllhänge im Sommer grün verziert, blickt man nach Westen, ist alles schwarz-weiß und die Gletscher grüßen.

Lónsöræfi

Steile Schotterberge, von denen immer wieder Steine (auch richtig große!) auf die Straße fallen, begrenzen die Ringstraße – obwohl die Hänge teilweise mit Netzen versehen sind, die das eigentlich verhindern sollen. Die Landschaft wechselt zu einer weiten Ebene, eingerahmt von hohen Bergen. Auf der Westseite der Straße befindet sich das **Wandergebiet Stafafell**. Wer Glück hat, sieht hier im Frühling und Herbst Rentiere (S. 447). Auf dem Weg gibt es immer wieder einladende Picknick- und Parkplätze am Meer, von denen aus man Vögel beobachten kann.

Eine Rast wert ist der schwarze Kieselstrand bei **Hvalnes** unterhalb der fotogenen **Eystrahorn**-Berge. Wie ein langer Gürtel liegt die Nehrung Hvalnesfjara („Walhalbinselstrand") im Meer vor der Küste, und schon bei etwas Sonne sind die rund geschliffenen Kiesel herrlich warm. Ein prima Picknickplatz. Vom Leuchtturm bietet sich ein super Blick auf den Strand.

Stafafell

Diese Region war früher weitaus bedeutender als heute. Hierher kamen alle aus der Umgebung, um in die Kirche zu gehen, und bis 1920 hatte Stafafell sogar einen eigenen Gemeindevorsteher. Schwer vorzustellen, denn heute gibt's hier nicht viel mehr als zwei größere Schaffarmen mit einigen Nebengebäuden. Die Berge oberhalb sind Privatbesitz der Farmer. Hier beginnen die Wanderwege, seit 2019 mit einer tollen Fußgängerbrücke, die in das 320 km^2 große und seit 1977 geschützte Gebiet **Lónsöræfi** hinaufführen.

„Öræfi" heißt so viel wie „Einöde" (auch „Wüste") und das ist genau das, was einen hier erwartet. Besucher kommen nicht trotz, sondern wegen dieses Feelings. Das vergleichsweise enge Gebiet im Tal ist auf drei Seiten von mehr als 1000 m hohen Bergen eingekesselt. Deren Spitzen sind mit Eiskappen versehen, die niemals abschmelzen. Mehr Informationen und Beschreibungen der Wanderwege der Region finden sich auf 💻 www.vatnajokulsthjodgardur.is/en/areas/heinaberg/destination-lonsoraefi und 💻 www.stafafell.is/hvannagil-hike.html.

Etwa 12 km südwestlich von Stafafell, kurz hinter dem Parkplatz mit dem auffälligen roten Stuhl, der auf einem kleinen Hügel thront, aber noch vor dem Tunnel, geht es rechts zum **Skútafoss**. Es gibt einen Parkplatz, aber das letzte Stück des Weges muss man laufen (ca. 15 Min.).

ÜBERNACHTUNG

Karte S. 481

Brekka í Lóni, ☏ 849 3589, 💻 www.fb.com/brekkailoni/. Kleines Gästehaus mit familiärer Atmosphäre und tollem Frühstücksangebot nah am Wasser. Außer Tieren ist hier … gar nichts. ❹

Stafafell Guesthouse und Campingplatz, ☏ 478 1717 und 845 7070, 💻 www.stafafell.is, für den Campingplatz 💻 https://tjalda.is/en/stafafell/. Auch wenn das Hostel rechts neben der niedlichen Stafafell-Kirche aussieht, als hätte hier lange niemand übernachtet, so ist es doch in Betrieb. Es ist etwas chaotisch und beengt hier, aber der ideale Startpunkt für Wanderungen. Und wer lieber für sich ist, der bucht eins der Cottages. Auf der großen Wiese des 800 m nördlich gelegenen Campingplatzes finden zahlreiche Zelte und Camper Platz. Kleines Open-Air-Holzhaus als Küche für alle, sonst nur Dusche und WC. Da immer mal wieder Schafe vorbeischauen, sollte man sein Essen sicher verstauen. Ab 12 J. 2000 ISK, Zelt mit 2 Betten zur Miete ab 10 000 ISK. ❸

Stokksnes und Vestrahorn

Nach der Fahrt durch den Tunnel unter Almannaskarð sehen Reisende linker Hand eine Privatstraße, an der ein Schild den Weg in Richtung Viking Café weist. Dort lockt als Hauptattraktion der Blick auf das Bergmassiv **Vestrahorn**. Den kann allerdings nur genießen, wer 1000 ISK pro Person locker macht, sonst bleibt der Schlagbaum zur Zufahrt zu schwarzem Strand, Dünenlandschaft, Leuchtturm und Felsenküste geschlossen. Das ist illegal, aber es ist so. Auch Fußgänger müssen bezahlen. Vom Viking Café führt auch ein kurzer Weg zu einem nachgebauten **Wikingerdorf**, einst geplant als Kulisse für einen Film und inzwischen halb verfallen, aber trotzdem noch mit speziellem Flair, siehe auch 💻 www.vestrahorn.is/viking-village.

Weiter geht es den Weg entlang bis zu den Ruinen zweier Gebäude, die von jenen Tagen Zeugnis ablegen, als hier noch Menschen wohnten. Bereits in der ersten Besiedlungswelle (um das Jahr 870) soll die Farm Horn entstanden sein. Die Häuser, die heute zu sehen sind, stammen aus dem Jahr 1925 und wurden aus Treibholz erbaut, das hier bis heute aus Sibirien anlandet. Im Zweiten Weltkrieg war Horn Stützpunkt der englischen Armee. Richtung Meer ist schnell der **schwarze Strand** erreicht. Horn bedeutet Ecke oder Kap, deshalb heißt das West-Kap Vestrahorn, das Ost-Kap Eystrahorn und der Kap-Fjord Hornafjörður. Hier in der Gegend strandeten immer wieder Fischkutter, zuletzt kurz vor Weihnachten 1984 (alle Mann konnten gerettet werden). In der **Kolbeinshellir**, einer Höhle in den Klippen, fanden über viele Jahre hinweg nicht nur Schafe Unterschlupf vor Wind und Wetter. Den Namen bekam der Platz von einem kriminellen Fischer namens Kolbeinn, der sich hier versteckte und schließlich von seinen Fischerkollegen ermordet worden sein soll.

Am Strand entlang geht es zur Halbinsel **Stokksnes**. Weithin sichtbar präsentieren sich ein Leuchtturm und eine Radarstation. Letztere wurde noch bis 1992 betrieben. Von 1955 bis 1988 nutzten die Amerikaner sie im Auftrag der Nato, danach die Isländer, nun sind die Schüsseln nur noch ein Relikt vergangener Zeiten. Der 16 m hohe Leuchtturm stammt aus dem Jahr 1946 und ist noch in Betrieb. Zurück zum Café sind es nur wenige hundert Meter. Wer noch nicht zurückgehen mag, besucht die Seehunde, die sich westlich der Radarstation sonnen. Dieser einfache Rundweg hat eine Länge von etwa 6,5 km, siehe auch 💻 https://vestrahorn-is.webflow.io/map.

ÜBERNACHTUNG UND ESSEN

Das **Viking Café und Guesthouse**, Karte S. oben, ✆ 849 4627, 💻 https://vikingcafe.is, bietet Kuchen, leckere Waffeln und Sandwiches, und auch hübsche moderne Zimmer mit eigenem Bad. Nicht besonders lauschig, aber praktisch darf auch gegen Gebühr im Camper auf dem Parkplatz oder einer

Von Lónsöræfi nach Höfn

ÜBERNACHTUNG
1. Stafafell Guesthouse und Campingplatz, Brekka í Lóni
2. Glacier World Guesthouse
3. Fosshótel Vatnajökull
4. Camping Myllulækur
5. Miðsker
6. Seljavellir Guesthouse
7. Guesthouse und Camping am Viking Café

Freifläche übernachtet werden (eine Zeltwiese o. Ä. gibt es allerdings nicht). Waschhaus mit Duschen und WCs. 2000 ISK p. P. inkl. Eintrittsgebühr von 1000 ISK. 🕒 Juni–Anfang Sep tgl. 9–20, im Winter 10–14 Uhr. ❺

TRANSPORT

Die **Ringstraße** ist die einzige durchgehende Verbindung in der Region. Der Pass Almannaskarð wird in einem 1,3 km langen Tunnel unterquert. Der Aussichtspunkt auf dem Pass kann von Norden her über die alte Ringstraße problemlos erreicht werden (ca. 1 km); nach **Stokksnes** zweigt südlich des Tunnels eine für alle Fahrzeuge geeignete Schotterstraße ab (6 km).
Wer mit einem großen Geländewagen unterwegs ist, kann auf der **Piste F980** ein Stück weit in die Lónsöræfi hineinfahren, doch Achtung: für kleine Allradfahrzeuge sind die Furten zu tief.

Höfn

Diese Kleinstadt heißt mit vollem Namen Höfn í Hornafirði, was so viel wie „Hafen im Kap-Fjord" bedeutet. Einen Hafen zu haben ist in dieser Region etwas Besonderes, denn eigentlich sind die Küstenabschnitte viel zu flach, um Häfen anzulegen (der nächste an der Südküste befindet sich erst wieder 430 km entfernt in Þorlákshöfn). Der Hafen ist daher der ganze Stolz der etwa 1700 Einwohner und auch der Platz, um den sich alles dreht – zumindest alles Kulinarische. Hier werden die Fischkutter mit dem für Höfn so typischen Fang entladen: Hummer. Noch heute leben die Einwohner hauptsächlich von Fischfang und -verarbeitung.

Die kleine Stadt liegt malerisch am Fuße des Vatnajökull. Wer gerade vom Gletscher kommt, kann ihm hier nochmal einen letzten Blick zuwerfen, und wer auf dem Weg dorthin ist, sagt Hallo (schön zu sehen vom kleinen Park hinter dem Nettó-Supermarkt).

ÜBERNACHTUNG

In Höfn sind Unterkünfte extrem teuer. Noch. Denn das könnte sich bald ändern, weil der ortseigene Schlachthof dicht macht und die Bauern ihr Schlachtvieh bis nach Selfoss an die Südküste transportieren müssten. Also satteln mehr und mehr Bauern um und versuchen ihr Glück mit Zimmervermietungen.

In der Stadt

Campingplatz und Höfn Cottages, Hafnarbraut 48-52, ✆ 478 1606, 💻 https://tjalda.is/tjaldsvaedid-hofn-i-hornafirdi/. Der große Zeltplatz ist parzelliert, doch wenn nicht viel los ist, steht jeder, wie er mag, teils mit tollem Blick auf die Gletscherlandschaft. Ab 16 J. um die 2000 ISK p. P. Es gibt Kochgelegenheiten (sogar Geschirr und Töpfe) und einen warmen Aufenthaltsraum. Für die Dusche braucht man Bargeld. Wer nicht zelten mag, nimmt eines der 11 Mini-Blockhäuser (mit WC, ohne Dusche). 🕒 ganzjährig. ❸

Höfn Hostel, Hvannabraut 3, ✆ 478 1736, 💻 www.hostel.is/en/hostels/hi-hofn. Tolle Lage im ruhigen, begrünten Wohngebiet. Die Ausstattung ist mit großer Küche und ausreichend Badezimmern besser als in anderen Hostels. Dafür sind die Preise aber auch höher. Vermietet werden Zimmer für 1–5 Pers. und Liegen im Schlafsaal (je nach Saison ab 50 € pro Bett). ❹

DER OSTEN

Fotomotiv direkt an der Ringstraße: Eystrahorn

Höfn - Berjaya Iceland Hotels, Ránarslóð, ✆ 444 4850, 💻 www.icelandhotelcollectionbyberjaya.com/is/hotel/sudurland/hofn. Die 36 Zimmer mit Bad, zweckmäßig eingerichtet in einem Betongebäude direkt am Hafen punkten vor allem mit Lage, Lage, Lage. ⏲ Mitte Mai–Nov. ❻

Milk Factory, Dalbraut 2, ✆ 478 8900, 💻 www.milkfactory.is. 17 moderne Zimmer mit Bad in einer ehemaligen Molkerei am Ortseingang. Auf einer Seite mit toller Aussicht auf die Berge. 2 Zimmer sind behindertengerecht, die 6 Familienzimmer gehen über 2 Etagen und bieten 2 Schlafzimmer. ❺

Außerhalb

Karte S. 481

Camping Myllulækur, ca. 13 km nordwestlich von Höfn, ✆ 848 6309, 💻 https://tjalda.is/myllulaekur. Neu angelegter Platz im Nichts und zum Zeitpunkt der Recherche ohne Gemeinschaftsraum oder Küche, aber es gibt einen See in der Nähe und schönen Blick auf die Berge. Ab 14 J. 2000 ISK. ⏲ im Sommer.

Miðsker, bei Bjarnarnes, 10 km nördlich von Höfn, ✆ 867 9634. Anna vermietet 2 kleine Blockhäuser auf dem Land, genauer: auf ihrer Schweinefarm. Es locken eine tolle

Aussicht auf die Gletscher und himmlische Ruhe. Früher gab's hier auch mal süße und günstige Gästezimmer im OG des Wohnhauses, aber das war nicht pandemietauglich (vielleicht aber demnächst wieder). ❹–❺

Fosshótel Vatnajökull, an der Ringstraße ca. 16 km nordwestlich von Höfn, ☎ 478 2555, 💻 www.islandshotel.is/hotels-in-iceland/foss hotel-vatnajoekull/. Modernes 3-Sterne-Hotel in ansprechender Alleinlage (und bei klarer Sicht mit Gletscherblick). Gebäude aus Holz mit viel Glas und schlichter moderner Ausstattung. Die 66 Zimmer sind sehr unterschiedlich, sowohl in Bezug auf den Preis als auch auf Ausstattung und Ausblick. Mit Restaurant. Eingeschränkter Service im Winter. Es lohnt, nach Sonderpreisen zu gucken. ❺–❽

Seljavellir Guesthouse, an der Ringstraße nahe Flughafen und Tankstelle, ☎ 845 5801, 💻 www.seljavellir.com. 20 Zimmer mit 2 oder 3 Betten, Bad und Fußbodenheizung in einem modernen Flachbau. Große Glastüren vor dem Bett bieten einen wunderbaren Blick, teils auf die Berge. ❺

ESSEN

Höfn ist für seine Hummer bekannt, die hier täglich frisch gefangen am Hafen abgeladen werden. Fans dieser Schalentiere sind happy – vorausgesetzt, sie müssen nicht sparen. Denn trotz großem Angebot sind die Preise gehoben (mit etwa 9500 ISK pro Gericht muss man rechnen). Neben klassischen Zubereitungsarten landet Hummer hier auch auf der Pizza – was durchaus lecker ist.

€ **Hafnarbúðin**, Ránarslóð 2, ☎ 478 1095, 💻 auf Facebook. Sieht schon von außen aus wie ein American Diner. Und tatsächlich: Es gibt Pommes und Burger. Doch auch hier steht immer mal wieder Hummer auf dem Speiseplan. 🕒 tgl. 9–22 Uhr.

Íshúsið Pizzeria, Heppuvegur 2a, ☎ 478 1230, 💻 www.ishusidpizzeria.is. Im Holzhaus hinter dem Visitors Center gibt es die knackige Runde, ob Hawaii, Calzone oder „Alli Capone", zudem Salat und Pasta. Eine kurze Geschichte über die beiden Betreiber, zwei Brüder aus Höfn, erzählt deren Website. 🕒 Mo–Fr 12–21, Sa/So 17–21 Uhr.

Kaffi Hornið, Hafnarbraut 42, ☎ 478 2600, 💻 https://kaffihornid.is. Auch hier: Hummer, Hummer ... auf Pizza oder in anderer Form. Wer die maritimen Krabbeltiere nicht mehr sehen kann, nimmt ein Nudelgericht. Zwischen 11.30 und 15 Uhr sind zudem Tagessuppen und eine Salatbar im Angebot – gut also für eine Mittagspause. Beliebt auch wegen guten Kaffees und Eiscreme. 🕒 tgl. 11.30–21 Uhr.

Pakkhús Restaurant, am Hafen (OG), ☎ 478 2280, 💻 www.pakkhus.is. Gehobene Küche, wie Hummerschwänzchen in Weißweinsauce, aber auch Pizza oder Kuchen. Keine Reservierung möglich, dafür gibt's einen Wartebereich. 🕒 tgl. 12–21.30 Uhr.

€ **Z Bistro**, Vikurbraut 2, ☎ 478 2300, 💻 www.fb.com/zhofn. Wer teure Restaurants scheut, aber trotzdem mal Hummer probieren will, kriegt hier Hummer-Pizza und -Nudeln zu vernünftigen Preisen. Aber auch Burger, Pommes und Frühstück. 🕒 tgl. 11–21.30 Uhr.

EINKAUFEN

Im Einkaufszentrum **Miðbær**, Litlabrú 1, kurz nach der Ortseinfahrt, ist alles versammelt: Apotheke, ein großer **Nettó**, 🕒 Mo–Fr 9–19, Sa/So 10–19 Uhr, und eine **Vínbúðin**, 🕒 Mo–Do 11–18, Fr 11–19, Sa 11–16 Uhr.

Handraðinn, Hafnarbraut (ggü. dem Nettó-Parkplatz), ☎ 868 7028, 💻 www.fb.com/handradinnhornafirdi/. Pullis, Mützen und was man sonst noch alles aus Islandwolle zaubern kann. Kleiner Laden, freundliche Betreiberin. 🕒 Mo–Fr 9–17, Sa 9–15 Uhr.

AKTIVITÄTEN UND TOUREN

Schwimmen

Schwimmbad, Vikurbraut 9, ☎ 478 1157. Das große Schwimmbad ist sehr gepflegt, bietet Wasserrutschen für die Kleinen und Hot Pots für die Großen. Und auch wer Bahnen schwimmen möchte, kommt voll zum Zuge. 🕒 15. Mai–30. Sep Mo–Fr 7–22, Sa, So 10–18, sonst Mo–Fr 6.45–21, Sa und So 10–17 Uhr.

Touren

Fallastakkur (Glacier Journey), Víkurbraut 4, ✆ 478 1517 und 867 0493, 🖳 www.fallastakkur.is. Mit dem Jeep und auch mit dem Schneemobil geht es in die Umgebung. Zudem Jeeptransport von und zur Hütte nach Illikambur in Lónsöræfi (S. 479). Im Sommer ist das Office im Hotel Smyrlabjörg, 45 km weiter westlich. Im Winter starten die Touren am Jökulsárlón.

SONSTIGES

Autoreparaturen

Bílaverkstæði Gunnars Pálma, Bugðuleira 6, ✆ 478 2041.
Vélsmiðjan Hornafjarðar, Álaugarvegur 2, ✆ 478 1340.

Autovermietungen

Am Flughafen gibt es einige global agierende Anbieter, darunter **Budget** und **Europcar**. **Hertz** arbeitet mit Icelandair zusammen; dank des guten Netzes kann man ihre Autos i. d. R. in Höfn ausleihen und an einem anderen Ort wieder abgeben – oder auch andersherum.

Feste

Höfn Blues and Rock Festival, März.
Humarhátíð (Hummerfest), Juni/Juli: Großes Stadtfest.

TRANSPORT

Auto

Von der Ringstraße sind es auf der Straße 99 noch 5 km bis ins Stadtzentrum.

Busse

DJÚPIVOGUR (im Sommer u. U. bis BREIÐDALSVÍK), mit Linie 94 5x wöchentl. ab Campingplatz oder Schwimmbad (checken!) und 7 Min. früher ab Flughafen in 1 1/2 Std.
REYKJAVÍK, mit Linie 51 ab der Haltestelle am Schwimmbad über Vík (dort umsteigen), im Sommer 2x tgl., im Winter 1x tgl. außer Sa in etwas über 7 Std. für 16 530 ISK (29 Zonen). Hält auch am Jökulsárlón und in Skaftafell, aber ohne Sightseeing-Stopps.

Flüge

Der Flughafen **Hornafjarðarflugvöllur** liegt rund 7 km nördlich der Stadt. Die Buslinie 94 fährt 5x wöchentl. zu unterschiedlichen Zeiten über Höfn-City nach Djúpivogur.
Nach REYKJAVÍK fliegt **Eagle Air**, ✆ 562 4200, 🖳 www.eagleair.is, halbwegs regelmäßig für 150–200 €.

Gletscherlagunen des Vatnajökull

Zwischen Höfn und Skaftafell liegt die größte Eiswelt Islands. Die riesigen Gletscherzungen reichen bis an die Ringstraße heran. Mit Zodiak-Schlauchbooten und Amphibienfahrzeugen oder auch zu Fuß geht es hinein in diese bizarre Welt. Krachend brechen blau schimmernde Eisberge von den Gletschern, um in Seen zu schmelzen und ihren Weg ins Meer anzutreten. Schnee, der vor Jahrhunderten fiel, verabschiedet sich hier spektakulär. Über diesem Gebiet unterhalb des Vatnajökull fällt fast doppelt so viel Niederschlag wie weiter nordöstlich und die Regenwolken klemmen sich gern über der Küste fest. So täuscht die satellitenbasierte Wettervorhersage oft Sonne vor, obwohl die warmen Strahlen meist keinen Weg durch die dichte Nebel-Wolken-Suppe bis hinab ins Tal finden. In dieser Schlechtwetterzone, meist mit einer Sichtweite von unter 50 m, gibt es blaues Eis statt blauem Himmel. Denn je weniger direktes Sonnenlicht auf das Eis trifft, desto tiefblauer leuchtet es.

Viele Besucher fahren schnell durch, doch wer gerne wandert, kann hier gut ein paar Tage verbringen. Übernachtungsoptionen sind rarer und teurer als in anderen Landesteilen; wer länger bleiben will und weniger tief in die Tasche greifen kann, wohnt im Zelt oder Camper/Auto auf dem Skaftafell-Campingplatz.

Hinter Höfn geht es an zahlreichen *„jökulls"* (Gletscher) und *„lóns"* (Lagunen) vorbei durch die Eiswelt bis zum Gebiet Skaftafell. Von solchen Gletscherlagunen wimmelt es in diesem Teil Islands (leider eine Folge der Klimaerwärmung, siehe auch Geografie, S. 85). Schon wer

DER OSTEN

einfach nur die Ringstraße entlang fährt, kommt an mindestens zehn vorbei. Die meisten fristen ein einsames Dasein, einfach weil sie eine Nummer kleiner und weniger schnell erreichbar sind als die bekannteste isländische Gletscherlagune, Jökulsárlón.

Hoffellsjökull, Fláajökull und Heinabergsjökull

Kurz hinter Höfn weist ein Schild den Weg nach **Hoffell**, einer kleinen Ansammlung von Häusern, die vor allem wegen der Hot Pots bekannt ist, die ein Bauer hier gegen 2000 ISK p. P. zur Verfügung stellt (und über deren Schönheit die Meinungen auseinandergehen – manche Leser fanden sie überteuert). Der Blick reicht über die weite Ebene, leider nicht zum Eis, sondern in Richtung Straße. Die vier kleinen Hot Pots sind aber sauber und es gibt ein Häuschen zum Umziehen. Die wenig besuchte Gletscherlagune des **Hoffellsjökull** erreicht man von den Hot Pots per Jeep über eine ca. 4 km lange Piste und auch die Anfahrt zum **Fláajökull** (10 km) hat es in sich (auch hier ist es gut, einen Jeep zu haben). Etwas besser, aber auch nichts für schwache Nerven, ist die ca. 8 km lange Piste zur Lagune am **Heinabergsjökull** (Heinabergslón), die etwa 3 km vor Skálafell und 1,5 km vor der Kolgríma-Brücke abzweigt. Hier gibt es zwar nicht so viele Eisberge wie im Jökulsárlón, aber dafür auch weniger Gucker. Die Gletscherlagune, an der man entlangwandern kann (s. u.), befindet sich kurz hinter dem Parkplatz. Wer etwa 500 m vor diesem rechts abbiegt, gelangt zu den Ruinen der Farm Heinaberg. Hier sind Basaltformationen und der Wasserfall Bólstaðarfoss zu sehen.

ÜBERNACHTUNG

Karte S. 487

Glacier World Guesthouse, Hoffell, ✆ 867 7416, 💻 www.glacierworld.is. 21 Zimmer in 3 restaurierten und aufgestockten Farmhäusern, teilweise mit privatem Bad, in Toplage (hier ist nichts außer Ruhe und Aussicht). Gäste loben das Frühstücksbuffet und freuen sich, dass der Eintritt zu den Hot Pots (s. o.) im Preis enthalten ist. ❻

Skálafell Guesthouse, nahe des Skálafellsjökulls, ✆ 478 1041, 💻 www.skalafell.net. 6 gemütliche DZ (mit Bad) in 3 Blockhäusern unterhalb des Haupthauses. 3 einfache DZ im Haus. Klasse Frühstücks- und Abendbuffet (Letzteres auf Anfrage). ❹–❺

Vagnsstaðir Hostel, Guesthouse und Cottages, 26 km östlich von Jökulsárlón an der Ringstraße, ✆ 854 3133, 💻 www.vagnsstadir.is (Guesthouse) und 💻 www.hostel.is/en/hostels/hi-vagnsstadir (Hostel und Cottages). Es gibt sowohl ein Self-Check-In-Gästehaus (ohne Küche) als auch ein Hostel mit 2-6-Bett-Zimmern und Schlafsaal (5700 ISK p. P.). Außerdem Häuschen für bis zu 6 Pers. Man tut gut dran, Verpflegung mitzubringen, denn das nächste Restaurant liegt weit entfernt. Wandermöglichkeit zum Meer (ca. 1,5 km). ❹–❺

AKTIVITÄTEN UND TOUREN

Kajakfahren

Iceguide, ✆ 661 0900, 💻 www.iceguide.is/tours/glacier-kayak-adventure. Die Kajaktouren durch die abgelegene Gletscherlagune Heinabergslón (Glacier Kajak Adventure), auch für Anfänger geeignet, sind über verschiedene Agenturen buchbar (z. B. Arctic Adventures, Hey Iceland), aber der eigentliche Veranstalter ist immer Iceguide. Man fährt in Einzel- oder Zweierbooten eigenständig oder als Beifahrer in **Sit-on-top**-Kajaks. Treffpunkt am Hotel Smyrlabjörg, Mindestalter 14 J. Juni–Sep tgl. um 9 und 14 Uhr, 2–3 Std., 17 900 ISK.

Wandern

Rund um die drei Gletscherzungen gibt es gute Wandermöglichkeiten – siehe dazu die Karte auf 💻 https://visitvatnajokull.is/information/brochures-and-maps.

TRANSPORT

Auto

Langfristig wird sich die Verkehrsführung hier ändern, denn es ist geplant, die Ringstraße ab

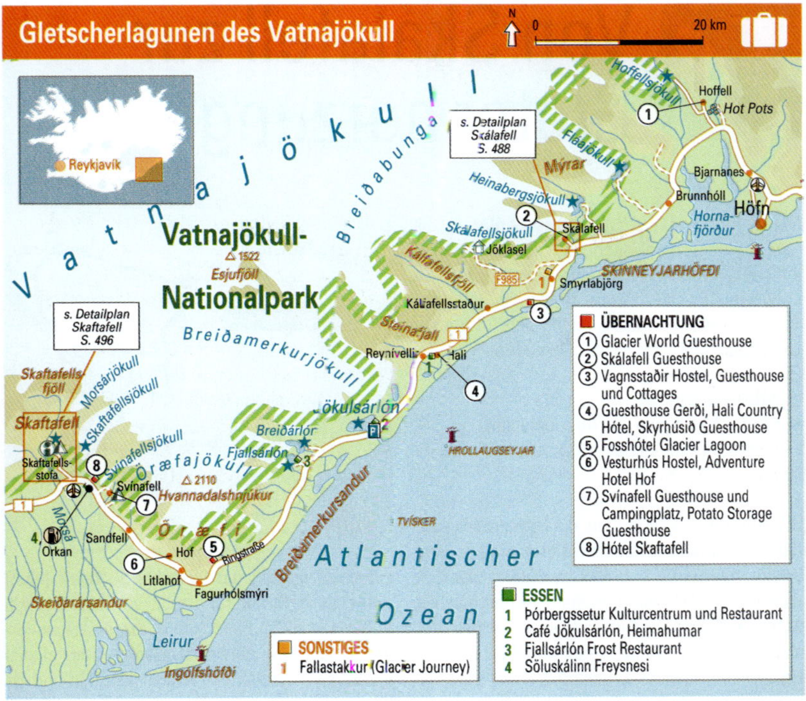

Gletscherlagunen des Vatnajökull
N
0
20 km
Reykjavík
Vatnajökull
Vatnajökull-Nationalpark
Breiðabunga
s. Detailplan Skálafell S. 488
s. Detailplan Skaftafell S. 496
Hoffellsjökull
Hoffell
Hot Pots
Fláajökull
Mýrar
Heinabergsjökull
Bjarnanes
Brunnhóll
Höfn
Hornafjörður
Skálafellsjökull
Skálafell
Jöklasel
Kálfafellsfjöll
F985
Smyrlabjörg
SKINNEYJARHÖFÐI
Esjufjöll
Kálfafellsstaður
Steinafjall
Reynivellir
Hali
Breiðamerkurjökull
Jökulsárlón
Breiðárlón
Fjallsárlón
HROLLAUGSEYJAR
Skaftafellsfjöll
Morsárjökull
Skaftafellsjökull
Skaftafell
Skaftafellsstofa
Svínafellsjökull
Öræfajökull
Svínafell
Hvannadalshnjúkur
Öræfi
Breiðamerkursandur
TVÍSKER
Morsá
Orkan
Sandfell
Hof
Ringstraße
Litlahof
Fagurhólsmýri
Skeiðarársandur
Atlantischer Ozean
Leirur
Ingólfshöfði
ÜBERNACHTUNG
1 Glacier World Guesthouse
2 Skálafell Guesthouse
3 Vagnsstaðir Hostel, Guesthouse und Cottages
4 Guesthouse Gerði, Hali Country Hótel, Skyrhúsið Guesthouse
5 Fosshótel Glacier Lagoon
6 Vesturhús Hostel, Adventure Hotel Hof
7 Svínafell Guesthouse und Campingplatz, Potato Storage Guesthouse
8 Hótel Skaftafell
ESSEN
1 Þórbergssetur Kulturcentrum und Restaurant
2 Café Jökulsárlón, Heimahumar
3 Fjallsárlón Frost Restaurant
4 Söluskálinn Freysnesi
SONSTIGES
1 Fallastakkur (Glacier Journey)

Höfn in Richtung Westen weiter nach Süden zu verlegen, was auch die Zahl der gefährlichen einspurigen Brücken hier deutlich reduzieren wird.

Busse

Auf der Ringstraße verkehren Linienbusse von Strætó; planmäßige Haltestellen gibt es aber nur am Jökulsárlón und in Höfn.

11 HIGHLIGHT

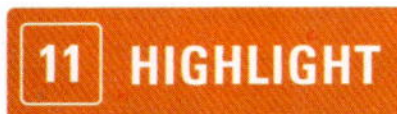

Jökulsárlón

Diese „Gletscherflusslagune", was **Jökulsárlón** übersetzt bedeutet, ist die größte und bekannteste Islands. In Hollywood-Blockbustern wie *Batman*, *Tomb Raider* oder *James Bond* war sie die erste Wahl, wenn es darum ging, das eisige Grönland in Szene zu setzen. Direkt unter der großen Ringstraßen-Brücke schwimmen die tausend Jahre alten Eisberge, die vom **Breiðamerkurjökull** abbrechen und ihren Weg ins Meer antreten. Sie fallen in einen Gletschersee, der heute etwa 23 km^2 groß und nahezu 250 m tief ist. Im Gegensatz zum Eis ist der See sehr jung, um das Jahr 1930 gab es ihn noch gar nicht. Damals reichte der Gletscher bis zu den Endmoränen dicht am Meer; heute liegt er bereits mehr als 9 km vom Meer entfernt.

Der riesige Parkplatz neben der Straße ist immer gefüllt: Amphibienfahrzeuge fahren eingemummelte, mit Kameras bewaffnete Touristen ins Eis. Muskelbepackte Wikinger steuern gekonnt motorisierte Schlauchboote durch die Eisberge, und der ein oder andere freut sich einfach nur über einen der Seehunde, die sich hier

Von Skálafell zur Gletscherzunge

Die Betreiber des Gästehauses **Skálafell**, die schon seit Generationen hier wohnen, haben auf sechs Wanderwegen fantasievolle Infotafeln entworfen. Es ist auch von Trollen und Elfen die Rede. Derart unterhalten, macht eine Tour auch jenen Spaß, die nicht so gerne wandern.

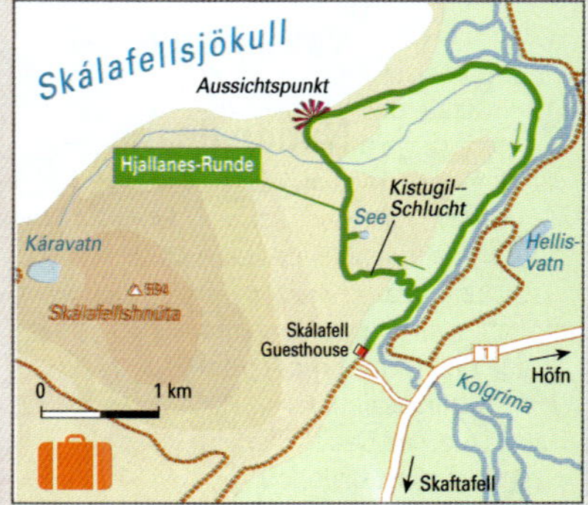

Hjallanes-Runde

- **Länge:** 7,5 km (nur zum Aussichtspunkt ca. 2,5 km einfache Strecke)
- **Dauer:** mind. 3–4 Std.

Die beliebteste Wanderung, die Hjallanes-Runde, führt vom Gästehaus zunächst über eine feuchte Wiese zum Fluss Kolgríma und dann ziemlich steil den Berg hinauf. Hier oben passiert man die **Schlucht Kistugil** und einen kleinen Tümpel. Wer mag, geht linker Hand weiter und besteigt den Berg Skálafellshnúta. Leider ist dieser 9 km lange Wanderweg, der am Ende zum See Káravatn führt, nicht gut ausgeschildert. Wem der Weg daher zu unsicher ist oder wer kürzer unterwegs sein möchte, der bleibt besser auf der Rundtour. Dort geht es ab dem manchmal ausgetrockneten Tümpel weiter über loses Geröll bis zu einem Steintor und hinunter in Richtung Gletscherzunge. Hier zeigen sich mit etwas Glück Füchse und manchmal Rentiere. Deutlich und ganz sicher zu sehen ist, wie sich der Gletscher **Skálafellsjökull** jedes Jahr Stück für Stück zurückzieht. Am äußersten linken Rand laden **Sitzsteine** zum Verweilen ein. Wer vor Ort ist, wenn wieder einmal ein Stück Gletscher knirschend abbricht und ins Wasser fällt, wird noch begeisterter sein.

Auf die Gletscherzunge selbst kommt man von hier aus nicht, aber der Wanderweg führt lange Zeit parallel oberhalb vorbei, durch grauen Sand und schließlich wieder leicht bergauf über gelbliches Moos, in dem die ebenfalls gelben Markierungspflöcke oft schlecht zu sehen sind, bis hinunter zum Fluss, dem man dann zurück bis zum Ausgangspunkt folgt.

trotz des Trubels noch manchem zeigen. Wer nicht rechts am Parkplatz staunt, sondern linker Hand des Wassers ein Stück weitergeht, ist selbst im Sommer mit den schwimmenden Eisbergen fast allein. Herrscht etwas Stille, kann man die Eisschollen, die vom Gletscher brechen und ins Wasser fallen, hören. Einige Jahre werden sie dort verweilen, schrumpfen, zerbrechen und schmelzen, um dann ins Meer gespült zu werden und sich dort gänzlich aufzulösen.

Die Reste des ewigen Eises lassen sich als Kunstwerke bestaunen am **Breiðamerkursandur**, den man über eine kleine Zufahrt östlich der Brücke erreicht. Hier liegen oft (aber nicht immer) große und kleinere Eiskristalle, Reste der Eisbrocken, zerschmolzen zu kunstvollen, filigranen, glänzenden Skulpturen. Der schwarze Strand im Hintergrund trägt das Seine zur Gesamtkomposition bei, deshalb wurde ihm der Name **Diamond Beach** verpasst.

Mitte August findet ein großes 20-minütiges Feuerwerk am Jökulsárlón statt. Die Einnahmen werden dem Rettungsdienst gespendet. Umweltschützer protestieren seit Jahren dagegen und hatten gehofft, dass diese Tradition nach dem pandemiebedingten Ausfall nicht wieder aufgenommen würde, aber nee, soweit ist es bzw. man noch nicht.

ÜBERNACHTUNG

Direkt am Jökulsárlón gibt es kein Hotel, aber 17 km weiter östlich in **Hali**, von Osten kommend vor dem Gletscher (s. Karte S. 487). Der Ort (wenn man ihn denn so bezeichnen mag, denn eigentlich gibt es nur Unterkünfte) liegt meerseitig der Ringstraße. Hier stehen das dem isländischen Autor Þórbergur Þórðarsson gewidmete futuristische Kulturzentrum **Þórbergssetur** mit einer Außenwand aus überdimensionalen Buchrücken (auch Restaurant und Rezeption vom Hótel Hali) und drei Gästehäuser direkt nebeneinander. Sie arbeiten zusammen, sodass mancher Gast in einem anderen Haus wohnt als gebucht.

Guesthouse Gerði, ✆ 478 1905, 💻 www.gerdi.is. 35 einfache Zimmer mit eigenem Bad. Zudem Bungalows. Unten im Haupthaus ist ein Restaurant, in dem auch Busgruppen speisen, sodass es schon mal lauter werden kann. ❺

Hali Country Hótel, ✆ 478 1073, 💻 www.hali.is. 45 Zimmer verteilen sich auf mehrere Gebäude, und nicht alle haben eigene Bäder. ❻

Skyrhúsið Guesthouse, ✆ 899 8384, 💻 www.skyrhusid.is. 9 relativ große Zimmer (für 2–3 Pers.) mit schöner Aussicht zu beiden Seiten. Anders als in den anderen Häusern gibt es hier eine Küche für Selbstversorger. Instantnudeln kosten wenige ISK und Kinder unter 16 J. können kostenlos im Bett der Eltern schlafen. ❹–❺

ESSEN

An der Lagune

Das recht große **Café Jökulsárlón**, Karte S. 487, versorgt mit Suppe, Brötchen und Kuchen (teils lange Wartezeiten). Bei gutem Wetter entspannt sich alles etwas, denn dann können Gäste auch draußen sitzen. 🕒 März–Mai 9–18, Juni–Sep 9–19, Okt–Feb 9–17 Uhr. Davor bieten einige Buden Fish & Chips oder Crêpes an.

Schwarzer Schnee, blaues Eis, grüne Mäuse

Das Blau entsteht, weil das reine komprimierte Eis alle anderen Farben des Lichts absorbiert. Der schwarze Dreck auf dem Eis ist Asche von Vulkanausbrüchen. Guides lachen herzlich, wenn sie von Touristen erzählen, die Greenpeace einschalten wollten, um die vermeintliche Verschmutzung durch Kohleabbau zu stoppen – aber den gibt es in Island wirklich nicht. Dafür aber ein anderes erstaunliches Phänomen: Auf der Eisoberfläche finden sich manchmal grün leuchtende Mooskugeln. Man nimmt an, dass sich im Laufe der Zeit um die Aschepartikel herum Moospolster gebildet haben. Wie sich die Bällchen, die man auch „Gletschermäuse" nennt, aber einer Herde gleich etwa 2,5 cm pro Tag synchron alle in dieselbe Richtung bewegen können, gibt den Forschern bis heute Rätsel auf.

Hier nur im Winter möglich: Eishöhlentouren

© PETRA FEUCHT

Island ist reich an Höhlen in allen Größen und Formen. Für Touristen interessant sind drei verschiedene Höhlenarten: Lavahöhlen, die v. a. im Winter oft faszinierende Eisskulpturen enthalten, natürliche Gletschereishöhlen, die durch Schmelzwasser oder geothermische Wärme innerhalb des Gletschereises immer wieder neu entstehen, und inzwischen auch eine künstlich angelegte Gletschereishöhle im Gletscher Langjökull (s. Kasten S. 242).

Für die Besichtigung einer natürlichen Gletscherhöhle muss man zur richtigen Jahreszeit kommen, i. d. R. geht es frühestens ab November bis spätestens Ende März. Man braucht einen Guide, einen Helm mit Stirnlampe und Steigeisen *(crampons)*, die bei den geführten Touren zur Ausrüstung gehören, dazu warme, wenigstens wasserabweisende und praktische Bekleidung einschließlich guter Wanderschuhe. Für Fotografen lohnt sich das Mitnehmen eines Stativs.

Die natürlichen Gletschereishöhlen, meistens schwer zugänglich und ausschließlich mit Super-Jeeps zu erreichen, befinden sich v. a. im Randbereich von Gletscherzungen des **Vatnajökull**. Sie müssen ständig überwacht werden und sind schwer zu finden. Da sich Gletscher immer bewegen, sind Gletscherhöhlen nie von Dauer, meistens instabil und einsturzgefährdet und oft von Wasserläufen durchflossen. Diese bestehen aus Schmelzwasser und können daher gefährlich anschwellen. Jedes Jahr müssen zu Beginn des Winters Höhlen erst wieder neu gesucht und danach laufend auf ihre Begehbarkeit mit Tourgruppen hin überprüft werden.

Daher sollte man eine solche Höhle nur mit **professionellen Anbietern** besuchen, z. B. Iceguide, 💻 www.iceguide.is, (Start vom Café Jökulsárlon), Glacier Adventure, 💻 https://glacieradventure.is (Start in Hali), Glacier Guides, 💻 www.glacierguides.is (Start am Parkplatz in Skaftafell) u. v. m. Die Fahrt zur Eishöhle dauert dann jeweils eine halbe Stunde, danach sind es noch ca. 5–20 Min. zu Fuß bis zum Eingang. In der Höhle selbst ist Trittsicherheit gefragt, evtl. sind auch immer wieder kurze steile Bereiche am Seil zum Auf- oder Abstieg zu überwinden. Der Aufenthalt in der Höhle schwankt zwischen 30 Min. und mehr als einer Stunde.

Ein Gastbeitrag von Petra Feucht, Islandbesucherin aus Leidenschaft

Heimahumar, am Parkplatz, Karte S. 487. Die kleine Bude bietet zwei Lobster-Gerichte *to go*. Günstiger sind die Hot Dogs, und natürlich gibt es auch Kaffee. ⌚ tagsüber, wenn etwas los ist.

Hali

Þórbergssetur, Karte S. 487, ✆ 478 1078 und 867 2900. Sehr modernes Restaurant im Wellblech-Kulturzentrum (s. o.), das zum Hotel Hali gehört. Mittags werden Kleinigkeiten wie Sandwiches aufgetischt, abends das komplette Fisch- und Lamm-Programm. Nicht billig, aber lecker. ⌚ tgl. 9–21 Uhr.

Auch im **Hotel Hali** und im **Gästehaus Gerði** gibt es Verköstigung. Falls nicht gerade eine Busgruppe alle Plätze besetzt hat, sind sie ebenfalls eine gute Option.

TOUREN

Bootstouren

Jökulsárlón (Glacier Lagoon), ✆ 478 2222, 💻 www.icelagoon.com. Die Firma, die auch das Café betreibt, bietet Touren in Amphibienfahrzeugen oder mit dem Zodiac, die wegen des großen Andrangs besser im Voraus gebucht werden. In warme Thermo-Anzüge eingepackt fährt man mit einem motorbetriebenen Schlauchboot (Zodiak) ganz nah an die Eisberge: regelmäßig zwischen 9–17.30 Uhr, 1 Std., ab 13 J. 13 900 ISK, Kinder (nicht unter 10 J. und 1,30 m Körpergröße) 6500 ISK. Die Guides liefern dazu eine großartige Show und machen die Touren zur beliebtesten Attraktion der Gletscherlagune (auch bei schlechtem Wetter lohnend, denn dann sind die Eisberge nicht weiß-hellblau, sondern tief dunkelblau). Das Amphibienfahrzeug fährt relativ gemächlich vom Land ins Wasser. Die Tour dauert 35 Min., inkl. englischsprachigem Guide, und kostet 6300 ISK, Kinder (6–12 J.) 3000 ISK. Juni–Aug tgl. zwischen 9–18, Mai, Sep, Okt 10–16 Uhr.

Eishöhlentouren mit Super-Jeep

Blue Iceland, ✆ 694 7200, 💻 www.blueiceland.is Die Attraktion sind Fahrten zu den Eishöhlen im Gletscher Breiðamerkurjökull, dem Gletscher, von dem die Eisberge stammen, die im Jökulsárlón schwimmen. Die Touren dauern 2–3 Std., kosten um die 20 000 ISK p. P. und finden von Nov–März statt.

Der Deutsche Stephan Mantler bietet maßgeschneiderte Touren und jede Menge spannende Infos über die Gletscher der Region: ✆ 849 4251, 💻 www.stepman.is.

Kajakfahren

Iceguide, 💻 www.iceguide.is, buchbar auch über andere Veranstalter und Agenturen, bietet aufregende Paddeltouren in Einer- oder Zweier Sit-on-top-Kajaks inkl. Trockenanzug. Die umweltfreundliche Variante, die hiesige Eiswelt vom Wasser aus zu erkunden. Juni–Sep, mehrere Termine zwischen 9–15 Uhr, um die 13 000 ISK.

Wandern

Eine beliebte Wanderung ist der Breiðármörk Trail (etwa 15 km, 5 Std.) von Jökulsárlón über Breiðárlón bis Fjallsárlon, s. die Karte auf 💻 https://visitvatnajokull.is/information/brochures-and-maps.

TRANSPORT

Auto

Auf allen Parkplätzen wird eine **Gebühr von 1000 ISK** verlangt – das heißt aber nicht, dass die Plätze gut in Schuss sind. An den Schwellen und Schlaglöchern hat schon manches Auto Schaden genommen.

Busse

Am Hauptparkplatz östlich des Gletscherflusses stoppen die Busse.

HÖFN, mit Strætó-Linie 51 im Sommer 2x tgl., sonst 1x tgl. außer Sa in 1 Std.

REYKJAVÍK, mit Strætó-Linie 51 über Skaftafell und Vík im Sommer 2x tgl., sonst 1x tgl. außer Sa in 6 Std.

Breiðárlón und Fjallsárlón

Schon ein Stück abseits des Rummels an der Jökulsárlón es wieder ruhiger zu, denn **Breiðárlón** wird relativ selten besucht. Man muss je-

Blaues, graues und weißes Eis: mit Steigeisen auf den Gletscher

© STEPHAN ROBERTZ

Früh am Morgen um 9 Uhr startet am Skaftafell Infocenter die erste Tour ins Eis. Die kleine, bunt zusammengewürfelte Gruppe wird in einen alten Klapperbus verfrachtet, und los geht's zu einer der umliegenden Gletscherzungen. Hier gibt es eine ausführliche Einweisung, wie man die Steigeisen anschnallt und die Wanderstöcke benutzt. Dann Helm auf, Sicherungsweste an und erst mal zu Fuß im Gänsemarsch durch den schwarzen Sand, dann die Steigeisen an, über eine kleine Leiter und ganz vorsichtig einen Fuß aufs Eis gesetzt. Hier ist es rutschiger als gedacht. Zögerlich und erst nach und nach etwas mutiger wagen sich die Teilnehmer zwischen tiefen Spalten den gigantischen weißgrauen Eisberg immer weiter hinauf. Binnen Minuten sind alle komplett durchnässt, denn der feine Nieselregen, der aus den dünnen Wolken kommt, die fast immer über den Gletscherzungen hängen, dringt in jede Pore. Aber so kalt wie erwartet ist es dann doch nicht. Oder keiner merkt es dank des hohen Adrenalinpegels. Je weiter es nach oben geht, umso blauer wird das Eis. Der Guide reicht

doch eine holperige, ca. 3 km lange Straße in Kauf nehmen. Es folgt nahe der Ringstraße die Lagune **Fjallsárlón**, die lange als Geheimtipp galt. Doch die Zeiten ändern sich, und so gibt es nun auch hier Bootstouren ins Eis und eine asphaltierte Zufahrtsstraße. Hinter den populären Lagunen macht die Ringstraße einen großen Bogen um den **Öræfajökull**, aus dem Island höchster Berg empor ragt. Zum Gipfel **Hvannadalshnúkur** werden für erfahrene und ausdauernde Wanderer geführte Gletscherwanderungen angeboten (s. Kasten), aber nur bei gutem Wetter.

Ein Kleinod, das auch bei schlechtem Wetter einen Abstecher (ab Hof) wert ist, ist die grasbewachsene **Hofskirkja**, die in den 1950ern so nachgebaut wurde, dass sie ihrer Vorgängerin aus dem Jahr 1884 zum Verwechseln ähnlich sieht. Hier feiern die Einheimischen auch heute noch ihre Gottesdienste.

einen Eisklumpen herum, in dem sich das wenige Licht, das hier oben in den Wolken vorhanden ist, in seine Spektralfarben zerteilt: ein Regenbogen im Eis.

Während vier der fünf Teilnehmer bedächtig an ihren Eisklumpen lutschen, macht einer der Mitwanderer Unsinn und stellt sich breitbeinig über eine metertiefe Spalte. Der Guide wird bleich. „Leider", sagt er, „sind solche Scherzbolde bei fast jeder Tour dabei". Überhaupt ist das Führen von Besuchern über einen gefährlichen Gletscher kein leichter Job, denn die Bedingungen ändern sich hier ständig. Jedes Jahr, jede Woche, ja sogar jeden Tag müsse man die Wege aufs Neue auf ihre Sicherheit hin überprüfen. Selbst im flachen Bereich bewegt sich der Gletscher in den Sommermonaten täglich um 10–20 cm, sodass ständig neue Spalten und Löcher entstehen. „Man kann fühlen, dass der Gletscher lebt – so ist es mir schon einige Male passiert, dass sich direkt unter mir eine Spalte aufgetan hat. Keine wirklich große – nur kleine Risse –, aber man spürt den Druck des Gletschers und hört das Getöse, und das ist irgendwie cool und beängstigend zugleich", erzählt der Guide. Und obwohl jeder der Gruppe später auch gern solch abenteuerliche Geschichten erzählen würde, ist im Moment jeder froh, dass es nicht knirscht und sich kein Spalt zeigt.

Touren wie diese bieten hier zwischen Mai und September zahlreiche Anbieter. Eine 3 1/2-stündige Tour (davon ca. 1 Std. auf dem Eis) kostet um die 15 000 ISK (Kinder die Hälfte). Reservieren ist für alle mit einem festen Zeitplan ratsam, oft reicht es aber, wenn man sich einen Tag vorher meldet.

Die kleinen Büros von **Glacier Guides**, ✆ 562 7000, 💻 www.glacierguides.is, und **Icelandic Mountainguides**, ✆ 587 9999, 💻 www.mountainguides.is, findet man am Skaftafell-Parkplatz. Beide Anbieter haben tolle Guides und bieten Touren unterschiedlicher Länge ins Eis (in der Saison tgl. 8.30–16.30 Uhr, in der Nebensaison nachfragen) Mindestalter 10 J., kleinste Schuhgröße 35. 🕒 in der Saison tgl. 8–18 Uhr.

Tröll Expeditions, ✆ 519 5544 💻 https://troll.is. Büro an der Ringstraße, gegenüber der Skaftafell-Zufahrt.

Heading North, ✆ 767 4653, 💻 www.headingnorth.is. Ein eher kleiner Veranstalter, der ebenfalls viele schöne Gletscher-, Jeep- und Eishöhlentouren im Programm hat. Treffpunkte je nach Tour.

Local Guide of Vatnajökull, ✆ 894 1317, 💻 www.localguide.is. Anspruchsvollere und längere Touren ins Eis. Im Sommer auf eine Zunge des Gletschers Fjallsjökull (ab 13 900 ISK p. P.), im Winter in die Eishöhlen (ab 22 900 ISK p. P.), außerdem Privattouren.

Die Veranstalter richten es immer so ein, dass die Kleingruppen zeitversetzt losgehen und sich so verteilen, dass niemand merkt, dass die anderen eigentlich ganz in der Nähe sind. Aber vom Aussichtspunkt ist deutlich zu sehen, wie viele Menschen hier gleichzeitig unterwegs sind. Und besser als die Eiswanderer selbst sehen die Zuschauer, wie tief und tückisch die Spalten sind, die sich durchs Eis ziehen. **Ohne sachkundigen Führer** aufs Eis zu gehen, ist keine gute Idee. Am Svínafellsjökull z. B. erinnert eine Gedenktafel an zwei deutsche Wanderer, die seit 2007 vermisst werden.

DER OSTEN

ÜBERNACHTUNG UND ESSEN

Geld spielt keine Rolle? Dann könnte man sich bei **Fjallsárlón Overnight Adventure**, 💻 https://fjallsarlon.is/overnight, eine Übernachtung in einem schwimmenden Iglu gönnen, vom Bett aus durchs Glasdach auf Eisberge schauen und auf der eigenen Holzterrasse frühstücken. Die An- und Abreise erfolgt per Boot – mal eben zwischendurch runter von der Schwimminsel geht nicht. Der Spaß kostet zwar für 2 Pers. 1000 € pro Nacht, ist aber etwas Besonderes.

Fosshótel Glacier Lagoon, Karte S. 487, ✆ 514 8300, 💻 www.islandshotel.is/hotels-in-iceland/fosshotel-glacier-lagoon/. Exquisites 4-Sterne-Hotel in modernem grauem Klotz mit 104 schicken Zimmern. Sehr leckeres Frühstücksbuffet. Gutes Preis-Leistungs-Verhältnis, wenn man das Glück hat, eins der einfacheren günstigeren Zimmer zu ergattern. Restaurant und Bar. ❼–❽

Am Fjallsárlón wartet das recht große, in moderner Holzoptik erbaute **Fjallsárlón Frost Restaurant** mit Kaffee und Kuchen und einigen warmen Gerichten (Selbstbedienungs-Buffet). 🕒 im Sommer tgl. 9.30–16 Uhr.

AKTIVITÄTEN

Bootstouren

Fjallsárlón, ✆ 666 8006, 💻 www.fjallsarlon.is. Zodiac-Safari auf dem Fjallsárlón (1 1/2 Std., davon 45 Min. auf dem Wasser, 9300 ISK, Kinder (6–15 J.) 4600 ISK. Kinder unter 6 J. werden nicht mitgenommen). Check-in eine halbe Stunde vor Abfahrt beim Café. Meist mit Reservierung, aber man kann auch spontan mitfahren, wenn ein Platz frei ist.

Wandern

Ein Wanderweg (15 km, 5 Std.) verbindet Fjallsárlón und Breiðárlón mit Jökulsárlón, s. Karte auf 💻 https://visitvatnajokull.is/information/brochures-and-maps.

TRANSPORT

Kurze Zufahrten ab der Ringstraße.

12 HIGHLIGHT

Rund um Skaftafell

Skaftafell liegt direkt am Eis und ist für alle, die von Südwesten kommen, die Tür zum **Vatnajökull-Nationalpark**. Wer aus Osten anreist, findet hier die vorerst letzte Möglichkeit, schnell und nah an einen Gletscher heran zu kommen. Seit 1967 steht das Gebiet unter Naturschutz; inzwischen ist es Teil des Vatnajökull-Nationalparks (mehr zum Vatnajökull s. S. 485).

Die Vulkane bei Skaftafell, die sich unter der dicken Eisschicht des Vatnajökull verstecken, sind teils noch aktiv. **Grímsvötn** (s. Karte S. 446) beispielsweise, zuletzt ausgebrochen im Jahr 2011, gehört zu den aktivsten Vulkanen der Insel, seinen Ausbrüchen folgen meist verheerende Gletscherläufe. Viel länger her ist der spektakuläre Ausbruch des Öræfajökull (der Name bedeutet Ödnis-Gletscher, bezeichnet aber auch den Vulkan darunter), dessen Ascheregen der Region ihren Namen gab: 1362 setzte der damals noch Hnappafellsjökull genannte Vulkan der Fruchtbarkeit der Gegend ein Ende. Über 40 Höfe wurden unter Schlamm und Asche begraben. Bis heute hat kein Vulkan in Island eine größere Menge Asche ausgespuckt. Das Land wurde zum Ödland (Öræfi) und seither trägt die gesamte Region diesen Namen.

Zum Museum wurde der **Hof Sel**, ein Gebäude aus dem Jahr 1920, aufgegeben 1946 und heute auf einer schönen Wanderung (Karte S. 496) zu erreichen.

Seit 2017 steht der **Öræfajökull** – ebenso wie der Vulkan Grímsvötn, der sich im Dezember 2021 durch einen Gletscherlauf zu Wort meldete – wieder unter strenger Beobachtung, weil sich möglicherweise ein erneuter Ausbruch ankündigt. Es wurde ein Notfallplan ausgearbeitet, im Fall des Falles werden Reisende über ihre Mobiltelefone informiert.

Der große Parkplatz am **Skaftafell Visitor Centre** des Nationalparkbüros kostet 1000 ISK (je größer das Auto, desto teurer), hier halten auch alle Busse, und spätestens ab 8 Uhr wird es von Minute zu Minute voller. Scheinbar jeder Islandreisende will zum **Svartifoss**, zum schwarzen Basaltwasserfall. 20 m rauscht er hinab, malerisch von Basaltsäulen umrahmt. Im Winter ist das Schauspiel noch bezaubernder, denn dann konkurrieren gefrorenes Eis und Stein um den Preis des schönsten Schmuckwerks und es lässt sich hier auch kaum ein anderer Mensch blicken. Im Sommer ist es aber voll.

Wer weiter als bis zum Wasserfall geht, darf mit weniger Mitwanderern rechnen – allerdings kann es auch hier vorkommen, dass sich Menschenschlangen über die schmalen Pfade winden.

Svínafellsjökull

Hier finden Gletscherwanderungen statt, aber auch für all jene, die einfach nur mal gucken wollen, ist diese Gletscherzunge eine Empfehlung. Es ist möglich, mit dem Auto bis fast ans Eis zu fahren. Vom Parkplatz aus führt dann ein Fußweg an den westlichen Rand der Zunge.

ÜBERNACHTUNG

Karte S. 487

Adventure Hotel Hof, etwa 18 km südöstlich von Skaftafell in Hof, ✆ 478 2260, 💻 https://adventures.com/iceland/hotels/adventure-hotel-hof/. Das rustikale Hotel, das zur Tourveranstalter-Gruppe Adventures gehört, liegt am Fuße eines schroffen Gebirges und nahe der Ringstraße. Das Angebot umfasst 33 kleinere Zimmer in 2 Gebäuden und 8 weitere in 4 Bungalows, einige auch mit Privatbad, ein gutes Frühstücksbuffet und ein Restaurant mit regionaler Küche. ❹–❺

Hótel Skaftafell, ca. 7 km vor dem Parkplatz des Nationalparks direkt an der Ringstraße (gegenüber der Tankstelle), ✆ 478 1945, 💻 www.hotelskaftafell.is. 63 funktionale Räume für jeweils 1–3 Pers. Check-in bis Mitternacht möglich. Restaurant. ❼

Skaftafell Camping, neben dem Visitor Centre (kurz vor dem Parkplatz links abbiegen), ✆ 470 8300, 💻 www.vatnajokulsthjodgardur.is/en/communities--businesses/pricelist. Der große Platz liegt direkt am Wanderweg zum Wasserfall und Gletscher. Sofern die Sonne scheint, locken von morgens bis abends Sonnenplätze. Wer im Zelt wohnt, hat die Chance auf Gletscherblick. Es gibt weder Küche noch Aufenthaltsraum, aber ein paar Abwaschplätze mit warmem Wasser, ein neues Waschhaus und eine gute kostenfrei nutzbare Waschmaschine. Kein Supermarkt, aber Cafeteria und Snackbar nahebei. Gestaffelte Preise nach Areal und Zelt- bzw. Campergröße ab 3000 ISK (kleines Zweimannzelt) bis 7000 ISK (Wohnmobil am Strom). 🕒 ganzjährig.

€ **Svínafell Guesthouse und Campingplatz**, ✆ 478 1765, 💻 www.svinafell.com. Svínafell, in der Nähe des gleichnamigen Gletschers an der Ringstraße, bietet Schlafsack-Betten in Blockhütten (5000 ISK), Häusern (5500 ISK) und auf Höfen. Zudem gibt es einen Zeltplatz. Küche im Servicecenter. Im Winter nur Zimmer in den Häusern, Rezeption ist dann auf dem Hof Austurbær. Camping ab 14 J. 1800 ISK p. P.

Unmittelbar daneben gibt es nette Apartments unterschiedlicher Größe im **Potato Storage Guesthouse**, ✆ 789 0785, 💻 www.thepotatostorage.com. ❻

Vesturhús Hostel, in Hof, ✆ 854 5585, 💻 www.vesturhus.is. Bjarni und Bjarki bieten 6 Zimmer unterschiedlicher Größe, ausgestattet mit Etagenbetten. Aufenthaltsraum und Küche in einem flachen Wellblechhaus. ❸

Hvannadalshnúkur

Dieser Berg ist mit 2110 m Islands höchster Punkt. Der Gipfel überragt das Plateau des Öræfajökull um etwa 200 m. Unter Bergsteigern ist dieses Ziel populär, und auch Skiwanderer (s. unten) kommen hierher. Touren dauern i. d. R. 12–15 Std. über eine Länge von etwa 25 km. Es gilt, Gletscherspalten zu überwinden, die sich zum Sommer hin immer mehr verbreitern. Die Tour ist nur geübten Wanderern und am besten mit Führer im Winter bis Frühling zu empfehlen.

ESSEN

Die **Cafeteria** des Besucherzentrums, Karte S. 496, bietet frischen Kaffee und Kuchen, außerdem warmes Essen, wie man es aus der Kantine kennt (was nicht heißen muss, dass es nicht schmeckt). Viele Sitzplätze. 🕒 im Sommer tgl. 8.30–20 Uhr.

Glacier Goodies, Karte S. 496, 💻 www.fb.com/glaciergoodies. Ein lustiger Holz-Truck mit Tisch-Sitzbank davor steht auf dem Campingplatz. Fish & Chips sind teuer, aber da frisch zubereitet, beliebt und man muss oft warten. Zu empfehlen sind auch das Lamm und die Hummersuppe. 🕒 ab mittags bis irgendwann zwischen 16 und 20 Uhr.

Söluskálinn Freysnesi, nahe Hótel Skaftafell, Karte S. 486. Selbstbedienungs-Café an der Orkan-Tankstelle mit dem üblichen Angebot von Burger bis Pizza. Salatbar. Dosenbier, Kaffee aus Pappbechern. 🕒 tgl. 9–20 Uhr.

Wanderungen rund um Skaftafell

Skaftafell ist wie eine kleine grüne Oase inmitten des Graublaus des Gletschereises: Es sprießen Birkenwälder, klein zwar, aber zahlreich. Viele Wanderwege sind gesäumt von Sträuchern und Büschen. Von Wandermuffeln bis zu Fans von Bergtouren oder Abenteuerlustigen, die es ins Eis zieht, findet jeder eine passende Strecke und auch kundige Helfer. Eine gute Wanderkarte gibt's im Büro des Nationalparks. Wichtig: Wer nicht die ausgetretenen Pfade läuft, sollte sich auf jeden Fall vor Ort über die aktuellen Bedingungen informieren. Die Ranger im Besucherzentrum stehen mit Rat und Tat bereit. Touren ins Eis sind nur mit Führer möglich. Im Folgenden die wichtigsten Wanderrouten, die man ohne Guide machen kann.

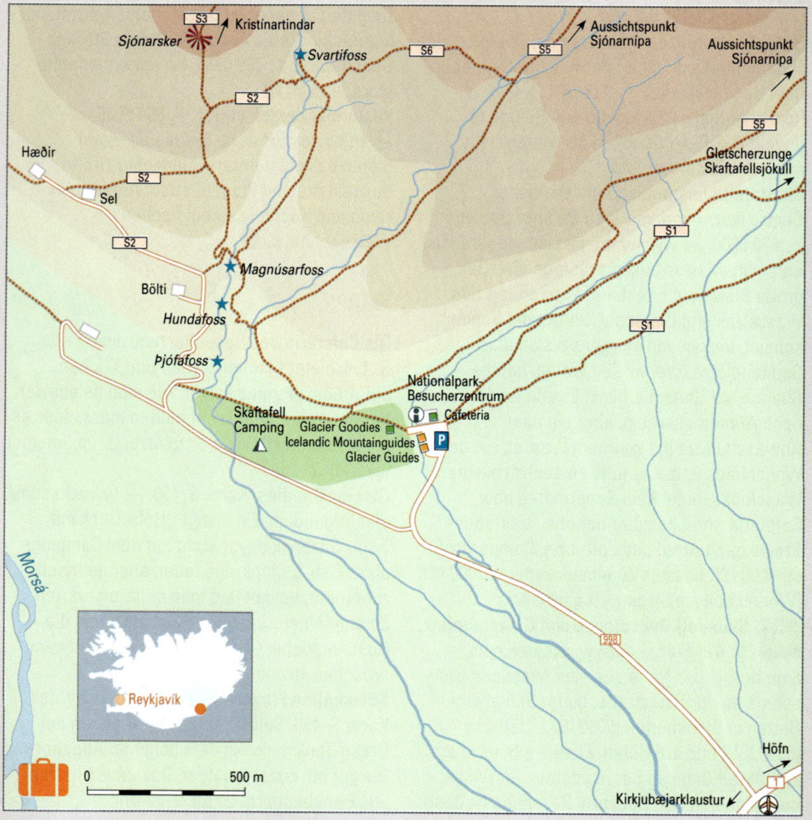

© MARK MARKAND

Svartifoss

Zum Svartifoss geht jeder – und das fast zu jeder Tageszeit. Zwischen 9 und 18 Uhr ist es meist richtig voll. Der Weg beginnt am Parkplatz und führt direkt hinter dem Zeltplatz auf den Berg. Es geht auf einem breiten, nicht zu verfehlenden Pfad hinauf zum **Þjófafoss** („Diebes-Fall"), von dort weiter zum **Hundafoss** („Hunde-Fall") und zum **Magnúsarfoss** („Magnús-Fall"). Schließlich verläuft der Weg rechts am Rand der Schlucht hinunter zum Flussbett, über das eine Brücke führt, von der aus man den Svartifoss bestaunen kann. Viele Touristen gehen nur bis hierhin und nehmen denselben Weg zurück. Der Weg ist bis zum Wasserfall nur 1,7 km lang, doch vor allem auf dem Hinweg braucht der ein oder andere relativ lang. Für Hin- und Rückweg sind aber auch für unerprobte Wandersleute 1 1/2 Std. realistisch.

Aussichtspunkt Sjónarsker

Wer mehr Zeit hat, geht ab dem Svartifoss über die Brücke und auf der anderen Hangseite (Route S2) hinauf zum Aussichtspunkt Sjónarsker. Die Runde führt von hier ein Stück den Weg zurück, dann in Richtung des alten Torfhauses **Sel** und zurück zum Besucherzentrum. Länge ca. 5,5 km, keine besonderen Schwierigkeiten, Dauer etwa 2 Std.

Sjónarsker und Kristínartindar

Wer gut zu Fuß ist, gutes Schuhwerk trägt, bei schönem Wetter unterwegs ist und einen weiteren spektakulären Blick genießen möchte, folgt ab Aussichtspunkt Sjónarsker dem Weg S3 zum Aussichtspunkt Kristínartindar. Hier zeigen sich sowohl der Skaftafellsjökull als auch der Morsárjökull. Für die Tour von ca. 18 km braucht ein guter Wanderer 8–9 Std. Man sollte sich unbedingt vorher über das Wetter und die Konditionen informieren!

Aussichtspunkt Sjónarnípa

Beliebt ist auch die Runde ab Svartifoss zum Aussichtspunkt Sjónarnípa (Weg S6). Bevor es zum Wasserfall hinuntergeht, führt rechter Hand ein Pfad (S6) Richtung Osten. Direkt unter dem Felsen des Aussichtspunkts liegt der Skaftafellsjökull, ein perfekter Picknickplatz. Ab hier geht es 3 km durch einen Birkenwald hinab zurück. (S5).

Zur Gletscherzunge Skaftafellsjökull

An den Fuß des Gletschers führt der Weg S1. Er ist sehr gut auch für alle zu bewältigen, die nicht so gut zu Fuß sind. Der asphaltierte Weg beginnt am Besucherzentrum und wird später zu einem Schotterweg – doch auch dieser lässt sich gut laufen. Wer nicht allein gehen mag, kann sich den (zumindest vor der Pandemie) tgl. um 11 Uhr stattfindenden kostenlosen Touren anschließen, die die Ranger anbieten. Treffpunkt ist bzw. war immer das Headquarter, Wanderzeit 1 1/2 Std.

AKTIVITÄTEN UND TOUREN

Rundflüge

Ein ganz besonderes Erlebnis sind die Flüge über den Gletscher. Der Flughafen liegt gegenüber der Abzweigung zur Straße 998 Richtung Park. **Atlantsflug** fliegt in den Sommermonaten tgl. Die kürzeste Tour zeigt für um die 20 000 ISK in 15 Min. die Region von oben. Genaue Preise und weitere Ziele unter ✆ 854 4105, 💻 www.flightseeing.is.

Mit dem Helikopter über die Ausläufer des Vatnajökull und dort zur Gletschertour aufbrechen? **Iceguide** (S. 486) macht's möglich ab 79 990 ISK.

Vogelbeobachtung und Skifahren

Neben Touren in das Eis gibt es noch zwei Specials, die **From Coast to Mountains**, kurz vor Skaftafell an der Ringstraße, ✆ 894 0894, 💻 www.fromcoasttomountains.com, im Programm hat:

Einfach und entspannt ist eine Tour für Vogelfans und alle, die es werden wollen: mit dem Traktor nach **Ingólfshöfði** (s. auch Kasten) einer vorgelagerten Landzunge (ab 9000 ISK p. P.). Zu sehen sind u. a. Papageitaucher.

Fans von **Skitouren** kommen im Frühling (März–Mai) auf ihre Kosten: Touren auf den **Hvannadalshnúkur** versprechen Spaß pur. Aber Vorsicht: Nur wer eine gute Kondition hat und nicht seine erste Skitour unternimmt, kann mithalten. Die Tour dauert bis zu 12 Std. und ist, da sie auf den höchsten Gipfel Islands geht, auch sehr anstrengend. Skier und Ausrüstung muss man mitbringen, Touren sind im Voraus zu buchen, weil sie immer eigens organisiert werden.

Wandern

Wanderwege gibt es überall (s. Aktivtour S. 496), nur zum Meer kommt man leider nicht so einfach.

€ Im Sommer führen **Ranger** kostenlose Touren zur Skaftafell-Gletscherzunge durch, meist gegen 11 Uhr. Ob eine dieser Touren stattfindet, steht am Infocentereingang auf einem Whiteboard.

Ein Schmankerl für hartgesottene Abenteuer ist die geführte Tour auf den **Hvannadalshnúkur** (s. Kasten). Für die 22 km braucht man 12–15 Std.; es geht von Meereshöhe auf 2110 m hoch, z. T. mit Steigeisen, also eine Tour nur für Menschen mit guter Kondition und nur bei gutem Wetter. Mindestalter 16 J. Mehr Infos und fachkundige Begleitung: **Icelandic Mountainguides** (S. 493), April–Aug, 55 000 ISK.

SONSTIGES

Einkaufen

Wer campt und sich selbst versorgt, muss alles mitbringen. Es gibt keinen Supermarkt, nur im Restaurant im Besucherzentrum ein paar Skyrs und Getränkedosen. Nächster **Laden** an der Tankstelle beim Hotel Skaftafell („Söluskálinn Freysnesi").

Informationen

Skaftafell Besucherzentrum, ✆ 470 8300, 💻 www.vatnajokulsthjodgardur.is/en/areas/skaftafell/skaftafellsstofa. Hier findet man Wanderkarten der Region, und die freundlichen Ranger können viel erklären (s. auch Touren). 🕒 Juni–Sep tgl. 9–19, sonst seltener, aber zwischen 10–16 Uhr ist immer jemand da.

Ingólfshöfði: Mit dem Traktor zu den Papageitauchern

Einar, dem hier das Land an der Küste gehört, bietet im Sommer mehrmals tgl. Touren um 10 000 ISK p. P. auf einem Trekker-Anhänger an, ✆ 894 0994, 💻 www.puffintour.is. Nach der halbstündigen Fahrt verbringt man gut 1 1/2 Std. bei den Vögeln (Papageitaucher sowie zahlreiche andere) und hört Geschichten von Ingolfur Arnarson, dem ersten offiziellen Island-Siedler (S. 102), der hier im Jahr 874 seinen ersten Inselwinter verbracht haben soll und dem Kap seinen Namen verlieh.

TRANSPORT

Auto

Achtung: Es gibt viele einspurige Brücken – gerade hier wegen das starken Verkehrs unfallträchtig. Rund um Öræfajökull herrschen oft extreme Windgeschwindigkeiten. Selbst wenn es am Jökulsárlón windstill ist, kann es Orkanböen bei Kvísker, auf der Westseite oder auf dem Skeiðarársandur geben. Anzeigen auf den Wetterschildern beachten und ggf. warten. Nach Skaftafell muss man von der Ringstraße auf die Straße 998 abbiegen, nach ca. 2 km erreicht man Besucherzentrum und Campingplatz. Parkgebühr 1000 ISK (über Parka App).

Busse

HÖFN, mit Stræto-Linie 51 im Sommer 2x tgl., sonst 1x tgl. außer Sa, in 2 Std.
REYKJAVÍK, mit Stræto-Linie 51 im Sommer 2x tgl., sonst 1x tgl. außer Sa in 5 Std.

Vom Eis über Kirkjubæjarklaustur in den Süden

Westlich von Skaftafell führt die Ringstraße über die endlose schwarze Sanderfläche des Skeiðarársandur. Zuvor erinnern direkt an der Ringstraße die verbogenen Reste einer alten Brücke an die Kraft der Naturgewalten. Was ein Gletscherlauf anrichten kann, wird hier anschaulich erklärt: Als der Vulkan Grimsvötn (verborgen unter dem Eis des Vatnajökull) 1996 ausbrach, schmolz viel Eis. Ein Gletscherlauf mit enormer Wucht entstand, die Wassermassen rissen hausgroße Eisblöcke mit sich und zerstörten mehrere Brücken der Ringstraße.

Hinter dem markanten Berg Lómagnúpur erreicht man endlich wieder grünes Land. Wasserfälle, Wanderwege und wollweiße blökende Kleinfamilien säumen die Straße. Kurz vor dem **Wasserfall Foss á Síðu** liegt linker Hand Richtung Küste eine sehenswerte ungewöhnliche Gesteinsformation: der Trollfelsen **Dverghamrar**. Vom Parkplatz aus sind es nur wenige Minuten zu Fuß. Wer unterwegs Stimmen hört, hat möglicherweise eine gute Antenne für das Mystische, denn es heißt, hier würden sich Elfen und Zwerge zum Singen treffen.

Kirkjubæjarklaustur

Heiden aufgepasst! In dem kleinen Ort sind Ungläubige in Gefahr. Zumindest wer an Legenden glaubt, sollte sich erst mal zur Kirche begeben und den lieben Gott um Beistand bitten. Die Geschichte Kirkjubæjarklausturs ist stark christlich geprägt. So berichtet die Stadtlegende, dass einst irische Mönche den Ort besiedelten. Für sie war das Leben hier kein Problem. Als aber der Heide Hildir Eysteinsson es ihnen gleichtun wollte, fiel er tot um, gleich nachdem er einen Fuß auf das Land gesetzt hatte. Sein Steingrab, heute unter dem Namen **Hildishaugur** bekannt, befindet sich direkt neben einem schönen Platz aus mosaikartig angeordneten Basalt-

Fjaðrárgljúfur, das Juwel der Region

DER OSTEN

blöcken namens **Kirkjugólf**. Die Beschaffenheit der Steine erinnert an einen Kirchenboden – von der Natur erschaffen –, wieder ein Zeichen für den Einfluss des Göttlichen an diesem Ort. Ein Hinweisschild lässt die Besucher nach einer zehneckigen Basaltsäule suchen (normalerweise sind die ja sechseckig. Wir haben die eine Außergewöhnliche nicht ausmachen können).

Auch der Name der Siedlung hat etwas mit Religion zu tun. Frei übersetzt heißt Kirkjubæjarklaustur nämlich Kirchen-Hof-Kloster. Hier stand ein Benediktinerinnenkloster, in dem von 1186 bis zur Reformation 1550 einige Nonnen lebten. Ihr Ruf war nicht ganz tadellos, was dem Ort eine gewisse Anrüchigkeit verlieh. Oberhalb des Ortes fällt ein zweigeteilter Wasserfall, der **Systrafoss** („Fall der Schwestern"), in das Tal. Hier lockt ein schöner Picknickplatz. Nördlich davon liegt der See **Systravatn** („See der Schwestern") auf einer Hochebene. Einst soll der Sage nach eine Hand mit einem goldenen Ring aus dem See aufgetaucht sein. Die Nonnen konnten nicht widerstehen, griffen zu und wurden seither nicht mehr gesehen. Eine Wanderung zum Wasserfall und zum See beginnt am Fuße des Systrafoss und führt über improvisierte Holz-Stufen durch ein Wäldchen steil den Berg hinauf. Der Blick von hier oben entschädigt für die Mühen. Wer dem ausgeschilderten Rundweg folgt, der am Kirkjugólf vorbei wieder zum Wasserfall führt, braucht ungefähr 1 1/2 Std.

Bei gutem Wetter lohnt auch ein Besuch des **Stjórnarfoss** an der Straße 203 beim Campingplatz Kleifar-Mörk (s. Übernachtung), denn hier kann man herrlich baden. Mutige klettern auch nach oben und springen von da aus runter ins kühle Nass (leider nicht ganz ungefährlich).

ÜBERNACHTUNG

Karte S. 500

Hótel Klaustur, Klausturvegur 6, ✆ 487 4900, 💻 https://hotelklaustur.is. 3-Sterne-Hotel mit 57 modern eingerichteten Zimmern in der Nähe von Fluss und Schwimmbad. Restaurant, Bar und windgeschützte Terrasse. Reichhaltiges, kostenpflichtiges Frühstücksbuffet. ❼

Kirkjubær II Cottages und Camping, am Rande des Ortskerns, fußläufig gut erreichbar, ✆ 894 4495, 💻 www.kirkjubaer.com. Hübsch gestalteter Platz mit windschützenden Hecken am Hang. Camping 1800 ISK, Dusche, Waschmaschine und Trockner gegen Gebühr (man braucht 50 ISK Münzen!). Sehr einfache Holzhäuser mit Etagenbetten als Schlafsackunterkunft, z. T. mit WC, je um 30 000 ISK. 🕒 April–Okt.

Klausturhof Guesthouse, Klausturvegur 1-5, ✆ 567 7600, 💻 www.klausturhof.is. 34 Zimmer in verschiedenen Häusern, mit Gemeinschafts- und einige mit eigenem Bad. 🕒 März–Nov. ❺

€ **Kleifar-Mörk Camping** (Campingkarte), 2,5 km nördlich vom Ort, ✆ 487 4675, 💻 www.kleifar.com. Wer mit dem Zelt reist,

DER OSTEN

Ins Hochland zur Feuerschlucht Eldgjá und den Laki-Kratern

Über zwei schmale Straßen geht es zu diesen besonders beeindruckenden Zeugnissen der vulkanischen Urgewalt.

Etwa 7 km westlich von Kirkjubæjarklaustur geht die Hochlandpiste F206 zu den Laki-Kratern (S. 578) auf einer ins unwirtliche Lavagestein geschlagenen Straße mit einigen Furten. Aber Achtung: Die F206 wird später zur Einbahnstraße, zum Ausgangspunkt zurück muss man die komplette Rundtour über die F207 fahren.

Die F208 nach Eldgjá (S. 577) und Landmannalaugar (S. 569) beginnt 23 km südwestlich von Kirkjubæjarklaustur.

Die Wege sind für Fahrzeuge mit Allrad und einem geübten Fahrer gut zu meistern. Etwas unheimlich ist es hier. Erhöbe sich ein Troll aus der bemoosten Steinwüste, würde es kaum jemanden wundern. Über die tagesaktuellen Straßenverhältnisse informieren die Angestellten des Skaftárstofa in Kirkjubæjarklaustur. Mehr Informationen zu beiden Routen im Hochlandkapitel auf S. 570.

wohnt direkt am Wasserfall. Alle mit Caravan oder Auto müssen sich mit einem weniger einladenden Stellplatz auf der anderen Straßenseite zufriedengeben. 2 WCs, nur kaltes Wasser, keine Duschen oder Küche, aber Abwaschplatz, kein Stromanschluss für Wohnmobile. 750 ISK, Kinder unter 13 J. kostenlos. 🕒 1. Juni–Ende Aug.

ESSEN

Karte s. oben

Kaffi Munkar, Klausturvegur 1, ✆ 567 7600, 💻 www.klausturhof.is. Kleinigkeiten sowie Kaffee und Kuchen in einem der ältesten Häuser des Ortes (das gelbe neben dem Klausturhof). 🕒 tgl. 17.30–21.30 Uhr.

Kjarr Restaurant, Klausturvegur 2, ✆ 546 1400, 💻 www.kjarrrestaurant.is. Wenn 3 Köch:innen bzw. Konditor:innen ihr Bestes geben, bleiben kaum Wünsche unerfüllt. Interessante Kreationen mit Gemüse, Fisch, Getreide und viel Phantasie. 🕒 tgl. 12–22 Uhr.

Skaftárskáli, an der Tankstelle. Schnellimbiss mit gutem Angebot zu fairen Preisen. 🕒 tgl. 9–20 Uhr.

Systrakaffi, Klausturvegur 12, ✆ 487 4848, 💻 www.systrakaffi.is. Nettes kleines Café-Restaurant beim Supermarkt mit isländischer Lammküche. Auch Pizza, Burger, Nudeln und Kuchen. Geheimtipp: das selbstgemachte Eis, das bei Sonne auf den gemütlichen Holzbänken noch besser schmeckt. Bei schlechtem Wetter sitzt man im Wintergarten. 🕒 tgl. 12–22 Uhr.

EINKAUFEN

Alles liegt zentral und unübersehbar an der einzigen Straße, die in den Ort führt. Der Supermarkt **Gvendarkjör** verkauft auch Dinge des täglichen Bedarfs, z. B. warme Socken. ⏲ im Sommer Mo–Fr 10–18, Sa und So bis 16 Uhr, im Winter kürzer und So geschl.
Vínbúðin, ⏲ Mo–Do 14–18, Fr 13–19, Sa 12–14 Uhr.

SONSTIGES

Autoreparaturen
Werkstatt von Unnar Steinn Jónsson, Iðjuvellir 5, ✆ 487 4630 und 820 4515.

Informationen
Skaftárstofa, Klausturvegur 10, ✆ 487 4840, 💻 www.klaustur.is. Gute Auskünfte, auch über den Zustand der Straßen ins Hochland (s. Kasten). Kostenlose Übersichtskarte und käuflich zu erwerbende Wanderkarten, außerdem wird kostenlos ein Film über die Entstehung der Laki-Krater gezeigt. ⏲ nur im Sommer und Herbst Mo–Fr 9–16.30, Sa/So 9–15 Uhr.
Außerdem hilfreich ist die **Website** 💻 www.visitklaustur.is.

Medizinische Hilfe
Gesundheitszentrum, Skriðuvellir 13, ✆ 48053-50, -55. ⏲ Di, Mi und Fr 9–12 Uhr.

Schwimmen
Das kleine **Freibad** mit angeschlossenem Fitnesscenter liegt direkt am Fluss, Klausturvegur 4. ⏲ Juni–Sep Mo–Fr 7–20, Sa/So 10–18, sonst meist Mo–Sa 11–20 Uhr.

TRANSPORT

Auto
Kirkjubæjarklaustur liegt an der **Ringstraße**, ein Fotostopp (mit Parkplatz) beim Wasserfall **Fossálar**, der von der Straße aus nur mit Argusaugen sichtbar ist, lohnt sich. Reisende

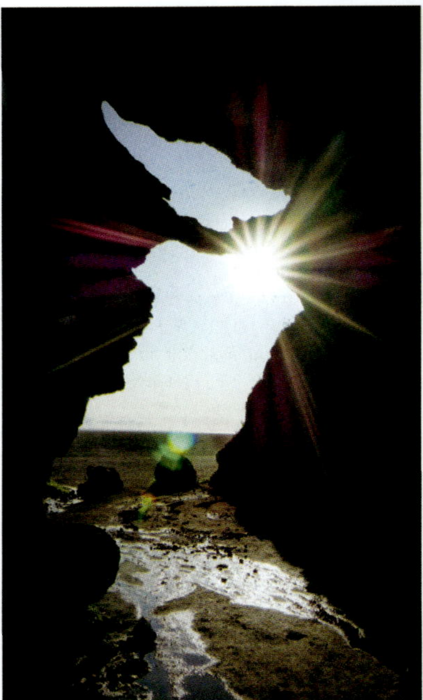

Gigjagjá, die Yoda-Höhle

mit Allradfahrzeug und hoher Bodenfreiheit (also nicht mit einfachen Allrad-SUVs) haben die Option, hinter Kirkjubæjarklaustur auf die **F208 nach Landmannalaugar** abzubiegen. Diese schöne Strecke bietet allerlei Flussquerungen (daher vorher nach den aktuellen Wasserständen erkundigen). Normale Pkw müssen auf der Ringstraße bleiben und dürfen nicht ins Hochland fahren.

Busse
Die **Bushaltestelle** befindet sich an der N1-Tankstelle.
HÖFN, mit Strætó-Linie 51 über Skaftafell und Jökulsárlón, im Sommer 2x tgl., sonst 1x tgl. außer Sa, in 1 3/4 Std. für 6840 ISK (12 Zonen).
REYKJAVÍK, mit Strætó-Linie 51 über Vík, im Sommer 2x tgl., sonst 1x tgl. außer Sa in gut 4 Std. für 9690 ISK (17 Zonen).

Von Kirkjubæjarklaustur Richtung Süden

Etwa 9 km südwestlich vom Ort ist der **Fjaðrárgljúfur-Canyon** ein echtes Highlight. Hier sieht man (neben zig Reisegruppen auf Fotopirsch) einen ruhig dahinfließenden Fluss, eingerahmt von bis zu 100 m hohen Felsformationen, die mit hellgrün schimmerndem Moos bewachsen sind. Leider ist das Betreten des hübschen Kiesufers unten in der Schlucht aus Naturschutzgründen nicht mehr gestattet. Man kann aber am oberen Rand bis zum Ende des Canyons entlangwandern (hin und zurück ca. 2,5 km, 1 Std.), vorbei an mehreren Aussichtpunkten, bis eine Plattform mit fantastischem Blick auf den Mögárfoss den krönenden Abschluss bildet.

Zurück beim Parkplatz lohnt es sich, ein paar Steine ins Auto zu laden (natürlich die einfachen Steine vom Parkplatz, nicht die Lavasteine der Umgebung). Warum? Weiter in Richtung Vík – ungefähr 40 km vor Erreichen des Ortes – kommt der Parkplatz **Laufskálavarða** (einfach dem Hinweisschild zum WC folgen), vor dem um einen kleinen Hügel herum Hunderte von **Steinmännchen** stehen. Kein historisches Denkmal, kein Wegweiser und auch keine Kunstinstallation. Hier einen eignen kleinen Turm zu errichten, soll Glück auf der weiteren Reise bringen und eine unfallfreie Weiterfahrt garantieren. Normalerweise ist es in Island verboten, Steinmännchen aufzustellen. Laufskálavarða ist unseres Wissens die einzige Stelle, an der es nicht nur ganz offiziell erlaubt, sondern sogar erwünscht ist. Vor Ort finden sich allerdings schon länger keine Steine mehr – glücklich ist also, wer welche dabei hat.

Die nächste Attraktion entlang der Ringstraße ist die **Gigjagjá**, eine Höhle mit interessantem Eingang, über dem sich noch eine Art Felsfenster befindet, und die als **Yoda Cave** im *Star-Wars*-Film bekannt wurde. Die 2 km lange holperige Piste zum 221 m hohen **Hjörleifshöfði** ist ausgeschildert. Den Inselberg kann man auch prima besteigen (Start an den Picknickbänken hinter dem Parkplatz, wo man auch eine Karte und eine Infotafel findet, einfache Rundwanderung 3,4 km, in ca. 2 Std. gut machbar). Auf schmalen ausgetretenen Pfaden geht es steil bergauf und bergab. Oben wird man bei gutem Wetter mit toller Aussicht auf Vík und den Mýrdalsjökull und einem Denkmal zu Ehren von Hjörleifur, dem „zweiten Siedler Islands" belohnt. Man erzählt sich, Ingólfur Arnarson, der „erste Siedler" habe seinen Freund ganz allein zum höchsten Punkt des Hügels getragen, um ihn dort ehrenvoll zu bestatten.

ÜBERNACHTUNG

Hrífunes Guesthouse, bei Grafarkirkja, Karte S. 501, ✆ 863 5540, 💻 www.hrifunesguesthouse.is. Exquisites Gästehaus mit stil- und fantasievoll eingerichteten Zimmern in fantastischer Lage zwischen Kirkjubæjarklaustur und Vík. Frühstück mit lokalen Produkten, 3-gängiges Abendessen auf Vorbestellung. Sonderangebote in der Nebensaison auf Anfrage. Auch Bungalows („Park Cabins") mit 2 Schlafzimmern. ❻

TRANSPORT

Auto

Anfahrt zum **Fjaðrárgljúfur-Canyon**: 6 km hinter Kirkjubæjarklaustur von der Ringstraße rechts auf die für Pkw gut befahrbare Straße 206 abbiegen, ab hier sind es noch etwa 2,5 km bis zur Schlucht (Parkgebühr 1000 ISK über Parka App). Kurz bevor man den Canyon erreicht, zweigt rechts die F206 (nur für Jeeps) zu den Laki-Kratern ab.

Busse

Keine planmäßigen Haltestellen zwischen Kirkjubæjarklaustur und Vík.

ÞORSTEINSLUNDUR; © CAROLINE MICHEL

Der Süden

Mit Steilküsten, Wasserfällen, schluchten- und sogar waldreichen Bergen, einigen der gefährlichsten Vulkane der Welt und uralten Siedlungen zählt der Süden zu den abwechslungsreichsten Regionen Islands. Hunderte äußerst unterschiedliche Natur- und Kulturschönheiten liegen hier praktisch am Wegesrand. Dazu eine ausgezeichnete touristische Infrastruktur und ein relativ mildes Klima – kein Wunder, dass die Besucher in Scharen kommen!

Stefan Loose Traveltipps

13 **Reynisfjara** Umgeben von spitzen Felsnadeln und steilen Klippen voller Seevögel inszeniert der schwarze Strand bei Vík sein Naturschauspiel auf einer fast perfekten Bühne. S. 508

14 **Þórsmörk** „Thors Wald" sprießt in einem schluchtenreichen und von Gletschern eingerahmten Gebirgstal. Ein Wanderparadies! S. 520

15 **Westmännerinseln** Riesige Vogelkolonien, Kraxelfelsen und das „Pompeji des Nordens" – die Inselwelt vor der Südküste begeistert Abenteuerlustige. S. 527

Hvolsvöllur In zwei der besten Museen des Landes das Innenleben der Vulkane erspüren und ins blutige Reich der Sagas eintauchen. S. 535

Stokkseyri Das niedliche Dorf am Meer lockt mit marodem Charme und Kunst am Strand. S. 556

Reykjadalur Rund um das „Rauch-Tal" heiße Quellen und Solfataren entdecken und danach beim Bad im warmen Fluss entspannen. S. 562

STOKKSEYRI; © CAROLINE MICHEL

HERJÓLFSDALUR, WESTMÄNNERINSELN; © DIRK KRÜGER

Wie lange? Die Ringstraße ist an einem Tag zu schaffen, Wanderungen und Tagesausflüge füllen locker eine Woche.

Unbedingt ausprobieren Ein Ei in einer heißen Quelle bei Hveragerði kochen, am Kvernufoss picknicken, zum verborgenen Wasserfall Gljúfrabúi waten, hinterm Skógafoss so lang weiterlaufen, wie die Zeit es zulässt.

Updates, mehr **Bilder** und eure **Tipps** zu diesem Kapitel auf www.stefan-loose.de unter eXTra [11089]

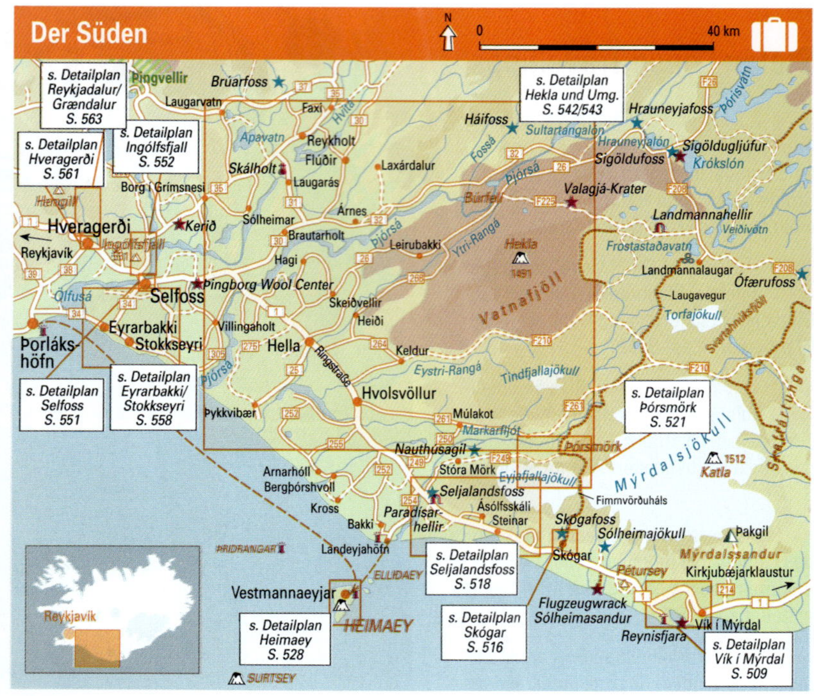

DER SÜDEN

Mit derart vielen Sehenswürdigkeiten gesegnet, zählt der Süden zu den meistbesuchten Regionen des Landes. Doch wer wunderschöne Ebenen, Strände, Wasserfälle und Aussichtsplätze in Ruhe und Einsamkeit genießen will, muss nur etwas mehr Zeit einplanen und sich neue Plätze suchen. Diese liegen oft erstaunlich nah vor, hinter oder neben den gängigen Touristenzielen. Wer kennt schon die beeindruckende Dünenlandschaft bei Þykkvibær? Wer einfach mal eine Nebenstraße abfährt – z. B. die Straße 268 von der Hekla zurück nach Hella – findet einsame Täler und Wasserfälle, und wer bereit ist, ein Stück zu Fuß zu gehen, kann auch im Süden noch richtig was entdecken.

Aber warum ist „der Süden" eigentlich so beliebt? Nicht nur bei den Touristen, sondern auch bei den Menschen, die sich hier niederlassen? Ein Blick auf die Geografie Islands – etwa auf das tolle 3D-Modell im Foyer des Rekjavíker Rathauses (S. 132) – beantwortet die Frage auf eindrucksvolle Weise. Was man nämlich leicht vergisst: Der Hochland der Insel nimmt verglichen mit den bewohnbaren an der Küste eine riesige Fläche ein, und nur der Süden ist einigermaßen „flach". An der gesamten Südküste stören weder nennenswerte Berge noch Steilküsten den Lauf der drei großen Flüsse Ölfusá, Þjórsá und Rangá, die Wasser liefern und ausgedehnte Weideflächen ermöglichen. Im „sonnigen" Süden fällt verhältnismäßig wenig Schnee, die Straßen sind fast ganzjährig passierbar, und im hier etwas kürzeren Winter gibt es das meiste Tageslicht. Außerdem verfügt der Süden über die beste touristische Infrastruktur Islands und lockt mit einer Vielzahl unterschiedlichster Attraktionen (von Osten nach Westen):

Das Dorf **Vík** kann außer einem schwarzen Kieselstrand auch noch mit Basaltsäulen, Felsnadeln, Papageitauchern und einem Kap mit Felsentor aufwarten. Touren auf die Gletscherzunge **Sólheimajökull** bieten faszinierende Einblicke

Unterwegs entlang der Südküste

Auto

Die Straßen im Süden sind gut und größtenteils asphaltiert, sodass fast alle Sehenswürdigkeiten auch mit einem normalen Pkw erreichbar sind, die meisten davon sogar im Winter. Die 142 km lange Strecke von Vík bis nach Hveragerði ist auf der guten, flachen Ringstraße vorbei an Hvolsvöllur, Hella und Selfoss ohne Pause in gut zweieinhalb Stunden zu schaffen. Wer nur wenig Zeit hat, kann also an einem Tag von Reykjavík bis nach Vík und zurück fahren, und dabei sogar noch einige der Sehenswürdigkeiten wie den Seljalandsfoss, Skógafoss und die Gletscherzunge Sólheimajökull, die direkt an der Ringstraße liegen, abhaken. So bekommt man zumindest einen ersten Eindruck von der Vielseitigkeit dieser Region.

Doch lohnt es unbedingt, hier mehrere Tage einzuplanen und landschaftlich reizvolle Abstecher rechts und links der Ringstraße einzubauen: Etwa auf der **Straße 214** (bei Vík) zur Schlucht Þakgil. Oder auf den z. T. als Rundfahrten kombinierbaren Routen der **Straße 261** (östlich von Hvolsvöllur), der **Straße 264/268** und **Straße 26** (nördlich von Hella) sowie der **Straße 32** (östlich von Selfoss), auf denen man etwas Hochlandluft schnuppern kann. Abstecher an die Küste lohnen südlich von Hella auf der **Straße 25** und südlich von Selfoss auf der **Straße 34**.

Allradfahrzeuge braucht man im Sommer eigentlich nur für die Wege zum Háifoss, nach Stöng und für die Wege ins Hochland – auch nach Landmannalaugar – die auf S. 546 und S. 570 beschrieben sind. Nach Þórsmörk fährt man wegen der schwierigen Furten (s. auch S. 525) am besten mit dem Bus.

Busse

Der Süden ist relativ gut an das Busnetz angeschlossen, siehe auch 💻 https://publictransport.is. Vor allem die **Ringstraße** zwischen Reykjavík und Höfn über Hveragerði–Selfoss–Hella–Hvolsvöllur–Skógar–Vík–Kirkjubæjarklaustur–Skaftafell–Jökulsárlón wird in beide Richtungen mehrmals täglich von **Strætó** (Linie 51, ab Busbahnhof Mjódd) und im Sommer auch von **Trex** und **Reykjavik Excursions** jeweils bis zur Endhaltestelle Skógafoss befahren.

Reykjavik Excursions und Trex fahren außerdem im Sommer jeweils 1–4x tgl. von Reykjavík via Selfoss und Hella nach **Landmannalaugar** und über Selfoss, Hella und Hvolsvöllur nach **Þórsmörk**. Southcoast Adventures/Volcanotrails betreiben Shuttlebusse nach Þórsmörk ab Hvolsvöllur bzw. Skógar (nicht alle Busse fahren alle Stopps im Tal an; Infos auf den Webseiten der Gesellschaften).

Strætó (Linie 52) verkehrt meist 2–3x tgl. von Reykjavík (Mjódd) nach **Landeyjahöfn**, wo die Fähre zu den Westmännerinseln abfährt. Wer nur bis/ab Selfoss, Hella oder Hvolsvöllur fahren will, kann die Linie 52 zusätzlich zur 51 nutzen. **Linie 71** fährt von Hveragerði nach Þorlákshöfn, die **Linien 72 und 73** auf unterschiedlichen Runden von Selfoss nach **Flúðir**.

Árborgarstrætó pendelt außerdem mehrmals tgl. von Selfoss über **Stokkseyri** nach **Eyrarbakki**.

in die Welt des Eises, und am Strand bietet ein **Flugzeugwrack** einen skurrilen Anblick. Auch die Wasserfälle **Skógafoss** und **Seljalandsfoss** sind echte Hingucker. Ein Muss ist der Abstecher mit dem Hochlandbus ins versteckte Wanderparadies **Þórsmörk**. Eine dramatische Note bringt der **Eyjafjallajökull**, wo man zur ersten Ausbruchsstelle wandern kann. Auf der Westmännerinsel **Heimaey** kann man in Sand sitzen, der noch vom letzten Vulkanausbruch (1973!) warm ist, und die erst 1963 geborene Vulkaninsel **Surtsey** lässt sich zumindest vom Boot aus bestaunen. Ins Reich der Sagas entführt die Gegend um **Hvolsvöllur**, während der gefährliche Vulkan **Hekla**, das alte Torfgehöft **Stöng** und die Schlucht **Gjáin** sowie die Wasserfälle **Háifoss**, **Þjófafoss** und **Hjálparfoss** für intensive Naturerlebnisse sorgen. **Selfoss** ist eine gute Basis für Ausflüge in die reizenden Küstenorte **Eyrarbakki** und **Stokkseyri**. Und das auf einer Magmakammer liegende **Hveragerði** bietet neben einem warmen Bade-Fluss ausgezeichnete Wandermöglichkeiten.

Zwischen Vík und Hvolsvöllur

Rund um Vík í Mýrdal

Von einer Klippenküste, an der zahlreiche Vögel brüten, über pittoreske Strände bis hin zu einer traumhaften Schlucht am Rande des Mýrdalsjökull bietet die Region Naturspektakel vom Feinsten.

Im Ort

Das niedliche, gepflegte Dorf Vík hat gut 300 Einwohner und einen schwarzen Sandstrand, an dem eine androgyne menschliche Figur als **Skulptur** der Bildhauerin Steinunn Þórarinsdóttir versonnen aufs Meer zu schauen scheint. In Wirklichkeit aber blickt sie in die Augen ihrer Partnerskulptur im englischen Hull. Die beiden Figuren gehören zum Kunstwerk *Voyages* und huldigen die 1000-jährige Handelsbeziehung der beiden Fischerorte.

Der Gedenkstein Islandfischerei (ebenfalls am Strand, dicht am Reynisfjall) erinnert an die vielen vor Island umgekommenen deutschen Fischer und die Isländer, die bei Rettungseinsätzen ihr Leben riskiert haben.

Vom nordwestlichen Ortseingang aus führt ein 3 km langer Wanderweg auf den **Reynisfjall**, an dessen Rändern man herrlich entlangspazieren kann. Der Blick fällt auf die zahlreichen Besucher, die unten am Strand wie die Ameisen umherlaufen, während hier oben himmlische Ruhe herrscht. Und das Panorama Richtung Kap Dyrhólaey im Westen ist von oben noch toller als von unten, sodass voraussichtlich im Laufe des Jahres 2024 eine große **Aussichtsplattform** gebaut wird.

Icelandic Lava Show

Das nennt man wohl Pech: Als Ragnhildur und Júlíus 2018 begannen, 1100 Grad heiße Lava zu simulieren und mehrmals täglich in den Showroom zu leiten, rechneten sie noch nicht mit der „Konkurrenz" im Geldingadalur auf der Halbinsel Reykjanes, wo man echte – allerdings erstarrte – lauwarme Lava kostenlos anschauen und anfassen kann. Wir empfehlen die Lava Show, Víkurbraut 5, ✆ 823 7777, 💻 www.icelandiclavashow.com, die man auch in Reykjavík (S. 140) bestaunen kann, trotzdem, denn hier bekommt man auch die Hintergrundinfos. Und man kann erleben, was passiert, wenn heiße Lava auf Eis trifft, das man ja auf Reykjanes vergeblich sucht. Mit 5900 ISK (Kinder 2–12 J. 3500 ISK) nicht ganz billig, aber wow. ⌚ tgl. 10–21 Uhr, Showtime um 11, 13.30, 17 und 20 Uhr.

13 HIGHLIGHT

Strand Reynisfjara und Kap Dyrhólaey

Der ebenfalls schwarze Strand, nach dem alle suchen, befindet sich aber nicht mitten in Vík, sondern Luftlinie 3 km weiter westlich. Der berühmte **Reynisfjara** ist vom Ort aus nicht auf direktem Weg erreichbar (auch nicht zu Fuß), denn eine unüberwindliche Felsnase an der Küste und der mächtige Berg **Reynisfjall** trennen ihn von Vík ab. Ihm zu Füßen liegt dann westlich der Strand aus schwarzen, von der Brandung glattgeschliffenen runden Kieseln. Im Rücken streben **Basaltsäulen** meterhoch empor, am Hang brüten Papageitaucher in Höhlen, nach links fällt der Blick auf die **Felsnadeln Reynisdrangar**, nach rechts auf die Steilklippen des **Kap Dyrhólaey** – kein Wunder, dass dieser malerische Flecken ein Besuchermagnet ist!

Doch Vorsicht: Die unberechenbare **Brandung** zieht immer wieder Besucher mit sich, teils mit tödlichen Folgen. Und im August 2019 brachen Felsmassen von der Steilküste ab und verschütteten den Strand auf 100 m Breite bis zu 10 m hoch. Zum Glück frühmorgens, als noch keiner da war. Seitdem ist der Ostteil des Strandes aus Sicherheitsgründen gesperrt. Die aktuelle Wind- und Wellenvorhersage findet man auf 💻 www.blika.is.

Auch am Kap Dyrhólaey brüten Papageitaucher, und es gibt einen schönen kleinen Strand

(Kirkjufjara – auch hier auf gefährliche Brecher aufpassen). Von hier aus führt parallel zur Asphaltstraße eine sehr lohnende 20-minütige Wanderung auf einem markierten Weg hoch zum Leuchtturm, mit herrlicher Aussicht auf vom Land nicht zugängliche, scheinbar unendlich lange Strände und das Meer. Die Klippen sind hier extrem brüchig, also zur eigenen Sicherheit Abstand von der Kante halten. Vom Leuchtturm aus sieht man das riesige Brandungstor, das Dyrhólaey (Türhügelinsel) seinen Namen gab. Nach Westen reicht der Blick auf den endlosen einsamen Sandstrand, und Eyjafjalla- und Mýrdalsjökull thronen über der Szenerie, sofern sie nicht in den Wolken stecken. Zur Vogelbrutzeit im Frühsommer (1. Mai–25. Juni) ist Dyrhólaey aus Naturschutzgründen teilweise gesperrt.

Anfahrt: Den **Strand Reynisfjara** erreicht man über die Straße 215 (von der Ringstraße aus noch gut 6 km nach Süden). Die Fahrt von dort aus zum **Kap Dyrhólaey** dauert lang, denn man kann von Reynisfjara aus zwar hinschauen, aber nicht hinfahren oder -laufen. Statt 3 km Luftlinie sind es über die Straßen 215, Ringstraße und 218 ca. 20 km bis Dyrhólaey.

ÜBERNACHTUNG

Da in Vík der Touristenstrom langsam überhandnimmt und Wohnraum knapp wird, darf dieser nicht mehr in Gästeunterkünfte verwandelt werden. Folglich sind die Unterkünfte teuer und schnell ausgebucht.

Im Ort

Campingplatz und **Cottages**, Klettsvegur, ✆ 487 1345, 💻 www.vikcamping.is. Vor allem der autofreie Zeltbereich ist sehr schön und liegt idyllisch geschützt an den Felsen. Nah am Strand (man muss nur über die Straße) und an der Bushaltestelle. Vor allem bei schlechtem Wetter sind die Plätze im frisch renovierten Aufenthaltsbereich mit Kochplatten, Grill, 2 Wasserkochern und Spülbecken hart umkämpft. Ebenso wie der Freiluft-Sitzbereich vor dem gelben, radlosen Uralt-Schulbus, der zum Café umfunktioniert wurde. 1950 ISK,

Spektakuläre Ausblicke sind bei einer Wanderung rund um Þakgil garantiert.

Duschen 300 ISK (aber nur, wenn warmes Wasser kommt), Waschmaschine/Trockner je 500 ISK. Die 2-Pers.-Cottages werden über Airbnb vermietet (um die 200 €/Nacht). ⌚ Mitte Mai–Okt.

Guesthouse Carina, Mýrarbraut 13, ☎ 699 0961, 💻 www.guesthousecarina.is. Wunderschön restaurierte Villa von 1956 am westlichen Ortsrand mit 10 Zimmern (davon 4 Dreier- und ein Vierer-) mit Gemeinschaftsbädern und -WCs. Geniales Frühstück mit selbst gebackenem Brot in mehreren Sorten und frischen Waffeln. Auch Sonderwünsche werden von Carina prompt erfüllt. ❹–❺

Hotel Vík í Mýrdal, Klettsvegur 2, ☎ 487 1480, 💻 www.stayinvik.is. Futuristisch-modernes 3-Sterne-Ding mit knapp 80 Zimmern, Glasfront-Anbau, herrlichem Ausblick und dem exquisiten Restaurant Berg. Leider direkt an der Hauptstraße, aber das nennt man wohl „zentral gelegen". ❺–❽

Puffin Hostel und Hotel, Víkurbraut 24a, ☎ 467 1212, 💻 www.puffinhotelvik.is. Hostel im historischen grauen Wellblechhaus mit Gemeinschaftsbädern und gut ausgestatteter Küche. Das Hotel nebenan hat weniger Charme, aber dafür 3 Sterne und entsprechend moderne Zimmer mit Bad. Hostel ❸–❹, Hotel ❽

Richtung Reynisfjara

Black Beach Suites, Norður Foss, an der Straße 215 zum Strand, ☎ 861 7375, 💻 www.blackbeachsuites.is. Schicke, hypermoderne Studio-Apartments in Flachbauten mit Meerblick bis nach Dyrhólaey, aber wegen der Lage auf dem Berg ohne Zugang zum Meer. Kein Frühstück, kein Herd, aber Mikrowelle und Netflix. ❽

Þakgil

Camping Þakgil, Höfðabrekkuheiði, 20 km nordöstlich von Vík, ☎ 893 4889, 💻 www.thakgil.is. Einsamer Campingplatz in einem tollen Tal im Nirgendwo. 9 einfache Blockhäuser (25 000 ISK als Schlafsackunterkunft) mit Küche und WC, aber ohne eigene Dusche. Camping 2000 ISK, Kinder (12–16 J.) zahlen wie Erwachsene, aber max. für eine Übernachtung, 1x duschen inkl. Eins der Highlights hier: eine Höhle mit Bänken, Tischen und großem Grill –

der perfekte Ort für das perfekte Dinner. Sofern man denn Vorräte mitgebracht hat, denn einkaufen kann man hier nichts. ⌚ nur im Sommer (Saison je nach Wetter).

ESSEN

Neben dem Schnellimbiss Víkurskáli (N1-Tankstelle) findet man in Vík eine große Auswahl an Cafés und Restaurants.

Halldórskaffi, Víkurbraut 28, ✆ 487 1202, 💻 www.halldorskaffi.com. Das beliebte Café im historischen Haus hat von Besitzer zu Besitzer aufgerüstet, sodass es heute außer Waffeln, Kuchen, Pizzas und empfehlenswerten Burgern auch traditionelle isländische Fisch- und Lammgerichte und extravagante Mexiko-Pasta mit Hühnchen gibt. ⌚ tgl. 12–21 Uhr.

Restaurant Suður-Vík, Suðurvíkurvegur 1, ✆ 487 1515, 💻 www.fb.com/Sudurvik. Uriges Restaurant mit hervorragenden isländischen und internationalen Gerichten. Die Werbung für den Kuchen: „Skinny people are easier to kidnap". Auch wer sich nur eine Riesenpizza teilt und trotzdem den ganzen Abend bleibt, ist

Abstecher zur Schlucht Þakgil

Nordöstlich von Vík schimmert diese vom Massentourismus noch weitgehend unentdeckte Perle. Schon die Anfahrt ist ein Erlebnis: 5 km östlich von Vík biegt man beim Hotel Katla-Höfðabrekka von der Ringstraße nach Norden auf die Schotterstraße 214 (Kerlingardalsvegur) ab. Zunächst führt diese durch eine grüne Hügellandschaft voller Schafe. Nach und nach wird die Umgebung schroffer; grauschwarze Lavafelder durchsetzen das Grün. Wenige Kilometer vor dem Ziel fällt der Blick auf eine weite Schmelzwasserebene, die markante Berge flankieren. Die Straße 214 steuert durch die Ebene auf den nördlichen Gebirgszug zu, überquert eine kleine Brücke und endet 16 km nördlich der Ringstraße in einer traumhaften grünen Schlucht, in die sich ein Campingplatz mit Hütten (s. Übernachtung) schmiegt. Die Straße bis zum Campingplatz ist (nur im Sommer!) auch für normale Pkw befahrbar – langsam und vorsichtig fahren, auf Schlaglöcher und besonders an Steigungen auf Gegenverkehr achten. Für die Piste, die kurz vor der Einfahrt in die Schlucht Þakgil von der 214 abzweigt, braucht man allerdings einen Jeep.

Vom Campingplatz starten mehrere **markierte Rundwege** (13–17 km, 3–8 Std., Übersichtstafel auf dem Platz) durch tundrenartige, von grünen Moosinseln gesprenkelte Landschaft, vorbei an steilen Canyons und z. T. bis fast an den Rand des Mýrdals- und Kötlujökull heran (wundervolle Ausblicke). Achtung: Manche Abschnitte der Wege sind sehr steil und anspruchsvoll, daher unbedingt weitere Infos an der Rezeption erfragen!

Rundweg zur und durch die Schlucht Remundargil

Vom Parkplatz aus folgt man der Straße ein kurzes Stück zurück, überquert an einer geeigneten Stelle den Bach (notfalls barfuß) und folgt dem mit Pflöcken markierten gut erkennbaren Weg steil bergauf bis zu einer Anhöhe, auf der ein herzförmiger Steinbogen als Fotomotiv parat steht. Nach etwa einer Stunde ist die Schlucht erreicht, in die man dem Pfad folgend hinabsteigt. Der Weg ist ziemlich steil, aber nicht gefährlich. Ähnlich wie in der Schlucht Þakgil gibt es hier hellgrün bewachsene Steinformationen zu bestaunen, die je nach Sonneneinstrahlung als Teufelsgesichter oder Trollkirchen erscheinen. Am nördlichen Ende der Schlucht befindet sich der Remundargilfoss (als Abstecher hin und zurück ca. 40 Minuten zusätzlich). Weiter flussabwärts Richtung Süden muss man noch einen seichten Fluss durchwaten, dann tritt man vollends aus der Schlucht heraus und geht erst nach Südwesten und später nach Nordwesten unten im Tal um die Berge herum bis zur Straße, die einen wieder zum Ausgangspunkt führt. Die reine Wanderzeit ohne Wasserfall-Abstecher beträgt ca. 2–2 1/2 Std.

willkommen. Reservierung empfohlen. ⌚ tgl. 8–21 Uhr.

Smiðjan Brugghús, Sunnubraut 15, ✆ 571 8870, 💻 https://smidjanbrugghus.is. Überaus beliebtes modernes Brauhaus, in dem man neben Spare Ribs, Burgern, Chicken Wings usw. selbstgebrautes Bier zu sich nehmen kann – in der Happy Hour von 16–18 Uhr das große zum Preis des kleinen. Wer sich für die Braukunst interessiert, bucht eine Tour (auf Englisch) durch die Brauerei. ⌚ tgl. 12–24 Uhr (Küche bis 21 Uhr).

Svarta Fjaran (auch Black Beach Restaurant), am Strand Reynisfjara, ✆ 571 2718, 💻 www.blackbeach.is. Heiße Suppen, Sandwiches und zuckrige Leckereien vom umfangreichen Kuchen- und Sandwichbuffet sind den ganzen Tag verfügbar, Burger und exquisite Fisch- und Lammgerichte meist erst ab dem späten Nachmittag. ⌚ tgl. 11–19 Uhr, manchmal auch länger.

The Soup Company, Víkurbraut 5 (im Gebäude der Lava Show), ✆ 778 9717, 💻 www.thesoupcompanyiceland.com. Eine Suppe muss nicht im Teller serviert werden: ein frisches handtellergroßes rundes Brot, feinsäuberlich ausgehöhlt, tut es auch. Eine gute Idee, doch leider wird die ressourcensparende Naturbowl bisher nur beim Bestseller, der leckeren, feurig-scharfen Lavasuppe mit Rind, angeboten. Veganer werden hier aber auch glücklich. Für sie gibt es ebenfalls eine leckere Suppe, die tgl. variiert. ⌚ tgl. 12–21 Uhr.

Gefahr unter kilometerdickem Eis: Katla

Um den Vulkan Katla ranken sich seit jeher jede Menge Geschichten. Fast immer sind unheimliche, nicht erklärbare Phänomene im Spiel. Wie zuletzt in der beliebten Netflix-Serie *Katla*. Dort war der gefährliche Vulkan seit über einem Jahr ausgebrochen. Und nicht alles war Fiktion. So sah es z. B. im Serien-Vík genauso aus wie es im echten Vík vermutlich nach einem Ausbruch aussehen würde: Brücken weggeschwemmt, Häuser, Straßen und Farmen überzogen von Asche. Boden, Luft und sogar die Milch der Kühe verseucht. Aber wie wahrscheinlich ist solch ein verheerender Ausbruch wirklich?

Unter der dicken Eisschicht des Mýrdalsjökull lauert mit Katla einer der **gefährlichsten Vulkane Islands**. Der Ausbruch im Jahr 1918 war einer der schlimmsten. Neben einem Ascheregen, der den des Eyjafjallajökull von 2010 harmlos wirken lässt, gab es Gletscherläufe mit Flutwellen, in denen mehrere hundert Meter lange Eisblöcke schwammen. Sie zerstörten alles, was ihnen im Weg lag. Das mitgeschwemmte Gestein blieb liegen und bildet heute die trostlose und zugleich faszinierende Wüste **Mýrdalssandur**.

Forscher rechnen seit vielen Jahren mit einem neuen Ausbruch und erhöhten bereits unzählige Male die Warnstufe von Grün auf Gelb. Im Jahr 2011 kam es schon zu einem Gletscherlauf, möglicherweise auch zu einem kleineren Ausbruch. Das Schmelzwasser floss in der Nacht rasend schnell zu Tal und riss die große Brücke östlich von Vík mit sich. Tagelang war es nicht möglich, Höfn von Süden aus zu erreichen. Noch heute kann man sehen, wo die Brücke einst stand.

Dr. Martin Hensch, der sieben Jahre lang als Seismologe beim isländischen Erdbebendienst gearbeitet hat, erklärt, wie die Isländer sich auf einen Ausbruch vorbereiten. Caroline Michel traf ihn, als Katla gerade mal wieder „auf Gelb" war.

Martin Hensch: Wird ein Vulkan „auf Gelb" gesetzt, nennen wir das „Unwissenheitsstufe". Man sieht, dass sich gerade was am Vulkan tut. Wir sehen eine gehäufte seismische Aktivität, messen hunderte von kleineren Erdbeben. Und „Gelb" heißt einfach nur, dass wir uns gemeinsam mit dem Katastrophenschutz darauf vorbereiten, dass in mittelfristiger Zukunft etwas passieren könnte. Das heißt nicht, dass es passieren muss.

Dass wir einen Vulkan von einer grünen auf eine gelbe Warnstufe setzen, das passiert in Island einige Male im Jahr. Und in neun von zehn Fällen passiert einfach gar nichts, der Vulkan wird einfach nach

AKTIVITÄTEN UND TOUREN

Eishöhlentouren

Tröll Expeditions (im Gebäude der Lava Show), ✆ 519 5544, 💻 https://troll.is, **Glacier Guides**, ✆ 562 700, 💻 www.glacierguides.is, **Katlatrack**, Austurvegur 16, ✆ 849 4404, 💻 https://katlatrack.is oder **Stephan Mantler**, 💻 www.stepman.is bieten Touren (ca. 3 Std., etwa 25 000–28 000 ISK p. P.) in natürliche Eishöhlen – unseres Wissens nach die einzigen, die ganzjährig angeboten werden. Los geht's mit dem Super-Jeep, dann in eine Lavahöhle des Mýrdalsjökull, die der Vulkan Katla einst geschaffen hat und in der man angeblich auch das echte *Game of Thrones*-Drachenglas findet.

Reiten

Vík Horse Adventure, Smiðjuvegur 6, ✆ 787 9605, 💻 https://vikhorseadventure.is, bietet das ganze Jahr über anfängertaugliche 40–60-minütige Ausritte am schwarzen Dorfstrand ab 13 000 ISK p. P.

Schwimmen

Schwimmbad, Mánabraut 3, ✆ 487 1174, 💻 www.sundlaugar.is/sundlaugar/vik. Herrliche Außenpools mit Bergblick. 🕒 Mo–Sa 11–20, So 12–18 Uhr.

Ziplining und Paragliding

True Adventures/Zipline Iceland, Suðurvíkurvegur 5, ✆, 698 8890, 💻 www.zipline.is. Zweimal wird im Laufe der 2-stündigen

ein paar Wochen wieder zurück auf Grün gesetzt, weil sich alles wieder beruhigt hat. Aber selbst wenn nichts passiert, ist es immer wieder eine gute Übung für uns und eine Erinnerung für die Menschen, die an einem Vulkan leben, der auch irgendwann ausbrechen wird. Ob das jetzt nächste Woche ist oder erst in zehn Jahren, das steht auf einem anderen Blatt. Das können wir auch nicht vorhersagen.

Welche Vorsichtsmaßnahmen werden getroffen?
Martin Hensch: Der Vulkan wird rund um die Uhr überwacht. Wir sorgen dafür, dass die Daten in Echtzeit nach Reykjavík transferiert werden. Des Weiteren hat der Katastrophenschutz Evakuierungspläne erarbeitet. Einige touristische Hotspots werden vorsorglich geschlossen. Von Besuchen in Þórsmörk z. B. wurde in den Jahren 2015, 2016 und 2017 zeitweilig abgeraten. Einfach, weil es schwierig werden könnte, so viele Menschen so schnell in Sicherheit zu bringen. Auch die Bewohner von Vík trainieren regelmäßig, was im Falle einer Eruption zu tun ist. Eine Warnung wird dann vom Katastrophenschutz an alle Mobiltelefone geschickt, die in den umliegenden Funkzellen eingeloggt sind. Dann sollen sie sich an der höher gelegenen Kirche in Vík sammeln oder direkt nach Hvolsvöllur oder Skógar fahren. Der genaue Ablauf der Evakuierung wird dann anhand der Lage entschieden.

Was würde im Fall eines Ausbruchs wahrscheinlich passieren?
Martin Hensch: Wir sehen anhand der seismischen Aktivität zumindest wenige Stunden vorher, dass es jetzt losgehen könnte. In dem Moment, in dem der Ausbruch dann tatsächlich beginnt – und das wäre im Falle der Katla unterm Eis – würden wir „seismischen Tremor" messen, das sind keine diskreten Erdbeben, das ist einfach ein permanentes harmonisches Zittern des Berges. Das ist ein eindeutiges Zeichen dafür, dass jetzt ein Vulkanausbruch losgeht.
Im Fall der Katla wäre dann innerhalb von einer Stunde mit enormen Schmelzwasserfluten zu rechnen, weil Lava in Kontakt mit Eis kommt. Bis der Ausbruch sich dann durchs Eis durchgeschmolzen hat und es wirklich auch zu Aschefall kommt, das wird einige Stunden dauern. Wie lange ein Ausbruch dauern wird, wie intensiv er wird und wo es genau zu Schmelzwasserfluten kommt, kann nicht vorhergesagt werden. Genauso wenig, ob und in welchem Umfang es zu Beeinträchtigungen im Flugverkehr kommt.

Wanderung ein Canyon überquert – an einer Seilrutsche hängend (die Passagen sind 140 m bzw. 240 m lang, 11 900 ISK p. P., Kinder 10–17 J. die Hälfte). Ebenfalls knapp 2 Std. Zeit brauchen Abenteuerlustige, die einen spektakulären Abflug vom Reynisfjall machen und die schwarzen Strände am Gleitschirm hängend aus der Luft bewundern wollen (wobei man nur 10–15 Min. wirklich fliegt, etwa 35 000 ISK p. P.). Wer gleichzeitig die Lava Show bucht, bekommt 25 % Preisnachlass.

SONSTIGES

Autoreparaturen

Schnelle Hilfe findet man an den Tankstellen, außerdem bei **Framrás**, Smiðjuvegur 17, ✆ 487 1330. ⌚ Mo–Fr 8–12 und 13–18 Uhr.

Einkaufen

Icewear Lagerverkauf, Austurvegur 20. Hier gibt es die teuren Icewear-Produkte billiger als an allen anderen Orten Islands. Denn in Vík steht die Fabrik. ⌚ tgl. 9–21 Uhr.

Krónan, Großer Supermarkt an der Ringstraße, der kaum Wünsche offen lässt. ⌚ tgl. 9–21 Uhr.

Vínbúðin, Ránarbraut 1. ⌚ Mo–Do 14–18, Fr 13–19, Sa 12–14 Uhr.

Feste

Geopark-Woche, im April mit Kunst- und Kulturprogramm.

Informationen

Kötlusetur, Víkurbraut 28, ✆ 487 1395, 💻 www.visitvik.com. Touristeninformation und Büro des Katla-Geoparks. ⌚ Mo–Fr 10–18, Sa und So 12–18 Uhr.

Medizinische Hilfe

Gesundheitszentrum, Hátún 2, ✆ 480 5340, außerhalb der Öffnungszeiten ✆ 480 5344. Mit **Apotheke**. ⌚ Mo–Fr 9–12 Uhr.

TRANSPORT

Auto

Vík liegt an der Ringstraße. Für Autofahrer mit viel Zeit lohnt sich etwa 20 km westlich von Vík die Rundfahrt um den Berg Pétursey auf der Straße 219. Wirklich lauschig da.

Am Reynisfjara-Strand wird eine Parkgebühr von 1000 ISK erhoben, am Kap Dyrhólaey kostet es 750 ISK.

Busse

HÖFN, mit Strætó (Linie 51) im Sommer Mo–Fr 2x tgl. um 12 und 20.30 Uhr, im Winter 1x tgl. Mo–Fr um 16.15, So um 14.45 Uhr, in 4 Std. für 7350 ISK (15 Zonen).

REYKJAVÍK, mit Strætó (Linie 51) im Sommer 2x tgl. um 12 und 20.30 Uhr, im Winter 1x tgl. Mo–Fr um 16 Uhr, So um 14.12 Uhr, in knapp 3 Std. für 6860 ISK (14 Zonen).

Diese beiden Busse treffen sich in Vík an der N1-Tankstelle und fahren nach einer Viertelstunde wieder an ihren jeweiligen Startort zurück, sodass Durchreisende hier umsteigen müssen.

Skógar und Umgebung

Mit Wasserprachten in herabstürzender und gefrorener Form fährt Mutter Natur rund um Skógar große Spektakel auf. Und auch bei Wanderern steht die Region hoch im Kurs, endet bzw. startet hier doch die beliebte Route über Fimmvörðuháls nach Þórsmörk.

Sólheimajökull

Wer die weiter östlich gelegenen Gletscherzungen verpasst hat und trotzdem ein bisschen Gletscherluft schnuppern möchte, kann das am Sólheimajökull, einer Gletscherzunge des **Mýrdalsjökull**, nachholen. Sie ist mit dem normalen Auto zu erreichen, aber man sollte sich von der leichten Anfahrt nicht täuschen lassen: Auch das hier ist kein harmloser Gletscher. Es ist grob fahrlässig, ohne Führer auf den Gletscher zu gehen, denn das Eis ist spiegelglatt. Außerdem schmilzt der Gletscher rapide ab, allein 110 m zwischen 2017 und 2018. Krachen ganze Eisberge in die Lagune, hat das Tsunamis (kein Witz) zur Folge, die alles mit sich ziehen. Wer „nur mal gucken“ will, kann gefahrlos vom Fußweg am Hang einen Blick auf die Pracht erhaschen. Auch das ist schon eindrucksvoll. Am

Parkplatz an der Straße 221 bieten Veranstalter Gletscherausflüge (s. Aktivitäten und Touren) und das nette Arcanum Jöklakaffi (s. Essen) eine Stärkung nach der Rückkehr an.

Flugzeugwrack im Sólheimasandur

Im Vordergrund der Sandstrand, im Hintergrund der Mýrdalsjökull – mit dieser Kulisse ist die im November 1973 hier wegen Treibstoffmangels notgelandete Douglas DC-3 der US-Navy eines der beliebtesten Fotomotive der Region. Zu Schaden gekommen ist bei der Notlandung niemand. Eine Reparatur des Flugzeugs lohnte sich nicht mehr. So wurden nur die brauchbaren Teile abgebaut, und mit dem in einem anderen Tank doch noch vorhandenen Treibstoff konnte der Bauer noch ein Jahr lang fahren.

Bis zum Wrack muss man ungefähr 4 km weit laufen, was wegen des sandigen Untergrunds ermüdend ist. Man darf sich dafür bei den Autofahrern bedanken, die die Ebene zum Offroadfahren missbraucht haben. Für 2900 ISK p. P. (Kinder die Hälfte) fährt man zwischen 10 und 17 Uhr vom Parkplatz an der Ringstraße aus bequem mit dem Shuttle. Quadtouren kosten ab 16 990 ISK p. P., siehe 💻 www.arcanum.is.

Skógafoss

Schon von der Straße aus erstrahlt er in voller Schönheit: 60 m hoch, 25 m breit, bei Sonnenschein mit einem Regenbogen gekrönt und am Fuße noch mit einer Ascheschicht des Eyjafjallajökull-Ausbruchs im Jahr 2010 versehen. Der Skógafoss lädt dazu ein, näher heranzugehen bis zur Stelle, an der die gewaltigen Wassermassen aufklatschen. Während man dort allerdings mit ziemlicher Sicherheit nass wird, lässt sich die ganze Pracht von der oberen Aussichtsplattform, zu der eine 465-Stufen-Treppe hinaufführt, trocken bestaunen. Und einen tollen Blick bis zum Meer gibt´s noch obendrauf.

Skógar

Dies ist eigentlich kein Ort, sondern eine Ansammlung von Unterkünften und Restaurants für Touristen. Und dem empfehlenswerten Museum **Byggðasafnið í Skógum**, 📞 487 8845, 💻 www.skogasafn.is. Wer schon Erfahrung mit isländischen Heimatmuseen hat, weiß, dass das oft ein zweifelhaftes Vergnügen mit zusammengewürfelten Alltagsgegenständen und ausgestopften Lundis ist. Nicht so in Skógar. Der Komplex besteht aus einem Technik-, einem Volkskun-

Skógafoss im April, wenn das Gras noch gelb ist

de- und einem Freilichtmuseum. Wunderbar gepflegte Torfhäuser samt Schule und Kirche laden zum Verweilen ein, die Zeit vergeht hier wie im Flug. ⌚ Juni–Aug 9–18, Sep–Mai 10–17 Uhr, Eintritt 2000 ISK (für alle Museen, mit Broschüre), Kinder (12–17 J.) 1000 ISK.

ÜBERNACHTUNG

Günstig ist hier in der Ecke allenfalls der Campingplatz. **Hótel Skógafoss, Hótel Skóga** und das weiter westlich gelegene **Boutique Hotel Anna** (S. 520) bieten schöne, stilvolle eingerichtete Zimmer, aber eben nicht für den kleinen Geldbeutel. Kontakt für alle drei: ✆ 487 8780, 💻 https://ejhotels.is.

Campingplatz, ✆ 863 8064, 💻 https://tjalda.is/en/skogafoss. Großer, beliebter Platz direkt vor dem Skógafoss. Es gibt ein Servicehaus mit Duschen, das aber von den Tagesgästen einfach mitbenutzt wird und deshalb leider nicht immer picobello ist. Ruhe findet man hier nicht, denn der Campingplatz liegt direkt neben dem Parkplatz, auf dem im Sommer Tag und Nacht Wasserfall-Besucher anhalten. Ab 14 J. 1800 ISK, Dusche 400 ISK (nur 100-Kronen-Münzen). Kassiert wird abends zwischen 19 und 21 Uhr. Wer 4 Nächte bleibt, zahlt nur für 3. ⌚ ganzjährig.

ESSEN

Skógar

Hótel Skógafoss bietet sowohl stilvolles Abendessen als auch Snacks. Bei gutem Wetter sitzt man prima (wenn auch nicht einsam) auf der Außenterrasse, von der aus man einen Blick auf das obere Wasserfallende erhaschen kann. Suppen, Snacks und Fastfood gibt's auch im **Skógakaffi (auch Freyacafé)** im Freilichtmuseum. Niedlich ist **Mia's Country Van - Local Fish & Chips** direkt an der Skógafoss-Straßenabzweigung: ein rot-weiß gepunkteter Imbisswagen, der stark an einen Fliegenpilz erinnert. An Sitzgelegenheiten gibt's leider nur einen Gartentisch mit 2 Stühlen und einige Europaletten. ⌚ meist 12–16 Uhr.

Sólheimajökull

Arcanum Jöklakaffi, Parkplatz an der Straße 221, ✆ 487 1500, 💻 www.arcanum.is. Was von außen wie eine Baracke mit Terrasse aussieht, entpuppt sich von innen als uriges Café mit leckerem Kuchen und einfachen Speisen zu vernünftigen Preisen. ⌚ tgl. 9.30–17 Uhr.

Kvernufoss: der versteckte Wasserfall

Ein vergleichsweise kleiner Fluss weist den Weg zu einem Schatz: Der Kvernufoss liegt auf Privatland, ist aber (noch) frei zugänglich. Man kann ihm zu Füßen sitzen und auch hinter ihm durchlaufen. Die verwunschene, enge und begrünte Schlucht, wäre der perfekte Drehort für eine Neuverfilmung des kleinen Hobbits und ist zudem ein toller Platz für ein entspanntes Picknick.

Vom Museumsparkplatz aus geht's um das große Lagergebäude herum, dann am linken Flussufer entlang in die kleine Schlucht hinein (etwa 15 Min.). Nicht-Museumsbesucher zahlen eine Parkgebühr von 750 ISK (über Parka App).

Kurzwanderung am Skógafoss

Seit es am Skógafoss die Aussichtsplattform gibt, ist es vorbei mit der absoluten Ruhe im abgeschiedenen Bereich flussaufwärts. Hier beginnt der beliebte Fernwanderweg nach Þórsmörk, vorbei an der Eyjafjallajökull-Ausbruchstelle Fimmvörðuháls (s. auch Kasten S. 522). Aber auch für Reisende in Turnschuhen lohnt es sich, den Zaun hinter dem Skógafoss zu überklettern und ein Stündchen zu wandern. Am Fluss Skógá entlang geht es leicht bergauf und bergab, mit Blick auf die Spitze des Eyjafjallajökull und vorbei an unzähligen kleinen und auch größeren Wasserfällen, die ihrem großen Bruder Skógafoss an Schönheit nicht nachstehen.

AKTIVITÄTEN UND TOUREN

Gletscherwanderungen

Arcanum Glacier Tours, Ytri-Sólheima, ✆ 587 9999, 💻 www.arcanum.is, oder **Icelandic Mountain Guides**, ✆ 587 9999, 💻 www.mountainguides.is, bieten mehrmals täglich kurze und längere Gletschertouren vom Jöklakaffi (Parkplatz an der Straße 221) auf die Zunge des Sólheimajökull (2 1/2 Std. ab 13 490 ISK p. P. inkl. Helme, Sicherheitsausrüstung, Steigeisen und Eisaxt).

Schneemobiltouren

Bei Touren mit dem Motorschlitten geht es auf der östlichen Parallelstraße 222 Richtung Mýrdalsjökull und dann mit dem Truck weiter hoch Richtung Schnee, sodass von der insgesamt 2 1/2-stündigen Tour rund 30 Minuten fürs Schneemobilfahren bleiben. Um die 30 000 ISK p. P., buchbar z. B. über die o. a. Veranstalter.

TRANSPORT

Auto

Außer der Ringstraße gibt es nur kurze Zufahrten zu Bauernhöfen und die Straßen 221 und 222. Außerdem auf der Weiterfahrt nach Westen noch die Straßen 242 (zum Schwimmbad Seljavallalaug) und 246, die beide nur Bögen beschreiben und wieder zur Hauptstraße zurückführen. **Parkgebühren**: Sólheimajökull 750 ISK, Flugzeugwrack 750 ISK (beide über Parka App).

Busse

Strætó hält am Skógafoss, genauso wie die Busse von Reykjavik Excursions und Trex, die hier Wanderer rauslassen und einsammeln.

Zwischen Eyjafjallajökull und Seljalandsfoss

Die Ringstraße führt in diesem Teilabschnitt durch grüne Wiesen, auf denen Kühe grasen. Im Norden erhebt sich der Eyjafjallajökull (aufgrund der steil aufragenden Berghänge im Vordergrund nicht immer sichtbar), im Süden erstreckt sich das Meer. Unterwegs einige schöne Picknickplätze, ein paar Torfhäuser – und der bekannte BH-Zaun bei Brekkukot. Eigentlich hatte man das Kunstprojekt, das aus aufgehängter Unterwäsche bestand, bereits für beendet erklärt. Aber dann waren sie wieder da. Vermutlich, weil bei Nacht und Nebel vorbeifahrende Menschen das ein oder andere Schmuckstück neu drapierten.

Seljavallalaug

Das Steinbecken des über 100 Jahre alten Schwimmbades, von einer warmen Quelle gespeist und idyllisch von Bergen eingerahmt, zieht die Badegäste in Scharen an. Leider ist das moosig-glitschige, urige Bad dem Ansturm oft nicht gewachsen, sodass die Wasserqualität zu wünschen übrig lässt. Vor allem wegen seiner traumhaften Lage lohnt sich die zehnminütige Wanderung vom Parkplatz an der Straße 242 trotzdem. Aber vorher den Finger reinhalten, denn nicht immer ist das Wasser warm. Es gibt einfache Umkleiden, aber keinerlei Service.

Paradísarhellir

In dieser Höhle soll ein Knecht namens Hjalti vier Jahre lang gewohnt haben, um möglichst nah bei seiner Liebsten zu sein. Denn da seine Beziehung zu Anna, der reichen, alleinstehen-

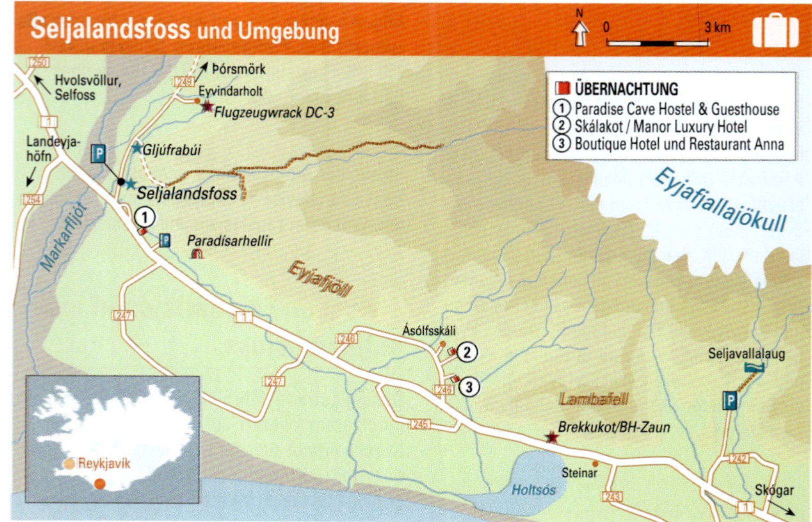

den Bäuerin von Stóra-Borg, nicht standesgemäß war, mussten die beiden sich dort heimlich treffen. Als Anna schwanger wurde, drohte ihr Bruder Páll damit, ihren Geliebten umzubringen. Sein Zorn ließ erst nach, nachdem Hjalti ihn vor dem Ertrinken aus dem Markarfljót gerettet hatte. **Anna und Hjalti** bekamen danach noch viele weitere Kinder und konnten später sogar heiraten.

Mit etwa 15 m² ist die Höhle größer als so manche Studentenbude, und der Ausblick kann sich auch sehen lassen. Das einzige Problem ist der Aufstieg, denn das Einstiegsloch befindet sich mehrere Meter über dem Boden im bröckeligen Felsen und lässt sich mit bloßem Auge kaum ausmachen. Eine Kette, an der wagemutige Abenteurer sich festhalten können, spannt sich vom Eingang nach unten. Trotzdem muss man extrem trittsicher und schwindelfrei sein. Vom Parkplatz (an der Ringstraße ausgeschildert) bis zur Höhle läuft man etwa zehn Minuten parallel zum Hang nach Osten, also nach rechts. Bei Google Maps sieht der Weg kürzer aus, als er tatsächlich ist.

Seljalandsfoss und Gljúfrabúi

Der **Seljalandsfoss** zählt zu den schönsten Wasserfällen Islands und ist aus Hvolsvöllur kommend schon von weitem zu bewundern. Für Reisende aus Richtung Vík ist der Wasserfall dagegen bis zuletzt unsichtbar, und wer die Brücke über den Markarfljót überquert, hat den Abzweig auf die Straße 249 verpasst. Hinter dem 61 m hohen Wasserfall führt ein Weg entlang, über den tagein tagaus, sommers wie winters hunderte zum Schutz vor Spritzwasser in bunte Regenjacken gehüllte Touristen pilgern. Denn ein von hinter den Wassermassen aus geschossenes Foto gehört in jedes Islandalbum, ebenso wie ein Frontalmotiv, das die gewaltige Kraft des in dem Becken aufschlagenden Wassers verdeutlicht (von einer kleine Brücke aus erwischt man die beste Perspektive). Die beste Zeit für Fotos ist der späte Nachmittag, denn dann liegt der Seljalandsfoss in der Sonne. Leider raubt der große, hässliche Parkplatz (Parkgebühr 900 ISK), dem Szenario einiges an Ambiente. Aber ganz ohne WC-Häuschen usw. wär's auch nicht schön hier.

Vom Haupt-Wasserfall führt ein lohnender, etwa 1 km langer Fußweg in Richtung Norden vorbei an **drei weiteren Wasserfällen** zum im Felsen „verborgenen", 40 m hohen Wasserfall **Gljúfrabúi** (auch Gljúfrafoss). Der Pfad endet beim Campingplatz am Fluss, aber man kann im Flussbett nach rechts in den Berg weiterlaufen.

Mit Gummistiefeln ist man klar im Vorteil und kann einfach mitten durch den Fluss waten. Alle anderen müssen sich an die Felswand drücken und von Stein zu Stein hüpfen (Achtung: Gefahr des Ausrutschens). Nass wird's dann trotzdem, und zwar von oben. Das Wasser kommt im freien Fall direkt durch ein Loch in der „Höhlendecke" und kracht direkt neben den Besuchern auf die Steine. Doch das Spritzwasser und die eventuell nassen Füße sind ein geringer Preis für ein tolles, intensives Naturerlebnis!

Ungefähr 800 m nördlich des Flusses mit dem versteckten Wasserfall zweigt rechts eine **Zufahrtsstraße zum Eyjafjallajajökull** von der Straße 249 ab. Jeepfahrer können der holprigen steilen Piste für 4 km bis zu einem Parkplatz folgen, an dem ein 10 km langer und extrem steiler Wanderweg zum 1000 m höher gelegenen Gletscher beginnt. Allerdings ist die Orientierung hier oben schwierig, sodass es für unerfahrene Wanderer nicht ratsam ist, hier eine weite Tour auf nicht markierten, schlecht zu findenden Wegen einzuplanen (kommt Nebel, sieht man die Hand vor Augen nicht, und das Handy hat kein Netz). Es führt aber ein schöner gut sichtbarer Weg am Fluss entlang, der für eine zweistündige Wanderung im Schatten des berühmten Gletschers ideal ist.

Als weiteres Highlight steht seit 2023 das aus Langanes im Nordosten hierhin verfrachtete **Flugzeugwrack** (Douglas DC-3 (R4D-S)) in Eyvindarholt, erreichbar über die Straße 248, www.eyvindarholt.is/places-to-visit/dc-3-airplane-wreck-in-eyvindarholt.

Ein Zungenbrecher-Vulkan wird berühmt

Am 20. März 2010 bricht der **Eyjafjallajökull** aus, spuckt rotglühende Lava in die Luft. Die Rauchwolke ist über 1000 m hoch und weithin sichtbar. Die Bauern rund um Skógar müssen ihre Höfe verlassen. Aber jeder, der einen Super-Jeep sein eigen nennt, macht sich auf in die Gegenrichtung. Man kann ganz nah ran an die Ausbruchstelle am Fimmvörðuháls. Islandfans aus aller Welt reisen an, um das Spektakel längs der Eruptionsspalten live zu verfolgen. Wunderschöne Fotos und Filme entstehen. Um die Welt gehen sie nicht, denn der Ausbruch bleibt außerhalb Islands weitestgehend unbeachtet. Am 12. April gilt er als beendet.

Doch nur zwei Tage später bricht der Vulkan erneut aus. Diesmal direkt am Gipfel unter dem Eis. Denn der Eyjafjallajökull ist nicht nur ein Vulkan, sondern auch ein Gletscher. Es entsteht eine riesige Aschewolke, die den Himmel verdunkelt und auch viele Kilometer von der Ausbruchstelle entfernt enorme Schäden anrichtet. Aschenproduktion und Wolke sind deshalb viel größer, weil durch den Kontakt zwischen Lava und Eis Letzteres in großen Mengen schmilzt und explosionsartig verdampft. Dabei wird die Lava in kleine Stücke gerissen, und entsprechend große Asche- und Dampfwolken steigen auf.

Die Asche ist fein und scharfkantig. Wer sie damals achtlos von seinem Auto abwischte, hat noch heute Kratzer im Lack, die sich nie wieder herauspolieren lassen. Aus Angst, sie könne auch Turbinen zerstören und so Flugzeuge abstürzen lassen, wird der Flugverkehr in Teilen von Europa für eine Woche eingestellt. 100 000 Flüge sind betroffen. Für die Wirtschaft eine Katastrophe, die finanziellen Verluste sind enorm. Die Isländer dagegen machen sich größere Sorgen um den Fluorgehalt der Vulkanasche. Viele Tiere müssen einen Großteil des kurzen Sommers in ihren Ställen verbringen, damit sie keine Fluorvergiftung erleiden. Die Eruption endet erst Mitte Juli, als Europa dem isländischen Luftverschmutzer längst keine Beachtung mehr schenkt. Aber einmal mehr hatte Island es mit dem Eyjafjallajökull in die internationalen Nachrichten geschafft. Als schöner Nebeneffekt förderte der Vulkan sogar den Tourismus, da man die mediale Aufmerksamkeit geschickt dazu nutzte, die wilde Natur der Insel zu vermarkten.

Einige der gebeutelten Bauern, deren Land nach dem Ausbruch unter einem schwarzen Aschteppich begraben lag, beschlossen, ihr Glück mit einem Museum zu versuchen, das aber nach einigen Jahren seine Pforten schloss. Bis zum nächsten Ausbruch arbeiten die Bauern wieder als Bauern.

ÜBERNACHTUNG UND ESSEN

Am Parkplatz vor dem Seljalandsfoss stehen Buden mit leckeren Sandwiches, Suppen und Kuchen, die erstaunlicherweise gar nicht so teuer sind. Hier gibt es auch einen Souvenirshop und ein WC-Häuschen (häufig mit Warteschlange). Busreisende nutzen besser die Toiletten an der N1-Tankstelle Hvolsvöllur.

Boutique Hotel und Restaurant Anna, Moldnúpur, etwa 13 km südöstlich des Seljalandsfoss, ✆ 487 8950, 💻 www.hotelanna.is. Hochherrschaftliche Zimmer mit Brokat und wuchtigen Uraltmöbeln an der kleinen Straße 246 (Wegweiser Ásólfsskáli). Außer Pferden hat man hier keine Nachbarn. Anna ist ausnahmsweise nicht der Name der Gastgeberin, sondern einer Autorin aus den 50ern, der eine eigene Ausstellung gewidmet ist. Das angeschlossene urige Restaurant hat zwar den ganzen Tag geöffnet, serviert aber nur abends warme Hauptgerichte. Saisonal, regional und vor allem lecker. ❼–❽

Paradise Cave Hostel & Guesthouse, ✆ 497 1303, 💻 https://paradisecavehostel.com. Das moderne Hostel an der Ringstraße Nähe Seljalandsfoss punktet vor allem durch Sauberkeit, das tolle Frühstück und die entzückenden Betreiber. Alle Gäste, egal ob Privatzimmer oder 12er-Schlafsaal (6500 ISK p. P. im Winter, 7500 ISK im Sommer), teilen sich Bäder und Küche (leider eingeschränkte Öffnungszeiten). ❹

Skálakot/Manor Luxury Hotel, etwa 13 km südöstlich des Seljalandsfoss an der Straße 246, ✆ 487 8953, 💻 www.skalakot.com. Schlafsackunterkunft war gestern, heute erstrahlen 41 Zimmer und Suiten in Art-Déco-Glamour. Das „typisch isländische Mittagessen" dagegen gibt es noch – allerdings jetzt im Restaurant. ❽

AKTIVITÄTEN

In **Skálakot** (s. Übernachtung) werden Reittouren von 1 Std. bis zu mehreren Tagen angeboten. Vom Hof aus geht es zu Wasserfällen, die in keinem Reiseführer stehen. Die Kurztour zum Wasserfall Írafoss kostet 9500 ISK p. P., die 3-stündige Black Sand Tour 22 500 ISK.

TRANSPORT

Auto

Seljalandsfoss (**Parkgebühr** 900 ISK, zahlbar am Automaten) liegt an der asphaltierten Seitenstraße 249. Weiter landeinwärts wird sie zur **F249** – einer **üblen Schotterpiste** mit zahlreichen tiefen Furten Richtung Þórsmörk.
So verlockend es auch scheint: Wir raten allen, die keinen richtig hochbeinigen Jeep fahren, dringend von der F249 in Richtung Þórsmörk ab. Warum? Weil derjenige, der „nur mal ein Stück" reinfahren will, nichts Besonderes zu sehen bekommt und dafür Gefahr läuft, sein Auto in einem der zahlreichen Schlaglöcher zu demolieren. Die Straße ist zwar bis zur ersten Furt mit jedem Auto befahrbar, aber dafür lohnt die Zeit nicht. Und die vielen Furten sind derart schwierig und gefährlich (s. dazu unbedingt den Kasten „Unterwegs nach Þórsmörk", S. 525), dass wir immer einen Bus nehmen.

Busse

Keine Haltestelle am Seljalandsfoss. Alle Busse von/nach ÞÓRSMÖRK halten weiter westlich in Hvolsvöllur, der Bus von Southcoast Adventures (s. Homepage) auch wenige Kilometer nördlich.

14 HIGHLIGHT

Ausflug nach Þórsmörk

Þórsmörk, „die Wälder des Gottes Thor", ist eine grüne Oase in der Steinwüste des Hochlands. Hier, geschützt zwischen den Gletschern **Eyjafjallajökull**, **Mýrdalsjökull** und **Tindfjallajökull**, erstreckt sich in einer wundervollen, von fotogenen Schluchten durchzogenen Berg- und Tallandschaft das wohl beliebteste Wandergebiet Islands. Es handelt sich aber nicht um einen Wald, wie wir ihn kennen, denn ein *mörk* ist eher ein Wäldchen. Im Tal von Þórsmörk wachsen Birken, die an besonders windigen Stellen nah am Boden kriechen und auch in Arealen mit

dichtem Bewuchs nur wenige Meter hoch werden. Ihr Blätterdach ist nicht geschlossen, sodass genug Licht auf den Boden fällt, um Blümchen, Orchideen und Hahnenfußgewächse gedeihen zu lassen.

Die höher gelegenen Hänge überziehen dann bizarre Gesteinsformationen, oft grün bewachsen. Hier braucht es nicht viel Fantasie, um überall Gesichter zu erkennen. Eine weitere Besonderheit sind die zahlreichen „Elfenkirchen", nämlich Höhlen mit steinernen „Kirchtürmen" obendrauf. Die bekannteste ist die **Álfakirkja**, doch alle anderen geben genauso gute Fotomotive ab.

Durch Þórsmörk führen unzählige markierte Wanderwege, darunter die beiden berühmten Langstreckenrouten nach **Skógar** (ab Langidalur 30 km, ab Básar 24 km) und **Landmannalaugar** (54 km). Anlaufpunkte sind die Hütten und Campingplätze in **Básar**, **Langidalur** und **Húsadalur** (s. Übernachtung), die sich von Südosten nach Nordwesten über die weite Tallandschaft verteilen. Básar liegt strenggenommen gar nicht in Þórsmörk, sondern in **Goðaland**. Die Grenzlinie zwischen diesen beiden Regionen ist der Fluss Krossá. Es hat sich aber eingebürgert, das gesamte Gebiet Þórsmörk zu nennen.

Nauthúsagil

Auf der Straße nach Þórsmörk, aber vorsichtig fahrend noch mit einem normalen Pkw erreichbar, liegt die versteckte grün schimmernde Schlucht Nauthúsagil. Wer hier reinläuft, braucht entweder Gummistiefel oder gute Balance, denn man hüpft von Stein zu Stein, wenn man nicht durchs Wasser watet. Als Lohn der Mühe warten zwei bezaubernde Wasserfälle. Um zum zweiten zu kommen, muss man sich

Empfehlenswerte Kurzwanderungen ab Básar und Langidalur

Ab Básar in Richtung Fimmvörðuháls

Wem der ganze Weg bis nach Skógar zu anspruchsvoll ist (s. u.), der bekommt auch auf dem ersten Teilstück des Fimmvörðuháls-Trails schöne Einblicke.

Vom Startpunkt in Básar folgt man zunächst dem Fluss, wo nach einer Brücke der Wanderweg beginnt. Ein wenig unheimlich ist es schon, die hier Infotafel zu studieren, die erklärt, was im Falle eines unerwarteten Vulkanausbruchs zu tun ist: Es wird Leuchtfeuer und -raketen geben, die die Wanderer warnen. Wegen der Gefahr von Flutwellen soll man möglichst weit oben am Berg bleiben. Auch wird davor gewarnt, dass sich bei Windstille oft giftige Gase in Mulden und Senken sammeln.

Von hier geht es auf dem weithin erkennbaren und mit blauen Pfosten markierten Pfad bergauf nach Südosten. Wo es bei Nässe rutschig werden kann, wurden Holzspäne gestreut. Schwierige, aber nur kurze Passagen sind durch Seile oder dicke weiße Plastikkabel gesichert. Schwindelfrei muss man trotzdem sein, da der Weg an einigen kürzeren Abschnitten über einen schmalen Grat verläuft. Nach anderthalb Stunden (ab Básar) hat man eine gute Sicht auf die Gletscherzungen des Mýrdalsjökull. Nach weiteren zwei Stunden ist auf 800 m Höhe das Hochplateau **Morinsheiði** erreicht. Von hier aus führt optional auch ein anderer Weg nach Básar zurück – dafür unbedingt die Þórsmörk-Wanderkarte (s. Wandern, S. 526) kaufen, denn diese Alternativroute ist nicht markiert. Die Rundtour dauert dann insgesamt sechs bis sieben Stunden.

In Richtung Skógar folgen südlich von Morinsheiði auf 1044 m Höhe die Aussichtsstelle bei **Brattafönn** und schließlich der berüchtigte, verschneite Pass **Fimmvörðuháls**. Diesen anstrengenden, anspruchsvollen und nicht ungefährlichen Passweg (s. 💻 www.fi.is/en/hiking-trails/trails/fimmvorduhals, unbedingt in den Hütten Wanderkarte besorgen und weitere Infos einholen, s. auch 💻 https://safetravel.is) sollte man nur bei stabilen Wetterverhältnissen mit guter Sicht angehen. Bei günstigen Bedingungen (das Wetter kann auf dem Pass schnell umschlagen) und sehr guter Kondition ist die normalerweise zwei Tage lange Tour in einem Kraftakt auch in einem Tag zu schaffen. Es gilt in jedem Fall, möglichst früh aufzubrechen und nicht alleine zu gehen. Eine sehr gute Ausrüstung (Schlafsack, Zelt, gute Wanderschuhe, wind- und wasserdichte Kleidung, gute Karte, Kompass, GPS, ausreichend Essen und Trinken) ist Pflicht. Bei frühzeitiger Reservierung kann man am Pass auch in zwei Hütten übernachten (Fimmvörðuskáli und Baldvinsskáli, s. 💻 www.utivist.is/english/fimmvorduhals-hut und 💻 www.fi.is/en/mountain-huts/all-mountain-huts/fimmvorduhals-baldvinsskali). Wer auf Nummer sicher gehen will, bucht eine geführte Wanderung, z. B. unter 💻 www.volcanohuts.com/tours-and-activities/activities/fimmvorduhals-hiking-trail.

Zur Schlucht Hvannárgil und zur Álfakirkja

Wer hinter Básar dem steilen, nicht markierten, aber gut erkennbaren Pfad (Wegweiser Hvannárgil) nach Süden folgt, erreicht nach etwa einer halben Stunde einen Aussichtsplatz. Unten im Tal liegt die herrliche Schlucht **Hvannárgil** mit bewachsenen Felsnasen, versteinerten Trollen mit grimmigen Gesichtern und einem Delta mit unzähligen kleineren und größeren Flüssen. Die Pflanzen in sattem Hellgrün bilden einen Kontrast zum dunklen Stein-Asche-Sand-Gemisch, wie er schöner nicht sein könnte! Ein Trampelpfad folgt dem Fluss Hvanná am Hang nach Nordwesten, bis ein Fels im Weg steht. Hier kann man links absteigen und einfach im Flussbett weiterlaufen (was wir nicht empfehlen) oder dem Pfad nach rechts etwa 500 m bergauf folgen bis zu einem Kamm mit toller Aussicht über das ganze Krossá-Delta. Auf der Nordseite des Kamms beginnt der Pfad, der vorbei an Steinformationen und Höhlen steil runter bis ins Tal zur **Álfakirkja** führt (teilweise über loses Geröll, Trittsicherheit erforderlich). Unten angekommen, folgt die Durststrecke der Wanderung: Der Weg zurück nach Básar verläuft entlang der Straße (2 km). Die mittelschwere Wanderung ist insgesamt etwa 6 km lang. Es gibt keine schwierigen Kletter-Stellen.

© CAROLINE MICHEL

Slyppugilshryggur

Das einfache, aber wunderschöne Rund-Tourchen beginnt am Wanderweg, der Húsadalur und Langidalur verbindet. Man folgt dem hier rot-blau markierten Laugavegur in Richtung Landmannalaugar erst leicht bergauf bis zu einer Kreuzung, an der ein Schild auf die Gefahren im Fall eines Katla-Ausbruchs hinweist. Dann geht es sanft bergab durch ein Waldgebiet, wo ein Weg nach rechts (Osten) abzweigt, der zu einem Aussichtspunkt oberhalb der Schlucht Slyppugil führt (es lohnt sich, ein paar Meter nach Osten zu laufen, wo ein weiterer herrlicher Ausblick lockt). Von hier aus folgt man dem rot markierten Weg bergab nach Langidalur. Wanderzeit von Húsadalur bis Langidalur ca. 3 Std.

Abenteuertour von der Gluggahellir über Eggjar nach Litliendi

Start- und Endpunkt der nicht ganz einfachen Wanderung ist Langidalur. Am Ostrand der Slyppugil-Schlucht folgt man den mit orangefarbenen Köpfen versehenen Holzpflöcken und dem Wegweiser zur **Gluggahellir** („Fenster-Höhle") steil bergauf. Von der Höhle, die nach 20–30 Minuten erreicht ist, eröffnet sich ein herrlicher Blick auf den Valahnúkur. Dann folgt der Weg der Schlucht nach Osten und nach ca. 2 Std. ist **Eggjar** erreicht, ein Aussichtspunkt mit Blick auf spektakulär gezackte Bergspitzen, die in ihrem zarten Hellgrün bei Sonnenschein unwirklich leuchten. Wanderer, die nicht trittsicher oder nicht schwindelfrei sind, kehren hier um, denn was nun folgt ist nichts für Hasenfüße: Der schmale Pfad führt steil bergab und an einigen Stellen muss man sich auf dem Hosenboden oder bäuchlings über blanken Fels hinabgleiten lassen – wer dabei in den Abgrund schaut, ist selbst schuld. Zur Belohnung wird das schroffe Terrain durch eine lauschige Waldlandschaft abgelöst. Vorbei an plätschernden Bächen führt ein nicht zu verfehlender, leicht feuchter Pfad ohne besondere Schwierigkeiten nach **Litliendi** ins Tal. Von hier geht es in der Krossá-Ebene über grobes Geröll nach Westen. Wer den Pfad verliert, schlägt sich einfach so durch – es ist ja klar, in welcher Richtung Langidalur liegt. Wir haben von/bis Langidalur 5 Std. gebraucht – wer weniger Pausen macht, schafft die Strecke auch in 4 Std.

Auf den Aussichtsberg Valahnúkur

Mindestens fünf gut markierte Wanderwege führen von Húsadalur und Langidalur aus auf den 454 m hohen Berg, sodass niemand zweimal denselben Pfad nehmen muss.

aber an der Höhlenwand an der dort angebrachten Kette entlanghangeln.

Wer Zeit mitbringt, wandert weiter zur nächsten Schlucht, der Bæjargil, wo sich die Merkurá ihren Weg ins Tal bahnt – natürlich auch nicht ohne Wasserfall. Der schmale Pfad beginnt an der kleinen Brücke vor der Nauthúsagil. Seicht, aber stetig bergauf geht es über eine Schafweide, später entlang der Schlucht steil nach oben. Der Haken: Die Markierungspflöcke könnten mal einen neuen Anstrich vertragen, damit man sie leichter findet. Für die etwas mehr als 3 km sollte man mindestens zwei Stunden einplanen, denn wer sich nicht die Füße brechen will, geht langsam.

Gígjökull

7 km westlich von Þórsmörk reicht die Gletscherzunge Gígjökull ziemlich weit ins Tal hinunter. Ein Aussichtspunkt auf den Endmoränen ist über eine kurze Stichstraße erreichbar; bei gutem Wetter sieht man auch den Gipfel des Eyjafjallajökull. Alle Þórsmörk-Busse legen am Aussichtspunkt meist einen kurzen Fotostopp ein.

Stakkholtsgjá

In diesen wunderschönen, ungefähr 2 km langen Canyon rund 3 km westlich von Langidalur kann man bis zu einem Wasserfall hineinlaufen, ist allerdings meist nicht der einzige mit dieser Idee.

Húsadalur

Diese Station ist bei weitem nicht so urig und verwunschen wie Básar, bietet aber ein rustikales leckeres Restaurant, einen kleinen Laden und einen warmen Teich im Freien mit Sauna. Beliebt sind die jeweils halbstündigen **Wanderungen ins Langidalur** (2 km) und auf den 454 m hohen Gipfel **Valahnúkur**, von dem aus sich eine spektakuläre Aussicht auf das ganze Tal mit der breit mäandrierenden Krossá bietet.

Langidalur

Auch von dieser Hütte führt ein gut halbstündiger Weg auf den Aussichtsgipfel **Valahnúkur** (s. o.). In Langidalur endet bzw. startet der mehrtägige **Laugavegur**, von bzw. nach Landmannalaugar (s. Aktivtour S. 575). Wer Richtung Skógar weiter will, läuft durchs Flussdelta (45 Min., vorher unbedingt den Standort der mobilen Brücke erfragen, denn zu Fuß möchte niemand die Krossá furten).

Álfakirkja

Diese Höhlenformation mit spitzem Dach, auch „Elfen-Kirche" genannt, liegt südlich von Langidalur und nordwestlich des Berges Réttarfell direkt an der Straße nach Básar. Wer hin will, muss aber einen Bach überqueren. Eine kleine Fußgängerbrücke befindet sich ein paar Meter weiter östlich der Álfakirkja.

Básar

Vor Básar endet die Straße an einem Parkplatz, an dem die Busse halten. Die Hütte mit den Bänken davor ist gleichzeitig die Rezeption des Campingplatzes. Zu den Hütten geht es von hier aus nach rechts, zur Krossá nach links. Wer in Richtung Fimmvörðuháls und Skógar wandern will, folgt dem Weg zum Fluss – er ist meist leicht zu finden, denn von hier strömen die Massen der Wanderer ein, die in Gegenrichtung gelaufen sind. Die Wanderwege auf den Réttarfell und in die Schlucht Hvannárgil beginnen bei den Hütten (s. Kasten S. 522).

ÜBERNACHTUNG

Oft sind die Hütten und Zeltplätze überfüllt – morgens, weil sich ausgeruhte Wanderer von hier aus auf den Weg machen und abends, weil müde Wanderer nach und nach eintreffen – die Zeit dazwischen gehört den Tagestouristen, die meist mit Bussen vom Seljalandsfoss aus über die Hochlandpiste F249 angereist sind.

Básar, ✆ 562 1000, Aufseher ✆ 893 2910, 💻 www.utivist.is/english/basar-hut. Gepflegte, große Anlage. Man kann aussuchen, ob man in Flussnähe oder lieber zwischen Birken, Blumen und lieblich dahinplätschernden Bächlein zelten möchte. Hier läuft man allerdings ein Stück zum nächsten WC/Servicehaus. Das mit den Duschen liegt oberhalb des Tals im Birkenwald. Es gibt weder Strom noch Internet und auch oft keinen Handyempfang. Das kleine Aufenthaltshaus mit Spüle und Kochgelegenheit ist sehr spartanisch, die gut ausgestatte Küche mit

Unterwegs nach Þórsmörk

Auto

Die F249 ab Seljalandsfoss ist die einzige Zufahrt nach Þórsmörk. Aber Achtung: Die Fahrt nach Þórsmörk ist **mit jedem Auto gefährlich**, denn es müssen unzählige Gletscherflüsse überquert werden. Mit einem guten (!) Jeep (nicht mit einem SUV!) kommt man bei niedrigen Wasserständen mit einiger Vorsicht und etwas Glück bis zu den Camps Langidalur und Básar (für **Tipps zum Furten** s. Kasten S. 588). Aber selbst bei hochbeinigen Fahrzeugen und erfahrenen Fahrern sind Schäden an der Tagesordnung (bei unserem letzten Besuch hat auch der Bus zweimal auf einen Stein aufgesetzt und gefährlich geschwankt). Berüchtigt ist vor allem die Krossá mit ihren tückischen Strömungen. Die Furt über diesen Fluss nach Húsadalur gelingt nur mit einem Bus oder Spezialfahrzeug (also nicht mit einem guten Jeep!), aber wir würden das selbst damit nicht riskieren. Denn die Krossá reißt manchmal selbst schwere Hochlandbusse einfach mit sich, als wären es Spielzeugautos. Im Netz kursieren davon die tollsten Videos. Aber auch die „kleineren" Flüsse sind nicht ohne: Typisch für Gletscherflüsse sind sie nicht klar, sondern milchig-trübe. Hat das Fahrzeug, das zuletzt gefurtet ist, einen tiefen Graben in das Bett aus runden Steinen gegraben, ist das für den nachfolgenden Autofahrer nicht zu erkennen. So kann es passieren, dass er auf den Wall seitlich des Grabens auffährt und sich dort festfährt. Oder dass die komplette Auspuffanlage im Wasser zurückbleibt.

Abgesehen von den Furten ist die F249 eine **Strapaze für Stoßdämpfer und Reifen**. Denn hier liegen nicht nur große Steinbrocken im Weg, sondern auch spitze, scharfe Felsstücke, die mit jedem Fahrzeug, das Sand abträgt, ein Stück weiter herausschauen und scheinbar nur darauf lauern, Auto-Unterböden aufzuschlitzen.

Man braucht also nicht nur ein Auto mit Allradantrieb. Man braucht ein Auto mit Allradantrieb, mit großer Bodenfreiheit und mit genügend PS. Oder man investiert 120–170 € für die Busfahrt (hin und zurück). Das ist zwar nicht gerade günstig, kann sich aber lohnen, denn Flussdurchquerungen sind bei allen Versicherungen explizit ausgeschlossen und wenn beim Furten etwas passiert, ist das sicherlich erheblich teurer als das Busticket. Zudem kann man in Þórsmörk selbst mit einem Auto sowieso nichts anfangen, weil es keine Straßen oder Pisten gibt, sondern nur Wanderwege.

Busse

Nach Þórsmörk fährt man am besten mit dem Bus. Nur: Mit welchem? Das ist tatsächlich tricky, denn alle Busunternehmen nehmen unterschiedliche Routen. Das geht schon bei den Start-Haltestellen in Reykjavík los. Dann unterscheiden sich vor allem die Aufenthaltsdauern an den verschiedenen Haltestellen. Wer mit Trex von Reykjavík nach Langidalur fährt, braucht etwas weniger als 4 Std., mit Reykjavík Excursions dauert's etwas länger. Dafür gibt es einen Stopp in Húsadalur. Außerdem wird mehrmals der Fluss Krossá gefurtet, was wegen der starken Strömung jedes Mal ein Abenteuer und gerade deshalb für manche Reisende besonders reizvoll ist. Wem der Nervenkitzel zu groß ist, der bucht besser die sicherere Fahrt ohne Stopp in Húsadalur, z. B. mit Trex. Kurz: Es lohnt sich, vor jeder Buchung die Internetseiten der Betreiber genau zu studieren.

Für die **Preise** gilt: Wer online bucht, zahlt weniger. Wer Hin- und Rückfahrt vorausbucht, zahlt noch weniger. Mit zwei teureren Einzeltickets von verschiedenen Anbietern kann man dafür auf dem Hin- und Rückweg unterschiedliche Routen kennenlernen. Außerdem erspart es unnötige Wartezeiten. Ist die Wanderung beendet, nimmt man einfach den Bus, der als nächstes kommt. Sitzplätze werden allerdings nur Online-Buchern garantiert. Weil viele Menschen zu Fuß nach Þórsmörk kommen, sind die Busse, die (aus Þórsmörk) herausfahren, immer voller als die, die hineinfahren. Mehr auf S. 526.

Sitzbänken und Tischen ist den Hüttengästen vorbehalten. Wer nett fragt, kann aber heißes Wasser bekommen. Bei schönem Wetter kann man bis spätabends auf den Holzbänken zwischen den beiden Hütten (insges. 83 Schlafplätze) beim großen, überdachten Grill in der Sonne sitzen. Keine Einkaufsmöglichkeit. Schlafsackunterkunft 10 500 ISK, Camping 2000 ISK p. P., Dusche 500 ISK. ◷ nur im Sommer (Saison je nach Wetter).

Camping Slyppugil, Langidalur, ✆ 575 6700, 💻 www.tjalda.is/en/slyppugil. Einfache, ruhige Zeltwiese mit kleinem Servicehäuschen. Liegt wegen des steil eingeschnittenen Tals Slyppugil leider morgens und abends lange im Schatten. 2800 ISK, Dusche 500 ISK. ◷ Juli–Aug.

Skagfjörðsskáli, Langidalur, ✆ 568 2533, Aufseher ✆ 893 1191, 💻 www.fi.is/en/mountain-huts/all-mountain-huts/thorsmork-langidalur. Hübsch gelegene, einfache Hütte im Jugendherbergsstil für insgesamt 75 Leute, mit 2 passabel ausgestatteten Küchen. Zeltplatz mit Aussicht auf Eyjafjalla- und Mýrdalsjökull. Je nach Busanbieter (am besten fährt man hierhin mit Trex) wird man an der Straße abgesetzt und muss noch 500 m laufen. Schlafsackunterkunft 11 000 ISK. ◷ Mai–Okt.

Volcano Huts und Camping, Húsadalur, ✆ 552 8300, 💻 www.volcanohuts.com. 2 Hütten mit holzverkleideten Schlafsälen für insges. 32 Menschen. Dazu kommen 14 kleine Zimmer mit je einem Etagenbett, in dem unten 2 Pers. Platz finden. Familien oder Kleingruppen können in 8 „Budget-Cottages“ zu fünft schlafen (mit Kochnische, aber ohne WC, Dusche und Bettzeug, man muss Schlafsäcke dabei haben). Außerdem gibt es 28 m² große „Glamping Zelte“ mit der Ausstattung eines Hotelzimmers. Gemeinschaftsküche, WLAN im Hauptgebäude, Sauna im Fass. Wer sich die Fahrt durch die letzte Furt nicht traut (wirklich nur etwas für Super-Jeeps mit entsprechend erfahrenem Fahrer), kann sich für 2000 ISK p. P. abholen lassen. Schöne Zeltwiese (Womos und Wohnwagen kommen ja nicht über die Krossá). Saubere WCs, Gemeinschaftsküche ohne Geschirr. Dusche, Sauna und Hot Pot teilt man sich mit den Tagesgästen ohne Extrakosten. Etagenbett im gemischten Schlafsaal 9000 ISK (Bettwäsche und Handtücher gegen Aufpreis) Frühstück 2350 ISK, Budget-Cottage oder Glamping-Zelt um die 30 000 ISK, Camping 2800 ISK p. P. ◷ Mai–Okt. ❺

ESSEN

Lava Grill Restaurant & Bar, Húsadalur, ✆ 552 8300, 💻 www.volcanohuts.com. Frühstücks-, Mittags- und Abendbuffet – teils isländisch, teils international (Nudeln) für 2350, 2900 und 5350 ISK. Sitzplätze werden manchmal knapp, aber bei schönem Wetter kann man auf die Terrasse ausweichen. ◷ tgl. 8–23 Uhr.

AKTIVITÄTEN

Baden

Der Hot Pot in Húsadalur ist nicht besonders tief – eher ein leicht moosig-glitschiger Tümpel als ein Pot, in dem es sich aber wunderbar wohlig warm (nicht heiß!) liegen lässt. Sauna im hölzernen Fass direkt daneben. Gäste, die nicht übernachten, zahlen einen kleinen Obulus.

Wandern

Es gibt zwei konkurrierende Þórsmörk- und Goðaland-Wanderkarten im Maßstab 1:25 000 mit Beschreibungen auf den Rückseiten, die man in Húsadalur und Básar für um die 1000 ISK bekommt. Beide sind nicht 100 %-ig korrekt, aber brauchbar. Oft stimmen die Farben der Wege auch nur nicht mit den Farben der Pflöcke überein.

TRANSPORT

Auto

Wir raten zur eigenen Sicherheit zu der An- und Abreise mit einem der zahlreichen Busse, vor allem wegen der zahlreichen schwierigen und gefährlichen Furten (zu diesem Thema unbedingt den Kasten „Unterwegs nach Þórsmörk“ lesen, S. 525).

Busse

Die folgenden Gesellschaften pendeln von Mitte Juni bis Anfang September zwischen Reykjavík und Þórsmörk. Der Zustieg z. B. in Selfoss, Hella oder Hvolsvöllur sollte vorgebucht werden. Jugendliche zahlen jeweils nur den halben Preis. Je nach Dauer der Stopps an den Camps im Tal ist es u. U. schneller, woanders auszusteigen und einfach zu Fuß zum gewünschten Ziel zu laufen (von Húsadalur nach Langidalur dauert es etwa 30 Min. und von Langidalur nach Básar 45 Min.). Preise immer je Strecke.

Reykjavik Excursions, ✆ 580 5400, 💻 www.re.is. 2x tgl. ab Reykjavík (Campingplatz) um 6.30 und 14.30 Uhr über BSÍ mit Aufenthalt in Húsadalur, wo man den Bus wechselt (zwischen Húsadalur und Básar verkehrt ein Pendelbus), in 4 Std. (Húsadalur) bzw. 5 Std. (Básar) für 8999 ISK. Haltestellen in Þórsmörk: Gígjökull, Húsadalur, Stakkholtsgjá, Básar, Langidalur. Auf dem Rückweg haben Reisende Anschluss nach Skógar. Wichtig für diejenigen, die von dort zu Fuß gestartet sind.

Trex, ✆ 587 6000, 💻 www.trex.is. 2x tgl. ab Reykjavík Rathaus um 7.30 und 12.30 Uhr über Reykjavík Campingplatz in knapp 4 Std. für 12 900 ISK. Haltestellen in Básar und Langidalur (Húsadalur wird nicht angefahren).

Southcoast Adventures, ✆ 867 3535, 💻 https://southadventure.is bzw. **Volcanotrails**, ✆ 419 4000, 💻 https://volcanotrails.com/iceland/bus-tickets/thorsmork. 3x tgl. ab Hvolsvöllur, über Brú Basecamp (an der Straße 249 nördlich von Seljalandsfoss), Básar, Langidalur, Húsadalur bis zum Skógafoss und zurück nach Hvolsvöllur um 9, 12.30 und 18 Uhr für um die 7000 ISK. Besonderheit: Anders als bei den anderen Unternehmen sind hier Buchungen schon ab Anfang Mai und bis in den Oktober möglich. Dann fährt allerdings nur der 9-Uhr-Bus.

15 HIGHLIGHT

Vestmannaeyjar – Die Westmännerinseln

Nur wenige Kilometer vor Islands Südküste trotzt ein Archipel von 15 bis 18 kleinen vulkanischen Eilanden – je nachdem, was man als Insel gelten lässt – der oft windumtosten See. Und auch in der Geschichte der Westmännerinseln mangelt es nicht an turbulenten Ereignissen. Ihren Namen verdanken sie angeblich aus dem Westen kommenden irischen Sklaven: Ende des 9. Jhs. sollen diese ihren Herren, einen der ersten isländischen Siedler, erschlagen haben. Doch auch ihre Flucht auf die Inseln konnte sie nicht vor Rache schützen – und zwar von keinem Geringeren als **Ingólfur Arnarson** (s. auch S. 102), Blutsbruder des Ermordeten.

Der traditionell starke **Fischfang** reicht bis ins späte Mittelalter zurück und wurde durch den **Handel mit England**, das die Inseln Anfang des 16. Jhs. für einige Jahrzehnte unter Kontrolle brachte, noch intensiviert. 1627 bekam Heimaey, die mit über 13 km² Fläche größte Insel, unangenehmeren Besuch: Ein Überfall algerischer Piraten, die einen Großteil der damaligen Bevölkerung entführten und auf Sklavenmärkten verkauften, ging als **Türkenüberfall** in die Geschichte ein.

Und vor gerade mal einem halben Jahrhundert, am 23. Januar 1973, meldete sich ein bislang unbekannter Vulkan mit einer gewaltigen **Eruption** zu Wort, mit der niemand gerechnet hatte. Und nach der nichts mehr war wie zuvor. Nach dem fünfeinhalb Monate dauernden Ausbruch des **Eldfell** waren 400 Häuser zerstört, fast die gesamten 5000 Einwohner von **Heimaey**, der einzigen bewohnten Insel, aufs Festland evakuiert und die Insel um 2 km² Fläche „gewachsen". Es lohnt sich, vom Hafen aus nach Osten aufzusteigen, ins Nýja Hraun, ins Gebiet der neuen Lava. Denn erst hier wird das Ausmaß der Katastrophe deutlich.

Und das große Glück im Unglück: Wäre die Lava in den Hafen geflossen, hätte sie ihn vermutlich komplett zerstört und Heimaey von der Außenwelt abgeschnitten. Die Einwohner, die vom Fischfang lebten, hätten ihre Existenzgrundlage verloren. Doch gelang es einigen mutigen Männern, den Strom aufzuhalten, indem sie gewaltige Mengen an Seewasser in die Lava pumpten. Es konnten weiterhin Boote mit Hilfsgütern und freiwilligen Helfern anlegen. Bald kehrten die ersten Bewohner zurück, begannen mit den Aufräumarbeiten und dem Wiederaufbau ihrer Häuser.

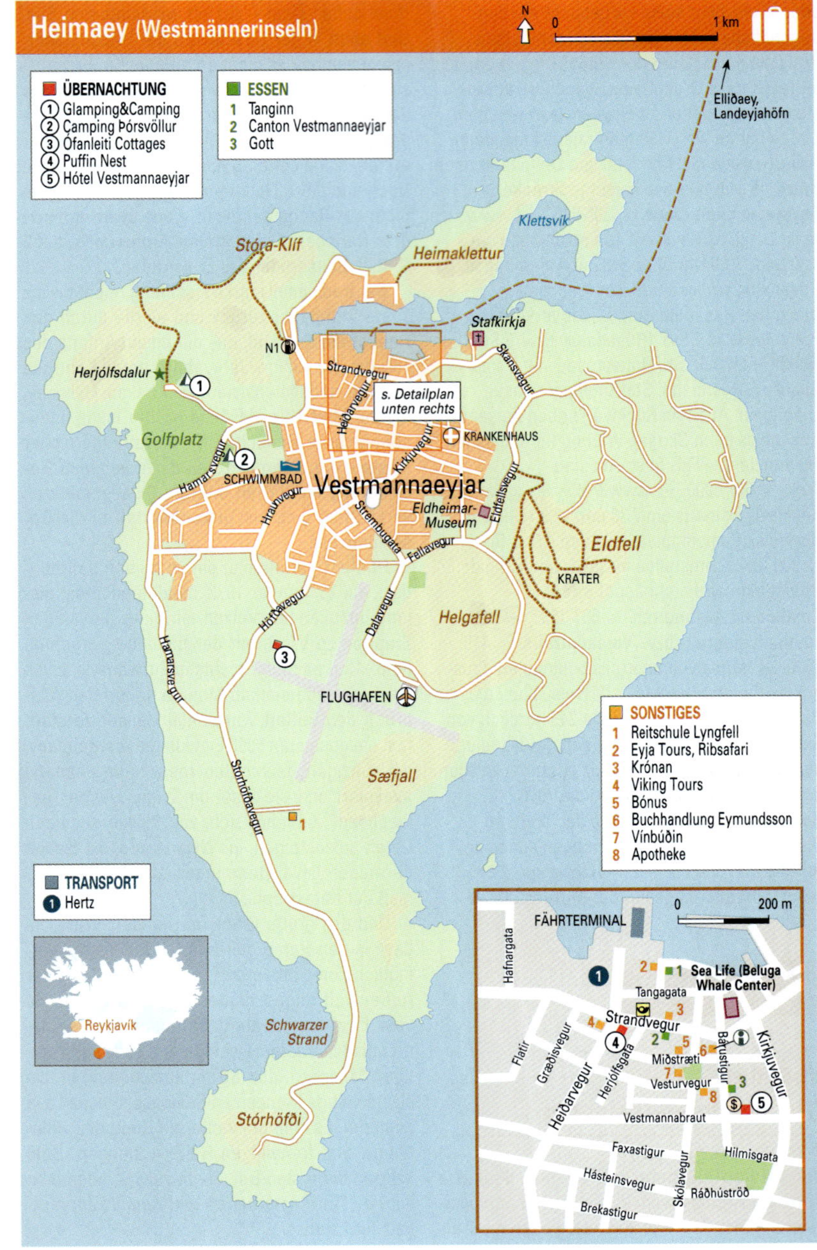

Heimaey (Westmännerinseln)
N
0
1 km
ÜBERNACHTUNG
1 Glamping&Camping
2 Camping Þórsvöllur
3 Ofanleiti Cottages
4 Puffin Nest
5 Hótel Vestmannaeyjar
ESSEN
1 Tanginn
2 Canton Vestmannaeyjar
3 Gott
Elliðaey, Landeyjahöfn
Klettsvík
Stóra-Klif
Heimaklettur
Stafkirkja
N1
Herjólfsdalur
Strandvegur
Skansvegur
s. Detailplan unten rechts
Heiðarvegur
Kirkjuvegur
KRANKENHAUS
Golfplatz
Hamarsvegur
SCHWIMMBAD
Vestmannaeyjar
Hraunvegur
Strembugata
Eldheimar-Museum
Eldfellsvegur
Eldfell
Fellavegur
KRATER
Höfðavegur
Dalavegur
Helgafell
Hamarsvegur
FLUGHAFEN
SONSTIGES
1 Reitschule Lyngfell
2 Eyja Tours, Ribsafari
3 Krónan
4 Viking Tours
5 Bónus
6 Buchhandlung Eymundsson
7 Vínbúðin
8 Apotheke
Sæfjall
Stórhöfðavegur
TRANSPORT
1 Hertz
Reykjavík
Schwarzer Strand
Stórhöfði
FÄHRTERMINAL
0
200 m
Hafnargata
Sea Life (Beluga Whale Center)
Tangagata
Strandvegur
Flatir
Græðisvegur
Heiðarvegur
Herjólfsgata
Miðstræti
Bárustígur
Kirkjuvegur
Vesturvegur
Vestmannabraut
Faxastígur
Hilmisgata
Hásteinsvegur
Skólavegur
Ráðhúströð
Brekastígur

© CAROLINE MICHEL

Beinahe hätte die Lava des Eldfell 1973 den Zugang zum Hafen von Heimaey blockiert.

All dies verdeutlicht, dass sich die rund 4000 Einwohner nicht so leicht unterkriegen lassen. Wie in früheren Zeiten leben viele Menschen vom Fischfang; Heimaey zählt zu Islands bedeutendsten **Zentren des Fischexports**. Neuerdings spielt auch der **Tourismus** eine bedeutende Rolle. Im Sommer ist es fast schon wie ein Spuk: Mit der ersten Fähre strömen die Tagesausflügler auf die Insel, stürmen die zahlreichen Restaurants und Cafés und pilgern im Gänsemarsch auf den Vulkan Eldfell oder lassen sich mit Bussen bis fast nach oben karren.

Doch schon nachmittags kehrt Ruhe ein, und nicht selten hat man dann den ganzen Ort für sich alleine. Das Freizeitangebot ist groß, man kann Reiten, Wandern, Golfen und in die Museen oder ins Schwimmbad gehen. Beliebt sind auch die Boots- und Bustouren zu den entlegeneren Brutplätzen der Papageitaucher oder zur einsamen Insel **Elliðaey**, die man auch von der Fähre aus bestaunen kann – und sich alle am Kopf kratzen, wenn sie das einsame Haus dort sehen. Wie in aller Welt kann man da hin kommen (als Tourist gar nicht) und wer hat das wohl gebaut und warum? Legenden und Geschichten dazu sind zahlreich und teilweise abstrus, wie beispielsweise die, das Haus sei als Geschenk des Landes für Sängerin Björk errichtet worden, aber wer weiß …? Ebenso erzählt man immer wieder von fünf Fischer- und Vogeljägerfamilien, die dort einst gelebt haben sollen. Allerdings sagen die einen, „einst“ sei vor 300 Jahren gewesen, während andere „in den 1930er-Jahren“ für wahrscheinlich halten. „Irgendwas mit 30 oder 300 oder irgendwas dazwischen eben“, aha. Unumstritten ist hingegen, dass es hier von Papageitauchern und anderen Seevögeln nur so wimmelt, weshalb das „einsamste Haus der Welt“ heute dem örtlichen Jagd- und Fischereiverband gehört, der es womöglich auch im Jahr 1953 als Materiallager und Unterschlupf gebaut hat – aber das ist eine der langweiligeren Theorien.

Während und nach dem großen Festival am ersten Augustwochenende ist übrigens vom Heimaey-Besuch abzuraten, denn dann geht es so rau zu, dass Nicht-Isländer am besten die Flucht ergreifen (s. Feste S. 535).

Stadt Vestmannaeyjar (Heimaey)

Im **Eldheimar-Museum**, ✆ 488 2700, 💻 www.eldheimar.is, wurden halb eingestürzte und von Tephra begrabene Häuser in die Hülle eines modernen Besucherzentrums verpackt. Der Kontrast könnte kaum größer sein und verstärkt die Aussagekraft des aus der Not geborenen Projekts, das auch als „Pompeji des Nordens" bezeichnet wird.

Als 2011, also fast 40 Jahre nach dem Ausbruch, der Ostteil des Ortes immer noch friedhofsgleich vor sich hin moderte, beschloss man, hier alles zu Ausstellungszwecken zu konservieren und baute das Vulkanmuseum um das ehemalige Haus Gerðisbraut 10 herum. Hier werden auch Filme vom Ausbruch, dem Wiederaufbau und der Entstehung Surtseys gezeigt. Es gibt viel zum Anfassen, Drehen und Anklicken und Leuchten lassen, außerdem einen sehr informativen Audioguide, der aber leider oft nicht weiß, an welcher Station der Besucher gerade steht. 🕒 im Sommer tgl. 11–17 Uhr, Eintritt 2900 ISK, Kinder (10–18 J.) 1500 ISK.

Das **Herjólfsdalur** wird von spektakulären steilen Hängen umrahmt, an denen sich zahlreiche Papageitaucher tummeln. Das Tal ist nach dem angeblich ersten Siedler Herjólfur Bárðarson (um 900 n. Chr.) benannt. Vermutlich sind die Ruinen, die hier stehen, aber noch wesentlich älter. In jedem Fall ein schöner Picknickplatz – wenn nicht gerade das Festival war und alles Gras niedergetrampelt ist. Wer tiefer in die Welt Herjólfurs eintauchen will, besucht die **Herjólfstown**-Ausstellung rund um ihn, seine Frau Freya und den Rest der Familie in einem eigens dafür hergerichteten Grassoden-Doppelhaus. 🕒 tgl. 11–17 Uhr, Eintritt 1500 ISK, Kinder (5–12 J.) 1000 ISK.

Die **Stafkirkja** in Hafennähe ist der Nachbau einer norwegischen Stabkirche aus dem 12. Jh., die im Jahr 2000 von Norwegen zum Gedenken an den tausendsten Jahrestag der Konvertierung zum Christentum gestiftet wurde. Einsam an der Hafeneinfahrt gelegen, gibt sie ein tolles Fotomotiv ab.

Wanderungen auf Heimaey

Über die Insel führen zahlreiche Wanderwege, die zudem meist mit fantastischen Aussichten aufwarten. Die folgenden und weitere Routen werden auch auf 💻 www.vestmannaeyjar.is/en/hiking beschrieben.

Der imposante Vulkan Eldfell fällt bereits bei der Hafeneinfahrt in die geschützte Bucht auf. Schwer vorstellbar, dass der Berg, der den Ort dominiert, Anfang der 1970er-Jahre noch gar nicht da war. Erst der berüchtigte Vulkanausbruch von 1973 (S. 527) ließ die rund 200 m hohe

Little White, Little Grey, Papageitaucher und mehr

Ein wenig schräg ist es schon: Island beherbergt gerettete Wale aus einem Vergnügungspark in Shanghai und betreibt selbst noch Walfang (wenn auch in geringem Umfang). Die beiden Weißwale **Little Grey** und **Little White** jedenfalls hatten Glück: Für sie wurde in der Bucht Klettsvík das **Sea Life (Beluga Whale Sanctuary)**, Ægisgata, 💻 https://belugasanctuary.sealifetrust.org/en, ein großer Schutzraum mit Käfig, geschaffen, wo sie vom Boot aus bewundert werden können (falls sie nicht doch eingesperrt sind, was leider oft der Fall ist).

In Klettsvík fand schon Orca Keiko, der Star aus *Free Willy* in den Jahren 1998–2002 ein Zuhause, bevor er in die Freiheit entlassen wurde. Leider war die Auswilderungs-Aktion nur mittelmäßig erfolgreich, denn Keiko starb kurz darauf, im Dezember 2003 in Norwegen an einer Lungenentzündung. Lesetipp zur Rettungsaktion: 💻 www.spiegel.de/einestages/free-willy-killerwal-keiko-tod-eines-tierischen-filmstars-2003-a-951328.html.

Besuchermagneten sind auch die verletzten oder unterernährten **Baby-Papageitaucher** *(pufflings)*, die hier im Puffin Rescue Centre aufgepäppelt und später frei gelassen werden (s. auch Kasten „Papageitaucher-Starthilfe"). **Aquarien** zeigen einige Arten der heimischen Meeresfauna.

Eine zweistündige Tour, bestehend aus Museumsbesuch und 30-minütiger Bootsfahrt mit Ribsafari (s. Tourveranstalter) kostet 17 900 ISK p. P., ohne Bootsfahrt 3325 ISK. 🕒 tgl. 10–17 Uhr.

Erhebung entstehen. Noch heute ist die Eruption gegenwärtig. Jeder, der den schmalen, markierten Fußweg auf den rot-braunen Berg emporsteigt (Start am südöstlichen Ortsrand, etwa 1 Std.), sollte mal die Hand auf den Boden legen. Der ist nämlich immer noch warm. Autofahrer können über den Eldfellsvegur und eine Zufahrtsstraße noch ein Stück nach oben fahren. Das letzte Wegstück aber gehen alle zu Fuß. Ein schöner Spaziergang führt an der Ostseite am Krater vorbei und dann an die Küste. Hier kann man in Richtung Südwesten weiterlaufen, z. B. bis zum 2 km entfernten, 179 m hohen Sæfjall am Flughafen.

Der relativ kurze, aber steile Aufstieg auf den nördlichen **Heimaklettur** (279 m) dagegen hat es in sich (hin und zurück knapp 1 1/2 Std.). Es sind zwar Leitern aufgestellt und Holzstufen in den Hang eingelassen, doch bleibt eine Stelle, an der man sich an einer Kette über blanken Felsen hochziehen muss. Das Problem hier ist nicht, dass dies viel Können erfordert, sondern dass es ganz schön tief runter geht. Definitiv nur etwas für garantiert schwindelfreie Menschen!

Auch die westliche Nachbarklippe **Stóra-Klíf** hat einige Seile und Ketten zu bieten. Hier beginnt der klar erkennbare Wanderweg hinter der Tankstelle am Hlíðarvegur. Mit jedem zurückgelegten Höhenmeter wird die Aussicht auf Ort und Hafen besser, und schließlich kann man auch einen Blick auf die andere Seite der Klippe erhaschen und im Westen aufs offene Meer schauen. Die Kletterstelle befindet sich jetzt noch ca. 500 m entfernt im Nordosten (bis dorthin braucht man je nach Mut und Kondition knapp eine Stunde). In Richtung Westen lässt es sich gefahrloser wandern, wenn auch so hoch über dem Wasser, dass man trotzdem schwindelfrei sein sollte. Nach etwa 1 km kann man einfach weglos zum Campingplatz im Herjólfsdalur bergab laufen. Als Rundweg ist diese Tour in gut drei Stunden machbar.

Surtsey

Europas jüngste Vulkaninsel wurde 1963 „geboren". Die Wehen dauerten vier Jahre lang, und als die Eruption schließlich abebbte, war ca. 20 km südwestlich von Heimaey mitten im offenen Meer nicht nur die zweitgrößte der Westmännerinseln, sondern auch ein Forscherparadies entstanden. Wie entsteht Leben auf einer neugeborenen Insel? Die zaghaften Besiedlungsversuche von mutigen Pflänzchen und Moosen sollen schon 1967 nachgewiesen worden sein.

Surtsey ist heute komplett bewachsen und nach saisonalen Besuchern (Vögel, Robben und Insekten) wurden nun auch erste Dauerbewohner gesichtet: Milben, Käfer, Regenwürmer und Spinnen, aber auch zwei neue Arten, die 2019 das erste Mal registriert wurden: Eine Käfer- und eine Weberknechtart. Vor allem die Weberknechte geben den Forschern Rätsel auf. Sind sie, obwohl sie nicht weit fliegen können, irgendwie vom Festland dorthin gelangt, oder wird man gerade Zeuge der Evolution? Surtsey steht auf der Unesco-Weltkulturerbe-Liste und darf nur mit einer Ausnahmegenehmigung betreten werden.

Man schaue und staune: Þrídrangar

Ein Leuchtturm auf einer Klippe – ohne einen Weg nach oben. Rechts und links geht es viele Meter in die Tiefe. „Wo ist dieses Bild entstanden?", fragt sich so mancher Islandfan. Die drei **Klippen** (Þrídrangar) mit dem Leuchtturm Þrídrangaviti von 1939 ragen nordwestlich der Westmänner-Inseln aus dem offenen Meer. Wer es sich leisten kann, bucht eine private Tour mit dem Hubschrauber (z. B. bei der Firma Norðurflug in Reykjavík, 💻 www.helicopter.is, oder im Hótel Rangá bei Hvolsvöllur, Kosten ab 100 000 ISK). Alle anderen bewundern die Fotos im Internet. Þrídrangar hat sogar eine eigene Facebook-Seite. Und wer genau hinschaut, sieht eigentlich nicht drei, sondern vier Felsentürme: Stóridrangur, Þúfudrangur, Klofadrangur und ein Drangur ohne Namen.

ÜBERNACHTUNG

Im Ort finden sich zahlreiche Unterkünfte aller Preisklassen:

Camping Þórsvöllur, Hamarsvegur, gegenüber vom Golfplatz, 💻 https://tjalda.is/en/thorsvollur/. Der Platz ist ebener und zentraler, näher am Schwimmbad und mit 2 Duschen

Papageitaucher-Starthilfe

© FOTOLIA / FORCDAN

Heimaey hat mit 4 Mio. Vögeln und 1 Mio. Nestern das **größte Papageitaucher-Aufkommen Europas.** Die bunten Vögel brüten in den Klippen rund um den Hafen und am südlichen Ende der Insel in Stórhöfði. Gerade die Nähe zum Ort wird für die kleinen, gerade flügge gewordenen Küken aber oft zum Problem. Sie fliegen dem Licht entgegen und landen orientierungslos mitten auf den Straßen. Weil aber selbst erwachsene Papageitaucher keine begnadeten Flieger sind, schaffen es die Küken nicht, sich aus eigener Kraft wieder in die Lüfte zu erheben. Viele werden von den Kindern aufgeklaubt und in Pappkartons verstaut, in denen sie die Nacht verbringen. Am nächsten Morgen geht's dann mit

ausgestattet, aber nicht so spektakulär wie der Platz im Herjólfsdalur (s. u.). Ab 12 J. 2200 ISK. ⌚ im Sommer.

Glamping&Camping, Herjólfsdalur, ✆ 846 9111, 💻 www.glampingandcamping.is. Die Campingtonnen und kleinen Gartenhäuschen in dem schönen Tal sind alle beheizt, liebevoll eingerichtet und dekoriert, und die größeren haben sogar Kühlschränke. Großer Aufenthaltsraum mit Kochgelegenheit. Wenn der Platz mit der gepflegten, hügeligen Campingwiese ausgebucht ist, bilden sich schon mal Schlangen vor den 4 Duschen, aber das tut der Romantik keinen Abbruch. Gartenhäuschen oder Campingtonnen um die 12 000 ISK, Camping ab 12 J. 1700 ISK. ⌚ Mai–Ende Sep.

Hótel Vestmannaeyjar, Vestmannabraut 28, ✆ 481 2900, 💻 www.hotelvestmannaeyjar.is. Mit 3 Sternen das erste Hotel am Platz. Auch schickes Restaurant, Bar und Wellness-Bereich mit Sauna und Whirlpools. ❻–❼

Ófanleiti Cottages, Ófanleitisvegur 2, ✆ 694 2288, 💻 www.ofanleiti.is. Entzückende Mini-Häuschen am südlichen Ortsausgang. Etwas ab vom Schuss (der Weg zu Fuß von der Fähre zieht sich), aber dafür mit toller Aussicht in Richtung Herjólfsdalur. Die grüne Hütte ist etwas älter als die rote und die blaue, aber innen genauso liebevoll ausgestattet. ❹

€ **Puffin Nest**, Herjolfsgata 4, ✆ 659 3400, 💻 https://guesthousehamar.is. In Hafennähe gelegenes Kapsel-Hostel mit gut

der kostbaren Fracht zu den Klippen, und die Küken werden so weit wie möglich in Richtung Meer geworfen. In der Hoffnung, dass sie diesmal brav an den Klippen bleiben, bis sie mitsamt ihrer großen Verwandtschaft Anfang September wieder abreisen. Aber: Wie genau fängt man ein Lundi-Junges? *Unsere Autorin Caroline Michel berichtet:*

Heimaey, am 2. September 2018. Gemeinsam mit unserer Gastautorin Petra Feucht sitze ich im netten Gästehaus Ófanleiti bei Nudeln und Tomatensoße. Wir sind aufgeregt, denn unsere Vermieterin hat uns erzählt, sie würde am Abend mit ihrer Tochter zum Hafen fahren, um Baby-Papageitaucher aufzusammeln. Wir dachten bisher, das wäre immer im August. Während wir auf das Einsetzen der Dunkelheit warten, beginnt es zu schütten. „Fliegen die auch bei Regen?" und „Um wieviel Uhr macht man sich am besten auf den Weg?" sind die Fragen, die uns beschäftigen. Um 21 Uhr fahren wir los. Der Ort ist wie ausgestorben, niemand ist bei diesem Mistwetter auf der Straße. Wir fahren geradewegs zum Hafen, biegen langsam und vorsichtig um die Kurve. „Da sitzt einer!" Warnblinkanlage an, Straße mit dem Auto so sichern, damit keiner mehr vorbei kann. Aber: Es ist gar nicht so einfach, das tapsige kleine Kerlchen einzufangen. Schließlich sitzt es unter unserem Auto. Ein weiterer Wagen kommt von der anderen Seite, ein kleiner Junge steigt aus und treibt den Baby-Lundi direkt in Petras Arme. Sie strahlt wie ein Honigkuchenpferd. Dann ein unerwartet kräftiger Biss in den Finger – Handschuhe wären gut gewesen! Was tun mit dem Kleinen? Wir folgen dem Jungen zum Auto, wo uns die erstaunte Mutter fragt: „Habt ihr etwa keinen Karton"? Haben wir nicht. Aber sie hat einen im Auto, in dem schon ein weiteres Küken hockt. Unserer wird einfach dazugesteckt.
Am nächsten Morgen wollen wir es im Aquarium (damals noch mitten im Ort und damals noch Papageitaucher-Auffangstation) besuchen. Wir erfahren: Allein in der letzten Nacht wurden dort 182 Puffins abgeliefert, letztes Jahr insgesamt über 3000. Auf dem Weg Richtung Fähre kommt uns ein junges israelisches Paar entgegen, das wir später an Deck wiedertreffen. Sie haben einen Pappkarton dabei. Ist da etwa … einer drin? Jaaa, sagen sie. Ihr Findelkind sei gesund und stark, wurde ihnen im Aquarium gesagt. Und sie sollten ihn einfach Richtung Osten von der Fähre werfen, wenn diese an der Hafenausfahrt angekommen sei. Echt jetzt? Ja. Vor laufender Handykamera holt der junge Mann das Tier aus dem Karton und wirft es über Bord. Wie ein Stein fällt es Richtung Wasser. Dann plötzlich – flappflapp – fängt es sich und fliegt zu den rettenden Felsen. So macht man das in Island!

ausgestatteter Küche und Gemeinschaftsbereich. Wer keine Angst hat, in einer Art Waschmaschine zu nächtigen, schläft hier gut und günstig (50 € p. P. und Nacht).

ESSEN

Canton Vestmannaeyjar, Strandvegur 49, ✆ 481 1930, 💻 www.fb.com/cantonvestmannaeyjar. Ausgefallene chinesisch-isländische Gerichte, aber auch Fish & Chips in angenehmer Atmosphäre. Am Wochenende Kjúklingabitar (Hühnchen vom Grill), manchmal „2 für 1"-Angebote. 🕒 tgl. 11.30–20.30 Uhr.

Gott, Bárustígur 11, ✆ 481 3060, 💻 www.gott.is. Bescheiden ist man hier nicht, denn *gott* heißt gut. Aber das lassen wir durchgehen, denn sowohl die Fischgerichte als auch die Wraps mit Süßkartoffeln sind prima. Bücher mit den Rezepten können auch erworben werden (auf Deutsch: *Das gesunde Familienkochbuch*). Auch Veganer und Süßschnäbel gehen bei Starkoch Sigurður und seiner Gattin Berglind nicht leer aus. 🕒 tgl. 11.30–14 und 17–20.30 Uhr.

Tanginn, Básaskersbryggja 8, ✆ 414 4420, 💻 www.tanginn.is. Helles, rustikales Restaurant mit Hafenblick (breite Fensterfront) und superleckerem und auch noch günstigem Salatbuffet. Ansonsten wird ein bunter Mix zwischen Fish&Chips, Burgern, Krabben-indisch und leider immer noch Walsteak aufgetischt. 🕒 tgl. 11.30–21, Fr/Sa bis 1 Uhr.

AKTIVITÄTEN UND TOUREN

Reiten

Lyngfell, Stórhöfðavegur, ✆ 898 1809, 💻 www.fb.com/lyngfell. Palli und Ása haben eine Reitschule im Süden der Insel und bieten auf Anfrage Ausritte unterschiedlicher Länge, u. a. auch zu einem abgelegenen kleinen schwarzen Strand.

Schwimmen

Schwimmbad, Brimhólabraut, ✆ 488 2400. Mit Innen- und Außenbecken, verschieden großen Pots und einer Riesen-Rutsche, auf der drei Kinder nebeneinander ins Wasser platschen können. 🕒 Mo–Fr 6.30–21, Sa und So 9–17 Uhr.

Tourveranstalter

Eyja Tours, Básaskersbryggja, ✆ 852 6939, 💻 www.eyjatours.is. Abenteuer-Touren mit dem Kleinbus (2 Std. 9500 ISK). Witzige Guides. 🕒 Mitte April–Mitte Sep.
Ribsafari, Básaskersbryggja, ✆ 661 1810, 💻 www.ribsafari.is. Speedboat-Touren rund um die Insel und Elliðaey (1 Std. 15 900 ISK, 2 Std. 23 900 ISK), auf Anfrage auch bis nach Surtsey (natürlich ohne Landgang). 🕒 nur im Sommer.

Viking Tours, Strandvegur 65, ✆ 488 4884 und 896 8986, 💻 www.vikingtours.is. „In 1 1/2 Stunden einmal rund um die Insel" hört sich wenig spektakulär an. Ist es aber. Denn vom Boot aus kommt man näher an die Vogelfelsen als auf dem Landweg. Der Höhepunkt der Tour ist die Fahrt in eine Höhle mit besonderer Akustik. Hier wird auf mitgebrachten Instrumenten gespielt, und wer Glück hat, erlebt den Besitzer selbst, einen begnadeten Saxofonspieler (1 1/2 Std., 10 900 ISK p. P.). Auch andere Touren im Angebot.

SONSTIGES

Autovermietungen

Hertz, ✆ 522 4400, 💻 www.hertz.is, hat Abholstationen am Flug- und am Fährhafen, **Bílaleigar Akureyrar/Europcar**, ✆ 840 5072, 💻 www.holdur.is, nur am Flughafen.

Einkaufen

Bónus, Miðstræti 20. 🕒 Mo–Do 11–18.30, Fr 10–19.30, Sa 10–18, So 12–18 Uhr.
Eymundsson Buchhandlung, Bárustígur 2. 🕒 Mo–Fr 9–18, Sa 10–16, So 13–16 Uhr.

Auf der Stóra-Klif-Wanderung locken wunderbare Aussichtspunkte.

© DIRK KRÜGER

DER SÜDEN

Krónan, Strandvegur 48. ⌚ Mo–Fr 9–20, Sa und So 10–19 Uhr.
Vínbúðin, Vesturvegur 10. ⌚ Mo–Do 11–18, Fr 11–19, Sa 11–16 Uhr.

Feste

Þjóðhátíð, am langen Wochenende vor dem ersten August-Montag: Das berühmt-berüchtigte Festival lockt Inselbewohner, aber auch jede Menge Partywütige vom Festland ins Herjólfsdalur. Es gibt Konzerte, vor allem aber ein viertägiges Riesen-Besäufnis.

Informationen

In der **Eymundsson Buchhandlung** (s. o.), außerdem auf 💻 www.visitvestmannaeyjar.is und 💻 www.vestmannaeyjar.is.

Taxi

Eyjataxi, ✆ 698 2038.

TRANSPORT

Fähre

Die Fähre **Herjólfur** fährt zu 100 % elektrisch. Die Fahrt nach Heimaey dauert von Landeyjahöfn aus nur 30 Min., doch wenn z. B. wegen schlechten Wetters oder wegen eines mal wieder versandeten Hafenbeckens der Ausweichhafen in Þorlákshöfn angefahren wird, verlängert sich die Fahrt auf mind. 2 3/4 Std. Die See ist hier rau, und nicht selten liegen die Passagiere flach auf dem Boden, denn das ist das erfolgversprechendste Mittel gegen Seekrankheit. Fußgänger müssen normalerweise nicht vorbuchen, doch wer sein Auto mitnehmen will, sollte reservieren. Und immer die aktuellen Abfahrtszeiten und -orte unter 💻 www.herjolfur.is checken, denn hier ändert sich relativ häufig etwas.
HEIMAEY, im Sommer Abfahrt von Landeyjahöfn tgl. um 8.15, 10.45, 13.15, 15.45, 18.15, 20.45 und 23.15 Uhr. Im Winter tgl. um 9.45, 12.45, 19.45, außerdem Fr und So um 17.10 und Mo, Di und Fr–So um 21.30 Uhr.
LANDEYJAHÖFN, im Sommer Abfahrt von Heimaey tgl. um 7, 9.30, 12, 14.30, 17, 19.30 und 22 Uhr. Im Winter tgl. um 8, 11, 15.30, außerdem Fr und So um 18.45 und Mo, Di und Fr–So um 21 Uhr.
Die einfache Überfahrt kostet 2400 ISK, Kinder (12–15 J.) 1200 ISK, Fahrzeuge und Wohnwagen 3600–9600 ISK, Fahrrad 360 ISK.
Das **Herjólfur Büro** auf den Westmännerinseln ist in der Básaskersbryggja (am Anleger), ✆ 481 2800, 💻 https://herjolfur.is.
Strætó (Linie 52) fährt 2x tgl. nach Ankunft der Fähre über die Ringstraße nach REYKJAVÍK, in 2 1/4 Std. für 4600 ISK (10 Zonen). Auch die Abfahrten ab Reykjavík sind auf den Fahrplan abgestimmt. Wenn Herjólfur ab Þorlákshöfn fährt, endet Linie 52 in Hvolsvöllur. Stattdessen gibt es einen Extra-Bus (mit „Herjólfur" gekennzeichnet).

Flüge

Der **Flughafen** befindet sich gleich südlich des Ortes. Es kommt oft vor, dass Flüge nach/von Vestmannaeyjar wegen schlechter Sicht (Nebel, Regen) kurzfristig verschoben werden (von ein paar Minuten bis hin zu vielen Stunden) oder ganz ausfallen.
REYKJAVÍK, mit **Eagle Air**, Flughafen Vestmannaeyjar, ✆ 481 3300, 💻 www.eagleair.is, Di und Fr in 25 Min., für 100–150 €.

Hvolsvöllur und Umgebung

Hvolsvöllur ist zwar keine besonders attraktive Stadt, kann aber mit zwei hervorragenden Ausstellungen aufwarten: Sowohl das Lava- als auch das Sagazentrum (s. Kasten) erzählen spannende Geschichten.

Lava Centre

„Hoffentlich bricht während unserer Ferien ein Vulkan aus!", tönt so mancher Islandreisende. Nach dem Besuch des Lavazentrums, ✆ 415 5200, 💻 www.lavacentre.is, Europas größter Ausstellung über Vulkane und Erdbeben, wird er sich das ganz bestimmt nicht mehr wünschen. Im **Erdbebenkorridor** können Besucher nämlich hautnah miterleben, wie es sich anfühlt, wenn die Erde bebt, und in der **Magmakammer** können sie sich ein Bild von den ungeheuerlichen Kräften machen, die ein Ausbruch freisetzt. Damit sollten die oft gestellten Fragen „Wie fühlt es sich an, wenn ein Vulkan ausbricht?" und

Auf den Spuren der Islandsagas – „Knechte erschlagen Knechte"

Sigurður Hróarsson sieht schon so aus, wie man sich einen echten Wikinger vorstellt: Der großgewachsene Gründer des **Saga Centre**, Hlíðarvegur 14, ✆ 487 8781, 💻 www.followthevikings.com/visit/saga-centre-hvolsvollur, erzählt – während er sich immer wieder theatralisch durch die wild in alle Richtung abstehenden Locken fährt – begeistert von dem, was schon seit Jahren die Ausstellungen des Zentrums ebenso wie sein Leben bestimmt: von uralten Familienclans, von bitteren Feindschaften, von abscheulichen Kriegslisten und blutigen Schlachten, von heimtückischen Gatten- und Vatermorden, aber auch von Liebe, Inzest und Ehebruch.

Zwei echte Kerle

Sigurðurs allerliebste Geschichten drehen sich um den weisen Rechtsgelehrten Njáll und seinen Freund, den tapferen Kämpfer Gunnar. Hier, in der Nähe von Hvolsvöllur, lebten die beiden Protagonisten der weltberühmten **Njáls Saga**. „Ständig haben sie sich besucht, bei jedem Wetter" erzählt Sigurður, als seien 38 km zu Pferde mal eben ein Katzensprung. Doch die Freundschaft der beiden wurde bald mehr als getrübt, nämlich von der unerbittlichen Feindschaft ihrer beiden Ehefrauen. Die Damen machten sich aber nicht selbst die Hände schmutzig, sondern schickten Knechte zur Farm der jeweils anderen mit dem Auftrag, dort Knechte zu ermorden. Das ging jahrelang so. Immer wenn die beiden Männer zum jährlichen Alþing (s. Kasten S. 196) geritten waren, musste mindestens ein Knecht sein Leben lassen. Aber das lässt Sigurður seltsam kalt, stattdessen schwärmt er: „Gunnar war ein großgewachsener und starker Mann, er schoss mit dem Bogen wie kein anderer. Er traf alles, worauf er zielte, und in voller Kampfausrüstung sprang er höher, als er groß war, ebenso weit rückwärts wie vorwärts".

Seine Rauflust brachte Gunnar irgendwann in ernste Schwierigkeiten, erfährt man in der Ausstellung. Gunnar wurde per Thingbeschluss ins Exil geschickt, doch nachdem er von Hlíðarendi aus in Richtung Südküste losgeritten war, wurde ihm klar, wie einzigartig sein Zuhause ist. „Schön ist der Hang! Er ist mir noch nie so schön erschienen: die gelben Kornfelder und die gemähten Wiesen. Ich reite nach Hause zurück und verlasse das Land nicht!" Eine für jeden Besucher sofort verständliche Entscheidung – die Aussicht von Hlíðarendi auf den Eyjafjallajökull ist atemberaubend –, für Gunnar aber fatal. Denn als es zum entscheidenden Kampf zwischen ihm und seinen Verfolgern kommt, reißt ihm eine Bogensehne. Kein Vorwärts-und-rückwärts-Springen kann jetzt mehr helfen, sondern nur eine

„Wie lebt es sich in einem Land mit 130 Vulkanen?" wahrscheinlich zufriedenstellend beantwortet sein.

Das „Warum" erklärt dann ein Blick auf den **geologischen Globus**, der Islands ganz spezielle Lage im Spiel der seismischen Kräfte zeigt. Und im **Vulkankorridor** kann man durch die geologische Geschichte Islands spazieren (s. dazu auch S. 85, Geografie).

Unterhaltsam aufbereitet wird hier erklärt, was so alles unterhalb Islands sich ständig verändernder Oberfläche passiert. Für uns das Beeindruckendste: Die riesige Mantel-Plume, die direkt aus dem Erdinneren kommt – um sich auf der Mini-Insel Island ihren Weg ins Freie zu bahnen. Nicht ganz billig, aber lohnend. Ausnahme: Kinder kommen in den dunklen Räumen schnell abhanden und gruseln sich. 🕒 tgl. 9–18 Uhr, Ausstellung und Kinofilm 4390 ISK, nur Film 1700 ISK. Teenager (12–18 J.) zahlen jeweils die Hälfte.

Fljótshlíð und die Straße 261 in Richtung Hochland

Gerade wer aufgrund eines ungeeigneten Fahrzeugs nicht ins Hochland kann, wird diesen Ausflug toll finden: Auf der bis kurz hinter dem Wasserfall Gluggafoss (manchmal auch Merkjárfoss genannt) asphaltierten und später zwar löchrigen, aber vorsichtig mit jedem Fahrzeug zu bewältigenden Straße 261 (Fljótshlíðarvegur) geht es an grünen Hügeln und zahllosen kleinen

flugs aus dem Haar seiner Gattin geflochtene neue Sehne. Und was macht seine Hallgerður? Sie erinnert Gunnar daran, dass er sie Jahre zuvor einmal im Streit geohrfeigt hatte und schickt ihn kalt lächelnd in den Tod.
Die *Íslendingasögur*, die im Mittelalter, zwischen dem 13. und 14. Jh. aufgeschrieben wurden und zu den bedeutendsten literarischen Leistungen Europas gehören, sind harter Tobak. „Trotzdem helfen sie, die isländische Mentalität zu verstehen", sagt Sigurður. „Niemand schlägt ungestraft eine isländische Frau. Damals wie heute".
„Echt jetzt? Wegen ner Ohrfeige?" wird sich manch eine/r fragen. Für diese Leute haben moderne Isländer ne Alternativ-Geschichte parat: „Was glaubt ihr: Warum haben sich Njáll und Gunnar wohl dauernd allein im Wäldchen getroffen?"

Auf den Spuren der Sagas

Vom Sagazentrum aus werden auf Anfrage Touren zu den Originalschauplätzen der Sagas angeboten. Sigurður nimmt aber auch gern einen Kugelschreiber zur Hand und zeichnet sie in mitgebrachte Wanderkarten ein. Ansonsten ist die Engländerin Emily Lethbridge, in Cambridge spezialisiert auf mittelalterliche Sagas, in einem Forschungsprojekt ein Jahr lang auf der Suche nach den Schauplätzen der Sagas herumgereist und hat aus dem Material eine interaktive Karte mit GPS-Koordinaten erstellt. Weitere Infos unter ihrem Blog 💻 www.sagasteads.blogspot.de, die Karte mit den dazugehörigen Sagas (leider bisher nur auf Isländisch) findet man unter 💻 www.sagamap.hi.is/how-to-use-the-map.

Gunnars Farm Hlíðarendi liegt 16 km östlich vom Saga Centre (Straße 261, bei Google Maps oder ins Navi eingeben: Hlíðarendakirkja, Fljótshlíðarvegur). Die kleine Kirche auf dem Hügel ist sehenswert, Hlíðarendi selbst ist heute ein ganz normaler Bauernhof.
Njáls Farm Bergþórshvoll liegt 22 km südlich vom Saga Centre, zu erreichen über die Straße 255, die 4 km südlich von Hvolsvöllur die Ringstraße Richtung Küste verlässt.
Gunnarshólmi, in dieser Ebene soll Gunnar die fatale Entscheidung zur Umkehr getroffen haben.
Gunnarstein, an der Einfahrt zur F210, aber noch mit dem normalen Auto erreichbar. Hier sollen Gunnar und seine Freunde eine Überzahl von Feinden in einem großen Kampf siegreich dahingemetzelt haben. Tatsächlich wurden jede Menge uralte menschliche Knochen gefunden.

Wasserfällen vorbei nach Osten. Vorbei an **Gunnars Farm Hlíðarendi** (s. Kasten) und dem **Gluggafoss** (3 km östlich) und immer mit dem Eyjafjallajökull im Blick, der sich jenseits des Tales erhebt. Die Straße endet nach 25 km unterhalb der Jugendherberge Fljótsdalur (s. Übernachtung), wo sie als Hochlandpiste F261 (Emstruleið, ab hier nur Jeeps) weitergeht.

In der Jugendherberge bekommt man Tipps für Wanderungen in die Umgebung, etwa auf das Bergplateau, das über dem Hostel thront oder auf den 577 m hohen Tafelvulkan **Þórólfsfell**. Der Wanderweg hierhin begann bis vor wenigen Jahren beim Hostel, aber seit eine unverzichtbare Brücke zusammengebrochen ist, folgt man der Hochlandpiste über den Fluss und ca. 1,5 km nach Osten bis zu einem Parkplatz mit Infoschild, was die Wanderzeit um 30 Minuten verlängert, auf jetzt viereinhalb Stunden. Man passiert eine verborgene geheimnisvolle Schlucht und schlägt sich dann auf Schafspfaden in Richtung Gipfel hoch. Die Sicht auf gleich drei Gletscher ist unbezahlbar, aber das Wegefinden nicht ganz ohne (wir vermuten, dass man einfach das Infoschild versetzt hat, denn dort wird tatsächlich noch die oben erwähnte, nicht mehr existente Fußgängerbrücke empfohlen).

Und Achtung: Dooferweise ist die Straße schon an der Abzweigung zur Jugendherberge als F-Straße ausgeschildert. Die Anwohner machen Witze darüber, wie viele Jahre es dauern wird, dieses Schild so zu versetzen, dass es an der richtigen Stelle steht. Früher war hier nämlich mal eine Furt. Soll heißen: Man kommt problemlos mit jedem Auto zum Parkplatz, aber streng genommen ist es für Nicht-Jeeps nach wie vor verboten.

Rund um Keldur

„Keldur 11 km" steht auf dem Straßenschild an der Ringstraße zwischen Hvolsvöllur und Hella. Nur: Wer oder was ist „Keldur"? Ein Krater? Ein Dorf? Nein. Bei Keldur handelt es sich um einen Bauernhof mit angeschlossenem Freilichtmuseum. Hier befindet sich neben einer sehenswerten kleinen Kirche ein kleines schwarzes Holzhaus mit Grassodendach. Es ist wahrscheinlich aus dem frühen 13. Jh. und damit das älteste noch stehende Haus Islands. Besucher dürfen sich auch ohne Eintritt zu zahlen auf dem Gelände aufhalten. Wer die Häuser von innen besichtigen will, bucht eine 20-minütige Führung. ◷ Juni–Aug 10–17 Uhr, Führung 2500 ISK, Kinder unter 18 J. frei.

Bei Keldur beginnt die Hochlandpiste F210 (nur für Jeeps), außerdem gibt es zwei größtenteils asphaltierte Verbindungsstraßen zur Ringstraße, die beide die Nummer 264 tragen. Eine davon trifft südlich von Hella wieder auf die Ringstraße (Verbindung Richtung Hekla über die Straße 268), die zweite nördlich von Hvolsvöllur.

ÜBERNACHTUNG

In Hvolsvöllur

Camping Hvolsvöllur, Austurvegur 4, ✆ 866 8945, 💻 https://tjalda.is/en/hvolsvollur. Ein ruhiger Platz, eingeteilt in rechteckige Areale, durch Hecken vor dem Wind geschützt. Nur 150 m von der Ringstraße entfernt, deshalb ideal für Busreisende. Ab 16 J. 2000 ISK, Duschen 450 ISK. ◷ April–Okt.

Eldstó Art Café, Austurvegur 2, ✆ 482 1011, 💻 www.eldsto.is. Weiß ist die dominante Farbe in den 5 kleinen, freundlichen DZ, aufgepeppt durch ausgefallene Accessoires und/oder Blümchenbettwäsche. Die Gäste teilen sich 2 Bäder. Man kann Essen zubereiten, aber nicht opulent kochen. Frühstück im Café. ❸

€ **Midgard Base Camp**, Dufþaksbraut 14, ✆ 578 3180, 💻 www.midgardbasecamp.is. Holzverkleidetes Camp am südlichen Ortsrand mit schicken, modernen, ausgefallenen und oft minimalistisch eingerichteten DZ. Vorhänge vor den in die Wand eingelassenen Etagenbetten ermöglichen auch in den 4er- und 6er-Schlafsälen (Bett um die 35 €) ein wenig Privatsphäre. Schöne Sauna und in Holz eingefasster Außen-Hot Pot mit Blick auf den Eyjafallajökull, Trockenraum, kleiner Laden, gemütliche Lobby. Hier lässt es sich auch an Regentagen gut aushalten. Ein großes Plus ist auch das gute Restaurant (s. u.). Frühstück 16 €. ❸–❹

Außerhalb

Karte S. 542/543

€ **Campingplatz Langbrók**, an der Straße 261 kurz vor Hlíðarendi, ✆ 863 4662, 💻 https://tjalda.is/langbrok. Campingwiese im Grünen mit windgeschützter Terrasse und gemütlichem Innenbereich mit Bar/Café. Ab 15 J. 1200 ISK. ◷ Mai–Sep.

Hótel Rangá, nahe der Ringstraße, etwa 5 km nördlich von Hvolsvöllur, ✆ 487 5700, 💻 www.hotelranga.is. In dem 4-Sterne-Hotel mit Flussblick-Gourmet-Restaurant, das seinesgleichen sucht (vergleichsweise günstige Mittagsangebote), gehen die Promis aus und ein. Das Hotel hat sogar einen eigenen kleinen Flughafen und Hubschrauberlandeplatz (private Touren möglich, um die 100 000 ISK), und auf Wunsch werden auch Hochzeiten organisiert. Dafür, dass man wirklich etwas Besonderes geboten bekommt, sind die einfachsten DZ gar nicht sooo teuer. Und wer sich mal was ganz Besonderes gönnen möchte, bucht die Panorama-Suite mit dem Islandpullover als Bettdecke und der schwarzen Steinbadewanne mitten im Zimmer. ❼–❽

Jugendherberge Fljótsdalur, Fljótshlíð, ✆ 487 8498, 💻 www.hostel.is/en/hostels/hi-fljotsdalur und 💻 www.fb.com/FljotsdalHostel/. Sehr einsam gelegene, urige Herberge in einem alten Torfhaus, 27 km östlich von Hvolsvöllur (man fährt über die oft sehr löchrige Schotterstraße 261, die ab hier zur F-Straße wird). Den eingeschränkten Komfort (die

Dusche ist z. B. im Garten) macht die Aussicht auf den Eyjafjallajökull und das breite Flussdelta wieder wett. Außerdem locken direkt hinterm Haus ein toller Wasserfall und unzählige Wandermöglichkeiten. Und bei schlechtem Wetter? Da liest man eines der gut 2000 Bücher, die im Gemeinschaftsraum zur freien Verfügung stehen oder man kocht in der gut ausgestatteten Gemeinschaftsküche. Bei insgesamt nur 15 Schlafmöglichkeiten (je 2 Viererzimmer, eines davon mit Etagenbetten, das andere wie der 7-Pers.-Schlafsaal mit einfachen, dünnen Matratzen auf dem Boden), sollte man unbedingt telefonisch reservieren, außerdem Bargeld bereithalten. Die englischen Betreiber sind nur im Hochsommer vor Ort, sonst sieht ein Bauer nach dem Rechten (seine Telefonnummer hängt aus). Buchung nur per Mail: ✉ fljotsdalur@hostel.is oder Telefon. Ab 5000 ISK p. P., Bettzeug kostet extra. 🕒 April–Okt.

Guesthouse Húsið, an der Straße 261, etwa 10 km östlich von Hvolsvöllur, ✆ 892 3817, 💻 www.guesthousehusid.com. In dem hübschen weißen Haus von 1929 übernachtet es sich stilvoller als in der Jugendherberge, bei fast ebenso schöner Aussicht. Abendessen – oft von der Mutter der Besitzer gekocht – auf Anfrage möglich. ❷–❸

ESSEN

Einfachere kulinarische Bedürfnisse bedienen der Schnellimbiss Björk an der Tankstelle in Hvolsvöllur und das Café-Restaurant im Lava Centre.

Eldstó Art Café, Austurvegur 2, ✆ 482 1011, 💻 www.eldsto.is. Gemütliche kleine Bistro-Kneipe, zentral an der Ringstraße, die Kleinigkeiten, aber auch sehr leckere Hauptspeisen auf der Karte hat. Empfehlenswert sind das *lamb stew*, die Pilzsuppe, die Gemüsequiche und die Kuchen und bei schönem Wetter sitzt man draußen. Man kann auch Töpferwaren bestaunen und kaufen. 🕒 Mo–Fr 10–22, Sa/So 12–22.30 Uhr.

Midgard Base Camp, s. Übernachtung. Auf der Speisekarte stehen Suppen, Salate und Sandwiches – aber das klingt einfacher und einfallsloser, als es ist. So ein Sandwich kann schon mal ein ganzes Steak im Brotherz haben und ist damit eine komplette Mahlzeit. Auch leckere vegane Gerichte. Leider auch nicht ganz billig. Das einzig günstige Essen hier ist der Hot Dog „mit allem" für 1000 ISK. 🕒 im Sommer ab 7 Uhr Frühstücksbuffet, warme Küche tgl. von 11.30–21 Uhr, im Winter eingeschränktes Angebot. Happy Hour an der Bar tgl. 17–19 Uhr.

Valdís Eisdiele, Austurvegur 4 (neben dem Krónan-Supermarkt), 💻 www.valdis.is. Ableger der Kult-Eisdiele aus Reykjavík mit den ausgefallenen Sorten. Kugel 800 ISK. Immer wieder einen Stopp wert. 🕒 tgl. 12–23 Uhr.

Valhalla Restaurant, im Saga Centre. Abgedunkelt und mit Holz verkleidet auf urige Scheune gemachte Wikinger-Location. Axt-Weitwurf, Craft-Beer und Spare Ribs runden das Ganze stilvoll ab. 🕒 tgl. 17–22 Uhr.

EINKAUFEN

Krónan, direkt an der Ringstraße. Vergleichsweise kleiner Supermarkt für das Nötigste. 🕒 Mo–Do 9–19, Fr bis 20, Sa/So bis 18 Uhr.

Una Local Products, Austurvegur 4, ✆ 544 5455. Verkauft wird, was die örtlichen Hausfrauen gerade angefertigt haben. Handgestrickte Pullover sind immer dabei. 🕒 Mo–Fr 9–18 Uhr, Sa und So kürzer.

Vínbúðin, Austurvegur 3. 🕒 Mo–Do 11–18, Fr bis 19, Sa bis 16 Uhr.

AKTIVITÄTEN UND TOUREN

Schwimmen

Schwimmbad, Vallarbraut, ✆ 488 4295, 💻 www.sundlauginhvolsvelli.weebly.com. Schönes Freibad mit Rutsche, Hot Pot und großem runden Flachbecken. 🕒 Mo–Fr 6–21, Sa und So 10–15 Uhr.

Touren

Midgard Adventure (im Base Camp) organisiert Touren mit dem Super-Jeep nach Wunsch. Wahlweise geht's nach Þórsmörk, an die Südküste oder zu versteckten Plätzen, an denen man garantiert keine anderen Touristen trifft (36 000 ISK p. P., Kinder 2–12 J. 25 200 ISK). Im

Sommer Wander- und Mountainbiketouren rund um den Vulkan Þríhyrningur, im Winter Schneemobiltouren.

SONSTIGES

Autoreparaturen

Vélsmiðjan Magni, Vallarbraut, ✆ 487 7777.

Informationen

Im **Lava Centre** (S. 535).

TRANSPORT

Auto

Hvolsvöllur liegt an der Ringstraße. Die reizvolle Schotterstraße 261 führt von dort aus ostwärts ins Fljótshlíð (etwa 25 km). Vom Hof Keldur (S. 538) aus kann man die Schotterstraßen 264 und 268 zur Hekla fahren (dies ist eine etwa 45 km lange Alternativroute zur asphaltierten Straße 26, die nördlich von Hella beginnt, S. 544). 60 km, für die man etwa anderthalb Stunden braucht.

Busse

Alle Busse halten an der N1-Tankstelle.

Richtung Westen
REYKJAVÍK, mit Strætó (Linien 51 und 52) 4–8x tgl., in 1 3/4 Std. für 3920 ISK.
Im Sommer auch mit Reykjavik Excursions und Trex.

Ins Hochland
Alle Busse von/nach ÞÓRSMÖRK halten auf Wunsch hier.

Richtung Osten
HÖFN, mit Strætó (Linie 51) im Sommer 2x tgl. um 10.37 und 19.07, im Winter 1x tgl. um 14.37, Sa und So um 13.07 Uhr (Sa nur bis Vík) in 5 1/2 Std. für 11 270 ISK.
Im Juli–Aug auch mit Reykjavik Excursions und Trex bis SKÓGAR.
LANDEYJAHÖFN (Fähre zu den Westmännerinseln), mit Strætó (Linie 52) in 30 Min. für 980 ISK. Verkehrt nur bis Hvolsvöllur, wenn die Fähre Herjólfur von/nach Þorlákshöfn fährt.

Rund um Hekla

6 km nordwestlich von Hella zweigt an einer Kreuzung mit Tankstelle die Asphaltstraße 26 ab, die in Richtung Nordosten zum Vulkan Hekla führt. Nach gut 60 km trifft sie auf die Straße 32, die fast parallel zur Straße 26 auf der Nordseite des Flusses Þjórsá gen Westen wieder zurück auf die Ringstraße führt. Die Fahrt über diese beiden Straßen (insgesamt 131 km) ist eine schöne Tagestour und im Sommer bei gutem Wetter auch mit einem Kleinwagen zu schaffen. Unterwegs passiert man die Wasserfälle **Þjófafoss**, **Háifoss** und **Hjálparfoss**, die Freilichtmuseen **Stöng** und **Þjóðveldisbærinn**, die Schlucht **Gjáin** und man darf ein wenig Hochland-Luft schnuppern.

Hella und Umgebung

Seit im Jahr 2014 das große Reitturnier Landsmót (s. Kasten S.355) erstmals in Hella stattfand, hat der Ort (ca. 800 Einw.) mehr Hotels, als er braucht. Denn Hella selbst ist relativ unattraktiv, bietet aber schöne Ausflugsmöglichkeiten in die nähere Umgebung.

Caves of Hella

Fast noch im Ort kann man menschengemachte Höhlen besuchen, die vielleicht sogar noch aus der Wikingerzeit stammen. Wurden sie bewohnt? Oder waren es Kultstätten, in denen die nordischen Götter angebetet wurden? Hier ist der Fantasie keine Grenze gesetzt, denn bewiesen ist gar nichts. Führungen tgl. um 10, 12, 14 und 16 Uhr für 5490 ISK p. P., buchbar im Pavillon am Ortseingang oder über 💻 www.cavesofhella.is.

Richtung Þykkvibær

Wer sich nach dem Ringstraßen-Trubel nach Ruhe und Einsamkeit sehnt, ist mit einem Abstecher auf der asphaltierten Straße 25 in Richtung Þykkvibær gut beraten. Dorthin verirrt sich nämlich kaum jemand. Schon nach ca. 2,5 km zweigt links ein Feldweg zum pittoresken Wasserfall **Ægissíðufoss** ab. Am Parkplatz steht eine Pick-

DER SÜDEN

nickbank. Bei niedrigem Wasserstand kann man runter zum Wasser klettern und die steinerne Lachstreppe am westlichen Ytri-Rangá-Ufer in Augenschein nehmen.

7 km nordwestlich von Þykkvibær endet die Straße, die hier nur noch ein löcheriges Etwas ist. Parallel zur Straße aber breitet sich eine sandige Dünenlandschaft aus. Wer sich von hier fast 3 km weglos zur Küste vorkämpft, findet einen einsamen, 14 km langen, breiten Strand, an den sich leider mitunter auch mal Quad- oder Jeepfahrer verirren.

Sagnagarður

Menschen, die sich für die Geschichte der Bodenerosion und des Vegetationsverlusts in Island interessieren, sollten sich das Besucherzentrum des **Boden- und Vegetationsschutzinstituts Sagnagarður** (Landgræðsla ríkisins/The Soil Conservation Service of Iceland) in Gunnarsholt, 2 km östlich der Kreuzung der Straßen 264 und 268, ✆ 488 3000, 💻 www.land.is, nicht entgehen lassen. Es thematisiert die Konfrontation der Bevölkerung mit den Folgen von Vulkanausbrüchen und anderen Naturgewalten und widmet sich den ersten Pionieren, die vor über 100 Jahren den Kampf gegen Erosion und Bodenzerstörung begonnen haben. Projekte, die übrigens anfänglich nicht alle Isländer gut fanden, u. a., weil sie um ihre freie Sicht fürchteten. 🕒 Mo–Fr offen für Gruppen, wer Glück hat oder anruft, darf gegen einen kleinen Obolus dazu kommen.

ÜBERNACHTUNG

Camping Gaddstaðaflatir (Campingkarte), ✆ 776 0030, 💻 https://tjalda.is/en/hella-gaddstadaflatir. Große Wiese auf dem Landsmót-Reitturnier-Gelände gegenüber des Stracta-Hotelkomplexes. Die sanitären Anlagen sind einfach, aber okay. 2200 ISK p. P. 🕒 Juni–Sep.

Hotel Stracta, Rangárflatir 4, ✆ 531 8010, 💻 www.stractahotels.is. Riesiges 4-Sterne-Hotel mit zahlreichen flachen Nebengebäuden hinter dem Haupthaus. Ein wenig unpersönlich, aber Hot Pots, Sauna und Frühstücksbuffet sind top. ❺

ESSEN

Almar Bakari, Suðurlandsvegur 1. Die Bäckerei mit kleinem Café öffnet erheblich früher als die anderen Geschäfte – und auch wenn es hier nicht besonders gemütlich ist, ist das Frühstück mit frischem Brot und ausgefallenen Teilchen (unbedingt den Hefering mit Nüssen probieren!) ein echter Renner. 🕒 Mo–Fr 7–17, Sa/So erst ab 8 Uhr.

Auðkúla Dome Cafe, ✆ 895 6066, 💻 www.audkula.is. Das Kleinod am nördlichen Ortsausgang, versteckt in einem kleinen Zauberwäldchen, ist schon von außen der Hingucker: Ein Grassoden-Iglu mit futuristischen Glasfront-Gewächshaus-Elementen. Auch innen sehr gemütlich mit Sofas und exotischen Pflanzen. Die Empfehlung kriegt das Eis. 🕒 Fr–So 10–17 Uhr.

Kanslarinn, unübersehbar mitten im Ort an der Ringstraße, ✆ 487 5100, 💻 www.kanslarinn.is. Wer keinerlei Wert auf schönes Ambiente legt, aber gut essen will, ist hier richtig. Kleine Karte mit Fisch- und Fleischgerichten. 🕒 tgl. 11.30–21.30 Uhr, im Winter 14–17.30 Uhr Mittagspause.

Restaurant Strönd, Kirkjubær, ✆ 775 0145. Kleines, aber feines Restaurant mit Blick auf den Golfplatz. Es gibt Isländisches wie Pferd, Wal, Lamm und Forelle, aber auch Burger und Fish & Chips, vor allem aber umwerfenden hausgemachten Kuchen (die Meringues mit Karamell und Eis drin sind ein Traum). Wer etwas über die traditionelle isländische Küche erfahren will, ist hier richtig, denn der sehr engagierte Betreiber Hjalti erteilt bereitwillig Auskunft. Und manchmal ist er auch Koch und Kellner zugleich. 🕒 tgl. 11–21 Uhr.

EINKAUFEN

Das große, moderne, blau verspiegelte Gebäude am Kreisverkehr bezeichnen die Einheimischen gern als ihr Shopping-Center. Hier sind auf engstem Raum Supermarkt **Kjörbúðin** (🕒 Mo–Fr 9–20, Sa 9–18, So 9–17 Uhr), Bäckerei (s. u.), Alkoholladen Vínbúðin (🕒 Mo–Do 11–18, Fr 11–19, Sa 11–16 Uhr), Apotheke (🕒 tgl. 9–17 Uhr) und Ärztezentrum (s. u.) untergebracht. Direkt

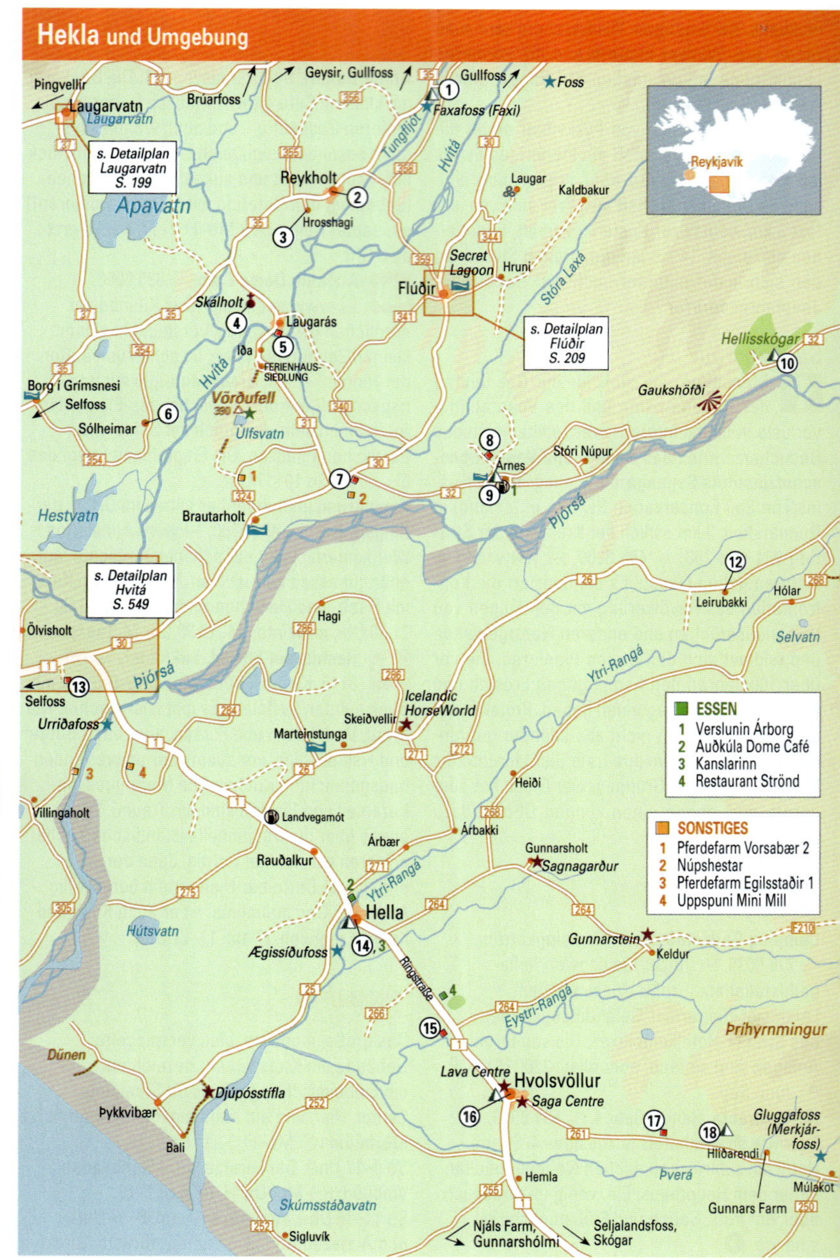
Þingvellir
Laugarvatn
Brúarfoss
Geysir, Gullfoss
Gullfoss
Foss
Faxafoss (Faxi)
s. Detailplan Laugarvatn S. 199
Apavatn
Reykholt
Hrosshagi
Tungufljót
Hvítá
Laugar
Kaldbakur
Secret Lagoon
Hruni
Flúðir
Stóra Laxá
s. Detailplan Flúðir S. 209
Skálholt
Laugarás
Iða
FERIENHAUS-SIEDLUNG
Borg í Grímsnesi
Selfoss
Sólheimar
Vörðufell
Úlfsvatn
Hellisskógar
Gaukshöfði
Stóri Núpur
Árnes
Hestvatn
Brautarholt
Þjórsá
s. Detailplan Hvítá S. 549
Ölvisholt
Hagi
Leirubakki
Hólar
Selvatn
Ytri-Rangá
Icelandic HorseWorld
Skeiðvellir
Marteinstunga
Urriðafoss
Villingaholt
Landvegamót
Heiði
Árbær
Árbakki
Rauðalkur
Gunnarsholt
Sagnagarður
Hella
Hútsvatn
Ægissíðufoss
Ringstraße
Gunnarstein
Keldur
Eystri-Rangá
Þríhyrnmingur
Dünen
Djúpósstífla
Lava Centre
Hvolsvöllur
Saga Centre
Þykkvibær
Bali
Gluggafoss (Merkjár-foss)
Hlíðarendi
Hemla
Þverá
Múlakot
Gunnars Farm
Skúmsstaðavatn
Sigluvík
Njáls Farm, Gunnarshólmi
Seljalandsfoss, Skógar
Reykjavík
ESSEN
1 Verslunin Árborg
2 Auðkúla Dome Café
3 Kanslarinn
4 Restaurant Strönd
SONSTIGES
1 Pferdefarm Vorsabær 2
2 Núpshestar
3 Pferdefarm Egilsstaðir 1
4 Uppspuni Mini Mill

daneben: die Tankstelle mit Imbiss und die Bank mit Geldautomat, auf der anderen Seite des Parkplatzes die Bushaltestelle mit Food Trucks. Der Krimskramsladen gegenüber, auf der anderen Seite vom Kreisverkehr, ist zusätzlich „Woll-Zentrum", auch mit selbstgestrickten Pullis. 🕒 offen ist, wenn das Offen-Schild vor der Tür steht.

Uppspuni Mini Mill, Lækjartún 2 (Straße 288 Richtung Kálfholt, s. Karte), 💻 www.uppspuni.is. Wollfans werden sich bei Hulda wie im Paradies fühlen. Alle Farben, alle Stärken und alles hier in der eigenen Mühle hergestellt. Und fertige Pullover usw. gibt's natürlich auch. 🕒 Mo–Do 9–16, Fr bis 17, Sa 11–14 Uhr.

AKTIVITÄTEN UND TOUREN

Schwimmbad, Útskálar 5, 📞 488 7040, 💻 www.sundlaugar.is/sundlaugar/hella/?lang=en. 🕒 25. Mai–25. Aug Mo–Fr 6.30–21, Sa und So 10–19 Uhr, 26. Aug–24. Mai Mo–Fr 6.30–21, Sa und So 10–18 Uhr.

MudShark Tours, Freyvangur 22, 📞 691 1849, 💻 www.mudshark.is. Biologe Magnús ist auf Angelausflüge spezialisiert, richtet sich aber ganz nach den Wünschen seiner Kunden: Sein Angebot reicht vom naturkundlichen Spaziergang rund um Hella (4500 ISK p. P.) bis zur Super-Jeep-Tour nach Þórsmörk (150 000 ISK pro Tour mit max. 6 Teilnehmern).

SONSTIGES

Autoreparaturen

Þrúðvangur 36a, 📞 487 5530 und 861 1662.

Medizinische Hilfe

Ärztezentrum mit Ambulanz und **Apotheke**, Suðurlandsvegur 3, 📞 432 2700, 💻 www.hsu.is.

TRANSPORT

Alle Ringstraßen- und Hochlandbusse, die in Selfoss Halt machen (S. 550), stoppen auch in Hella an der großen **Bushaltestelle** beim Einkaufszentrum (Abfahrtszeiten 30 Min. früher bzw. später).

Von Hella bis zur Hekla

Die landschaftlich reizvolle Straße 26 beginnt wenige Kilometer nordwestlich von Hella an der Ringstraße (an der Straßenkreuzung Landvégamót mit Tankstelle). Die von zwei Flüssen eingerahmte Strecke führt erst durch saftig grünes Weideland mit einer bekannten **Pferdefarm**. Später geht es durch ein großes Lavafeld, durch das sich der Fluss Þjórsá mit dem schönen Þjófafoss seinen Weg bahnt, auf den **Vulkan Hekla** zu, den man aber besser aus gebührender Distanz bewundert.

Icelandic HorseWorld

Eine Stallführung für 3000 Kronen? Ja, und trotzdem eine Empfehlung: Denn Icelandic HorseWorld, Skeiðvellir (8 km nordöstlich der Ringstraße, an der Straße 26), ✆ 899 5619, 🖳 www.iceworld.is, zeigt einen vorbildlichen, modernen Zucht- und Turnierstall, bietet kürzere und längere Reittouren für Anfänger und Fortgeschrittene und beherbergt auch noch ein gemütliches und günstiges Café. Hier können Nicht-Reiter bei Kaffee, Kuchen und Kaltgetränken ein wenig Stallluft schnuppern, denn das Café ist nur durch eine Fensterfront von der Reithalle getrennt.

Durch den Stall, wo die Pferde in offenen, hellen Boxen stehen, werden Führungen angeboten, bei denen das freundliche Personal oder sogar die Deutsch sprechende Besitzerin, die bekannte Turnierreiterin und Pferdetrainerin Katrín Sigurðardóttir, Besuchern die Besonderheiten des Islandpferds näher bringt (s. dazu auch Kasten „Sag niemals Pony", S. 94). Empfohlene Besuchszeit ist das Frühjahr, denn da beinhaltet die Führung auch einen Ausflug zu den niedlichen neugeborenen Fohlen. 🕒 Juni–Sep tgl. 9 und 13 Uhr, im Winter auf Anfrage, Führung (ca. 40 Min) 3000 ISK inkl. Kaffee und kurzer Vorführung in der Reithalle, Kinder unter 12 J. frei.

Þjófafoss

In ihrem letzten Abschnitt führt die Straße 26 zwischen der Hekla und dem 669 m hohen Berg Búrfell in Richtung Hochland. Die Lava, die das Þjorsá-Tal hier bedeckt, das **Búrfellshraun**, stammt weder von der Hekla noch vom schon lange nicht mehr aktiven Búrfell, sondern ist vor etwa 3500 Jahren aus dem Hochland bis hierher geströmt. An der südlichen Spitze des Búrfell führt eine kiesig-sandige Fahrspur nach links, über die man nach 2,5 km den kleinen Parkplatz am **Þjófafoss** erreicht. Er heißt übersetzt „Diebes-Wasserfall", weil hier in vergangenen Zeiten die Kriminellen der Region in den milchig-weißen, manchmal auch grün-türkis schimmernden Fluten versenkt worden sein sollen.

Wer in die Schlucht hinabschaut, erkennt sofort, dass selbst Überlebende des Sturzes keine Chance hatten, sich irgendwo am Ufer festzuklammern oder gar die steilen Felswände emporzuklettern. Ein Fluss ohne Wiederkehr. Es lohnt sich, dem mit Pflöcken markierten Pfad ein Stück zu folgen, denn hier wird die Aussicht nach Norden und auf die gegenüberliegende Canyon-Seite mit jedem Meter schöner.

Im Winter ist die Zufahrtsstraße oft zugeschneit und deshalb unpassierbar. Die Alternative ist ein kurzer Stopp etwas weiter nördlich an einem kleinen Parkplatz. Dort geht es an einem Zaun entlang hinunter zum Wasser. Hier flossen früher gewaltige Stromschnellen. Der **Tröllkonuhlaup** (Trollfrauen-Lauf) ist nach zwei Troll-Schwestern benannt, die auf unterschiedlichen Seiten des Stromes gewohnt und so lange Steine hineingeworfen haben sollen, bis sie trockenen Fußes hinüber gelangen konnten. Seit dem Bau des Kraftwerks weiter flussaufwärts hat sich das Überquerungsproblem erheblich verkleinert. Heute kann man hier in ausgetrockneten Flussarmen spazieren gehen. Der Tröllkonuhlaup ist ein „Wasserfall ohne Wasser", doch schön ist er trotzdem.

ÜBERNACHTUNG

Karte S. 542/543

Entlang des Flusses Ytri-Rangá gibt es kleine Ferienhaussiedlungen, die auch als „Campingplätze" ausgeschildert sind. Ob man hier aber wirklich zelten darf, und falls ja, zu welchen Konditionen, muss aber erfragt werden.

Leirubakki Hotel, an der Straße 26, ✆ 487 8700, 🖳 www.leirubakki.is. Dieser Ort im Nirgendwo ist ideal als Ausgangspunkt/Zwischenstopp für

Hekla vom Þjófafoss aus betrachtet

Reisen nach Landmannalaugar oder ins Hochland auf der Sprengisandur-Route. Zur Häuseransammlung gehören ein schönes Hotel mit ebenerdigen Zimmern, reichhaltigem Frühstücksbuffet und eigenem Indoor-Hot Pot, ein sehr gutes Restaurant, das leider zum Zeitpunkt der Recherche geschlossene Hekla-Infozentrum und als Clou der Outdoor-Hot Pot Viking Pool mit Blick auf die Hekla. Hier sitzen Hotelgäste geschützt von Steinen in der freien Natur (Umkleidekabine in der Nähe). Auch Reittouren. ❺

Rjúpnavellir Camping & Cottages, an der Straße 26 nahe des Þjófafoss, ✆ 892 0409, 💻 www.rjupnavellir.is und https://rjupnavellir-camping-cottages.business.site. Idyllisch gelegener kleiner Campingplatz mit großen und kleinen Blockhäusern, Wohnmobilstellplätzen und Zeltwiese, geschützt in einem kleinen Birkenwäldchen am Fluss. Mini-Markt. 1500 ISK, Dusche 400 ISK.

AKTIVITÄTEN

Schwimmbad Laugaland, Holt, ✆ 487 6545. Schönes Freibad mit Außen-Hot-Pots. ⏲ Juni–Sep Mo–Fr 14–22, Sa und So 10–19, Okt–Mai Mo–Mi 19–21.30, Do 16–20, Sa 14–17 Uhr.

TRANSPORT

Auto

Die **Straße 26** ist bis hinter Hekla asphaltiert und wird danach zu einer verhältnismäßig guten Schotterstraße, die sich auch mit einem normalen Auto bis zur Mündung in die Straße 32 problemlos befahren lässt. Über die asphaltierte **Straße 32** kommt man dann Richtung Westen in einer schönen „Runde" wieder zurück auf die Ringstraße.

Auch die Rückfahrt Richtung Hella über die fast parallel verlaufende **Straße 268** (auf der so gut wie nie jemand fährt) lohnt sich. Hier beginnt beim Hof Hólar der Haupt-Wanderweg auf die Hekla (der Aufstieg ist wegen Ausbruchsgefahr aber derzeit verboten, in Leirubakki über den aktuellen Stand informieren). Es ist aber auch schön, hier einfach nur ein wenig herumzulaufen. Oder der Piste ein Stück bergauf zu folgen bis zum See Selvatn.

Die Hochlandpiste nach Landmannlaugar (F225) ist für normale Autos nicht zugelassen.

Busse

Die Busse nach Landmannalaugar halten in Rjúpnavellir.

Kurzwanderung durch den Búrfellsskogur

© CAROLINE MICHEL

Im Juni 2021 wurde eine hölzerne Brücke für Fußgänger und Reiter ein Stückchen nördlich des Þjófafoss eingeweiht. Sie bietet aber nicht nur die Möglichkeit, den Wasserfall von der unserer Meinung nach schöneren Nordseite zu bestaunen (einfacher 10-Minuten-Fußmarsch), sondern sie macht zudem ein verstecktes Kleinod leicht zugänglich: Der glasklare Þjorsá-Zufluss Bjarnalækur verteilt sich nämlich so in einer kleinen Ebene, dass viele kleine sehr unterschiedliche Wasserfälle und Stromschnellen sichtbar werden. Wer hier die Hand ins eiskalte Wasser halten darf und vielleicht sogar noch ein Foto von den Wasserfällen mit der Hekla im Hintergrund mit nach Hause bringt, wird den kleinen Spaziergang für immer im Gedächtnis behalten. Wie also kommt man hin? Auf der Brücke mit dem Rücken zum Parkplatz stehend, sieht man rechter Hand am anderen Ufer rot-weiße Markierungspflöcke, die an riesige Streichhölzer erinnern. Der Weg beginnt leider nicht direkt hinter der Brücke, aber wer weiß, wo es hingeht, erkennt sofort die kleine Fahrspur, die nach rechts – also nach Osten – führt. Der Weg führt leicht bergauf durch den Búrfellsskogur, ein idyllisches Birkenwäldchen, das dem großen landesweiten Wiederaufforstungsprogramm zu verdanken ist, siehe auch 💻 https://hekluskogar.is/information/die-idee-von-hekluskogar/. Nach ca. 30 Minuten sieht man die ersten Wasserfälle. Wer widerstehen kann und nicht direkt runterläuft, sondern weiter dem Weg folgt, erreicht nach weiteren 30 Minuten ein Flussbett, das zum Zeitpunkt der Recherche leider ausgetrocknet war. Man ahnt aber, dass nach einer längeren Regenperiode mal wieder ein hübscher Wasserfall zu sehen sein wird. Hier endete der Wanderweg abrupt. Möglicherweise waren die Markierungs- und Rodungsarbeiten aber auch noch nicht abgeschlossen und der Weg wird demnächst noch weiter führen – z. B. bis zum Stausee Bjarnalón.

Von Hekla über Stöng nach Selfoss

Nördlich von Búrfell und Hekla beginnt die Wüste. Die hier nicht mehr asphaltierte Straße 26 verläuft flach durch Ödnis; bei guter Sicht bringen ferne bunte Hochlandberge etwas Farbe ins Spiel. Nach ungefähr 16 km stößt man auf die Straße 32, den Þjórsárdalsvegur. Dieser führt parallel zur Straße 26 wieder zurück nach Südwesten, vorbei an malerischen **Wasserfällen**, einer idyllischen **Schlucht** und musealen **historischen Gehöften**.

Háifoss

Mit einer Fallhöhe von 122 m ist der Háifoss der **vierthöchste Wasserfall** Islands. Noch spektakulärer als die Höhe ist die Perspektive, aus der man den „hohen Wasserfall" bestaunen kann, denn Park- und Aussichtsplatz befinden sich fast auf Augenhöhe auf der gegenüberliegenden Seite der Schlucht. Der kleine Wasserfall Granni weiter östlich und der bei gutem Wetter strahlende Regenbogen vervollständigen das Panoramafoto. Das offenbart aber nicht, wie eisig hier oft selbst an sonnigen Sommertagen der Wind weht. An regnerischen oder bewölkten Tagen lohnt der Besuch wegen der schlechten Sicht nicht.

Anfahrt: Die **Zufahrtsstraße 332** wurde ausgebaut, sodass man die ca. 8 km bei passendem Wetter im Sommer gut bewältigen kann. Allerdings steht immer noch das „nur 4x4"-Schild da. Theoretisch führt diese Straße hinter dem Háifoss Richtung Nordwesten auf ca. 35 km weiter bis zum Gullfoss, ist aber nicht befahrbar (als Wanderweg okay). Ein schöner, nicht markierter **Wanderweg** (ca. 8 km pro Strecke) führt vom Háifoss nach Süden zum Ende der Schlucht Gjáin (s. Kasten) und weiter nach Stöng (s. u.).

Die blühende Schlucht Gjáin

Dieses Naturidyll, nur einen Katzensprung von Stöng entfernt, ist so voller Leben, dass man kaum seinen Augen traut. Kleine und größere Wasserfälle plätschern vor sich hin, Vöglein singen, schmale Fußpfade führen durch verwunschene Höhlen zu ruhigen Uferplätzen – und Elfen leben hier mit Sicherheit auch. Menschen, die nicht trittsicher sind, müssen sich allerdings darauf beschränken, die Schönheit von oben zu bewundern.

Man erreicht Gjáin von Stöng aus in ca. 15 Minuten zu Fuß über einen markierten Pfad am Nordufer des Flüsschens Rauða.

Freilichtmuseen Stöng und Þjóðveldisbærinn

Das Gehöft **Stöng**, zu erreichen über eine 6,5 km lange Zufahrt über die Straße 327 (nur für Allradfahrzeuge), fiel dem großen Hekla-Ausbruch von 1104 zum Opfer. 1939 förderten Ausgrabungen die Grundmauern einer 72 m² großen Scheune mit Schlafplätzen für Mensch und Schaf zutage. Ihr wurde ein neues Dach verpasst, sodass Besucher heute trocken staunen können. Leider fehlt der wichtige Hinweis, dass die Scheune nicht nur aus Grassoden, sondern auch aus Holz besteht. Ein Beleg für ihr hohes Alter, denn damals muss es hier noch Bäume gegeben haben. Sehr wahrscheinlich befinden sich in Stöng noch weitere verschüttete Gebäude, eins davon wurde kürzlich am östlichen Ende der Ausgrabung entdeckt.

Das rund 7 km südlich von Stöng an der Straße 32 gelegene **Þjóðveldisbærinn**, ✆ 488 7713, 💻 www.thjodveldisbaer.is, ist ein originalgetreuer Nachbau von Stöng, bei dem auch die restaurierte Kirche wieder in vollem Glanz erstrahlt. Geweiht wurde das Schmuckstück anlässlich des 1000-jährigen Geburtstags des Christentums im Jahr 2000. Für *Game of Thrones*-Fans ist der Besuch ein Muss, denn auf dem Museumsgelände fanden wichtige Kampfszenen statt. 🕒 Juni–Aug tgl. 10–17 Uhr, Eintritt ab 16 J. 2500 ISK.

Hjálparfoss

Gleich westlich von Þjóðveldisbærinn lohnt dieser zweigeteilte Wasserfall im Fluss Fossá auf jeden Fall einen Stopp. Vom Parkplatz aus gelangt man über einen kurzen befestigten Weg bis runter zu dem kleinen See, in den sich der Foss ergießt. Die Zufahrt ist asphaltiert.

Gaukshöfði

Es scheint, als habe der Felsen sich hier, rund 10 km südwestlich vom Hjálparfoss, extra so aufgebaut, dass er Besuchern einen hervorra-

Das Tor zur Hölle: die Hekla

Wie eine erhabene Wächterin thront sie über der gesamten Region: Die Hekla (isländisch für „Haube"), 1491 m hoch und mindestens 6600 Jahre alt, gehört zu den drei **aktivsten Vulkanen Islands**. Sie ist der Zentralvulkan einer 40 km langen Vulkanspalte, weswegen hier im Mittelalter das „Tor zur Hölle" vermutet wurde. Und dieses „Tor" ist ganz schön groß bzw. breit: Über der 8 km tiefen Magmakammer erstreckt sich eine 5 km lange Ausbruchspalte, die sich bei den letzten Eruptionen geöffnet hat. Die bisher 38 nachgewiesenen Ausbrüche richteten dabei **Schäden** in völlig unterschiedlichem Ausmaß an: 1970 und 1980/81 z. B. gab es „einigen", 1991 und 2000 „geringen" Schaden. Und 1766 und 1845 „ziemlich großen". Nur: auch „geringer Schaden" kann schon ziemlich gravierend sein. Selbst die gut 20 km, die die Asche zurücklegte, als sie 1104 den Bauernhof Stöng (S. 547) komplett unter sich begrub, kommen einem noch beeindruckend weit vor. Und auch die 40 km entfernten, riesigen Lavafelder am Fluss Hvítá nahe Selfoss gehen auf das Konto der Hekla. „Größer" war der Schaden z. B. im Jahr 1947: 800 Millionen Kubikmeter Lava, durch giftige Fluorverbindungen verseuchte Wiesen und Asche, die bis nach Helsinki geweht wurde.

Kurz: So ein Ausbruch kann unvorstellbar großen Schaden anrichten (vgl. dazu auch die Kästen auf S. 180, S. 512 und S. 519). Und Experten weisen immer wieder darauf hin, dass der Vulkan schon seit Langem wieder „bereit" sei, weshalb bereits seit Jahren die Besteigung des Gipfels verboten ist. Gemessen an der Statistik der letzten Ausbrüche (1970, 1980, 1991 und 2000 – also im Zehnjahresrhythmus) ist die nächste Eruption überfällig, aber ob und wann die Hekla erneut ausbrechen und was genau dann passieren wird, weiß niemand. Die bei Hekla generell nur kurze Vorwarnzeit steigert die Gefahr noch: Nach dem ersten Erdbeben hat man nur etwa 40 Minuten Zeit, sich in Sicherheit zu bringen. Vielleicht. Vielleicht auch weniger. Denn so genau vorausberechnen kann das niemand. Schon gruselig, aber erstaunlicherweise gibt es Menschen, die genau wegen dieses Thrills regelmäßig hierher kommen, den Vulkan zu Fuß besteigen – trotz Verbot – und auf halber Strecke zelten. Und was machen die Isländer? Sie bauen Sommerhäuser am Fuß des Berges – wohl wissend, dass sie im Falle eines Ausbruchs nicht zu retten sind. Hier sei es genauso gefährlich wie an jedem anderen Ort der Insel, sagen sie.

genden, windgeschützten Logenplatz zur Hekla-Betrachtung bietet. Vom Parkplatz aus (Achtung, viele Schlaglöcher) führt ein Trampelpfad steil bergauf.

ÜBERNACHTUNG UND ESSEN

Karte S. 542/543

Campingplatz Árnes, an der Straße 32, ✆ 897 1112, 💻 www.tjalda.is/en/arnes. Einfacher Platz mit verschiedenen Arealen beim Schwimmbad. 1800 ISK, Kinder (12–16 J.) 1200 ISK. 🕒 Juni–Aug.

Camping Þjórsárdalur, an der Straße 32, ✆ 893 8889, 💻 https://tjalda.is/en/thjorsardalur. In Bäumen versteckter weitläufiger Platz ohne Duschen, auf dem viele Einheimische anzutreffen sind. Ab 12 J. 1700 ISK, 🕒 nur im Sommer.

Guesthouse Geldingaholt, Háholt, nahe der Straße 32, ✆ 848 1911, 💻 www.fb.com/geldingaholt/. Bauernhof mit Pferden, einem Hund, einem (Plastik-)Hot Pot im Garten und tollem Ausblick. Zimmer mit und ohne eigenes Bad. Tee und Kaffee frei, tolles Frühstücksbuffet, abends kleine Speisekarte mit Pizza, Suppe, Fleischgerichten. Keine Gemeinschaftsküche. Die Empfehlung geht an den leckeren Rhabarber-Pie mit Vanilleeis. ❸–❹

Klettar Tower Guesthouse, an der Kreuzung der Straßen 32 und 30, ✆ 897 1731. Rundumblick? Da baut man doch flugs ein olles Silo zu einem Turm-Gästehaus um! Oben dann die Plattform mit dem herrlichen Ausblick auf die Natur drumherum (ein Träumchen für Nordlicht-Beobachter). Alle runden Mini-Apartments mit Wasserkocher und es gibt auch eine Gemein-

Am Fluss Hvítá entlang

- **Länge**: Weg 1 etwa 6 km Rundgang; Weg 2 etwa 8 km hin und zurück
- **Dauer**: Weg 1 etwa 2 1/2 Std.; Weg 2 etwa 3 Std.
- **Schwierigkeit**: Weg 1 leicht, Weg 2 mittel (Stolpergefahr)

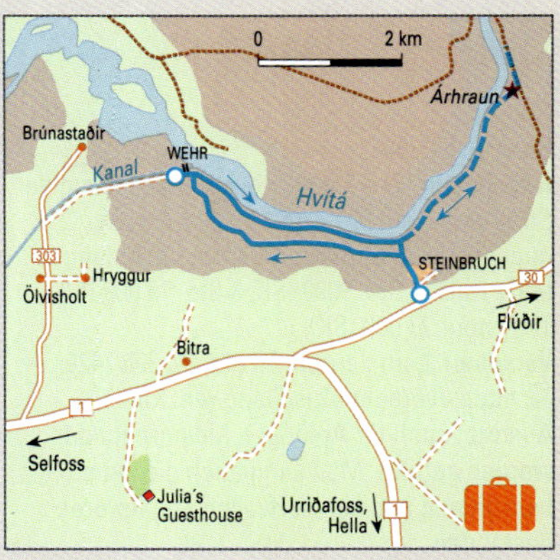

Weg 1: Rundgang vom Wehr

Ein Wanderweg entlang der Hvítá beginnt an einem kleinen Parkplatz hinter dem Weiler Ölvisholt, etwa 14 km östlich von Selfoss an der Ringstraße. Die Zufahrt ist allerdings nicht als solche ausgeschildert und es müssen mehrere Weidetore geöffnet und wieder geschlossen werden, bis man – entlang eines kleinen schnurgeraden Kanals – an einem Wehr das Flussufer erreicht. Hier weisen Schilder darauf hin, dass dieser Kanal Teil des in den Jahren 1922–1927 ausgetüftelten **Bewässerungssystems** ist. Das **Flóaveitan** versorgt die Felder bei Dürre mit Wasser und dient bei Regen der Entwässerung.

Der lehmige und nach Regen rutschige Weg führt nun rechts 3 km flussaufwärts, vorbei an kleineren Stromschnellen, um dann (leider nicht besonders gut sichtbar) auf und ab durch das riesige bemooste Lavafeld zum Ausgangspunkt zurückzuführen. Andere Wanderer trifft man hier so gut wie nie. Dafür ist mit freilaufenden Jungpferden zu rechnen, die sehr neugierig sind und es lieben, Picknicker durch ihr plötzliches Auftauchen zu erschrecken.

Weg 2: Vom Steinbruch zum Hof Árhraun

Eine alternative Zufahrt zum obigen Wanderweg befindet sich 6 km weiter östlich an der Straße 30 nach Flúðir (aus Richtung Selfoss kommend die erste Einfahrt links). Hier geht's zu einem Steinbruch (die Zufahrt versperrt ein Schlagbaum, aber die Einfahrt ist breit genug, um dort zu parken, ohne zu stören). Der Weg führt quer durch den Steinbruch und dann links über eine kleine Anhöhe zum Flussufer. Hier endet der beschriebene Weg 1, dem man jetzt nach links mit Blick auf die malerischen Bauernhöfe flussabwärts zum Wehr folgen kann.

Allerdings gibt es auch einen Weg nach rechts. Dieser endet nach wenigen hundert Metern, doch kann man weiter am Flussufer entlang Richtung Norden laufen bzw. stolpern (wegen der vielen Grassoden). Vorbei an den Grundmauern verfallener Bauernhöfe geht es durch die Lava, mit Blick auf den Tafelvulkan Vörðufell und die Hekla. Nach ungefähr 3 km (die aber wegen des anstrengenden Auf- und Abgehens über Grassoden und Steine gefühlt viel weiter sind als die 3 km auf dem offiziellen Wanderweg beim Wehr) kommt man zum Kleinod **Árhraun**, einem verwunschenen kleinen Haus am Fluss, um das herum Bäume und Blumen gepflanzt sind. Von hier aus kann man einer Traktorspur noch etwas weiter zu einer Stelle folgen, an der die Hvítá erheblich breiter und flacher ist – ein ruhiges und idyllisches Plätzchen, um Vögel und Schwäne zu beobachten und die wunderbare Aussicht zu genießen. Zurück geht's über den Hinweg, aber leider weit entfernt vom Steinbruch.

schaftsküche mit Kühlschrank – aber kein Frühstück. ❻

Verslunin Árborg, an der Tanke in Árnes. Gemütlich ist anders, aber dieser Café-Imbiss mit kleinem Laden ist die einzige Versorgungsmöglichkeit weit und breit. Und der Kaffee ist gut. 🕒 Mo–Sa 9–19, So 10–19 Uhr.

AKTIVITÄTEN

Reiten

Karte S. 542/543

Núpshestar, Breiðanes, nahe der Kreuzung der Straßen 30 und 32, ✆ 852 5930, 💻 www.nupshestar.is. Geführte Ausritte für Anfänger und Profis (1 Std. 9000 ISK, 3 Std. 19 000 ISK, Tagestour 27 000 ISK).

Vorsabær 2, an der Straße 324, ✆ 866 7420, 💻 https://vorsabae2.is/?lang=en. Kurze Ausritte, auch für Anfänger. Kleinere Kinder werden geführt. Man kann auch die Farm besichtigen und die wertvollen Zuchtpferde bestaunen.

Schwimmen

Schwimmbad Neslaug, Árnes, ✆ 486 6117. Mini-Freibad in Muschelform und Hot Pot beim Campingplatz. 🕒 unterschiedlich, im Sommer oft 14–18 Uhr.

Wandern

Herrliche Wanderwege führen durch das große, gepflegte Waldgebiet **Hellisskógar** an der Straße 32, ungefähr 4 km südwestlich der Abfahrt zum Hjálparfoss-Parkplatz. Auf das Hinweisschild Gönguleið (Wanderweg) an der Straße 32 achten, das Auto auf dem kleinen Parkplatz abstellen und über die Fußgängerbrücke gehen. Das Erklär-Schild zu den Wanderwegen findet, wer sich links hält und so wieder zum Fluss kommt, der hier eine scharfe Kehre macht.

TRANSPORT

An der Kreuzung der Straßen 26 und 32 geht es rechts Richtung Nordosten weiter zur Hochlandpiste F26 (Sprengisandur, S. 587). Links führt die asphaltierte Straße 32 fast parallel zur Straße 26 wieder zurück nach Südwesten (Tankstelle in Árnes), bis sie nach 50 km auf die Straße 30 stößt. Hier geht es rechts nach Flúðir (13 km) und links nach Selfoss (ca. 30 km). Auf den Straßen 26 und 32 fahren keine Linienbusse.

Selfoss, Hveragerði und Umland

Die beiden Ringstraßen-Orte sind verkehrstechnisch sehr gut angebunden: Direkt vor ihren „Haustüren" locken außerdem attraktive Ausflüge ins Umland.

Rund um Selfoss

Lange Zeit war Selfoss nicht viel mehr als das Versorgungszentrum der Region. Doch langsam aber sicher mausert sich der 8000-Einwohner-Ort hin zu einem netten Städtchen mit eigenem Flanierviertel **Miðbær**. Ganz neu wurde hier eine „Altstadt" hingezaubert. Mit bunten Holz- und Wellblechhäusern, die Boutiquen, Galerien und Blumenläden beherbergen. Miðbærs Hauptgebäude, eine ehemalige Molkerei, wurde zur Markhalle umgestaltet. In diesem Fresstempel (die Empfehlung geht an Pizza „Tartufo" mit Pilzen, Kartoffeln und Sauerrahm) findet man auf drei Etagen Pizza, Tacos, Nudeln, Asiatisches, frisch gepresste Obstsäfte, eine Skyr-Bar im Keller (mit Ausstellung über Skyr, 2000 ISK p. P., 🕒 tgl. 9–18 Uhr) und ein nettes Café mit vielen hübschen Topfpflanzen. Gegenüber liegt der große Krónan-Supermarkt mit Apotheke. Wer der Hauptstraße weiter Richtung Osten folgt, findet kleine Geschäfte, das tolle große Schwimmbad, Autowerkstätten und später rechter Hand den Bónus-Supermarkt, einen Baumarkt und die örtliche Vínbúðin.

Da der namensgebende Wasserfall (Selfoss = Hüttenwasserfall) eher eine Ansammlung von Stromschnellen ist, sind die Hauptattraktionen das **Grab von Schachweltmeister Bobby Fischer** in der Laugardælakirkja und die dazu-

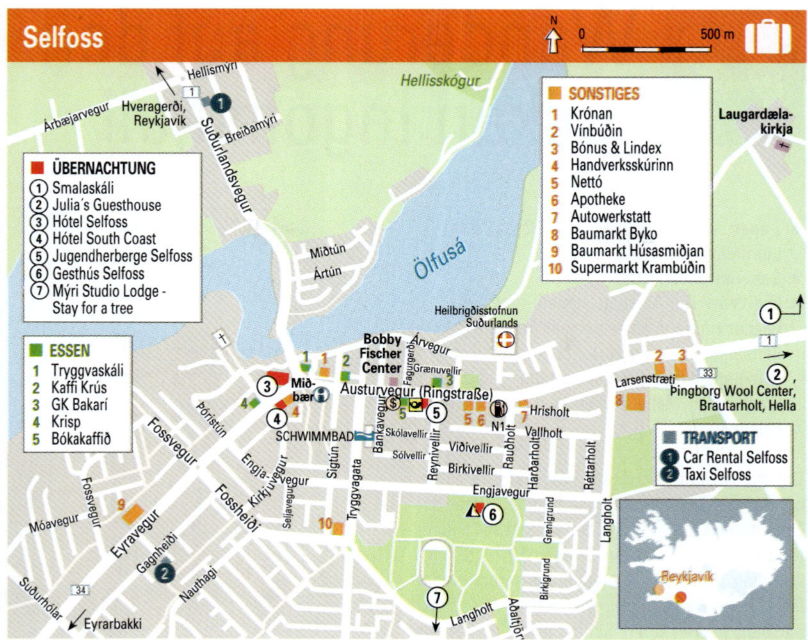

gehörige **Ausstellung** neben dem Blumenladen an der Hauptstraße Austurvegur 21, 💻 www.fischersetur.is. 🕒 im Sommer tgl. 13–17 Uhr, ansonsten Schlüssel im Blumenladen abholen, Eintritt ab 14 J. 1400 ISK.

Selfoss punktet zudem mit „Lage, Lage, Lage“: Neben der ausgezeichneten Versorgung laden das abwechslungsreiche und touristisch sehr gut erschlossene Umland und die gute Verkehrsanbindung zu zahlreichen Ausflügen ein. Der Ort liegt so zentral an der Ringstraße, dass alle Sehenswürdigkeiten des Südens und des Golden Circle von hier aus bequem in wenigen Stunden erreichbar sind (s. u. bei Transport).

Þingborg Wool-Center und Gallery Flói

Es regnet oder stürmt? Dann ist die Stunde des Wool-Centers gekommen! Das **Woll-Zentrum** ist kein Wolllager oder -großhandel. In dem verlassen wirkenden Gebäude 8 km östlich von Selfoss direkt an der Ringstraße, ✆ 482 1027, 💻 www.thingborg.net, kann man zwar auch Pullover, Handschuhe und Mütze kaufen, aber es gibt auch noch Schaffelle zum Anfassen, Vliese, hölzerne Spindeln und Zeitschriften und Bücher mit Strick- und Häkelanleitungen. 🕒 Mo–Sa 10–17 Uhr.

In der **Gallery Flói** im gleichen Gebäude, ✆ 868 7486, 💻 www.fanndis.com, kann man einer Glasbläserin bei der Arbeit zuschauen. Alles, was es hier zu kaufen gibt, hat Fanndís selbst hergestellt: Perlen, Schmuckstücke, Glaskunst, Töpferwaren und interessante Kunstwerke aus Schallplatten. 🕒 Sommer Mo–Fr 10–16.30, Sa 10–16, Winter Do–Fr 10–16.30, Sa 10–16 Uhr.

Urriðafoss

Schnell hinfahren, denn möglicherweise ist der wasserreichste Fall Islands schon bald nicht mehr da. 360 m^3 Wasser pro Sekunde sollen es sein, die sich hier mit einem Höllenlärm um einen Felsen und in eine Spalte pressen. Trotz der geringen Fallhöhe (gut 5–6 m) wirklich beeindruckend, und in vielen Ländern wäre der Katarakt wohl eine Sensation, doch hier interessiert sich

Wanderung auf den Vulkan Ingólfsfjall

- **Dauer**: Auf- und Abstieg ca. 1 1/2 Std., Bergumrundung ca. 3 Std.
- **Schwierigkeit**: mittel
- **Hinweise**: Der Aufstieg ist steil – und wer wieder zur Farm absteigen will, rutscht sicherheitshalber auf dem Hosenboden. Auf dem Tafelberg selbst bitte nur bei guter Sicht wandern. Im Nebel verliert man schnell die Orientierung.

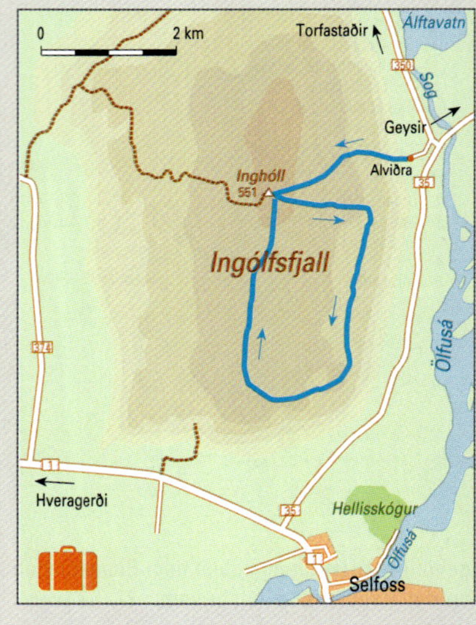

Der mit Abstand schönste Weg auf den 551 m hohen Hausberg von Selfoss beginnt hinter der **Farm Alviðra** (erst 6,5 km über die Straße 35 Richtung Geysir, dann in die Straße 350 nach links Richtung Torfastaðir abbiegen und sofort wieder links bis zur Farm fahren, wo man vor einer Picknickbank parken kann). Schaut man von hier aus auf die steile Bergflanke, scheint es unmöglich, „einfach so" hier heraufzuklettern. Und doch ist das der Aufstieg.

Die Route

Der durch Pflöcke markierte Weg folgt zunächst ein Stück dem Hang Richtung Norden, um dann über ein Geröllfeld (das man besser mehrmals kreuzt) steil nach oben zu führen. Und die Aussicht wird praktisch mit jedem Höhenmeter besser: Erst kommt der See Álftavatn ins Blickfeld, später dann die gewaltigen Berge im Norden. Und nach ungefähr einer Dreiviertelstunde Kraxeln ist das Schlimmste geschafft: Eine im Stein befestigte Kette hilft dabei, die letzten Meter zu überwinden. Bis zum Meer reicht der Blick von hier aus aber noch nicht.

BLICK VOM INGÓLFSFJALL NACH NORDEN; © CAROLINE MICHEL

Der mit den Pflöcken markierte Weg führt über das fast ebene Plateau des Tafelberges hinweg weiter nach Westen, über die **Bergmitte** („Inghóll" genannt, hier soll der erste Siedler Islands Ingólfur Arnarson, dem der Berg seinen Namen verdankt, begraben sein) und auf Höhe der Straße 374 über die westliche Bergseite wieder runter ins Tal.

Wer aber das Meer sehen will, geht auf der Ostseite des Berges nach Süden. Auf dem Weg zurück zum Inghóll bieten sich weitere schöne Landschaftspanoramen.

niemand für ihn. Besser gesagt: Fast niemand. Denn es ist gut möglich, dass nach jahrzehntelangen Streitigkeiten am Urriðafoss demnächst ein weiteres Wasserkraftwerk im Fluss Þjórsá entsteht.

Vor dem Wasserfall gibt es einen Parkplatz mit Picknickbank. Die schönsten Fotos lassen sich vom Ende eines kleinen Asphaltweges ein Stück flussabwärts machen. Der Urriðafoss befindet sich 18 km östlich von Selfoss in der Nähe der Ringstraße. Die etwa 1 km lange Zufahrtsstraße ist geteert.

ÜBERNACHTUNG

In und um Selfoss gibt es unzählige Übernachtungsmöglichkeiten. Wer ohne Auto oder Fahrrad unterwegs ist, schläft am besten im Ort. Ansonsten hat hier fast jede Farm Gästezimmer.

In Selfoss

Camping und Cottages Gesthús Selfoss, Engjavegur 56, im Wäldchen neben dem Sportplatz, ✆ 482 3585, 💻 www.gesthus.is. Wer bei Lísa, Óli und ihren Hühnern wohnt, vergisst schnell, dass er zentral im Ort ist. Schöne Campingwiese mit 2 kleinen Teichen, durch Büsche von der Straße getrennt. Tolles Servicehaus mit Küche und heißen Duschen. Ab15 J. 2500 ISK, jeder weitere Erwachsene 1750 ISK. Hot-Pot-Benutzung 500 ISK, Frühstück 2100 ISK. 🕒 ganzjährig.

Hótel Selfoss, Eyravegur 2, ✆ 480 2500, 💻 www.hotelselfoss.is. Modernes, großes Hotel am Kreisverkehr, empfehlenswert wegen der großen Zimmer, der schönen Aussicht auf den Fluss und des Frühstücksbuffets. Bar und Restaurant mit Glasfront. Der Besuch im Spa-Bereich kostet 1500 ISK extra. ❹–❻

Hótel South Coast, Eyravegur 11, ✆ 464 1113, 💻 https://hotelsouthcoast.is. Riesiges neues Hotel mit 72 Zimmern und spaciger Front an der Hauptstraße (die man in manchen Zimmern leider auch hört). ❺–❻

€ **Jugendherberge Selfoss**, Austurvegur 28, ✆ 482 1600, 💻 www.hostel.is/hostels/selfoss. Sehr zentral an der Hauptstraße gelegen. Duschen, WCs und Küche top, außerdem kleiner Whirlpool, Hängematte und Aquarium. Bett im Schlafsaal um die 50 €, Privatzimmer für 1–4 Pers. ❸

Außerhalb

Julia's Guesthouse, Hnaus, 12 km östlich von Selfoss, Karte S. 542/543, ✆ 856 4788, 💻 www.julias-guesthouse.com. 2 liebevoll eingerichtete DZ und 1 Dreibettzimmer mit separatem WC auf einer abgelegenen Kleinstfarm. Das gelbe, fünfgiebelige Haus liegt auf einem Hügel mit Hekla-, Eyjafjallajökull-, Ingolfsfjall- und bei guter Sicht sogar Westmännerinsel-Blick. Im Winter entstehen hier sensationelle Nordlichtfotos. Die Schweizerin Julia teilt Wohnzimmer und Küche mit ihren Gästen. Keine Kochmöglichkeit, abgesehen von Mikrowelle und Wasserkocher. Tolles Frühstück mit frisch gebackenem Bio-Brot, vielen selbst gekochten Marmeladen (z. B. Banane-Amarula) und Eiern von den gackernden Lieferanten draußen. Nichts für Tierhaarallergiker, denn hier leben 4 Katzen, ein Kaninchen, 3 Enten und rund 20 Hühner, die mit zur Familie gehören. ❸

Mýri Studio Lodge - Stay for a tree, Ásamýri 2, ca. 4 km südlich von Selfoss an der Straße 310, Karte S. 551, ✆ 857 1976. 2 moderne Apartments auf dem platten Land: Eines für 2–3 Pers. plus Schlafcouch und eines für 4 Pers. Die hilfsbereite Familie lebt mit Kindern, Hund und Pferden direkt nebenan und steht – wenn gewünscht – mit Rat und Tat zur Seite, ansonsten kann in aller Ruhe die unverbaute Aussicht auf den Eyjafjallajökull genossen werden. Lobenswert sind die Versuche, hier Bäume zu pflanzen (für jede Übernachtung einen). ❹

Smalaskáli, 4,5 km nordöstlich von Selfoss, ✆ in Deutschland 02554-8987, 💻 www.ferienhaus-island.is. Der deutsche Reiseveranstalter Kría Tours vermietet komfortable, moderne Ferienhäuser auf dem Land, mit Fußbodenheizung, Grill, Terrasse und großem Hot Pot für 4–5 Pers.

ESSEN

Bókakaffið (Buchladen/Antiquariat mit Café), Austurvegur 22. Die kulinarische Auswahl ist klein, die an Büchern dafür umso größer. Interessant sind die Sachbücher (z. B. über die Geologie Islands) auf Deutsch und Englisch. Wer pfleglich mit ihnen umgeht, darf sie hier bei einer Tasse Kaffee lesen. ⌚ Mo–Sa 12–18 Uhr.

GK Bakarí, Austurvegur 31b. Hat den Ruf, die beste Konditorei Südislands zu sein. Wir haben nicht alle durchprobiert – durften aber schon mal an einer verboten leckeren Geburtstagstorte naschen. Toll! ⌚ Mo–Fr 7–17, Sa 8–16, So 9–14 Uhr.

Kaffi Krús, Austurvegur 7, ✆ 482 1266, 💻 www.kaffikrus.is. Die Einheimischen wissen am besten, wo es gut ist! Ob beim abendlichen Pizzaessen im gemütlichen Innenraum (das Café ist zwar klein, erstreckt sich aber über 2 Etagen) oder kurzen Kaffee-Stopp mit Möhrenkuchen auf den Bierbänken draußen: Hier ist der Ort, an dem man alte und junge Isländer kennenlernt und dabei noch lecker essen kann. Besonders empfehlenswert auch zum Mitnehmen die saftigen Torten und Kuchen. Man wird zwar schon vom bloßen Anschauen dick, aber das kümmert hier keinen. ⌚ tgl. 10–22 Uhr.

Krisp, Eyravegur 8, ✆ 482 4099, 💻 https://krisp.is. Kleiner Laden mit einer Art Wintergarten, in dem es sowohl Lamm, Burger (auch vegan) usw. gibt als auch Burritos, Trüffel-Mayonnaise und ausgefallene Kleinigkeiten wie gegrillter Blumenkohl (die Betonung liegt hier auf „klein", denn satt wird man davon eher nicht). ⌚ tgl. 11.30–21 Uhr.

Tryggvaskáli, Austurvegi 2, ✆ 482 1390, 💻 www.tryggvaskali.is. Das gelbe Wellblechhaus unter der Ölfusá-Brücke ist eher gehobene Preisklasse (3-Gang-Menü 8500 ISK), tischt dafür aber auch hervorragendes Essen auf: Auf der Karte stehen lokale Produkte, die mit viel Liebe zum Detail zubereitet werden, z. B. marinierter Schweinebauch mit Birnenmus, Rentierfilet mit Ziegenkäse, Lachs auf Gerstenbett und *beef tender-loin* mit Pilz- und Kartoffelpüree, Zwiebeln und Portobellokappe. Das Veggie-Angebot beschränkt sich auf eine Art Erbsenpüree mit gegrillten Karotten. Am Wochenende reservieren! ⌚ So–Mi 11.30–22, Fr und Sa 11.30–23 Uhr.

EINKAUFEN

Die meisten Geschäfte liegen an der Ringstraße (die hier Austurvegur heißt), einige auch an der Straße 34 nach Eyrarbakki.

Supermärkte

Bónus, Larsenstræti 5 (am östlichen Ortsausgang). ⌚ tgl. 10–20 Uhr.
Krónan, Austurvegur 1-5. ⌚ tgl. 9–20 Uhr.
Nettó, Austurvegur 42. ⌚ tgl. 10–21 Uhr.
Krambúðin, Tryggvagata, am Schwimmbad vorbei bis zum nächsten Kreisverkehr. Mini, aber super für den Fall, dass es mal später wird. ⌚ Mo–Fr 7.30–23.30, Sa ab 8, So ab 9 Uhr.

Sonstige Läden

Baumarkt Húsasmiðjan und **Byko**, Eyravegur 42 bzw. Langholt 1. ⌚ jeweils Mo–Fr 8–18, Sa 9–15 Uhr.

Handverksskúrinn, Eyravegur 17 (im roten Haus), 💻 www.fb.com/people/Handverksskúrinn-Selfossi. Toller Laden, in dem 8 Frauen aus Selfoss selbstgestrickte Pullis und Mützen, Töpferwaren und anderen handgefertigten Schnickschnack unter ihrem eigenen Namen verkaufen. Unbedingt eine „Tüte" geben lassen – denn die besteht aus umfunktionierten zusammengenähten Kopfkissenbezügen. ⌚ Sommer Di–Fr 13–18, Sa 11–15, Winter Mi–Fr 13–18, Sa 11–15 Uhr.

Lindex, bei Bónus. Günstige Damenbekleidung. ⌚ tgl. 11–18 Uhr.

Vínbúðin, Larsenstræti 3. ⌚ Mo–Sa 11–18 Uhr.

AKTIVITÄTEN

Reiten

Pferdefarm Egilsstaðir 1, etwa 24 km südöstlich von Selfoss, Karte S. 542/543, ✆ 567 6268 und 862 3628, 💻 https://egilsstadir1.com. Eigentlich ist das deutsch-isländische Team um Ólafur und Christiane auf Reiterurlaube spezialisiert, aber auf Anfrage bieten sie auch kurze geführte Touren (1 Std. ab 9000 ISK), z. B. zum nahen Urriðafoss. Der große Vorteil: Es gibt genügend Pferde, sodass nur die wenigsten täglich eingesetzt werden. So verlieren die Pferde nicht die Lust am Umgang mit fremden Menschen.

Schwimmen

Schwimmbad, Tryggvagata 15, ✆ 480 1961, 🖳 www.sundlaugar.is/sundlaugar/sundholl-selfoss. Ziemlich großes, gepflegtes Thermalbad mit großem Außen- und kleineren Innenbecken, Dampfbad, Sauna, 2 Hot Pots, mehreren „Liegebecken" und Rutsche. Achtung: Am Wochenende ist es voll. ⏲ Mo–Fr 6.30–21.30, Sa und So 9–18 Uhr.

Skeiðalaug, Brautarholt, 27 km nordöstlich von Selfoss an der Straße 30 Richtung Fluðir, Karte S. 542/543, ✆ 486 5500, 🖳 www.sundlaugar.is/sundlaugar/skeidalaug. Sehr kleines – und gerade deswegen charmantes – Schwimmbad mit Hot Pot und Dampfbad, das zum Zeitpunkt der Recherche gerade renoviert neu eröffnet wurde. Weil es drumherum keine Lichtquellen gibt, hat man im Winter hier einen hervorragenden Blick auf den Sternenhimmel und – falls vorhanden – auf Nordlichter. Nachteil: Es gibt keine Möglichkeit, Wertsachen einzuschließen. ⏲ Sommer Mo und Do 16–21, Sa 10–15, Winter nur Mo und Do 18–22 Uhr.

SONSTIGES

Autovermietungen und -reparaturen

Car Rental Selfoss, Hrísmýri 5, ✆ 482 4040, 🖳 www.carrentalselfoss.is/en.

Sólning, Austurvegur 52, ✆ 482 2722. Reparaturen. ⏲ Mo–Do 8–18, Fr 8–17, Sa 9–13 Uhr.

Feste

Summer in Selfoss, Anfang August: Die Gärten sind mit bunten Bändern dekoriert, für die Kinder gibt es Hüpfburg und Karussells, Musiker treten auf und zum Schluss gibt es ein Feuerwerk.

Informationen

Touristeninformation, Austurvegur 4, etwas versteckt im großen Gebäude ggü. des Krónan-Supermarktes. Leider wenig Service, dafür viele nützliche Prospekte. ⏲ Mo–Fr 9.15–16 Uhr.

TRANSPORT

Auto

Bis die lang geplante Umgehungsstraße gebaut ist – was frühestens 2027 der Fall sein wird – bleibt Selfoss ein Verkehrsknotenpunkt. Die **Ringstraße** führt nach Westen über Hveragerði und den Pass Hellisheiði nach Reykjavík (Fahrtzeit weniger als 1 Std., Achtung: Blitzer zwischen Selfoss und Hveragerði), nach Osten über Hella und Hvollsvöllur nach Vík (Fahrzeit 2 Std.). **Landeyjahöfn**, wo die Fähre zu den Westmännerinseln abfährt, erreicht man in gut 50 Min. Bis an die **Südküste** mit den Orten Eyrarbakki und Stokkseyri sind es 12 km (Straße 34), Richtung Norden bis nach Þingvellir 50 km (Straße 36), bis nach Geysir, vorbei am Krater Kerið 60 km (Straßen 36 und 35). Auf der Fahrt von Selfoss in Richtung Hella kann man links auf die Straße 30 Richtung Fluðir abbiegen (bis Flúðir insgesamt 46 km) und so den **Golden Circle** „von hinten" über den Gullfoss anfahren. Nach **Landmannalaugar** sind es 135 km (über die Straßen 30, 32, F26, F208 – Achtung: nur für Allradfahrzeuge!).

Busse

Selfoss hat mehrere Haltestellen, die zentralste befindet sich aber an der **N1-Tankstelle** im Ostteil der Stadt. Mit den privaten Anbietern nur von Mitte/Ende Juni–Anfang Sep, Strætó ganzjährig. Für alle Zwischenstopps s. Kasten S. 507.

Nach Süden und Westen

EYRARBAKKI, mit Árborgarstrætó Mo–Fr 8x tgl., Sa 2x tgl. über STOKKSEYRI in 15 Min.
REYKJAVÍK, mit Strætó (Linien 51 und 52) Mo–Fr 10–12x tgl., Sa 6x tgl., So 4x tgl., in 1 Std. für 2280 ISK (4 Zonen). Im Sommer auch mit Reykjavik Excursions und Trex.

Richtung Norden und Hochland

FLÚÐIR, mit Strætó (Linie 73) Mo–Fr 3x tgl., Sa und So 1x tgl. in 30 Min. Außerdem mit Linie 72 über LAUGARÁS und REYKHOLT Mo–Fr um 6.24 Uhr und ein weiteres Mal nachmittags (Di und Fr 14.50, Mo, Mi, Do 16.02 Uhr), So 18.30 Uhr.
LANDMANNALAUGAR, im Sommer mit Reykjavik Excursions und Trex in ca. 3 Std.
LAUGARVATN, mit Strætó (Linie 73), 2x tgl. über FLÚÐIR, REYKHOLT und LAUGARÁS in 1 1/4 Std.
ÞÓRSMÖRK, im Sommer mit Reykjavik Excursions und Trex in 2 3/4–6 1/2 Std. (mit Sightseeing-Pausen).

Zeitreise im Torfhaus

Ungefähr 20 kg wiegt eine einzige Grassode. Hannes Lárusson hat sie mit uralten Werkzeugen selbst gestochen und für die Besucher auf einem Stein vor dem kleinen Torfhaus drapiert. Jeder darf sie einmal kurz anheben und so ein Gefühl dafür bekommen, wie aufwendig es sein muss, aus diesen nassen Torfstücken ein ganzes Haus zu bauen. Immer abwechselnd wird auf eine Schicht durchweichte Erde eine Schicht Steine gestapelt, die, weil sie so porös sind, viel leichter und handlicher sind als die Grassoden selbst. Oben drauf kommt dann ein Holzdach aus bearbeitetem Treibholz oder den Überresten der zahlreichen, vor der Küste gesunkenen Schiffe und fertig ist das **Torfhaus**, das, wenn der Erbauer alles richtig gemacht hat, gut und gerne 30 bis 40 Jahre hält.

Der letzte Isländer, der in so einem Haus lebte, sei erst in den 1980er-Jahren gestorben, erklärt Hannes, der es sich zur Aufgabe gemacht hat, Besuchern nahezubringen, wie einfach die isländischen Bauern noch vor wenigen Jahren gelebt haben. Der Hof hier ist der, auf dem er geboren und aufgewachsen ist. Und auf den er vor wenigen Jahren zurückgekehrt ist, um ihn zu restaurieren. Das hölzerne, mit Wellblech verkleidete Farmhaus sieht außen und innen schon genauso aus wie in seiner Kindheit, am Stall muss noch gearbeitet werden. Hannes sammelt alte Werkzeuge, die er liebevoll repariert und auch benutzt, weshalb der chaotische Werkzeugschuppen zugleich Teil des Museums und sein Arbeitsplatz ist. So ist hier der Besitzer selbst – der übrigens keinerlei Fördergelder bekommt – die eigentliche Attraktion des Museums. Außer den alten Häusern gibt es noch eine eigenwillige **Ausstellung** mit alten Fotos, Bauplänen und einigen modernen Exponaten, deren Sinn und Herkunft nicht weiter erläutert wird, und ein **Café**, in dem Hannes seine Gäste bewirtet.

Íslenski bærinn, **The Icelandic Turf House Austur-Meðalholt**, Gaulverjabæjarvegur (7 km südöstlich von Selfoss an der Straße 33), ✆ 694 8108, 💻 www.islenskibaerinn.is. 🕒 Führungen im Sommer Di–So 13–18 Uhr, 2000 ISK, Kinder 7–16 J. 1000 ISK.

Richtung Osten

HÖFN, mit Strætó (Linie 51) über HVOLSVÖLLUR, SKÓGAR, VÍK, SKAFTAFELL im Sommer 2x tgl. Mo–Fr 9.54 und 18.27, im Winter 1x tgl. Mo–Fr um 13.57 Uhr, So um 12.27 (Sa um 12.24 Uhr, aber nur bis Vík) in 6 Std. für 14 250 ISK (25 Zonen). Im Sommer auch mit Reykjavik Excursions und Trex bis Skógar.

HVOLSVÖLLUR, mit Strætó (Linien 51 und 52), im Sommer Mo–Fr 10–12x tgl., Sa 6x tgl., So 4x tgl., im Winter seltener, in 1 1/2 Std. für 2280 ISK (4 Zonen).

LANDEYJAHÖFN (Fähre zu den Westmännerinseln), mit Strætó (Linie 52), im Winter 2x tgl., im Sommer häufiger, in 1 1/4 Std.

Taxis

Taxi Selfoss, Gagnheiði 21, ✆ 482 3800.

Eyrarbakki und Stokkseyri

Früher einmal war Eyrarbakki *das* Handelszentrum der Südküste. Hier kamen die Schiffe aus Dänemark an, hier wurden Waren in großen Mengen gelagert und weiterverteilt. Da der natürliche, weitgehend ungeschützte Naturhafen aber nicht gerade perfekt war, verlagerte sich der Handel in andere Städte. Auch der Fischfang lief nicht gut, die Menschen zogen nach und nach weg – noch vor 25 Jahren wurden Eyrarbakki und Stokkseyri in Reiseführern als „Geisterstädte“ beschrieben. Es gab nichts außer verlassenen, halbverfallenen Häusern, ein paar Seehunden und einer schönen Küste.

Mittlerweile haben Künstler und wohlhabende Isländer die hübschen Örtchen mit den bunten Häusern , dem weitläufigen Strand und der verkehrgünstigen Lage - nach Reykjavík braucht man mit dem Auto keine Stunde - für sich entdeckt. Dass hier das Leben tobt, kann man zwar immer noch nicht behaupten, aber es gibt viele kleine Feste und noch mehr Vernissagen. Obwohl die beiden Orte oft in einem Atemzug genannt werden, bestehen große Unterschiede: Während es sich bei Eyrarbakki fast schon um eine richtige „Stadt“ handelt, ist Stokkseyri eher eine Art überdimensionales Freilichtmuseum.

Eyrarbakki

Wer aus Richtung Selfoss kommt, sieht von der Stadt als erstes „Litla-Hraun", das **größte Gefängnis Islands** (bei Krimi-Fans bestens bekannt, denn Kommissar Erlendur aus den Arnaldur Indriðason-Romanen besucht hier regelmäßig seine Verdächtigen). Angeblich wurden hier schon Gefangene beobachtet, die beim Fußballspielen einem über den Zaun geschossenen Ball hinterher und wieder zurück ins Gefängnis geklettert sein sollen. Wohin hätten sie auch fliehen sollen? Zu Fuß in Richtung Reykjavík laufen, wo man sie sofort erkannt und wieder zurückgebracht hätte? Den Bus nach Selfoss nehmen? Das wäre auch aufgefallen, denn hier fahren immer nur dieselben – wenigen – Leute mit. Verstecke, in denen man sich als Selbstversorger durchschlagen könnte, gibt es auch nicht. Von daher: ein guter Standort für ein Gefängnis ...

Der freundliche 500-Einwohner-Ort ist langgezogen, hat eine nette **Kirche** und einige **restaurierte Häuschen** aus der Zeit von 1890–1920. Das **Húsið**, Eyrargata 50, ✆ 483 1504, 💻 www.byggdasafn.is, ist das älteste Haus des Ortes (von 1765). Von außen sehenswert, ist es von innen ein **Heimatmuseum** wie viele andere: mit alten Möbeln, alten Kleidungsstücken und ausgestopften Vögeln. Das dazugehörige **Seefahrermuseum** bietet eine Ausstellung mit hübschem Fischerboot aus dem beginnenden 20. Jh. 🕒 Mai–Sep 10–17 Uhr, Eintritt 1000 ISK (für beide Museen).

Den Hafen, in dem heute kaum noch Betrieb ist, schützt eine vorgelagerte Kaimauer vor der Brandung, sodass man von hier nicht aufs offene Meer sehen kann. Schöne Uferspaziergänge sind möglich, wesentlich reizvoller ist aber das Gebiet westlich der großen Ölfusábrücke in Richtung Þorlákshöfn, wo sich eine **Dünenlandschaft** mit schwarzem Sand und meist starker Brandung erstreckt.

Stokkseyri

Als Eyrarbakki noch einer der bedeutendsten Häfen Südislands war, brummte auch hier im Nachbarort das Leben. Heute ist der Ort dagegen so gut wie verlassen. Und doch „irgendwie cool", nämlich einzigartig. Die meisten der alten, bunten Wellblechhäuser sind restauriert und keines ist wie das andere. Hier lohnt es sich, mal ausgiebig durch die wenigen Straßen zu streifen oder vom Deich aus in die Häuser und Vorgärten zu gucken, denn überall sind kleine Kunstwerke zu entdecken: mal ein eigenwilliges Mobile am Gartenzaun, mal eine Skulptur, hier eine kleine Figur, die vom Dach aus den Passanten zuwinkt, dort ein mit Blumen bepflanztes Klo. Dazwischen ein paar kleine **Galerien und Ateliers**, die ständig auf- und wieder zumachen, sodass es keinen Sinn macht, hier irgendwelche hervorzuheben.

Im Ort

Wenn man schon mal da ist, kann man auch noch in die 1949 erbaute **Þuríðarbúð**, Grasdach-Fischerhütte mit sechs Schlafstellen in der Strandgata 13 schauen.

Die Hauptattraktion von Stokkseyri sind die beiden „Gruselmuseen", die auf keinen Fall verwechselt werden dürfen. Im Tiefparterre taugt **Icelandic Wonders**, Hafnargata 9, ✆ 895 0020, 💻 www.icelandicwonders.is, das mäßige Museum zu Elfen (mit Souvenirshop) und Nordlichtern für einen verregneten Tag. Im **Draugasetrið Ghost Centre** mit „Ghost Bar" im ersten Stock dagegen rollt es einem wirklich die Fußnägel hoch, und Kindern und zarten Gemütern wird dringend vom Besuch abgeraten. Für alle anderen sind die 24 Geistergeschichten aus der Saga-Zeit – in vielen Sprachen als Audioguide – ein echtes Grusel-Erlebnis. 🕒 das weiß man nie so genau. Am höchsten ist die Wahrscheinlichkeit Sa/So 13–17 Uhr. Eintritt jeweils 2000 ISK.

Im Hinterhaus gibt es noch die **Orgelsmiðjan**, Hafnargata 9, ✆ 566 8130, 💻 www.orgel.is, die Werkstatt von Björgvin Tómasson, dem einzigen Orgelbauer Islands, der auch mit Björk gearbeitet hat. Wer Glück hat, bekommt sogar Musik vorgespielt.

Þjórsárhraun

Wo kommen bloß die ganzen Steine her, die hier am Meer herumliegen? Weit und breit ist doch keine Steilküste in Sicht, von der sie abgebrochen sein könnten. Verantwortlich war mal wieder ein Lavastrom, und zwar der größte seit der Eiszeit! Mehr als 140 km weit floss die Lava im Jahr 6700 v. Chr. aus der Veiðivötn-Region im

Hochland (westlich des Vatnajökull), bis sie hier am Ortsausgang von den Wellen des Nordatlantiks gestoppt wurde und als riesiges **Lavafeld** erkaltete: Þjórsárhraun bedeckt 975 km² Land mit 25 km³ Lava; die genauen Umrisse kennzeichnet eine Infotafel auf dem Deich westlich des Hafens.

Jetzt wird auch klar, warum die Wellen sich schon weit vor der Küste brechen und nicht – wie z. B. in Vík – auf den Strand krachen. Zwischen den „natürlichen Wellenbrechern" und dem Strand erstreckt sich eine einzigartige Landschaft aus schwarzen Steinen und Tümpeln mit Meerwasser, in der sich Robben und Enten tummeln. Aber Vorsicht beim Rauslaufen: Die Flut kommt hier oft erstaunlich schnell.

ÜBERNACHTUNG

Eyrarbakki

Campingplatz, am westlichen Ortsrand, ✆ 483 1400, 💻 www.tjalda.is/en/eyrarbakki. Einfache, nicht windgeschützte Campingwiese. Servicehaus mit WCs und Duschen. Pro Zelt/Womo 2500 ISK. ⏲ Mitte Mai–Okt.

Guesthouse 77, Eyrargata 77, ✆ 893 4549. Moderne, kleine Zimmer, die meisten mit Kühlschrank, Toaster und Kaffeemaschine und alle mit eigenem Bad. Besitzer Jóhann spricht Deutsch. ❹–❺

€ **Jugendherberge Eyrarbakki** (auch **Bakki Hostel**), Eyrargata 51-53, ✆ 788 8200, 💻 https://bakkihostel.is. Direkt an der Hauptstraße, mit dem Rücken zum Meer, steht neben der Tankstelle mit dem kleinen Laden eine alte weiße Fischfabrik – schon mehrmals zum schönsten Hostel Islands gekürt. Zu Recht, denn hier ist alles funktional und stylisch: die Korb-Sofas im Eingangsbereich, die topmoderne Küche und die klinisch sauberen Dusch- und Toilettenkabinen. Einzig den Schlafsälen (Bett ab 45 €), in denen insgesamt 36 Pers. in Etagenbetten nächtigen können, mangelt es ein bisschen an Gemütlichkeit. Bettwäsche und Handtücher sind im Preis inbegriffen. Im selben Haus, allerdings mit separatem Eingang: Apartments für 2–6 Pers.

Stokkseyri

Campingplatz (Campingkarte), Sólvellir, ✆ 896 2144, 💻 www.tjalda.is/en/stokkseyri. Ein sehr kleiner Campingplatz mit einem noch kleineren Aufenthaltsraum, aber gut beheiztem Servicehaus. Keine Kochplatten, Duschen gegen Gebühr (200 ISK, Kleingeld nötig). Schwimmbad und Tank-/Bushaltestelle mit Burgerladen fußläufig erreichbar. Kein Platzwart, eine Frau aus dem Dorf kassiert abends. Ab 16 J. 1800 ISK. 🕒 Mai–Sep.

ESSEN

Mit insgesamt zwei Restaurants und je Ort einem Tankstellen-Shop ist das Angebot hier mehr als überschaubar. Es bleibt zu hoffen, dass das **Hafið Bláa**, Richtung Þorlákshöfn, kurz hinter der Brücke über die Ölfusá, 💻 https://hafidblaa.is, mit der tollen Aussicht aufs Meer, das in den vergangenen Jahren zigmal auf- und wieder zu gemacht hat, und zuletzt von den Betreibern des Rauða Húsið gemanagt wurde, einen neuen Anlauf wagt. 🕒 Zum Zeitpunkt der Recherche nur manchmal (wenn das „Offen-Schild" an der Straße steht). Wir hatten Sa und So nachmittags Glück und durften Kaffee und Kuchen (was anderes gab es nicht) in der Sonne genießen.

Vogelschutzgebiet Flói

Ein Schild weist den Weg: Von der Straße 34 auf der Höhe von Eyrarbakki nach Norden abbiegen und schon nach wenigen Kilometern ist ein Vogelparadies, 💻 www.fuglavernd.is/english, erreicht: Hier, wo sich der wasserreiche Fluss Ölfusá zu einem großen See staut, bevor er endgültig über einen schmalen Durchgang ins Meer fließt, nisten am flachen, feuchten Ufer seltene Vögel wie Strandläufer und Odinshühnchen. Singschwäne und Gründelenten sind hier häufig zu Gast, außerdem soll es auch Minks und Polarfüchse geben.

Durch das Sumpfgebiet führen längere und kürzere Wanderwege, darunter ein markierter, ca. halbstündiger Gummistiefel-Rundweg direkt durch das Brutgebiet an der Mündung der Ölfusá. Vogelfreaks können von einem geschützten Unterstand aus in aller Ruhe das bunte Treiben beobachten.

Eyrarbakki

Rauða Húsið (das rote Haus), Búðarstígur 4, ✆ 483 3330, 💻 www.raudahusid.is. Das wohl bekannteste Restaurant weit und breit. Hier enden auch viele organisierte Nordlicht-Touren mit einem opulenten Abendessen. Legendär, aber nicht gerade billig, ist der Norwegische Hummer, lecker sind aber auch die Nudeln mit Gemüse, die auf Wunsch auch vegan zubereitet werden. 🕒 Mo–Fr 17–21, Sa/So 12–21 Uhr.

Stokkseyri

Fjöruborðið, Eyrarbraut 3A, ✆ 483 1550, 💻 www.fjorubordid.is. Eines der besten Seafood-Restaurants Islands. Mit Meerblick und sowohl von außen als auch von innen liebevoll gestaltet. Nicht ganz preiswert, aber ein Gedicht: Die Langoustine in Magical Soup mit Sahne und Tomaten nach Geheimrezept. 🕒 tgl. 12–21 Uhr.

SONSTIGES

Feste

Großes **Mittsommerfest** in Eyrarbakki mit buntem Eventprogramm: Es gibt Puppenspiel und Musik, die Künstler öffnen ihre Studios, die normalen Menschen ihre Häuser.

Informationen

Im **Rauða Húsið** (s. Essen).

Kajakfahren

Kayakferðir, Stokkseyri, ✆ 868 9046, 💻 www.kajak.is. Auch für Anfänger geeignete Touren im Kanal (2 Std., ab 5500 ISK p. P.). Fortgeschrittene paddeln für 12 900 ISK übers offene Meer bis nach Eyrarbakki.

Schwimmen

Schwimmbad, Stjörnusteinar 1a, Stokkseyri, ✆ 480 3260. Kleines Freibad mit Kinderbecken,

2 Hot Pots und Rutsche. ⌚ Juni–Aug Mo–Fr 13–21, Sa und So 10–17, Sep–Mai Mo–Fr 16.30–20.30, Sa 10–15 Uhr.

TRANSPORT

Auto

Von Eyrarbakki sind es über die Straße 33 etwa 6 km nach Stokkseyri. Straße 34 führt in 12 km nach Selfoss und in 16 km nach Þorlákshöfn (schöne Fahrt über die beeindruckende Brücke an der Ölfusá-Mündung, wo das Meer-Wasser links immer eine andere Farbe hat als das See-Wasser rechts.

Von Stokkseyri führt die einzige Straße nach Westen zurück nach Eyrarbakki oder Selfoss und nach Osten entlang der Küstenlinie: Hier fährt man einen weiten Bogen, irgendwann auf Schotter, und kommt am Urriðafoss wieder auf die Ringstraße. Diese Küstenroute ist mit knapp 34 km kaum länger als die Route über Selfoss, doch braucht man wegen der vielen Schlaglöcher deutlich länger.

Busse

Árborgarstrætó fährt Mo–Fr 8x tgl., Sa 2x tgl., So nicht, in etwa 1 Std. die Runde Selfoss–Stokkseyri–Eyrarbakki–Selfoss. Manchmal auch Eyrarbakki–Stokkseyri, was nicht ganz unerheblich ist, wenn man z. B. von Stokkseyri nach Eyrarbakki will. U. u. muss man nach Selfoss zurück und dort in den Folgebus einsteigen. 💻 www.arborg.is/media/thjonusta/arborgarstraeto_heild_A3-2-.pdf.

Hveragerði

Nur in wenigen Ortschaften Islands lohnt es sich, mehrere Tage zu verbringen, ohne den Ort bzw. die nähere Umgebung zu verlassen. Hveragerði (2500 Einw.) ist einer davon. Es gibt hübsche Einfamilienhäuschen und **Gewächshäuser**, einen Fluss mit **Wasserfall**, ein tolles Schwimmbad, einen Golfplatz, einen Trimm-dich-Pfad, vor allem aber jede Menge heiße Quellen und Schlammlöcher, die frei zugänglich sind. Die Stadt liegt nämlich direkt auf einer Magmakammer, und der Boden ist an manchen Stellen bis zu 200 °C heiß. Die Gegend wurde schon früh bewohnt: Die alte Siedlung „Reykir" lag in etwa dort, wo sich heute die landwirtschaftliche Hochschule befindet, die manchmal Veranstaltungen für Studenten (z. B. Pilz-Such-Wande-

In 12 Minuten im Dampf hartgekocht: Eier an der Angel

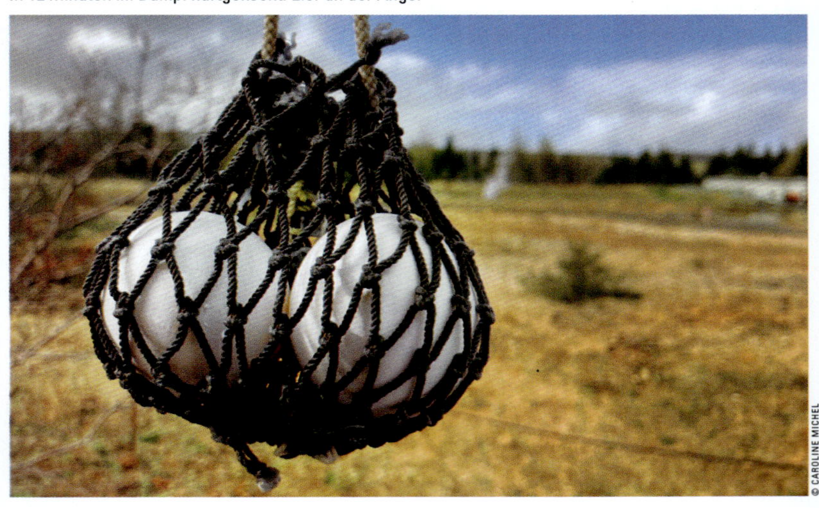

DER SÜDEN

rungen) anbietet, denen man sich einfach anschließen kann.

Eigentlich sind die Gewächshäuser der Uni nicht für Besucher zugänglich, aber wer nett fragt, bekommt schon mal eine private Führung. Seit der Eröffnung des ersten Gewächshauses 1930 sind unzählige weitere dazu gekommen, weshalb Hveragerði sich heute mit dem Titel **„Stadt der Blumen und Bananen"** schmückt. Anfang der 1960er-Jahre begann außerdem ein großangelegtes Aufforstungsprogramm am Ostrand des Tales.

Der in der Ortsmitte gelegene Teil des Geothermalgebiets ist eingezäunt und zum **Besucherzentrum Hveragarðurinn**, Hveramörk 13, ✆ 483 4601 und 660 3905, ausgebaut. Verglichen mit den heißen Quellen im Tal ist es hier zwar unspektakulär, doch lohnt ein Besuch für diejenigen, die mehr über die Entstehung und Geologie des Ortes erfahren wollen. Und für jene, die **ein Ei in einer heißen Quelle kochen** wollen, aber keine selbst gebastelten „Angeln" dabei haben, an denen sie die Eier abseilen können (rohe Eier und das Netz an der Angel sind für 150 ISK pro Ei am Eingang erhältlich). Im Gewächshaus gibt's Kaffee und frisch gebackenes Brot aus der warmen Erde und alle 20 Minuten spuckt ein nicht ganz natürlicher kleiner Geysir. ⌚ Mai–Sep Mo–Fr 9–18, Sa und So 10–17 Uhr. Eintritt ab 12 J. 400 ISK.

Das starke Erdbeben, das den Ort im Jahr 2008 erschütterte (6,6 auf der Richterskala), kann man für 300 ISK p. P. im **Erdbebensimulator** im Einkaufszentrum, rechts neben dem Bónus-Supermarkt, nachempfinden (Tickets gibt's nebenan bei der Post). ⌚ Mo–Fr 8.30–16 Uhr.

Hveragerðis Hauptattraktion ist aber das Tal **Reykjadalur** („Rauch-Tal"). Hier treffen ein heißer und ein eiskalter Bach aus den Bergen kommend so zusammen, dass sie ein Ypsilon bilden, dessen unteres Ende lauwarm ist. Beim angenehmen Bad im seichten Bach kann man zwischen den wärmeren und den kälteren Stellen umherschwimmen. Rund um das schlammige und rutschige Ufer erleichtern Holzwege den Ein- und Ausstieg in den Fluss, schmälern aber gleichzeitig das urige Natur-Feeling etwas. Schade, aber nicht zu ändern, denn das Tal wird dem großen Besucheransturm kaum Herr.

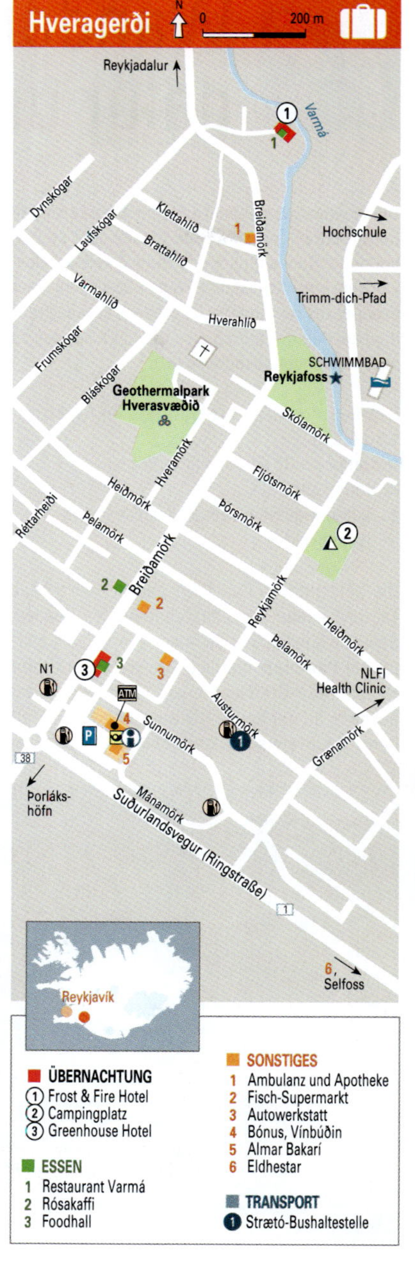

DER SÜDEN

Wandern im Reykjadalur und Grændalur

Die beiden hier beschriebenen Wanderungen führen durch reizvolle Gebirgstäler und stoßen auf einen Rundweg um den Berg Ölkelduhnúkur, von dem aus noch andere Wege abzweigen, einer schöner als der andere. Besonders Wanderfreudige können die Touren also gut nach Norden zu einer Tagestour ausdehnen (s. u.).

Klassische Tour zur Badestelle und um den Berg

- **Länge**: ca. 12 km hin und zurück
- **Dauer**: gut 5 Std.
- **Schwierigkeit**: bis zur Badestelle leicht, danach mittel

Die bekannteste Tour führt bergauf durch das Tal Reykjadalur, an zahlreichen heißen Quellen, Schlammquellen und Solfataren vorbei. Sie startet am **Parkplatz** nördlich von Hveragerði (der Hauptstraße Breiðamörk vom nördlichen Ortsausgang an der weißen Fußballhalle vorbei folgen). Nach etwa 1,5 km erblickt man links im Tal einen schönen **Wasserfall**, der aber nicht zu erreichen ist (der Hang würde mitsamt dem Wanderer abrutschen). Etwa 3,5 km nördlich des Parkplatzes lädt ein **warmer Fluss** (S. 561) zur Pause ein. Erst hinter der Badestelle aber wird die Landschaft richtig interessant. Im Hang zur Linken, der ein Traum in Rot und Schwarz ist, dampft bei **Klambragil** die **heiße Quelle**, die erst 2008 nach dem großen Erdbeben zum Vorschein gekommen ist (vom Parkplatz etwa 4 km). Von hier aus umrundet ein abenteuerlicher Wanderweg, der erst breit ist, später aber immer schmaler und holpriger wird, im Uhrzeigersinn den **Berg Ölkelduhnúkur**, vorbei an einer vor Jahren abgebrannten Hütte und einer großen, bunten Dampfquelle, ehe es wieder steil bergab zurück zur Badestelle geht (weitere 5 km).

Alternativ besteht die Möglichkeit, auf zwei Wegen in Richtung Þingvallavatn abzusteigen (s. „Per pedes ins Hengill-Gebirge" S. 216). Beide Wege enden an der Straße 360, die von Þingvellir über Nesjavellir Richtung Selfoss führt.

DER SÜDEN

GRÆNDALUR; © CAROLINE MICHEL

Grændalur: Alternativstrecke zur Badestelle

- **Länge**: vom Golfplatz bis zum Reykjadalur-Parkplatz 9,5 km (ohne Umrundung des Ölkelduhnúkur)
- **Dauer**: etwa 4 Std.
- **Schwierigkeit**: mittel
- **Hinweise**: Anders als im Reykjadalur kann es im grünen Tal matschig sein und an sonnigen, windstillen Tagen Mücken (die aber nicht stechen) geben. Am Krater kann jederzeit der Hang abrutschen. Deshalb steht dieser Weg nicht mehr auf der offiziellen Wanderkarte.

Rund um das bekannte Reykjadalur locken noch andere Täler, in denen ebenfalls Solfataren dampfen. Und durch die viel weniger begangene Wanderwege führen. Unser Alternativvorschlag beginnt deshalb nicht am Reykjadalur-Parkplatz, sondern weiter östlich am **Golfplatz** (in Hveragerði der Beschilderung folgen und kurz vor dem ersten Golfplatz-Gebäude links abbiegen). Hier beginnt der Wanderweg rechts vor einer kleinen Brücke. Auf einem zunächst noch als Fahrspur erkennbaren Wiesenweg geht es leicht bergauf. Hier zerfasert der Weg in zahlreiche Trampelpfade (weil der Hauptweg nach stärkerem Regen zu einem Bachbett wird, haben sich die Ausweichpfade ausgetreten), aber die Richtung bleibt klar erkennbar: Links der Berg Tindar, rechts im Tal der kleine Fluss Sauðá, geht es weiter bergauf. Nach einer halben Stunde ist der erste Höhepunkt erreicht: Ein **Krater** bzw. ein Bergabbruch (Achtung: loses Gestein, auf keinen Fall herunterklettern!), der vor allem durch seine Farbenpracht beeindruckt: Schwefelgelb trifft rostrot und alle Nuancen von grau. Erstaunlich, dass hier kaum jemand hingeht.

Von hier aus führt die Spur nach Norden weiter bergauf bis zu einem Bergrücken, wo sie sich verliert. Man läuft so lange wie möglich auf dem Rücken bergab in Richtung Norden und steigt schließlich weg- und markierungslos in das sehr grüne und feuchte, geschützte Tal **Grændalur** (grünes Tal) hinab. Jetzt erkennt man auch schon die Pflöcke, die den vom Úlfljótsvatn kommenden Wanderweg (S. 216) bis ins Reykjadalur markieren (bis hierhin 4 km). Ihnen folgt man erst quer Richtung Westen durchs Tal und dann bergauf bis zu einem kleinen Pass (Dalaskarð). Jetzt liegt das ganze Reykjadalur vor einem. Man sieht eine große **Solfatare** und eine abgebrannte Hütte, die als Orientierungshilfe dient. Von dort aus kann man nach rechts den Berg Ölkelduhnúkur umkreisen, geradeaus geht es runter ins Tal, wo man auf den warmen Fluss trifft (bis hierhin 6,5 km) und dem populären Weg (s. o.) Richtung Hveragerði folgt.

Der Nachteil dieser Tour: sie endet nicht am Ausgangspunkt und man muss die 2 km vom Reykjadalur-Parkplatz bis zum Golfplatz entlang der Asphaltstraße laufen oder sich von einem der zahlreichen Autofahrer bis zur Abzweigung mitnehmen lassen.

Bis spät in die Nacht singen und feiern hier im Sommer junge Isländer und Touristen (Zelten ist streng verboten, aber nicht alle halten sich daran). Erreichbar ist die **Badestelle** nur zu Fuß über einen ungefähr 3,5 km langen Wanderweg (s. Aktivtour S. 562). Parkgebühren sind gestaffelt nach Zeit (bis 15 Minuten kostenlos, erste Stunde 200 ISK, jede weitere 250 ISK) und bezahlbar über die App easypark.

ÜBERNACHTUNG

In Hveragerði findet jeder die passende Unterkunft: Es gibt Hotels (z. B. Frost & Fire und das neuere Greenhouse Hotel), eine Art Wellness-Hotel (Heilsustofnun Spa Apartments), zahlreiche Gästehäuser, Apartments und Sommerhäuser, die man komplett mieten kann und einen netten zentralen Campingplatz.

Campingplatz, Reykjamörk, 857 9903, www.tjalda.is/en/hveragerdi. Sehr schöner, zentraler Platz mit überdachtem Bereich zum Kochen und Essen, Waschmaschine und Trockner (je 700 ISK). Der einzige Haken: Es gibt nur je ein Klo für Männlein und für Weiblein (außerdem eins für behinderte Menschen, die einen eigenen Schlüssel bekommen). Ideal für Busreisende, denn die Bushaltestellen liegen ganz in der Nähe. Ab 15 J. 2000 ISK. ganzjährig.

Frost og Funi/Frost & Fire Hotel, Hverhamar, 483 4959, www.frostogfuni.is. Das Hotel ist nicht billig, aber gemessen am Angebot stimmt das Preis-Leistungs-Verhältnis. Und das Ambiente: Hier kann man im großen Hot Pot sitzen, auf den Fluss Varmá schauen (und vielleicht sogar darin eintauchen), ein Ei in der hauseigenen heißen Quelle kochen und anschließend auf der lauschigen Terrasse entspannen. 7

Greenhouse Hotel, Austurmörk 6, 464 7336, https://thegreenhouse.is. Brandneues Hotel am Ortseingang im phantasievollen Gewächshaus-Stil: überall stehen Pflanzen. Die Zimmer sind modern und tipptopp. 7

ESSEN

Trotz ihrer geringen Größe bietet die sehr touristische Stadt an jeder Ecke etwas Feines zu Essen. Im Sommer sogar am Parkplatz, an dem die Wanderung zum „heißen Fluss" beginnt (**Café Reykjadalur**, tgl. 11–18 Uhr). Und im neuen **Greenhouse Hotel** (s. Übernachtung) gibt es sogar 7 verschiedene kleine Restaurants unterschiedlicher Ausrichtung in einer Art Foodhall, Küche bis ca. 20.30 Uhr.

Restaurant Varmá, Hverhamar, 483 4959, www.frostogfuni.is. Das Restaurant des Frost & Fire Hotel bietet feinste isländische und europäische Küche nach Slowfood-Konzept und mit herrlichem Flussblick. Hochgelobt ist vor allem der Hummer, aber auch das Fishstew (das oft als „kleiner Gruß aus der Küche" kommt), das Lamm mit Lakritzsoße und die ausgefallenen Nachtische haben es in sich. Unbedingt das süß-salzige Nachtischpotpourri aus in heißer Quelle gebackenem Schokokuchen und Karamellsalz-Eis ausprobieren. Ein täglich wechselndes vegetarisches Tagesgericht (der Koch erfüllt aber auch Sonderwünsche) rundet das Angebot ab. tgl. 17.30–22 Uhr.

Rósakaffi, Breiðamörk 3, 571 6899, www.fb.com/rosakaffid. Kuchen, Eis, Süppchen, Burger und Pommes in netter Atmosphäre am bzw. im Gewächshaus. tgl. 11.30–20 Uhr.

EINKAUFEN

Gut für den **Großeinkauf**: Rund um den großen Parkplatz (Sunnumörk, Achtung: Ein- und Ausfahrt über zwei verschiedene Straßen) gleich hinter dem Kreisverkehr gruppieren sich Bónus-Supermarkt (tgl. 10–20 Uhr), Alkoholladen (Vínbúðin, Mo–Do 11–18, Fr 11–19, Sa 11–16 Uhr), Geldautomat, Touristeninformation, eine Bäckerei (**Almar Bakarí**, Mo–Fr 7–17, So 8–17 Uhr) und das Restaurant Hofland.

Die netteren, **kleineren Geschäfte** liegen an der Hauptstraße Breiðamörk. Hier gibt es einen Fisch-Supermarkt, Mo–Fr 11.30–18 Uhr, Souvenirs, Kunsthandwerk und vor allem Pflanzen und Blumen. Einer der wenigen Orte Islands, in denen sich ein Stadtbummel lohnt.

AKTIVITÄTEN

Reiten

Eldhestar, ✆ 480 4800, 💻 www.eldhestar.is. Der Veranstalter, der auch mehrtägige Touren anbietet (s. die deutschsprachige Broschüre auf der Homepage), ist einer der größten Islands. In der Station etwa 2 km südlich von Hveragerði stehen die Pferde in der Hochsaison schon fertig gesattelt und warten nur darauf, dass die Reitgäste aufsteigen. Ab 10 000 ISK, Transfer von und nach Reykjavík möglich.

Schwimmen

Schwimmbad, Reykjamörk, ✆ 483 4113, 💻 https://sundlaugar.is/sundlaugar/sundlaugin-laugaskardi. Sehr gepflegtes und hübsch im Grünen gelegenes Bad, dessen Wasser besondere Heilkräfte haben soll, denn das Bad wird direkt aus unterirdischen Quellen beheizt. Das Wasser in den 3 Hot Pots ist nicht gechlort. 🕒 15. Mai–15. Aug Mo–Fr 6.45–21.30, Sa und So 9–19 Uhr, 16. Aug–14. Mai Mo–Fr 6.45–20.30, Sa und So 10–17.30 Uhr.

Trimm-dich-Pfad

Ein Trimm-dich-Pfad durch den Wald beginnt oberhalb des Schwimmbads bei der landwirtschaftlichen Hochschule. Selbst an sehr windigen Tagen bieten Hang und Wald guten Schutz.

Wandern

Im Vulkangebiet Hengill wurden insgesamt 125 km Wanderstrecke markiert, die Wanderkarte dazu gibt's in der Touristeninfo oder unter 💻 www.on.is/wp-content/uploads/2020/10/hiking-trails-at-hengill-area.pdf.

Wellness

NLFI Health Clinic and Spa, Grænumörk 10, ✆ 483 0300 und 860 6525, 💻 www.hnlfi.is. Schlammbäder, Massagen und Akupunktur, Preise s. Webseite.

SONSTIGES

Autoreparaturen

Bílaverkstæði Jóhanns, Austurmörk 13, ✆ 483 4299.
Bei kleineren Problemen hilft das freundliche Personal an der N1-Tankstelle.

Feste

Blumenfeste, im Juni oder August: Populär sind z. B. das Blóm í bæ und die Blumentage Blómstrandi dagar (deutsch: blühende Tage).

Informationen

Touristeninformation (mit Post), Sunnumörk 2-4, ✆ 483 4601, 💻 www.south.is. 🕒 Mo–Fr 8.30–16 Uhr.
Außerdem hilft das freundliche Personal (Inka ist Deutsche) im **Geopark-Besucherzentrum** Hveragarðurinn (s.o.) immer gern weiter.

TRANSPORT

Auto

Weiterfahrt über die Ringstraße nach Reykjavík über die Passstraße Hellisheiði (S. 555), die oft windig, neblig und im Winter möglicherweise auch gesperrt ist. Straße 38 führt nach Þorlákshöfn und zur Südküste der Halbinsel Reykjanes.

Busse

Strætó hält bei der Orkan-Tankstelle Austurmörk.
REYKJAVÍK, mit Strætó (Linien 51 und 52) fast stdl., in 40 Min. für 1710 ISK.
ÞORLÁKSHÖFN, mit Strætó (Linie 71) 4x tgl. (nur Mo–Fr) in 20 Min.

UNTERWEGS IM HOCHLAND; © ROBIN KUHNHENNE

Das Hochland

Einsame graue Lavawüsten, bunte Berge, grüne Oasen … große Berge, kleine Berge, keine Berge. Wer schon immer mal zum Mond wollte, kann sich im Hochland darauf einstimmen. Nur zwei bis drei Monate im Jahr ist das Gebiet für Autos geöffnet und auch dann zum allergrößten Teil nur für geländegängige Allradfahrzeuge. Den Rest des Jahres haben Reiter und Wanderer die einsamen Berge und weiten Hochebenen fast ganz für sich allein.

Stefan Loose Traveltipps

16 **Landmannalaugar und Umgebung** Die fantastische Bergwelt bietet einen tollen Einblick ins Hochland. S. 569

Der Laugavegur Der beliebteste Wanderweg des Landes. S. 575

Laki-Krater Der Abstecher zur Laki-Kraterreihe ist ein Ausflug in eine andere, fremde Welt. S. 578

Wandern auf der Kjölur-Route Ideal für Einsteiger: die Wanderung auf der alten Postroute. S. 580

17 **Kerlingarfjöll** Wandern in den „Altweiberbergen", einem der größten Geothermalgebiete Islands. S. 585

Hveravellir Der heiße Pool im kargen Hochland ist ein lohnender Zwischenstopp. S. 586

18 **Öskjuleið (F88)** Abwechslungsreiche Fahrt über die Herðubreið zur Askja auf einer der schönsten Hochlandstrecken. S. 592

Kverkfjöll Nur mit richtigen Geländewagen geht's zum Ursprung des Jökulsá á Fjöllum-Flusses. S. 595

HOCHLAND, F26; © MARK MARKAND

KERLINGARFJÖLL-GIPFEL; © DIRK KRÜGER

Wann fahren? Auto- und Busreisen sind nur Juni–Aug möglich – die genauen „Öffnungszeiten" variieren von Jahr zu Jahr. Im Herbst und Winter sind nur einige Isländer mit speziell ausgerüsteten Super-Jeeps unterwegs.

Wie lange? Wer „nur mal gucken" will, kann auf einer Tagestour Hochland-Luft schnuppern. Echte Fans bleiben länger.

Updates, mehr **Bilder** und eure **Tipps** zu diesem Kapitel auf www.stefan-loose.de unter **eXTra [11076]**

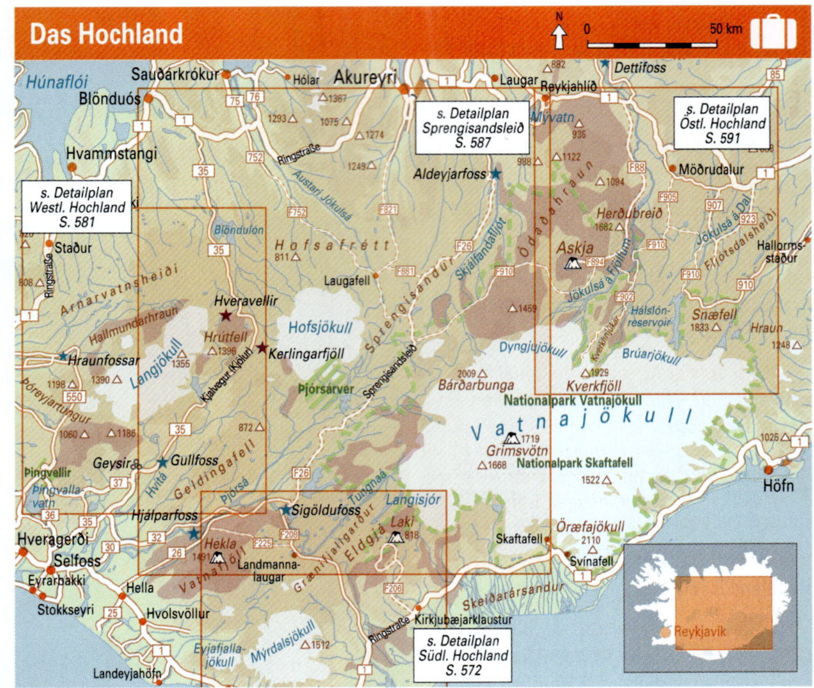

Willkommen im größten Wüstengebiet Europas! Tausende Quadratkilometer nichts als Steine und Kies, daraus ragen Vulkane und gletscherbedeckte Gebirgszüge, und immer noch ist die Erde hier aktiv und gestaltet die Natur. Eine ebenso faszinierende wie unzugängliche Region – fast unzugänglich, denn schon immer lebten hier auch einige wenige Menschen. Die Ausgestoßenen und Geächteten aus vergangener Zeit sind allerdings in die Geschichte und die Welt der Legenden eingegangen; heute trifft man Abenteurer, Wanderer, Bergsteiger und Reitergruppen. Dazwischen ein paar Park-Ranger, die aufpassen, dass sich alle an die Regeln halten – und die immer wieder mit ihren hochgerüsteten Geländewagen ausrücken müssen, um unvorsichtige Besucher aus misslichen Lagen zu befreien.

Je tiefer man in das Hochland vordringt, desto mehr spürt man seine Magie. Doch es geht auch ohne eigenes Allradfahrzeug oder die Zeit für eine mehrtägige Wanderung: Schon in den Randgebieten liegen wunderschöne Gebiete, die aus der Küstenregion per Tagesausflug besucht werden können.

Südliches Hochland

Unter dem südlichen Hochland verbirgt sich eine hochaktive geologische Zone, die in den letzten Jahrtausenden mit gewaltigen Eruptionen eine ganz junge, faszinierende Landschaft geformt hat. Mit Katla und Hekla warten hier zwei Monster-Vulkane auf ihren nächsten Ausbruch – mit unabsehbaren Folgen für Island und vielleicht sogar ganz Europa. An vielen Stellen dampft und qualmt es aus der Erde, und schwarze Lava-Wüsten lassen ahnen, wie viel zerstörerische Kraft unter der Erdkruste lauert. Zum Glück ist die ganze Region unter permanenter Beobachtung durch isländische Geologen, und wenn es einmal mehr rumpelt als gewöhnlich, findet das sofort seinen Weg an die Öffentlichkeit und entsprechende Warnungen werden ausgesprochen. Das regelmäßige Checken von 💻 www.safetravel.is sei daher auch an dieser Stelle noch einmal ans Herz gelegt.

16 HIGHLIGHT

Landmannalaugar und Umgebung

Landmannalaugar, das „Bad der Männer vom Lande", ist einer der faszinierendsten Orte im Hochland: Berühmt für sein geothermales Bad, umgeben von farbenprächtigen Bergen, durch die sich Wanderwege mit immer wieder atemberaubenden Ausblicken schlängeln. Heiße Quellen, Lavaflächen, Schluchten, Berge und Flüsse bilden ein Ensemble ohnegleichen – ein Traum, nicht nur für Fotografen.

Die Zugangsstraßen hierhin sind nur etwa zweieinhalb Monate im Jahr offen – etwa von Ende Juni bis Anfang September. Das raue Klima ist deutlich kälter als im Flachland, und selbst im Juli kann es zu plötzlichen Unwettern (bis hin zu Schneestürmen) kommen. Zeitweise sind dann alle Pisten und Wanderwege gesperrt. Etwas flexible Planung ist also sinnvoll. Aber wenn das Wetter mitspielt, ist die Region ein Paradies für Wanderer und Naturfreunde; wahrscheinlich eines der großen Highlights der Reise. Dementsprechend voll ist es oft im Camp, doch zum Glück verteilen sich die Massen halbwegs auf den attraktiven Routen der Umgebung.

Die namensgebende **Badestelle** ist im Sommer ziemlich belebt. Je nach Strömung herrschen im Wasser verschiedene Temperaturen, sodass es hier auch mal kühl sein kann – wenn alle warmen Plätze besetzt sind. Umziehen kann man sich in Kabinen am Holzpodest direkt an der Quelle. Etwa 200 m entfernt im Sanitärgebäude gibt es weitere Umkleidemöglichkeiten und Duschen. Achtung: Immer mal wieder berichten Besucher von Stichen oder Bissen durch Parasiten, die sie sich in der Badestelle zugezogen haben. Das scheint je nach Wetter und Jahreszeit mal mehr, mal weniger ein Problem zu sein – am besten vorher nach der aktuellen Lage erkundigen.

Die relativ geruhsamen Zeiten am Landmannalaugar sind jedoch vielleicht bald Geschichte. Geplant sind ein Großparkplatz, eine künstliche Badelagune und Gästehäuser für etwa 120 Personen. Gegen diesen Ausbau der Region zu einem touristischen Hotspot regt sich Widerstand. Es bleibt zu hoffen, dass die Naturschützer sich durchsetzen, denn die Umsetzung der Pläne würde das Gebiet der Fjallabak-Region, die unter Naturschutz und auf der Liste des Unesco-Welterbes steht, möglicherweise

Sicheres Fahren im Hochland

Asphalt-Cowboys aufgepasst: Auch wer auf geteerten Straßen ein sicherer Fahrer ist, kann als Hochland-Greenhorn in böse Fallen tappen. Wer mit dem eigenen oder dem gemieteten Pkw oder Camper ins Hochland fährt, sollte also unbedingt einige Dinge beachten und entsprechende Vorbereitungen treffen.

- Vor der Fahrt anhand von Karten und online mit der Strecke vertraut machen.
- Unbedingt das Wetter (💻 www.vedur.is) und die Straßenbedingungen (💻 www.road.is) beobachten. Wer auf Nummer sicher gehen will (in Island immer eine gute Idee), hinterlässt seinen Reiseplan auf 💻 www.safetravel.is.
- Das Furten von Flüssen möglichst vermeiden oder unbedingt einige Hinweise (s. Kasten S. 588) beachten.
- Das Fahrzeug sollte entsprechend ausgerüstet sein (Verbandskasten, Luftdruck und Ersatzrad überprüft, genug Sprit im Tank bzw. in den Reservekanistern).
- Warme Kleidung, ein paar Extra-Klamotten und ggf. eine Wathose gehören ins Gepäck.
- Auch wenn im Hochland längst nicht überall Netzabdeckung gegeben ist: Das Handy sollte immer aufgeladen sein.
- Niemals die Piste verlassen!

Unterwegs im Hochland

Generelles zum Autofahren

Die wichtigste Adresse für Hochlandreisende ist die Website 💻 https://umferdin.is/en. Sie hält über die Straßenverhältnisse auf dem Laufenden, denn auch im Sommer sind nicht immer alle Straßen befahrbar. Hilfreich bei der Planung ist auch die detaillierte Karte unter 💻 https://vegasja.vegagerdin.is/eng/, die genau anzeigt, welche Straßen geteert sind und welche nicht. Straßensperren mit Schlagbäumen gibt es – wenn überhaupt – nur im Winter und nur an den großen Zufahrtswegen, ansonsten setzen die Isländer voraus, dass man sich informiert. Und trotzdem kann es immer wieder Überraschungen geben, die zur Umkehr zwingen: Straßen, die durch einen Erdrutsch unpassierbar werden, oder seichte Bäche, die sich innerhalb weniger Stunden in reißende Flüsse verwandeln. Wichtig: Alle F-Straßen dürfen nur mit Allradfahrzeugen befahren werden (und bei 4x4-Mietwagen muss man zudem auch dann im Vertrag gucken, ob es erlaubt ist).

Die Hauptrouten

Die nur 40 km lange **Kaldidalur-Strecke (Straße 550)** ganz im Westen wird gern als „Hochland für Anfänger" bezeichnet. Richtung Süden schließt sich der Abschnitt nach Þingvellir an (s. auch S. 223). Schon seit der Landnahme-Zeit viel frequentiert ist die Nord-Süd-Verbindung auf der rund 180 km langen **Kjölur-Route**, der **Straße 35** (auch Kjalvegur genannt), die ebenfalls keine allzu großen Herausforderungen stellt (keine Flüsse zu queren). Diese beiden Straßen darf man mit einem normalen Pkw befahren; Autovermieter schließen jedoch meist auch die Nutzung dieser beiden Straßen in ihren Verträgen aus. Dramatischer ist die Fahrt auf der weiter östlich liegenden **Sprengisandur-Route**, der **F26**; auch bekannt als Sprengisandsleið. Hier sind einige Flüsse zu durchqueren, und bei der größten Hürde, der Furt bei Nýidalur, blieb schon so mancher Fahrer im Fluss stecken (s. auch Kasten „Tipps zum richtigen Furten", S. 588). Im Gegensatz zur Kjölur-Route bietet die F26 unterschiedliche Ein- und Ausstiegsmöglichkeiten: zwei fast parallel verlaufende Straßen im Süden, die Straßen 32 und 26, und mehrere Verzweigungen im Norden. Die F26 selbst endet am Aldeyjarfoss, wenige Kilometer südlich des Goðafoss, wo man wieder auf die Ringstraße trifft (Entfernung Hrauneyjar–Goðafoss ca. 240 km). Alternativ zweigt im nördlichen Drittel der F26 die Straße F821 in Richtung Akureyri ab.

Als Alternative zur Ringstraße eignen sich Kjölur und Sprengisandur nur bedingt: Die Strecken sind zwar kürzer, aber nicht unbedingt schneller. Größtenteils geht es durch öde Steinwüsten. Für diejenigen, die Zeit für Abstecher haben, hält das Hochland dagegen ungeahnte Schätze bereit.

Weitere Hochlandstraßen

Spannend wird das Autofahren abseits dieser Hauptrouten. Beispielsweise zweigt hinter Nýidalur eine Strecke von der F26 nach Nordosten ab und führt dann auf der **F910** und **F88** vorbei am jüngsten Lavafeld Islands, dem Holuhraun, und dem Vulkan Askja. Die F88 trifft südöstlich vom Dettifoss wieder auf die Ringstraße. Für diese Strecke (besonders den Abschnitt auf der F910) ist ein gut ausgerüsteter Geländewagen nötig; mit einem normalen SUV kommt man hier nicht durch. Mehr zur F88 (Öskjuleið) auf S. 592.

Legendär ist die Verbindungsstraße **F208**. Sie zweigt als Skaftártunguvegur westlich von Kirkjubæjarklaustur von der Ringstraße ab und führt als Fjallabaksleið nyrðri („Nördlicher Weg hinter den Bergen") vorbei an der Feuerspalte Eldgjá Richtung Landmannalaugar. Der Südabschnitt ist eine der beliebtesten „Offroader"-Routen Islands. Die gewundene Strecke mit jeder Menge Flussdurchquerungen (z. T. recht tiefe Furten) ist eine echte „Abenteuer"-Straße.

Eine schöne Route führt über die **F232** und die **F210** durch das südliche Hochland; u. a. am beeindruckenden Berg **Mælifell** vorbei. Mehrere Flussdurchquerungen (z. T. recht gefährlich, s. dazu auch S. 588) und Lavapisten belohnen mit beeindruckenden Aussichten. Eine Weiterfahrt nach Landmannalaugar ist auf einer nicht nummerierten Piste möglich und bietet einen direkten Blick auf Hekla.

Spannend ist auch die Straße **F206** zu den Laki-Kratern (S. 578). Auch hier warten mehrere Furten.

Busse

Durchgehende Busverbindungen gibt es im Hochland nicht. Von der Ringstraße aus lassen sich jedoch per Bus zwei schöne **Abstecher** ins Hochland unternehmen: im Süden nach Landmannalaugar (S. 569) und im Nordosten zur Askja (S. 590). Siehe dazu auch 💻 https://publictransport.is. Direkt ab Reykjavík gibt es zudem Verbindungen nach **Þórsmörk** (s. Kasten „Unterwegs nach Þórsmörk", S. 525).

Wandern

Das isländische Hochland ist ein Paradies für Wanderer und Entdecker. Denn hier gibt es das, was man an so vielen Orten vergeblich sucht: unberührte Natur. So wundert es nicht, dass Wanderungen im Hochland immer beliebter werden und das Wegenetz nach und nach ausgebaut wird.

Wie auch beim Autofahren gilt es, Vorbereitungen zu treffen und sich vor Antritt der Wanderung über die aktuellen (Wetter-)Verhältnisse zu informieren. Der größte Teil des Hochlandes liegt etwa 600–800 m über dem Meeresspiegel – Islands kühles Klima kann hier richtig frostig werden, und in Sachen Kleidung sollte man sich auf Winter vorbereiten. Ein GPS-Gerät ist unbedingt empfehlenswert, um bei Nebel nicht verloren zu gehen. Ein gründlicher Blick auf 💻 www.safetravel.is ist obligatorisch. Und dass man sich an die markierten Wege hält, ist selbstverständlich: Nicht nur im Sinne des Naturschutzes, sondern auch der eigenen Sicherheit zuliebe.

An den Wegen bieten Hütten Übernachtungsmöglichkeit, aber die sind oft lange im Voraus ausgebucht (ohne eigenes Zelt zeitig vorbuchen). Genügend Proviant muss mitgeführt werden; die Hütten sind auf Selbstversorger ausgerichtet.

Der wohl beliebteste Wanderweg Islands ist der 54 km lange **Laugavegur** (S. 573 und Tour S. 575). Die viertägige Strecke führt durch sehr abwechslungsreiche Landschaften; heiße Quellen, Eishöhlen, bunte Berge und Lavawüsten – ein Highlight jagt das nächste. Seine Verlängerung über den **Fimmvörðuháls** (S. 522) ist zwar nur 26 km lang, führt aber über einen hohen Pass und ist streckenweise recht steil.

Weitere interessante Wege führen durch die **Kerlingarfjöll** (S. 585), eine fantastische Landschaft aus heißen Quellen und bunten Bergen. Andere laufen den alten, 180 km langen **Kjalvegur** abseits der heutigen Straße 35; auf den Pfaden der ersten Wikinger zur Landnahmezeit geht es hier vom Wasserfall Gullfoss im Süden nach Blöndudalur im Norden. In dieser Gegend können aber auch kürzere Abschnitte erwandert werden – etwa die 40 km vom See Hvítárvatn zu den heißen Quellen von Hveravellir (Tour S. 582).

Fahrrad

Mountainbiker kommen im Hochland voll auf ihre Kosten. Mit einem stabilen Drahtesel (am besten mit guter Federung), Werkzeug und Ersatzteilen ausgerüstet, fahren manche hier die Tour ihres Lebens. Das ist schon von der Strecke her ziemlich anspruchsvoll. Hilfreich beim Planen kann die Karte auf 💻 https://cyclingiceland.is/de/ sein. Zu allem Überfluss wird es auch auf den Pisten nach und nach voller – und wenn es länger nicht geregnet hat, zieht jedes Auto eine riesige Staubfahne hinter sich her. (Liebe Autofahrer: Langsam überholen hilft!)

Die meisten Radler durchqueren das Hochland auf der Straße 35 oder der F26. Letztere bietet im mittleren Abschnitt eine Nebenstrecke (F752), auf der es ruhiger zugeht. Sie führt weiter westlich etwas näher am Hofsjökull vorbei.

Trampen

Auch per Anhalter lässt sich das Hochland erkunden – etwas Flexibilität vorausgesetzt. Die besten Stellen, um in die Berge vorzustoßen, sind die entsprechenden Abzweige von der Ringstraße oder den 30er-Straßen im Golden Circle.

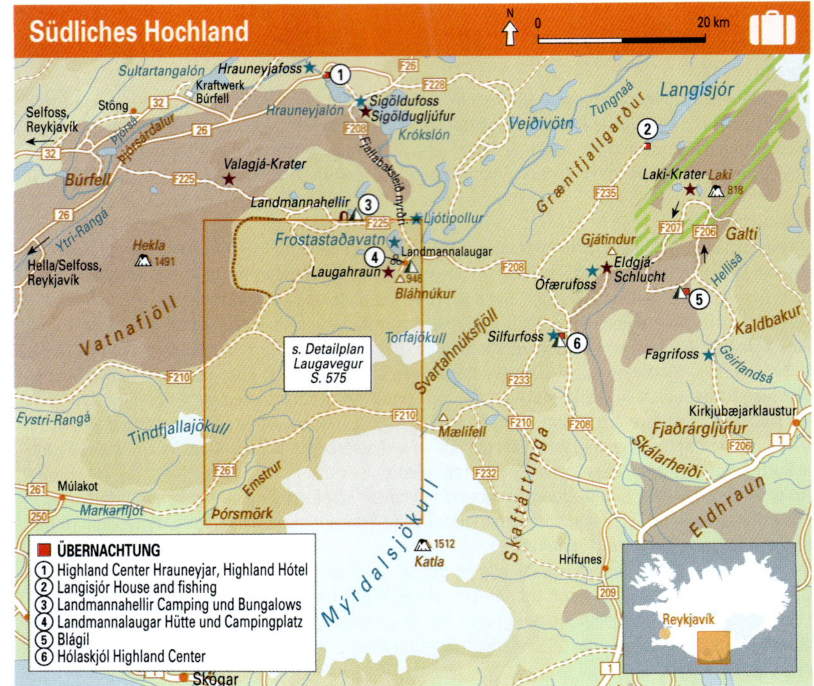

dauerhaft zerstören – oder zumindest sehr schädigen.

Nähere Umgebung

Einige mehrstündige, reizvolle Wanderwege durchziehen die Region. Im Informationsbüro des Camps gibt es eine Karte mit den populärsten Routen, darunter die folgenden Ziele:

Bláhnúkur

Ein beliebter, kurzer Ausflug führt auf den 946 m hohen Berg Bláhnúkur in der Nähe des Camps. Die großartige Aussicht auf die fantastische Umgebung sucht ihresgleichen. Ein tolles Fotomotiv gibt die 855 m hohe **Brennisteinsalda** („Schwefelberg") ab. Der rhyolithische Lavadom ist Teil der Caldera des Torfajökull-Zentralvulkans. An seinem Fuß qualmt und dampft es aus einem Hochtemperaturgebiet. An den Berghängen leuchtet eine ganze Farbpalette aus gelben Schwefel- und rötlichen Eisenablagerungen, beigem Rhyolith, schwarzer Lava, weißem Kalk und grünen Farbtupfern von Moosen. Das Lavafeld **Laugahraun** an seiner Flanke entstand bei den letzten Ausbrüchen anno 1477. Die Lava ist damals sehr schnell abgekühlt und schließlich zu schwarzem, glasartigem **Obsidian** erstarrt.

Frostastaðavatn

Der 2,5 km² große, fischreiche See, an dem sich Einheimische gerne mal eine Forelle fürs Abendessen fangen, liegt malerisch eingebettet zwischen bunten Bergen und schwarzen Lavafeldern. Das Gewässer befindet sich nur 3 km nördlich von Landmannalaugar gleich westlich der F208 und ist sowohl zu Fuß als auch mit dem Auto gut zu erreichen.

Ljótipollur

An der Kreuzung der Straßen F208 und F225 zweigt eine holprige Piste zu diesem Kratersee 6 km nordöstlich von Landmannalaugar ab. Er ist kleiner, aber nicht weniger sehenswert als der Frostastaðavatn. Die wörtliche Bedeutung „hässlicher Teich" tut dem See unrecht. Er entstand, als hier Grundwasser mit heißer Lava in Berührung kam und mit einer gewaltigen Explosion verdampfte. Am oberen Rand des tiefen Kraters lassen sich gut die verschiedenen Lavaschichten erkennen, die hier die Erdoberfläche bilden. Ein fotogenes Stück Natur, für das man ein gutes Weitwinkel mitnehmen sollte.

Graenihryggur

Lange galt die Wanderung zum Graenihryggur, dem grünen Bergrücken, als Geheimtipp. Das ist zwar vorbei, aber die (nur im Sommer mögliche) Wanderung ist immer noch ein echter Tipp. Die Tour ist zwar etwas länger (8 Std.) und auch nicht unbedingt ein lockerer Spaziergang, aber die Ausblicke auf die farbenfrohe blaugrün-schimmernde Landschaft lohnen die Mühe. Detaillierte Routentipps gibt es online auf 💻 https://epiciceland.net/graenihryggur-hike. Wer nicht allein gehen mag, kann sich auch einer geführten Tour anschließen.

Landmannaleið (F225)

Wer von Reykjavík auf direktem Wege nach Landmannlaugar fährt, wird diese Straße benutzen: Der „Landmännerweg" zweigt nordöstlich von Hella von der Straße 26 ab, führt dann Richtung Osten und stößt nach ca. 50 km (Fahrtdauer knapp 1 1/2 Std.) nahe dem See Frostastaðavatn auf die F208. Unterwegs passiert man weite Lavafelder und einige Furten. 15 km östlich des Abzweiges von der 26 lohnt für alle, die ein bisschen Zeit haben, ein Abstecher von der F225 zum 2 km nördlich gelegenen **Valagjá-Krater**, der bei einem explosiven Ausbruch entstanden ist. Im Gegensatz zu vielen „Artgenossen" ist er nicht mit Wasser gefüllt.

In der Umgebung finden sich noch ein paar Nebenkrater. Zurück auf der F225 ist kurz vor der Mündung in die F208 schließlich die kleine Niederlassung bei **Landmannahellir** erreicht. Der dortige Campingplatz ist eine Alternative zum großen Platz in Landmannalaugar: Eine sanfte grüne Wiese an einem plätschernden Fluss – kein Vergleich zum Remmi-Demmi in Landmannalaugar (s. Übernachtung).

Hrafntinnusker

Das Hochplateau Hrafntinnusker (s. auch Kasten unten), zu Fuß als Tagesausflug von Landmannalaugar, bzw. als Station auf dem Laugavegur (s. Tour S. 575) zu erreichen, gehört zum Naturschutzgebiet Fjallabak. In dem Geothermalgebiet raucht und blubbert es aus unzähligen heißen Quellen, Fumarolen und Solfataren. Der Qualm, die pechschwarzen Lavafelder, Flüsse, an deren Ufern neongrünes Moos ins Auge sticht – wenn dann noch Nebel aufzieht (was hier oben nicht ungewöhnlich ist), wähnt man sich wirklich in einer anderen Welt.

In diesem Gebiet liegt auch im Sommer noch Schnee, unter dem sich durch die geothermalen Aktivitäten kleinere und größere Eishöhlen bilden können. Vorsicht, Einsturzgefahr – hier oben sollte man genau schauen, wo man hintritt. Beim sichernden Blick auf den Boden fallen auch die glasartigen schwarzen Obsidian-Steine auf, die für die Gegend charakteristisch sind.

Der Laugavegur

In Landmannalaugar startet bzw. endet der Laugavegur („Weg der heißen Quellen"), einer der schönsten und beliebtesten Wanderwege

Auf schwankendem Boden

Geologisch ist Hrafntinnusker Teil des Torfajökull; eines Caldera-Vulkans, der an die 100 000 Jahre alt sein soll und die Landschaft zum größten Teil während der letzten Eiszeit geformt hat. Beim Ausbruch traten große Mengen des Gesteins Rhyolith zutage, das auch den Berg Brennisteinsalda formt. Spätere Eruptionen förderten basaltische Lava; so etwa vor 1800 Jahren, als sich das **Lavafeld Dómadalshraun** bildete. Eine Phase von explosiven Eruptionen im Jahr 1477 schuf neben dem Obsidianfeld von **Laugahraun** auch eine Reihe von heute mit Wasser gefüllten Kratern im Gebiet der **Veiðivötn**. Die letzten größeren Aktivitäten geschahen 2003 und 2007, als der Caldera-Boden sich um etwa 1 cm absenkte. Und im August 2017 erregte ein Erdbebenschwarm die Aufmerksamkeit der Beobachter – Ruhe herrscht hier noch lange nicht.

Islands (s. Tour S. 575). Auf einer recht kurzen Strecke reihen sich viele unterschiedliche Landschaftsbilder aneinander: Farbenprächtige Rhyolith-Berge, schwarze Lava, heiße Quellen, Flüsse, Seen, karge Wüstengebiete ... einfach fantastisch. Vier Tage sollte man sich für die etwas über 50 km lange Strecke Zeit nehmen. Es wäre viel zu schade, durch diese wundervolle Gegend einfach nur durchzurasen. Aber wer den Rekord knacken möchte: Die Bestzeit liegt bei 3 Std. 59 Min. – aufgestellt vom Isländer Þorbergur Ingi Jónsson im Jahr 2015 beim alljährlichen Landmannalaugar Ultramarathon.

ÜBERNACHTUNG UND ESSEN

Landmannalaugar und Landmannahellir

Landmannahellir Camping und Bungalows, Karte S. 572, 893 8407, www.landmannahellir.is. Buchungen der Cottages über Mail info@landmannahellir.is. Die Camping-Wiese am Flussufer teilt man sich mit ein paar neugierigen Schafen. Es gibt 2 einfache Toiletten und eine Open-Air Spüle (nur kaltes Wasser). Alles ist etwas in die Jahre gekommen. Auf dem Gelände stehen zudem einige Cottages für 4–24 Pers. Camping 1800 ISK p. P., Kinder unter 12 J. kostenlos. Fahrzeug 2000 ISK. Camping-Duschen 600 ISK. In den Cottages kostet ein Schlafplatz im eigenen Schlafsack 7200 ISK p. P., Kinder (7–15 J.) zahlen 3600 ISK. Die Cottages können auch im Winter gemietet werden, der Campingplatz ist nur im Sommer geöffnet (Juni–Ende Sep). Ab Mitte September ist Schafsabtrieb – wer dann noch da ist, kann richtig was erleben.

Landmannalaugar Hütte und Campingplatz, Karte S. 572, 860 3335, www.fi.is/en/mountain-huts/all-mountain-huts/landmannalaugar. Die große Hütte ist schon seit 1969 in Betrieb und bietet Platz für 78 Schläfer. Der ebenfalls große Campingplatz hat einen harten Boden, der sich als ziemlich widerstandsfähig gegen Heringe erweist – Steine, die in Kisten über den Platz verteilt sind, helfen beim Festmachen des Zeltes (bitte anschließend zurücklegen). Am frühen Abend füllt sich der Platz. Oft schlagen große Gruppen hier ein Zeltlager auf, aber auch Einzelwanderer machen Rast. Für Jeeps und Co. ist ein eigener Stellplatz ausgewiesen. Wer den Laugavegur gehen möchte, kann sich hier ein letztes Mal mit Strom und Lebensmitteln versorgen: In einem der beiden alten Busse auf dem Gelände verkauft ein kleiner Laden Tütensuppen, Süßes, Knabberkram und Bier. Im Bus nebenan gibt es warme Suppe. Eine Küche für Camper gibt es nicht. Hütte 13 000 ISK, Camping 2300 ISK p. P., Duschmarke 500 ISK. Trotz zahlreicher Duschen muss man mit langen Wartezeiten rechnen (und richtig sauber ist es eigentlich nie). Juni–Ende Sep. Wer mit Wanderskiern oder mit wintertauglichen Jeeps kommt, kann nachfragen und auch in der eisigen Zeit einen Platz in der Hütte buchen.

Am Laugavegur

Die Hütten am Laugavegur (s. Karte S. 575) sind nur in den Sommermonaten in Betrieb. In allen gibt es eine Küche und Kochutensilien. Wer mit dem Zelt kommt, darf die Küche leider nicht nutzen – also eigenen Kocher und Brennstoff nicht vergessen. Die **Preise** sind überall etwa gleich: Schlafplatz in der Hütte 13 000 ISK, Camping 2300 ISK, Duschmarke 500 ISK.

Reservierung der Hütten unter: Ferðafélag Íslands, Mörkin 6, 108 Reykjavík, 568 2533 und online www.fi.is. Mo–Do Fr 10–16, Fr bis 15 Uhr.

Álftavatn, 63° 51′ 28.2″ N, 19° 13′ 38.4″ W, 499 0721, www.fi.is/en/mountain-huts/all-mountain-huts/alftavatn. 3 Hütten mit zusammen 72 Schlafplätzen. Camping auf ebener Grasfläche mit tollem Blick auf den See.

Emstrur, 63° 45′ 58.8″ N, 19° 22′ 27″ W, 499 0647, www.fi.is/en/mountain-huts/all-mountain-huts/emstrur. 60 Schlafplätze in 3 Hütten. Auf dem kleinen Campingplatz hinter den Hütten sind nur wenige ebene Flächen zu finden.

Hrafntinnusker, 63° 56′ 0.84″ N, 19° 10′ 6.54″ W, 499 1035, www.fi.is/en/mountain-huts/all-mountain-huts/hrafntinnusker. Die große Hütte Höskuldsskáli hat 52 Betten. 1100 m hoch gelegen, wird es hier nachts frisch, vor allem im Zelt (die Hütte ist mit geothermaler Wärme versorgt). Der Campingplatz ist schwierig: teils steinig, teils sandig. Heringe reichen oft nicht – auch hier auf Steine zurückgreifen.

Unterwegs auf dem Laugavegur

- **Länge**: 54 km
- **Dauer**: 4 Tage
- **Schwierigkeit**: Mittel. Der Pfad ist mit teilweise recht weit auseinander stehenden Holzpflöcken markiert – bei Nebel muss der Kompass helfen. Es sind einige mitunter besonders wasserreiche Flüsse zu durchwaten. Nach Regentagen heißt es schon mal umkehren und am nächsten Tag wiederkommen.
- **Kosten**: Schlafsackunterkunft ca. 13 000 ISK/Nacht, Camping um 2300 ISK/Nacht.
- **Reisezeit**: Nur möglich von Mitte Juni bis Anfang September
- **Ausrüstung**: Schlafsack und Zelt. Kleidung in mehreren Schichten, um auf jedes Wetter (bis hin zum Schneesturm) vorbereitet zu sein. Ersatzkleidung. Gute Wanderschuhe sowie zweites Paar (Trekking-Sandalen) und Trekking-Stöcke zum Durchqueren von Flüssen. Hut, Sonnenbrille, Karte, Kompass, GPS, Essen für 5 Tage (plus Kochgeschirr, wenn man zeltet), Wasserflasche. Extra-Akku für Handy/Kamera. Erste-Hilfe-Set. Und ein Halstuch, das auch als Staubmaske benutzt werden kann.
- **Übernachtung**: Einfache Wanderhütten (S. 574) mit Zeltplätzen in Landmannalaugar, Hrafntinnusker, Álftavatn, Hvanngil, Emstrur und Þórsmörk (Langidalur, S. 524).
- **Hinweise**: Vor der Wanderung Wetterbericht checken. Nicht allein und nur in guter Kondition losmarschieren. Unbedingt auf dem Weg bleiben. Hütten langfristig vorbuchen (Nachteil: Termine sind festgelegt und bei schlechtem Wetter fällt der Trip ins Wasser.) Beim Zelten (nur auf den ausgewiesenen Zeltplätzen neben den Hütten erlaubt) ist man flexibler. Müll kann unterwegs nicht entsorgt und muss mitgenommen werden.

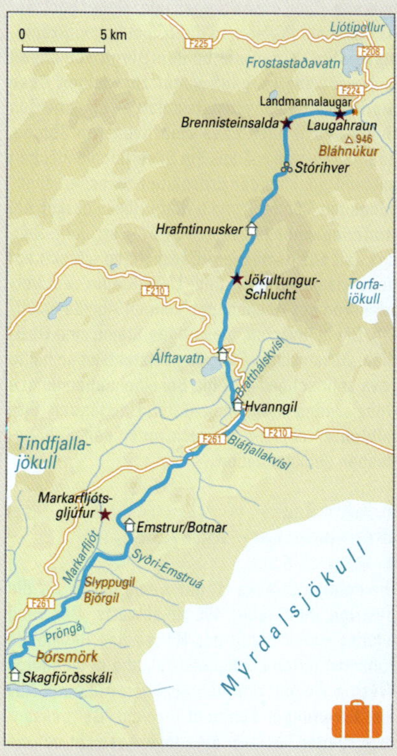

In Landmannalaugar ist viel los. Hierher kommen nicht nur Wandersleute, sondern auch Tagesbesucher mit dem Auto. Der Laugarvegur wird relativ oft begangen – einsam wird sich hier kaum jemand fühlen. Die meisten Wanderer marschieren den Weg in südliche Richtung, von Landmannalaugar nach Þórsmörk, da es so insgesamt leicht bergab geht. Man kann aber natürlich auch entgegengesetzt gehen: Dann lockt als Belohnung das Bad in den heißen Quellen! Hier ist die „leichtere" Variante beschrieben.

Erster Tag: Landmannalaugar – Hrafntinnusker

■ 11 km, 4–5 Std.

Die erste Tageswanderung ist zwar die kürzeste, aber für viele die schwerste: Hier geht es nämlich 470 m in die Höhe.

Der Weg führt zunächst hoch zum Lavafeld **Laugahraun**, dann etwas bergab und wieder hoch auf das nächste Plateau an der 855 m hohen **Brennisteinsalda**. Durch die bunten Berge schlängelt sich der Weg bergauf weiter zur kleinen Oase **Stórihver** – einem guten Rastplatz an einer heißen Quelle – und nach etwa einer weiteren Stunde, quer durch eine isländische Bilderbuchlandschaft mitsamt qualmender Erdspalten zwischen zugeschneiten Flächen, ist die Hütte Höskuldsskáli bei **Hrafntinnusker** (s. Kasten S. 573) erreicht. Zeit, das Zelt aufzuschlagen! Gar nicht so einfach auf dem felsigen Untergrund; Lava-Steine zum Verschnüren der Abspannung können Abhilfe schaffen. Die schwarzen, glasartigen Steine sind **Obsidian**; vulkanisches Glas, das entsteht, wenn heiße Lava sehr schnell abkühlt. Bei einem abendlichen Spaziergang kann man unter Umständen **Eishöhlen** entdecken, die sich unter den Schneeflächen gebildet haben.

Zweiter Tag: Hrafntinnusker – Álftavatn

■ 12 km, ca. 5 Std.

Die heutige Strecke ist nur wenig länger als die gestrige, führt aber 490 m abwärts. Der Pfad windet sich entlang der Hänge des Reykjafjöll zunächst durch ein flaches Tal, ehe er sich nach Westen wendet und nach einigen Aufs und Abs die **Jökultungur-Schlucht** erreicht: Bei passendem Wetter hat man eine tolle Aussicht auf die Gletscher **Torfajökull**, **Tindfjallajökull**, **Eyjafjallajökull** und **Mýrdalsjökull**. Der Weg hinunter in die Schlucht ist recht steil und unten ist das Abenteuer noch nicht vorbei. Erst muss noch der Fluss Grashagakvísl, der die Schlucht durchfließt, durchwatet werden. Nun ist das Anstrengendste geschafft: Südwestlich geht es ohne Schwierigkeiten weiter zur Hütte am wunderschönen **Álftavatn** („Schwanensee"). Wer noch Kraft hat, kann auch 5 km weitergehen und einen Teil der nächsten Tagesetappe vorverlegen, da es dort eine gute Übernachtungsalternative gibt.

Dritter Tag: Álftavatn – Emstrur

■ 16 km, 6–7 Std.

Die heutige Strecke ist zwar recht lang, aber es sind nur 40 Höhenmeter zu überwinden.

Auf dem ersten Wegstück bis **Hvanngil** muss der Fluss **Bratthálskvísl** überquert werden. Die Hütte in Hvanngil bietet eine Alternative zur Übernachtung am Álftavatn-See. Weiter in Richtung Südwesten folgt der Weg nun der F261, und mehr Flüsse (mit und ohne Brücke) legen sich in den Weg – darunter der **Bláfjallakvísl**, der breiteste zu furtende Fluss der Strecke. Nach starken Regenfällen ist dabei ganz besondere Vorsicht geboten!

Es folgt eine monotone Lavawüste, bis fast unvermittelt die Häuschen der Hütte in **Emstrur/Botnar** in der grün-schwarzen Landschaft auftauchen.

Wer noch laufen kann, sollte den abendlichen Spaziergang zur nahegelegenen, bis zu 200 m tiefen Schlucht **Markarfljótsgljúfur** nicht verpassen.

Vierter Tag: Emstrur – Þórsmörk

■ 15 km, 6–7 Std.

Auf der letzten Etappe sollte man sich Zeit lassen, um diesen Abschnitt noch mal voll auszukosten. Richtung Osten führt der Weg zunächst über den Fluss Syðri-Emstruá – diesmal fast ein bisschen langweilig über eine Brücke. Entlang der Schlucht geht es dann bis zum Zusammenfluss des Syðri-Emstruá mit dem Markarfljót, anschließend weiter Richtung Südwesten. Die kleinen Schluchten Slyppugil und Bjórgil mit ihrem erfrischenden Flüsschen bieten sich zum Picknick an.

Nach und nach wird die Gegend grüner. Ein letztes Mal muss ein Fluss durchquert werden: die Þröngá. Er markiert die Grenze zum waldreichen Gebiet **Þórsmörk**. Nach einer letzten halben Stunde ist die Hütte **Skagfjörðsskáli** in Langidalur erreicht.

Wer jetzt auf den Geschmack gekommen ist, kann die Wanderung auch noch etwas verlängern: Tipps dazu im Kasten „Empfehlenswerte Kurzwanderungen ab Básar", S. 522.

Hvanngil, 63° 51′ 28.2″ N, 19° 13′ 38.4″ W, ✆ 499 0675, 💻 www.fi.is/en/mountain-huts/all-mountain-huts/hvanngil. 2 Hütten mit 4 Zimmern und 60 Betten. Gecampt wird in einem Lavafeld – wer früh genug kommt, kann sein Zelt hier windgeschützt aufbauen.

TOUREN

Landmannalaugar ist bei unzähligen Touranbietern im Programm – zu Fuß, im Super-Jeep oder auf dem Pferderücken (s. Reiseanbieter, S. 59).

TRANSPORT

Auto

Von Landmannalaugar führt die Straße F208 **nach Norden** bis zur F26 (Sprengisandur). Abbiegen kann man **nach Westen** auf die F225, um via Landmannahellir und über die Straße 26 Richtung Ringstraße und Reykjavík zu kommen (Fahrzeit nach Reykjavík etwa 3–4 Std.). **Nach Süden** führt die F208 über eine schöne, abwechslungsreiche, aber teilweise auch recht anspruchsvolle Allrad-Strecke bis zur Ringstraße. Unterwegs zweigt die F235 nach Nordosten zum See Langisjór ab.

Die **Anfahrt nach Landmannalaugar** von Norden ist „eigentlich" meist auch mit normalen Pkw machbar. Die Autovermieter schließen das aber aus, da für alle F-Straßen Allradfahrzeuge Pflicht sind. Die Furt kurz vor dem Campingplatz sollten tatsächlich nur Geländewagen nehmen; wer keinen hat, bleibt auf dem Parkplatz stehen und läuft die letzten 200 m über die Fußgängerbrücke.

Busse

Busse fahren nur von Mitte Juni bis Anfang September.

REYKJAVÍK, von und in die Hauptstadt fahren zwischen Juni und September 1–3 Busse in 4 Std. Hinfahrten morgens zwischen 7 und 12 Uhr, Rückfahrten nach Reykjavík zwischen 14.30–18 Uhr. Kosten um die 13 000 ISK mit **Reykjavik Excursions**, 💻 www.re.is und **Trex**, 💻 www.trex.is. Tickets, aktuelle Preise und Abfahrtszeiten auf den Webseiten.

Eldgjá

Zwischen Landmannalaugar und Kirkjubæjarklaustur bzw. zwischen den Gletschern Vatnajökull und Mýrdalsjökull durchschneidet die **Eldgjá** (Feuerschlucht) als riesiger Canyon das Hochland von Südwesten nach Nordosten. Der Name bezeichnet den zentralen Teil einer etwa 40 km langen Vulkanspalte, die zum Katla-System gehört und sich vom gefürchteten Vulkan **Katla** (s. auch Kasten S. 512) unter dem Gletschereis des **Mýrdalsjökull** bis zum Berg **Gjátindur** zieht.

Erst 1893 wurde die heute als größte Explosionsspalte der Erde geltende Eldgjá vom ersten isländischen Geologen Þorvaldur Thoroddssen entdeckt, benannt und beschrieben. Und dies, obwohl sie erst im Jahr 934 bei einer der größten Eruptionen nach der Landnahme entstanden sein soll. Die Explosion schleuderte damals geschätzte 9 km^3 Lava an die Oberfläche; 219 Mio. Tonnen Schwefeldioxid sollen in die Atmosphäre gelangt sein, die mit Wasser und Sauerstoff zu 450 Mio. Tonnen Schwefelsäure reagierten. Aschen des Ausbruchs gelangten bis nach Grönland.

Der zentrale Teil der Explosionsspalte ist ca. 5 km lang, bis zu 200 m tief und 600 m breit. Bei einer Wanderung durch das Tal, vorbei an den hochaufragenden Wänden der Schlucht, sind einzelne Lavaschichten zu erkennen; einige sind rot gefärbt. Hier ist das Gestein besonders eisenhaltig, da es aus den Tiefen der Erde stammt.

Mitten durch die Schlucht rauscht die **Nyrðri Ófæra**, der „Nördliche unüberquerbare Fluss", der mit seinem Wasserfall **Ófærufoss** ein besonders spektakuläres Naturschauspiel zu bieten hat. Vom Parkplatz am Eingang der Schlucht führt ein markierter Fußweg in etwa einer halben Stunde zum Katarakt, der in zwei Kaskaden in die Schlucht stürzt. Bis 1993 überspannte eine natürliche Steinbrücke den Fall, die aber eine ungewöhnlich starke Springflut zum Einsturz brachte. Noch heute purzeln immer wieder Steine,manchmal riesige Brocken, in die Schlucht.

ÜBERNACHTUNG

Hólaskjól Highland Center, Karte S. 572, am Fjallabaksleið nyrðri (F208), ✆ 855 5812, 💻 www.holaskjol.com. Die nächstgelegene

Hütte ist vor allem auf Wanderer und Reiter (Heuverkauf) eingestellt. Sie bietet über 60 Schlafplätze im zweistöckigen Haupthaus und 2 Blockhäuser für jeweils 4 Pers. (Bad in einer separaten Hütte). Gute Campingmöglichkeiten auf dem Gelände; weil windgeschützt an einem Lavafeld gelegen. Den Spaziergang zum nahegelegenen Silfurfoss sollte man sich nicht entgehen lassen. Schlafsackplatz im Blockhaus 8500 ISK, Kinder 7–17 J. 4250 ISK. Bungalow (max. 4 Pers. mit eigenem Schlafsack) 32 300–35 600 ISK. Camping 2500 ISK p. P., 7–17 J. 1250 ISK. Dusche und Kochecke kosten bei Camping extra (500 bzw. 1000 ISK).

TRANSPORT

Eldgjá kann nur von Juni/Juli bis etwa Mitte September mit einem guten **Allradfahrzeug** ab der Straße F208 erreicht werden.

Langisjór

Nordöstlich der Eldjá erstreckt sich bis fast zum Vatnajökull der See Langisjór („Langer See") – 20 km lang und 2 km breit. Eingerahmt von den Bergzügen Tungnárfjöll und Fögrufjöll (die „schönen Berge") und 670 m über dem Meeresspiegel gelegen, ist er ein wunderbares Ziel für eine ausgedehnte Wanderung. Beginnend am südwestlichen Ende führt der Weg am Seeufer entlang Richtung Gletscher, der wie eine unwirkliche Verheißung am Horizont leuchtet. Drei bis vier Tage sollte man für eine Umrundung des Sees einplanen (und weitab jeder Zivilisation entsprechend gut ausgerüstet sein). Garantiert ein unvergessliches Erlebnis!

ÜBERNACHTUNG

Langisjór House and fishing, Karte S. 572, ✆ 855 5813, 💻 www.eldgja.is/en/langisjor. Zwei Blockhäuser direkt am See für 4–6 Pers. (40 900 ISK).

TRANSPORT

Erreichbar nur mit **Allradfahrzeugen** über die Straßen F208 und F235.

Laki-Krater

Islands Geschichte ist reich an Vulkanausbrüchen und Naturkatastrophen, doch die Entstehung der Laki-Krater (isl. Lakagígar) stellt alles in den Schatten. Als *Skaftárelda* („Skaftáfeuer") ist dieses Ereignis in die Geschichte eingegangen, benannt nach dem Fluss Skaftá, der gleich zu Beginn verdampfte und dessen Bett sich mit einem Strom glühender, flüssiger Lava füllte.

Das Unheil nahm seinen Lauf am 8. Juni 1783, einem Pfingstsonntag. Die Erde bebte bereits seit einigen Tagen, doch dann riss im südlichen Bergland zwischen den Gletschern Vatnajökull und Mýrdalsjökull die Erde auf einer Länge von 12 km auf und Lava schoss mit gewaltiger Kraft hervor. Bis zu 1 km sollen die Fontänen hoch gewesen sein! Die Spalte verbreiterte sich im Laufe weiterer Ausbrüche; aus über 130 Kratern kochte das Erdinnere hinaus. Die Lava floss in zwei Strängen ins Tal und vernichtete alles, was auf ihrem Weg stand. Noch 40 km von der Ausbruchsstelle entfernt verschwanden Bauernhöfe einfach so unter der Feuerwalze. Dank eines Pfarrers, der die Lava seinen Erzählungen nach durch Feuerpredigten stoppen konnte, sind die Geschehnisse gut überliefert.

Erst im Februar 1784 verstummte der Vulkan. Und obwohl hier seither kein weiterer Ausbruch stattfand, sprechen die Isländer noch immer respektvoll von der Gegend als *eldhéröð* (Feuerbezirke). Auch nachdem die Eruptionen aufgehört hatten, fiel weiter Asche zu Boden und giftige Gase zogen durchs Land. Missernten waren die Folge und es verendete die Hälfte aller Pferde und Kühe sowie 80 % des Schafbestandes. An den Folgen dieser Katastrophen starben schließlich auch die Menschen: In Island bis Ende 1785 etwa ein Viertel der Bevölkerung.

Die **Auswirkungen des Ausbruchs** waren in ganz Nordeuropa zu spüren. Giftiger Aschenregen verseuchte die Felder. In der Atmosphäre bildeten sich chemische Verbindungen, u. a. Schwefelsäure. Giftige Aerosole legten einen Schleier über die Erde und verdunkelten den Himmel. Der folgende Winter war in ganz Europa extrem kalt – in Großbritannien sollen 8000 mehr Menschen als durchschnittlich gestorben sein. Auch in Deutschland sanken die Temperaturen

Eindrucksvolle Erinnerung an eine der schlimmsten Naturkatastrophen Islands: die Laki-Krater

bis auf minus 26 °C. Die Eisschmelze im Frühling verursachte starke Überflutungen, wie bei der Kölner Flut von 1794. Manche Historiker vermuten sogar, dass die Missernten und anschließenden Hungersnöte in Frankreich die eigentliche Saat für die sozialen Unruhen gelegt haben, die schließlich die Französische Revolution hervorgerufen haben.

Der Ursprungsort dieser historischen Katastrophe ist heute als Tagesabstecher von der Ringstraße im Süden aus zu erreichen (allerdings nur mit 4x4-Fahrzeugen). Weite Lavafelder, moosbewachsene Krater und Aschekegel – eine unwirtliche, unwirkliche Welt. Dass Gnome und Trolle in den Höhlen der Lavafelder leben, versteht sich von selbst. An der Piste, die durch die geisterhafte Landschaft führt, liegen einige Parkplätze, von denen interessante Wanderwege abgehen, die unvergessliche Ein- und Ausblicke in das Gebiet geben.

Unbedingt lohnend ist es, am ersten Parkplatz den **Berg Laki** zu ersteigen (818 m, 300 m höher als die nähere Umgebung, Rundweg 1–2 Std.). Er hat zwar mit dem eigentlichen Vulkansystem nichts zu tun (außer dass er den Kratern seinen Namen gegeben hat), ermöglicht aber einen super Überblick auf die 25 km lange Kraterreihe, vor allem von der durch Eruptionen aufgerissenen Bergspalte am nordöstlichen Teil.

Auf dem Rückweg über die F207 (s. u.) sollte man den Stopp am **Tjarnagígur** nicht auslassen: Ein kurzer (rollstuhlgerechter) Weg führt zu dem fotogenen, mit Wasser gefüllten Krater, der bei der Eruption 1783–84 entstand. Der Kontrast zwischen den neongrünen Moosen und der schwarzen Lava könnte eindrücklicher nicht sein. Es herrscht eine geradezu mystische Stimmung. Neben dem kurzen Abstecher zum Krater gibt es auch hier einen längeren Rundweg (ca. 1 1/2 Std.). Das ganze Ökosystem ist äußerst sensibel; bitte keinesfalls vom Weg abweichen!

ÜBERNACHTUNG

Blágil, 63° 57′ 59.5″ N, 18° 19′ 18.2″ W, Karte S. 572, ✆ 842 4358, ✉ klaustur@klaustur.is. Mitten in einem Lavafeld, 15 km südlich der Laki-Krater, steht diese Hütte für Wanderer mit 18 Schlafplätzen. Daneben können Camper ihr Zelt aufschlagen oder ihren Wagen parken (und die Toiletten am Haus nutzen). Bei der Rückfahrt von den Kratern über die F207 biegt ein beschil-

derter Weg rechts nach Blágil ab. Bett in der Hütte 5000 ISK, Jugendliche (13–16 J.) 2500 ISK, Kinder unter 12 J. kostenlos; Camping 1700 ISK, Jugendliche 800 ISK; Strom 1000 ISK, Dusche, Waschmaschine und Trockner je 500 ISK.
⌚ Hütte ganzjährig, Campingplatz sobald die Straße freigegeben ist (normalerweise Mitte Juni–Anfang Sep).

TRANSPORT

Nur **Geländewagen** meistern den 40 km langen Weg zu den Laki-Kratern. Hin geht es über die Straße F206, zurück über die F207. Bitte nicht einfach über die F206 zurückfahren, da diese Straße über weite Strecken zu schmal für zwei Fahrzeuge ist und man außerdem einige besonders beeindruckende Abschnitte verpassen würde. Es sind einige Flüsse zu durchqueren: Vor allem die letzte Furt, bevor es wieder auf die F206 geht, sollte nicht unterschätzt werden. Die Fahrt dauert hin und zurück ab Ringstraße etwa 3–4 Std. (ohne Stopps).

Westliches Hochland

Das westliche Hochland wird beherrscht vom Gletscher Langjökull, an dessen Ostflanke die Kjölur-Route (Straße 35) die Nord-Süd-Verbindung herstellt. Weiter östlich liegt die legendäre Piste Sprengisandsleið (F26), die zwischen Hofsjökull und Vatnajökull einmal quer durchs Hochland führt. Diese beiden „Highways" des Hochlandes sind staubige, holprige Pisten, ermüdend für Mensch und Material. Wer erst einmal ausprobieren will, ob ihm das zusagt, sollte mit der Kaldidalur-Route (Straße 550) beginnen.

Kaldidalur (Straße 550)

Die Straße 550 (Kaldidalur) ist mit einer Länge von nur 40 km die einfachste und kürzeste Hochlandpiste. Sie verbindet den **Nationalpark Þingvellir** im Süden mit dem **Lavagebiet Hallmundarhraun** nordöstlich von Húsafell. Vorbei an den Gletscherzungen **Þórisjökull** und **Geitlandsjökull** gelangt man durch das „kalte Tal" zu der nur mit Geländewagen befahrbaren Zufahrtsstraße zur Westseite des **Langjökull**, Startpunkt und Basecamp für die beliebten Eishöhlentouren (s. auch 🖳 www.intotheglacier.is und Húsafell, S. 242).

Es gibt keine Furten und nur einen kurzen steilen Teilabschnitt, sodass die Straße bei vorsichtiger Fahrweise auch mit normalen Pkw zurückgelegt werden könnte – was die meisten Autovermieter allerdings vertraglich ausschließen. Wer von Þingvellir startet, fährt das erste Drittel der Tour auf dem asphaltierten Uxahryggjavegur, der auf manchen Landkarten auch als Straße 52 beziffert wird, bevor die „echte" Hochlandroute beginnt (der Uxahryggjavegur ist in Þingvellir gleichzeitig als Straße 550 und 52 ausgeschrieben. Letztere führt nach der Trennung weiter Richtung Borgarnes im Nordwesten). Die Fahrzeit von Þingvellir bis Húsafell beträgt ungefähr zweieinhalb Stunden.

Die Kjölur-Route (Straße 35)

Die wichtigste Straße durchs westliche Hochland ist die Kjölur-Route (Straße 35, auch Kjalvegur genannt). Sie führt vom Gullfoss im Süden bis in die Gegend von Blönduós und ist relativ einfach zu fahren. Vor einigen Jahren hat man ihr sogar das „F" vor ihrem Namen aberkannt: Sie heißt nicht mehr „F35", sondern nur noch „35", was bedeutet, dass sie auch mit „normalen" Autos befahren werden könnte. Fast alle Autovermieter schließen diese Route für Nicht-Allrad-Fahrzeuge dennoch aus und überwachen die Einhaltung dieses Verbots peinlich genau. Das heißt: Auch wenn es noch völlig gefahrlos weiterzugehen scheint, wie z. B. hinter dem Gullfoss, wo die Straße sogar noch einige Kilometer asphaltiert ist, muss genau da Schluss sein, wo das Schild steht.

Ein kleiner Trost für die auf diese Weise Ausgeschlossenen: Es wäre sowieso kein Spaß gewesen, viele Stunden auf einer holprigen Schotterstraße im zweiten oder dritten Gang mühsam vor sich hin zu rumpeln und ständig den Staub derer zu schlucken, die im Affenzahn über Steine, Schlaglöcher und „Waschbrett"-Ab-

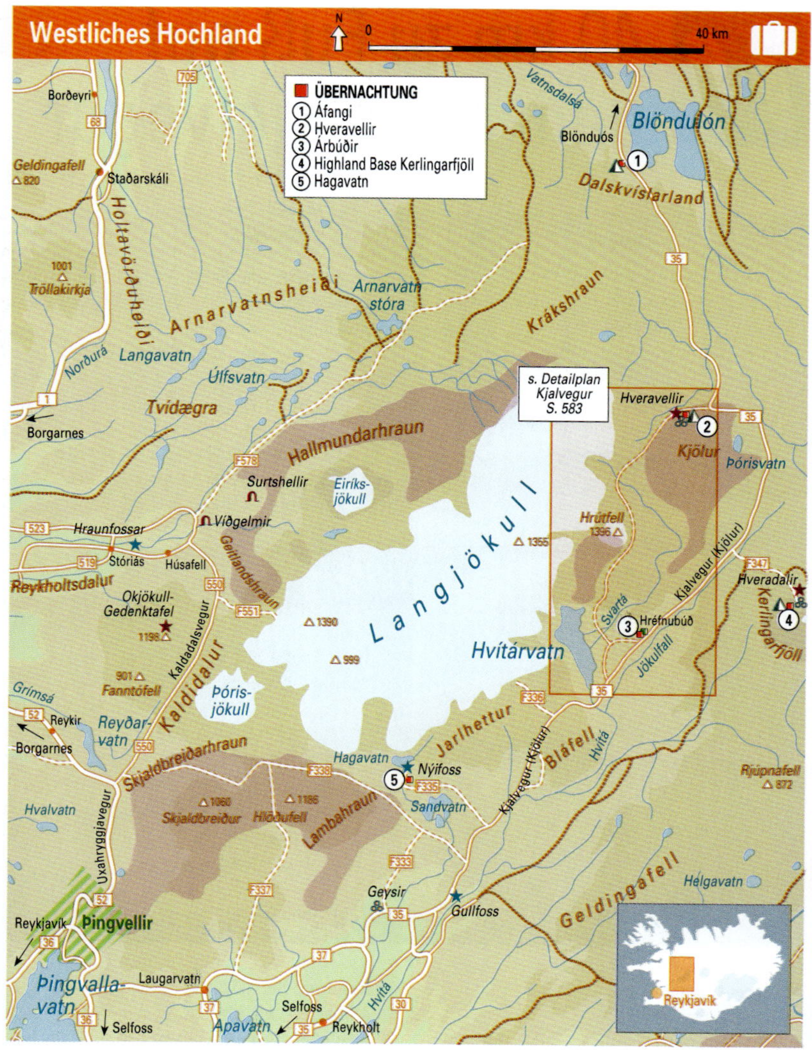

schnitte hinweg brettern. Auch ein Allradfahrzeug schützt vor solchen Erlebnissen nicht zwangsläufig. Daher ist die Straße für Selbstfahrer als Abkürzung in den Norden eher ungeeignet. Lohnend ist die Fahrt hingegen, wenn man unterwegs aussteigt und/oder einen Abstecher macht: z. B. zum See **Hvítárvatn** nahe der Straße. Er speist sich aus einer Gletscherzunge des Langjökull und verschiedenen Flüssen und Quellen in der Umgebung und ist selbst die Quelle für einen der größten Flüsse Islands, Hvítá („Weißer Fluss“), der u. a. den Gullfoss speist.

Etwas abgelegener, aber auch seltener besucht, ist der **See Hagavatn** (S. 584). Die Fahrt

40 km zu Fuß auf dem alten Kjalvegur

HVERAVELLIR; © ANDREA MARKAND

- **Länge:** 40 km
- **Dauer:** 3 Tage
- **Schwierigkeit:** Leicht. Der Pfad ist gut markiert, es gibt kaum Steigungen. Auch für Einsteiger ist die Tour zum „Warmlaufen" empfohlen, ehe es an anspruchsvollere Strecken wie z. B. den Laugavegur geht.
- **Kosten:** Schlafsackunterkunft etwa 7000–7500 ISK/Nacht, Zelt um 2300 ISK/Nacht.
- **Reisezeit:** Nur möglich von Mitte Juni bis Anfang September
- **Ausrüstung:** Schlafsack und Zelt. Kleidung für jedes Wetter, gute Wanderschuhe. Hut, Sonnenbrille, Karte, Kompass, Essen für drei Tage (plus Kochgeschirr, wenn man zeltet), Wasserflasche. Extra-Akku für Handy/Kamera. Erste-Hilfe-Set.
- **Übernachtung:** Einfache kleine Wanderhütten (S. 584) mit Zeltplätzen in **Hvítárnes**,

Þverbrekknamúli und **Þjófadalir**, größere Hütte mit heißem Pool in **Hveravellir** (S. 586).

- **Hinweise**: Vor der Wanderung Wetterbericht checken. Wer in den Hütten übernachten möchte, sollte langfristig vorbuchen. Müll kann unterwegs nicht entsorgt und muss mitgenommen werden.

Der alte Kjalvegur *(Kjalvegur hinn forni)*, eine seit Jahrhunderten begangene Verbindung zwischen Nord- und Süd-Island, ist heute eine beliebte Trekkingroute. Die gut markierte, knapp 40 km lange Strecke lässt sich ohne größere Herausforderungen bequem in drei Tagen zurücklegen. Der Weg beginnt am Hvítárvatn und verläuft dann westlich der Straße 35 entlang der Wanderhütten Þverbrekknamúli und Þjófadalir nach Hveravellir. Weiter westlich erstreckt sich der Gletscher Langjökull, auf den sich immer wieder tolle Ausblicke ergeben.

Erster Tag: Von Hvítárnes nach Þverbrekknamúli

- 15 km, 4–5 Std.

Vom See Hvitárvatn aus führt der Weg in nordöstlicher Richtung immer am Gletscherfluss Fúlakvísl entlang, vorbei an sumpfigen Abschnitten, Heideland und Lavafeldern. Am Wegesrand sieht man die Steinhügel, mit denen der dänische Landvermesser Daniel Bruun den Weg 1897–98 markierte. Nachdem der Weg einige Zeit etwas in Vergessenheit geraten war, wurde er so wieder sichtbarer und somit öfter genutzt. Linker Hand liegt der eisbedeckte Tafelberg Hrútfell (1396 m), rechts am Horizont locken die bunten Berge des Kerlingarfjöll. Kurz vor der Ziel-Hütte führt eine Brücke über den Fluss. Schöne Camping-Möglichkeiten.

Zweiter Tag: Von Þverbrekknamúli nach Þjófadalir

- 13 km, 4–5 Std.

Der mittlere Abschnitt (13 km) führt zurück über die Brücke und parallel zum Fluss östlich am Berg Þverbrekknamúli (620 m) vorbei. Alternativ geht es direkt an der Hütte über eine Abkürzung zunächst bergauf über den Bergrücken Múlar und am Ende auf einem etwas steilen Abstieg über loses, rutschiges Geröll in die Schlucht Hlaupin. Hier führt ebenfalls eine Brücke über den Fluss. Danach vereinen sich die beiden Wege wieder. Nun geht es weiter bis nach Þjófadalir („Täler der Diebe“: Hier lauerten früher Banditen).

Dritter Tag: Von Þjófadalir nach Hveravellir

- 10 km, ca. 4 Std.

Der letzte Abschnitt führt über einen Höhenzug am Ende des Tals und folgt dann der gut erkennbaren Piste F735. Alternativ geht es westlich der Piste über ein mit Pflöcken markiertes Lavafeld weiter. Als Belohnung lockt am Ende des Weges in Hveravellir der einladende Hot Pot – und wer will, kann sich gleich auch noch im Restaurant der Hütte verwöhnen lassen.

DAS HOCHLAND

zu den bunten Bergen **Kerlingarfjöll** (S. 585) sollte jeder unternehmen, der ein bisschen Zeit hat; und der kurze Schlenker nach **Hveravellir** ist quasi Pflichtprogramm (S. 586).

Auch für Wanderer bietet die Strecke eine interessante Option: Der alte **Kjalvegur** (s. Tour S. 582) wurde schon von den ersten Wikingern begangen, die sich in Island niederließen.

ÜBERNACHTUNG

An der Straße

Áfangi, knapp 40 km nördlich von Hveravellir, 65° 08' 56.7" N, 19° 43' 45.3" W, Karte S. 581, ✆ 687 8500, 🖳 www.northiceland.is/en/service/afangi-upprekstrarfelag-audkuluheidar. In dem grünen, flachen Containergebäude können vom 15. Juni–1. Sep bis zu 32 Pers. in acht 4-Bett-Zimmern ihren Schlafsack ausbreiten. Erwachsene zahlen 7500 ISK, Kinder 3000 ISK. Bettwäsche (wenn nötig) 2000 ISK; für Pferde gibt es einen Stall und ein eingezäuntes Gelände (100 ISK). Camping ist möglich.

Árbúðir, 42 km nördlich vom Gullfoss, Karte S. 581, ✆ 895 9500. Die spartanische Hütte punktet mit der Aussicht: Direkt vor der Tür ein Fluss und im Hintergrund bei guter Sicht die Gletscherzunge. Sehr einfache Schlafsackunterkünfte für 30 Pers. (um 7000 ISK, Kinder 3500 ISK). Toilette draußen in einer separaten Holzhütte. Buchbar über einige Buchungsplattformen, z. B. booking.com.

An der Wanderroute des alten Kjalvegur

Karte S. 583

Hvítárnes, 63° 51' 28.2" N, 19° 13' 38.4" W, an der Mündung des Fúlakvísl in den See Hvítárvatn, ✆ 655 0173, 🖳 www.fi.is/en/mountain-huts/all-mountain-huts/hvitarnes. Die Berghütte, die aufgrund ihres Alters (erbaut in den 1930er-Jahren) besonderen Schutz genießt, bietet auf 2 Etagen Platz für 30 Schläfer. Kaltes Wasser, Toilette außerhalb. Achtung: Seit Jahrzehnten hält sich hartnäckig das Gerücht, in dieser Hütte spuke es. Immer wieder wird der Geist einer jungen Frau gesehen, die offensichtlich keine Ruhe findet und vor allem Männer behelligen soll. Es wird von einem speziellen Bett erzählt („ihr" Bett), in dem es fast unmöglich ist zu schlafen – ein Ort für Mutige. Schlafsackunterkunft 7500 ISK, Camping 2300 ISK.

Þjófadalir, 64° 48' 54" N, 19° 42' 30.6" W, am Fuß des Raudkollur, 🖳 www.fi.is/en/mountain-huts/all-mountain-huts/thjofadalir. Die winzige Hütte (gebaut 1939) bietet nur Platz für max. 12 Pers. und hat kein fließendes Wasser, aber in der Nähe gibt es einen Fluss. In der reizvollen Umgebung lohnen ein paar kürzere Wanderrouten. Schlafsackunterkunft 7000 ISK, Camping 2300 ISK.

Þverbrekknamúli, 64° 43' 6"N 19° 36' 51.6"W, südöstlich des Berges Hrútfell, nahe des Flusses Fúlakvísl, 🖳 www.fi.is/en/mountain-huts/all-mountain-huts/thverbrekknamuli. Hüttchen aus den 1980er-Jahren mit Platz für 20 Schläfer. Kaltes Wasser, Bad außerhalb. Schlafsackunterkunft 7500 ISK, Camping 2300 ISK.

Hveravellir s. S. 586.

ESSEN

Wie nahezu überall im Hochland, sind auch diese Hütten nur auf Selbstversorger eingestellt; Lebensmittel sind also selbst mitzuführen. Das gilt besonders für Wanderer auf dem Kjalvegur. Achtung: Camper dürfen die Küchen in den Hütten nicht nutzen und müssen eigenes Kochwerkzeug mitbringen.

Eine schöne Ausnahme ist allerdings das **Hréfnubúð Café** neben der Hütte Árbuðir (s. o.), wo leckerer Kaffee und Kuchen sowie Tagessuppe serviert werden. Das kleine Café mit den wenigen Sitzplätzen ist an sonnigen Wochenenden beliebtes Ausflugsziel bei den Isländern, sodass die Suppe um 14 Uhr auch schon mal „aus" ist. Beliebt auch bei Kuchenfans aus aller Welt.

Hagavatn

Zwei Gletscherseen finden sich an den östlichen Ausläufern des Langjökull-Gletschers: der Hvítárvatn (S. 581) nahe der Straße 35 und der Hagavatn etwas weiter westlich der Straße. Gemeinsam ist beiden die milchige Färbung, die durch das Gletscherwasser entsteht, aus dem sie sich speisen. Manchmal schwimmen auch ein paar Eisberge im See – frische Bruchstücke des Gletschers.

Um den Hagavatn breitet sich eine karge, graue und nahezu vegetationslose Felslandschaft aus. Am Horizont wachsen in der kahlen, 15 km langen **Bergkette Jarlhettur** etwa 20 Gipfel 800–900 m hoch empor – überragt nur von der 1100 m hohen **Tröllhetta** („Trollkappe"). Am südwestlichen Ende des Sees ergießt sich sein Wasser über den **Nýifoss** (auch Leynifoss genannt) in ein oft mehrarmiges Flussbett, das in den südwestlich gelegenen Sandvatn weiterführt. „Nýifoss" bedeutet „neuer Wasserfall", denn erst jüngere geologische Aktivitäten ließen ihn in den 1930er-Jahren entstehen.

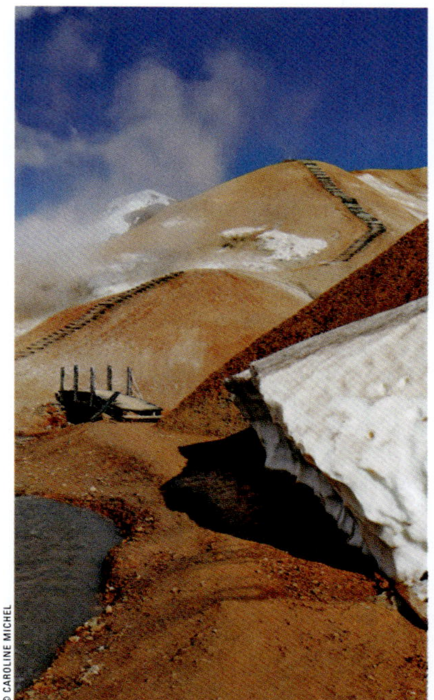

Spaziergang am Kerlingarfjöll

ÜBERNACHTUNG

Hagavatn, am Berg Jarlhettur etwa 2 km südöstlich des Sees, Karte S. 581, ✆ 568 2533, 💻 www.fi.is/en/mountain-huts/all-mountain-huts/hagavatn. Die spartanische, „im Grünen" gelegene kleine Hütte bietet Platz für max. 12 Pers., 7000 ISK für den Schlafplatz mit eigenem Schlafsack. Camping 2300 ISK.

TRANSPORT

Die Region ist nur mit einem soliden **Allradfahrzeug** erreichbar. Von Gullfoss aus geht es etwa 10 km über die Straße 35 nach Norden, dann links ab auf den Hagavatnsvegur F335. Parkplatz einige hundert Meter unterhalb des Wasserfalls Nýifoss.

17 HIGHLIGHT

Kerlingarfjöll

Inmitten der am Ende der letzten Eiszeit durch Eruptionen entstandenen, 800–1500 m hohen Bergkette **Kerlingarfjöll** („Altweiberberge") köchelt und dampft **Hveradalir** („Täler der heißen Quellen"), eines der größten Geothermalgebiete Islands. Es ist eingebettet in farbenprächtige Bergformationen aus rostfarbenem Rhyolith. Rund um die Quellen leuchten mineralreiche Böden gelb, blau, rot, ocker und grün und bilden einen herrlichen Kontrast zum reinen Weiß der nie ganz abschmelzenden Schneefelder. Die Geräuschkulisse steht dem optischen Hingucker in Nichts nach: Überall zischt und spuckt, brodelt und blubbert es. Unvorstellbar, dass es Pläne gab, die 140 °C heißen Quellen zur Stromerzeugung zu nutzen und in dieser einzigartigen Region ein Geothermie-Kraftwerk zu errichten. Seit 2017 aber steht das 367 km^2 große Gebiet unter dem Schutz des isländischen Staates und ist nun ein bleibendes Paradies für Wanderer.

Um die empfindliche Naturschönheit so gut wie möglich zu schützen, wurden Wege angelegt. Die steilen Aufstiege erleichtern „Treppenstufen" aus Holzlatten, die in den weichen Untergrund genagelt wurden. Ein etwa 11 km langer Rundweg verläuft oberhalb des Geothermalgebiets am Berg entlang. Der Aufstieg ist anstrengend, aber die Tour unbedingt zu empfehlen. Hier vergehen die Stunden wie im Fluge, deshalb unbedingt genügend Zeit einkalkulieren.

ÜBERNACHTUNG UND ESSEN

Highland Base Kerlingarfjöll, Ásgarður, ca. 10 km östlich der Straße 35 und 5 km westlich von Hveradalir, s. Karte S. 581, ✆ 571 1200, 💻 https://highlandbase.is. Eine der ersten besseren Unterkünfte im Hochland – seit 2020 in Betrieb und 2022/2023 umfassend renoviert. Ansprechend modern gestaltete und gut ausgestattete Doppel- und Familienzimmer im Hotelstandard. Es gibt zudem weitere einfachere Schlafstätten in unterschiedlich großen Dreieckshüttchen für 2–6 Pers. und eine Schlafsackunterkunft im Cottage für max. 15 Pers. Bett ab 14 000 ISK p. P. Beliebt sind die Hot Pots flussaufwärts, die über einen Fußweg in etwa 30 Min. erreichbar sind. Frühstücks- und Dinner-Buffet im Restaurant. Man kann im Sommer (15. Juli–1. Sep) auch direkt am Fluss campen (vorbuchen über die Webseite).
Es gibt eine Gemeinschaftsküche für alle, die nicht im Restaurant essen wollen. Camping 2500 ISK für Erwachsene, Kinder kostenlos.
DZ ❺–❽

SONSTIGES

Das **Servicecenter** hat Informationen zu Wanderwegen in der Region.
Einige Veranstalter (S. 59, Travelinfos) bieten Super-Jeep- und Allrad-Adventure-**Touren** zu den Kerlingarfjöll.

TRANSPORT

Die knapp 10 km lange Anfahrt von der Straße 35 bis zum Campingplatz auf der Piste F347 (vorbei am Wasserfall Gygjarfoss) ist für **Autofahrer**, die es bis hierhin geschafft haben, kein Problem mehr. Die gut 3 km lange, steinige Serpentinenpiste bis hinauf zum Hochtemperaturgebiet ist nur etwas für Jeeps. An einer nicht markierten Kreuzung geht es nach rechts. Wer hier links abbiegt, kommt zu einer kleinen Hütte mit Aussichtspunkt, wo manchmal Gleitschirmflieger zu sehen sind.

Hveravellir

Das Hochtemperaturgebiet Hveravellir in der Nähe der Straße 35 ist schon seit Jahrhunderten ein Zwischenstopp bei Reisen zwischen dem Norden und dem Süden des Landes – und bis heute ein viel besuchtes, lohnendes Ziel. Ein interessanter, kurzer Plankenweg führt mitten durch blubbernde Quellen, qualmende Löcher und bunte Ablagerungen. Daneben bietet ein heißer Pool Entspannung – einer der bekanntesten des Landes.

ÜBERNACHTUNG

Hveravellir, Unterkünfte und Camping, Karte S. 581, ✆ 452 4200, 💻 www.hveravellir.is.
2 große Häuser, ein großer Parkplatz, ein Campingplatz, ein Restaurant, ein natürlicher Hot Pot: Das ist das Servicezentrum Hveravellir. Absolute Ruhe ist hier nicht zu erwarten, aber die nähere Umgebung hat einiges zu bieten: Wer zu Fuß losgeht, findet markierte Wanderwege mit herrlichem Bergblick. Im alten Haus gibt es 30 Betten (verteilt auf 3 Schlafsäle) und eine Küche, im neuen Haus Doppel- und Dreibettzimmer ohne Kochmöglichkeit, aber inkl. Frühstück, Schlafsackunterkunft im alten Haus 9500 ISK (Bettzeug 2200 ISK), Camping 2500 ISK p. P. DZ ❻

TRANSPORT

Selbstfahrer folgen von der Straße 35 dem beschilderten Abzweig nach Westen auf der F735 (2,5 km).

Sprengisandsleið (F26)

Ríðum, ríðum, rekum yfir sandinn ... („Wir reiten, reiten, jagen über den Sand ...") – so beginnt eins der bekanntesten isländischen Volkslieder. Es erzählt von der gefährlichen Durchquerung des Landes auf der seit dem Mittelalter genutz-

ten **Sprengisandur-Route**, der Sprengisandsleið (Bedeutung in etwa: „Weg durch die ermüdende Wüste": die Reiter „sprengten" mit ihren Pferden so schnell durch die Wüste, dass sie danach total erschöpft waren); mit 200 km Länge die längste der Nord-Süd-Verbindungen. Der Liedtext verkündet: „Hier im Ungewissen gibt es manchen unheimlichen Geist, der seine Schatten auf den Gletscher wirft …", außerdem eine blutdürstige Füchsin und eine Elfenkönigin, deren Weg man lieber nicht kreuzt. Das beste Pferd würde der Sänger dafür geben, heil im Norden anzukommen – und auch mancher Autofahrer ist heute froh, wenn er die Strecke wohlbehalten hinter sich gebracht hat. Dafür sorgen allein schon mehrere Flüsse, die es zu furten gibt; darunter einer, der schon so manchen Pkw festgesetzt hat.

Natürlich sind hier nur **Geländewagen** zugelassen! Doch ein Allradantrieb allein reicht nicht – Kenntnisse im Umgang mit ihm sind ebenfalls vonnöten (Tipps zum richtigen Furten von Flüssen s. Kasten S. 588). Zudem wird die Fahrt durch die trostlosen Weiten schon wegen der deprimierenden Aussicht von einigen als anstrengend empfunden. An vielen Stellen fordern außerdem Schlaglöcher die höchste Aufmerksamkeit des Fahrers. Unterwegs gibt es **keine** Läden, Apotheken, Tankstellen oder Autowerkstätten. Es macht also durchaus Sinn, sich vor der Reise ein bisschen Mut anzusingen, bzw. unterwegs ein lustiges Liedchen anzustimmen und dem Grau in Grau ein bisschen Fröhlichkeit entgegenzusetzen.

Von Süd nach Nord

Die Reise beginnt beschaulich und asphaltiert. Von der Ringstraße geht es auf die Straße 32 durch das Tal **Þjórsárdalur**, benannt nach dem Fluss Þjórsá (dem längsten Fluss Islands) bis Búrfell, 1969 als erstes großes Wasserkraftwerk für die Aluminiumindustrie gebaut. Kurz bevor die 32 auf die ebenfalls noch asphaltierte Straße 26 trifft, lohnt ein kurzer Abstecher zum kleinen Wasserfall **Hjálparfoss** (64° 06' 57.1" N, 19° 50' 59.2" W), an dessen Fuß sich ein Wasserbecken gebildet hat.

Auf der Straße 26 geht es zunächst vorbei am großen **Highland Center Hrauneyjar** (s. Übernachtung), der letzten Bastion in der Zivilisation. An der Tankstelle sollte sich jeder mit ausreichend Sprit versorgen. Vorher lohnt noch ein Abstecher zu den gut erreichbaren Wasserfällen **Hrauneyjarfoss** und **Sigöldufoss** nahe der wunderschönen Schlucht **Sigölduglјúfur**. Auch der Fall **Dynkur** lohnt, allerdings erreichen ihn nur gute Allradfahrzeuge über eine zum Teil kaum erkennbare Piste. Achtung: es gibt kein Mobilfunk-Netz. Wer steckenbleibt, muss sich selbst helfen.

Weiter nördlich wird die Straße dann zur unbefestigten Piste F26 (Sprengisandsleið) und schlängelt sich nun stundenlang nach Nordosten; in Richtung des Durchgangs zwischen den Gletschern Hofsjökull (links) und Vatnajökull (rechts). Man passiert die Berghütte **Versalir**, die in Privatbesitz ist und zum Zeitpunkt der Recherchen nicht zugänglich war. 2 km südlich davon führt eine namenlose Jeep-Piste links ab, die vorbei an Seen und über Dämme vor allem für Radfahrer eine interessante Alternative zur F26 darstellt. Nach etwa 35 km auf dieser Route führt ein Abzweig rechts wieder auf die F26, der man dann gen Norden nach Nýidalur folgt.

Tipps zum richtigen Furten von Flüssen

© MARK MARKAND

Mit dem Auto

Wer mit dem Leihwagen unterwegs ist, muss alle eventuell bei Flussdurchquerungen anfallenden Schäden selbst bezahlen! Auch das Herausziehen durch die Park-Ranger ist nicht kostenlos. Umso wichtiger ist es, einige grundlegende Sicherheitshinweise zu beachten:

- Flüsse wenn möglich nur dann durchqueren, wenn ein anderes Fahrzeug in Sichtweite ist.
- Wat-Tiefe des eigenen Fahrzeuges kennen (50 cm sollten es mindestens sein): Ist eine Durchquerung theoretisch möglich, ohne dass Wasser in die Luftansaugung kommt?
- Furten möglichst vormittags nehmen: Dann ist der Wasserstand fast immer niedriger.
- Immer in Strömungsrichtung in den Fluss fahren; nicht gegen die Strömung.
- Sicherheitsgurte vor dem Furten lösen, damit man im Notfall den Wagen schnell verlassen kann.
- Niemals durch tief ausgefahrene Busspuren fahren.
- Geländegang einlegen und langsam mit gleichmäßigem Tempo fahren. Nicht im Fluss schalten!
- Nie freiwillig im Fluss anhalten.
- Bei Stehenbleiben im Fluss den Motor laufen lassen (damit kein Wasser in den Auspuff läuft).
- Bei Unsicherheit über den Wasserstand vorher den Fluss zu Fuß durchwaten. Achtung! Wer mit der Wathose in den Fluss steigt, sollte unbedingt ein Notfall-Messer dabeihaben: Verliert man das

Die Oase **Nýidalur** liegt etwa auf halber Strecke zwischen Nord- und Südende der Straße und bietet neben einer Übernachtungsmöglichkeit zugleich die schwierigsten Furten der Strecke. Schon so mancher unerfahrene SUV-Fahrer blieb hier im Fluss stehen.

Etwa 5 km nördlich von Nýidalur zweigt die Straße **F910** nach rechts Richtung Askja ab. Achtung: Diese Piste, die durch mehrere Furten und entlang des frischen Lavafeldes Holuhraun (S. 595) führt, ist nur für sehr gut ausgestattete Geländewagen mit angemessener Bereifung geeignet.

An manchen Stellen ist der Weg kaum zu erkennen, an anderen geht es nur im Schritttempo voran: Für die etwa 120 km muss mit sieben bis neun Stunden Fahrzeit gerechnet werden. Sandschienen können hier hilfreich sein für den Fall,

Gleichgewicht, wird man sonst u. U. von der mit Luft gefüllten Hose beim Abtreiben mit dem Oberkörper unter Wasser gedrückt. Hier sind ein paar schnelle Schnitte lebensrettend!

- Bei tieferen Flüssen Abschleppseil an den dafür vorgesehenen Ösen befestigen, *bevor* man in den Fluss fährt – andernfalls könnten umständliche Tauch-Aktionen im kalten Wasser nötig sein, um das Seil am Fahrzeug zu befestigen.

Zu Fuß

Als Wanderer steht manch ein Island-Besucher das erste Mal in seinem Leben vor einem Fluss, den es zu durchqueren gilt. Doch wer ein paar einfache Regeln beachtet, sollte das gut und sicher meistern. Nur ein bisschen Tapferkeit ist gefragt: Das Flusswasser ist oft nur etwa 4 °C „warm".

- Fluss genau beobachten. **Wie stark ist die Strömung?** Ein weißlicher, schnell fließender Fluss führt Gletscherwasser, das ziemliche Kräfte entwickeln kann und große Steine mitführt. Bei einem langsam fließenden Fluss mit einer glatter Oberfläche muss mit Treibsand gerechnet werden; feinsten Sandpartikeln, die sich in Mulden ablagern und unter Belastung stark zusammensinken. **Wo fließt der Fluss am schnellsten?** Wenn das eigene Ufer flach ist und nur langsam umspült wird, kann es sein, dass der Fluss am gegenüberliegenden Ufer seine stärkste Strömung hat und dort besonders tief wird. **Ist gerade Hochwasser?** Besonders für Gletscherflüsse am Nachmittag, aber auch für normale Gewässer nach Regenfällen gilt: Bei Hochwasser besondere Vorsicht walten lassen! Die starke Strömung kerbt tiefe Spuren und Gefälle ins Flussbett, was leicht zu Stürzen führen kann.
- Schuhe wechseln; Trekkingsandalen benutzen.
- Wanderstöcke benutzen; auf maximale Länge ausziehen. Den stromabwärts gerichteten „Talstock" belasten, mit dem „Bergstock" nach Untiefen tasten. Ggf. kann eine zweite Person mit einem Seil sichern.
- Hüft- und Brustgurt des Rucksacks öffnen, um ihn im Falle eines Sturzes leicht abwerfen zu können (und das auch ggf. sofort tun, um nicht vom schweren Gepäck unter Wasser gezogen zu werden).
- Generell nicht tiefer als bis etwa knapp über Kniehöhe ins Wasser gehen.
- Im Zweifelsfall: Umkehren. Andere Furt suchen oder Tour abbrechen. Sicherheit geht vor!

Mit dem Fahrrad

Es gelten dieselben Regeln wie „Zu Fuß". Darüber hinaus scheint es sinnvoll, das Fahrrad auf der strömungsabgewandten Seite zu führen – so muss man sich nicht gegen den gesamten Wasserdruck stemmen. Andere führen es lieber an der Strömungsseite, damit es nicht so leicht wegreißt.

Generell sollte man flussabwärts schieben (mit der Strömung): Immer abwechselnd ein Stück schieben, dann die Bremsen anziehen und selbst einen Schritt gehen.

Ist das Wasser sehr tief, empfiehlt es sich, Packtaschen und Fahrrad einzeln über den Fluss zu bringen.

dass man sich in der tiefen Lava-Asche festfährt, die im letzten Abschnitt zu durchqueren ist.

Die F26 ist im nördlichen Abschnitt etwas einfacher zu fahren und führt größtenteils über eine kahle, graue Hochebene. Flüsse legen sich nicht mehr in den Weg. Lohnend ist der 25 km lange Abstecher nach **Laugafell**, einer grünen Oase, die wie ein Juwel aus der weiten grauen Einöde des zentralen Hochlandes hervorsticht. Und wie sich das für eine Oase gehört, schimmert ein Gewässer in der Mitte, das als einer der schönsten Hot Pots Island zu einem Bad lockt.

Über die **F821** bietet sich hier eine direkte, jedoch stellenweise anspruchsvolle Verbindung nach Akureyri. Man durchquert ein von Flussläufen durchzogenes grünes Tal – für viele eine der schönsten Strecken des Hochlandes überhaupt. Doch sie wird seltener genutzt: Die meisten fahren zurück auf die F26 und dann weiter über Kiðagil bis zum sehenswerten **Aldeyjarfoss** mit seinen dramatischen Basaltsäulen (s. auch S. 599). Der Fluss Skjálfandafljót, der am Vatnajökull entspringt, donnert hier über eine sehr fotogene Stufe. Oft genug hat man diesen schönen, nahe der Straße gelegenen Platz für sich allein.

Anschließend geht es auf der F26 weiter über eine kleine Brücke. Noch ein paar Kilometer auf der besseren Schotterstraße 842 und die Ringstraße ist erreicht. Endlich wieder Teer unter den Rädern – was für eine Wohltat nach dem stundenlangen Gerüttel! Doch hier, zwischen all den Kleinwagen und Leitplanken, packt nun allerdings manch einen direkt die Sehnsucht nach dem, was er gerade hinter sich gelassen hat. Der weite Blick, die Einsamkeit unterwegs, der Spaß am Autofahren … Wie gut, dass es dagegen Mittel gibt: z. B. die F88 (Öskjuleið, S. 592), die knapp eine Autostunde weiter östlich von der Ringstraße Richtung Askja abzweigt.

ÜBERNACHTUNG UND ESSEN

Die folgenden Unterkünfte (s. Karte S. 587) sind von Süd nach Nord gelistet:

Highland Center Hrauneyjar, an der asphaltierten Straße 26, ✆ 487 7782, 🖳 www.thehighlandcenter.is/de. Recht günstige Zimmer (10 m² mit 140 cm breitem Doppelbett (Schlafsackunterkunft). Zudem teure Apartments und DZ (ohne Frühstück) im angegliederten, **Highland Hótel**. Im Restaurant mit 200 Plätzen gibt es neben Burgern & Co. auch isländische Spezialitäten. Der beliebte Ausgangspunkt für Ausflüge ins Hochland ist im Winter als guter Ort für die Nordlichtbeobachtung bekannt. ◷ Center mit einfachen Zimmern ganzjährig. Hotel Mitte Juni–Ende Sep, Restaurant Sommer 7–22, Winter 8–20 Uhr. ❺–❽

Nýidalur FI Mountain Hut, ungefähr auf halbem Weg der F26, südwestlich des Tungnafell. ✆ 860 3334, 🖳 www.fi.is/en/mountain-huts/all-mountain-huts/view/nyidalur. 2 Häuser, beide mit Küche, für insgesamt 79 Gäste. WC und Duschen in einem separaten Haus. Hüttenplatz 12 000 ISK, Kinder 5500 ISK, Camping 2300 ISK.

Laugafell, an der F821, ca. 22 km westlich der F26, Reservierungen unter ✉ ffa@ffa.is, ✆ 462 2720, 🖳 www.ffa.is/en/huts/laugafell. Neben den beiden Hüttchen des Akureyri Touring Clubs mit Kochgelegenheit (12 bzw. 20 Schlafplätze) ist Platz zum Zelten auf einer Wiese; Wohnmobile bleiben auf dem Parkplatz. Camper dürfen die Küche im Haus (Gas und Kochgeschirr vorhanden) nutzen. WC und Umkleideraum für die dazu gehörenden Hot Pots bleiben das ganze Jahr auf. Hüttenschlafplatz um 9000 ISK, Camping 2500 ISK p. P. (inkl. Duschen), Strom 1000 ISK. ◷ Juni–Ende Sep.

Hótel Kiðagil, Bárðardalur, 20 km südlich der Ringstraße, ✆ 464 3290. DZ mit Frühstück, mal mit, mal ohne eigenes Badezimmer. Zudem Zimmer für bis zu 4 Pers. mit Gemeinschaftsbad. Daneben eine Campingwiese. Angeschlossen ist ein Restaurant (auch vegane und vegetarische Gerichte) mit einer Bar. Camping pro Zelt 2500 ISK. ◷ Juni–10. Sep. Buchbar über Buchungsmaschinen wie booking.com. ❹–❺

TRANSPORT

Die Fahrt auf der SPRENGISANDUR ist nur zwischen Juni und September mit einem guten Allradfahrzeug möglich.

Askja und östliches Hochland

Mit seinen beeindruckenden Bergen und Vulkanen sowie den dazwischenliegenden Wüsten und Einöden, in denen sich einige wenige grüne Oasen verstecken, ist das östliche Hochland „Island pur" für alle, die nach Naturerlebnis und rauer Einsamkeit suchen. Die ganze Region lässt sich nur mit gut ausgerüsteten Geländewagen erreichen, und so trifft man hier vor allem auf Landrover-Fahrer, Toyota-Hilux-Piloten und andere Offroad-Freunde – die natürlich im besten Falle alle nicht von den vorgeschriebenen Routen abweichen; aber das Fahren auf den markierten Pisten ist auch so an vielen Stellen schon abenteuerlich genug.

Zwei Straßen führen von Norden aus ins östliche Hochland: Die **F88** und die **F905/F910**. Beide haben ihre eigenen Reize und wer von Norden aus nur einen Abstecher zur Askja macht, tut gut daran, auf der einen Piste hin und auf der anderen zurückzufahren.

Wer von der Askja allerdings noch tiefer ins Hochland vorstößt – entweder über die westliche F910 via Holuhraun zur F26 ins zentrale Hochland oder über die östliche F910 Richtung Snæfell (S. 596) und Ostfjorde – der hat die Qual der Wahl, sollte sich aber eher für die F88 entscheiden. Sie trägt den Beinamen Öskjuleið und führt am Tafelberg **Herðubreið** vorbei, den viele Einheimische für den schönsten Berg Islands halten.

Öskjuleið (F88)

Die Piste Öskjuleið (F88) oder „Askja-Weg", was Öskjuleið übersetzt bedeutet, beginnt unspektakulär: Nach der Abzweigung von der Ringstraße windet sie sich in südlicher Richtung durch eine flache Landschaft. Einen Blick wert ist der Krater **Hrossaborg** am Abzweig, der aus einer mächtigen Eruption vor 10 000 Jahren hervorging. Die Piste verläuft parallel zum Gletscherfluss Jökulsá á Fjöllum und führt zunächst über feinen Kies und Vulkanasche: Größere Steine liegen nicht im Weg, aber viele „Wellblech"-Abschnitte lassen die Fahrt etwas ungemütlich werden. Später geht es dann – schon holpriger – weiter über erstarrte Lava: Hier beginnt die 5000 m^2 große Lavawüste Ódáðahraun (die „Wüste der Missetäter"). Zwei Flüsse kreuzen den Weg, und die Furten können je nach Tages- und Jahreszeit durchaus tief sein. Sind sie geschafft, folgt bald als Belohnung ein Stopp in der Oase **Herðubreiðarlindir** am Fuße des mächtigen, namensgebenden Tafelberges Herðubreið. Hier, 59 km nach Verlassen der Ringstraße, wirkt das leuchtende Grün der Vegetation für manche wie ein Trostpflaster für die Seele.

Die letzten 50 km von der Oase bis zur Askja sind ein Traum – nun wird endlich klar, welche Faszination das Hochland ausüben kann. Kurvenreich windet sich die Straße, noch lange in Sichtweite der Herðubreið, durch schwarzgraue Lavawüsten und über beige-weiße Bimsstein-Felder, bis sie sich schließlich in einem Bogen dem Herðubreiðartögl-Gebirgszug zuwendet. Hier lohnt es sich, mal auszusteigen und einen der porösen, schwammartigen Steine in die Hand zu nehmen – die sind so leicht, die schwimmen sogar auf Wasser! Anhalten und aussteigen ist in dieser Gegend sowieso eine gute Idee; und Fotos machen; und dann um die nächste Ecke fahren und staunen, und anhalten und aussteigen und ... Aber bitte: Nur auf den ausgefahrenen Bögen am Rand – nicht selbst eine Fahrspur in die Natur fräsen. Die wird nämlich nicht so einfach vom Winde verweht, sondern ist auch in 30 Jahren noch zu sehen. Darauf weisen auch die Park-Ranger hin, die in dieser Gegend patrouillieren und Flugblätter zum richtigen Verhalten im Hochland verteilen.

Diese magische Landschaft bietet stets neue, völlig fremde Anblicke; eine andere Welt. Kein Wunder, dass sich die Nasa diese Gegend in den 1960er-Jahren ausgesucht hat, um für die Mondmission zu trainieren. Und wer dann am Tagesziel, dem Campingplatz **Dreki** (S. 594) an der Askja, sein Zelt aufschlägt, hat noch eine Geschichte mehr zu erzählen: Die vom *Camping on the moon*.

Herðubreið

„Die Königin der Berge" – so nennen die Isländer die Herðubreið (aus ihrer Sicht weiblich), die majestätisch fast 1 km aus der Lavawüste Ódáðahraun emporragt. Herðubreið bedeutet „die Breitschultrige", und dieser Name wird dem Tafelvulkan wohl gerecht. Der Berg ist sehr symmetrisch aufgebaut, mit kreisrunder Grundfläche (Umfang ca. 30 km) und steilen Flanken. Die höchste Erhebung liegt bei 1682 m und ragt noch einmal 200 m über den Gipfelkrater hinaus. Seine Entstehung verdankt er einem subglazialen Vulkanausbruch: Der Sockel, wo die Lava unter dem schmelzenden Eis erstarrte, besteht aus Palagonit, der obere Teil, wo die Lava sich ihren Weg durch die Eisdecke an die Oberfläche bahnte, aus Basalt.

Bestiegen wurde der Berg erstmals 1908 vom deutschen Geologen Hans Reck und seinem isländischen Begleiter Sigurður Sumarliðason. Reck begleitete seinerzeit die deutsche Reiseschriftstellerin Ina von Grumbkow, die auf der Suche nach ihrem verschollenen Verlobten war (s. Kasten). Heute wird der Berg vom Nordwestrand aus bestiegen; aufgrund der steilen Flanken und des losen Gerölls ein schwieriges und nicht ungefährliches Abenteuer.

5 km nordöstlich liegt die grüne Oase **Herðubreiðarlindir** zu Füßen des Berges. Kleine Bäche, die unter der Lava entspringen, sorgen für Feuchtigkeit und Vegetation, und eine Übernachtungsmöglichkeit (s. u.) gibt es auch. Dort, wo heute im Sommer die Touristen campen, soll 1774/1775 der sagenumwobene, wegen Viehdiebstahls verurteilte Geächtete **Fjalla-Eyvindur**

Liebe und Tod auf dem Vulkan

Wie fast überall im Hochland befinden sich an den Kraterrändern keine Absperrungen, und bei Wanderungen sollte man Vorsicht walten lassen. Schon einmal kamen deutsche Besucher zu Schaden: Der angesehene Vulkanologe **Walther von Knebel** und sein Begleiter, der Maler **Max Rudloff**, verschwanden hier im Sommer 1907. Ein Jahr später brach von Knebels Verlobte, **Ina von Grumbkow**, zu einer Suchaktion auf – erfolglos. Man vermutet daher, dass die Vermissten bei einer Bootsfahrt auf dem Öskjuvatn untergegangen sind. Von ihrer Reise berichtet von Grumbkow in ihrem Buch *Ísafold. Die Eisumschlungene.*

Im 16. Kapitel erzählt sie dort von einem großen Steinhügel (Varða), den sie mit ihren Begleitern zum Gedenken an die Toten errichtet: *„Der Varða selbst gleicht einer vierseitigen Pyramide von 4 m Höhe und ist aus ausgewählt schönen bunten Schlacken errichtet. Weit sichtbar erhebt er sich einige Meter vom Seeufer. An der dem See zugewandten Seite ist eine Platte lichtgrauer Doleritlava eingelassen, in welche Herr Reck [die Namen der Toten] hineinmeißelte. In absehbarer Zeit wird die Uferwand nicht einstürzen und so wird er, wie wir hoffen, für viele Jahre ein sichtbares Zeichen sein des Gedenkens, das über irdische Formen und Grenzen hinausreicht."*

Und so ist es gekommen. Wer am Kraterrand um den großen See herumspaziert, der wird den Steinhügel heute noch finden; nur die Lavaplatte mit den beiden Namen wurde inzwischen durch eine Metallplatte ersetzt.

Für Ina von Grumbkow war diese Reise übrigens gleichzeitig ein Neubeginn: Vier Jahre später heiratete sie ihren Island-Begleiter, Hans Reck, mit dem sie dann längere Zeit in Afrika lebte. Ihre Bücher darüber sind bis heute interessante Zeugnisse aus jener Epoche.

(„Eyvindur aus den Bergen") mit seiner Frau Halla Jónsdóttir gelebt haben – bei einem kleinen Spaziergang vom Campingplatz Richtung Berg stößt man auf die Reste der einstigen Behausung (Eyvindarkofi, „Hütte des Eyvindur"). Das Paar war 20 Jahre auf der Flucht quer durchs ganze Land und hauste hier einen harten Winter lang: ohne Feuer, nur mit einem Vorrat an rohem Pferdefleisch, der zugleich auch noch als Dach über dem zugigen Erdloch diente. Da bekommt doch heute die abendliche Tütensuppe im Outdoor-Zelt einen ganz neuen Wert!

Askja und Umgebung

Der mächtige Vulkan Askja mit seinen beiden Kraterseen und der gut erkennbaren, 45 km² großen Caldera ist wohl das meistbesuchte Ziel in dieser Region. Kein Wunder: Schon beim knapp halbstündigen Spaziergang vom Parkplatz zu den Seen fühlt man sich wie auf einem anderen Planeten. Über ein schwarzes Lavafeld zieht sich der Weg bis an den Rand des Kratersees **Öskjuvatn**; mit 220 m der tiefste See des Landes. Er entstand bei einem Ausbruch 1875. Kurz darauf bildete sich durch eine Explosion auch der kleinere See **Víti**: („Hölle"). Das milchige Wasser im Höllen-See wird noch stärker als der Öskjuvatn durch geothermische Aktivitäten erwärmt (was man auch riecht). Vorsicht beim Abstieg in den Krater, nach Regen ist der steile Pfad recht rutschig. Auch sollte man sich unbedingt vor einem Besuch über die aktuelle Situation informieren (s. Kasten S. 594).

Das Gebiet der Askja bzw. der **Dyngjufjöll-Berge**, in denen sie liegt, wird von einer ganzen Reihe von Wanderwegen durchzogen. Los geht es an der Hütte Dreki (dort auch Karten und Infos), hinter der gleich die „Drachenschlucht" **Drekagil** beginnt – den Spaziergang sollte man sich auf jeden Fall gönnen.

ÜBERNACHTUNG

Þorsteinsskáli, Herðubreiðarlindir, 65° 11′ 33.6" N, 16° 13′ 23.4" W, Karte S. 591, ✆ 822 5191, 💻 www.ffa.is/en/huts/herdubreidarlindir. In dem Häuschen aus den späten 1950er-Jahren finden bis zu 30 Leute Platz. Dusche/WC in

Steht der Askja-Ausbruch kurz bevor?

Im Sommer 2023 hat sich der Boden des Askja-Kraters um ganze 30–60 cm nach oben gewölbt; das Wasser im Kratersee sich von 18 auf 27 °C erwärmt: Ein Zeichen dafür, dass viel neue Magma aufsteigt. Bedenkt man, dass es hier in der Vergangenheit zu durchschnittlich zwei bis drei Eruptionen pro hundert Jahre kam und dass die letzte 1961 stattfand, so ist es ziemlich wahrscheinlich, dass hier mal wieder etwas passiert. Bei der zu erwartenden Größe der Eruption wäre das für Besucher eine Katastrophe: Ein pyroklastischer Strom könnte sich explosionsartig mit über 100 km/h über viele Kilometer in alle Richtungen ausbreiten – eine Flucht vor einer solchen heißen Staub-, Gas- und Aschewolke wäre unmöglich. Da einem großen Ausbruch meist einige Erdbeben vorangehen, bleibt zu hoffen, dass im Fall der Fälle genug Vorwarnzeit besteht – doch angesichts der Tatsache, dass man alleine vom Vulkan bis zum Parkplatz eine halbe Stunde braucht, sollte man sich keinen Illusionen hingeben.

einem separaten Häuschen. Ein steiniger Campingplatz in der Nähe hinter einem kleinen Bach. Hüttenplatz 9500 ISK, Camping 2300 ISK, Küchennutzung 500 ISK, Dusche 500 ISK. 🕒 Juni–Aug.

Dreki, Drekagil, 65° 2′ 31.2″ N, 16° 35′ 43.2″ W, am südlichen Rand des Dyngjufjöll-Massivs, Karte S. 591, ✆ 822 5190, Reservierungen unter ✆ 462 2720, 💻 www.ffa.is/en/huts/dreki. Die beiden Hütten des Touring Club von Akureyri (Ferðafélag Akureyrar, FFA; 8000 ISK) bieten Platz für bis zu 55 Pers. WC im separaten Häuschen. Camping nebenan auf hartem, steinigem Grund (2000 ISK). 🕒 20. Juni–15. Sep. Die Park-Ranger im **Infocenter** in Drekagil sind Ansprechpartner in allen Fragen; wer z. B. nicht sicher ist, welche Strecke er seinem Wagen zumuten kann, bekommt hier wichtige Informationen über den Streckenzustand und die Anforderungen. Sowohl Auto als auch Fahrer werden dabei einer kritischen Betrachtung unterzogen.

Baden sollte man im milchig weißen Víti-See lieber nicht.

AKTIVITÄTEN UND TOUREN

Askja-Trail

Der Touring Club von Akureyri bietet eine **5-tägige Wandertour** im Gebiet der Askja an. Einige Strecken werden mit dem Jeep zurückgelegt, andere gelaufen. Die Wanderung beginnt in **Herðubreiðarlindir**, führt dann zur **Askja** und über die vereinseigenen Hütten **Dyngjufell** und **Botni** zur **Svartárkot-Farm**. Mehr Infos unter 💻 www.ffa.is/en/the-askja-trail, Preise auf Anfrage.

Organisierte Touren

Wanderungen und Super-Jeep-Touren starten in Reykjahlíð (S. 424) und Möðrudalur (S. 426). Beliebt ist **Mývatn Tours**, ✆ 861 1920, 💻 www.myvatntours.is. Touren gibt es vom 20. Juni bis Mitte September. Los geht's bei der Touristeninformation in Reykjahlíð (Hraunvegur 8 um 8 Uhr; die Tour endet gegen 20 Uhr. Buchungen über die Webseite.

TRANSPORT

Nochmal erwähnt: Die Region ist nur per **Allrad-Fahrzeug** mit genug Bodenfreiheit befahrbar. Eine gute Idee ist es auch, sich mit anderen Fahrern zusammenzuschließen und schwierige Strecken im Konvoi zu fahren.
Als Alternativen bleiben nur die Buchung eines **Tourbusses** oder **Trampen** (die beste Stelle für Letzteres ist der Parkplatz am Abzweig der F88 von der Ringstraße).

Holuhraun

Eine der jüngeren Sehenswürdigkeiten des Landes: Die Entstehung des Lavafeldes Holuhraun begann am 29. August 2014, als unterirdisch glühend heiße Magma aus dem Gebiet des Bárðarbunga-Vulkans abfloss und sich hier südlich der Askja einen Ausgang suchte. Was dann folgte, war die größte Lava-Eruption seit den Laki-Feuern 1783/1784. Über 150 m hoch schossen die flüssigen Massen Anfang September 2014 in die Höhe. Insgesamt 1,4 km³ Lava floss aus der Magmakammer unter der Bárðarbunga ab – was dazu führte, dass sich seine unter dem Vatnajökull verborgene Caldera um 60 m abgesenkt hat. Als die Eruption im Februar 2015 endete, war eine Fläche von 85 km² mit frischer Lava bedeckt – im Durchschnitt 10–14 m dick.

Startbasis für Nicht-Offroader

Auch ohne eigenes Allrad-Fahrzeug lassen sich während einer Island-Rundreise die Highlights des Hochlandes entdecken. Ein von der Ringstraße leicht zu erreichendes Ziel ist das nur ein paar Kilometer südlich gelegene Möðrudalur/Fjalladýrð (s. auch Kasten S. 426, Karte S. 591). Hier gibt es ein schönes Guesthouse, einen Campingplatz, eine originelle Tankstelle und – Touren zur Askja, zum Herðubreið und zum Kverkfjöll. Camping 1750 ISK, unter 14 J. frei. Strom 1590 ISK. Es gibt einfache und etwas hochwertigere DZ und Betten im Schlafsaal (ab 8000 ISK). Die Sauna ist ein besonderes Plus. Infos und Buchungen unter 💻 https://fjalladyrd.is. ❺–❼

TRANSPORT

Von Dreki aus über die F910 in Richtung F26/Sprengisandur. Schon nach etwa 10 km sind die Ausläufer des Lavafeldes erreicht. Vorsicht, in der feinsandigen Vulkanasche kann man sich leicht festfahren. Zugang zur Lava nur über die markierten Pfade.

Kverkfjöll

Der Weg ist das Ziel? Nicht immer! Hier, am Eisrand des Vatnajökull-Gletschers, steht das eine dem anderen in nichts nach. Schon die Anreise ist dramatisch: Nur mit einem guten Geländewagen geht es über die F902 durch eine steinige, vegetationslose Mondlandschaft. Die eisbedeckten Berge, die 600–900 m aus der Umgebung emporragen, locken wie eine Verheißung am Horizont. Endlich angekommen, ist es vom Parkplatz an der Hütte Sigurðarskáli noch ein viertelstündiger Fußweg bis ans Eis – genauer gesagt, bis zu einer Eishöhle, aus der milchiges Gletscherwasser mit tosender Urgewalt hervorstürzt. Dies ist der Ursprung der Jökulsá á Fjöllum – des Gletscherflusses, der viel weiter nördlich an seinem Unterlauf am Dettifoss ein unvergleichliches Naturschauspiel bietet (S. 411).

Die Höhle ist abgesperrt, und das nicht ohne Grund: Immer wieder fallen große Eisbrocken von der Decke und da unter dem Gletscher ein riesiges geothermisch aktives Gebiet liegt, könnten im Inneren der Höhle giftige Schwefeldämpfe eingeatmet werden. Also bitte immer an die Markierungen halten.

Wer hier länger bleibt als bloß für ein Foto der Gletscherhöhle, kann spannende und nicht ganz einfache Wanderungen im Gletschergebiet unternehmen. Der Gletscher selbst sollte allerdings nur mit Führer betreten werden!

ÜBERNACHTUNG

Sigurðarskáli, 64° 44′ 51″ N, 16° 37′ 53.4″ W, Karte S. 591, ✆ 863 9236. Nach stundenlanger Fahrt durch Grau und Schwarz freut sich das Auge über das fröhliche Gelb dieser Hütte und über das Grün der Grasmatten, die für die Camper ausgelegt wurden (2000 ISK). 75 Schlafsackplätze (8000 ISK), Ölheizung, Gaskocher. Wer im 4x4-Mobil kommt, findet auch immer ein Plätzchen nahe der Hütte. Küchennutzung kostet für alle Camper extra. ⌚ etwa Mitte Juni–Anfang Sep.

AKTIVITÄTEN

An der Hütte Sigurðarskáli starten manchmal geführte Touren zum Gletscher – allerdings nicht immer. Vorbuchungen sind nicht möglich; Absprachen können nur vor Ort getroffen werden. Unter der kundigen Leitung eines erfahrenen Guides kann man dann vielleicht seinen Fuß auf den Gletscher setzen oder ins östlich gelegene Geothermalgebiet Hveragil vorstoßen.

TRANSPORT

Von der Askja aus kann Kverkfjöll als Tagestour geplant werden; via **F910** und **F902**. Auf dem Rückweg lässt sich alternativ auch ein kleiner Umweg über die **F903** machen: Dabei passiert man dann die hübsche kleine Oase **Hvannalindir**, um die sich haarsträubende Hochland-Legenden von wilden Outlaws und verschwundenen Reisenden ranken. Über die F903 muss auch, wer **via F905** nach Norden zur **Ringstraße** vorstoßen will oder **via östlicher F910** weiter Richtung **Snæfell**.

Snæfell und Umgebung

Ganz im Osten des Hochlandes erhebt sich der 1883 m hohe, freistehende Gipfel des Snæfell – der höchste Berg Islands außerhalb des Vatnajökull-Gletschers, an dessen nordöstlichem Rand er liegt. Übersetzt bedeutet der Name „Schneeberg" – und tatsächlich hat der Berg das ganze Jahr über ein weißes Mützchen auf. Er ist ein alter Vulkan, der aber zuletzt vor mindestens 10 000 Jahren am Ende der letzten Eiszeit gehustet hat. Eine Wanderung auf den Berg (bis hinauf auf den Gipfel) ist mit relativ leichter Ausrüstung (feste Schuhe und warme Kleidung) machbar. Einige Wanderwege durchziehen die karge Landschaft in seiner Umgebung. Wer Glück hat, entdeckt eine der Rentierherden, die hier durchs Land streifen.

Das Gebiet ist am einfachsten von Egilsstaðir (S. 447) zu erreichen, denn die Straße ins Hochland ist von dort gut ausgebaut, nur im letzten Stück gibt es eine Furt. Abenteuerlustige Naturen mit entsprechendem Fahrzeug können aber auch von Westen aus der Region Askja via östlicher F910 quer durchs Hochland anreisen.

Sanddalur

Neongrünes Moos auf schwarzer Asche, dazwischen sandfarbene Felsformationen, die durch Wind und Wetter in bizarre Formen geschliffen wurden, mittendrin ein Fluss, der sich durch die Felsen kämpft, weiter flussaufwärts ein kleiner Wasserfall – das farbenprächtige Tal Sanddalur ist einen Abstecher wert. Die Zufahrt ist zwar nicht ausgeschildert, aber leicht zu finden: Von Egilsstaðir kommend, führt kurz nach der Abzweigung zur Hütte Laugarfell eine weitere Straße von der Straße 910 nach links (Süden) ab. Die

Mit einem VW-Bus durch einen unbekannten Fluss zu fahren, ist ziemlich mutig – auch wenn die Furt auf den ersten Blick „einfach“ wirkt.

nächste Fahrspur, die sichtbar wird (gleichzeitig die östliche Zufahrtspiste zur Hütte am Snæfell) führt ins Sanddalur. Diese Piste, die F909, ist nur mit Geländewagen befahrbar: Hier liegen große Steine und es sind zwei kleinere Flüsse zu furten. Etwa 5 km südlich der 910 befindet sich ein Parkplatz.

Kárahnjúkar-Staudamm

Er ist das größte und umstrittenste Bauprojekt Islands: der Kárahnjúkar-Staudamm. Für die einen leisten er und der durch ihn neu geschaffene **Stausee Hálslón** einen wichtigen Beitrag zur Wirtschaft im Osten des Landes, anderen kommen die Tränen, wenn sie nur den Namen hören. Hier war es nämlich vorher viel schöner: Es gab mächtige Wasserfälle, gegen die der Gullfoss mit seinen 30 m gar nichts ist. Sechs Jahre wurde an dem 700 m langen und fast 200 m hohen Wall gebaut, über eine Milliarde Euro fielen an Kosten an. Ende 2007 begann der Betrieb: Die Anlage liefert 690 Megawatt Strom, der zum Großteil in die Aluschmelze in Reyðarfjörður (S. 465) fließt. „Für den Wohlstand der Bevölkerung muss man halt Opfer bringen“, sagten die einen. „Die unberührte Natur ist der größte Schatz, den wir haben“ die anderen. Und tatsächlich könnte das ein Grund dafür sein, dass nicht alle Isländer auf die Barrikaden gegangen sind. *Unspoilt nature*, wie sie früher hier war, heißt nämlich im Umkehrschluss: Da war noch nie jemand. Oder eben nur sehr, sehr wenige. Die Sängerin Björk gab damals ein Gratiskonzert, um ihren Protest kundzutun. Genutzt hat es nichts.

Als Ingenieursleistung ist der Damm jedenfalls beeindruckend. Das dazugehörige Kraftwerk liegt zudem nicht hier oben im Hochland, sondern unten im Tal, am hintersten Ende des Lagarfljót. Das Wasser fließt dorthin durch Islands größtes Bauwerk, ein über 50 km langes Tunnelsystem, ehe es, seiner Kraft beraubt, in den See mündet.

Laugavellir

Nur mit einem guten Allradfahrzeug erreicht man die **heiße Quelle** von Laugavellir (ca. 7 km nördlich des Staudamms von Kárahnjúkar; vom Damm aus via F910 und unbefestigtem Links-Abzweig). Sie ist aber definitiv ein lohnenswertes Ziel und gilt seit Jahren als „Geheimtipp“ – der sich natürlich inzwischen rumgesprochen hat:

Ein bis zwei Tage nach Ankunft der Autofähre in Seyðisfjörður, wenn die großen Geländewagen sich ins Hochland aufmachen, ist es hier besonders voll. Aber an anderen Tagen kann es durchaus sein, dass man dieses paradiesische Fleckchen für sich allein hat. Und die Dusche unter dem warmen Wasserfall in dieser Umgebung ist ein absolut unvergessliches Erlebnis!

ÜBERNACHTUNG

Laugarfell Highland Hostel, Fljótdalsheiði, Karte S. 591, 773 3323, www.laugarfell.is. Modernes Dienstleistungs-Zentrum mit 28 Betten in 2–6-Bett-Zimmern (10 % Rabatt im Juni und Sep) und einem Aufenthaltsraum und Café. Es gibt zwei in Stein gefassten Hot Pots (für Gäste kostenlos, Tagesbesucher zahlen 1500 ISK, Kinder bis 12 J. 500 ISK, 9–21 Uhr, alle, die hier schlafen haben die Pots 2 Std. länger für sich). WC und Duschen in Gemeinschaftsbädern. Obwohl einsam im Hochland gelegen, ist das grau-rote Wellblechhaus mit dem Wasserfall vor der Tür mit einem normalen Auto erreichbar und ans öffentliche Stromnetz angeschlossen. Camping 2000 ISK, Frühstück (1900 ISK) und Abendessen (3500 ISK) auf Bestellung, außerdem Kaffee und Kuchen. Mitte Feb–Mitte Mai und Juni–Sep. DZ ❸–❹

Snæfellskáli, Karte S. 591, 842 4367, www.vjp.is. Die Nationalpark-Hütte (45 Schlafplätze), bei der man auch campen kann, ist Ausgangspunkt für Wanderungen im Snæfell-Gebiet. Hütte 6500 ISK (Jugendliche von 13–16 J. 3250 ISK, Kinder unter 12 J. kostenlos), Camping 1700 (Jugendliche 800 ISK, Kinder unter 12 J. kostenlos). Campingplatz 1. Juli–15. Sep (falls das Wetter es erlaubt).

AKTIVITÄTEN UND TOUREN

Tourveranstalter

Das **Team der Hütte Laugarfell** (s. o.) fungiert als Tourenvermittler für kleinere Unternehmen der näheren Umgebung, führt aber auch selbst Wander-und Jeep-Touren durch, z. B. eine vierstündige Tour in die nähere Umgebung zur Rentier-Beobachtung oder eine Fahrt zum Vulkan Askja inklusive 5-km-Wanderung.

Jeeptours, Stekkjartröð 13b, 700 Egilsstaðir, 898 2798, www.jeeptours.is. Bietet Berg- und Hochlandtouren in Ost-Island mit einem leistungsfähigen Geländewagen an. Vielfältige und spannende Reisen zu jeder Jahreszeit.

Zu Fuß durchs Hochland – näher kann man der Natur nicht kommen.

Wandern
Bei der Hütte Laugarfell beginnt der ca. 7 km lange, einfache „Wasserfall-Trail", vorbei an den Wasserfällen Kirkjufoss, Stuðlafoss und Faxi. Eine Karte dazu hängt in der Hütte aus. Eine längere Tageswanderung (ca. 30 km) führt zur Hütte Snæfellskáli, von der aus sich mehrere spannende Wanderungen in die Region unternehmen lassen. Beliebt ist der Aufstieg auf den Gipfel des Snæfell (knapp 14 km, 6–9 Std.). Auch die Umrundung des Berges ist möglich – fast 30 km, eine lange Tageswanderung.

TRANSPORT

Die Straße 910 ist, von Egilsstaðir kommend, anfangs steil und windet sich in Serpentinen in die Höhe. Das ist jedoch für „normale" Pkw kein Problem, da die Strecke bis zum Kárahnjúkar-Staudamm durchgehend asphaltiert ist. Erst dort ist für die Weiterfahrt Richtung Askja ist ein Allradwagen vonnöten.
An der 910 zwischen Egilsstaðir und dem Kárahnjúkar-Staudamm zweigt die F909 in südlicher Richtung zum Berg Snæfell ab (ab hier nur Allradfahrzeuge). Von der Stelle, wo die 910 in die Straße 931 am Südwest-Ende des Lagarfljót mündet, sind es 60 km bis zum Staudamm und etwa 35 km bis Laugarfell.
Busse fahren hier keine; die Region ist nur per gebuchter Tour oder mit den eigenen vier Rädern erreichbar.

Stuðlagil Canyon

Wie ein verstecktes Juwel liegt der Stuðlagil Canyon am abgelegenen östlichen Rand des Hochlandes; im Gletschertal Jökuldalur nordöstlich des Hálslón-Stausees. Letzterer ist dafür verantwortlich, dass sich der einstige tosende Fluss auf dem Grund des Canyons in ein relativ zahmes Wasser verwandelt hat. Immerhin: Dadurch ist es möglich geworden, in den Canyon hinabzusteigen und die grandiosen Basaltsäulen zu bewundern, die an einigen Stellen senkrecht emporwachsen – eine Landschaft wie aus einer anderen Welt und selbst für Island ziemlich einzigartig. Das Gebiet ist von der Ringstraße aus leicht zugänglich – unbedingt als Abstecher einplanen (s. auch Kasten S. 429)!

Der Canyon ist von beiden Seiten zugänglich: An seiner westlichen Seite, wo die Unterkünfte liegen, führt eine Schotterpiste bis zum Canyon. Dann geht es 250 Stufen hinab zu einer Aussichtsplattform, von der man in die Schlucht blicken kann. Von den beiden Parkplätzen an der östlichen Seite sind es noch 4 bzw. 2 km zu Fuß; hier kann man bis zum Grund des Canyons ans Wasser laufen.

ÜBERNACHTUNG UND ESSEN

Direkt am Canyon übernachten? Warum nicht!
Studlagil Canyon Country Home, 701 Grund, 🖳 https://studlagil-canyon-country-home-grund.booked.net. Komfortables Wohnen in drei kleinen, gut ausgestatteten Bungalow für 2–4 Pers. mit Küche und Terrasse.
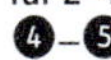
Studlagil Camping, gleich nebenan, ✆ 830 0539 (Notfallnummer). Kein Strom, aber (kaltes) Wasser zum Abwaschen. Duschen 400 ISK. Kostenpflichtige WC für Tagesbesucher. 1800 ISK p. P./Nacht.
In den Sommermonaten von Juni bis September versorgt ein **Food-Trailer** Besucher des Canyons mit Essen und Getränken.

TRANSPORT

Mit dem eigenen Fahrzeug ab Egilsstaðir auf die nördliche Ringstraße, nach 40 Min. (53 km) links ab auf die 923 (Jökuldalsvegur). 2,3 km weiter die Abzweigung links auf die Schotterpiste nehmen. Nach einer Viertelstunde (12,3 km) ist der erste Parkplatz bei Klaustursel erreicht. 4,1 km weiter liegen die Unterkünfte, der zweite Parkplatz und eine Aussichtsplattform.
Wer der Schotterpiste flussaufwärts folgt, erreicht nach einer weiteren Viertelstunde den Anschluss zur Hochlandpiste F907. Auf dieser geht es 3 km weiter links ab auf die Austurleið für Verbindungen zur F905 und F910. Wie immer gilt für die F-Pisten: Nur mit Geländewagen weiterfahren.

Anhang

Sprachführer

Isländisch ist eine komplizierte Sprache, die sich in den letzten 1200 Jahren nur wenig verändert hat. Die Aussprache ist gewöhnungsbedürftig, und fehlerfreies Isländisch inklusive aller Deklinations- und Konjugationsformen zu lernen, dauert. Immerhin ist die Sprache aber mit dem Deutschen verwandt – viele Worte haben erkennbar den gleichen Stamm, und auch die grammatische Struktur ist ähnlich.

Die meisten Isländer sprechen auch Englisch, aber ein gewisses Grundverständnis ist hilfreich, und wenn man zumindest ein paar Wörter in der Landessprache sagen kann, ist das schon netter. Ansonsten hilft es, wenn man mit Orts- und Straßennamen etwas anfangen und die wichtigsten Schilder lesen kann.

Grundregeln

Schrift und Aussprache

Bis auf wenige Ausnahmen wie Æ/æ, Ð/ð und Þ/þ entsprechen die isländischen Buchstaben weitgehend dem lateinischen **Alphabet**. Die **Betonung** liegt im Isländischen immer auf der ersten Silbe, egal wie lang das Wort ist. Akzente haben nichts mit der Betonung zu tun – Vokale mit Akzent sind einfach andere Buchstaben (werden anders ausgesprochen als das akzentfreie Pendant und im Telefonbuch auch extra einsortiert).

Es folgen die allerwichtigsten **Ausspracheregeln**. Auch wenn es natürlich noch weitere Feinheiten gibt, kann man den Rest halbwegs so wie im Deutschen aussprechen, und es ist schon einigermaßen verständlich.

Vokale

a	a (Ausnahme: vor ng und nk wie au, z. B. Langidalur: „Laungidalür“
au	zwischen ö und öy wie in Feuilleton
á	au
e	dunkles e wie in „Ente“
ei, ey	ey wie in „Boah, ey!“
é	„Jä“ wie in „Jäger“
i, y	eh (am Silbenende kurzes „i“)
í, ý	helles „i“ wie in „nie“ (aber kürzer)
o	dunkles „o“ wie in „Orgel“
ó	helles, etwas gebogenes „oh“ wie im Englischen „oh!“
u	zwischen ü und ö wie in Nadel-Öhr
ú	u wie in „Uhu“
æ	ai
ö	dunkles ö wie in „Wörter“

Konsonanten

f	f (Ausnahme: zwischen zwei Vokalen wie w)
hv	kw (z. B. bei Fragewörtern)
ll	wie „thl“ (z. B. beim Wort Eyjafjallajökull)
r	Zungen-r (gerollt wie im Englischen)
s	ß (das s ist immer stimmlos)
v	w
ð	stimmhaftes „th“ wie in „this“
þ	stimmloses „th“ wie in „thing“

Alle anderen Konsonanten werden etwa wie im Deutschen gesprochen.

Gar nicht so schwer: Eyjafjallajökull

Hat man das Prinzip der Wortzusammensetzung erstmal durchschaut, werden auch „Wortungetüme" verständlich:
Eyjafjallajökull ist ein Gletscher *(jökull)*, der auf den Bergen in der Nähe der Westmännerinseln liegt. Genau das bedeutet auch sein Name: *Fjalla* ist der Genitiv Plural (der Berge) von *fjall* (Berg), *eyja* der Genitiv Plural (der Inseln) von *eyja* (Insel).
Der Eyja-fjalla-jökull ist also der Inseln-Berge-Gletscher.

Minimal-Grammatik

Isländisch ist dem Deutschen sehr ähnlich: drei Geschlechter, vier Fälle, aber auch starke/schwache Verben und Konjunktiv halten Lernende hier genauso auf Trab. Die komplexe Grammatik hat zahllose verschiedene Endungen zur Folge, mit denen sich ganze Bücher füllen lassen. Hier nur die wesentlichen Eigenheiten, die einem immer wieder begegnen:

Wie auch im Norwegischen, Schwedischen und Dänischen wird der bestimmte **Artikel** (-inn, -in, -ið = der, die, das) hinten angehängt: z. B. *hundur* (Hund) bzw. *hundurinn* (der Hund), *borg* (Stadt) bzw. *borgin* (die Stadt) und *hótel* (Hotel) bzw. *hótelið* (das Hotel).

Man kann im Isländischen genau wie im Deutschen **zusammengesetzte Wörter** beliebiger Länge bilden. Die meisten Ortsnamen sind so aufgebaut, wie z. B. Jökulsárlón. Eine Wort-für-Wort-Übersetzung ist meistens korrekt, hier Jökuls-ár-lón (Gletscher-Fluss-Lagune). Der entscheidende Teil steht wie im Deutschen am Ende (hier: *lón* – Lagune), die präzisierenden Angaben davor. Diese haben anders als im Deutschen immer die Form des Genitivs: *jökul-s* („des Gletschers", Genitiv von *jökull* – Gletscher), *á-r* („des Flusses", Genitiv von *á* – Fluss). Ein weiteres Beispiel ist Hveragerði: *hver* ist die heiße Quelle, von der sich wiederum *hvera* als Genitiv Plural („der heißen Quellen") ableitet. Als *gerði* bezeichnet man einen eingefriedeten Bereich (etwa Pferch, Hof, notfalls auch Garten). Die beste Übersetzung ist vielleicht Heiße-Quellen-Garten. Adjektive kommen auch gelegentlich vor, z. B. Langi-dalur, übersetzt „(das) Lange Tal".

Außer in zusammengesetzten Worten begegnet man dem **Genitiv** bei Richtungsangaben (*til Hafnar* – nach Höfn; *hafnar* ist der Genitiv von *höfn* – Hafen). Der **Dativ** taucht oft bei Adressen auf, etwa bei Laugavegi, was „im Laugavegur" bedeutet (*vegi*: Dativ von *vegur* – Straße/Weg).

Endungen wie -s, -ar, -u, -i, -a, und von a zu ö wechselnde Stammvokale (*höfn – hafnar, gata – götu*) sind also einfach deklinierte Formen derselben Worte. Davon sollte man sich nicht abschrecken lassen; Online-Karten wie 💻 www.ja.is/kort und Navis funktionieren problemlos mit beiden Formen.

Weitere Besonderheiten

Orts- und Straßennamen sind oft sehr logisch zusammengesetzte Wörter. So lässt schon der Name eines Ortes Rückschlüsse darauf zu, was einen als Reisenden da so erwarten mag.

Häufig sind Bezüge zu namentlich bekannten Siedlern oder Ereignissen aus der Landnahmezeit (z. B. Snorralaug, der Hot Pot von Snorri Sturluson, oder Ingólfsfjall, der Berg von Ingólfur Arnarson). Ansonsten bezeichnen die meisten Ortsnamen einfach, welche Landschaftsform dort zu finden ist (Langidalur = (das) Lange Tal) oder zumindest war (es gibt einige Orte mit *skógur* im Namen, wo der Wald längst verschwunden ist). Nach diesem Prinzip ist Snæfells-nes die Schnee-Berg-Halbinsel und der Snæfellsnes-vegur die Schnee-Berg-Halbinsel-Straße. Auch Straßennamen in Städten beinhalten teilweise wichtige Informationen: So ist z. B. die Austur-stræti die Straße, die nach Osten führt.

Laug heißt immer irgendwas mit warmen Quellen, meistens (aber nicht immer) auch zum Baden. Das Schwimmbad ist das *sund-laug*, der Lauga-vegur der Warme-Quellen-Weg, Laugarvatn der Warme-Quelle-See bzw. das Warme-Quellen-Wasser usw.

Reykur ist der Rauch oder Dampf, **vík** die Bucht. Reykja-vík ist folglich die Rauch-bucht, Reykja-dalur das Rauchtal, Reykja-nes die Rauch-Halbinsel. Wer also z. B. seine Unterkunft in einem Ort wählt, in dessen Namen irgendeine Form von „Reyk" oder „laug" vorkommt, sollte mit Schwefelgeruch rechnen.

Wenn **Hraun** (Lava) im Namen mit drin ist, kann man ziemlich sicher davon ausgehen, dass man in oder nahe bei einem Lavafeld nächtigen wird. Bei **Vatn** ist mit trinkbarem Wasser, höchstwahrscheinlich mit einem See, zu rechnen. **Bær** ist ein (Bauern-)Hof.

Vegur ist „Weg", aber auch „Straße" bzw. Landstraße – also alle wichtigen Fernverbindungen, nicht so sehr lokale Feldwege. Früher waren alle Fernwege effektiv Reitwege, etwa der berühmte Fernwanderweg Laugavegur von Landmannalaugar nach Þórsmörk oder der Kjalvegur (Kjölur, die alte Reitstrecke von Hvítárvatn nach Hveravellir gibt es noch heute). Seitdem es Fahrzeuge gibt, heißen alle Straßen außerhalb von Ortschaften, auch und gerade Fern- und Hauptstraßen, ebenfalls *vegur*.

Vegamót ist die Landstraßen-Kreuzung. Eine wichtige Info vor allem für Busreisende, die an Haltestellen, die „Vegamót" heißen, umsteigen wollen: Anders als man annehmen könnte, handelt es sich dabei nämlich nicht um einen Ort, sondern einfach um eine Straßenkreuzung. Folglich gibt es „Vegamót"-Haltestellen quasi in allen Landesteilen.

Aufgepasst!

Die isländische Art, Orte zu benennen, hat definitiv auch Nachteile. Immer wieder gern wird die Geschichte von einem Touristen erzählt, der vom Flughafen zu seinem Hotel nach Reykjavík wollte und ahnungslos „Laugarvegur" in sein Navi eingetippt hatte. Und der viele, viele Stunden später – angeblich, ohne dass ihm etwas komisch vorgekommen wäre – mitten in der Nacht bei einer Dame in Siglufjörður ganz im hohen Norden vor der Tür stand, die hier im Laugarvegur wohnte ... Laugar mit „r" wohlgemerkt. Die bekannte Straße in Reykjavík schreibt sich ohne „r". Also immer schön aufpassen, ob man wirklich den richtigen Ort anfährt oder nur einen, der leider genauso heißt. Reyk-holts, also „steinige, rauchende Hügel" gibt es ganz besonders oft.

Die wichtigsten Ausdrücke

Minimal-Wortschatz

Deutsch	Isländisch	Aussprache
Guten Tag (geht immer)	*góðan daginn*	goðan dajinn
Hallo (bei jungen Leuten im Bekanntenkreis)	*hæ*	hai
Tschüss	*bless bless*	bless bless
Wie geht´s?	*hvað segirðu?*	kwaas seyjirdü?
Danke	*takk fyrir*	takk fehrir
Danke gleichfalls	*takk sömuleiðis*	takk sömüleyðis
Danke für die Tour (nach einem Ausflug beim Reiseleiter)	*takk fyrir túrinn*	takk fehrir tuhrinn
Danke für die Fahrt (bei Busfahrt)	*takk fyrir ferðina*	takk fehrir ferðina
Danke für das Essen (im Restaurant)	*takk fyrir matinn*	takk fehrir matinn
oder auch:	*takk fyrir mig*	takk fehrir mich
ja	*já*	jau
nein	*nei*	nej
Entschuldigung	*fyrirgefðu*	fehrirgefðü
bitte schön	*gerðu svo vel*	gerðü swo well
Hilfe!	*hjálp!*	hjaulp
Alles in Ordnung	*allt í lagi*	allt i lagi
heute	*í dag*	i daach
morgen	*á morgun*	au morgün

ANHANG

gestern	*í gær*	i gair
heute Abend	*í kvöld*	i kwöld
heute Nacht	*í nott*	i nocht
Ich spreche kein Isländisch.	*ég tala ekki íslensku*	jäch tala ekki islenskü
Sprichst du Englisch?	*talar þú ensku?*	talar þú änskü
Ich heiße …	*ég heiti*	jäch heiti
Ich verstehe nicht.	*ég skil ekki*	jäch skil ekki
Ich bin aus Deutschland/ Österreich/der Schweiz.	*ég er frá Þýskalandi/ Austurríki/ Sviss*	jäch er frau Þiskalandi/ östüriki/swiss

Wochentage und Zeit

Die Namen der **Monate** sind dem Deutschen sehr ähnlich.

Montag	*mánudagur*
Dienstag	*þriðjudagur*
Mittwoch	*miðvikudagur*
Donnerstag	*fimmtudagur*
Freitag	*föstudagur*
Samstag	*laugardagur*
Sonntag	*sunnudagur*
Werktags (Mo–Fr)	*virkar dagar*
Wochenende (Sa, So)	*helgar*

Nützliche Begriffe zur Orientierung

Schilder

Verkehrsschilder s. S. 67.

snyrtingar	Toiletten
karlar	für Männer (*karl* = Mann)
konur	für Frauen (*kona* = Frau)
opið	geöffnet
lokað	geschlossen

Richtungen

norður	(nach) Norden
suður	(nach) Süden
austur	(nach) Osten
vestur	(nach) Westen
beint áfram	geradeaus
til hægri	nach rechts
til vinstri	nach links
til baka	zurück
frá	von
til	nach

Straßen und Verkehr

braut	Straße (groß, mehrspurig)
brú	Brücke
gata	Straße mit Wohnhäusern
göng	Tunnel
stræti	innerstädtische Straße
vegur	Weg, Landstraße

Im Ort

bílastæði, bifreiðastædi	Parkplatz
kirkja	Kirche
lögregla	Polizei
safn	Museum
sjúkrahús	Krankenhaus
stoppistöð, biðstöð	Bushaltestelle
tjaldsvæði	Zeltplatz
verslun	Laden
ytri	der/die/das Äußere
innri	der/die/das Innere

Berge

brekka	Hang, Abhang
fell	Berg (meist einzeln stehend und nicht sehr groß)
fjall/fjöll	Berg/Gebirge
hæð	Anhöhe
háls	lang gestreckter Höhenzug

Auf ins Sprachabenteuer

Lust auf mehr bekommen? Mit der Kauderwelsch-Reihe kann man tiefer in die Geheimnisse der isländischen Sprache eintauchen: *Isländisch Wort für Wort*, Richard Kölbl (2022). Gut ist auch das Lehrbuch *Isländisch für absolute Anfänger*, Stefan Drabek (2016).
Von der Uni Reykjavík werden unter 💻 www.icelandiconline.com kostenlose Online-Kurse angeboten, auch für Anfänger (gut, um ein erstes Gefühl für die Aussprache zu bekommen).

heiði	Hochebene (Passstraßen werden oft danach benannt) oder Heide
hóll/hólar	Hügel
holt	steiniger Hügel
skarð	Scharte (zwischen zwei Bergen)

Gewässer

á	Fluss (Aussprache wie deutsch „Au")
fljót	großer Fluss, Strom
foss	Wasserfall
hver	heiße Quelle
jökulsá	Gletscherfluss
lækur	Bach
laug	warme Quelle
lind	kalte Quelle
lón	Lagune, Stausee
tjörn	Teich
vatn/vötn	See/Seen; (Trink-)Wasser

Am Meer

bakki	Ufer, eher Uferabhang, auch nur Abhang
bjarg	Steilküste
ey/eyja	Insel
eyri	Sandbank/Nehrung (oft in Fjorden)
fjörður	Fjord
flói	große, breite Bucht
höfn	Hafen (Genitiv: *hafnar*)
höfði	Landspitze, Kap
nes	Halbinsel
skagi	größere, breite Halbinsel
tangi	kleine Landspitze
vík	Bucht
vogur	kleine Bucht

Vulkanisch und steinig

berg	Fels
borg	Burg (Felsformationen, die wie eine Burg aussehen)
dyngja	Schildvulkan
eld ...	Feuer ... (auch in Bezug auf vulkanische Aktivität)
gígur	Krater
gjá	Spalte
gil/gljúfur	Schlucht/Canyon
hellir	Höhle
hraun	Lava

Bewuchs/Untergrund

hvammur	Wiese
mýri	Moor
sandur	Sander
skógur	Wald (zumindest war dort zur Landnahmezeit mal Wald)
strönd	Strand

Landschaft

byggð	bewohntes Gebiet/Siedlung
dalur	Tal
hálendi	Hochland
öræfi	Einöde
skáli	Hütte
staður	Ort/Fleck/Platz/Stelle
tunga	Zunge (lange Landzunge zwischen zwei Flüssen oder Bergen)

Bücher

Die folgenden Bücher sind empfehlenswert, ganz besonders lesenswerte Tipps sind mit dem Loose-Koffer markiert. Mehr zur Entwicklung der Insel zum „Land der Bücher" im Abschnitt Literatur, S. 119.

Belletristik

Kristín Marja Baldursdóttir, *Die Eismalerin* (Fischer, Berlin 2007). Die Geschichte einer Künstlerin ist unterhaltsam und feinfühlig geschrieben und gibt Einblicke in das oft entbehrungsreiche Leben in den einsamen Ostfjorden Anfang des 20. Jhs. Nebenbei erfährt man viel über das Rollenverständnis von Mann und Frau und erlebt mit, wie die Frauen in eine neue Selbstständigkeit aufbrechen. Von der Autorin sind weitere Titel erhältlich und lesenswert: U. a. *Die Farben der Insel* (eine Fortsetzung der Eismalerin, 2011), und *Das Echo dieser Tage* (2019).

Hallgrímur Helgason, *Eine Frau bei 1000 Grad.* Aus den Memoiren der Herbjörg Maria Björnsson (Tropen, Berlin 2021). Die Geschichte spielt im Jahr 2009. Herra, 1929 geboren, blickt ans Krankenbett gefesselt auf ihr Leben zurück. Das Buch ist ein Kriegsbericht, ein Überblick über die Geschichte Islands und nicht zuletzt ein bissig und witzig gewürztes Stück Gesellschaftskritik. Nichts für zarte Gemüter. Vom gleichen Autor sind zahlreiche weitere Titel erschienen, die folgenden finden wir besonders empfehlenswert:

Zehn Tipps, das Morden zu beenden und mit dem Abwasch zu beginnen, (Tropen, Berlin 2021). Ein Auftragsmörder der Mafia flieht vor dem FBI und strandet in Island. In gewohnt gekonnter Manier entführt Helgason den Leser in eine seiner skurrilen Welten.

60 Kilo Sonnenschein, (Tropen, Berlin 2021). Der historische Roman entführt gekonnt ins Island der Vergangenheit. In jene Zeit vor der Moderne, als die ersten Handelsschiffe kamen und Island aus seiner Abgeschiedenheit den Weg in die Welt fand. Keine einfache Unterhaltungsliteratur, aber wer sich auf das oft düstere Island in diesem Buch einlässt, erliest sich unfassbar viel über das Leben auf der Insel, die ja wirklich etwas mehr Sonne vertragen könnte.

Arnaldur Indriðason, *Tage der Schuld* (Bastei Lübbe, Köln 2018). Warum dieser aus der ganzen Reihe der Indriðason-Krimis? Weil er ein Gefühl dafür entstehen lässt, wie die Stationierung von US-Streitkräften in Keflavík Island in den 70er-Jahren beeinflusst hat. Sie brachten Blue Jeans und Alkohol, aber auch die Angst vor einem Atomkrieg.

Wem der Polizist Erlendur ans Herz wächst, der kann eine ganze Reihe weiterer Fälle von ihm lesen, denn es gibt noch elf weitere Bände.

Auch *Der Reisende* (Bastei Lübbe, Köln 2019) ist lesenswert. Hier sind es neben den amerikanischen und englischen Soldaten auch die deutschen Nationalsozialisten, die den Hintergrund zum Fall liefern.

Nacht über Reykjavík (Bastei Lübbe, Köln 2016). wiederum gibt Einblick in das ganz normale Leben der Menschen in Islands Hauptstadt. In diesem Fall von Streifenpolizisten und Obdachlosen. Vielleicht nicht Weltklasse, aber durchaus lesenswert.

Wand des Schweigens (Köln 2022). Seit 2019 ermittelt Kommissar Konrad, auch diese Reihe ist für Krimifans eine gute Wahl: Dem ersten Band *Verborgen im Gletscher* (2019), folgten *Das Mädchen an der Brücke* (2020) und *Tiefe Schluchten* (2021). Alle Fälle sind in sich geschlossene Romane, aber wer einmal Blut geleckt hat, liest meist alle.

Katrín Jakobsdóttir und **Ragnar Jónasson**, *Reykjavík* (btb, München 2023). Einer der bekanntesten Krimiautoren (mehr zu Jónasson s. u.) des Landes und die seit 2017 amtierende Premierministerin schrieben zusammen einen Roman. Herausgekommen ist ein lesenswerter Thriller, der sich um einen längst zurückliegenden Vermisstenfall rankt und während jener Zeit spielt, als sich Ost und West annähern und Island durch das Treffen zwischen Gorbatschow und Reagan in Reykjavík Schauplatz dieses Prozesses wird. Spannend und kurzweilig.

Ragnar Jónasson, *Frost* (btb München, 2021). Krimifans aufgepasst: Neben der Hulda-Reihe (Dunkel, Insel, Nebel; alle Bände ebenfalls bei btb 2020 – auch als Sammelband, erschienen) bietet dieser aktuelle Krimi einen guten Einstieg in das Werk dieses weltweit bekannten isländischen Krimiautoren. In *Frost* erzählt Jónasson die Geschichte eines alten Kriminalfalls, in dem auch Kommissarin Hulda einst mitarbeitete: Ein mysteriöser Tod in einem Tuberkulose-Sanatorium. Packend, gut zu lesen und nicht so schräg wie andere Islandautoren. Wer hier auf den Geschmack kommt, kann auf viele weitere Krimis zurückgreifen. Die früher von Fischer herausgegebene **Dark-Island-Reihe** erscheint nun ebenfalls bei btb; 2022 mit Band 1 *Schneeblind*.

Halldór Laxness, *Am Gletscher* (Steidl, Göttingen 2021). Eine Geschichte über einen Theologen, einen Toten und den Snæfellsjökull-Gletschern vom Nobelpeisträger (1955) Laxness. Beim Lesen wird schnell klar, warum dieser Schriftsteller als einer der wichtigsten und besten des Landes gilt. Dieses Buch erschien erstmals 1968.

Satu Rämö, Hildur Rúnarsdóttir – Die Spur im Fjord (Heyne, München 2023). Der erste Fall von Hildur, der in der Originalausgabe 2022 in Finnland erschien, brachte es schnell zu großer Beliebtheit. Es folgten direkt zwei weitere Fälle der Kriminalbeamtin (*Das Grab im Eis* und *Der Schatten des Nordlichts*). Wer Krimis liebt, wird nicht enttäuscht.

Yrsa Sigurðardóttir, *Nacht* (btb München 2023). Der neueste Krimi dieser bekannten Autorin. Sie liebt abgelegene Fjorde und lässt auch die Handlung in diesem Krimi weit ab der Zivilisation spielen. Und wie meist in ihren Büchern ist es kalt und dunkel – und daher umso gruseliger und beklemmender, wenn sie die Geschichte rund um die Aufklärung eines Mordfalles erzählt, die eine ganze Familie auslöschte. Die anderen Titel der Autorin sind ebenfalls lesenswert.

Sjón, *Schattenfuchs* (Fischer, Berlin 2011). Poetischer, mysteriöser Kurzroman des Kultautors, der auch viele Song-Texte für Björk verfasst hat.

ANHANG

Land und Leute

Trackbook Island: 77 Hochland-Routen, Melina Lindenblatt, Matthias Göttenauer (Fulda, 4. Auflage 2022). Auf ins Hochland! Die Touren sind kurz und knapp beschrieben und wenn man unterwegs ist, dann helfen die ikonografischen Hinweise direkt und ganz ohne Worte. Wann geht's durch die Furt, welche Abzweigung muss man nehmen – alle diese Anweisungen sind schnell zu erfassen. Die zahlreichen Bilder geben einen Eindruck, was die jeweilige Tour ausmacht und was man landschaftlich erwarten kann. Dieses Trackbook ist eine gute Wahl für alle, die das Hochland erkunden wollen.

Alles Ganz Isi – Isländische Lebenskunst für Anfänger und Fortgeschrittene, Alva Gehrmann (dtv, München 2020). Die Autorin kennt sich gut aus, ist viel gereist und hat sehr viele schöne Geschichten und Wissenswertes über Island und hier vor allem über die Isländer zusammengetragen. Gut lesbar und informativ.

Auf der Insel der Gletscher und Geysire, Carmen Rohrbach (Malik, München 2013). Die erfahrene Reisejournalistin nimmt den Leser mit auf ihre lange Reise durch Island. Sie wandert viel und kommt neben der Natur auch mit Menschen in Kontakt. Die vielen kleinen Informationshappen, die sie so zusammenträgt, sind gut verpackt in einem lesenswerten Reise- und Wanderbericht.

Der kleine Islandverführer, Hans Klüche und Erik van de Perre (Bruckmann, München 2020). Gelungenes kleines Buch mit fundierten Infos gut aufbereitet. Macht Lust auf eine Reise und gibt erste Ideen. Als ergänzendes Werk zum vorliegenden Buch durchaus empfehlenswert.

Frauen, Fische, Fjorde, – Deutsche Auswanderinnen in Island, Anne Siegel (National Geographic, München 2016). Es ist die Zeit nach dem Zweiten Weltkrieg. Island sucht dringend Arbeitskräfte und zahlreiche junge Frauen aus Deutschland folgen dem Ruf in dieses unbekannte ferne Land. Wie haben sie im Nachkriegsdeutschland gelebt und wie wurden sie in Island heimisch? Ein interessanter Einblick in mehrere Frauen- und ein Männerleben und eine Spurensuche deutscher Einflüsse in Island. Spannend, wenn man während der Reise auf ihre Spuren trifft.

Wo die wilden Frauen wohnen, Anne Siegel (National Geographic, München 2021). Anne Siegel ist begeistert von Island und vor allem von den dort lebenden Frauen. Auch in diesem Buch widmet sie sich dem Leben ausgewählter Akteurinnen. Dieses Mal aber im Hier und Jetzt. Klar wird: Islands Menschen sind in Fragen der Gleichberechtigung einen ganzen Schritt weiter als der Rest der Welt. Interessant und lesenswert.

Gebrauchsanweisung für Island, Kristof Magnusson (Piper, München 2018). Ein kleines, gut lesbares Buch und ein wunderbarer Einstieg in das Denken und Fühlen der Isländer. Macht Lust auf die Reise.

Island 151, Sabine Barth (Conbook Medien, Meerbusch 2023). In 151 Momentaufnahmen porträtiert die Kölner Autorin ihre Sicht auf Island. Die Fotos stammen hauptsächlich von Johannes M. Ehmanns. Das Buch ermöglicht einige gelungene Einblicke, doch haben uns andere Bücher der Reihe weit mehr überzeugt.

Island - Lieblingsorte. Entdecken Sie das Lebensgefühl eines Landes, Arthúr Bollason (Insel, Frankfurt/M. 2022). 60 Lieblingsorte, ansprechend beschrieben und mit dem Mehr an Infos, die nur in so einem Buch Platz finden. Ein wunderbare, ergänzende Lektüre.

Island - die großartige Geschichte eines kleinen Landes: Wie eine winzige Insel mitten im Atlantik die Welt über Jahrhunderte geprägt hat, Egill Bjarnason (FinanzBuch Verlag, München 2023). Lust auf kurzweilige isländische Geschichte? Dann ist dieses Buch ein guter Einstieg. Neben weltpolitischen Themen, etwa der Rolle Islands im Kalten Krieg und was Schach mit Weltpolitik zu tun hat, widmet sich der in Island geborene, in Amerika ausgebildete und heute an der Universität Islands lehrende Autor und Journalist u. a. auch der Frage, ob und warum (nicht) der Buchstabe Z ins Isländische Alphabet gehört. Lesenswert.

Trolle und Sagen

Die 13 isländischen Weihnachtstrolle, Monika Auer (im Selbstverlag 2019). In den letzten 13 Nächten vor Weihnachten erscheint je ein neuer Weihnachtsmann. Sie entstammen einer Troll-Großfamilie. In Island kennen die Kinder diese Weihnachtsmänner. Und nach dem Lesen auch wir. Wer mag, übernimmt den Brauch einfach am nächsten Weihnachtsfest.

Die Island-Saga vom weisen Njál: Der Baum des Haders (Hörbuch), Christian Brückner, Uwe Friedrichsen (Hörverlag, München 2011). Alles beginnt mit einer verhängnisvollen Hochzeit, auf der sich die Ehefrauen von Gunnar und seinem Freund Njál in die Haare bekommen. Es wird blutrünstig, aber der Leser erfährt auch vieles über die isländische Mentalität. Diese Fünf-Stunden-Hörfassung einer der bekanntesten Islandsagas eignet sich damit hervorragend als Ohrenschmaus während der langen Autofahrten durchs Saga-Land.

Die schönsten isländischen Sagas, Arthúr Bollason (Insel, Berlin 2011). Die vier Sagas, die hier ausschnittweise vorgestellt werden (die Egils-Saga, die Brennu-Njáls-Saga, die Grettis-Saga und die Eyrbyggja-Saga (Saga von den Leuten auf Eyri) ermöglichen einen raschen Einstieg in die blutrünstige, aber auch irgendwie lustige Sagawelt zur Zeit der Landnahme im 9. und 10. Jh.

Flumbra. Eine isländische Trollgeschichte, Guðrún Helgadóttir, Brian Pilkington (Illustrationen) (Vaka-Helgafell, Reykjavík 1981, Ausgabe 2010). Eigentlich ein Kinderbuch – aber nirgends sonst erfährt man so schnell so viel über Trolle: Die Geschichte um die die Trollfrau Flumbra, ihren Mann und ihre acht Kinder ist zwar frei erfunden, trotzdem illustriert sie auf einprägsame Weise die Wurzeln des isländischen Trollglaubens. Das Buch wurde u. a. mit dem skandinavischen Kinderbuchpreis ausgezeichnet. In Deutschland ist das Buch leider derzeit nicht zu bekommen, aber mit Glück ist es in Island in dem ein oder anderen Buchverkauf zu finden.

Bildbände

Highlights Island: 50 Ziele, die Sie gesehen haben sollten, Kerstin Langenberger (Text) und Olaf Krüger (Fotos) (Bruckmann München 2022). Noch knapp ein Bildband, denn es gibt echt viel Text. Doch dank der zahlreichen großformatigen Bilder gibt das Buch eben gerade wegen der Bilder einen guten Eindruck von Island, und wer noch nicht weiß, wohin die Reise gehen soll, findet in diesem Buch vielleicht genau die Entscheidungshilfe, die es noch braucht.

Im Bann des Nordens, Bernd Römmelt (Knesebeck München 2017). Unterwegs in den eisigen Gefilden des Nordens. Der große, schwere und beindruckende Bildband widmet sich zwar nur auf einigen Seiten Island, aber dennoch sei er hier erwähnt: zu schön sind die Bilder. In Island ist Römmelt in den Westfjorden auf den Spuren von Papageitauchern und Polarfüchsen unterwegs, und er hat großartige Bilder und Eindrücke mitgebracht.

Island – Eine Augenreise, Betrand Jouanne und Gunnar Freyr (DK Penguin Random House, München 2020). Ein wunderbares Hardcoverbuch mit faszinierenden Bildern und informativen Texten. Neben einem guten Überblick über die Regionen des Landes vermittelt das Buch auch wissenswerte Details über das Leben der Menschen.

Polarlichter, Bernd Römmelt (Knesebeck, München 2023). Zahlreiche Polarlicht-Fotos, dazu ein persönlicher und mit vielen Informationen rund um das Natur-Phänomen und praktischen Tipps zur Fotografie versehener Text machen diesen Bildband vor allem für all jene interessant, die sich in der Polarlichtfotografie üben möchten. Auch wer nur Bilder gucken will, bekommt einen guten Eindruck, wie schön diese wunderlichen Himmelslichter aussehen können. Zu sehen sind natürlich nicht nur Polarlichter aus Island.

Sehnsucht Island – Sagenhaftes Land der Elfen, Max Schmid und Helmut Hinrichsen (Bruckmann, München 2015). Viele Jahre Islanderfahrung stecken in diesem Band. Der Text ist hier dominanter und nimmt mehr Raum ein als in anderen Bildbänden. Daher ist der Band auch wesentlich informativer. So manches Foto wünscht man sich allerdings doch etwas größer oder exponierter präsentiert. Das Buch gibt es auch in deutscher Sprache in einigen isländischen Buchhandlungen.

Unterwegs in Island, Jutta M. Ingata u. a. (Text) (Kunth, München 2023). Das große Reisehandbuch lockt mit vielen tollen Bildern der Reiseziele entlang der Ringstraße. Ein Lustmach-Buch mit vielen Hintergrundinformationen und sogar der ein oder anderen Reiseroute. Zum Mitnehmen auf die Reise ist das Buch allerdings etwas zu groß.

Kochbücher

Leckeres Island. Das große Koch- und Backbuch, Ursula und Markus Jäger (BoD, Norderstedt 2022). „Sie kocht. Er isst", heißt es auf der Internetseite zum Buch. Ob das stimmt und er wirklich nicht in der Küche hilft? Beim Bücherschreiben jedenfalls schon und das Resultat ist ein Kochbuch mit viel Herz und Geschmack.

Leckeres Island zur Weihnachtszeit: Rezepte und Traditionen, Ursula und Markus Jäger (selbst verlegt 2022). Rezepte für Kekse und mehr sind liebevoll zusammengetragen. Wer Weihnachten nicht in Island verbringen kann, kann sich das Land zumindest für Gaumen, Magen und Nase nach Hause holen.

Geologie

Island, Natur– Landschaft – Geysire, Matthias Geyer und Nils Gies (Quelle & Meyer, Wiebelsheim 2021). In 14 Touren führen die Autoren (beide Geologen) Interessierte durchs Land: Es gibt viel zu erfahren über die Geologie und Natur. Zahlreiche Bilder verschaffen einen guten Eindruck über das zu Erwartende (die Fotos sind im Gegensatz zu manch anderer Publikation sehr realistisch – sprich es ist auch mal schlechtes Wetter). Als Zusatzlektüre eine gute Wahl.

Island. Vulkane, Gletscher und Geysire, Matthias Geyer und Nils Gies (Quelle & Meyer 2019, Sonderheft Fossilien). In diesem hochwertigen Sonderheft geht es primär um die Geologie Islands. Auf ausgewählten Touren führen die Autoren durchs Land. Wer diese Informationen alle gelesen und verstanden hat, bei dem bleiben keine Fragen offen.

Lebende Erde. Facetten der Geologie Islands, Ari Trausti Guðmundsson (Reykjavík 2014). Umfassende Auseinandersetzung mit der Geologie des Landes. Das wissenschaftliche Werk ist auch für Nicht-Fachleute gut lesbar. Derzeit nur im Antiquariat zu haben.

Icelandic Rocks and Minerals, Kristján Sæmundsson und Einar Gunnlaugsson, Fotos von Grétar Eiríksson (Reykjavík 2017). Nützliches, schön bebildertes Handbuch für Mineralien-Freunde und solche, die es werden wollen.

Index

ANHANG

Zeit für Island
Zeit für Wandern
Zeit für Individualität
set
geo-aktiv
reisen
Facettenreiche Individual- und Gruppenreisen
+49 (0) 8502 9171780 · www.set-geo-aktiv.de

T

U

V

W

Y

Þ

Z

✓ Forum

✓ Updates

✓ Länderinfos

www.stefan-loose.de/loose-travel-club/club/island/

Danksagungen

Andrea und Mark Markand

Unser Dank geht an alle, die uns auf dieser Recherche unterstützt haben.
Ein großes Danke-Dir geht an unseren Kollegen Roland Dusik, der mit zahlreichen Hinweisen zum Gelingen dieser Auflage beigetragen hat. Auch unserem Lektor Dirk Krüger, der bereits die erste Auflage dieses Reiseführers betreute und sich erneut als Kenner des Landes und wirklich guter Lektor erwies, möchten wir für seinen Einsatz bei diesem Projekt von Herzen respektvoll danken. Und nicht zuletzt geht unser Dank an unsere geschätzte Layouterin Gritta Deutschmann, die wie gewohnt gekonnt Text und Bild in Loose-Form gebracht hat.

Caroline Michel

Ich danke meinen Freunden, die mich aufgenommen und bewirtet haben, und ich danke den vielen Leuten, die mich vor Ort oder schriftlich über Neuerungen informiert haben. Ich danke Petra Feucht, Jens Klettenheimer und Martin Hensch, die ihr Wissen mit den Lesern teilen. Und Reinhold Seiz, der uns seine Wanderung durchs einsame Hornstrandir detailgenau beschrieben und auch noch die tollen Fotos beigesteuert hat. Vor allem aber danke ich Andreas Macrander, dem besten Ratgeber überhaupt. Ihm haben wir nicht nur den Sprachführer zu verdanken, die Bus-Informationen, die Hintergrundinformationen zum Radfahren und zum Vulkanausbruch – er hat mir auch immer wieder Mut gemacht, trotz Pandemie und anderen Unwägbarkeiten unbeirrt am Buch weiterzuarbeiten.

Bildnachweis

Umschlag
Titelfoto Andrea Markand; Seljalandsfoss

Highlights
S. 6 iStock.com, Calgary (CA)/verve231
S. 7 MATO, Hamburg/Bruno Cossa (oben); Mark Markand (unten)
S. 8 Stephan Robertz (unten)
S. 8/9 iStock.com, Calgary (CA)/Markpittimages (oben)
S. 9 Stephan Robertz (unten)
S. 10 Robin Kuhnhenne (oben); Fotolia, New York (USA)/frenk58 (unten)
S. 11 Mark Markand (oben); Lookphotos, München/Jan Greune (unten)
S. 12 Mauritius Images, Mittenwald/Blickwinkel/Alamy/Alamy Stock Photos (oben)
S. 12/13 Shutterstock.com, Amsterdam (NL)/Lunghammer (unten)
S. 13 iStock.com, Calgary (CA)/horstgerlach (oben)
S. 14 Shutterstock.com, Amsterdam (NL)/Allan Watson
S. 15 Shutterstock.com, Amsterdam (NL)/Matteo Provendola (oben); Inbound Horizons (unten)
S. 16 Andrea Markand (oben); DuMont Bildarchiv, Ostfildern/Gerald Haenel (unten)
S. 17 Shutterstock.com, Amsterdam (NL)/TRphotos (oben); Martin M303 (unten)
S. 18/20 iStock.com, Calgary (CA)/HomoCosmicos (oben)
S. 18 Shutterstock.com, Amsterdam (NL)/Olga Danylenko (unten)
S. 19 Dirk Krüger (unten)
S. 20 Mark Markand (2)

Regionalteil
DuMont Bildarchiv, Ostfildern/Gerald Haenel S. 120
Petra Feucht S. 170, 490
Fotolia, New York (USA) forcdan S. 532; Stefan S. 412
iStock.com, Calgary (CA) anyaberkut S. 191 (unten); elxeneize S. 455; technotr S. 190; typo-graphics S. 417
Dirk Krüger S. 30, 387, 445 (2), 505, 510, 534, 567 (unten)
Robin Kuhnhenne S. 221 (oben), 348, 566
Andreas Macrander S. 181, 185
Andrea Markand S. 62 , 65 , 71, 103 , 125 (oben) , 128 , 133 , 141 , 152 , 159 , 241 , 258 , 46 , 468 , 582
Mark Markand S. 51, 38, 61, 78, 124 ,149, 253, 403, 444, 497, 567 (oben), 579, 588, 594, 597, 598
Caroline Michel S. 84, 94, 202, 125, 146, 183, 184, 185, 191 (oben), 200, 203, 208 , 217, 218, 221 (unten), 227, 269, 272, 281, 281, 281 (2), 290, 293, 299, 302, 307, 32, 321, 328, 329, 329, 336, 341, 346, 36, 364, 367, 370, 372, 373, 375, 377, 381, 384, 392, 394, 395 (unten), 414, 418, 421, 422, 427, 428, 433, 434, 438, 442, 450, 456, 472, 474, 478, 499, 502, 504 , 505 (2), 515, 523, 529, 545, 546, 547, 552, 560, 562, 585
Stephan Robertz S. 91, 280, 395 (oben), 492
Reinhold Seiz S. 315, 316
schieflicht.de (Jens Klettenheimer) S. 52
Shutterstock.com, Amsterdam (NL) Nancy Anderson S. 488; KeongDaGreat S. 123; J. Helgason S. 109; Thamonwan Kongsirinurak S. 482; Arsenie Krasnevsky S. 235; Lab Photo S. 76; Photography by SC S. 164; RbbrDckyBK S. 461; Anne Richard S. 399; Hans Roodhorst S. 220; Dan Shachar S. 138

Impressum

Island
Stefan Loose Travel Handbücher
4., vollständig überarbeitete Auflage **2024**

Gesamtredaktion und -herstellung
Bintang Buchservice GmbH
Tempelhofer Ufer 1A, 10961 Berlin
www.bintang-berlin.de
Redaktion: Sabine Bösz
Lektorat: Dirk Krüger
Bildredaktion: Gritta Deutschmann, Thomas Rach
Layout: Gritta Deutschmann
Karten: Katharina Grimm, Klaus Schindler
Reiseatlas: © 2024 KOMPASS-Karten GmbH, A-6020 Innsbruck unter Verwendung von Kartendaten: © MairDumont, D-73751 Ostfildern

Printed in China

Kartenverzeichnis

ANHANG

GRØNLAND
KALAALLIT NUNAAT
Denmark Strait
GREENLAND SEA
GRÆNLANDSHAF
Ísafjörður
Húnaflói
Sauðárkrókur
Húsavík
Akureyri
624/625
626/627
628/629
Breiðafjörður
Egilsstaðir
ÍSLAND
Faxaflói
Vatnajökull
REYKJAVÍK
630/631
632/633
634/635
Keflavík
Heimaey
ÍSLAND
636/637
638/639
NORTH ATLANTIC OCEAN

Kögur
Straumnes
Látrar
Aðalvík
Ritur
Sæból
Hesteyr
Lækjarfjall
Ísafjarðardjúp
Grunnavík
Skálavík
Öskubakur
Keflavík
Bolungarvík
Svartafjall
Súgandafjörður
Suðureyri
Hnífsdalur
Miðdalur
Staður
Ísafjörður
Önundarfjörður
Flateyri
Kambsnes
Sæból
Kirkjuból
Breiðdalsheiði
Súðavík
Fjallaskagi
624
Holt
678
Korpudalur
Þverfell
60
61
Dýrafjörður
Hattardalur
Núpur
Lambadalsfjall
Mýrar
957
Svalvogar
Hraun
622
Þingeyri
Haukad.
Botnsá
Lokinhamrar
Hrafnabjörg
998
10%
Glámas
Kaldbakur
920
Kópur
458
Arnarfjörður
Dýrafjarðargöng
Selárdalur
Álftamýri
Hrafnseyri
Hjálkárvirkjun
619
Borgarfjörður
Grænahlíð
Langanes
Dynjandi
Dynjandisheiði
Fremihvesta
Stóra-Eyjarva
Bíldudalur
Stóri-Laugardalur
63
Trostansfj.
Friðland í Vatnsfirði
Þingman
Tálknafjörður
617
Blakknes
Kollsvík
Tálknafjörður
Patreksfjörður
Hænuvík
615
Patreksfjörður
60
Miðvörðurheiði
Breiðavík
Flókalundur
612
Hnjótur
62
Vatnsfjörður
Hvallátur
Vesturbotn
Birkimelur
Sauðlauksdalur
Bjargtangar
441
614
Hagi
Brjánslækur
Skálmar
Látrabjarg
Kleifaheiði
Hagavaðall
Saurbær
Innri Móll
Rauðasandur
Brekkuvellir
Barðaströnd
Sauðeyjar
Melanes
Hreggsstaðir
Hergilsey
Skor
Breiðafjörður
Flatey
Oddbjarnarsker

630

Greenland sea
Grænlandshaf
Hornstrandir
Hornbjarg
Hornvík
Látravík
Höfn
709
Breiðaskarðs-hnúkur
Skarðsfjall
Bolungarvík
Furufjörður
Skorarheiði
Hrafnfjörður
Reykjarfjörður
Geirólfsnúpur
Reykjarfjörður
Leirufjall
Bjarnarfjörður
Jökulbunga
925
Drangajökull
Drangaskörð
Drangafjall
402
Drangavík
Eyvindarfjörður
Unaðsdalur
Bæir
688
Háafell
Kaldalón
635
Sælusker
Fell
Ófeigsfj.
Ingólfsfjörður
Krossnes
Norðurfjörður
Skjaldfönn
625
Ófeigsfjarðarheiði
Melgraseyri
Árnes
643
Gjögur
626
Reykjarfjörður
Reykjarfjöður
Djúpavík
643
Kolbeinsvík
Kaldbakur
Reykjanes
Nauteyri
Arngerðareyri
12%
Skúfnavötn
Selá
Trékyllisheiði
Húnaflói
Ísafj.
61
Lágidalur
61
Laugarhóll
Bjarnarfjörður
Staður
12%
8%
Staðará
643
Kaldrananes
Bjarnarnes
F66
Steingrímsfjarðarheiði
645
Hólmavík
Þorskafjarðarheiði
Sæluhús
Drangsnes
Grímsey
Steingrímsfjörður
608
14%
68
Tjörn
Klettur
Kirkjuból
Kollafjarðarnes
Broddanes
Illugastaðir
Ósar
Eyri
Djúpidalur
Kollafjörður
Þorgrímsstaðir
60
Gufudalur
61
Skriðinsenni
711
Vesturhóp
Bjarkalundur
Tröllatunguheiði
Steindalsheiði
Vatnsnes
Kollafj.
Þorskafj.
16%
Staður
Bær
Gröf
Bitrufjörður
690
Vesturhópsv
607
Berufjörður
Króksfjarðarnes
Óspakseyri
Guðlaugsvík
Breiðabólsstaður
Hrísey
602
Kleifar
Heggsstaðir
Reykhólar
Gilsfjörður
Ólafsdalur
Miðfjörður
Hvammstangi
Hrútafjörður
Balkastaðir
711
Hrúteyjar
Staðarhóll
Skriðuland
Rjúpnafell
670
Akureyjar
590
631
Fagridalur
Þverfell
60
Hvalsá
Sandar

Grænlandshaf
Greenland sea

625
632

Grímsey
Mánáreyjar
Mánárbakki
Breiðavík
Tjörnes
Hallbjarnarstaðir
Lundey
Skjálfandi
Flatey
Gjögurtá
Eyjafjörður
Látrar
Brettingsstaðir
Hrísey
Ólafsfjörður
Dalvík
Húsavík
Grenivík
Laufás
Akureyri
Goðafoss
Reykjahlíð
Mývatn
Aldeyjarfoss
Vaðlaheiðargöng

628
633

Rifstangi
Skinnalón
Hraunhafnartangi
Rauðinúpur
Núpskatla
Blikalón
Ásmundarstaðir
Grjótnes
870
Melrakkaslétta
Raufarhöfn
Rifsæðarvötn
Austursléttuheiði
Nýhöfn
Leirhöfn
Hóll
Ormarslón
Rakkanes
Leirhafnarfjöll
875
Þistilfjör
874
Krossavík
Mánáreyjar
Kópasker
85
Kollavík
Kollavík
Grenjanes
Rauðanes
Lónafjörður
Vellir
Sauðanes
Stóra-Viðarvatn
Öxarfjörður
85
Hólaheiði
Sævarland
Mánárbakki
Daðastaðir
Svalbarð
Áland
Þórshöfn
Breiðavík
Gæsavatn
Tjörnes
Núpur
Sandá
Syðra-Áland
867
Gunnarsstaðir
Vatnafjallgarður
Ærlækjarsel
Öxarfjarðarheiði
Fjallalækjarsel
Þórseyri
Tunga
Vestursanidur
Sandfellshagi
Sandá
Vikingavatn
Ærlækur
Lón
Gilhagi
Fjöll
Lindabrekka
Keldunverfi
85
Skinnastaður
703
Svalbarðsnúpur
Hafralónsá
Grísatungufjöll
627
Ásbyrgi
Ásheiði
Austaraland
862
620
Búrfell
Jökulsárgljúfur
Hljóðaklettar
Tröllahellir
Þeistareykjabunga
Svínadal
Flár
Vígabjargsfoss
Réttarfoss
Heljardalsfjöll
Vatnajökulsþjóðgarður
Hafragilsfoss
Hólssandur
886
Hafralón
Langavatn
Dettifoss
891
Laxárvirkjun
Eilífur
Stakfell
Selfoss
699
882
Gæsafjöll
826
Eilífsvötn
Hágöng
864
Þverá
Hólasandur
818
Víðirhóll
935
Krafla
Haugsnibba
Árhólar
87
862
Jökulsá á Fjöllum
Hólssel
811
Jörundur
862
Sandvatn
Hrútafjöll
Laxárdalur
Reykjahlíð
1
Hringvegur
Námafjall
Grímsstaðir
Dimmifjallgarður
1
432
Búrfellshraun
848
Hverfell
Hrossaborg
Dimmuborgir
Öskjuleið
1
Víðidalur
Mývatn
Skútustaðir
Garður
Búrfell
953
F88
85
Grænavatn
Sandvatn
Brunahvar
849
Mývatnsöræfi
1035
Þjóðfell
Sveinagjá
1222
Bláfjall
988
Sellandafjall
Jökulsá á Fjöllum
Möðrudalsfjallgarðar
1
Miðfell
Staðará
Möðrudalur
518
634
1094

Greenland sea
Grænlandshaf

Skoruvíkurbjarg
Fontur
Skoruvík
Langanes
Skálar
Kumblavík
Eiði
444
Bakkaflói
Svartnes
Miðfjörður
Bakkafjörður
91
85
Strandhöfn
913
Ljósaland
Hámundarstaðir
Selárfoss
Vopnafjörður
Bjarnarey
Böðvarsdalur
717
Dýjafjall
Hellisheiði
917
Krossavík
Héraðsflói
919
Egilsstaðir
Ketilsstaðir
Hólmatunga
Húsey
Hnitbjörg
Sunnudalur
926
Brimnes
Borgarfjörður
Höll
Unaós
Smörfjöll
1251
Mássel
Sleðbrjótur
Lagarfljót
94
Eyland
Sandbrekka
Dyrfjöll
1136
Bakkagerði
947
Glettinganes
Lagarfoss
Hjaltastaður
Desjarmýri
925
Litla-Steinsvað
946
Hvannstóð
Tjarnarland
Lágheiði
Húsavík
Jökulsá á Dal
Gil
Hringvegur
1
Hofteigur
Eiðar
Klyppstaðir
Stakkahlíð
Skeggjastaðir
1055
Herfell
Loðmundarfjörður

635

624

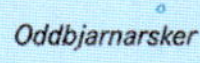

Oddbjarnarsker

Breiðafjörður

Elliðaey

Höskuldsey

Stykkis

Skjöld

Grundarfjörður

Kolgrafafjörður

Setberg

Klakkur

Bjarnarhöfn

Stöð

268

463

576

Berserkja-
hraun

Búlandshöfði

325

Kirkjufell

Hellissandur

Rif

Gufuskálar

Skarðsvík

54

Grundarfjörður

Ólafsvík

Ingjaldshóll

778

Helgrindur

Snæfellsnes

56

Öndverðarnes

Fróðá

Fróðárheiði

F570

54

Neshraun

Mælifell

566

Böðvarsholt

Elliðatindar

571

Helja

Kýrskarð

Knörr

Lýsuholl

Snæfells-
jökull

Staðarstaður

Búðir

Hólahólar

Búðahraun

Garðar

Þjóðgarður
Snæfellsjökull

574

Gröf

526

Stapafell

Arnarstapi

Arnarfell

Dritvík

Hellnar

Malarrif

Lóndrangar

Faxaf

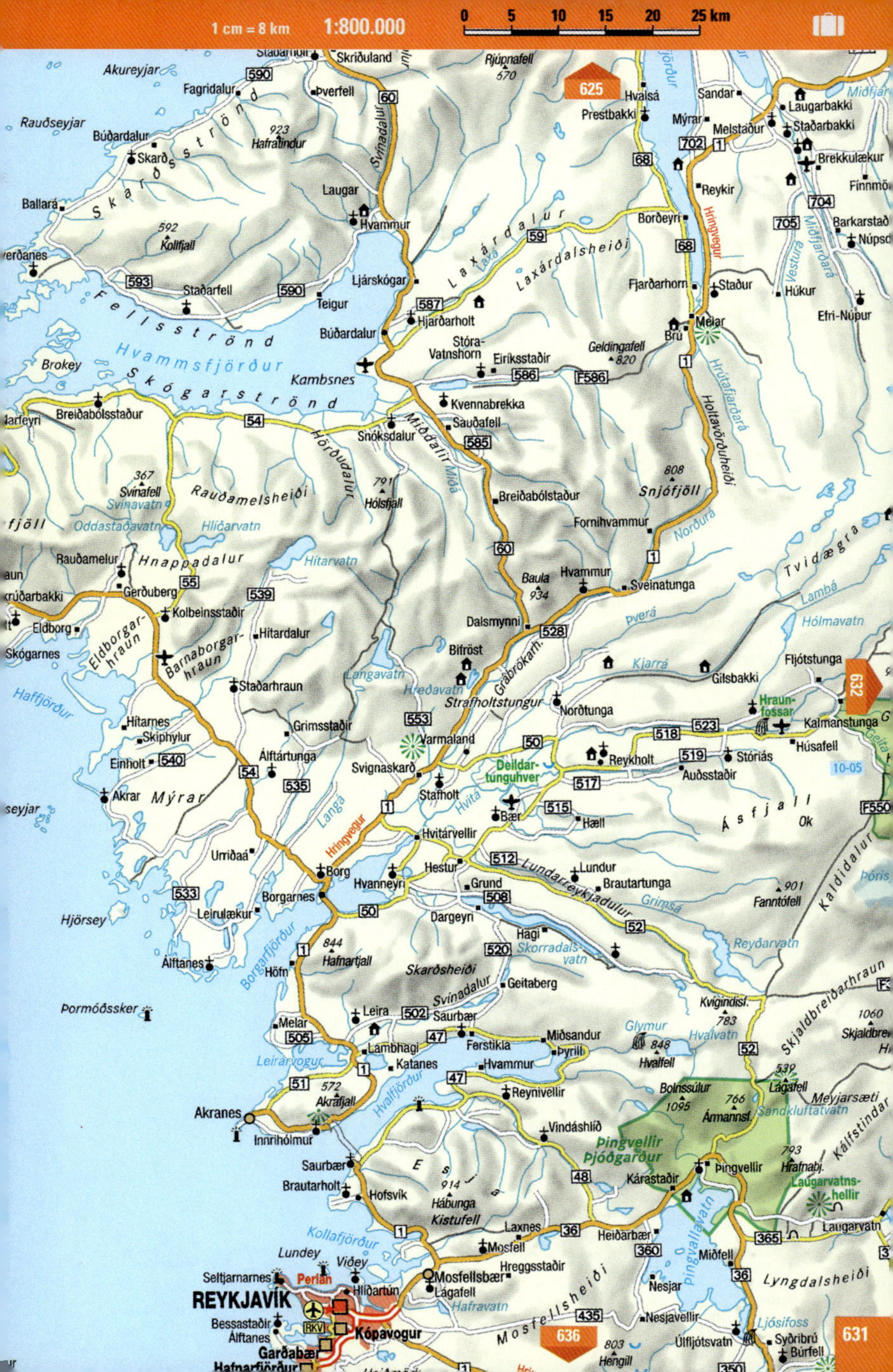

1 cm = 8 km
1:800.000
0 5 10 15 20 25 km
625
632
636
631
Akureyjar
Fagridalur
Skriðuland
Þverfell
Rjúpnafell
670
Hvalsá
Prestbakki
Sandar
Mýrar
Melstaður
Laugarbakki
Staðarbakki
Brekkulækur
Rauðseyjar
Búðardalur
Skarð
Skarðsströnd
923
Hafratindur
Svínadalur
Laugar
Hvammur
Reykir
Borðeyri
Hringvegur
Barkarstaðir
Ballará
592
Kollfjall
Laxárdalur
Laxá
Laxárdalsheiði
Fjarðarhorn
Staður
Húkur
Efri-Núpur
Staðarfell
Teigur
Ljárskógar
Hjarðarholt
Melar
Brú
Fellsströnd
Búðardalur
Stóra-Vatnshorn
Eiríksstaðir
Geldingafell
820
Brokey
Hvammsfjörður
Kambsnes
Skógarströnd
Kvennabrekka
Sauðafell
Hrútafjarðará
Holtavörðuheiði
Breiðabólsstaður
Snóksdalur
Miðdalir
Miðá
Hörðudalur
367
Svínafell
Svínavatn
Rauðamelsheiði
791
Hólsfjall
Breiðabólstaður
808
Snjófjöll
Oddastaðavatn
Hlíðarvatn
Fornihvammur
Norðurá
Rauðamelur
Hnappadalur
Hítarvatn
Baula
934
Hvammur
Sveinatunga
Tvídægra
Gerðuberg
Kolbeinsstaðir
Eldborg
Hítardalur
Dalsmynni
Þverá
Lambá
Hólmavatn
Skógarnes
Eldborgarhraun
Barnaborgarhraun
Bifröst
Langavatn
Hreðavatn
Grábrókarh.
Kjarrá
Gilsbakki
Fljótstunga
Haffjörður
Staðarhraun
Strafholtstungur
Norðtunga
Hraunfossar
Kalmanstunga
Hítarnes
Skiphylur
Grímsstaðir
Varmaland
Einholt
Álftártunga
Svignaskarð
Deildartunguhver
Reykholt
Stóriás
Húsafell
Auðsstaðir
Geitá
Akrar
Mýrar
Stafholt
Hvítá
Bær
Hæll
Ásfjall
Ok
Langá
Hvítárvellir
Urriðaá
Borg
Hvanneyri
Hestur
Lundur
Brautartunga
Lundarreykjadalur
Grímsá
901
Fanntófell
Kaldidalur
Þóris
Borgarnes
Grund
Dargeyri
Hjörsey
Leirulækur
Borgarfjörður
844
Hafnarfjall
Hagi
Skorradalsvatn
Reyðarvatn
Álftanes
Höfn
Skarðsheiði
Svínadalur
Geitaberg
Skjaldbreiðarhraun
Kvígindisf.
783
1060
Skjaldbreiður
Þormóðssker
Leira
Saurbær
Glymur
Hvalvatn
Melar
Lambhagi
Ferstikla
Miðsandur
Þyrill
848
Hvalfell
Leirárvogur
Katanes
Hvammur
539
Lágafell
572
Akrafjall
Hvalfjörður
Reynivellir
Botnssúlur
1095
766
Ármannsf.
Sandkluftavatn
Meyjarsæti
Akranes
Innrihólmur
Vindáshlíð
Þingvellir Þjóðgarður
Saurbær
Esja
Þingvellir
793
Hrafnabj.
Kálfstindar
Brautarholt
914
Hábunga
Hofsvík
Kistufell
Kárastaðir
Laugarvatnshellir
Laxnes
Heiðarbær
Kollafjörður
Laugarvatn
Lundey
Mosfell
Þingvallavatn
Miðfell
Viðey
Hreggsstaðir
Lyngdalsheiði
Seltjarnarnes
Perlan
Hlíðartún
Mosfellsbær
Lágafell
Nesjar
REYKJAVÍK
Hafravatn
Mosfellsheiði
Bessastaðir
RKV
Kópavogur
Nesjavellir
Ljósifoss
Álftanes
803
Hengill
Úlfljótsvatn
Sýðribrú
Garðabær
Búrfell
Hafnarfjörður

626

711
722
Eldjárnsstaðir
Stafn
752
Villinganes
Víðidalstunga
Víðidalsfjall
Grímstunga
Kardalstunga
35
733
756
Svartá
Goðdalir
Laugarbakki
Miðfjarðará
Kolugil
Staðarbakki
Litlahlíð
Grímstunguheiði
Friðmundarvötn
Brekkulækur
Víðidalsá
Vatnsdalsfjall
Mjóavatn
Þristikla
Finnmörk
704
Auðkúluheiði
Aðalmannsvatn
705
Barkarstaðir
Núpsdalstunga
Vestfirðingavatn
Vesturá
Miðfjarðará
Blöndulón
Eyvindarstaðaheiði
Vestari-Jökulsá
Húkur
Efri-Núpur
Aðalból
Áfangafell
35
Helgufell
863
Fitjaá
Hanskaf.
356
Kjalvegur
Stórisandur
F578
Haugakvísl
Strangakvísl
Ingólfsfell
Arnarvatnsheiði
836
Sandkúlufell
Arnarvatn
Svartakvísl
Seyðisá
Hundavötn
Dúfunefsfell
727
Kjölur
Tvídægra
Úlfsvatn
Hveravellir
Lambá
Hallmundarhraun
Þórisvatn
Langjökull
Strýtur
840
Hólmavatn
F578
Þjófadalir
Kjalhraun
35
Stefánshellir
Surtshellir
Fljótstunga
938
Strútur
Eiríksjökull
1000
Kjalfell

631

Kalmanstunga
1396
Hrútfell
Þverbrekknamúli
Geitlandshraun
1355
Pétursborn
Ásgarðsfjall
Húsafell
Geitá
Norðurjök.
Savrtá
Gýgjarfoss
Hádegisfell nyrðra
Friðland í Geitlandi
10-05
865
Ísgöng
Fúlakvísl
Snækollur
1477
Illahraun
Hveradalir
Ok
F550
Hvítárnes
Jökulfall
Kerlingarfjöll
1158
Setur
Kaldidalur
Geitlandsjökull
Klakkur
999
Hvítárvatn
Þórisjökull
Suðurjök.
Vestari-Hagafellsjökull
Eystri-Hagafellsjökull
Geldingafell
793
Grjótá
Miklumýrar
Hagafell
745
Jarlhettur
Bláfellsháls
1204
Bláfell
Hagavatn
Skjaldbreiðarhraun
Línuvegur
Mosaskarðsfj.
Sandvatn
Hvítá
Svínarnes
F338
Far
Fremstaver
1188
Hlöðufell
35
1060
Skjaldbreiður
Lambahraun
Stóra-Laxá
Hlöðuvellir
Kjalvegur
Rótasandur
Ásbrandsá
Búðará
Miðdalsf.
678
Sandfell
610
Geldingafell
Meyjarsæti
Haukadalur
Helgavatn
Kálfstindar
Stóri Geysir
349
Strokkur
Gullfoss
Brúarfoss
Uthlíð
37
Tungufell
Múli
Helgaskáli
35
358
Laugarvatnshellir
Miðdalur
Fossá
Sporðöldulón
Efri-Reykir
Þóristungur
Laugarvatn
Syðri-Reykir
Hvítá
30
Sultartangalón
Laugarvatn
Háifoss
Hólaskógur
37
Torfastaðir
Reykholt
Kaldbakur
Hrauneyjar
Apavatn
Bræðratunga
Stöng
26
Hrauneyjalón
Mosfell
Skálholt
Hruni
Ásólfsstaðir
Þjórsárdalur
32
Miðfjell
Flúðir
Laxárdalur
Stóra-Melfell
Laugarás
Sölvahraun
Valafell
764
Hjálparfoss
Þjóðveldisbær
Loðmundur
Galtafell
31
Hagi
672
F225
Landmannaleið
F208
Hreppholar

637

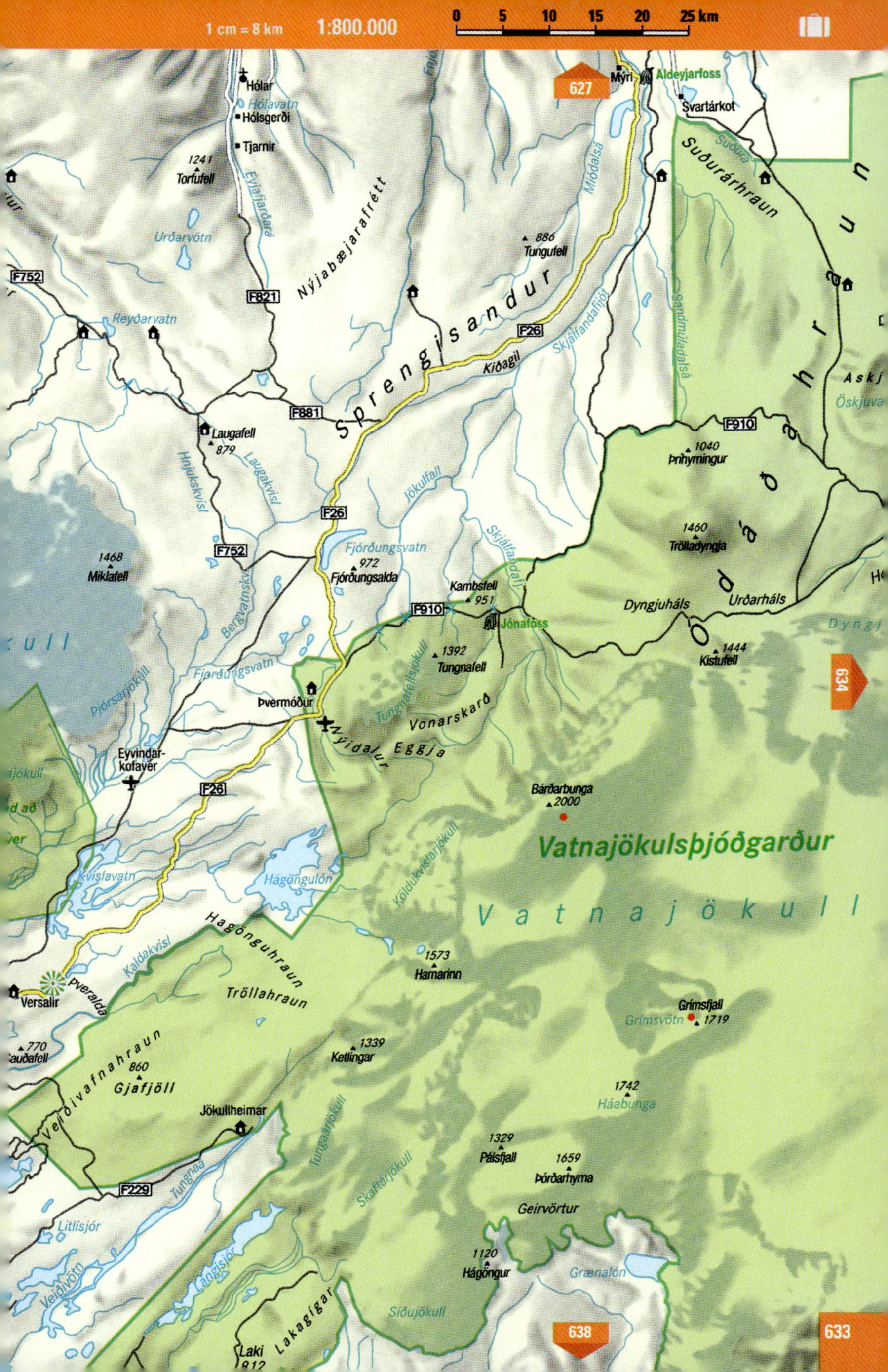

627
Mýri
Aldeyjarfoss
Svartárkot
Hólar
Hólavatn
Hólsgerði
Tjarnir
1241
Torfufell
Eyjafjarðará
Urðarvötn
Nýjabæjarafrétt
F821
F752
Reyðarvatn
886
Tungufell
Sprengisandur
F26
Kiðagil
Skjálfandafljót
Míðdalsá
Suðurá
Suðurárhraun
Ódáðahraun
Sandmúladalsá
Askj
Öskjuva
F910
1040
Þrihyrningur
F881
Laugafell
879
Laugakvísl
Hnjúkskvísl
Jökulfall
Fjórðungsvatn
972
Fjórðungsalda
1460
Trölladyngja
1468
Miklafell
Bergvatnskvísl
Kambsfell
951
Jónafoss
Dyngjuháls
Urðarháls
1444
Kistufell
1392
Tungnafell
Tungnafellsjökull
634
Þjórsárjökull
Þvermóður
Vonarskarð
Nýidalur
Eggja
Eyvindar-
kofaver
Bárðarbunga
2000
Vatnajökulsþjóðgarður
Kvíslavatn
Hágöngulón
Köldukvíslarjökull
Vatnajökull
Hágönguhraun
Kaldakvísl
1573
Hamarinn
Þveralda
Versalir
Tröllahraun
Grímsfjall
Grímsvötn
1719
770
Rauðafell
Veiðivatnahraun
860
Gjafjöll
1339
Kettlingar
1742
Háabunga
Jökulheimar
Tungnaárjökull
1329
Pálsfjall
1659
Þórðarhyrna
F229
Tungnaá
Skaftárjökull
Geirvörtur
Litlisjór
1120
Hágöngur
Grænalón
Veiðivötn
Langisjór
Lakagígar
Síðujökull
638
Laki
812

628
633
639

Svartárkot
Suðurárhraun
Suðurá
Ódáðahraun
Herðubreiðarfjöll
1094
518
Möðrudalur
Möðrudalsfj.
901
Jökulsdalsheiði
Sænautav.
Sænautafell
1332
Eggert
1180
Kollóttadyngja
Bræðrafell
Herðubreið
1682
Herðubreiðarlindir
Herðubreiðartögl
Lindaá
Grafarl.
Arnardalsá
F905
Þríhyrningsvatn
907
Arnór
Ánavatn
Hákonarsta
Þverárvatn
F910
Brú
Eiríksstaðir
Dyngjufjöll
Goðarhaun
F88
Askja
Víti
Öskjuvatn
Dreki
Víkursandur
1084
Upptyppingar
Melljadrafjall
Hrafnkelsdalur
Reykjará
Kreppa
F910
1510
Þorvaldstindur
1172
Dyngjuvatn
941
Vaðalada
Jökulsá á Fjöllum
Kreppatunga
Jökulsá á Dal
Káranjúkar
Hölkná
F923
Holuhraun
Urðarháls
F902
F903
Vasturdalsvötn
Grágæsavatn
Hvannalindir
Hálslón
Vesturöræfi
F909
Laugarfell
835
Snæfell
1833
Snæfellsskáli
Dyngjujökull
1444
Kistufell
Karlfell
1132
Sigurdarskáli
Virkisfell
Biskupsfell
1295
Brúarjökull
Kelduárlón
Geldingafell
Kverkjökull
1920
Kverkfjöll
Eyjabakkajökull
Lambatungnajökull
Vatnajökulsþjóðgarður
Goðahnúkar
Öxarfellsj.
Vatnajökull
Norðlingalægð
Hoffellsjökull
Svínafell
Rauðaberg
Fláajökull
Skálafellsjökull
Heinabergsjökull
Holt
Hólmur
Brunnhóll
Hringvegur
1
Flatey
Hornaf.
1522
Esjufjöll
1383
Snæfell
F985
Lækjarhús
Kálfafellsstaður
Þverártindur
1113
Reynivellir
Hali
Mávabyggðir
Morsárj.
Skaftafellsjökull
Breiðamerkurjökull
Breiðárlón
Jökulsárlón

Skeggjastaðir
Gauksstaðir
Sandvatn
Hlaðir
Fellabær
EGS
Egilsstaðir
Fellaheiði
Fjarðarheiði
Herfell
1055
629
Loðmundarfjörður
Seyðisfjörður
Skálanes
Dvergasteinn
951
Vestdalseyri
Eyrar
Seyðisfjörður
Dalatangi
93
Tórshavn
Hirtshals
10-05
Brekka
Mjóifjörður
Fjörður
Reykir
Neskaupstaður
Bardsneshorn
Ás
Vallanes
95
931
953
Mjóanes
Stóra-Sandfell
Innra-Hólafjall
1088
Norðfjarðargöng
92
Viðfjörður
Brekka
Lagarfljót
Hallormstaður
Hengifoss
Atlavík
Grímsá
Eskifjörður
Oddsskarð
954
Helgustaðir
Veðlar
Hólmar
Breidavík
Þingmúli
Reyðarfjörður
Sletta
Eyri
Karlsskáli
935
Hraungardur
Geitdalur
Fáskrúðsfjarðargöng
Seley
Lambafell
1097
Hafranes
Reyðarfjörður
955
Gilsá
Stuðlaheiði
1
Fáskrúðsfjörður
Vattarnes
Sturluflöt
Múlaá
1201
Kambfjall
Tunga
Kolfreyjustaður
Skrúður
Breiðdalsheiði
Þorvaldsstaðir
Fáskrúðsfjörður
Andey
939
Höskuldsstaðir
1116
Kistufell
95
Stöð
Stöðvarfjörður
Ódáðavötn
Öxi
Breiðdalsá
Breiðdalur
17%
Berufjörður
964
Heydalir
Kambanes
Líkárvötn
Breiðdalsvík
Breiðdalsvík
Eyjólfsstaðir
Axlarfjall
1141
Hringvegur
Gautavík
Streitishvarf
Berunes
Þrándarjökull
Berufjörður
Hvalbakur
Hamarssel
Teigarhorn
Djúpivogur
Hamar
Hamarsfj.
Geithellar
Papey
Hofsá
Álftafjörður
Hof
1313
Jökulgilstindar
Starmýri
Lónsheiði
F980
Stafafell
Hlíð
716
Eystrahorn
Lón
Lón
Hraunkot
Hvalnes
Lónsvík
Papafj.
Papós
888
Vestrahorn
Stokksnes
ATLANTSHAF
ATLANTIC OCEAN

631

ATLANTSHAF

ATLANTIC OCEAN

632
638
Hvalfell
Botnssúlur 1095
Ármannsf. 766
Lágafell 539
Meyjarsæti
Sandkluftavatn
Kálfstindar
Hrafnabj. 793
Hlöðuvellir
Miðdalsf. 678
Róta-sandur
Sandfell 610
Haukadalur
Stóri-Geysir
Strokkur
Gullfoss
Geldingafell
Helgaskáli
Brúarfoss
Uthlíð
Múli
Tungufell
Þingvellir
Laugarvatns-hellir
Miðdalur
Efri-Reykir
Syðir-Reykir
Laugarvatn
Hvítá
Fossá
Sultartangalón
Háifoss
Hólaskógur
Þingvallavatn
Miðfell
Nesjar
Nesjavellir
Lyngdalsheiði
Apavatn
Torfastaðir
Reykholt
Bræðratunga
Kaldbakur
Stöng
Þjórsárdalur
Mosfell
Skálholt
Laugarás
Hruni
Flúðir
Miðfell
Laxárdalur
Ásólfsstaðir
Valafell 764
Sölvahraun
Ljósifoss
Úlfljótsvatn
Syðribrú
Búrfell
Galtafell
Hjálparfoss
Þjóðveldisbær
Búrfell 672
Landmannal
Storaborg
Sólheimar
Húsatóftir
Hrepphólar
Hagi
Stórinúpur
Þjófafoss
Hestvatn
Stórahof
Brautarholt
Árnes
Ingólfsfell 551
Kiðjaberg
Ólafsvellir
Minnivellir
Skarð
Galtalækur
Næfurholt
Hekla 1491
Vatnafjöll
Hveragerði
Hagi
Leirubakki
Laugardælir
Hraungerði
Ytri-Ranga
Selsund
Selfoss
Urriðafoss
Þjórsártún
Marteinstunga
Ölfusá
Kálfholt
Hringvegur
Laugaland
Meðalholt
Villingaholt
Ferjunes
Gunnarsholt
Reyðarvatn
Eyrarbakki
Meiritunga
Árbær
Stokkseyri
Holt
Gaulverjabær
Vetleifsholt
Hella
Kirkjubær
Keldur
Eystri-Ranga
Tindfjallajökull
Fljótshólar
Háfur
Hábær
Oddi
Hvolsvöllur
Tunguskógur
Þykkvibær
Breiðabólsstaður
Hlíðarendi
Fljótsdalur
Landeyjar
Þverá
Ey
Stóra-Dímon 173
Krossá
Þórsmörk
Akurey
Mörk
Vomúlastaðir
Stóridalur
Eyjafjallajökull 1666
Bergþórshvoll
Seljalandsfoss
Seljaland
Kross
Hvammur
Ásólsskáli
Seljavellir
Bakki
Markarfljót
Holt
Steinar
Skógar
Landeyjahöfn
Eyvindarhólar
Skóga-sandur
Þridrangar
Elliðaey
Heimaey
Bjarnarey
Vestmannaeyjar
Álsey
Suðurey
Surtsey
Vestmannaeyjar
1 30 32 33 34 35 36 37 250 252 253 254 255 261 264 268 275 305 350 358 360 365 F210 F225 F249 F261

633
637
Helgavatn
Kaldakvísl
Þórisvatn
Gjafjöll
860
Jökulheimar
Veiðivafnahraun
F26
F229
F228
Tungnaá
Tungnaárjökull
Skaftárjökull
Sporðöldulón
Þóristungur
Fossá
Sultartangalón
Háifoss
Hólaskógur
Stöng
Þjórsárdalur
32
26
Hrauneyjar
Hrauneyjalón
Litlisjór
Veiðivötn
Langisjór
Krókslón
Stóra-Melfell
Valafell
764
Sölvahraun
F225
Landmannaleið
Loðmundur
F208
Landmannahellir
Ljótipollur
Frostastaðavatn
Friðland að Fjallabaki
Rauðfossar
Rauðfossfjöll
Landmannalaugar
Hrafntinnusker
Hekla
1491
1189
Laufafell
Torfajökull
Lakagígar
Laki
812
F235
F207
Gjátindur
943
Ófærufoss
Eldgjá
F206
Skaftá
Hraun
Síða
F210
Álftavatn
Markarfljót
Hvanngil
Fjallabaksleið
Brennivínskvísl
Hólmsárlón
F261
Mælifellssandur
Mælifell
Tindfjallajökull
Emstrur
Öldufell
818
F208
F210
Skaftárdalur
Búland
Mörk
Prestbakki
Foss
Kirkjubæjarklaustur
Sydrivík
Holt
Skál
Landbrotshólar
Þykk
Segl
Skaftá
Fljótsdalur
Þórsmörk
Goðaland
Krossá
Entujökull
Mýrdalsjökull
Hólmsá
Jökulkv.
Eldhraun
204
1
Ásar
Botnar
Steinsmýri
Eyjafjallajökull
1666
Fimmvörðuháls
Katla
1450
Hrífunes
Leirá
Hnausar
Eldvatn
209
Kúðafljót
Kötlujökull
Sólheimajökull
Seljavellir
Steinar
Skógafoss
F222
Langholt
Efriey
Meðallandssandur
Skógar
Sólheimar
Herjólfsstaðir
Mýrar
Þykkvabæjarklaustur
Mýrdalssandur
Skógasandur
Sólheimasandur
Pétursey
Steig
Reynisbrekka
Hringvegur
12%
Skeiðflötur
215
Reynir
Vík í Mýrdal
Hjörleifshöfði
231
Dyrhólaey

ATLANTSHAF

LANTIC OCEAN

LEGENDE

1 cm = 8 km

1:800.000

0 5 10 15 20 25 km

Symbol	Bedeutung	Symbol	Bedeutung
6	Autobahn mit Anschlussstelle		National-, Naturpark - Sperrgebiet
	Schnellstraße		Grenzübergang
	Fernverkehrsstraße		Sehenswürdigkeit (Natur - Kultur)
	Hauptstraße		Strand
	Nebenstraße		Archäologische Stätte
	Straße in Bau		Kirche - Kirchenruine
	Straße in Planung		Kloster - Klosterruine
11-04	Wintersperre - Straße gesperrt		Burg, Schloss - Burg-, Schlossruine
	Mautstelle - Steigung		Moschee - Moscheeruine
	Tunnel		Turm - Leuchtturm
	Eisenbahn		Denkmal
	Fähre - Schiffahrtslinie		Berghütte
	Staatsgrenze		Höhle
Jadranska magistrala	Touristikroute		Wasserfall
E45	Europastraßennummer		Berggipfel
	Internationaler Flughafen		Pass
	Nationaler Flughafen		Aussichtspunkt